1 MONTH OF
FREE
READING

at

www.ForgottenBooks.com

By purchasing this book you are eligible for one month membership to ForgottenBooks.com, giving you unlimited access to our entire collection of over 1,000,000 titles via our web site and mobile apps.

To claim your free month visit:

www.forgottenbooks.com/free427698

ISBN 978-0-364-16589-8
PIBN 10427698

For support please visit www.forgottenbooks.com

ANTONII BALLERINI

E SOCIETATE IESU

OPUS THEOLOGICUM MORÀLE

IN BUSEMBAUM MEDULLAM

ABSOLVIT ET EDIDIT

DOMINICUS PALMIERI

EX EADEM SOCIETATE

———

Volumen I.

TRACTATUS CONTINENS GENERALES

DE ACTIBUS HUMANIS - DE CONSCIENTIA - DE LEGIBUS - DE PECCATIS

CUM DUABUS APPENDICIBUS

PRATI

EX OFFICINA LIBRARIA GIACHETTI, FIL. ET C.

—

1889

ROGERIUS FREDDI

PRAEPOSITUS PROVINCIAE ROMANAE SOCIETATIS IESU.

Cum opus, cui titulus *Antonii Ballerini e S. I. opus theologicum morale etc.* a Dominico Palmieri nostrae Societatis Sacerdote edendum aliqui eiusdem societatis revisores, quibus id commissum fuit, recognoverint et in lucem edi posse probaverint; facultatem concedimus, ut typis mandetur, si ita iis, ad quos pertinet, videbitur.

In quorum fidem has litteras manu nostra subscriptas et sigillo societatis nostrae munitas dedimus.

Romae in festo omnium sanctorum anno 1888.

(L. S.)

IMPRIMATUR

Can. Archid. Ioachim Gori Vic. Gen.

PRAEFATIO EDITORIS

Quod plurium, ut accepimus, in votis erat tum nostrorum tum externorum, quodque nemini ingratum fore confidimus, prodit in lucem Opus Morale Antonii Ballerini e Societate Iesu, ut eius magisterium adeo bene coeptum et continuatum, dum viveret, post eius quoque discessum feliciter perseveret. Iamdiu hoc consilium ipse Auctor animo conceperat, theologiam moralem edendi hoc pacto, ut *Medullam* Hermanni Busembaum, notis adiectis, et declararet et amplificaret: quod et in brevi praefatione ad tertiam cl. P. Gury editionem testatus est atque huc spectant ipsius commentarii omnes rei moralis, quos in adversariis bene multis apteque concinnatis nobis reliquit. Quae in Notis olim digesserat pro re nata ad Compendium Guryanum, specimen quoddam sunt illudque tenue scientiae moralis Ballerini: cum vero illa suffagium tulerint pene omnium virorum doctorum, qui veritatis studio ducuntur, e re esse visum est integrum corpus prodere, cuius nonnullae dissolutae partes adeo placuerant. Quod ergo Auctor ipse morte praeoccupatus aggredi tandem non potuit, id mihi aliis occupationibus vacuo otioque, quod Deus bene vertat, fruenti, Moderatorum auctoritate, commissum est, ut balleriniani operis editionem pararem et absolverem atque ita desiderio eorum facerem satis, qui in Theologiae moralis disciplina magistrum Ballerini se habuisse gloriantur. Fateor hoc munus pergratum mihi accidisse, quo copia dabatur significandae existimationis et reverentiae meae erga carissimum et praeclarissimum studiorum meorum primum ducem tum in magisterio sodalem in Collegio Romano. Sponte tamen, quod omnes facile divinabunt, subiit animum timor, ne impar huic novo muneri imprudens aliquid supra vires meas tentarem et ne meum nomen editioni praefixum (ab anonymis enim editionibus vehementissime abhorreo) periculum eidem crearet praeiudicatae reprobationis. Sed obedientia effecit ne morem gererem huic timori; quamvis ab eodem, quod in potestate sua non erat, me prorsus non liberaverit.

Prius vero quam dicam, quid ego praestiterim in hoc opere edendo, dicendum nonnihil censeo de ipso opere. Quorsum enim in tanta de rebus moralibus lucubrationum copia, haec nova Theologia moralis, ad earum augendum numerum, e scriniorum latebris eruitur? cum e contrario consultius videatur tot, etsi forte non omnes, libros delere, qui de hac re prostant, qui incredibili quadam multiplicitate quaestionum atque libidine cuncta partiendi ac singillatim vel minima et abditissima scrutandi, id unum consecuti videntur ut officium iam ex se laboriosum Confessarii efficiant impeditissimum. Nonne satius esset ad veterum reverti simplicitatem, qui Summulis quibusdam, imo Poenitentialibus contenti erant? Si qui sunt, qui illud cupiant vel fieri posse putent, ii profecto nunquam rite perpenderunt, quae naturaliter insita sit vis et necessitas humanae menti a notitiis confusis minusque completis progrediendi ad distinctiores usque magisque completas: ut paulatim et per gradus illud tandem actu assequatur, quod ab initio in potentia obtinebat. Haec enim est humani intellectus natura, ut ope analysis rerum notitias sibi comparet atque analysis longae et laboriosae, quum de obiecto scientiae agatur, quod ex plurimis omnino partibus coalescit, cuiusmodi est obiectum Theologiae Moralis. Esto: prio-

ribus seculis suprema tantum capita quaestionum moralium distincte tradita fuerint, ex iis tamen sponte novae quaestiones
circa res adhuc abditas germinabant, quibus oportebat facere
satis eaeque explicatae, quippe quae suppellectilem augerent
humanarum cognitionum et utilitatem plurimam afferrent, non
erat, cur a posteris repudiarentur. Ita in dies, stimulante assidue
tum appetitu tum necessitate sciendi, aucta copia cognitionum,
quae omnibus pervia est et secura: dum prioribus seculis singulos sacerdotes oportuit illud per se exquirere et definire, quod
singulis conduceret casibus, qui, non secus ac nunc, variissimi
fuerint. Nam et tunc confessio iisdem tandem legibus, quibus
nunc, regebatur, ut peccatorum e. gr. numerus et species decla-
raretur; positivae tantum leges, quibus fideles tenerentur, minori forte erant in numero. Quod autem singulis Poenitentiae
ministri olim per se praestáre debebant, ad quod nec semper fortasse pares erant, etsi ignorantia eos excusaret, id ipsis deinceps
tutiori quadam et faciliori methodo suppeditarunt tot Summae,
Manualia, Compendia, Cursus, Tractatus Morales. Quî ergo fieri
potest, ut tam sponte aucta cognitionum copia illico aboleatur?
Quis nisi insipiens audeat hoc desiderare? quis tot lapides mon-
strantes viam impedimenta itineris appellabit? Non auctus est
singulis discendi labor, quos secus oportuisset sibi seorsim pro
rei dignitate prospicere: sed aucta est rerum discendarum ubertas
et copia sciendi. Profecto haud opus fuit tam ingenti suppel-
lectili librorum: at quis iure modum in hac re ponat, cum
videamus et in ceteris scientiarum palaestris idem usuvenire?
Nec luxurians incrementum sine fructu est; nam, si paucos
forte excipias, qui invita Minerva scripserunt, nullus est inter
reliquos, qui non aliquid conferat in commune commodum, saltem
monens et acuens aliorum ingenia ut speculentur accuratius et
solidiora argumenta conquirant.

Illud certe inter omnes convenit, haud levi difficultate premi qui Theologiam Moralem hoc nomine dignam conscribere velit. Scientia est multiplex, ex pluribus et diversis fontibus hausta, revelatione primum divina, quae pauca tamen suppeditat, dein iure et lege naturae, quae latissime se porrigunt, canonibus praeterea Ecclesiae ac identidem legibus quoque civilibus, tum communi proborum sensu; ut idcirco una scientia sit non intrinsece, sed unitate finis, qui est institutio optimi iudicis in Tribunali Poenitentiae ac magistri animorum in via salutis. Illud tamen, quod speciatim ad hunc alterum finem, magisterium nempe perfectionis, spectat, solet, quae nunc traditur, Theologia Moralis summis tantum labiis degustare propter materiae amplitudinem et Theologiae mysticae (quae per se tamen pars est Theologiae moralis universim spectatae) permittere, contenta versari in obligationibus enarrandis et earum transgressionibus h. e. peccatis mediisque communibus salutis. Quod porro maximam in re morali difficultatem parit, est absentia frequens certitudinis proprie dictae, quae locum vicissim cedit certitudini, ut dicitur, morali: id vero pluribus in eadem re opinionibus viam sternit, quae probabiles sunt aut probabiliores aut minus probabiles et ita quidem ut quod probabile est huic, illi sit improbabile et quod alteri est probabilius, alteri sit vix probabile ac vicissim. Nec finiendis exortis quaestionibus illi semper idonei magis reperiuntur, qui acumine praestant ingenii, cum feliciores non raro sint qui insito sensu quodam seu tactu morali instructi sunt; felicissimi, qui utroque excellunt, ut Thomas, Lugo. Hinc est, quod in tanta multitudine theologorum moralium non multos optimos habeamus. Inter hos eminent ii, quos schola tulit, qui non minus in Morali quam in Dogmatica praestiterunt, imo non raro magis in illa quam in ista emicuerunt. Sane praestantior pars summae s. Thomae non paucis videtur secunda, quae est de re morali et, ut de cardinali Lugo taceam, qui tractatus inter opera Suarez maxime commendantur, sunt tractatus de Legibus et de Religione.

Inter recentiores ceteris anteit s. Alphonsus, qui, ianseniana lue depulsa, quae plures infecerat, doctrinae morum suum decorem restituit, nomen doctoris adeptus propter singularem doctrinam cum sanctitate coniunctam.

Coetum tot Magistrorum, qui iam de re morali optime sunt meriti, ingreditur nunc Antonius Ballerini, cum honore et laude, nisi totus fallor, excipiendus. Cum meum tamen non sit, eum pluribus verbis commendare: satis erit tria monuisse.

Et primo quidem A. Ballerini in toto opere illud sibi constantissime proposuit, ut Theologiam Moralem ad veteres et purissimos fontes revocaret, unde profecta est eamque idcirco exigeret secundum magisterium summorum Theologiae luminum et praesertim s. Thomae, cuius doctrinam qualibet in quaestione, quam s. Doctor attigit, fideliter refert. Hunc laborem Auctoris aetatem nostram grato animo acceptaram non dubitamus. Aliorum quoque doctorum, quorum sententiae quaestionibus elucidandis et definiendis optime conducerent, non dubitavit B. integros textus et bene longos recitare, ut quid illi sentirent, apertum esset atque eorum potius quam suis verbis contexta tractatio, Maiorum tum doctrinam tum demonstrationis methodum luculentius exhiberet. Quo factum est, ut non raro opus ballerinianum speciem praeseferre videatur (si licet in parvis exemplis grandibus uti) operis petaviani, ad eundem saltem collineare scopum, ut doctrinae caput, quod occurrit, sententiis et argumentis Maiorum, eorumdem verbis recitatis, et tradatur et explicetur. Professus est ipse non semel se nihil *novi* dicere, quod nempe iam a Scholae magistris dictum non fuerit nec falsitatis argui potuit: id tamen non prohibuit, quominus subinde diceret *nove*.

Deinde curae Auctori nostro fuit certis demonstrationibus doctrinas communire: vim proinde argumentorum, quae ab aliis proferuntur, expendere, seposito partium studio et invidia. Ubi autem opus erat et materia ferebat, scholasticorum vestigiis insistens studuit morales doctrinas rationali processu evolvere et explicare: quemadmodum in primis tractatibus generalibus aliisque videre erit.

Praeterea, quoniam id habet proprium scientia morum, ut in suis conclusionibus frequenter innitatur auctoritati sapientum, ut proinde illud pro regula actionum accipiat, quod pluribus vel eximiis doctoribus visum sit, sensit B. quam maxime oportere ut citationes Auctorum pro singulis sententiis certae essent et accuratae: quapropter in eo studium suum impense collocavit, ut quid quisque dixerit, sincere referret ac falsas seu minus idoneas aliorum citationes emendaret. Scilicet non ad vanam eruditionis auram captandam aut ad invidiam huic vel illi Theologo conflandam, hoc opus emendationis Ballerini suscepit; sed quia in quaestionibus, ubi quis auctoritate doctorum sententiam tuetur, opus est apprime nosse quinam pro hac, quinam pro illa sententia pugnet. Non enim perinde est, pro aliqua amplectenda opinione, sive auctor tibi sit s. Antoninus sive Antoine, sive plures sint auctores sive pauci et forte nulli.

Dolendum sane est opus Ballerini non esse omni ex parte absolutum: quod postremis annis animum applicuerit ad editionem operis parandam, certa indicia exstant in suis scriptis, at praematura mors exsequi eum prohibuit quod destinaverat. In non paucis tractatibus, quaedam subinde desunt, integer quoque tractatus in 6. Praeceptum desideratur; licet plura ad ipsum spectantia alibi, in tract. e. gr. de Peccatis, data opera tradiderit. Maluissem utique me intra limites editoris continere et solos, qui supersunt, B. commentarios typis edere: at quo-

minus id facerem, obstitit voluntas eorum, quibus contradicere
mihi nefas. Aggressus ergo sum, pro virili mea parte, supplere
quae desunt, ut sic in hoc uno opere habeat lector integram
Theologiae Moralis tractationem. Ne tamen mei defectus et, quod
Deus avertat, errores Auctori nostro imputentur, discernendas
curavi additiones meas a reliquo opere. Signum additionis est
asteriscus ab initio paragraphi et ad finem, ut quidquid intra hos
terminos continetur, additio sit censenda. Quod si integrum caput
aut tractatum (id semel contingit) addere oporteat, duo asterisci
ad titulum appositi id docebunt. In primo autem volumine pauca
ex meo penu occurrent.

Quoniam, ut iam monuimus, Opus Ballerini est perpetuus
commentarius *Medullae* Busembaum, edimus una cum illo, singulis suis locis, textum quoque huius Auctoris, minore charactere
suisque propriis numeris distinctum. Quia vero in huius *Medulla*
desiderantur tum Tractatus *de Actibus Humanis* tum pars prima
Tractatus *de Iustitia et Iure*, eorum idcirco synopsim ad instar
Medullae, seorsim Ballerini confecerat et ediderat atque utrique
synopsi, non secus ac textui Busembaum, suos commentarios
aptaverat. Has ergo synopses suo loco nos edimus nec opus erit
amplius monere, textum minoribus characteribus expressum in
Tractatu *de Actibus Humanis* et in prima parte *de Iustitia et
Iure* non esse Busembaum, sicut in ceteris, sed Ballerini.

Semel etiam Tractatum e loco movimus, quem eidem Busembaum tribuerat et alio transtulimus. Tractatum nempe *de Peccatis*, quem Busembaum Tractatibus de Praeceptis, ubi proinde
de singulis peccatis agitur, subiecerat, veluti epilogum, nos re-
vocavimus superius inter Tractatus generales, ubi iure sedem
suam obtinere nemo negabit. Tandem cum eius adversaria evol-
ventes in nonnullas inciderimus dissertationes de re morali, quae
maxime idoneae visae sunt certis quaestionibus elucidandis, has

ad calcem voluminis, in quo eae quaestiones aguntur, apponere non dubitavimus.

Utere ergo, bone lector, fructu studiorum optimi Patris eoque animo haec lege, quo scripta sunt, ut scilicet suis propriis so- lidisque fundamentis innixa Theologia Moralis eas regulas certas suppeditare valeat, quibus Sacramenti Poenitentiae Ministri, laxis pariter ac rigidis opinionibus dimissis, in iudiciis ferendis et in conscientiis regendis pro dignitate utantur.

SERIES CHRONOLOGICA

PROPOSITIONUM DAMNATARUM

AB ANNO 1418. CONTRA IOANNEM WICLEFFUM,
AD ANNUM 1864. CONTRA RECENTIORES ERRORES.

NUM. I.

Articuli 45. Ioannis Wicleffi, damnati in Concilio Constantiensi Sessione 45. anno 1418.

1. Substantia panis materialis et similiter substantia vini materialis remanent in Sacramento altaris.

2. Accidentia panis non manent sine subiecto in eodem Sacramento.

3. Christus non est in eodem Sacramento identice et realiter propria praesentia corporali.

4. Si episcopus vel sacerdos exsistat in peccato mortali, non ordinat, non consecrat, non conficit, non baptizat.

5. Non est fundatum in Evangelio, quod Christus Missam ordinaverit.

6. Deus debet obedire diabolo.

7. Si homo fuerit debite contritus, omnis confessio exterior est sibi superflua et inutilis.

8. Si Papa sit praescitus et malus et per consequens membrum diaboli, non habet potestatem super fideles sibi ab aliquo datam, nisi forte a Caesare.

9. Post Urbanum VI. non est aliquis recipiendus in Papam, sed vivendum est more graecorum sub legibus propriis.

10. Contra Scripturam sacram est, quod viri ecclesiastici habeant possessiones.

11. Nullus Praelatus debet aliquem excommunicare, nisi prius sciat eum excommunicatum a Deo et qui sic excommunicat, fit ex hoc haereticus vel excommunicatus.

12. Praelatus excommunicans clericum, qui appellavit ad regem vel ad concilium regni, eo ipso traditor est regis et regni.

BALLERINI *Moral.* Tom. I.

13. Illi, qui dimittunt praedicare sive audire verbum Dei propter excommunicationem hominum, sunt excommunicati et in Dei iudicio traditores habebuntur.

14. Licet alicui diacono vel presbytero praedicàre verbum Dei absque auctoritate Sedis apostolicae sive episcopi catholici.

15˙ Nullus est dominus civilis, nullus est praelatus, nullus est episcopus, dum est in peccato mortali.

16. Domini temporales possunt ad arbitrium suum auferre bona temporalia ab Ecclesia, possessionatis habitualiter delinquentibus idest ex habitu, non solum actu delinquentibus.

17. Populares possunt ad suum arbitrium dominos delinquentes corrigere.

18. Decimae sunt purae eleemosynae et possunt parochiani propter peccata suorum praelatorum ad libitum suum eas auferre.

19. Speciales orationes, applicatae uni personae per praelatos vel religiosos, non plus prosunt eidem, quam generales, ceteris paribus.

20. Conferens eleemosynam fratribus est excommunicatus eo facto.

21. Si aliquis ingreditur religionem privatam qualemcumque, tam possessionatorum quam mendicantium, redditur ineptior et inhabilior ad observationem mandatorum Dei.

22. Sancti, instituentes religiones privatas, sic instituendo peccaverunt.

23. Religiosi viventes in religionibus privatis non sunt de religione christiana.

24. Fratres tenentur per laborem manuum victum acquirere et non per mendicitatem.

25. Omnes sunt simoniaci, qui se obligant orare pro aliis, eis in temporalibus subvenientibus.

26. Oratio praesciti nulli valet.

27. Omnia de necessitate absoluta eveniunt.

28. Confirmatio iuvenum, clericorum Ordinatio, locorum consecratio reservatur Papae et Episcopis propter cupiditatem lucri temporalis et honoris.

29. Universitates, studia, collegia, graduationes et magisteria in iisdem sunt vana gentilitate introducta: tantum prosunt Ecclesiae, sicut diabolus.

30. Excommunicatio Papac vel cuiuscumque praelati non est timenda; quia est censura Antichristi.

31. Peccant fundantes claustra et ingredientes sunt viri diabolici.

32. Ditare clerum est contra regulam Christi.

33. Silvester Papa et Constantinus imperator errarynt, Ecclesiam dotando.

34. Omnes ordines mendicantium sunt haeretici et dantes eis elecmosynas sunt excommunicati.

35. Ingredientes religionem aut aliquem ordinem, eo ipso inhabiles sunt ad observanda divina praecepta et per consequens ad perveniendum ad regnum caelorum, nisi apostataverint ab eisdem.

36. Papa cum omnibus clericis suis possessionem habentibus sunt haeretici; eo quod possessiones habent et consentientes eis, omnes videlicet domini seculares et ceteri laici.

37. Ecclesia romana est synagoga satanae nec Papa est proximus et immediatus Vicarius Christi et Apostolorum.

38. Decretales epistolae sunt apocryphae et seducunt a fide Christi et clerici sunt stulti, qui student eis.

39. Imperator et domini seculares sunt seducti a diabolo, ut Ecclesiam ditarent bonis temporalibus.

40. Electio Papae a Cardinalibus, a diabolo est introducta.

41. Non est de necessitate salutis credere, romanam ecclesiam esse supremam inter alias ecclesias.

42. Fatuum est credere indulgentiis Papae et Episcoporum.

43. Iuramenta illicita sunt, quae fiunt ad corroborandos humanos contractus et commercia civilia.

44. Augustinus, Benedictus et Bernardus damnati sunt, nisi poenituerint de hoc quod habuerunt possessiones et instituerunt et intraverunt religiones et sic, a Papa usque ad ultimum religiosum, omnes sunt haeretici.

45. Omnes religiones indifferenter introductae sunt a diabolo.

NUM. II.

Articuli 30. Ioannis Hus, damnati ut supra.

1. Unica est sancta universalis Ecclesia, quae est praedestinatorum universitas.

2. Paulus nunquam fuit membrum diaboli, licet fecit quosdam actus actibus Ecclesiae malignantium consimiles.

3. Praesciti non sunt partes Ecclesiae, cum nulla pars eius finaliter excidat ab ea; eo quod praedestinationis caritas, quae ipsam ligat, non excidet.

4. Duae naturae, Divinitas et Humanitas, sunt unus Christus.

5. Praescitus, etsi aliquando est in gratia secundum praesentem iustitiam, tamen nunquam est pars sanctae Ecclesiae et praedestinatus semper manet membrum Ecclesiae, licet aliquando excidat a gratia adventitia, sed non a gratia praedestinationis.

6. Sumendo Ecclesiam pro convocatione praedestinatorum, sive fuerint in gratia sive non, secundum praesentem iustitiam, isto modo Ecclesia est articulus fidei.

7. Petrus non est nec fuit caput Ecclesiae sanctae catholicae.

8. Sacerdotes, quomodolibet criminose viventes, Sacerdotii polluunt potestatem et sicut filii infideles sentiunt infideliter de septem Sacramentis Ecclesiae, de clavibus, officiis, censuris, moribus, caeremoniis et sacris rebus Ecclesiae, veneratione reliquiarum, indulgentiis et Ordinibus.

9. Papalis dignitas a Caesare inolevit et Papae perfectio et institutio a Caesaris potentia emanavit.

10. Nullus sine revelatione assereret rationabiliter de se vel alio, quod esset caput Ecclesiae particularis nec romanus Pontifex est caput romanae Ecclesiae particularis.

11. Non oportet credere, quod iste, quicumque est romanus Pontifex, sit caput cuiuscumque particularis Ecclesiae sanctae, nisi Deus eum praedestinaverit.

12. Nemo gerit vicem Christi vel Petri, nisi sequatur eum in moribus: cum nulla alia sequela sit pertinentior nec aliter recipiat a Deo procuratoriam potestatem; quia ad illud officium vicariatus requiritur et morum conformitas et instituentis auctoritas.

13. Papa non est verus et manifestus successor apostolorum principis Petri, si vivit moribus contrariis Petro et si quaerit avaritiam, tunc est vicarius Iudae Iscarioth. Et pari evidentia Cardinales non sunt veri et manifesti successores Collegii aliorum apostolorum Christi, nisi vixerint more apostolorum, servantes mandata et consilia Domini nostri Iesu Christi.

14. Doctores ponentes quod aliquis per censuram ecclesiasticam emendandus, si corrigi noluerit, seculari iudicio est tradendus, pro certo sequuntur in hoc pontifices, scribas et pharisaeos, qui Christum non volentem eis obedire in omnibus, dicentes *Nobis non licet interficere quemquam,* ipsum seculari iudicio tradiderunt et quod tales sint homicidae graviores, quam Pilatus.

15. Obedientia ecclesiastica est obedientia secundum adinventionem sacerdotum Ecclesiae praeter expressam auctoritatem Scripturae.

16. Divisio immediata humanorum operum est, quod sunt vel virtuosa vel vitiosa: quia si homo est vitiosus et agit quidquam, tunc agit vitiose et si est virtuosus et agit quidquam, tunc agit virtuose; quia sicut vitium, quod crimen dicitur seu mortale peccatum, inficit universaliter actus hominis vitiosi, sic virtus vivificat omnes actus hominis virtuosi.

17. Sacerdotes Christi, viventes secundum legem eius et habentes Scripturae notitiam et affectum ad aedificandum populum, debent praedicare, non obstante praetensa excommunicatione. Quod si Papa vel aliquis praelatus mandat sacerdoti sic disposito non praedicare, non debet subditus obedire.

18. Quilibet praedicantis officium de mandato accipit, qui ad Sacerdotium accedit et illud mandatum debet exsequi, praetensa excommunicatione non obstante.

19. Per censuras ecclesiasticas excommunicationis, suspensionis et interdicti ad sui exaltationem clerus populum laicalem sibi suppeditat, avaritiam protegit et viam praeparat Antichristo. Signum autem evidens est quod ab Antichristo tales procedunt censurae, quas vocant in suis processibus fulminationes, quibus clerus principalissime procedit contra illos, qui denudant nequitiam Antichristi, qui clerum pro se maxime usurpabit.

20. Si Papa est malus et praesertim si est praescitus, tunc ut Iudas, apostolus est diaboli, fur et filius perditionis et non est caput sanctae militantis Ecclesiae, cum nec sit membrum eius.

21. Gratia praedestinationis est vinculum, quo corpus Ecclesiae et quodlibet eius membrum iungitur Christo capiti insolubiliter.

22. Papa vel praelatus malus et praescitus est aequivoce pastor et vere fur et latro.

23. Papa non debet dici sanctissimus, etiam secundum officium; quia alias rex deberet etiam dici sanctissimus secundum officium et tortores et praecones dicerentur sancti: imo etiam diabolus deberet dici sanctus, cum sit officiarius Dei.

24. Si Papa vivat Christo contrarie, etiamsi ascenderet per ritam et legitimam electionem secundum constitutionem humanam vulgatam, tamen aliunde ascenderet quam per Christum, dato etiam quod intraret per electionem a Deo principaliter factam; nam Iudas Iscariotes rite et legitime est electus a Deo Christo Iesu ad episcopatum et tamen ascendit aliunde ad ovile ovium.

25. Condemnatio 45. art. Ioannis Wicleff, per doctores facta, est irrationabilis et iniqua et malefacta; ficta est causa per eos allegata, videlicet ex eo quod nullus eorum sit catholicus, sed quilibet eorum aut est haereticus aut erroneus aut scandalosus.

26. Non eo ipso, quod electores vel maior pars eorum consenserint viva voce secundum ritus hominum in personam aliquam, eo ipso illa persona est legitime electa vel eo ipso est verus et manifestus successor vel vicarius Petri apostoli vel alterius apostoli in officio ecclesiastico: unde, sive electores bene vel male elegerint, operibus electi debemus credere; nam eo ipso, quo quis copiosius operatur meritorie ad profectum Ecclesiae, habet a Deo ad hoc copiosius facultatem.

27. Non est scintilla apparentiae, quod oporteat esse unum caput in spiritualibus regens Ecclesiam, quod semper cum Ecclesia ipsa militante conversetur et conservetur.

28. Christus sine talibus monstruosis capitibus per suos veraces discipulos sparsos per orbem terrarum melius suam Ecclesiam regularet.

29. Apostoli et fideles sacerdotes Domini strenue in necessariis ad salutem regularunt Ecclesiam, antequam Papae officium foret introductum: sic facerent, deficiente, per summe possibile, Papa, usque ad diem iudicii.

30. Nullus est dominus civilis, nullus est praelatus, nullus est episcopus, dum est in peccato mortali.

NUM. III.

Propositiones 9. Magistri Petri Oxomensis,
damnatae in Congregatione Complutensi et deinde a Sixto IV.
anno 1479.

1. Peccata mortalia, quantum ad culpam et poenam alterius seculi, delentur per solam cordis contritionem sine ordine ad claves.

2. Confessio de peccatis in specie fuit ex aliquo statuto utilis Ecclesiae, non de iure divino.

3. Pravae cogitationes confiteri non debent, sed sola displicentia delentur sine ordine ad claves.

4. Confessio debet esse secreta idest de peccatis secretis, non de manifestis.

5. Non sunt absolvendi poenitentes, nisi peracta prius poenitentia eis iniuncta.

6. Papa non potest indulgere alicui viro poenam purgatorii.

7. Ecclesia urbis Romae errare potest.

8. Papa non potest dispensare in statutis universalis Ecclesiae.

9. Sacramentum Poenitentiae, quantum ad collationem gratiae sacramentalis, naturae est, non alicuius institutionis veteris vel novi Testamenti.

Damnatae ut scandalosae et haereticae.

NUM. IV.

Errores 41. Martini Lutheri, damnati a Leone X.
bulla Exurge Domine etc. 16. Maii 1520.

1. Haeretica sententia est, sed usitata, sacramenta novae legis iustificantem gratiam illis dare, qui non ponunt ohicem.

2. In puero post baptismum negare remanens peccatum, est Paulum et Christum simul conculcare.

3. Fomes peccati, etiamsi nullum adsit actuale peccatum, moratur exeuntem a corpore animam ab ingressu caeli.

4. Imperfecta caritas morituri fert secum necessario magnum timorem, qui se solo satis est facere poenam purgatorii et impedit introitum regni.

5. Tres esse partes Poenitentiae, contritionem, confessionem et satisfactionem, non est fundatum in sacra Scriptura nec antiquis sanctis christianis doctoribus.

6. Contritio, quae paratur per discussionem, collationem et detestationem peccatorum, qua quis recogitat annos suos in amaritudine animae suae, ponderando peccatorum gravitatem, multitudinem, amissionem aeternae beatitudinis ac aeternae damnationis acquisitionem, haec contritio facit hypocritam imo magis peccatorem.

7. Verissimum est proverbium et omnium doctrina de contritionibus hucusque data praestantius: de cetero non facere, summa poenitentia: optima poenitentia, nova vita.

8. Nullo modo praesumas confiteri peccata venialia, sed nec omnia mortalia; quia impossibile est ut omnia mortalia cognoscas. Unde primitiva Ecclesia solum manifesta mortalia confitebatur.

9. Dum volumus omnia pure confiteri, nihil aliud facimus, quam quod misericordiae Dei nihil volumus relinquere ignoscendum.

10. Peccata non sunt ulli remissa, nisi, remittente sacerdote, credat sibi remitti, imo peccatum maneret, nisi remissum crederet; non enim sufficit remissio peccati et gratiae donatio, sed oportet etiam credere esse remissum.

11. Nullo modo confidas absolvi propter tuam contritionem, sed propter verbum Christi: *Quodcumque solveris* etc. Matth. XVI. Hinc, inquam, confide, si sacerdotis obtinueris absolutionem et crede fortiter te absolutum et absolutus vere eris, quidquid sit de contritione.

12. Si per impossibile confessus non esset contritus aut sacerdos non serio sed ioco absolveret: si tamen credat se absolutum, verissime est absolutus.

13. In sacramento Poenitentiae ac remissione culpae non plus facit Papa aut Episcopus, quam infimus sacerdos: imo, ubi non est sacerdos, aeque tantum quilibet christianus, etiamsi mulier aut puer esset.

14. Nullus debet sacerdoti respondere se esse contritum nec sacerdos requirere.

15. Magnus est error eorum, qui ad sacramentum Eucharistiae accedunt huic innixi, quod sint confessi, quod non sint sibi conscii alicuius peccati mortalis, quod praemiserint orationes suas et praeparatoria: omnes illi iudicium sibi manducant et bibunt. Sed si credant et confidant se gratiam ibi consecuturos, haec sola fides facit eos puros et dignos.

16. Consultum videtur, quod Ecclesia in communi Concilio statueret

laicos sub utraque specie communicandos nec Bohemi communicantes sub utraque specie sunt haeretici, sed schismatici.

17. Thesauri Ecclesiae, unde Papa dat indulgentias, non sunt merita Christi et sanctorum.

18. Indulgentiae sunt piae fraudes fidelium et remissiones bonorum operum et sunt de numero eorum quae licent et non de numero eorum quae expediunt.

19. Indulgentiae his, qui veraciter eas consequuntur, non valent ad remissionem poenae pro peccatis actualibus debitae apud divinam iustitiam.

20. Seducuntur credentes indulgentias esse salutares et ad fructus spiritus utiles.

21. Indulgentiae necessariae sunt solum publicis criminibus et proprie conceduntur duris solummodo et impatientibus.

22. Sex generibus hominum indulgentiae nec sunt necessariae nec utiles: videlicet mortuis seu morituris, infirmis, legitime impeditis, his qui non commiserunt crimina, his qui crimina commiserunt sed non publica, his qui meliora operantur.

23. Excommunicationes sunt tantum externae poenae nec privant hominem communibus spiritualibus Ecclesiae orationibus.

24. Docendi sunt christiani plus diligere excommunicationem, quam timere.

25. Romanus Pontifex, Petri successor, non est Christi vicarius super omnes totius mundi Ecclesias ab ipso Christo in beato Petro institutus.

26. Verbum Christi ad Petrum: *Quodcumque solveris super terram* etc. Matth. XVI. extenditur dumtaxat ad ligata ab ipso Petro.

27. Certum est, in manu Ecclesiae aut Papae prorsus non esse statuere articulos fidei, imo nec leges morum seu bonorum operum.

28. Si Papa cum magna parte Ecclesiae sic vel sic sentiret nec etiam erraret, adhuc non est peccatum aut haeresis contrarium sentire, praesertim in re non necessaria ad salutem, donec fuerit per Concilium universale alterum reprobatum, alterum approbatum.

29. Via nobis facta est enervandi auctoritatem Conciliorum et libere contradicendi eorum gestis et iudicandi eorum decreta et confidenter confitendi quidquid verum videtur, sive probatum fuerit sive reprobatum a quocumque Concilio.

30. Aliqui articuli Ioannis Hus condemnati in Concilio Constantiensi sunt christianissimi, verissimi et evangelici, quos nec universalis Ecclesia posset damnare.

31. In omni opere bono iustus peccat.

32. Opus bonum optime factum, est veniale peccatum.

33. Haereticos comburi, est contra voluntatem Spiritus.

34. Praeliari adversus rurcas, est repugnare Deo visitanti iniquitates nostras per illos.

35. Nemo est certus, se non semper peccare mortaliter, propter occultissimum superbiae vitium.

36. Liberum arbitrium post peccatum est res de solo titulo et dum facit quod in se est, peccat mortaliter.

37. Purgatorium non potest probari ex sacra Scriptura, quae sit in canone.

38. Animae in purgatorio non sunt securae de earum salute, saltem omnes nec probatum est ullis aut rationibus aut Scripturis, ipsas esse extra statum merendi aut augendae caritatis.

39. Animae in purgatorio peccant sine intermissione, quamdiu quaerunt requiem et horrent poenas.

40. Animae e purgatorio liberatae suffragiis viventium, minus beantur, quam si per se satisfecissent.

41. Praelati ecclesiastici et principes seculares non male facerent, si omnes saccos mendicitatis delerent.

NUM. V.

Propositiones 79. *Michaelis Baii, damnatae a s. Pio V. bulla* Ex omnibus afflictionibus *etc.* 1. Oct. 1567. *necnon a Gregorio XIII. bulla* Provisionis nostrae *etc.* 29. Ian. 1579. *et ab Urbano VIII. bulla* In eminenti *etc.* 6. Mart. 1641.

1. Nec angeli nec primi hominis adhuc integri merita, recte vocantur gratia.

2. Sicut opus malum ex natura sua est mortis aeternae meritorium, sic bonum opus ex natura sua est vitae aeternae meritorium.

3. Et bonis angelis et primo homini, si in statu illo perseverasset usque ad ultimum vitae, felicitas esset merces et non gratia.

4. Vita aeterna homini integro et angelo promissa fuit intuitu bonorum operum et bona opera ex lege naturae ad illam consequendam per se sufficiunt.

5. In promissione facta angelo et primo homini continetur naturalis iustitiae constitutio, qua pro bonis operibus, sine alio respectu, vita aeterna iustis promittitur.

6. Naturali lege constitutum fuit homini, ut, si in obedientia perseveraret, ad eam vitam pertransiret, in qua mori non posset.

7. Primi hominis integri merita fuerunt primae creationis munera: sed iuxta modum loquendi Scripturae sacrae non recte vocantur gratia; quo fit, ut tantum merita, non etiam gratia, debeant nuncupari.

8. In redemptis per gratiam Christi nullum inveniri potest bonum meritum, quod sit gratis indigno collatum.

9. Dona concessa homini integro et angelo, forsitan non improbanda ratione possunt dici gratia: sed quia, secundum usum sacrae Scripturae, nomine gratiae ea tantum munera intelliguntur, quae per Iesum Christum male merentibus et indignis conferuntur, ideo neque merita neque merces, quae illis redditur, gratia dici debet.

10. Solutio poenae temporalis, quae peccato dimisso saepe manet et corporis resurrectio proprie nonnisi meritis Christi adscribenda est.

11. Quod pie et iuste in hac vita mortali usque in finem vitae conversati vitam consequimur aeternam, id non proprie gratiae Dei, sed ordinationi naturali statim initio creationis constitutae iusto Dei iudicio deputandum est neque in hac retributione bonorum ad Christi meritum respicitur, sed tantum ad primam institutionem generis humani, in qua lege naturali constitutum est, ut iusto Dei iudicio obedientiae mandatorum vita aeterna reddatur.

12. Pelagii sententia est: opus bonum, citra gratiam adoptionis factum, non est regni caelestis meritorium.

13. Opera bona, a filiis adoptionis facta, non accipiunt rationem meriti ex eo quod fiant per spiritum adoptionis inhabitantem corda filiorum Dei; sed tantum eo quod sint conformia legi quodque per ea praestatur obedientia legi.

14. Opera bona iustorum non accipient in die iudicii extremi mercedem ampliorem, quam iusto Dei iudicio mereantur accipere.

15. Ratio meriti non consistit in eo, quod qui bene operatur habeat gratiam et inhabitantem Spiritum Sanctum, sed in eo solum, quod obedit divinae legi.

16. Non est vera legis obedientia, quae fit sine caritate.

17. Sentiunt cum Pelagio, qui dicunt, esse necessarium ad rationem meriti, ut homo de gratia adoptionis sublimetur ad statum deificum.

18. Opera catechumenorum, ut fides et poenitentia, ante remissionem peccatorum facta, sunt vitae aeternae merita: quam vitam ipsi non consequentur, nisi prius praecedentium delictorum impedimenta tollantur.

19. Opera iustitiae et temperantiae, quae Christus fecit, ex dignitate personae operantis non traxerunt maiorem valorem.

20. Nullum est peccatum ex natura sua veniale, sed omne peccatum meretur poenam aeternam.

21. Humanae naturae sublimatio et exaltatio in consortium divinae naturae debita fuit integritati primae conditionis et proinde naturalis dicenda est et non supernaturalis.

22. Cum Pelagio sentiunt, qui textum Apostoli ad Romanos II.: *Gentes, quae legem non habent, naturaliter ea quae legis sunt faciunt*, intelligunt de gentibus fidei gratiam non habentibus.

23. Absurda est eorum sententia, qui dicunt, hominem ab initio, dono quodam supernaturali et gratuito, supra conditionem naturae suae fuisse exaltatum, ut fide, spe et caritate Deum supernaturaliter coleret.

24. A vanis et otiosis hominibus, secundum insipientiam philosophorum, excogitata est sententia, quae ad pelagianismum reiicenda est, hominem ab initio sic constitutum, ut per dona naturae superaddita fuerit largitate conditoris sublimatus et in Dei filium adoptatus.

25. Omnia opera infidelium sunt peccata et philosophorum virtutes sunt vitia.

26. Integritas primae creationis non fuit indebita humanae naturae exaltatio, sed naturalis eius conditio.

27. Liberum arbitrium, sine gratiae Dei adiutorio, nonnisi ad peccandum valet.

28. Pelagianus est error dicere, quod liberum arbitrium valet ad ullum peccatum vitandum.

29. Non soli fures ii sunt et latrones, qui Christum viam et ostium veritatis et vitae negant, sed etiam quicumque aliunde quam per ipsum in viam iustitiae (hoc est aliquam iustitiam) conscendi posse docent,

30. Aut tentationi ulli sine gratiae ipsius adiutorio resistere hominem posse, sic ut in eam non inducatur aut ab ea non superetur.

31. Caritas perfecta et sincera, quae est ex corde puro et conscientia bona et fide non ficta, tam in catechumenis quam in poenitentibus potest esse sine remissione peccatorum.

32. Caritas illa, quae est plenitudo legis, non est semper coniuncta cum remissione peccatorum.

33. Catechumenus iuste, recte et sancte vivit et mandata Dei observat ac legem implet per caritatem, ante obtentam remissionem peccatorum, quae in Baptismi lavacro demum percipitur.

34. Distinctio illa duplicis amoris, naturalis videlicet, quo Deus amatur ut auctor naturae et gratuiti, quo Deus amatur ut beatificator, vana est et commentitia et ad illudendum sacris litteris et plurimis veterum testimoniis excogitata.

35. Omne quod agit peccator vel servus peccati, peccatum est.

36. Amor naturalis, qui ex viribus naturae exoritur, ex sola philosophia per elationem praesumptionis humanae cum iniuria crucis Christi defenditur a nonnullis doctoribus.

37. Cum Pelagio sentit, qui boni aliquid naturalis, hoc est quod ex naturae solis viribus ortum ducit, agnoscit.

38. Omnis amor creaturae rationalis aut vitiosa est cupiditas, qua mundus diligitur, quae a Ioanne prohibetur aut laudabilis illa caritas, qua per Spiritum Sanctum in corde diffusa Deus amatur.

39. Quod voluntarie fit, etiamsi necessario fiat, libere tamen fit.

40. In omnibus suis actibus peccator servit dominanti cupiditati

41. Is libertatis modus, qui est a necessitate, sub libertatis nomine non reperitur in Scripturis, sed solum nomen libertatis a peccato.

42. Iustitia, qua iustificatur per fidem impius, consistit formaliter in obedientia mandatorum, quae est operum iustitia, non autem in gratia aliqua animae infusa, qua adoptatur homo in filium Dei et secundum interiorem hominem renovatur ac divinae naturae consors efficitur, ut, sic per Spiritum Sanctum renovatus, deinceps bene vivere et Dei mandatis obedire possit.

43. In hominibus poenitentibus ante Sacramentum absolutionis et in catechumenis ante Baptismum est vera iustificatio, separata tamen a remissione peccatorum.

44. Operibus plerisque, quae a fidelibus fiunt solum ut Dei mandatis pareant, cuiusmodi sunt obedire parentibus, depositum reddere, ab homicidio, a furto, a fornicatione abstinere, iustificantur quidem homines; quia sunt legis obedientia et vera legis iustitia: non tamen iis obtinent incrementa virtutum.

45. Sacrificium Missae non alia ratione est sacrificium, quam generali illa, qua omne opus, quod fit, ut sancta societate Deo homo inhaereat.

46. Ad rationem peccati non pertinet voluntarium nec definitionis quaestio est, sed causae et originis, utrum omne peccatum debeat esse voluntarium.

47. Unde peccatum originis vere habet rationem peccati sine ulla relatione ac respectu ad voluntatem, a qua originem habuit.

48. Peccatum originis est habituali parvuli voluntate voluntarium et habitualiter dominatur parvulo; eo quod non gerit contrarium voluntatis arbitrium.

49. Et ex habituali voluntate dominante fit, ut parvulus decedens sine regenerationis Sacramento, quando usum rationis consecutus erit, actualiter Deum odio habeat, Deum blasphemet et legi Dei repugnet.

50. Prava desideria, quibus ratio non consentit et quae homo invitus patitur, sunt prohibita praecepto: *Non concupisces.*

51. Concupiscentia sive lex membrorum et prava eius desideria, quae inviti sentiunt homines, sunt vera legis inobedientia.

52. Omne scelus est eius conditionis, ut suum auctorem et omnes posteros eo modo inficere possit, quo infecit prima transgressio.

53. Quantum est ex vi transgressionis, tantum meritorum malorum a generante contrahunt qui cum minoribus nascuntur vitiis, quam qui cum maioribus.

54. Definitiva haec sententia, Deum homini nihil impossibile praecepisse, falso tribuitur Augustino; cum Pelagii sit.

55. Deus non potuisset ab initio talem creare hominem, qualis nunc nascitur.

56. In peccato duo sunt, actus et reatus: transeunte autem actu, nihil manet nisi reatus sive obligatio ad poenam.

57. Unde in sacramento Baptismi aut sacerdotis absolutione, proprie reatus peccati dumtaxat tollitur et ministerium sacerdotum solum liberat a reatu.

58. Peccator poenitens non vivificatur ministerio sacerdotis absolventis, sed a solo Deo, qui, poenitentiam suggerens et inspirans, vivificat eum et resuscitat: ministerio autem sacerdotis solum reatus tollitur.

59. Quando per eleemosynas aliaque poenitentiae opera Deo satisfacimus pro poenis temporalibus, non dignum pretium Deo pro peccatis nostris offerimus, sicut quidam errantes autumant (nam alioqui essemus, saltem aliqua ex parte, redemptores): sed aliquid facimus, cuius intuitu Christi satisfactio nobis applicatur et communicatur.

60. Per passiones sanctorum in indulgentiis communicatas non proprie redimuntur nostra delicta: sed per communionem caritatis nobis eorum passiones impertiuntur, ut digni simus qui pretio Sanguinis Christi a poenis pro peccatis debitis liberemur.

61. Illa doctorum distinctio, divinae legis mandata bifariam impleri, altero modo quantum ad praeceptorum operum substantiam tantum, altero modo quantum ad certum quemdam modum, videlicet secundum quem valeant operantem perducere ad regnum aeternum (hoc est ad modum meritorium), commentitia est et explodenda.

62. Illa quoque distinctio, qua opus dicitur bifariam bonum, vel quia ex obiecto et omnibus circumstantiis rectum est et bonum (quod moraliter bonum appellare consueverunt) vel quia est meritorium regni aeterni eo quod sit a vivo Christi membro per spiritum caritatis, reiicienda est.

63. Sed et illa distinctio duplicis iustitiae, alterius quae fit per spiritum caritatis inhabitantem, alterius quae fit ex inspiratione quidem Spiritus Sancti cor ad poenitentiam excitantis, sed nondum cor inhabitantis et in eo caritatem diffundentis, qua divinae legis iustificatio impleatur, similiter reiicitur.

64. Item et illa distinctio duplicis vivificationis, alterius qua vivificatur peccator dum ei poenitentiae et vitae novae propositum et inchoatio per Dei gratiam inspiratur, alterius qua vivificatur qui vere iustificatur et palmes vivus in vite Christo efficitur, pariter commentitia est et Scripturis minime congruens.

65. Nonnisi pelagiano errore admitti potest usus aliquis liberi arbitrii bonus sive non malus et gratiae Christi iniuriam facit, qui ita sentit et docet.

66. Sola violentia repugnat libertati hominis naturali.

67. Homo peccat, etiam damnabiliter, in eo quod necessario facit.

68. Infidelitas pure negativa in his, in quibus Christus non est praedicatus, peccatum est.

69. Iustificatio impii fit formaliter per obedientiam legis, non autem
per occultam communicationem et inspirationem gratiae, quae per eam
iustificatos faciat implere legem.

70. Homo exsistens in peccato mortali sive in reatu aeternae damnationis, potest habere veram caritatem et caritas etiam perfecta potest
consistere cum reatu aeternae damnationis.

· 71. Per contritionem etiam cum caritate perfecta et cum voto su-
scipiendi Sacramentum coniunctam, non remittitur crimen, extra casum
necessitatis aut martyrii, sine actuali susceptione Sacramenti.

72. Omnes omnino iustorum afflictiones sunt ultiones peccatorum
ipsorum; unde et Iob et martyres, quae passi sunt, propter peccata sua
passi sunt.

73. Nemo, praeter Christum, est absque peccato originali; hinc beata
Virgo mortua est propter peccatum ex Adam contractum omnesque
eius afflictiones in hac vita, sicut et aliorum iustorum, fuerunt ultiones
peccati actualis vel originalis.

74. Concupiscentia in renatis relapsis in peccatum mortale, in quibus
iam dominatur, peccatum est, sicut et alii habitus pravi.

75. Motus pravi concupiscentiae sunt, pro statu hominis vitiati, prohibiti praecepto: *Non concupisces;* unde homo eos sentiens et non consentiens, transgreditur praeceptum: *Non concupisces;* quamvis transgressio
in peccatum non deputetur.

76. Quamdiu aliquid concupiscentiae carnalis in diligente est, non facit
praeceptum: *Diliges Dominum Deum tuum ex toto corde tuo.*

77. Satisfactiones laboriosae iustificatorum non valent expiare de condigno poenam temporalem restantem post culpam condonatam.

78. Immortalitas primi hominis non erat gratiae beneficium, sed naturalis conditio.

79. Falsa est doctorum sententia, primum hominem potuisse a Deo
creari et institui sine iustitia naturali.

NUM. VI.

*Propositio, qua asseritur aequalitas sanctorum Petri et Pauli,
damnata ab Innocentio X. decreto Congregationis generalis sanctae
romanae et universalis inquisitionis,* Editus est etc. 29. *Ian.* 1647.

Sanctissimus, relata unanimi theologorum ad hoc specialiter deputatorum censura et auditis votis eminentissimorum et reverendissimorum
DD. Cardinalium Generalium Inquisitorum, propositionem hanc: *s. Petrus*

et s. Paulus sunt duo Ecclesiáe principes qui unicum efficiunt vel
sunt duo Ecclesiae catholicae coryphaei ac supremi duces summa inter
se unitate coniuncti vel *sunt geminus universalis Ecclesiae vertex*
qui in unum divinissime coaluerunt vel *sunt duo Ecclesiae summi*
pastores ac praesides qui unicum caput constituunt, ita explicatam, ut
ponat omnimodam aequalitatem inter s. Petrum et s. Paulum sine subordinatione et subiectione s. Pauli ad s. Petrum in potestate suprema
et regimine universalis Ecclesiae, haereticam censuit et declaravit.

NUM. VII.

Propositiones 5. Cornelii Iansenii, ex eius libro, cui titulus Augustinus,
excerptae, damnatae ab Innocentio X. constitutione Cum occasione *etc.*
31. Maii 1653. necnon ab Alexandro VII. constitutione Ad sanctam
b. Petri Sedem *etc. 16. Oct. 1665. tum constitutione* Regiminis apostolici *etc. 15. Febr. 1664. in qua* formularium *edidit, denique a*
Clemente XI. constitutione Vineam Domini sabaoth *etc. 16. Iul. 1705.*

1. Aliqua Dei praecepta hominibus iustis volentibus et conantibus,
secundum praesentes quas habent vires, sunt impossibilia: deest quoque
illis gratia, qua possibilia fiant. *Declarata et damnata uti* temeraria,
impia, blasphema, anathemate damnanda et haeretica.

2. Interiori gratiae in statu naturae lapsae nunquam resistitur. *Decla-*
rata et damnata uti haeretica.

3. Ad merendum et demerendum in statu naturae lapsae non requiritur in homine libertas a necessitate, sed sufficit libertas a coactione.
Declarata et damnata uti haeretica.

4. Semipelagiani admittebant praevenientis gratiae interioris necessitatem ad singulos actus, etiam ad initium fidei et in hoc erant haeretici, quod vellent eam gratiam talem esse, cui posset humana voluntas
resistere vel obtemperare. *Declarata et damnata uti* falsa et haeretica.

5. Semipelagianum est dicere, Christum pro omnibus omnino hominibus mortuum esse aut sanguinem fudisse. *Declarata et damnata uti*
falsa, temeraria, scandalosa et (intellecta eo sensu, ut Christus pro salute dumtaxat praedestinatorum mortuus sit) impia, blasphema, contumeliosa, divinae pietati derogans et haeretica.

Formularium Alexandri VII.

« Ego N. constitutioni apostolicae Innocentii X. datae die 31 Maii 1653.
« et constitutioni Alexandri VII. datae die 16 Octobris 1665. summorum
« Pontificum me subiicio et quinque propositiones ex Cornelii Iansenii

« libro, cui nomen *Augustinus*, excerptas et in sensu ab eodem auctore
« intento, prout illas per dictas constitutiones Sedes apostolica damnavit,
« sincero animo reiicio ac damno et ita iuro. Sic me Deus adiuvet et
« haec sancta Dei Evangelia. »

NUM. VIII.

Propositiones 45. damnatae ab Alexandro VII. decretis Congrega-
tionis generalis sanctae romanae et universalis Inquisitionis, Sanctissimus Dominus noster *etc. 24. Sept. 1665. et 18 Mart. 1666.*

Feria V. die 24. Septembris anno 1665.

Sanctissimus Dominus noster audivit non sine magno animi sui moerore, complures opiniones, christianae disciplinae relaxativas et animarum perniciem inferentes, partim antiquatas iterum suscitari, partim noviter prodire et summam illam luxuriantium ingeniorum licentiam in
dies magis excrescere, per quam in rebus ad conscientiam pertinentibus
modus opinandi irrepsit alienus omnino ab evangelica simplicitate san-
ctorumque Patrum doctrina et quem si pro recta regula fideles in praxi
sequerentur, ingens irreptura esset christianae vitae corruptela. Quare,
ne ullo unquam tempore viam salutis, quam suprema veritas Deus (cuius
verba in aeternum permanent) arctam esse definivit, in animarum perniciem dilatari seu verius perverti contingeret, idem SS. D. N., ut oves
sibi creditas ab eiusmodi spatiosa lataque (per quam itur ad perditionem)
via, pro pastorali sollicitudine, in rectam semitam evocaret, earumdem
opinionum examen *etc.*

1. Homo nullo unquam vitae suae tempore tenetur elicere actum fidei,
spei et caritatis ex vi praeceptorum divinorum ad eas virtutes pertinentium.

2. Vir equestris ad duellum provocatus potest illud acceptare, ne ti-
miditatis notam apud alios incurrat.

3. Sententia asserens, bullam Coenae solum prohibere absolutionem
haeresis et aliorum criminum quando publica sunt et id non derogare
facultati Tridentini, in qua de occultis criminibus sermo est, anno 1629.
18. Iulii in Concistorio sacrae Congregationis eminentissimorum Cardinalium visa et tolerata est.

4. Praelati regulares possunt in foro conscientiae absolvere quoscumque
seculares ab haeresi occulta et ab excommunicatione propter eam incursa.

5. Quamvis evidenter tibi constet, Petrum esse haereticum, non teneris
denuntiare, si probare non possis.

6. Confessarius, qui in sacramentali Confessione tribuit poenitenti

chartam postea legendam, in qua ad venerem incitat, non censetur sollicitare in Confessione ac proinde non est denuntiandus.

7. Modus evitandi obligationem denuntiandae sollicitationis est, si sollicitatus confiteatur cum sollicitante: hic potest ipsum absolvere absque onere denuntiandi.

8. Duplicatum stipendium potest sacerdos pro eadem Missa licite accipere, applicando petenti partem etiam specialissimam fructus ipsimet celebranti correspondentem idque post decretum Urbani VIII.

9. Post decretum Urbani potest sacerdos, cui Missae celebrandae traduntur, per alium satisfacere, collato illi minori stipendio, alia parte stipendii sibi retenta.

10. Non est contra iustitiam, pro pluribus Sacrificiis stipendium accipere et Sacrificium unum offerre. Neque etiam est contra fidelitatem, etiamsi promittam, promissione etiam iuramento firmata, danti stipendium, quod pro nullo alio offeram.

11. Peccata in Confessione omissa seu oblita ob instans periculum vitae aut ob aliam causam, non tenemur in sequenti Confessione exprimere.

12. Mendicantes possunt absolvere a casibus Episcopis reservatis, non obtenta ad id Episcoporum facultate.

13. Satisfacit praecepto annuae Confessionis, qui confitetur regulari Episcopo praesentato, sed ab eo iniuste reprobato.

14. Qui facit Confessionem voluntarie nullam, satisfacit praecepto Ecclesiae.

15. Poenitens propria auctoritate substituere sibi alium potest, qui loco ipsius poenitentiam adimpleat.

16. Qui beneficium curatum habent, possunt sibi eligere in confessarium simplicem sacerdotem non approbatum ab Ordinario.

17. Est licitum religioso vel clerico calumniatorem gravia crimina de se vel de sua religione spargere minantem occidere, quando alius modus defendendi non suppetit; uti suppetere non videtur, si calumniator sit paratus vel ipsi religioso vel eius religioni publice et coram gravissimis viris praedicta impingere, nisi occidatur.

18. Licet interficere falsum accusatorem, falsos testes ac etiam iudicem, a quo iniqua certo imminet sententia, si alia via non potest innocens damnum evitare.

19. Non peccat maritus occidens, propria auctoritate, uxorem in adulterio deprehensam.

20. Restitutio a Pio V. imposita beneficiatis non recitantibus non debetur in conscientia ante sententiam declaratoriam iudicis, eo quod sit poena.

21. Habens cappellaniam collativam aut quodvis aliud beneficium ecclesiasticum, si studio litterarum vacet, satisfacit suae obligationi, si Officium per alium recitet.

BALLERINI *Moral.* Tomo I.   2

22. Non est contra iustitiam beneficia ecclesiastica non conferre gratis; quia collator conferens illa beneficia ecclesiastica, pecunia interveniente, non exigit illam pro collatione beneficii, sed veluti pro emolumento temporali, quod tibi conferre non tenebatur.

23. Frangens ieiunium Ecclesiae, ad quod tenetur, non peccat mortaliter, nisi ex contemptu vel inobedientia hoc faciat, puta quia non vult se subiicere praecepto.

24. Mollities, sodomia et bestialitas sunt peccata eiusdem speciei infimae: ideoque sufficit dicere in Confessione, se procurasse pollutionem.

25. Qui habuit copulam cum soluta, satisfacit Confessionis praecepto dicens, commisi cum soluta grave peccatum contra castitatem, non explicando copulam.

26. Quando litigantes habent pro se opiniones aeque probabiles, potest iudex pecuniam accipere pro ferenda sententia in favorem unius prae alio.

27. Si liber sit alicuius iunioris et moderni, debet opinio censeri probabilis, dum non constet, reiectam esse a Sede apostolica tanquam improbabilem.

28. Populus non peccat, etiamsi absque ulla causa non recipiat legem a principe promulgatam.

Feria V. die 18. Martii anno 1666.

Propos. 29. In die ieiunii, qui saepius modicum quid comedit, non frangit ieiunium.

30. Omnes officiales, qui in republica corporaliter laborant, sunt excusati ab obligatione ieiunii nec debent se certificare, an labor sit compatibilis cum ieiunio.

31. Excusantur absolute a praecepto ieiunii omnes illi, qui iter agunt equitando, utcumque iter agant, etiamsi iter necessarium non sit et etiamsi iter unius diei conficiant.

32. Non est evidens, quod consuetudo non comedendi ova et lacticinia in quadragesima obliget.

33. Restitutio fructuum ob omissionem Horarum suppleri potest per quascumque eleemosynas, quas antea beneficiarius de fructibus sui beneficii fecerit.

34. In die Palmarum recitans Officium paschale satisfacit praecepto.

35. Unico Officio potest quis satisfacere duplici praecepto pro die praesenti et crastino.

36. Regulares possunt in foro conscientiae uti privilegiis suis, quae sunt expresse revocata per Concilium Tridentinum.

37. Indulgentiae concessae Regularibus et revocatae a Paulo V. hodie sunt revalidatae.

38. Mandatum Tridentini factum sacerdoti (sacrificanti ex necessitate cum peccato mortali) confitendi quamprimum, est consilium, non praeceptum.

39. Illa particula *quamprimum* intelligitur, cum sacerdos suo tempore confitebitur.

40. Est probabilis opinio, quae dicit esse tantum veniale osculum habitum ob delectationem carnalem et sensibilem, quae ex osculo oritur, excluso periculo consensus ulterioris et pollutionis.

41. Non est obligandus concubinarius ad eiiciendam concubinam, si haec nimis utilis esset ad oblectamentum concubinarii, vulgo *regalo*, dum, deficiente illa, nimis aegre ageret vitam et aliae epulae taedio magno concubinarium afficerent et alia famula nimis difficile inveniretur.

42. Licitum est mutuanti aliquid ultra sortem exigere, si se obliget ad non repetendam sortem usque ad certum tempus.

43. Annuum legatum pro anima relictum non durat plus quam per decem annos.

44. Quoad forum conscientiae, reo correcto eiusque contumacia cessante, cessant censurae.

45. Libri prohibiti, *donec expurgentur*, possunt retineri usque dum adhibita diligentia corrigantur.

Omnes damnatae et prohibitae ut minimum tanquam scandalosae.

NUM. IX.

Propositiones 65. damnatae ab Innocentio XI. decreto Congregationis generalis sanctae romanae et universalis Inquisitionis, Sanctissimus Dominus noster etc. *2. Mart. 1679.*

Feria V. die 2. Martii 1679.

1. Non est illicitum in sacramentis conferendis sequi opinionem probabilem de valore sacramenti, relicta tutiore, nisi id vetet lex, conventio aut periculum gravis damni incurrendi. Hinc sententia probabili tantum utendum non est in collatione Baptismi, Ordinis sacerdotalis aut episcopalis.

2. Probabiliter existimo, iudicem posse iudicare iuxta opinionem etiam minus probabilem.

3. Generatim, dum probabilitate sive intrinseca sive extrinseca, quantumvis tenui, modo a probabilitatis finibus non exeatur, confisi aliquid agimus, semper prudenter agimus.

4. Ah infidelitate excusabitur infidelis, non credens ductus opinione minus probabili.

5. An peccet mortaliter, qui actum dilectionis Dei semel tantum in vita eliceret, condemnare non audemus.

6. Probabile est, ne singulis quidem rigorose quinquenniis per se obligare praeceptum caritatis erga Deum.

7. Tunc solum obligat, quando tenemur iustificari et non habemus aliam viam, qua iustificari possimus.

8. Comedere et bibere usque ad satietatem ob solam voluptatem non est peccatum, modo non obsit valetudini; quia licite potest appetitus naturalis suis actibus frui.

9. Opus coniugii ob solam voluptatem exercitum omni penitus caret culpa ac defectu veniali.

10. Non tenemur proximum diligere actu interno et formali.

11. Praecepto proximum diligendi satisfacere possumus per solos actus externos.

12. Vix in secularibus invenies, etiam in regibus, superfluum statui. Et ita vix aliquis tenetur ad eleemosynam, quando tenetur tantum ex superfluo statui.

13. Si cum debita moderatione facias, potes absque peccato mortali de vita alicuius tristari et de illius morte naturali gaudere, illam inefficaci affectu petere et desiderare, non quidem ex displicentia personae, sed ob aliquod temporale emolumentum.

14. Licitum est absoluto desiderio cupere mortem patris, non quidem ut malum patris, sed ut bonum cupientis, quia nimirum ei obventura est pinguis hereditas.

15. Licitum est filio gaudere de parricidio parentis a se in ebrietate perpetrato, propter ingentes divitias inde ex hereditate consecutas.

16. Fides non censetur cadere sub praeceptum speciale et secundum se.

17. Satis est actum fidei semel in vita elicere.

18. Si a potestate publica quis interrogetur, fidem ingenue confiteri, ut Deo et fidei gloriosum consulo: tacere, ut peccaminosum per se non damno.

19. Voluntas non potest efficere, ut assensus fidei in seipso sit magis firmus, quam mereatur pondus rationum ad assensum impellentium.

20. Hinc potest quis prudenter repudiare assensum, quem habebat supernaturalem.

21. Assensus fidei supernaturalis et utilis ad salutem stat cum notitia solum probabili revelationis, imo cum formidine, qua quis formidet, ne non sit locutus Deus.

22. Nonnisi fides unius Dei necessaria videtur necessitate medii, non autem explicita Remuneratoris.

23. Fides late dicta, ex testimonio creaturarum similive motivo, ad iustificationem sufficit.

24. Vocare Deum in testem mendacii levis non est tanta irreverentia, propter quam velit aut possit damnare hominem.

25. Cum causa licitum est iurare sine animo iurandi, sive res sit levis sive gravis.

26. Si quis, vel solus vel coram aliis, sive interrogatus sive propria sponte, sive recreationis causa sive quocumque alio fine, iuret se non fecisse aliquid quod revera fecit, intelligendo intra se aliquid aliud quod non fecit, vel aliam viam ab ea in qua fecit, vel quodvis aliud additum verum, revera non mentitur nec est periurus.

27. Causa iusta utendi his amphibologiis est, quoties id necessarium aut utile est ad salutem corporis, honorem, res familiares tuendas vel ad quemlibet alium virtutis actum, ita ut veritatis occultatio censeatur tunc expediens et studiosa.

28. Qui mediante commendatione vel munere ad magistratum vel officium publicum promotus est, poterit cum restrictione mentali praestare iuramentum quod de mandato regis a similibus solet exigi, non habito respectu ad intentionem exigentis; quia non tenetur fateri crimen occultum.

29. Urgens metus gravis est causa iusta sacramentorum administrationem simulandi.

30. Fas est viro honorato occidere invasorem, qui nititur calumniam inferre, si aliter haec ignominia vitari nequit: idem quoque dicendum, si quis impingat alapam vel fuste percutiat et post impactam alapam vel ictum fustis fugiat.

31. Regulariter occidere possum furem pro conservatione unius aurei.

32. Non solum licitum est defendere defensione occisiva quae actu possidemus, sed etiam ad quae ius inchoatum habemus et quae nos possessuros speramus.

33. Licitum est tam heredi quam legatario, contra iniuste impedientem ne vel hereditas adeatur vel legata solvantur, se taliter defendere: sicut et ius habenti in cathedram vel praebendam contra earum possessionem iniuste impedientem.

34. Licet procurare abortum ante animationem foetus, ne puella deprehensa gravida occidatur aut infametur.

35. Videtur probabile, omnem foetum (quamdiu in utero est) carere anima rationali et tunc primum incipere eamdem habere, cum paritur ac consequenter dicendum erit, in nullo abortu homicidium committi.

36. Permissum est furari non solum in extrema necessitate, sed etiam in gravi.

37. Famuli et famulae domesticae possunt occulte heris suis surripere ad compensandam operam suam, quam maiorem iudicant salario, quod recipiunt.

38. Non tenetur quis sub poena peccati mortalis restituere, quod ablatum est per pauca furta, quantumcumque sit magna summa totalis.

39. Qui alium movet aut inducit ad inferendum grave damnum tertio, non tenetur ad restitutionem istius damni illati.

40. Contractus mohatra licitus est, etiam respectu eiusdem personae et cum contractu retrovenditionis praevie inito cum intentione lucri.

41. Cum numerata pecunia pretiosior sit numeranda et nullus sit qui non maioris faciat pecuniam praesentem quam futuram; potest creditor aliquid ultra sortem a mutuatario exigere et eo titulo ab usura excusari.

42. Usura non est dum ultra sortem aliquid exigitur tanquam ex benevolentia et gratitudine debitum, sed solum si exigatur tanquam ex iustitia debitum.

43. Quidni nonnisi veniale sit, detrahentis auctoritatem magnam, sihi noxiam, falso crimine elidere?

44. Probabile est non peccare mortaliter, qui imponit falsum crimen alicui, ut suam iustitiam et honorem defendat. Et si hoc non sit probabile, vix ulla erit opinio probabilis in theologia.

45. Dare temporale pro spirituali non est simonia, quando temporale non datur tanquam pretium, sed dumtaxat tanquam motivum conferendi vel efficiendi spirituale vel etiam quando temporale sit solum gratuita compensatio pro spirituali aut e contra.

46. Et id quoque locum habet, etiamsi temporale sit principale motivum dandi spirituale, imo etiamsi sit finis ipsius rei spiritualis, sic ut illud pluris aestimetur, quam res spiritualis.

47. Cum dixit Concilium Tridentinum eos alienis peccatis communicantes mortaliter peccare, qui, nisi quos digniores et ecclesiae magis utiles ipsi iudicaverint, ad ecclesias promovent: Concilium vel primo videtur per hoc *digniores* non aliud significare velle, nisi dignitatem eligendorum, sumpto comparativo pro positivo, vel secundo locutione minus propria ponit *digniores*, ut excludat indignos, non vero dignos, vel tandem loquitur tertio, quando fit concursus.

48. Tam clarum videtur fornicationem secundum se nullam involvere malitiam et solum esse malam, quia interdicta, ut contrarium omnino rationi dissonum videatur.

49. Mollities iure naturae prohibita non est. Unde si Deus eam non interdixisset, saepe esset bona et aliquando obligatoria sub mortali.

50. Copula cum coniugata, consentiente marito, non est adulterium adeoque sufficit in Confessione dicere, se esse fornicatum.

51. Famulus, qui submissis humeris scienter adiuvat herum suum ascendere per fenestras ad stuprandam virginem et multoties eidem subservit deferendo scalam, aperiendo ianuam aut quid simile cooperando,

non peccat mortaliter, si id faciat metu notabilis detrimenti, puta ne a domino male tractetur, ne torvis oculis aspiciatur, ne domo expellatur.

52. Praeceptum servandi festa non obligat sub mortali, seposito scandalo, si absit contemptus.

53. Satisfacit praecepto Ecclesiae de audiendo Sacro,' qui duas eius partes, imo quatuor, simul a diversis celebrantibus audit.

54. Qui non potest recitare Matutinum et Laudes, potest autem reliquas Horas, ad nihil tenetur; quia maior pars trahit ad se minorem.

55. Praecepto Communionis annuae satisfit per sacrilegam Domini manducationem.

56. Frequens Confessio et Communio, etiam in his qui gentiliter vivunt, est nota praedestinationis.

57. Probabile est, sufficere attritionem naturalem, modo honestam.

58. Non tenemur Confessario interroganti fateri peccati alicuius consuetudinem.

59. Licet sacramentaliter absolvere dimidiate tantum confessos, ratione magni concursus poenitentium, qualis verbi gratia potest contingere in die magnae alicuius festivitatis aut indulgentiae.

60. Poenitenti habenti consuetudinem peccandi contra legem Dei, naturae aut Ecclesiae, etsi emendationis spes nulla appareat, nec est neganda nec differenda absolutio; dummodo ore proferat, se dolere et proponere emendationem.

61. Potest aliquando absolvi qui in proxima occasione peccandi versatur, quam potest et non vult omittere, quin imo directe et ex proposito quaerit aut ei se ingerit.

62. Proxima occasio peccandi non est fugienda, quando causa aliqua utilis aut honesta non fugiendi occurrit.

63. Licitum est quaerere directe occasionem proximam peccandi, pro bono spirituali vel temporali nostro vel proximi.

64. Absolutionis capax est homo, quantumvis laboret ignorantia mysteriorum Fidei et etiamsi per negligentiam etiam culpabilem nesciat mysterium sanctissimae Trinitatis et Incarnationis Domini Nostri Iesu Christi.

65. Sufficit illa mysteria semel credidisse.

Omnes damnatae et prohibitae, sicut iacent, ut minimum tanquam scandalosae et in praxi perniciosae.

Summus Pontifex decretum concludit his verbis: Tandem, ut ab iniuriosis contentionibus doctores seu scholastici aut alii quicumque imposterum se abstineant et ut paci et caritati consulatur, idem Sanctissimus in virtute sanctae obedientiae eis praecipit, ut tam in libris imprimendis ac manuscriptis, quam in thesibus, disputationibus ac praedicationibus caveant ab omni censura et nota nec non a quibuscumque conviclis contra eas propositiones, quae adhuc inter catholicos hinc inde controvertuntur, donec a sancta Sede, re cognita, super iisdem propositionibus iudicium proferatur.

Alia propositio damnata sub eodem Innoc. XI. an. 1682.

Scientia ex confessione acquisita uti licet, modo fiat sine directa aut indirecta revelatione et gravamine poenitentis, nisi aliud multo gravius ex non usu sequatur, in cuius comparatione prius merito contemnatur.

Revocari huc potest et decretum Clementis VIII.
26. Maii an. 1594.

Tam Superiores pro tempore exsistentes, quam Confessarii, qui postea ad Superioris gradum fuerint promoti, caveant diligentissime, ne ea notitia, quam de aliorum peccatis in confessione habuerunt, ad exteriorem gubernationem utantur.

Quoad sacramentum Poenitentiae sub Clemente VIII. 19. Iul. 1602.
proscripta est sequens Propositio.

Licet per litteras seu internuntium Confessario absenti peccata sacramentaliter confiteri et ab eodem absente absolutionem obtinere.

NUM. X.

Propositiones 68. Michaelis de Molinos damnatae ab Innocentio XI.
constitutione Caelestis Pastor etc. 20. Nov. 1687. ·

1. Oportet hominem suas potentias annihilare et haec est vita interna.
2. Velle operari active, est Deum offendere, qui vult esse ipse solus agens et ideo opus est seipsum in Deo totum et totaliter derelinquere et postea permanere velut corpus exanime.
3. Vota de aliquo faciendo sunt perfectionis impeditiva.
4. Activitas naturalis est gratiae inimica impeditque Dei operationes et veram perfectionem; quia Deus operari vult in nobis sine nobis.
5. Nihil operando anima se annihilat et ad ipsum principium redit et ad suam originem, quae est essentia Dei, in qua transformata remanet ac divinizata et Deus tunc in se ipso remanet; quia tunc non sunt amplius duae res unitae, sed una tantum et hac ratione Deus vivit et regnat in nobis et anima seipsam annihilat in esse operativo.
6. Via interna est illa, qua non cognoscitur nec lumen nec amor nec resignatio et non oportet Deum cognoscere et hoc modo recte proceditur.

7. Non debet anima cogitare nec de praemio nec de punitione nec de paradiso nec de inferno nec de morte nec de aeternitate.

8. Non debet velle scire, an gradiatur cum voluntate Dei, an cum eadem voluntate resignata maneat nec ne: nec opus est ut velit cognoscere suum statum nec proprium nihil; sed debet ut corpus exanime manere.

9. Non debet anima reminisci nec sui nec Dei nec cuiuscumque rei et in via interna omnis reflexio est nociva, etiam reflexio ad suas humanas actiones et ad proprios defectus.

10. Si propriis defectibus alios scandalizet, non est necessarium reflectere; dummodo non adsit voluntas scandalizandi et ad proprios defectus non posse reflectere, gratia Dei est.

11. Ad dubia, quae occurrunt, an recte procedatur nec ne, non opus est reflectere.

12. Qui suum liberum arbitrium Deo donavit, de nulla re debet curam habere nec de inferno nec de paradiso: nec debet desiderium habere propriae perfectionis nec virtutum nec propriae sanctitatis nec propriae salutis, cuius spem expurgare debet.

13. Resignato Deo libero arbitrio, eidem Deo relinquenda est cogitatio et cura de omni re nostra et relinquere ut faciat in nobis sine nobis suam divinam voluntatem.

14. Qui divinae voluntati resignatus est, non convenit ut a Deo rem aliquam petat; quia petere est imperfectio, cum sit actus propriae voluntatis et electionis et est velle quod divina voluntas nostrae conformetur et non quod nostra divinae et illud Evangelii *Petite et accipietis*, non est dictum a Christo pro animabus internis, quae nolunt habere voluntatem: imo huiusmodi animae eo perveniunt, ut non possint a Deo rem aliquam petere.

15. Sicut non debent a Deo rem aliquam petere, ita nec illi ob aliquam gratias agere debent; quia utrumque est actus propriae voluntatis.

16. Non convenit indulgentias quaerere pro poena propriis peccatis debita: quia melius est divinae iustitiae satisfacere, quam divinam misericordiam quaerere; quoniam illud ex puro Dei amore procedit et istud ab amore nostri interessato nec est Deo grata nec meritoria; quia est velle crucem fugere.

17. Tradito Deo libero arbitrio et eidem relicta cura et cogitatione animae nostrae, non est amplius habenda ratio tentationum nec eis alia resistentia fieri debet nisi negativa, nulla adhibita industria et si natura commovetur, oportet sinere, ut commoveatur; quia est natura.

18. Qui in oratione utitur imaginibus, figuris, speciebus et propriis conceptibus, non adorat Deum in spiritu et veritate.

19. Qui amat Deum eo modo, quo ratio argumentatur aut intellectus comprehendit, non amat verum Deum.

20. Asserere quod in oratione opus est sibi per discursum auxilium ferre et per cogitationes, quando Deus animam non alloquitur, ignorantia est. Deus nunquam loquitur, eius locutio est operatio et semper in anima operatur, quando haec suis discursibus, cogitationibus et operationibus eum non impedit.

21. In oratione opus est manere in fide obscura et universali, cum quiete et oblivione cuiuscumque cogitationis particularis ac distinctae attributorum Dei ac Trinitatis et sic in Dei praesentia manere ad illum adorandum et amandum eique inserviendum, sed absque productione actuum; quia Deus in his sibi non complacet.

22. Cognitio haec per fidem non est actus a creatura productus, sed est cognitio a Deo creaturae tradita, quam creatura se habere non cognoscit nec postea cognoscit se illam habuisse et idem dicitur de amore.

23. Mystici cum s. Bernardo in scala claustralium distinguunt quatuor gradus, lectionem, meditationem, orationem et contemplationem infusam. Qui semper in primo sistit, nunquam ad secundum pertransit. Qui semper in secundo persistit, nunquam ad tertium pervenit, qui est nostra contemplatio acquisita, in qua per totam vitam persistendum est; dummodo Deus animam non trahat (absque eo quod ipsa id exspectet) ad contemplationem infusam et hac cessante, anima regredi debet ad tertium gradum et in ipso permanere, absque eo quod amplius redeat ad secundum aut primum.

24. Qualescumque cogitationes in oratione occurrant, etiam impurae, etiam contra Deum, sanctos, fidem et sacramenta, si voluntarie non nutriantur nec voluntarie expellantur, sed cum indifferentia et resignatione tolerentur, non impediunt orationem fidei: imo eam perfectiorem efficiunt; quia anima tunc magis divinae voluntati resignata remanet.

25. Etiamsi superveniat somnus et dormiatur, nihilominus fit oratio et contemplatio actualis; quia oratio et resignatio idem sunt et dum resignatio perdurat, perdurat et oratio.

26. Tres illae viae purgativa, illuminativa et unitiva est absurdum maximum, quod dictum fuerit in mystica; cum non sit nisi unica via, scilicet via interna.

27. Qui desiderat et amplectitur devotionem sensibilem, non desiderat nec quaerit Deum, sed seipsum et male agit, cum eam desiderat et eam habere conatur, qui per viam internam incedit, tam in locis sacris quam in diebus solemnibus.

28. Taedium rerum spiritualium bonum est, siquidem per illud purgatur amor proprius.

29. Dum anima interna fastidit discursus de Deo et virtutes, frigida remanet, nullum in se ipsa sentiens fervorem, bonum signum est.

30. Totum sensibile, quod exprimitur in vita spirituali, est abominahile, spurcum et immundum.

31. Nullus meditativus veras virtutes exercet internas, quae non debent a sensibus cognosci. Opus est amittere virtutes.

32. Nec ante nec post Communionem alia requiritur praeparatio aut gratiarum actio (pro istis animabus internis), quam permanentia in solida resignatione passiva; quia modo perfectiore supplet omnes actus virtutum, qui possunt et fiunt in via ordinaria. Et si hac occasione Communionis insurgunt motus humiliationis, petitionis aut gratiarum actionis, reprimendi sunt, quoties non dignoscatur, eos esse ex impulsu speciali Dei: alias sunt impulsus naturae nondum mortuae.

33. Male agit anima, quae procedit per hanc viam internam, si in diebus sollemnibus vult aliquo conatu particulari excitare in se devotum aliquem sensum; quoniam animae internae omnes dies sunt aequales, omnes festivi. Et idem dicitur de locis sacris, quia huiusmodi animabus omnia loca aequalia sunt.

34. Verbis et lingua gratias agere Deo, non est pro animabus internis, quae in silentio manere debent, nullum Deo impedimentum apponendo quod operetur in illis et quo magis Deo se resignant, experiuntur se non posse orationem dominicam seu Pater noster recitare.

35. Non convenit animabus huius viae internae, quod faciant operationes etiam virtuosas ex propria electione et activitate; alias non essent mortuae. Nec debent elicere actus amoris erga beatam Virginem, sanctos aut Humanitatem Christi; quia, cum ista obiecta sensibilia sint, talis est amor erga illa.

36. Nulla creatura nec beata Virgo nec sancti sedere debent in nostro corde; quia solus Deus vult illud occupare et possidere.

37. In occasione tentationum etiam furiosarum, non debet anima clicere actus explicitos virtutum oppositarum, sed debet in supradicto amore et resignatione permanere.

38. Crux voluntaria mortificationum pondus grave est et infructuosum ideoque dimittenda.

39. Sanctiora opera et poenitentiae, quas peregerunt sancti, non sufficiunt ad removendam ab anima vel unicam adhaesionem.

40. Beata Virgo nullum unquam opus exterius peregit et tamen fuit sanctis omnibus sanctior. Igitur ad sanctitatem perveniri potest absque opere exteriori.

41. Deus permittit et vult, ad nos humiliandos et ad veram transformationem perducendos, quod in aliquibus animabus perfectis, etiam non arreptitiis, daemon violentiam inferat earum corporibus easque actus carnales committere faciat, etiam in vigilia et sine mentis offuscatione, movendo physice illarum manus et alia membra contra earum volunta-

tem. Et idem dicitur quoad alios actus per se peccaminosos: in quo casu non sunt peccata; quia his non adest consensus.

42. Potest dari casus, quod huiusmodi violentiae ad actus carnales contingant eodem tempore ex parte duarum personarum, scilicet maris et feminae et ex parte utriusque sequatur actus. ⌐

43. Deus praeteritis seculis sanctos efficiebat tyrannorum ministerio: nunc vero eos efficit sanctos ministerio daemonum, qui causando in eis praedictas violentias, facit ut illi seipsos magis despiciant atque annihilent et se Deo resignent.

44. Iob blasphemavit et tamen non peccavit labiis suis; quia fuit ex daemonis violentia.

45. Sanctus Paulus huiusmodi daemonis violentias in suo corpore passus est; unde scripsit: *Non quod volo bonum, hoc ago: sed, quod nolo malum, hoc facio.*

46. Huiusmodi violentiae sunt medium magis proportionatum ad annihilandam animam et ad eam transformationem et unionem perducendam nec alia superest via et haec est via facilior et tutior.

47. Cum huiusmodi violentiae occurrunt, sinere oportet ut satanas operetur, nullam adhibendo industriam nullumque proprium conatum, sed permanere debet homo in suo nihilo et etiamsi sequantur pollutiones et actus obscoeni propriis manibus et etiam peiora, non opus est se ipsum inquietare, sed foras emittendi sunt scrupuli, dubia et timores; quia anima fit magis illuminata, magis roborata magisque candida et acquiritur sancta libertas. Et prae omnibus non opus est haec confiteri et sanctissime fit non confitendo; quia hoc pacto superatur daemon et acquiritur thesaurus pacis.

48. Satanas, qui huiusmodi violentias infert, suadet deinde gravia esse delicta, ut anima se inquietet, ne in via interna ulterius progrediatur: unde ad eius vires enervandas melius est ea non confiteri; quia non sunt peccata nec etiam venialia.

49. Iob ex violentia daemonis se propriis manibus polluebat, eodem tempore, quo mundas habebat ad Deum preces (sic interpretando locum ex capite XVI. Iob).

50. David, Ieremias et multi ex sanctis prophetis huiusmodi violentias patiebantur harum impurarum operationum externarum.

51. In sacra Scriptura multa sunt exempla violentiarum ad actus externos peccaminosos, uti illud de Samsone, qui per violentiam se ipsum occidit cum philistaeis, coniugium iniit cum alienigena et cum Dalila meretrice fornicatus est, quae alias erant prohibita et peccata fuissent: de Iuditha, quae Holoferni mentita fuit: de Elisaeo, qui pueris maledixit: de Elia, qui combussit duces cum turmis regis Achab. An vero fuerit violentia immediate a Deo peracta, vel daemonum ministerio, ut in aliis animabus contingit, in dubio relinquitur.

52. Cum huiusmodi violentiae etiam impurae absque mentis offuscatione accidunt, tunc anima Deo potest uniri et de facto semper magis unitur.

53. Ad cognoscendum in praxi, an aliqua operatio in aliis personis fuerit violenta, regula, quam de hoc habeo, nedum sunt protestationes animarum illarum, quae protestantur se dictis violentiis non consensisse aut iurare non posse quod iis consenserint et videre quod sint animae quae proficiunt in via interna: sed regulam sumerem a lumine quodam actuali cognitione humana ac theologica superiore, quod me certo cognoscere facit cum interna certitudine, quod talis operatio est violenta et certus sum quod hoc lumen a Deo procedit; quia ad me provenit coniunctum cum certitudine quod a Deo proveniat et mihi nec umbram dubii relinquit in contrarium: eo modo, quo interdum contingit, quod Deus, aliquid revelando, eodem tempore animam certam reddit, quod ipse sit qui revelat et anima in contrarium non potest dubitare.

54. Spirituales vitae ordinariae in hora mortis se delusos invenient et confusos et cum omnibus passionibus in alio mundo purgandis.

55. Per hanc viam internam pervenitur, etsi multa cum sufferentia, ad purgandas et extinguendas omnes passiones, ita quod nihil amplius sentitur, nihil, nihil nec ulla sentitur inquietudo, sicut corpus mortuum, nec anima se amplius commoveri sinit.

56. Duae leges et duae cupiditates (animae una et amoris proprii altera) tamdiu perdurant, quamdiu perdurat amor proprius: unde quando hic purgatus est et mortuus, ut fit per viam internam, non adsunt amplius illae duae leges et duae cupiditates nec ulterius lapsus aliquis incurritur nec aliquid sentitur amplius, ne quidem veniale peccatum.

57. Per contemplationem acquisitam pervenitur ad statum non faciendi amplius peccata nec mortalia nec venialia.

58. Ad huiusmodi statum pervenitur, non reflectendo amplius ad proprias operationes; quia defectus ex reflexione oriuntur.

59. Via interna seiuncta est a Confessione, a confessariis et a casibus conscientiae, a theologia et philosophia.

60. Animabus provectis, quae reflexionibus mori incipiunt et eo etiam perveniunt ut sint mortuae, Deus Confessionem aliquando efficit impossibilem et supplet ipse tanta gratia praeservante, quantam in sacramento reciperent: et ideo huiusmodi animabus non est bonum in tali casu ad sacramentum Poenitentiae accedere; quia id est in illis impossibile.

61. Anima, cum ad mortem mysticam pervenit, non potest amplius aliud velle, quam quod Deus vult; quia non habet amplius voluntatem et Deus illi eam abstulit.

62. Per viam internam pervenitur ad continuum statum immobilem in pace imperturbabili.

63. Per viam internam pervenitur etiam ad mortem sensuum: quin imo signum quod quis in statu nihilitatis maneat id est mortis mysticae, est, si sensus exteriores non repraesentent amplius res sensibiles, unde sint ac si non essent; quia non perveniunt ad faciendum quod intellectus se ad eas applicet.

64. Theologus minorem dispositionem habet quam homo rudis ad statum contemplativi: primo quia non habet fidem adeo puram, secundo quia non est adeo humilis, tertio quia non adeo curat propriam salutem, quarto quia caput refertum habet phantasmatibus, speciebus, opinionibus et speculationibus et non potest in illum ingredi verum lumen.

65. Praepositis obediendum est in exteriore et latitudo voti obedientiae religiosorum tantummodo ad exterius pertingit. In interiore vero aliter se res habet, quo solus Deus et director intrant.

66. Risu digna est nova quaedam doctrina in Ecclesia Dei, quod anima quoad internum gubernari debeat ab Episcopo: quod si Episcopus non sit capax, anima ipsum cum suo directore adeat. Novam dico doctrinam; quia nec sacra Scriptura nec Concilia nec canones nec bullae nec sancti nec auctores eam umquam tradiderunt nec tradere possunt; quia Ecclesia non iudicat de occultis et anima ius habet eligendi quemcumque sibi bene visum.

67. Dicere quod internum manifestandum est exteriori tribunali praepositorum et quod peccatum sit id non facere, est manifesta deceptio; quia Ecclesia non iudicat de occultis et propriis animabus praeiudicant his deceptionibus et simulationibus.

68. In mundo non est facultas nec iurisdictio ad praecipiendum ut manifestentur epistolae directoris quoad internum animae et ideo opus est animadvertere, quod hoc est insultus satanae etc.

Damnatae tanquam haereticae, suspectae, erroneae, scandalosae, blasphemae, piarum aurium offensivae, temerariae, christianae disciplinae· relaxativae et eversivae et seditiosae respective.

NUM. XI.

Propositiones 2. damnatae ab Alexandro VIII.
decreto Sanctissimus Dominus noster *etc.* 24. *Aug.* 1690.

1. Bonitas obiectiva consistit in convenientia obiecti cum natura rationali: formalis vero in conformitate actus cum regula morum. Ad hoc sufficit, ut actus moralis tendat in finem ultimum interpretative: HUNC HOMO NON TENETUR AMARE NEQUE IN PRINCIPIO NEQUE IN DECURSU VITAE SUAE MORTALIS.

Declarata et damnata uti haeretica.

2. Peccatum philosophicum seu morale est actus humanus disconveniens naturae rationali et rectae rationi: theologicum vero et mortale est trangressio libera divinae legis. Philosophicum, quantumvis grave, in illo qui Deum vel ignorat vel de Deo actu non cogitat, est grave peccatum, sed non est offensa Dei neque peccatum mortale, dissolvens amicitiam Dei neque aeterna poena dignum.

Declarata et damnata uti scandalosa, temeraria, piarum aurium offensiva et erronea. *Illam effinxerat pro suo libito Arnaldus suisque adversariis calumniose de more attribuit.*

NUM. XII.

Propositiones 31. *damnatae ab Alexandro VIII.*
decreto Sanctissimus Dominus noster *etc.* 7. *Dec.* 1690.

1. In statu naturae lapsae ad peccatum formale et demeritum sufficit illa libertas, qua voluntarium ac liberum fuit in causa sua, peccato originali et voluntate Adami peccantis.

2. Tametsi detur ignorantia invincibilis iuris naturae, haec in statu naturae lapsae operantem ex ipsa non excusat a peccato formali.

3. Non licet sequi opinionem vel inter probabiles probabilissimam.

4. Dedit semetipsum (Christus) pro nobis oblationem Deo, non pro solis electis, sed pro omnibus et solis fidelibus.

5. Pagani, iudaei, haeretici aliique huius generis nullum omnino accipiunt a Iesu Christo influxum: adeoque hinc recte inferes, in illis esse voluntatem nudam et inermem sine omni gratia sufficienti.

6. Gratia sufficiens statui nostro non tam utilis, quam perniciosa est sic, ut proinde merito possimus petere: A gratia sufficienti libera nos, Domine.

7. Omnis humana actio deliberata est Dei dilectio vel mundi: si Dei, caritas Patris est: si mundi, concupiscentia carnis, hoc est mala est.

8. Necesse est, infidelem in omni opere peccare.

9. Revera peccat, qui odio habet peccatum mere ob eius turpitudinem et disconvenientiam cum natura, sine ullo ad Deum offensum respectu.

10. Intentio, qua quis detestatur malum et prosequitur bonum mere ut caelestem obtineat gloriam, non est recta nec Deo placens.

11. Omne quod non est ex fide christiana supernaturali, quae per dilectionem operatur, peccatum est.

12. Quando in magnis peccatoribus deficit omnis amor, deficit etiam fides et etiamsi videatur credere, non est fides divina, sed humana.

13. Quisquis etiam aeternae mercedis intuitu Deo famulatur, caritate si caruerit, vitio non caret, quoties, intuitu licet beatitudinis, operatur.

14. Timor gehennae non est supernaturalis.

15. Attritio, quae gehennae et poenarum metu concipitur, sine dilectione benevolentiae Dei propter se, non est bonus motus ac supernaturalis.

16. Ordinem praemittendi satisfactionem absolutioni induxit non politia aut institutio Ecclesiae, sed ipsa Christi lex et praescriptio, natura rei id ipsum quodammodo dictante.

17. Per illam praxim mox absolvendi, ordo poenitentiae est inversus.

18. Consuetudo moderna quoad administrationem sacramenti Poenitentiae, etiamsi eam plurimorum hominum sustentet auctoritas et multi temporis diuturnitas confirmet, nihilominus ab Ecclesia non habetur pro usu, sed abusu.

19. Homo debet agere tota vita poenitentiam pro peccato originali.

20. Confessiones apud religiosos factae, pleraeque vel sacrilegae sunt vel invalidae.

21. Parochianus potest suspicari de mendicantibus, qui eleemosynis communibus vivunt, de imponenda nimis levi et incongrua poenitentia seu satisfactione, ob quaestum seu lucrum subsidii temporalis.

22. Sacrilegi sunt iudicandi, qui ius ad Communionem percipiendam praetendunt, antequam condignam de delictis suis poenitentiam egerint.

23. Similiter arcendi sunt a sacra Communione, quibus nondum inest amor Dei purissimus et omnis mixtionis expers.

24. Oblatio in templo, quae fiebat a beata Virgine Maria in die purificationis suae per duos pullos columbarum, unum in holocaustum et alterum pro peccatis, sufficienter testatur, quod indiguerit purificatione et quod filius (qui offerebatur) etiam macula matris maculatus esset, secundum verba legis.

25. Dei Patris sedentis simulacrum nefas est christiano in templo collocare.

26. Laus, quae defertur Mariae, ut Mariae, vana est.

27. Valuit aliquando Baptismus sub hac forma collatus: In nomine Patris etc., praetermissis illis: Ego te baptizo.

28. Valet Baptismus collatus a ministro, qui omnem ritum externum formamque baptizandi observat, intus vero in corde suo apud se resolvit: Non intendo quod facit Ecclesia.

29. Futilis et toties convulsa est assertio de Pontificis romani supra Concilium occumenicum auctoritate atque in fidei quaestionibus decernendis infallibilitate.

30. Ubi quis invenerit doctrinam in Augustino clare fundatam, illam absolute potest tenere et docere, non respiciendo ad ullam Pontificis bullam.

31. Bulla Urbani VIII. *In eminenti* est subreptitia.

Damnatae et prohibitae tanquam temerariae, scandalosae, male sonantes, iniuriosae, haeresi proximae, haeresim sapientes, erroneae, schismaticae et haereticae respective.

NUM. XIII.

Propositiones 23. super amore erga Deum purissimo,
damnatae ab Innocentio XII. brevi Cum alias etc. *12. Mart. 1699.*

1. Datur habitualis status amoris Dei, qui est caritas pura et sine
ulla admixtione motivi proprii interesse. Neque timor poenarum neque
desiderium remunerationum habent amplius in eo partem. Non amatur
amplius Deus propter meritum neque propter perfectionem neque propter felicitatem in amando inveniendam.

2. In statu vitae contemplativae sive unitivae amittitur omne motivum
interessatum timoris et spei.

3. Id, quod est essentiale in directione animae, est non aliud facere,
quam sequi pedetentim gratiam cum infinita patientia, praecautione et
subtilitate. Oportet se intra hos limites continere, ut sinatur Deus agere
et nunquam ad purum amorem ducere, nisi quando Deus per unctionem
interiorem incipit aperire cor huic verbo, quod adeo durum est animabus
adhuc sibimet affixis et ideo potest illas scandalizare aut in perturbationem coniicere.

4. In statu sanctae indifferentiae anima non habet amplius desideria
voluntaria et deliberata propter suum interesse, exceptis iis occasionibus,
in quibus toti suae gratiae fideliter non cooperatur.

5. In eodem statu sanctae indifferentiae nihil nobis, omnia Deo volumus. Nihil volumus, ut simus perfecti et beati propter interesse proprium:
sed omnem perfectionem ac beatitudinem volumus, in quantum Deo placet
efficere ut velimus res istas impressione suae gratiae.

6. In hoc sanctae indifferentiae statu nolumus amplius salutem, ut
salutem propriam, ut liberationem aeternam, ut mercedem nostrorum
meritorum, ut nostrum interesse omnium maximum: sed eam volumus
voluntate piena, ut gloriam et beneplacitum Dei, ut rem quam ipse vult
et quam nos vult velle propter ipsum.

7. Derelictio non est nisi abnegatio seu sui ipsius renuntiatio, quam
Iesus Christus a nobis in Evangelio requirit, postquam externa omnia
reliquerimus. Ista nostri ipsorum abnegatio non est nisi quoad interesse
proprium... Extremae probationes, in quibus haec abnegatio seu sui ipsius
derelictio exerceri debet, sunt tentationes, quibus Deus aemulator vult
purgare amorem, nullum ei ostendendo perfugium neque ullam spem
quoad suum interesse proprium, etiam aeternum.

8. Omnia sacrificia, quae fieri solent ab animabus quam maxime disinteressatis circa carum aeternam beatitudinem, sunt conditionalia... Sed hoc sacrificium non potest esse absolutum in statu ordinario In uno extremarum probationum casu hoc sacrificium fit aliquo modo absolutum.

9. In extremis probationibus potest animae invincibiliter persuasum esse persuasione reflexa et quae non est intimus conscientiae fundus, se iuste reprobatam esse a Deo.

10. Tunc anima divisa a semetipsa expirat cum Christo in cruce, dicens: *Deus, Deus meus, ut quid dereliquisti me?* In hac involuntaria impressione desperationis conficit sacrificium absolutum sui interesse proprii quoad aeternitatem.

11. In hoc statu anima amittit omnem spem sui proprii interesse; sed nunquam amittit in parte superiori idest in suis actibus directis et intimis, spem perfectam, quae est desiderium disinteressatum promissionum.

12. Director tunc potest huic animae permittere, ut simpliciter acquiescat iacturae sui proprii interesse et iustae condemnationi, quam sibi a Deo indictam credit.

13. Inferior Christi pars in cruce non communicavit superiori suas involuntarias perturbationes.

14. In extremis probationibus pro purificatione amoris fit quaedam separatio partis superioris animae ab inferiori... In ista separatione actus partis inferioris manant ex omnino caeca et involuntaria perturbatione; nam totum, quod est voluntarium et intellectuale, est partis superioris.

15. Meditatio constat discursivis actibus, qui a se invicem facile distinguuntur... Ista compositio actuum discursivorum et reflexorum est propria exercitatio amoris interessati.

16. Datur status contemplationis adeo sublimis adeoque perfectae, ut fiat habitualis: ita ut quoties_anima actu orat, sua oratio sit contemplativa, non discursiva. Tunc non amplius indiget redire ad meditationem eiusque actus methodicos.

17. Animae contemplativae privantur intuitu distincto, sensibili et reflexo Iesu Christi duobus temporibus diversis... Primo, in fervore nascente carum contemplationis... Secundo, anima amittit intuitum Iesu Christi in extremis probationibus.

18. In statu passivo exercentur omnes virtutes distinctae, non cogitando quod sint virtutes. In quolibet momento aliud non cogitatur, quam facere id quod Deus vult et amor zelotypus simul efficit, ne quis amplius sibi virtutem velit nec unquam sit adeo virtute praeditus, quam cum virtuti amplius affixus non est.

19. Potest dici in hoc sensu, quod anima passiva et disinteressata nec ipsum amorem vult amplius, quatenus est sua perfectio et sua felicitas, sed solum quatenus est id quod Deus a nobis vult.

20. In confitendo debent animae transformatae sua peccata detestari et condemnare se et desiderare remissionem suorum peccatorum, non ut propriam purificationem et liberationem, sed ut rem quam Deus vult et vult nos velle propter suam gloriam.

21. Sancti mystici excluserunt a statu animarum transformatarum exercitationes virtutum.

22. Quamvis haec doctrina *(de puro amore)* esset pura et simplex perfectio evangelica in universa traditione designata; antiqui pastores non proponebant passim multitudini iustorum nisi exercitia amoris interessati eorum gratiae proportionata.

23. Purus amor ipse solus constituit totam vitam interiorem et tunc evadit unicum principium et unicum motivum omnium actuum, qui deliberati et meritorii sunt.

Damnatae et reprobatae tanquam, sive in obvio earum verborum sensu, sive attenta sententiarum connexione, temerariae, scandalosae, male sonantes, piarum aurium offensivae, in praxi perniciosae ac etiam respective erroneae.

NUM. XIV.

Propositiones 101. Paschasii Quesnelli, damnatae a Clemente XI.
constitutione Unigenitus *etc. 8. Sept. 1713.*

1. Quid aliud remanet animae, quae Deum atque ipsius gratiam amisit, nisi peccatum et peccati consecutiones, superba paupertas et segnis indigentia, hoc est generalis impotentia ad laborem, ad orationem et ad omne opus bonum?

2. Iesu Christi gratia, principium efficax boni cuiuscumque generis, necessaria est ad omne opus bonum: absque illa non solum nihil fit sed nec fieri potest.

3. In vanum, Domine, praecipis, si tu ipse non das ·quod praecipis.

4. Ita, Domine: omnia possibilia sunt ei, cui omnia possibilia facis, eadem operando in illo.

5. Quando Deus non emollit cor per interiorem unctionem gratiae suae, exhortationes et gratiae exteriores non inserviunt nisi ad illud magis obdurandum.

6. Discrimen inter foedus iudaicum et christianum est, quod in illo Deus exigit fugam peccati et implementum legis a peccatore, relinquendo illum in sua impotentia: in isto vero Deus peccatori dat quod iubet, illum sua gratia purificando.

7. Quae utilitas pro homine in veteri foedere, in quo Deus illum reliquit eius propriae infirmitati, imponendo ipsi suam legem? Quae vero

felicitas non est, admitti ad foedus, in quo Deus nobis donat quod petit a nobis ?

8. Nos non pertinemus ad novum foedus, nisi in quantum participes sumus ipsius novae gratiae, quae operatur in nobis id, quod Deus nobis praecipit.

9. Gratia Christi est gratia suprema, sine qua confiteri Christum nunquam possumus et cum qua nunquam illum abnegamus.

10. Gratia est operatio manus omnipotentis Dei, quam nihil impedire potest aut retardare.

11. Gratia non est aliud, quam voluntas omnipotentis Dei iubentis et facientis quod iubet.

12. Quando Deus vult salvare animam, quocumque tempore, quocumque loco effectus indubitabilis sequitur voluntatem Dei.

13. Quando Deus vult animam salvam facere et eam tangit interioris gratiae suae manu, nulla voluntas humana ei resistit.

14. Quantumcumque remotus a salute sit peccator obstinatus, quando Iesus se ei videndum exhibet lumine salutari suae gratiae, oportet ut se dedat, accurrat, se se humiliet et adoret Salvatorem suum.

15. Quando Deus mandatum suum et suam externam locutionem comitatur unctione sui Spiritus et interiori vi gratiae suae, operatur illam in corde obedientiam, quam petit.

16. Nullae sunt illecebrae, quae non cedant illecebris gratiae; quia nihil resistit omnipotenti.

17. Gratia est vox illa Patris, quae homines interius docet ac eos venire facit ad Iesum Christum: quicumque ad eum non venit postquam audivit vocem exteriorem Filii, nullatenus est doctus a Patre.

18. Semen verbi, quod manus Dei irrigat, semper affert fructum suum.

19. Dei gratia nihil aliud est, quam eius omnipotens voluntas: haec est idea, quam Deus ipse nobis tradit in omnibus suis Scripturis.

20. Vera gratiae idea est, quod Deus vult sibi a nobis obediri et obeditur: imperat et omnia fiunt: loquitur tanquam Dominus et omnia sibi submissa sunt.

21. Gratia Iesu Christi est gratia fortis, potens, suprema, invincibilis, utpote quae est operatio voluntatis omnipotentis, sequela et imitatio operationis Dei incarnantis et resuscitantis Filium suum.

22. Concordia onnipotentis operationis Dei in corde hominis cum libero ipsius voluntatis consensu demonstratur illico nobis in incarnatione, veluti fonte atque archetypo omnium aliarum operationum misericordiae et gratiae, quae omnes ita gratuitae atque ita dependentes a Deo sunt, sicut ipsa originalis operatio.

23. Deus ipse nobis ideam tradidit omnipotentis operationis suae gratiae, eam significans per illam, quae creaturas c nihilo producit et mortuis reddit vitam.

24. Iusta idea, quam centurio habet de omnipotentia Dei et Iesu Christi in sanandis corporibus solo motu suae voluntatis, est imago ideae, quae haberi debet de omnipotentia suae gratiae in sanandis animabus a cupiditate.

25. Deus illuminat animam et eam sanat, aeque ac corpus, sola sua voluntate: iubet et ipsi obtemperatur.

26. Nullae dantur gratiae, nisi per fidem.

27. Fides est prima gratia et fons omnium aliarum.

28. Prima gratia, quam Deus concedit peccatori, est peccatorum remissio.

29. Extra Ecclesiam nulla conceditur gratia.

30. Omnes, quos Deus vult salvare per Christum, salvantur infallibiliter.

31. Desideria Christi semper habent suum effectum: pacem intimo cordium infert, quando eis illam optat.

32. Iesus Christus se morti tradidit ad liberandum pro semper suo Sanguine primogenitos idest electos, de manu angeli exterminatoris.

33. Proh! quantum oportet bonis terrenis et sibimetipsi renuntiasse, ad hoc ut quis fiduciam habeat sibi, ut ita dicam, appropriandi Christum Iesum, eius amorem, mortem et mysterial ut facit sanctus Paulus dicens: *Qui dilexit me et tradidit semetipsum pro me.*

34. Gratia Adami non producebat nisi merita humana.

35. Gratia Adami est sequela creationis et erat debita naturae sanae et integrae.

36. Differentia essentialis inter gratiam Adami et status innocentiae ac gratiam christianam est, quod primam unusquisque in propria persona recepisset, ista vero non recipitur nisi in persona Iesu Christi resuscitati, cui nos uniti sumus.

37. Gratia Adami, sanctificando illum in semetipso, erat illi proportionata: gratia christiana, nos sanctificando in Iesu Christo, est omnipotens et digna Filio Dei.

38. Peccator non est liber nisi ad malum, sine gratia Liberatoris.

39. Voluntas, quam gratia non praevenit, nihil habet luminis nisi ad aberrandum, ardoris nisi ad se praecipitandum, virium nisi ad se vulnerandum: est capax omnis mali et incapax ad omne bonum.

40. Sine gratia nihil amare possumus, nisi ad nostram condemnationem.

41. Omnis cognitio Dei, etiam naturalis, etiam in philosophis ethnicis, non potest venire nisi a Deo et sine gratia non producit nisi praesumptionem, vanitatem et oppositionem ad ipsum Deum, loco affectuum adorationis, gratitudinis et amoris.

42. Sola gratia Christi reddit hominem aptum ad sacrificium fidei: sine hoc, nihil nisi impuritas, nihil nisi indignitas.

43. Primus effectus gratiae baptismalis est facere ut moriamur pec- cato, adeo ut spiritus, cor, sensus non habeant plus vitae pro peccato, quam homo mortuus habeat pro rebus mundi.

44. Non sunt nisi duo amores, unde volitiones et actiones omnes nostrae nascuntur: amor Dei, qui omnia agit propter Deum quemque Deus remuneratur et amor, quo nos ipsos ac mundum diligimus, qui quod ad Deum referendum est, non refert et propter hoc ipsum fit malus.

45. Amore Dei in corde peccatorum non amplius regnante, necesse est ut in eo carnalis regnet cupiditas omnesque actiones eius corrumpat.

46. Cupiditas aut caritas usum sensuum bonum vel malum faciunt.

47. Obedientia legis profluere debet ex fonte et hic fons est caritas. Quando Dei amor est illius principium interius et Dei gloria eius finis; tunc purum est quando apparet exterius: alioquin non est nisi hypocrisis aut falsa iustitia.

48. Quid aliud esse possumus, nisi tenebrae, nisi aberratio et nisi peccatum, sine fidei lumine, sine Christo et sine caritate?

49. Ut nullum peccatum est sine amore nostri, ita nullum est opus bonum sine amore Dei.

50. Frustra clamamus ad Deum *Pater mi*, si spiritus caritatis non est ille qui clamat.

51. Fides iustificat quando operatur, sed ipsa non operatur nisi per caritatem.

52. Omnia alia salutis media continentur in fide, tanquam in suo germine et semine: sed haec fides non est absque amore et fiducia.

53. Sola caritas christiano modo facit (actiones christianas) per rela- tionem ad Deum et Iesum Christum.

54. Sola caritas est, quae Deo loquitur, eam solam Deus audit.

55. Deus non coronat nisi caritatem: qui currit ex alio impulsu et ex alio motivo, in vanum currit.

56. Deus non remunerat nisi caritatem: quoniam caritas sola Deum honorat.

57. Totum deest peccatori, quando ei deest spes et non est spes in Deo, ubi non est amor Dei.

58. Nec Deus est nec religio, ubi non est caritas.

59. Oratio impiorum est novum peccatum et quod Deus illis con- cedit, est novum in eos iudicium.

60. Si solus supplicii timor animat poenitentiam, quo haec est magis violenta, eo magis ducit ad desperationem.

61. Timor nonnisi manum cohibet: cor autem tamdiu peccato addi- citur, quamdiu ab amore iustitiae non ducitur.

62. Qui a malo non abstinet nisi timore poenae, illud committit in corde suo et iam est reus coram Deo.

63. Baptizatus adhuc est sub lege sicut iudaeus, si legem non adimpleat aut adimpleat ex solo timore.

64. Sub maledicto legis nunquam fit bonum; quia peccatur sive faciendo malum, sive illud nonnisi ob timorem evitando.

65. Moyses, prophetae, sacerdotes et doctores legis mortui sunt absque eo quod ullum Deo dederint filium, cum non effecerint nisi mancipia per timorem.

66. Qui vult Deo appropinquare, nec debet ad ipsum venire cum brutalibus passionibus neque adduci per instinctum naturalem aut per timorem sicuti bestiae, sed per fidem et per amorem sicuti filii.

67. Timor servilis non sibi repraesentat Deum nisi ut Dominium durum, imperiosum, iniustum, intractabilem.

68. Dei bonitas abbreviavit viam salutis, claudendo totum in fide et precibus.

69. Fides, usus, augmentum et praemium fidei, totum est donum purae liberalitatis Dei.

70. Nunquam Deus affligit innocentes et afflictiones semper serviunt vel ad puniendum peccatum vel ad purificandum peccatorem.

71. Homo ob sui conservationem potest sese dispensare ab ea lege, quam Deus condidit propter eius utilitatem.

72. Nota Ecclesiae christianae est, quod sit catholica, comprehendens et omnes angelos caeli et omnes electos et iustos terrae et omnium seculorum.

73. Quid est Ecclesia, nisi coetus filiorum Dei, manentium in eius sinu, adoptatorum in Christo, subsistentium in eius persona, redemptorum eius sanguine, viventium eius spiritu, agentium per eius gratiam et exspectantium gratiam futuri seculi?

74. Ecclesia, sive integer Christus, incarnatum Verbum habet ut caput, omnes vero sanctos ut membra.

75. Ecclesia est unus solus homo compositus ex pluribus membris, quorum Christus est caput, vita, subsistentia et persona: unus solus Christus compositus ex pluribus sanctis, quorum est sanctificator.

76. Nihil spatiosius Ecclesia Dei; quia omnes electi et iusti omnium seculorum illam componunt.

77. Qui non ducit vitam dignam Filio Dei et membro Christi, cessat interius habere Deum pro Patre et Christum pro capite.

78. Separatur quis a populo electo, cuius figura fuit populus iudaicus et caput est Iesus Christus, tam non vivendo secundum Evangelium, quam non credendo Evangelio.

79. Utile et necessarium est omni tempore, omni loco et omni personarum generi studere et cognoscere spiritum, pietatem et mysteria sacrae Scripturae.

80. Lectio sacrae Scripturae est pro omnibus.

81. Obscuritas sancti verbi Dei non est laicis ratio dispensandi se ipsos ab eius lectione.

82. Dies dominicus a christianis debet sanctificari lectionibus pietatis et super omnia sanctarum Scripturarum. Damnosum est velle christianum ab hac lectione retrahere.

83. Est illusio sibi persuadere, quod notitia mysteriorum Religionis non debeat communicari feminis lectione sacrorum librorum. Non ex feminarum simplicitate, sed ex superba virorum scientia ortus est Scripturarum abusus et natae sunt haereses.

84. Abripere e christianorum manibus novum Testamentum seu eis illud clausum tenere auferendo eis modum istud intelligendi, est illis Christi os obturare.

85. Interdicere christianis lectionem sacrae Scripturae, praesertim Evangelii, est interdicere usum luminis filiis lucis et facere ut patiantur speciem quamdam excommunicationis.

86. Eripere simplici populo hoc solatium, iungendi vocem suam voci totius Ecclesiae, est usus contrarius praxi apostolicae et intentioni Dei.

87. Modus plenus sapientia, lumine et caritate est dare animabus tempus portandi cum humilitate et sentiendi statum peccati, petendi spiritum poenitentiae et contritionis et incipiendi ad minus satisfacere iustitiae Dei, antequam reconcilientur.

88. Ignoramus quid sit peccatum et vera poenitentia, quando volumus statim restitui possessioni bonorum illorum, quibus nos peccatum spoliavit et detrectamus separationis istius ferre confusionem.

89. Quartusdecimus gradus conversionis peccatoris est, quod cum sit iam reconciliatus, habet ius assistendi Sacrificio Ecclesiae.

90. Ecclesia auctoritatem excommunicandi habet, ut eam exerceat per primos pastores, de consensu saltem praesumpto totius corporis.

91. Excommunicationis iniustae metus nunquam debet nos impedire ab implendo debito nostro: numquam eximus ab Ecclesia, etiam quando hominum nequitia videmur ab ea expulsi, quando Deo, Iesu Christo atque ipsi Ecclesiae per caritatem affixi sumus.

92. Pati potius in pace excommunicationem et anathema iniustum, quam prodere veritatem, est imitari sanctum Paulum: tantum abest, ut sit erigere se contra auctoritatem aut scindere unitatem.

93. Iesus quandoque sanat vulnera, quae praeceps primorum pastorum festinatio infligit sine ipsius mandato. Iesus restituit, quod ipsi inconsiderato zelo rescindunt.

94. Nihil peiorem de Ecclesia opinionem ingerit eius inimicis, quam videre illic dominatum exerceri supra fidem fidelium et foveri divisiones propter res, quae nec fidem laedunt nec mores.

95. Veritates eo devenerunt, ut sint lingua quasi peregrina plerisque christianis et modus eas praedicandi est veluti idioma incognitum: adeo remotus est a simplicitate apostolorum et supra communem captum fidelium: neque satis advertitur, ·quod hic defectus sit unum ex signis maxime sensibilibus senectutis Ecclesiae et irae Dei in filios suos.

96. Deus permittit, ut omnes potestates sint contrariae praedicatoribus veritatis, ut eius victoria attribui non possit nisi divinae gratiae.

97. Nimis saepe contingit, membra illa, quae magis sancte ac magis stricte unita Ecclesiae sunt, respici atque tractari tanquam indigna ut sint in Ecclesia vel tanquam ab ea separata: sed iustus vivit ex fide et non ex opinione hominum.

98. Status persecutionis et poenarum, quas quis tolerat tanquam haereticus, flagitiosus et impius, ultima plerumque probatio est et maxime meritoria, utpote quae facit hominem magis conformem Iesu Christo.

99. Pervicacia, praeventio, obstinatio in nolendo aut aliquid examinare aut cognoscere se fuisse deceptum, mutant quotidie quoad multos in odorem mortis id, quod Deus in sua Ecclesia posuit ut in ea esset odor vitae, verbi gratia bonos libros, instructiones, sancta exempla etc.

100. Tempus deplorabile, quo creditur honorari Deus persequendo veritatem eiusque discipulos! Tempus hoc advenit... Haberi et tractari a Religionis ministris tanquam impium et indignum omni commercio cum Deo, tanquam membrum putridum capax corrumpendi omnia in societate sanctorum, est hominibus piis morte corporis mors terribilior. Frustra quis sibi blanditur de suarum intentionum puritate et zelo quodam Religionis, persequendo flamma ferroque viros probos, si propria passione est excaecatus aut abreptus aliena, propterea quod nihil vult examinare. Frequenter credimus sacrificare Deo impium et sacrificamus diabolo Dei servum.

101. Nihil spiritui Dei et doctrinae Iesu Christi magis opponitur, quam communia facere iuramenta in Ecclesia; quia hoc est multiplicare occasiones peierandi, laqueos tendere infirmis et idiotis et efficere ut nomen et veritas Dei aliquando deserviant consilio impiorum.

Declaratae et damnatae tanquam falsae, captiosae, male sonantes, piarum aurium offensivae, scandalosae, perniciosae, temerariae, Ecclesiae et eius praxi iniuriosae, neque in Ecclesiam solum sed etiam in potestates saeculi contumeliosae, seditiosae, impiae, blasphemae, suspectae de haeresi ac haeresim ipsam sapientes nec non haereticis et haeresibus ac etiam schismati faventes, erroneae, haeresi proximae, pluries damnatae ac demum haereticae variasque haereses et potissimum illas, quae in famosis Iansenii propositionibus et quidem in eo sensu, in quo hae damnatae fuerunt acceptis, continentur, manifeste innovantes respective.

NUM. XV.

Propositiones 5. de duello, damnatae a Benedicto XIV. constitutione
Detestabilem *etc. 10. Nov. 1752.*

1. Vir militaris, qui, nisi offerat vel acceptet duellum, tanquam formidolosus, timidus, abiectus et ad officia militaria ineptus haberetur indeque officio, quo se suosque sustentat, privaretur vel promotionis alias sibi debitae ac promeritae spe perpetuo carere deberet, culpa et poena vacaret, sive offerat sive acceptet duellum.

2. Excusari possunt etiam, honoris tuendi vel humanae vilipensionis vitandae gratia, duellum acceptantes vel. ad illud provocantes, quando certo sciunt pugnam non esse secuturam, utpote ab aliis impediendam.

3. Non incurrit ecclesiasticas poenas ab Ecclesia contra duellantes latas dux vel officialis militiae, acceptans duellum ex gravi metu amissionis famae et officii.

4. Licitum est, in statu hominis naturali, acceptare et offerre duellum, ad servandas cum honore fortunas, quando alio remedio earum iactura propulsari nequit.

5. Asserta licentia pro statu naturali, applicari etiam potest statui civitatis male ordinatae, in qua nimirum, vel negligentia vel malitia magistratus, iustitia aperte denegatur.

Damnatae ac prohibitae tanquam falsae, scandalosae ac perniciosae.

NUM. XVI.

Propositiones 85. Synodi dioecesanae Pistoriensis, damnatae a Pio VI. constitutione Auctorem Fidei *etc. 28. Augusti 1794., quae integra exhibetur.*

Sanctissimi Domini nostri Domini Pii divina Providentia Papae Sexti damnatio quamplurium propositionum excerptarum ex libro italico idiomate impresso sub titulo Atti e decreti del Concilio diocesano di Pistoia dell'anno 1786. in Pistoia per Atto Bracali stampatore vescovile con approvazione, *cum prohibitione eiusdem libri et aliorum quorumcumque in eius defensionem tam forsan editorum quam imposterum edendorum.*

Pius Episcopus Servus Servorum Dei
universis christifidelibus salutem et apostolicam benedictionem.

Auctorem fidei et consummatorem Iesum aspicientes, nos iubet Apostolus (1) sedulo recogitare qualem quantamque ille sustinuit a pecca-

---

(1) *Ad Hebr. XI.*

toribus adversum semetipsum contradictionem, ut ne laboribus et periculis defatigati deficiamus aliquando animis nostris peneque concidamus. Hac saluberrima cogitatione muniri nos ac refici tum maxime necessarium est, cum adversus corpus ipsummet Christi, *quod est Ecclesia* (1), dirae istius nec unquam desiturae coniurationis aestus acrius exardescit: ut a Domino confortati et in potentia virtutis eius, scuto Fidei protecti, resistere possimus in die malo et omnia tela iniquissimi ignea extinguere (2). In hoc sane motu temporum, in hac rerum perturbatissima conversione, gravis est quidem bonis omnibus contra omnes cuiusque generis christiani nominis hostes colluctatio subeunda: gravior nobis, quibus, pro credita Pastorali nostrae sollicitudini Gregis totius cura et moderatione, *maior cunctis christianae Religionis zelus incumbit* (3). Verum in hac ipsa oneris gravitate, quae humeris nostris imposita est, *portandi onera omnium qui gravantur*, quo magis conscii nobis sumus infirmitatis nostrae, eo firmiorem in spem erigit nos et sublevat apostolici huiusce muneris in persona beati Petri divinitus instituta ratio, ut, qui semel tradita sibi a Christo Ecclesiae gubernacula nunquam derelicturus erat, ipse apostolicae gubernationis onera in illis portare non desineret, quos ei Deus protegendos perpetua successione ac tuendos heredes dedisset.

Et in hisce quidem aerumnis, quae undique circumstant, ad ceterarum molestiarum velut cumulum accessit, ut, unde oportuerat nos gaudere, maiorem inde tristitiam hauriremus. *Quippe cum aliquis sacrosanctae Ecclesiae Dei praepositus sub sacerdotis nomine ipsum Christi populum a tramite veritatis in praeceps deviae persuasionis avertit et hoc in amplissima Urbe; tum plane est geminanda lamentatio et maior sollicitudo adhibenda* (4).

Fuit sane non in ultimis terris, verum in media luce Italiae, sub oculis Urbis et prope Apostolorum limina, fuit Episcopus duplicis Sedis honore insignis (Scipio de Ricciis, antea Episcopus Pistoriensis et Pratensis), quem ad nos pro Pastorali munere suscipiendo accedentem paterna charitate complexi sumus, qui vicissim nobis atque huic apostolicae Sedi in ipso sacrae suae ordinationis ritu debitam fidem et obedientiam sollemnis iurisiurandi religione obstrinxit.

Atque is ipse, non longo intervallo posteaquam a complexu nostro cum osculo pacis dimissus ad commissas sibi plebes accessit, coacervatorum perversae sapientiae magistrorum fraudibus circumventus eo caepit in-

(1) *Ad Coloss. I.*
(2) *Ad Ephes. VI.*
(3) *S. Siricius.* ad Himerium Tarraconensem epist. apud Coustant.
(4) *S. Caelestinus I.* epist. 12. apud Coust.

tendere, ut, quam superiores Antistites ex ecclesiastica regula laudabilem et pacatam christianae institutionis formam iam pridem invexerant ac pene defixerant, non ille pro eo ac debebat tueretur, coleret, perficeret, sed contra per speciem fictae reformationis importunis inducendis novitatibus perturbaret, convelleret, funditus everteret.

Quin etiam, cum et hortatu nostro ad Synodum dioecesanam animum adiunxisset, praefracta eius in suo sensu pertinacia effectum est, ut, unde remedium aliquod vulnerum petendum erat, inde gravior pernicies enasceretur. Sane postquam Synodus haec Pistoriensis e latebris erupit, in quibus aliquamdiu abdita delituit, nemo fuit de summa Religione pie sapienterque sentiens, qui non continuo adverterit, hoc fuisse auctorum consilium, ut, quae antea per multiplices libellos pravarum doctrinarum semina sparserant, ea in unum velut corpus compingerent, proscriptos dudum errores exsuscitarent, apostolicis, quibus proscripti sunt, decretis fidem auctoritatemque derogarent.

Quae cum cerneremus, quo graviora sunt per sese, tanto impensius Pastoralis nostrae sollicitudinis opem efflagitare; mentem convertere non distulimus ad ea capienda consilia, quae surgenti malo vel sanando vel comprimendo accommodatiora viderentur.

Atque in primis, sapientis moniti memores Praedecessoris nostri b. Zosimi (1) *ea quae magna sunt, magnum pondus examinis desiderare*, Synodum ab Episcopo editam primum quatuor Episcopis aliisque adiunctis e clero seculari theologis examinandam commisimus: tum et plurium S. R. E. Cardinalium aliorumque Episcoporum Congregationem deputavimus, qui totam actorum seriem diligenter' perpenderent, loca inter se dissita conferrent, excerptas sententias discuterent, quorum suffragia coram nobis voce et scripto edita excepimus; qui et Synodum universe reprobandam et plurimas inde collectas propositiones, alias quidem per sese, alias attenta sententiarum connexione plus minusve acribus censuris perstringendas censuerunt. Quorum auditis perpensisque animadversionibus, illud quoque nobis curae fuit, ut selecta ex tota Synodo praecipua quaedam pravarum doctrinarum capita, ad quae potissimum fusae per Synodum reprobandae sententiae directe vel indirecte referuntur, in certum deinceps ordinem redigerentur eisdemque sua cuique peculiaris censura subiiceretur.

Ne vero ex hac ipsa tametsi accuratissime peracta sive locorum collatione sive sententiarum disquisitione pervicaces homines obtrectandi occasionem arriperent; ut huic forte iam paratae calumniae obviam iretur, sapienti consilio uti statuimus, quod in emergentibus huiusmodi periculosis noxiisve novitatibus reprimendis plures nostri sancti Prae-

---

(1) *S. Zosimus* epist. 2. apud Coust.

decessores, tum et gravissimi Antistites ac generales etiam Synodi rite cauteque adhibitum, illustribus exemplis testatum commendatumque relinquissent.

Norant illi versutam novatorum fallendi artem, qui, catholicarum aurium offensionem veriti, captionum suarum laqueos persaepe student subdolis verborum involucris obtegere, ut inter discrimina sensuum (1) latens error lenius influat in animos fiatque ut, corrupta per brevissimam adiectionem aut commutationem veritate sententiae, confessio, quae salutem operabatur, subtili quodam transitu vergat in mortem. Atque haec quidem involuta fallax disserendi ratio, cum in omni orationis genere vitiosa est, tum in Synodo minime ferenda, cuius est haec laus praecipua, eam in docendo dilucidam consectari dicendi rationem, quae nullum offensionis periculum relinquat. Quo in genere proinde si quid peccatum sit, hac nequeat, quae afferri solet, subdola excusatione defendi, quod, quae alicubi durius dicta exciderint, ea locis aliis planius explicata aut etiam correcta reperiantur: quasi procax istaec affirmandi et negandi ac secum pro libito pugnandi licentia, quae fraudulenta semper fuit novatorum astutia ad circumventionem erroris, non potius ad prodendum quam ad excusandum errorem · valeret aut quasi rudibus praesertim, qui in hanc vel illam forte inciderint partem Synodi vulgari lingua omnibus expositae, praesto semper essent alia, quae inspicienda forent, dispersa loca aut his etiam inspectis satis cuique facultatis suppeteret ad ea sic per sese componenda, ut, quemadmodum perperam isti effutiunt, erroris omne periculum effugere valerent. Exitiosissimum profecto insinuandi erroris artificium, quod in Constantinopolitani Antistitis Nestorii litteris iam olim sapienter detectum gravissima reprehensione Praedecessor noster Caelestinus (2) coarguit: quibus nempe in litteris vestigatus veterator ille, deprehensus et tentus, suo se multiloquio labefaciens, dum vera involvens obscuris, rursus, utraque confundens, vel confiteretur negata vel niteretur negare confessa. Ad quas depellendas insidias, nimium saepe omni aetate renovatas, non alia potior via inita est, quam ut, iis exponendis sententiis, quae sub latibulo ambiguitatis periculosam suspiciosamque involvunt discrepantiam sensuum, perversa significatio notaretur, cui subesset error, quem catholica sententia reprobaret.

Quam et nos moderationis plenam rationem eo libentius amplexi sumus, quo magis ad reconciliandos animos et ad unitatem spiritus in vinculo pacis adducendos (quod favente Deo in pluribus gaudemus iam feliciter evenisse) magno fore adiumento prospeximus, providere primum

---

(1) *S. Leo Magnus* epist. 129. edit. Ballerin.
(2) *S. Caelestinus I.* epist. 13. num. 2. apud Coust.

ne pertinacibus (si qui supererunt, quod Deus avertat) Synodi sectatoribus integrum sit posthac, ad novas turbas ciendas, iustae suae damnationis consortes veluti ac socias sibi adsciscere scholas catholicas, quas
invitas plane ac repugnantes, per detortam quamdam affinium vocabulorum similitudinem, in expressa, quam illae testantur, sententiarum dissi-
militudine, in partes suas pertrahere nituntur. Deinde, si quos imprudentes
aliqua fefellit adhuc praeconcepta mitior opinio de Synodo, his etiam
omnis conquerendi locus praecludatur, qui, si recta sapiunt (ut videri
volunt), aegre ferre nequeant doctrinas damnari sic denotatas, quae errores praeseferant, a quibus ipsi profitentur se longissime abesse.

Necdum tamen satis ex animo lenitati nostrae factum putavimus, seu
verius charitati, quae urget nos erga Fratrem nostrum, *cui* omni ope
volumus, si adhuc possumus, subvenire (1). Charitas nempe illa urget
nos, qua inductus Praedecessor noster Caelestinus (2), etiam *contra fas,*
seu maiori quam fas esse videretur patientia, sacerdotes corrigendos
exspectare non abnuebat. Magis enim cum Augustino Milevitanisque
Patribus volumus et optamus homines prava docentes *Pastorali cura
in Ecclesia sanari, quam desperata salute ex illa resecari, si necessitas nulla compellat* (3).

Quam ad rem, ne quod genus officii ad lucrandum Fratrem praeter-
missum videretur, praefatum Episcopum, antequam ad ulteriora progre-
deremur, amantissimis litteris ad eum iussu nostro datis ad nos accien-
dum duximus, polliciti fore ut benevolo animo a nobis exciperetur nec
vetaretur quin, quae in rem suam facere sibi viderentur, libere aperte-
que expromeret. Nec vero spes nos omnis deseruerat fieri posse, ut, si
quidem animum illum docibilem afferret, quem ex Apostoli sententia in
Episcopo maxime Augustinus (4) requirebat, cum simpliciter et candide
(omni remota concertatione et acerbitate) recognoscenda ei proponerentur
praecipua doctrinarum capita, quae visa essent maiori animadversione
digna, tum facile sese ipse colligens non dubitaret, quae. ambigue posita essent, in saniorem sensum exponere quaeve manifestam pravitatem
praeseferrent, aperte repudiare atque ita, magna cum sui nominis exis-
timatione, tum laetissima bonorum omnium gratulatione, pacatissima
qua fieri posset ratione, orti in Ecclesia strepitus optatissima correctione
comprimerentur (5).

---

(1) *S. Caelestinus I.* epist. 14. ad populum CP. num. 8. apud Coust.
(2) Epist. 13. ad Nestor. num. 9.
(3) Epist. 176. num. 4., 178. num. 2. edit. Maurin.
(4) Lib. 4. Bapt. contra Donat. c. 5. et lib. 5. c. 26.
(5) *S. Caelestinus I.* epist. 16. num. 2. apud Coust.

Nunc vero cum ille oblato beneficio incommodae valetudinis nomine minus utendum sibi esse censuerit, differre iam non possumus quin Apostolico nostro muneri satisfaciamus. Non unius tantummodo alteriusve dioecesis periculum agitur: *universalis Ecclesia quacumque novitate pulsatur* (1). Undique iam pridem non exspectatur modo, verum assiduis repetitis precibus efflagitatur supremae apostolicae Sedis iudicium. Absit ut vox Petri in illa umquam Sede sua conticescat, in qua perpetuo vivens ille ac praesidens praestat quaerentibus Fidei veritatem (2). Tuta non est in talibus longior conniventia; quia tantumdem pene criminis est connivere in talibus, quanti est tam irreligiosa praedicare (3). Abscindendum igitur tale vulnus, quo non unum membrum laeditur, sed totum corpus Ecclesiae sauciatur (4). Atque divina opitulante pietate providendum, ut, amputatis dissensionibus, fides catholica inviolata servetur et, his qui prava defendunt ab errore revocatis, nostra auctoritate quorum fides probata fuerit, muniantur (5).

Implorato itaque cum assiduis nostri tum et piorum christifidelium privatis publicisque precibus Spiritus Sancti lumine, omnibus plene et mature consideratis, complures ex actis et decretis memoratae Synodi propositiones, doctrinas, sententias, sive expresse traditas, sive per ambiguitatem insinuatas, suis (ut praefatum est) cuique appositis notis et censuris, damnandas et reprobandas censuimus, prout hac nostra perpetuo valitura constitutione damnamus et reprobamus.

Sunt autem quae sequuntur:

DE OBSCURATIONE VERITATUM IN ECCLESIA

Ex decr. de grat. § 1.

1. Propositio, quae asserit, *postremis hisce seculis sparsam esse generalem obscurationem super veritates gravioris momenti, spectantes ad Religionem et quae sunt basis fidei et moralis doctrinae Iesu Christi,*

Haeretica.

---

(1) *S. Caelestinus I.* epist. 21· ad Episcopos Galliarum.
(2) *Chrysologus* epist. ad Eutychem.
(3) *S. Caelestinus I.* epist. 12. num. 2.
(4) Idem epist. 11. Cyrillo num. 3.
(5) *S. Leo Magnus.* epist. 23. Flaviano CP. num. 2.

DE POTESTATE COMMUNITATI ECCLESIAE ATTRIBUTA
UT PER HANC PASTORIBUS COMMUNICETUR

Epist. convoc.

2. Propositio, quae statuit, *potestatem a Deo datam Ecclesiae, ut communicaretur Pastoribus, qui sunt eius ministri pro salute animarum,*

Sic intellecta, ut a communitate fidelium in Pastores derivetur ecclesiastici ministerii ac regiminis potestas,

Haeretica.

DE CAPITIS MINISTERIALIS DENOMINATIONE ROMANO PONTIFICI ATTRIBUTA

Decr. de Fide §. 2.

3. Insuper, quae statuit, *romanum Pontificem esse caput ministeriale,*

Sic explicata, ut romanus Pontifex non a Christo in persona beati Petri, sed ab Ecclesia potestatem ministerii accipiat, qua, velut Petri Successor, verus Christi Vicarius ac totius Ecclesiae Caput, pollet in universa Ecclesia,

Haeretica.

DE POTESTATE ECCLESIAE QUOAD CONSTITUENDAM
ET SANCIENDAM EXTERIOREM DISCIPLINAM

Decr. de Fide §§. 13. 14.

4. Propositio affirmans, *abusum fore auctoritatis Ecclesiae, transferendo illam ultra limites doctrinae ac morum et eam extendendo ad res exteriores et per vim exigendo id quod pendet a persuasione et corde;* tum etiam, *multo minus ad eam pertinere exigere per vim exteriorem subiectionem suis decretis,*

Quatenus indeterminatis illis verbis *extendendo ad res exteriores* notet, velut abusum auctoritatis Ecclesiae, usum eius potestatis acceptae a Deo, qua usi sunt et ipsimet apostoli, in disciplina exteriore constituenda et sancienda:

Haeretica.

5. Qua parte insinuat, Ecclesiam non habere auctoritatem subiectionis suis decretis exigendae aliter quam per media, quae pendent a persuasione;

Quatenus intendat, Ecclesiam *non habere collatam sibi a Deo potestatem non solum dirigendi per consilia et suasiones, sed etiam*

iubendi per leges ac devios contumacesque exteriore iudicio ac salu-
bribus poenis coercendi atque cogendi,

Ex Bened. XIV. in brevi *Ad assiduas* anni 1755. Primatibus, Archie-
piscopis et Episcopis Regni Polon.

Inducens in systema alias damnatum ut haereticum.

IURA EPISCOPIS PRAETER FAS ATTRIBUTA

Decr. de ord. §. 25.

6. Doctrina Synodi, qua profitetur, *persuasum sibi esse, Episcopum
accepisse a Christo omnia iura necessaria pro bono regimine suae
dioecesis,*

Perinde ac si ad bonum regimen cuiusque dioecesis necessariae non
sint superiores ordinationes spectantes sive ad fidem et mores, sive ad
generalem disciplinam, quarum ius est penes summos Pontifices et Concilia generalia pro universa Ecclesia:

Schismatica, ad minus erronea.

7. Item in eo quod hortatur Episcopum *ad prosequendam naviter
perfectiorem ecclesiasticae disciplinae constitutionem* idque, *contra
omnes contrarias consuetudines, exemptiones, reservationes, quae adversantur bono ordini dioecesis, maiori gloriae Dei et maiori aedi-
ficationi fidelium,*

Per id quod supponit, Episcopo fas esse proprio suo iudicio et arbi-
tratu statuere et decernere contra consuetudines, exemptiones, reservationes, sive quae in universa Ecclesia, sive etiam in unaquaque provincia
locum habent, sine venia et interventu superioris hierarchicae potestatis,
a qua inductae sunt aut probatae et vim legis obtinent:

Inducens in schisma et subversionem hierarchici regiminis, erronea.

8. Item quod et sibi persuasum esse ait, *iura Episcopi a Iesu Christo accepta pro gubernanda Ecclesia nec alterari nec impediri posse
et, ubi contigerit horum iurium exercitium quavis de causa fuisse
interruptum, posse semper Episcopum ac debere in originaria sua
iura regredi, quotiescumque id exigit maius bonum suae Ecclesiae,*

In eo quod innuit, iurium episcopalium exercitium nulla superiori potestate praepediri aut coerceri posse, quandocumque Episcopus proprio
iudicio censuerit minus id expedire maiori bono suae Ecclesiae:

Inducens in schisma et subversionem hierarchici regiminis, erronea.

IUS PERPERAM TRIBUTUM INFERIORIS ORDINIS SACERDOTIBUS
IN DECRETIS FIDEI ET DISCIPLINAE

Epist. convoc.

9. Doctrina, quae statuit, *reformationem abusuum circa ecclesiasticam
disciplinam in Synodis dioecesanis ab Episcopo et parochis aequaliter*

pendere ac stabiliri debere ac sine libertate decisionis indebitam fore
subiectionem suggestionibus et iussionibus Episcoporum,

 Falsa, temeraria, Episcopalis auctoritatis laesiva, regiminis hierarchici
 subversiva, favens haeresi arianae a Calvino innovatae.

  Ex epist. convoc., ex epist. ad Vicar. for., ex orat. ad Synod.
  §. 8., *ex sess.* 3.

 10. Item doctrina, qua parochi aliive sacerdotes in Synodo congregati
pronuntiantur una cum Episcopo iudices fidei et simul innuitur iudicium in causis fidei ipsis competere iure proprio et quidem etiam per
ordinationem accepto,

 Falsa, temeraria, ordinis hierarchici subversiva, detrahens firmitati
 definitionum iudiciorumve dogmaticorum Ecclesiae, ad minus erronea.

  Orat. Synod. §. 8.

 11. Sententia enuntians, veteri maiorum instituto, ab apostolicis usque
temporibus ducto, per meliora Ecclesiae secula servato, receptum fuisse,
ut decreta aut definitiones aut sententiae etiam maiorum sedium
non acceptarentur, nisi recognitae fuissent et approbatae a Synodo
dioecesana,

 Falsa, temeraria, derogans pro sua generalitate obedientiae debitae
 constitutionibus apostolicis tum et sententiis ab hierarchica superiore legitima potestate manantibus, schisma fovens et haeresim.

CALUMNIAE ADVERSUS ALIQUAS DECISIONES IN MATERIA FIDEI AB ALIQUOT SECULIS EMANATAS

 De Fide §. 12.

 12. Assertiones Synodi complexive acceptae circa decisiones in materia Fidei ab aliquot seculis emanatas, quas perhibet velut decreta ab
una particulari ecclesia vel paucis pastoribus profecta, nulla sufficienti
auctoritate suffulta, nata corrumpendae puritati Fidei ac turbis excitandis, intrusa per vim, e quibus inflicta sunt vulnera nimium adhuc re-
centia,

 Falsae, captiosae, temerariae, scandalosae, in romanos Pontifices et Ecclesiam iniuriosae, debitae apostolicis constitutionibus obedientiae de-
 rogantes, schismaticae, perniciosae, ad minus erroneae.

DE PACE DICTA CLEMENTIS IX.

 Orat. Synod. §. 2. *in nota.*

 13. Propositio relata inter acta Synodi, quae innuit Clementem IX.
pacem Ecclesiae reddidisse per approbationem distinctionis iuris et facti
in subscriptione formularii ab Alexandro VII. praescripti,

 Falsa, temeraria, Clementi IX. iniuriosa.

14. Quatenus vero ei distinctioni suffragatur, eiusdem fautores laudibus extollendo et eorum adversarios vituperando:

Temeraria, perniciosa, summis Pontificibus iniuriosa, schisma fovens et haeresim.

DE COAGMENTATIONE CORPORIS ECCLESIAE

Append. n. 28.

15. Doctrina, quae proponit Ecclesiam *considerandam velut unum corpus mysticum coagmentatum ex Christo Capite et fidelibus, qui sunt eius membra per unionem ineffabilem, qua mirabiliter evadimus cum ipso unus solus sacerdos, una sola victima, unus solus adorator perfectus Dei Patris in spiritu et veritate,*

Intellecta hoc sensu, ut ad corpus Ecclesiae non pertineant nisi fideles qui sunt perfecti adoratores in spiritu et veritate:

Haeretica.

DE STATU INNOCENTIAE

De grat. §§. 4. 7., *de Sacram. in gen.* § 1., *de Poenit.* §. 4.

16. Doctrina Synodi de statu felici innocentiae, qualem eum repraesentat in Adamo ante peccatum, complectente non modo integritatem, sed et iustitiam interiorem cum impulsu in Deum per amorem caritatis atque primaevam sanctitatem aliqua ratione post lapsum restitutam,

Quatenus complexive accepta innuit, statum illum sequelam fuisse creationis, debitum ex naturali exigentia et conditione humanae naturae, non gratuitum Dei beneficium:

Falsa, alias damnata in Baio et Quesnellio, erronea, favens haeresi pelagianae.

DE IMMORTALITATE SPECTATA UT NATURALI CONDITIONE HOMINIS

De Bapt. §. 2.

17. Propositio his verbis enuntiata: *edocti ab Apostolo, spectamus mortem non iam ut naturalem conditionem hominis, sed revera ut iustam poenam culpae originalis,*

Quatenus sub nomine Apostoli subdole allegato insinuat, mortem, quae in praesenti statu inflicta est velut iusta poena peccati per iustam subtractionem immortalitatis, non fuisse naturalem conditionem hominis, quasi immortalitas non fuisset gratuitum beneficium, sed naturalis conditio:

Captiosa, temeraria, Apostolo iniuriosa, alias damnata.

DE CONDITIONE HOMINIS IN STATU NATURAE

De grat. §. 10.

18. Doctrina Synodi enuntians, *post lapsum Adami Deum annuntiasse promissionem futuri liberatoris et voluisse consolari genus humanum*

per spem salutis, quam Iesus Christus allaturus erat; tamen *Deum voluisse ut genus humanum transiret per varios status, antequam veniret plenitudo temporum* ac primum ut in statu naturae *homo relictus propriis luminibus disceret de sua caeca ratione diffidere et ex suis aberrationibus moveret se ad desiderandum auxilium superioris luminis,*

Doctrina, ut iacet, captiosa atque intellecta de desiderio adiutorii superioris luminis in ordine ad salutem promissam per Christum, ad quod concipiendum homo relictus suis propriis luminibus supponatur sese potuisse movere :

Suspecta, favens haeresi semipelagianae.

DE CONDITIONE HOMINIS SUB LEGE
Ibid.

19. Item quae subiungit, hominem sub lege, *cum esset impotens ad eam observandam, praevaricatorem evasisse, non quidem culpa legis, quae sanctissima erat, sed culpa hominis, qui sub lege sine gratia magis magisque praevaricator evasit* superadditque, *legem, si non sanavit cor hominis, effecisse ut sua mala cognosceret et de sua infirmitate convictus desideraret gratiam Mediatoris,*

Qua parte generaliter innuit, hominem praevaricatorem evasisse per inobservantiam legis, quam impotens esset observare; quasi *impossibile aliquid potuerit imperare qui iustus est, aut damnaturus sit hominem pro eo quod non potuit vitare, qui pius est:*

Ex S. Caesario serm. 73. in append. S. Aug. serm. 273. édit. maurin.

Ex S. August. de nat. et grat. cap. 43. — De grat. et lib. arb. cap. 16. — Enarr. in psal. 56. num. 1.

Falsa, scandalosa, impia, in Baio damnata.

20. Qua parte datur intelligi, hominem sub lege sine gratia potuisse concipere desiderium gratiae Mediatoris ordinatum ad salutem promissam per Christum; quasi *non ipsa gratia faciat ut invocetur a nobis:*

Ex Concil. Araus. II. can. 3.

Propositio, ut iacet, captiosa, suspecta, favens haeresi semipelagianae.

DE GRATIA ILLUMINANTE ET EXCITANTE
De grat. §. 11.

21. Propositio, quae asserit, *lumen gratiae, quando sit solum, non praestare nisi ut cognoscamus infelicitatem nostri status et gravitatem nostri mali, gratiam in tali casu producere eundem effectum, quem lex producebat; ideo necesse esse, ut Deus creet in corde nostro sanctum amorem et inspiret sanctam delectationem contrariam amori in nobis dominanti, hunc amorem sanctum, hanc sanctam delectatio-*

nem esse proprie gratiam Iesu Christi, inspirationem charitatis, qua
cognita sancto amore faciamus, hanc esse illam radicem, e qua ger-
minant bona opera, hanc esse gratiam novi Testamenti, quae nos li-
berat a servitute peccati et constituit filios Dei,

Quatenus intendat, eam solam esse proprie gratiam Iesu Christi, quae
creet in corde sanctum amorem et quae facit ut faciamus, sive etiam
qua homo liberatus a servitute peccati constituitur filius Dei et non
sit etiam proprie gratia Christi ea gratia, qua cor hominis tangitur per
illuminationem Spiritus Sancti (Trid. sess. 6. cap. 5.) nec vera detur interior gratia Christi, cui resistitur:

Falsa, captiósa, inducens in errorem in secunda propositione Iansenii
damnatum ut haereticum eumque renovans.

DE FIDE VELUT PRIMA GRATIA

De Fide §. 1.

22. Propositio, quae innuit, fidem, *a qua incipit series gratiarum et*
per quam velut primam vocem vocamur ad salutem et Ecclesiam, esse
ipsammet excellentem virtutem fidei, qua homines fideles nominantur
et sunt,

Perinde ac prior non esset gratia illa, quae, *ut praevenit voluntatem,*
sic praevenit et fidem:

Ex s. August. de dono persev. cap. 16. num. 41.

Suspecta de haeresi eamque sapiens, alias in Quesnellio damnata, erronea.

DE DUPLICI AMORE

De grat. §. 8.

23. Doctrina Synodi de duplici amore (dominantis cupiditatis et caritatis dominantis) enuntians, hominem sine gratia esse sub servitute peccati ipsumque in eo statu per generalem cupiditatis dominantis influxum
omnes suas actiones inficere et corrumpere,

Quatenus insinuat, in homine, dum est sub servitute sive in statu peccati destitutus gratia illa, qua liberatur a servitute peccati et constituitur
filius Dei, sic dominari cupiditatem, ut per generalem huius influxum
omnes illius actiones in se inficiantur et corrumpantur aut opera omnia,
quae ante iustificationem fiunt, quacumque ratione fiant, sint peccata;

Quasi in omnibus suis actibus peccator serviat dominanti cupiditati:
Falsa, perniciosa, inducens in errorem a Tridentino damnatum ut haereticum, iterum in Baio damnatum art. 40. §. 12.

24. Qua vero parte inter dominantem cupiditatem et caritatem dominantem nulli ponuntur affectus medii a natura ipsa insiti suapteque natura
laudabiles, qui una cum amore beatitudinis naturalique propensione ad
bonum *remanserunt velut extrema lineamenta et reliquiae imaginis,*

Ex s. August. de Spir. et litt. cap. 28.

Perinde ac si *inter dilectionem divinam, quae nos perducit ad regnum et dilectionem humanam illicitam, quae damnatur,* non daretur *dilectio humana licita, quae non reprehenditur:*

Ex s. August. serm. 349. de carit., edit. maurin.

Falsa, alias damnata.

DE TIMORE SERVILI

De Poenit. §. 3.

25. Doctrina, quae timorem poenarum generatim perhibet *dumtaxat non posse dici malum, si saltem pertingit ad cohibendam manum,*

Quasi timor ipse gehennae, quam fides docet peccato infligendam, non sit in se bonus et utilis, velut donum supernaturale ac motus a Deo inspiratus, praeparans ad amorem iustitiae:

Falsa, temeraria, perniciosa, divinis donis iniuriosa, alias damnata, contraria doctrinae Concilii Tridentini, tum et communi Patrum sententiae: *opus esse,* iuxta consuetum ordinem praeparationis ad iustitiam, *ut intret timor primo, per quem veniat caritas: timor medicamentum, caritas sanitas.*

Ex S. August. in epist. Io. cap. 4. tract. 9. num. 4. 5. — In Io. evang. tract. 41. num. 10. — Enarr. in psal. 127. num. 7. — Serm. 157. de verbis Apostoli num. 13. — Serm. 161. de verbis Apostoli num. 8. — Serm. 349. de caritate num. 7.

DE POENA DECEDENTIUM CUM SOLO ORIGINALI

De Bapt. §. 3.

26. Doctrina, quae velut fabulam pelagianam explodit locum illum inferorum (quem limbi puerorum nomine fideles passim designant), in quo animae decedentium cum sola originali culpa poena damni citra poenam ignis puniantur,

Perinde ac si hoc ipso quod, qui poenam ignis removent, inducerent locum illum et statum medium expertem culpae et poenae inter regnum Dei et damnationem aeternam, qualem fabulabantur pelagiani:

Falsa, temeraria, in scholas catholicas iniuriosa.

DE SACRAMENTIS AC PRIMUM DE FORMA SACRAMENTALI CUM ADIUNCTA CONDITIONE

De Bapt. §. 12.

27. Deliberatio Synodi, qua, praetextu adhaesionis ad antiquos canones, in casu dubii Baptismatis, propositum suum declarat de omittenda formae conditionalis mentione,

Temeraria, praxi, legi, auctoritati Ecclesiae contraria.

DE PARTICIPATIONE VICTIMAE IN SACRIFICIO MISSAE

De Euch. §. 6.

28. Propositio Synodi, qua, postquam statuit *Victimae participationem esse partem sacrificio essentialem,* subiungit, *non tamen se damnare ut illicitas Missas illas, in quibus adstantes sacramentaliter non cómmunicant; ideo quia isti participant, licet minus perfecte, de ipsa Victima, spiritu illam recipiendo,*

Quatenus insinuat, ad sacrificii essentiam deesse aliquid in eo sacrificio quod peragatur sive nullo adstante sive adstantibus, qui nec sacramentaliter nec spiritualiter de Victima participaht et quasi damnandae essent ut illicitae Missae illae, in quibus, solo sacerdote communicante, nemo adsit qui sive sacramentaliter sive spiritualiter communicet:

Falsa, erronea, de haeresi suspecta eamque sapiens.

DE RITUS CONSECRATIONIS EFFICACIA

De Euch. §. 2.

29. Doctrina Synodi, qua parte tradere instituens Fidei doctrinam de ritu consecrationis, remotis quaestionibus scholasticis circa modum, quo Christus est in Eucharistia, a quibus parochos docendi munere fungentes abstinere hortatur, duobus his tantum propositis: 1. Christum post consecrationem vere, realiter, substantialiter esse sub speciebus: 2. tunc omnem panis et vini substantiam cessare, solis remanentibus speciebus; prorsus omittit ullam mentionem facere Transsubstantiationis seu conversionis totius substantiae panis in Corpus et totius substantiae vini in Sanguinem, quam velut articulum fidei Tridentinum Concilium definivit et quae in sollemni fidei professione continetur,

Quatenus per inconsultam istiusmodi suspiciosamque omissionem notitia subtrahitur tum articuli ad fidem pertinentis, tum etiam vocis ab Ecclesia consecratae ad illius tuendam professionem adversus haereses tenditque adeo ad eius oblivionem inducendam, quasi ageretur de quaestione mere scholastica:

Perniciosa, derogans expositioni veritatis catholicae circa dogma Transsubstantiationis, favens haereticis.

DE APPLICATIONE FRUCTUS SACRIFICII

De Euch. §. 8.

30. Doctrina Synodi, qua, dum profitetur *credere Sacrificii oblationem extendere se ad omnes, ita tamen ut in liturgia fieri possit specialis commemoratio aliquorum tam vivorum quam defunctorum, precando Deum peculiariter pro ipsis,* dein continuo subiicit: *Non tamen quod credamus in arbitrio esse sacerdotis applicare fructus Sacrificii cui vult, imo damnamus hunc errorem velut magnopere offendentem iura*

Dei, qui solus distribuit fructus Sacrificii cui vult et secundum mensuram quae ipsi placet; unde et consequenter traducit velut *falsam opinionem invectam in populum, quod illi, qui eleemosynam subministrant sacerdoti sub conditione quod celebret unam Missam, specialem fructum ex ea percipiant,*

Sic intellecta, ut, praeter peculiarem commemorationem et orationem, specialis ipsa oblatio seu applicatio Sacrificii, quae fit a sacerdote, non magis prosit (ceteris paribus) illis pro quibus applicatur, quam aliis quibusque; quasi nullus specialis fructus proveniret ex speciali applicatione, quam pro determinatis personis aut personarum ordinibus faciendam commendat ac praecipit Ecclesia, speciatim a pastoribus pro suis ovibus, quod velut ex divino praecepto descendens a sacra Tridentina Synodo disserte est expressum:

Sess. 23. cap. 1. de reform. — Bened. XIV. constit. *Cum semper oblatas* §. 2.

Falsa, temeraria, perniciosa, Ecclesiae iniuriosa, inducens in errorem alias damnatum in Wicleffo.

DE CONVENIENTI ORDINE IN CULTU SERVANDO

De Euch. §. 5.

31. Propositio Synodi enuntians conveniens esse, pro divinorum officiorum ordine et antiqua consuetudine, ut in unoquoque templo unum tantum sit altare sibique adeo placere morem illum restituere,

Temeraria, perantiquo pio multis abhinc seculis in Ecclesia praesertim latina vigenti et probato mori iniuriosa.

Ibid.

32. Item praescriptio vetans, ne super altaria sacrarum reliquiarum thecae floresve apponantur,

Temeraria, pio ac probato Ecclesiae mori iniuriosa.

Ibid. §. 6.

33. Propositio Synodi, qua cupere se ostendit, ut causae tollerentur, per quas ex parte inducta est oblivio principiorum ad liturgiae ordinem spectantium, *revocando illam ad maiorem rituum simplicitatem, eam vulgari lingua exponendo et elata voce proferendo,*

Quasi vigens ordo liturgiae ab Ecclesia receptus et probatus aliqua ex parte manasset ex oblivione principiorum, quibus illa regi debet:

Temeraria, piarum aurium offensiva, in Ecclesiam contumeliosa, favens haereticorum in eam conviciis.

DE ORDINE POENITENTIAE

De Poenit. §. 7.

34. Declaratio Synodi, qua, postquam praemisit ordinem Poenitentiae canonicae sic ad Apostolorum exemplum ab Ecclesia statutum fuisse,

ut esset communis omnibus nec tantum pro punitione culpae, sed praecipue pro dispositione ad gratiam, subdit, se *in ordine illo mirabili et*
augusto totam agnoscere dignitatem Sacramenti adeo necessarii, li-
beram a subtilitatibus, quae ipsi decursu temporis adiunctae sunt,

Quasi per ordinem, quo, sine peracto canonicae Poenitentiae cursu, hoc
Sacramentum per totam Ecclesiam administrari consuevit, illius fuisset
dignitas imminuta :

Temeraria, scandalosa, inducens in contemptum. dignitatis Sacramenti
prout per Ecclesiam totam consuevit administrari, Ecclesiae ipsi iniuriosa.

De Poenit. §. 10. *n.* 4.

35. Propositio his verbis concepta : *Si caritas in principio semper*
debilis est, de via ordinaria ad obtinendum augmentum huius ca-
ritatis, oportet ut Sacerdos praecedere faciat eos actus humiliationis
et poenitentiae, qui fuerunt omni aetate ab Ecclesia commendati ;
redigere hos actus ad paucas orationes aut ad aliquod ieiunium post
iam collatam absolutionem, videtur potius materiale desiderium con-
servandi huic sacramento nudum nomen Poenitentiae, quam medium
illuminatum et aptum ad augendum illum fervorem caritatis, qui
debet praecedere absolutionem: longe quidem absumus ab improbanda
praxi imponendi poenitentias etiam post absolutionem adimplendas:
si omnia nostra bona opera semper adiunctos habent nostros defe-
ctus, quanto magis vereri debemus ne plurimas imperfectiones ad-
miserimus in difficillimo et magni momenti opere nostrae reconci-
liationis,

Quatenus innuit, poenitentias, quae imponuntur adimplendae post absolutionem, spectandas potius esse velut supplementum pro defectibus
admissis in opere nostrae reconciliationis, quam ut penitentias vere sa-
cramentales et satisfactorias pro peccatis confessis; quasi, ut vera ratio
Sacramenti, non nudum nomen servetur, oporteat de via ordinaria ut
actus humiliationis et poenitentiae, qui imponuntur per modum satisfactionis sacramentalis, praecedere debeant absolutionem:

Falsa, temeraria, communi praxi Ecclesiae iniuriosa, inducens in errorem haereticali nota in Petro de Osma confixum.

DE PRAEVIA NECESSARIA DISPOSITIONE PRO ADMITTENDIS POENITENTIBUS AD RECONCILIATIONEM

De Grat. §. 15.

36. Doctrina Synodi, qua, postquam praemisit, *quando habebuntur*
signa non aequivoca amoris Dei dominantis in corde hominis, posse
illum merito iudicari dignum qui admittatur ad participationem san-
guinis Iesu Christi, quae fit in Sacramentis, subdit, *suppositias con-*
versiones, quae fiunt per attritionem nec efficaces esse solere nec du-

rabiles; consequenter *pastorem animarum debere insistere signis non aequivocis caritatis dominantis antequam admittat suos poenitentes ad Sacramenta;* quae signa, ut deinde tradit (§. 17.), *pastor deducere poterit ex stabili cessatione a peccato et fervore in operibus bonis,* quem insuper *fervorem charitatis* perhibet *(de Poenit. §. 10.)* velut dispositionem quae *debet praecedere absolutionem,*   ·

Sic intellecta, ut non solum contritio imperfecta, quae passim attritionis nomine donatur, etiam quae iuncta sit cum dilectione qua homo incipit diligere Deum tanquam omnis iustitiae fontem, nec modo contritio caritate formata, sed et fervor caritatis dominantis et ille quidem diuturno experimento per fervorem in operibus bonis probatus, generaliter et absolute requiratur ut homo ad Sacramenta et speciatim poenitentes ad absolutionis beneficium admittantur:

Falsa, temeraria, quietis animarum perturbativa, tutae ac probatae in Ecclesia praxi contraria, Sacramenti efficaciae detrahens et iniuriosa.

DE AUCTORITATE ABSOLVENDI

. *De Poenit.* §. 10. *n.* 6.

37. Doctrina Synodi, quae de auctoritate absolvendi accepta per Ordinationem enuntiat, *post institutionem dioecesium et parochiarum conveniens esse, ut quisque iudicium hoc exerceat super personas sibi subditas sive ratione territorii sive iure quodam personali,* propterea quod *aliter confusio induceretur et perturbatio,*

Quatenus post institutas dioeceses et parochias enuntiat tantummodo *conveniens esse, ad praecavendam confusionem, ut absolvendi potestas exerceatur super subditos;* sic intellecta tanquam ad validum usum huius potestatis non sit necessaria ordinaria vel subdelegata illa iurisdictio, sine qua Tridentinum declarat nullius momenti esse absolutionem a sacerdote prolatam:

Falsa. temeraria, perniciosa, Tridentino contraria et iniuriosa, erronea.

Ibid. §. 11.

38. Item doctrina, qua, postquam Synodus professa est *se non posse, non admirari illam adeo venerabilem disciplinam antiquitatis, quae* (ut ait) *ad Poenitentiam non ita facile et forte nunquam eum admittebat, qui post primum peccatum et primam reconciliationem relapsus esset in culpam,* subiungit, *per timorem perpetuae exclusionis a communione et pace, etiam in articulo mortis, magnum fraenum illis iniectum iri, qui parum considerant malum peccati et minus illud timent,*

Contraria can. 13. Concilii Nicaeni 1., decretali Innocentii I. ad Exuperium Tolos., tum et decretali Caelestini I. ad Episcopos Viennen. et Narbonen. provinciae, redolens pravitatem, quam in ea decretali sanctus Pontifex exhorret.

DE PECCATORUM VENIALIUM CONFESSIONE

De Poenit. §. 12.

39. Declaratio Synodi in peccatorum venialium confessione, quam optare se ait non tantopere frequentari, ne nimium contemptibiles reddantur huiusmodi confessiones,

Temeraria, perniciosa, sanctorum ac piorum praxi a sacro Concilio Tridentino probatae contraria.

DE INDULGENTIIS

De Poenit. §. 16.

40. Propositio asserens, *indulgentiam secundum suam praecisam notionem aliud non esse, quam remissionem partis eius poenitentiae, quae per canones statuta erat peccanti,*

Quasi indulgentia, praeter nudam remissionem poenae canonicae, non etiam valeat ad remissionem poenae temporalis pro peccatis actualibus debitae apud divinam iustitiam:

Falsa, temeraria, Christi meritis iniuriosa, dudum in art. 19. Lutheri damnata.

Ibid.

41. Item, in eo quod subditur, *scholasticos suis subtilitatibus inflatos invexisse thesaurum male intellectum meritorum Christi et Sanctorum et clarae notioni absolutionis a poena canonica substituisse confusam et falsam applicationis meritorum,*

Quasi thesauri Ecclesiae, unde Papa dat indulgentias, non sint merita Christi et Sanctorum:

Falsa, temeraria, Christi et Sanctorum meritis iniuriosa, dudum in articulo 17. Lutheri damnata.

Ibid.

42. Item, in eo quod superaddit, *luctuosius adhuc esse quod chimaerica istaec applicatio transferri volita sit in defunctos,*

Falsa, temeraria, piarum aurium offensiva, in romanos Pontifices et in praxim et sensum universalis Ecclesiae iniuriosa, inducens in errorem haereticali nota in Petro de Osma confixum, iterum damnatum in art. 22. Lutheri.

Ibid.

43. In eo demum quod impudentissime invehitur in tabellas indulgentiarum, altaria. privilegiata etc.,

Temeraria, piarum aurium offensiva, scandalosa, in summos Pontifices atque in praxim tota Ecclesia frequentatam contumeliosa.

DE RESERVATIONE CASUUM

De Poenit. §. 19.

44. Propositio Synodi asserens, *reservationem casuum nunc temporis aliud non esse, quam improvidum ligamen pro inferioribus sacerdotibus et sonum sensu vacuum pro poenitentibus assuetis non admodum curare hanc reservationem,*

Falsa, temeraria, male sonans, perniciosa, Concilio Tridentino contraria, superioris hierarchicae potestatis laesiva.

Ibid.

45. Item de spe, quam ostendit fore, *ut reformato rituali et ordine Poenitentiae, nullum amplius locum habiturae sint huiusmodi reservationes,*

Prout, attenta generalitate verborum, innuit, per reformationem ritualis et ordinis Poenitentiae factam ab Episcopo vel Synodo aboleri posse casus, quos Tridentina Synodus (sess. 14. c. 7.) declarat Pontifices maximos potuisse pro suprema potestate sibi in universa Ecclesia tradita peculiari suo iudicio reservare:

Propositio falsa, temeraria, Concilio Tridentino et summorum Pontificum auctoritati derogans et iniuriosa.

DE CENSURIS

De Poenit. §§. 20. 22.

46. Propositio asserens, *effectum excommunicationis exteriorem dumtaxat esse, quia tantummodo natura sua excludit ab exteriore communicatione Ecclesiae,*

Quasi excommunicatio non sit poena spiritualis, ligans in caelo, animas obligans:

Ex s. August. epist. 250. Auxilio Episcopo. — Tract. 50. in Io. num. 12.

Falsa, perniciosa, in art. 23. Lutheri damnata, ad minus erronea.

§§. 21. 23.

47. Item quae tradit, necessarium esse iuxta leges naturales et divinas, ut sive ad excommunicationem sive ad suspensionem praecedere debeat examen personale atque adeo sententias dictas *ipso facto* non aliam vim habere, nisi seriae comminationis sine ullo actuali effectu,

Falsa, temeraria, perniciosa, Ecclesiae potestati iniuriosa, erronea.

§. 22.

48. Item quae pronuntiat, *inutilem ac vanam esse formulam nonnullis ab hinc seculis inductam absolvendi generaliter ab excommunicationibus, in quas fidelis incidere potuisset,*

Falsa, temeraria, praxi Ecclesiae iniuriosa.

§. 24.

49. Item quae damnat ut nullas et invalidas *suspensiones ex informata conscientia,*

Falsa, perniciosa, in Tridentinum iniuriosa.

Ibid.

50. Item in eo quod insinuat, soli Episcopo fas non esse uti potestate, quam tamen ei defert Tridentinum (sess. 14. c. 1. de reform.), suspensionis *ex informata conscientia* legitime infligendae,

Iurisdictionis Praelatorum Ecclesiae laesiva.

DE ORDINE

De Ordine §. 4.

51. Doctrina Synodi, quae perhibet, in promovendis ad Ordines hanc de more et instituto veteris disciplinae rationem servari consuevisse, *ut si quis clericorum distinguebatur sanctitate vitae et dignus aestimabatur qui ad Ordines sacros ascenderet, ille solitus erat promoveri ad Diaconatum vel Sacerdotium etiamsi inferiores Ordines non suscepisset neque tum talis ordinatio dicebatur per saltum, ut postea dictum est,*

§. 5.

52. Item quae innuit, non alium titulum ordinationum fuisse, quam deputationem ad aliquod speciale ministerium, qualis praescripta est in Concilio Chalcedonensi, subiungens (§. 6.), quamdiu Ecclesia sese his principiis in delectu sacrorum ministrorum conformavit, ecclesiasticum ordinem floruisse; verum beatos illos dies transiisse novaque principia subinde introducta, quibus corrupta fuit disciplina in delectu ministrorum sanctuarii,

§. 7.

53. Item quod inter haec ipsa corruptionis principia refert, quod recessum sit a vetere instituto, quo, ut ait (§. 3.), Ecclesia insistens Apostoli vestigiis neminem ad Sacerdotium admittendum statuerat, nisi qui conservasset innocentiam baptismalem,

Quatenus innuit, corruptam fuisse disciplinam per decreta et instituta,

1. Sive quibus ordinationes per saltum vetitae sunt,

2. Sive quibus pro Ecclesiarum necessitate et commoditate probatae sunt ordinationes sine titulo specialis officii, velut speciatim a Tridentino ordinatio ad titulum patrimonii; salva obedientia qua sic ordinati Ecclesiarum necessitatibus deservire debent iis obeundis officiis, quibus pro loco ac tempore ab Episcopo admoti fuerint, quemadmodum ab apostolicis temporibus in primitiva Ecclesia fieri consuevit,

3. Sive quibus iure canonico facta est criminum distinctio, quae di-

linquentes reddunt irregulares; quasi per hanc distinctionem Ecclesia recesserit a spiritu Apostoli, non excludendo generaliter et indistincte ab ecclesiastico ministerio omnes quoscumque, qui baptismalem innocentiam non conservassent:

> Doctrina singulis suis partibus falsa, temeraria, ordinis pro ecclesiarum necessitate et commoditate inducti perturbativa, in disciplinam per canones et speciatim per Tridentini decreta probatam iniuriosa.
>
> §. 13.

54. Item quae velut turpem abusum notat unquam praetendere eleemosynam pro celebrandis Missis et Sacramentis administrandis, sicuti et accipere quemlibet proventum dictum *stolae* et generatim quodcumque stipendium et honorarium, quod suffragiorum aut cuiuslibet parochialis functionis occasione offertur,

Quasi turpis abusus crimine notandi essent ministri Ecclesiae, qui secundum receptum et probatum Ecclesiae morem et institutum utuntur iure promulgato ab Apostolo accipiendi temporalia ab his, quibus spiritualia ministrantur:

> Falsa, temeraria, ecclesiastici ac pastoralis iuris laesiva, in Ecclesiam eiusque ministros iniuriosa.
>
> §. 14.

55. Item quae vehementer optare se profitetur, ut aliqua ratio inveniretur minutuli cleri (quo nomine inferiorum ordinum clericos designat) a Cathedralibus et Collegiatis submovendi, providendo aliter (nempe per probos et provectioris aetatis laicos, congruo assignato stipendio) ministerio inserviendi Missis et aliis officiis, velut Acolythi etc., ut olim, inquit, fieri solebat, quando eius generis officia non ad meram speciem pro maioribus Ordinibus suscipiendis redacta erant,

Quatenus reprehendit institutum, quo cavetur, ut *minorum ordinum functiones per eos tantum praestentur exerceanturve, qui in illis constituti adscriptive sunt* (Concil. Prov. IV. mediol.) idque ad mentem Tridentini (sess. 23. c. 17.), *ut sanctorum Ordinum a Diaconatu ad Ostiariatum functiones ab apostolicis temporibus in Ecclesia laudabiliter receptae et in pluribus locis aliquandiu intermissae iuxta sacros canones revocentur nec ab haereticis tanquam otiosae traducantur:*

> Suggestio temeraria, piarum aurium offensiva, ecclesiastici ministerii perturbativa, servandae quoad fieri potest in celebrandis mysteriis decentiae imminutiva, in minorum ordinum munera et functiones, tum in disciplinam per canones et speciatim per ·Tridentinum prohatam iniuriosa, favens haereticorum in eam conviciis et calumniis.
>
> §. 18.

56. Doctrina, quae statuit, conveniens videri in impedimentis canonicis,

quae proveniunt ex delictis in iure expressis, ullam unquam nec concedendam nec admittendam esse dispensationem,

> Aequitatis et moderationis canonicae a sacro Concilio Tridentino pro-
> batae laesiva, auctoritati et iuribus Ecclesiae derogans.

Ibid. §. 22.

57. Praescriptio Synodi, quae generaliter et indiscriminatim velut
abusum reiicit quamcumque dispensationem, ut plus quam unum resi-
dentiale beneficium uni eidemque conferatur, item in eo quod subiungit,
certum sibi esse, iuxta Ecclesiae spiritum plus quam uno beneficio tametsi simplici neminem frui posse:

> Pro sua generalitate, derogans moderationi Tridentini sess. 7. c. 5. et
> sess. 24. c. 17.

DE SPONSALIBUS ET MATRIMONIO

Libell. memorial. circa sponsalia etc. §. 2.

58. Propositio, quae statuit, sponsalia proprie dicta actum mere civilem continere, qui ad Matrimonium celebrandum disponit eademque
civilium legum praescripto omnino subiacere,

Quasi actus disponens ad Sacramentum non subiaceat sub hac ratione
iuri Ecclesiae:

> Falsa, iuris Ecclesiae quoad effectus etiam c sponsalibus vi canonicarum
> sanctionum profluentes laesiva, disciplinae ab Ecclesia constitutae
> derogans.

De Matrim. §§. 7. 11. 12.

59. Doctrina Synodi asserens, *ad supremam civilem potestatem dumtaxat originarie spectare contractui Matrimonii apponere impedimenta
eius generis, quae ipsum nullum reddunt dicunturque dirimentia:*
quod *ius originarium* praeterea dicitur cum *iure dispensandi essentialiter connexum;* subiungens, *supposito assensu vel conniventia principum, potuisse Ecclesiam iuste constituere impedimenta dirimentia
ipsum contractum Matrimonii,*

Quasi Ecclesia non semper potuerit ac possit in christianorum Matrimoniis iure proprio impedimenta constituere, quae Matrimonium non solum impediant sed et nullum reddant quoad vinculum, quibus christiani
obstricti teneantur etiam in terris infidelium in eisdemque dispensare:

> Canonum 3. 4. 9. 12. sessionis 24. Concilii Tridentini eversiva, hae-
> retica.

Cit. libell. memorial. circa sponsal. §. 10.

60. Item rogatio Synodi ad potestatem civilem, ut *e numero impedimentorum tollat cognationem spiritualem atque illud quod dicitur
publicae honestatis, quorum origo reperitur in collectione Iustiniani;*

tum ut *restringat impedimentum affinitatis et cognationis, ex quacumque licita aut illicita coniunctione provenientis, ad quartum gradum iuxta civilem computationem per lineam lateralem et obliquam;
ita tamen, ut spes nulla relinquatur dispensationis obtinendae,*

Quatenus civili potestati ius attribuit sive abolendi sive restringendi
impedimenta Ecclesiae auctoritate constituta vel comprobata; item qua
parte supponit, Ecclesiam per potestatem civilem spoliari posse iure suo
dispensandi super impedimentis ab ipsa constitutis vel comprobatis:

Libertatis ac potestatis Ecclesiae subversiva, Tridentino contraria, ex
haereticali supra damnato principio profecta.

DE OFFICIIS, EXERCITATIONIBUS, INSTITUTIONIBUS
AD RELIGIOSUM CULTUM PERTINENTIBUS
ET PRIMUM DE ADORANDA HUMANITATE CHRISTI

De Fide §. 3.

61. Propositio, quae asserit, *adorare directe humanitatem Christi,
magis vero aliquam eius partem, fore semper honorem divinum datum
creaturae,*

Quatenus per hoc verbum directe intendat reprobare adorationis cultum, quem fideles dirigunt ad humanitatem Christi, perinde ac si talis
adoratio, qua humanitas ipsaque caro vivifica Christi adoratur non quidem
propter se et tanquam nuda caro sed prout unita divinitati, foret honor
divinus impertitus creaturae et non potius una eademque adoratio, qua
Verbum incarnatum cum propria ipsius carne adoratur:

Ex Concil. CP. V. Gen. Can. 9.

Falsa, captiosa, pio ac debito cultui humanitati Christi a fidelibus
praestito ac praestando detrahens et iniuriosa.

De Orat. §. 10.

62. Doctrina, quae devotionem erga sacratissimum Cor Iesu reiicit inter
devotiones, quas notat velut novas, erroneas aut saltem periculosas,

Intellecta de hac devotione, qualis est ab apostolica Sede probata:

Falsa, temeraria, perniciosa, piarum aurium offensiva, in apostolicam
Sedem iniuriosa.

De orat. §. 10. *et append. n.* 32.

63. Item in eo quod cultores Cordis Iesu hoc etiam nomine arguit,
quod non advertant, sanctissimam carnem Christi aut eius partem aliquam aut etiam humanitatem totam cum separatione aut praecisione a
divinitate adorari non posse cultu latriae,

Quasi fideles Cor Iesu adorarent cum separatione vel praecisione a divinitate, dum illud adorant ut est Cor Iesu, Cor nempe personae Verbi,
cui inseparabiliter unitum est, ad eum modum quo exsangue corpus

Christi in triduo mortis sine separatione aut praecisione a divinitate ado-
rabile fuit in sepulcro:
> Captiosa, in fideles Cordis Christi cultores iniuriosa.

DE ORDINE PRAESCRIPTO IN PIIS EXERCITATIONIBUS OBEUNDIS

De orat. §. 14., append. n. 34.

64. Doctrina,· quae velut superstitiosam universe notat *quamcumque
efficaciam, quae ponatur in determinato numero precum et piarum
salutationum,*

Tanquam superstitiosa censenda esset efficacia, quae sumitur non ex
numero in se spectato, sed ex praescripto Ecclesiae certum numerum
precum vel externarum actionum praefinientis pro indulgentiis conse-
quendis, pro adimplendis poenitentiis et generatim pro sacro et religioso
cultu rite et ex ordine peragendo:
> Falsa, temeraria, scandalosa, perniciosa, pietati fidelium iniuriosa, Ec-
> clesiae auctoritati derogans, erronea.

De Poenit. §. 10.

65. Propositio enuntians, *irregularem strepitum novarum institutio-
num, quae dictae sunt exercitia vel missiones... forte nunquam aut
saltem perraro eo pertingere, ut absolutam conversionem operentur et
exteriores illos commotionis actus, qui apparuere, nil aliud fuisse quam
transeuntia naturalis concussionis fulgura,*

Temeraria, male sonans, perniciosa, mori pie ac salutariter per Ecclesiam frequentato et in verbo Dei fundato iniuriosa.

DE MODO IUNGENDAE VOCIS POPULI CUM VOCE ECCLESIAE
IN PRECIBUS PUBLICIS

66. Propositio asserens, *fore' contra apostolicam praxim et Dei consilia, nisi populo faciliores viae pararentur vocem suam iungendi cum
voce totius Ecclesiae,*

Intellecta de usu vulgaris linguae in liturgicas preces inducendae:
> Falsa, temeraria, ordinis pro mysteriorum celebratione praescripti per-
> turbativa, plurium malorum facile productrix.

DE LECTIONE SACRAE SCRIPTURAE

Ex nota in fine decr. de gratia.

67. Doctrina perhibens, a lectione sacrarum Scripturarum *nonnisi veram impotentiam excusare,* subiungens, ultro se prodere obscurationem,
quae ex huiusce praecepti neglectu orta est super primarias veritates
Religionis,
> Falsa, temeraria, quietis animarum perturbativa, alias in Quesnellio
> damnata.

DE PROSCRIPTIS LIBRIS IN ECCLESIA PUBLICE LEGENDIS

De orat. §. 29.

68. Laudatio, qua summopere Synodus commendat Quesnellii commentationes in novum Testamentum aliaque aliorum quesnellianis erroribus faventium opera licet proscripta eademque parochis proponit, ut ea tanquam solidis Religionis principiis referta in suis quisque paroeciis populo post reliquas functiones perlegant,

Falsa, scandalosa, temeraria, seditiosa, Ecclesiae iniuriosa, schisma fovens et haeresim.

DE SACRIS IMAGINIBUS

De orat. §. 17.

69. Praescriptio, quae generaliter et indistincte inter imagines ab Ecclesia auferendas, velut rudibus erroris occasionem praebentes, notat imagines Trinitatis incomprehensibilis,

Propter sui generalitatem, temeraria ac pio per Ecclesiam frequentato mori contraria, quasi nullae exstent imagines sanctissimae Trinitatis communiter approbatae ac tuto permittendae.

Ex brevi *Sollicitudini nostrae* Benedicti XIV. anni 1745.

70. Item doctrina et praescriptio generatim reprobans omnem specialem cultum, quem alicui speciatim imagini solent fideles impendere et ad ipsam potius quam ad aliam confugere,

Temeraria, perniciosa, pio per Ecclesiam frequentato mori, tum et illi providentiae ordini iniuriosa, quo *ita Deus nec in omnibus memoriis Sanctorum ista fieri voluit, qui dividit propria unicuique prout vult.*

Ex. s. August. epist. 78. clero, senioribus et universae plebi ecclesiae Hipponensis.

71. Item quae vetat, ne imagines praesertim beatae Virginis ullis titulis distinguantur, praeterquam denominationibus quae sint analogae mysteriis, de quibus in sacra Scriptura expressa fit mentio,

Quasi nec adscribi possent imaginibus piae aliae denominationes, quas vel in ipsismet publicis precibus Ecclesia probat et commendat:

Temeraria, piarum aurium offensiva, venerationi beatae praesertim Virgini debitae iniuriosa.

72. Item quae velut abusum exstirpari vult morem, quo velatae asservantur certae imagines,

Temeraria, frequentato in Ecclesia et ad fidelium pietatem fovendam inducto mori contraria.

DE FESTIS

Libell. memorial. pro fest. reform. §. 3.

73. Propositio enuntians novorum festorum institutionem ex neglectu in veteribus observandis et ex falsis notionibus naturae et finis earundem solemnitatum originem duxisse,

Falsa, temeraria, scandalosa, Ecclesiae iniuriosa, favens haereticorum in dies festos per Ecclesiam celebratos conviciis.

Ibid. §. 8.

74. Deliberatio Synodi de transferendis in diem dominicum festis per annum institutis idque pro iure quod persuasum sibi esse ait, Episcopo compᵉtere super disciplinam ecclesiasticam in ordine ad res mere spirituales; ideoque et praeceptum Missae audiendae abrogandi diebus in quibus ex pristina Ecclesiae lege viget etiamnum id praeceptum; tum etiam in eo quod superaddit de transferendis in adventum episcopali auctoritate ieiuniis per annum ex Ecclesiae praecepto servandis,

Quatenus adstruit, Episcopo fas esse iure proprio transferre dies ab Ecclesia praescriptos pro festis ieiuniisve celebrandis aut inductum Missae audiendae praeceptum abrogare:

Propositio falsa, iuris Conciliorum generalium et summorum Pontificum laesiva, scandalosa, schismati favens.

DE IURAMENTIS

Libell. memorial. pro iuram. reform. §. 5.

75. Doctrina, quae perhibet, beatis temporibus nascentis Ecclesiae iuramenta visa esse a documentis divini praeceptoris atque ab aurea evangelica simplicitate adeo aliena, ut *ipsummet iurare sine extrema et ineluctabili necessitate reputatum fuisset actus irreligiosus, homine christiano indignus*; insuper *continuatam Patrum seriem demonstrare, iuramenta communi sensu pro vetitis habita fuisse* indeque progreditur ad improbanda iuramenta, quae curia ecclesiastica, iurisprudentiae feudalis (ut ait) normam secuta, in investituris et in sacris ipsis Episcoporum ordinationibus adoptavit; statuitque adeo implorandam a seculari potestate legem pro abolendis iuramentis, quae in Curiis etiam ecclesiasticis exiguntur pro suscipiendis muniis et officiis et generatim pro omni actu curiali,

Falsa, Ecclesiae iniuriosa, iuris ecclesiastici laesiva, disciplinae per canones inductae et probatae subversiva.

DE COLLATIONIBUS ECCLESIASTICIS

De collat. ecclesiast. §. 1.

76. Insectatio, qua Synodus scholasticam exagitat, velut eam, *quae viam aperuit inveniendis novis et inter se discordantibus systematibus quoad*

veritates maioris pretii ac demum adduxit ad probabilismum et laxismum,

Quatenus in scholasticam reiicit privatorum vitia, qui abuti ea potuerunt aut abusi sunt:

    Falsa, temeraria, in sanctissimos viros et doctores, qui magno catholicae Religionis bono scholasticam excoluere, iniuriosa, favens infestis in eam haereticorum conviciis.

    Ibid.

77. Item in eo quod subdit, *mutationem formae regiminis ecclesiastici, qua factum est ut ministri Ecclesiae in oblivionem venirent suorum iurium, quae simul sunt eorum obligationes, eo demum rem adduxisse, ut obliterari faceret primitivas notiones ministerii ecclesiastici et sollicitudinis pastoralis,*

Quasi per mutationem regiminis congruentem disciplinae in Ecclesia constitutae et probatae obliterari unquam potuerit et amitti primitiva notio ecclesiastici ministerii pastoralisve sollicitudinis:

            Propositio falsa, temeraria, erronea.

    §. 4.

78. Praescriptio Synodi de ordine rerum tractandarum in collationibus, qua, posteaquam praemisit, *in quolibet articulo distinguendum id, quod pertinet ad fidem et ad essentiam Religionis, ab eo quod est proprium disciplinae,* subiungit, *in hac ipsa* (disciplina) *distinguendum, quod est necessarium aut utile ad retinendos in spiritu fideles ab eo quod est inutile aut onerosius quam libertas filiorum novi foederis patiatur, magis vero ab eo, quod est periculosum aut noxium, utpote inducens ad superstitionem et materialismum,*

Quatenus pro generalitate verborum comprehendat et praescripto examini subiiciat etiam disciplinam ab Ecclesia constitutam et probatam; quasi Ecclesia, quae spiritu Dei regitur, disciplinam constituere posset non solum inutilem et onerosiorem quam libertas christiana patiatur, sed et periculosam, noxiam, inducentem in superstitionem et materialismum:

    Falsa, temeraria, scandalosa, perniciosa, piarum aurium offensiva, Ecclesiae ac spiritui Dei, quo ipsa regitur, iniuriosa, ad minus erronea.

CONVICIA ADVERSUS ALIQUAS SENTENTIAS IN SCHOLIS CATHOLICIS USQUE ADHUC AGITATAS

    Orat. ad Synod. §. 2.

79. Assertio, quae conviciis et contumeliis insectatur sententias in scholis catholicis agitatas et de quibus apostolica Sedes nihil adhuc definiendum aut pronunciandum censuit,

    Falsa, temeraria, in scholas catholicas iniuriosa, debitae apostolicis constitutionibus obedientiae derogans.

DE TRIBUS REGULIS FUNDAMENTI LOCO A SYNODO POSITIS
PRO REFORMATIONE REGULARIUM

Libell. memorial. pro reform. regularium. §. 9

80. Regula I. quae statuit universe et indiscriminatim, *Statum regularem aut monasticum natura sua componi non posse cum animarum cura cumque vitae pastoralis muneribus nec adeo in partem venire posse ecclesiasticae hierarchiae, quin ex adverso pugnet cum ipsiusmet vitae monasticae principiis,*

> Falsa, perniciosa, in sanctissimos ecclesiae Patres et Praesules, qui regularis vitae instituta cum clericalis ordinis muneribus consociarunt, iniuriosa, pio vetusto probato Ecclesiae mori summorumque Pontificum sanctionibus contraria: *Quasi monachi, quos morum gravitas et vitae ac fidei institutio sancta commendat,* non rite nec modo sine Religionis offensione, sed et cum multa utilitate Ecclesiae *clericorum officiis aggregentur.*

> Ex s. Siricii epist. decret. ad Himerium Tarracon. c. 13.

81. Item in eo quod subiungit, sanctos Thomam et Bonaventuram sic in tuendis adversus summos homines mendicantium institutis versatos esse, ut in eorum defensionibus minor aestus, accuratio maior desideranda fuisset,

> Scandalosa, in sanctissimos doctores iniuriosa, impiis damnatorum auctorum contumeliis favens.

82. Regula II *Multiplicationem ordinum ac diversitatem naturaliter inferre perturbationem et confusionem;* item in eo quod praemittit (§. 4.) *regularium fundatores,* qui post monastica instituta prodierunt, *ordines superaddentes ordinibus, reformationes reformationibus, nihil aliud effecisse, quam primariam mali causam magis magisque dilatare,*

> Intellecta de ordinibus et institutis a sancta Sede probatis, quasi distincta piorum munerum varietas, quibus distincti ordines addicti sunt, natura sua perturbationem et confusionem parere debeat:

> Falsa, calumniosa, in sanctos fundatores eorumque fideles alumnos, tum et in ipsos summos Pontifices iniuriosa.

83. Regula III qua, postquam praemisit, *parvum corpus degens intra civilem societatem, quin fere sit pars eiusdem parvamque monarchiam figit in statu, semper esse periculosum,* subinde hoc nomine criminatur privata monasteria, communis instituti vinculo sub uno praesertim capite, consociata, velut speciales totidem monarchias civili reipublicae periculosas et noxias,

> Falsa, temeraria, regularibus institutis a sancta Sede ad Religionis profectum approbatis iniuriosa, favens haereticorum in eadem instituta insectationibus et calumniis.

DE SYSTEMATE SEU ORDINATIONUM COMPLEXIONE DUCTA EX ALLATIS REGULIS
ET OCTO SEQUENTIBUS ARTICULIS COMPREHENSA
PRO REFORMATIONE REGULARIUM

§. 10.

84. Art. I. *De uno dumtaxat ordine in Ecclesia retinendo ac de seligenda prae caeteris regula sancti Benedicti, cum ob sui praestantiam, tum ob praeclara illius .ordinis merita; sic tamen, ut, in his quae forte occurrent temporum conditioni minus congrua, instituta vitae ratio apud Portum-Regium lucem praeferat ad explorandum, quid addere quid detrahere conveniat;*

II. *Ne compotes fiant ecclesiasticae hierarchiae, qui se huic ordini adiunxerint nec ad sacros Ordines promoveantur, praeterquam ad summum unus vel duo, initiandi tanquam curati vel cappellani monasterii, reliquis in simplici laicorum ordine remanentibus;*

III. *Unum tantum in unaquaque civitate admittendum monasterium, idque extra moenia civitatis in locis abditioribus et remotioribus collocandum;*

IV. *Inter occupationes vitae monasticae pars sua labori manuum inviolate servanda, relicto tamen congruo tempore psalmodiae impendendo aut etiam (si cui libuerit) litterarum studio; psalmodia deberet esse moderata, quia nimia eius prolixitas parit praecipitantiam, molestam, evagationem; quo plus auctae sunt psalmodiae, orationes, preces, tantumdem peraequa proportione omni tempore imminutus fervor est sanctitasque regularium;*

V. *Nulla foret admittenda distinctio monachos inter sive choro sive ministeriis addictos; inaequalitas istaec gravissimas omni tempore lites excitavit ac discordias et a communitatibus regularium spiritum charitatis expulit;*

VI. *Votum perpetuae stabilitatis nunquam tolerandum; non illud norant veteres monachi, qui tamen Ecclesiae consolatio et christianismi ornamentum exstiterunt; vota castitatis, paupertatis et obedientiae non admittentur instar communis et stabilis regulae: si quis ea vota aut omnia aut aliqua facere voluerit, consilium et veniam ab Episcopo postulabit, qui tamen nunquam permittet ut perpetua sint nec anni fines excedent; tantummodo facultas dabitur ea renovandi sub iisdem conditionibus;*

VII. *Omnem Episcopus habebit inspectionem in eorum vitam, studia, progressum in pietate, ad ipsum pertinebit monachos admittere et expellere, semper tamen accepto contubernalium consilio.*

VIII. *Regulares ordinum qui adhuc remanent, licet sacerdotes, in hoc monasterium admitti etiam possent, modo in silentio et solitudine propriae sanctificationi vacare cuperent; quo casu dispensationi locus fieret in generali regula num. II. statuta, sic tamen ne vitae institutionem sequantur ab aliis discrepantem, adeo ut non plus quam una aut ad summum duae in diem Missae celebrentur, satisque ceteris sacerdotibus esse debeat una cum communitate concelebrare.*

ITEM PRO REFORMATIONE MONIALIUM

§. 11.

Vota perpetua usque ad annum. 40. aut 45. non admittenda; moniales solidis exercitationibus, speciatim labori, addicendae; a carnali spiritualitate, qua pleraeque distinentur, avocandae; expendendum utrum, quod ad ipsas attinet, satius foret monasterium in civitate relinqui.

Systema vigentis atque iam antiquitus probatae ac receptae disciplinae subversivum, perniciosum, constitutionibus apostolicis et plurium Conciliorum etiam Generalium tum speciatim Tridentini sanctionibus oppositum et iniuriosum, favens haereticorum in monastica vota et regularia instituta stabiliori consiliorum evangelicorum professioni addicta conviciis et calumniis.

DE NATIONALI CONCILIO CONVOCANDO

Libell. memorial. pro convoc. concil. national. §. 1.

85. Propositio enuntians, qualemcumque cognitionem ecclesiasticae historiae sufficere, ut fateri quisque debeat, convocationem concilii nationalis unam esse ex viis canonicis, qua finiantur in Ecclesia respectivarum nationum controversiae spectantes ad Religionem,

Sic intellecta, ut controversiae ad fidem et mores spectantes in*Ecclesia quacumque subortae per nationale concilium irrefragabili iudicio finiri valeant; quasi inerrantia in fidei et morum quaestionibus nationali concilio competeret:

Schismatica, haeretica.

Mandamus igitur omnibus utriusque sexus christifidelibus, ne de dictis propositionibus et doctrinis sentire, docere, praedicare praesumant, contra quam in hac nostra constitutione declaratur: ita ut quicumque illas vel earum aliquam coniunctim vel divisim docuerit, defenderit, ediderit aut de eis etiam disputando publice vel privatim tractaverit, nisi forsitan impugnando, ecclesiasticis censuris aliisque contra similia perpetrantes a iure statutis poenis, ipso facto absque alia declaratione subiaceat.

Ceterum, per hanc expressam praefatarum propositionum et doctrinarum reprobationem, alia in eodem libro contenta nullatenus approbare intendimus: cum praesertim in eo complures deprehensae fuerint propositiones et doctrinae sive illis quae supra damnatae sunt affines, sive quae communis ac probatae cum doctrinae et disciplinae temerarium contemptum, tum maxime infensum in romanos Pontifices et apostolicam Sedem animum praeseferunt.

Duo vero speciatim notanda censemus, quae de augustissimo sanctissimae Trinitatis mysterio §. 2. decreti de fide si non pravo animo, imprudentius certe Synodo exciderunt, quae facile rudes praesertim et incautos in fraudem impellere valeant. Primum, dum, posteaquam rite praemisit Deum in suo Esse unum et simplicissimum permanere, continuo subiungens ipsum Deum in tribus personis distingui, perperam discedit a communi et probata in christianae doctrinae institutionibus formula, qua Deus unus quidem in tribus personis distinctis dicitur, non in tribus personis distinctus: cuius formulae commutatione hoc vi verborum subrepit erroris periculum, ut essentia divina distincta in personis putetur, quam fides catholica sic unam in personis distinctis confitetur, ut eam simul profiteatur in se prorsus indistinctam.

Alterum, quod de ipsismet tribus divinis personis tradit, eas secundum carum proprietates personales et incommunicabiles exactius loquendo exprimi seu appellari Patrem, Verbum et Spiritum Sanctum: quasi minus propria et exacta foret appellatio Filii tot Scripturae locis consecrata, voce ipsa Patris e caelis et e nube delapsa, tum formula Baptismi a Christo praescripta, tum et praeclara illa confessione qua beatus ab ipsomet Christo Petrus est pronuntiatus; ac non potius retinendum esset quod, edoctus ab Augustino, Angelicus praeceptor (1) vicissim ipse docuit, *in nomine Verbi eamdem proprietatem importari quae in nomine Filii,* dicente nimirum Augustino (2): *Eo dicitur Verbum, quo Filius.*

Neque silentio praetereunda insignis ea fraudis plena Synodi temeritas, quae pridem improbatam ab apostolica Sede conventus Gallicani declarationem anni 1682. ausa sit non amplissimis modo laudibus exornare, sed, quo maiorem illi auctoritatem conciliaret, eam in decretum *de fide* inscriptum insidiose includere, articulos in illa contentos palam adoptare et, quae sparsim per hoc ipsum decretum tradita sunt, horum articulorum publica et sollemni professione obsignare. Quo sane non solum gravior longe se nobis offert de Synodo, quam praedecessoribus nostris fuerit de comitiis illis, expostulandi ratio, sed et ipsimet Gallicanae ecclesiae non levis iniuria irrogatur, quam dignam Synodus existimaverit, cuius auctoritas in patrocinium vocaretur errorum, quibus illud est contaminatum decretum.

---

(1) S. Thomas. 1. p. q. 34. a 2. ad 3.
(2) De Trinit. L. 7. c. 2.

Quamobrem, quae acta conventus Gallicani, mox ut prodierunt, prae-decessor noster venerabilis Innocentius XI. per litteras in forma brevis die II. aprilis anni 1682., post autem expressius Alexander VIII. con-stitutione *Inter multiplices* die 4. augusti anni 1690. pro apostolici sui muneris ratione improbarunt, resciderunt, nulla et irrita declararunt; multo fortius exigit a nobis pastoralis sollicitudo recentem horum fa-ctam in Synodo tot vitiis affectam adoptionem velut temerariam, scan-dalosam ac praesertim (post edita praedecessorum nostrorum decreta) huic apostolicae Sedi summopere iniuriosam reprobare ac damnare, prout eam praesenti hac nostra constitutione reprobamus et damnamus ac pro reprobata et damnata haberi volumus.

Ad id genus fraudis pertinet, quod Synodus in hoc ipso decreto de Fide quamplures articulos complexa, quos Lovaniensis facultatis theologi ad Innocentii XI. iudicium detulerunt, tum et alios duodecim a Cardi-nali de Noailles Benedicto XIII. oblatos, non dubitaverit ex reprobato secundo Ultraiectensi Concilio vanum vetusque commentum exsuscitare temereque his verbis iactare in vulgus, nempe universae Europae no-tissimum esse, eos articulos Romae severissimo examini subiectos fuisse et non solum a qualicumque censura immunes exiisse, sed etiam a lau-datis romanis Pontificibus fuisse commendatos: cuius tamen assertae commendationis non modo nullum extat authenticum documentum, quin potius eidem refragantur acta examinis, quae in nostrae supremae in-quisitionis tabulis asservantur, e quibus id tantum apparet, nullum super iis prolatum fuisse iudicium.

Hisce propterea de causis, librum hunc ipsum, cui titulus *Atti e de-creti del Concilio diocesano di Pistoia dell'anno MDCCLXXXVI. in Pistoia per Atto Bracali stampatore vescovile con approvazione*, sive praemisso sive quovis alio titulo inscriptum, ubicumque et quocumque idiomate, quavis editione aut versione hactenus impressum aut impri-mendum, auctoritate apostolica tenore praesentium prohibemus et damna-mus, quemadmodum etiam alios omnes libros in eius sive eius doctri-nae defensionem tam scripto quam typis forsan iam editos seu (quod Deus avertat) edendos eorumque lectionem, descriptionem, retentionem et usum omnibus et singulis christifidelibus, sub poena excommunica-tionis per contrafacientes ipso facto incurrendae, prohibemus pariter et interdicimus.

Praecipimus insuper venerabilibus Fratribus Patriarchis, Archiepi-scopis et Episcopis aliisque locorum Ordinariis nec non haereticae pra-vitatis Inquisitoribus, ut contradictores et rebelles quoscumque, per cen-suras et poenas praefatas aliaque iuris et facti remedia, invocato etiam ad hoc (si opus fuerit) brachii secularis auxilio, omnino coerceant et compellant.

Volumus autem, ut earumdem praesentium transumptis, etiam impressis, manu alicuius notarii publici subscriptis et sigillo personae in dignitate ecclesiastica constitutae munitis, eadem fides prorsus adhibeatur, quae ipsis originalibus litteris adhiberetur, si forent exhibitae vel ostensae.

Nulli ergo hominum liceat hanc paginam nostrae declarationis, damnationis, mandati, prohibitionis et interdictionis infringere vel ei ausu temerario contraire. Si quis autem hoc attentare praesumpserit, indignationem omnipotentis Dei ac beatorum Petri et Pauli apostolorum eius se noverit incursurum.

Datum Romae, apud sanctam Mariam Maiorem, anno Incarnationis Dominicae millesimo septingentesimo nonagesimo quarto, quinto calendas septembris, Pontificatus nostri anno vigesimo.

Ph. card. pro-datarius

R. card. Braschius de Honestis

Visa de Curia I. Manassei
Loco—Plumbi E. Livizzarius

Registrata iu Secretaria brevium.

Anno a Nativitate Domini nostri Iesu Christi millesimo septingentesimo nonagesimo quarto, indictione duodecima, die vero trigesima prima augusti, Pontificatus sanctissimi in Christo Patris et Domini nostri, Domini Pii Divina Providentia Papae Sexti anno vigesimo, supradictae litterae apostolicae affixae et publicatae fuerunt ad Valvas basilicae Lateranensis et Principis apostolorum, cancellariae apostolicae, curiae general s in Monte Citorio, in Acie Campi Florae ac in aliis locis solitis et consuetis Urbis, per me Ioannem Renzoni apostolicum cursorem.

Felix Castellacci *Magister Cursorum.*

PROPOSITIONES DAMNATAE A PIO IX.

Transcribimus *Syllabum,* quem Pontifex una cum Encyclica *Quanta cura* 8. Decembris 1864. toti Orbi christiano direxit. Integrum hunc tradimus, etsi plures propositiones in *Syllabo* contentae non pertineant ad Theologiam moralem; nolumus enim tale monumentum quasi mutilum offerri lectori.

SYLLABUS

COMPLECTENS PRAECIPUOS NOSTRAE AETATIS ERRORES
QUI NOTANTUR IN ALLOCUTIONIBUS CONCISTORIALIBUS, IN ENCYCLICIS
ALIISQUE APOSTOLICIS LITERIS SANCTISSIMI DOMINI NOSTRI
PII Papae IX.

§. 1.

Pantheismus, Naturalismus et Rationalismus absolutus.

1. Nullum supremum, sapientissimum, providentissimumque Numen divinum exsistit ab hac rerum universitate distinctum et Deus idem est ac rerum natura et idcirco immutationibus obnoxius, Deusque reapse fit in homine et mundo atque omnia Deus sunt et ipsissimam Dei habent substantiam ac una eademque res est Deus cum mundo et proinde spiritus cum materia, necessitas cum libertate, verum cum falso, bonum cum malo et iustum cum iniusto.

Alloc. *Maxima quidem* 9. Iunii 1862.

2. Neganda est omnis Dei actio in homines et mundum.

Alloc. *Maxima quidem* 9. Iunii 1862.

3. Humana ratio, nullo prorsus Dei respectu habito, unicus est veri et falsi, boni et mali arbiter, sibi ipsi est lex et naturalibus suis viribus ad hominum ac populorum bonum curandum sufficit.

Alloc. *Maxima quidem* 9. Iunii 1862.

4. Omnes Religionis veritates ex nativa humanae rationis vi derivant; hinc ratio est princeps norma, qua homo cognitionem omnium cuiuscumque generis veritatum assequi possit ac debeat.

Epist. encycl. *Qui pluribus* 9. Novembris 1846. — Epist. encycl. *Singulari quidem* 17. Martii 1856. — Alloc. *Maxima quidem* 9. Iunii 1862.

5. Divina revelatio est imperfecta et idcirco subiecta continuo et indefinito progressui, qui humanae rationis progressioni respondeat.

Epist. encycl. *Qui pluribus* 9. Novembris 1846. — Alloc. *Maxima quidem* 9. Iunii 1862.

6. Christi fides humanae refragatur rationi divinaque revelatio non solum nihil prodest, verum etiam nocet hominis perfectioni.

Epist. encycl. *Qui pluribus* 9. Novembris 1846. — Alloc. *Maxima quidem* 9. Iunii 1862.

7. Prophetiae et miracula, in sacris Litteris exposita et narrata, sunt poetarum commenta et christianae Fidei mysteria philosophicarum in-

vestigationum summa et utriusque Testamenti libris mythica continentur inventa ipseque Iesus Christus est mythica fictio.

Epist. encycl. *Qui pluribus* 9. Novembris 1846. — Alloc. *Maxima quidem* 9. Iunii 1862.

§. II.

Rationalismus moderatus.

8. Quum ratio humana ipsi Religioni aequiparetur, idcirco theologicae disciplinae perinde ac philosophicae tractandae sunt.

Alloc. *Singulari quadam perfusi* 9. Decembris 1854.

9. Omnia indiscriminatim dogmata Religionis christianae sunt obiectum naturalis scientiae seu philosophiae et humana ratio historice tantum exculta potest ex suis naturalibus viribus et principiis ad veram de omnibus etiam reconditioribus scientiam pervenire, modo haec dogmata ipsi rationi tanquam obiectum proposita fuerint.

Epist. ad Archiep. Frising. *Gravissimas* 11. Decembris 1862. — Epist. ad eundem *Tuas libenter* 21. Decembris 1863.

10. Quum aliud sit philosophus, aliud philosophia, ille ius et officium habet se submittendi auctoritati, quam veram ipse probaverit; at philosophia neque potest neque debet ulli sese submittere auctoritati.

Epist. ad Archiep. Frising. *Gravissimas* 11. Decembris 1862. — Epist. ad eundem *Tuas libenter* 21. Decembris 1863.

11. Ecclesia non solum non debet in philosophiam unquam animadvertere, verum etiam debet ipsius philosophiae tolerare errores eique relinquere ut ipsa se corrigat.

Epist. ad Archiep. Frising. *Gravissimas* 11: Decembris 1862.

12. Apostolicae Sedis Romanarumque Congregationum Decreta liberum scientiae progressum impediunt.

Epist. ad Archiep. Frising. *Tuas libenter* 21. Decembris 1863.

13. Methodus et principia, quibus antiqui Doctores scholastici Theologiam excoluerunt, temporum nostrorum necessitatibus scientiarumque progressui minime congruunt.

Epist. ad Archiep. Frising. *Tuas libenter* 21. Decembris 1863.

14. Philosophia tractanda est, nulla supernaturalis revelationis habita ratione.

Epist. ad Archiep. Frising. *Tuas libenter* 21. Decembris 1863.

N. B. Cum rationalismi systemate cohaerent ad maximam partem errores Antonii Günther, qui damnantur in Epist. ad Card. Archiep. Colonien. *Eximiam tuam* 15. Iunii 1847 et in Epist. ad Episc. Wratislavien. *Dolore haud mediocri* 30. Aprilis 1860.

§. III.

Indifferentismus, Latitudinarismus.

15. Liberum cuique homini est eam amplecti et profiteri religionem, quam rationis lumine quis ductus veram putaverit.

> Litt. Apost. *Multiplices inter* 10. Iunii 1851. — Alloc. *Maxima quidem* 9. Iunii 1862.

16. Homines in cuiusvis religionis cultu viam aeternae salutis reperire aeternamque salutem assequi possunt.

> Epist. encycl. *Qui pluribus* 9. Novembris 1846. — Alloc. *Ubi primum* 17. Decembris 1847. — Epist. encycl. *Singulari quidem* 17. Martii 1856.

17. Saltem bene sperandum est de aeterna illorum omnium salute, qui in vera Christi Ecclesia nequaquam versantur.

> Alloc. *Singulari quadam* 9. Decembris 1854. — Epist. encycl. *Quanto conficiamur* 17. Augusti 1863.

18. Protestantismus non aliud est quam diversa verae eiusdem christianae Religionis forma, in qua aeque ac in Ecclesia catholica Deo placere datum est.

> Epist. encycl. *Noscitis et Nobiscum* 8. Decembris 1849.

§. IV.

Socialismus, Communismus, Societates clandestinae, Societates biblicae, Societates clerico-liberales.

Eiusmodi pestes saepe gravissimisque verborum formulis reprobantur in Epist. encycl. *Qui pluribus* 9. Novembris 1846. in Alloc. *Quibus quantisque* 20. Aprilis 1849. in Epist. encycl. *Noscitis et Nobiscum* 8. Decembris 1849. in Alloc. *Singulari quadam* 9. Decembris 1854. in Epist. encycl. *Quanto conficiamur moerore* 15. Augusti 1863.

§. V.

Errores de Ecclesia eiusque iuribus.

19. Ecclesia non est vera perfectaque societas plane libera nec pollet suis propriis et constantibus iuribus sibi a divino suo Fundatore collatis, sed civilis potestatis est definire, quae sint Ecclesiae iura ac limites, intra quos eadem iura exercere queat.

> Alloc. *Singulari quadam* 9. Decembris 1854. — Alloc. *Multis gravibusque* 17. Decembris 1860. — Alloc. *Maxima quidem* 9. Iunii 1862.

20. Ecclesiastica potestas suam auctoritatem exercere non debet absque civilis Gubernii venia et assensu.

Alloc. *Meminit unusquisque* 30. Septembris 1861.

21. Ecclesia non habet potestatem dogmatice definiendi, Religionem catholicae Ecclesiae esse unice veram Religionem.

Litt. Apost. *Multiplices inter* 10. Iunii 1851.

22. Obligatio, qua catholici magistri et scriptores omnino adstringuntúr, coarctatur in iis tantum, quae ab infallibili Ecclesiae iudicio veluti fidei dogmata ab omnibus credenda proponuntur.

Epist. ad Archiep. Frising. *Tuas libenter* 21. Decembris 1863.

23. Romani Pontifices et Concilia oecumenica a limitibus suae potestatis recesserunt, iura Principum usurparunt atque etiam in rebus fidei et morum definiendis errarunt.

Litt. Apost. *Multiplices inter* 10. Iunii 1851.

24. Ecclesia vis inferendae potestatem non habet neque potestatem ullam temporalem directam vel indirectam.

Litt. Apost. *Ad Apostolicae* 22. Augusti 1851.

25. Praeter potestatem episcopatui inhaerentem, alia est attributa temporalis potestas a civili imperio vel expresse vel tacite concessa, revocanda propterea, cum libuerit, a civili imperio.

Litt. Apost. *Ad Apostolicae* 22. Augusti 1851.

26. Ecclesia non habet nativum ac legitimum ius acquirendi ac possidendi.

Alloc. *Nunquam fore* 15. Decembris 1856. — Epist. encycl. *Incredibili* 17. Septembris 1863.

27. Sacri Ecclesiae Ministri Romanusque Pontifex ab omni rerum temporalium cura ac dominio sunt omnino excludendi.

Alloc. *Maxima quidem* 9. Iunii 1862.

28. Episcopis, sine Gubernii venia, fas non est vel ipsas Apostolicas Literas promulgare.

Alloc. *Nunquam fore* 15. Decembris 1856.

29. Gratiae a Romano Pontifice concessae existimari debent tanquam irritae, nisi per Gubernium fuerint imploratae.

Alloc. *Nunquam fore* 15. Decembris 1856.

30. Ecclesiae et personarum ecclesiasticarum immunitas a iure civili ortum habuit.

Litt. Apost. *Multiplices inter* 10. Iunii 1851.

3I. Ecclesiasticum forum pro temporalibus Clericorum causis sive civilibus sive criminalibus omnino de medio tollendum est, etiam inconsulta et reclamante Apostolica Sede.

Alloc. *Acerbissimum* 27. Septembris 1852. — Alloc. *Nunquam fore* 15. Decembris 1856,

32. Absque ulla naturalis iuris et aequitatis violatione potest abrogari personalis immunitas, qua Clerici ab onere subeundae exercendaeque

militiae eximuntur; hanc vero abrogationem postulat civilis progressus, maxime in societate ad formam liberioris regiminis constituta.

Epist. ad Episc. Montis regal. *Singularis Nobisque* 29. Septembris 1864.

33. Non pertinet unice ad ecclesiasticam iurisdictionis potestatem proprio ac nativo iure dirigere theologicarum rerum doctrinam.

Epist. Ad Archiep. Frising. *Tuas libenter* 21. Decembris 1863.

34. Doctrina comparantium Romanum Pontificem Principi libero et agenti in universa Ecclesia, doctrina est quae medio aevo praevaluit.

Litt. Apost. *Ad Apostolicae* 22. Augusti 1851.

35. Nihil vetat, alicuius Concilii generalis sententia aut universorum populorum facto, summum Pontificatum ab Romano Episcopo atque Urbe ad alium Episcopum aliamque civitatem transferri.

Litt. Apost. *Ad Apostolicae* 22. Augusti 1851.

36. Nationalis Concilii definitio nullam aliam admittit disputationem civilisque administratio rem ad hosce terminos exigere potest.

Litt. Apost. *Ad Apostolicae* 22. Augusti 1851.

37. Institui possunt nationales Ecclesiae, ab auctoritate Romani Pontificis subductae planeque divisae.

Alloc. *Multis gravibusque* 17. Decembris 1860. — Alloc. *Iamdudum cernimus* 18. Martii 1861.

38. Divisioni Ecclesiae in orientalem atque occidentalem nimia Romanorum Pontificum arbitria contulerunt.

Litt. Apost. *Ad Apostolicae* 22. Augusti 1851.

§. VI.

Errores de societate civili tum in se, tum in suis ad Ecclesiam relationibus spectata.

39. Reipublicae status, utpote omnium iurium origo et fons, iure quodam pollet nullis circumscripto limitibus.

Alloc. *Maxima quidem* 9. Iunii 1862.

40. Catholicae Ecclesiae doctrina humanae societatis bono et commodis adversatur.

Epist. encyl. *Qui pluribus* 9. Novembris 1846. — Alloc. *Quibus quantisque* 20. Aprilis 1849.

41. Civili potestati vel ab infideli imperante exercitae competit potestas indirecta negativa in sacra; eidem proinde competit nedum ius quod vocant *exsequatur*, sed etiam ius appellationis, quam nuncupant *ab abusu*.

Litt. Apost. *Ad Apostolicae* 22. Augusti 1851.

42. In conflictu legum utriusque potestatis, ius civile praevalet.

Litt. Apost. *Ad Apostolicae* 22. Augusti 1851.

43. Laica potestas auctoritatem habet rescindendi, declarandi ac faciendi irritas sollemnes conventiones (vulgo *Concordata*) super usu iurium ad ecclesiasticam immunitatem pertinentium cum Sede Apostolica initas, sine huius consensu, imo et ea reclamante.

Alloc. *In consistoriali* 1 Novembris 1850. — Alloc. *Multis gravibusque* 17. Decembris 1860.

44. Civilis auctoritas potest se immiscere rebus, quae ad religionem, mores et regimen spirituale pertinent. Hinc potest de instructionibus· iudicare, quas Ecclesiae Pastores ad conscientiarum normam pro suo munere edunt; quin etiam potest de divinorum Sacramentorum administratione et dispositionibus ad ea suscipienda necessariis decernere.

Alloc. *In consistoriali* 1. Novembris 1850. — Alloc. *Maxima quidem* 9. Iunii 1862.

45. Totum scholarum publicarum regimen, in quibus iuventus christianae alicuius Reipublicae instituitur, episcopalibus duntaxat seminariis aliqua ratione exceptis, potest ac debet attribui auctoritati civili et ita quidem attribui, ut nullum alii cuicumque auctoritati recognoscatur ius immiscendi se in disciplina scholarum, in regimine studiorum, in graduum collatione, in delectu aut approbatione magistrorum.

Alloc. *In consistoriali* 1. Novembris 1850. — Alloc. *Quibus luctuosissimis* 5. Septembris 1851.

46. Imo in ipsis Clericorum seminariis methodus studiorum adhibenda civili auctoritati subiicitur.

Alloc. *Nunquam fore* 15. Decembris 1856.

47. Postulat optima civilis societatis ratio, ut populares scholae, quae patent omnibus cuiusque e populo classis pueris ac publica universim Instituta, quae literis severioribusque disciplinis tradendis et educationi iuventutis curandae sunt destinata, eximantur ab omni Ecclesiae auctoritate, moderatrice vi et ingerentia plenoque civilis ac politicae auctoritatis arbitrio subiiciantur ad imperantium placita et ad communium aetatis opinionum amussim.

Epist. ad Archiep. Friburg. *Quum non sine* 14. Iulii 1864.

48. Catholicis viris probari potest ea iuventutis instituendae ratio, quae sit a catholica Fide et ab Ecclesiae potestate seiuncta quaeque rerum dumtaxat naturalium scientiam ac terrenae socialis vitae fines tantummodo vel saltem primario spectet.

Epist. ad Archiep. Friburg. *Quum non sine* 14. Iulii 1864.

49. Civilis auctoritas potest impedire quominus sacrorum Antistites et fideles populi cum Romano Pontifice libere ac mutuo communicent.

Alloc. *Maxima quidem* 9. Iunii 1862.

50. Laica auctoritas habet per se ius praesentandi Episcopos et potest ab illis exigere ut ineant dioecesium procurationem antequam ipsi canonicam a s. Sede institutionem et Apostolicas Literas accipiant.

Alloc. *Nunquam fore* 15. Decembris 1856.

51. Imo laicum Gubernium habet ius deponendi ab exercitio pastoralis ministerii Episcopos neque tenetur obedire Romano Pontifici in iis, quae Episcopatum et Episcoporum respiciunt institutionem.

Litt. Apost. *Multiplices inter* 10. Iunii 1851. — Alloc. *Acerbissimum* 27. Septembris 1852.

52. Gubernium potest suo iure immutare aetatem ab Ecclesia praescriptam pro religiosa tam mulierum quam virorum professione omnibusque religiosis Familiis indicere, ut neminem sine suo permissu ad sollemnia vota nuncupanda admittant.

Alloc. *Nunquam fore* 15. Decembris 1856.

53. Abrogandae sunt leges, quae ad religiosarum Familiarum statum tutandum earumque iura et officia pertinent; imo potest civile Gubernium iis omnibus auxilium praestare, qui a suscepto religiosae vitae instituto deficere ac sollemnia vota frangere velint pariterque potest religiosas easdem Familias, perinde ac collegiatas Ecclesias et beneficia simplicia etiam iuris patronatus, penitus extinguere illorumque bona et reditus civilis potestatis administrationi et arbitrio subiicere et vindicare.

Alloc. *Acerbissimum* 27. Septembris 1852. — Alloc. *Probe memineritis* 22. Ianuarii 1855. — *Cum saepe* 26. Iulii 1855.

54. Reges et Principes non solum ab Ecclesiae iurisdictione eximuntur, verum etiam in quaestionibus iurisdictionis dirimendis superiores sunt Ecclesia.

Litt. Apost. *Multiplices inter* 10. Iunii 1851.

55. Ecclesia a Statu Statusque ab Ecclesia seiungendus est.

Alloc. *Acerbissimum* 27. Septembris 1852.

§. VII.

Errores de Ethica naturali et christiana.

56. Morum leges divina haud egent sanctione minimeque opus est ut humanae leges ad naturae ius conformentur aut obligandi vim a Deo accipiant.

Alloc. *Maxima quidem* 9. Iunii 1862.

57. Philosophicarum rerum morumque scientia itemque civiles leges possunt et debent a divina et ecclesiastica auctoritate declinare.

Alloc. *Maxima quidem* 9. Iunii 1862.

58. Aliae vires non sunt agnoscendae nisi illae, quae in materia po-

sitae sunt et omnis morum disciplina honestasque collocari debet in cumulandis et augendis quovis modo divitiis ac in voluptatibus explendis.

Alloc. *Maxima quidem* 9. Iunii 1862. — Epist. encycl. *Quanto conficiamur* 10. Augusti 1863.

59. Ius in materiali facto consistit et omnia hominum officia sunt nomen inane et omnia humana facta iuris vim habent.

Alloc. *Maxima quidem* 9. Iunii 1862.

60. Auctoritas nihil aliud est nisi numeri et materialium virium summa.

Alloc. *Maxima quidem* 9. Iunii 1862.

61. Fortunata facti iniustitia nullum iuris sanctitati detrimentum affert.

Alloc. *Iamdudum cernimus* 18. Martii 1861.

62. Proclamandum est et observandum principium quod vocant *de non interventu.*

Alloc. *Novos et ante* 28. Septembris 1860.

63. Legitimis Principibus obedientiam detrectare, imo et rebellare licet.

Epist. encycl. *Qui pluribus* 9. Novembris 1846. — Alloc. *Quisque vestrum* 4. Octobris 1847. — Epist. encycl. *Noscitis et Nobiscum* 8. Decembris 1849. — Litt. Apost. *Cum catholica* 26. Martii 1860.

64. Tum cuiusque sanctissimi iuramenti violatio, tum quaelibet scelesta flagitiosaque actio sempiternae legi repugnans, non solum haud est improbanda, verum etiam omnino licita summisque laudibus efferenda, quando id pro patriae amore agatur.

Alloc. *Quibus quantisque* 20. Aprilis 1849.

§. VIII.

Errores de matrimonio christiano.

65. Nulla ratione ferri potest, Christum evexisse matrimonium ad dignitatem Sacramenti.

Litt. Apost. *Ad Apostolicae* 22. Augusti 1851.

66. Matrimonii Sacramentum non est nisi quid contractui accessorium ab eoque separabile ipsumque Sacramentum in una tantum nuptiali benedictione situm est.

Litt. Apost. *Ad Apostolicae* 22. Augusti 1851.

67. Iure naturae matrimonii vinculum non est indissolubile et in variis casibus divortium proprie dictum auctoritate civili sanciri potest.

Litt. Apost. *Ad Apostolicae* 22. Augusti 1851. — Alloc. *Acerbissimum* 27. Septembris 1852.

68. Ecclesia non habet potestatem impedimenta matrimonium dirimentia inducendi; sed ea potestas civili auctoritati competit, a qua impedimenta exsistentia tollenda sunt.

Litt. Apost. *Multiplices inter* 10. Iunii 1851.

69. Ecclesia sequioribus seculis dirimentia impedimenta inducere caepit, non iure proprio, sed illo iure usa, quod a civili potestate mutuata erat.

Litt. Apost. *Ad Apostolicae* 22. Augusti 1851.

70. Tridentini Canones, qui anathematis censuram illis inferunt qui facultatem impedimenta dirimentia inducendi Ecclesiae negare audeant, vel non sunt dogmatici, vel de hac mutuata potestate intelligendi sunt.

Litt. Apost. *Ad Apostolicae* 22. Augusti 1851.

71. Tridentini forma sub infirmitatis poena non obligat, ubi lex civilis aliam formam praestituat et velit hac nova forma interveniente matrimonium valere.

Litt. Apost. *Ad Apostolicae* 22. Augusti 1851.

72. Bonifacius VIII. votum castitatis in ordinatione emissum nuptias nullas reddere primus asseruit.

Litt. Apost. *Ad Apostolicae* 22. Augusti 1851.

73. Vi contractus mere civilis potest inter christianos constare veri nominis matrimonium falsumque est, aut contractum matrimonii inter christianos semper esse Sacramentum, aut nullum esse contractum, si Sacramentum excludatur.

Litt. Apost. *Ad Apostolicae* 22. Augusti 1851. — Lettera di S. S. Pio IX. al Re di Sardegna 9. Settembre 1852. — Alloc. *Acerbissimum* 27. Septembris 1852. — Alloc. *Multis gravibusque* 17. Decembris 1860.

74. Causae matrimoniales et sponsalia suapte natura ad forum civile pertinent.

Litt. Apost. *Ad Apostolicae* 22. Augusti 1851. — Alloc. *Acerbissimum* 27. Septembris 1852.

N. B. Huc facere possunt duo alii errores de Clericorum caelibatu abolendo et de statu matrimonii statui virginitatis anteferendo. Confodiuntur prior in Epist. encycl. *Qui pluribus* 9. Novembris 1849. posterior in Litt. Apost. *Multiplices inter* 10. Iunii 1851.

§. IX.

Errores de civili Romani Pontificis principatu.

75. De temporalis regni cum spirituali compatibilitate disputant inter se christianae et catholicae Ecclesiae filii.

Litt. Apost. *Ad Apostolicae* 22. Augusti 1851.

76. Abrogatio civilis imperii, quo Apostolica Sedes potitur, ad Ecclesiae libertatem felicitatemque vel maxime conduceret.

Alloc. *Quibus quantisque* 20. Aprilis 1849.

N. B. Praeter hos errores explicite notatos, alii complures implicite reprobantur proposita et asserta doctrina, quam catholici omnes firmissime retinere debeant, de civili Romani Pontificis principatu. Eiusmodi doctrina luculenter traditur in Alloc. *Quibus quantisque* 20. Aprilis 1849. in Alloc. *Si semper antea* 20. Maii 1850. in Litt. Apost. *Cum catholica Ecclesia* 26. Martii 1860. in Alloc. *Novas* 28. Septembris 1860. in Alloc. *Iamdudum* 18. Martii 1861. in Alloc. *Maxima quidem* 9. Iunii 1862.

§. X.
Errores qui ad liberalismum hodiernum referuntur.

77. Aetate hac nostra, non amplius expedit Religionem catholicam haberi tanquam unicam Status religionem, ceteris quibuscumque cultibus exclusis. ·

Alloc. *Nemo vestrum* 26. Iulii 1855.

78. Hinc laudabiliter in quibusdam catholici nominis regionibus lege cautum est, ut hominibus illuc immigrantibus liceat publicum proprii cuiusque cultus exercitium habere.

Alloc. *Acerbissimum* 27. Septembris 1852.

79. Enimvero falsum est civilem cuiusque cultus libertatem itemque plenam potestatem omnibus attributam quaslibet opiniones cogitationesque palam publiceque manifestandi conducere ad populorum mores animosque facilius corrumpendos ac indifferentismi pestem propagandam.

Alloc. *Numquam fore* 15. Decembris 1856.

80. Romanus Pontifex potest ac debet cum progressu, cum liberalismo et cum recenti civilitate sese reconciliare et componere.

Alloc. *Iamdudum cernimus* 18. Martii 1861.

ADDENDA
Ex Encyclica PII IX. *Quanta cura.*

Praeter praefatas propositiones, aliae memorandae sunt, quas in Encyclica *Quanta cura* confixit Pius IX. Eae porro sunt hominum qui docent:

1° Optimam societatis publicae rationem civilemque progressum omnino requirere, ut humana societas constituatur et gubernetur, nullo habito ad Religionem respectu ac si ea non exsisteret, vel saltem nullo facto veram inter falsasque religiones discrimine.

2° Optimam esse conditionem societatis, in qua Imperio non agnoscitur officium coercendi sancitis poenis violatores catholicae Religionis, nisi quatenus pax publica postulet.

· 3° Libertatem conscientiae et cultuum esse proprium cuiuscumque hominis ius, quod lege proclamari et asseri debet in omni recte constituta societate et ius civibus inesse ad omnimodam libertatem nulla vel ecclesiastica vel civili auctoritate coarctandam, quo suos conceptus quoscumque manifestare ac declarare valeant.

4° Voluntatem populi, publica, quam dicunt, opinione vel alia ratione manifestatam constituere supremam legem ab omni divino humanoque iure solutam et in ordine politico facta consummata, eo ipso quod consummata sunt, vim iuris habere.

5° Auferendam esse civibus et Ecclesiae facultatem *qua eleemosynas christianae caritatis causa palam erogare valeant* ac de medio tollendam legem *qua certis aliquibus diebus opera servilia propter Dei cultum prohibentur.*

6° Societatem domesticam seu familiam totam suae exsistentiae rationem a iure dumtaxat civili mutuari; proindeque ex lege tantum civili dimanare ac pendere iura omnia parentum in filios, cum primis vero ius institutionis educationisque curandae.

7° Clerum, utpote vero utilique scientiae et civilitatis progressui inimicum, ab omni iuventutis instituendae educandaeque cura et officio esse amovendum.

8° Ecclesiae leges non obligare in conscientia, nisi cum promulgantur a civili potestate; — acta et decreta Romanorum Pontificum ad Religionem et Ecclesiam spectantia indigere sanctione et approbatione, vel minimum assensu potestatis civilis; — Constitutiones Apostolicas quibus damnantur clandestinae Societates, sive in eis exigatur, sive non exigatur iuramentum de secreto servando earumque asseclae et fautores anathemate mulctantur, nullam habere vim in illis orbis regionibus ubi eiusmodi aggregationes tolerantur a civili Gubernio; — excommunicationem a Concilio Tridentino et Romanis Pontificibus latam in eos qui iura possessionesque Ecclesiae invadunt et usurpant, niti confusione ordinis spiritualis ordinisque civilis ac politici ad mundanum dumtaxat bonum prosequendum; — Ecclesiam nihil debere decernere, quod obstringere possit fidelium conscientias in ordine ad usum rerum temporalium; — Ecclesiae ius non competere violatores legum suarum poenis temporalibus coercendi; — conforme esse sacrae Theologiae iurisque publici principiis, bonorum proprietatem, quae ab Ecclesiis, a Familiis religiosis aliisque locis piis possidentur, civili Gubernio asserere et vindicare.

9° Ecclesiasticam potestatem non esse iure divino distinctam et independentem a potestate civili neque eiusmodi distinctionem et independentiam servari posse, quin ab Ecclesia invadantur et usurpentur essentialia iura potestatis civilis.

10° Illis Apostolicae Sedis iudiciis et decretis, quorum obiectum ad bonum generale Ecclesiae eiusdemque iura ac disciplinam spectare declaratur, dummodo fidei morumque dogmata non attingat, posse assensum et obedientiam detrectari absque peccato et absque ulla catholicae professionis iactura.

De quibus propositionibus sic statuit Pontifex:

« Omnes et singulas pravas opiniones ac doctrinas singillatim hisce « Litteris commemoratas auctoritate Nostra Apostolica *reprobamus, pro-* « *scribimus* atque *damnamus* easque ab omnibus Catholicae Ecclesiae « filiis veluti reprobatas, proscriptas atque damnatas omnino haberi vo- « lumus et mandamus. »

THEOLOGIA MORALIS

TRACTATUS I.

DE ACTIBUS HUMANIS

CAPUT I.

ACTUUM HUMANORUM NOTIO ET DIVISIO

§ 1. *Notio actus humani.*

I. Usu receptum est apud Theologos, ut actuum humanorum nomine illae solae actiones intelligantur, quae procedunt ab homine tanquam a principio intelligente et suorum actuum dominium habente: unde actus humanus definiri solet « ACTUS A VOLUNTATE CUM RATIONIS ADVERTENTIA ET LIBERTATE PROCEDENS ». *Cf. s. Thom. 1. 2. q. 1. a. 1.* Cum vero, ut inquit s. Thomas *2. sent. d. 24. q. 3. a. 2.* IBI INCIPIAT GENUS MORIS, UBI PRIMO DOMINIUM VOLUNTATIS INVENITUR, ideo iidem haberi solent actus humani et morales *(vid. 1. 2. q. 18. a. 5. et 9. et q. 19. a. 1. ad 3.).* « Si quae autem, addit s. Thomas *1. 2. q. 1. a. 1.* aliae actiones homini conveniant, possunt dici quidem HOMINIS ACTIONES, sed non proprie HUMANAE, cum non sint hominis inquantum est homo. »

1. Locus s. Thomae, unde sumpta definitio, hic est 1.ª2. q. 1. a. 1.: « Dicendum, quod actionum, quae ab homine aguntur, illae solae *proprie* dicuntur humanae, quae sunt propriae hominis, in quantum est homo. Differt autem homo ab irrationabilibus creaturis in hoc, quod est suorum actuum dominus. Unde illae solae actiones vocantur *proprie* humanae, quarum homo est dominus. Est autem homo dominus actuum suorum per rationem et voluntatem; unde et liberum arbitrium esse dicitur facultas voluntatis et rationis. Illae ergo actiones *proprie* humanae dicuntur, quae ex voluntate deliberata procedunt. Si quae autem aliae actiones homini conveniunt, possunt dici quidem *hominis actiones,* non autem proprie humanae; cum non sint hominis, in quantum est homo ».

2. Qua statuta definitione consequitur, a censu actuum humanorum excludendas esse actiones infantium, ebriorum, dormientium, delirantium etc. et generatim eorum, in quibus impeditus sit usus rationis.

Immo et in illis, qui non habent impeditum usum rationis, si quae sint actiones, quae sine ulla rationali deliberatione ponantur, istae non erunt actus humani v. gr. motus primo-primi passionum, cogitationes praevenientes deliberationem actusque inadvertenter positi; de quibus agetur, ubi de voluntarii impedimentis.

Hi autem in scholis consueverunt dici *actus hominis*, non autem *humani*, uti et ex textu praemisso s. Thomae habemus.

3. Proponere solent DD. nonnullas difficultates contra praedictam definitionem s. Thomae; quas deinde non omnes solvunt eodem pacto. Nam s. Thomas vult, actum humanum dici, qui proprius sit hominis, ut homo est; talem vero actum dicit esse illum, qui sit liber et cuius homo sit dominus. Atqui prima rei cogitatio est hominis, qua homo est et primi voluntatis motus, qui antecedunt advertentiam, sunt hominis, qua homo est, nec tamen liberi sunt. Praeterea ridere, loqui etc. eodem modo sunt hominis et tamen conveniunt infantibus et amentibus, in quibus actio libera non est. Accedit, quod servi agunt ex deliberatione nec tamen sunt actionum suarum domini. Denique negandum non videtur, actum humanum esse amorem beatificum, qui liber non est.

4. Responderunt porro DD., alii quidem a s. Thoma actum humanum dici, qui ab homine procedit prout ipse ex toto et non ex parte tantum est homo; ex toto autem est homo ex facultate tum rationis tum voluntatis: sed haec explicatio non satisfacit. Alii cum Caietano actum humanum dici, quo homo agit, non agitur: quae redit ad seq. explicationem. Alli scilicet et melius responderunt, s. Thomam loqui de actu hominis, prout homo est, non modo quoad naturam ac substantiam actus (unde propria est hominis operatio *intellectiva* et *volitiva*), sed etiam quoad proprium modum operandi, qui nempe non sit necessarius prout in brutis, sed *liber*. Ita Azor Inst. Morall. lib. 1. c. 1. Suarez in 1. 2. tr. 1. d. 2. s. 2. n. 7 (1).

Ad 2ᵐ difficultatem dicimus quod loqui, ridere etiam, sunt quid consequens utique ad differentiam hominis, prout nempe est rationalis; sed nisi hae actiones libere fiant, non sunt perfecti actus proprii hominis, quatenus et substantia actus et modus agendi attenditur. Quod autem obiicitur de actionibus servorum, ineptum est; nam dominium, de quo loquitur s. Thomas, non est *legale*, sed *naturale*, quod ex libero arbitrio enascitur.

---

(1) Scilicet divisio actuum prima foret tum in eos, qui ab homine sunt secundum genus suum *(animal)* et sunt aliis inferioribus communes, tum in eos, qui sunt ab homine secundum suam differentiam *(rationale)* et ei proprii sunt prae inferioribus. Hi autem rursus dividuntur tum in illos, qui proprii sunt hominis, spectata etiam tantum eorundem actuum substantia, ut dicitur, tum in eos, qui proprii sunt hominis, spectato praeterea modo agendi: illi sunt omnes actus intellectus et voluntatis, hi actus liberi. Cum vero actus liberi sint a ratione et voluntate et idcirco perfectionem utramque comprehendant, secundum substantiam nempe et modum, iidem propriissime dicuntur humani et de ipsis loquitur s. Thomas. E.

Quoad actum amoris beatifici, Caietanus respondit eum non esse *humanum* sed *superhumanum:* ad quae Suarez advertit vi rationis adductae *superhumanos* quoque dicendos fore actus viatoris ex gratia, qui sunt certe *humani.* Alii reponunt amorem beatificum saltem in causa esse liberum; quia gloriam libere promeruerunt. Sed his Suarez l. c. n. 8. obiicit *infantes.* Alii s. Thomam non locutum *exclusive:* sed hoc videtur falsum tum ex allati textus lectione, tum ex perpetua doctrina s. Thomae, quae ad actum humanum requirit libertatem. Ita v. gr. cum definivisset 1. 2. q. 77. a. 6. peccatum *essentialiter consistere in actu liberi arbitrii,* alibi 1. 2 q. 71. art. 6. definit peccatum: « *Peccatum est actus humanus malus* ». Ergo ad essentiam actus humani exigit libertatem.

Dic ergo cum Suarez l. c. n. 9., heic, quoniam res moralis agitur, sermonem esse tantum de *actionibus hominis viatoris,* quibus ipse tendit ad finem suum scil. beatitudinem et quae lege debent commensurari atque adeo quae bonae vel malae moraliter sint dignaeque laude aut vituperatione, praemio vel poena ideoque has et non alias actiones definiendas esse: earum vero definitio ea est quam tradit s. Thomas. Quapropter quaestiones de alterius generis actionibus otiosae sunt et praeter rem.

Exinde penes s. Thomam pro eodem sumuntur *actus moralis* et *humanus.* Ita 1. 2. q. 18. a. 5: « Dicuntur autem aliqui actus *humani* vel *morales,* secundum quod sunt a ratione ». Et I. 2. q. 18. art. 9. « Si autem non procedit (actus) a ratione deliberativa..., talis actus non est proprie loquendo *moralis* vel *humanus* ». Et 1. 2. q. 19. art. 1. ad 3. « Ratio est principium *humanorum* et *moralium* actuum ».

5. Non erit abs re in aberrationes quasdam a doctrina s. Thomae animadvertere. Quod actus *humani* nomine appellari debeat quaevis actio, quae profluat a facultate, quae homini non sit communis cum brutis, statuit Antonius Alasia olim Professor Theol. Moral. in Universitate Taurinensi.

Exinde Rosmini, Alasia citato, definit, actum humanum esse, etiamsi nullatenus a voluntate procedat. Antrop. Lib. 3. sect. 2. c. 1. pag. 349.: « Umano dicesi l'atto proprio dell'uomo, quello che l'uomo fa con le potenze, che sono di lui solo, non comuni ai bruti. Le potenze dell'uomo solo, non comuni ai bruti, sono l'intelletto e la volontà. Di qui è che un atto semplicemente intellettivo dee dirsi umano, siccome quello che viene operato da una potenza propria dell'uomo, di cui i bruti non partecipano... Non è dunque del tutto esatto (ecce Scholae omnes traducuntur ut imperitae) il far entrare nella definizione dell'atto umano la volontà ».

Rosmini ducem sequutus est Alexander Pestalozza Lib. 1. part. 2. sect. 2. cap. 2. pag. 123. edit. 1847. inquiens: « L'atto umano è quello, che l'uomo fa coll'uso di quelle potenze, per le quali egli si distingue specificamente dagli altri esseri animali; le quali potenze sono l'intelletto e la volontà ».

Exinde, pag. 126. addit: « Atto umano sarà a chiamarsi ogni nostro pensiero, ogni percezione, giudizio, ragionamento, ogni volizione interna, e ogni azione esterna prodotta (alii melius dicerent *imperata*) dalla volontà e dalla libertà.

Quamvis huiusmodi definitio videatur immediate sequi ex principio praestituto a s. Thoma, *illas esse actiones humanas, quae sunt propriae hominis in quantum est homo:* attamen, quia constans et semper sibi cohaerens ratio disputandi s. Doctoris manifeste ostendit, ipsum in eo principio statuendo habuisse prae oculis non tantum substantiam actuum, sed praecipue modum agendi; immerito pro hac nova definiendi ratione invocaretur auctoritas s. Thomae. Et si vero, ratione habita tantum illius principii, accepti ut literaliter sonat, probari possent istae aliae definitiones actus humani, eaedem tamen vel ex eo capite improbandae sunt quod inutiles sint et incommoda plura gignant. Nam, quod advertendum est, res tandem redit ad quaestionem nominalem. Nemo negat esse in homine actus, qui quoad eorum naturam proprii sint ipsius prae inferioribus et proprium quoque ipsius esse modum quemdam agendi: nemo negat, si res per se spectetur, actus quoad eorum naturam proprios hominis, vocari posse actus humanos. Sed constans veterum usus fuit, ut appellatio haec *actus humanus* fieret actibus hominis positis eo speciali modo, qui proprius est hominis. Si significationem usu receptam huius dictionis *actus humanus* immutare vis, nil novi doces ac solum incommoda non pauca nobis obtrudis.

Sane 1° Cum quaelibet ars sive scientia suas habeat voces technicas; has sine gravissima causa nequaquam fas est mutare. 2° Eiusmodi nova loquendi ratio nihil utilis est; quippe nemo poterit alios cogere, ut eam adoptent. 3° Ergo confusionem tantum nata est inducere, ut mutuo se homines non intelligant, non secus ac qui inter vulgus novam linguam induceret seu nova rebus vocabula. 4° Duplicem propterea laborem sine causa imponit, si quis proficere aliquid ex horum scriptis vellet. Qua de re Melchior Canus De Loc. Theol. Lib. 2. in Prooemio: « Scholae propria verba peculiaresque loquendi formas submovere non audeo. Nam etsi cupio disputare ornatius, quam solent nostri, at *non debeo* tamen labores duos afferre theologis, unum in rerum, alterum in verborum intelligentia ». 5° Hinc aperitur locus controversiis, quae tamen non aliunde, quam ex non intellectis aliorum sententiis, oriuntur. 6° Accedit periculum erroris in legendis aliorum operibus ac volvendis antiquis Doctoribus. 7° Imo erroris periculum imminet in legendis ecclesiasticis monumentis et decretis.

7. Quo progrediatur furor innovandi, exemplo sit Pestalozza, qui antiquae distinctioni in actus *humanos* et actus *hominis,* aliam substituit, pag. 125. n. 244. cum not., actuum *naturalium* seu *animalium* et actuum *personalium;* rationem addens, quod potentiae intellectus et voluntatis con

stituant personalitatem. In quibus missa fiat absurditas, quasi naturales non essent actus quoque intellectus et voluntatis: at patet dein
gravissimus error ex notione illa personalitatis; si enim definiatur ratio
personalitatis seu constituatur personalitas in summo activo principio,
iam in Deo unica erit persona.

§. 2. *De partitionibus actuum humanorum*

II. Actus humani dividuntur in ELICITOS et IMPERATOS. Eliciti dicuntur, qui a voluntate immediate procedunt, quatenus in ipsa consummantur. Imperati sunt, qui ex
voluntatis imperio ponuntur ab aliis potentiis sive internis sive extern's.

Actus *eliciti* et *imperati* alio nomine a quibusdam theologis vocantur
interni et *exteriores*, non quasi imperati omnes actus foras prodeant,
sed quatenus sunt exteriores voluntati. Actus sane, qui dicuntur imperati, tales sunt respectu voluntatis, quae alias potentias movet ad actum :
eliciti vero sunt relate ad potentiam, a qua procedunt, quemadmodum ab
intellectu elicitur, ex voluntatis imperio, actus fidei. Verum nunc sermo
est de actibus elicitis voluntatis; ideo consideratio actuum, qui ab aliis
potentiis eliciuntur, prout ab illis sunt eliciti, huc non pertinet.

Elicitus porro est ipse quoque actus, quo voluntas vult imperatum ab
alia potentia poni. Sed et imperati a theologis interdum dicuntur actus
ipsius voluntatis: sic odium peccati imperari dicitur a timore et quidem
imperari potest non solum prout attritio est sed etiam prout est contritio perfecta: sic misericordia erga pauperes dicitur imperata a caritate
Dei etc. Scilicet aliquis actus voluntatis potest ab alio actu eiusdem potentiae determinari. Si qui vero sint actus ab alia potentia eliciti, sed independenter a voluntate, ut cogitatio, recordatio etc., hi non dicuntur ullo
modo imperati.

Nulla vero ratione dicuntur aliae potentiae habere actus a se imperatos; quia imperare est solius voluntatis.

Actus itaque imperatos numerare opus non est; tot enim sunt quot
possunt esse actus aliarum potentiarum, quae subsunt imperio voluntatis
et quot etiam sunt actus ipsius voluntatis.

9. Actus vero eliciti a voluntate facile secundum speciem numerantur ;
ad hos enim, ex Azorio Inst. Moral. 1. I. c. 19. revocantur, nempe *velle,
intendere, frui, eligere, consentire, uti*. Nam bonum, quod voluntati offertur, duplex est: aut finis aut quod nos ducit in finem; bonum ergo
appeti bifariam contingit. Bonum, quod est finis, per se appetitur ut
iucundum vel *honestum:* aliud vero appetitur ut *bonum utile* ad finem
assequendum. Illud appetitur propter se, hoc propter aliud.

Sed finis triplici modo expetitur: 1° ut bonum quod propter se et in
se spectatum voluntati placet: sic *velle* voluntas dicitur vel complecti

bonum sive ad ipsum adniti; bonum enim allicit et voluntas bonum sequitur: 2° bonum ita appetitur ut propter ipsum assequendum alia expectantur et tunc bonum illud induit rationem finis, quem philosophi definiunt: « cuius gratia aliquid fit » et sic cum bonum amatur et appetitur tanquam finis per aliud obtinendus, voluntas dicitur illud *intendere:* 3° Potest bonum approbari, placere, prout voluntas in eo iam obtento conquiescit et sic ipsa dicitur *frui.*

Quod autem spectat ad bonum utile, tribus actibus circa hoc versatur voluntas: 1° ex variis mediis a ratione propositis unum *eligit:* 2° idem autem actus, quatenus praescindit a comparatione cum aliis et mere est amplectens et approbans, dicitur *consensus,* quasi scilicet simul sentiens cum intellectu: 3° actus tandem quo voluntas adhibet medium electum et approbatum sive bonum utile, ad finem assequendum, dicitur *usus.*

Ad hos sex actus reliqui facile reducuntur; nam *desiderium* pertinet ad *intentionem, amor* ad *velle* quoddam, nisi potius dicatur quod amor et vult et intendit et fruitur: *spes* est intentio quaedam boni futuri, ardui sed possibilis: *delectatio* ad fruitionem revocatur: *gaudium vero* vix a delectatione distinguitur. Non consideramus heic *odium, fugam* etc.; quia hi actus ratione contrarietatis ad idem genus pertinent.

III. In BONOS, MALOS et INDIFFERENTES. Boni sunt qui praecipienti aut etiam consulenti regulae morum sunt conformes: mali qui praecipienti regulae repugnant: indifferentes vero ex obiecto dicuntur, si neque conformes sint regulae neque ei repugnent, qui tamen et ipsi boni vel mali evadere possunt, prout ex fine bono vel malo ponantur.

10. Potest esse bonum, quod non praecipiatur, sed mere consulatur. Non ergo recte quidam actus bonos definiunt: qui sunt conformes regulae *praecipienti.*

Mali vero ut sint actus, repugnare debent regulae praecipienti, nec satis est si recedant a consulente; si autem regula consulens contemnatur, iam habetur repugnantia cum regula praecipiente, quae id vetat. Per ea vero, quae subdimus de actu indifferenti, non solvimus, uti patet, quaestionem an detur actus indifferens in individuo, de qua re dicendum occurret in fine huius tractatus.

IV. In NATURALES et SUPERNATURALES. Naturales sunt, qui per solas facultates naturales eliciuntur: supernaturales vero, qui eliciuntur cum auxilio gratiae et meritorii dicuntur vel de condigno vel de congruo, prout illis retributio aliqua vel ex iustitia vel ex decentia ac benignitate Dei rependitur.

11. Adverte heic attendi principium eliciens. Ergo etiamsi versetur actus circa obiectum supernaturaliter revelatum, si tamen eliciatur solis viribus naturae, dicetur naturalis. Quoad actus, qui ad ordinem ethicum naturalem pertinent, nihil est quod addamus. Quoad actus supernatu-

rales, tales eos dicimus, qui egent, ut fiant, adiutorio gratiae divinae, eo
quod excedant, secundum suam intrinsecam perfectionem, vires naturae,
qua in re sita est eorum supernaturalitas. Nec ut actus sit supernaturalis, opus est ut obiectum eius sit supernaturale; actus enim vi gratiae
positi versari possunt et circa obiecta virtutum naturalium. Verum de his
ad theologos dogmaticos; nostrum enim non est quaestiones huiusmodi
agitare.

Eadem de causa utique indicavimus in synopsi meritorios de condigno
dici actus, quibus ex iustitia retributio seu merces aut praemium rependitur, meritorios vero dici de congruo illos, quibus quidpiam retribuitur
ex quadam decentia seu convenientia et ex liberali Dei benignitate. Verumtamen non definimus an omnes actus, qui aliquo modo sunt supernaturales, sint etiam meritorii (vid. Lugo de Fide disp. XII. nn. 17. 49.)
nec rursus definivimus, quaenam conditiones requirantur, ut quidpiam
meritorium sit de condigno vel de congruo: quippe ad nos non pertinet
dirimere controversias, quae in scholis circa haec instituuntur. Praeterea
adnotandum ad meritum revocari valorem satisfaciendi pro poenis, quae
peccato debentur: unde actus vocantur satisfactorii. Satisfactorius autem
est actus, non secus ac meritum, vel de condigno vel de congruo: hoc
quidem, dummodo homo affectum erga peccatum deposuerit.

V. In INTERNOS et EXTERNOS. Primi sunt qui intern's potentiis perficiuntur nec
ullo modo exterius prodeunt: alii qui ad externas potentias progrediuntur aut aliquo sensibili signo exterius manifestantur.

12. Definitiones traditae actus interni et externi maxime referuntur ad
ea quae deinde disputantur in aliis tractatibus, verbigratia an praecipi
possint actus interni, an possint puniri, an iniungi pro poenitentia sacramentali etc., an sufficiant ad contrahendum etc.

Ceterum non desunt doctores, uti Suarez, Vasquez et alii, qui hoc loco,
agentes nempe de actibus humanis, quorum radix reipsa est sola voluntas, distinctionem in actus interiores et exteriores referunt ad ipsam
solam voluntatem, ita ut interiores actus sint, quos voluntas per se exserit,
exteriores sint, qui ex motu voluntatis ab aliis potentiis, etiam interioribus,
perficiuntur. Quocirca haec distinctio, iuxta hos auctores, recidit in praecedentem de actibus elicitis et imperatis.

VI. Praeterea quoad vota, iuramenta, contractus, iudicia, sacramenta, etc. notanda
sunt sequentia.

a) Actus est VALIDUS, cum omnibus ad eius valorem essentialiter requisitis constat:
INVALIDUS vero, si vel unum ex essentialibus desit.

13. Porro pro diversa rei natura interdum quaedam requiruntur iure
positivo, quaedam iure naturae. Sic essentiale est ex iure naturae ad matrimonium consensus contrahentium: de iure autem positivo necessarii

sunt testes et praesentia parochi, ubi Concilium Tridentinum in forma
praescripta fuerit promulgatum. Si quando autem defuerit aliquod ex
essentialibus, actus est invalidus, eodem prorsus modo ac sublata essentia
tollitur res.

Advertendum autem (quod elucet ex dictis de requisitis ad valorem
matrimonialis contractus) quosdam actus validos per se esse posse, si
ius naturae spectatur, qui invalidi tamen sint ex iure positivo: ita verbi
gratia si uxor sine iudicis interventu alienaret dotem. Neque id mirum
esse debet; non enim id cedit in contemptum legis naturalis. Nam lex
naturae nihil utique ulterius videtur exigere ad actus alicuius validitatem,
si abstracte res consideretur sine circumstantiis. At ipsa lex naturae
exigit, ut, habita ratione circumstantiarum, in concreto omnia ita pera-
gantur, ut ad bonum commune conducant.

Porro determinatio eorum, quae conferunt ad bonum commune, ipsa
dictante lege naturae, pertinet ad illum, qui curam habet communitatis.
Ergo ipsa lex naturae exigit et sancit, ut habeantur invalidi illi actus,
quos tales declarat publica potestas, cuius munus est determinare ea,
quae ex lege naturae indeterminata videntur.

b) Actus validus aliquando IRRESCINDIBILIS est ABSOLUTE aut saltem nulla auctoritate pure humana rescindi potest. Aliquando vero irritari potest per eum, qui auctoritate polleat in subditos.

14. Quod dicitur de irrescindibilitate actus, 1° intelligendum est respectu potestatis mere humanae, 2° donec non immutentur adiuncta
quaedam eiusdem rei. Sic v. gr. matrimonium non modo ratum sed et
consummatum, inter fideles, nulla humana auctoritate dissolvi potest: dissolvi tamen posset divina. Cuius rei ratio petenda est a supremo dominio, quod Deo competit in omnia et cuius dominio cedunt omnia creaturarum iura.

Ita matrimonium consummatum nulla mere humana auctoritate dissolvi potest; at inter Iudaeos solvebatur permissione a Deo facta libelli
repudii et etiamnum Deus concedit converso ad fidem coniugi dissolutionem vinculi matrimonialis, si quidem alter coniux infidelis neque converti
velit neque pacifice cohabitare ac sine iniuria Creatoris. Et R. Pontifex,
ex auctoritate Christi, cuius est Vicarius, potest vinculum matrimonii
contracti in infidelitate et consummati solvere, postquam alteruter coniux
in Ecclesiam sit receptus: de quibus rebus suo loco. Quod autem spectat
ad immutationem adiunctorum ipsius rei, id facile patet. Sic verbi gratia
si quidpiam quis voverit et dein immutentur circumstantiae, ita ut exsecutio evadat valde difficilis aut minus Deo grata etc., eo ipso actus
rescindi potest.

Quod vero rescindi possit per eum, qui auctoritate in subditos pollet, hoc pertinet ad bonum commune: tum quia non erat id relinquendum cuiusque arbitrio, sive agatur de re unius sive praesertim agatur de concursu iurium plurium hominum, ad lites et discordias nempe componendas; tum quia rectori communitatis Deus eam facit potestatem, quam singulis non facit, sive id proficiscatur ex potestate et dominio, quod habet superior in subditum sive sit ex administratione, quam Deus reliquit potestati Ecclesiae.

c) Invalidus aut talis est ipso facto et a principio idque vel iure naturae vel iure humano, aut saltem fieri talis potest, per iudicis nempe sententiam seu per legitimi superioris auctoritatem.

15. Invalidi ipso facto sunt actus, quibus desunt essentialia iure naturae, ut si ebrius contractum ineat vel si vendas rem non tuam: iure humano, ut si testamentum conficiatur sine praescriptis sollemnitatibus. Exemplum actus invalidandi habes in solutione pecuniae amissae in ludo vetito, quae per interventum iudicis recuperari possit.

d) Denique actus potest esse validus simul et licitus, vel validus sed illicitus, vel e contrario licitus sed invalidus, vel denique nec licitus nec validus.

16. Exemplum primi matrimonium contractum absque ullo impedimento dirimente aut impediente: secundi matrimonium personae catholicae cum persona haeretica absque dispensatione: tertii matrimonium ex ignorantia invincibili cum impedimento dirimente contractum: quarti matrimonium scienter contractum cum impedimento dirimente.

CAPUT II.

DE VOLUNTARIO ET INVOLUNTARIO ATQUE HORUM PARTITIONIBUS.

§ 1. De Voluntario.

VII. « Voluntarium, inquit s. Thomas 1. 2. q. 6. art. 2. ad 1. DENOMINATIVE DICITUR A VOLUNTATE, QUAE NOMINAT APPETITUM RATIONALEM ». Definitur autem, ibid. art. 1. « cuius principium est intra cum additione scientiae ». De ratione igitur voluntarii est 1⁰ ut sit a principio intrinseco, nempe voluntate. quae affective ac propensione sua in propositum obiectum assurgat ac nitatur: 2⁰ ut hic motus sit ex praevia intellectuali cognitione. Hinc patet, quomodo VOLUNTARIUM differat tum a VOLITO, in quod voluntas per actum suum velut in obiectum tendit, tum etiam a spontaneo, ad quod non requiritur cognitio rationalis, sed sufficit tendentia mere naturalis et imperfecta ac materialis cognitio, qualis et in brutis reperitur.

17. Voluntas igitur definitur appetitus rationalis, facultas scilicet, quae in finem seu bonum a ratione propositum assurgit et nititur. Rem enim velle dicimur vere, quando in aliquid propositum ut bonum, sive verum

sit sive apparens, voluntas ad illud assequendum surgit et movetur absolute. Cum vero motus iste non absolutus est, sed veluti suspensus et quasi
ab aliqua conditione pendens, potius dicitur *velleitas*. Scilicet aliud est
vellem, aliud *volo*. Sive volitio alia *efficax* dicitur, alia *inefficax*. Ita quoad
sensum Scotus in 2. Dist. 6. q. 1. Actus volendi duplex est, simplex et
sub conditione, vel sub aliis verbis, est volitio efficax et volitio complacentiae. Exemplum: alio modo infirmus sperans sanitatem, vult sanitatem, alio modo infirmus desperans de sanitate; vult enim sanitatem prior,
quia sperat sanitatem sibi possibilem et habet, respectu eius, volitionem
efficacem et imperativam mediorum inducentium sanitatem. Sed desperans vult volitione complacentiae, at non volitione efficaci; quia non
quaerit media inducentia sanitatem, eo quod non existimat illam posse
sibi acquiri. S. Thomas 1. 2. q. 13. a. 5. ad 1m. ad idem significandum,
utitur vocibus *voluntatis completae* et *incompletae*, alibi vero 3. q. 21.
art. 4. eandem rem sic explicat, ut alia *absoluta voluntas* dicatur, alia
velleitas: alio autem in loco 1. q. 19. art. 6. ad 1m. ita dividit, ut alterum
vocet *voluntarium simpliciter*, alterum *secundum quid*.

18. Porro quid sibi velit definitio s. Thomae tradita de voluntario, patet
ex contextu illius articuli, qui est huiusmodi. « Quorumdam actuum seu
motuum principium est in agente.... quorumdam autem.... est extra....
Eorum autem, quae a principio intrinseco moventur, quaedam movent
seipsa, quaedam autem non. Cum enim omne agens seu motum agat seu
moveatur propter finem.... illa perfecte moventur a principio intrinseco,
in quibus est aliquod principium intrinsecum non solum ut moveantur,
sed ut moveantur in finem. Ad hoc autem quod fiat aliquid propter finem,
requiritur cognitio finis aliqualis. Quodcumque igitur sic agit vel movetur
a principio intrinseco, quod habet aliquam notitiam finis, habet in se principium sui actus, non solum ut agat, sed ut agat propter finem.... Et ideo cum
utrumque sit ab intrinseco principio, scilicet quod agunt et quod propter
finem agunt, horum motus et actus dicuntur voluntarii. Hoc autem importat nomen voluntarii, quod motus et actus sit a propria inclinatione.
Et inde est, quod voluntarium dicitur esse secundum definitionem Aristotelis et Nysseni et Damasceni.... non solum cuius principium est intra,
sed cum additione scientiae. » Communis proinde voluntarii definitio est:
id quod est a principio intrinseco cum cognitione finis.

Notetur heic s. Thomam allegare auctoritatem Nysseni, Damasceni et
Aristotelis et tamen definitionem latioribus terminis circumscribere quam
illi, qui requirunt scientiam non solum finis sed et aliorum adiunctorum.
Et reapse Aristoteles Ethicor. lib. 3. cap. 3. sic voluntarium definit:
« cuius principium est in ipso agente, sciente singula, in quibus est actio ».
Haec autem definitio paulo inferius explicabitur.

19. Nunc advertere oportet quae habet s. Thomas in sequenti articulo

1. 2. q. 6. art. 2. ubi quaerit an voluntarium inveniatur in animantibus brutis. Ita resolvit ipse quaestionem: « Dicendum, quod, sicut dictum est, ad rationem voluntarii requiritur quod principium actus sit intra, cum aliqua cognitione finis. Est autem duplex cognitio finis, perfecta scilicet et imperfecta. Perfecta quidem finis cognitio est, quando non solum apprehenditur res, quae est finis, sed etiam cognoscitur ratio finis et proportio eius, quod ordinatur in finem ipsum et talis cognitio finis competit soli rationali naturae. Imperfecta autem cognitio finis est, quae in sola finis apprehensione consistit, sine hoc quod cognoscatur ratio finis et proportio actus ad finem et talis cogniti〉 finis reperitur in brutis animantibus per sensum et aestimationem naturalem. »

Ex his relucet, quid ex mente s. Thomae sit agere propter finem: requiritur scilicet ut cognoscatur proportio, quae est inter finem et id, quod ordinatur ad assequendum finem: hoc autem est medium. Ergo agere propter finem non est actus, quo finem appetimus, sed actus, quo assumitur aliquid ut medium ad finem. Atqui ordinatio mediorum ad finem est actus deliberatus, quemadmodum s. Thomas in eodem articulo docet, inquiens: « perfectam igitur cognitionem finis sequitur voluntarium secundum rationem perfectam, prout scilicet, apprehenso fine, aliquis potest, deliberans de fine et de his quae sunt ad finem, moveri in finem et non moveri. » Ergo nomine voluntarii heic venit liberum: quod adnotandum est pro iis, quae mox dicemus de prima voluntarii partitione.

20. Duo ergo sunt voluntarii conditiones, 1ª ut sit a principio intrinseco scilicet a voluntate, quae in obiectum affective ac propensione sua feratur. Peccatum ergo a Deo permissum non potest dici Deo voluntarium; quia Deus affectu non fertur in peccatum et idipsum dicendum est de quavis mali permissione, v. gr. dum quis oppugnans urbem infert, praeter intentionem, damnum alicui innocenti, ad quod non affective, sed permissive se habet. 2ª Ut motus sit ex praevia aliqua cognitione intellectuali seu rationali. Et quidem moralitas seu imputabilitas eatenus solum sese extendit, quatenus protenditur cognitio (quae adsit vel adesse debuerit) partium et circumstantiarum illius actus, ita ut non deputetur culpae quidquid in actu invincibiliter ignoratur. Ergo si fureris rem, quam invincibiliter ignoras esse sacram, furtum committis, non sacrilegium. Et sic intelligenda est definitio voluntarii ex Aristotele superius allata: « sciente singula, in quibus est actio, » sive ut habet s. Thomas in eiusdem loci commentario: « ut sciat singulas circumstantias, quae concurrunt ad operationem. » Nempe voluntarium eatenus sese porrigit, quatenus haec scientia se extendit et siqua pars actus praeterit oculos agentis, ea ad rationem actus illius, qua voluntarius est, non pertinet.

21. *Voluntarium* distinguitur a *volito*. Obiectum volitum appellatur utique voluntarium, sed denominative, extrinsece. *Volitum* proprie non di-

citur de actu volendi, sed est id, in quod voluntas per actum suum tendit, velut in obiectum, quod, etsi illa vel maxime velit et cupiat ut sit, tamen non est (aut certe fieri potest ut non sit) a voluntate, ita ut ab ea tanquam effectus a sua causa, mediate vel immediate, procedat. Sic v. gr. Petro optanti mortem inimici sui mors eius quidem erit volita eique grata, non tamen voluntaria, nisi aliquo modo ad eam inferendam concurrat. Est tamen Petro voluntarium pravum desiderium vel pravum gaudium de eiusdem morte; haec enim ab eius voluntate procedunt.

22. Differt *voluntarium* a *spontaneo,* licet apud scriptores interdum spontaneum pro voluntario usurpetur et vicissim voluntarium dicatur etiam de brutis, quibus convenire non potest nisi sensu quodam imminuto.

Discrimen in eo est, quod ad voluntarium requiritur cognitio rationalis, sive usus rationis: ad spontaneum sufficit cognitio quaedam sensibilis, qualis et brutis competit. Sic bos sponte currit ad praesepe, quod cognitione quadam sensibili apprehendit. Hac eadem de causa voluntaria neque sunt neque dicuntur ea, quae fiunt per somnum vel ab amentibus vel ab infantibus, cum iudicium rationis aut impeditum sit aut nondum eius potestas acquisita.

Naturalis vero, potius quam spontanea, dicitur actio, ubi omnis cognitio desit, non solum in iis, quae qualibet facultate cognoscendi, etiam imperfecta, carent: sed et in homine, in quo plures motus exstant mere naturales, cuiusmodi sunt actus vitales.

Naturalis tamen dicitur alio sensu operatio quaelibet, quae sit conformis cuiusque rei naturae : quocirca et motus deliberatus dicetur homini naturalis.

§ 2. *De voluntarii partitionibus.*

23. Quoad voluntarii partitiones praenotandum I° alios DD. plures habere, alios pauciores partitiones: 2° eos differre ut plurimum etiam in tradenda notione earumdem partitionum. Aliquam autem adoptare necesse est, ut certum inter nos sit, quem sensum verba habeant: communiorem autem et congruentiorem, prout nobis visum est, partiendi rationem elegimus.

VIII. Voluntarium distinguitur a) in NECESSARIUM et LIBERUM. Actus necessarii sunt, ad quos voluntas sic fertur ut abstinere ab iis non possit; quod tamen in homine viatore, qui agat sui compos, quoad ea, quae sunt ad finem, nunquam evenit atque adeo haec divisio omitti etiam solet. Liberi sunt, ad quos ita fertur voluntas, ut expedita tamen ei remaneat facultas ad eos non ponendos.

24. Quod dixi, hanc partitionem omitti solere, ratio manifesta est.

Sermo est enim non de actu, quo finem volumus aut intendimus, sed de actibus, qui versantur circa media, quibus finem assequimur. Porro circa finem utique nulla est consultatio sive deliberatio, quicumque tandem sit finis: at praeter finem et quidem necessarium, nihil est, ad quod necessario voluntas feratur. Ergo nullus est actus voluntatis necessarius circa media ad finem et idcirco, cum scientia moralis versetur circa actus ad finem, qui voluntarii ita sunt ut nullus sit necessarius, nomen voluntarii in re morali supponitur semper pro libero et non voluntarii pro non libero, ut iam monuimus.

b) In PERFECTUM et IMPERFECTUM. Primum dicitur, quod plena intellectus cognitione fit ac voluntate prorsus libera. Alterum, quod ex cognitione imperfecta et ex semiplena deliberatione procedit, uti contingit in repentinis eventis aut in magno animi motu v. gr. in zelotypis.

25. Quoad hanc partitionem secundam maxime attenditur an plena et perfecta sit cognitio atque adeo deliberatio rationis.

Si· ea cognitio adsit ac deliberationi illi locus sit, voluntarium dicetur perfectum et eiusmodi quidem cognitio requiritur ad peccatum mortale, licet ad eam deliberationem non multum temporis requiratur, cum celerrime ac veluti unico instanti fieri id possit. Heic non habet locum imperfectus consensus, nisi ex imperfecta cognitione et deliberatione; nam imperfectus consensus ex defectu plenae inclinationis animi pertinet potius ad sequentem partitionem.

Imperfectum est voluntarium, si imminuta et imperfecta sit cognitio et non plena deliberatio. Id vero maxime contingit in repentinis eventis, v. gr. in timore incendii, in fuga a periculis, in subita ira: unde condonatur vel minuitur in humano iudicio poena marito aut patri, qui uxorem filiamve deprehensam in adulterio occidat. Multiplex autem ea in re habetur gradatio et saepissime homo sedata animi tempestate seu pleniorem ac tranquilliorem rei cognitionem adeptus, poenitentiae sensum experitur seque imprudentem fuisse clamitat; quod signum est identidem, voluntarium fuisse imperfectum.

c) In voluntarium SIMPLICITER et in voluntarium SECUNDUM QUID. Hanc divisionem alii aliter proponunt: aptius autem illi facere videntur, qui, ubi adsit consensus sed cum aliqua repugnantia, actum appellant voluntarium simpliciter seu absolute et involuntarium secundum quid; contra, si negetur consensus rei quae alioqui placet, actum dicunt involuntarium simpliciter seu absolute, voluntarium vero secundum quid

26. Nimirum non eodem modo ab omnibus haec distinctio proponitur. Alii enim confundunt hanc distinctionem cum praecedente, ut voluntarium simpliciter sit voluntarium perfectum et voluntarium secundum quid sit voluntarium imperfectum. Alii sunt, qui voluntarium simpliciter dicunt illud, quod procedit a plena voluntatis inclinatione sine ulla repugnantia, voluntarium vero secundum quid (quod quidam dicunt etiam mixtum) illud vocant, quod procedit quidem ex voluntatis propensione quadam,

sed cum aliqua repugnantia. Quae quidam explicatio differt a praecedente; quippe repugnantia adesse potest, ubi pienissima sit cognitio; unde differrent imperfectum et secundum quid.

Verum aliter se habet scholarum communis usus, a quo usu non est recedendum. Usus scholarum itaque est, ut isti termini adhibeantur, ubi idem actus habet aliquid voluntarii et simul aliquid involuntarii et quidem ex parte potius inclinationis voluntatis quam ex parte cognitionis Casus igitur est, quando duplex proponitur obiectum (duplex autem obiectum adest, etiamsi agatur solum de una re agenda vel non agenda seu de libertate contradictionis) et voluntas afficitur erga utrumque; sed cum utrumque amplecti non possit, unum praefert alteri: vult utrumque, sed ita ut velit unum magis, quod propterea eligit, aliud minus, quod idcirco posthabet et relinquit: erga unum voluntas assurgit efficaciter, erga alterum inefficaciter et ideo circa unum habetur voluntas, circa aliud velleitas, in unum fertur animus absolute, in alterum conditionate, nisi scilicet prius sit amittendum. Hinc dictio *voluntatis absolutae seu simplicis* et *voluntatis secundum quid,* nempe secundum aliquem respectum sive aliquam complacentiam inefficacem. Exempla prostant in mercatore, qui proiicit merces instante naufragii metu: in eo, qui pecunias dat latroni, ut vitam aut suam aut alterius servet: in eo, qui vellet duos cibos vel duos libros sibi comparare, cum pecunia sua pro alterutro tantum sufficiat.

Vox *simplex* seu *simpliciter* in his non significat impermixtum seu purum, ut quidam oscitanter intellexerunt, sed significat *absolute, efficaciter, complete, vere, realiter.* Indoles est proinde huius voluntarii, ut mixtum sit ex voluntario et involuntario, ita ut eadem actio simpliciter sit voluntaria et secundum quid involuntaria; volo proiicere has merces, nollem proiicere eas.

d) In DIRECTUM et INDIRECTUM. Primum dicitur, quod est a voluntate positive operante: alterum vero, quod eatenus est a voluntate, quatenus agere omittit, cum tamen agere possit ac debeat.

27. Audi s. Thomam 1. 2. q. 6. art. 3.: « Voluntarium dicitur quod est a voluntate: ab aliquo autem dicitur esse aliquid dupliciter. Uno modo directe, quod scilicet procedit ab aliquo, in quantum est agens, sicut calefactio a calore. Alio modo indirecte, ex hoc ipso quod non agit, sicut submersio navis dicitur esse a gubernatore, in quantum desistit a gubernando ». Hoc pacto directe voluntarium est homini (patri, matri, paedagogo, magistro et quisquis sit qui curam alterius gerit) illud malum, quod faciant alii (pueri vel quique alii sub cura exsistentes), ipso instigante vel impellente: indirecte vero voluntarium, si subditorum impudentiae, pravis studiis et culpis non resistat, mere negative se habens; huiusmodi enim malum pendet ab ea libera omissione actus debiti.

Sunt qui hanc partitionem aliter explicent, sic nimirum, ut directum dicant *formale*, indirectum vèro *interpretativum*. Id plane arbitrarium est. Nam cum *formale* dicatur aliquid, secundum quod in eo forma quaedam seu essentia rei obtinet; formale voluntarium habetur etiam in voluntario indirecto, quippe per illud quoque volo et in effectum consentio, licet hunc effectum obtineam solum removendo prohibens seu non impediendo. Alii confundunt hanc partitionem cum alia de voluntario in se et in causa: quid tamen differant suo loco videbimus.

e) In EXPLICITUM et INTERPRETATIVUM. Prius habetur, cum erga rem ab intellectu propositam vera intercedit voluntatis consensio. Alterum vero, quando nullus quidem interfuit consensus elicitus: adest hic tamen veluti inclusus ac delitescens in naturali animi inclinatione, ob convenientiam rei cum perspecto appetitu rationali, adeo ut, obiecto proposito, merito censeretur quis consensurus.

28. Itaque primum includit notitiam rei et realem voluntatis consensum in rem cognitam. Sic quaecumque voluntarie reipsa facimus, hoc modo nobis voluntaria sunt, sive bona sive mala. Interpretative voluntarium quidpiam nobis dicimus, non quasi reipsa id velimus, sed quia vellemus, si rem cognosceremus aut de ea re interrogaremur. Non ergo voluntarium dicitur, quasi intercedat ullus actus seu voluntatis consensus aut motus erga eam rem, sed quatenus spectata rei indole et huius convenientia cum natura rationali et conditione aut statu seu habitu voluntatis, intelligimus voluntatem consensuram, si res ei proponeretur. Hoc pacto volo, ut pecunia v. gr. vel res mea furto ablata eripiatur ab amico e manibus furis. Ita si videas adolescentem ingredi locum turpem, potes ei vere dicere: pater tuus vult ut hinc abscedas et revertaris domum.

Frequentior usus huius divisionis est in materia dispensationis seu licentiarum. Sic filius, absente patre, quaedam vendit, famulus dat eleemosynas, religiosus emit pannos, inferior dux committit proelium etc.

Quidam utique confundunt voluntarium interpretativum cum indirecto: at dicimus in voluntario indirecto spectari modum, quo voluntas tendit in obiectum et quidem in effectu, qui sequitur ex omissione, nihil esse, quod interpretandum sit ac veluti coniiciendum divinando. Hoc autem prorsus differt ab interpretativo, ubi nullus est reapse actus. Quod vero confundant formale cum directo, inde est, quod directum sit quoque formale: at formale potest esse etiam indirectum; quia velle possum per omissionem pertingere ad effectum. Ut quid dicatur formale voluntarium satis est, si actus ponatur secundum voluntarii formam, seu substantiam: hoc pacto formale est voluntarium *perfectum* et *imperfectum, simpliciter* etc. Neque vero quoties adest actus secundum suam formam, idcirco postulat partitio, ut sub eo aspectu res consideretur: absurde igitur semper promitur istud *formale.*

Alio tamen sensu consensum interpretativum appellat s. Thomas De

Verit. q. 15. art. 4. ad. 10ᵐ. inquiens: « Antequam ratio delectationem perpendat vel nocumentum ipsius, non habet *interpretativum consensum*, etiamsi non resistat: sed quando iam perpendit ratio de delectatione insurgente et de nocumento consequente...., nisi expresse resistat, *videtur consentire* ». Ubi *consensus interpretativus* dicitur de eo, qui *censetur consentire*. Eodem forte sensu videbis hanc vocem usurpatam penes Suarez in 1. 2. tract. 2. disp. 4. sect. 3. nn. 2. seqq. et clarius apud Azorium tom. 1. lib. 4. cap. 6. q. 5. p. 323.

f) In EXPRESSUM et TACITUM. Expressum dicitur, quod distincte verbis aut alio signo declaratur. Tacitum, quod adesse ex aliquo facto vel facti omissione colligitur. Differt ab interpretativo, quod in hoc nullus, in illo verus adsit consensus. Utrumque autem dicitur VOLUNTARIUM PRAESUMPTUM; quia praesumitur adesse.

29. Distinguitur ergo *expressum* ab *explicito;* quia quoad expressum, consideramus an exterius manifestetur voluntatis actus: in explicito vero non id inspicitur, sed utrum reipsa eliciatur a voluntate. Hinc actus explicitus potest esse simul non expressus sed tacitus, si eliciatur quidem consensus, at exterius non manifestetur. Idem dicito de discrimine inter interpretativum et tacitum. Nam tacitum voluntarium non dicitur nisi quia exterius non manifestatur, licet habeatur elicita voluntatis consensio: in interpretativo autem nulla adest elicita consensio. Sic valida censetur absolutio, data a presbytero, qui ex tacito voluntario consensu Episcopi audit confessiones: invalida, si solum nitatur voluntario interpretativo.

Utrumque, *tacitum* nempe et *interpretativum* vocatur *praesumptum;* ut idcirco alii partiantur in explicitum et praesumptum, alii in expressum et praesumptum. Eadem in utroque casu ratio est; quia in utroque casu mos est ut consensus praesumatur: sed cum hoc discrimine, quod in interpretativo praesumitur affutura consensio, si res proponatur, in altero praesumitur iam explicite adesse, licet non manifestetur id quod reapse adest.

Ad rite intelligendum axioma: QUI TACET, CONSENTIRE VIDETUR, facere possunt istae regulae: 1° consentire quis praesumitur in favorabilibus 2° item tacens, ubi alioquin intercederet obligatio aliqua aut necessitas contradicendi et expedita ad id facultas; quo spectat et illud effatum: SCIENTIA ET PATIENTIA IN IIS, QUAE SUNT MODICI PRAEIUDICII, CONSENSUM OPERATUR: 3° Tacens in plurium aut consensione aut comparatione.

30. Quaeri solet, quandonam ex taciturnitate cuiuspiam merito argui possit sive merito praesumi eius consensus seu voluntarium. Explicandum scilicet est illud axioma: *qui tacet, consentire videtur,* quod appellatur axioma, non quia contineat veritatem quamdam manifestissimam, sed quia praefert notissimam sententiam. Est enim 43.ᵃ regula iuris in 6°, quae

quidem regula desumpta est ex l. 2· §. 2. *Dig. Soluto Matrimonio* i. e.
lib. 24· *D.* tit. 3. *lege* 2· §. 2. *Voluntatem*, ubi haec leguntur: « voluntatem
autem filiae, cum pater agit de dote, utrum sic accipimus, ut consentiat,
an vero ne contradicat filia? Et est ab Imperatore Antonino rescriptum:
filiam, nisi evidenter contradicat, videri consentire patri ». Regulam hanc
esse explicatu difficilem fere omnes fatentur. Ratio est, quia etiam in
iure ipso plurima exstant exempla, e quibus patet, eos quoque, qui
scienter tacent, non haberi pro consentientibus (Reiffenst. ad reg. 43.ᵐ
iuris in 6° n. 2.).

Adverte haud recte praedictae regulae opponi aliam, quae est 44.ᵃ iuris
in 6° et desumpta est ex l. 142. *Dig. De Regulis iuris* lib. 51. tit. 17.
quae inquit: « is qui tacet, non fatetur, sed nec utique negare videtur ».
Non enim binae istae regulae de eadem re agunt. Quippe 43ᵃ agit de
consensu, an scilicet et quomodo ex taciturnitate praesumi possit consensus: alia vero 44ᵃ agit solum de confessione et negatione et non nisi
in causa interrogationis procedit, utrum nempe confiteri vel negare censeatur, qui interrogatus nihil respondet, sed tacet (Reiffenst. ad reg. 44.ᵐ
iuris in 6° n. 2.).

31. Itaque ad recte applicandam illam regulam 43ᵐ quoad consensum,
sequentes canones statui solent.

1. *Qui tacet in favorabilibus, consentire videtur.* Hoc extra controversiam esse debet et in id consentit communis DD. sententia. Ratio,
quia in dubio merito id praesumitur, ad quod naturalis affectio et propensio nos ducit.

2. Huic canoni quidam hunc alium subiungunt: *qui vero in praeiudicialibus vel odiosis tacet, non videtur consentire.* Sed cum in iure
plura reperiantur exempla, vi quorum tacens etiam in praeiudicialibus
consentire censetur, hinc aptis finibus secunda haec sententia est cir-
cumscribenda, quod praestamus sequentibus regulis.

32. *a)* Consentire itaque quis censetur, quando quis facile potest, con-
tradicendo vel expresse dissentiendo, impedire vel damnum proprium,
vel malum, ad quod avertendum teneatur et tamen tacet.

Et quod spectat ad damnum proprium cavendum (de qua re habetis
effatum illud: *Scientia et patientia consensum operatur*), patet exemplo,
quod suppeditat lex superius citata ex Digesto de filia, cui pater dotem
constituit. Etsi enim minor aequo videri dos possit, si tamen filia praesens evidenter non contradixerit, consentire censetur. Aliud exemplum
praebent sponsalia, quae parentes pro filiis sive puberibus sive impuberibus contrahunt, qua de re in *cap. unic. §. final. de desponsatione
impuberum* in 6° sic Bonifacius VIII.: « Porro ex sponsalibus, quae
parentes pro filiis puberibus vel impuberibus plerumque contrahunt,
ipsi filii, si expresse consenserint vel tacite, ut si praesentes fuerint nec

contradixerint, obligantur ». Ita et locatio vel alienatio rei Ecclesiae, ad
quam requiratur consensus capituli, si hoc sciente et non contradicente
fiat, consentire capitulum censetur. Ita in cap. *continebatur, De his quae
fiunt a praelato sine consensu capituli.*

33. *b)* Quod vero spectat ad illud effatum, quod memoravimus, *scientia
et patientia consensum operatur,* certum est ex iure, patientiam sufficere ad ius alteri creandum (quod uberius tractatur in tractatu de iustitia et iure, ubi de servitutibus). Ita *lege* 1. §. 2· *Dig. de servitutibus praediorum rusticorum* lib. 8. tit. 3.: « traditio plane et patientia
servitutum inducet officium praetoris ». Cuius loci, quaecumque tandem
sit lectio genuina (vide notam Gothofredi ad ˙hunc locum), sensus eo
redit, ut patientia plane non secus ac traditione servitutem inducat officium praetoris, vel alio modo: servitutes tradi patiendo. Et Glossa verba
illa: *et patientia* explicat: *idest patientia.* Requiritur tamen scientia.
Hinc *lege prima C. de Servitutibus,* lib. 3. tit. 34.: « Si quas actiones
adversus eum, qui aedificium contra veterem formam exstruxit, ut luminibus tuis officeret, competere tibi existimas, more solito per iudicem
exercere non prohiberis. Is, qui iudex erit, longi temporis consuetudinem
vicem servitutis obtinere sciet; modo is, qui pulsatur, nec vi nec clam
nec precario possidet »

Ceterum patientia inde satis evincitur, quod qui patitur, sciverit,
quidpiam in praeiudicium suum agi et non reclamaverit. Cur enim, si
quid pati nollet, non clamaret cum posset? Hac de causa ius amittit
creditor, si fisco rem hypotheca obligatam distrahente, ipse sileat, ut
patet ex l. 8. *Cod. de Remissione Pignoris,* lib. 8. tit. 26. aiente:
« si hypothecas fisco distrahente, creditores silentio prodiderunt negotium,
palam est (etiam) actionem suam amisisse eos, quam in rem habebant ».
Imo patientia habetur ut ratihabitio, ut patet ex *lege* 12. §. 2. *Dig. Tit.
rem ratam haberi,* lib. 46. tit. 8. Quin imo etiamsi ab initio dominus
reclamaverit, sed altero resistente et allegante quod utatur iure suo, postmodum taceat et patiatur, taciturnitas seu patientia habetur pro consensu.

34. Verumtamen illud addendum est; in casibus, in quibus ius speciale quidpiam non statuit, regulam esse generalem, quod in onerosis et
maxime in obligantibus personam (nam haec personae obligatio merito
censetur gravior, v. gr. si quis nominetur procurator) tacens habeatur
pro contradicente. Hinc obligatur utique filius, si non contradicat patri
contrahenti pro ipso sponsalia: at non obligatur minor, si pro eo contrahat curator aut alius quilibet ex agnatis; quia lex quoad parentes
non est extendenda ad alios, eo quod sit odiosa.

35. Quod vero spectat ad alium casum in regula praecedente expressum, scilicet de silentio *eius qui tenetur contradicere et prohibere,* ex
iure Canonico consentire censentur in grave subditorum praeiudicium su-

periores, qui cum possint, non contradicunt. Sic in Can. *Error*. dist. 83: « error, cui non resistitur, approbatur et veritas, quae minime approbatur, opprimitur. Negligere quippe, cum possis deturbare perversos, nihil aliud est quam fovere. Nec caret scrupulo societatis occultae, qui manifesto facinori desinit obviare ». Et Can. *Consentire* dist. 83.: « consentire videtur erranti, qui ad resecanda, quae corrigi debent, non occurrit ».

Excipiendum tamen, si superior non contradicat in casu, quo sine magna turbatione, sine strepitu externo aut proprio gravi damno contradicere non posset; tunc enim non censetur ipsi adesse libera facultas prohibendi. Huc spectat *Reg.* 50. *Diq. de regulis iuris:* « culpa caret qui scit, sed prohibere non potest ». Huc etiam facit quod Gregorius M. scripsit, declarans non habendum ceu consensum, quod ipse non obstaret, ubi obstare sine strepitu et scandalo non posset et verba eius relata sunt in corpus iuris cap. 2. *De praescriptionibus.* Ob paritatem autem rationis haec exceptio merito extenditur etiam ad subditos, qui aliquid patiantur a superioribus.

3. Tertia regula, secundum quam silentium iura interpretantur ceu consensum, sita est 1. *in plurium consensione,* videlicet quando communi alicuius coetus v. gr. Capituli Canonicorum, Religiosórum, Monialium vel Senatus etc. consilio res peragi debet. Si enim, dum aliquid forte iniuste aut minus recte agitur ac decernitur, quidam taceant, hi habentur pro consentientibus et fiunt rei cum aliis omnium malorum, quae inde sequantur, si, dum possunt, non contradicunt.

Quod vero additur 2. *in plurium comparatione,* utique communius usurpatur de confessione ac negatione, quam de consensu et dissensu. Cum scilicet quispiam de duobus interrogatus, si alterum neget, de altero sileat, hoc fateri censetur: quod et sanctus Gregorius de Christo Domino advertit, ubi explanat illud Evangelii: *Nonne bene dicimus nos quia Samaritanus es tu et daemonium habes?* Respondit Iesus: Ego daemonium non habeo: subdit Gregorius: « duo quippe illata ei fuerunt; unum negavit, alterum tacendo concessit ». Quae verba relata sunt in corpus iuris Cap. 5. *De Praesumptionibus,* cum hac rubrica seu titulo praemisso: *qui ex duobus illatis alterum negat, reliquum affirmare praesumitur.*

Verum eadem prorsus ratio valet etiam cum agitur de consensu. Sic si quis plura rogatus, quaedam concedat, de reliquis sileat, silentium aequivalet dissensui et vicissim, si e pluribus quaedam recuset et de aliis taceat, haec silendo concedere censetur. Sic si petas a vicino codicem inquiens: des mihi oportet modo et post scholam, aut hodie et cras; si alter respondeat: modo non vel hodie nequaquam et de reliquo taceat, consentire in aliud tempus merito putatur.

36. Duo demum de hoc argumento notabimus. 1. Silentium nunquam

censetur consensus, quando iura exigunt consensum verbis aut alio signo manifeste expressum. Sic v. gr. ad valorem stipulationis ordinarie ex iure requiruntur verba utriusque stipulantis. Ut enim habetur in *Digesto lege* 1ª *de verborum obligationibus:* « stipulatio non potest confici, nisi utroque loquente ». Ita ex iuris dispositione ad valorem sponsalium vel matrimonii non sufficit ut ad alterius partis interrogationem altera pars taceat et non contradicat, licet loco eius alius (exceptis parentibus) respondeat et consentiat. Pariter si fur, sciente et non contradicente domino, rem huius surripit, non est locus regulae; quia in tali casu dominus non praesumitur consentire atque actionem contra furem instituere potest. Ratio est, quia in odium furis sic specialiter iura statuunt. *lege* 91. *Dig. de furtis*, lib. 47. tit. 2.

2 Hanc regulam, silentium nempe in datis conditionibus pro consensu haberi, valere, quando nulla ratio occurrit suadens oppositam partem. Etenim si ex circumstantiis vel certis coniecturis verisimilius appareat, eum, qui tacet et non contradicit, dissentire, tunc non potest amplius prudenter praesumi consensus. Ut igitur locum habeat regula, opus est, ut res in dubio' versetur; tunc enim ex iure praesumitur consentire, qui tacet et non contradicit. Confer Reiffenst. *De regulis iuris*, ad *regulas* 43. et 44. et in lib. 2. tit. 12. *De possessione et proprietate* a n. 163. ad 177.

g) Demum distinguitur voluntarium IN SE et voluntarium IN ALIO seu IN CAUSA. Primum (quod et FORMALE quidam dicunt) est, quod in se ipso immediate et directe a voluntate intenditur. Alterum (quod quidam appellant VIRTUALE) est, quod voluntas non quidem in se intendit, vult tamen causam, unde praevidet aut praevidere potest eum effectum secuturum. Quod si et hunc effectum voluntas intenderet, hic quoque in se ipso voluntarius diceretur. Ad voluntarium autem IN CAUSA revocatur id, quod positae causae accedit tanquam pars toti aut velut accessorium principali.

37. Sunt qui *voluntarium in se* confundunt cum *voluntario directo* ac rursus *voluntarium in causa* cum *indirecto.* Causa confusionis in eo est, quod reipsa voluntarium indirectum scilicet sequens ad omissionem, revocetur ad voluntarium in causa. Verum voluntarium in causa latius patet. Non solum enim sunt voluntaria in causa, quae sequuntur ex omissione, sed illa quoque, quae consequuntur positivam quampiam actionem. Sic scribenti libros obscenos voluntaria sunt in causa peccata legentium.

Voluntario in causa additur quod accedit velut pars aut accessorium. Sic qui subdiaconatum accipit, censetur velle etiam votum castitatis: sic qui generatim credit revelata a Deo, implicite credit etiam Christum praesentem in Eucharistia: sic qui ducit uxorem, onus assumit eam sustentandi etc.

IX. Porro ut quidpiam ita censeatur voluntarium in causa, ut agenti imputari possit, tres conditiones requiruntur:

1ᵃ Est, ut agens aliqualiter animadvertat, ex ea causa talem effectum exstiturum vel exsistere facile posse aut saltem confuso aliquo modo obligationem noscat animum ad id advertendi. Tunc autem effectus animadverti potuisse ac debuisse censetur, quando hic ex tali actu per se sequitur vel ut in pluribus, vel etiam per accidens et ut in paucioribus, si per experientiam quis id quoad se noverit. Si vero effectus praevideri non potuit, nullo modo est imputabilis.

2ᵃ est, ut agenti libera sit facultas non ponendi causam aut positam auferendi.

'3ᵃ est, ut agens teneatur causam non ponere, vel positam auferre et quidem ideo, sive ex iustitia sive ex caritate aut ex officio teneatur, ne talis sequatur effectus Sic voluntarii non censentur pravi motus, si qui excitentur in Chirurgis vel Confessariis dum student vel officium suum exercent; quia, nisi adsit proximum periculum consensus in malum, non tenentur propterea a munere suo abstinere.

38. Itaque quaeritur, quandonam effectus sequens ex actione mea (nomine actionis autem intelligitur etiam omissio) censeatur mihi voluntarius atque imputari mihi possit. Ubi in primis notandum est, non esse sermonem de effectu, quem quis intendat; tunc enim dicetur hic effectus in se voluntarius, v. gr. puero, qui, ut otietur vespere vel die vacationis, data opera elabi per viam sinit libellum, qui continet dictatum latine vertendum. In hisce et similibus effectus induit rationem finis, qui movet ad seligenda media; finis autem in se et per se intenditur. Agitur ergo de effectu, qui non est finis movens ad agendum, qui tamen ex actione sequitur, licet non quaeratur. Ita medicus non intendit incommoda, quae aeger patitur ex medicinis necessario sumendis propter sanitatem, nec chirurgus amputans manum intendit dolorem, qui forte sequitur amputationem.

Agitur itaque de effectu, qui sit praeter intentionem, sive bonus ille sit sive malus. De bono tamen nulla est aut esse potest quaestio; quia non potest accedere bonitas actui, si voluntas non sit bona, nempe si in illud bonum non tendat more humano: nullus autem est voluntatis motus erga id, quod accidit praeter intentionem seu praeter voluntatem. Superesse igitur solum potest quaestio de malo effectu, de quo speciatim quaeritur, quandonam ratione illius effectus, quem non intendo quidem, secuturum tamen ex actu meo aliquo modo scio, tenear ab actu abstinere, ne effectus ille sequatur.

39. Tres, ut diximus, solent conditiones requiri, ut effectus ille me cohibere debeat ab actione et ut reus censear, si non abstineam.

Primae conditionis ratio generalissima est, quod *nihil sit volitum, quin sit praecognitum* nec ulla obligatio urgere potest abstinendi ab actu propter quampiam rationem, si hanc rationem ignoro. Sic enim reus essem criminis, quod impossibile mihi est vitare: id autem repugnat rationi ex aequo et revelationi. Quod autem dicitur: *potuerit adver-*

tere, intellige, inquit Medina in 1. 2. q. 6. art. 8. potentiam non *mere physicam* sel *moralem*, quae nulla est, nisi saltem in confuso suboriatur cogitatio de necessitate considerandi. Ut enim inquit Caietanus in 1. 2. q. 6. art. 8. quilibet in se ipso experitur non esse in potestate sua quod recordetur (etiam) eorum, quae habitualiter meminit; propter quod inconsideratio haec, cum non sit concomitans nec consequens, quia non est omnino in potestate nostra, locanda est sub antecedente; causat enim involuntarium simpliciter et ipsa nullo modo est volita et per hoc excusat non solum a peccato, sed a censuris etc. Quando vero effectus censeatur potuisse praevideri, melius tractabitur ubi de ignorantia. Generatim huc potest nunc adduci regula s. Thomae 1. 2. q. 20 art. 5. « Si (eventus) per se sequitur ex tali actu et ut in pluribus, secundum hoc eventus sequens addit ad bonitatem vel malitiam actus ... Si vero per accidens et ut in paucioribus, tunc eventus sequens non addit ad bonitatem vel malitiam actus ».

Rixae igitur, blasphemiae, verba obscena, etc. imputantur homini ebrio, qui novit haec sibi in ebrietate contingere; e contrario non imputabuntur illi, qui in haec labi non consueverit, si forte casus contingat.

Sic merito ancillae imputabitur lapsus vel mors parvuli biennis, si in via illum sibi ipsi permittat; solent enim in pluribus labi: non vero imputabitur, si non custodiat eodem modo puerum octennem aut decennem.

In his omnibus tamen semper habenda est ratio dictaminis conscientiae; nam si reipsa ex inconsiderantia quis agat et haec tribui non debeat gravi negligentiae, frustra in foro conscientiae reatum dimetiemur ex regulis circa facilem eventuum praevisionem. Regulae designant tantum communiter contingentia et normam praesumendi.

40. Altera conditio est, ut agenti sit libera facultas non ponendi causam aut positam auferendi. Si custos aggerum fluvii non potuit aquas cohibere, frustra dicetur reus damnorum ex inundatione. Sic scriptores, qui malos libros vulgarunt, potuerunt quidem id non facere et ad id tenebantur: sed fieri potest ut vulgatos libros nequeant amplius e manibus aliorum auferre. Huius regulae aequitas evidens est. Neque enim liberi sumus in his, ad quae facultas expedita non datur et cum agatur de voluntario, quod sit imputabile, haereticum esset affirmare, imputari illud posse, quod liberum non est.

41. Porro impotentia, de qua sermo est, vel non ponendi causam vel positam auferendi, aut physica est aut moralis. Et facilis quidem quaestio est, si agatur de impotentia physica. Moralis vero impotentia aderit, quando quispiam ab impediendo aliquo malo prohibetur vel excusatur aut obligatione quadam aut ex alio incommodo graviori, cui occurri debeat. Ita v. gr. principi non sunt voluntaria scandala, quae necessario

profluunt ex tolerantia meretricii; quia graviora rempublicam premerent incommoda, si illud impediretur. Voluntaria autem dicerentur eiusmodi scandala, si toleraretur meretricium in pago aliquo honesto, ubi graviora illa alia incommoda minus timenda essent. Item non censetur voluntaria omissio missae vel illi qui custodit armenta, vel illi qui curam habet aegroti.

42. Tertia denique conditio est, ut agens teneatur non ponere causam aut positam auferre et quidem ideo teneatur, ne ille sequatur effectus.

Teneri autem quis potest vel ex officio v. gr. magister, paedagogus, parentes ad arcendos a sibi commissis pueris pravos socios, ne depraventur: vel ex iustitia uti v. gr. tutor aut administrator circa res et negotia sibi concredita: vel ex caritate quae v. gr. postulat, ut clames, ne alius in vitae discrimen inscius incidat. Dixi: teneatur ideo, ne malus ille effectus sequatur. Ita licet pecces, si necessariam valetudinis curam non habeas, non idcirco tibi imputabitur, quod quopiam die ieiunare exinde non possis.

Ratio regulae est; quia secus agens, si non tenetur abstinere a causa, iure suo utitur et nisi teneatur ideo ne effectus ille sequatur, agens se habet quoad eundem effectum solum permissive: quod licere ex sequenti regula magis patebit.

X. Huc facit quod inquit s. Thomas, dum probat, ad sui defensionem licere etiam alium occidere *2.2. q.64. a.7.* inquiens: nihil prohibet, unius actus esse duos effectus, quorum alter solum sit in intentione, alter vero sit praeter intentionem. Morales autem actus recipiunt speciem secundum id, quod intenditur, non autem ab eo, quod est praeter intentionem, cum sit per accidens ». Qua quidem doctrina idem alibi utitur, *2.2 q. 43. a. 3.* ut a peccato excuset scandalum, quod praeter agentis intentionem sequatur.

43. Scilicet huiusmodi est statuendum principium. Licet ponere causam bonam aut indifferentem, cuius duplex sit effectus immediatus, alter bonus, alter vero malus, si adsit ratio proportionate gravis et finis agentis sit honestus. Cujus principii ratio est; quia hoc illicitum non est ratione finis, quippe qui supponitur honestus, neque ratione causae positae, siquidem supponitur bona vel saltem indifferens, neque ex praevisione pravi effectus; nam in hypothesi hic non intenditur, sed mere permittitur: eum autem permittendi ratio adest proportionate gravis ac iusta. Quatuor ergo conditiones, quae in hoc principio enunciantur, adesse debent: nimirum 1ª ut honestus sit finis agentis, 2ª ut causa sit bona vel saltem indifferens, 3ª ut effectus bonus sit immediatus, 4ª ut adsit ratio gravis ponendi causam nec teneatur agens ex iustitia aut ex officio aut ex caritate eam omittere.

Itaque finis debet esse bonus idest agens intendere non debet malum effectum; quia secus iste effectus esset ei voluntarius.

2. Requiritur causa bona vel saltem indifferens, scilicet ut actus nulli legi opponatur: id vero requiritur, ut quis ius habere possit ponendi eum actum et non peccet.

3. Requiritur ut bonus effectus consequatur saltem aeque immediate ex causa. Huius ratio est, quia si immediate a causa oritur malus effectus et hoc mediante effectus bonus provenit, tunc bonum ex malo quaeritur, quod nunquam licet, iuxta doctrinam Apostoli Rom. III. 8. *non sunt facienda mala, ut veniant bona.*

4. Requiritur ratio proportionate gravis ponendi causam; quia aequitas naturalis nos obligat ad vitanda mala et praecavenda proximi damna, quando id sine damno proportionate gravi possumus.

Heic tamen non unice perpendendum est damnum seu incommodum tunc agentis, sed etiam ac multo magis commune omnium incommodum, si generatim id exigeretur.

44. Addendum vero quod si causa sit mala, videndum superest, an ideo mala sit, quia eum effectum parit, an secus: item an leviter vel graviter causa mala influat in effectum.

Tres. ex. gr. casus ponuntur eius, qui pollutionem patiatur, 1. ob ebrietatem, 2. quia manducavit carnes die vetito, 3. quia carnes immoderate sumpsit. Concors est DD. sententia: illum non reum teneri effectus secuti. Ratio est; quia istae causae non sunt prohibitae propter illum effectum vitandum et eaedem in se spectatae leviter concurrunt ad eum effectum: non est ergo gravis obligatio eas vitandi ob pollutionem, quae praeter intentionem accidit quamque homo verius patitur quam agit (s. Alphonsus lib. 3. n. 484). Porro ratio causalitatis non immutatur ex eo quod ista actio sit contra aliud praeceptum, cuius finis est plane alius.

A fortiori ergo non tenetur quis abstinere ab equitando, ab commodiore modo decumbendi in lectulo, a sumptione moderati potus vel ciborum calidorum, vel etiam ab honestis choreis, etsi praevideatur inde secuturus eiusmodi effectus praeter intentionem et citra periculum consensus in turpem delectationem (s. Alphonsus l. cit. n. 483.). Ratio est eadem, levis scilicet influxus causae in effectum. Ita s. Antoninus *Sum.* p. 2. tit. 6. c. 4: « ubi pollutio sit omnino involuntaria, contra intentionem, non est peccatum, sicut cum quis audit in confessione turpia, aut loquens cum mulieribus ex causa honesta et inde sequitur pollutio ».

45. Imo statuto principio (s. Alphonsus l. c. n. 484. IV.) ex communiori et probabiliori sententia: non esse mortale ponere causam pollutionis (praeter intentionem secuturae, etsi praevisae), nisi haec causa graviter influat et sit per se mortalis in genere luxuriae: idem s. Alphonsus infert, venialem culpam esse, si agatur de causa in genere luxuriae, quae sit tantum venialiter mala. Venialem autem culpam dicit, quando oriatur ex levi aspectu aut colloquio non diuturno cum muliere vel ex curiosa le-

ctione turpium, ex curioso ac levi aspectu picturae obscenae vel alius rei turpis etc.

Merito tamen idem s. Doctor advertit, haec intelligenda esse 1. si absit periculum consensus in pollutionem secuturam, 2. si absit periculum turpis delectationis deliberatae in ipsis aspectibus aut in lectione etc. 3. Nisi quis sit expertus, frequentius effectum hunc pollutionis subsequi. Nam si frequenter id contingeret, indicium esset, non leviter sed vehementer eiusmodi causas ad eum effectum concurrere. Secus vero si raro id eveniat aut si certe causae sint leves; quia tunc potius tribuendus esset effectus infirmitati naturae.

Haec autem, uti patet, inservire debent, ut confessarius prudenter iudicet de statu poenitentium neve graviorem iniiciat scrupulum: quamquam etiam non iniecto graviori scrupulo, non sunt negligenda alia media, quibus suaviter a periculis poenitentem deterreat. Qua in re indoles poenitentis observanda.

46. Illud tandem addendum est pro recto usu tradidi principii (43.) quod comparanda est necessitas ponendi causam cum probabilitate et gravitate mali effectus secuturi. Quae quidem consideratio locum praesertim sibi vindicat, cum de vitando periculo damni aliorum vel temporalis vel spiritualis agitur et latissimum usum habet v. gr. ubi de scandalo, de cooperatione ad alterius peccata, de obligatione impediendi damna aut peccata tum subditorum tum extraneorum, de quibus omnibus suo loco sermo erit.

Sunt qui comparationem hanc inter necessitatem seu utilitatem ponendi causam et inter gravitatem mali effectus simul secuturi ita proponunt, ut tunc solum liceat causam ponere, cum bonum sic a me quaesitum compenset saltem seu exaequet malum, quod inde sequitur. Secus, inquiunt, excessus mali est per se volitus. Verum ista regula, nisi rite explicetur, non caret incommodis. Sine cum agitur de permittendo necne alterius malo seu peccato, nulla saepe obligatio adest illud cavendi, nisi ex caritate, praesertim cum peccatum, in hypothesi, ex sola alterius malitia sequatur. Iam vero caritas non obligat cum gravi incommodo nec unquam quispiam postulavit, ut hoc incommodum exaequet malum alioquin permittendum. Secus Theologi nunquam facultatem facerent aut mulieri eundi ad ecclesiam, licet cuiuspiam scandalum ex huius malitia sequatur, aut uxori exigendi debitum, licet vir contra naturam sit peccaturus, aut alicui occidendi rerum suarum invasorem, quando sint respective gravis momenti et recuperari secus nullo modo possint. Eatenus itaque admitti ea regula potest, quatenus ratio habeatur non solum singularis cuiusque casus, sed et communis omnium incommodi, quod sane gravissimum foret, si has ob causas sive ad evitanda eiusmodi pericula quisque deberet ab agendo abstinere. Sufficit scilicet ut evitatio huius communis incommodi, quae est quoddam bonum, exaequet malum, quod permittitur.

47. Quaestio institui heic debet, quando quis censeatur peccare peccato omissionis et generatim peccato, quod voluntarium sit tantum in causa. De qua re Suarez in 1. 2. tract. 5. d. 3. sect. 4.

De hac quaestione haec sunt statuenda:

1. Culpa et peccatum interius committitur, cum quis voluntate dat seu eligit dare causam futurae omissionis vel eventus. Certum id est; quia omnis culpa in voluntate residet. Et reipsa qui vult directe omittere, tunc committit culpam, quando habet illam voluntatem; ergo etiam quando vult indirecte. Hinc qui voluit non ire ad missam et dein ivit, sive quia mutavit voluntatem sive quia alia missa postea celebrata est sive alia ex causa, hic peccatum fecit, quamvis non sit reus in foro externo praecepti violati.

2. Exterior omissio tunc intelligitur fieri, cum occurrit tempus praecepti implendi et non impletur: etsi autem ea nullam malitiam addat, peccatum tamen proprie dici potest. Prior pars patet, quia omissio exterior tunc censetur fieri, quando omittitur praeceptus actus exterior ideoque cum exsistit transgressio legis. Non additur autem malitia; quia supponimus, voluntatem neque mutari neque augeri. Nihilominus peccatum dici potest; quia omissio est contra legem et est voluntaria. Nam quemadmodum ut actio exterior dicatur proprie mala et peccatum, satis est quod procedat a mala voluntate; ita et omissio dicenda erit mala et peccatum, quando est de re praecepta et a voluntate originem habet. Hoc sensu intelligendus s. Thomas, cum dicit tunc peccatum committi, quando omissio reipsa evenit, sicut et vulneratio, sequens voluntatem vulnerandi, tunc evenit, cum vulnus infligitur et peccatum furti sacrilegi tunc fit, cum res sacra surripitur etc.   •

Id patet etiam si spectatur ea omissio, quae est directe volita; in hoc enim quoque casu est peccatum propter voluntatem, non propter malitiam, quam aliunde vel aliter in se habeat. Ita si quis velit non ire ad missam et ideo incipiat potius dormire, omissio satis est peccaminosa ex praecedente voluntate; quamvis, dum transgressio contingit, ille nihil velit, imo nec cogitet de ipsa.

48. Ex his colligitur corollarium summi momenti, videlicet mensuram huius peccati omissionis sumendam esse ex culpa interiori, quae praecessit. Si ergo haec fuit venialis, erit et venialis omissio, si mortalis, erit mortalis omissio. Ratio est; quia tota malitia omissionis est a praecedente volitione.

Adverte tamen, in praecedente illa voluntate adesse posse plures malitias, aliam scilicet, quam habere potest ex proprio obiecto v. gr. intemperantiae, si sit ebrietas, aliam, quam habet prout est causa omissionis.

Porro malitia omissionis denominatur et mensuratur a posteriori malitia, non vero ex priori; unde contingere potest, priorem malitiam esse mortalem et tamen omissionis malitiam esse venialem, propter levem negligentiam vel culpam in praevidenda omissione futura et viceversa.

XI. Sunt qui voluntarium partiuntur etiam in POSITIVUM et NEGATIVUM seu PRIVATIVUM. Primum ab iis dicitur quilibet actus voluntatis reipsa elicitus vel ab ea imperatus: alterum vero omissio actus, qui poni debeat. Verum haec partitio quatenus distinguitur a praecedente de voluntario directo et indirecto, propria eorum videtur, qui tenent dari peccatum omissionis sine ullo voluntatis actu. Quam quidem quaestionem agitare nostra nihil in praesens interest ac legi de ea potest Suarez *in 1. 2. tract. 5. disp. 3. sec. 2.*

49. Haec distinctio reapse alia est a distinctione *directi* et *indirecti*, quatenus in ista attenditur solum modus, quo eventus quipiam, qui voluntati tribui seu imputari debet, procedat ab ipsa voluntate, videlicet num efficienter ob influxum causalitatis, quam positiva vi sua voluntas exercuerit ad effectum illum producendum, an vero solum non prohibendo seu impediendo aliquem effectum. In secunda autem hac partitione *positivi* vel *negativi* attenditur solum praesentia vel absentia cuiuspiam actus voluntatis ac propterea de ipso voluntario indirecto institui potest quaestio, an habeatur ibi voluntarium positivum, an mere privativum, quatenus quaeri potest, an sicut omissio evenire potest ex actu explicito voluntatis omissionem volentis, ita evenire queat quin ullus intercedat actus voluntatis. Et in hoc sensu est quaestio mere speculativa, quam idcirco diximus parum nostra interesse; quia tum negantes tum affirmantes intercedere actum voluntatis, simul conveniunt, aeque haberi reatum omissionis.

50. Nihilominus ut aliquid dicamus; ratio eorum, qui docent fieri posse, ut omissio contingat sine ullo actu, haec est, quia ad peccatum omissionis duo sufficiunt: 1. suspensio actus debiti, 2. libertas in hac suspensione. Porro qui libere suspendit actum, nullum actum ponit. Vide Becanum *De peccatis* cap. 3. q. 2. n. 4.

Suarez in 1. 2. tract. 5 *de peccatis* disp. 3. sect. 2. n. 6. statuit hanc thesim tripartitam: 1. peccatum omissionis physice fieri potest sine actu interioris voluntatis, 2. et forte interdum fit, 3. licet moraliter loquendo fere nunquam ita accidat. Et de ultima parte sic disserit. « Ultima assertionis pars, quae communis etiam est, probatur; quia siquis advertit obligationem praecepti imminere, vix potest, moraliter loquendo, non habere aliquem actum circa rem sic praeceptam; quia tale obiectum et movet voluntatem et est res, quae valde ad ipsam pertinet. Ergo moraliter non fit per meram negationem et tota illa suspensio actus in quacumque materia est moraliter difficillima. »

Verum nonne voluntas tunc solum peccat, cum determinat se ad alteram

partem et idcirco cum agit? Sane aliquod discrimen intercedere debet
inter statum voluntatis adhuc indifferentis et deliberantis, agendumne
sit necne et statum voluntatis peccantis, utpote deliberatae ad suspensionem actus.   .

51. Huc ergo accersenda est doctrina s. Thomae 1. 2. q. 71. a. 5. Quaerit, an in quolibet peccato sit aliquis actus et dicit, quod quaestio ista
principaliter movetur propter peccatum omissionis, de quo, inquit, aliqui
diverso modo opinantur. Et allata utriusque partis sententia, addit: utraque
autem opinio secundum aliquid veritatem habet. Ita autem reddit rationem.
Si enim intelligatur in peccato omissionis illud solum, quod per se
pertinet ad rationem peccati, sic quandoque omissionis peccatum est
cum actu interiori, ut cum aliquis vult non ire ad ecclesiam, quandoque
vero absque omni actu vel interiori vel exteriori, sicut cum aliquis hora
qua tenetur ire ad ecclesiam, nihil cogitat de eundo vel non eundo ad
ecclesiam. Patet quod s. Thomae id quod dixit pertinere per se ad rationem
peccati, est actus externus, quem dicit aliquando esse cum actu interno,
aliquando non. Verum solutio proposita videri potest non esse idonea;
quia si ille nihil cogitat de eundo vel non cundo, nondum habemus actum
humanum neque ullum voluntarium atque adeo nullum adhuc peccatum.
S. Thomas ergo concedit nullum esse actum, non generatim prout peccatum omissionis complectitur omnia ad ipsum concurrentia, sed prout
formaliter est omissio sive non positio operis debiti, quod est obiectum
proprium huius peccati. E contrario doctores alii non sic coarctant
punctum quaestionis, sed omnia elementa complectuntur.

Atqui si omnia elementa comprehendantur, s. Thomas tenet actum
aliquem semper intercedere. Ita enim prosequitur l. c.: « Si vero in
peccato omissionis intelligantur etiam causae vel occasiones omittendi,
sic necesse est in peccato omissionis aliquem actum esse ». Quod deinde
explicat, quia aliquo actu quispiam vel vult directe ipsam omissionem,
uti cum non vult ire ad missam: vel indirecte, quando nempe vult
aliquid coniunctum necessario cum omissione, sicut qui vult ludere tempore, quo pergendum esset ad ecclesiam vel vult aliquid praecedens,
puta cum aliquis vult vigilare diu de sero, ex quo sequitur quod non eat
hora matutinali ad ecclesiam. Porro planum est, nec lusum nec vigiliam
vespertinam esse voluntariam causam omissionis, nisi qui ea vult, cognoscit inde secuturam omissionem eamque proinde indirecte velit. Ergo
habetur semper aliquis actus.

§ 3.

De involuntario.

XII. INVOLUNTARIUM licet latiori sensu dicatur quidquid non est voluntarium, proprie tamem de eo effertur, erga quod voluntas contrarie se habet. Quod si voluntas ad aliquid se habeat negative, adeo ut illud efficaciter nec prosequatur nec aversetur, id neque voluntarium proprie est neque involuntarium, sed melius dicitur NON VOLUNTARIUM. *Conf. s. Thomam De Malo q. 3. a. 8.*

52. Plana est doctrina apud s. Thomam, qui loquens de ignorantia, sic disserit l. c.: « Quamvis semper ignorantia causet non voluntarium, non tamen semper causat involuntarium. Non voluntarium enim dicitur per solam remotionem actus voluntatis: sed involuntarium dicitur per hoc, quod voluntas contrariatur ei, quod fit; unde ad involuntarium sequitur tristitia, quae tamen non consequitur semper ad non voluntarium. Contingit enim quandoque, quod aliquis accedens ad non suam, quam credit suam esse, quamvis non velit actu ad non suam accedere, quia nescit eam esse non suam; tamen vult habitu et vellet actu si sciret: unde cum postea percipit eam non fuisse suam, non tristatur, sed gaudet, nisi mutaverit voluntatem ».

Exempla huius non voluntarii passim obvia sunt. Sic qui errat in afferendis numeris pro ludo aleatorio et errando vincit: sic qui aberrans a via vitat latrones, etc.

XIII. Quid dici debeat INVOLUNTARIUM SIMPLICITER AUT SECUNDUM QUID, ex iis desumatur, quae (sup. n. 26.) de eiusmodi distinctione voluntarii diximus.

Sunt tamen, qui involuntarium simpliciter id appellant, a quo ita voluntas abborret, ut prorsus et quantum in se est, efficaciter illud repellat. Verum hoc alii melius vocant PERFECTUM; IMPERFECTUM vero involuntarium dicunt, si non prompte ac toto affectu illud voluntas reiiciat.

53. *Perfectum* (quod alii appellarunt *simpliciter* involuntarium) illud est, quod ita voluntati deliberatae displicet, ut nullo pacto id velit, sed toto ei conatu resistat et quantum in se est, efficaciter et nullo sub respectu consentire ei velit et de facto non consentiat. Sic v. gr. fidelis subditus exhorret ad verba provocantia eum ad rebellionem. *Imperfectum* vero, cui voluntas non toto quo possit conatu reluctatur, non prompte, non efficaciter satis opponitur, sed potius languide et quasi aliqua cum haesitatione pravis motibus resistit aut molestas abigit cogitationes. Verum scilicet involuntarium postulat, ut resistentia sit seria, efficax et perseverans, ut consensus prorsus excludatur etiam per decursum. Ex his autem dignosci poterit, an aliquis defectus aut semideliberata culpa fuerit in resistendo tentationibus praesertim invidiae, odii, impudicitiae. Cavendum tamen ne per haec scrupulosus nimis angatur.

Involuntarium *simpliciter* coniunctum cum voluntario *secundum quid* habes in actu, quo quis v. gr. ferens suffragium pro electione canonici dissentit ab eligendo suo consanguineo. Electio illius involuntaria est simpliciter, licet placuisset.

De reliquis involuntarii divisionibus vide Suarez in 1. 2. tract. 2. d. 2. sect. 1. qui ostendit plerasque voluntarii partitiones non habere locum quoad involuntarium.

CAPUT III.

DE IIS, QUAE VOLUNTARIUM TOLLUNT AUT MINUUNT AC PRIMO DE IGNORANTIA.

XIV. Cum ad voluntarium requiratur tum cognitio intellectus tum voluntatis inclinatio, propterea quidquid alterutrum aut tollit aut minuit, eo ipso tollit aut minuit voluntarium. Porro cognitionem quidem ignorantia et concupiscentia, voluntatis vero inclinationem vis et metus aut tollunt penitus aut minuunt. De his ergo agendum et primo de ignorantia.

XV. Ignorantia est privatio scientiae, quam quis natus est habere. Differt autem tum a nescientia, quae simplicem negationem scientiae importat, tum ab errore, cuius est approbare falsa pro veris. *Ita s. Thomas de Malo q. 3. a. 7. et 1. 2. q. 76. a. 2.*

54. Itaque s. Thomas loco priore citato haec habet: « Dicendum, quod differt nescientia, ignorantia et error. Nescientia enim simplicem negationem scientiae importat. Ignorantia vero quandoque quidem significat scientiae privationem et tunc ignorantia nihil aliud est, quam carere scientia, quam quis natus est habere; hoc enim est de ratione privationis cuiuslibet. Quandoque autem ignorantia est aliquid scientiae contrarium, quae dicitur ignorantia perversae dispositionis, puta cum quis habet habitum falsorum principiorum et falsarum opinionum, ex quibus impeditur a scientia veritatis. Error autem est approbare falsa pro veris: unde addit actum quemdam super ignorantiam; potest enim esse ignorantia sine hoc quod aliquis de ignotis sententiam ferat et tunc ignorans est et non errans: sed quando falsam iam sententiam fert de his, quae nescit, tunc proprie dicitur errare. Et quia peccatum in actu consistit, error manifeste habet rationem peccati; non enim est absque praesumptione, quod aliquis de ignoratis sententiam ferat et maxime in quibus periculum exsistit ».

De ignorantia vero subdit: « Sed ignorantia de se rationem poenae dicit: non autem omnis ignorantia habet rationem culpae, ignorare enim ea, quae quis non tenetur scire, absque culpa est: sed ignorantia illa, qua quis ignorat ea, quae tenetur scire, non est absque peccato ». Quae tamen intelligi debent, si quis potuit scire, ut patet ex altero loco citato: « horum autem (scilicet eorum, quae quis natus aptus est scire) quaedam aliquis scire tenetur, illa scilicet, *sine quorum scientia non potest debitum actum recte exercere.* Unde omnes tenentur scire communiter ea, quae sunt fidei et universalis iuris praecepta: singuli autem ea, quae ad eorum statum et officium spectant. Quaedam vero sunt, quae etsi aliquis natus est scire, non tamen ea scire tenetur, sicut theoremata geometriae et contingentia particularia, nisi in casu. Manifestum est autem, quod quicumque negligit habere vel facere id, quod tenetur habere vel facere, peccat peccato omissionis. Unde propter negligentiam ignorantia eorum, quae aliquis scire tenetur, est peccatum: non autem imputatur homini ad negligentiam, si nesciat ea, quae scire non potest.... Nulla ignorantia invincibilis est peccatum: ignorantia autem vincibilis est peccatum, si sit eorum, quae aliquis scire tenetur, non autem si sit eorum, quae quis scire non tenetur ».

55. Alii distinguunt ignorantiam *privativam* et *negativam*. Prior est veri nominis ignorantia, altera diceretur nescientia.

Additur et alia quaedam ignorantiae species, quam quidam dicunt *actualem* et alii cum s. Thoma 1. 2. q. 6. a. 8. dicunt *ignorantiam malae electionis*. « Cum aliquis, ita s. Thomas, *actu* (en cur alii *actualem* dixerint) non considerat quod considerare potest et debet, quae est ignorantia *malae electionis*, vel ex passione vel ex habitu proveniens ». Quibus addendum quod omittit s. Thomas: *vel ex infirmitate et nativa nobis imbecillitate;* omisit autem s. Thomas; quia ibi de ignorantia voluntaria et culpabili agebat.

56. Haec tamen communius et aptius dici consuevit *inconsiderantia* aut *inconsideratio, oblivio, oscitantia, inadvertentia* etc. De qua, proportione servata, valere debent ea, quae dicuntur de ignorantia.

57. Quod spectat ad *errorem*, distinctionem erroris ab ignorantia s. Thomas accepit ab Augustino, qui cap. 17. Enchiridii inquit: « Quamvis errare, quanta possumus cura, cavendum sit, non solum in maioribus, sed etiam in minoribus rebus nec nisi rerum ignorantia possit errari; non tamen est consequens, ut continuo erret quisquis aliquid nescit, sed quisquis se existimat scire quod nescit. Pro vero quippe approbat falsum, quod est erroris proprium ». Quae verba inserta sunt in Decretum Gratiani Dist. 38. cap. 11. Quo circa s. Thomas errorem ab ignorantia distinguit, ut in Quodlib. 8. a. 15. inquiens: « error conscientiae quandoque habet vim absolvendi sive excusandi, quando scilicet procedit ex ignorantia eius, quod quis scire non potest vel scire non tenetur: quandoque vero error conscientiae non habet vim absolvendi vel excusandi, *quando scilicet ipse error peccatum est, ut cum procedit ex ignorantia eius, quod quis scire tenetur et potest,* sicut si crederet fornicationem simplicem esse peccatum veniale ».

Et sane usus communis et ipsa consuetudo ecclesiastica errorem dicit quodlibet iudicium falsum: at iudicium falsum nemo proprie appellat ignorantiam, sed ad summum dicimus effectum ignorantiae, si ab hac procedit. Scilicet iudicium falsum et ab ignorantia provenire potest et a temeritate illius, qui sententiam fert non proportionatam illis iudicandi motivis, quae prae oculis habet. Porro cum ignorantia (quae complectitur etiam inconsiderationem et oblivionem) possit esse tum vincibilis tum invincibilis, hinc error erit vel voluntarius vel involuntarius.

Non possumus idcirco acquiescere in illa sententia, quae dicit omnem errorem seu iudicium falsum esse voluntarium.

XVI. Multipliciter distingui solet ignorantia tum 1. ratione subiecti tum 2. ratione obiecti tum denique 3. ratione actionis seu voluntatis.

XVII. Et ratione quidem subiecti seu hominis ignorantis, quandoque ignorantia est invincibilis, quandoque vincibilis.

a) Invincibilis dicitur, quae morali diligentia adhibita depelli non potuit, sive quia de re quapiam investiganda nulla cogitatio subiit, sive quia obortum forte dubium, utut diligentia adhibita, disiici non potuit. Haec, uti patet, non est agenti voluntaria.

58. Duplex scilicet est ignorantiae invincibilis modus: 1. cum non subit cogitatio de indagando et etiamsi subeat cogitatio, non sic tamen subit, ut putem me teneri ad id vel ad utendum tali medio. Haec propriissime est ignorantia invincibilis: 2. quando homo dubitans se ignorare, adhibet diligentiam moralem et negotio accomodatam et nihilominus ignorantiam non expellit. Suarez tr. 2. disp. 4. sect. 2. n. 20.

Incidi his diebus in libellum gallice scriptum, in quo negabatur, ignorantiam adesse posse, ubi dubium aliquod exortum fuerit. Sed haud recte, sive quaestio sit de facto sive de iure.

Sic v. gr. pater teneri potest distribuere bona filiis non suis duplici ex causa: 1ᵃ quia nunquam suspicatus est de uxoris adulterio, unde invincibiliter putat, omnes filios esse suos: 2ᵃ quia exorto licet dubio seu suspicione et diligentia adhibita (siqua potuit adhiberi) nihil plus cognoscere potuit: quo in casu, cum teneatur suam cuique partem dare, iniustitiam admittit erga proprios filios, ex invincibili ignorantia.

Quoad ius, finge quempiam dubitantem de quavis obligatione v. gr. circa ieiunium, circa valorem voti, circa contractum, circa iura matrimonii etc. Quid mirum, si adhibita diligentia, concludet tamen faciendum illud, quod reapse est materialiter peccatum? Hinc etiam ratio cur possimus sequi opinionem probabilem; quia, si erramus, ex ignorantia invincibili erramus.

b) Vincibilis dicitur, quae moralis diligentiae ope tolli potuit atque adeo voluntaria est vel directe et in se vel indirecte aut etiam (ut addit s. Thomas) per accidens. Directe et in se voluntaria est, in quam actus voluntatis fertur, quando aliquis sponte sua vult quaedam ignorare, ne a proposito suo retrahatur et haec ignorantia dicitur

AFFECTATA. Indirecte voluntaria est per omissionem, cum quis non adhibet studium ad cognoscendum et haec est ignorantia NEGLIGENTIAE. « Voluntaria per accidens, ait s. Thomas, est, cum quis directe vel indirecte vult aliquid, ad quod ignorantia sequitur. Directe quidem sicut apparet in ebrio, qui vult superflue vinum potare, per quod privatur rationis usu: indirecte autem cum aliquis negligit repellere insurgentes passionis motus, qui percrescentes ligant rationis usum in particulari eligibili ». Conf. s. Thomam *de Malo* q. 3. a. 8. et 1. 2. q. 19 a. 6. et q. 76. a. 4.

59. De ignorantia affectata haec habet s. Thomas 1. 2. q. 6. a. 8.: « Hoc (scilicet quod ignorantia sit voluntaria) contingit dupliciter, secundum duos modos voluntarii supra positos (nempe directum et indirectum) ».

« Uno modo, quia actus voluntatis fertur in ignorantiam, sicut cum aliquis ignorare vult, vel ut excusationem peccati habeat vel ut non retrahatur a peccando, secundum illud Iob. XXI. 14. *scientiam viarum tuarum nolumus*. Et haec dicitur ignorantia *affectata* ». Et rursus 1. 2. q. 76, a. 3.: « Alio modo potest id contingere (quod ignorantia non excuset) ex parte ipsius ignorantiae; quia scilicet ipsa ignorantia est voluntaria vel directe, sicut cum aliquis studiose vult nescire aliqua, ut liberius peccet vel indirecte sicut cum aliquis propter laborem vel propter alias occupationes negligit addiscere id, per quod a peccato retraheretur ».

Et rursus, *de Malo* q. 3. a. 8.: « Hoc autem (quod ignorantia sit voluntaria) contingit tripliciter. 1° quidem quando aliquis directe vult ignorare scientiam salutis, ne retrahatur a peccato, quod amat ».

Itaque non est affectata, si quis omittit diligentiam, quia putat satis se rem nosse, licet in hoc erret culpabiliter ex praecedenti negligentia.

Non ergo ignorantia affectata significat ignorantiam simulatam, ut dictio insinuare posset, sed ignorantiam studiose quaesitam. Certe Pius VI (*in literis ad Archiepiscopum Pragensem* 11. Iulii 1789. *datis*) dicit: « *affectatum* communiter intelligitur quidquid studiosius, quam par est, in re quavis peragenda quaesitum est ac de industria comparatum ».

Ad ignorantiam affectatam revocari potest, quod quidam, ut liberius peccent, fugiunt ab audiendis concionibus, a colloquiis cum sacerdotibus etc. et maxime ab audiendis catechesibus v. gr. in missionibus; aiunt enim iniici per haec sibi scrupulos, scilicet plura ceu illicita praedicari, quae ipsi nollent haberi ut prohibita.

60. De ignorantia *voluntaria indirecte* habes exemplum s. Thomae (l. sup. c. a. 4.): « puta cum quis non vult laborare in studio, ex quo sequitur eum esse ignorantem ». Addit vero s. Thomas *de Malo* q. 3. a. 8.: « Sed quia non dicitur aliquis negligere, nisi cum debitum praetermittit, non videtur ad negligentiam pertinere, quod aliquis non applicat animum ad quodlibet cognoscendum, sed solum si non applicat animum ad cognoscendum ea, quae cognoscere debet vel simpliciter et secundum omne tempus (unde ignorantia iuris ad negligentiam reputatur) vel in aliquo

casu, ut cum emittit sagittam in aliquo loco, ubi homines solent transire, ad
negligentiam sibi imputatur, si scire non studeat, an tunc aliquis transeat
et talis ignorantia per negligentiam contingens voluntaria iudicatur ».

Huc spectat ignorantia rerum fidei, quando ex eo provenit, quod media
non adhibentur, cuiusmodi sunt discere catechismum, audire conciones etc.
vel quoad ea, quae sunt proprii officii et status, saltem non quaerere a
confessario vel a prudentioribus.

61. Ad ignorantiam vincibilem revocat s. Thomas ignorantiam, quam
dicit *per accidens:* cum quis directe vel indirecte vult aliquid, ad quod
ignorantia sequitur, quemadmodum patet ex textu sup. cit. Dicitur haec
ignorantia contingere *per accidens;* quia ipsa non intenditur, sed sequitur
praeter intentionem.

Ceterum cum effectus voliti, de quibus s. Thomas in eo loco, potius
quam ignorantiae causa, sint impedimentum usus rationis aut totale aut
partiale, hinc ab aliis non solent haec ad ignorantiam revocari. Verumtamen, quoniam reipsa cognitionem impediunt, idcirco ignorantiam, saltem
illam quam vocant actualem (55), reipsa causant et sic ostenditur quomodo ea sit voluntaria in causa.

c) Rursus ignorantia vincibilis dici solet CRASSA seu SUPINA (quae a quibusdam
gravior statuitur quam crassa), quando nullum aut vix ullum in addiscendo vel in
veritate indaganda studium ponatur. Si vero diligentia aliqua adhibeatur, non tamen
sufficiens, ignorantiam dicunt SIMPLICITER VINCIBILEM: quidam addunt et ignorantiam
STRICTE VINCIBILEM, quae difficulter aut solum magno adhibito studio tolli queat.

Utcumque autem pro varia negligentiae mensura plures paucioresve ignorantiae
gradus atque appellationes statuere arrideat, duo rata habenda sunt, nempe 1. levem
moraliter esse posse negligentiam, etsi de gravi re agatur: 2. ad moralem diligentiam
non requiri ut media omnia possibilia adhibeantur, quod onus esset non ferendum;
sed quemdam sufficere diligentiae modum, non mathematice sed morali iudicio definiendum atque humanae conditioni accomodatum, quem nimirum prudentes et in
rebus suis adhibere et ab aliis exigere ex aequi bonique norma, pro rei gravitate et
pro conditione personarum, solent.

62. Quoad ignorantiam *crassam* et *supinam*, quidam eam sic distinguunt, ut *supina* sit illius, qui diu in ipsa iacet veluti supinus. Exemplum ignorantiae crassae seu supinae affert sic Glossa: « ut ponamus,
quod in hac civitate fuit facta constitutio poenalis et fuit publice publicata; si dico quod ignoro talem constitutionem, quia non fuit mihi no-
tificata, non habeo iustam causam ignorantiae; quia non est necesse,
quod constitutio auribus singulorum inculcetur: satis est, quia venit ad
eius notitiam ». Sed haec pertinent ad regulam fori exterioris.

Crassam et *supinam* ignorantiam alio modo exhibet Suarez *de Censuris* disp. 4. sect. 10. n. 10., ut *crassa* sit, quae ex pura negligentia
enascitur ac desidia, *supina* vero, quae oritur ex nimia sollicitudine et

affectione ad res alias aut alia negotia, quae impediunt debitam curam addiscendi ea, quae quis scire tenetur. Quam distinctionem admittunt et Salmanticenses *de Censuris* cap. 1. n. 190.

Utrum vero detur ignorantia graviter culpabilis, quae tamen non sit crassa aut supina, negat quidem Suarez l. c. n. 11. et 12. contra alios apud Salmanticenses l. c. n. 196. Quae quaestio levis momenti videri hoc loco potest; at non levis apparet, ubi de censuris agitur, a quibus crassa et supina non excusant. Sed de hac quaestione ibi agendum erit.

63. Quod spectat ad ignorantiam *stricte vincibilem*, quidam voluerunt ita appellare illam ignorantiam, quam non sit impossibile depellere: huic opposuere ignorantiam physice invincibilem. Sic v. gr. si agitur de interpretanda phrasi obscura, de conciliandis duabus narrationibus, vel de veritate reperienda, ubi contradicunt sibi invicem testes seu scriptores, vel de inveniendo dominio rei, quam per viam repereris etc. Et quidem possibilitas vel impossibilitas saepius solum ex eventu diiudicari potest: unde qui quaerit, incertus est, an sibi possibile futurum sit invenire quod quaerit, quibus in casibus frequenter non quidem impossibile est verum invenire, sed tamen valde difficile.

Verum vix ullum in praxi usum haec habent. Nam culpari generatim non potest, qui adeo gravem laborem suscipere non vult.

64. De morali diligentia quaedam sunt declaranda: ex quibus notio informari poterit ignorantiae simpliciter vincibilis. 1. Moralis diligentia non dicitur omnis diligentia possibilis, secus recurrendum foret pro singulis casibus ad R. Pontificem. Hinc perversa agendi ratio quorumdam, qui saepe recurrunt ad Poenitentiariam v. gr. ut petant dispensationem pro voto, de cuius valore dubium est et huiusmodi. Bene Poenitentiaria saepe respondet: *consulat probatos auctores.*

Suarez l. 2. tract. 2. disp. 4. sect. 1. n. 18. advertit esse qui requirant ab homine summam diligentiam et quod homo faciat quantum in se est, etiam se praeparando ad gratiam nec per aliquod peccatum ponat impedimentum divinae illuminationi, qua posset ignorantia expelli. Haec autem, quae quidam antiquiores dicebant de ignorantia in materia fidei, alii imprudentes transtulerunt ad ignorantiam generatim.

Elizalde pariter imprudenter statuit, non posse assignari mensuram diligentiae idque Deum voluisse, ut nulla diligentia omitteretur. Vide de hac re Croix lib. 1. nn. 761-766.

2ª Dimetienda est moralis diligentia ex *rei gravitate*. Aliter enim quis sollicitus est pro inveniendo modico nummo, aliter si anulum pretiosum aut chirographum summi momenti amiserit. Potior diligentia exposcitur in iudice, si agatur de causa mortis, quam si de aliqua contumelia : potior item requiritur in medico, ubi morbus est gravis, quam si agatur de levi ustione in digito.

3ª Mensurari eadem debet ex *qualitate personae;* fit enim ut non omnes sint capaces eiusdem diligentiae adhibendae, non omnes habeant eadem media.

Sic rudi satis est, si consulat parochum aut confessarium, filio, si patrem aut amitam et generatim si consulat quis prudentiores, quos ea in re adesse putat.

4ª Mensura haec cernitur in modo agendi prudentiorum, qui non sint morosi et in modo, quo discreti exigunt ab aliis diligentiam.

65. Suarez quidem 1. 2. tract. 2. disp. 4. sect. 1. n. 19. ait quod ex communi sententia ignorantia est invincibilis, in qua homo voluntarie nihil omittit facere eorum, quae potest et debet ad illam expellendam.

Potestas (quod *potest*) intelligenda est non remota, scilicet quid posset, sed proxima, scilicet quid possit, « nempe iuxta capacitatem hominis et consideratis circumstantiis et notitia quam habet. Nam licet diligentia sit in se possibilis, tamen si non venit in mentem cogitatio de illa, vel si homo nescit hoc vel illud esse medium ad scientiam habendam, non potest dici quod usus illius diligentiae sit moraliter in potestate hominis ». Certe non datur ignorantia vincibilis, nisi occurrat menti, saltem in confuso obligatio seu necessitas inquirendi: prima autem idea, ut frequenter Augustinus monet, non est in hominis potestate.

Quoad *obligationem* (quod *debet*), non satis est hominem teneri ad aliquid faciendum, quod si faceret, non ignoraret: sed oportet illum ideo teneri ad illud faciendum, ut scientiam acquirat, qua ea ignorantia exuatur; nam alia obligatio est extrinseca et quasi per accidens. V. gr. puer non ivit ad scholam et omissione peccavit; sed in schola audivisset de periculo, quod per accidens instat in via, domi, in templo etc.: haec ignorantia non imputatur ob omissionem scholae; quia non ideo tenetur ad scholam ire, ut de his moneatur. Praeterea oportet ut non excusetur quis ab ea obligatione ex alia causa rationabili; nam in re morali perinde est excusari et non teneri.

66. Congrua ergo diligentia adhibenda est et quando, adhibita congrua diligentia, ignorantia non vincitur, haec, inquit Suarez l. c. n. 20. « dicitur ignorantia probabilis; quia iam homo probabili fide in illa durat et ideo excusat maiorem diligentiam adhibere, licet forte posset. Quanta vero esse debeat huiusmodi diligentia, ut sit probabilis, non potest una regula definiri, sed prudentia opus est iuxta materiae qualitatem » et personarum, ut diximus.

Probabilem ignorantiam sic descriptam habes ex Ulpiano *l.* 6. *Dig. De iuris et facti ignorantia* lib. 22. Tit. 6.: « Nec supina ignorantia ferenda est factum ignorantis, ut nec scrupolosa inquisitio exigenda. Scientia enim hoc modo aestimanda est, ut neque negligentia crassa aut nimia securitas satis expedita sit neque delatoria curiositas exigatur ».

Delatoria autem dicitur non requiri, quia delatores solent esse curiosissimi rerum quarumlibet exploratores.

Probabilem ignorantiam et in iure Canonico memorari contingit. Sic *c. Apostolicae de clerico excommunicato* lib. 5. Tit. 27. « Verum quia tempore suspensionis ignari celebrastis divina, vos reddit *ignorantia probabilis* excusatos. Ceterum si forte ignorantia crassa et supina aut erronea fuerit, propter quod dispensationis gratia egeatis, eam vobis de benignitate apostolica indulgemus ».

67. Huc revocanda, quae dicuntur de culpa iuridica *lata, levi, levissima*. Prudens illud iudicium, quo ista metiri solemus, heic quoque adhibendum. Porro in his, ubi specialis quaedam non intercedat obligatio, non damnatur quis, propterea quod diligentiam omisit, qua uti solent diligentissimi aut diligentiores, sed si omisit eam, quam communiter diligentes adhibent et tunc culpa dicitur lata.

68. Apprime vero notandum, quod additur: *levem posse esse culpam negligentiae, etsi de gravi re agatur*, videlicet quantumvis grave sit negotium. Qua in re labuntur non raro catechistae, quando generatim gravitatem peccati ignorantiae desumunt ex gravitate praecepti, v. gr. integritatis confessionis.

Ratio patet, quia diligentia non consistit in indivisibili: sed cura, studium, sollicitudo habent innumeros gradus; ergo et curae omissio seu negligentia. Igitur sicut potest omitti tota diligentia, ita potest omitti solum pars: haec autem pars potest esse aut magna aut parva aut minima particula. Id valet etiam si negotium sit huiusmodi, in quo quis teneatur de culpa levissima. Nam et in eo studio plures gradus reperire est et omitti quidpiam potest, quod comparative leve haberi debeat.

Hinc infer non posse statim damnari ceu sacrilegam aut invalidam confessionem ex eo quod ob aliquam negligentiam oblitus quis fuerit aliquod peccatum. Hinc levis quoque esse potest negligentia parochi v. gr. in inquirendis impedimentis matrimonii alicuius, in addiscendis casibus conscientiae, item in medico quoad curandum infirmum, in iudice vel causidico circa reos aut clientes.

XVIII. Ratione obiecti seu rei ignoratae alia est ignorantia IURIS, alia FACTI, alia POENAE. Iuris quidem, quando aut ignoratur generatim lex seu praeceptum aut etiam non constat, num casus quispiam generali aliqua lege comprehendatur et quidem iuris ignorantia subdividi solet prout versatur vel circa ius NATURALE, vel circa POSITIVUM DIVINUM aut HUMANUM et hoc ipsum vel ECCLESIASTICUM vel CIVILE etc. Facti vero, quando ignoras non quidem rei, prout eam apprehendis, habitum ad legem, sed rei in se spectatae circumstantiam aliquam aut etiam substantiam seu naturam. Poenae denique, quando nescis, crimini cuipiam peculiarem aliquam poenam esse ex iure adnexam.

69. Ignorantiae iuris et facti exemplum habes ex s. Thoma, *de Malo*

q. 3. a. 8. « Si in eodem actu aliquid sit ignoratum et aliquid scitum,
potest esse voluntarium quantum ad id, quod est scitum; semper tamen
est involuntarium quantum ad id quod est ignoratum, sive ignoretur
deformitas actus (puta cum aliquis nescit fornicationem esse peccatum,
voluntarie quidem facit fornicationem, sed non voluntarie facit peccatum),
sive ignoretur circumstantia actus, sicut cum aliquis accedit ad mulierem, quam credit esse suam, voluntarie quidem accedit ad mulierem,
sed non voluntarie ad non suam ».

Exempla ignorantiae generatim iuris aut facti sunt passim obvia.
Sexcenta quoque exempla suppetunt ignorantiae, an aliquis casus lege
comprehendatur et haec ignorantia non reperitur solum in rudibus, sed
etiam in viris doctis et inde fit, ut ipsi in varias abeant sententias et
in istis casibus saepe habemus genus illud ignorantiae invincibilis, quae
post adhibitas diligentias repelli non potest.

70. Ratio autem cur distinguatur ignorantia pro variis iurium spe-
cichus, ea est, quia deinceps disputari solet, an ignorantia huius vel
illius iuris excusari possit et quae facilius queat aut difficilius excusari.

71. Quod spectat ad ignorantiam facti, manifestum est, quod modo
ignoratur facti substantia, modo solum circumstantia. Ignoras substantiale
v. gr. si putas sclopetum vacuum et quasi per iocum explodis in alium
et sic occidis: vel si putas te ferire belluam et occidis hominem. Ignoras circumstantiam, si nescias v. gr. eum quem occidis esse presbyterum, mulierem, quacum peccas, esse matrimonio ligatam. Ex quibus
exemplis patet te rem quidem aliquo modo apprehendere et prout apprehendis, non esse difformem a lege, sed illud, quod ipsa in se est reapse,
te latet et haec est ignorantia facti.

72. Ignorantia autem poenae dicitur cum ignoratur peculiaris aliqua
poena adnexa crimini: quod intelligendum est de poena aliqua extraordinaria.

Nam quoad poenas ordinarias, quae sontibus infliguntur, nihil interest,
an sciat quispiam, quaenam poena imposita sit aut falsariis aut stu-
pratori aut furi etc.

Sed valet id maxime quoad leges ecclesiasticas. Nam quando quis aut
ignorat, quemdam actum pravum lege quoque ecclesiastica vetari aut
certe ignorat, poenas quoque decerni, quaestio fit, an poenis his subiaceat.

XIX. Benique ratione actionis seu voluntatis, « ignorantia, inquit s. Thomas 1. 2.
q. 6. a. 8., tripliciter se habet ad actum voluntatis. Uno modo CONCOMITANTER, alio
modo CONSEQUENTER, tertio modo ANTECEDENTER. CONCOMITANTER quidem, quando ignorantia est de eo, quod agitur; tamen, etiamsi sciretur, nihilo minus ageretur... Et
talis ignorantia non facit involuntarium .. sed facit non voluntarium ».

« CONSEQUENTER autem se habet ignorantia ad voluntatem, in quantum ipsa ignorantia est voluntaria... Cum autem ipsa ignorantia sit voluntaria... non potest causare simpliciter involuntarium : causat tamen secundum quid involuntarium, in quantum praecedit motum voluntatis ad aliquid agendum, qui non esset, scientia praesente »;

« ANTECEDENTER autem se habet ad voluntatem ignorantia, quando non est voluntaria et tamen est causa volendi, quod alias non vellet... Et talis ignorantia causat involuntarium simpliciter ».

In qua tamen trimembri distinctione ANTECEDENS non eodem modo ad CONCOMITANTEM se habet, ac ad CONSEQUENTEM. Nam a concomitante condistinguitur per comparationem ad actionem veluti ad effectum et sic nulla est ignorantia consequens: a consequente autem per comparationem ad voluntatem velut ad causam et sic nulla est concomitans. Vide Suarez in 1. 2. tract. 2. disp. 4, sect. 1. Et antecedens quidem perinde est ac invincibilis; consequens vero ad vincibilem revocatur.

73. Revocetur id quod supra (Cap. II. n. XII.) notatum est de duplici sensu involuntarii, scilicet vel contrarie vel negative seu privative. Quando ignorantia est concomitans, est actio involuntaria mere negative seu privative: quando autem est antecedens, tunc voluntas se habet contrarie et dicitur actus presso sensu involuntarius.

74. Ut rite intelligatur, quo vero sensu possit dici ignorantia vel antecedens vel concomitans, vel consequens, advertentum est s. Thomam loqui de relatione ignorantiae ad actum aliquem voluntatis.

Porro actus voluntatis dupliciter intelligi potest: nempe aut agitur de actu voluntatis, quo haec vel directe vel indirecte vult ignorare et in hoc casu voluntas consideratur ut causa et ignorantia ut effectus: aut agitur de actu voluntatis, qui ponitur sive ex ignorantia sive cum ignorantia et sic ignorantia consideratur uti causa, voluntas vero ceu effectus; agitur nempe de influxu ignorantiae relate ad voluntatem, sive quaeritur an et qualis sit influxus.

Si posterior hic actus voluntatis intelligatur et consideretur ignorantia veluti causa actus, habetur utique tunc divisio ignorantiae in antecedentem et concomitantem, sed non etiam in consequentem; neque enim causa potest consequi suum effectum, nisi sermo sit de ulteriori ignorantia, quae consequatur ad actum positum ex ignorantia, quae tamen esset diversa quaedam ignorantia, nullo pacto huc spectans.

Quoad duo ergo priora membra, scilicet *antecedentem* et *concomitantem*, ignorantia utique causat actum voluntatis, si est antecedens; quia ex hypothesi homo non egisset nisi habuisset ignorantiam illam: si vero erat ita animo comparatus, ut, etiam absente illa ignorantia, homo acturus fuisset, ignorantia non est amplius causa actus. Causa enim ignorantia ut notat etiam Suarez l. sup. c. n. 4. dicitur non per se et directe: imo, cum de ratione voluntarii sit, ut procedat ex cognitione; ignorantia, quantum in se est, impedit actum voluntatis et saltem tollit voluntarium directum: dicitur ergo causa actus solum tanquam removens prohibens, quia scilicet tollit scientiam, quae si adesset, actus non fieret. Unde e contrario illa ignorantia non dicitur esse causa actus, sed solum comitari illum, quando non tollit scientiam impedituram actum, sed ageret homo, etiamsi rem nosset. Primo modo dicitur homo operari ex ignorantia et cum ignorantia, secundo modo cum ignorantia, non autem ex ignorantia. Ita s. Thomas, 1. 2. q. 76. a. 1: « Non quaelibet ignorantia peccantis est causa peccati, sed illa tantum, quae tollit scientiam prohibentem actum peccati. Unde si voluntas alicuius esset sic disposita, quod non prohiberetur ab actu parricidii, etiamsi patrem agnosceret, ignorantia patris non est huic causa peccati, sed concomitanter se habet ad peccatum et ideo talis non peccat propter ignorantiam, sed peccat ignoranter secundum Philosophum 3. Ethic. c. 3. ».

75. Si vero ignorantia comparatur cum illo actu voluntatis, qui versatur circa ipsam ignorantiam, seu qui tendit ad ignorantiam, sic nulla est ignorantia concomitans. Quia omnis ignorantia vel cadit sub voluntatem (sive directe sive indirecte) et sic est consequens, vel non cadit sub voluntatem et sic est antecedens consensum voluntatis ipsius. Ergo inter antecedentem et consequentem ignorantiam hoc sensu intellectam, non datur medium.

Item si significatur habitudo causalitatis ignorantiae ad voluntatem, excludenda est ignorantia consequens; quia omnis ignorantia aut est causa actus et sic est antecedens, aut non est causa et ita est concomitans: nulla vero est, quae sit effectus ipsius, ut hac ratione possit dici consequens.

Hinc patet, quod trimembris illa distinctio locum non habet, nisi per comparationem ad diversus actus *voluntatis*.

76. Quomodo igitur intelligendus s. Thomas? Dicendum est nempe s. Thomam trimembri illa distinctione voluisse breviter explicare utramque divisionem, quam innuimus, videlicet comparationem instituisse tum voluntatis seu actionis cum termino, qui sit ignorantia, tum ignorantiae cum termino, qui sit actio voluntatis.

Ergo antecedentem dicit ignorantiam, quae omnino antecedit tam voluntatem ignorandi, quam actionem voluntatis factam ex ignorantia. Et reipsa, ut patet in textu citato n. XIX. antecedentem dicit 1. quae non est voluntaria: est ergo independens a *voluntate ignorantiae* (sive directa sive indirecta): 2. quae est causa actus volendi; est ergo prior *actu voluntatis*. Consequentem dicit ignorantiam, in quantum est voluntaria. Et reipsa nullo alio modo ignorantia dici consequens potuit, nisi ex eo quod sit effectus: effectus autem non est, nisi quatenus voluntas est causa ignorantiae. Ergo mere id refert ad *voluntatem ignorantiae*. Concomitantem dicit ignorantiam respectu illius, quod agitur. Et reipsa concomitans dici non potuit, nisi relatae ad actionem: ergo concomitans ignorantia ad *actionem* seu *voluntatem agendi* refertur.

77. Haec vero rectissime s. Thomas; quia secus non deesset aequivocatio. Et sane nisi antecedens dicatur relate ad voluntatem ignorantiae simul et voluntatem actionis, etiam consequens dicenda esset antecedens eatenus, quatenus est causa actionis, quae propterea ignorantia diceretur antecedens relate ad voluntatem actionis, consequens vero relate ad voluntatem ignorantiae. Et rursus nisi concomitans intelligatur solum relate ad voluntatem actionis, dicenda foret et ipsa modo antecedens, modo consequens. Nam si comparatio fiat ad voluntatem ignorantiae, concomitans erit antecedens, si nullo modo fuit voluntaria. Erit vero consequens, si voluntaria fuit ob negligentiam (Suarez l. c. n. 7-10).

XX. Invincibilis ignorantia sive iuris, quodcumque illud sit, sive facti, a peccato excusat. Et quidem quoad ignorantiam iuris naturalis ac divini, rata est Ecclesiae sententia adversus Baianos ac Iansenianos in damnatione 68ᵃ⁰ propositionis Baii: INFIDELITAS PURE NEGATIVA IN HIS, QUIBUS CHRISTUS NON EST PRAEDICATUS, PECCATUM EST et 2⁹⁰ ex 31. proscriptis ab Alexandro VIII.: TAMETSI DETUR IGNORANTIA INVINCIBILIS IURIS NATURAE, HAEC IN STATU NATURAE LAPSAE, OPERANTEM EX IPSA NON EXCUSAT A PECCATO FORMALI. Quoad ignorantiam vero iuris humani aut ignorantiam facti, hanc a culpa excusare ne Baiani quidem seu Ianseniani inficiati sunt. Generalis autem atque evidens ratio est, quia ignorantia invincibilis neque voluntaria est neque causat voluntarium. Porro, ut inquit Augustinus *De vera relig.* c. 14. n. 27. « Usque adeo peccatum voluntarium est malum, ut nullo modo sit peccatum, si non sit voluntarium. Et hoc quidem ita manifestum est, ut nulla huic doctorum paucitas, nulla indoctorum turba dissentiat ».

XXI. Neque obstat 13ᵃ Regula iuris in 6.: IGNORANTIA FACTI, NON IURIS EXCUSAT: cui regulae consonum est quod habetur l. 9. *Dig. de iuris et facti ignorantia*: REGULA EST IURIS QUIDEM IGNORANTIAM CUIQUE NOCERE, FACTI VERO IGNORANTIAM NON NOCERE. Non enim in his agitur de excusatione culpae in foro conscientiae, sed de vitanda emolumenti alicuius iactura in foro externo, iuxta illud, *l. 7. tit. cit.* « Iuris ignorantia non prodest adquirere volentibus, suum vero petentibus non nocet » et *l. 8. ibid.*: « Ceterum omnibus iuris error in damnis amittendae rei suae non nocet ». Et quidem etiam quoad emolumentum percipiendum non obest iuris ignorantia, 1. si agatur de rusticanis aliisque, in quibus talis ignorantia toleratur, aut 2. iura ambigua sint et obscura. Vide Reinffenstuel Tract. *de Regul. iuris in 6.* c. 2. ad reg. 13.

78. Quod de ignorantia dicitur, intelligendum est de inadvertentia, oblivione, inconsideratione, quae quidem frequentius ad praxim veniunt. Poenitenti autem, ignorantiam fatenti, credendum est: licet in civilibus et oeconomicis homines reprehendi solent, quod fit ad excitandam vigilantiam.

79. Regulae quidem iuris nihil profecto prosunt Iansenianis, nam probarent, neque quoad ius positivum ignorantiam excusare: hoc autem ne ipsi quidem contendunt.

Ceterum regulae iuris praescribunt quid servandum sit in foro externo. Scilicet, in foro externo quivis scire praesumitur id, quod illius status et conditio requirit. Ignorantia itaque non excusat, etiamsi de ea re cogitare vel dubitare non inciderit (Reiff. l. c. n. 6.) : proinde in cap. 3. *de clandestina desponsatione:* « Si quis clandestina vel interdicta coniugia inire praesumpserit in gradu prohibito etiam ignoranter, soboles de tali coniunctione suscepta prorsus illegitima censeatur, de parentum ignorantia nullum habitura subsidium; cum illi taliter contrahendo, non expertes scientiae vel saltem affectatores ignorantiae videantur ».

Nihilominus ipsa iuris et quidem civilis ignorantia nocebat solum in emolumentis percipiendis v. gr. *l. 1. dig. de iuris et facti ignorantia* lib. 22. tit. 6. : « Si sciat quidem defunctum esse cognatum, nesciat autem proximitatis nomine, bonorum possessionem sibi deferri » ; agitur enim de emolumento idest de percipienda hereditate. Non amitteret vero suum, qui v. gr. ex ignorantia iuris solveret indebitum, uti habetur *l. 1. Dig. de condictione indebiti* lib. 12. tit. 6. : « Si quis indebitum ignorans solvit, per hanc actionem condicere potest ».

Sensus igitur regulae est : 1. invincibilis seu probabilis ignorantia *facti alieni* in foro externo excusat tam quoad vitandum damnum, quam in lucris percipiendis : 2. nulla ignorantia *iuris* sive divini sive naturalis sive humani, sive legis sive canonis, sive statuti municipalis sive receptae consuetudinis in foro externo excusat quoad acquirendum lucrum : 3. bene vero quoad evitandum damnum in re sua amittenda emergens. Scilicet leges intelligi debent ab omnibus atque (ut habet *l. 12. C. de iuris et facti ignorantia*) « constitutiones principum nec ignorare quemquam nec dissimulare permittimus ».

Exceptiones quoad personas puerorum, militum, rusticanorum etc. habentur in ipsis legibus (eod. Tit. dig. cit.) : propter obscuritatem vero legis excusari, res est aequitati congrua ; quia in obscuris nemo cogitur hanc potius quam illam opinionem sequi.

XXII. Quod autem ad ius naturae attinet, communis et certa doctrina est, ignorari invincibiliter posse non quidem prima principia aut quae modica consideratione ab hisce deducuntur, sed remotiores conclusiones eaque, ut inquit *s. Thomas*, 1. 2. q. 100. a. 1., ad quorum iudicium requiritur multa consideratio diversarum circumstantiarum, quas considerare non est cuiuslibet, sed sapientum : sicut *considerare particulares conclusiones scientiarum non pertinet ad omnes, sed ad solos philosophos. Id autem cum saepe alias, tum potissimum evenire solet, quando ita concurrunt plura praecepta, ut ad utramlibet oppositorum partem obligari agens videatur.

80. Non dari ignorantiam invincibilem iuris naturae contenderunt Ianseniani, quatenus negarunt ignorantiam hanc, quam omnes invincibilem dicunt, excusare. Admittendam vero ignorantiam invincibilem in conclusionibus remotioribus, quae proinde excuset, probatur 1. ratione.

Nam sensu intimo et communi experientia constat conclusiones remotiores nonnisi laboriosa ac plerumque intricatissima ratiocinatione a primis principiis erui; adeo ut opus sit acri vi intelligendi ac colligendi, qua omnia rite perspiciantur, invicem conferantur et mature, sedulo versentur ex omni parte. Atqui non omnes habent hanc aciem intellectus a natura: ergo in conclusione possunt errare invincibiliter.

2. Probatur experientia, quia frequenter ne sapientissimi quidem potuerunt consequi veritatem; ergo licet omnes homines a maximo ad minimum instructi essent ingenii et doctrinae praesidiis, tanta tamen subinde est obscuritas ut tenebrae omnes depelli nequeant.

3. Hoc potissimum ostendi potest collatis quorumdam patrum sententiis. Patres quidem sapientes generatim fuerunt et a Deo praeterea dati sunt in aedificationem corporis Christi, quod est Ecclesia. Atqui in quibusdam quaestionibus ad ius naturae pertinentibus ipsi contraria identidem senserunt et docuerunt.

Ergo nisi iniuriam inferre illis velimus, quod falsum aperte docuerint, cum veritas utrobique stare nequeat, aliquis eorum dicendus est invincibiliter errasse. Non immorabimur in dilatanda minore, utpote satis nota: potius e re erit audire Augustinum proponentem nonnullas quaestiones, quae ad conclusionem nostram de ignorantia invincibili iuris naturae aliquid conferant.

81. Sic in lib. *contra Mendacium ad Consentium* cap. 15. n. 33. de obstetricibus Aegyptiis et de Rahab loquens, ait: « Utrum autem sit aliquando vel pro cuiusque salute mentiendum, cum quaestio sit, in qua dissolvenda etiam doctissimi fatigantur; valde illarum muliercularum in illis populis constitutarum et illis moribus assuetarum excedebat modum. Itaque hanc earum ignorantiam, sicut aliarum rerum, quas pariter nesciebant... Dei patientia sustinebat, qui tamen eis pro benignitate humana... praemia terrena reddebat ».

In quibus 1. laborem etiam doctissimorum admittit, 2. concedit, mulieres ignorantia invincibili laborasse.

Et cap. 10. n. 23.: « In omnibus autem actibus nostris maxime etiam bonos turbant compensativa peccata, ita ut nec peccata existimentur, si habeant tales causas propter quas fiant et in quibus videatur peccari potius, si non fiant. Et praecipue de mendaciis hoc in hominum opinione praevaluit, ut peccata non putentur illa mendacia, quin imo et recte facta esse credantur, quando quis pro eius, cui falli expedit, utilitate mentitur aut ne aliis noceat, qui nociturus videtur, nisi mendaciis evitetur »·

Et ibidem cap. 11. n. 25. exigit saltem, ut non mentiendum quis putet in doctrina religionis, inquiens: « Contra omnes omnium opiniones, quibus videtur ad viri boni officium pertinere aliquando mentiri, omni modo tenendum, in doctrina religionis nullo modo esse mentiendum ».

82. Sed ut ad graviora veniamus, adulterium contrarium sane est iuri naturae. Et tamen s. Augustinus, postquam dixit gravissimum esse pecca-

tum, addit causas esse posse, ubi uxor ex consensu mariti videatur debere
adulterium perpetrare, adiunctis scilicet quibusdam circumstantiis. Rem
proponam verbis Augustini *de Serm. Domini in monte* lib. 1. cap. 16
n. 50.: « Quamquam nonnullae causae possint exsistere, ubi et uxor,
mariti consensu, pro ipso marito hoc facere debere videatur: sicut An-
tiochiae factum esse perhibetur ante quinquaginta ferme annos, Constantii
temporibus. Nam Acyndinus tunc praefectus, qui etiam consul fuit, cum
quemdam librae auri debitorem fisci exigeret, nescio unde commotus
(quod plerumque in istis potestatibus periculosum est, quibus quod libet,
licet aut potius putatur licere) comminatus est iurans et vehementer affirmans, quod si certo die, quem constituerat, memoratum aurum non
exsolveret, occideretur. Itaque cum ille teneretur immani custodia nec
se posset debito illo expedire, dies metuendus imminere et appropinquare
cepit. Et forte habebat uxorem pulcherrimam, sed nullius pecuniae, qua
subveniret viro: cuius mulieris pulcritudine cum quidam dives esset accensus et cognovisset maritum eius in illo discrimine constitutum, misit ad
eam pollicens pro una nocte, si ci misceri vellet, se auri libram daturum.
Tum illa, quae se sciret non habere sui corporis potestatem sed virum
suum, pertulit ad eum dicens, paratam se esse pro marito id facere, si
tamen ipse coniugalis corporis dominus, cui tota illa castitas deberetur,
tanquam de re sua pro vita sua vellet id fieri. Egit ille gratias et ut
id fieret imperavit, nullo malo iudicans adulterium esse concubitum,
quem et libido nulla et magna mariti caritas, se iubente et volente, fla-
gitaret. Venit mulier ad villam illius divitis, fecit quod voluit: sed illa
corpus nonnisi marito dedit, non concumbere, ut solet, sed vivere cu-
pienti. Accepit aurum, sed ille qui dedit, fraude subtraxit quod dederat
et supposuit simile ligamentum cum terra. Quod ubi mulier iam domi
suae posita invenit, prosiluit in publicum, eadem mariti caritate clama-
tura quod fecerat quae facere coacta est: interpellat praefectum, fatetur
omnia, quam fraudem passa esset, ostendit. Tum vero praefectus primo se
reum, quod suis minis ad id ventum esset, affirmans, pronuntiat, tanquam
in alium sententiam dicens, de Acyndini bonis auri libram fisco inferendam; illam vero mulierem dominam in eam terram, unde pro auro terram
accepisset, induci ». Hucusque historia. Quid ad haec Augustinus?

« Nihil (Inquit) in aliquam partem disputo; liceat cuique aestimare
quod velit; non enim de divinis auctoritatibus deprompta historia est:
sed tamen narrato facto, non ita hoc respuit sensus humanus, quod in
illa muliere, viro iubente, commissum est, quemadmodum antea, cum
sine ullo exemplo res ipsa poneretur, horruimus ».

Atque haec speciminis gratia satis sint. Inter conclusiones remotiores
includuntur certe eae, quae pertinent ad usuram, ad deposita, ad contractus etc. Accidit quoque identidem ut audiamus adolescentes, qui

quaedam admisisse se dicunt, quae sane peccata sunt, sed sine ullo remorsu et ideo ex invincibili ignorantia. Eos vero non falso affirmare, quod malitiam non adverterint, satis ostendit turbatio et commotio eorum, ubi primum malitiam agnoscunt, tum magna in reliquis conscientiae puritas etc. Et ideo non est mirandum, si ius naturae etiam in proximioribus conclusionibus ignorari invincibiliter posse interdum videatur.

XXIII. Ignorantia concomitans, si invincibilis sit, et ipsa a peccato actum sequentem excusat. Ratio est, quia in eo cum antecedenti convenit quod nec voluntaria sit nec voluntarium pariat. Id autem intelligendum est de actione in se spectata, non vero de malo desiderio, si quod aut habitu aut actu agenti inerat neque de pravo affectu, quo opus ignoranter subsecutum probetur. Si vero invincibilis non fuerit, idem quoad culpam iudicium de ea erit, ac generatim de vincibili.

83. Difficile visum quibusdam, quod ignorantia concomitans excuset a peccato; quod quidem affirmamus, si sit invincibilis. Nam ad claritatem opus est distinguere, quando invincibilis quando vincibilis haec ignorantia sit. Inquiunt enim, quomodo excusor ob ignorantiam ab eo crimine, quod patrarem, etiamsi ignorantia illa abesset? Sed isti confundunt actionem, quam ignorantia comitatur, cum pravo affectu vel complacentia hoc est cum desiderio pravi effectus vel gaudio de effectu secuto, hi tamen affectus nihil conferunt ad actionem. Nam dispositio prava voluntatis potest esse tantum habitualis, veluti odium alte defixum animo, quod tamen actu non exercetur; cum dicimus autem tantum habitualem, intelligimus non adesse heic et nunc ullum actum, sed meram dispositionem ad actum. Porro cum quis heic et nunc nihil cogitet de inimico occidendo aut huiusmodi nec ullum idcirco habeat actum voluntatis circa talia obiecta, evidens est eum actu non peccare occidendo. Nec culpam infert in actionem illa dispositio. Quia (Suarez *de Censuris* disp. 4. sect. 8. n. 9.) per dispositionem habitualem non peccamus formaliter, donec in actum non prodeamus. Ille vero conditionalis eventus (scilicet si scirem, occiderem) soli Deo notus est et fortasse ipse novit esse falsum (quia mutari potest voluntas) et licet cognoscat esse verum, non tamen imputat Deus ad culpam quod fieret posita aliqua conditione, si de facto conditio non ponitur et haec est certa doctrina, quam Augustinus defendit contra Massilienses.

84. Alio modo concipere possumus pravum desiderium etiam ut actu praesens, v. gr. si dicat: utinam ibi esset inimicus meus. Verum in hoc casu effectus dicetur utique volitus et adest pravum desiderium seu complacentia mali. At aliud est malum esse *volitum*, aliud esse *voluntarium* (n. 21.): aliud est *complacentia de malo*, aliud est *effectio* seu *operatio voluntaria mali*.

Talem complacentiam habet homo eodem prorsus modo, si quis non a se, sed ab alio, seu casu seu studio, videat inimicum interfectum:

videlicet homicidium foret obiective volitum, non active voluntarium. Secus talis effectus dicendus foret non voluntarius indirecte ratione ignorantiae, sed directe voluntarius ratione affectus illuc directe tendentis: quod sane nemo admittit. Itaque si quis v. gr. habeat in voluntate hunc actum: utinam possem occidere clericum, dum emittit sagittam in id quod invincibiliter putat esse aprum, ille actus voluntatis erit peccatum mortale; tamen mere internum et nihil influens in illam actionem exteriorem neque conferet ad censuram incurrendam, ad quam requiritur actio exterior voluntaria.

85. Alio modo potest pravus affectus adesse quod nempe inscius faciat id, quod fecisset sciens et dein cum comperit factum, gaudeat rem ita successisse et in hoc quoque casu dici non debet, quod actio exterior fuerit voluntaria nec quispiam desipiet adeo, ut putet sic incurri v. gr. censuram. Perinde enim foret ac si censuram incurri putarem, etiamsi actio ab alio perpatrata foret.

86. Solum posset casus alia ratione cogitari, ut non solum quis haberet simplicem affectum, sed etiam hunc actum: *Volo explodere vel emittere sagittam si forte sit illic inimicus;* adeo ut simul cum ignorantia habeat actualem voluntatem, quae actu influat in externum opus, velut sibi sub conditione positum.

Verum in concreto casus quodammodo repugnat, Nam supponimus ignorantiam esse invincibilem atque adeo sive ex rei evidentia sive ex adhibita diligentia, ne forte lateat v. gr. homo, operantem esse certum moraliter de opposito et in hoc casu frustra fingitur actualis voluntas agendi id, quod agens scit agi non posse.

Verumtamen si actus atque adeo effectus esset voluntarius, id non procederet ab ignorantia, sed a communi scientia, qua iste existimat fieri posse ut ibi sit inimicus et ideo esset effectus directe voluntarius, nihil habens commune cum peccatis, quae fiant ex ignorantia.

' 87. Et, ut paucis res explicetur, ignorantia, concomitans, si penitus involuntaria sit seu invincibilis, facit actum involuntarium sin minus *contrarie,* saltem *privative* seu *negative,* nempe facit actum non voluntarium. Qui enim sic ignorat, licet alias habeat voluntatem paratam ad id operandum, tamen heic et nunc non operatur ex illa voluntate et alioquin, ut supponimus, sufficientem adhibuit diligentiam, ne talis effectus sequatur. Nulla est ergo ratio, cur effectus illi imputetur.

88. Heic vero advertendum, quod ignorantia concomitans ex parte congruit cum antecedente et ex parte differt.

Antecedens enim dicitur (n. 76.), quae praecedit tum voluntatem actionis tum voluntatem ignorandi et ratione prioris fit causa actionis, ratione secundi non est effectus voluntatis seu non est voluntaria. Ignorantia autem concomitans invincibilis convenit cum antecedente in secundo, nempe quod non sit effectus voluntatis; non autem in priore, quod scilicet sit causa actionis. Cum enim eatenus ignorantia sit causa actionis, quia absente illa ignorantia, actio non fieret, id in casu deest; nam ex hypothesi agens pariter ageret, etiamsi id non ignoraret.

Verum hoc nullatenus immutat praesentem quaestionis solutionem. Nam quod absit in antecedente reatus, provenit ex duplici capite: 1. quia deficiente cognitione, actus in se non est voluntarius, 2. quia cum ignorantia supponatur invincibilis neque in causa reperire est volontarium et ex hoc concluditur abesse reatum; quia non potest esse reatus, ubi non est voluntarium. Atqui etiam in ignorantia concomitante, si sit invincibilis, duo haec occurrunt scilicet 1. quod desit voluntarium in se ob defectum cognitionis et 2 voluntarium in causa ex hypothesi. Deest ergo omne voluntarium et ideo omnis ratio reatus.

89. Si vero ignorantia concomitans non sit invincibilis, nihil addendum est iis, quae generatim de vincibili dicuntur. Nam concomitans hoc solum differt, quod non sit causa actionis, prout communiter censetur esse ignorantia vincibilis, licet haec non ideo vocetur antecedens, ad vitandas aequivocationes, sed consequens eo quod sit voluntaria. Porro quod ad moralitatem actionis pertinet, ea non desumitur ex eo, quod ignorantia sit causa actionis vel non, sed desumitur ex voluntarietate actus sive in se sive in causa. Atqui ignorantia culpabilis concomitans in eo perfecte convenit cum ignorantia culpabili communi, quod in utraque desit voluntarium in actu, quia deest cognitio: voluntaria autem sit in causa, quatenus ignorantia est culpabilis. Ergo eodem modo de utraque iudicandum. Id tamen (quod et de concomitante invincibili notavimus) intelligitur de actu in se spectato, non de pravo affectu vel desiderii vel complacentiae vel gaudii, quod aliunde accedat.

XXIV. Ignorantia vincibilis a peccato non excusat actum. Ratio est, quia ignorantia ipsa est voluntaria; porro quod ex voluntario causatur, voluntarium in moralibus reputatur. In quantum igitur ignorantia est voluntaria, in tantum deficit ab hoc, quod causet non voluntarium et per consequens ab hoc, quod excuset a peccato. Vid. s. Thomam *de Malo* quaest. 3. a. 8.

XXV. Et quidem si ignorantia affectata sit, directe nempe et in se voluntaria, « sicut cum aliquis sua sponte nescit aliquid, ut liberius peccet, talis ignorantia, ut ait s. Thomas 1. 2. q. 76. a. 4., magis videtur augere voluntarium et peccatum. Ex intentione enim voluntatis ad peccandum provenit, quod aliquis vult subire ignorantiae damnum, propter libertatem peccandi ». Quae tamen s. Doctoris verba non sic videntur accipienda, quasi gravius peccet qui ex affectata ignorantia, quam qui scienter delinquit. Vid. Suarez in 1. 2. tract. 2. disp. 4. sect. 2. n. 24. et Lugo *de Poenit.* disp. 16. n. 183.

XXVI. Si vero ignorantia sit indirecte aut per accidens voluntaria, puta cum aliquis negligit ea addiscere, quae cognoscere debet, aut cum aliquis vult bibere immoderate, unde sequitur eum inebriari et discretione carere; talis ignorantia diminuit

voluntarium et per consequens peccatum. Ratio est, quia cum aliquid non cognoscitur
esse peccatum, non potest dici quod voluntas directe et per se feratur in peccatum,
sed per accidens. Unde est ibi minor contemptus et per consequens minus peccatum,
Ita s. Thomas (ll. cc.).

XXVII. Cum vero ignorantia habeatur ut causa sequentis actus et hic ideo voluntarius exsistat, quia voluntaria est ipsa causa: consequitur, huiusmodi effectum
non posse esse magis voluntarium, quam sit ipsa ignorantia: unde si illa sit tantum
imperfecte voluntaria v. gr. ex levi negligentia, quae ad peccatum mortale non sufficiat, etiam effectus erit imperfecte voluntarius et excusabitur a culpa mortali. Vid.
Suarez l. sup. c. n. 18.

90. Generalis primum proponitur sententia, ignorantiam vincibilem non
excusare a peccato, quia ipsa est voluntaria.

Deinde altera generalis sententia additur, in tantum excusare minus
a peccato, quanto magis est voluntaria. Quae generalis doctrina ad varios
casus deinde applicatur.

91. Ac primo de ignorantia, quae sit directe voluntaria et dicitur af_
fectata (n. 59.), quando studiose quis eam vult, ut liberius peccet vel ut
habeat excusationem culpae, s. Thomas in q. 3. *de Malo* a. 8. non loquitur
eodem pacto, ac in *Summa theologica*. Nam priore in loco scribit: « cum
ergo aliquis directe vult ignorare, ut a peccato per scientiam non retrahatur, talis ignorantia non excusat peccatum nec in toto nec in parte,
sed magis auget; ex magno enim amore peccandi videtur contingere,
quod aliquis detrimentum scientiae vult pati, ad hoc quod liberius peccato
inhaereat ». Quo loco non de actu quopiam, sed generatim de mala vita
loqui videtur s. Doctor. Alibi vero hoc est 1. 2. q. 76. a. 4. ait: « talis
ignorantia *videtur* augere voluntarium et peccatum. Ex intentione enim
voluntatis ad peccandum provenit, quod aliquis vult subire ignorantiae
damnum, propter libertatem peccandi ». Iam vero non ita haec oportet
accipere, quasi peccatum ex tali ignorantia gravius sit peccatum, quam
si absque ulla ignorantia committeretur: sed ea verba significant hanc
voluntatem ignorandi esse signum magni voluntarii (*videtur* ait); quia
haec ignorantia est directe et in se voluntaria. Ignorantia autem, quando
directe et plene libere amatur, et ipsa est peccatum ex malitia. cf. Suarez
in 1. 2. tract. 5. disp. 4. sect. 1. n. 13. Quocirca s. Thomas dicit ignorantiam esse ex magno amore peccandi vel ex intentione voluntatis ad peccandum.

92. Ceterum non omnes de hac affectata ignorantia eodem modo loquuntur nec eodem modo loquendum est pro varia ratione, qua quaestio
proponitur. Namque (ex Suarez in 1. 2. tract. 2. disp. 4. sect. 2. n. 24.)
si comparatio fiat inter varios ignorantiae vincibilis species, ceteris
paribus, quo magis rea ignorantia est seu quo magis est voluntaria, eo
magis reddit actum voluntarium. Ergo ignorantia affectata facit magis

voluntarium actum, quam crassa et haec magis quàm negligens communi modo.

Si vero comparetur cum actu ex scientia facto, planum est ignorantiam, indirecte tantum voluntariam, minuere potius, quam augere voluntarium; tum 1. quia ipsa imperfecte, utpote indirecte tantum, est voluntaria, tum 2. quia minuit cognitionem. Affectata vero non minuit quidem voluntarium, quasi ipsa non sit voluntaria; nam supponimus esse directe ac plene voluntariam: tamen ita minuere potest cognitionem, ut consequenter minuat saltem contemptum et saltem tollat ab actu voluntarium directum. Quibus de causis s. Bonaventura 2. Dist. 22. 2. part. a. 1. q. 3. censet minuere voluntarium.

93. Atque haec ex Suarez. Lugo consentit, ubi ait l. c.: «Addunt aliqui, explicandam (in confessione scilicet) ignorantiam, quando est affectata ad finem liberius peccandi. Quod quidem verum est, quando ideo subèst, ut diximus, periculum peccandi in alia specie: quando vero non est tale periculum, sed ignorantia affectatur, ne notitia certa praecepti removeat a peccato (scilicet ab actione desiderata), non videtùr explicanda dicta circumstantia; quia nec mutat speciem nec notabiliter aggravat. Peius enim fortasse est violare praeceptum notum, quam nolle illud cognoscere, ut sine remorsu violetur; plus enim reverentiae et timoris ostenditur in secundo casu quam in primo».

Neque obstant ea, quae disputat Sanchez *in Decal.* lib. 1. cap. 17. n. 5. de affectata; ubi ait peccari gravius ex hac ignorantia, quam si peccaretur scienter. Ut enim ex toto contextu apparet, Sanchez non de iis agit, qui ignorare legem cupiunt et student, ut vel excusationem peccati habeant vel ne retardentur ab explendo desiderio per cogitationem legis, sed de iis, qui contemnentes et legislatorem et generatim legem, ex eodem contemptu volunt ignorare legem, quam non curant et dicunt Deo: scientiam viarum tuarum nolumus.

Bene utrumque casum distinguit Lugo *de Fide* disp. 20. sect. 6., ubi quaerit, an ignorantia excuset ab haeresi ac n. 174. ponit thesim: «Verior ac communior sententia dicit, quamlibet ignorantiam, etiam crassam et affectatam, excusare ab haeresi et haereticorum poenis». Nam ad obiectionem, quod nulla sit excusatio, quando ignorantia affectatur ad liberius errandum; quippe recessus ab sensu Ecclesiae est et apparet magis voluntarius: respondet n. 191. haberi in his aequivocationem aliquam et quaestionem fieri de vocibus. Nam si omissio diligentiae procedit ex contemptu Ecclesiae, quasi haec sit fallibilis, hic erit haereticus, non solum propter specialem articulum, quem vult ignorare, sed ob negatam quoque Ecclesiae auctoritatem... Potest tamen id fieri ad liberius errandum; quia si de Ecclesiae sensu constaret, non auderes illi te opponere et ideo vis ignorare, ut sine obstaculo audeas propriae opinioni adhaerere.

« Et in hoc casu dicimus, non excusare eam ignorantiam affectatam a peccato gravissimo, excusare tamen a pertinacia et haeresi ». Et infra n. 193. de eo, qui nec positivum assentiendi nec dissentiendi animum habeat, si constet de Ecclesiae sensu, respondet: « Si antea iam auctoritatem Ecclesiae agnoveras et recognoveras, censeris habitualiter in eadem voluntate perseverare, quamdiu eam non revocas. Non est autem revocare, velle fugere occasiones et pericula revocandi; sicut non revocas fidem datam amico faciendi quidquid tibi iniunxerit, quando postea ex industria eum fugis, ne petat tibi aliquid ingratum et molestum ».

Quin imo et ipse Sanchez l. c. n. 5. haec probat, dum ait: « si ignorantia affectata sit... ob alios bonos fines, minuit culpam, ut si v. gr. quis affectet ignorare ieiunii dies, ut eius culpa levior sit nec ita praeceptum transgrediendum contemnat ».

Itaque haec quaestio reipsa definiri non potest, nisi si inspiciatur, ex quo affectu aut motivo ignorantia affectata procedat. Nam v. gr. si quis nolit scire, quid Ecclesia definiverit, quia hinc non vult discedere ab Ecclesiae auctoritate et alioqui vult libere sentire quamdiu de Ecclesiae definitione sibi non constat; profecto hic, si forte aberret ab Ecclesiae definitione, sine dubio minus peccat; quia discedit cum minori voluntate, absque pertinacia et contemptu. Si vero non vult scire quid decreverit Ecclesia, quia ita sentire ipse statuit, quidquid demum Ecclesia doceat; tunc ista ignorantia nihil minuit, sed potius est signum magni affectus. Semper tamen haec ignorantia auget voluntarium (scilicet est signum augmenti) saltem ex parte illius actus vel effectus, quem homo ita amat, ut ob id velit ignorare. Ita Suarez.

94. Ut aliquid de ignorantia simpliciter vincibili seu indirecte voluntaria dicamus, ad hanc classem pertinent tum crassa et supina tum negligens communi modo.

Semper in ea minus est voluntarii, quam in affectata; quia est voluntaria imperfecto modo et indirecte ob negligentiam et actus ipse, qui ex ignorantia ponitur, cognitione destituitur.

Voluntarium tamen, utut imminutum, potest sufficere ad grave peccatum. Verum gravitas peccati non potest ex uno capite desumi; nam etiam affectata potest esse peccatum leve. Pensanda igitur est gravitas obligationis addiscendi et haec gravitas desumi potest vel ex gravi positivo praecepto discendi, quo quis obligetur, v. gr. discendi catechismum: vel ex rei in se spectatae gravitate, v. gr. si agatur de scientia, cuius absentia gravia incommoda infert, ut in medico, confessario, episcopo etc.

Ergo requiritur 1. gravitas obligationis, 2. gravitas negligentiae, quae tamen gravitas negligentiae, pro rei gravitate, desumenda est ex modo diligentiae, quem suapte natura negotium ac circumstantiae postulant: sic minor culpa est si bubulcus in curru dormiat transiens per locum desertum, quam si incedens per urbem.

95. Quoad reatum criminis ex ignorantia patrati, diligentissime advertendum est principium: peccata ex ignorantia pertinere ad genus peccatorum, quae sunt voluntaria solum in causa. Ergo non alius est et esse potest reatus in ista actione, quam qui praecesserit in ipsa causa ponenda; reatus enim desumitur et mensuratur a voluntarietate. Ergo non est desumenda mensura reatus ex indole actionis vel omissionis, quae ad ignorantiam consequitur. Hinc v. gr. homicidium a medico patratum, damnum illatum vel a iudice in dirimenda lite vel a confessario in iudicanda materia de contractibus aliaque huiusmodi non debent esse norma iudicii de reatu. Sed norma est reatus negligentiae in perpendendo et examinando sive ius aliquod sive aliquod factum; quamquam alioquin reatum negligentiae dimetiamur ex gravitate rei, ut paulo ante diximus. Quocirca fieri potest, ut levior sit reatus, quando gravissimum est damnum, quam cum leve damnum consequitur.

96. Verum hinc aliud consectarium. Alias enim diximus, reatum peccatorum in causa non tum contrahi, quando sequitur effectus, sed quando causa culpabiliter ponitur. Et inde fieri diximus, reatum contrahi, etiamsi effectus non sequatur, ut patet in exemplo illius, qui venenum alicui parat, quod tamen vel non sumitur vel non nocet. Id ipsum de ignorantia dicendum: videlicet peccatum contrahitur, quando reatus negligentiae incurritur, non vero quando sequitur ex ignorantia aliquis effectus, qui nobis ea de causa dicitur voluntarius. Propter eandem rationem dicendum est, incurri reatum, etiamsi illi effectus, quia v. gr. non se obtulit occasio, non sequantur. Ergo confessarius v. gr. episcopus, medicus, advocatus, iudex etc. aeque rei sunt, si culpabili ignorantia laborant, sive accidant errores ac damna sive non accidant.

97. Ad cognoscendam huius reatus indolem, iuvat praeterea distinguere duplex ignorantiae genus cum s. Thoma *de Malo* q. 3. a. 8. Qui inquit: « Ignorantia, per negligentiam contingens, voluntaria iudicatur solum, si non applicet animum ad cognoscendum ea, quae cognoscere debet vel *simpliciter et secundum omne tempus* (unde ignorantia iuris ad negligentiam reputatur) vel in aliquo casu, ut cum emittit sagittam in aliquo loco, ubi homines solent transire ». Ubi distinguitur ignorantia vel circa ea, quae secundum omne tempus (nos dicere possumus *habitu* vel *habitualiter*) scienda sunt, vel circa ea, quae speciatim pertinent ad circumstantias actionis particularis ponendae.

Duplex hoc ignorantiae genus designari commodius in rem praesentem poterit 1ᵐ per ignorantiam habitualem, 2ᵐ per ignorantiam actualem, vel alio modo 1ᵐ per *ignorantiam* 2ᵗⁿ per *inconsiderationem,* dummodo latius tantisper extendamus secundum membrum, ut complectatur inconsiderationem non modo circa circumstantias facti, sed etiam circa obligationem advertendi ad legem.

98. Itaque si de postremo hoc genere sermo sit, reatus tunc tantum incurritur et absolvitur, cum quis acturus et aliquo modo animadvertens necessitatem considerandi rem, hanc considerationem omittit. Ita medicus, qui negligenter examinat naturam morbi, confessarius statum poenitentis etc.

Dixi aliquo modo animadvertens ad necessitatem considerandi, sed neque hoc semper est actu necessarium. Quia fieri potest, ut actu homo nihil advertat et tamen non careat reatu ipse status seu habitus inconsiderantiae, qui contrarius est virtuti *studiositatis*, de qua s. Thomas 2. 2. q. 166. a. 1. et 2. ubi inquit, a. 1: « studium proprie importat vehementem applicationem mentis ad aliquid. Mens autem non applicatur ad aliquid, nisi cognoscendo illud. Unde per prius mens applicatur ad cognitionem, secundarie autem applicatur ad ea, in quibus homo per cognitionem dirigitur ». Et subdit a. 2. ad 3.: « quia ex parte naturae corporalis homo inclinatur ad hoc, ut laborem inquirendi scientiam vitet..., laus virtutis huiusmodi consistit in quadam vehementia intentionis ad scientiam rerum percipiendam » et (adde) ad attendendum his, quae aguntur, Reatus ergo adesse potest in habitu inconsiderantiae, ex qua, confusa aliqua ratione, praevidetur quidpiam incommodi secuturum esse.

Verum vix tradi regula aliqua potest, qua reatus huius vel actualis vel habitualis inconsiderantiae mensuretur; Deus enim solus est cognitor huius status mentis. Illud tamen advertendum, quod intercedere in utroque casu potest gravis culpa v. gr. in eo, qui administrat bona alterius, in confessario etc.

99. Si vero sermo sit de ignorantia, quam diximus habitualem, affirmari potest, quod culpabiliter sic ignorans ea quae scire tenetur, est quodammodo in *habituali statu peccati*, eodem prorsus modo ac sit in habituali statu peccati ille, qui vel non restituit aliena, vel iniuste vivit seiunctus a coniuge et generatim qui non satisfacit obligationi, quae iugiter urgeat. Neque tamen dicemus, hunc continue peccare, quamdiu in ignorantia permanet (Suarez in 1. 2. tract. 5. disp. 5. sect. 2. n. 4.); sed toties ex ignorantia peccabit, quoties voluntarie ignorare vult formaliter vel virtualiter, idest cum se illi offert occasio idonea sciendi seu depellendi ignorantiam et ipse advertit vel facile advertere potest se teneri et tamen negligit.

Haec applicanda obligationi communi omnibus fidelibus sciendi ea, quae sunt fidei et illa quae spectant ad statum seu conditionem cuiusque v. gr. patrisfamilias, magistri, magistratus, parochi, iudicis etc.

100. Illud tamen advertendum, commune esse peccato ignorantiae, quod de causis peccatorum generatim dicemus servandum, videlicet posse cessare reatum per poenitentiam, etiam manente ignorantia in intellectu, quae tunc erit peccatum materiale. Dixi peccatum materiale; nam igno-

rantia praecepto contraria est per se mala obiective, sicut omnis omissio actus praecepti: attamen formaliter et in exercitio, ipsum ignorare est malum ratione voluntatis, cui vel directe vel indirecte est voluntaria ignorantia.

Ergo quoties sincere quempiam poeniteat negligentiae et propositum ipse habeat depellendi ignorantiam, absolvi potest et debet a confessario. Et hic iustificatus manebit (ex hoc capite) quousque ignorantia illa maneat involuntaria. Si rursus voluntaria fiat ob neglectam occasionem sciendi, rursus erit peccatum. Confessarius tamen distinguere debet inter varias ignorantias seu res ignoratas. Si enim, praeter malum iguorantiae in se, adsit periculum damni v. gr. in exercitio alicùius muneris, poenitens debet esse paratus ad abstinendum ab exercitio eiusdem, donec sine periculo probabili exercere illud possit.

XXVIII. Ignorantiam quandoque excusare etiam ab incurrendis poenis, per leges adversus crimen quodpiam statutis, consentiunt omnes et clare edicitur in cap. 2. *de constitutionibus* in 6.: « ut animarum periculis obvietur, sententiis per statuta quorumcumque Ordinariorum prolatis ligari nolumus ignorantes: dum tamen eorum ignorantia crassa non fuerit aut supina ». Verum non aeque convenit inter doctores, de quonam ignorantiae seu poenarum specie statuendum hoc sit. Pauca haec in praesens innuisse satis sit.

1. Certum est, ignorantiam invincibilem iuris cuiusvis aut facti, qua parte a culpa excusat, a poena quoque excusare; ut enim dicitur eodem cap. 2. *de constitutionibus*, « rem, quae culpa caret, in damnum vocari non convenit ».

2. Idipsum communiter doctores servandum dicunt, quando ignorantia levem culpam non excedit.

3. Solius quoque poenae ignorantia (quam tamen alii ad quandam vel facti vel etiam iuris, punientis scilicet, ignorantiam revocant) ex communi doctorum sententia ab incurrenda qualibet censura excusat, nisi tamen crassa fuerit aut supina.

4. Quin immo ex communi doctrina vel ipsa crassa seu supina ignorantia a poena censurae excusabit, quotiescumque poenalis sententia in eos feratur, qui SCIENTER vel AUDACTER vel AUSU TEMERARIO vel PRAESUMPTIONE delinquere non dubitaverint.

5. Num vero quod de censuris communiter receptum diximus, quoad alias quoque poenas valere debeat, aliis affirmantibus, negant alii et quidem quaeque pars, etsi probabiliorem esse suam sententiam malit, adversam tamen probabilem esse fere concedit. Porro qui affirmantem partem sequuntur, scite monent, id non de poena qualibet ordinaria ac mediocri delictoque iuxta eius naturam proportionata intelligendum, verum de extraordinaria tantum et exorbitante, quae nempe ultra delicti nude considerati mensuram, ob eius frequentiam aut alias ob circumstantias, augeatur. Quippe ordinaria poena aut nota est saltem confuse aut certe sciri debuit: aliae vero iuste ignorantur. Verum de his uberius alibi.

101. Thesis universalis probatur ex allato textu iuris canonici. De extensione huius normae neque huius loci neque nostri instituti est disputare. Proinde pauca solum et certiora delibamus.

Ad 1ᵐ Ignorantia iuris heic non intelligitur cuiuslibet iuris, sed iuris v. gr. ecclesiastici, quod speciali lege aliquod crimen prohibeat. Sic cum nota sit furti prohibitio, at aliquis posset ignorare, specialem Ecclesiae legem de non surripiendis monasterii bonis vel nosocomii. Sic alius posset ignorare, speciali statuto episcopali vetari, ne quis audiat confessiones mulierum nocturnis horis aut sine stola in ecclesia.

Ceterum haec regula aequitati naturali omnino consona est. Nam, ut inquit s. Thomas 1. 2. q. 46. a. 6. ad 2., est de ratione poenae, quod sit contraria voluntati et quod sit afflictiva et quod pro aliqua culpa inferatur. Porro ubi habetur invincibilis ignorantia sive iuris sive facti, abest quaevis culpa; ergo abesse debet et poena.

Hoc tamen pro foro interno intelligitur. Nam in externo attenditur etiam culpa iuridica, a qua abesse potest omnis culpa theologica. Quamquam etiam in foro externo locus dabatur allegandae ignorantiae iuris per duos menses a promulgatione legis et ignorantia admittitur in quibusdam personis, ut iam diximus.

Ad 2ᵐ Quod additur de culpa levi theologica, eam nempe excusare a poena, pariter est rationi consonum; quippe repugnat rectae rationi, ut culpae levi irrogetur gravis poena. Ergo etiamsi ignorantia fuerit culpabilis, si tamen negligentia non excedat levem culpam, haec gravi poena plecti non debet.

Ad 3ᵐ Quod quidam ignorantiam poenae revocent ad ignorantiam iuris, scilicet iuris decernentis poenam pro eo delicto, vel ad ignorantiam facti nempe adnexionis poenae pro quopiam crimine, est speculatio levis momenti, quae reducitur ad quaestionem verbalem: excogitata autem fuit, ut thesis hoc pacto melius evinceretur.

Attendenda limitatio est; nisi fuerit crassa aut supina ignorantia. Ceterum haec regula saepissime efficit ut confessarius possit absolvere peccata alioquin reservata Pontifici; quippe reservantur propter censuram et haec non incurritur, si censura ignoretur.

Ad 4ᵐ Formulae illae diligenter sunt considerandae et cum habeantur in pluribus constitutionibus, hinc non raro fit, ut ignorantia etiam crassa excuset, immo interdum et affectata, ut contingere posse vidimus quoad crimen haeresis (n. 93.). Sed melius de his, ubi de censuris.

Ad 5ᵐ Cum probabilis sit sententia negantium incurri poenas: hinc non est in arbitrio confessarii, ut ipse poenam certo subeundam declaret; quia ipse non est legislator.

Dicitur autem quaestio verti de poenis extraordinariis, quae idcirco ob causam imponuntur extraordinariam et praeter mensuram, quam culpa in se nude spectata exigere videtur. Poena extraordinaria seu exorbitans dicitur, quae, secundum rei naturam, ne in confuso quidem potest praevideri, ait s. Alphonsus L. 7. n. 351. Ita poena suspensionis non induentibus stolam, dum audiunt confessiones, inflicta in quibusdam dioecesibus, quae originem certe duxit ex protervia nolentium hanc normam a rituali praescriptam servare. Ita excommunicatio inflicta iis, qui violant clausuram monialium, ob gravia scilicet incommoda, quae secus facile sequerentur. Sic plures censurae propriae Ordinum religiosorum vel Capitulorum etc.

XXIX. Quae hucusque de ignorantia dicta sunt, accommodari ea debent ad aliam ignorantiam, quae non opponitur scientiae et cognitioni, sed solum privat actuali advertentia seu memoria et vocari solet IGNORANTIA ACTUALIS magisque proprie dicitur INADVERTENTIA, INCONSIDERATIO, OBLIVIO. Vid. Suarez in 1. 2. tract. 2. disp. 4. sect. 1. n. 22. et sect. 3. tum tract. 5. disp. 4. sect. unic. n. 6.

102. De iis quae ad inconsiderationem seu inadvertentiam pertinent, satis dictum est toto hoc capite.

CAPUT IV.

DE CONCUPISCENTIA

XXX. Concupiscentiae nomine heic intelligitur non quidem perpetuus ille nobisque insitus pravarum cupidinum fomes, de quo saepius Apostolus, sed MOTUS APPETITIVAE VIRTUTIS SENSIBILIS, QUI EST EX IMAGINATIONE BONI et quo ad bonum sensibile prosequendum inclinamur. Vid. s. Thomam 1. 2. q. 30. a. 1. et 3. dist. 26. q. 1. a. 1.

103. Fomes, de quo Apostolus, est lex repugnans legi Dei: *video aliam legem in membris meis repugnantem legi mentis meae* Rom. VII. 23. Et: *non enim quod volo bonum, hoc ago, sed quod odi malum, illud facio* v. 19. et alia huiusmodi. Hoc sensu concupiscentia est, qua refugimus honesta et in delectabilia illicita ferimur.

A nobis accipitur pro motu appetitus sensibilis, quo inclinamur ad bonum sensibile prosequendum et ad malum fugiendum, imaginatione apprehensum. Ita s. Thomas 1. 2. q. 30. a. 1.: « Concupiscentia proprie loquendo est in appetitu sensitivo et in vi concupiscibili, quae ab ea denominatur » et ibidem a. 2.: « Bonum delectabile secundum sensum est communiter obiectum concupiscibilis ». Et 3. Dist. 26. q. 1. a. 1.: « Proprie loquendo passio est in operationibus appetitus sensitivae partis, secundum quod Damascenus dicit, quod passio est motus appetitivae virtutis sensibilis, qui est ex imaginatione boni vel mali ».

Dicimus autem: et ad malum fugiendum. Nam, ut ait s. Thomas 1. 2. q. 25. a. 2: « obiecta concupiscibilis sunt bonum et malum » et ibidem q. 77. a. 6. ad 4.: « fuga mali causatur ex appetitu boni ».

104. Appetitus autem sensitivus non tantum in anima residet sed et corpus afficit. Ut enim inquit s. Thomas 1. 2. q. 77. a. 3. ad 2.: « Appetitus

sensitivus est virtus utens organo corporali ». Sermo tamen est de mo-
tionibus, quae in corpore utique excitantur, at non quae malae per se
sint, sed quatenus ordinatae ab auctore naturae ad subiecti conservationem. Hinc, uti videbimus, passiones seu concupiscentiae dantur, quae
inclinant tum ad bonum seu rectum et honestum tum ad malum seu
inhonestum.

Hic autem motus appetitus sensitivi non refertur ad unum animae
affectum, sed ad plures, qui ad duo capita reducuntur, *prosecutionis
boni* et *fugae mali*, quod postremum ad prius reducitur. Ergo ad desiderium refertur, ad amorem, ad delectationem, ad odium, iram, abominationem etc. sive in honesta sive in inhonesta obiecta.

XXXI. « Appetitus sensitivus, inquit s. Thomas 1. 2. q. 77. a. 6. potest se habere
ad liberum arbitrium et antecedenter et consequenter. Antecedenter quidem, secundum
quod passio appetitus sensitivi trahit vel inclinat rationem vel voluntatem... Consequenter autem secundum quod motus superiorum virium, si sint vehementes, redundant in inferiores. Non enim potest voluntas intense moveri in aliquid, quin excitetur aliqua passio in appetitu sensitivo ».

Hinc recepta concupiscentiae distinctio in ANTECEDENTEM et CONSEQUENTEM. Antecedentis proprium est, ut ordine causalitatis praecedat consensum voluntatis eamque ad
consentiendum trahat: consequentis vero ut ordine causalitatis actum voluntatis sequatur.

Hanc vero ipsam alii duplicem distinguunt, prout scilicet vel mere vehementes
superiorum virium motus redundant in inferiores, vel voluntas directe ac studiose
inferiorem appetitum excitat atque acuit.

105. Itaque *antecedens* concupiscentia dicitur, quae naturaliter ab
obiecto excitata exsurgit et omnem voluntatis deliberationem et actum
praevenit ideoque non est voluntaria. *Consequens* vero, quae consequitur
ad actum voluntatis et ideo voluntaria dici debet. Quidam autem sic
definiunt antecedentem, ut ea sit quae omnino antecedit advertentiam
mentis, ut fit in motibus primo primis. Quae definitio non est idonea ;
quia antecedens dicitur relate ad voluntatem, non vero relate ad advertentiam. Ceterum praepostera est haec ratio agendi de concupiscentia.
Cum enim haec doctores veteres de ea tractent, non prout est fomes
peccati, sed prout est inclinatio appetitus sensitivi in sensibile bonum
et quaerant, an minuat voluntarium actionis, ad quam impellit aut allicit
(quod et de bonis et de malis actionibus accipiendum est); isti novi
doctores tractant de ipsa ut est fomes peccati et quaerunt quandonam
ipsi motus concupiscentiae habeant in se aliquem reatum: quae quidem
a Theologis tractari solent, ubi agitur de peccatis vel de luxuria aut
ira etc. Scilicet non intellexerunt quo spectet tractatio haec in Tractatu
de Actibus Humanis.

106. Duplex autem distingui solet *consequens*, vel ex resultantia, qua-

tenus motus voluntatis redundat in appetitum, vel cum est directe excitata. Priori modo dicenda est voluntaria potius in causa, quam in se.
Secus vero altero modo, si quis videlicet appetitum excitet vel excitatum
foveat uti v. gr. cum quis studiose de inimico cogitat et acceptis iniu-
riis, ut in se odium excitet aut augeat vindictae appetitum. Sic, inquit
Suarez in 1. 2. tract. 2. disp. 3. sect. 3. n. 1.: « homines studiose excitant
in se similes affectus, ad melius exercendas actiones et de hoc dixit Aristoteles 3. Etic. cap. 8.: Operari ex ira non esse viri fortis, sed excitare
in se iram per virtutem fortitudinis, ut melius operetur et inducit Ho-
merum dicentem: *virtuti immitte furorem* et de hac Augustinus, *de
Civ. Dei* lib. 14. cap. 9. dicit, sapientem non posse in hac vita vivere
sine his affectibus ».

XXXII. Cum concupiscentia antecedens 'minuat seu impediat iudicium rationis
(s. Thom. 1. 2. q. 77. art. 1. et 2.); causae autem quae diminuunt iudicium rationis,
diminuant et voluntarium (1. 2. q. 73. a. 6.) ac denique actus in tantum sit peccatum, in quantum est voluntarius (1. 2. q. 77. a. 6.); ideo concupiscentia, si in
causa non fuerit voluntaria (1. 2. q. 77. a. 7.), in quantum minuit voluntarium, minuit peccatum (ibid. art. 6.) atque adeo ubi maior ac fortior est concupiscientia, minus
est peccatum (1. 2. q. 73. a. 6. ad 2. et *de Mal.* q. 3. art. 11. ad 3.); immo penitus
a peccato excusat, si totaliter usum rationis auferat (1. 2. q. 77. art. 7.).

107. Antecedens concupiscentia minuit peccatum. Et sane minuit iudicium rationis: ita s. Thomas, 1. 2. q. 77. a. 7. ad 1.: « Per passionem
appetitus sensitivi fit aliqua immutatio circa iudicium de obiecto voluntatis ». Et *de Malo* q. 3. a. 11.: « Passio diminuit rationem meriti et
demeriti; quia meritum et demeritum in electione consistunt ex ratione
procedente. Passio autem obnubilat vel ligat iudicium rationis. Quanto
autem iudicium rationis fuerit purius, tanto electio est perspicacior ad
merendum vel demerendum ».

Triplici autem modo (1. 2. q. 37. a. 2.) passio impedit considerationem.

Primo per quamdam *distractionem*. De qua, ibid. a. 1. sic loquitur,
vocans abstractionem: « Passio appetitus sensitivi... potest trahere ac
movere voluntatem... indirecte et hoc dupliciter: uno quidem modo secundum quamdam abstractionem. Cum enim omnes potentiae animae in
una essentia animae radicentur, necesse est quod, quando una potentia
intenditur in suo actu, altera in suo actu remittatur vel etiam totaliter
in suo actu impediatur; tum quia omnis virtus dispersa fit minor, unde
e contrario quando intenditur circa unum, minus potest ad alia dispergi;
tum quia in operibus animae requiritur quaedam intentio, quae dum
vehementer applicatur ad unum, non potest alteri vehementer attendere.
Et secundum hunc modum per quamdam *distractionem*, quando motus
appetitus sensitivi fortificatur secundum quamcumque passionem, necesse
est quod remittatur vel totaliter impediatur motus proprius appetitus
rationalis, qui est voluntas ».

Secundo passio impedit considerationem per *contrarietatem*. Ita s. Thomas *de Malo* q. 3. a. 9.: « Passiones animae, cum sint in appetitu sensitivo, sunt circa particularia; concupiscit enim homo hanc delectationem, sicut et sentit hoc dulce. Scientia autem est in universali et tamen scientia universalis non est principium alicuius actus, nisi secundum quod applicatur ad particulare; quia actus circa particularia sunt. Quando ergo passio est fortis circa aliquod particulare, repellit contrarium motum scientiae circa idem particulare, non solum distrahendo a consideratione scientiae..., sed etiam corrumpendo per viam contrarietatis et sic ille, qui est in forti passione constitutus, etsi consideret aliquo modo in universali, in particulari tamen impeditur eius consideratio ».

« Tertio per quamdam (1. 2. q. 77. a. 2.) *immutationem corporalem*, ex qua ratio quodammodo ligatur, ne libere in actum exeat, sicut etiam somnus vel ebrietas, quadam corporali immutatione facta, ligat usum rationis. Et quod hoc contingat in passionibus, patet ex hoc, quod aliquando, cum passiones multum intenduntur, homo amittit totaliter usum rationis. Multi enim propter abundantiam amoris et irae sunt in insaniam conversi. Et per hunc modum passio trahit rationem ad iudicandum in particulari contra scientiam, quam habet in universali ».

Minuens autem passio iudicium rationis minuit voluntarium. « Causae (1. 2. q. 73. a. 6.), quae diminuunt iudicium rationis..., diminuunt peccatum, sicut et diminuunt voluntarium ». Et 1. 2. q. 6. a. 7. ad 3.: « si concupiscentia totaliter cognitionem auferret, sicut contingit in illis, qui propter concupiscentiam fiunt amentes, sequeretur quod concupiscentia voluntarium tolleret. Sed quandoque in his, quae propter concupiscentiam aguntur, non totaliter tollitur cognitio; quia non tollitur potestas cognoscendi, sed solum consideratio actualis in particulari eligibili ».

Unde tandem minuitur peccatum. S. Thomas 1. 2. q. 77. a. 6. « Actus in tantum est peccatum, in quantum est voluntarius et in nobis exsistens : esse autem aliquid in nobis dicitur per rationem et voluntatem. Unde quando ratio et voluntas ex se aliquid agunt, non ex impulsu passionis, magis est voluntarium et in nobis exsistens. Et secundum hoc passio minuit peccatum, in quantum minuit voluntarium ».

Quapropter et minuitur magis peccatum, quo passio est vehementior. S. Thomas *de Malo* q. 3. a. 11. ad 3.: « Dicendum, quod de ratione peccati est, quod sit voluntarium. Voluntarium autem dicitur, cuius principium est in ipso agente. Et ideo quanto principium interius magis augetur, tanto etiam peccatum fit gravius; quanto autem principium exterius magis augetur, tanto peccatum fit levius. Passio autem est principium extrinsecum voluntati; motus autem voluntatis est principium intrinsecum. Et ideo quanto motus voluntatis fuerit fortior ad peccandum, tanto peccatum est maius: sed quanto passio fuerit fortior impellens ad peccandum, tanto (peccatum) fit minus ».

Hinc ratio, cur leges civiles excusent id est non puniant maritum, si deprehensam in àdulterio uxorem simul cum adultero occidat. Hinc ratio, cur minora censeantur crimina, quae in subita rixa patrantur.

Conferatur haec doctrina s. Thomae cum doctrina Gabrielis Antoine et videbitur quam misere hic omnia permisceat. Statuit ipse hanc thesim *de Actib. Hum.* cap. 1. a. 4.: « Concupiscentia etiam antecedens non minuit voluntarium ». Et sic probat: « Nihil potest imminuere voluntarium nisi ex parte intellectus vel ex parte voluntatis. Sed concupiscentia non minuit voluntarium 1° ex parte intellectus; nam concupiscentia non impedit claram perceptionem intellectus circa obiectum sensibile et 2° non minuit ex parte voluntatis; siquidem inclinat voluntatem ad volendum: unde voluntas agens ex concupiscentia, ardentius fertur in obiectum sensibile ».

« Imo concupiscentia etiam antecedens auget voluntarium. Nam quod fit ex illa, fit cum maiore inclinatione voluntatis et ex clariore apprehensione ac propositione saltem ut boni sensibilis ».

Male quidem sumpsit is suam doctrinam ex obiectionibus s. Thomae. Sic enim s. Doctor sibi obiicit 3° loco 1. 2. q. 77. a. 6.: « Quanto intensiori voluntate aliquis facit peccatum, tanto gravius videtur peccare; sed passio impellens voluntatem facit eam vehementius impelli in actum peccati: ergo passio aggravat peccatum ».

Porro s. Doctor respondet: « Dicendum quod etsi motus voluntatis sit intensior ex passione incitatus, non ita tamen voluntatis est proprius, sicut si sola ratione moveretur ad peccandum ».

Est scilicet motus ab extrinseco, ut dixit superius (n. 106.). Nempe habemus in hac theoria Antoine cumulum aequivocationum et sensuum absurdissimorum, ex abusu metaphysicae. Confundit scilicet imaginationem cum intellectu, appetitum sensitivum cum voluntate rationali et cum omnes non modo sapientes sed rudes quoque sciant, passionem obducere velum menti, iste theologus clariorem contendit esse cognitionem, quo ardentior est concupiscentia. Addit clariorem esse apprehensionem obiecti saltem sensibilis. Clarissimam habet et canis, cui non est intellectus: sed quid inde? Deinde falsum est, clariorem esse apprehensionem obiecti etiam sensibilis, ubi maior est passio. Sic qui affectu rapitur ad emendum equum, saepe fit ut dum quapiam qualitate v. gr. coloris, formae abripitur, non consideret defectus et dein postea doleat.

108. Imo fieri potest ut per concupiscentiam tollatur prorsus usus rationis et simul omne peccatum. Attendatur clarissima doctrina s. Thomae 1. 2. q. 77. a. 7.: « Igitur distinguendum est: quia passio quandoque quidem est tanta, quod totaliter aufert usum rationis, sicut patet in his, qui propter amorem vel iram insaniunt. Et tunc, si talis passio a principio fuerit voluntaria (directe vel indirecte), imputatur actus ad peccatum

(grave vel leve pro gravitate culpae in causa ponenda); quia fuit voluntarius in sua causa. Si vero causa non fuerit voluntaria sed naturalis,
puta cum aliquis ex aegritudine vel aliqua eiusmodi causa incidit in
talem passionem, quae totaliter aufert usum rationis, actus omnino redditur involuntarius et per consequens totaliter a peccato excusat ».

« Quandoque vero passio non est tanta quod totaliter intercipiat usum
rationis. Et tunc ratio potest passionem excludere, divertendo ad alias
cogitationes vel impedire, ne suum consequatur effectum; quia membra
non applicantur operi, nisi per consensum rationis, ut supra q. 1. a. 9.
dictum est. Unde talis passio non totaliter excusat a peccato ».

Adverte 1° quod licet prius exemplum posuerit insanientis ob amorem
vel iram, tamen exemplum passionis prorsus non voluntariae non inde
sumit, sed a causa naturali. Ratio est, quia motus irae vel amoris non
statim solent ad eum excessum pertingere, antequam ratio ea praestare
valeat, de quibus loquitur s. Doctor.

2° Verumtamen dicit passionem non excusare totaliter, quo indicat
excusare ex parte.

3° Advertendum quomodo de homine sui compote pronunciet, quod
ratio potest impedire, ne passio effectum consequatur; quia scilicet membra non applicantur operi, nisi per consensum rationis.

XXXXIII. Concupiscentia vero consequens non diminuit peccatum, sed magis auget
vel potius est signum magnitudinis eius, in quantum scilicet demonstrat intentionem
voluntatis ad actum peccati. Et sic est verum, quod quanto aliquis maiori libidine
vel concupiscentia peccat, tanto magis peccat. S. Thomas 1. 2. q. 77. a. 6. et *de
Malo* q. 3. a. 11.

109. Distinguendum est, ut iam monuimus n. 106., inter motum appetitus sensitivi, qui sit mere redundans ex actu voluntatis et motum
appetitus sensitivi, quem studiose excitaverit voluntas aut cuius saltem
sit causa indirecta per negligentiam in reprimendis motibus sponte exsur-
gentibus seu naturaliter excitatis. Nunc de primo casu.

110. Cur concupiscentia consequens non minuit peccatum? Quia nempe
peccatum consistit in motu voluntatis: atqui actus voluntatis antecedit,
ex hypothesi, actum concupiscentiae non secus ac causa antecedit suum
effectum. Ergo peccatum praecedit motum concupiscentiae; quod idcirco
perfectum peccatum iam est, quando motus iste sensitivus exsurgit. Iam
vero si motus sensitivus nondum est, cum iam est perfectum peccatum,
non potest ille exercere aliquam causalitatem seu aliquid conferre ad
ipsum peccatum, ut minuatur.

111. Diligenter tamen inspicienda est doctrina, quam tradit s. Thomas
1. 2. l. c., nempe consequentem concupiscentiam potius augere peccatum.
Non enim accipiendum hoc ita est, quasi quaedam maior ex hoc con-

sequenti motu accedat malitia vel bonitas actui praecedenti et causanti
ipsum motum; hic enim sensus repugnat rationi. Nam in motu appetitus
non est reatus nisi ab ipsa voluntate. Sed agitur tantummodo de magni-
tudine bonitatis vel malitiae, quae actui praecedenti iam insit, per motum
autem illum fiat manifesta. Et haec est explicatio quam tradit idem
s. Doctor: « passio consequens non diminuit peccatum, sed magis auget
vel potius est signum magnitudinis eius, in quantum scilicet demonstrat
intentionem voluntatis ad actum peccati ».

112. Quod attinet ad concupiscentiam consequentem non data opera
excitatam sed indirecte voluntariam, nulla est difficultas, sed valet doctrina s. Thomae superius (n. 108.) tradita de concupiscentia voluntaria.
Si de peccato agatur, reus est non cohibens, non secus ac reus est qui
ex negligentia laborat ignorantia.

Quoad concupiscentiam directa voluntariam valere potest doctrina,
quam idem s. Doctor tradit 2. 2. q. 155. a. 4. ad 2., ubi loquens de conti-
nente, maius reperit meritum, si quis potens est adversus tentationes ex
causa voluntaria. Sic enim ille: « Dicendum quod magnitudo concupiscentiae seu debilitas eius ex duplici causa procedere potest. Quandoque
enim procedit ex causa corporali; quidam enim ex naturali complexione
sunt magis proni ad concupiscendum, quam alii et iterum quidam habent
opportunitates delectationum concupiscentiam inflamantes magis paratas,
qu am alii. Et talis debilitas concupiscentiae diminuit meritum, magnitudo
vero auget. Quandoque vero debilitas vel magnitudo concupiscentiae provenit ex causa spirituali laudabili, puta ex vehementia caritatis vel for-
titudine rationis, sicut est in homine temperato. Et hoc modo debilitas
concupiscentiae auget meritum ratione suae causae, magnitudo vero
minuit. »

Quae quidem doctrina est generalis de omni virtute acquisita, cuius
exercitium facile et delectabile evadit ratione suae causae videlicet laboris in virtute acquirenda.

XXXIV. Heic adverte, primos concupiscentiae motus in malum seu inhonestum
eatenus peccati rationem habere posse, quatenus voluntas aut eis consentit aut ipsos,
cum potest impedire, non impedit. Vid. s. Thomam 2. Dist. 24. q. 3. a. 2. et *Quodlibet*. 4. a. 21.

113. Doctrina s. Thomae in loco priore citato haec est: « Nullus motus
ponitur in genere moris, nisi habita comparatione ad voluntatem, quae
principium est moralium... Et ideo ibi incipit genus moris, ubi primo
dominium voluntatis invenitur. Habet autem voluntas in quibusdam dominium completum, in quibusdam vero incompletum. Completum dominium habet in illis actibus, qui ex imperio voluntatis procedunt et hi
sunt actus deliberationem sequentes, qui rationi adscribuntur. Sed incompletum dominium habet in illis actibus, qui non per imperium rationis

procedunt, sed tamen voluntas eos impedire poterat; ut sic quodammodo voluntati subiaceant, quantum ad hoc, quod est impediri vel non impediri et ideo inordinatio, quae in his actibus contingit, rationem peccati causat, tamen incompleti et ideo in his actibus peccatum levissimum est et veniale ». Atque 2. Dist. 40. q, 1. a 4. ad 3.: « Primus motus non habet rationem culpae, nisi secundum quod aliquo modo est in potestate voluntatis. Unde quamdiu voluntas non repugnat, habet rationem peccati. Sed quando voluntas iam repugnare incipit, tunc homo meretur ». Ex quibus patet non agi de motu appetitus, cum primum exsurgit, sed de eo tempore, quo voluntas potest repugnare aut non repugnare motui excitato.

Optime doctrinam s. Thomae sic proponit s. Antoninus in 2. Dist. 41. a. 2. q. 1: « Ratio potest se habere ad motus illicitos tripliciter, scilicet ut resistens, ut praecipiens, ut non impediens. Primo se ratio habet ut resistens, quando ipsa ratio et voluntas motibus illicitis resistunt, habendo displicentiam de tali motu et conantur ad repellendum: tunc nullum est peccatum. Secundo se habet ratio vel voluntas ut praecipiens, cum aliquis ex proposito motum concupiscentiae excitat et imperat: tunc, si est illicitum in genere peccati mortalis, erit mortale. Tertio ratio vel voluntas se habet ut non prohibens motus illicitos sensualitatis: tunc talis non prohibens cum prohibere possit, peccat venialiter; dicitur enim aliquis facere illud, quod non impedit, cum impedire potest ».

Hinc distinctio, qua motus dici solent, vel primo primi vel secundo primi. Sed melius de his in Tractatu de peccatis.

CAPUT V.

DE VI SEU VIOLENTIA

XXXV. Vis seu coactio dicitur MOTIO, CUIUS PRINCIPIUM EST EXTRA, IN CONTRARIUM EO RENITENTE, QUI PATITUR.

Haec tamen definitio proprie illud complectitur quod COACTUM ABSOLUTE seu SIMPLICITER appellari solet, non autem COACTUM SECUNDUM QUID, quod intercedere tunc dicitur, cum aut vis non eiusmodi est, quae contumaci resistentia frangi vel debilitari non possit, aut vim illatam, quaecumque demum sit, quis non patitur invitus.

114. Distinguere solent maxime antiquiores inter *violentum* et *coactum*.

Violentum dicunt de rebus inanimis, coactum de habentibus cognitionem, illud opponi dicunt *naturali*, hoc *voluntario*. Commune utrique est quod sit contra inclinationem rei, nempe contra inclinationem naturalem, si sermo sit de inanimatis; si autem de ratione utentibus agatur, sit contra inclinationem voluntatis. Confer. s. Thomam 1. 2. q. 6. a. 5. et ad 2.

Usus pariter scholae fuit, ut nomen coactionis latiori sensu adhiberetur, adeo ut diceretur de coactione tum physica tum morali. Coactio physica · est illa, de qua nunc agimus, scilicet vis illata ab extrinseco principio contra voluntatis inclinationem: moralis autem est incussus metus.

Illa dicitur physica, quia cadit in actus potentiarum, quae externae sunt voluntati et ipsis motum imprimit: haec dicitur moralis, quia ita cadit in voluntatem, ut ea ipsa evadat causa actionis.

Mittimus autem, quod coactionis nomine interdum apud ss. Patres et etiam in communi loquendi usu veniat quod nos quodammodo cogit per modum suasionis, importunae petitionis etc.

115. Definitio vis desumpta est ex s. Thoma 1. p. q. 82. a. 1.: « Cum aliquis cogitur ab aliquo agente, ita quod non possit contrarium agere, haec vocatur necessitas coactionis ». Duo igitur ad coactionem requiruntur, 1° ut principium actionis seu movens ad actum sit extra agentem, 2° ut ille, qui vi externi huius principii ad agendum impellitur vel ab agendo impeditur, non solum nihil conferat externae motioni, sed ei resistat et totis viribus contra renitatur. Si enim tantummodo nihil confert, ut veluti indifferens se habeat, nondum intelligitur plena coactio homini illata. Hanc conditionem intelligimus in verbis s. Thomae aientis: *quod non possit* (vim patiens) *contrarium agere,* quamtumvis scilicet nitatur.

Hinc duplex vis seu coactio distingui solet, altera *absoluta,* altera *secundum quid. Absoluta* dicitur, quae quovis adhibito conatu repelli non potest: haec est, de quo iura loquuntur, l. 2. *Dig. quod metus causa,* lib. 4. Tit. 2.: « vis autem est maioris rei impetus, qui repelli non potest ». *Secundum quid* vero, quae contumaci opposita resistentia aut frangi aut certe debilitari potest.

Alio quoque sensu quidam dicunt vim secundum quid, quando adest utique vis, quae fingi potest etiam talis ut nec repelli nec infringi ullo modo possit; deest tamen voluntatis repugnantia atque adeo qui vim patitur, eam non patitur plane invitus. Hunc solum secundum sensum innuit s. Alphonsus de Actibus Humanis n. 16.

XXXVI. Coactio nullo modo cadere potest in actus voluntatis elicitos. Ut enim inquit s. Thomas, 1. 2. q. 6. a. 4., violentum dicimus quod est contra inclinationem rei. Porro motus seu actus voluntatis est quaedam eiusdem inclinatio in aliquid. Necessitas ergo coactionis omnino repugnat voluntati atque adeo sicut impossibile est quod aliquid simul sit violentum et naturale, ita impossibile est, quod aliquid simpliciter sit coactum seu violentum et simul voluntarium.

116. Demonstratio s. Thomae est evidentissima. Quod vero docent Theologi, Deum posse etiam nolenti infundere habitum vel actum voluntatis v. gr. actum caritatis, non est contra hanc doctrinam. Nam aliud est, quod Deus gratia sua interiori valeat mutare voluntatem et ex nolente facere volentem et valeat proinde rebelles sibi subdere voluntates,

efficiendo ut libere ad ipsum convertantur, quod solum volunt dicere Theologi: aliud est efficere ut homo nolens simul velit et vicissim (Suarez in 1. 2. tract. 2. disp. 2. sect. 5.).

XXXVII. Contra coactio utique cadere potest in actus, quos imperatos diximus appellari, quia imperio voluntatis subduntur neque modo externarum, sed etiam internarum potentiarum actus cogi possunt. Ratio patet, quia non modo exteriora membra corporis, sed etiam interiores facultates, cuiusmodi sunt phantasia aut appetitus sensitivus etc. vi externa v. gr. angeli tum boni tum mali, voluntate nostra nequicquam reluctante, ad aliquos actus moveri possunt.

117. Ita s. Thomas, 1. 2. q. 6. a. 4.; « Duplex est actus voluntatis. Unus quidem, qui est eius immediate, velut ab ipsa elicitus, scilicet *velle*. Alius, qui est actus a voluntate imperatus et mediante alia potentia exercitus, ut ambulare et loqui, qui a voluntate imperantur, exercentur autem mediante potentia motiva. Quantum igitur ad actus a voluntate imperatos, voluntas violentiam pati potest, in quantum per violentiam exteriora membra impediri possunt, ne imperium voluntatis exsequantur ».

In quibus s. Thomas supponit solum casum voluntatis, quae velit v. gr. uti manu ad scribendum etc., vel ambulare etc. et vi externa prohibeatur. Sed et aliud genus est, quando motus in membris fiat vi externa contra voluntatis decretum repugnans. Ita si quis abstrahitur e domo vel sinu parentum, si impellatur ita ut cadat, si apprehensa manu, nomen suum scribere cogatur.

118. Haec vero accidunt etiam in potentiis internis. Nam contra ac quis velit, potest Deus ita obiicere intellectui aliquam veritatem, ut vel invitus eam percipiat: potest Daemon phantasmata in imaginatione, voluntate repugnante, excitare ac detinere, potest ciere motus in appetitu sensitivo etc.

Advertendum tamen, quod quando agitur de actibus potentiarum internarum, isti actus, relate ad potentiam, a qua exercentur, non sunt coacti neque violenti; quia non sunt contra inclinationem illius potentiae, a qua eliciuntur neque fiunt ab alio principio extrinseco illis potentiis, sed sunt conformes appetitui naturali, quo hae potentiae inclinantur ad suos actus et ad sua obiecta atque ab iisdem potentiis eliciuntur. Coacti vero dicuntur *moraliter* sive relate ad voluntatem, qua invita ac renitente illi actus a propriis potentiis peraguntur. Hinc Paulus Rom. VII. 15. *quod odi malum illud facio*. Vide Vasquez in 1. 2. disp. 26. cap. 4. et Suarez in 1. 2. tract. 2. disp. 2. sect. 6. n. 4-7.

XXXVIII. Vis absoluta prorsus tollit voluntarium, immo involuntarium causat. Ratio est ut inquit s. Thomas 1. 2. q. 6. art. 5., quia violentia directe opponitur voluntario sicut et naturali... Sicut ergo in rebus, quae cognitione carent, violentia facit aliquid esse contra naturam; ita in rebus cognoscentibus facit aliquid esse contra voluntatem.

Quod autem est contra naturam, dicitur esse innaturale et similiter quod est contra voluntatem, dicitur esse involuntarium. Unde violentia involuntarium causat.

XXXIX. Si vero non absoluta fuerit coactio, sed secundum quid, non prorsus voluntarium tollit, sed illud magis minusve minuit, prout maior aut minor ipsa exstiterit vel prout magis aut minus voluntas illatae vi acquiescit. Vide s. Thomam 1. 2. q. 6. a. 5. ad 2. Hinc patet quomodo involuntaria non fuit mors Christi Domini aut ss. Martyrum; quia nempe illata tormenta ac necem libentissime subierunt.

119. Ut rite intelligatur, quomodo non tollatur voluntarium, si vis sit non absoluta, sed *secundum quid,* duplex distinguatur modus, quo vis ista, ut. superius notavimus (n. 115.), locum habet. Primo itaque modo vis secundum quid dicitur, quae pertinaci voluntate ac conatu adhibito prorsus frangi aut repelli vel saltem debilitari potest. Iam vero manifestum est, eum, qui potest vim repellere et non adhibet ullum conatum vel certe non quantum potest pro viribus resistit, velle pati ipsam violentiam, non quidem directe (ut nunc supponimus), sed certe indirecte, omittendo scilicet conatum resistendi. Hinc fit ut quo minor est violentiae impetus atque adeo facilior resistentia, passio minus involuntaria seu magis voluntaria censeatur: contra minus voluntaria habeatur, quo maior et validior fuit illata vis ac difficilior ad repellendum. Hinc consectarium, quod voluntarium censetur virgini stuprum, si invasorem, cum posset, non repudiat. Item voluntaria ablatio rei erit custodi, si cum posset violentum aggressorem repellere, non restitit.

120. Ne tamen heic erremus, notandum, evenire posse, ut quis utique repellere aliquo modo queat vim, si ratio illatae vis in se spectetur, consideratis scilicet viribus, quas possit opponere: sed simul fieri posse ut a resistendo certa quadam ratione deterreatur. Ita posset custos rem eripere furi, sed certa ei mors immineret aut certe domus eius aut domini incendio periret. Tunc habetur potius coactio moralis et consensus ex metu. Idcirco revocanda sunt principia alias praestituta, videlicet tum solum censeri hanc omissionem voluntariam, quando non modo physice possum quid agere, sed praeterea teneor: quando non modo physice, sed et moraliter possibilis est actio.

121. Cornelius a Lapide (in Danielem cap. XIII. v. 23. *melius est mihi absque opere incidere in manus vestras, quam peccare in conspectu Domini)* ait: « peccasset enim Susanna consentiendo et cooperando. Potuisset tamen in tanto periculo infamiae et mortis negative se habere et permittere eorum in se libidinem, modo interno actu in eam non consensisset, sed eam detestata et exsecrata fuisset; quia maius bonum est fama et vita, quam pudicitia; unde hanc pro illa exponere licet... Quod vero exclamavit..., actus fuit insignis atque heroicae castitatis; talis est enim magis velle mori, quam pollui ».

Taberna (apud Croix lib. 3. p. 1. n. 916.) enumerat 50. scriptores, inter quos est s. Antoninus, docentes, puellam non peccare, si ob evidens periculum mortis vel ingentis infamiae non adhibeat omnia omnino media ad depellendum invasorem, v. gr. si hunc, cum posset, non occidat, si non inclamet viciniam, sed mere patiatur coitum, secluso tamen omni periculo consensus. Croix tamen adnotat, non expedire publice hanc doctrinam proponere; quia apta est causare abusus, praesertim apud rudes.

122. Quod vero attinet ad aliam acceptionem violentiae *secundum quid*, quando scilicet non invitus quis vim illatam patitur, utut illa in se absoluta sit ac invincibilis, planum est, non tolli sic voluntarium, scilicet adesse voluntatem sin minus actionis at certe passionis. Huc faciunt quae habet Thomas l. c.: « Voluntarium potest aliquid dici dupliciter. Uno modo secundum actionem, puta cum aliquis vult aliquid agere. Alio modo secundum passionem, scilicet cum aliquis vult pati ab alio. Unde cum actio infertur ab aliquo exteriori, manente in eo, qui patitur, voluntate patiendi, non est simpliciter violentum; quia licet ille qui patitur, non conferat agendo, confert tamen volendo pati. Unde non potest dici involuntarium ».

Ita Christus Dominus detestabatur impietatem Iudaeorum et tamen libenter patiebatur pro peccatis nostris: martyres non probabant crimen gentilium, tamen libentissime pro Deo tormenta subibant: habes in his consensum in passionem, non vero in actionem. Ita quaecumque mala patienter ferimus, sive ab hominibus sive a causis naturalibus, ea quidem vellemus removere, neque tamen patiendo repugnamus.

Verumtamen ut aequum de hac re feratur iudicium, considerandum est, quid illud sit, cui voluntas patiendi non obnititur, qua de causa, quomodo etc. Si illud, cui acquiescimus, aut ratio cur animo acquiescimus, malum sit, peccatum incurremus.

Ita mulier exterius quidem quasi per vim oppressa, interius vero consentiens in violentiam sibi illatam, consentire dicitur in passionem non in actionem. Consensus quidem est malus, sed quia non consentit in actionem, ipsa non dicitur complex et ideo posset valide absolvi a sacerdote vim inferente. E contrario Lucius v. gr. qui aegre iret ad audiendam missam timens sanitati suae, libenter audit, vi aquarum fluminis aut latronum insidiis se impediri ne eat ad ecclesiam. Item servus, qui mittitur cum magna sarcina in locum remotum, non aegre patitur, quod sarcina sibi a latrone per vim auferatur. Isti non acquiescunt malo, sed commodo suo, quod sibi ab extrinseca causa obvenit.

CAPUT VI.

DE METU

XL. Metus a iurisperitis, *l. 1. Dig. quod metus causa gestum erit* definitur INSTANTIS VEL FUTURI PERICULI CAUSA MENTIS TREP DATIO, quam definitionem et scholae admiserunt. Vid. s. Thomam 4. Dist. 29. q. 1. a. 1.

123. Alias (n. 114.) diximus ex s. Thoma et Schola metum esse quamdam vim seu coactionem, quae quodam modo voluntatem cogit. Vis quidem infertur corpori seu aliis animae potentiis: metus vero infertur animo seu voluntati. Unde quaerens s. Thomas l. c. an aliquis consensus possit esse coactus, dicit: « sed nunc agitur de consensu interiori, in quem non cadit coactio seu vis, quae a metu distinguitur et ideo quantum ad propositum pertinet, idem est coactio quod metus ».

Necesse est ergo agere de metu, tum ut ratio voluntarii penitus explicetur, tum ut iudicari possit de actus validitate, de gravitate culpae, de poena incurrenda aut non incurrenda etc.

XLI. Potissima metus divisio est in LEVEM et GRAVEM. Levis, qui et vanus dicitur, est exigui periculi, vel etiam magni sed non verisimiliter impendentis formido. Gravis vero, qui et iustus appellatur seu probabilis seu cad ns in constantem virum, est mali cuiuspiam ingentis, quod sibi suisve imminere videatur, certa aut saltem rationabilis ac prudens exspectatio.

Postremum hunc haud immerito quidam distinguunt in absolute gravem et in gravem relative. Prioris gravitas ex natura mali in se spectati desumitur: alterius vero ex indole potius personarum timentium. Multa enim sunt, quae virum constantem non conturbant, graviter tamen perturbando puero, mulieri aut seni apta sunt.

Huc spectat et metus reverentialis, formido nempe diu et graviter infensos habendi eos, qui ex suamet ipsorum conditione colendi iuxta ac timendi aliis sint: qui quidem timor et ipse cum levis, tum gravis esse poterit.

124. De metu cadente in virum constantem habes l. c. *Dig. quod metus causa* lib. 4. tit. 2.: « metum autem non vani hominis, sed qui merito et in hominem constantissimum cadat, ad hoc edictum pertinere dicemus ». Scilicet ad illud edictum l. 1.: « Ait praetor: quod metus causa gestum erit, ratum non habebo ».

S. Thomas autem sic explanat metum cadentem in virum constantem l. sup. c a. 2.: « Cadere metum in aliquem est aliquem metu cogi: cogitur autem aliquis metu, quando aliquid facit, quod alias non vellet, ad evitandum aliquid, quod timet. In hoc autem constans ab inconstanti distinguitur quantum ad duo. Primo quantum ad qualitatem periculi, quod timetur; quia constans sequitur rationem rectam, per quam scit, quid prosit dimittendum vel faciendum. Semper autem minus malum vel maius bonum eligendum est et ideo constans ad minus malum sustinendum agitur metu maioris mali; non autem cogitur ad maius malum, ut vitet minus malum. Sed inconstans cogitur ad maius malum propter metum minoris mali, sicut ad peccatum metu corporalis poenae.

Sed pertinax e contrario non potest cogi etiam ad minus malum sustinendum vel faciendum, ut evitet maius malum: unde constans est medius inter inconstantem et pertinacem. Secundo differunt quoad aestimationem periculi imminentis; quia constans nonnisi ex forti aestimatione et probabili cogitur, sed inconstans ex levi ». Et ibid. ad 1.: « Constans intrepidus est, non quod omnino non timeat, sed quia non timet quae non oportet vel ubi vel quando non oportet ».

125. Idem s. Doctor l. c. ad 2. haec corporalia genera malorum habet ut gravia: « Quaedam damna corporalia sunt minora quibusdam aliis, quae sunt inter praecipua, quae ad personam pertinent, sicut mors, verbera, dehonestatio per stuprum et servitus et ideo ex istis constans cogitur ad alia damna corporalia sustinenda et haec contineantur hoc versu

> Stupri sive status, verberis atque necis.

Nec differt, utrum haec pertineant ad personam propriam vel uxoris vel filiorum aut aliorum huiusmodi ».

Mali pariter ad gravem timorem iniiciendum idonei notionem hanc habemus ex iure romano l. 5. *Dig. quod metus causa:* « Metum accipiendum Labeo dicit non quemlibet timorem sed maioris qualitatis ». Et deinde l. 7. subdit exemplum: « Si quis timuit mortem vel vincula ». De periculo autem infamiae ita habetur l. 7. *Dig.* tit. cit.: « Nec timorem infamiae hoc edicto contineri Pedius dicit..... neque alicuius vexationis timorem per hoc edictum restitui (videlicet restituenda res, siqua per metum extorta) ».

Et s. Thomas, l. c. ad 3.: « Infamia, quamvis sit magnum damnum, tamen ei de facili occurri potest et ideo non reputatur cadens in constantem virum metus infamiae secundum iura ».

Haec tamen intellige, quando ex calumnia, cui reipsa facile possit occurri, timeatur infamia: secus vero, si infamia profluat ex facto quopiam, quod excusare non possis aut occultare. Ita si filia, bonae famae penes suos et extraneos, se gravidam prodere debeat, si administrator debeat apparere infidelis, si vir gravis et probus debeat videri mendax.

De metu levi ita in l. c.: « Si quis meticulosus rem nullam frustra timuerit, per hoc edictum non restituitur; quoniam neque vis neque metus causa factum est ».

126. Iam vero gravis metus vel est gravis *absolute,* qui dicitur etiam *probabilis,* vel *relative.* Gravis erit absolute timor amittendi officii, excidendi ab hereditate vel a spe alicuius matrimonii, timor amittendi

substantias, timor incendii, latrocinii, vulneris. Quoad metum relative gravem, manifestum est minis facilius senem terreri, non secus ac feminas aut pueros, tum ob imbecillitatem, tum ob credulitatem. Sic saepe lictorum, iudicum, militum nomen terret rudes, pueros, mulieres etc. Uno verbo in aliquo discrimine, ubi adsit occasio timendi, norunt omnes, potissimam difficultatem huc redire, quo pacto nempe caveatur, ne ex metu insaniant tales personae vel etiam viri, qui muliebrem animum gerunt.

127. Quod spectat ad timorem reverentialem, advertimus timorem gravem dici propter gravitatem mali, quod impendere quispiam sibi existimat. Negari autem non potest, magis grave accidere posse, quod quis habeat sibi infensos vel parentes vel dominos vel generatim superiores, quam quod aliud malum pariter grave subire debeat. Nam 1. cum amare debeas et colere quempiam, id prohibet ne locum des irae aut inimicitiae erga illum, a quo aliquid times: ira autem levius videtur efficere malum, quod quis patiatur: ergo malum hoc est sine levamine. 2. Deinde durissimum est non probari iis, quos ex debito diligas et colas. 3. Praeterea omnis spes, solamen omne istorum in benigno superiorum animo residet: praecluditur igitur aditus consolationis·

Ergo, si gravis censetur timor, qui oriatur a timore gravis morbi, non est cur levis habeatur timor, de quo agimus; quando magis ab hoc malo quis merito abhorret, quam a morbo.

Neque est necesse ut subditus sibi timeat verbera etc., ut quidam insipienter volunt, qui forte in adolescentia non aliter ad obsequium ferebantur.

XLII. Rursus dividitur metus in intrinsecum et extrinsecum, prout nempe vel a cuiusque propria corporis aut animi infirmitate proficiscitur vel ab exteriori causa excitatur.

Haec porro causa vel naturalis est, uti incendium, naufragium, ferarum occursus etc., vel libera, veluti v. gr. quispiam ad necem stricto pugione quaerens.

Et quidem iustus vel iniustus dicitur, prout alius inferendi eiusmodi metum ius habuit vel non habuit dispiciendumque interdum praeterea est, incussus necne metus fuerit ad consensum in quampiam rem certam extorquendum.

128. Cum dicimus timorem *intrinsecum*, innuimus, timorem oriri posse tum ex animi tum ex corporis infirmi dispositione; nam reipsa pronior est ad timendum qui infirmis est viribus, quam qui robustis; hic enim potius ad audaciam inclinabit, suis viribus nempe confisus. Dein notum est, infirmitate corporis laborantes atque aegrotantes proniores esse ad timorem. Quidam huc revocant timorem, quem vis morbi et periculum mortis inducit; quia scilicet causam habet in ipso homine qui timet. Et quidem recte; quippe cum divisiones istae non ad sterilem speculationem, sed ad statuendam normam honestatis referri debeant, utique interest

nosse an a causa libera extrinseca iuste vel iniuste timor proveniat: alioquin autem nihil interest, num ab corporis aut animi imbecillitate, an a causa necessariā, pari ad hunc timorem excitandum etiam in viro constanti, profluat: idcirco haec sub eodem genere comprehendere licet. Et reipsa timor ab infirmitate animi proveniens ad levem revocabitur aut respective gravem et locum habere potest etiam cum oritur ab extrinseca libera causa et intrinsecus dicetur solum quoad excessum timoris prae mali intentati exigentia.

Extrinsecus ergo timor est, qui causam habet extrinsecam, ut v. gr. timor incussus puero a paedagogo.

Causa *naturalis,* ut diximus, esse potest vel *libera.* Notandum tamen plures timorem a causa naturali incussum revocare ad metum intrinsecum. Exemplum timoris ab intrinseco habet l. 21. *Dig. quod metus causa* lib. 4. tit. 2.: « Si mulier contra patronum suum ingrata facta, sciens se ingratam, cum de suo statu periclitabatur, aliquid patrono dederit vel promiserit, ne in servitutem redigatur, cessat Edictum; quia hunc sibi metum ipsa infert ».

129. Divisio metus *iusti* vel *iniusti* refertur ad causam extrinsecam liberam. Porro interdum ius est incutiendi metum, interdum non. Timor evadere potest iniustus 1. si persona, quae incutit metum, non habet ius inferendi mala, 2 si non habet ius inferendi hoc vel illud malum.

Utriusque exemplum praebet l. 3. *Dig.* tit. cit. «Vim accipimus atrocem et eam, quae adversus bonos mores fiat, non eam, quam magistratus (recte) intulit, scilicet iure licito et iure honoris, quem sustinet. Ceterum si per iniuriam quid fecit populi romani magistratus vel provinciae praeses, Pomponius scribit, hoc Edictum locum habere: si forte, inquit, mortis aut verberum terrore pecuniam alicui extorserit ».

Timor autem ab homine potest esse tum simplex ratio cur quis aliquid sponte velit, tum potest esse directus ad extorquendum assensum. Si quispiam cum alterius filia deprehensus fuerit in clauso cubiculo, duplici modo fieri potest, ut is promittat matrimonium. Videlicet aut sponte se offert ad eam ducendam, aut pater, adhibitis minis, adigit illum ad hanc promissionem. Priore modo non dicitur consensus extortus, secundo dicitur directe metu extortus. Neque heic excluditur extorsio ad quidpiam eligendum ex arbitrio vim passi.

XLIII. Quae ex naturali metu fiunt, per se loquendo et regulariter sunt absolute seu simpliciter voluntaria, involuntaria autem secundum quid.

Voluntaria sunt, quia nec cognitio deest, ut patet in mercatore, qui naufragii metu merces proiicit nec voluntas, quae plus vitam amans quam merces, has proiiciendas decernit.

Simul autem secundum quid involuntaria esse, inde patet, quod opus ex solo metu factum per se non est amabile, imo tristitiam affert et si turpe sit, plus minusve pro metus gravitate dignum venia censetur.

130. Dicimus quae fiunt *ex metu*, non vero quae fiunt *cum metu*. Quae enim fiunt solum cum metu, habent timorem concomitantem, non impellentem: sermo autem est de timore, qui ad agendum impellit.

Itaque ex data demonstratione patet, quod quae fiunt ex metu, sive ex causa naturali sive ex libera sit metus, sunt simpliciter voluntaria. Perperam ergo Puffendorfius (lib. 1. cap. 1. n. 14.) docet, prava quaepiam, quae ex metu fiunt, non agenti, sed per incussum metum cogenti esse imputanda. Nam quidquid sit de cogente eiusque malitia, profecto et agens reus est, si sui compos faciat mala.

Apposite s. Thomas 4. Dist. 29. q. 1. a. 2. ad 2.: « peccata sunt maxima malorum et ideo ad hoc nullo modo potest homo constans cogi; immo magis debet homo mori, quam talia sustinere, ut etiam Philosophus in 3. Ethic. cap. 4. docet ».

131. Quae autem ex metu fiunt sunt involontaria secundum quid. Non accurate quidam hanc thesim sic efferunt: « metus causat involuntarium secundum quid ». Quia non est metus, qui proprie causat involuntarium, sed affectus in aliam rem, quam non posthabemus, nisi propter terrorem gravioris mali, ut patet exemplo illius, qui crus sibi praecidi permittit ex metu mortis.

Quod vero quae fiunt ex metu, sint, per se loquendo, involuntaria secundum quid, ex triplici capite elucet (vide Suarez in 1. 2. tract 2. disp. 3. sect. 2. et 3.) 1. quia opus ex solo metu factum non est per se amabile voluntati et eligibile et ideo non eligitur quia placeat, sed admittitur ad vitandum gravius malum: quapropter si gravius malum ad id non impelleret, nunquam voluntas in illud inclinaret. Non est ergo per se optabile ei, qui sic agit. 2. Quia quae fiunt ex solo metu, per se considerata afferunt tristitiam, uti patet in eo, qui metu mortis amaras medicinas sumit aut carnes sibi torqueri sinit. 3. Quia si opus quod ex metu fit, sit turpe, fit aliquo modo dignum venia ac proinde hominem ex metu delinquentem damnamus magis ut vilem, quam uti improbum. Hinc Synodus Nicaena et Synodus Ancyrana voluerunt, ut venia facilius tribueretur iis fidelibus, qui a christiana religione defecerant ob metum suppliciorum, difficilius autem illis, qui sua sponte ad idololatriam declinaverant. Eadem de causa, ut videtur, Sixtus V. in constitutione, qua crimen procurandi abortus damnavit ac poenis coercuit, sententiam excommunicationis fert in eos, qui opem, consilium, auxilium etc. ad id contulerint, de muliere tamen ipsa prorsus silet. Ratio, quia ad hoc impelli non solent ipsae ut plurimum, nisi metu gravis infamiae vel vexationis a parentibus v. gr. aut a marito.

XLIV. Dixi PER SE LOQUENDO, tum quia 1. Si metus penitus mentis iudicium perturbet et impediat, actio nullatenus erit voluntaria: tum 2. quia ad agendum aliae praeter metum rationes movere possunt adeo ut actio grata potius, quam molesta fiat et tunc quaelibet aberit involuntarii ratio.

Dixi REGULARITER; ut enim suo loco ostendunt theologi, dolor peccatorum, qui ex metu divinae ultionis elicitur, omnem veri involuntarii seu affectus peccato adhaerentis rationem excludit.

132. Sane 1° exceptio datur quod primam partem, scilicet facta ex metu esse voluntaria simpliciter. Nam si metus auferat penitus usum rationis, actio non est voluntaria. Et eadem de causa, si non quidem auferatur usus rationis penitus, sed ratio valde perturbetur, pro ratione istius impedimenti, a·tio deficiet a ratione voluntarii. Item exceptio est 2° quoad alteram partem, nempe involuntaria esse secundum quid quae fiunt ex metu, et statuitur aliquando non esse involuntaria.

Id vero maxime locum habet quando 1° metus non est causa plena, cur fiat quidpiam, vel 2° si est causa plena ac totalis, res tamen, ad quam impellit, est per accidens grata potius quam molesta. Quispiam v. gr., urgente metu, confugere cogitur in locum, quem alias non potuisset vi·lere et quem tamen valde cupiebat videre. Puer timore pluviae aut aquae viam inundantis non pergit ad scholam et vacatio ipsi gratissima est.

Diximus *regulariter*. Sane obiiciunt quidam vel falsam esse thesim quod involuntaria sint secundum quid quae fiunt ex metu; cum Concilium Tridentinum declaraverit, dolorem conceptum ex metu gehennae excludere posse affectum erga peccatum: vel, ut malunt quidam theologi post Ianseniana placita, huiusmodi dolorem non excludere affectum erga peccatum atque adeo non satis disponere hominem ad iustificationem.

Non omnes eodem pacto respondent, sed vera responsio est: *distinguo;* quae fiunt ex metu, sunt involuntaria secundum quid, quando hoc involuntarium non inducit malum, quod timetur, *concedo;* si vero inducit malum, quod timetur, *nego*. Scilicet timor gehennae ideo excludit et debet excludere affectum etiam inefficacem erga peccatum, quia peccator scit aut certe scire debet, ex hoc quoque affectu provenire malum illud quod timet, nempe gehennam et ideo hunc quoque affectum excludit.

Et ut paucis haec complectamur, adverte, quod metus gehennae impellit non ad externum actum cavendum, sed ad mutandam voluntatem. Si enim metus impellere debet ad removendam mali originem aut causam, profecto cum causa mali sit peccatum, peccatum autem consistat essentialiter in pravo affectu voluntatis, hunc igitur maxime imo solum excludere potest huiusmodi timor, siquidem homo rationabiliter agat.

Quod si post huiusmodi dolorem rite conceptum aliquis affectus maneat erga peccati obiectum, hic nihil est aliud nisi primus motus indeliberatus vel est indeliberata motio non quidem ad peccatum, sed ad aliquod bonum utile vel delectabile et haec quidem affectio ita conditionata ut qua peccatum est, repudietur et propter peccatum etiam bonum illud contemnatur et reiiciatur.

XLV. Quandonam metus vel a poenis vel ab alicuius praecepti obligatione eximat, aut quando actuum, ad quos ipse adegerit, valori obsit, suis locis, ubi de Votis, de Contractibus, de Matrimonio, de Censuris etc. disputatur.

In praesens innuisse sufficiat, ob metum ipso facto irritos esse sex actus his versiculis comprehensos:

> Tutor, iudicium, dos, sacrum, copula, votum
> Haec sex vi facta de iure scias fore nulla
> Cetera ius patitur, sed postea restituuntur.

133. *Tutor*, idest tutela ex metu collata vel extorta vel abdicata.

Iudicium, idest absolutio a censura.

Dos, nempe dotis aut promissio aut stipulatio aut solutio aut acceptatio aut renuntiatio.

Sacrum, idest rerum sacrarum vel bonorum Ecclesiae donatio vel promissio etiam iurata.

Copula, idest sollemnia sponsalia seu matrimonium.

Votum, hoc est sollemnis votorum professio.

Ista apud omnes constat ipso facto invalidari sine alia iudicis sententia. Reliqui vero contractus exigunt sententiam iudicis, sive disputari de illis potest.

CAPO VII.

DE LIBERO

XLVI. Libertas veri nominis, e qua actus vere humani ac morales profluunt, definitur: *Animi facultas, quae positis omnibus ad agendum requisitis potest agere et non agere.*

Dicitur 1° *positis omnibus ad agendum requisitis;* si enim horum quidpiam desit, actus omissio non liberae voluntatis electioni, sed agendi impotentiae tribuetur: dicitur 2° *potest agere et non agere;* quia si positis ad agendum requisitis non posset homo non agere, actus foret necessarius, non liber.

XLVII. Non fert instituti nostri ratio, ut praemissae definitioni explanandae atque a perfidiae iansenianae cavillis vindicandae immoremur; neque iterum ut congestis argumentis statuamus, aut homines ob protoparentis peccatum naturalem hanc libertatem non amisisse, aut eam ad actus morales laude vel vituperio, praemio vel poena dignos ponendos prorsus necessariam esse. Haec enim atque alia plura viro theologo utilissima imo et necessaria partim ex Ethica, partim ex Theologia speculativa habetis.

XLVIII. Advertisse sedulo nunc sufficiat, ea quae praemisimus, non ad scholac solum placita, sed insuper ad catholicae doctrinae depositum pertinere.

Nam 1º eam esse indolem naturalis humanae libertatis, ut componi non possit cum necessitate agendi, definitum est in damnatione duplicis Baiani articuli (39. et 66.), quorum prior sic se habebat: « Quod voluntarie fit, etiamsi necessario fiat, libere tamen fit » alter: « Sola violentia repugnat libertati hominis naturali » : quibus et hic tertius (41.) addi potest: « Is libertatis modus, qui est a necessitate, sub libertatis nomine non reperitur in Scripturis ».

2º Humanum genus iacturam liberi arbitrii passum non esse ob Adae peccatum, definitum prostat in Can. 5. Sess. VI. Concil Trident.: « Si quis liberum hominis arbitrium post Adae peccatum amissum et extinctum esse dixerit aut rem esse de solo titulo, imo titulum sine re, figmentum denique a satana invectum in Ecclesiam ; anathema sit ».

3º Eiusmodi libertatem requiri, ut actus bonitatem aut malitiam moralem induat et meriti aut demeriti capax sit, definitum habes tum in Concil. Trid. haec sanciente, Sess. VI. Can. 6.: « Si quis dixerit non esse in potestate hominis vias suas malas facere..., anathema sit »: tum in damnatione tertiae propositionis iansenianae : « Ad merendum vel demerendum in statu naturae lapsae non requiritur in homine libertas a necessitate, sed sufficit l bertas a coactione ».

4º Denique libertatem Adami peccantis non sufficere, ut hominis lapsi actiones morales ac demeritoriae evadant, definitum fuit in proscriptione huius thesis Christiani Lupi (est. 1ª ex 31. ab Alex. V.II. damnatis): « In statu naturae lapsae ad peccatum formale et demeritum sufficit illa libertas, qua voluntarium ac liberum fuit in sua causa, peccato originali et libertate Adami peccantis ».

XLIX. Ceterum interest utique et maxime interest, praesto esse subsidia, quibus diiudicare liceat, num et quousque actus censeri liberi debeant. Pro libertatis enim modulo formalis actuum moralitas aestimanda est.

Verum his prospectum iam satis est in praecedentibus, ubi egimus de voluntario deque iis, quae voluntarium aut tollunt aut minuunt. Aut enim fingis, actus ex voluntarii defectu non esse undequaque perfectos et sic quantum a voluntarii, tantundem a liberi ratione actus deficient. Aut praestituis, actus a perfecta voluntarii ratione nihil discedere nec cognitionem scilicet nec voluntatis inclinationem in agente deesse et sic frustra in homine *viatore* quaeres actus non liberos. Contra enim inania quorundam philosophemata, qui innumeros sibi confingunt voluntatis humanae actus non libere elicitos, sed necessitate quodammodo expressos, statuendum est, homini adhuc viatori, ubi compos sui suarumque facultatum sit, voluntatem in omnibus, quae sub electione cadunt seu quae in finem ultimum ordinantur, liberam manere, « in hoc solo. ut inquit s. Thomas 2. Dist. 25. q. 1. art. 2., determinationem habentem, quod felicitatem naturaliter appetit et non determinate in hoc vel illo ». Quin mo, ut addit s. Thom. *De Mal.* q. 6. art. unic.: « ipsa quoque beatitudinis appetitio ex necessitate est quantum ad determinationem actus; quia non potest velle oppositum: non autem quantum ad exercitium actus; quia potest aliquis non velle tunc cogitare de beatitudine, quia etiam ipsi actus intellectus et voluntatis particulares sunt

CAPUT VIII.

DE MORALITATE

L. Dissentiunt inter se Doctores, in quo sita sit MORALITAS, et de quo MORALE dicatur per prius. Porro nobis sat erit nunc illud retinere; quod fert usus, ut moralitatis nomine intelligatur actuum humanorum habitudo ad honestatis normam, ex qua fit, ut aut boni aut mali moraliter dicantur, prouti cum ea mensura congruunt, . vel ab eadem recedunt. Diximus autem: habitudo ACTUM HUMANORUM; neque enim heic attenditur comparatio inter ordinem honestatis et actum materialiter spectatum, e qua materialis quaedam bonitas aut malitia sequeretur; sed accipitur comparatio cum actu, prouti hic in agente spectatur, seu prouti ab operante scienter, libere et cum advertentia ad regulam morum procedit; unde bonitas et malitia, ut aiunt scholae, formalis exsurgit.

Multiplices actuum humanorum habitus, unde multiplices iis accedunt rationes, sic breviter innuit Caietanus in 1. 2. q. 21. art. 1.: « Actus humanus constituitur in esse boni vel mali quasi ex causa formali et super hoc fundatur, quod ex ordine ad finem, recti vel peccati, ex ordine ad efficiens, laudabilis vel culpabilis, ex ordine ad alterum, meritorii vel demeritorii rationem habet ».

134. Suarez in 1. 2. tract. 3. disp. 1. sect. 1. n. 1. ait: « Mos, ut notavit s. Thomas 1. 2. q. 58. a. 1 , idem fere est, quod frequens saepiusque repetitus idem operandi modus: quae frequentia vel similitudo in modo operandi interdum oritur ex inclinatione et determinatione naturae et hoc modo tribuitur interdum mos irrationabilibus et inanimatis rebus...; sed haec metaphorica esse videntur... Proprie ergo dicetur mos, quando ille similis operandi modus oritur ex voluntaria determinatione operantis et hoc modo dicuntur mores huiusmodi boni vel mali ».

Nihilominus moralis et eius abstractum moralitas, etsi a more pendeant, de singulis actibus praedicari solent. Quid ergo est moralitas?

135. Circa definitionem ergo moralitatis haec habet Suarez l. c. sect. 2. n. 1.: « In actu humano duo possunt considerari, scilicet 1. substantia ipsius actus, quae est veluti quid materiale et 2 formalis ipsius denominatio, seu forma illa, per quam actus denominatur moralis. De primo constat esse ipsam entitatem actus, quae est etiam quid physicum et naturale, de secundo autem valde obscurum est, quid sit ».

Et re quidem vera s. Thomas, sicut nuspiam tradit abstractam formam actus humani nec ullibi definit quid sit humanitas actus, sic quoque nuspiam, quot sciam, loquitur de abstracto actus moralis, videlicet de moralitate. Ex quo vero induci hoc abstractum cepit, exinde dissidia quaedam oborta, quae eo faciliora esse debuerunt, quo haec vox abstracta varios cepit admittere vulgo sensus. Vulgo v. g. opponuntur moralitas et immoralitas, ita ut moralitas actum bonum significet,

immoralitas malum: unde etiam nomina actus *moralis* et actus *immo-*
ralis. Quae tamen notiones nihil habent commune cum prima nominis
impositione, iuxta quam, sicut mores possunt esse boni et pravi, ita
actus moralis est vel bonus vel malus atque adeo tum bona tum mala
debet dici moralitas. Et idcirco perinde deberet dici de moralibus actibus, ac de humanis, videlicet quemlibet actum aut humanum esse aut
non humanum, moralem aut non moralem.

136. Sane plures opiniones de hac re feruntur. Salmanticenses Tract. 20.
cap. 1. nn. 3. et 4. quatuor sententias in hac re enumerant. « Prima sententia constituit moralitatem in libertate et indifferentia, taliter quod
idem sit esse morale et esse liberum. Ita Scotus etc. Secunda sententia
asserit moralitatem consistere in solo ente rationis. Ita Vasquez etc. Tertia
sententia ait consistere in denominatione extrinseca, sumpta vel a natura
rationali vel a lege vel a libertate. Ita Suarez 1. 2. tract. 3. disp. 1. sect. 3.
Quarta sententia et vera defendit moralitatis essentiam non consistere in
aliquo ente rationis aut aliqua denominatione extrinseca, sed in aliquo
modo dicente relationem realem transscendentalem (melius dixissent in
aliqua relatione transscendentali) ad obiectum, ut regulabile per rationem
(quod postremum absurdum videri potest; quia regulabilitas spectat ad
actum, non ad obiectum) ». Et n. 8: « ex quibus constat, moralitatem ut
sic, prout abstrahit a moralitate actus et obiecti, nihil aliud esse quam
respectum realem regulabilitatis seu commensurabilitatis cum regulis rationis », quas voces *regulis rationis* ipsi dicunt se adhibuisse, « ne exclu-
derent actus morales, qui non cadunt sub praeceptum, sed sub consilium ».

Verum Salmanticenses in referendis his sententiis duo peccant. Nam 1.
male Vasq. traducunt tanquam alienum a vera sententia. Nam Vasquez
in loco a Salmanticensibus citato hoc est in 1. 2. disp. 73. n. 43. idem
dicit quod ipsi. Sic enim habet: « Genus moris non est ipsa substantia
actionis interioris, sed quaedam ratio et denominatio extrinseca illi ad-
veniens: haec autem non est ratio voluntarii ac liberi, sed ratio quaedam
communis ad malitiam et bonitatem, quam vocare possumus regulabi-
litatem per rationem. Haec autem dividenda est, tanquam per differentias,
per disconvenientiam et convenientiam et indifferentiam cum natura rationali... At vero ratio voluntarii ac liberi est fundamentum necessarium
huius regulabilitatis et differentiarum eius ».

Item Suarez in loco ab iisdem citato sect. 3. non abludit ab eorum
sententia, inquiens: « tertia opinio esse potest, hoc esse morale actus
esse respectum quemdam ad rectam rationem idest legem regulantem
actum voluntatis ».

2° In eo peccant quod opponant inter se sententias, quae reapse sibi
non opponuntur, sed in alia quaestione versantur. Nam dato quod moralitas sit ille respectus ad regulam rationis, quaeritur rursus quid sit

iste respectus, an sit aliquid reale praeter entitatem actus, an sit ens rationis, an sit denominatio extrinseca : huic porro quaestioni respondent secunda et tertia sententia relatae a Salmanticensibus. Sane' conferatur textus Vasquez, qui simul utrique quaestioni satisfacit.

137. Itaque definiri moralitas potest *comparatio sive relatio actuum humanorum ad regulas morum.* Et actus humanus erit moralis prout cum regula morum comparabilis est seu comparatur. Distinguitur igitur in actu esse physicum et· esse morale, spectatur nempe actus tum in genere naturae tum in genere moris: ut sit in genere naturae prout proficiscitur entitative a voluntate et in genere moris prout relationem habet ad regulam honestatis.

Huc autem redit tandem doctrina s. Thomae. Nam 1. 2. q. 18. a. 5. ad 1. ait: « Bonum, in quantum est secundum rationem et malum in quantum est praeter rationem, diversificare speciem moris » et ibid. in corp.: « Bonum et malum diversificant speciem in actibus moralibus ». Statuit scilicet moralitatem esse quasi genus, bonitatem et malitiam esse species, in quantum sunt vel secundum vel praeter rationem: unde consequitur genus seu moralitatem statuendam esse in habitu seu relatione ad ipsam rectam rationem.

Quapropter recipimus hanc definitionem, ut moralitas sit habitudo actuum humanorum ad normam honestatis.

138. Dicimus *ad normam honestatis,* non ad normam legis; patet enim latius honestatis norma, quam lex; quippe non omne, quod est honestum, est lege praescriptum, sunt enim actus boni, qui non sunt praecepti.

Quanquam aliis placeat sic loqui, omnes actus aliquo modo cadere sub legem. Etsi enim sint actiones honestae, quas fieri nulla lex praecipit, si tamen sponte quis eas praestare velit, lex praescribit ut fiant secundum normam rationis.

139. Distinguenda est autem potissimum bonitas *materialis* et *formalis.* Prior est convenientia actus cum regula, non habita ratione agentis et idcirco actus materialiter spectati: ita v. gr. ablatio rei alienae, periurium etc. Altera est convenientia actus cum regula, prout actus procedit a libera voluntate et praevia cognitione eiusdem regulae. Tunc enim solum haberi potest formalis bonitas vel malitia actus, cum hic scienter et libere ponitur; hoc enim est proprium actus humani.

140. Tandem quod spectat ad verba Caietani superius relata, licet advertere 1. omitti sermonem de moralitate: videlicet actus humanus eo ipso censetur moralis. 2. Reliqua, quae subiiciuntur, dicuntur super hoc fundari, quod nempe actus sit humanus et bonus.

LI. Tria sunt, e quibus in humanos actus ratio moralitatis profluit, quae propterea a quibusdam moralitatis veluti elementa ac principia dici consueverunt: 1. Obiectum, 2. Circumstantiae, 3. Finis.

LII. Obiectum dicitur, circa quod voluntas, velut circa materiam, versatur et in quod primario tendit. Moralitatem autem inducit obiectum, non prout materialiter et in se, sed prout formaliter spectatur, idest prout a voluntate cum advertentia ad normam honestatis ipsum prosequente attingitur.

141. Obiectum significat rem ante iactam seu oblatam seu propositam. At non sic generatim heic sumitur; sed dicitur id, circa quod voluntas versatur veluti circa materiam et in quod primario tendit. Secus etiam circumstantiae erunt obiectum; quia et ipsae animo obiiciuntur. Quo circa illud *primario* dicitur respectu circumstantiarum.

Quemadmodum vero pro actibus in ordine physico distinguitur obiectum *materiale* et *formale,* ita et pro actibus in ordine morali. *Materiale* obiectum actus moralis est id, quodcumque sit, sive res sive actio, circa quod actus versatur: *formale* obiectum est illud idem, sed quatenus subest regulae honestatis relate ad agentem sive prout cum advertentia ad normam honestatis attingitur ab agente (n. 139.). Sic materiale obiectum furti est ablatio rei alienae; formale est eadem ablatio scienter et libere facta. Si haec ratio agendi desit, habes furtum materiale tantum, vel melius, nullum proprie dictum furtum.

LIII. Bonum vel malum dicetur obiectum (quod idem fere valet de fine et circumstantiis) prout honestatis regulae consentaneum est vel dissentaneum. Si neutro modo se habet, dicitur indifferens.

Bonitas autem vel malitia INTRINSECA dicitur, si ex ipsa rei natura atque ordinis exigentia oriatur: EXTRINSECA, si ex sola lege positiva exsurgat.

Denique intrinseca obiecti malitia vel repugnat ordini absolute necessario et tunc ab obiecto seiungi nunquam potest, vel repugnat solum ordini, qui divinae potestati subsit et sic poterit, Deo volente, deficere.

142. Adverte divisionem hanc in bonum, malum et indifferens de obiecto dici seu esse obiectivam. Quod spectat ad indifferens obiectum, s. Thomas 1. 2. q. 18. a. 8. illud esse dicit, quod in se nihil includit pertinens ad ordinem rationis, scilicet propter quod aut rationabiliter appetatur aut rationabiliter fugiatur.

142.bis Bonitas alia est *intrinseca,* alia *extrinseca.* Quaedam enim non ideo bona sunt, quia praecipiuntur, sed ideo praecipiuntur, quia bona sunt et ordini necessario consona. Sic dilectio Dei, restitutio rei alienae, solutio debiti.

Pariter quaedam non ideo mala sunt, quia prohibentur, sed ideo prohibentur, quia sunt mala et necessario ordini repugnantia, ordini scilicet, qui ex rerum naturis exsurgit. Ita blasphemia, mendacium, periurium etc.

Haec dicuntur *intrinsece* bona vel mala. *Extrinsece* bona vel mala dicuntur, quando in se spectata haberi possunt ut indifferentia, sed bona fiunt, quia praecipiuntur aut mala, quia prohibentur. Ita vacare ab operibus servilibus die sabbati, oblatio salis in quolibet sacrificio veteris legis. Ita ieiunium in aliquo pervigilio et abstinentia ab aliquo cibo.

143. Duplex autem ordo distingui debet, quorum alter ita fundatur in naturis rerum, ut mutare eum ne Deus quidem valeat. Eiusmodi est v. gr. subiectio creaturae ad Creatorem atque adeo debitum servitutis. Hinc blasphemiae, periuria etc. non possunt non esse mala et Deus se ipsum negaret, si ordinem hunc inverteret.

Alter ordo est, qui subest divinae potestati propter dominium, quod habet Deus in universas creaturas atque adeo cum non sit absolute necessarius, potest Deus illud immutare. Ita cum Deus sit Dominus o-mnium rerum et vitae hominum, potest auferre ab aliquo homine dominium quod habet et disponere de vita hominum prout ipsi placet. Ergo cessabit malitia in auferenda vita aut substantia alicuius, si Deus hoc ius alteri fecerit.

LIV. Finis dicitur id, propter quod aliquid fit. Ad quem si opus per se tendit, appellatur FINIS OPERIS seu INTRINSECUS: FINIS vero EXTRINSECUS seu OPERANTIS dicitur intentio. quam sibi operans praestituit. Duo autem ii fines interdum in idem recidunt, interdum alius alii superadditur.

Finis ULTIMUS dicitur qui ad alium non refertur. SIMPLICITER ultimus est, qui nec in eadem nec in alia actionum serie ad alterum ordinatur, ultimus vero SECUNDUM QUID seu INTERMEDIUS, qui ultimus est in aliqua serie actuum, in ordine tamen ad alium finem rationem medii habet.

Praeterea finis potest ultimus esse vel POSITIVE, si finem ulteriorem excludit vel solum NEGATIVE, si ad ulteriorem finem non ordinetur quidem, hunc tamen non excludat. Denique finis dicitur PRIMARIUS, qui sit causa primas partes habens et per se solam sufficienter ad actum movens: SECUNDARIUS vero, si causa sit mere impellens, una cum alio.

144. *Finis* reipsa enumeratur inter circumstantias: praecipuum tamen locum sibi in moralibus ita vindicat, ut seiunctim de eo agere mos sit. Ita autem principem locum tenet, ut non solum dominetur mediis, quae fini subserviunt: sed cum ipsum obiectum actus habeat saepe locum medii, hinc finis dominatur etiam obiecto. Ita v. gr. si furetur quis ut crapuletur, si donet, ut retrahat a peccato.

145. *Finis operis* sive *intrinsecus* est proxime intentus et est ipsum *obiectum formale* seu scopus, ad quem opus per se ipsum tendit. Ita largitio eleemosynae per se tendit ad levandam miseriam alterius, cibus ad sustentationem, medicina ad sanitatem. Alter vero finis, qui est *extrinsecus*, superadditur ab operante, dum opus aliquod sibi assumit tanquam medium ad aliquem scopum assequendum. Ita v. gr. qui largitur eleemosynam, ut satisfaciat pro peccato, qui cibum sumit, ut possit itinerari, qui mentitur, ut possit seducere.

Recidunt in idem duo fines, quando nullus est finis operantis diversus a fine operis. Ita qui canit in ecclesia mere in Dei honorem. Alter alteri superadditur (et plures superaddi eidem possunt unico operi), quando diversus est finis operantis a fine operis seu, ut melius dicamus; quando operans assumit obiectum formaliter intentum ad alium scopum assequendum. Ita qui canit in ecclesia ad Dei laudem, sed simul vult per-. cipere lucrum, quo emat:candelas ad ornandum altare vel ut subveniat pauperi infirmo.

Addi potest, quod alter finis interdum negligitur omnino. Ita v. gr. christianus, dum locat telas sericas ad ornandam viam per quam defertur sollemniter ss. Christi Corpus, vel intendit et Dei honorem et honestum lucrum vel non raro, non secus .ac Iudaeus, mere intendit lucrum.

146. Quod spectat ad aliam divisionem, praemittendum est distingui a theologis *finem qui, cuius, quo, cui*. Finis *qui* vel *cuius* est finis obiectivus scilicet est res, quam adipisci per media intendo. Finis *quo* vel formalis est ipsa rei consecutio et finis obiectivi possessio. Finis *cui* est persona, cui res vel rei possessio desideratur.

Iam vero finis ultimus *simpliciter* est qui ad alium non ordinatur. Sic Deo finis ultimus *qui* est in operibus ad extra gloria sua, cuius *finis cui* est ipse Deus: sic homini finis ultimus *qui* est beatitudo seu boni perfecti assecutio, cuius finis ultimus *cui* rursus est Deus, finis autem *cui* secundarius est ipse homo. Advertendum tamen quod ob diversa cuiusque studia quaeritur a diversis beatitudo in rebus diversis (1. 2. q. 1. a. 7. ad 2.)..

Finis ultimus *secundum quid* seu *intermedius* est ille, qui postremus est quidem in aliqua serie, ordinatur tamen ad aliud. Ita v. gr. homo, ut salvet fratrem in carcere detentum, varia excogitat media, inter haec est conciliare sibi animum iudicis, ad hoc dona quaerit etc. Liberatio fratris a carcere est finis ultimus in hac serie actionum : sed iste finis ad alium finem ordinari potest vel ad bonum familiae vel saltem ad Dei gloriam.

147. Finis autem ultimus est *positive* ultimus, si per se vel ex intentione agentis excludit alium ulteriorem. Est autem *negative* ultimus, qui actu non ordinatur, in se tamen ordinari potest, quae ordinatio nec actu habetur nec excluditur. Ita actus aliarum virtutum, qui non referantur ad finem nobiliorem, v. gr. caritatis.

148. Finis *primarius* heic intelligendus est, qui non solum primas habet partes in actione, sed qui praesertim sufficiens est ut moveat ad actum: quapropter et multiplex pro eadem actione esse potest. Sic cantor, qui in honorem s. Iosephi vult cantare kyrie et cantaret etiam sine mercede, licet merces quoque esset finis sufficiens ad movendum cantorem. Ita qui ad urbem pergit, ut negotia sua gerat et simul ut videat spectaculum insuetum, quarum utraque causa per se sola moveret ad iter. Uterque ergo finis habet in his adiunctis rationem primarii.

Hic reapse distinguendus est a fine, qui sit *causa totalis*, qui quidem duplex, *totalitate* scilicet *causae* et *totalitate effectus*. *Finis causa totalis totalitate causae*, est cum ipse solus est plena ratio actionis; *causa totalis totalitate effectus*, cum integra actio ab eo fine pendet, quamvis tota et ab alio pariter fine pendere possit et pendeat.

Secundarius dicitur mere impellens. Ita v. gr. vult quis ex devotione sumere Eucharistiam, et hic est finis primarius; sed quia novit panem caelestem distribuendum a S. Pontifice in aede s. Mariae Maioris, impellitur ad sumendam Eucharistiam in hac ipsae aede et idcirco sumptio Eucharistiae (in aede s. Mariae Maioris) est finis primarius, finis secundarius est illam habere de manu Papae.

LV. Circumstantiae, inquit s. Thomas 1. 2. q. 7. a. 1. dicuntur quaecumque conditiones sunt extra substantiam actus et tamen attingunt aliquo modo actum humanum. Unde circumstantiae actuum humanorum accidentia eorum dicenda sunt.

Tullius, pergit s. Thomas l. c. a. 3. assignat septem circumstantias, quae hoc versu continentur.

Quis, quid, ubi, quibus auxiliis, cur, quomodo, quando.

149. In descripto textu s. Thomae sunt notanda illa verba: *quae attingunt aliquo modo actum humanum*. Supponunt ergo actum iam in sua natura constitutum nempe habentem speciem ex obiecto, ad quod tendit. Hinc a s. Thoma 1. 2. q. 18. a. 3. circumstantia dicitur accidens. Quemadmodum autem accidentia tribuunt essentiae aliquam perfectionem aut minuunt perfectionem, ita et de circumstantiis cogitandum (ibid. ad 1. et 2.) et sic dicuntur attingere actum humanum.

150. Iam vero *Quis* non denotat hominem, sed talem hominem, v. gr. clericum vel laicum, privatum vel publicum, coniugatum vel liberum aut voto ligatum. Intellige, si talis erat dum peccavit.

Quid respicit accidentalem quantitatem vel qualitatem obiecti (hanc circumstantiam quidam appellant *circa quid*, Lugo *de Poenit.* Disp. 16. n. 236). Obiectum sit v. gr. percussio hominis: circumstantiae erunt quod percussus sit laicus vel clericus, extraneus vel pater aut avus, quod percussio fuerit vel levis vel gravis v. gr. cum fractura ossium. Et si sermo sit de furto, erit circumstantia quod res sit sacra, quod quantitas sit gravis vel levis etc.

Huc etiam pertinent effectus, qui secuti fuerint, v. gr. quod cachinnis impuleris ad blasphemandum et imprecandum, quod scandalum dederis etc.

Ubi refertur ad qualitatem loci, v. gr. si homicidium commissum fuerit in templo vel coemeterio. Non vero huc pertinet, quando ex ratione loci tota substantia actionis seu peccati provenit. Sic si iudex reum abstrahat ab ecclesia vel in ecclesia actus iudiciales exerceat, si quis inducat iumenta in ecclesiam, velut in stabulum etc.

Quibus auxiliis secundum s. Thomam refertur ad causam instrumen-
talem seu media adhibita. Ita v. gr. si usus 'sit quispiam re sacra ad
superstitionem, si ope daemonis usus sit ad excitandum inhonestum
affectum.

Cur indicat finem extrinsecum. Ita si eleemosynam dederis, ut avertas
a peccato vel ut ad falsum testimonium inducas.

Quomodo refertur ad modum. Huc spectat an plena vel semiplena
advertentia, an ex conscientia recta vel erronea factum quidpiam fuerit.
Item remissio vel intensio actus, quae plane ad maiorem aut minorem
meriti vel demeriti mensuram conferunt. Huc quoque spectat certus modus in actione v. gr. si quem crudelissime occideris, discerpendo membra,
extrahendo iecur. Item si per vim quidpiam ablatum est vel stuprum
illatum.

Quando circumstantiam indicat temporis et refertur tum ad durationem actionis v. gr. si obiter vel defixus diu aspexeris non aspicienda,
si diu inhonestis cogitationibus inhaeseris, si diu odium foveris : tum ad
circumstantiam extrinsecam actioni v. gr. si in ecclesia confabulationibus
indulseris, dum ss. Mysteria peragebantur, si paulo post sumptam Eucharistiam vel cogitatione vel verbis aut opere peccasti.

De his omnibus s. Thomas 1. 2. q. 7. a. 3. « Ratio huius enumerationis
sic accipi potest. Nam circumstantia dicitur quasi extra substantiam
actus exsistens, ita tamen quod aliquo modo attingit ipsum. Contingit
autem hoc fieri tripliciter: uno modo in quantum attingit ipsum actum,
alio modo in quantum attingit causam actus, tertio modo in quantum
attingit effectum. Ipsum autem actum attingit vel per modum mensurae,
sicut *tempus* et *locus* vel per modum qualitatis actus, sicut *modus agendi*.
Ex parte autem effectus, ut cum consideratur quid aliquis fecerit. Ex
parte vero causae actus, in quantum ad causam finalem accipitur *propter quid*, ex parte causae materialis sive obiecti accipitur *circa quid*,
ex parte vero causae agentis principalis accipitur *quis* egerit, ex parte
vero causae agentis instrumentalis accipitur *quibus auxiliis* ».

LVI. Bonitatem seu malitiam primariam, quae actibus inest ex obiecto (1. 2. q. 18.
art. 2.), circumstantiae, inter quas principem locum obtinet illa, quae actum attingit ex parte finis (1. 2. q. 7 art. 4), modo intra eamdem speciem vel augent vel
minuunt, modo in aliam speciem (theologicam intellige) transferunt, modo nova.
quapiam morali specie cumulant.

Novam addunt moralem speciem, quandccumque, ut inquit s. Thom. 1. 2. q. 18
art. 10., respiciunt specialem ordinem rationis vel pro vel contra. Transferunt in
aliam speciem theologicam, cum eiusmodi augmentum aut imminutionem malitiae
important, ut peccatum ex veniali fiat mortale, aut viceversa; licet nunquam contingat, ut peccatum ex genere suo veniale, ex circumstantia fiat mortale, nisi haec
addat alterius speciei moralis deformitatem (1. 2. q. 88 art. 5). Intra eamdem denique

speciem imminuunt vel augent, cum inducta immutatio, sive levis ea sit sive, ut aiunt, notabiliter aggravans, nullam diversam speciem nec moralem scilicet nec theologicam infert.

151. Ita s. Thomas de bonitate primaria vel malitia l. c.: « Primum, quod ad plenitudinem essendi pertinere videtur, est id, quod dat rei speciem. Sicut autem res naturalis habet speciem ex sua forma, ita actio habet speciem ex obiecto, sicut et motus ex termino.

Et ideo 1° prima bonitas actus moralis attenditur ex obiecto convenienti: unde a quibusdam vocatur bonum ex genere, puta uti re sua... Ita primum malum in actionibus moralibus est, quod est ex obiecto, sicut accipere aliena et dicitur malum ex genere, genere pro specie sumpto, eo modo loquendi, quo dicimus humanum genus totam humanam speciem ».

152. Quod circumstantia finis sit potissima, sic probat s. Thomas l. c.: « Actus proprie dicuntur humani... prout sunt voluntarii: voluntatis autem motivum et obiectum est finis. Et ideo principalissima est omnium circumstantiarum illa, quae attingit actum ex parte finis scilicet *cuius gratia;* secundaria vero, quae attingit ipsam substantiam actus idest *quid fecit.* Aliae vero circumstantiae sunt magis vel minus principales, secundum quod magis vel minus ad has appropinquant.

153. Exponimus 2° loco quid circumstantiae efficiant. Sane nova additur species per circumstantiam, quando ratio bonitatis vel malitiae, quae accedit ex circumstantia, est diversi ordinis seu diversae speciei ac sit malitia vel bonitas obiecti. Ita s. Thomas l. priore c.: « Quandocumque aliqua circumstantia respicit specialem ordinem rationis vel pro vel contra, oportet quod circumstantia det speciem actui morali vel bono vel malo ». Sed in hoc casu, ut inquit s. Thomas 1. 2. q. 88. a. 5. « circumstantia accipitur ut *differentia specifica* actus moralis et tum *amittit rationem circumstantiae et constituit speciem moralis actus* ». Qui tamen modus loquendi minus nunc usitatus est, cum retineat communiter nomen *circumstantiae mutantis speciem:* hinc tamen ratio, cur multiplex censeatur peccatum et multiplex peccati species. Ita furtum rei sacrae; nam permanet in eo actu malitia furti, quod est contra iustitiam: accedit vero malitia alterius ordinis scilicet contra religionem.

Circumstantia transfert actum in aliam speciem theologicam, cum ratione circumstantiae vel leve fit quod est grave ex obiecto, vel viceversa. Speciem inquam theologicam; quia species quidem morales diversificantur pro vario obiecto, species vero theologicae, quae sunt inter grave peccatum et leve, in eadem specie morali habent locum. Ita imperfectio actus efficiet, ut mutetur species; quia excusabit a gravi culpa, ita et levitas materiae in his, quae ex genere suo sunt gravia peccata, uti in furto, detractione etc.

Nunquam tamen contingit, ut peccatum ex genere suo leve fiat ex circumstantia grave, nisi accedat deformitas alterius generis. Ita s. Thomas 1. 2. q. 88. a. 5: « Impossibile est autem, quod circumstantia de peccato veniali faciat mortale, nisi afferat deformitatem alterius generis », v. gr. si quis verba otiosa dicat ut inducat ad fornicationem. Verumtamen cum s. Thomas 1. 2. q. 18. a. 11. circumstantiam enumeret etiam *magnae* vel *parvae* quantitatis, quae, ut inquit, « non respicit ordinem rationis in bono vel malo, nisi praesupposita alia circumstantia, a qua actus moralis habet speciem boni et mali »: potest quis uti hoc modo loquendi, quod circumstantia *magnae* vel *parvae* quantitatis peccatum ex genere suo mortale transfert seu collocat in genere vel mortali vel veniali. Sed de his melius, ubi de peccatis.

3° Loquimur de *aggravatione* et *diminutione* intra speciem. Ad hoc requiritur, ut non modo circumstantia non addat speciem aliam moralem, sed ut ne theologicam quidem mutet. Quo circa imminutio vel augmentum debet consistere aut intra fines culpae levis aut intra fines culpae gravis. Quoad usum et praxim considerari solet maxime circumstantia *notabiliter aggravans,* quae scilicet gravi culpae notabilem et si vultis, enormem gravitatem addat. Ita v. gr. furtum bovis est grave: circumstantia notabiliter aggravans erit, si mille boves eripiam. Notabiliter aggravans dicitur (ex Scavini), quando exceditur ordinarius modus peccandi. v. gr. quod quis per mensem vel annum perduraverit in odio, quod totam noctem illicite transegerit cum muliere, quod occidat, membratim concidendo. Ita ex communi usu: verum non constat an hoc sensu usurpaverit hanc vocem Catechismus Romanus, quando dicit aperiendas in confessione circumstantias notabiliter aggravantes, num vero intelligat eas, quae ex levi culpa faciunt gravem.

154. Tandem quoad circumstantias mutantes speciem duo alia addi possunt: 1° identidem afferunt circumstantiae malitiam vel bonitatem actui per se indifferenti, v. gr. si deambules *causa sanitatis:* hoc adiunctum confert actui primariam bonitatem, nam nullam bonitatem in actu supponit.

2° Identidem impediunt, ut bonitas essentialis exsistat. Ita si ob vanam gloriam des eleemosynam: hic finis efficit, ut depereat bonitas coniuncta ipsi eleemosynae et confert malitiam venientem ex vanagloria.

LVII. His ita praemissis, ad iudicandum de bonitate vel malitia actuum, praestat prae oculis habere ea, quae sequuntur.

A. Ut bonus sit actus, oportet, ut bonitas, undecumque sit, directe intendatur.

155. Directe intendimus bonum, cum volumus bonum sub ratione boni, non quatenus necessaria sit ista reflexio in animo agentis, sed quatenus bonum volumus allecti eius bonitate. Sic qui vult obedire, munera sui officii implere, concionari, studere etc., motus bonitate, quae in his actibus reperitur, vult bonum sub ratione boni. Haec ergo directa

intentio distinguenda est ab ea, de qua locuti sumus, cum disputavimus
de voluntario directo et indirecto. Sane s. Thomas 1. 2. q. 18. a. 7. ad 3.
illud, quod diximus, exigit: « Ad hoc quod voluntas sit bona, requiritur,
quod sit boni sub ratione boni, idest quod velit bonum propter bonum ».
Sic nihil meretur ex abstinentia ille, qui nec virtutis bonum nec praeceptum Ecclesiae cogitat, sed solum vult acuere appetitum ad melius
prandendum. Ita qui moratur in ecclesia unice, ut audiat musicam, ut
picturas inspiciat, non secus ac Iudaeus aut acatholicus.

Hinc confessarii inculcent necessitatem vigilandi et ne bona fiant
perfunctorie.

Dicitur *undecumque sit bonitas,* scilicet sive ex obiecto sive ex circumstantiis.

B. Ad malitiam sufficit. ut indirecte sit voluntaria.

156. Huius ratio est, quia quoad malum tenemur non modo illud non
velle, sed ipsum impedire et vitare. Haec habenda prae oculis, ut iudicetur de peccatis omissionis. Ita frustra dicet confessarius se nolle errores, si non det operam studio.

- C. Actus bonitatem aut malitiam habet ab obiecto formaliter spectato.

157. Ita s. Thomas *de Malo* q. 9. a. 2. ad 10. « Dicendum quod in
moralibus obiectum constituit speciem non secundum id quod est materiale in ipso, sed secundum formalem rationem obiecti (intellige autem,
ex contextu, speciem theologicam, sed valet etiam pro specie morali) ».
Scilicet bonitas vel malitia voluntatis non dependet ab obiecto secundum
sui naturam, sed secundum quod a ratione apprehenditur ut bonum vel
malum (139.): vide s. Thomam 1. 2. q. 19. a. 5.

Si ita est, peccat ergo ille, qui agit erronee putans ibi adesse peccatum,
ubi reapse peccatum non est et vicissim. Sic peccat qui falso putat hac
die interdici carnes et tamen carnes edit. Sic e contrario recte agit qui
dat eleemosynam roganti, quem pauperem putat, etsi reapse pauper is
non sit.

D. Actus ex obiecto bonus ad bonum finem imperatus, praeter essentialem specificam obiecti bonitatem, habet accidentalem a fine.

158. Ratio est, quia utraque bonitas intenditur a voluntate nec alia
aliam impedit. Quod vero bonitas obiecti non impediat bonitatem finis
et vicissim, manifestum est. Ergo qui dat eleemosynam, ut impediat
peccatum, caritatem exercet tum corporalem tum spiritualem. Qui ieiunat
ex voto, habet virtutem abstinentiae et religionis.

E. Eadem de causa actio ex obecto mala in malum finem directa duplicem
malitiam contrahit.

159. Ratio patet ex praecedenti. Ita duplicis peccati reus est, qui furatur ut se inebriet etc.

F. Actus ex obiecto indifferens bonitatem aut malitiam a fine desumit et hinc in aliqua virtutis aut vitii specie constituitur.

160. Ratio est quia in illud voluntas non fertur nisi quatenus fertur in finem aut bonum aut malum. Hic porro est casus, quando actio bonitatem specificam habet totam a fine. Sic qui canit, ut soletur aegro· tum, vel ut molestiam alteri gignat.

G. Actus ex obiecto bonus aut indifferens fieri potest malus tum ex fine tum ex circumstantiis.

161. Huc enim illud spectat: bonum ex integra causa, malum autem ex singularibus defectibus (s. Thomas 1. 2. q. 19. a. 6. ad 4.). Diximus autem posse fieri, non vero semper fieri: limitatio patebit ex aphorismis sequentibus (l. m. n.) Exempla obvia sunt. Sic malum erit contra obedientiam orare: sic tractare negotia vel sumere prandium in ecclesia malum est ratione circumstantiae loci: ita lusus habebit vitium ratione temporis diuturnioris: ita ratione scandali male presbyter coram omnibus manducabit carnes die ieiunii.

H. Exinde sicut actus ex obiecto malus non fit bonus ob finem bonum, ita si finis graviter est malus, mala erit actio, etiamsi materialiter bonum sit obiectum.

162. Sane finis bonus non excusat–malum opus: ita si quis furetur, ut det eleemosynam. Ratio; quia non potest Deo placere actus, quo iniuriam ipsi Deo irrogo atque ab eo prorsus avertor. Nec sunt facienda mala, ut eveniant bona Rom. III. 8.

Sunt tamen qui affirment (vid. Salmant. Tr. 20, c. 10. n. 31.) finem bonum minuere malitiam actus mali: ideo minus peccare qui furatur ad dandam eleemosynam, quam qui ob meram cupiditatem. Hinc Augustinus docet levius esse mendacium pro salvanda vita alterius, quem pro alla causa parvi momenti.

Quod si finis sit graviter malus h. e. mortaliter pecces, illum intendens; nequis ullo modo in eo, quod vis propter finem, placere Deo, a quo plene averteris actu, dum mortaliter peccas: sic qui succurrit pauperi familiae, ut eam avertat a fide, eius actio est prorsus mala.

I. Si finis, etiamsi leviter malus, sit totalis causa cur actus ponatur, totum actum, alioquin ex obiecto materialiter bonum, vitiat.

163. Ratio est, quam affert s. Thomas 1. 2. q. 19. a. 7. ad 2., nempe quia qui ita agit vult bonum sub ratione mali et cum finis leviter malus sit causa totalis, non vult nisi sub ratione mali ideoque ex toto voluntas eius est mala. Ita qui mere orat ut ab hominibus videatur, qui mere ad vanam gloriam captandam pulsat organa.

L. Actus habens obiectum formaliter bonum, cuius finis leviter malus non est totalis et immediata ratio cur illud eligatur, est partim bonus, partim malus.

164. Finis leviter malus non est causa totalis agendi, quando 1° se

interserit aliis finibus ita ut veluti *concomitetur.* Ita adolescens, qui ex
obedientia dat operam studio et simul tangitur cupiditate vanae gloriolae.
Bene autem advertit s. Thomas 1. 2. q. 20. a. 6. heic agi de actu exteriori
qui unus est in genere naturae, sed multiplex est in genere moris. Unde
concludit: « Si accipitur unus actus, prout est in genere moris, impossibile est, quod sit bonus et malus bonitate et malitia morali: si tamen
sit unus unitate naturae et non unitate moris, potest esse bonus et malus ». Quocirca de illo, qui vadit ad ecclesiam ex intentione divini ser-
vitii, sed subintrat intentio vanae gloriae, ita decernit, ibid. ad 1.: « Ille
motus continuus (eundi ad ecclesiam), qui procedit ex diversa intentione,
licet sit unus unitate naturae, non est tamen unus unitate moris ». De
eadem re 2. Dist. 40. q. 1. a. 4 : « Bonitas et malitia nunquam possunt
esse in una actione secundum quod est una, sed secundum quod est
multa ».

Praeterea 2° finis leviter malus potest *consequi* voluntatem iam bonam.
De qua re s. Thomas 1. 2. q. 19. a. 7. ad 2.: « Sed si intentio sit consequens, tunc voluntas potuit esse bona et per intentionem sequentem non
depravatur ille actus voluntatis, qui praecessit, sed actus voluntatis, qui
iteratur (si excludatur finis bonus aut obiectum formaliter bonum) ».

Ita concionator, qui ceperit ex sincero zelo concionem et deinde inspectis auditoribus doctis, aemulatione vel vana gloria ducitur.

Tandem 3° finis leviter malus potest etiam *antecedere,* ita tamen, ut
non informet opus subsequens imperatum, sed ita extrinsece adsit, ut
potius occasio subsequentis actus dici queat. Ita si quis humano respectu
moveatur, ut intersit supplicationi, ut accedat ad Sacramenta etc. Iste
defectus in motivo, quo impellitur, non impedit, quominus Sacramenta
rite suscipiat et alia rite peragat.

M. Multo vero minus corrumpit actum formaliter ex obiecto bonum, si quis
secundarius finis accedat, qui habeatur indifferens. Secus dicendum, si finis indifferens
sit totalis causa actus ponendi.

165. Si finis leviter malus, qui non sit causa agendi totalis, non de-
pravat totum opus (L); a fortiori id non efficiet finis indifferens.

Ergo non vitiatur opus canendi in ecclesia, eo quod cantor intendat
etiam lucrari : sic qui ecclesiam adit ut etiam delectetur musica vel
praesentia regis alicuius. Dixi autem, si finis sit indifferens, licet quae
enumerata sunt, ad honestos actus revocari queant: sed habentur ut
indifferentia; quia plerique istam honestatem animo non sectantur.

Contra vero dicendum, quando finis indifferens esset totalis causa
actus. In hac enim hypothesi nulla voluntas superesset erga bonum
atque adeo nulla esset voluntas boni. Verum haec hypothesis supponit
falsam doctrinam de actu nempe indifferenti in individuo; de qua re mox.

N. Neque bonum plane corrumpunt mala, quae ex accidenti per circumstantiam ita adveniant, ut actui sint extrinseca.

166. Extrinseca dicimus, quatenus neque imperando actum bonum neque alio modo inficiunt voluntatem tendentem in bonum. Tunc enim necesse est ut actui bono bonitas sua maneat, vel certe non tota deficiat. Sic qui inter inserviendum infirmis, in aliquem actum impatientiae incidit: sic qui aliquem defectum incurrit in audiendis confessionibus: sic qui dum orat in ecclesia vel processiones comitatur devote, complacet sibi vane de voce, de veste, de magnifico vexillo confraternitatis etc.

LVIII. Quaerunt DD. an actus humanus possit esse indifferens, scil. nec bonus nec malus moraliter. Quaestio autem fit non de actibus ad ordinem supernaturalem spectantibus, qui profecto non possunt esse nisi boni; neque de actibus in ordine ad meritum vel demeritum aeternae vitae, cum certum sit, quaedam peragi vel a fideli peccatore vel ab infideli, quibus nec aeternum praemium, nec poena, utpote moraliter bonis, tribuitur: neque iterum sermo est de actibus, qui, ut inquit s. Thom. 1. 2. q. 18. a. 9., non a ratione deliberativa procedunt, sed ex quadam imaginatione, sicut cum aliquis fricat barbam vel movet manum aut lapidem; qui quidem proprie loquendo non sunt humani, sed quasi extra genus moralium actuum exsistunt. Quaestio est igitur de actibus deliberatis et mere in ordine naturalis honestatis.

167. Cum de actibus indifferentibus loquimur, non potest esse sermo de actu supernaturali; nam supernaturalem actum dicimus, qui fit ex gratia et aliquo modo ordinatur ad salutem aeternam, cuiusmodi esse nequeunt actus indifferentes.

Quidam dixerunt actum indifferentem eum, qui neque meritorius est neque demeritorius. Verum heic non de merito aut demerito operum sermo est, sed de morali bonitate. Confundi autem non debet actus non meritorius cum actu malo. Nam dantur actus moraliter boni, qui tamen non promerentur praemium aeternum, ideo quia agens non est in statu gratiae. Imo sunt actus moraliter boni, qui nihil prorsus merentur in ordine supernaturali ut sunt opera bona infidelium. De quibus tamen operibus s. Thomas 2. Dist. 41. q. 1. a. 2. affirmat quod Deo placent: « Sicut aliquid participat bonitatem, ita etiam Deo est acceptum et ideo actus illi enunciantur Deo accepti simpliciter, qui meritorii sunt, completam bonitatem habentes: sed tamen etiam actus alii, secundum quod sunt boni ex genere vel ex circumstantia, Deo placent: non tamen sunt remunerabiles praemio aeterno ». Sunt quoque actus boni et supernaturales, quibus non debetur vita aeterna, quales sunt actus salutares se disponentium ad iustificationem.

168. Et quidem alte animis defigenda est haec doctrina de diversis bonitatis gradibus ita ordinatis, ut altero subtracto, non deficiat alter, etsi actus sit minus perfectus.

Hanc doctrinam ita proponit s. Thomas 2. Dist. 41. q. 1. a. 2. ubi quaerit an actus infidelium possit esse bonus. « Respondeo, inquit, dicendum, quod sicut in rebus naturalibus una perfectio alteri superadditur, sic ut quaedam res habeant unam illarum et quaedam duas et sic deinceps: ita etiam in moralibus contingit, in actu considerare aliquam perfectionem alii superadditam, ex quarum unaquaque dicitur actus bonus et si aliqua illarum perfectionum desit, deerit bonitas, quae est secundum perfectionem illam. V. gr. omnis actus, in quantum est actus, habet quamdam essentialem bonitatem secundum quod omne ens bonum est; sed in aliquibus actibus superadditur quaedam bonitas ex proportione actus ad debitum obiectum et secundum hoc dicitur actus bonus ex genere et ulterius ex debita commensuratione circumstantiarum dicitur bonus ex circumstantiis et sic deinceps, quousque perveniatur ad ultimam bonitatem, cuius humanus actus est susceptivus, quae est ex ordine ad finem ultimum per habitum gratiae et caritatis... Sed subtracto posteriori, nihilominus remanet prius ».

Nos vero nunc spectamus actus secundum naturalem bonitatem, praecisione facta a merito vel demerito vitae aeternae aut iustificationis.

Tandem, ut monuimus, disputamus heic de actibus deliberatis; censemus enim non raro actus a nobis quotidie fieri qui deliberati non sint, sed qui, posita certa naturali inclinatione aut consuetudine, ex imaginatione aut veluti ex instinctu procedant. Hi sunt actus hominis, non humani. De his s. Thomas 1. 2. q. 18. a. 9. « Si autem (actus) non procedit a ratione deliberativa, sed ex aliqua imaginatione, sicut cum aliquis fricat barbam vel movet manum aut lapidem, talis actus non est, proprie loquendo, moralis vel humanus; cum hoc habeat actus a ratione et sic erit indifferens, quasi extra genus actum moralium exsistens ».

Nota apud veteres perinde valere istas formulas: actus consideratus *secundum speciem, ex genere, ex parte obiecti.*

LIX. Porro si actus eiusmodi consideretur EX PARTE OBIECTI, seu SECUNDUM SPECIEM, seu QUOAD GENUS OPERIS, consentiunt DD., actum nec bonum nec malum esse posse. « Contingit enim, inquit. s. Thom. 1. 2. q. 18. a. 8., quod obiectum actus non includit aliquid pertinens ad ordinem rationis, sicut levare festucam, ire ad campum et h iusmodi et tales actus secundum speciem suam sunt indifferentes ».

Si vero actus consideretur IN INDIVIDUO seu RESPECTU OPERANTIS, bifariam dividuntur DD. Alii dari actus indifferentes negant cum s Thoma, qui ita ratiocinatur 1. 2. q 18. a. 9.: « Oportet, quod quilibet individualis actus habeat aliquam circumstantiam, per quam pertrahatur ad bonum vel malum, ad minus ex parte intentionis finis. Cum enim rationis sit ordinare ; actus a deliberativa ratione procedens, si non sit ad debitum finem ordinatus, ex hoc ipso repugnat rationi et habet rationen mali: si vero ordinatur ad debitum finem, convenit cum ordine rationis; unde habet rationem boni. Necesse est autem, quod vel ordinetur vel non ordinetur ad debitum finem. Unde necesse est, omnem actum hominis a deliberativa ratione procedentem, in individuo consideratum, bonum esse vel malum ».

Alii contra contendunt, « Deum summe benignum indulgere humanae naturae fragili, infirmae et in sta'u continuae distractionis positae, ita ut non teneatur homo semper dirigere actiones singulas ad altiorem honestatis finem, sed possit quaedam interdum agere propter aliquem finem inferiorem, proxime respicientem indigentias ipsius naturae humanae ». Ita Staidel *Disput. de hum. actionib. 278.* qui sententiam hanc s. Bonaventurae adscribit.

LX. « Utraque sententia, inquit Ignatius Schwarz *Institution. Iur. publ. univers. nat. et gent.* p. I. Tit. 1. *Instr.* 2. §. *III. in fin.* est admodum probabilis. Melius tamen ii facere videntur, qui primam sententiam amplectentes, eam deinde aut cum secunda conciliare student, aut certe ita cum s. Thoma explicant, ut (quod est sane mirum) benignior, quam opposita, videri possit. Etenim cum s. Thomas (cf. 2. 2. q. 145. art. 2.), ad moralem bonitatem, seu ad virtutis honestatisque bonum nihil amplius demum exigat, quam ut actus ordinationi rationis sit consentaneus, seu ut sit secundum rationem ordinatus, seu ut ordini rationis non sit contrarius; imo cum vel actus virtutis civilis seu politicae ita honestos habeat, ut ex parte agentis, si hic in statu gratiae sit, nihil ulterius exigat ad rationem meriti vitae aeternae (cf. 2. Dist. 40. q. 1. art. 5.); facile apparet, doctrinam s. Thomae adeo non esse severam prae opposita, ut quos actus ceu indifferentes alii habent, eos Angelicus Doctor et honestos et insuper pro iis, qui gratia sanctificante sint exornati, aeternae vitae praemio dignos esse affirmet ».

169. Quoad quaestionem, an detur actus indifferens in individuo, notandum est, etiam olim non unam fuisse opinionem Doctorum. Quocirca s. Thomas 2. Dist. 40. q. 1. a. 5. ait: « Respondeo dicendum, quod circa hoc sunt tres opiniones. Quidam enim dicunt, quod in dictis (idest in verbis) non potest esse aliquid indifferens, in factis autem potest... Alii dicunt, quod tam in dictis quam in factis contingit aliqua esse indifferentia, quae nec bona nec mala sint, sicut illa, quae non ordinantur ad impletionem praeceptorum Dei... nec etiam divinis contrariantur praeceptis... Aliter secundum alios dicendum est, quod nullus actus a voluntate deliberata progrediens potest esse, qui non sit bonus vel malus, non tantum secundum Theologos, sed etiam secundum moralem philosophum ».

Eandem opinionum varietatem testatur et s. Bonaventura 2. Dist. 41. a. 1. q. 3. Et reipsa doctores partim in unam partim in alteram sententiam inclinarunt, ut patet ex Schwartii testimonio et Scotistae generatim volunt dari actus indifferentes, Thomistae negant; reliqui scinduntur.

Sententiam itaque affirmantem, Staidel et Schwarz tribuunt Scotistis et s. Bonaventurae. Ita Staidel l. c.: « Alterius sententiae (nempe affirmantis) patroni omni conatu sese opponunt huic necessitati universali et absolutae relationis operum ad finem honestum in genere moris... Aiunt itaque, Deum summe benignum indulgere humanae naturae fragili, infirmae... ut non teneatur homo semper dirigere actiones singulas ad altiorem honestatis finem, sed possit interdum quaedam agere propter aliquem finem inferiorem, proxime respicientem indigentias ipsius naturae humanae, ut expuere, sternutare, se refrigerare et similia. Ex quo sequitur, actus huiusce generis nec positive inhonestos dici posse, quia conformes voluntati Dei saitem ut permittenti et indulgenti nec positive honestos, quia motivum solius permissionis ad honestatem insufficiens est adeoque vocandos indifferentes ». Deinde allegat s. Bonaventuram 2. Dist. 41. a. 1. q. 3.

170. Verum est ne eiusmodi sententia s. Bonaventurae? Haec est eius doctrina l. c. « Quaedam actio a voluntate deliberativa procedens est ordinata in finem debitum, scilicet ad Deum et haec quidem est bona et si fit ex caritate, est meritoria vitae aeternae merito condigni: si autem fiat extra caritatem, meritoria est merito congrui. Quaedam vero actio deliberativa ex voluntate procedens est non ordinata (scilicet ad Deum) et haec est divisio per immediata. Sed non omnis actio, non ordinata ad Deum tanquam finem, est mala. Quia quaedam non ordinatur propter inordinatam conversionem ad creaturam: quaedam vero non ordinatur propter operantis negligentiam: quaedam vero non ordinatur propter operantis infirmitatem et miseriam. Prima differentia actionis non ordinatae est mala malitia commissionis: secunda est mala malitia omissionis: tertia vero nullo modo est mala, sed est indifferens ».

« Talis autem actio est, quando quis facit aliquam operationem ita quod circa creaturam non afficitur inordinate nec tamen illam operationem comparat ad Deum, sed facit propter aliquem finem, qui respicit indigentiam naturae, ut cum aliquis ambulat ut recreetur, vel comedit ut reficiatur: talis actio indifferens iudicatur; quia Deus nec illam remunerat nec imputat in culpam. Et hoc quia in tali actione non est malitia commissionis; quia non est inordinata dilectio nec etiam omissionis; non enim semper omittit homo, quando actiones suas non refert in Deum »..

« Indulgentur enim naturae fragili et infirmae, ut multa possit talia facere nec Deus requirit ab homine in tali statu distractionis et miseriae, quod omnia, quae facit, referat ad se: requirit tamen aliquando, quando est locus et tempus et tunc si homo non referat, omittendo peccat ».

« Concedendum est igitur, sicut rationes quaedam ostendunt, quod divisio actionis per bonam et malam non est per differentias immediatas; pro eo quod inter tales differentias contingit reperiri medium, sive actio consideretur secundum genus operis, sive respectu operantis ». Ita Doctor Seraphicus.

171. Forte dicere liceret, quod, cum s. Doctor ab initio de actibus loquatur *meritoriis vitae aeternae,* actus considerat, non quatenus mere habeant honestatem naturalem, sed quatenus referantur ad ordinem superiorem: ut actus quidam sint indifferentes, eo quod sunt sine *respectu meriti vel demeriti* ad vitam aeternam. Verum quinam hac in hypothesi forent actus indifferentes? viderentur esse actus *naturaliter honesti,*

eliciti vi liberi arbitrii, absque auxilio gratiae. At huiusmodi actus possunt ne ita describi, ut sint *actiones, quae non ordinantur in finem, propter operantis infirmitatem et miseriam, quae non imputantur in culpam, quia Deus indulget naturae fragili et infirmae in tali statu distractionis et miseriae*, ut ait s. doctor l. c.? Profecto non. Cum ergo idem concludat l. c. *concedendum esse* quod sint aliqui actus indifferentes, satis liquet ex toto contextu, ad quam ex partibus, ea ipsa aetate, inter se contendentibus (n. 168.) ipse accedat. Nolumus ergo communi interpretationi refragari.

172. Operae pretium vero est comparare doctrinam Scotistarum, quam ipsi repetunt a s. Bonaventura, cum Thomistarum doctrina. Facile enim apparebit aliam atque aliam esse rationem bonitatis seu honestatis, secundum quam utraque pars de actionis aut bonitate aut malitia aut indifferentia decernunt.

Sane Scotistae volunt actus esse indifferentes atque adeo carentes qualibet bonitate morali actus manducandi, ambulandi, ludendi ad recreandum animum et eiusmodi. Ergo tractant de quopiam superiore honestatis genere, quod in huiusmodi actibus reperire non est. Praeterea hoc principio ducuntur, quod onus veluti importabile imponeretur hominibus, si ab iis exigeretur ut ob finem honestum semper operarentur; aiunt enim: Deum summe benignum indulgere humanae naturae fragili, infirmae et in statu continuae distractionis positae, ut homo non teneatur semper dirigere actiones singulas ad altiorem honestatis finem, sed possit interdum quaedam agere propter aliquem finem inferiorem, proxime respicientem indigentias ipsius humanae naturae.

Quocirca permoveri se ad actus indifferentes admittendos significant ideo maxime quod gravior sit obligatio, quam sententia opposita affert et ex qua sequeretur plurimas humanas actiones dicendas esse malas. Idcirco Ignatius Schwarz l. c. dicit ex horum mente, quod sententia admittens actus indifferentes conformior est humanae fragilitati et statui tot distractionum, benignitati itidem divinae et circa nos providentiae, ut recte animadvertit s. Bonaventura.

173. Atqui si res ita se habet, vix dici poterit horum doctrinam opponi doctrinae s. Thomae, si ratio habeatur eius, quod reapse traditur. Etenim facile ostendi potest ex doctrina s. Thomae dicendos esse bonos moraliter illos actus, quos Scotistae negant esse bonos et contendunt esse indifferentes. Et sane summopere hallucinantur Scotistae, dum putant a s. Thoma dici malos actus, quos ipsi indifferentes vocant: cum s. Thomas malos solum dicat actus illos, quos et ipsi Scotistae malos dicunt. Scilicet ipsi ideo impugnant doctrinam s. Thomae, quia non advertunt, se diversam adhibere mensuram honestatis. Et quidquid demum de hoc sit, cum discrimen situm non sit in eo, quod s. Thomas dicat malas actiones,

quas alii dicunt indifferentes, sed e contrario in eo sit discrimen, quod
s. Thomas dicat bonas actiones, quas alii dicunt indifferentes, conclusio
erit, severiorem esse istorum doctrinam, benigniorem vero doctrinam
s. Thomae: utut isti ab hac refugere se profiteantur ob eius severitatem
et idcirco recurrant ad indulgentiam divinam, quae a fragilitate humana
talia non exigit.

174. Hoc unum igitur superest ut ostendamus, actus, quos Scotistae
volunt esse indifferentes, secundum Angelici Doctoris doctrinam non ideo
non haberi indifferentes, quia dicendi sint mali, sed potius quia reipsa
censendi sunt boni. At hoc facile ostenditur. Etenim, ut breviter rem
perstringamus, Scotistae id dicunt de actibus, quibus succurritur indi-
gentiis humanae naturae, propterea quod, inquiunt, non bonum in his
quaeritur altioris honestatis, sed potius commodum et utilitas.

Atqui s. Thomas rectum usum boni utilis ponit inter bona honesta.
Ita Suppl. q. 49. a. 2. ad 6. cum sibi obiecisset, bonum prolis esse bonum
utile et ideo non esse bonum honestum; quia honestum et utile distinguuntur; respondet: « Dicendum, quod sicut debitus usus boni utilis
accipit rationem honesti, non quidem ex utili, sed ex ratione, quae rectum usum facit: ita et ordinatio ad aliquod bonum utile potest facere
bonitatem honestatis ex vi rationis debitam ordinationem facientis ».

175. Ad rei evidentiam praestat subiicere exempla prolata ab eodem
s. Thoma, ex quibus apparet ipsum habere actus bonos, quos alii vocant
indifferentes.

Ita de *actibus civilibus* 2. Dist. 40. q. 1. a. 5. « Nullus (actus) eorum,
qui voluntatem deliberatam sequitur, indifferens erit, sed de necessitate
vel bonus vel malus bonitate vel malitia civili. Sed tamen actus bonitate
civili perfectus non est susceptibilis efficaciae merendi, nisi in eo qui
gratiam habet et ideo in eo, qui gratia caret, indifferens est ad meritum
vel demeritum; sed in illo, qui gratiam habet, oportet vel *meritorium*
vel *demeritorium* esse; quia sicut malus erit demeritorius, sic etiam bonus
erit meritorius... Et sic *comedere* et *bibere*, servato modo temperantiae
et *ludere ad recreationem,* servato modo eutrapeliae, quae medium tenet
in ludis, meritorium erit in eo, qui caritatem habet, qua Deum ultimum
finem vitae suae constituit ». Et 1. 2. q. 18. a. 9. ad 3. « Omnis finis a
deliberativa ratione intentus pertinet ad bonum alicuius virtutis vel ad
malum alicuius vitii. Nam hoc ipsum, quod aliquis agit ordinate ad
sustentationem vel quietem sui corporis, ad bonum virtutis ordinatur in
eo, qui corpus suum ordinat ad bonum virtutis. Et idem patet in aliis ».

Huc facit quod 2. 2. q. 141. a. 6. ad 2. dicit de *delectationibus*, quas
temperatus quaerit. Cum enim statuisset ad temperantiam pertinere, ut
modum statuat in usu delectationum, earum praesertim, quae essentialiter
insunt actibus necessariis ad conservationem individui et speciei et ideo

ordinantur ad vitae necessitatem, sic deinde de ista necessitate disserit:
« Dicendum, quod necessitas humanae vitae potest attendi dupliciter. Uno
modo secundum quod dicitur necessarium illud, sine quo res nullo modo
potest esse, sicut cibus est necessarius animali. Alio modo secundum
quod dicitur necessarium illud, sine quo res non potest convenienter esse.
Temperantia autem non solum attendit primam necessitatem, sed etiam
secundam. Unde Philosophus dicit, quod temperatus appetit delectabilia
propter sanitatem vel propter bonam habitudinem. Alia vero, quae ad
hoc non sunt necessaria, possunt dupliciter se habere. Quaedam enim
sunt impedimenta sanitatis vel bonae habitudinis et his temperatus nullo
modo utitur; hoc enim esset peccatum contra temperantiam. Quaedam
vero sunt, quae non sunt his impedimenta et his moderate utitur pro
loco et tempore et congruentia eorum, quibus convivit ».

Item *de amore sui* haec habet *de Caritate* q. unica a. 7. ad 13. « Amantes
seipsos vituperantur, in quantum plus debito seipsos diligunt: quod quidem
non contingit quantum ad bona spiritualia, quia nullus potest nimis amare
virtutes; sed quantum ad bona exteriora et corporalia potest aliquis nimis
amare seipsum ». Et ad 14. « Non quicumque amat seipsum *secundum
exteriorem naturam*, culpatur, sed qui bona exteriora quaerit ultra modum virtutis et sic ex caritate corpus nostrum diligere possumus ».

Rursus *de amica collocutione* 2. dist. 40. q. 1. a. 5. memorat eorum
doctrinam, qui dicunt, quod contingit aliqua esse indifferentia, quae nec
bona nec mala sunt... ut si *aliquis alicui loquatur ex quadam civili
amicitia,* vel etiam *aliquod opus amicabile ad ipsum exerceat:* quae
plane exhibent actum illum, quem Scotistae dicunt indifferentem. Porro
de his ita continuo iudicat s. Thomas: « Sed hoc non videtur esse in-
stantia (scilicet ratio in contrarium solida); quia actus virtutis politicae
non est indifferens, sed in se bonus est et, si sit gratia informatus, erit
meritorius ». Ergo quod est Scotistis indifferens, s. Thomae est bonum
et actus virtutis adeo ut mereri possit vitam aeternam.

Pariter quoad *cultum vestium* haec habet 2. 2. q. 169. a. 1. ad 1. « Cultus
exterior... ad naturalem rationem pertinet, ut exteriorem cultum moderetur et secundum hoc nati sumus hanc virtutem suscipere, quae exteriorem cultum moderatur ». Addit l. c. in corp. posse peccari per defectum: « Ex parte defectus similiter potest esse duplex inordinatio per
affectum. Uno quidem modo ex negligentia hominis, qui non adhibet studium vel laborem ad hoc, quod exteriore cultu utatur secundum quod
oportet... Alio modo ex eo quod ipsum defectum exterioris cultus ad
gloriam ordinat ». Exinde honestam dicit artem faciendi ornamenta mulierum. Ita l. c. a. 2. ad 4. : « Quia mulieres licite se possunt ornare vel ut
conservent decentiam sui status vel etiam aliquid superaddere, ut pla-

ceant viris; consequens est, quod artifices talium ornamentorum non peccant in usu talis artis, nisi forte inveniendo aliqua superflua et curiosa ».

Pariter quoad *artem histrionum* sic disserit 2. 2. q. 168. a. 3. ad 3. « Dicendum, quod, sicut dictum est, ludus est necessarius ad conversationem humanae vitae. Ad omnia autem. quae sunt utilia conversationi humanae, deputari possunt aliqua officia licita. Et ideo etiam officium histrionum, quod ordinatur ad solatium hominibus exhibendum, non est secundum se illicitum nec sunt in statu peccati, dummodo moderate ludo utantur, idest 1° non utendo aliquibus illicitis verbis vel factis ad ludum et 2° non adhibendo ludum negotiis et temporibus indebitis ». Et 4. Dist. 16. q. 2. a. 2. q. 1. « Quidam ludi sunt nullam turpitudinem habentes, quos Philosophus liberales vocat et hi sunt materia virtutis, scilicet eutrapeliae et ideo servatis debitis circumstantiis, possunt laudabiliter fieri ad quietem propriam et aliis delectabiliter convivendum ».

Sed ad intelligendam virtutis indolem, omnino videnda quae habet 2. 2. q. 168. ubi agit de iisdem ludis. Namque a. 2. postquam statuit, corpus defatigari non modo laboribus corporis, sed multo magis operibus rationis atque conclusit, quod sicut fatigatio corporalis solvitur per corporis quietem, ita etiam oportet quod fatigatio animalis solvatur per animae quietem: sic deinde explicat hanc quietem animae: « Quies autem animae est delectatio... Et ideo oportet remedium contra fatigationem animalem adhibere per aliquam delectationem, intermissa intentione ad insistendum studio rationis ». Et allato responso s. Joannis Evang. ad eos, qui scandalizabantur, quod ipsum invenissent ludentem cum discipulis, subdit: « Huiusmodi autem dicta vel facta, in quibus non quaeritur nisi delectatio animalis, vocantur ludicra vel iocosa. Et ideo necesse est interdum talibus uti, quasi ad quamdam animae quietem ». Deinde addit tria in his cavenda, 1° ne delectatio quaeratur in turpibus aut nocivis, 2° ne totaliter resolvatur animae gravitas, 3° ut ludus congruat personae, tempori et loco et secundum alias circumstantias ludus debite ordinetur secundum regulam rationis ac demum concludit: « Et ideo circa ludos potest esse *aliqua virtus moralis,* quam Philosophus eutrapeliam nominat et dicitur aliquis eutrapelus a bona conversione, quia scilicet bene convertit aliqua dicta vel facta in solatium et in quantum per hanc virtutem homo refraenatus ab immoderantia ludorum, sub modestia continetur ».

Hoc alibi (in cap. III. Isaïae ad finem) applicat etiam ludis chorealibus.

Tandem 2. dist. 40. q. 1. a. 5. « Non potest esse aliquis actus, procedens ab aliquo deliberante, sine intentione finis »: dein explicat quis sit iste finis. « Finis autem ille est bonum conveniens homini vel secundum animam vel secundum corpus vel etiam secundum res exteriores, quae ad utrumque ordinantur et hoc quidem bonum, *nisi sit contrarium illi bono, quod est hominis bonum secundum rationem* (satis ergo est non esse contra ordinem rationis), rectitudinem virtutis civilis habet; quia virtus civilis dirigit in omnibus, quae sunt corporis et etiam quae propter corpus quaeruntur. Unde si his aliquis mediocriter utatur, erit usus rectus: si autem secundum abundantiam vel defectum, erit usus vitiosus, *virtuti* oppositus ». Et ad 3^m « Omnis actus in aliquod bonum tendens, nisi inordinate in illud tendat, habet pro fine bonum alicuius virtutis ». Habemus ergo 1° hos actus civiles circa corpus et res exteriores esse actus virtutis: 2° actum, qui non sit inordinatus, non sit contra ordinem rationis, esse actum virtutis.

176. Ex his omnibus palam fit eos, qui post s. Thomam tenent non dari actus indifferentes, eo quod saltem debeat homo actiones in finem honestum dirigere, nihil austerius docere, quam ii doceant, qui admittunt actus indifferentes. Nam s. Thomas nihil demum, ne actus sit malus, exigit, nisi ut nihil intercedat recto rationis ordini adversum: id autem et alterius sententiae patroni exigunt, ne actus sint mali. In hoc autem benignior est et humanior s. Thomae doctrina, quod quae indulgeri alii dicunt naturae infirmae et fragili, s. Thomas rectissime ad virtutem revocet et quidem ad virtutem, cuius praxis non sit difficilis.

Et hoc quidem pacto solvitur praecipua difficultas, quae fieri solet contra sententiam s. Thomae, negantem scilicet dari actus indifferentes. Utique, inquit Ioannes Malderus in 1. 2. q. 18. a. 9. disp. 77. « Si solum agatur de actionibus alicuius momenti et actum moraliter bonum intelligamus ita large, ut etiam ille sit bonus, quo *bonum corporis sic expetatur, ut non sit contrarium bono honestatis sive hominis secundum rectam rationem*, vera est sententia s. Thomae. Si autem agatur de quibusvis actionibus liberis aut etiam utcumque deliberatis et *de bono honesto proprie sumpto*, vera est sententia quae dicit, dari actum in individuo indifferentem ». Verum haec oriuntur ex nescio qua honestatis notione, quam sibi confingunt.

Sane idem Malderus (Disp. 72. pag. 127.) de honestate haec habet: « Sicut sensitivae naturae et vegetativae quaedam conveniunt, ita et quaedam peculiariter rationali naturae congrua sunt: honesta ea dicere possumus, non ut utilibus opponantur, sed ut delectabilibus vel convenientibus secundum inferiorem naturam tantum ». At heic habetur aequivocatio, adeo ut pertrahi possint haec in illum sophistarum sensum (ut reapse Malderus pertrahit), quem sic expressit Gabriel Antoine (*de Actibus humanis* cap. 3. a. 5.). « Homo semper tenetur agere modo naturam suam rationalem, *ut rationalem* decenti et hoc modo non agit nisi agat ob finem decentem naturam rationalem, *ut rationalem* ideoque ob finem honestum; honestum enim nil aliud est, quam consentaneum naturae rationali *ut rationali*. » Quasi vero non satis dictum sit, cum dicitur conveniens *naturae rationali*. Quid enim sibi vult illa reduplicatio?

Deinde nonne ista doctrina ducet ad reiiciendos inter malos illos actus, quos Scotistae saltem dicunt indifferentes? Nam dicit *semper teneri.*

Bene Suarez remotis his verborum ambagibus et obscuritatibus sententiarum, rem edisserit in 1. 2. tract. 3. disp. 9. sect. 3. n. 9. Nam perpendit, quod quidam affirmabant, scilicet operari propter naturae commodum ut sic, non esse malum nec indifferens, sed bonum et ita non posse reperiri medium inter bonum et malum in individuo: iam vero de hoc ita statuit. « Haec sententia, nisi limitetur, videtur repugnare praedictis Sanctorum testimoniis. Addendum ergo est, duobus modis posse hominem operari propter sublevandam necessitatem naturae vel aliam corporis commoditatem : primo considerando solum humanam naturam ut animalem, alio modo considerando illam etiam ut rationalem, quod fit quando ad operandum propter commoditatem naturae adhibet homo rationis regulam et iudicat illam commoditatem sibi esse convenientem etiam ut ratione regulato. Prior ergo modus non sufficit ad honestatem actionis...; quia tenetur semper operari ut homo et consequenter regulam rationis adhibere; alioquin ex vi sui modi operandi non poterit tenere medium in actionibus suis. Si autem operetur secundo modo, id satis est ad honestatem actionis ».

177. Quae quidem est doctrina s. Thomae, ut iam ex dictis patet et confirmari potest iis testimoniis, quibus aperit naturam honestatis. Sane 1. 2. q. 39. a. 2. hoc statuit: « Omne bonum honestum ex his duobus procedit, scilicet ex rectitudine rationis et voluntatis ». Palam est autem rectam esse voluntatem, quae sectatur rectam rationem. Alibi autem 2. 2. q. 145. a. 1. statuit « honestum dici ab honore: heic vero agi de excellentia interna, cui honor debetur. Excellentia autem hominis, inquit, maxime consideratur *secundum virtutem...* Et ideo *honestum,* proprie loquendo, *in idem refertur cum virtute* ». Et rursus ibid. a. 2. « Hoc autem pertinet ad rationem honesti, quod diximus idem esse virtuti, quae *secundum rationem* moderatur omnes res humanas ».

De virtute autem 2. 2. q. 23. a. 3. scribit: « Humana virtus, quae est principium omnium honorum actuum hominis, consistit in *attingendo regulam humanorum actuum...* Unde virtus moralis definitur per hoc, quod est secundum rectam rationem ».

Praeterea 2. 2. q. 145. a. 3. ait: « Dicitur aliquid *honestum...,* in quantum habet quemdam decorem *ex ordinatione rationis.* Hoc autem, quod est secundum rationem ordinatum, est naturaliter conveniens homini ».

Duobus igitur explicatur ratio honesti, 1° quod sit idem ac virtus, 2° quod recta ratione ordinatum sit.

178. Et reipsa honestatis notionem ita statuendam esse, ipsa sana ratio docet. Etenim, ut arguamus ad hominem cum istis morosis hominibus, cuiusmodi est Antoine, ipse, cum non admittat actus indifferentes, hinc

quidem obligat homines, ut in singulis actionibus habeant finem honestum, prout honestatem ipse concipit et exinde damnat actiones, si ad
hunc finem non tendant: deinde vero ita hanc honestatem seu finem
honestum concipit, ut vel doctis difficile saepissime futurum sit determinare, quinam honestus finis quibusdam actionibus praefigendus sit.

Quem enim finem tam nobilem assignabit, ut quis v. gr. honeste aspiciat templum insigne, altam turrim, pontem magnificum, lautius solito
interdum convivetur, sedendo potius, quam ambulando cogitet, legat histo-
rias etc? Atqui stultum est statuere, singulos homines ad singulas actiones
teneri ad servandam regulam, quam tamen invenire vel ipsis doctis difficile sit.

Si ergo homines tenentur honeste semper operari et tenentur non solum
docti, sed et rudes, feminae, idiotae etc., nisi desipere quis plane velit,
statuere debet, hanc regulam honestatis obviam, facilem esse et ad manum
omnibus. Etenim quis potest decernere, difficilem esse eam operationem,
qua homo tendat in eum finem, ad quem unice creatus est et quem unice
ab ipso Creator expetit? Atqui ad finem ultimum non tenditur nisi per
actus virtutis seu per actus honestos. Ergo ne absurdum teneamus, ne
affirmemus hanc contradictionem, hominem nempe debere per actus suos
tendere ad finem iugiter et unice nec tamen id facile ipsi esse: dicendum
est, honestatis normam non ita subtilibus scholae disquisitionibus exqui-
rendam, sed obviam cuique ex ipsa schola naturae prostare.

Atqui huic conditioni hominum satisfacit doctrina s. Thomae. Reco-
lantur enim, quae dedimus ex eodem et patebit adesse ad manum istam
facilem normam. Namque satis est ut 1° bonum noscatur conveniens
homini vel secundum animam vel secundum corpus vel secundum res
exteriores, quae propter alia duo quaeruntur: 2° ut nihil adsit contrarium illi bono, quod est hominis secundum rationem: 3° ne peccetur vel
defectu vel excessu. Porro quod homo tendat ad bona naturae suae convenientia, id habet sponte a natura et ita sit oportet, ut possit dici in-
clinatus ad finem ab auctore naturae. Est tamen officium rationis duo
praestare 1° ut videat, ne quid sit inordinatum, 2° ut servetur mensura
immunis a defectu et excessu. Ergo quoties duo ista absunt incommoda,
tendentia est recta; adeo ut norma fere huc recidat, ut bonum censeatur
quidquid non apparet malum. Quae tamen norma non laborat incommodo
illo, quod est in effato: bonum est quicquid permittitur. Nos enim dicimus
praeterea: ubi adest ista permissio, ibi quoque adest rectitudo ex ratione:
loquimur autem de permissione ex parte Dei et opus permissum a Deo
non opponitur bono, sed bono meliori.

179. Superest tamen in doctrina s. Thomae diluenda obiectio, cur non
possit dari omissio indifferens. Etenim si omissio quaelibet vel est bona
vel est mala, videtur sequi, quod peccet homo, qui bonum minus prae-

fert maiori, quoties non adest tinis rationabilis huius praelationis; nam cur dicetur actus bonus? At si peccat, consequens est tolli discrimen inter bonum ex praecepto et bonum ex consilio; si enim peccat, praeceptum aliquod violat et sic illud erat opus praeceptum: tollerentur ergo tandem omnia opera supererogatoria. Hac de re et Malderus Disp. cit. 77. pag. 139.

Huc faciunt verba s. Thomae, ex quibus solvi quaestio potest 2. Dist. 39. q. 3. a. 3. ad 6. « Si (illud quod ratio dictat) apprehendatur ut non directe cadens sub praecepto vel prohibitione, tunc non fit directe contra conscientiam, sed praeter eam et ita non peccat mortaliter, sed venialiter vel etiam nullo modo, sicut quando conscientia dictat alicui, quod bonum est facere aliquod opus consilii, si non facit, non peccat; quia non apprehendit illud ut bonum debitum et necessarium ad salutem et praecepto subiacens ». Huc revoca dictum Apostoli 1. Cor. VII. 38. *Qui matrimonio iungit virginem suam, bene facit et qui non iungit, melius facit.*

Scilicet tunc omissio erit vitiosa, si coniuncta sit cum actione mala, non vero si cum actione bona. Si autem omissio vel voluntas omittendi sit sola, si finis sit rationabilis, erit actus bonus; si secus, peccabit venialiter, ut ait s. Thomas, non quia res sit praecepta, sed quia praeceptum est, rectum semper finem habere ».

180. Priore parte disputationis expedita, qua probare voluimus, discrimen, si quod est inter s. Thomam et Scotistas, eo redire, ùt s. Thomas habeat honestos, bonos moraliter, virtuosos atque adeo meriti capaces illos actus, quos alii dicebant indifferentes : superest explananda alia particula doctrinae propositae, ut ostendamus nempe benignissimam esse doctrinam s. Thomae etiam quoad conditiones, quas requirit, ut opus evadat vitae aeternae meritorium et eum nihil reipsa ulterius ab agente exquirere, nisi ut sit in statu gratiae. Quam quidem doctrinam explanantes, indicabimus simul quid, ex eodem Doctore, opus sit ut iustus dicatur omnia opera sua referre in Deum.

LXI. Quà in re valde importune quidam recentiores, dum verba Apostoli *1. Cor. X. 31. et Coloss. III. 17.* de referendis ad Dei gloriam operibus cum communiori sententia et s. Thoma praeceptiva esse, etiam qua parte accipiuntur affirmative, contendunt, eorum tamen explicationem atque adeo modum ac mensuram referendi in Deum opera non ab eodem s. Thoma desumunt, sed a s. Bonaventura, qui 2. Dist. 41. a. 1. q. 3. ad 1. cum alioquin Pauli verba, quatenus affirmative intelligantur, ad merum consilium pertrahat, ad eorum implementum requirit, ut singulae actiones aut saltem singulae actionum sibi subordinatarum series actu in Deum referantur; et sic istorum theoria profecto rem eo incogitanter per se adducet ut vix quispiam necessariae huius in Deum relationis saepius omissae multiplicem reatum non incurrat, uti reipsa conclusit Gazzaniga *De Act. Hum.* Diss. 2. cap. 4. n. 87. in truci hoc consectario, multo magis quam alii, sane sibi cohaerens.

LXII. Ut itaque enorme hoc devitetur absurdum, s. Thomae doctrina non ex parte tantum, sed integra adoptetur, oportet. Porro. s. Thomas 1. 2. q. 100. art. 10. ad 2· et *de Virtutib.* q. 2. art. 11. ad 2 et 3. revocat utique ad praeceptum caritatis, ut opera omnia in Deum referantur: at simul docet 2. Dist. 40. q. 1. art. 5. ad 6. et 7. praecepto eiusmodi vel per hoc unum fieri satis quod actum dilectionis quis suo tempore non intermittat. Quando enim, ea urgente obligatione, homo per actum caritatis se totum suaque omnia in Deum ordinaverit (et sic habes relationem actualem), in omnibus deinceps, quae ipse vel ad se ordinet vel ad quodcumque aliud sui, iuxta s. Thomam *De Virtut.* q. 2. art. 11 ad 2· et *de Mal.* q. 2. art. 5. obi. 10. *quam concedit,* illa in Deum ordinatio virtute perseverat (et sic relationem virtualem habes): adeo ut etiamsi quis actu nihil de Deo aut de caritate inter operandum cogitet; nihilominus, dummodo actio sit in Deum referibilis, sit nempe moraliter honesta nec per aliquam inordinationem (culpam scilicet mortalem vel venialem) impediatur, virtualis ista relatio tum ad implendum Apostoli praeceptum, tum ad meritum aeternae vitae sufficiat. Et hanc quidem s. Thomae doctrinam cum plures alii gravissimi Doctores, tum s. Franciscus Salesius *Trattato dell'Amor di Dio* Part. 2. lib. 6. cap. 8 al. lib. 12. cap. 8. ultro complexi sunt.

181. Quidam doctrinam de necessitate referendi opera nostra in Deum, perperam adsciverunt ad quaestionem, iam a nobis absolutam, de actuum indifferentia. Ita Collet *de Act. Hum.* c. 6. a. 1. sect. 2. concl. 1. ut demonstraret non dari actus indifferentes, hoc pacto argumentatus est: « Si homo tenetur omnes actus suos ad Deum referre, iam certum est, non dari actus indifferentes; quia boni erunt, qui ad hunc finem referentur, mali vero qui non referentur. Atqui homo actus suos omnes tenetur ad Deum referre; ergo ». Et deinde sic probat minorem: « Qui omnia generatim et indistincte, qui actiones etiam minimas tenetur facere ad gloriam Dei, hic actus suos omnes tenetur ad Deum referre: atqui actiones suas omnes tenetur homo facere ad gloriam Dei; ergo ». Quod deinde probat ex 1. Cor. X. 31. *Sive ergo manducatis sive bibitis sive aliud quid facitis, omnia in gloriam Dei facite.* Quibus in verbis contendit haberi praeceptum et non merum consilium, allegans etiam locum s. Thomae ex Lect. 3. ad Cap. III. Coloss.: eo modo tamen, quo Card. de Aguirre, *Theol. s. Anselmi* Disp. 130. n. 132. conqueritur subdole truncatum fuisse a Iansenianis.

At enim mirum est, quantum semet remque totam misere quidam implicaverint, statuentes singulis actibus adesse debere actualem relationem ad Deum, de quibus aliquid postea dicendum occurret.

182. Quod ergo nunc attinet ad relationem operum in Deum, illud in primis monendum, non esse necessarium, ut locus Pauli intelligatur de praecepto.

Etenim locum illum non pauci interpretes atque etiam theologi censuerunt accipi posse de mero consilio: imo Aguirre l. c. n. 147. dicit innumeros esse auctores, qui relationem istam ut consilium habuerunt.

Qua de re audiendus s. Bonaventura, dum diversas interpretationes conciliare nititur 2. Dist. 41. a. 1. q..3. ad 1. « Ad illud ergo, quod .primo
obiicitur de illo .verbo Apostoli: *omnia in gloriam Dei facite,* respondent
aliqui, quod est consilium, aliqui quod est praeceptum, aliqui quod est
finis praecepti, sicut illud: diliges Dominum Deum tuum etc. Omnibus
autem praedictis modis praedictus sermo accipi potest ».

« Potest enim accipi affirmative vel negative. Et affirmative dupliciter;
quia hoc signum *omnia* potest ibi teneri collective vel distributive. Si
accipiatur. negative, sic est praeceptum et tunc est sensus: ita faciatis
opera vestra, ut nihil faciatis contra gloriam Dei. Si autem intelligatur
affirmative et hoc signum *omnia* teneatur distributive et divisim, tunc
est consilium et admonitio; admonet enim Apostolus secundum hunc
sensum, quod quodlibet opus .nostrum referamus in Deum et de quolibet
divisim possumus facere et utile est nobis et expediens, si faciamus ».

« Nullum est enim opus deliberatum, quod a nobis fiat, quod quidem
non possimus facere propter Deum et si hoc faceremus, melius faceremus,
quam quando non referimus. Si autem praedictus sermo teneatur affirmative et hoc signum *omnia* teneatur collective, tunc non est praeceptum
nec consilium, sed finis praecepti et consilii. Ad hoc enim debemus tendere
et hoc desiderare quod ad talem statum perveniamus, quod omnes cogitationes nostras et affectus ad Deum referamus: hoc autem tunc obtine-
bimus, quando Deum ex toto corde diligemus. Et sic patet, quod ex
auctoritate illa non concluditur, quod aliquis peccet, cum non refert opus
suum in Deum actualiter ».

183. Hinc etiam patet, tantisper esse emolliendum id, quod s. Alphonsus
inquit *de Act. Human.* lib. 5. n. 44. « Scio adversarios dicere, in verbis
Apostoli contineri consilium non praeceptum: sed falso; Patres enim
agnoverunt praeceptum, non consilium ». Pro his vero Patribus inspicien-
dis nos remittit ad Collet, qui tres aut quatuor Patrum sententias college-
rat. Colleto sane reponi haec possent:

1° Locutiones quaedam, *christianus debet*, **Paulus praecipit** et huiusmodi saepe occurrunt apud Patres, etiamsi non sit sermo de re ·praecepta,
sed sit· mera admonitio ad perfectiora.

2° Citra absurdum sententiae Patrum explicari possent, prout s. Bonaventura interpretatus .est verba clarissima Pauli, nempe ut praeceptum
sonent negative accepta, non autem affirmative.

3° Quidquid sit, tres quatuorve illae sententiae Patrum non .impedi-
verunt interpretes ac theologos non paucos (et hi sane Patrum doctrinam
venerabantur) quominus explicarent verba Pauli, quoad partem affirmativam, de mero consilio.

184. Verumtamen addimus, praemissam s. Bonaventurae interpretationem non esse necessariam, imo sententiam, quae in verbis Apostoli pro-

poni praeceptum etiam quoad partem affirmativam docet, probabiliorem videri. Aguirre Disp. 130. n. 120. (a).

Hanc dissertissime docet s. Thomas et nos ultro eam amplectimur; licet addamus, necessarium esse, ut doctrina s. Thomae non ex parte solum sed integra retineatur.

185. Itaque quod ex mente s. Thomae praeceptum sit ut omnia in Deum referantur, patet ex 1. 2. q. 100. a. 10. ad 2. ubi ait: « Dicendum, quod sub praecepto caritatis continetur, ut diligatur Deus ex toto corde, ad quod pertinet, ut omnia referantur in Deum et ideo praeceptum caritatis implere homo non potest, nisi etiam omnia referantur in Deum ». Huc referri potest quod habet Quaest. unic. *de Caritate* a. 11. ad 2· « Quod omnia virtute referantur in Deum, hoc pertinet ad perfectionem

---

(ⁿ) Illud certum videtur, quod verba Apostoli (nisi id tantum velint dicere: *nihil faciatis contra Dei gloriam*) *affirmative* accepta, vel praeceptum enuntiant vel consilium, non autem utrumque; nequit enim duplex sensus diversus eidem subesse propositioni. Videntur quidem Theologi veteres reapse non definire, utrum consilium sit, an praeceptum, sed dicere potius: si hoc pacto accipis verba Apostoli, habes consilium, si hoc alio, habes praeceptum. Nimirum certa doctrina traditur, quae posset quidem iis verbis Apostoli, saltem per sè sumptis seorsim a contextu, significari, quae tamen et praecisione facta ab illis verbis, certa est et demonstrari potest. Identidem tamen Thomas affirmat simpliciter praeceptum iis verbis contineri eo quod quaedam relatio operum in Dei gloriam sit certe praecepta.

Certum est enim necesse esse ut homo ordinet se suaque omnia in Deum tanquam in suum ultimum finem: ordinationem suarum actionum in Deum aliquo vero modo factam, necessariam esse ut eae meritoriae sint vitae aeternae: ad caritatem, qua Deo, ultimo nostro fini, adhaeremus, per se spectare huiusmodi ordinationem.

Iam vero haec est doctrina, quam s. Thomas eiusque schola docet, affirmans satis esse quod haec relatio fiat actu cum eliciendus est actus caritatis atque affirmans id co tineri verbis Pauli affirmative sumptis, si eadem interpretemur ut praeceptiva. Haec doctrina in se ipsa probabilis certe est, ut patebit ex seq. expositione eiusdem facta a cl. Auctore eiusque notitia utilis maxime est, ut rectum iudicium ferri possit de actibus meritoriis iustorum. Nondum tamen dubitatio est sublata, an talis doctrina ea sit, quam Apostolus l. c. prae oculis habuit; an nempe Apostolus, inquiens: *omnia in gloriam Dei facite*, loquatur de virtuali relatione operum in Deum, quae semel actu habita, iugiter cum statu gratiae perseverans sufficiens sit ut omnia sequentia opera iustorum, bona moraliter, etiamsi de Deo non cogitent, dicantur propter Deum facta et sint meritoria: an de aliqua alia relatione loquatur. An verba Apostoli a iustis tantum impleri possunt? quid prohibet et peccatores poenitentes, qui se ad reconciliationem cum Deo disponunt, opera sua in Deum referre? nonne ad Dei gloriam referuntur ii omnes actus, quibus ii se disponunt ad iustificationem?

Sed quamvis hae quaestiones heic insolutae maneant, nihil deperit doctrinae, quam hoc in loco Auctor declarat ex s. Thoma, cuius doctrinae tractatio unice pro quaestione de Merito, quae modo agitur, necessaria erat.

Haec ab initio monuisse sufficiat, ut scrupulos amoveamus, quae in seq. disputatione Auctoris, lectorem forte commovere possent. E.

aliquid in Deum est agentis propter finem, ordinantis in Deum... Sed vir-
caritatis, ad quam omnes tenentur ». Et ibid. ad 3.: « Virtualiter referre
tualiter referre omnia in Deum cadit sub praeceptum caritatis, *cum hoc
nihil aliud sit, quam habere Deum ultimum finem* ».

186. Si autem integra doctrina s. Thomae retineatur, patebit, ad rationem actus meritorii, praeter illud, quod idem s. Doctor exigebat (cf. sup.
a n. 174. deinceps), ut actus dici posset bonus moraliter, nihil ulterius
requiri, nisi ut qui eiusmodi actum honestum ponit, sit constitutus in
statu gratiae et per hoc satisfieri obligationi referendi omnes actus ad
gloriam Dei.

Quae quidem (ut hoc etiam in antecessum moneamus) non ita sunt accipienda, quasi aut maior perfectio eidem actioni aut maior propterea
meriti ratio accedere non possit; sed ita, ut illa, quae diximus, ad veram
rationem operis meritorii vitae aeternae de condigno plane sufficiant.

187. Quam itaque obligationem imponat praeceptum caritatis, quatenus ad illud pertinet, ut omnia ad Dei gloriam referantur, s. Thomas
ita explicat.

1° Si verba Pauli accipiantur *negative,* idest ut nihil fiat contra
Dei gloriam, scilicet peccando, tunc sonant praeceptum.

2° Si accipiantur *affirmative,* duplicem distingue relationem, *virtualem* et *actualem.* Si de *virtuali* relatione sermo sit, haec cadit sub
praeceptum.

3° Si de *actuali* relatione, rursus distingue: si enim intelligas de
actibus *distributive* seu *divisim* sumptis, est consilium.

4° Si de actibus *collective* seu simul omnibus sumptis, sic neque
praeceptum est neque consilium, sed finis praecepti, proprius beatorum
comprehensorum.

188. Audiatur s. Doctor in 2. Dist. 40. q. 1 a. 5. ad 7. « Hoc quod
dicitur: omnia in gloriam Dei facite potest intelligi dupliciter, vel affirmative vel negative ».

« Si *negative,* hic est sensus: nihil contra Deum faciatis et hoc modo
praeceptum est et sic praeceptum hoc praeteritur vel per peccatum mortale, quod contra Deum fit vel per peccatum veniale, quod praeter praeceptum et praeter Deum fit ».

« Si autem intelligatur *affirmative,* hoc potest esse dupliciter: aut ita
quod actualis relatio in Deum sit coniuncta actioni nostrae cuilibet, non
quidem in actu, sed in virtute, secundum quod virtus primae ordinationis
manet in omnibus actionibus sequentibus, sicut et virtus finis ultimi
manet in omnibus finibus ad ipsum ordinatis et sic adhuc praeceptum
est et contingit, omissionem eius esse venialem vel mortalem sicut dictum est ».

« Vel ita quod ordinatio actualis in Deum sit actu coniuncta cuilibet actioni nostrae et sic potest intelligi dupliciter, vel *distributive* vel *collective* ».

« Si *distributive,* sic est sensus: quamcumque actionem facitis, melius est, si eam actu in Deum ordinetis et sic est cónsilium.

« Si autem sumatur *collective,* sic est sensus: omnia ópera vestra ita faciatis, quod nullum eorum sit, quin actu in Deum ordinetis et hoc nec praeceptum nec consilium est, sed finis praecepti, ad quod per impletionem praecepti pervenitur; sic enim SS. in patria actus suos in Deum referunt ».

« Sciendum tamen, quod qualitercumque affirmative exponatur, non intelligitur nisi de operibus deliberatae voluntatis; quia illa tantum opera proprie nostra dici possunt ».

Ita s. Doctor.. Et nos quidem sententiam eius diligenter exquirentes, prius ea expediemus, quae minus habent difficultatis, deinde ad id, quod caput est, curas conferemus.

189. Quod ergo spectat ad partem negativam praecepti relationis operum in Deum, sic nihil aliud praescribitur, nisi ut homo caveat a peccato et idcirco homo peccando praeterit hoc praeceptum.

Neque tamen duplex censetur peccatum, dum quis peccatum quodpiam v. gr. intemperantiae committit, unum scilicet contra virtutem temperantiae, alterum contra virtutem caritatis. Caritas enim est virtus generalis, quae imperat virtutibus omnibus specialibus; peccata autem speciem accipiunt a virtute speciali contra quam fiunt, non a virtute generali, non secus ac actio mala non accipit speciem a lege generali, quae iubet bonum esse faciendum seu malum vitandum, sed a praecepto speciali v. gr. non occidendi, sanctificandi festum etc. Est nempe generalis norma ad aliquam speciem reducta.

Advertatur vox, qua utitur s. Thomas: *praeteritur* hoc praeceptum, ut nempe comprehendat tum mortale peccatum tum veniale, quorum alterum dicitur esse contra caritatem, quippe quod habitum caritatis excludit, alterum vero dicitur esse praeter caritatem, quia hunc habitum non excludit.

190. Qua de re non omittendum, quod s. Thomas habet in fine Lect. 3. ad Coloss. III. ubi post allata verba Apostoli 1. Cor. X. 31. haec sibi obiicit: « aut hoc est praeceptum aut consilium: si praeceptum, peccat quicumque hoc non facit; sed peccat venialiter, quando quis hoc non facit (idest quando quis peccat venialiter, hoc praeceptum non facit): ergo quicumque peccat venialiter, peccat mortaliter idest ob peccatum, quo transgreditur praeceptum caritatis ».

Sic porro solvit obiectionem: « Respondeo: quidam dicunt, quod hoc est consilium, sed hoc non est verum. Sed dicendum est, quod non est necessarium, quod omnia in Deum referantur actu, sed habitu; qui enim facit contra gloriam Dei et praecepta eius, facit contra hoc praeceptum. Venialiter autem peccans non facit contra hoc praeceptum simpliciter; quia licet non actualiter, tamen habitualiter refert omnia in Deum, nempe retinet virtutem caritatis, quae in Deum ut in ultimum finem tendit».

Recitare autem hunc locum volui; quia eo abusi sunt Ianseniani, recitantes solum ea verba: *quidam dicunt, quol hoc est consilium, sed hoc non est verum;* deinde concludunt, quasi ex s. Thoma, relationem actu ex caritate singularum actionum in Deum esse praeceptum, cuius omissio sit peccatum. Sed fraus est manifesta; quia heic s. Doctor loquitur de praecepto Apostoli prout negative sumitur illius sententia et praeterea disserte docet quoad opera actu ad Deum referenda, id esse consilium; nam dicit id non esse necessarium.

191. Si sermo sit de relatione operum et id sumatur *distributive* seu *divisim* seu de actionibus *singillatim* spectatis, tunc eas ad Dei gloriam actu referre, non est praeceptum sed consilium. Ad merum igitur consilium pertinet, quod homo, dum bona opera ponit, dum servit infirmis aut motus inordinatos refraenat etc., de Deo cogitet aut de Dei gloria. Addit tamen s. Thomas, id esse *melius.* Et ratio patet, quia per istam relationem accedit actus elicitus caritatis idque toties quoties.

192. Veniamus tandem ad relationem *virtualem,* quam s. Thomas dicit praeceptam esse, etiam quatenus obligatio referendi opera in Dei gloriam affirmative accipitur. In hoc quippe totus rei cardo reipsa vertitur; cum ex recta huius relationis notione pendeat quod errores vitentur in determinandis iis, quae requiruntur pro merito operum, quae a iustis fiunt.

193. Summa rei in hoc consistit, ut inte.ligatur, quid ex s. Thoma importet virtualis relatio operum in Deum quidve ex hac parte sufficiat, ut opera possint dici meritoria vitae aeternae.

Doctrina autem s. Thomae, ut paucis eam perstringamus, duo haec complectitur: 1° ut homo sit in statu gratiae atque adeo habeat caritatis habitum et per actum caritatis se totum suaque omnia in Deum ut ultimum finem retulerit: 2° ut opera, quae deinde ponat, in se eiusmodi sint, quae ad ultimum finem tendant seu conducant hoc est ut sint actus honesti sive moraliter boni, cuiusmodi ab eodem s. Thoma actus bonus seu virtutis definitur, quaecumque tandem virtus ea sit, sive theologica sive moralis. Nam simul atque homo se totum ordinaverit in Deum per actum caritatis et habitus caritatis cum gratia sanctificante perseverat, omnes honestae seu moraliter bonae actiones, quae alioquin suapte natura in ultimum finem tendunt, virtute primi illius actus satis in Deum ordinantur, ut meritoriae sint aeterni praemii de condigno; etiamsi homo, dum agit, nihil de Deo, nihil de caritate cogitet, sed mere voluntas feratur in actionem prout honesta est, sive agat deliberate id, quod ex recto

rationis ordine bonum moraliter ei apparet et licet ad agendum non moveatur neve regatur nisi motivo seu honestate illius virtutis, quam tunc
exercet v. gr. amicitiae, dum amicum salutat, observantiae, dum superiori
caput aperit et huiusmodi, imo moveatur sola apprehensione generali
boni moralis, quod eo recidit, ut in actu non apprehendat peccatum.

Et hoc quidem pacto 1° satisfieri obligationi praecepti caritatis, quo
tenemur opera omnia ad Deum seu ad Dei gloriam referre, 2° singulas
actiones nostras ad Deum iuxta Apostoli sententiam referri, 3° recte dici,
procedere a caritate seu esse a caritate informatos omnes actus nostros,
4° fieri actiones nostras meritorias vitae aeternae de condigno, ex s. Thomae doctrina palam faciemus.

194. Sed prius innuere praestat illud quod peccarunt alii, qui aut non
assecuti sunt aut non retinuerunt notionem a s. Thoma traditam relationis virtualis et nihilominus receperunt eius doctrinam, quod nempe
relatio omnium operum ad Dei gloriam pertineat ad praeceptum caritatis, notionem tameñ virtualis relationis non a s. Thoma, sed potius a
s. Bonaventura assumentes. Atqui animadvertere debuerunt, s. Bonaventuram traditam a se notionem virtualis relationis non dixisse necessariam de praecepto, sed ad merum consilium revocasse. Ne igitur monstrum
quoddam habeamus, alterutrius doctoris sententia eligatur, oportet: sed
simul aut tota illa aut tota ista retinenda est.

195. In quo autem differunt isti duo Doctores? In hoc prorsus, quod
diverso modo assignent actum relationis in Deum, cuius actus virtus
deinde informet sequentes actiones.

Nam s. Bonaventura, ad hanc virtualem relationem habendam, assignat actum, quo inchoamus atque ad Deum referimus singulares quasdam
series actionum nostrarum, quae cum illo actu veluti cum quopiam suo
fine speciali colligantur. Hinc v. gr. si quis eodem die debeat curare infirmum, alere tres pauperes, perficere vindemiam, oportebit, ut triplex hoc
opus ad Deum singillatim referat: relatio tamen, qua Deo dicavit cura-
tionem infirmi, informabit omnia virtualiter, quae ad eum effectum praestabit, etiamsi nihil deinceps de hac relatione cogitet. Et idipsum dicendum
de aliis actionibus.

At non ita s. Thomas. Hic enim actum relationis in Deum, quo deinde
sequentes actiones informentur et cuius virtute dici possint omnes ad
Dei gloriam relatae, constituit in actu quopiam caritatis, non quo singulae actiones aut singulae ac speciales series actionum, fine quodam
particulari comprehensae, ad Deum referantur, sed quo semel quis Deo
ac Dei servitio seu obsequio se totum dedicat, seu Deum, qui de iure
est ultimus finis omnium, etiam de facto sibi ultimum finem constituit.
Et cum haec sui ordinatio in Deum tamdiu perseveret, quamdiu quispiam
retinet habitum caritatis seu habitum gratiae sanctificantis, hinc omnia

opera, quae quis in statu gratiae ponit, virtute illius ordinationis manent et ipsa in Deum ordinata, seu in Deum relata.

196. Et rectissima quidem est ista notio ordinationis in Deum. Non enim diverso, sed prorsus eodem modo, quo singulae actiones, necessariae v. gr. ad construendum templum, subordinantur fini templi construendi atque adeo si templi aedificatio ad Dei gloriam referatur, eo ipso ad Deum relatae censentur actiones singulae eidem fini subordinatae; ita omnes actiones moraliter bonae, quae nempe recto rationis ordini sunt consonae, ex se et suapte natura subordinantur fini ultimo, qui est Dei obsequium, per quod et beatitudinem assequimur. Hac enim ratione tum ex rei natura tum ex Dei dispositione ad istum finem ultimum homo ordinatur.

Si ergo ad virtualem relationem omnium et singularum actionum, quae ad templum extruendum requiruntur, sufficit si semel haec templi aedificatio ad Dei gloriam referatur, dummodo et quousque hanc relationem per actum contrarium quis non excluserit: a pari postquam per actum caritatis totum se quispiam et sua omnia in Deum ordinavit, haec ordinatio in omnibus actionibus ad illum finem subordinatis ac per se tendentibus perseverat, quousque talis ordinatio per actum contrarium retractetur sive excludatur, quod fit per peccatum mortale.

Et hinc formula doctrinae Angelici, ad relationem operum in Deum (virtualem intellige) satis esse, quod quis sit in statu gratiae seu habitu caritatis non destituatur.

197. Et posita hac explicatione facile patet, cur s. Thomas affirmare potuerit: « quod omnia virtute referantur in Deum, hoc pertinet ad perfectionem caritatis, ad quam omnes tenentur » nec tamen grave onus imponat; cum reipsa nullam aliam statuat obligationem, quam quae ex communi notione continetur in praecepto caritatis; actus enim caritatis hanc relationem per se includit.

E contrario gravior evaderet doctrina s. Bonaventurae, exigens ut singulae actiones aut singulae actionum series in Deum referantur. Sed idcirco Seraphicus Doctor negavit hoc esse praeceptum et dixit esse consilium, quemadmodum s. Thomas dixit esse consilium, quod singulae actiones ad Dei gloriam actu referantur.

198. Verum recentiores doctrinam novam subintulerunt, quae nec s. Bonaventurae est nec s. Thomae et ad praeceptum transtulerunt ea, quae illi doctores ad consilium pertinere docuerunt et nihilominus adinventiones suas nomine horum doctorum vendiderunt.

Sane ex perversione ista

1° Habuimus obligationem principales actiones offerendi Deo.

2° Inde orta obligatio renovandi hanc intentionem pluries in die aut saltem mane.

3° Inde et obligatio, quam Collet l. c. pag. 88. addit, de renovanda intentione; quia, inquit, ob longam moram interrumpitur praemissa relatio.

4° Inde et obligatio agendi ex motivo supernaturali in singulis operibus.

5° Inde obligatio operandi semper aut ex perfecta aut saltem ex initiali caritate.

Si haec omnia proponerentur per modum consilii ad maiorem Dei gloriam atque ad maiorem actionum nostrarum perfectionem meritique uberiorem copiam assequendam, optime quidem proponerentur et inculcarentur. At quod proponantur ceu obligationes ex praecepto aut caritatis aut alterius virtutis, id arbitrarium est, vanum, falsum, ad errores perducens nec aliunde profluit nisi ex non intellectis ss. Doctorum documentis. Atque utinam saltem cum s. Bonaventura ad indifferentes actus revocassent quidquid ad Dei gloriam aliquis non ita refert prout ipsi exigunt: sed hoc crudelius addiderunt, sic peccari contra praeceptum caritatis et opera, utut in se bona et honesta, fieri peccata.

199. Sed age, afferamus quaedam loca s. Thomae, ex quibus doctrina eius appareat.

Resumantur primo verba, quibus s. Thomas dicit, per hanc relationem nos ordinari in ultimum finem. Ita *de Carit.* q. unic. a. 11. ad 2.: « Virtualiter referre omnia in Deum cadit sub praeceptum caritatis; cum hoc nihil aliud sit, quam habere Deum ultimum finem ».

Deinde inspiciatur, quomodo virtualem relationem describat 2. Dist. 100. q. 1. a. 5. ad 7. « Si autem intelligatur (verbum Apostoli) affirmative, hoc potest esse dupliciter. Aut ita quod actualis relatio in Deum sit coniuncta actioni nostrae cuilibet, non quidem in actu sed in virtute, secundum quod virtus primae ordinationis manet in omnibus actionibus sequentibus, sicut et virtus finis ultimi manet in omnibus finibus ad ipsum ordinatis et sic adhuc praeceptum est et contingit omissionem eius esse venialem vel mortalem ».

200. Inquirendum ergo, quid ex s. Thoma sit prima illa ordinatio, cuius virtus, ut ipse inquit, manet in omnibus actionibus sequentibus.

Porro hanc nihil esse aliud, quam ordinationem, qua quis aliquando per actum caritatis se in Deum ordinat, luculenter affirmat s. Thomas.

Ita 2. Dist. 40. q. 1. a. 5. ad 6.: « Nec tamen oportet, quod intentio actualis, ordinans in finem ultimum, sit semper coniuncta cuilibet actioni, quae dirigitur in aliquem finem proximum: sed sufficit, quod aliquando actualiter omnes illi fines in finem ultimum referantur, sicut fit, quando aliquis cogitat se totum ad Dei dilectionem dirigere; tunc enim quidquid ad se ipsum ordinat, in Deum ordinatum erit. Et si quaeratur, quando oporteat actum referre in finem ultimum, hoc nihil aliud est, quam quaerere quando oportet habitum caritatis exire in actum; quia quando-

cumque habitus caritatis·in actum exit, fit ordinatio totius hominis in
finem ultimum et per consequens omnium eorum, quae in ipsum ordinantur ut bona sibi ».

Ergo quisquis non transgreditur per omissionem praeceptum caritatis,
nempe qui elicit actum caritatis, quando vi. huius praecepti· tenetur,
(de quo sermo erit, ubi de virtute caritatis), hic simul ordinat se totum
in Deum et simul ita ordinat omnes actiones suas sequentes, ut virtute
huius ordinationis et ipsae maneant ordinatae et meritoriae fiant et sic
impletur praeceptum caritatis referendi omnia in Deum.

201. Haec eadem habetis *de Carit.* q. unic. a. 11. ad 2. ubi ait sic
impleri praeceptum Apostoli. « Considerandum est, quod sicut in causis
efficientibus virtus primae causae manet in omnibus causis sequentibus,
ita etiam intentio principalis finis virtute manet in omnibus finibus secundariis. Unde quicumque actu intendit aliquem finem secundarium,
virtute intendit finem principalem ». Et allato exemplo medici, qui plures
actiones dirigit ad finem sanandi, pergit: « Sic igitur cum aliquis se
ipsum ordinat in Deum, sicut in finem (ecce actus caritatis), in omnibus,
quae propter se facit (en quaerere bona convenientia sive animae sive
corporis aut res exteriores propter haec duo 2. Dist. 40. q. 1. a. 5. cf. n. 175.)
manet virtute intentio ultimi finis, qui Deus est: unde (en consequentia)
in omnibus *mereri potest, si caritatem habet.* Hoc igitur modo Apostolus praecipit, quod omnia in Dei gloriam referantur ».

202. Porro ex illa doctrina, quod intentio finis principalis manet virtute
in omnibus finibus secundariis, unde fit, ut quisquis actu vult finem
secundarium, virtute velit finem ultimum, ex hac, inquam, doctrina
sponte profluit, quod ille, qui caritatem habet et se iam in Deum ordinavit, quoad alias actiones nullum opus habeat, ut eas referat nisi in
finem earum proximum.

Audiatur s. Thomas *de Malo* q. 2. a. 5. obiectione 10., quam concedit.
« Ad hoc, quod aliquis actus sit meritorius in habénte caritatem, non
requiritur, quod actu referatur in Deum: sed sufficit, quod actu referatur
in aliquem finem convenientem, qui habitu refertur ad Deum (scilicet
qui est ordinabilis ad Deum), sicut si aliquis volens peregrinari propter
Deum, emat equum, nihil actu de Deo cogitans, sed solum de via, quam
iam in Deum ordinaverat; hoc est enim meritorium. Sed constat (ecce
applicatio exempli), quod ille, qui habet caritatem, se et omnia sua ordinavit ad Deum, cui inhaeret ut ultimo fini. Ergo quidquid ordinat vel
ad se vel ad quodcumque aliud sui, meritorie agit, etiamsi actu de Deo
non cogitet, nisi impediatur per aliquam inordinationem actus, qui non
sit referibilis in Deum. Sed hoc esse non potest, quin sit peccatum saltem
veniale. Ergo omnis actus habentis caritatem vel est meritorius vel est
peccatum et nullus indifferens ».

203. Hinc vero generale illud principium s. Thomae: ad actum meritorium duo haec sufficere 1. ut homo sit in statu gratiae, 2. ut actus
sit ordinabilis seu referibilis in Deum, cuiusmodi, ex eodem s.
Doctore, est quaelibet actio non inordinata, scilicet quae nec gravi nec levi peccato
inficitur. Et ratio doctrinae est; quia actus iste ordinabilis iam satis ordinatus manet ex caritate, quam habet quisquis est in statu gratiae.

Ita *de Malo* q. 9. a. 2:. « Si actus non referatur in Deum sicut in finem,
potest dupliciter contingere. Uno modo ex parte actus, scilicet eo ipso
quod ipse actus non est ordinatus in finem et sic nullus actus inordinatus est referibilis in ultimum finem, sive sit peccatum mortale sive
veniale; actus enim inordinatus non est medium conveniens, ut perveniatur ad finem bonum... Alio modo contingit ex parte ipsius agentis,
cuius scilicet mens (perpende mentem dici, non actionem) non ordinatur
actu vel habitu in debitum finem (idest in peccato est et aversus a fine) ».

« Dico autem mentem hominis non ordinari in Deum actu vel habitu.
Quia contingit quandoque, quod homo actu non ordinet aliquem actum
in Deum, cum tamen actus ille de se non contineat aliquam inordinationem, ratione cuius non sit in Deum referibilis et tamen quia mens
hominis est habitualiter relata in Deum sicut in finem (videlicet est in
statu gratiae), actus ille non solum non est peccatum (sicut dicerent
Ianseniani), sed etiam est actus meritorius ».

204. Item alibi 2. Dist. 40. q. 1. a. 5.: « Actus virtutis politicae (idest
conferens ad commune bonum civitatis) non est indifferens, sed in se
bonus et si sit gratia informatus, erit meritorius ».

Hinc doctrina illa de ludis. « Oportet interdum gaudia curis intèrpo-
nere, ne animus nimia severitate frangatur... Et si tali fine fiat, de ludis...
erit actus virtutis et potest esse meritorius, si gratia informetur ».

Id ipsum audivimus dicentem de mulieribus se ornantibus, in Isaiam III.
ad finem. « Si enim mulieres portent ornamenta decentia statum et dignitatem suam et moderate se habeant in factis suis secundum consuetudinem patriae, erit actus virtutis modestiae, quae modum ponit in
incessu, statu, habitu et omnibus motibus exterioribus et poterit esse
meritorius, si sit cum gratia ».

205. Et exinde profluit illud aliud doctrinae caput apud s. Thomam,
quod nempe pro illo, qui sit in statu gratiae, nullus detur actus indifferens etiam quoad rationem meriti, sed omnis actus sit aut meritorius
aut demeritorius. Ratio in promptu est, quia, cum nullus actus sit indifferens in genere moris, erit ergo actus vel bonus vel malus moraliter.

Atqui si est malus, est demeritorius: si vero est bonus, cum homo
sit in statu gratiae, erit propterea etiam meritorius. Indifferens ergo
quoad meritum esse potest solum actus in eo, qui non est in statu
gratiae, si actus sit bonus. Sic sane s. Thomas 2. Dist. 40. q. 1. a. 5.

« Actus bonitate civili perfectus non est susceptibilis efficaciae merendi, nisi in eo, qui gratiam habet et ideo in eo, qui gratia caret, indifferens est ad meritum vel demeritum: sed in illo qui gratiam habet, oportet vel meritorium vel demeritorium esse; quia sicut malus erit demeritorius, sic etiam bonus erit meritorius ».

206. Hanc doctrinam in s. Thoma vidit s. Franciscus Salesius, qui propterea scripsit (in tractatu *de Amore Dei* part. 2. lib. 6.): « Omne quodcumque facitis in verbo aut in opere, omnia in nomine Domini Iesu Christi. Sive manducatis sive bibitis sive aliud quid facitis, omnia in Dei gloriam facite. Haec sunt propria verba divini Apostoli, quae, quemadmodum explicat magnus s. Thomas, in praxim satis deducuntur, quando habeamus habitum caritatis, quocum, quamvis careamus expressa et actuali intentione faciendi quodlibet opus propter Deum, haec tamen intentio implicite continetur in unione et communione, quam habemus cum Deo, quacum quidquid boni facere possimus, est nobiscum dedicatum divinae bonitati ».

207. Idcirco Card. Caietanus in Comm. ad 1. 2. q. 100. a. 10. (quo loco, utique truncato, abuti consuevere Ianseniani) haec scripsit: « Quoniam sub caritatis praecepto non clauditur ordinare peccata in Deum, sed omnia referibilia in Deum, qualia sunt quaecumque in nostra sunt potestate et non sunt mala culpae et quilibet, habens caritatem, ex hoc ipso quod est in caritate, diligit procul dubio Deum ex toto corde, habens ipsum pro ultimo fine ac per hoc sui ipsius et consequenter suorum omnium finem, alioquin in caritate non esset: idcirco non oportet pias mentes scrupulo agitari, quomodo praeceptum impleant, ut omnia in gloriam Dei faciant ». Et Valentia in 1. 2. Disp. 8. q. 6. punct. 3.: « Notandum est, non oportere, ut actu explicito sive praesenti sive paulo ante elicito opera iustorum, ad hoc ut sint meritoria ex condigno, referantur in Deum: sed satis esse ad id virtualem relationem consistentem in hoc, quod iustus aliquando se et sua omnia per caritatis actum in Deum retulerit ». Et Becanus *de Grat.* cap. 5 q. 1. n. 13.: « Satis est (ad meritum) quod homo exsistens in statu gratiae, per infusam caritatem conversus sit ad Deum. Sic enim omnia eius opera, quae moraliter bona sunt, sufficienter ad Deum referuntur ».

208. Et hanc doctrinam communem in scholis exstitisse ante Baianos et Iansenianos, patet ex iis, quae scripsit Dominicanus Montesinos in 1. 2. q. 1. a. 4. q. 1. pag. 34. n. 13. « Est doctrina communis theologorum, quam etiam recipiunt recentiores alibi (idest in aliis quaestionibus), quod actus virtutis cuiusque moralis tendat in proprium obiectum ratione propriae honestatis: nihilominus implicite et natura sua absque aliquo alio tendit in Deum neque opus est ut expresse ordinetur in ipsum ».

209. Quin et ipse Baius confitetur hanc esse Angelici Doctoris doctri-

nam,·licet veluti erroneam habeat. Sic enim ille *de Virtutibus impiorum* lib. 2. Cap. 4.: ·« In primis mirandum occurrit quod d. Thomas hanc proximi finis ad universale bonum referibilitatem ad rationem virtutis sufficere existimet ». Bene ergo Aguirre Disp. 130. n. 147. « Quare quicumque ex recentioribus in Belgio aut forte uspiam alibi, exigunt relationem actualem aut virtualem contrapositam habituali et implicitae, inducunt certe obligationem quinque, ut minimum, seculis toti Ecclesiae ignotam, idque in re gravissima et non ad unum aliudve genus certum actionum spectante, sed generatim transscendente omne exercitium liberum humanae vitae. Quis, autem credat, Deum piissimum et amantissimum Ecclesiae suae, singulis hisce seculis praeditae viris doctissimis et sanctissimis, doctrinam adeo salutarem ipsi invidisse ac noluisse manifestam facere, nisi haeresiarchis praecedentis seculi et postea Michaeli Baio ac Iansenio atque ex horum traditione paucis quibusdam ? ».

210. Superest inquirendum, quo sensu a s. Thoma dicatur, in homine habente caritatem actus virtutum *gratia informari, ad caritatem referri* vel *ordinari* etc. Quae quidem quaestiones, cum sint quoad nos mere speculativae, omitti facile possent. Aliqua tamen ex eodem s. Thoma delibemus.

Et quidem quod actus satis informari caritate dicatur, etiamsi fiat ob finem alterius virtutis, sic s. Thomas clare dicit 2. Dist. 40. q. 1. a. 5. ad 3. « Non solum actus caritatis est meritorius, sed etiam actus aliarum virtutum, secundum quod gratia informantur; licet meritorii esse non possint, nisi secundum quod reducuntur in finem caritatis. Non autem oportet, quod semper actu in finem illum reducantur, sed sufficit ad efficaciam merendi, quod in fines aliarum virtutum reducantur; qui enim intendit castitatem servare, etiamsi de caritate nihil cogitet, constat quod meretur, si gratiam habet. Omnis autem actus in aliquod bonum tendens, nisi inordinate in illud tendat, habet pro fine bonum alicuius virtutis ».

211. Quin imo negat s. Thomas in habente caritatem aliquem actum bonum esse posse, qui non sit informatus caritate. Ita *de Verit.* q. 14. a. 5. ad 13.: « In habente caritatem non potest esse aliquis actus virtutis, nisi a caritate formatus; aut enim actus ille erit in finem debitum ordinatus et hoc non potest esse nisi per caritatem in habente caritatem: aut non est ordinatus in debitum finem et sic non erit actus virtutis ». Quod quidem vidimus contingere ex eo, quod per caritatem se iam totum et sua omnia in Deum ordinavit.

212. Et ordinabilitatem illorum actuum ex eo repetit, quod tendant ad illud summum bonum, quod est obiectum caritatis et ita virtutes omnes ad finem caritatis reducit. Sic *de Carit.* q. unic. a. 3. « Manifestum est autem, quod actus omnium aliarum virtutum ordinantur in

finem proprium caritatis, quod est summum bonum. Et de virtutibus quidem moralibus manifestum est; nam huiusmodi virtutes sunt circa quaedam bona creata, quae ordinantur ad bonum increatum sicut in ultimum finem: sed de virtutibus theologicis idem manifestum est... Unde manifestum est, quod in actibus omnium virtutum est formale id, quod est ex parte caritatis et pro tanto dicitur caritas forma omnium virtutum, in quantum scilicet omnes actus omnium virtutum ordinantur in summum bonum amatum ».

213. At quomodo explicat, quod ait, actus informari vel formari a caritate, moveri a caritate, imperari a caritate?

Respondeo: cum varias rationes s. Thomas afferat, ut praedicta verificentur, substantia tamen doctrinae in illud redit, quod iam diximus. Proponamus ea, quae habet 3. Dist. 27. q. 1. a. 4. q. 3. « Caritas comparatur ad omnes alias virtutes et ut *motor* et ut *finis* et ut *forma* ». Ubi advertendum, quod licet haec ceu tria distincta proponantur, in fine tamen eiusdem quaestionis monet, quod caritas evadat forma aliarum virtutum etiam secundum quod dicitur *motor* vel *finis* earum.

Sic autem explicat, cur dicatur motor. « Quod autem (caritas) sit motor omnium aliarum virtutum ex hoc patet, quod ipsum bonum, quod est obiectum caritatis, sub ratione finis est finis virtutum. In omnibus autem potentiis vel artibus ordinatis ita accidit, quod ars vel potentia, quae est circa finem, ordinat aliarum actus ad finem proprium ».

Deinde sic explicat cur sit finis. « Si ergo charitas est motor aliarum virtutum, similiter est finis; quia hoc commune est omnibus virtutibus, quod actus ipsarum sint proximi fines earum.... Finis autem inferioris potentiae vel habitus ordinatur ad finem superioris....: unde actus omnium aliarum virtutum ordinantur ad actum caritatis, sicut ad finem et propter hoc dicitur caritas finis praecepti ».

Tandem sic explicat cur sit forma. « Similiter etiam patet, quod est forma perficiens unamquamque virtutem in ratione virtutis. Inferior enim potentia non habet perfectionem virtutis, nisi secundum quod participat perfectionem potentiae superioris et secundum hoc prudentia ponit modum et formam in omnibus aliis virtutibus moralibus. Omnes autem aliae virtutes, quae sunt meritoriae vitae aeternae.... sunt in potentiis voluntati subiectis..... Unde non potest esse, quod aliquis habitus..... habeat rationem virtutis (meritorie)..... nisi secundum hoc, quod in illa potentia participatur aliquid de perfectione voluntatis, quam caritas perficit et ideo caritas est forma virtutum aliarum omnium, sicut prudentia moralium ».

214. Haec vero clarius alibi sic s. Thomas tradit in 2. Dist. 38. q. 1. a. 1. ubi vult probare et Deum et simul caritatem esse finem omnium voluntatum seu virtutum. « Sicut rerum omnium finis unus est scilicet Deus, ita et voluntatum omnium est unus ultimus finis scilicet Deus:

nihilominus tamen šunt alii fines proximi et si secundum illos fines servatur debita relatio voluntatis in finem ultimum, erit recta voluntas.....
Debita autem relatio voluntatis ad finem ultimum salvatur secundum illum
finem, quo voluntas nata est ultimum finem participare..... et hic est caritas..... et ideo non solum Deus sed etiam caritas finis est omnium re-
ctarum voluntatum ».

Et nihilominus deinde explicat, quomodo nihil exigatur ulterius, quam
quod superius innuimus. Nam ibid. ad 4. ait: « Dicendum, quod ad hoc,
quod alicui ut actionis finis sit Deus vel caritas, non oportet, quod
agendo illam actionem aliquis de Deo vel caritate cogitet nec iterum
sufficit, quod aliquis in habitu tantum Deum et caritatem habeat; quia
sic etiam actum peccati venialis aliquis in Deum ordinaret, quod falsum
est. Sed oportet quod prius fuerit cogitatio de fine, qui est caritas vel
Deus et quod ratio actiones sequentes in hunc finem ordinaverit, ita quod
rectitudo illius ordinationis in actionibus sequentibus salvetur ».

215. Quadantenus vero huic doctrinae adstipulatur s. Bonaventura, licet
ex parte dissentiat. Sane ita ipse in 2. Dist. 41, a. 1. q. 3. ad 6.: « Notandum
est tamen quod ad hoc, quod aliqua actio sit meritoria, non oportet quis
eam referat actualitèr in Deum, sed sufficit relatio habitualis. Habitualem
autem relationem voco, non quia habeat caritatem, per quam fit habilis
ad referendum, sed quia in primordio operationis illius vel alterius, ad
quam consequenter se habet, intentionem habet ad Deum directam.....
Si autem opus alterius generis inciperet, oporteret quod intentio reno-
varetur ad hoc, ut opus esset meritorium ».

Hac in parte distat profecto a s. Thoma: verum perpendatur quod
sequitur. « Per hunc etiam modum intelligitur esse in viris religiosis
(habitualis relatio), qui in principio ex caritate devoverunt portare religionis pondus; quidquid enim faciunt, quod ad suae religionis observantiam spectat, ex prima intentione est eis meritorium ad salutem, nisi forte
(quod absit) contraria intentio superveniat. In aliis autem, quae ad religionem non spectant, secus est; quia illa intentio non se extendit ad alia
habitualiter et ideo non est parvae securitatis et utilitatis religionem intrare ». Ex quibus pronum est valide arguere pro sententia s. Thomae;
nunquid enim minus colligatur cum ordinatione sui ad Deum per caritatem series operum, quae fiant secundum Dei beneplacitum, quam vin-
ciantur opera religionis cum vitae illius susceptione?

Sed demum haec addit. « Habitualem etiam intentionem seu relationem
voco, quando non praecogitato in actu, ut tunc, fine ùltimo sive Deo, ex
sola boni operis consideratione ipsa caritas prompta vel·aliqua alia virtus
caritate informata ad ipsum bonum opus inclinat, sicut vir obediens
meretur obediendo praelato sibi praecipienti, etiamsi nihil de Deo cogitet,
sed sòlum. consideret, quod est bonum obedire ». Porro postremum hoc
coincidit cum generali doctrina s. Thomae, ut facile consideranti patet.

216. Exinde Vasquez in 1. 2. Disp. 217. cap. 2. n. 9. de hoc s. Bonaventurae loco scribit: « Quamvis in corpore quaestionis (supra n. 170. id
retulimus) videatur dicere non omnia opera iustorum bona esse meritoria
vitae aeternae; tamen in ea solutione (scil. ad ultim.) concedit, omnia,
quae referuntur uno ex tribus modis praecedente capite enumeratis esse
meritoria vitae aeternae. Tertio autem modo comprehenduntur omnia
opera moraliter bona, ad quae movetur homo ex ipsa sola consideratione
boni operis secundum virtutem ». Quae est ipsissima s. Thomae doctrina.

Quod si inspiciatur quomodo tres illi modi relationis definiantur, iam
videbimus, hos doctores pene solis verbis distare. Sic enim Vasquez l. c.
cap. 1. n. 6. eos describit. « Notant (Scotus et Gabriel) tribus modis
referri posse aliquod opus in finem aliquem. Primo modo actu... Secundo,
ut dici solet, virtualiter, quando nimirum quis incepit opus ex intentione
alicuius finis et postea oblitus illius in ipso opere adhuc perseverat et
eadem ratio est, quoties ex priori [intentione fuere varia opera ordine
quodam et connexione derivata, ita ut unum opus ex tali intentione profectum moverit ad aliud et fuerit causa illius et illud alterius usque ad
ultimum. Tertio, ut vocant, habitualiter, quando nimirum tale opus est,
ut suapte natura aptum sit et idoneum ut in talem finem referatur. Et
huiusmodi sunt in eorum sententia omnia opera virtutum moralium,
quae tunc habitu dicuntur referri in Deum et non actu nec virtute, quando
nullus actus caritatis praecessit, qui ipsa referret ».

Discrimen ergo in eo erit, quod s. Thomas dixerit virtualem, quam isti
vocant habitualem relationem; quamquam vix s. Thomas etiam ab hoc
modo loquendi abhorreat. Nam Lect. 3. in Coloss. III. ait: « Dicendum,
quod non est necessarium quod omnia in Deum referantur actu, sed habitu ». Et *de Malo* q. 7. a. 1. ad 9. « Dicendum, quod cum illud praeceptum
Apostoli (*sive manducatis* etc.) sit affirmativum, non obligat ad hoc, quod
semper observetur in actu. Observatur autem semper in habitu, quamdiu
homo habitualiter habet Deum sicut ultimum finem ».

Quod si s. Thomas alibi negat, quod sufficiat referre actum habitualiter, id solum intelligit, non sufficere statum seu habitum gratiae, nisi
eliciatur actus aliquis referibilis, in quod sane consentiunt omnes. Ita 2.
Dist. 40. q. 1. a 5. ad 6.: « Non sufficit omnino habitualis ordinatio actus
in Deum; quia ex hoc, quod est in habitu, nullus meretur, sed ex hoc
quod operatur ». Et *de Virtutib.* q. 2. *de Charit.* a 11. ad. 3.: « Habitualiter refert in Deum et qui nihil agit nec aliquid actualiter intendit,
ut dormiens.... Unde habitualiter referre in Deum non cadit sub praeceptum ». Conferatur et textus citatus sub n. 212.

217. Sed dum tam rationabilis simul et benigna est s. Thomae doctrina; difficultas tamen occurrit, quomodo non redeat sententia Baii et
Iansenianorum, qui opera omnium infidelium et peccatorum dixerunt esse

mala ob defectum relationis in Deum. Etenim cum ipsi careant caritate, certe nec actu nec virtualiter opera in Deum referunt.

Respondeo: s. Thomas occurrit etiam huic difficultati, quae alioquin ex praemissa doctrina satis resolvitur. Nam iam diximus, ex s. Thoma tunc solum homines teneri ad se ordinandos suaque omnia per eum actum ad Dei gloriam referenda, quando urget obligatio eliciendi actum caritatis. Neque vero magis urgere debet obligatio eliciendi actum caritatis, ut in Deum referantur opera sequentia, quam urgeat ea obligatio, ut homo se ordinet in Deum tanquam in. suum ultimum finem. Hinc vero consequitur, tunc solum aut peccatorem aut infidelem contra hoc praeceptum ex omissione peccaturos, quando alioquin eos urgeat obligatio ordinandi se ad Deum per caritatem sive, quod idem est, obligatio eliciendi actum caritatis.

Atque ita s Thomas in 2 dist. 41. q. 1. a. 2. ad 4. sibi obiicit: « Proprie dicitur malum quod caret aliqua perfectione, quam natum est habere. Sed omnis actus humanus natus est in ultimum finem beatitudinis referri, nisi sit per se malus et debet in ipsum referri, ut ex dictis patet. Cum ergo actus infidelium in ultimum finem non referatur, in quem fides dirigit: videtur, quod omnis actus infidelium sit malus· ».

Et respondet: « Dicendum, quod non obligamur ad hoc, quod quilibet actus actu dirigatur in finem illum, in quem non potest nisi fides dirigere; quia praecepta affirmativa non obligant ad semper, quamvis semper obligent. Et ideo non oportet, ut actus infidelium, qui in finem illum non est ordinatus, semper sit peccatum: sed solum pro tempore illo, quo tenetur actum suum in finem ultimum referre », videlicet quando tenebitur ad actum caritatis eliciendum.

Et huc facit quod scribit *de Malo* q. 2. a. 5. ad 7. « Modus (caritatis) sub necessitate includitur, secundum quod praeceptum ordinatur ad consecutionem beatitudinis: non autem secundum quod ordinatur ad vitandum reatum poenae. Unde qui honorat parentes, non habens caritatem, non meretur: sed tamen neque demeretur ». Scilicet huiusmodi relatio operum in finem est pro merito vitae aeternae: meritum autem vitae aeternae nequit esse nisi in habente caritatem et idcirco lex referendi opera nostra in Deum non magis obligat, quam obliget praeceptum caritatis.

TRACTATUS II.

DE REGULA INTERNA ACTUUM HUMANORUM
SIVE CONSCIENTIA.

CAPUT I.

QUID CONSCIENTIA ET AN SEQUENDA SIT.

I. Respondeo 1. Conscientia est dictamen rationis, seu actus intellectus, quo iudicamus aliquid heic et nunc agendum vel omittendum esse vel fuisse, tanquam bonum vel malum, idque vel per modum praecepti vel consilii. Haec communiter est recta, dictans, quod verum est: aliquando tamen non est recta, dictans aliquid aliter, quam sit v. gr. esse bonum, quod est malum diciturque erronea, quia contingit cum errore idque vel vincibiliter seu culpabiliter, quando scilicet error vitari potuit ac debuit, vel invincibiliter, quando error moraliter vitari non potuit ideoque nec voluntarius est et consequenter non imputatur ad culpam et haec dicitur conscientia recta secundum quid, sive in ordine ad nos. Ex s. Th. Laym. l. 1. tr. 1. c. 2. n. 1. et c. 3.

1. Conscientiae nomen multipliciter usurpari consuevit. « Quandoque enim, utar verbis s. Thomae *De Verit.* q. 17. art. 1., conscientia sumitur pro ipsa re conscita, sicut fides accipitur pro re credita..., ut cum dicitur: dicam tibi conscientiam meam, idest quod est in conscientia mea ». Et sic sumitur 1. Tim. I. 5.: *Caritas* (procedit) *de conscientia bona*, ut ait s. Thom. 2. Disp. 24. q. 2. art. 4.

« Quandoque pro potentia, qua conscimus ». Sed hoc nimis extraneum est et improprie dictum, Ratio; quia « non consuevit idem nomen esse potentiae et actus, nisi quando actus aliquis est proprius alicuius potentiae specialis... sed conscientia non potest nominare aliquem habitum specialem vel aliquam potentiam: sed nominat ipsum actum, qui est applicatio cuiuscumque notitiae ad aliquem actum particularem ». l. c. *de Verit.*

« Quandoque pro habitu scil. quo quis disponitur ad consciendum et secundum hoc ipsa lex naturalis et habitus rationis consuevit dici conscientia ».

« Quandoque pro actu....In huiusmodi tamen nominationibus sequendus est usus loquendi; quia nominibus utendum, ut plures, ut dicitur 2. Topic. ».

2. Praecipue considerandum in rem nostram est discrimen conscientiae a synderesi. Utemur verbis s. Thomae 2. Dist. 24. q. 2. art. 4.: « Quidam... quandam actualem considerationem rationis per *conscientiam*, communiter

loquentes, intelligere videntur. Sed quae sit illa actualis rationis consideratio videndum est. Sciendum est igitur, quod, sicut dicit Philosophus, ratio in eligendis et fugiendis, quibusdam syllogismis utitur. In syllogismo autem est triplex consideratio secundum tres propositiones, ex quarum duabus tertia concluditur. Ita enim contingit in proposito, dum ratio in operandis ex universalibus principiis circa particularia iudicium assumit. Et quia universalia principia iuris ad *synderesim* pertinent; rationes autem magis appropriatae ad opus pertinent ad habitus, quibus ratio superior vel inferior distinguuntur (a); synderesis in hoc syllogismo quasi maiorem ministrat, cuius consideratio est actus synderesis : sed minorem ministrat ratio superior vel inferior et eius consideratio est ipsius actus; sed consideratio conclusionis elicitae est consideratio conscientiae.

Ex quibus patet, conscientiam dicere applicationem principiorum generalium ad casum aliquem specialem: synderesim vero respicere principia universalia. Et s. Thomas l. c. exemplum talis syllogismi sic proponit : « V. gr. synderesis hanc proponit: *Omne malum est vitandum:* ratio superior assumit: *adulterium est malum, quia est prohibitum;* vel ratio inferior assumeret illam: *quia ei est malum, quia iniustum sive inhonestum.* Conclusio autem, quae est: *adulterium* ноc *esse vitandum,* ad conscientiam pertinet ».

Hinc concludit s. Thomas l. c.: « Et secundum hunc modum patet, qualiter differant *synderesis, lex naturalis* et *conscientia.* Quia lex naturalis nominat ipsa principia universalia iuris: synderesis vero nominat habitum eorum, seu potentiam cum habitu: conscientia vero nominat applicationem quandam legis naturalis ad aliquid faciendum per modum conclusionis cuiusdam ».

Quandoque tamen, ut ait s. Thomas 1. q. 79. art. 11. nomen conscientiae attribuitur primo habitui naturali, scilicet synderesi, tum quia consuetum est, quod causae et effectus per invicem nominentur, tum quia (ut ait ibid. ad 3.) « Habitus, ex quibus conscientia informatur..., efficaciam habent ab uno principio, scilicet ab habitu primorum principiorum, qui dicitur synderesis ».

(a) De ista ratione *superiori* vel *inferiori* ita s. Thomas in eandem rem *de Verit.* q. 17. art. 1.: « In applicatione, qua consiliamur, quid agendum sit..., applicantur ad actum habitus rationis operativi, scil. habitus synderesis et habitus *sapientiae,* quo perficitur ratio *superior* et habitus *scientiae,* quo perficitur ratio *inferior* »

Et Quodl. 3. art. 26. distinguit cognitiones, « sive pertineant ad partem *sensitivam* (cioè i fatti), sive ad rationem *inferiorem,* quae considerat *humana,* sive ad rationem *superiorem,* quae considerat *divina* ».

Ceterum synderesis est graeca vox συντήρησις conservatio, scil. principiorum.

3. Non autem, e sententia s. Thomae, synderesis est cognitio *specu-lativa* principiorum universalium ad bene vivendum ». Nam en doctrina s. Thomae 1. q. 79. art. 11.: « Secuṇdum hoc differunt *intellectus spe-culativus et practicus;* nam intellectus *speculativus* est, qui quod ap-prehendit, non ordinat ad opus, sed ad solam veritatis cognitionem; *pra-cticus* vero intellectus dicitur, qui hoc, quod apprehendit, ordinat ad opus ». Et ibid. ad 2.: « Obiectum intellectus practici est bonum ordina-bile ad opus sub ratione veri. Intellectus enim practicus veritatem cogno-scit, sicut speculativus, sed veritatem cognitam ordinat ad opus ».

Clariorem notionem synderesis habemus in hoc loco s. Thomae *de Verit.* q. 16. art. 1.: « In natura humana, in quantum attingit Angelicam, oportet esse cognitionem veritatis sine inquisitione et in speculativis et in practicis. Et hanc quidem cognitionem oportet esse principium totius cognitionis sequentis sive speculativae sive practicae; cum principia opor-teat esse stabiliora et certiora, unde et hanc cognitionem oportet homini naturaliter inesse, cum hoc quidem cognoscat quasi quoddam seminarium totius cognitionis sequentis:... oportet etiam hanc cognitionem habitualem esse, ut in promptu exsistat ea uti, cum fuerit necesse. *Sicut autem ani-mae humanae est quidam habitus naturalis, quo principia speculativa scientiarum cognoscit, quem vocamus intellectum principiorum; ita in ipsa est quidam habitus naturalis primorum principiorum operabi-lium, quae sunt naturalia principia iuris naturalis, qui quidem ha-·bitus ad synderesim pertinet.* Hic autem habitus non in alia potentia exsistit, quam in ratione, nisi forte ponamus intellectum esse potentiam a ratione distinctam, cuius contrarium supra *de Verit.* q. 14. art. 1. di-ctum est. Restat igitur, ut hoc nomen synderesis vel nominet absolute habitum naturalem similem habitui principiorum, vel nominet ipsam po-tentiam rationis cum tali habitu. Quod autem ipsa potentia rationis, prout naturaliter cognoscit, synderesis dicatur absque omni habitu, esse non potest; quia naturalis cognitio rationi convenit secundum aliquem habitum naturalem, ut de intellectu principiorum dictum est ».

S. Thomas in textu mox allegato clare dicit, synderesim esse habitum principiorum in *operabilibus* seu in *practicis*, prouti *practicum* opponitur *speculativo.*

4. Verumtamen non negandum, quod usus fert, nempe cognitiones de operabilibus distingui in speculativas et practicas, prouti vel remote vel proxime ad opus ordinantur. Proinde doctores, ut videre erit, circa operabilia distinguunt *dubium speculativum* et *dubium practicum*, con-scientiam *speculative* et *practice veram* etc. Quibus dicendi modis et nos utemur, adhibendo regulam s. Thomae (n. l. in fin.) *nominibus uten-dum, ut plures.*

Alii nihilominus, ut cognitionibus circa operabilia appellatio sua semper

servaretur, scil. *practicae* et simul distinguerent cognitiones, quae ad
generales morum regulas pertinent, ab aliis, quae versantur circa factum
particulare, suis circumstantiis circumvestitum, iudicia prioris classis
dixerunt *speculativo-practica,* posterioris vero *practico-practica.*

Aliis vero placuit, dictamina illa generalia alio nomine designare et
cognitionem illam *speculativo-practicam* appellarunt *prudentiam universalem.*

Sed nulla hisce inest utilitas; quia nihil reipsa ad scientiam conferunt,
neque quoad substantiam, neque quoad perspicuitàtem. Quinimo postrema
haec confusionem parient, dum falsam prudentiae notionem ingerunt;
neque enim ad prudentiam pertinet dictamina moralitatis praescribere.

5. Quandoquidem autem sermo incidit de divisione inter cognitiones
speculativas et *practicas,* notanda heic venit arrogantia recentis scriptoris
philosophi (Rosmin. Tratt. della Cosc. pag. 15. 16.) qui Theologis, definien-
tibus conscientiam ceu iudicium *practicum,* exprobrat hanc *practici*
appellationem et contendit, conscientiam dicendam esse *speculativum*
iudicium. Addit, tempus esse tandem aliquando ut restituatur proprietas
loquendi, ut evadere possimus e labyrinto, in quam conversus est tractatus de Conscientia et inutile hoc aenigma (gergo inutile) amandandum.

Et Auctor quidem noster vocem illam in definitione conscientiae praetermittit; at eam communiter alii retinent, uti v. gr. s. Alphonsus Lib. 1. n. 2.
sic definiens conscientiàm: « Est iudicium seu dictamen practicum rationis, quo iudicamus, quid hic et nunc agendum ut bonum aut vitandum
ut malum ».

Ceterum Rosminiana illa censura hinc quidem frigida et inepta, inde
vero indigna erudito viro dicenda est; sane singulae scientiae habent suas
voces usu sacratas, quas technicas dicimus; et postquam usus universim
invaluit et diu servatur ab omnibus, iam labyrinthus seu confusio non
ex usu carum vocum inducitur, sed potius ex vocabulorum innovatione,
ita ut deinde alter alterum non intelligat.

6. Sed quae causa innovationis? *Praxis,* inquit iste, *est vox graeca, quae
significat actionem. Qui ergo dicit iudicium practicum aut scientiam
practicam, hic dicit iudicium actionem, scientiam actionem; quae sunt
contradictoria.* En exprobrationis ratio ac fundamentum.

Missum porro fiat, quod ipse huic libro titulum fecit *Della Coscienza
morale* et alteri opusculo *Principii della scienza morale.* Posset ergo
alius eum ita redarguere: *Mos,* unde vox *moralis,* significat *actionem:*
ergo inscite dicis *scientiam actionem* etc. Quod vero magis ridiculum est,
ipse Auctor cum suis admittit *iudicium practicum* et *riconoscimento
practico.* Nonne ergo et heic habebimus monstrum illud *iudicii-actionis?*

Sed, hisce omissis, nonne Plato Dial. cui titulus « *Politicus* » paulo
post initiùm, scientias partitus est in practicas et theoreticas. Ταύτῃ

τοίνυν συμπάσας ἐπιστήμας διαίρει, τὴν μὲν πρακτικὴν προσειπών, τὴν δὲ μόνον γνωστικήν. Hactenus igitur universas scientias divide, aliam quidem practicam appellans, aliam vero mere speculativam. Sic et Aristoteles *Ethic.* lib. V. cap. 2. veritatem, quae actiones dirigit, *practicam* appellat: αὐτὴ μὲν οὖν ἡ διάνοια καὶ ἡ ἀλήθεια πρακτική. Sic practicam deinde (cap. 7.) appellat φρόνησιν, idest prudentiam: ἡ γὰρ φρόνησις πρακτική.

7. Iuxta definitionem Auctoris conscientiae nomine venit *iudicium de rectitudine tum eorum, quae facienda adhuc˙ sint, tum eorum, quae facta iam fuerint;* quia scilicet de honestate actionis iudicare possumus tum antequam agamus, tum postquam egimus.

Huc faciunt illa s. Thomae *de Verit.* q. 7. art. 1: « Secundum modum applicationis, quo notitia applicatur ad actum, ut sciatur an actus sit rectus vel non, duplex est via. Una secundum quod per habitum scientiae dirigimur in aliquid faciendum vel non faciendum. Alio modo secundum quod actus, postquam factus est, examinatur ad habitum scientiae, an sit rectus vel non rectus... Secundum autem utrumque applicationis modum nomine conscientiae utimur ».

Imo alibi s. Thomas addit iudicium, quod fit de actu praesenti, inquiens 2. dist. 24. q. 2. art. 4. applicationem scientiae ad actum fieri *indifferenter sive sit de praesenti, vel de praeterito, vel futuro.*

Et haec valeant adversum aliam stultitiam novae philosophiae (Rosmin. *Della Cosc.* (a) cap. 1. pag. 13.), quae in definitione conscientiae ita exigit *conscientiam facti,* quasi iudicare de actione non possumus, nisi haec iam perfecta fuerit. Nec advertunt alio sensu dici *conscientiam facti,* alio *conscientiam honestatis.* Monuerat iam s. Thomas *de Verit.* q. 17. art. 1.: « Applicatur autem aliqua notitia ad aliquem actum dupliciter. Uno modo secundum quod consideratur, an actus sit...: alio modo secundum quod consideratur, an actus sit rectus vel non ».

Sed per hasce fallacias isti philosophi viam sibi, sane non philosophicam, sternebant ad docendum, posse actum praecedere iudicio conscientiae atque adeo non esse necessarium iudicium conscientiae, ut quis agat moraliter et denique posse ergo quempiam peccare, etiam antequam

---

(a) Rosmini *(Tratt. della Cosc. Morale, cap. 1. pag. 13):* « La coscienza morale, come noi l'abbiamo descritta, suppone un'azione nostra o nell'atto in cui la poniamo, o dopo già postala; perocchè fino a tanto che l'azione non è ancora da noi fatta, nè cominciata a farsi, non possiamo noi averne coscienza, ma solo scienza. Di qui avviene, che si da bensì una coscienza *concomitante* l'azione e una coscienza *susseguente;* ma propriamente parlando non si dà una coscienza *antecedente* all'azione ».

Praemiserat autem, enumerando *elementa* conscientiae. « 1ª Un'azione nostra o intellettuale o affettiva o esterna: 2ª La consapevolezza storica di quest'azione ».

sciat id, quod agit, esse peccatum. De quo novo pbilosophico monstro videsis *Epist.* 6. *del Prete Bolognese.*

8. Duo heic notanda. Unum, quod facile intelligitur, conscientiam vel *antecedentem* dici vel *consequentem,* prouti iudicium de honestate actus, ipsum actum praecedit vel subsequitur.

Alterum est, *formalem* bonitatem vel malitiam actus non a consequenti conscientia desumi, sed ab antecedenti. Qua in re decipiuntur saepe rudes. Dum enim vel libros legunt vel conciones audiunt, iudicant se in quibusdam peccasse, quando de malitia illorum actuum nunquam cogitaverant aut suspicati fuerant.

Heic adnotandum, quomodo s. Thomas 1. q. 79. a. 3. diversa *conscientiae* munia seu officia assignet, prouti vel antecedit vel consequitur actionem. « Dicitur conscientia *testificari, ligare* vel *instigare* vel etiam *accusare* vel etiam *remordere* sive *reprehendere.* Et haec omnia consequuntur applicationem alicuius nostrae cognitionis vel scientiae ad ea, quae agimus. Quae quidem applicatio fit tripliciter. Uno modo secundum quod recognoscimus, aliquid nos fecisse vel non fecisse, secundum illud Eccle VII. 23.: *Scit scientia tua, quia et tu crebro maledixisti aliis* et secundum hoc conscientia dicitur *testificari.* Alio modo applicatur, secundum quod per nostram conscientiam iudicamus, aliquid esse faciendum et secundum hoc dicitur conscientia *ligare* vel *instigare.* Tertio modo applicatur, secundum quod per conscientiam iudicamus, quod aliquid, quod est factum, sit bene factum vel non bene factum et secundum hoc conscientia dicitur *excusare* vel *accusare* seu *remordere.* Patet autem, quod omnia haec consequuntur *actualem* applicationem scientiae ad ea, quae agimus; unde proprie loquendo conscientia nominat *actum* ».

Quae postrema verba confirmant, quod ratio, cur conscientia definitur *iudicium,* haec est', quod conscientia proprie loquendo non est facultas aut habitus aut potentia, sed actus intellectus seu rationis, licet minus proprie usurpetur etiam pro habitu, ut vidimus ex eodem s. Thoma (n. 1).

9. Quod A. dicit, iudicio conscientiae dictari, quid agendum sit de *praecepto* vel de *consilio,* facile intelligitur. Nam, ut inquit s. Thomas 2. Dist. 24. q. 2. art. 4. ad 6.: « Habitus ille, ex quo nascitur actus conscientiae, non est habitus separatus ab habitu rationis et synderesis; quia non alius habitus est principiorum et conclusionum, quae eliciuntur ab eis et praecipue earum, quae sunt circa singularia ». Ergo munus conscientiae est applicare principia operabilium ad casus particulares. Atqui principia operabilium referuntur tum ad bonum necessarium de praecepto, tum ad bonum non necessarium, sed meri consilii.

Hinc ratio, cur quidam distinguant conscientiam 1° in *obligantem* seu *praecipientem,* quae nempe dictat ita quidpiam aut prohibitum aut praeceptum, ut secus peccetur. 2° in *consulentem,* quae dictat aliquid faciendum non ex obligatione, sed ut gratius Deo, utilius saluti, magis honestati ac virtutibus congruum. 3° in *permittentem*, quae licet quidpiam non suadeat ut melius, dictat tamen, id citra culpam agi vel omitti posse. Quem tamen actum vel omissionem alias diximus, saltem ratione finis, bonam futuram.

Advertenda doctrina s. Thomae circa obligationem, quae etiam quoad consilia urget, nempe ne contemnantur. Ita ille *de Verit.* q. 17. art. 3. ad 2.: « Dicitur consilium persuasio vel inductio ad aliquid agendum, non habens vim coactivam et sic consilium contra praeceptum dividitur; cuiusmodi sunt amicabiles exhortationes *et ex isto consilio aliquando conscientia procedit.* Applicatur enim aliquando etiam conscientia huius consilii ad particularem actum; sed cum conscientia non liget nisi ex virtute eius, quod in conscientia habetur, conscientia, quae ex consilio sequitur, non alio modo potest obligare, quam ipsum consilium, ex quo aliquis *obligatur, ut non contemnat,* sed non ut impleat ». Haec applica v. gr. statui coelibatus.

10. Antequam attingamus ea, quae Auctor habet de recta et erronea conscientia, mentio facienda alterius distinguendi rationis, quando conscientia consideratur ut *habitus,* potius quam *actus;* quas distinctiones quidam (Voit. T. 1. n. 8.) dicunt, locum habere ratione *subiecti.*

Sic igitur alia dicitur conscientia *tenera,* quae peccata etiam levia sollicite cavet. Distinguitur autem a *scrupulosa;* quia tenera prudenter, scrupulosa imprudenter ac temere a peccato refugit.

Alia dicitur *laxa* idque duplici sensu: 1° quae solum de gravibus culpis cavendis sollicita est, negligens minora: 2° quae erronee levius solet censere peccatum, quod reipsa gravius est.

Alia dicitur *stricta,* quae 1° semper rigidiora sequitur principia, *non necessario tenenda:* aut 2° etiam quae erronee graviores existimat culpas illas esse, quae reipsa minus habent gravitatis. Qua de re sedulo recolendum est et menti defigendum, quod principia rigidiora non tollunt neque minuunt humanam fragilitatem. Proinde per haec homo exponitur periculo peccandi, ubi, si iusta adhiberentur principia, non peccaret. Id v. gr. demum assequuntur, qui usum coniugalem interdictum contendunt, dum uxor uterum gerit vel tempore ieiuniorum vel in magnis sollemnitatibus aut diebus festivis aut quibus diebus sumpta sit Eucharistia etc. Bene s. Bonaventura *de Theol. Verit.* Lib. 2. c. 52.: « Cavenda est conscientia nimis larga et nimis stricta. Nam prima generat praesumptionem, secunda desperationem. Item prima dicit malum bonum, secunda e contra bonum malum. Item prima saepe salvat damnandum, secunda e contra damnat salvandum ».

Alia dicitur *pharisaica,* quae magni parva facit, parvi vero magna. Sic dicta est a Pharisaeis, qui dicuntur Matth. XXIV. 24. *excolantes culicem, camelum autem glutientes.*

Alia demum *cauteriata,* quando ob animum depravatum aut induratum et excaecatum quis non curat ac prope non sentit instinctus aut motus honestos, ut 1. Tim. IV. 2 dicitur: *cauteriatam habentium suam conscientiam.* Eiusmodi sunt, qui hac aetate Italiam invaserunt, ut *ordinem moralem restituerent.*

11. Quoad partitiones ab Auctore propositas, clara omnia sunt; neque opus est, ut immoremur inquirendo, quando conscientia erronea sit vincibiliter atque adeo culpabiliter, quando vero invincibiliter et inculpate. Satis enim de his diximus in Tractatu de Actibus Humanis.

Dubium aliquod moveri potest circa definitionem conscientiae *rectae,* dum definitur pro ea, *quae iudicat verum.* Nam aegre quidam audiunt, eum, qui agat ex conscientia invincibiliter erronea, non habere *coscientiam rectam,* v. gr. qui reverentiam exhibet ei, quem falso existimat esse aut superiorem suum aut presbyterum: et tamen si est erronea non videtur posse dici vera.

Et quispiam putare posset, latere heic aequivocationem, qua sublata, quaestio cesset. Aequivocatio autem in hoc esse posset, quod vox *recta* modo adhibeatur pro *vero,* cui ex opposito respondet falsitas seu error, modo prouti *rectum* opponitur *devio* seu *peccato.* In primo sensu pertinet ad actum iudicii et tunc rectum idem valet ac verum ac rei respondens: in secundo sensu pertinet non ad iudicium, sed ad *voluntatem* et tunc rectum idem valet ac honestum seu bonum moraliter, quod adesse potest, licet iudicium intellectus sit erroneum, uti in allato exemplo.

Verumtamen Doctores volunt, conscientiam invincibiliter erroneam dici posse *rectam,* etiam quatenus *rectum* significat *verum.* De qua re cf. Suarez in 1. 2. tr. 3. disp. 12. sect. 2. n. 2. et Becanum *Summa* tract. *de Actib. Hum.* cap. 4. q. 5. n. 6-8.

Quod ut evincat Suarez l. c. n. 2. advertit, etiam s. Thomam admittere id, quod habet Aristoteles, qui distinguens inter veritatem *speculativam* et *practicam,* priorem dicit sumi ex conformitate ad rem, posteriorem vero ex conformitate ad appetitum rectum. Ita et s. Thomas 1. 2. q. 57. art. 5. ad 3: « Verum intellectus *practici* aliter accipitur, quam verum intellectus *speculativi* ut dicitur 6. *Ethicorum* cap. 2. Nam verum intellectus *speculativi* accipitur per conformitatem intellectus ad rem... Verum autem intellectus *practici* accipitur per conformitatem ad appetitum rectum ». Qua de re idem s. Thom. 1. 2. q. 19. art. 3. ad 2.: « In his, quae sunt ad finem, rectitudo rationis consistit in conformitate ad appetitum finis debiti; sed tamen et ipse appetitus praesupponit rectam apprehensionem de fine, quae est per rationem ».

Porro nomine *recti appetitus* heic venit voluntas recta seu bona et honesta. Quocirca *vera practice* dicetur conscientia, quando conformis est honestae voluntati. Conformitas autem huiusmodi habetur, quando quis agit ex conscientia invincibiliter erronea, sive pro bona voluntate intelligas ipsam actionem ex ignorantia inculpabili positam, ut explicat Suarez 1. 2. tr. 3. disp. 12. sect. 2. n. 3. sive intelligas cum s. Thoma honestatem finis (seu principi generalis ethici), quam in ea actione sectari intendis (v. gr. virtutem observantiae in reverentia exhibita illi, quem falso existimas tuum praepositum).

Proinde, ut Suarez 1. c. n. 5 advertit, conscientia in tali casu erit *speculative* falsa seu erronea, *practice* autem *vera*. Ita quando Iacob iudicàvit, licitum sibi esse petere debitum a Lia, illud iudicium erat verùm practice, idest comparate ad obiectum prouti tunc illi proponebatur: comparate tamen ad personam Liae secundum se, erat falsum; quia non erat propria uxor.

Croix lib. 1. n. 5. cum nonnullis maluit eiusmodi conscientiam dicere *veram ethice, falsam physice*. Auctor autem his omissis, vocat *rectam secundum quid et quoad nos*.

12. Quoad conscientiam erroneam duo notanda occurrunt.

Primum est, locum habere eam posse non modo quoad res de *praecepto*, sed etiam quoad res de *consilio*. Ita v. gr. qui longas preces censet praeferendas operibus caritatis.

Alterum est, ex mente s. Thomae erroneam conscientiam contingere non posse in primis principiis immediate applicatis. Audiatur ipse Quodlib. 3. art. 26.: « Manifestum est, quod si accipiamus diversas hominis cognitiones, in aliqua potest esse error et in aliqua non. In primis enim principiis naturaliter cognitis... nullus potest errare, sicut in hoc: *Totum est maius sua parte* vel *Nulli iniuria est facienda*. In aliis autem cognitionibus magis particularibus, sive pertineant ad partem sensitivam (circa facta, quae noscuntur per sensus), sive ad rationem inferiorem, quae considerat humana (ut cum aliquis errat circa civiles rationes iusti vel iniusti, honesti vel inhonesti *de Verit*. q. 17. art. 2.), sive ad rationem superiorem, quae considerat divina (sicut cum quis existimat esse secundum legem vel contra, quod non est, ut haeretici, qui credunt iuramentum a Deo esse prohibitum *de Verit*. l. c.), potest multipliciter error accidere. Manifestum est autem, quod in applicatione multarum cognitionum ad actum, provenit error, quaecumque cognitionum fuerit erronea, sicut patet, quod falsitas accidit in conclusione, quaecumque praemissarum fuerit falsa ».

Conclusiones autem immediatae, in quibus error adesse ex s. Thoma non potest, illae sunt, quae directe ex principiis primis assumuntur et quando etiam in minori syllogismi idem de se ipso praedicatur. Clarius dicemus cum s. Thoma *de Verit*. q. 17. art. 2. « Sciendum tamen, quod in quibusdam conscientia numquam errare potest, *quando scilicet actus ille particularis, ad quem conscientia applicatur, habet de se in syn-*

deresi universale iudicium. Sicut enim in speculativis non contingit errare circa particulares conclusiones, *quae directe sub principiis universalibus assumuntur in iisdem terminis,* ut in hoc quod est: Hoc totum est maius sua parte, nullus decipitur, sicut et in hoc: omne totum est maius sua parte: ita et in hoc, quod est: Deum non esse a me diligendum vel aliquod malum esse faciendum, nulla conscientia errare potest; eo quod in utroque iudicio tam speculabilium quam operabilium et maior est per se nota, utpote in universali principio exsistens et minor etiam, qua idem de seipso praedicatur particulariter: ut cum dicitur: omne totum est maius sua parte: hoc totum quoddam est; ergo est maius sua parte ». — Unde applicatio in operabilibus esset: Nulli hominum iniuria est facienda: Ioannes est homo; ergo Ioanni non est iniuria facienda.

II. Resp. 2. Non tantum conscientia recta, sed etiam inculpabiliter erronea, dictans aliquid per modum praecepti, obligat, ut eam sequaris et si contra facis, peccas et quidem peccato eius speciei, contra cuius virtutis speciem intellectus peccare iudicat. Ratio prioris est; quia conscientia recta est regula proxima voluntatis, derivata a prima et principali regula omnium actionum humanarum, scilicet lege divina et aeterna. S. Th. 1. 2. q. 19. a. 4. Ratio posterioris est; tum quia, si intellectus voluntati proponit malum, esto malum non sit, si tamen putans esse malum, vult illud facere, iam voluntas vere consentit in malum habetque sufficientem affectum ad peccatum illud, quod apprehendit; tum quia *omne, quod non est ex fide,* hoc est (ut a ss. Patribus communiter explicatur) quod non est secundum conscientiam, *peccatum est,* ut dicitur ad Rom. XIV. 23. Par est ratio, si intellectus proponat aliquid, ut bonum et praeceptum, esto non ita sit, sed malum; voluntas tamen illud libere respuendo, vel omittendo, consentit in transgressionem praecepti et peccat. Cuius ulterior ratio est, quia obiectum tribuit actui speciem, prout heic et nunc ab intellectu proponitur. S. Thom. loc. cit. art. 5.

13. Summa responsionis haec capita complectitur:

1° Conscientia sive recta sive erronea invincibiliter, ubi praecipit aut bonum aut mali fugam, sequenda est; secus peccatur.

2° Peccatum est illius speciei, quam mens apprehendit. Hinc prima Auctoris resolutio de ieiunio etc. Huc faciunt exempla comedentis carnes, quando falso putat prohibitas, occidentis hominem, quem falso putat patrem suum aut presbyterum; aeque enim reus erit parricidii, sacrilegii etc.

3° Ratio quoad rectam est, quia conscientia est regula proxima, non secus ac edicti regii intimatio facta per ministrum.

4° Ratio quoad erroneam est, quia moralitas desumitur ab obiecto, prout *cognoscitur* et *intenditur,* scil. ab obiecto *formali.*

14. Quidam morosi hanc phrasim *conscientiam erroneam obligare* reprehendunt, tum quia sic homo apparet ut sibi superior, tum quia ex ipsa phrasi deducimur ad sensum absurdum, qualis est, quod *conscientia*

errans obliget atque adeo homo obligetur ad malum. Addunt, absona haec a s. Thoma fuisse evitata, qui quaestionem potius sic proponit 1. 2. q. 19. art. 5.: « *An mala sit voluntas discordans a ratione errante* ». Respondendum autem est, hanc observationem esse frigidam et ineptam. Et ex s. Thoma ostendemus 1° falsum esse, eum ab ea phrasi abhorruisse: 2° s. Thomam occurrisse incommodo, quod timent, ne homo dici debeat sibi superior: 3° auctore s. Thoma eam phrasim ab iis reiici, qui eiusdem vim non intellexerunt.

Et quoad primum, s. Thomas semper usus est illa phrasi et quidem etiam de conscientia *errante.* Ita 2. dist. 39. q, 3. art. 3. proponit quaestionem sic: « An conscientia errans obbliget ». Et respondet: « Si diligenter videatur, quomodo conscientia *ligat,* invenitur in omnibus *ligare...* Aliter *ligat conscientia errans,* aliter conscientia recta. Conscientia enim *recta obligat* simpliciter et per se...; sed conscientia erronea non *obligat* nisi per accidens et secundum quid ».

Rursus *de Verit.* q. 17. art. 3. titulus est: « Utrum conscientia liget ». Responsio: « Respondeo dicendum, quod conscientia procul dubio ligat etc. ». Et ibid. art. 4. titulus est: « Utrum conscientia erronea liget. Responsio: « Conscientia, quae est erronea... dum manet, *obligatoria* est. Diversimode tamen recta conscientia et *erronea ligat* etc. ».

Rursus Quodl. 3. art. 27. titulus est: « Utrum conscientia erronea liget ad peccatum. » Responsio: « Et ideo dicendum, quod omnis conscientia, sive recta sive erronea... *est obligatoria* ».

Et ne quis suspicetur, s. Thomam destitisse ab hac phrasi adhibenda in Summa Theologica, ecce 1. q. 79. art. 13. quid habet: « Secundum quod per conscientiam iudicamus, aliquid esse faciendum vel non faciendum,... secundum *hoc dicitur conscientia ligare* ».

Imo s. Thomas hac phrasi utitur etiam in loco, quem isti obiiciunt, scil. 1. 2. q. 19. art. 5. Nam utique ponit titulum. « Utrum voluntas discordans a ratione *errante* sit *mala* ». Sed deinde soluturus quaestionem sic incipit. « Respondeo dicendum, quod cum conscientia sit dictamen rationis, est enim quaedam applicatio scientiae ad actum...; idem est quaerere, utrum voluntas discordans a ratione errante sit mala, quod quaerere, utrum conscientia errans *obliget* ». Et quidem s. Doctor id repetit etiam in artic. 6°, quem pariter allegant. Ita ille: « Respondeo dicendum, quod sicut praemissa quaestio eadem est cum quaestione, qua quaeritur, utrum conscientia erronea *liget;* ita ista quaestio (scil. qua quaeritur, *utrum voluntans concordans rationi erranti sit bona*) eadem est cum illa, qua quaeritur, Utrum conscientia erronea excuset ».

15. Veniamus ad 2ᵐ Caput, quomodo scil. s. Thomas eximat scrupulum, ne, si dicamus *conscientiam obligare,* forte putetur obligatio enasci ex ratione, quae superior homine non est. Sic igitur breviter s. Doctor

de Verit. q. 17. art. 3. ad 3.: « Quamvis homo se ipso non sit superior, tamen ille, scil. Deus, de cuius praecepto scientiam habet, eo superior est: et sic ex sua conscientia ligatur ».

Et rursus, ibid. ad 1.: « Homo non facit sibi legem; sed per actum suae cognitionis, qua legem ab alio factam cognoscit, ligatur ad legem implendam ».

Pulchre s. Bonaventura 2. dist. 39. art. 1. q. 1.: « Conscientia est, sicut praeco Dei et nuntius et quod dicit, non mandat ex se, sed mandat quasi ex Deo, sicut praeco cum divulgat edictum regis; et hinc est, quod conscientia *habet virtutem ligandi* ». Quo exemplo utitur et s. Thomas, infr. n. 18.

Denique 3° ex s. Thoma reiicitur obligatio conscientiae ab iis solum, qui non intelligunt, quid hoc sibi velit. Ita s. Thomas *de Verit.* q. 17. art. 4.: « Quidam dicunt, quod conscientia potest errare vel in his, quae sunt per se mala, vel in indifferentibus; conscientia igitur errans in his, quae sunt per se mala, *non ligat,* in indifferentibus autem ligat. *Sed qui hoc dicunt, non videntur intelligere, quid sit, conscientiam ligare.* Secundum hoc enim ligare conscientia dicitur, quod aliquis, nisi conscientiam impleat, peccatum incurret, non autem hoc modo, quod aliquis implens recte faciat... Non igitur propter hoc conscientia dicitur ligare, quod si illud fiat, ex tali conscientia bonum sit; sed quia si non fiat, peccatum incurritur ». Quae egregie quadrant in eos, qui pavere se ostendunt, ne forte quis ligetur ad malum.

16. Sed praestat heic inspicere modum huius obligationis. Sic igitur rem proponit s. Thomas, explicans cur dicatur *ligare,* metaphora a vinculis materialibus ducta *de Verit.* q. 17. art. 3.: « Ad videndum, quomodo (conscientia) liget, sciendum est, quod *ligatio,* metaphorice a corporalibus ad spiritualia sumpta, *necessitatis impositionem* importat. Ille enim, qui ligatus est, necessitatem habet consistendi in loco, ubi ligatus est et aufertur ei potestas ad alia divertendi ».

Explicat deinde, quae necessitas voluntati possit imponi: « Est autem duplex necessitas, quae ab alio agente imponi potest. Una quidem *coactionis,* per quam omnis *absolute* necesse habet facere hoc, ad quod determinatur ex actione agentis; alias coactio non proprie diceretur, sed magis inductio. Alia vero est *necessitas conditionata,* scilicet ex finis suppositione; sicut imponitur alicui necessitas, ut, si non fecerit hoc, non consequatur suum praemium. Prima quidem necessitas, quae est coactionis, non cadit in motibus voluntatis, sed solum in corporalibus rebus; eo quod voluntas naturaliter est a coactione libera. Secunda necessitas voluntati imponi potest, ut scilicet necessarium sit hoc eligere, si hoc bonum debeat consequi, vel si hoc malum debeat vitare ».

Explicat deinde, quomodo vinculum imponatur per praeceptum superioris: « Sicut autem necessitas coactionis imponitur rebus corporalibus per aliquam actionem: ita necessitas conditionata imponitur voluntati per aliquam actionem. Actio autem, qua voluntas movetur, est imperium regentis et gubernantis... Ita enim se habet imperium alicuius gubernantis ad ligandum in rebus voluntariis illo modo ligationis, qui voluntati accidere potest, sicut se habet actio corporalis ad ligandum res corporales necessitate coactionis ».

Hinc vero necessitas applicationis praecepti per conscientiam: « Actio autem corporalis agentis nunquam inducit necessitatem in rem aliam, nisi per *contactum* coactionis ipsius ad rem, in qua agit. Unde nec ex imperio alicuius Regis vel Domini ligatur aliquis, nisi imperium *attingat* illum, cui imperatur. Attingit autem ipsum per scientiam. Unde nullus ligatur per praeceptum aliquod nisi mediante scientia illius praecepti. et ideo ille, qui non est capax notitiae, praecepto non ligatur nec aliquis ignorans praecepta Dei, ligatur ad praeceptum faciendum, nisi quatenus tenetur scire praeceptum. Si autem non tenetur scire nec sciat, nullo modo ex praecepto ligatur ».

Denique explicat, unde in vinculum profluat vis ligandi : « Sicut autem in corporalibus agens corporale non agit nisi per contactum, ita in spiritualibus praeceptum non ligat, nisi per scientiam. Et ideo sicut eadem est vis, qua tactus agit et qua virtus agentis agit; cum tactus non agat nisi ex virtute agentis et virtus agentis nisi mediante tactu: ita eadem virtus est, qua praeceptum ligat et qua conscientia ligat; cum praeceptum non liget, nisi per virtutem scientiae nec scientia, nisi per virtutem praecepti. Unde cum conscientia nihil aliud sit, quam applicatio notitiae ad actum, constat, quod conscientia ligare dicitur vi praecepti ».

Illae ergo observationes proveniunt ex non perspecto sensu, quo phrasis: *conscientia obligat* a Doctoribus usurpatur, necessitatis nempe impositae, ne voluntas alio tendat, quin finem amittat, quin mala incurrat et quin deformis et inordinata evadat et quidem per *virtutem praecepti* a conscientia propositi, non vero per meram rationis promulgantis virtutem. Nam conscientia fungitur officio immediate promulgantis, non secus ac sensus corporis sunt ministri proponendae revelationis iuxta illud: *Fides ex auditu.*

17. Itaque conscientia sive recta sive *erronea* ita est ab homine sequenda, *ut secus peccetur.* Quomodo vero ratio peccati intercedat in actu contrario conscientiae, utut erroneae, clare edicit s. Thomas; quia nempe mens seu voluntas fugit a bono et talis fuga est mala.

Ita s. Doctor 2. Dist. 39. q. 3. art. 3.: « Et per modum istum conscientia ligare dicitur; quia scilicet si aliquis fugiat per voluntatem, quod ratio bonum dicit, est ibi fuga boni, quae fuga mala est; quia voluntas fugit illud, ac si esset bonum secundum rationem, propter tristitiam aliquam secundum sensum. Et similiter si ratio diceret, aliquod bonum esse malum, voluntas non potest in illud tendere, quin mala sit; tendit enim in illud, ut ostensum est a ratione et ita ut in malum simpliciter, propter aliquod apparens bonum secundum sensum ». Cf. et 1. 2. q. 19. a. 5.

Alia accedit ratio ex s. Thoma. Nam peccat sane, qui vult legem Dei violare; atqui quisquis contra conscientiam agit, sive haec sit recta sive erronea, vult Dei legem violare. Ita s. Doctor *de Verit.* q. 17. art. 4.: « Non videtur possibile, quod aliquis peccatum evadat, si conscientia, quantum- cumque errans, dictet, aliquod esse praeceptum Dei..., si contrarium, tali conscientia manente, agere disponat. Quantum enim in se est, ex hoc ipso habet voluntatem legem Dei non observandi: unde mortaliter peccat ».

18. Solvit deinde s. Thomas dubium inde ortum, quod absonum vi- deatur, esse sequendum dictamen conscientiae erroneae, cum illud sit Dei legi contrarium. Ita s. Doctor *de Verit.* q. 17. art. 4. ad 1.: « Quamvis id, quod dictat erronea conscientia, non consonum sit legi Dei; tamen accipitur ab errante ut ipsa lex Dei et ideo per se loquendo, si ab hoc recedit, recedit a lege Dei, quamvis per accidens sit, quod a lege Dei non recedit ».

Rem s. Thomas explicat et exemplo ibid. ad 2.: « Esset simile..., si praeceptum Imperatoris nunquam ad aliquem pervenire posset, nisi me- diante Proconsule et Proconsul non praeciperet, nisi recitans Imperatoris praeceptum. Tunc enim idem esset contemnere praeceptum Imperatoris et Proconsulis, sive Proconsul verum diceret *sive mentiretur* ». Vid. eadem 1. 2. q. 19. art. 5. ad 2.

Exinde s. Thomas addit, dictamen conscientiae plus obligare, quam praeceptum Praelati. Ita *De Verit.* q. 17. art. 5.: « Conscientia non ligat, nisi vi praecepti divini vel secundum legem scriptam vel secundum legem naturae inditam. Comparare igitur ligamen conscientiae ad liga- men, quod est ex praecepto Praelati, non est aliud quam comparare li- gamen praecepti divini ad ligamen praecepti Praelati. Unde cum prae- ceptum divinum obliget contra praeceptum Praelati et magis obliget, quam praeceptum Praelati, conscientiae ligamen erit maius, quam liga- men praecepti Praelati et conscientia ligabit, praecepto Praelati in con- trarium exsistente ». Porro s. Thomam ibi agere etiam de conscientia erronea, patet; quia subdit, *aliter rectam, aliter erroneam conscientiam obligare.*

19. Plus semel legimus iam in s. Thomae textibus allatis, aliter er- roneam, aliter rectam conscientiam obligare. Iuvat ex ipso s. Thoma *De Verit.* q. 17. art. 4. hoc discrimen haurire.

« Diversimode... recta conscientia et erronea ligat; recta quidem ligat *simpliciter* et *per se:* erronea autem *secundum quid* et *per accidens* ». Ac primum discrimen sic explicat: « Dico autem, rectam ligare *simpli- citer;* quia ligat *absolute et in omnem eventum.* Si quis enim conscientiam habeat de vitando adulterio, istam conscientiam sine peccato non potest deponere; quia in eo ipso quod deponeret errando, peccaret; ea autem manente, non potest praeteriri in actu sine peccato: unde absolute ligat et in omnem eventum. Sed erronea non ligat, nisi *secundum quid* et *sub conditione.* Ille enim, cui dictat conscientia, quod teneatur ad fornicandum, non est obligatus, ut fornicationem sine peccato dimittere non possit, nisi sub hac conditione, *si talis duret conscientia.* Haec autem conscientia removeri potest absque peccato. Unde *talis conscientia non obligat in omnem eventum;* potest enim aliquid contingere, scilicet depositio conscientiae, quo contingente, ulterius non ligatur. Quod autem sub conditione tantum est, *secundum quid* esse dicitur ».

. Alterum discrimen sic explicat: « Dico etiam, quod conscientia recta *per se* ligat, erronea autem *per accidens:* quod sic patet. Qui enim vult et amat unum propter alterum, illud quidem, propter quod amat reliquum, *per se* amat; quod vero (amat) propter aliud, (amat) quasi *per accidens;* sicut qui vinum amat propter dulce, amat dulce *per se,* vinum autem *per accidens.* Ille autem qui conscientiam erroneam habet, credens eam esse rectam (alias non erraret nec inhaereret conscientiae erroneae propter rectitudinem, quam in ea esse credit), inhaeret quidem per se loquendo rectae conscientiae, sed erroneae quasi *per accidens,* in quantum hanc conscientiam, quam credit esse rectam, contingit esse erroneam. Et exinde est, quod per se loquendo ligatur a conscientia recta, per accidens vero ab erronea ».

20. Cur operans contra conscientiam invincibiliter erroneam peccet ea specie peccati, quam apprehendit, facile patet. Ratio vera est, quia talis est inordinatio voluntatis, qualem ipsa vult: talem autem vult, qualem apprehendit; quippe, ut habet s. Thom. 2. Dist. 39. q. 3. art. 3. « obiectum voluntatis est bonum vel malum, *secundum quod est imaginatum vel intellectum* ». Confirm. ex s. Thoma *de Verit.* q. 17. art. 4. ad 9.: « Quando conscientia erronea dictat, aliquid faciendum, dictat illud sub aliqua ratione boni, vel quasi *opus iustitiae* vel *temperantiae* et sic de aliis: et ideo transgressor incurrit in vitium contrarium illi virtuti, sub cuius specie conscientia illud dictat; vel si dictat illud sub specie divini praecepti, vel alicuius Praelati tantum, incurrit peccatum inobedientiae, conscientiam transgrediens ».

Et huc spectat generale illud effatum eiusdem s. Doctoris *de Mal.* q. 9. art. 2. ad 10.: « In moralibus obiectum constituit speciem non secundum id, quod est materiale in ipso, sed secundum formalem rationem obiecti ». De quo iam diximus, ubi de moralitate Actuum humanorum nn. 139. 141.

Ex dictis resolvuntur sequentes casus et similes.

III. 1. Putans esse ieiunium, quando non est, peccat contra temperantiam, si non ieiunet. s. Tom. l. c.

2. Si quis mentiatur ad liberandum proximum ex periculo vitae, putans se ex misericordia ad id teneri, actum bonum facit et si non mentiatur, peccat contra misericordiam. Laym. l. 1. tract. 1. c. 4.

3. Scrupulosus, licet putet involuntarias distractiones esse peccata, non tamen peccat; quia non sunt liberae. Bec. in 1. 2. tr. 1. c. 4. q. 7. Laym. l. c.

21. Synopsis trium resolutionum.

1.° Quoad peccatum contra temperantiam ob iudicium erroneum de ieiunii obligatione, ratio patet ex dictis n. praec.

2.° Quod bonum possit esse mentiri et malum non mentiri, patet ex doctrina proposita n. 17. 18.

3.° Quod vero non peccetur ex erronea conscientia, si actio non sit libera, patet ex doctrinis de Actibus Humanis. Actus enim non liber, non est humanus; ergo nec capax malitiae.

22. Quoad secundam partem 2ᵃᵉ resolutionis, nemo dubitat peccare eum, qui facit contra conscientiam.

Diluenda est difficultas quoad primam partem, scil. ex erronea conscientia actum, materialiter malum, posse dici bonum.

Porro quod eiusmodi actus bonus ac meritorius sit et dici debeat, dubitandum non est. Ita Suarez in 1. 2. tr. 3. disp. 12. sect. 4. n. 8. et, ne plures singillatim recenseamus, Becanus *de Act. hum.* cap. 4. q. 7. n. 2. et Salmanticenses tract. 20. cap. 5. n. 21. hanc dicunt *communem* sententiam Theologorum, Croix lib. 1. n. 15 vocat *communissimam*, Cardenas *Cris. Theol.* part. 3. disp. 56. n. 1307, vocat *certissime veram* et, ut reliquos omittamus, s. Alphonsus lib. 1. n. 6. dicit *communissimam* atque, uti apud ipsum videre est, consentit etiam Cuniliati, imo ex parte ibid. n. 7. etiam Daniel Concina.

Pro opposita stetit cum paucis quibusdam Franzoia, quem citat s. Alphonsus l. 1. n. 7. et qui nostrum Auctorem notis conspurcavit et cum Franzoia deinde aliquot ex recentioris philosophiae doctoribus; e quibus utinam tum haec tum alia quaedam non transcripsissent fide bona, sed non cauta et quidam nostrae aetatis et regionis! — Dicunt isti (Vid. Solimani *Ethicae* part. 1. sect. 3. art. 2. pag. 216-217. not. 37.): « a s. Thoma id tantum affirmari, voluntatem, quae cum ratione sine culpa consentiat, *non esse malam*, non autem asseri, eam esse bonam. Fieri enim potest (inquit Solimani), ut id, quod a ratione errante proponitur, suapte natura sit pravum; tum vero, si fiat, non quidem vitio verti, sed neque pro honesto haberi poterit. Nam, teste eodem s. Doctore l. 2. q. 19. a. 6. ad 1., bonum

causatur ex integra causa, malum autem ex singularibus defectibus; et
ideo ad hoc quod dicatur malum id, in quod fertur voluntas, sufficit, sive
quod secundum suam naturam sit malum, sive ut apprehendatur ut malum;
sed ad hoc quod sit bonum, requiritur, quod utroque modo sit bonum ».

23. Verum en itaque locus parallelus, ubi s. Thomas *bonum* appellat
id quod fit ex conscientia invincibiliter erronea 2. dist. 39. q. 3. art. 3.
ad 1.: « Dicendum, quod quamvis illud, quod ratio dictat, per se non sit
secundum legem Dei, nec *per se bonum;* tamen *per accidens* est secundum legem Dei sicut et *bonum,* in quantum ratio apprehendit ipsum
ut secundum legem Dei et bonum; et ideo sequitur, quod conscientia
errans per accidens obliget et non per se ».

Proinde huiusmodi actus non dubitat s. Doctor appellare *virtuosos* et
meriti capaces. Ita quodl. 3. art. 27. ubi respondet ad quaestionem:
Utrum conscientia erronea liget ad peccatum: « Dicendum, quod cum
actus recipiat speciem ab obiecto, non recipit speciem ab eo secundum
materiam obiecti, sed secundum *rationem obiecti...* Omnis autem actus
humanus habet rationem peccati vel *meriti* (attende ad huiusmodi dis-
iunctivam), in quantum est voluntarius: obiectum autem voluntatis secundum propriam rationem est bonum apprehensum; et ideo actus humanus iudicatur *virtuosus* vel vitiosus secundum bonum apprehensum,
in quod per se voluntas fertur et non secundum materiale obiectum
actus ». Quae sane luculentissima sunt et expresse testantur eiusmodi
actus et bonos esse et meritorios.

Frustra igitur contra communem doctrinam, quae est s. Thomae, obiicitur auctoritas s. Thomae. Cuius quidem sententia concinne exprimi potest per breve illud effatum s. Bernardi, quod et s. Alph. refert n. 7.:
« Et quidem laude dignam dixerim vel solam intentionem piam nec
plane condigna remuneratione fraudabitur in opere quoque non bono ipsa
bona voluntas ». Ubi egregie conciliantur *bona voluntas* et *opus non
bonum;* quia nempe bona *formaliter* spectatur voluntas, opus autem
non bonum *materialiter.*

24. Et hanc quidem doctrinam haurire licebat ex illo quoque articulo 1. 2. q. 19. art. 6., unde sumpta est obiectio, nisi quis oculos plane
caecutientes habeat. Et sane ex illo quoque articulo, e quo isti deducunt,
voluntatem *non posse dici bonam,* facillime constabat, voluntatem esse
bonam dicendam. Etenim titulum articulo praefigit s. Doctor: « utrum
voluntas concordans rationi erranti sit bona ». Porro in responsione apertissime dicit, quod « *ista quaestio est eadem cum illa, qua quaeritur,
utrum conscientia erronea excuset* ». Ergo si affirmabit, conscientiam
erroneam excusare, eo ipso affirmabit, voluntatem concordantem rationi
erranti esse bonam. Atqui id s. Thomas affirmat, ubi subdit: « Si autem
sit error, qui causat involuntarium, proveniens ex ignorantia alicuius

circumstantiae absque omni negligentia, tunc talis error rationis vel conscientiae excusat ». Ergo falso isti affirmant, a s. Thoma non asseri, *voluntatem esse bonam.*

Praeterea ipsimet fatentur, voluntatem, quae rationi erranti consentit citra culpam, ex s. Thomae sententia ibi expressa, *non esse malam.* Atqui ii tantum, qui plane peregrini sint in s. Thomae doctrinis, ignorare possunt, voluntatem non malam in quopiam actu perinde esse, ac voluntatem bonam. Notissima enim est doctrina s. Thomae suppl. q. 49. art. 4. quod « Ex eodem habet actus aliquis quod non sit malus in genere moris et *quod sit bonus;* quia non est aliquis actus indifferens ».

Quod vero attinet ad verba s. Thomae, quae isti obiiciunt, parum sane ipsi advertunt, ea vel contra ipsos facere, vel nihil ad rem facere. Verba desumuntur ex Resp. ad 1. : « Bonum causatur ex integra causa, malum autem ex singularibus defectibus. Et ideo ad hoc quod dicatur malum id, in quod fertur voluntas, sufficit sive quod secundum suam naturam sit malum, sive quod apprehendatur ut malum: sed ad hoc quod sit bonum, requiritur, quod utroque modo sit bonum ». Sermo est ergo non de actu voluntatis, sed *de eo, in quod fertur voluntas,* nempe *de obiecto.* Porrò vel isti accipiunt ea verba de obiecto, prout attingitur a voluntate vel non, sed mere de obiecto per se spectato. Si accipiunt de obiecto, prout attingitur a voluntate; falsum erit id, quod et ipsi contendunt et s. Thomas dicit, nempe voluntatem *non esse malam.* Nam cum ex textu allegato ut malum sit obiectum, sufficiat, ut aut pravum sit in se aut apprehendatur ut malum, habemus igitur obiectum malum, prout a voluntate attingitur, et sic voluntas dicenda *erit mala,* atque adeo verba s. Thomae contra ipsos faciunt. Si vero accipiunt verba s. Thomae de obiecto, prouti in se est; tunc ad rem ista non faciunt: quippe in casu conscientiae errantis non attenditur obiectum, prout in se est, sed respective ad id, quod sit *per accidens.* Ergo inaniter ista obiiciuntur.

Ceterum manifestum est, s. Thomam ibi loqui de obiecto bono vel malo, prouti in se est, non vero de bono aut malo per accidens: quae quidem legi poterant etiam apud s. Alphonsum (n. 7.).

25. Ut autem magis pateat, quantopere hallucinentur isti in interpretando s. Thoma, advertas velim, verba illa articuli, unde obiectionem petunt, scil. *quod voluntas non sit mala,* a s. Thoma adhiberi, quando agit de opere quidem in se pravo, quod tamen fiat ex conscientia erronea invincibili circa *facti* circumstantiam: « Si ratio erret in hoc, quod credat, aliquam mulierem submissam esse suam uxorem et ea petente debitum, velit eam cognoscere, excusatur voluntas eius, *quod non sit mala* ». Porro si stemus istorum interpretationi, dicemus, nunquam *bonam* esse voluntatem, quotiescumque intercedat etiam merus *error facti,*

unde fiat ut opus materialiter spectatum aut pravum sit aut certe non pertinens ad eam virtutem, quam agens putabat se exercere.

Atqui hoc evidenter absurdum est. Nam 1. ut in casu s. Thomae sistamus, homo qui existimatae uxori petenti voluit reddere debitum et quidem voluit ex virtute iustitiae, iam dicendus esset non habuisse *voluntatem iustam.*

Ita 2. si Lucius (quo exemplo utitur Becanus *De Act. hum.* cap. 4. q. 7. n. 3.) ignorans, pecuniam, quam a patre dono accepit, esse alienam, det eam pauperi, putans bona fide esse suam, iam non fecisset actum virtutis, licet prudentissime posset sic ratiocinari: Honestum est ac Deo placitum dare pauperibus, quod suum quisque habet: atqui haec pecunia est mea; ergo volo hanc virtutem exercere.

Pari modo 3. nec s. Gregorius, quando Angelo sub specie pauperis prandium ministravit, nec s. Eduardus rex dum Apostolo Ioanni sub forma pauperis eleemosynam poscenti dedit annulum, virtuose egissent; quippe materia deerat. Quae quidem omnia, ut patet, repugnant communi hominum sensui.

26. Becanus l. c. n. 4. sibi obiicit, quod si bonus esset actus, licebit de eo gaudere. Et respondet 1° Licet gaudere de actu voluntatis, utpote bono: 2° Licet gaudere etiam de effectu, qui malus non est intrinsece, v. gr. de pauperis solatio, iuxta eius casum: 3° De obiecto post cognitam turpitudinem, scil. de rei alienae donatione non licet gaudere.

27. Quod attinet ad tertiam resolutionem, adverte quod hic casus haud infrequens est nec locum habet solum quoad involuntarias distractiones.

Adverte tamen, heic haberi conscientiam potius consequentem, quae nihil in actum confert atque, ut monet Croix Lib. 1. n. 44., in hunc errorem saepe illi incidunt, qui post factum, antequam confiteantur, inquirunt in libris vel interrogant, num in hac re vel illa peccaverint nec ne; item qui petunt a Confessario, an peccaverint. Recte tamen quaeri ea possunt, ut imposterum se aut alios dirigant, itemque ut sciant, an aliquod vel scandalum vel damnum reparandum sit.

Quod A. innuit de involuntariis distractionibus, idipsum contingit interdum quoad cogitationes turpes vel quoad turpia somnia vel quoad suspiciones adversus famam aliorum vel quoad auditas blasphemias aut auditas detractiones aut visam aliquam turpitudinem etc. Perinde est de eo, qui aut carcere inclusus aut defectu sacerdotis aut vi morbi etc. non potuit audire missam; rudes enim de his se accusant. Idem dicito de filiis aut ancillis etc., dum accusant se, quod ad iram aut parentes aut heros incitaverint, cum involuntarie id subinde accidat.

Confessarius debet docere et docendo tranquillos animos reddere; prudenter tamen, ne poenitens rudis in oppositam partem deflectat ac porro negligat deinde et contemnat ea, in quibus vigilare debet aut in quibus deliquit.

. Multo magis monere ac docere prudenter debet, quando agitur de conscientia erronea *antecedente,* quae aut peccatum inducit, ubi nullum
foret, aut inducit grave, quando foret leve et quoad primum subinde
contingit v. gr. quoad recitandas preces confraternitatum etc., omissionem benedictionis die festo etc.

IV. Resp. 3. Si sit conscientia culpabiliter erronea, iudicans ex ignorantia vincibili aliquid prohibitum esse aut praeceptnm, quod non est, peccas et si contra
eam et si secundum eam opereris; gravius tamen (ceteris paribus) si contra. Bress.
Bardi. d. 3. c. 5. Ratio prioris est; tum qnia non agis secundum regulam humanorum
actuum: tum quia voluntas, cum per se sit caeca, debet sequi rationis iudicium; si
enim perseverante illo iudicio, appetat alteram partem, non potest in eam ferri sub
ratione honesti, cum intellectus sub ea ratione non proposuerit. Ratio posterioris est;
quia, ut cum s. Th. docetur communiter, ignorantia vincibilis non excusat a culpa;
cum enim in nostra potestate sit, errorem vincibilem deponere, malum, quod fit ex
conscientia erronea dictante illud esse faciendum, est indirecte voluntarium, ideoque
imputatur ad culpam. s. Thom. l. c. Bon. t. 2. d. 2. q. 4.

28. Synopsis — 1° Si culpabiliter erronea est conscientia, agens nullo
modo vitat peccatum, sive contra, sive secundum eam operetur.

2° Si enim recedit a conscientiae dictamine, peccat, quia agit contra
conscientiam et vult putatam violationem legis.

3° Si vero conscientiae obedit et sic ex errore reipsa legem violat,
ignorantia ista sive error non excusat a culpa; quia est culpabilis.

4° Additur in Resol. 1ª, hoc peccatum non esse necessarium; quia aut
vitari potuit ac debuit ignorantia illa culpabilis, aut heic et nunc error
conscientiae deponi potest et debet.

29. Quoad primum casum ergo, quod nempe peccet quisquis contra
conscientiam, culpabiliter licet, erroneam operatur, nulla est difficultas.
Nam valent heic quoque rationes, quibus constat, peccare eum, qui agit
contra conscientiam erroneam invincibiliter. *Omne, quod non est ex fide,
peccatum est.*

30. Difficultas aliqua est in posteriori parte, quando quis agit *iuxta*
conscientiam erroneam: non quasi quaestio sit implexa et ardua ad solvendum, sed quia saepe nec apte proponitur nec clare explicatur.

Ita v. gr. Scavini *de Consc.* cap. 1. art. 1. §. 2. q. 2: « Si agit iuxta (conscientiam), cum eam deponere possit ac debeat, peccat operando temere ».

At vero quid fiet, si quis tunc nesciat aut nullatenus advertat, se
laborare conscientia erronea? Quomodo deponet aut deponere poterit
tunc eiusmodi conscientiam?

31. Ut itaque sine confusione solvatur ista quaestio, huc revocandum
illud est, quod s. Thomas eandem quaestionem soluturus nempe, utrum
voluntas concordans rationi erranti sit bona 1. 2. q. 19. art. 6. praemittit
ante omnia: « Haec quaestio pendet ab eo, quod supra de ignorantia

dictum est ». Adhibeantur ergo heic principia, quae iam statuimus circa ignorantiam vincibilem et sic planissima evadet solutio quaestionis, prouti re ipsa plana apparet, si praesens doctrina efferatur per formulam s. Thomae, *de Verit.* q. 17. art. 4. ob. 8: « Si aliquis ex erronea conscientia contra legem Dei facit, non excusatur a peccato ».

32. Exinde patet, quod circa laborantem errore vincibili, duplex hypothesis institui potest, immo debet.

Prima est, quod iste, dum acturus est, nihil advertat errorem suum; quod contingit v. gr., quando error olim fuit vincibilis, quem tamen in praesens amplius actu non advertit. Croix. lib. 1. n. 42.

Secunda est, quod ignorantiam suam seu errorem quis aliquo modo advertat, aut suspicione quapiam 'saltem agitetur.

Porro ad aliquid certi clare definiendum, de utraque hypothesi seorsim agendum est.

33. Sed in primis sedulo advertenda est vera ratio, cur agens ex eiusmodi conscientia erronea, nunquam immunis sit a peccato, vel (ut s. Thomas ait) *nullatenus a peccato excusetur:* quam quidem rationem, utut primaria . sit, malo quodam fato plerique silentio premunt. Ratio itaque est, quia ignorantia ista est in se peccatum; quippe est voluntaria et culpabilis ignorantia eorum, quae quis scire tenetur. Porro peccatum istud semper adest, sive quis operetur iuxta sive contra erroneam conscientiam. En igitur ratio, cur agens ex tali conscientia nunquam a culpa sit immunis.

34. Pergamus porro ulterius, primam hypothesim prae oculis habentes. Quandonam peccatum hoc ignorantiae committitur? Nimirum quis peccavit ex omissione diligentiae ac laboris, quem adhibere debuit, ut ea addisceret, quae scire tenebatur.

Ergo peccatum, quod in casu numquam abesse posse dicimus, non est peccatum, quod heic et nunc committatur; sed est peccatum, quod prius fuit commissum et cuius reatum adhuc inesse censemus illi, qui modo acturus est.

Ergo non est peccatum, in quod necessario incurrat quispiam ex occasione actionis nunc ponendae aut propter actionem, quam modo ponit; sed est peccatum ab ista actione independens et cuius ille est reus, etiam antequam se offerat agendi occasio (a).

35. Exinde vero sequitur, quod huius peccati reus est homo non modo ante actionem et ante occasionem aut deliberationem agendi; sed prae-

---

(a) Qua de re advertendum, huius peccati reatum non solum affuisse, quando olim quispiam neglexit addiscere addiscenda, sed incurri deinceps, quoties quis advertit necessitatem depellendi ignorantiam suam, quam aliquo modo advertat.

terca reus eiusdem peccati est, quomodocumque data occasione agat, videlicet sive agat iuxta, sive contra conscientiam.

Hoc autem tantummodo aderit discrimen, quod, si quis heic et nunc agat contra conscientiam, dupliciter est reus; nempe et reus est prioris peccati in causa et huic peccato aliud nunc addit peccatum actionis positae contra dictamen conscientiae. Si vero quis agat iuxta conscientiam, habebit dumtaxat reatum praecedentis peccati in causa; quia reipsa heic et nunc non delinquit.

36. Hinc desumendum, quo sensu admitti possit id, quod communiter dicitur et Auctor habet, nempe quod ceteris paribus gravius peccat, qui contra conscientiam agit, quam qui iuxta. Nam cum peccatum in causa sit commune sive contra sive iuxta conscientiam agenti, ex hac parte nullum potest adesse discrimen. Hoc tamen evidens discrimen est, quod in agente contra conscientiam duplex, ut diximus, est peccatum; in agente autem iuxta conscientiam adest unum tantum. Ergo si ex hac parte res spectetur, manifestum est, semper gravius idest *plus* peccari agendo contra conscientiam.

Verumtamen verba tum Auctoris, tum aliorum, qui eandem sententiam proferunt, alio sensu dici videntur. Nam comparationem ipsi instituunt tantummodo inter peccatum negligentiae in causa et peccatum praesens actionis contra conscientiam. Quaestione porro sic instituta, vix est quod decerni possit. Etenim actio heic et nunc contra conscientiam posita potest ex se esse leviter mala, dum interim contingere potest, ut gravis exstiterit culpa prioris negligentiae et viceversa.

37. Ex hisce autem deducere licet, cuiusmodi censeri debeat peccatum, quod reipsa vitari nequaquam posse dicitur. Est nempe peccatum in causa et iam alias factum, non vero quod nunc fiat, uti iam diximus. Hinc vero nonnulla consectaria gravis momenti.

Primum consectarium. Si culpa praecedens, voluntariae scilicet ignorantiae, per veram poenitentiam iam fuerit retractata, ita nempe, ut praeter dolorem praecedentis negligentiae, iam sufficiens, prout fieri potuit, diligentia deinde adhibeatur ad ignorantiam illam tollendam: error praesens aequiparandus erit ignorantiae invincibili nec erit amplius voluntarius et culpabilis et ideo nullum erit peccatum, etiamsi hoc pacto non acquiram scientiam, qua vitare possim quemlibet errorem. Huc facit similis casus Breviarii, quod quis in mare proiecerit. Vid. Croix. lib. 1. n. 760.

38. Secundum consectarium. Peccatum eiusmodi fuit patratum, cum posita fuit causa et nihil reipsa (ex parte erroris) nunc peccatur.

Atqui si nihil nunc peccatur, nihil igitur ex praesenti actione additur malitiae peccato praecedenti. Ergo peccatum eiusmodi non desumit imputabilitatis suae modum atque adeo speciem malitiae ex hoc, quod nunc accidit, sed ex eo, quod factum fuit in causa. Atqui in causa non fuit nisi peccatum omissionis diligentiae, nisi forte supponamus, quempiam tunc praevidisse peccata quaedam necessario secutura ex tali ignorantia sibi voluntaria. Ergo ista peccata non censentur esse illius speciei, quam fert actus positus ex errore nec habent malitiam illius propriam; sed solum denominantur mala per negligentiam illam praeteritam et ex hac solum contrahunt reatum et speciem reatus. Ita communissime DD. apud Croix lib. 1. n. 757.

Hinc perperam scribit Antoine *De Consc.* cap. 1. q. 3. resp. 2.: « Si quis ex errore vincibili iudicet, se debere furari, ut subveniat egeno, peccat contra iustitiam, si furetur; quia furtum est voluntarium in causa (ignorantia vincibili); si vero non furetur, peccat contra caritatem ». Nam postremum verum est; at primum est falsum nec alia malitia malum censeri ac dici debet illud furtum, nisi malitia causae.

Idem notandum venit de iis, quae habet Scavini *De Consc.* c. 1. art. 1. § 2. q. 2.: « Aliquando (inquit) gravius peccat, qui secundum conscientiam operatur, ut si ei dictet, quod furari debeat ad eleemosynam faciendam: aliquando aequaliter peccat, ut si iudicet, se teneri ad furandum, ut possit restituere aut satisfacere creditori. Ratio est, quia gravitas violationis sumitur ex gravitate praecepti, quod violari creditur ». Verum qui sequitur erroneam conscientiam, non credit, dum agit, violare praeceptum.

39. Tertium consectarium. Quale sit peccatum negligentiae, desumendum ex iis est, quae de ignorantiae peccato diximus. Cf. in *Tract. de Act. Hum.* c. III.

Ac 1° Ut mala, quae consequi possunt, imputentur ad culpam, debent aliquo modo praecognosci seu praevideri. Necesse tamen non est, ut praevideantur in individuo vel in specie; sed sufficit, quod praevideantur quasi in genere uti v. gr. iudex, confessarius, parochus, episcopus, medicus etc. generatim cognoscunt, gravia mala causari posse reipublicae et damna proximis, si conscii de propria insufficientia ad illa officia exercenda accedant.

2° Nec tamen quaelibet aut qualiscumque praevisio inducit obligationem tollendi ignorantiam ad mala quaepiam cavenda ; quippe mala quaepiam, licet possibilia, quandoque imprudenter timerentur nec imponerent obligationem inquirendi etc., ut caveantur. Ita v. gr. qui noctu iter facit, non tenetur praemittere aliquos, qui inspiciant, an aliquis infans aut morbo correptus aut vulneratus forte in via iaceat ac possit equorum pedibus aut curriculi rotis conteri.

40. Paucis itaque. Si ex conscientia ita agam, ut non advertam errorem, utcumque voluntaria et culpabilis in causa fuerit ignorantia, falsum est tamen, eiusmodi conscientiam heic et nunc non obligare, aut non licere eam sequi. Haec enim heic et nunc aequiparanda est ignorantiae invincibili. Quocirca falsum est praeterea, me heic et nunc teneri ad eam

conscientiam deponendam, quia nemo tenetur ad id, quod ignorat atque adeo ad impossibile: culpa tamen exstitit in causa, cuius si poenitentia ita acta sit, ut fuerit remissa, nullum est peccatum.

41. Nunc ad aliam hypothesim, quando scilicet conscientia ita est erronea, ut dum acturus quispiam est, aliquo pacto errorem advertat; non quasi hic videat, se erronee iudicare; nam qui errorem cognoscit, non laborat ignorantia, sed cui dubium aut suspicio suheat de rectitudine dictaminis aut erroneitate: quod quidem contingere potest etiam citra culpam antecedentem.

Et hic quidem videtur esse casus, de quo et Auctor et Doctores ab ipso allegati disputant. Quod quidem recentiores non satis videntur considerasse et ideo quaestionem non exprimunt iis verbis, quae indicent, sermonem esse de eo, qui heic et nunc advertit necessitatem perpendendi; sed generatim quaestionem faciunt de errore culpabili, quae amplectitur etiam primam hypothesim.

Sane Laymann, quem A. allegat in resol. prima, ait lib. 1. tr. 1. *De Consc.* cap. 4. n. 4.: « Nota autem, tunc errorem vincibilem vel culpabilem esse, cum intellectus aliquid agendum vel omittendum esse iudicat non sine dubio et formidine oppositi, expresse vel implicite dictans, rem magis considerandam vel explorandam esse. Enimvero in hoc casu voluntas nec velle debet, quod intellectus proponit nec nolle; quia datur medium inter haec, videlicet applicare intellectum ad rem certius intelligendam ». Et sic re intellecta ac proposita quaestione, utique stare potest quod dein idem Laymann subdit: « Potest enim, *ut supponimus*, ac debet deponere errorem ».

Hinc Bonacina, ab A. allegatus, tom. 2. disp. 2. q. 4. p. 6. n. 10. utitur exemplo hominis dubitantis de quapiam lege vel excommunicatione, qui deinde possit interrogare et interroget vel peritum vel notorie imperitum.

42: Cum porro hic sit casus conscientiae dubiae, paucis res absolvitur. Nam 1° exoriente dubio, sive leve illud sit sive grave, homo tenetur illud non contemnere, si prudens appareat, sed debet sincere inquirere de veritate. Qua in re eadem est conditio hominis, sive ignorantia culpabilis sit, sive ·inculpabilis.

Dixi *sincere;* agere enim sincere debet, qui iudicem habet Deum, cordium inspectorem. Non ergo quaerendus, qui blandiatur, consiliarius nec sophisticis rationibus illudendum sibi est nec contemnendum, quasi inanis scrupulus, dubium, quod prudens videri queat. Haec autem inquisitionis sinceritas ac sedulitas praecipitur ea lege, qua tenemur Dei leges implere. Quisquis enim debet actus suos ad legis normam dirigere, tenetur etiam de lege inquirere.

2° Si non inquirat, cum possit, ex hac ipsa negligentia peccat et hoc peccatum plane distinguendum est a peccato, quod forte praecedenti

negligentia commisit et fuit causa praesentis status conscientiae erroneae. Insuper si iste agat contra conscientiam, quam tunc habet, peccat,
prouti generatim iam dictum fuit de agente contra conscientiam. Si vero
agat iuxta conscientiam, non solum reus erit negligentiae in inquirendo,
sed reus erit praeterea malorum, quae ex imprudenti modo agendi se-
quutura *in individuo* vel saltem *specie* confuse praevideat.

3° Si autem exoriente dubio, praesto medium non sit, quo illud expellatur; carebit culpa praesentis negligentiae et res eodem pacto definienda est, ac diximus in prima hypothesi: nempe si ex propria culpa
quis versatur in eo statu, reus utique est talis culpae; sed ceteroqui
comparandus cum eo est, qui versatur in ignorantia invincibili. Et siquidem in iis adiunctis doleat de praecedenti negligentiae culpa et dein
agat, prout conscientia dictat, nihil peccabit. Manente autem dubio, gerere se debebit ea ratione, quae infra dicetur, ubi de conscientia aut
dubia aut perplexa.

43. Quaeres: Quo pacto Confessarius colligat, num poenitens, quo
tempore egit ex ignorantia, conscientia laboraverit erronea vincibili an
invincibili?

Resp. 1° Si agatur de primis principiis aut proximis conclusionibus,
erronea vincibiliter praesumi debet. Hic est casus, de quo saepe s. Thomas repetit, ignorantiam iuris non esse excusabilem.

2° Idem dicito, si agatur de obviis obligationibus cuique statui propriis. Vix enim contingere potest, ut ignorantia aliquo modo non sit
culpabilis in causa, v. gr. si mater filios non mittat ad missam vel
catechesim.

3° Si poenitens sit diligens et accuratus in iis, quae homines pii
servare solent, facilius censebitur inculpabilis.

4° Idem dicito, si advertas, eum doluisse, cum errorem suum de-
texit. Id tamen probat utique, heic et nunc eum non advertisse; non
excludit tamen culpam aliquam in causa.

5° Interrogari insuper (ut ait Gury n. 38.) poenitens poterit 1° an
indecentiam aliquam in actu adverterit: 2° an dubio aliquo saltem levi
tactus aliquando fuerit: 3° an conscientia suggesserit, saltem interrogandum esse confessarium: 4° an ab interrogando ex verecundia absti-
nuerit. Quae omnia si ille neget, invincibilis iudicanda est; si affirmet,
vincibilis (ait Gury) censeri poterit. Advertendum tamen (quam considerationem male Gury omittit ibid.), quasdam personas ab interrogando
prohiberi verecundia etiam in rebus, quae nullum habent reatum, v. gr.
puella quoad menstrua. Et quidem contingit interdum, ut quidam tali
pudore teneantur, ut neque forcipe quid e pectore extrahi possit, cum
tamen nihil id sit, aut res levis momenti v. gr. quod dixerit feli: *Sei
bello, come un cardinale.*

44. Ôccasione traditae doctrinae, s. Alphonsus (n. 9.) quaerit: « An dari possit conscientia invincibiliter erronea in eo, qui cupit aliquod patrare malum, puta fornicationem, iudicans erronee, non esse malum solum desiderium fornicandi, si‑fornicatio reipsa non sequatur ».

Et subdit: « Affirmant ut probabilius Sanchez et Cardenas, dicentes, hunc peccare tantum materialiter; quia licet *velit malum obiectum*, tamen invincibiliter putat, per desidèrium suum non͜irrogari Deo iniuriam. Hanc tamen opinionem nunquam probabilem censere potui etc. ».

45. Sed monendum, non hanc esse proprie quaestionem, quam Sanchez tractat cum aliis, quos allegat Croix lib. 1. nn. 34. 35.

Sanchez enim quaerit *In Decal.* lib. 1. cap. 16. nn. 16. 17. « An invincibiliter ignorans actum internum esse peccatum, cognoscens tamen esse peccatum actum externum, excusetur a culpa actum internum solum admittens; ut si rusticus audiverit a vivo existimato *docto et pio*, fornicationem et furtum externa esse peccata, at licere fornicandi aut furandi desiderium ».

Pari modo proponit quaestionem Croix lib. 1. n. 34.: « An peccet *formaliter*, qui *invincibiliter* putat, desiderium internum non esse malum, licet sciat, quod actus fornicationis externus sit malus ».

Ergo Sanchez et alii non quaerunt, utrum detur error *invincibilis* circa malitiam pravi illius desiderii (quae est quaestio a s. Alphonso proposita), sed, utrum supposita *tali ignorantia* rusticus peccet *materialiter* an *formaliter* ».

Imo ipse s. Alph. in editionibus prioribus suae Theologiae (edit. an. 1757. lib. 1. n. 18.) eodem fere modo, ac Sanchez et Croix, proposuerat sic quaestionem: « Quaeritur, an peccet formaliter, qui desiderat committere aliquod malum, nempe fornicationem, putans per errorem, solum desiderium fornicandi sine effectu non esse peccatum ». Et dixi, *eodem* FERE *modo;* quia revera verba Sanchez ac Croix referri commode possunt ad meram complacentiam ac velleitatem, dum s. Alphonsus explicite quaestionem pertrahit ad *voluntatem* ac ferme *propositum*, quod effectu frustretur.

Verum non est omnino obscura ratio, quae s. Alphonsum sensim traxit ad immutandam faciem quaestionis. Etenim etiam in antiquiori illa editione anni 1757. lib. 1. n. 18. imo et in prima editione sua anni 1748. (in nota C ad Dub. I. Cap. II. Busembaum) sententiae Sanchez et Croix non subscribendi rationem hanc afferebat: « Nescio enim intelligere, quomodo qui vult deliberate elicere actionem, qua scit offendi Deum, possit invincibiliter credere, Deum non offendere, illam cupiendo ». Ubi videmus, s. Alphonsum non tam disputare quid sentiendum sit in illa hypothesi, quam negare hypothesim. Verum nec illi hypothesim affirmaverant: imo Croix expresse monuerat, disputari solum hypothetice et hypothesim vix esse de re possibili. Ita enim Croix n. 35.: « Loquor ex supposito, si daretur talis casus; nam forte est impossibilis ».

46. Porro quoad peccata interna in rusticis et idiotis, bene s. Alphonsus n. 9. advertit, aliud esse, quod rustici non soleant confiteri prava *desideria* etc., aliud, quod haec censeri debeant prorsus inculpata. Nam admitti debet posse rudes peccare fovendo pravos affectus, licet deinde crassiori quadam ratione confitentes haec non exprimant; tum quia interni eiusmodi actus effugiunt rudium considerationem tum quia ex ignorantia etiam modum haec exprimendi vix reperiunt tum quia non idonei sunt rebus paulo subtilioribus distinguendis; unde fit ut confiteantur illa quoque, quae confessionis materia non sunt atque ita v. gr. se accusant, quod res alienas desideraverint aut invidiam habuerint, ubi tamen mere aderat desiderium boni proprii: quae quidem desideria ad summum esse queunt otiosa et subinde sunt etiam honesta.

Addamus insuper quoad s. Alphonsi thesim, haud esse difficile, quod rudes ex ignorantia invincibili non habeant rationem quorundam desideriorum, saltem si inefficacia sint. Et sane si interrogem, an peccet, qui die abstinentiae delectatur de esu carnium praecedentis diei, aut desiderium cum complacentia habeat circa carnes die paschatis deinde comedendas; male profecto (ut suo loco videbimus) hunc quis velut reum peccati damnaret, dummodo sit ita comparatus animo, ut reipsa die abstinentiae haec edere non velit. At enim mutetur modo exemplum. Quid mirum (inquam), quod rudis idem praestet quoad fornicationem? Videlicet secum dicat: facerem libenter, imo libentissime; sed nolo, quia peccatum est? Inter duas praedictas hasce quaestiones nonne haerent ipsi Theologi, v. gr. dum quaeritur, an sponsi desiderare (cum desiderium rationale alioquin licitum vix a delectatione alioquin illicita seiungi possit) actus matrimoniales possint? Et plane censeo, id saepissime contingere (si personas excipias valde pias et in rebus spiritualibus exercitatas): vix tamen quempiam se reum existimare; quia nempe cupit et delectatur de eo, quod licitum sibi erit et ut tale cogitat et cupit et idcirco de hisce nullatenus se accusat.

47. Memoranda heic doctrina Salmanticensium et Croix. Illi Tract. 20. c. 5. punct. 2. n. 20. aiunt: « Si aliquis detentus in carcere iudicat peccare se mortaliter, sacrum non audiendo, hic nullo modo peccat, illud omittendo. Et ratio est; quia nequit esse peccatum absque libertate.... Nec obstat dictamen erroneum conscientiae; quia tunc dictamen est causa peccati, quando applicatur ad opus h. e. quando influit in operationem ». Croix l. 1. n. 39. statuit pariter non peccare rudem, qui absolute non possit adire ecclesiam ad missam audiendam, licet putet se peccare; secus tamen, subdit ibid. n. 40., si absolute posset, licet habeat aliunde causam excusantem, v. gr. morbum, quia ex conscientia erronea putat, se ea causa non excusari.

Verum, nisi causa excusans valde sit ambigua et subtilis, non videtur admittenda ista altera speculatio. Ratio; quia in conscientia illius quidpiam latet, quod confusa quadam ratione temperat erroneum iudicium, licet non expellat eum peccandi timorem, qui non ahest etiam, ubi est impossibilitas.

Unde resolvuntur casus sequentes.

V. 1. Homo in tali casu constitutus, v. gr. qui sibi mentiendum vel furandum putat, ut vitam proximi servet, etsi futurus sit perplexus et ex hypothesi necessario peccaturus necessitate consequente, eo quod, stante conscientia erronea, non possit effugere peccatum: absolute tamen et simpliciter non peccabit necessario; quia nec sequi ialem conscientiam debet nec contra eam facere: sed potest et debet eandem deponere (cum sit error vincibilis et culpabilis) et tunc operari. Vide Laym. heic l. 1. t. 1. c. 4. et Bec. in 1. 2. t. 1. c. 4. q. 7.

VI. 2. Qui peccavit ex conscientia erronea, etsi in rigore non teneatur, rectius tamen addet illam circumstantiam in confessione, dicendo: feci hoc vel illud, putans me facere contra praeceptum vel obligationem gravem. Card. de Lug. disp. 16. n. 503.

48. De priore iam diximus a 29. deinceps. Ad alteram quod spectat, solvitur heic quaestio, an necesse sit dicere confessario, se peccati cuiuspiam reum esse ex conscientia erronea agendo, an satis sit dicere reatum v. gr. non audivi missam, non ieiunavi etc.

Ratio dubitandi, ut habet Lugo *De Poenit.* disp. 16. n. 499. est, quia secus non dicis peccatum, quod reipsa fecisti; sic v. gr. cum dicis: *graviter detraxi, proieci in flumen vas argenteum alienum* etc.; cum tamen in se detractio fuerit levis et vas vel ligneum fuerit vel tuum, licet erronee aliud existimares. Auctor quidem post Lugo l. c. n. 503. tenet, nullam *in rigore* esse obligationem fatendi illam circumstantiam; rectius tamen illam exprimi.

49. Addamus nonnulla, ut pateat, quo spectet Auctoris sententia.

Itaque 1° Rudes solent confiteri peccatum, nihil dicentes de conscientia erronea, quippe qui nesciunt, se erronee iudicasse: qui contra non confiterentur peccatum, si advertissent antecedentem errorem suum. Cum his caveat confessarius, ne contemnat; sed inquirat, an reipsa ex mala conscientia peccaverint, tum vero doceat etc.

2° Communis est DD. sententia (vid. Lugo Disp. 16. *De Poenit.* n. 499.) non esse diversae speciei peccatum, quod vel recta vel erronea conscientia commiseris. Ergo per se necesse non est addere circumstantiam conscientiae erroneae. Hinc si quis bis cum recta conscientia ieiunium violaverit, bis vero cum erronea; satis est, si dicat: *quater violavi ieiunium.*

Secus, qui confessus est peccata, quae fecit ex conscientia erronea, v. gr. quod violaverit votum aut fregerit secretum aut detraxerit, quando

deinde deprehendat, vel votum illud invalidum fuisse utpote de re indifferenti, vel nullam fuisse obligationem secreti, quia res iam notoria
erat, vel nullum fuisse peccatum detractionis, quia et iure et facto crimen erat notorium aut certe necesse fuerat revelare crimen ad petendum
consilium; iam hic teneretur rursus confiteri et cum passim haec occurrant, grave onus poenitentibus imponeretur. Ita Lugo ibid. nn. 501. 502.

3° Aliquando tamen haec circumstantia plurimum habet momenti,
vel *propter censuram*, quae certe non incurritur, si quis mere reus est
ex conscientia erronea vel *propter reservationem*, quae pariter in casu
non adesset vel etiam si alias non intelligeretur peccatum, v. gr. si puer
se accuset de violato ieiunio: quo casu confessarius inquirere debet, an
ex conscientia erronea operatus sit.

4° Ceterum non verendum, ne aliud pro alio peccatum (quod ti-
muisse Lugo videtur) quis confiteatur, si circumstantiam illam non exprimat. Etenim ratio peccati formalis, quae vera est sacramenti seu
absolutionis materia, consistit in *formali* deformitate actus et non pendet
ab obiectiva, nisi quatenus et quomodo apprehenditur. Et ita cessat
reipsa ratio dubitandi.

CAPUT II.

DE CONSCIENTIA DUBIA.

DUB. ·I.

Quid sit conscientia practice dubia et quid in ea agendum.

VII. Resp. 1. Dubium est suspensio assensus circa obiectum apprehensum. Idque
est duplex. Speculativum seu universale, quando in genere dubitatur, v. gr. an contractus usurarius sit licitus: an die festo liceat venari, piscari, pingere etc. Et practicum seu particulare, cum dubitatur, an his circumstantiis, v. gr. hoc festo liceat
mihi venari. Ex quo patet, quid sit conscientia practice dubia, scilicet quae practice
dubitat: speculative dubia, quae speculative. Ita Navar. Laym. Sanch. Becan. in 1. 2.
tr. 1. c. 4. q. 8.

50. Proponitur quaestio: Quid sit conscientia practice dubia. Et huic
satisfit unica responsione, in qua 1° definitur dubium et 2° distinctio
explicatur inter dubium speculativum et practicum.

51. Auctor paucis et bene definit *Dubium* pro *suspensione assensus :*
nonnulla addamus ad rei claritatem in re tanti momenti.

Dubium itaque, prout in praesens et proprie accipitur, cum dicat
suspensionem assensus, non opponitur solum *certitudini,* sed etiam
cuilibet alii assensui et *opinioni* et distingui debet etiam ab inclina-

tione qualibet ad assensum, quae propria est *suspicionis*. Paululum haec declaremus secundum doctrinam s. Thomae.

52. Certitudo tunc inesse animo dicitur, cum assensus eius est firmus et abest formido de opposito. S. Thomas 3. Dist. 26. q. 2. art. 4.: « Certitudo proprie dicitur firmitas adhaesionis virtutis cognitivae in suum cognoscibile ». Ubi advertite alicubi s. Thomam soli certitudini tribuere proprie *assensum*. Ita *de Verit.* q. 14. art. 1.: « Intelligens habet assensum, quando certissime alteri parti adhaeret ». Proinde ibid. et assensui adscribit, quod *quietet* (quies autem propria est certitudinis) et exinde negat, *assensum* adesse, ubi sola est opinio. Veruntamen videbimus, ex eodem s. Thoma, *assensum* tribui etiam *opinioni*.

Porro cum certitudo sit *firmitas adhaesionis;* inde ratio est, cur certitudo per prius dicitur de *mente* tum de *iudicio* seu cognitione tum vero etiam de *re* cognita ac demum de rationibus, quae hanc assensus seu iudicii firmitatem pariunt. Hinc s. Thomas 3. Dist. 26. q. 2. art. 4. ad 1.: « Certitudo primo et principaliter est in cognitione; sed per similitudinem et participative est in omnibus operibus naturae vel virtutis ».

53. Si adsit aliquis assensus, non tamen omnino firmus ac propterea cum aliqua formidine oppositi, tunc mens dicitur *opinari*. Unde apparet (et hoc alte menti defigendum), non idem esse *dubitare* et *opinari*. Opinio adhaeret alterutri parti; dubium vero nulli parti inclinatur. Ita s. Thomas 1. q. 79. art. 9. ad 4.: « Opinio significat actum intellectus, qui fertur in unam partem contradictionis cum formidine alterius ».

Discrimen opinionis a dubio sic tradit s. Thomas *de Verit.* q. 14. art. 1.: « Intellectus noster... quandoque non inclinatur magis ad unum, quam ad aliud, vel *propter defectum moventium*, sicut in illis problematibus, de quibus rationes non habemus, vel *propter* APPARENTEM *aequalitatem eorum, quae movent* ad utramque partem; et ista est *dubitantis* dispositio, qui fluctuat inter duas partes contradictionis (a). Quandoque vero intellectus inclinatur magis ad unum, quam ad alterum; sed tamen

---

(a) Heic habemus quandam adumbrationem distinctionis, quae posterius invecta est, dubii *positivi* et *negativi*. Sed advertendum, quosdam ita deformasse naturam dubii, ut non sit amplius *dubium*. Nam dubii proprium est, ut *fluctuet inter duas partes contradictionis* et in hoc differt ab *opinione,* quae alterutri parti adhaeret.

Contra minus clarum est, quod ait s. Alphonsus n. 20.: Dubium dividitur in negativum et positivum. Negativum est, quando ex neutra parte occurrunt rationes probabiles, sed tantum leves. S. Thomas non sic loquitur, sed ponit non esse rationes: *propter defectum, ait, moventium.* Positivum est, quando pro utraque parte vel saltem pro una adest grave motivum, sufficiens ad formandam conscientiam probabilem... ideo dubium positivum fere semper coincidit cum *opinione probabili* ». Ac si rationes sunt solum pro una parte, mens non fluctuat inter duas partes contradictionis, quod ad dubium requirit s. Thomas.

illud inclinans non sufficienter movet intellectum ad hoc, quod determinet ipsum ad unam partem *totaliter;* unde accipit quidem unam partem, tamen semper dubitat de opposita: et haec est dispositio *opinantis,* qui accipit unam partem contradictionis cum formidine alterius ».

Notanda, quae idem s. Thomas habet de discrimine opinionis a certitudine, in Lib. 2. *De Anima* Text. 53.: « Cum aliquid intelligimus, asserimus *sic esse:* cum autem opinamur, dicimus *sic videri* vel *apparere nobis.* Ratio est, quia cum opinemur per media, quae possunt aliter se habere, hoc videntes non audemus absolute dicere: *Ita est,* sed cum restrictione dicimus: *ita nobis videri.* Idem proinde est opinando dicere rem esse ac dicere *videri nobis, rem esse* (a) ».

54. Suspicio denique distat tum ab opinione saltem gradu tum a dubio. Suspicio enim dicit quandam inclinationem (non voluntatis, sed intellectus) in alterutram partem, non eiusmodi tamen, quae ullatenus dici queat assensus vel-adhaesio. Differt ab *opinione;* quia non est talis adhaesio, ut mens dicat *rem sibi videri,* sed solum *rem forte ita esse:* differt etiam a *dubio;* quia non dicit meram suspensionem assensus seu iudicii.

De tribus hisce intellectus actibus s. Thomas 2. 2. q. 2. art. 1.: « Quidam actus intellectus habent cogitationem informem absque firma assensione, sive in neutram partem declinent, sicut accidit *dubitanti;* sive in unam partem magis declinent, sed tenentur aliquo levi signo, sicut accidit *suspicanti,* sive uni parti adhaereant, tamen cum formidine alterius, quod accidit *opinanti* ».

55. Praemissa dubii definitione, facile erit distinguere, quandonam *speculative,* quando *practice* quis dicatur dubitare. Illud adverte non exspectandas heic esse s. Thomae definitiones; quippe quando agitur *de operabilibus,* ipse quemlibet actum intellectus *practicum* appellat. Et iam diximus, has dubii distinctiones in *speculativum* et *practicum* circa operabilia, a recentioribus ratione cuiusdam commodi invectas fuisse (nn. 4. 5.).

Et huius quidem distinctionis dubii in *speculativum* et *practicum,* primus auctor, ut monet Sanchez *de Matrim.* Lib. 2. Disp. 41. n. 4. fuit Caietanus; qui in Opusculo *septemdecim Responsionum* Resp. 13. Dub. 7. scripsit: « Distinguere oportet de MODO, an huiusmodi haesitatio

---

(a) Hinc est quod quidam recentiores velint assensum semper esse certum, secundum quod et audivimus a s. Thoma (n. 52.), etiam in eo statu mentis, qui a veteribus *opinio* vocatur; in quo, si bene advertis quid mens faciat, reapse ea se habet ut affirmans cum certitudine probabilitatem rei, rem sibi videri, simul ignorans an res ita sit. Et opinio probabilis, probabilior etc. est reapse iudicium mentis firmum, asserens id esse probabile, probabilius etc. Ex alia parte assensus non firmus est quid aegre intelligibile. Cf. dicenda 59. 3. E.

seu *vacillatio sit modo speculativo vel modo practico:* hoc est, an dubitet de licito vel illicito *secundum se,* vel ut est *ratio operis hic et nunc.* Nam si quis dubitaret, an pulsare in die festo sit licitum vel illicitum et tamen non dubitaret sibi tunc esse licitum pulsare, iste non peccaret tunc pulsando, quantumcumque magna esset dubitatio apud eundem de actu pulsandi *secundum se,* an sit licitus vel illicitus et similiter quantumcumque esset maximus timor de eodem. Et per oppositum si quis esset certissimus de actu pulsandi *secundum se* quod est licitus die festo et tamen fluctuaret de exercenda nunc a se pulsatione, ita quod ratio applicandi se ad pulsandum cum ambiguitate applicat, illicite quis pulsaret; intellectus siquidem speculativus nihil dicit de operando ».

Hinc Sanchez *de Matrim.* lib. 2. Disp. 71. n. 4. hunc distinctionis modum non solum *dubio,* sed etiam tum *scientiae* tum *opinioni* sic applicat: « Supponendum est, scientiam, fidem, opinionem et dubium posse esse vel speculative vel practice. Scientia *speculativa* est, quae *in communi* dictat certo et evidenter aliquid esse faciendum vel esse peccatum... et *opinio speculativa* est, quae *in communi* dictat non certo sed sub formidine; dubium autem, quando *in communi* dubitatur: dicitur autem dubium rei, aut scientia, aut opinio rei *secundum se.* Scientia autem *practica* est, quae *in singulari* et perpensis omnibus circumstantiis rei, dictat, aliquid *hic et nunc esse licitum vel illicitum* et opinio, quando quis *opinatur* et dubium, quando *dubitat,* an hic et nunc sit licitum. Appellatur autem scientia vel opinio vel dubium rei *in particulari, respectu operantis.* Et appellatur haec *scientia* vel *opinio* vel *dubitatio practica:* licet prior possit dici et vere sit *practica;* cum ordinetur ad dirigendas actiones humanas. Quia prior dicitur speculativa *quoad modum universalitatis* et *respectu posterioris particularis,* quae *practica* dicitur ».

Ex quibus tum Caietani tum Sanchez dictis, haec erit utriusque dubii definitio ac discrimen, quod dubium *speculativum* est de licito vel illicito *secundum se,* dubium practicum prout *est ratio operis* heic et nunc: ita ex Caietano. Ex Sanchez vero *speculativum* dubitat de re *in communi* seu *universali,* practicum vero de re in *singulari* cum suis circumstantiis *respectu operantis.* Porro, ut videbimus, forte rem proprius et expressius tetigit Caietanus, quam Sanchez.

56. S. Alphonsus n. 21. aliter rem proponit hoc modo: « Speculativum est, quo quis dubitat de rei *veritate,* v. gr. an bellum aliquod sit iustum vel iniustum... Practicum autem dubium est, quo dubitatur de rei *honestate,* v. gr. an liceat mihi in tali bello *dubie iusto* militare... Semper itaque distinguendum *verum* a licito: dubium enim *speculativum,* licet in obliquo et potius consequenter respiciat licitum; tamen in recto et principaliter *speculativum* respicit *verum, practicum* autem respicit *licitum* ».

Laudandus est s. Doctoris cónatus clare explicandi perplexam hanc distinctionem: sed dubitari potest, an id assecutus sit, cum deceptus videatur exemplis, quae attulit. Et sane nemo negat speculativum dubium esse: *An* LICEAT *pingere vel venari die festo,* practicum vero: *An hoc die festo mihi liceat venari.* Et tamen utrobique quaestio est de *honestate* seu de *licito et illicito,* uti reipsa statuebant Caietanus et Sanchez, qui plurimos DD. pro eodem sensu allegat *de Matr.* lib. 2. disp. 41. n. 8.

Praeterea cum veritas in rebus practicis desumatur a conformitate cum recto appetitu (n. 12), patet, verum non distingui a recto et honesto et licito. (a).

Laymann vero quaestiones illas seu *exempla dubii speculativi* exclusit a praesenti distinctione. Etenim *De Consc.* c. 5. n. 2. primo distinguit dubium in mere *speculativum* et *practicum.* Primum dicit, « in quo directe non quaeritur de praxi seu humana actione, utrum ea licita sit necne, sed de quodam legitimo v. gr. utrum..... testamentum sit legitimum, utrum matrimonium, quod contraxi, sit validum, utrum bellum, in quo milito, iustum sit, utrum equus, quem possideo, sit meus necne. Dubium practicum est, in quo directe quaeritur de praxi seu actione morali, num ea licita sit ». Dein practicum sic iterum in duo distinguit: « Hoc iterum duplex est, auctore Caietano Covarruvia etc. Unum generale et abstractum, ut cum dubito, utrum contractus census germanici usurarius sit, utrum liceat die festo bellare, piscari, pingere. Alterum est dubium proprie practicum seu practice practicum, cum in particulari dubitatur, utrum hic et nunc mihi liceat die festo pingere etc... Merito autem hoc dubium appellatur proprie seu practice practicum; quia propinque est de praxi seu actione morali, spectatis singulis circumstantiis. Dubium vero illud generale et abstractum magis est remotum a praxi et idcirco a quibusdam speculativum vocari solet, comparatione videlicet alterius magis practici, sicuti Sanchez notavit ».

Unde apparet, ea, quae s. Alphonsus ad speculativum dubium revocavit, vix aut ne vix quidem ad praesentem quaestionem pertinere. Et revera, cum veniemus ad usum harum doctrinarum, videbimus s. Alphonsum dubiis speculativis ea accensere, quae liceitatem respiciunt et honestatem, non autem meram illam veritatem.

57. Ut aliquid de his concludamus, concedendum est, in omnibus praemissis definitionibus (sepositis modo nonnullis particulis abs re adiectis) aliquid haberi, quod ad rem facit: at non satis disserte rem definiri; unde fit, ut propositis aliis forte exemplis, necesse sit iam mutare definitiones, quippe allatae illis non conveniunt.

(a) Huc revoca sententiam s. Thomae 1. q. 79. art. 11. ad 2.: « Obiectum intellectus *practici* est bonum ordinabile ad opus SUB RATIONE VERI ».

Planior erit via, si ex indole veritatis tum speculativae tum practicae desumantur istae quoque dubii utriusque definitiones. Revocentur itaque verba s. Thomae 1. q. 79. art. 11. (sup. n. 4.): «Intellectus *speculativus* est, qui quod apprehendit, non ordinat ad opus, sed ad *solam* veritatis cognitionem; *practicus* vero intellectus dicitur, qui hoc, quod apprehendit, ordinat ad opus». Et loquendo de *obiecto*, seu veritate idem S. Thom. ibid. ad 2.: «Obiectum intellectus *practici* est bonum ordinabile ad bonum *sub ratione veri*». Quocirca veritas *speculativa* seu theoretica est, quae obiectum est merae contemplationis nec ad opus ordinata; practica vero, quae ad opus ordinatur.

Porro hanc candem distinctionem facile reperies in dictaminibus practicis, quae scilicet ad opus ordinantur, si id, quod isti Doctores dixerunt de veritate ordinabili vel non ordinabili ad opus, transferas ad mentem seu animum seu scopum contemplantis veritatem per se practicam. Etenim duplici modo potest mens circa veritatem practicam occupari, nempe 1° sistendo in ipsius veritatis contemplatione seu notione et 2° ipsam deducendo ad praxim seu ipsam adhibendo ut normam directricem actus, quem ponit. In priori casu versabitur circa eam modo quodam *speculativo*, in posteriori autem versabitur quodam modo *practico:* atque adeo distinctio non attingit duplicem speciem veritatis, nempe *speculativae et practicae*, sed merum MODUM, quo se quispiam habet circa veritates practicas.

Hinc 1° patet, cur Caietanus dixerit: «Distinguere oportet de *modo*, an huiusmodi haesitatio seu vacillatio sit *modo* speculativo vel *modo* practico».

Item 2° cur idem Caietanus modum *speculativum* explicet per dubium de re *secundum se;* modum vero *practicum*, ut *est ratio operis* heic et nunc, nempe adhibetur heic et nunc ut norma operis.

Item 3° Cur Sanchez dixerit, appellari *speculativum* dubium aut scientiam aùt opinionem rei *secundum se:* practicum vero dubium aut scientiam aut opinionem rei *respectu operantis.*

Alia vero distinctionis ratio inde desumpta, quod dubium *speculativum* sit de principio quopiam generali seu universali et in abstracto, *practicum* vero de particulari cum suis circumstantiis, non satis clara est et aequivocationi est obnoxia. Et sane nonne etiam circa casum omnino particularem suisque omnibus circumstantiis circumvestitum potest quis sistere in modo *speculativo,* nempe consistere in dispicienda veritatis mensura iuxta rationes hinc inde militantes, quin tamen ad praxim deducat, scilicet nullum opus aggrediendo adhibita illius veritatis norma? Nonne imo id quotidie praestamus, dum particularissimos casus conscientiae solvendos proponimus ac porro solvimus, imo dum tale examen instituimus circa casus non iam fictos, ut aiunt, sed factos? Ergo casus

huiusmodi particularis utcumque suis vestitus circumstantiis tunc solum
denique, exhibebit nobis speciem *practici* dubii aut *practicae* opinionis,
quando reipsa et effectu sequatur opus ea norma directum. Et hoc (plane
dicamus) non sufficienter per eam loquendi formam exprimitur.

Quocirca paucis haec omnia resumendo dicemus, indolem dubii practici
prae speculativo hanc esse, ut alterum sit operis directivum, aliud non.
Ita v. gr. num quis possit ad Communionem accedere, quando videtur
sibi deglutivisse grana tabachi per nares attracti, *speculativum* dubium
erit quoad eum, qui disquirens manet incertus nec tamen accedere debet
ad Communionem: *praticum* erit si quis hac de causa *incertus* accedat
ad Communionem.

58. Ex notione dubii *speculativi* vel *practici* pronum est colligere,
quid sit *conscientia dubia speculative* et *dubia practice*, transferendo
scilicet ad statum vel actum intellectus id, quod de ipsa vel cognitione
vel cognitionis modo seu mensura abstracte dicebatur.

Bene has definitiones tradit Becanus *de Act. Hum.* cap. 4. q. 8. n. 1.
et quidem fere iuxta eum conceptum dubii speculativi aut practici, quem
superius innuimus: « Tunc est (inquit) practice dubia, quando quis in
ipso exercitio actionis ita est dispositus, ut non iudicet se bene agere,
sed dubius sit. Tunc autem speculative est dubia, quando quis extra
exercitium dubitat, an hoc vel illud sit licitum nec ne ». Quae tamen
posterior particula minus, ac prior, est exacta; quia potest dubitare
quispiam *mere speculative* etiam in exercitio actionis, dummodo haec
conscientia actum non dirigat.

Hinc egregie Laymann *De Consc.* cap. 5. n. 2. in fin. veram tesseram
conscientiae practice dubiae assignavit, quando eam dixit *praxeos directivam.* Ex hoc enim solo speculativa a practica distinguitur, quod
haec praxeos seu actionis sit directiva, illa non item.

59. Occurrunt heic nobis venatores quidam proprietatum loquendi et
reclamant, male et improprie dici conscientiam dubiam, quae erit *conscientia non conscientia.* Nam cum conscientia sit iudicium et dubium
sit suspensio iudicii, in dubio nulla igitur est conscientia. Ita philosophia
recentior.

Responderi his potest 1° Sicut certitudo, ita etiam dubium per prius
dici de mente, seu, ut habet s. Thom. *de Verit.* q. 14. art. 1., *de dispositione animi;* per posterius autem de iudicio, imo et de re iudicata
et de rationibus sive argumentis etc. Quando autem quidpiam praedicatur
de alio *per posterius,* nonnisi inepte quaeritur omnimoda illa proprietas,
quae supponitur in praedicatione *per prius.* Ita nemo putat, improprie
dici *factum dubium,* cum tamen omnia facta aut sint aut non sint et
stulte quis obiiceret, *factum dubium* esse *factum non factum.* Ita dicimus *dictamen dubium, dubiam sententiam.*

2° Dubium perinde est atque incertum seu haesitans, unde et *suspensum* dicitur. Atqui *assensus suspensus* propriissime dicitur, sicut proprie dicitur etiam *consensus negatus.*

3° Denique falsum est, nullum haberi iudicium. Fit enim in hoc casu non secus ac quando iudex fert sententiam, quae utrique adversario rem suam adiudicat. Et duplex reipsa intercedit iudicium, cum dubium est positivum, quo sua vis rationibus utriusque oppositae partis tribuitur. Secus impossibile foret rem dubiam decerni. Insuper additur iudicium seu ipsa sententia, qua decernitur, rem esse dubiam et in dubio negativo id solum fit atque hoc rursus verissimum est iudicium. Dubium enim non solum est suspensio assensus, sed est suspensio propter perspectam rationum insufficientiam ad sententiam pro alterutra parte ferendam ac proinde addit iudicium de hac ipsa insufficientia, atque adeo de rei quoque incertitudine seu obscuritate.

Ergo 1° inscite Doctores accusantur locutionis impropriae: 2° etiamsi aliquid adesset improprietatis, profecto in hisce ineptiis notandis non residet profectus in scientia seu philosophica seu theologica.

VIII. Resp. 2. Qui cum conscientia practice dubia operatur, peccat et quidem peccato eiusdem rationis ac speciei, cuius est peccatum, de quo dubitat. Ita Sanch. Bonac. t. 2. d. 2. q. 4. p. 7. Ratio prioris est, tum quia is exponit se periculo peccati, tum quia *quod non est ex fide, est peccatum,* idest quod non fit cum determinato iudicio conscientiae est illicitum. Idque verum est, etiamsi speculative non dubitet: v. gr. certus sum, absolute licitum esse die festo docere, dubito tamen, an heic et nunc mihi liceat, pecco docendo. Ratio posterioris patet tum ex ratione prima data, tum ex dictis de conscientia erronea; quia habet affectum ad peccatum eiusdem rationis. Unde, si dubites, an sit mortale, peccas mortaliter: an sit furtum, committis furtum etc. Si dubites, sitne peccatum (sive mortale, sive veniale) ita ut malitia in confuso proponatur, dicit Vasq. 1. 2. d. 529. c. 3. et alii, esse mortale, quod negant Navar. Valent. etc. vid. Bonac. Laym. l. 1. tr. 2. c. 4. n. 7.

60. Synopsis doctrinae Auctoris haec est. 1° Qui agit cum conscientia practice dubia peccat: 2° peccat ea peccati specie, de qua dubitat. 3° Ratio utriusque redditur. 4° Quaestio additur de operante cum dubio, an sit veniale vel mortale peccatum.

Quoad 1. quod peccet agens cum conscientia practice dubia, res est certa penes omnes et nulla in se indiget explicatione. Si quid est dubii, id est in ratione reddenda, de qua mox.

Quod vero 2. dicitur peccari ea specie, de qua dubitatur, id intelligendum est de specie tum *theologica* tum *morali:* videlicet erit mortale vel veniale, prout fert dubium et erit peccatum vel· detractionis vel furti vel sacrilegii etc. prout obiectum, de quo dubitatur, est tale.

61. Quaeritur ergo 3. cur peccet operans ex conscientia practice dubia. Difficultas aliqua occurrit in reddenda hac ratione; quam tamen bene nosse, non parum interest.

Quidam afferunt sententiam Apostoli Rom. XIV. 23.: *Omne, quod non est ex fide, peccatum est;* nempe, aiunt, peccatum est, quidquid ita agis, ut non agas secundum iudicium conscientiae. Sed ita statuitur thesis: at adhuc restat inquirenda intrinseca ratio cur id sit peccatum.

Auctor reddit rationem: *Quia illicitum est, quod non fit cum determinato iudicio conscientiae.* Sed haec non tam est solutio, quam propositio quaestionis. Restat enim inquirendum, cur sic agere sit illicitum. Addet alius: Cur est illicitum agere absque persuasione honestatis, quando simul desit etiam persuasio inhonestatis?

62. Alii dicunt: Qui agit cum dubio, perinde affectus est ad virtutem atque ad vitium. Verum hoc gratis confingitur; vel saltem fingitur specialis casus de homine aliquo, qui nullam honestatis curam habeat. Porro fingamus alium, qui a peccato potius abhorreat, sed nimis grave habeat abstinere ab illa actione; in hac hypothesi ratio illa, uti patet, evanescit.

63. Ratio communior et quae fere a plerisque affertur est (vid. Suar. in 1. 2. tr. 3. disp. 12. sect. 5. n. 2.) quia homo agens cum tali dubio *se exponit periculo peccandi.* Ita v. gr. e recentioribus s. Alph. n. 22., Scavini *De Consc.* cap. 3. art. 2. §. 2. q. 6. et pro reliquis Stephanus De-Champs *Quaest. facti* etc. cap. 1.: « Certum est, eum, qui proprie dubitans agit, vere peccare. Quod *recentiores fere omnes* probant... hac ratione: *Qui operatur cum tali dubio, exponit se peccandi periculo* ».

Veruntamen et haec ratio, nisi quid addatur, obscura est et difficilis ad explicandum. Nam vel intelligunt periculum *committendi peccatum materiale,* vel *peccandi formaliter.* Atqui non potest id intelligi de peccato materiali; quia secus non liceret agere, nisi ubi abest omne periculum *materialiter* violandi aliquod praeceptum: ergo nec liceret sequi opinionem nedum probabilem, sed neque probabiliorem, imo neque probabilissimam (quod tamen damnatum ab Ecclesia est); quippe opinio nunquam excludit formidinem de opposito atque adeo periculum illud violandi materialiter praeceptum semper adest.

Superest ergo, ut id intelligatur de periculo peccandi *formaliter.* Et sic reipsa videtur id intelléxisse Croix lib. 1. n. 48., ubi scribit: « Qui operatur ex iudicio practico tantum probabili, scit iudicium, quo nititur, posse esse falsum... Ergo non est certus, se non peccare *formaliter:* ergo sic operando se exponit periculo peccandi *formaliter* ».

At ista plane obscurissima sunt. Quid enim est ratiocinatio illa: *Scit iudicium suum posse esse falsum: ergo non est certus, se non peccare formaliter?* Utique peccatum formale est consensus voluntatis in malum: ubinam porro habemus periculum talis consensus in malum, cum imo possit quispiam protestari, se nolle malum nec in illud consentire? Deinde periculum dicitur de eo, quod potest obvenire vel non obvenire:

porro quod possit adesse vel non adesse violatio materialis praecepti, facile intelligimus; at quomodo poterit adesse vel non adesse peccatum formale, scil. consensus in malum?

Mitto modum adhuc magis obscurum, quo id ipsum proposuit Auctor Appendicis *De Probabilismo* in fin. Tom. XI. col. 1493. Curs. Theol. Migne n. 5.: « Vetat prudentia christiana, ne ultra incurramus periculum mali omnium maximi, quod nulla utilitatis cuiuslibet consideratione compensari possit (hac oratoria periodo voluit dicere: *quisque debet cavere periculum peccandi* et est maior argumenti: audiamus minorem): sed qui agit cum dubio practico, incurrit illud periculum; quandoquidem timet (!), ne peccatum formale sit actio, quam ponit: illud operatur, quod rationabiliter suspicatur esse offensam Dei ». Si peccatum formale est actio, quae scienter et libere proficisci debet a nostra voluntate, quid sibi volunt ista: *timet, ne actio sit formale peccatum?*

64. Verumtamen existimare non licet, Doctores prope omnes absonum quid protulisse (a). Quaerendum est igitur, quo sensu ratio illa sit efficax.

Et hic sensus reipsa habetur, licet non pauci e recentioribus, quibus accensebimus Croix, non videantur illum assecuti atque adeo in exponenda illa ratione rem potius absonis conceptibus implicaverint, quam explicaverint.

Explica ergo ita: Nefas est, se exponere periculo violandi etiam materialiter legem, quando quis ad hoc periculum cavendum teneatur. Atqui quisquis habet conscientiam practice dubiam, tum se exponit periculo transgrediendi materialiter legem, tum obligationem habet cavendi illud periculum. Ergo.

Probanda est Minor. Et quoad primam partem nulla probatione indiget; nam qui agit, dum nescit, an actus sit legi conformis an difformis, profecto periculo se committit, ne actus sit a lege difformis.

Probanda ergo secunda pars, nempe hunc teneri ad cavendum tale periculum. Nec difficile est probare. Nam huc spectat doctrina generalis de ignorantia, cum casus dubiae conscientiae ad quandam legis ignorantiam revocetur. Argue ergo sic: Qui habet conscientiam dubiam scit profecto, se in ignorantia legis versari. Atqui quisquis novit, se in legis ignorantia versari, tenetur, antequam agat, de lege inquirere et reus est, si, cum possit, negligat ignorantiam depellere; quippe qui te-

---

(a) Dixi *Doctores propre omnes*. Nam Suarez in. 1. 2 tr. 3. disp. 12. sect. 3. n. 2. inquit de hoc: « Ratio *omnium* est..., quod tenetur homo in suis operationibus cavere, quantum potest, periculum peccandi et hoc sensu dicunt saepe iura..., in dubiis tutiorem partem esse eligendam... Ergo ut homo recte moraliter operetur, oportet excludere omne dubium et periculum malitiae; hoc autem non fit sine iudicio certo saitem practico ».

netur ad leges servandas, tenetur etiam ad easdem cognoscendas atque adeo inquirendas. Ergo qui agit cum conscientia dubia, peccat; quia sic agens, agit dum scit se ignorare legem et tamen negligit de ea inquirere. Bene in hanc rem Suarez *De Censur.* Disp. 40. sect. 5. n. 12.: « Dubium speculativum circa legem... non satis examinatum iuxta capacitatem operantis et rei opportunitatem, semper infert conscientiam dubiam practice, quae non potest prudenter deponi, nisi prius adhibeatur sufficiens diligentia ad dubitationem tollendam. Quia quamdiu homo non facit, quod in ipso est, ad deponendum dubium, illi imputatur *quidquid est periculi* in tali operatione et ignorantia, quae ibi intervenit, vincibilis est, ideoque non potest a culpa excusare ».

Ex his patet etiam ratio, cur homo sic agens peccet ea specie peccati, de qua dubitat. Etenim quisque praecavere tenetur eas legis violationes, quas novit, ex ignorantia sua sibi comperta ac vincibili sequi posse atque adeo reus tenebitur violationis cuiuspiam in individuo, quam, cum possit, negligit avertere. Ita v. gr. medicus relate ad periculum aegroti, cui medicinas praescribat, antequam curaverit dubium depellere de morbi natura. Talis autem est conditio operantis cum conscientia practice dubia; novit enim obligationem praecavendi legis violationem, novit ex sua ignorantia instare violationis periculum ac praevidet etiam mala in specie seu individuo ac sciens obligationem idcirco depellendi ignorantiam, nihilominus culpabiliter periculum illud subit. Reus est igitur huius specialis violationis et quidem reus est, sive ista violatio reipsa adsit, sive non adsit; uti v. gr. si medicus ille fortuito bene aegrotum curet.

Hinc discrimen a conditione illius, qui agat cum conscientia tantum speculative dubia. Etenim hic censetur quaesivisse nec tamen invenisse veritatem. Si quaepiam ergo sequatur legis violatio, haec non potest illi imputari, quasi per suam in inquirendo negligentiam praecavere eam noluerit et cum diligentia adhibita ignorantiam depellere non potuerit, haec censetur quoad eum invincibilis atque adeo inculpabilis.

65. Neque vero existimare debemus, eiusmodi reatus incurri ab iis solum, qui, si subtilius haec exquirant, inordinationem illorum actuum penitus introspiciunt; eandem vero inordinationem a plerisque ignorari. Etsi enim homines communiter ad sua principia rem nec revocent nec revocare sint idonei; naturali tamen criterio satis edocentur, quid culpae insit in actu, quem quis cum conscientia practice dubia ponat. Profecto famulus, qui dubitat, an aliquid sit contra heri voluntatem, reus ab omnibus censetur, si quaerere voluntatem heri, cum possit, negligat et subortum dubium contemnat. Item amicitiae leges violare et amicum contemnere censetur, quisquis dubitans, an quaepiam mala seu incommoda ex consilio a se capiendo obventura sint amico, nullatenus, dubio illo excusso, praecavendi ea curam gerit.

Et haec quidem confirmant, rationem, cur reus sit quisquis cum conscientia practice dubia operatur, huc redire, quod sic agendo violatur obligatio cognoscendi legem et praecavendi legis transgressiones, quae ex voluntaria ignorantia sequantur. Vid. Sanch. *de Matrim.* Lib. 2. Disp. 41. n. 6.

66. Quaestionem tandem proponit Auctor: an peccet graviter, qui agit dubitans vel non cogitans num venialiter an mortaliter peccet. Dissentiunt de hac re Doctores, uti Auctor indicat et s. Alphonsus quoque n. 23. fatetur. Nil mirum; quia casus diversimode fingi potest: pro diversis autem adiunctis et pro hypotheseon varietate variam quoque solutionem poscit. Quocirca, ut videbimus, Doctores vix dissentientes inter se dici possunt.

Et sane 1° Si quis ita est animo comparatus, ut velit agere, etiamsi gravis sit culpa, iste certe graviter delinquit. Et hanc quidem hypothesim prae oculis habere illi videntur, qui docent, semper graviter peccari. Sententia vera est in hac hypothesi: sed falso fingitur, hominem, cum dubio illo agentem, semper esse sic animo comparatum.

2° Alii dicunt, grave vel leve censendum esse peccatum, prout est obiectum peccati. Et horum ratio haec esse videtur, quod connaturale sit homini, ut iudicet secundum obiecta et addunt, eiusmodi iudicium non obrui per dubia seu suspiciones, quae dein suboriantur. Egregie: sed si agens dubitet, an obiectum sit grave vel leve, haec regula iam nihil valet. Ceterum haec hypothesis alia est a praecedente, qua supponebatur homo ita animo comparatus, ut velit agere, etiamsi gravis sit culpa.

3° Alii denique iique *plurimi,* ut testatur s. Alphonsus n. 23. et ex eiusdem iudicio satis *probabiliter,* tenent peccare tantum venialiter, si homo ille minime advertit nec etiam in confuso, ad periculum graviter peccandi neque ad obligationem rem examinandi, et *modo obiectum non sit certe per se grave:* adderem, inquit s. Alph. l. c. modo etiam homo sit timoratae conscientiae: quae quidem postrema norma, desumpta ab habituali operantis statu, non leve praehet indicium; quippe qui a gravi peccato abhorrent, non facile in illud censentur consensisse: secus de aliis dicendum. Verum, ut sincere dicamus, haec hypothesis vix aut ne vix quidem pertinet ad nostram quaestionem. Nam quaestio est de dubitante, sitne peccatum leve aut grave: isti vero casum fingunt, nullam de gravi adesse suspicionem.

Verum ergo est, quod praemisimus, gratis fingi Doctores dissentientes; quia verus dissensus non est, ubi tractant singuli de hypothesi disparata.

67. Addemus, allatas sententias parum aut nihil conferre ad solvendam quaestionem nude et extra speciales illas hypotheses propositam. De qua si quid dici oporteat, advertemus, difficillimum esse ,in concreto quidpiam definire.

Et sane si vera principia adhibeantur, quae de agente cum conscientia practice dubia iam tetigimus, haec exigerent plane, ut peccare quis censeatur *ea peccati specie tum morali tum theologica*, de qua practice, dum agit, dubitat. Ergo dicendus esset peccare graviter; quia obligationem sane gravem violat praecavendi, ne per ignorantiam aut inadvertentiam voluntariam incidat in legis transgressiones, quae graves esse queant. At enim ut haec doctrina in concreto applicari possit, constare deberet 1° verum affuisse dubium, non autem inanem phantasiam: 2° ut nihil eorum intercesserit, quae ad dubium aliquo modo deponendum seu resolvendum conferunt.

Atqui cum dubium infinitos gradus habeat, per quos vel ad prudens dictamen vel ad vanam phantasiam accedit et subsidia pariter, quibus dubium vel deponitur vel imminuitur seu temperatur, per infinitos gradus maiorem minoremve habere vim possint, haec autem nosse difficile sit vel ipsi operanti; patet multo magis confessario difficile fore ita probe rem nosse, ut certum iudicium ferre possit. Et si saepe difficile evadit Doctoribus definire, grave ne an leve sit peccatum habita dumtaxat *obiecti* ratione; multo id esse debet difficilius, quando dubia accedant ex natura actus interni, quem videre et ponderare non possumus. Sed nihil propter haec turbari debet confessarius. Ad munus enim suum rite obeundum necesse non est, ut certe decernat de culpae gravitate; quod quidem saepissime neque sapientissimus quisque potest.

IX. Resp. 3. Qui practice dubius est circa aliquod opus, tenetur se resolvere. Et quidem non per solum affectum et voluntatem (hoc enim ncn sufficere, recte docent Vasq, Sanch. l. 1. *Moral.* c. 9. *et alii communiter*, contra Caiet.); quia adhuc exponeret se periculo peccandi, sed per motivum rationabile, quale est 1. Ratio probabilis, 2. Exemplum bonorum virorum sine scrupulo sic operantium (Sanch. Becan. loc. cit.), 3. Auctoritas viri alicuius docti et pii. Quod si tamen dubium sine ratione et iusta causa temere conceptum esset, posset etiam sine nova ratione deponi. Et ita explicari potest Caiet.

68. Duo hac responsione continentur: 1° Obligatio deponendi dubium, 2° Modus deponendi huiusmodi dubium.

Et quoad 1. idest obligationem *se resolvendi*, revocanda huc sunt ea, quae (sup. n. 64.) diximus de obligatione, ne quis, dum sibi conscius est, se legem ignorare, aggrediatur opus, antequam de lege inquisiverit. Tenetur enim cavere, ne legem violet per suam ignorantiam.

Haec tamen obligatio disiunctive est intelligenda, nimirum vel abstinendi ab opere, de cuius malitia practice dubitat vel per aliquam rationem dubium ita deponendi, ut existimare possit, se licite agere. Et huc veteres revocabant effatum illud « *In dubiis tutior pars est eligenda* ».

Quoad 2. vero, de modo deponendi dubium, advertit imprimis A., dubium non solo voluntatis affectu esse deponendum: v. gr. si quis,

nihil praesidii adhibens ad eximendum gravis culpae dubium, mere concluderet secum: *Nolo scrupulos, nolo peccare.*

Monet tamen A. in fine Resol., id fieri posse sine nova ratione, si dubium sit vanum et (adde) si vanum aliquo modo subappareat, vel alias
a doctis quis audiverit, esse vanum.

Subdit, sic forte explicandam sententiam Caietani. Nescio, quo spectet
Auctor: sed forte ad ea Caietani verba (Summ. V. *Conscientia*): « Deponat autem huiusmodi erroneam conscientiam *ex se* vel aliorum consilio et sic libere operetur, ut alii operantur ».

Id vero maxime valet, cum agitur de dubio *negativo*, videlicet quod
nulla verisimili ratione excitatur pro altera parte et est inanis suspicio;
si vero nulla ratio adsit pro utraque parte, potius quam dubium, dici
debet ignorantia et pariter contemptu utendum est.

69. Quoad dubium non vanum, multiplex esse potest modus deponendi:
quae omnia tamen revocantur vel ad aliorum auctoritatem, vel ad rationem
aliquam· intrinsecam.

Ad auctoritatem revocantur 1° Exemplum piorum, 2° Doctorum consilia.

Ad rationem autem íntrinsecam pertinent diversa principia, quae argumentum suppeditare tunc possunt, ut actus licitus videatur. Possunt
autem esse vel rationes, quae directe suadeant, hunc actum, in se spectatum, non esse illicitum v. gr. non esse contra iustitiam, non contra
caritatem, non cóntra obedientiam aut praecepta Ecclesiae, vel me nunc
habere rationem, quae a servando praecepto excuset etc. Vel rursus possunt
esse generalia princípia v. gr. in dubio obligationis neminem ligari.

Cur autem Auctor dicat insuper, deponi posse dubium per rationem probabilem, ex dicendis patehit; aequivalet nempe *consilio* aut *exemplo piorum.*

X. Resp. 4. Si dubium oriatur ex obligationibus et praeceptis contrariis, v. gr.
utrum quis die festo teneatur apud aegrotum manere, omisso sacro, an vero sacrum
audire: tenetur se resolvere et prudenter iudicare, heic et nunc alterum obligare et
alterum sibi licitum esse; alioqui enim exponet se periculo peccandi. Ut vero id recte
fiat, haec servanda sunt. 1. Exquirat aliorum consilia, si potest. 2. Si non potest, v. gr.
quia solus est, vel quia ex confessione rem intellexit, consideret, quantum res et
tempus fert, utrum ex duobus illis sit vel videatur minus malum idque eligat et
non peccabit: v. gr. in casu dicto minus malum est, omittere sacrum, quam deserere
infirmum; quia de sacro audiendo est praeceptum affirmativum tantum et iuris humani, at de infirmo est negativum et iuris naturalis. Sanch. Bec. l. c. Si utrumque
videatur aeque grave, utrum volet, absque peccato eligct, ob defectum libertatis. Quod
verum est, etiamsi culpabiliter in istam perplexitatem se coniecisset; modo de culpa
praeterita doleat. Ratio est, quia alioqui ad impossibile obligaremur, quod nec Deus
exigit nec fieri potest: ideoque tum cessat obligatio minor vel, si sint, aut videantur
aequales, utralibet. Vide Laym. l. 1. tr. 1. c. 4. et 5. Fill. t. 21. c. 4. Bonac. l. c.
p. 6. n. 27.

70. Agit A. de conscientia perplexa ex praeceptorum conflictu. Sunt,
qui hoc loco tradant regulas, quibus Doctores statuunt, utrum prae-

ceptum cedere alteri debeat et disputant de malitia intrinseca, de praeceptorum dignitate etc. Haec porro non possunt esse regula communis,
dum constat in huiusmodi quaestionibus vel ipsis doctioribus aquam
haerere. V. gr. finge exspectari sacerdotem, ut plures possint die festo
missam audire; sacerdotem autem advenire, qui gravissimum dubium
habet, se non esse ieiunum. Ceterum quae de hoc argumento A. habet,
clara satis sunt. Haec tantum adverte.

1° Non solum aliorum consilia, sed alia media adhiberi posse.

2° Quod dicit, *alioqui se exponeret periculo peccandi,* intelligendum
eo sensu est, quem superius (n. 63-64.) explicavimus, periculum adesse
nempe faciendi contra *iustam* voluntatem superioris. Iusta est autem
superioris voluntas, ut antequam agas, de voluntate eius exquiras: hinc
obligatio inquirendi.

3° Quando A. dicit, hominem in iis adiunctis teneri ad se resolvendum, supponitur, quod possit actionem differre et ad hoc ipsum tunc
tenetur, si possit. Vid. s. Alph. n. 10.

Inferius autem patebit, ex occasione necessitatis solvendi se ab his
dubii angustiis originem habuisse doctrinas de usu alicuius opinionis
probabilis. Et sane si ad deponendum dubium licet recurrere ad consilia
sapientiorum et piorum, id ipsum valere debet quoad probabilem opinionem. In utroque casu aliud est certum et altius principium, quod sic
honeste et licite quis operetur.

Dub. II.

Quid agendum cum conscientia speculative dubia.

XI. Sunt quaedam in Theologia opiniones dubiae et in utramque partem probabiles, quae reddunt hominem speculative dubium. Quaeritur ergo heic, an et quomodo ex talibus possit formari conscientia practice certa.

Resp. Absque peccato licet sequi opinionem probabilem, etiam alienam et minus
tutam (hoc est, quae minus remota videatur ab omni specie peccati, quam altera),
relicta probabiliore et tutiore propria: seclusa tamen omni iniuria et periculo proximi
et dummodo opinio, quae eligitur, adhuc sit probabilis. Est communis Doctorum, quos
citat et sequitur Laym. et Bonac. t. 2. d. 2. q. 4. p. 9.

Ratio est, tum quia qui sequitur sententiam gravi auctoritate vel non levi momenti ratione nixam (haec enim dicitur probabilis), non agit temere, sed prudenter,
sequendo nimirum virorum prudentum et artis peritorum consilium: tum quia esset
onus intolerabile multisque scrupulis expositum, in omni re examinare, quid sit probabilius et tutius.

71. Auctor 1° praemittit, adesse opiniones in utramque partem pro-
habiles et in obliquo indicat necessitatem formandi conscientiam practice certam.

2° In responsione statuit licere sequi opinionem probabilem minus tutam, relicta etiam probabiliore; dummodo opinio, quae eligitur, adhuc sit probabilis. Addit id intelligi de probabili opinione non modo nostra, sed aliena. De quibus deinde rationem seiunctim reddit. De exceptione, ubi periculum sit damni alterius, postea dicetur.

3° Reddit rationem thesis generalis.

§. 1. *De necessitate iudicii practice certi circa actus honestatem.*

72. Auctor, uti patet, supponit potius, quam studeat evincere, ad honeste agendum requiri conscientiam practice certam, idest requiri, ut qui agit, certo putet, se honeste agere. Supponit autem; quia id innuerat in Responsione secunda Dubii praecedentis, quando rationem reddidit, cur peccet quisquis operatur cum conscientia practice dubia, idest sine iudicio certo de honestate actionis suae. Et reipsa communiter Doctores ad evincendum reatum operantis cum conscientia practice dubia, hac maxime ratione utuntur, quod « *qui agit, debet esse certus de honestate sui actus* ».

Hanc autem quaestionem attigisse nedum utile, sed necessarium est, ut melius constet (citra longas disputationum ambages), quae fuerit tandem origo et quae sit conditio theoriae, quae dici solet probabilioristarum.

73. Paucis itaque expediri res potest per hanc Suarez sententiam, in 1. 2. tr. 3. disp. 12. sect. 3. n. 2.: « Dicendum primo, ut voluntas sit recta, NECESSARIUM esse, ut sequatur iudicium conscientiae practice certum de honestate obiecti et actionis. ITA DOCTORES OMNES ».

74. At quamvis Suarez dicat « *Ita Doctores omnes* »; sincere tamen dicendum, nonnullos aliter sensisse et existimasse, ad licite et honeste operandum *sufficere iudicium practicum prudens et iudicium probabile aut saltem probabilius* (apud Croix lib. 1. n. 47.). Verum quinam tandem fuerunt isti? Sectatores forte laxiorum opinionum? Minime: sed probabilioristae Elizalde, Gonzalez, Camargo etc. Ita Croix l. c.: « Ad honeste operandum debet dictamen ultimum et practicum esse saltem moraliter certum. Ita Doctores omnes communiter... contra Elizalde, Gonzalez, Camargo etc. »: quibus videbimus accensendos esse Antoine et quotquot ad illam scholam pertinent, cuiuscumque coloris tandem sint.

75. Absurdae huic doctrinae non immorabimur refutandae; sed illud est animadversione dignissimum, quod cum turpi hoc sphalmate necessario connectatur theoria de necessitate sectandi probabiliores opiniones. Unde patere poterit, homines istos, qui zelo quodam, qui furori similior videatur, insectati sunt laxitatem, quam consequi existimabant ex communi doctrina nullam imponente obligationem sequendi opinionem proba-

biliorem, istos (inquam) veram laxitatem reapse induisse et ideo huc prolapsos, quia non intellexerunt statum quaestionis.

76. Nimirum putarunt isti, iudicium ultimum practicum, quo agens certus fit de honestate actionis suae, seu, quod idem est, quo certus fit, se non operari contra voluntatem Supremi Legislatoris, putarunt, inquam, eiusmodi practicum iudicium SEMPER ET IN REBUS QUOQUE NON MANIFESTIS non aliud esse iudicium, quam quod fertur spectatis intrinsecis rationibus cuiusque quaestionis propriis, v. gr. spectatis argumentis, quae hinc et inde afferuntur in quaestione, *An liceat die festo pingere acu* (a).

Et hac omnino de causa tum in absurdam laxitatem, quam diximus, adducti sunt, tum necessitatem sectandi probabiliora generis humani cervicibus imponere voluerunt.

Dixi, *idcirco* istos in eam pudendam laxitatem devenisse. Nam cum fiat interdum (quod negare ipsi non poterant), ut rationes, in quapiam speciali controversia prolatae, videantur hinc inde aeque probabiles, aut ita pro alterutra contradictionis parte probabiliores, ut negari non possit alterius quoque partis probabilitas; isti proinde ex pristino illo praeiudicio compulsi sunt affirmare, in ultimo iudicio practico de honestate actionis aut sufficere probabilitatem, aut certe maiorem probabilitatem. Accessit autem ad eos in hac doctrina confirmandos perperam intellecta quorundam Doctorum sententia, ut paulo post videbimus.

Dixi deinde, istos *hac de causa* ad propugnandam necessitatem sectandi probabiliora abreptos fuisse et ad dilaniandos eos, qui licere docebant, sequi opinionem probabilem, relicta probabiliore. Cur enim hos

---

(a) Hinc Antoine *De Consc.* cap. 4. q. 3. proposita quaestione, « an liceat sequi opinionem stantem pro libertate, in concursu aeque probabilis stantis pro lege »: respondent negative; quia in concursu duarum opinionum aeque probabilium est verum dubium, ideoque nullum prudens iudicium quod licita sit actio et non exstet contrarium praeceptum. « Peccat, qui agit sine prudenti iudicio, quod actio sit licita: atqui in hypothesi agitur sine prudenti iudicio...; uam (agens) non potest iudicare saltem prudenter, veram esse opinionem, non exstare praeceptum; *non enim habet fundamentum sufficiens iudicandi illam potius quam oppositam esse veram* ». Ubi patet, negari in casu iudicium adesse de honestate; quia ex intrinsecis rationibus res est dubia. Et interim doctus iste non videbat, eo ipso quod non appareat, legem aut obligationem esse potius quam non esse, ideo hominem non ligari, ut id potius quam aliud sequatur.

Et Gonzalez disput. 1. n. 47: « Opinio probabilis de honestate actus solum potest esse secura regula operandi pro illis, qui illam iudicaverint esse veram et legi Dei conformem; non autem pro illis, qui dubitaverint, an sit vera vel falsa ».

Et de casu opinionis probabilioris pro lege disp. 4. n 13.: « Implicat, intellectum nostrum etiam ex imperio voluntatis assentiri uni parti contradictionis, quando opposita apparet ei... verisimilior ».

Et ita porro ratiocinantur quotquot istam theoriam sequuntur.

reprehendebant? Quia nimirum (inquiebant) imprudentissime illi agunt;- nam, deficiente certitudine, debemus saltem illud sectari, quod magis accedit ad verum et quod verosimilius est honestum: probabilistae autem amplectuntur quod minus ad verum accedit et minus verosimiliter est honestum. Porro quo pacto possunt ipsi prudenter deponere dubium practicum de actionis pravitate, quando validiores pro inhonestate actus rationes militant, quam pro honestate? Ita isti reprehensores probabilistarum arguebant, sistentes idcirco in iudicio probabiliore (quod dubium de opposito non excludit), tanquam proxima regula actionis honestae. Ecce quo honesto loco nata est theoria ista de probabiliorismo necessario sectando! prodiit nimirum ex male perspectis primis moralitatis elementis.

77. Sed et in alium scopulum isti impegerunt. Namque dum contendunt, ultimum dictamen practicum de actionis honestate petendum esse, non ex principio quopiam reflexo, ut in re incerta faciendum esse unanimiter Doctores docuerant, sed ex quaestionis specialis, de qua agatur, propriis rationibus; eo devenerunt, ut, notione probabilitatis seu opinionis subversa, hanc cum certitudine confunderent.

78. Et sane isti quoque, cum communi doctrina, admittunt imo contendunt ad honeste agendum requiri iudicium certum de honestate actionis.

Ita v. gr. Antoine *De Consc.* cap. 2. q. 1. ad quaestionem: *An ad non peccandum requiritur iudicium certum de honestate seu liceitate actus vel omissionis*, respondet: « Requiritur tale iudicium certum saltem certitudine morali, qua prudenter excludatur dubitatio et peccati formido, saltem rationabilis. Ita communiter, imo forte nullus quoad rem hanc dissentit ».

Quibus Philippus de Carboneano in Nota subiicit: « Cur Auctor hoc addat, ex facili intelliges, si legeris *Tractatum theologicum de certitudine honestatis in actibus humanis,* editum a p. Magistro Fogarino Brixiensi theologo nostrae familiae, qui, vestigia sequutus Eṁi Brancati de Laurea, aperto Marte probabilisticum systema aggressus est tantoque pressit argumentorum pondere, ut eo praeeunte haud parum profecerint multi, qui eandem pugnam postea restituerunt; *etsi ipsum vix unquam nominasse* (oh scelus!) *deprehendantur* ».

Porro sumamus modo quod habet Antoine *De Consc.* cap. 4. q. 4. resp. 2., ubi statuit, licere sequi opinionem minus tutam, at probabiliorem: « Licet sequi opinionem minus tutam..., quando... apparet *certo* ac valde probabilis et *multo* probabilior opposita, ita ut *excludat dubitationem et formidinem rationabilem errandi* ».

Quod ut probet, subdit: « Licet sequi iudicium prudens ac *moraliter certum* de honestate seu liceitate actus. At opinio multo probabilior est seu fundat eiusmodi iudicium... nec ullam habet formidinem erroris, vel si quam habet, illam *prudenter repellit ac contemnit ut scrupulum...* ac motiva iudicandi oppositum... se habent perinde ac si non essent; motivum enim, quod prudenter contemnitur, *perinde se habet, ac si non exstaret...* ». Et addit in rem candem effatum iuris reg. 31. iuris in 6.: « *Eum, qui certus est, certiorari ulterius non oportet* ». Denique negat, sufficere exiguum probabilitatis excessum: « Quia, inquit, exiguus probabilitatis excessus non fundat certitudinem moralem nec excludit formidinem rationabilem erroris ».

79. Ecce igitur novum probabilitatis monstrum. Nam cum ex omnium sententia hoc proprium sit opinionis, ut sit assensus in alteram contradictionis partem cum formidine alterius; ecce nobis probabilitas eiusmodi obtruditur, quae *sit iudicium certum*, quae fundet *certitudinem moralem*, adeo *ut non oporteat ulterius certiorari*, quae excludat *dubitationem, formidinem rationabilem de opposito*, adeo ut *hanc formidinem repellere et contemnere debeamus ut scrupulum* eiusque ratio sit contemnenda, *tamquam si non exstaret.* Quae quidem, nisi oculis nostris videremus, numquid non incredibilia videri possent?

80. Hoc idem monstrum occurrit apud Thyrsum Gonzalez et quidem in ipso opusculi sui titulo, quem eiusdem fronti insculpsit : « Tractatus Theologicus de recto usu OPINIONUM PROBABILIUM, in quo ostenditur, ut quis LICITE possit sequi OPINIONEM PROBABILEM faventem libertati adversus legem, OMNINO NECESSARIUM ESSE ET SUFFICERE, quod post diligentem veritatis inquisitionem... opinio illa IPSI appareat, attenta ratione et auctoritate, *vel unice verisimilis*, vel verisimilior quam opposita... ac idcirco ab ipso *iudicetur vera iudicio absoluto, firmo et non fluctuante* ». Atqui iudicium *absolutum, firmum, non fluctuans* pertinet ad certitudinem. Ergo vel imperite confunditur probabilitas cum certitudine, vel illudere aut sibi aut aliis mens fuit ».

81. Et huc quidem deveniet quisquis contentionis studio abripiatur ad negandum, posse per principia reflexa accersiri eam de actus honestate certitudinem, quae in directis materiae specialis rationibus frustra quaeratur. Exclusa enim certitudine, quae deducatur a reflexis principiis, alterutrum prorsus contingat oportet: nempe aut dicent, licitum esse ponere actionem sine certo iudicio de honestate ipsius et sic doctrinam, ab omnibus Theologis damnatam ceu ream, amplectentur: aut certe dicent, rationes directas ac specialis materiae proprias ut actio sit licita, debere parere certitudinem de eiusdem honestate et sic affirmabunt, oportere, ut opinio, quam sequimur, sit speculative moraliter certa; quod ipsi probabiliorismo adversatur nec componi potest cum damnatione prop. 3. ex 31. quas proscripsit Alexander VIII.

§. 2. *Quod liceat sequi opinionem probabilem.*

82. Duo heic occurrunt inquirenda. 1° Quomodo concilietur sufficientia opinionis probabilis cum necessitate dictaminis certi de actionis honestate: 2° Utrum sit theologice tuta ista doctrina.

Quaestio 1ª *Quomodo concilietur usus opinionis probabilis cum certitudine necessaria de honestate actionis.*

83. Necessaria haec inquisitio, nedum utilis, apparet; quia nosse oportet probe, quaenam sit doctrina, quam tenemus: ex hac autem inquisitione maxime dignoscetur indoles eiusdem doctrinae. Insuper haec inquisitio aperiet nobis occasionem aliquam hallucinationis, in quam lapsi sunt probabilioristae et quae tot induxit incommoda, ut vidimus.

84. Nimirum isti hallucinati sunt in communi doctrina intelligenda, ut patet v. gr. ex modo, quo eam exhibet Auctor Compend. Gonzalez (in ultima §. 38. n. 134. totius operis): « Probabilistae decepti sunt, quia imaginantur quoddam probabile, quod sit regula absoluta, secura pro omnibus; ita ut opinio probabilis de honestate actus, *hoc ipso quod probabilis sit,* possit ut regula certa ab omnibus assumi; cum tamen probabile et opinio probabilis sit regula respectiva... Solum enim opinio probabilis est certa regula pro his, qui iliam *prudenter approbant ut* VERAM et quod (sic) ipsius fundamenta post debitam diligentiam adhibitam, repraesentata ipsi sunt ut *clare* praeeminentia oppositae sententiae fundamentis »: nempe fundamenta oppositae sententiae abiici et contemni possint ut scrupulus, prout alibi dicit (ibid. §. 6. in fin.) et propria opinio inducat moralem certitudinem et excludat haesitationem omnem et moralem formidinem de opposito.

85. Exinde perpetua illa istorum cantilena, nisi per summam stultitiam dici posse, quod prudenter agat, qui minus probabilem sequitur, relicta probabiliori. Si enim, inquiunt, in agendo debes et vis certus esse, prouti fieri potest, de honestate actus, quo pacto id assequeris, dum maiorem honestatis verisimilitudinem posthabes, ut minorem amplectaris? Quomodo, inquit Antoine *De Cons.* cap. 4. q. 3., certum tibi esse potest, actum esse licitum, dum tibi ipsi certum est, actum verosimilius ac probabilius esse illicitum? Ita illi eodem semper acti praeiudicio, quod ultimum honestatis dictamen sumendum sit ex rationibus subiectae materiae specialis propriis.

86. Et hallucinatos eos fateri oportet ex quibusdam antiquiorum theologorum loquendi formulis, quae prima fronte in hanc sententiam trahi poterant. Ita v. gr. Caietanus *Sum.* V. *Opinio.* postquam statuit, *opinionem*

esse regulam ambiguam, utpote cum formidine alterius partis atque adeo illicitum esse, ex *opinione operari*, subdit: « Haec intellige de opinione proprie dicta, quae est cum formidine alterius partis et per se loquendo. Non enim propterea aliquod opinione tenetur (scil. ambigua), quia diversi doctores contraria sentiunt; quoniam cum huiusmodi contrarietate stat, quod una pars sit ratione sufficiente ad *moralem certitudinem fulta* et *iam non est opinio* (scil. ambigua) apud capientes rationem illam ; sed quia nesciunt multi discernere inter *certitudinem moralem* et *mathematicam*, omnia quodammodo locant sub opinionibus ».

87. Huc spectat regula Prieratis *Sum. Sylv.* V. *Opinio* n. 1.: « Non est in dubio, qui probabilibus rationibus flectitur ad unam partem...; quia tenet iste certum moraliter, cum in *moralibus sufficiat certitudo ex probabilibus* ».

Item s. Antonini part. 2. tit. 3. cap. 10. §. 10. et in fin.: « Non enim consurgit certitudo moralis ex evidentia demonstrationis, sed *ex probabilibus* coniecturis, grossis et figuralibus, magis ad unam partem, quam ad aliam se habentibus ».

Itemque B. Angeli de Clavasio *Sum. Ang.* V. *Opinio* prope fin.: « Disciplinati est in unaquaque re certitudinem quaerere iuxta exigentiam materiae; aeque enim vitiosum est, *persuadentem* quaerere mathematicam et *moralem* demonstrantem. Non enim consurgit certitudo moralis ex evidentia demonstrationis, sed ex *probabilibus* coniecturis, grossis et figurantibus, magis ad unam partem, quam ad aliam se habentibus ».

Et Vasquez in 1. 2. disp. 62. cap. 5. n. 26.: « Ego quidem existimo, posse aliquem recte operari cum assensu tantum probabili, etiamsi habeat formidinem oppositae partis... Dixi *cum formidine oppositae partis* non autem cum dubitatione et haesitatione; quia si aliquis dubius esset circa aliquod genus operationis, non posset salva conscientia operari; quia non posset habere iudicium conscientiae singulare cum assensu ».

Et, ut alios omittamus, Thomas Sanchez *in Decal.* lib. 1. c. 9. n. 18. expresse videtur asserere, rem definiendam ex rationibus propriis materiae subiectae, utut sint tantum probabiles: « Quidam existimant iudicium *practice certum* ac omnem contrariae partis formidinem excludens requiri... Quia quando solum practice probabiliter aliquid esse licitum iudicat, iudicat etiam probabiliter esse illicitum: at iudicans probabiliter, aliquid illicitum esse et id faciens, peccat, utpote qui se alicuius illiciti perpetrandi periculo exponit... At multo verius est, id iudicium practice certum non requiri, sed satis esse iudicium probabile cum partis oppositae formidine. Quippe formido unius partis non excludit assensum determinatum circa aliam ».

Ita Sanchez: quae sane parum castigata videri poterunt; sed inferius patebit, eum ab aliis reipsa non dissidere.

88. Ex his itaque aliisque eiusmodi dicendi formulis occasio exstitit viris istis probabilioristis, ut in falsa ea doctrina obfirmarentur, iudicium ultimum, quo certiores reddimur de honestate nostrorum actuum non aliud esse, quam quod petitur ex rationibus cuiusque specialis materiae propriis.

At enim haud erat difficile advertere, Doctores, dum affirmabant sufficere opinionem probabilem de actus honestate, reipsa innixos fuisse alicui principio superiori et certo et admisso ab omnibus: quod quidem illi vel expresse indicarunt, vel certe colligimus ex eorum, dum de hoc argumento disputant, contextu. Et haec est ratio conciliandi necessariam certitudinem honestatis et usum opinionis probabilis.

Facile sane est perspicere, in hoc negotio Doctores tum usos fuisse iis doctrinis certis et communiter admissis circa ignorantiam invincibilem, quas in Tract. De Actibus Hum. tetigimus, tum aut adhibuisse aut supposuisse alia quaedam generaliora principia, quae deinde, ad litigatores convincendos vel saltem compescendos, uberius Doctores recentiores v. gr. s. Alphonsus evolvere studuerunt.

89. Modum itaque, quo concilietur necessitas iudicii certi de honestate actus et sufficientia probabilis opinionis, ecce quomodo Suarez explicet, indicando principia, vi quorum opinio probabilis certitudinem illam adducit in 1. 2. tr. 3. disp. 12. sect. 3. n. 3. Obiicit ergo sibi, ad dubium deponendum requiri utique dictamen excludens dubitationem, non tamen requiri iudicium, quod excludat formidinem: porro iudicium probabile sufficere ad excludendum morale periculum malitiae; quia iam praestat homo quod moraliter potest. Et respondet: « hoc argumentum declarare, practicam certitudinem necessariam; quia si cum probabili iudicio speculativo excluditur periculum malitiae, profecto ut homo rationabili et humano more operetur, oportet, ut hoc ipsum cognoscat et iudicet: sed hoc ipso habet iudicium practice certum de honestate suae actionis; quia *ex principiis certis* iudicat hic et nunc, se operari sine periculo malitiae. Unde sumitur confirmatio. Nam semper potest homo facili negotio habere hanc certitudinem; quia si faciat moralem diligentiam et iuxta probabilem opinionem comparatam operetur, iam est certus practice de honestate suae actionis »..— Summa ergo est: Qui facta diligenti inquisitione in probabile iudicium deveniat, hic excludit periculum malitiae idque ut certum principium habendum est. Atqui quisquis certus est, abesse periculum malitiae, certus eo ipso est de honestate actionis. Ergo.

90. Brevius eandem doctrinam Suarez sic alibi habet l. c. sect. 6. n. 4.: « *Est certum*, probabile iudicium speculativum, quando in contrarium nihil certius vel probabilius occurrit, sufficere ad conscientiam practicam veram et certam formandam. Patet ex illo principio, quod homo *prudenter* operatur iuxta probabilem cognitionem, *quando aliam meliorem consequi non potest* ».

Advertite, heic agi solùm, quomodo cum *opinione probabili* possit certitudo practica haberi: unde seponenda est quaestio de maiori aut minori probabilitate.

Suarez itaque statuit, certum esse hominem in casu de honestate, *quia prudenter operatur*. Iudicat autem, prudenter operari hominem agentem iuxta probabilem cognitionem, quando aliam meliorem consequi non potest. Porro haec innituntur *partim* principiis, quae pertinent ad ignorantiam invincibilem, partim principiis iuris. Itaque 1º assumitur ut principium certum, hominem, qui adhibuerit mensuram illam diligentiae, quae ex discretionis modo exigi potest, non teneri ad maiores quasdam indagines et ideo non vocari in culpam, etiamsi erret (a). 2º Si diligentia illa adhibita inveniat, actum esse probabiliter honestum, adest principium iuris, leges non obligare, nisi certius innotescant: non innotescunt autem, quando ratio gravis et prudens (id enim importat opinio probabilis) suadet legem non adesse. Ecce igitur, quomodo ad principia certa ascendatur, quae practice certam conscientiam, ubi adsit opinio probabilis, efficiunt.

91. Alio modo aderit principium illud, quod certitudinem practicam adducit, si dicas cum Vasquez in 1. 2. disp. 62. c. 5. n. 27.: « Constat ex *sententia omnium,* ad recte operandum non esse necessarium assensum evidentem, sed *sufficere probabilem* ».

Unde sic assumitur principium extrinsecum: Certus est de honestate sui actus, qui sciat, eum licitum *ex omnium sententia* censendum. Quomodo enim illicitum existimari poterit, quod Doctores omnes ut licitum tradunt? Atqui. Ergo (b).

92. Huc pertinet, quod in sua *Sylvestrina Summa* habet Prieras, V. *Opinio* n. 1.: « Et hoc intellige (nempe *excusari*) non solum quando quis facit, quod in se est, ut intelligat veritatem; quia talis etiam in manifesto determinatis excusaretur, *cum laboret ignorantia pro tunc invincibili:* sed etiam cum quis in affectione ad suum *Doctorem iudicat probabiliter* et sibi videtur verum, quod est falsum ». In quibus tangit id, quod excusat agentem quoad obligationem inquirendi ulterius veritatem; tacite autem supponit principium de nulla necessitate obsequendi legi, si forte haec (quod innoxie ignoratur) exstaret.

Huc faciunt et ea, quae habet *Summa Angelica* V. *Opinio* in fin.: « Dicitur probabile, quod pluribus maxime sapientibus apparet verum.

_____

(a) Hinc Vasquez in 1. 2. disp. 62. cap. 9. n. 44.: « Quoties habetur assensus opinionis de aliqua parte... homo non se exponit periculo peccandi, ita ut formaliter ipsi imputetur; sed tantum periculo faciendi id, quod *in re* forsan peccatum et prohibitum est ».

(b) Haud aliter Barthol. Medina in 1. 2. q. 19. art. 6. concl. 3.: « Confessor scit ve scire debet, quod quandò sunt duae opiniones probabiles de aliquo contractu, licitum est utrique adhaerere. Ergo EVIDENS est, quod (poenitens) non peccat ».

Nam si Ioachim non fuit haereticus, licet tenuerit falsum contra fidem...
quia ab Ecclesia talis articulus nondum erat damnatus; multo magis
excusatur quis sequendo opinionem Doctorum, quando talis opinio ab
Ecclesia non est reprobata, cum tali voluntate, quod si non crederet
veram, non ei adhaereret: certe in ipso non potest esse contemptus et
sic peccatum inobedientiae. Et ergo tenet certum sibi certitudine morali,
et dimittit dubium sibi, scilicet contrariam opinionem ». In quibus utrumque
principium adhibetur, scil. et defectus culpae quoad obligationem inquirendi et defectus inobedientiae ob ignorantiam legis.

Et Caietanus V. *Opinio:* « Per accidens contingit, nescientes discernere inter notum opinione et notum certa ratione morali, errare et
excusari, credentes absque formidine alterius partis viris probis et doctis,
dicentibus: *Facite sic;* quia potest licite fieri. Non enim exigit Deus ab
homine plusquam conditio hominis habet; quia divina sapientia disponit
omnia suaviter ».

93. Et principia quidem huc usque memorata adhibentur a Doctoribus
etiam quando agitur de sequenda minus probabili opinione in concursu
probabilioris.

Instar omnium sit Suarez in 1. 2. tr. 3. disp. 12. sect. 6. n. 8.: « Dicendum primo: Quotiescumque est opinio probabilis, hanc actionem non
esse malam vel prohibitam vel praeceptam; potest aliquis formare conscientiam certam vel practicam conformem tali opinioni. Praeter Auctores citatos favent huic conclusioni multa, quae adducit Navarrus, Sylvester, Angelus, Antoninus. Ratio est, quia *excedit ordinarium modum
humanae facultatis* maiorem cognitionem obtinere in singulis actionibus.
Item quia esset *intolerabile onus obligare omnes* homines ad conferendas
singulas opiniones. Praeterea existimo illam rationem sufficientem; quia
quamdiu est iudicium probabile, quod nulla sit lex prohibens vel praecipiens actionem, *talis lex non est sufficienter proposita vel promulgata
homini.* Unde cum obligatio *legis sit ex se onerosa et quodammodo
odiosa,* non urget, donec certius de illa constet. Neque contra hoc urget
aliqua ratio; quia tunc revera *non est contraria pars tutior* in ordine ad
conscientiam, neque ibi est aliquod dubium practicum nec periculum ».

94. Et Laymann *De Consc.* cap. 5. § 2. n. 7.: « Ex duabus contradicentibus probabilibus, quae versantur circa actionem, an ea licita sit
necne, quisque in praxi seu operatione sequi potest, quam maluerit; etsi
ipsi operanti speculative minus probabilis videatur. Ita Navarr... etc. etc.
Probatur Assertio: Opinionem, quae non est aliena a recta ratione, potest aliquis prudenter sequi; probabilis autem opinio non est aliena a
recta ratione. Ergo..... Minor declaratur ex definitione probabilis, quam
dixi esse eam, quae vel gravi auctoritate vel non modici momenti ratione nititur ».

« Confirmatur: Cum in moralibus non facile reperire sit exactam veritatis certitudinem, sed ferme solam verisimilitudinem; sufficit sequi
quod est probabile. Etenim valde difficilis et prope impossibilis obligatio
foret, si quisque examinare semper debeat, utra duarum probabilium
opinionum efficaciore ratione vel plurium ac peritiorum Doctorum auctoritate fulta sit ».

« Et haec quidem absolute ostendunt, licitum esse probabilem sententiam in operando sequi. Quod autem id fieri possit, tametsi ipsi operanti speculative minus probabilis et opposita probabilior appareat, inde
ostendi debet; quia speculativa illa opinatio, eo ipso quod incerta et
fortasse falsa sit, non potest esse regula operationis (scil. obligatoria);
consequenter operans aliam regulam eamque _certam_ sectari debet, videlicet, quod in dubiis quaestionibus circa mores quisque operari potest
secundum sententiam, quam viri docti probabilem et in praxi tutam
defendunt. Neque vero tunc agit contra propriam conscientiam; cum
conscientia non sit speculativa aliqua opinatio, sed practicum certum
iudicium de agendo, quod in tali casu per reflexionem formari potest ».

95. Et magis apposite in rem nostram idem Laymann ibid. n. 8: « Quaeres, qua ratione in operando certus esse possit, qui incertam et dubiam
sententiam sequitur, cum ex incerto non possit colligi certum. Resp.,
certitudinem conscientiae, quam operans habere debet, non esse-specu-
lativam ex principiis intrinsecis rei petitam; sed esse practicam ex practicis et rei extrinsecis principiis desumptam. V. gr. sententiae Doctorum
probabiliter docenti, aliquid esse licitum agere, possum me in praxi
conformare: atqui Doctores aliqui probabiliter docent, contractum census germanici celebrare licitum esse; ergo me possum huic opinioni in
praxi conformare. Ubi vides, utramque huius practicae ratiocinationis
propositionem certam esse; ex certis autem non sequitur nisi certum ».

96. Sed audiendus, dum obiectionem contra praedictam ratiocinationem solvit ibid. n. 8: « Sed instat aliquis: Non deesse Doctores, qui negant, maiorem huius ratiocinationis veram esse; ergo ea non habet certam et indubiam veritatem. Secundo: Ponamus esse doctores, qui negent,
sententiam v. gr. quae iustitiam contractus germanici defendit, probabilem
esse, existimantes, se manifestam demonstrationem de opposito habere;
quo casu minor quoque propositio certa et indubia non erit. Respondeo, hac obiectione non plus probari, quam quod hi ipsi, qui ita persuasi
sunt, conscientiam practice certam formare haud possint: interim tamen
tales non prohibent, quo minus alii Doctores tam maiorem quam minorem
propositionem pro certis habentes, ex iis certum iudicium practicum
concludant. Prohibere item non possunt, quominus alii rem ipsam secundum se non ita penetrantes, horum Doctorum auctoritatem secuti,
certe sibi persuadeant, quod isti docti ac probi viri agunt vel ab aliis

agi posse fatentur, se bona conscientia sequi, quantumvis aliis reclamantibus ».

97. Sanchez quoque, qui alioquin (sup. n. 87.) videbatur censere, non esse necessarium iudicium practicum certum de actus honestate, reipsa tamen principia extrinseca et ipse sic accersit *in Decal.* lib. 1. c. 9. n. 14. ubi reddit rationem, cur in foro conscientiae liceat operari iuxta aliorum opinionem minus tutam, quam quis probabilem reputat, contra propriam tutiorem et quam sibi probabiliorem esse persuadet: « Ducor, inquit, 1° quod existimans opinionem esse probabilem, iuxta eam operans nec temeritatis nec imprudentiae notam incurrat. Quippe temere et imprudenter fieri dicitur, quod absque ratione et causa probabili fit: 2° quod in moralibus opinio probabilis est, quam absque peccandi periculo sequi licet; quippe nullus ad melius et perfectius amplectendum adstringitur: 3° quia cum omnimoda de rebus certitudo haberi nequeat, ad eam Deus minime obligavit; sed ad operandum cum morali certitudine, qualis in opinione probabili reperitur. Namque intollerabile onus ac multis scrupulis expositum esset, si opiniones probabiliores investigare teneremur ».

Et ibid. n. 16. addit: « non tantum posse quem operari contra propriam opinionem iuxta probabilem aliorum sententiam, quando suae opinionis assensum determinatum habet et alterius tanquam probabilis; sed etiam si per intrinseca rei principia neutrius assensum habeat, sed inter utramque haesitet, dummodo saltem per extrinseca principia habeat hoc iudicium determinatum, nempe sibi licere utramvis sequi, eo quod utriusque graves patronos videat ».

98. Ita Filliuccius Tract. 21. cap. 4. n. 128. adhibet principium, quod « prudenter operatur (quis) credendo peritis in arte et sapientum iudicio se submittens ». Et n. 131. quod « in re non certa quisque errare potest; et quod uni probabilius videtur, alteri minus probabile erit ».

99. Ita et Vasquez in 1. 2. disp. 62. cap. 4. n. 15.: « Ex eo quod opinio illa est peritorum in arte et probabili ratione fundata, nulla videtur reprehensione aut nota dignus, qui eam sequitur in operando, aliorum in hoc sententiae acquiescens ».

Et n. 16 quasi addens rationem: « Sicut in aliis rebus agendis, quae non sunt praeceptae, non est imprudentia sequi consilium aliorum *peritorum* contra proprium; ita etiam in rebus praeceptis non erit peccatum aut contra rationem sequi opinionem aliorum contra propriam ».

Et n. 17.: « Multo magis possumus secundum opinionem aliorum contra propriam operari, quando videmus fundamenta omnia et rationes nostras Doctores oppositae sententiae vidisse et considerasse et ad eas aliquo modo respondisse nec eis convictos fuisse. Tunc enim iure arbitrari debemus, operari nos recte et prudenter sequentes aliorum sententiam contra propriam opinionem; neque existimare debemus nostras

rationes esse demonstrationes evidentes, quae oppositae opinionis probabilitatem auferant ».

100. Et Palaus *De Consc.* disp. 2. p. 2. n. 3.: « Inter probabiles opiniones
nulla datur *formaliter* tutior et securior altera. Omnes enim sunt aeque
securae. Securitas enim opinionis in eo sita est, ut operans ex illa nullo
modo Deum offendat. Cum ergo operans ex opinione probabili nullo modo
Deum offendat, efficitur, aeque securum esse, ac si ex opinione securiore operaretur ». Et ibid. n. 2.: « Si teneris sequi opinionem, quae tibi
probabilior apparet neque potes ex probabili aliorum sententia operari:
mille scrupulis agitari debes et singulis horis obligaberis opus variare,
cum iam uni opinioni, ut probabiliori, adhaereas, iam contrariae, ut bene
expendit Salas Tr. 8. disp. unic. sect. 3. n. 68.

101. Sic et Becanus, duo adhibens principia, extrinsecum unum, alterum intrinsecum *De Act. Hum.* cap. 4. q. 9. n. 3 : « Quando sunt duae
opiniones aeque probabiles circa facti honestatem aut turpitudinem aut
obligationem, tunc liberum est sequi alterutram opinionem, quam velis...
Est communis sententia. Et probatur; quia in tali casu non est ratio,
cur unam potius sequi necesse sit, quam alteram ». Et n. 4: « Porro
axioma illud, *In dubiis tutior pars est eligenda,* quando speculative
quidem · dubius (quis) est, sed tamen practice certus est, non urget.
Quod tunc fit, quando is, qui speculative dubius est, potest ex certis
principiis practicis elicere, utramque partem in praxi tutam esse ».

102. Haec itaque et alia eiusmodi sunt altiora principia, quibus innititur
doctrina de adhibenda, ceu honestatis regula, opinione probabili et quibus
debetur *certitudo honestatis* in agendo. Quae saepe a Doctoribus praeter-
mittuntur; quia nota supponuntur, dum promunt quamdam aliam rationem
proximam, cuiusmodi est, quod utens opinione probabili *prudenter agat.*

Ita v. gr. Auctor noster in ea responsione, de qua agimus; qui tamen
in resol. 1ª dubii III. seq. reddit altiorem rationem, quod *lex non obliget,
nisi sufficienter proponatur.*

103. Eodem modo, ac Auctor, usus est Reiffenstuel *De Act. Hum.* et
Consc. tr. I. dist. 3. n. 53.: « Loquendo de actibus humanis, quantum ad
eorum honestatem spectatis, etiam in concursu probabilioris et tutioris,
licite potest eligi opinio *vere* quidem, sed minus probabilis minusque
tuta... Ita communior Theologorum praesertim recentiorum. Ratio est, tum
quia qui iuxta opinionem *vere probabilem* operatur, *non temere sed
prudenter operatur :* ergo non peccat... tum quia qui se conformat dictamini conscientiae *vere probabilis,* non exponit se ulli periculo etc. ».

Ita Voit recentior vol. I. n. 77.: « Non *temere, sed prudenter agit,*
qui sequitur opinionem, quae non est aliena a recta ratione; atqui opinio
vere probabilis non est aliena a recta ratione... quippe nititur tum gravi
auctoritati, tum gravi rationi ».

Ita Nicolaus Mazzotta Tr. 1. disp. 1. q. 4. cap. 4.: « Non peccat, qui operatur iuxta opinionem minus probabilem de licentia actionis, relicta probabiliore tutiore. Ita DD. communissime. Ratio..., *quia qui prudenter operatur, non peccat;* sed qui operatur secundum opinionem minus probabilem etc., prudenter operatur. Ergo etc. ».

Ita Martinus Bonacina Tom. 2. disp. 2. q. 4. p. 9. n. 4.: « Possumus absque peccato sequi opinionem probabilem relicta probabiliore tutiore. Ratio est... *quia qui prudenter et rationabiliter agit,* non peccat; sequens autem consilium prudentum hominum satis prudenter et rationabiliter agit ».

Sebastianus Giribaldi Tr. 1. cap. 3. n. 49.: « Resp. 3. licitum esse sequi in praxi... opinionem minus probabilem et minus tutam..., relicta tutiori et probabiliori... Ratio est, quia... ubi non est evidentia, adest solum obligatio prudenter operandi...; sed qui sequitur opinionem vere probabilem..., *prudenter operatur.* Ergo ».

Felix Potestas *Exam. eccles.* tom. 1. part. 1. n. 59. 60.: « Quando agitur de sola honestate actionis..., licitum est sequi opinionem minus probabilem et minus tutam, relicta probabiliore et tutiore... Haec sententia non est moderna, ut dicunt contrarii Fagnanus... et Gonzalez; sed satis antiqua, quam innumeri DD. tam recentes quam antiqui docent... Ratio principalis est... quia qui operatur iuxta opinionem minus probabilem et minus tutam, *non temere, sed prudenter operatur...* ».

Constantinus Roncaglia Tract. 1. q. 1. cap. 2. q. 3.: « In parte minus probabili apparet motivum grave, adeoque dignum viro prudente et per consequens licitum est iuxta illud agere ».

Marcus Struggl Tr. 1. q. 4. n. 18.: « In materia iuris seu quando quaestio immediate solum est de licentia actionis, licitum est, sequi sententiam minus tutam et minus probabilem in concursu probabilioris et tutioris. Ita communissima recentiorum et plurium aliorum ex omni schola contra Patres Dominicanos... Ratio... a priori; quia sequens sententiam vere et certe probabilem etiam in concursu probabilioris et tutioris, *prudenter operatur.* Ergo licite agit et observat legem, quam servare tenetur... ».

Imo addit: « In materia iuris licitum etiam est sequi sententiam minus tutam et NOTABILITER minus probabilem; dummodo haec in concursu probabilioris maneat vere et certe probabilis... Ratio... est eadem, quae pro praecedenti conclusione fuit allata ».

Denique, ut alios omittamus, Sporer Tract. 1. prooemial. n. 43. eiusdem thesis sic rationem reddit: Quilibet prudenter potest sequi opinionem vere probabilem... Atqui...

104. Cum Doctores porro communissime usi sint effato illo ad probationem huius doctrinae, quomodo factum dicemus, ut s. Alph. *System.*

moral. n. 58. scripserit: « Falsum reputo effatum illud commune inter probabilistas, nimirum « *Qui probabiliter agit, prudenter agit?* » Adeo ut ibid. n. 80. addat: « Nec valet dicere, horum (DD.) auctoritatem... parvi aestimandam, etiam a me, dum ipsi habentur a me tanquam decepti, cum... innixi sint principio illo, quod ego reprobavi: *Qui probabiliter agit* etc. Iam dixi sub initio..., quod tale principium solum et per se directe sumptum non est sufficiens ad cohonestandum usum opinionis aeque probabilis ». Nec aliter in Dissertatione prefixa editioni an. 1755. n. 14. (pag. 90. voluminis 4ᵣ dissertationum): « Nunquam acquiescere potui argumento « *Qui probabiliter agit, prudenter agit* ». Non enim videtur, absolute loquendo, prudenter agere, qui iudicans veritatem stare magis pro sententia tutiori, velit oppositam minus probabilem amplecti ». Sed suam sententiam satis aperit in iis, quae immediate subiicit verbis citatis ex n. 80. Mor. Syst. Nempe non probat s. Doctor hoc principium, si, exclusis principiis reflexis, ipsum solum sit regula directiva actionis; at probat, si ipsum cum illis principiis reflexis componatur. Porro ostendit probabilistas communiter principia reflexa una cum eo principio adhibuisse, vel certe supposuisse.

Proinde illud effatum eodem loco habendum est, ac istud aliud: Probabilitas sufficit, ut possim certo existimare me honeste agere. Unde satis accurate rationem, cur verum aut falsum illud effatum videri possit, explicat Scavini Tr. 1. c. 2. p. 76. n. 3. ed. 8.: « Haec verba *qui probabiliter agit* etc., et vera et falsa sunt, si ita loqui fas est. Falsa, si illis tantum insistatur, ut nempe ideo simpliciter actio ponatur, quia est probabilis; nam ad agendum requiritur moralis certitudo (et hoc sensu dicit s. Alphonsum negasse se esse probabilistam)... Vera, si accipiantur eo sensu, quatenus probabilitas in causa est, ut per discursum ad aliquod principium deveniamus firmum ac certum ».

Quaestio 2ᵃ *An sit Theologice tuta doctrina Probabilismi* (v. n. 82.) *scilicet an liceat sequi opinionem probabilem pro libertate relicta probabiliore pro lege.*

105. Oportet quasdam praemittere definitiones. « *Opinio probabilis*, inquit Reiffenstuel Tract. 1. q. 4. n. 41. generatim illa censetur, quae gravi nititur fundamento, licet non penitus certo simulque nullam contra se habet rationem convincentem. Ita communiter modus loquendi Doctorum ».

Debet igitur niti motivo; secus non inclinaret assensum. Motivum autem debet esse *grave*, quod scilicet ad assensum determinare queat prudentem virum et rem verisimilem efficere.

Porro *grave* motivum apparere debet non solum *absolute*, verum etiam *relative* ad rationes, quae stant pro parte opposita; si enim inspectis contrariae partis rationibus vis motivi cessat, non potest dici probabilis. Denique grave intelligitur motivum, quod tale videatur hominibus peritis; inde enim constat, illud esse idoneum ad permovendum hominem rite dispositum ad intelligendum.

Additur autem, quod non debet adversam habere rationem convincentem. Ut enim opinio sit probabilis, inquit Reiffenstuel l. c. « hoc in primis requiritur, quod non sit contra Sacram Scripturam, definitionem Ecclesiae, traditiones Patrum aut unanimem doctorum consensum; nam opinio in aliquo horum deficiens non tam opinio censeri debet quam aut haeresis aut error aut temeritas ».

Alias easque falsas definitiones vide apud Croix l. 1. n. 104. seqq. Praestat referre sententiam Thyrsi Gonzalez, cuius in praecedentibus mentionem iam fieri oportuit. Ipse ergo Dissert. 1. n. 34. ad probabilitatem opinionis exigit, ut « apparentia veritatis sit tanta, ut vi illius prudenter possim iudicare, illam esse veram seu ut appareat vera ». Atqui si apparet vera, non erit probabilis, sed certa. Verum hic Auctor perpetuo nutat; quia conciliare vult inconciliabilia, scilicet incertitudinem et certitudinem ex eodem motivo.

Advertendum, aliud esse opinionem probabilem, aliud tutiorem, ut monet Suarez in l. 2. tr. 3. d. 12. sect. 6. n. 1. « Nam primum illud dicitur in ordine ad veritatem magis vel minus ostensam: hoc autem secundum videtur dicere ordinationem ad aliquem finem seu maiorem utilitatem ad illum: quomodo v. gr. opinio, quae olim dicebat posse absolvi absentem in casu necessitatis, re vera minus probabilis etiam tunc erat, tamen ad iuvandum proximum erat tutior ».

106. Pro vario fonte, unde petitur motivum seu ratio pariens probabilitatem, haec dicitur vel *intrinseca* vel *extrinseca*.

Intrinseca dicitur probabilitas, cum ratio desumitur ex natura obiecti aut illius proprietatibus, ex causis, ex effectibus, ex circumstantiis.

Extrinseca dicitur, quando desumitur ex testimonio seu auctoritate doctorum, qui eandem sententiam tradunt. .

Saepe autem fit, ut probabilitas coalescat ex utroque rationum genere, quando nempe rationibus intrinsecis adiungitur ratio auctoritatis. Quoad *extrinsecam* vero animadverte, doctorum auctoritatem eatenus habere vim, quatenus praesumitur, doctores permotos ad id tenendum fuisse gravi ratione atque adeo auctoritas supponit semper gravem rationem. Si ergo rationes desint, cessat omne pondus auctoritatis: ita v. gr. si gravis auctor allegat canonem spurium.

De *extrinseca* haec habet Suarez in l. 2. tr. 3. d. 12. sect. 6. n. 1.: « Nobis nunc satis est, illam existimari opinionem probabilem, quae etiam nititur auctoritate aliqua digna fide (quae in re morali multum habet ponderis) et non repugnat aut veritatibus Ecclesiae receptis aut evidenti rationi neque etiam temere contradicit communi et receptae doctrinae doctorum ».

107. Hic notandus est mos eorum (Iansenianorum praesertim), qui monent, probabilitatem debere esse theologicam, fundatam scilicet non inanibus, ut aiunt, ratiunculis, sed aliquo loco theologico; quippe Moralis christiana non alias debet agnoscere regulas, quam eas, quae ex revelatione vel immediate vel mediate dimanant. Inscite tamen. Nam, si isti viri studuissent Locis Theologicis, vidissent suum esse locum rationis naturalis lumini neque hoc confundi cum revelatione. Iudicent v. gr. ex revelatione, an quis sua auctoritate possit mutare votum in aliud opus aequale, quaenam sint obligationes locatarii et ex qua culpa, latane an levi, teneatur caupo etc. Scilicet haec scientia moralis ex pluribus fontibus a theologo haurienda est, ex revelatione, ex iure naturae, ex iure positivo Ecclesiae atque etiam ex iure civili. Multiplex est enim haec scientia secundum diversa principia, ex quibus procedit: una est autem ratione finis, ad quem conducit, ut nempe doceat christianum hominem officia sua, quid vitare eum oporteat, quid agere debeat aut quid melius sit agere.

Sane s. Thomas in Quodlib. 9. a. 15. quaerens, an plures praebendas sine cura animarum habere absque dispensatione sit peccatum mortale, ait: « Dicendum, quod omnis quaestio, in qua de peccato mortali quaeritur, nisi expresse veritas habeatur, periculose determinatur. Quia error, quo non creditur esse peccatum mortale, quod est peccatum mortale, conscientiam non excusat a toto, licet forte a tanto. Error vero, quo creditur esse mortale, quod non est mortale, ex conscientia ligat ad peccatum mortale. Praecipue vero periculosum est, ubi veritas ambigua est, quod in praesenti quaestione accidit. Cum haec quaestio ad theologos pertineat, in quantum dependet ex *iure divino* vel ex *iure naturali* et ad iuristas, in quantum dependet ex *iure positivo:* inveniuntur in ea theologi theologis et iuristae iuristis contraria sentire. *In iure namque divino non invenitur determinata expresse,* cum in s. Scriptura expressa mentio de ea non fiat: quamvis ad eam argumenta ab aliquibus auctoritatibus Scripturarum forte adduci possint, quae tamen non lucide veritatem ostendunt ».

108. Quoad *extrinsecam* probabilitatem perpendenda propositio 27ª damnata ab Alexandro VII. *Si liber sit alicuius iunioris et moderni, debet opinio censeri probabilis, dum non constet reiectam esse a Sede Apostolica tanquam improbabilem.*

Non est heic damnatum, quod occurrit passim apud theologos, nimirum sententiam posse probabilem aliquando haberi propter auctoritatem unius doctoris. Videatur Viva ad. prop. allegatam, ubi n. 1. narrat, quomodo nonnulli, praetermissis conditionibus, quae passim ab aliis ad ·

id exigebantur, putarunt sufficere, quod opinio reperiatur in aliquo auctore, non quidem antiquo; quia posset talis opinio esse antiquata vel aliquo decreto, quod ignoretur, reiecta: sed in aliquo iuniore nec sit proscripta. Quasi nempe praecise ex hoc, quod ea non sit reiecta ab Apostolica Sede, cuius est noxias opiniones convellere, videatur habere sufficiens pondus ad externam probabilitatem. Quae quidem ratio nullius est momenti. Nam Ecclesia non configit opiniones falsas statim ac prodeunt tum quia non statim ad eius tribunal deferuntur tum quia haec non solent fieri nisi longo et maturo consilio, praesertim cum virus saepe verbis implexis proponatur.

Huc spectat, quod Innocentius XI. et Alexander VIII. in suis decretis monent, non censendas esse approbatas alias propositiones in damnationis decreto non expressas, etiamsi exhibitae fuerint s. Sedi, ut damnarentur. Confer Viva ad Prop. 27. Alexandri VII. n. 4.

109. Haec tamen non impediunt quominus illiteratus possit sequi sententiam sui praeceptoris vel alterius viri pii et docti aut quominus rustici possint acquiescere auctoritati parochi aut confessarii, a quibus consilia quaerunt de contractibus, de testamentis etc. Ratio est, quia quando discipulus aut idiota invincibiliter ignorat sententiam illam, quam praeceptor aut parochus aut vir pius et doctus suggerit, singularem forte esse et contra communem doctorum, potest eam tuto sequi; secus in oppidis, ubi unus est parochus, nemo posset eius consiliis uti, sed deberet ad veritatem indagandam peregrinari. Et sane sicut vir doctus et probus potest sequi suam opinionem, quando invincibiliter ignorat eam esse singularem: ita et illiteratus potest in eadem ignorantia opinionem sequi viri docti aut parochi. Si quando tamen advertat, eam esse contra communem doctrinam, sequi ipsam non potest, sed debet veritatem inquirere. Vide Viva. l. c. n. 5.

Praeterea nihil obstat quominus ut probabilis admittatur opinio etiam unius doctoris, licet is adversus communem sentiat, quoties nempe auctor est omni exceptione maior, idest valde peritus iuris tum naturalis tum positivi, qui praeterea firmis ac validis rationibus consueverit conclusiones suas roborare, qui veritatis potius quam novitatis censeatur amator et demum qui aliorum argumenta plane discusserit ac infirmaverit.

110. Duarte in *Exposit*. Prop. damnat. V. *opinio* n. 486. monet « posse aliquem consulere plures viros doctos, donec inveniat aliquem, cuius consiliis acquiescere possit; quia unicuique licitum est iure suo uti ». Ita et Viva l. c. n. 7.

Monet porro ibidem idem Duarte, « quod in rebus ad theologiam moralem spectantibus non satis est consulere theologum scholasticum magnae auctoritatis, si in morali theologia, ut accidit non raro, sit parum versatus; plurimi enim pollent ingenio, non tamen iudicio prudentiali et ideo in scholastica eminent, in morali vero claudicant ». Hoc monitum ex Bardi memorat Viva l. c. n. 7. E quo sua Duarte mutuatus est.

111. Quoad *modum* probabilitatis multiplex distinguitur propositio probabilis. Sane *certo probabilis* dicitur et merito habetur opinio, quae de facto viget ut talis inter auctores quamque Ecclesia tolerat nec sapientes improbant. Si tamen certae et gravissimae rationes adversae occurrerent menti alicuius, respectu huius desineret esse probabilis.

Item si communiter ab omnibus dicatur probabilis, licet non habeatur ab omnibus ut probabilior.

Viro autem docto illa opinio erit certo probabilis, quam scit se diligenter excussisse et seposito omni affectu sentit graves esse rationes, quibus eam teneat ut verisimilem.

112. Sicut *certo*, ita et solum *probabiliter* potest constare de probabilitate opinionis; videlicet de vi, quam habent motiva ad pariendam probabilitatem, potest constare vel certo vel solum probabiliter, quemadmodum accidit etiam in aliis rebus.

Id eveniet 1. quando v. gr. vir magnae auctoritatis affirmet, sententiam aliquam esse probabilem.

2. quidam addunt etiam, quando vir magnae auctoritatis testatur doctrinam aliquam esse communem doctoribus aut Scholae, s. Thomae etc. Verum in hoc casu videtur adesse eiusmodi probabilitas, quae accedat ad certitudinem moralem.

3. Huc pariter revocant, quando generatim externa motiva seu homines, qui affirmant, esse probabilem opinionem, non plus pariant quam probabilitatem.

4. Item quando opinionis probabilitatem, quam alii affirmant, alii ita negant aut in dubium revocant, ut tamen non sit imprudens parti affirmanti assentiri.

113. *Dubie* autem *probabilem* censent doctores opinionem 1. si dubitetur de gravitate rationum: 2. si de ea probabilitate sapientes communiter dubitent: 3. si dubia sit auctoritas doctorum, qui affirmant seu tenent opinionem uti probabilem: 4. si ratio doctoris qui eam defendit, non videatur satis firma: 5. si sit opinio singularis ab auctore prolata, quin sufficientem rationem afferat: 6. si unus aut alter tradant, sed plures contradicant.

114. Porro inter opiniones, quae certe sunt probabiles, non omnes semper idem habent pro se validum pondus rationum. Quando par utrinque rationum pondus militat, *aeque probabiles* dicuntur atque in hac re, ex communi praeterea consensu, valet effatum, quod *parum pro nihilo reputatur*.

115. Si vero pro alterutra aut pro aliqua inter plures militent vel graviores rationes intrinsecae vel maior externa auctoritas, haec dicitur

probabilior. Quod si pro altera validiores rationes intrinsecae, pro altera vero gravior stet extrinseca auctoritas, probabilior censetur prior prae secunda; quia vis auctoritatis fundatur in praesumptione firmae, quae adsit, rationis. Probabiliorem sententiam sic definit s. Alphonsus *de Usu moderato opinionis probabilis,* anno 1755. n. 1.: *probabilior est ea, quae nititur fundamento graviori, sed etiam cum prudenti formidine oppositi, ita ut contraria sit etiam vere probabilis seu graviter verisimilis licet minus.*

116. Sedulo autem advertendum, falsum esse generatim quod tutioristae et probabilioristae aut insinuant aut contendunt, maiorem probabilitatem alterutrius partis efficere, ut adversa desinat esse probabilis. Id enim contingere tunc solum potest, quando utraque pars arguat ex iisdem principiis. Atqui id perraro accidit; nam plerumque ideo in varias abeunt opiniones doctores, quia e diversis principiis rationes suas ducunt. Ceterum superfluum est plura addere. Cum enim passim et in speculativis quaestionibus et in moralibus occurrant adversae opiniones, quarum probabilitas affirmatur ab adversae partis patronis, facto ipso perpetuo exploditur id, quod de viribus invicem elisis, quidam praedicant.

117. « *Probabilissima* opinio, ut inquit s. Alphonsus l. c., est, quae nititur gravissimo fundamento, ita ut opposita sit *tenuiter probabilis,* nempe quae fundamentum leve vel quasi leve habeat ». Ita quidem s. Alphonsus. Verum advertendum est, duplici modo dici aliquid probabilissimum, nempe *comparative* et *absolute. Comparative* dicitur, quando mere significatur excessus probabilitatis in aliqua opinione prae probabilitate omnium opinionum circa eandem quaestionem et tunc necessarium non est, ut opinio probabilissima habeat, in se spectata, summum probabilitatis gradum.

Dicetur *absoluta probabilissima,* quando citra comparationem cum probabilitate adversantium opinionum, sed spectata in se, vi rationum, reipsa opinio attingat gradum illum, qui inter gradus probabilitatis seu verisimilitudinis maximus censeri possit. Dixi: inter gradus probabilitatis et verisimilitudinis; nam, ut s. Alphonsus l. c. advertit, non debet excludi prudens aliqua formido oppositi. « Quia tamen, inquit, probabilissima fines probabilitatis non excedit, quamvis inter probabiles principem locum teneat; idcirco non excludit prudentem formidinem, quod contraria possit esse vera ». Et ex hoc s. Alphonsus desumit discrimen opinionis moraliter certae, quàm ibidem definit: « Opinio seu sententia (ut proprius dicenda est) moraliter certa est, quae omnem prudentem formidinem falsitatis excludit et cuius opposita est omnino improbabilis (a) ».

(a) Istud vero est, in quo vitium latere nobis videtur. Cum in quibusdam scientiis haberi potest vera certitudo (quae non est nisi metaphysica vel absolute vel hypothetice),

118. S. Alphonsus quidem dicit opinionem probabilissimam eam, cui adversatur opinio *tenuiter probabilis* (117). Et cum deinde subdat, opinionem probabilissimae oppositam niti fundamento levi seu quasi levi; exinde dicendum foret, e sententia eiusdem, opinionem tenuiter probabilem eam dici, quae nititur fundamento levi vel quasi levi. Verumtamen non est negligendum illud, quod subdit quodque repetit in *Morali systemate* n. 82. opinionem probabilissimam non excludere omnem prudentem formidinem de opposito, quae excluditur solum a sententia moraliter certa. Nam cum formido haec non oriatur nisi ex rationibus opinionis oppositae: dicendum erit, fundamentum leve seu quasi leve non esse huiusmodi, ut non pariat prudentem aliquam formidinem de opposito. Ergo opinio tenuiter probabilis, ex mente s. Alphonsi in loco saltem citato, eiusmodi est, quae rationibus quidem nititur idoneis ad inclinandam mentem ad iudicium quadantenus prudens, sed ita, ut non desinat gravissima esse ratio ex parte opposita.

119. Id autem memorandum est etiam ob 3^m propositionem damnatam ab Innocentio XI. *Generatim dum probabilitate sive intrinseca sive extrinseca, quamtumvis tenui, modo a probabilitatis finibus non exeatur, confisi aliquid agimus, semper prudenter agimus.*

Fuerunt qui dicerent, heic damnari usum opinionis probabilis (vide Viva in hac Prop. n. 9. et Cardenas in *Crisi theologica.* 4. Diss. 4. cap. 1. n. 1 et 2.): sed vix indiget haec sententia refutatione.

Viva in hanc Prop. n. 7. dicit: « nomine opinionis tenuiter probabilis venit opinio, quae tenuiter inclinat intellectum ad assensum, quod experientia ipsa discerni potest. Huiusmodi ex Cardenas Diss. 4. cap. 5. est opinio dubiae probabili atis et in multorum sententia etiam opinio probabiliter tantum probabilis ».

---

locus est opinioni probabilissimae, quae alia sit a certa sententia. Cum vero certitudo solum moralis obtinet, perperam distinguis inter eam et probabilissimam absolute opinionem; nam certa sententia moraliter ipsa est probabilissima opinio. Scilicet quoniam in moralibus frequentissime (non raro enim vera certitudo habetur propter determinatas leges, canones, iudicia et responsa R. Sedis) oportet contentos esse probabilitate: tunc cum sententia a-sequitur summum probabilitatis gradum, ipsa eandem vim habet ad dirigendam actionem ac habet sententia vere certa in physicis aut mathematicis et sic sententia certa vocatur: quia vero reapse fines probabilitatis non excedit, dicitur certa *moraliter,* quae est certitudo non proprie dicta, sed sufficiens per se ad dirigendos mores.

Sed cum quidam voluerint in scientiis moralibus, analogice ad scientias alias, distinguere sententias probabiles, probabilissimas et certas, ortum dederunt huic distinctioni, quam deinceps non omnes semper servant; cum frequenter pro eodem sumant *notabiliter probabilius* et *moraliter certum*. Doctrina quidem, statuens gradus probabilitatis et aliquam probabilitatem vel gravem distinguens a certitudine morali, est per se vera, sed desideratur accurata philosophia in methodo. E.

Sed verius omnino idem Cardenas l. c. statuit, nomine opinionis tenuiter probabilis, quae in ea propositione tertia damnatur, venire illam,
quae, quamvis habeat probabilitatem apparentem, plures tamen viri sapientes dubitant de eius probabilitate vel de eius probabilitate merito
dubitatur. Mox autem et capite sequenti ostendit, quam immerito simul
et imprudenter huc revocetur opinio *probabiliter probabilis.* Nec scio,
unde Viva eruerit multos, quos iactat et quorum nomina non refert; dum
Cardenas pro ea sententia nonnisi duos obscurissimi nominis nominat.
Dixi: *imprudenter;* quando enim non satis sit, quod prudenter quaedam
opinio iudicetur probabilis, sed insuper ad vitandam damnationem litigandum sit, an opinio certo vel tantum probabiliter sit probabilis, nullus
erit litigandi et ambigendi finis, etiam quando prudens videt nullum esse
ambigendi locum.

Scilicet iudicium probabile est iudicium prudens: cum ergo probabiliter
iudicas sententiam aliquam esse probabilem, iam prudenter iudicas: cur
ergo tibi eam sequi non licebit? Sane si verba, *probabiliter probabile*
adhibeas ad definitionem mere *nominalem* et *arbitrariam,* adeo ut significare velis opinionem, pro cuius probabilitate ratio quaepiam gravis
ac solida, quae ad prudentem assensum movere possit, nulla militet; esto
quod ea non sit vere probabilis. Verum si verba, uti par est, iuxta proprium sensum usurpes, aliter se res habet. *Probabiliter* enim aliquid
affirmare, idem ex consensu omnium valet, ac aliquid ob *gravem so-
lidamque* ac *prudentem* rationem asserere. Ergo si *probabiliter* quidpiam dicis probabile, spectato proprio verborum sensu oportet, ut ad id
affirmandum *prudenti, gravi* ac *solida* ratione ducaris. Abs re ergo quod
probabiliter, idest *gravi, prudenti* ac *solida* ratione motus dicis probabile, hoc idem negares, *proprie et solide* esse probabile. Qua de re
ad removendas ambages prodest sane in memoriam illud revocare, quod
post s. Thomam et plerosque omnes DD. Scholasticos monet Suarez
De Poenit. disp. 22. sect. 9. n. 5. in moralibus solidam ac prudentem
probabilitatem morali cuipiam certitudini aequipollere; quippe quia in
eiusmodi maior certitudo haberi nequeat. Et hoc quidem etiam praxis
communis suadet. Nonne enim ex communi consensu sat prudenter agere
quis creditur, si probabile id habeat, quod tanquam probabile tradi reperit v. gr. a s. Antonino post s. Thomam, aut a s. Alphonso post Suarez
etc.? Attamen ecquam demum certitudinem in hoc habemus praeter prudentem illam probabilitatem, quae, uti diximus, sapienti cuique sufficiens
in eiusmodi videri debet?

Addendum tamen nihil extundi posse ex damnatione propositionis,
etiam quoad usum opinionis tenuiter probabilis. Nam licet aliam exco-
gitare rationem damnationis, in eo nempe sitam, quod plura sint, ut
videbimus, in quibus probabilem sequi non possumus, nimirum ubi non
agitur de mera honestate actionis.

120. Quoniam maior vel minor probabilitas desumi debet ex pondere maiori vel minori, quod rationibus competit; propterea notant doctores sequentem regulam: proprios fontes scilicet maius sibi vindicare pondus et praeferendos esse.

Hinc deducunt sequentia. 1. Si de revelatis sermo sit, magis accedendum ad eam partem seu illi parti magis favendum, pro qua stare videtur sensus Ecclesiae. 2. Circa ius positivum, magis est adhaerendum parti, cui magis favent leges et consuetudo optima legum interpres. 3. Quoad mentem legislatoris et legum intelligentiam, plus tribuendum antiquis, qui propiores fuerunt auctoribus legum et interpretes earum exstiterunt. 4. De rebus fidei et morum plus tribuendum (ceteris paribus) sanctioribus, qui plus a Deo illuminantur et mystica atque interna magis norunt discernere. 5. Circa res conscientiae plus theologis deferri debet, quam iurisconsultis. 6. Circa materias iuris plus iurisconsultis dandum, quam theologis.

121. De probabilitate intrinseca opinionum iudicare rite possunt solum doctissimi et in re morali versatissimi, non autem mediocriter docti. Ita Tapia, Cardenas etc. Ratio est, quia ut id rite fiat, nosci probe debet quid sit stricta probabilitas, conferri deinde debent rationes oppositarum opinionum, dispici debet ac sedulo considerari, an motiva forte sint levia, dubia, aequivoca, sophistica, item an non pro contraria sint motiva forte certa. Atqui haec et alia huiusmodi non possunt fere nisi doctissimi et in re -morali versatissimi.

Vir mediocriter doctus potest iudicare de probabilitate extrinseca, 1. si statum quaestionis bene intelligat, 2. si assertam sententiam inveniat apud scriptores omni exceptione maiores. Etenim si hi affirmant esse probabilem certam quamdam sententiam ac gravi fundamento niti, credere potest; quia scit alios prudentes idem formare iudicium.

122. Pro demonstratione nostrae sententiae nihil facturos nos conducibilius arbitrati sumus, quam si argumenta mutuaremur a s. Doctore Alphonso caque ipsissimis eius verbis referremus. Exstat nimirium Dissertatio ab eodem super hac quaestione edita anno 1755. quae locum suum obtinebat etiam in volumine 15. editionis Operum s. Doctoris, quae Augustae Taurinorum prodierunt anno 1829. Quo autem typographorum vel editorum consilio factum sit, ut nunc ab eiusdem Auctoris editionibus ea Dissertatio exulet, profecto nescimus.

Sed dignus est certe foetus tanti viri, in quo, si unquam alias, s. Doctor methodum scholasticam presse sequitur et clarissime atque efficacissime argumentatur. Titulus eius est: *Dissertatio scholastico-moralis pro usu moderato opinionis probabilis in concursu probabilioris.* Edita est Neapoli 1755. Argumentum eius hoc est: *Ultimam* (inter enumeratas paulo ante: *quarta sententia tenet, licitum esse sequi opinionem pro-*

babilem et minus tutam, relicta probabiliore) benigniorem et commu-
nissimam probandam aggredimur, nempe licitum esse uti opinione
probabili etiam in concursu probabilioris pro lege, semper ac illa cer-
tum et grave habeat fundamentum (in hoc scilicet situs est *moderatus*
eius usus, de qua moderatione nihil data opera dicit in tota diss.).

Non integram recitabimus dissertationem: satis erit argumenta proferre,
quibus s. Doctor sententiam suam munit, quae argumenta nostra quoque
facimus, ut non solum auctoritati Doctoris, sed vi praecipue argumentorum eius velimus sententiam, quam defendimus, inniti. Sic ergo s. Doctor.

I.

Probatur nostra sententia auctoritatibus.

« Mercorus, acerrimus rigidae sententiae propugnator, hos citat au-
« ctores nostram sententiam tutantes. Barth. Medina to. 1. q. 16. a. 7., ubi
« dixit: *Si est opinio probabilis, licitum est eam sequi, licet opposita*
« *probabilior sit.* Eum sequutus fuit p. Didacus Alvarez (vir celeberrimus
« propter disputationes ab ipso propugnatas pro gratia praedeterminante)
« in 1. 2. q. 19. d. 80., ubi scripsit: *Potest sequi opinio practice proba-*
« *bilis, relicta probabiliore;* cum paulo ante dixerit: *Tenet hanc senten-*
« *tiam magister Medina et alii doctissimi thomistae.* Et revera sic etiam
« tenuere M. Bannez, confessarius d. Theresiae 1. 2. q. 10. a. 1., ubi: *Verum*
« *est, posse hominem sequi probabilem opinionem, relicta probabiliore,*
« M. Martinez in 1. 2. q. 19. a. 6. ubi: *Licitum est sequi opinionem minus*
« *probabilem, relicta probabiliore,* M. Lorca d. 39. M. Lopez p. 1. c. 120.
« M. Montesin. d. 29. q. 5. M. Candidus *Disqu.* 1. v. *Absolv.* Suarez tom. 5.
« p. 3. d. 40. sect. 5. Vasquez 1. 2. q. 19. c. 3. Viguer. c. 15. §. 1. Petr. Na-
« varr. l. 3. c. 1. Pontius *de Matr.* l. 10. c. 13. Valent. d. 2. qu. 14. p. 4.
« Salon. *de Iust.* q. 63. contr. 2. Sa. v. *Dubium* n. 3. Lessius *de Iust.*
« c. 29. d. 8. Laym. l. 1. tr. l. c. 5. Sanch. *Dec.* l. 1. cap. 3. Malder. q. 19.
« a. 5. d. 86. Sayr. *Clav. reg.* l. 1. c. 5. Rodriq. *in expos. Bullae* §. 9.
« Tanner. d. 2. q. 4. dub. 3. Aversa q. 28. sect. 18. Arriaga *de Act. hum.*
« Aragon. 2. 2. q. 63. a. 4. Azor. T. 1. l. 2. c. 12. Amic. *de Reg. extrinsec.*
« Baldellus p. 1. d. 12. Bardi *Disp. sel. ad Cand.* Barbosa *Collect. c. Ca-*
« *pellanus, de fer.* Bonac. *de Peccat.* q. 4. p. 9. Bresser. l. 3. *de Cons.*
« c. 6. Palaus p. 1. tr. 1. d. 2. Coninch. d. 34. dub. 10. Corneius Tr. 8. d. 3.
« dub. 6. Diana 2. p. tr. 13. r. 1. Emman. Barbosa l. 3. t. 64. Escob. *Summ.*
« proem. ex 3. c. 3. Farinac. *Cons.* 60. n. 9. Franc. de Lugo *de Cons.* c. 3.
« Filliuc. tom. 2. c. 4. qu. 4. Garzias *de benef.* par. 11. Gordonus l. 1. q. 9.
« c. 6. Granadus Or. 2. contr. 2. d. 2. Guttierez l. 1. c. 13. Henriquez l. 14.
« c. 3. Ledesma to. 8. c. 22. Lezana p. 4. v. *Opinio.* Merula d. 3. c. 4. Nal-

« dus v. *Opinio.* Ovied. in 1. 2. Portell. v. *Opinio.* Reginald. 1. 3. n. 90.
« Salas tr. 8. sect. 6. Spinola *de lib. elect.* Santarel. q. 44. Villalob. to. 1.
« tr. 1. diff. 10. Omnes isti citantur a Mercoro ».
  « His adduntur Sylvius 1. 2. q. 19. a. 5, quaest. 9. concl. 3. Christianus
« Lupus To. 9. p. 1. d. 1. c. 1. Cardinalis Sfondratus *in Theol. schol. de*
« *Act. hum.* Salmant. *Theol. schol.* tr. 24. d. 12. n. 79. *et Theol. mor. de*
« *poenit.* c. 12. n. 44. p. Gallego *de Consc.* Tapia *in Cat. mor.* l. 9. c. 12. Tes-
« seda Tr. 2. contr. 7. n. 9. Ioan. Bapt. Ildefons. in 1. 2. qu. *de probabil.*
« Serra 1. 2. q. 19. a. 6. dub. 4. Boss. *de Consc.* p. 1. ti. 1. §. 17. n. 127. Moya
« *Qu. sel.* q. 6. Schilder *de Princ. cons.* tr. 2. c. 2. §. 2. Dicast. Tr. 8.
« d. 10. n. 556. Bassaeus To. 1. v. *Conscentia* n. 9. Esparza *de Act. hum.*
« qu. 23. Fragosa p. 1. l. 4. d. 10. n. 196. Becan. *de Act. hum.* Io. Medin.
« Tr. 1. q. 19. Pesant. 1. 2. q. 19. d. 2. a. 6. Wiggers 1. 2. q. 19. a. 6.
« dub. 6. Marchant. Tr. 5. tit. 5. qu. 6. Hurtad. Caspar *de Poen.* d. 9. diff. 1.
« Praepos. *de Poen.* qu. 10. n. 8. Possevin. *in Prax.* c. 15. Turrian. *de*
« *Iust.* d. 13. dub. 3. Mendo *Statera* d. 13. q. 15. Polanch. *de Prud. conf.*
« c. 1. Herinx d. 4. q. 3. Perez. His novissime subscripserunt Roncaglia
« lib. 1. q. 1. *reg. in praxi,* La Croix lib. 1. ex n. 268. seqq. Holzmann
« Tom. 1. pag. 29. n. 131. Elbel Tom. 1. pag. 65. n. 185. et alii plures, ut
« refert Terillus qu. 22. n. 13., qui asserit, pro contraria sententia vix
« esse unum auctorem pro decem, qui sunt pro nostra ».
  « Eamdem sententiam docuerunt piures episcopi et cardinales, prout
« cardinalis de Lugo *de Sacr. Poen.* d 22. n. 39., ubi scripsit: *Cum nemo*
« *teneatur in operando sequi opiniones probabiliores, sed possit sequi*
« *probabiles.* Idem dixit in disp. 23. sect. 2. et *de Iust.* d. 37. sect. 10. et *Resp.*
« *mor.* dub. 19. Item cardin. Toletus *Instr. sac.* l. 3. c. 20. n. 7., ubi docuit,
« teneri confessarium absolvere poenitentem, qui vult sequi opinionem mi-
« nus probabilem; quia quando adsunt duae contrariae opiniones probabi-
« les, *utramque in conscientia* (inquit) *potest sequi confessarius, quamvis*
« *ipse unam illarum probet.* Item cardin. Pallavicin. *de Act. hum.* d. 9.
« quaest. 4. a. 2. et 4. Cardinalis Sfondratus loc. supra cit. Item episcopus
« Tapia in *Cat. mor.* l. 9 a. 12. Episcopus Ludov. Abelly *Medul.* p. 2. tr. 2.
« c. 1. §. 3. Item locis citatis episcopus Didac. Alvarez. episcopus Barth.
« Ledesma, episcopus Ioseph Angles, episcopus Thom. Zerola, episcopus
« Bonacina. Hicque notandum, quod s. Franciscus Salesius ep. 34. l. 1. scri-
« psit cuidam episcopo, ut assidue legeret summam Toleti; quia (ut dixit)
« *contiene dottrina sicura.* Idem sanctus Carolus in Instruct. ad suos con-
« fessarios suadet legere Lessium et Reginaldum, qui ex professo tuentur
« benignam sententiam. Nec dicas, quod approbans aliquem auctorem non
« censetur singulas eius doctrinas approbare; nam sententia benigna, cum
« sit generalis, se extendit ad singulos casus, ubi habetur opinio proba-
« bilis; idcirco nusquam invenietur quis ex probabilioristis, qui amico li-

« brum alicuius probabilistae sectandum proponat. Expresse favet etiam
« nostrae sententiae id quod docet N. Ss. regnans papa Benedictus XIV. in
« celeberrimo opere *de Synodo*, quod licet ante pontificatum paraverit,
« tamen in suo pontificatu (ut ipsemet scribit) quasi de novo disposuit,
« ornavit et edidit. Ibi lib. 7. c. 11. n. 3., agens de quaestione, an qui mane
« communicavit ex devotione, teneatur aut possit, urgente periculo mortis,
« Viaticum sumere, dixit: *In tanta opinionum dd. discrepantia integrum*
« *erit parocho eam sententiam amplecti, quae sibi magis arriserit.* Idem
« tenuerunt plurimi ex doctoribus gallicis, ut Duvallius *de Act. hum.* q. 4.
« a. 12. Gamachaeus 1. 2. qu. 19. c. 2. Millart. To. 2. c. 13. David Mauden
« *Disc.* 2. in 8. praec. n. 11 et 12. Io. Ferrer. *Tract. de probab.* gallice scri-
« pto, Lorichius *Thesaur.* v. *Opinio.* Bertaut *in Direct. confess.* etiam
« gallice scripto, pag. 212., ubi ait, confessarium teneri absolvere eum
« qui vult sequi opinionem probabilem; *quia in opinionum diversitate*
« *datur poenitenti optio eligendi quamcumque voluerit.* Denique nostram
« sententiam testantur esse communem Suarez loc. cit., ubi sic ait: *Prin-*
« *cipium est generale, quod in moralibus licet practice operari cum*
« *opinione minus probabili adversus opinionem speculative probabi-*
« *liorem*, Vasquez loc. cit., ubi testatur, suo tempore communiter doceri
« in scholis et sic etiam communem asserunt Petrus Navar., Gamachaeus,
« Medina, Valentia, Bonacina, Palaus, Garcia, Busembaum, Aversa, Spo-
« rer, Elbel, Ledesma, Leander etc. ».

« Ad hanc auctoritatum multitudinem adversarii respondent, quod in
« hoc praelaudati aa. secuti sunt unus alium, tamquam aves et oves et
« Contensonius ultra progreditur, acuens contra eosdem illud Senecae: *Ar-*
« *gumentum pessimi turba est.* Id autem profert iuxta communem usum
« probabilioristarum, qui maledictis et conviciis maxime contendunt beni-
« gnam sententiam infirmare; contra tamen illud quod praescripsit Inno-
« centius XI. in decreto damnationis thesium, ubi: *Caveant ab omni cen-*
« *sura et nota necnon a quibuscumque conviciis contra eas propositiones,*
« *quae adhuc inter catholicos hinc inde controvertuntur, donec a sancta*
« *Sede, re cognita, super iisdem propositionibus iudicium proferatur.*
« Ceterum credibile non est, quod tot benignae sententiae fautores, undique
« doctrina ac pietate probati, caeco ductu trahi voluerint a iudicio alio-
« rum, non pensatis intrinsecis rationibus; cum e converso in quaestionibus
« innumeris ipsimet aa. sibi invicem adversentur: quo patet apud ipsos
« non solam auctoritatem, sed rationum vim maxime praevalere ».

« Nec valet dicere, sententiam benignam fuisse in Ecclesia omnino
« novam et prioribus seculis inauditam usque ad tempus Bartholomaei
« Medinae, qui primus illam excogitavit ac evulgavit. Nam respondetur,
« quod licet prius haec doctrina ab antiquis numquam tradita fuerit in
« terminis, quibus exposuit Medina (vir quidem doctissimus, qui ex prae-

« cepto p. Seraphini Cavalli sui Generalis *Expositiones* in 1. 2. d. Th. edi-
« dit anno 1577.); attamen in substantia terminis aequivalentibus eam satis
« tradiderunt utque testatur Christianus Lupus, in praxi illa communiter
« usi sunt. Et quamvis universe docuerint parti probabiliori adhaerendum,
« ibi tamen loquuti sunt non de probabiliori circa rei veritatem, sed de
« ultimo dictamine circa honestatem actionis: quod dictamen formatur tam
« a motivis probantibus rei verisimilitudinem, quam ab aliis probantibus
« actionis honestatem ; ubi vero loquebantur de iudicio speculativo circa
« delectum opinionum probabilium, sive circa probabilitatem, quae re-
« spicit veritatem rei, a nobis non discreparunt, ut ex eorum scriptis vi-
« debimus infra, cap. III. §. VI. ».

    « Nequit autem negari, quod spatio centum annorum circiter vel saltem
« usque ad medietatem seculi XVII. (ut iidem contrarii fatentur) benigna
« sententia ab omnibus DD. recepta est. Si illa omnino nova et inaudita
« fuisset, quomodo sine contradictione omnes fuissent eam amplexati? Mer-
« corus adversus aa. nostros, qui contendunt, omnes antiquos idem sensisse
« ac recentiores, opponit hoc esse falsum, cum sua sententia descenderit
« ex traditione apostolica (quod gratis supponit, sed nullo indicio probat);
« unde ait, quod si antiqui contrariam doctrinam suppositae traditioni ad-
« versam docuissent, contra eos insurrexissent innumeri, qui illam impu-
« gnassent. Idem argumentum apte retorquet Terillus contra Mercorum,
« dicens: Si sententia benigna fuisset opposita traditioni apostolicae et
« communi sensui doctorum qui Medinam praecesserunt, quomodo mille
« contradictores non insurrexissent adversus eam et damnassent? Tanto
« magis quod fautores benignae sententiae scripserunt paulo post editum
« Tridentinum, quod ideo coactum fuit, ut morum pravitatem, quae per
« orbem christianum irrepserat, eliminaret ; unde praesules et Pontifices,
« si illam ut damnosam doctrinam habuissent, totis certe viribus pro
« ipsius eliminatione incubuissent; anne putabimus, Deum tunc temporis
« Ecclesiam deseruisse, permittendo, hoc errore tam pernicioso (ut ipsi
« clamitant) fideles undique decipi? »

    « Dices: ecclesia non omnia approbat quae non damnat, sed saepe ex
« prudentia tolerat. Respondetur, hoc concedi quoad aliquas opiniones
« particulares, sed non quoad alias, quae doctrinam generalem continent,
« ut est sententia benigna, quae importat cunctarum conscientiarum di-
« rectionem circa omnes particulares casus; unde si esset falsa, universi
« populi christiani deceptio invecta fuisset. D. Augustinus in epist. 119.
« dicit: *Ecclesia Dei multa tolerat et tamen quae sunt contra fidem*
« *sanctam vel bonam vitam, nec approbat nec tacet nec facit.* Item
« d. Thomas in *Quodlibet* 9. a. 15. expressius ad casum nostrum docet:
« *Quod vergit in commune periculum, non est ab Ecclesia sustinen-*
« *dum. Sed Ecclesia sustinet. Ergo non est periculum peccati morta-*

« *lis.* Clamant adversarii ex benigna sententia ruinam fidelium emanare;
« ergo si Ecclesia eam sustinet, aut Ecclesia errat aut, si tolerat, non
« adest peccati periculum ».

« Ceterum Christianus Lupus eximius doctor professorque Lovaniensis,
« loco supra cit. to. 9. p. 1. diss. 1. c. 1., refert et probat, s. Hieronymum,
« Theodoretum, s. Fulgentium, s. Alexandrum aliosque plures pp. do-
« cuisse, et usos fuisse opinionibus minus probabilibus, tutioribus ac pro-
« babilioribus omissis et cap. 4. 5. et 6. ostendit, adhuc summos Ponti-
« fices et Ecclesiam catholicam semper permisisse usum probabilis,
« probabiliori relicta. Insuper dicit Moya quaest. select. q. 6., nostram
« sententiam tenuisse universitates omnes, religiones, episcopos et sum-
« mos etiam Pontifices; nam plures probati aa. testantur, Pontifices plu-
« ries secutos esse opinionem minus probabilem, praesertim dispensando
« in matrimonio rato contra sententiam d. Bonaventurae, Scoti et com-
« munem Scotistarum, prout s. Pius V. quater in hac re dispensavit,
« teste Terillo quaest. 22. n. 188., item Gregorius XIII. in una die un-
« decim huiusmodi dispensationes concessit, teste Henriquez l. 11. c. 8.
« n. 11. Alia exempla tempore Scoti anteriora affert Caramuel ex Bran-
« catio, Gregorii VII. nimirum, Martini V. et Eugenii IV. allegatque in
« testes Baronium, s. Antoninum et alios. Item Adrianus VI. pariter di-
« spensavit in matrimonio rato et, quod notabilius est, contra propriam
« opinionem, ut ipsemet fassus fuit; ita refert Sotus in 4. dist. 27. q. 1.
« a. 4., sic dicens: *Adrianus VI. vir tum utriusque iuris peritissimus*
« *tum et rei theologicae non infime doctus, cum ab illo huiusmodi di-*
« *spensatio fuisset postulata oblataque fautrix Caietani sententia,*
« *demiratus est, virum theologum hoc sibi in animum inducere po-*
« *tuisse et ideo improbis precibus succumbens, respondit, se dare quod*
« *posset, se tamen credere nihil posse.* Quamvis igitur Adrianus cen-
« seret, hanc dispensationem non posse concedere, tamen illam impertivit,
« sua opinione relicta, confisus auctoritati Caietani, cuius opinionem alias
« falsam putasse non credendum; ne dicamus, Pontificem temere et contra
« conscientiam egisse ».

« Deinde nostra sententia non obscure firmatur auctoritate sacrorum
« canonum et I. *ex cap. Placet, de convers. coniugat.*, ubi casus fuit, quod
« mulier quaedam credens maritum mortuum, professionem in religione
« cum voto emiserat; viro tamen reverso, de monasterio educta fuerat.
« Quaerebatur, an post viri obitum ipsa tenebatur redire ad monasterium?
« Respondit Pontifex: *Quod licet votum eius usquequaque non tenuerit,*
« *eatenus tamen fuit obligatorium, quatenus se poterat obligare; pro-*
« *misit enim intrando monasterium, se non exacturam carnis debitum,*
« *quod erat in potestate mariti et ideo quantum ad ipsam tenuit votum*
« *quod post viri obitum tenere non desiit; cum ad eum casum, a quo*

« *efficax poterat habere principium, pervenisse noscatur. Consultius*
« *itaque, congruentius ad salutem, ut ad monasterium redeat, ubi*
« *bona ducta intentione professionem fecerat et habitum religionis ac-*
« *cepit. Si vero ad hoc induci non poterit, ipsam invitam non cogen·*
« *dam.* Nota, quaeso, quod sententia Pontificis erat, quod illa mulier, etsi
« ab initio servare non tenebatur votum remanendi in monasterio, cum
« esset sub potestate viri, post tamen viri obitum ad illud obstringeba-
« tur; constat ex verbis: *Et ideo quantum ad ipsam tenuit votum, quod*
« *post viri obitum tenere non desiit etc.* Et huius rationem clarius expli-
« cat Glossa ib. dicens: *Si res venit ad eum statum, a quo incipere*
« *potuit, tenet, etiamsi ab initio non teneret.* At, hoc non obstante,
« Pontifex censuit, mulierem invitam non cogendam redire ad monaste-
« rium. Quare peto? Quia utique Pontifex probabile existimavit, eam non
« teneri ad redeundum, forte ex illo alio principio: *Quod ab initio non*
« *valet, nec processu temporis convalescere potest;* quamvis ipse Pon-
« tifex tutius et probabilius, iuxta proprium iudicium, sentiret, illam ad
« reditum obligari. Optassem ut meus Fagnanus super hoc textu mihi re-
« spondisset et nos teneri ostendisset uti semper opinione, quae nobis
« apparet vera, sine oppositi formidine, ut ipse requirit, nullam faciens
« differentiam inter opinionem et scientiam. Optassem, dico, sed eum
« textus praefati ne mentionem quidem fecisse inveni, quantamcumque
« curam in eius commentariis volvendis adhibuerim ».

« II. In can. 48. concilii triburiensis (qui habetur in c. 7. fin. causa 30.
« quaest. 3.) sic legitur; *Illud etiam nec canonica institutione definimus*
« *nec interdictione aliqua deputamus; sed propter eos qui diverse de eo*
« *sentiunt, hoc loco aliquid commemoramus. Si quis suae spiritualis*
« *commatris filiam fortuito in coniugium duxerit, consilio maturiori*
« *servato, eam habeat atque honeste legitimo coniugio operam det.* De
« quo canone loquens Cabassutius (*Theor. iur.* l. 3. c. 13. n. 11.) sic ait:
« Nihil ausus est (canon concilii) generatim definire, eo quod multi con-
« trariam sequuntur opinionem, ut testatur concilium; providet nihilo-
« minus, ut coniuges, de quibus incertum erat, an valide contraxissent,
« contracto antea matrimonio libere utantur. » Ecce quomodo in illo dubio
« concilium non decrevit viam tutiorem esse eligendam ».

« III. In c. *Quaesitus. de cognat. spir.* hic casus sic enunciatur: *Si*
« *vir vel mulier scienter vel ignoranter filium suum de sacro fonte su-*
« *sceperit, an propter hoc separari debeant.* Deinde Alexander III. duas
« circa hanc quaestionem auctorum opiniones recenset: *Quamvis genera-*
« *liter sit constitutum, ut separari debeant; quidam tamen humanius*
« *sentientes aliter statuerunt.* Hinc definit: *Ideoque nobis videtur, quod*
« *sive ex ignorantia sive ex scientia id fecerint, non sunt ad invicem*
« *separandi.* Nota, quod Pontifex, licet iudicarit, separationem generaliter

« fuisse constitutam, tamen dixit, non esse praecipiendam, ob opinionem
« aliorum humanius sententium. Sed sepositis auctoritatibus, aggrediamur
« ad perpendendas rationes, quibus nostra sententia firmatur ».

123. Addere quaedam nobis liceat. Et primo notandum quod Scavini
advertit in nota k. ad ·Tract. 1. pag. 108 ed. 8.: « Si attente consulatur
historia theologiae catholicae, clare patehit, tam inexorabilem et tam im-
mitem quorumdam rabiem contra usum cuiuscumque opinionis probabilis in rebus moralibus tunc solum exortam esse, cum primum in Ecclesia audita est scandalosa illa et tanquam haeretica damnata Iansenii
doctrina: aliqua Dei praecepta sunt impossibilia ».

Quibus subdo libenter, quae Gaspar de Segovia Dissert. *de Opin.*
probab. n. 102. pag. 78. Romae 1795. scribit: « Non ego, ut apud Gaz-
zanigam Terillus..., Iansenianos cum Probabilioristis confundo, non omnes
Antiprobabilistas Iansenianos appello: sed vero cum omnes omnino Iansenianos probabilismi osores esse et acerrimos insectatores in comper-
tis habeam, e re ipsorum esse probabilismi exstirpationem non modo
suspicor, sed etiam clare video planeque sentio ».

Ceterum dictis Scavini obstare non debet, quod quidam ferantur prae-
ivisse Iansenianis.

Praeterea de opinione, quae gravi fundamento, sive intrinseco sive
extrinseco, innitatur, intelligenda sunt quaedam veterum DD. effata, quae
refert s. Antoninus *Summ.* part. 1. tit. 3. Cap. 10. § 10. Postquam enim
praemisit, *esse contrarias opiniones inter Doctores sanctitate et scien-*
tia maximos in materia morali aliquando etiam ad salutem neces-
saria idque probavit exemplo s. Thomae, *qui tenet, quod post lapsum*
in mortale non oportet aliquem statim confiteri sub praecepto, ha-
bita copia confessoris, cum tamen *Hugo de s. Victore et s. Bonaven-*
tura sint in hoc contrariae opinionis: neutram autem opinionem
illorum reprobari, etsi b. Thomae opinio communius teneatur, quae
tamen minus tuta videtur; dein ad id confirmandum, quod statuerat,
scilicet *quod cum bona conscientia potest quis tenere unam partem*
alicuius opinionis et secundum eam operari..... praecipue quando
quis adhibet diligentiam inquirendo nec invenit aliquid, quod eum
sufficienter moveat ad hoc quod sit illicitum, ista subiungit: *Item*
Ulricus in Summa dicit, quod si quis de aliquo agendo dubius magis
peritos consulat, de quo nullam habet expressam auctoritatem, utrum
ita sit an non: dummodo formet sibi bonam conscientiam, etiamsi
res aliter se habeat, quam id quod sentit et quod sibi consultum fue-
rit, excusatur; quia fecit, quod potuit et Deus plus non requirit. Item
ex responsis, quae videntur data ab Alberto Magno, habetur, quod
frater simplex vel quilibet homo cum salute potest sequi in consiliis
quamcumque opinionem voluerit, dummodo alicuius Doctoris Magni

opinionem sequatur. Hostiensis etiam dicit: Ubi sunt diversae opiniones et diversa iudicia, semper humanior praeferenda et aequior... Guillelmus etiam in glossa Raymundi dicit, quod in apicibus iuris, ubi dubitant etiam sapientes, excusabilis est ignorantia. Tamen si aliquis bona fide partem illam vel illam elegerit, non debet super hoc habere conscientiam nimis scrupolosam. Item Petrus de Palude... dicit: Quod si confessor dubitaret, utrum illud, de quo confitens non poenitet nec confitetur, esset mortale et ipse confitens dicit, quod consilio peritorum illud fecit, de quibus ex vita et scientia probabile est, quod non consulerent nisi bene, illi iudicio se potest conformare. Idem videtur sentire Goffridus de Fontibus, in his scilicet opinionibus contrariis, quae tolerantur ab Ecclesia. Ita s. Antoninus; ex quibus satis patet, quantopere ii hallucinentur, qui initia huius doctrinae ac praxis Bartholomaeo Medina, egregio alioquin theologo ex Ordine Praedicatorum, adscribunt, quasi primus eam invexerit. Ex superius enim allatis elucet manifesto, eam quoad substantiam vel scholasticae theologiae aevo antecessisse. Et digna sane, quae legatur, est Dissertatio, quam de hoc argumento edidit Christianus Lupus opp. tom. XI. disp. I., in qua praeclare ostenditur, methodum solvendi quaestiones morales, quae ex principiis probabilismi petitur, etiam antiquissimis PP. et quidem in gravissimi momenti rebus, familiarem fuisse.

124. Contra hoc argumentum ab auctoritate petitum obiicit Auctor Appendicis *de Probabilismo* ad calcem tomi 11. Cursus theologici per Migne n. 16. col. 1503. proclamans ex his auctoritatibus hoc tantum deduci, quod quaestio sit gravis seu gravem esse difficultatem, non vero concludi veritatem probabilismi.

Respondeo: Nego totum. Quia cum 1° agatur de re gravissima, 2° diligentissime et diu perscrutata et pertractata, 3° post centies explosos oppositos cavillos, 4° eaque doctrina tradita sit tanquam certa: homini prudenti non licet dubitare, quin sola vis veritatis illum doctorum tam mirum consensum induxerit. Ergo de veritate concludi potest. Legant isti doctores, quid de auctoritate scholae docent theologi in tractatu de locis theologicis v. gr. apud Canum; nam hac lectione indigent.

125. Obiicit rursus idem auctor col. 1504. n. 2.: « Inter probabilistas alii systema probabilismi partim tantum admiserunt, locuti de dubio iuris, non autem de dubio facti et plures exceptiones admittentes, quas recentiores non sequuntur: alii e contrario et hi sunt maior pars veterum probabilistarum, propugnaverunt systema benignius, a quo etiam moderni et praesertim B. Liguori recesserunt, asserentes licitum sequi opinionem non solum aeque probabilem, sed minus etiam probabilem et minus tutam; haec omnia si ponderarentur, procul dubio multum imminueretur multitudo doctorum, quos recentiores citant in sui favorem ».

Respondeo: 1° Cardo controversiae in primis est, an teneamur in dubio iuris sequi opinionem aut probabiliorem aut tutiorem. In hac autem controversia frustra finguntur dissensiones.

2° Quod addunt dissensisse quoad dubium facti et quosdam admisisse exceptiones, est dissensio quoad verba, non quoad rem. Omnes scilicet consenserunt, relinqui posse tutiorem, quando mere agitur de honestate actionis, non posse relinqui, quando agitur de facto, quod independens est a nostro iudicio quodque vel obtinere vel cavere certa quapiam lege aliunde tenemur. Quod vero quidam ad has doctrinas proponendas uterentur phrasi in dubio facti, in dubio iuris, alii autem non uterentur, est dissensio in verbis non in re.

3° Quod vero dicunt de modernis scilicet de s. Alphonso et nonnullis aliis, nunc satis sit respondisse, falsum esse, quod recesserint a communi doctrina. Nam s. Alphonsus tunc solum docet sequendam probabiliorem, quando opposita non est amplius probabilis. Atqui doctrina communis supponit, probabilem esse oppositam.

4° Et hoc etiam omisso, ridiculum est quod minui probabilismi patroni dicantur eo quod quidam moderatum admiserint. Nam idem auctor in nota ad n. 21. col. 1513. haec scribit: « Si admittatur probabilismus temperatus, iam non est cur illicitum reputemus sequi in praxi partem etiam minus probabilem; nam si auctoritate theologorum controversia dirimatur, certum est eos, qui probabilismo adhaeserunt, communius, praesertim olim, rem sic intellexisse: si autem argumentis intrinsecis dimicandum sit, nulla est ratio adducta in favorem probabilismi, quae non debeat invocari in patrocinium probabilismi benignioris, ut supra insinuavimus... Ergo si admittatur probabilismus, quem vocant temperatum seu rigidum, consequenter erit admittendus probabilismus benignior ». Ergo temperati, si quid differant a benignis, bene possunt dici sibi minus cohaerentes: at patrocinari eos communi causae, negari nequit, ipso auctore Appendicis fatente. Cur ergo negat esse patronos sive ad eos provocari posse?

5° Tandem quid est, quod quidam imperiti affirmant, numerum adhaerentium probabilismo minui, quia moderni quidam temperatum admittunt? Nonne antiquiorum multitudo est satis ad auctoritatem thesi probabilismi conciliandam? an haec imminuta est?

126. Heic corrigenda est quaedam historiola. Auctor Appendicis col. 1505. magnum quid sibi videtur dicere, dum ait, primos, qui nascentem probabilismum confutarunt, fuisse theologos Societatis Iesu, praesertim Rebellum tom. 1. de *Iustitia et Iure*, Comitolum in *Responsis moralibus*.

Haec autem est mera impostura et condonandum est oscitantiae auctoris appendicis, quod haec ex aliis transscripserit. Non tamen condonari potest vox, quam ipse addidit, *praesertim;* quasi alii enumerandi supersint. Nemo alios somniavit, qui Iansenianis praeiverint. Ergo illud *praesertim* est impostura quaedam, nisi id tribuendum sit ignorantiae, quasi nempe, ex scriptoris mente, Gonzalez sit locandus inter primos. At Gonzalez sero venit et a Iansenianis transscripsit.

127. Quis primus Rebellum allegaverit, nescio: eum certe post Nicolium allegat Gonzalez *Introd.* n. 9. dicens: « Tantum abest, ut haec doctrina (probabilismi) prodierit a Societate, ut potius e Societate prodierint primi eius impugnatores. Nam anno 1608. P. Ferdinandus Rebellus tom. 1. *de Iustitia et Iure* quaest. 5. in fine oppositam appellat certam, sic disserte pronuntians: « certum est, neminem salva conscientia sequi posse opinionem, quae minus probabilis esse ab ipso cognoscitur ».

Unde imposturam hanc ipse exscripserit (nisi a Nicolio) nescio nec eius puto ipsum auctorem. At impostura est et prodit se ex modo allegandi. Rebellus non habet opus ullum de iustitia et iure nec habet plures tomos. Unicum autem edidit volumen cum titulo Opus de Obligationibus Iustitiae, Religionis et Caritatis. Lugduni 1608. Praeterea duas habet partes et prima complectitur libros quatuor, secunda libros duodeviginti et singuli libri dividuntur in quaestiones. Impostura patet ergo ex eo quoque, quod citet quaestionem 5. omittens partem et partis librum: certe quaestiones quintae recurrere debent singulis 22 libris. Ergo ostendit Gonzalez se librum non vidisse, cuius nec scit titulum nec tomos nec partitiones. Reipsa omnes quaestiones quintas inspexi et verba allegata nullibi reperiuntur: Ergo est mera impostura.

Ceterum nonne tessera est rigidorum theologorum, in dubio standum esse pro lege et obligatione? Atqui Rebellus non ita sentit. Sane parte prima lib. 2. quaest. 14. n. 7. ait: « Quando dubium fuerit aequale, an concurreris ad iniustam acceptionem, deobligandus eris a restitutione... Fundamentum conclusionis est, quia in dubio aequali melior est conditio possidentis... nec proinde te exponis periculo peccandi, non restituendo; quia cum eo dubio speculativo stat certitudo practica, quod licitum sit non restituere, iure possessionis »: quae est pura doctrina probabilismi. Et exinde hoc deducit corollarium n. 8: « Atque hinc etiam fit, ut si dubites aequaliter, an promittendo sive homini sive Deo aut aliter debitum contraxeris, non obligeris ». Ita et part. 2. lib. 1. q. 2. n. 10.: « Quod ad vota attinet, si quis dubitat, votum fuisse emissum cum sufficienti deliberatione, etiamsi dubium sit pro utraque parte aequale, non tenetur illud servare. Probatur... tum quia in dubio melior est conditio possidentis; quamdiu enim libertas nostra non est per liberam promissionem Deo addicta, ad aliquid praestandum, libertatis eiusmodi possessores sumus, non vero ipse Deus more donatarii...; quare in dubio pari nemo tenetur votum solvere ». Atqui istae rationes sunt prorsus adversae probabilioristis.

128. Nec minus captiose abusi sunt nomine Comitoli. Paulus Comitolus per se parum auctoritatis conciliaret cuique parti; criterio enim seu iudicio parum valuit et saepe saepius declinat ad opiniones singulares. Gonzalez l. c. et post eum alii, ut Laurentius Berti *de theol. Disciplin.* lib. 21. cap. 13. ex Comitoli q. 15. lib. 5. referunt, quod foedam prolaptionem dixerit sententiam Armillae, qui in sua Summa v. *opinio* n. 2. statuerit, *satis esse, probabiliore abiecta, probabilem sequi opinionem.*

Verum potuissent ex ipsa Armillae (seu Bartolomaei Fumi ex Ord. Praedic.) allegatione et reprehensione intelligere, aliam esse controversiam, quam agitat Comitolus, quemadmodum et Comitolus tribuit Armillae sententias, quas hic non habet.

Quaestio ab Comitolo proposita est: « utrumne in perdiscendis persequendisque christiani officii rationibus, cum discrepant doctores, sit satis probabilem sequi opinionem, probabiliore relicta ». At vero perdiscere et persequi rationes christiani offici est ne agere? Ostendant num in tota quaestione habeat vel unum verbum, quo significetur, agentem teneri in praxi id agere, quod probabilius existimet: non ostendent; quia reipsa non exstat. Et sane argumenta ab eo allata pertinent ad indaginem veritatis, non ad pericula peccandi.

Quod vero Comitolus praecipiti ratione Armillam vellicaverit patet ex eo quod Armilla hoc tenet (v. *opinio* n. 3.): « Opinio, quae meliori rationi innititur, sequenda est ».

129. Ceterum quod Comitolus nihil habeat commune cum probabilioristis, patet ex sequenti quaestione 16. eiusdem libri 5. ubi proponit hunc casum. « N. Sacerdos de contractus iniustitia nihil dubitans, quem poenitens inivit..., non vult eum absolvere, nisi a contractu recedat atque restituat, id quod se negat poenitens facturum, quod iustum suum arbitratur esse contractum. Quaeritur an iure possit ac debeat sacerdos poenitenti absolutionem denegare contra suam opinionem..., an impertiri ». Haec quaestio est veluti Lydius Lapis; nam probabilioristae negant ~~omnino~~ posse confessarium absolvere eum, quem, e sententia sua, reum reperit iniustitiae et nolentem ab ea recedere.

Sed Comitolus statuit duas has theses: 1. « Si contractus aperte iniustus est nec ullum gravem patronum habet eaque doctrina excellit sacerdos, ut ei credere potius quam aliis debeat poenitens: opinio poenitentis culpa non vacat et indignus est absolutione ».

2. « Si poenitens a sententia desistere se nolle ait, vel quia sacerdotem scientia vincit, vel quia opinionem suam a doctiore se accepisse affirmat, vel quia in re ancipiti pollicetur se deliberaturum cum viris virtute atque eruditione praestantibus: absolutionis beneficio non potest eum privare confessarius ». Audiantur autem rationes. « Primum quia fieri potest ut poenitentis opinio, quam sacerdotis, sit probabilior *(potest*

inquit, sed id non exigit). Deinde quia cupit doctiorum, quam sit confessarius, uti consilio. Tum quia Sacerdos non potest suam poenitenti imperare sententiam nec cogere de contraria decedere; id enim suo iure posset aut concilium generale aut Romanus Pontifex aut gravis (!) aliqua et legitima potestas poenitenti praecipere. Dein quia sic vel aliter opinari non est in potestate opinantis... Ad extremum, quia nemo absolutione privandus est nisi quia sua culpa est illa indignus: sed hic, de quo heic loquimur, opinando non peccat ».

« Debere autem Sacerdotem absolutionem tribuere poenitenti in opinione minime damnata haerenti et quae a viris eruditis ac piis non improbatur, affirmant hi omnes, Paludanus, Goffredus, Maior, Adrianus, Corradus, Victoria, Silvester, Medina, Toletus in lib. 3. *de Istruc. Sacerdot.* cap. 20. ubi scribit: « quum utraque opinio tam confessarii quam poenitentis est probabilis, cogi posse sacerdotem a poenitente, ut absolutionem sibi impertiat ».

Ita quidem Comitolus, qui non solum habet eandem doctrinam ac Medina et Toletus circa libertatem sequendi opinionem probabilem neque solum ostendit hanc fuisse vetustiorum doctrinam, secus ac deinde iactaverint mendaces Ianseniani et horum inepti plagiarii: sed declinat ad doctrinam, quae communiter habetur ut ianua laxitatis ac prope damnata, nempe absolvendum esse atque adeo omni culpa carere eum, qui haereat opinioni, quae non sit damnata et quam teneant viri pii et eruditi, licet confessarius nihil dubitet de eius falsitate et iniustitia.

130. Ergo, ut suum cuique tribuatur, probabilioristae patienter ferre debent et sincere fateri, progenitores se habere Iansenianos.

II.

Exponitur prima ratio.

« Prima igitur ratio est, quia lex dubia non obligat; in dubio enim legis « possidet libertas. Haec ratio valde urget et difficulter unquam ab adver « sariis ipsa solvi poterit: unde longius in ea immorabimur, ut ipsius fir « mitas agnoscatur. Certum est, non dari peccatum, nisi adsit legis prae « varicatio, ut patet ex illo Davidis: *Praevaricantes existimavi omnes* « *peccatores terrae.* Ps. CXVIII. 119. et ex alio d. Pauli Rom. VII. 7.: « *Non cognovi peccatum nisi per legem.* Unde idem Apostolus Rom. IV. « 15. dixit: *Ubi non est lex, nec praevaricatio et concupiscentiam ne* « *sciebam, nisi lex diceret: non concupisces.* Lex autem ut obliget debet « esse certa: *Erit autem lex manifesta,* ait s. Isidorus in *c. Erit autem* « dist. 4. Et sic pariter probatur ex cap. *Cum iure 31. de off. et pot.* « *iud. delegat.,* ubi legitur: *Nisi de mandato certus exstiteris, exsequi*

« *non cogeris quod mandatur.* Lactantius l. 3. *Inst.* c. 21. ait: *Stultissimi*
« *est hominis praeceptis eorum velle parere, quae utrum vera aut falsa*
« *sint, dubitatur.* S. Thomas *de Veritate,* quaest. 17. a. 3. *Nullus liga-*
« *tur per praeceptum aliquod, nisi mediante scientia illius praecepti.*
« Hinc habetur pro omisso quod non est declaratum in lege ex *l. Quicquid,*
« *ff. de verb. oblig. Quicquid adstringendae obligationis causa dictum,*
« *id, nisi palam exprimatur, omissum esse intelligendum est.* Et ideo
« habetur ut permissum quicquid a lege vetitum non invenitur, ut docet d.
« Thomas in 4. D. 15. qu. 2. a. 4. ad. 2. et 9. ubi: *Illud dicitur licitum,*
« *quod nulla lege prohibetur.* Idem habetur in *l. Necnon ff. Ex quibus*
« *caus. mai. etc.,* ubi: *Omnia sunt permissa per legem, quae prohibita*
« *non inveniuntur.* Et huic conformatur *l. viri §. Sin autem, c. de caduc.*
« *toll.,* in qua sic habetur: *Lex si aliud voluisset, expressisset* Hinc
« aiunt celebres iurisperiti (vide Menoch. cons. 30. n. 8.), praesumi legem
« noluisse imponere id quod non expressit, cum facile exprimere po-
« tuisset ».

   « Ex his omnibus bene deducit Perez, quod qui de legis exsistentia
« dubitat, certe non ligatur a lege; certum est enim, Deum libertatis do-
« minium homini concessisse, ut agere posset omnia, quae a divina lege
« non prohibentur, ut ex eod. Apost. 1. Cor. VII. 37. *Potestatem autem*
« *habens suae voluntatis.* Hinc ait Sanchez *de Matrim.* d. 41. n. 36.:
« *Quoties dubium est, an impositum sit praeceptum naturale, divinum*
« *vel humanum de aliqua re, non obligari dubitantem; quia, donec*
« *constet de praecepto, possidet voluntatis libertas.* Idque confirmat n.
« ss. p. Benedictus XIV. notif. 13. etiam indefinite loquens, his verbis:
« *Non si debbono porre ligami, quando non v'è una chiara legge che*
« *gli imponga.* In dubio enim, an adsit lex aliquid vetans, lex est pro-
« banda ; adeo ut si tibi insurgat dubium, an aliqua actio tibi sit vetita,
« non teneris discutere argumenta pro tua libertate, sed potius argumenta
« pro obligatione legis. Unde Melchior Canus Rel. 4. *de Poenit.* p. 4.
« qu. 2. prop. 3. sic impugnat sententiam Scoti et aliorum obligantium
« peccatores ad actum contritionis in quolibet die festivo: *Ius humanum*
« *nullum est aut evangelicum, quo hoc praeceptum asseratur; profe-*
« *rant et tacebimus.* Item n. 5. subdit: *Quoniam ignoro, unde ad hanc*
« *opinionem dd. illi venerint, libere possum, quod non satis explorate*
« *praeceptum est, negare.* Hinc Suarez 1. 2. tr. 3. disp. 12. sect. 6. *de*
« *consc. prob.* ad nostrum propositum sic ait: *Praeterea existimo illam*
« *rationem sufficientem, quia quamdiu est iudicium probabile, quod*
« *nulla sit lex prohibens actionem, talis lex non est sufficienter pro-*
« *posita homini; unde cum obligatio legis sit ex se onerosa et quodam-*
« *modo odiosa, non urget, donec certius de illa constet. Neque contra*
« *hoc urget aliqua ratio; quia tunc revera non est contraria pars*

« *tutior quoad conscientiam, neque ibi est aliquod dubium practicum,*
« *nec periculum.* Recte dicit, partem contrariam pro lege tunc revera
« non esse tutiorem; cum verosimiliter tunc non exstet lex obligans ».
« Huic argumento conveniunt ius tam civile, quam canonicum. Nam
« in l. 192. *de reg. iur.* dicitur: *In re dubia benignam interpretationem*
« *sequi, non minus iustius, quam tutius.* In reg. autem 30. de reg. iur.
« in 6. habetur: *In obscuris minimum est sequendum.* Item in reg. 65.
« ibid. legitur: *In pari causa melior est conditio possidentis.* Item in
« reg. 15. dicitur: *Odia restringi, favores convenit ampliari.* Per τὸ *odia*
« certe intelligitur omnis onerosa obligatio; at quaenam est obligatio one-
« rosior, quam obligatio abstinendi ab aliqua actione probabiliter licita,
« sub peccato et poena aeterna? Praeterea in *c. fin. de transact.* sic
« habetur: *In his vero, ubi ius non invenitur expressum, procedas*
« *aequitate servata, semper in humaniorem partem declinando.* Item
« s. Leo papa in epistola 92. ad Rusticum Narbon. (relata in *c. Sicut*
« *quaedam* dist. 14.) sic loquitur: *In iis quae vel dubia fuerint aut*
« *obscura, id noverimus sequendum, quod nec praeceptis evangelicis*
« *nec decretis ss. patrum invenitur adversum.* Haec omnia sat clare
« ostendunt, legem dubiam non obligare. Hinc docuit s. Antonin. part. 1.
« tit. 3. cap. 10. §. 10.: *Inter duram et benignam circa praecepta sen-*
« *tentiam, benigna est potius, ceteris paribus, interpretatio facienda.*
« Et licet s. Archiepiscopus hic loquatur pro scrupulosis, tamen non
« posset quidem eis hanc regulam tradere, si in dubiis duram partem
« omnes amplecti teneremur. Ita etiam loquitur Martinus de Prado in
« praef. ad quaest. mor. n. 4. punct. 2. quem plurimi faciunt ipsi adversarii:
« *Ut verum fatear, cum pro neutra parte aliquid convincens, qua*
« *parte stet veritas, affertur, curabo opiniones benigniores amplecti*
« *vel earum probabilitatem indicare, cum animarum salus impediatur*
« *(ut notatur in Glossa Const. ord. praed.) nimia austeritate in opinio-*
« *nibus; terrentur enim homines ex hoc in tantum, ut salutem negli-*
« *gant: quapropter relaxanda est quantum fieri potest rigiditas* ».
« Hinc quando dicunt adversarii, non esse licitum sequi opinionem
« faventem libertati adversus legem, patenter errant in terminis; nam
« quotiescumque adest lex aliquid vetans, omnino reiicienda est opinio
« libertati favens: sed prius tunc probanda est exsistentia legis. Exemplo
« res clarior fiet. Lex est, quod in diebus festis opera servilia sint illicita;
« qui autem censeret in die festo licitum esse depingere, fortene censeret
« licitum esse pingere contra legem? Certe nequaquam; revera enim
« censeret ipse, quod pingere non sit opus servile; quare qui contrarium
« teneret, scilicet quod pingere opus servile sit, male argueret, si diceret,
« non esse licitum pingere, quia esset contra legem: hoc enim asserere
« non posset, cum dubitatur an adsit lex pingere vetans vel non. Potius

« dicere deberet, opinionem contrariam militare, non contra legem, sed
« contra sententiam eorum qui adstruunt, quod in eo casu adsit lex
« pingere vetans. Et tunc sequens opinionem pro libertate, etsi minus
« probabilem, ageret, non contra legem, sed contra sententiam asserentem,
« adesse legem. Denique veilent fautores rigidae sententiae mundum
« obstringere ad observandas tanquam leges omnes illas innumerabiles
« opiniones, quas probabiliores ipsi esse arbitrantur. Fautores autem
« benignae sententiae voiunt leges servari ut leges, opiniones autem ut
« opiniones, quae nunquam vim legis habere possunt. Utinam christiani
« leges certas servarent, quin eis addantur incertae! Sicut enim Deus
« praecepit nihil a lege auferendum, ita nihil addendum, ut Deut. IV. 2.
« *Non addetis ad verbum quod loquor vobis, nec auferetis ab eo* ».

« Deinde hic consequenter peto ab adversariis, ut indicent (si possunt)
« ubinam legem hanc esse scriptam invenerint, quod teneamur inter opi-
« niones probabiles probabiliores sequi? haec lex quidem, prout univer-
« salis, deberet omnibus esse nota et certa; at quomodo ista lex certa dici
« potest, cum communis sententia dd., saltem longe maior illorum pars
« post tantum discrimen absolute asserant, hanc legem non adesse?
« usquedum igitur de tali lege dubitatur, opinio quod adsit haec lex
« sequendi probabiliora, quamvis alicui videatur probabilior, nunquam
« tamen lex dici poterit, sed appellanda erit mera opinio, utpote ex fallibili
« motivo deducta, quae vim nequaquam habet ut lex obligandi ».

« Idque clare confirmant d. Thomas et d. Antoninus; nam d. Thomas
« in *Quodlibet* 9. art. 15. sic ait: *Respondeo, dicendum; quod omnis quae-*
« *stio in qua de peccato mortali quaeritur, nisi expresse veritas* (nota)
« *habeatur, periculose determinatur; quia error quo non creditur esse*
« *mortale, conscientiam non excusat a toto, licet forte a tanto. Error*
« *vero quo creditur esse mortale quod non est mortale, ex conscientia*
« *ligat ad mortale. Praecipue autem periculosum est, ubi veritas am-*
« *bigua est, quod in hac quaestione accidit... In iure namque divino non*
« *invenitur determinata expresse.* Ergo docet s. Doctor, quod ubi veritas
« expresse determinata non invenitur, nihil debet de peccato mortali da-
« mnari. Nec obstat quod ibi d. Thomas neque excusat eum, qui sequitur
« opinionem libertati faventem, ubi veritas est ambigua. Huic enim res-
« pondet d. Antonin. p. 2. tit. 1. c. 11., sic dicens: *Notandum est quod*
« *dicit s. Thomas in quadam quaestione de quodlibetis, quod quaestio*
« *in qua agitur de aliquo actu, utrum sit peccatum mortale vel non,*
« *nisi ad hoc habeatur auctoritas expressa Scripturae sacrae aut canonis*
« *Ecclesiae vel evidens ratio, nonnisi periculosissime determinatur;*
« *nam si determinet, quod sit ibi mortale et non sit, mortaliter peccabit*
« *contrafaciens; quia omne quod est contra conscientiam, aedificat ad*
« *gehennam. Si autem determinatur quod non sit mortale et est, error*

« *suus non excusabit eum a mortali. Sed hoc secundum videtur sane*
« *intelligendum, quando erraret* (nota) *ex crassa ignorantia: secus si*
« *ex probabili, puta quia consuluit peritos in tali materia, a quibus*
« *dicitur illud tale non esse mortale; videtur enim tunc in eo esse*
« *ignorantia quasi invincibilis, quae excusat a toto. Et hoc quantum*
« *ad ea quae non sunt* (rursus nota) *expresse contra ius divinum vel*
« *naturale vel contra articulos fidei et decem praecepta, in quibus*
« *ignorans ignorabitur.* Docet igitur s. Archiepiscopus iuxta d. Thomam,
« tunc aliquem peccare sequendo opinionem libertati faventem, quando illa
« est *expresse* contra ius divinum aut naturale aut contra Ecclesiae ca-
« nonem vel evidentem rationem, ita ut erraret ex ignorantia crassa,
« supponente negligentiam culpabilem quae facile vinci poterat: secus si
« ex ignorantia probabili; quia tunc esset illa invincibilis et ideo a toto
« excusaret. Praeterea idem d. Antonin. *ibid.* subdit: *Et si diceretur hic*
« *esse usuram et usura est contra decalogum: respondetur, sed hunc*
« *contractum esse usurarium non est clarum* (nota); *cum sapientes con-*
« *traria sibi invicem sentiant.* Ergo ubi lex non est clara, sed de ea
« sapientes disceptant, ipsa non obligat ».

« Haec prima ratio utpote valde urgens, ut diximus, multum adver-
« sarios angit; ideo eam conantur pluribus obiectionibus evertere. Obii-
« ciunt I. et sic dicunt: omnis actio ut sit honesta, conformanda est legi
« aeternae; quomodo igitur potest aliqua actio esse honesta, si minus pro-
« habiliter conformis aeternae legi apparet? Huic obiectioni opus est fuso
« calamo respondere; hac enim responsione fit satis fere omnibus aliis
« oppositionibus, quae fiunt contra benignam sententiam. Duas in Deo
« oportet leges aeternas distinguere, unam absolutam per se, alteram per
« accidens, ut distinguit doctissimus Terillus *De probab.* quaest. 28. n. 18.
« pag. 557., sive unam antecedentem, alteram subsequentem, ut alii di-
« stinguunt. Lex *antecedens,* sive *per se,* disponit circa res independenter
« ab errore mentis humanae. Lex vero *subsequens* sive *per accidens,*
« ordinat circa res dependenter ab errore. Unde dicendum, quod Deus per
« legem antecedentem praecipit talia observari, per subsequentem vero
« non vult eos adstringi nec comprehendi, qui in invincibili ignorantia
« legis versantur. In summa, vult Deus homines teneri ad suas leges,
« secundum quod sunt in eorum conscientia. Exemplo res patebit. Lex
« divina prohibet viris accessum ad non suas; numquid haec lex com-
« prehendit virum, qui dubius de valore sui matrimonii contracti reddit
« debitum mulieri petenti, quamvis reddendo revera accedat ad alienam?
« nequaquam; imo ille in tali dubio tenetur accedere, ut habetur *c. Do-*
« *minus de secund. nupt.* Hinc clare infertur, quod licet adsit lex abso-
« luta sive antecedens, quae praecipit non accedere ad alienam, adest
« tamen alia lex subsequens sive per accidens, scilicet ex suppositione

« dubii, ordinans eo casu redditionem debiti mulieri petenti, quamvis non
« suae. Unde patet, quod tametsi accessus ille ad non suam non videatur
« per se conformis legi antecedenti, tamen utique conformis est legi subse-
« quenti, qua Deus iuhet reddi debitum. Et ideo vir formando sibi dictamèn
« prudens, nempe quod eo casu teneatur reddere, reddendo nec etiam
« materialiter peccat contra legem antecedentem, quae pro illo casu non
« est lata; nam peccare contra legem est contravenire legislatoris volun-
« tati, quae est anima legis: ubi ergo non est voluntas divina prohibens,
« neque est lex; cum impossibile sit, aliquem posse operari conformiter
« et difformiter ad eamdem Dei legem, vel conformiter ad unam et
« difformiter ad aliam. Si igitur vir ille licite reddit iuxta legem subse-
« quentem, non potest ne materialiter quidem laedere legem antecedentem.
« Et sic pariter qui ex opinione probabili prudens dictamen sibi format,
« quod licite operetur, ne materialiter quidem agit contra legem aeternam ;
« sapienter enim ait Continuator Tournely *De act. hum.* c. 7. a. 5. conci. 3.
« quamvis hic auctor sit probabiliorista: *Nulla est lex obligans in*
« *circumstantiis, in quibus prudenter creditur ea non exsistere; lex*
« *enim quae prudenter creditur non esse, perinde est ac si non esset*
« *in ordine ad obligandum* ».

« Sed instant: si lex aeterna est prima regula operandi, quomodo
« unquam dici potest agere prudenter qui utitur opinione minus probabi-
« liter conformi aeternae legi? Adversarii duo hic confundunt: confundunt
« primo veritatem rei (ex. gr. quod contractus aliquis sit vel non usura-
« rius) cum veritate honestatis actionis (nempe quod liceat vel non, con-
« tractum illum inire). Confundunt secundo remotam honestatis regulam,
« quae est lex divina, cum regula proxima, quae est conscientiae dictamen.
« Et ex hoc oriuntur postea tot aequivocationes, a quibus circumducti
« adversarii undique clamant, a probabilistis pro regulis mira paradoxa
« proferri ac proinde deridendo rogant: quomodo prudenter agere dici
« poterit, qui aliquam opinionem putat minus probabilem et eam sectatur?
« quomodo quis ex motivis reflexis poterit operari contra id quod iudicat
« probabilius ex motivis directis? Quomodo idem homo recte valebit for-
« mare sibi iudicium practicum, oppositum iudicio speculativo? sed pa-
« radoxa ista omnino evanescent, si ad trutinam tria revocentur. Primum:
« cuinam regulae actio conformari debeat, ut sit honesta, an remotae seu
« legi aeternae, an proximae idest conscientiae? secundum: cuinam iudicio
« conformanda sit conscientia, an speculativo de veritate rei, an vero pra-
« ctico de honestate actionis? tertium: quomodo hoc iudicium practicum
« formetur ab eo qui utitur opinione minus probabili? »

« Quoad primum, certum est quod licet regula proxima (idest con-
« scientia) pendeat a remota (scil. a lege divina) et illi conformanda sit,
« tamen bonitas actionis non mensuratur a remota, sed a proxima, ut do-

« cent omnes cum d. Thoma in 1. 2. q. 19. a. 4. ubi ait: *Ratio humana*
« *est regula voluntatis humanae, ex qua eius bonitas mensuratur.* Et
« in *Quodl.* 3. a. 27.: *Actus humanus iudicatur virtuosus vel vitiosus*
« *secundum bonum apprehensum, in quod voluntas fertur et non se-*
« *cundum materiale obiectum actus.* Hinc fit, quod conscientia · invinci-
« biliter discordans a lege liget vel excuset actionem a culpa, secundum
« quod homo credit eam conformari vel opponi legi aeternae, ut habetur
« ex eodem d. Thoma in *Quodlib.* 8. art. 15. ubi: *Error conscientiae habet*
« *vim excusandi, quando procedit ex ignorantia eius quod quis scire*
« *non potest vel scire non tenetur; et in tali casu, quamvis factum sit de*
« *se mortale, tamen intendens peccare venialiter, peccaret venialiter* ».
    « Quoad secundum: posito quod actio conformanda sit regulae proximae,
« seu conscientiae, homo, ut licite operetur, debet quidem esse moraliter
« certus de suo iudicio practico quod sit conforme legi aeternae; quoad
« iudicium vero speculativum de veritate rei, non requiritur ut certo, sed
« sufficit quod probabiliter putet esse legi aeternae conforme, licet pro-
« babilius ei videatur oppositum. Hinc miles, etiamsi putet probabilius
« bellum esse iniustum, quod revera iniustum sit, non peccat militando,
« si pugnet ex praecepto sui regis, ut habetur in c. *Quid culpatur* 3.
« caus. 23. q. 1. Equidem si hic se dirigere deberet ex iudicio speculativo
« circa iustitiam belli, non posset utique militare, quia iudicium specula-
« tivum, nempe de iustitia belli, ipsi apparet probabilius oppositum legi
« antecedenti, quae prohibet bellum iniquum aggredi; ideo tamen non
« peccat, quia sibi format aliud iudicium practicum, quod liceat ipsi bel-
« lum illud inire, quamvis probabilius iniustum; ea ratione ductus, quia
« tenetur parere suo principi, semper ac non constet, bellum esse iniustum,
« iuxta legem subsequentem, quae iubet, praeliandum esse subdito, acce-
« dente praecepto sui regis, quando bellum non est certe iniustum. Ac
« proinde iste subditus nec etiam materialiter peccat contra legem ante-
« cedentem non praeliandi in bello iniusto (si forte iniustum sit) ; quia ilia
« in tali casu ipsum non comprehendit. Haec nescio quomodo ab ullo pos-
« sint unquam negari ».
    « Quoad tertium denique, nempe quomodo formetur iudicium pra-
« cticum ab operante cum opinione minus probabili, hoc utique formatur
« ex argumentis directe probantibus actionem hic et nunc esse licitam ad
« differentiam iudicii speculativi, quod formatur ex motivis directe proban-
« tibus speculativam rei veritatem, puta quod contractus aliquis non sit
« usurarius. Hoc autem iudicium speculativum potius quam iudicii, gerit
« vices motivi, ad formandum iudicium practicum de honestate actionis ;
« postquam enim quis iudicaverit opinionem pro libertate esse certo pro-
« babilem, licet minus, pergit ad inquirendum, an liceat illa uti et tunc
« ex aliis argumentis probantibus, certum moraliter esse quod usus illius

« opinionis sit licitus, praecipue quia lex dubia non obligat, efformat sibi
« ultimum iudicium practicum, quod tute operetur ».

« Cum igitur honestas actionis ab hoc ultimo iudicio practico sumatur,
« non obstat, quod obiectum iuxta iudicium speculativum probabilius ap-
« pareat·inhonestum et difforme legi antecedenti, quando certo probabi-
« liter est etiam honestum, et legi subsequenti conforme; non enim, ut
« diximus, ex solo iudicio illo speculativo de maiori vel minori probabi-
« litate formatur conscientia, sed etiam ex aliis motivis probantibus ho-
« nestatem actionis, ita ut ex omnibus simul collatis resultet ultimum
« dictamen moraliter certum. Hinc concluditur, quod ille qui sequitur opi-
« nionem probabilem in concursu probabilioris, efformato sibi iudicio pra-
« ctico iuxta praedicta de honestate suae actionis, ne materialiter quidem
« peccat (etsi forte opinio illa sit falsa); quia scilicet eius actio nullo modo
« Dei voluntati repugnat, cum eius conscientia, unde desumitur morum
« honestas, iam rite conformetur legi aeternae subsequenti, qua vult Deus
« tali modo operantes in lege, quam invincibiliter ignorant, non com-
« prehendi ».

« Neque huic obstat id quod docet d. Thomas in *Quodl.* 8. art. 13.
« dicens: *Quod agitur contra legem, semper est malum nec excusatur*
« *per hoc, quod est secundum conscientiam.* Nam id explicat. d. Antonin.
« p. 1. tit. 3. c. 10. §. 10. intelligi de ignorantia vincibili et de peccato for-
« mali, sic dicens: *Haec enim verba d. Thomae non possunt intelligi,*
« *nisi de iis, ubi manifeste patet ex Scriptura vel Ecclesiae determi-*
« *natione, quod sit contra legem Dei et non de illis intelligi, ubi non*
« *apparet. Alias sibi contradiceret in eodem libro, quod non est cre-*
« *dendum.* Et revera idem d. Thomas in quodlib. 3. art. 10. prius dixerat,
« quod in rebus ad fidem et mores spectantibus non excusantur sequentes
« opinionem manifeste erroneam, ibique sic concludit: *Qui ergo assentit*
« *opinioni alicuius magistri contra manifestum Scripturae testimo-*
« *nium, sive contra id quod publice tenetur secundum Ecclesiae aucto-*
« *ritatem, non potest ab erroris vitio excusari.* Ergo s. Doctor supponit
« e converso excusari qui sequitur opinionem alicuius magistri, quae non
« sit contra manifestam Scripturae vel Ecclesiae auctoritatem. Sed hunc
« textum d. Thomae infra in responsione ad obiectiones obiect. II. in fin.
« fusius declarabimus ».

« Obiiciunt II. quod possessio libertatis non potest praevalere pos-
« sessioni Dei, qui antecedenter habet hominis dominium; et ideo (ut
« aiunt) nequit homo agere nisi id quod Deus ei permittit. Sed primo re-
« spondetur, argumentum probare nimis; nam probat, neque inter proba-
« biles licitum esse probabiliores sequi, quia, quum possessio legis semper
« praeferenda sit possessioni libertatis, in dubio nec etiam opinione proba·
« biliori nos uti possumus. Secundo respondetur, quod possessio Dei, sive

« legis divinae, utique praeferenda est possessioni libertatis, quando constat
« de lege; sed quando de ea dubitatur et insuper probabile est, quod lex
« non adsit, tunc homo, cui certe datum est a Deo dominium suae liber-
« tatis, nullo modo tenetur legi dubiae parere; cum enim in aliquo casu de
« lege dubitatur, dubitatur etiam necessario de possessione legis. Tertio re-
« spondetur, quod licet lex divina, quatenus ab aeterno a Deo constituta,
« anterior sit ad libertatem hominis, obligatio tamen legis est in tempore ad
« libertatem posterior; nam lex nonnisi homini iam in sua libertate condito
« promulgatur sive significatur. Patet hoc ex illo Ecclesiastici c. XV. v. 14.
« *Deus ab initio constituit hominem et reliquit illum in manu consilii*
« *sui. Adiecit mandata et praecepta sua. Si volueris mandata servare,*
« *conservabunt te.* Ergo prius fuit homo *in manu consilii sui* relictus,
« hoc est in possessione suae libertatis immissus: deinde illi fuerunt *prae-*
« *cepta Dei adiecta.* Unde clare constat, hominis libertatem a lege Dei
« non obstringi, nisi postquam lex significata illi fuerit. Falsa est igitur
« suppositio, quod Deus prohibuerit homini id quod expresse ei non per-
« miserit; nam si res ita se haberet, non iam fuisset necessaria lex prae-
« scribens quid agi et quid vitari oporteret, sed potius promulganda fuisset
« licentia operandi illa quae homo facere posset. Sed hoc omnino est fal-
« sum; Deus enim, ut patet ex textu praefato, ab initio creavit hominem
« liberum, reservando quidem sibi potestatem imponendi illi quod voluerit;
« deinde adiecit ei mandata. Donec igitur per certam notitiam de lege di-
« vina non constat, non est in dubio expoliandus homo possessione suae
« libertatis, quam a Deo sine dubio antecedenter ad legis obligationem
« gratis accepit. Idque clare tradit (ut supra innuimus) d. Thomas in 4.
« d. 15. q. 2. a. 4. qu. 2., ubi agens, an liceat elemosynam largiri de male
« acquisitis ex furto, simonia, meretricio et simili (in quo advertas ibi
« agi, non tantum de iure positivo, sed etiam naturali), ante solutionem
« sic loquitur: *Illud dicitur licitum quod nulla lege prohibetur; unde*
« *illicite acquisitum dicitur, quod contra prohibitionem legis acquiritur.*
« Ergo s. Doctor ut certum habet, licitum esse homini operari quicquid
« vult, nisi per legem ei vetetur ».

« Obiiciunt III. Quod axioma illud, *In dubio melior est conditio*
« *possidentis*, procedit tantum in materia iustitiae, non vero in aliis. Sed
« respondetur, communissimam esse oppositam sententiam, quod non solum
« in materia iustitiae, sed etiam in omni alia materia praevalet ius pos-
« sessionis. Ita Sanchez *Dec.* l. 1. c. 10. a n. 10. Sotus, Baldo, Nav., Cov.
« cum Ledesm., Suar., Sayr., Salas., Lugo *De iustit.* disp. 17. n. 37. et
« disp. 23. n. 110. Pal. d. 3. p. 6. Croix l. 1. n. 502. cum Terill., Bon., Tann.,
« Fill., Spor. (qui vocat hanc sententiam hodie receptam) item Moya *de*
« *opin. prob.* q. 8. av. 15. et quamplures apud ipsum, contra Mercor.,
« Gonet, Gonzalez et alios paucos. Ratio est 1. quia idem motivum ra-

« tionis quod currit pro materia iustitiae, etiam currit pro aliis; nam sicut
« in materia iustitiae melior est conditio possidentis, quia possessor habet
« ius certum in re, quo nequit spoliari per ius dubium alterius: ita dicen-
« dum in aliis materiis; cum enim quis post adhibitam diligentiam veritatem
« non poterit invenire, iam perseverat in possessione suae libertatis et
« propterea habet ius certum ad illam, quo per nullum ius dubium pri-
« vatus censetur. Ratio 2. quia ut ait Sanchez loc. cit. n. 11. *Possessio*
« *est titulus universalis omnibus virtutibus, eo modo quo aliqua pars*
« *potentialis iustitiae, ut obedientia Dei, transscendit omnes virtutes.*
« Etenim quum essentia iustitiae sit unicuique ius suum tribuere, hoc
« omni virtuti competit; prout religio tribuit suum ius Deo, caritas pro-
« ximo, temperantia sibi ipsi et sic de aliis; et ideo merito dicitur, quod
« ratio iustitiae sit omnium virtutum pars potentialis, sive generica, in
« qua ceterae virtutes inter se conveniunt. Quare, si contra iustitiam est
« privare in dubio possidentem iure suo, pariter contra iustitiam est in
« dubio legis hominem sua possessa libertate spoliare »..

« Sed dicunt: ideo in dubio melior est conditio possidentis; quia
« possessio firmat praesumptionem, quod possessor verum habeat ius: pro-
« pterea aiunt, regulam praedictam valere tantum in materia iustitiae, non
« autem aliarum virtutum. Sed respondetur, quod regula illa non iam dicit,
« quod in pari causa res verisimilius sit possessoris, sed quod melior *est*
« conditio possidentis; conditio igitur haec possessionis praebet possidenti
« speciale ius ad ipsam retinendam, donec ei constet, rem esse alienam.
« Et hoc clare probatur ex alio textu in cap. 31. *Si a sede, de praebend.*
« in 6., ubi facto casu, quod eodem die collatum fuit idem beneficium
« duobus clericis, uni a Papa, alteri ab episcopo loci, dubium vertebat,
« quisnam eorum beneficium retinere deberet? Sancitum fuit, quod si non
« constaret quaenam collatio fuisset altera anterior, praeferendus esset pos-
« sessor beneficii; ex quo patet, quod possessio habita fuit ut ius speciale
« super re acquisitum. Iuris autem huius ratio est, tum quia expoliare
« aliquem sua possessione est res odiosa, quae in dubio agi non debet;
« tum quia sicut occupatio est titulus iustus rem possidendi, ita possessio
« est iustus titulus rem retinendi; possessio enim a iuristis definitur: *Ius*
« *insistendi in re non prohibita possideri.* Hinc s. Augustinus relatus in
« c. *Si Virgo* ca. 34. qu. 1. ait: *Possessor rectissime dicitur, quamdiu*
« *se possidere ignorat alienum.* Tum quia nemini est imponenda obligatio
« certa, cum debitum est incertum. Patet autem, quod omnia haec locum
« habent, non solum in materia iustitiae, sed cuiusque virtutis, ad quam
« sicut pertinet libertas, ita et obligatio. Constat igitur, in dubio legis pos-
« sessionem stare pro libertate, cuius certum dominium cuique hominum
« Deus in creatione contulit: et ideo Glossa in c. *Ex part., de cens.,*
« merito asseruit: *In dubio liberum est sequi quod magis placuerit.* In

« textu autem illo agebatur de vero dubio, an vovens teneretur ad maius
« et Pontifex definivit, teneri tantum ad minus, ratione dubii. Probatur
« idem ex cap. *Laudabilem, de frigid. et malef.*, in quo habetur, quod
« Pontifex concedit ei, qui dubitat de potentia ad copulam coniugalem, ut
« possit experiri per triennium, modo de impotentia non sit certus; haec
« sunt verba textus: *Si frigiditas prius probari non possit, cohabitent*
« *per triennium.* Unde sic arguo : Lex non accedendi ad non suam, est
« lex divina et naturalis ac praecedens omni iuri quod homo·habere possit
« ad suam libertatem, ut dicunt contrarii. In dubio igitur, an vir sit po-
« tens necne, quod idem est ac dubitare, an illa coniux sit sua vel non,
« quomodo potest ad eam accedere et tactus inhonestos cum ea habere
« copulamque experiri, dum actus habiti cum non sua certe sunt morta-
« lia ? Numquid Ecclesia in lege naturali potest dispensare? Quomodo igitur
« potuit Pontifex permittere in tali dubio copulae experientiam per trien-
« nium? Omnino ideo dicendum est, quod lex naturalis ad alienam non
« accedendi obligationem non inducat, nisi constet, quod in tali casu lex
« manifeste exsistat; alias in dubio possidet libertas et ideo dubitans de
« sua impotentia, nisi ipsa ut certa probetur, potest per triennium experiri;
« propterea Pontifex ex hoc principio ductus, nempe quod nisi constet de
« lege, semper possidet libertas, constitutionem illam promulgavit ».

« Nec valet dicere, quod in dicto casu possidet contractus matrimonii
« bona fide initus. Nam si servanda esset regula ab adversariis universe
« statuta, quod divina lex, prout aeterna omnemque libertatem humanam
« praecedens, semper possidet antecedenter ad omnes humanos actus et
« ideo in dubio semper illi parendum: nullo modo in nostro casu posset
« dici matrimonium adversus legem Dei possidere. Imo dico, quod axioma
« illud *In dubio melior est conditio possidentis,* attenta praefata con-
« trariorum regula, nec etiam in materia iustitiae valere posset, quod esset
« quidem adversus sententiam communem, quam omnes sequuntur contra
« paucos, ut videre est apud Sanch. *de Matr.* lib. 2. d. 41. n. 12. et Croix
« lib. 1. n. 500. ex reg. 11. in 6., ubi expresse dicitur: *Cum sunt partium*
« *iura obscura, reo potius favendum est quam actori.* Et ex reg. 65. in 6.
« ubi: *In pari delicto et causa melior est conditio possidentis.* Licet
« enim hae regulae essent pro foro externo, ut vult Fagnanus, adhuc tamen
« valent etiam pro interno, quatenus externum non nititur falsa praesum-
« ptione, ut communiter docent cum Sanch. l. 1. d. 5. Palaus, Salas, et
« Viva, opusc. *de Consc.* q. 2. art. 1. n. 5. Ratio autem, cur nec etiam
« axioma istud valere posset in materia iustitiae, adeo ut quisque adhuc
« bonae fidei possessor teneretur in dubio rem possessam restituere, est,
« quia ius suum est respectu ad alteram partem, non autem ad legem
« divinam de re non sua restituenda, quae lex semper in dubio possideret
« et semper esset praeferenda. Cur autem possessor bonae fidei non te-

« neatur restituere in dubio probabili, est quia, cum non constet tunc de
« exsistentia Divinae legis obligantis ad restitutionem, possidet hominis
« libertas. Et haec ratio profecto aeque in casu praedicto impotentiae et
« in quacumque materia currit ».

« Obiiciunt IV. Lex quidem debet esse certa ut obliget, sed non
« declaratio legis; quando enim, ut dicunt, pro lege probabilior opinio seu
« ratio assistit, sat illa legem elucidat et ad legem obstringit. Sed primo
« negatur omnino, quod huiusmodi legis declaratio dubia, utpote orta ex
« opinione fallibili, etsi probabiliori, ad legem obligare possit; nam in rebus
« dubiis declaratio legis se habet ut nova lex et ideo, sicut lex ad obli-
« gandum debet esse certa, sic et declaratio. Ita Salmant. *de Leg.* c. 3.
« n. 30. cum Vasq., Tapia, Villal., Lez., Dian. Idem docent Sanch. *de Ma-*
« *trim.* lib. 8. disp. 2. n. 10. et Croix lib. 1. n. 215. et 574. cum Card. Bon.,
« Terill., Pont., Loth., Delbene. Ratio, quia, cum dubium vertitur, an lex
« casum aliquem comprehendat necne, dubia evadit ipsa lex, an respectu
« ad casum illum adsit vel non; propterea declaratio, quod tunc locum
« habeat lex, debet pariter prout lex esse certa et infallibilis, ut possit
« obligare; nam alias adhuc ad legem dubiam obstringeremur. Respon-
« detur 2. et quaeritur, quisnam hanc legis declarationem fecit de se aptam
« ad obligandum? Non fecit Deus, non Pontifex; non illa quidem maior
« probabilitas (ut dices) pro lege apparens; nam aliqua opinio, quae mihi
« est probabilior, minus probabilis saepe aliis erit et ideo lex esset par-
« ticularis pro iis tantum, quibus illa opinio probabilior appareret; sed
« hoc utique esset contra naturam legis, quae ad commune bonum debet
« esse necessario universalis et universim proposita, ne populus, qui ad
« illam observandam tenetur, saepius divisus sit et perplexus circa veri-
« tatem amplectendam, dum quisque concionator aut confessarius ex opi-
« nionum diversitate iuxta suum sensum saepe diverse fideles instrueret.
« Sed hoc fusius in §. III. declarabitur ».

« Nec valet dicere, quod cum apparet probabilior aliqua opinio pro
« lege, tum illa maior probabilitas legem declarat scientiamque legis iam
« exhibet; nam scientia, ut cuique patet, importat certam notitiam de exsi-
« stentia legis: opinio autem etiam probabilior, cum non removeat pruden-
« tem formidinem oppositam, est toto caelo diversa a scientia, quae omni pru-
« denti formidine exclusa, praesefert certitudinem. Quando igitur in aliqua
« quaestione non adest scientia legis, tunc lex vel non adest vel saltem
« non obligat. Dices, tunc adesse aliam legem generalem, quae iuxta lumen
« naturae obstringit ad probabiliora sequenda. Sed iterum rogo: de hac
« alia universali lege, quae gratis supponitur, ubi scriptum est? Undenam
« scientiam eius habemus? cum rationes (ut diximus) potius suadeant, hanc
« legem non exstare, praesertim quia non praesumitur Deus voluisse ho-
« minibus imponere hanc durissimam obligationem sequendi semper opi-

« niones probabiliores, tanto cum onere ac periculo errandi formaliter, vel
« ob omissionem debitae diligentiae vel ob hallucinationem passionis.
« Saltem, dico, rationes sunt dubiae: ideo in hac tam magna rationum
« dubietate, saltem sententiam benignam reddit evidenter probabiliorem
« auctoritas tam longe communior, immo communis dd., qui talem obli-
« gationem non adesse iudicant ac proinde certos nos potius faciunt, de-
« clarationem esse in contrarium, scilicet, quod lex probabiliora sequendi
« minime adsit ».

« Demum pro conclusione huius secundae rationis (iuxta meum iudi-
« cium multum convincentis), dico sic: Sententia adversariorum docens,
« non esse licitum sequi opinionem adversus legem, nisi haec sit proba-
« bilior, ipsa non subsistit et clare deficit in principiis. Nam si pro opi-
« nione probabiliori non alia sit intelligenda, nisi opinio probabilissima,
« quae formidinem satis prudentem excludat, ita ut opposita appareat
« tantum levi motivo inniti, eo quod Divina lex in dubio semper possideat,
« et ideo semper libertati sit praeferenda; haec doctrina utpote nimis rigida
« et improbabilis, ab omnibus adhuc probabilioristis modernis et antiquis
« (ut diximus) communiter reiicitur. Aut vero intelligunt pro opinione
« probabiliori eam, quae magis verisimilis apparet, etsi contraria etiam
« retineat suum verisimile fundamentum; et tunc dico, quod si pro libertate
« possumus hanc probabiliorem sequi, possumus et minus probabilem.
« Ratio patet; quia, concesso, quod liceat operari cum probabiliori, ne-
« cessario concedendum, quod lex in dubio non possideat et ideo possidet
« libertas, quae utique sua certa possessione non est privanda, nisi constet
« de lege ».

« Obiiciunt V. Quod veritas cognita procul dubio sequenda est: sicut
« igitur quando veritas certo apparet stare pro lege, tenemur eam sequi,
« ita et quando res apparet verisimilior. Sed negatur paritas: quando
« apparet veritas pro lege, tenemur utique eam amplecti; quia tunc lex
« manifeste apparet: unde nemo tunc pro opposita parte potest sibi rectam
« conscientiam formare, secus si res tantum apparet verisimilior; tunc
« enim, cum veritas etiam verisimiliter stet pro altera parte, lex est dubia
« et ideo eo casu vel non adest lex, vel non obligat ».

« Saltem dices, praesumi legislatorem velle obligare subditos ad
« sequendas opiniones probabiliores pro lege. Respondetur, hanc praesum-
« ptionem non esse certam, sicut deberet esse, ut subditos adstringere
« possit: imo potius, cum id legislator non declaraverit, praesumitur oppo-
« situm, ne confusiones interveniant; cum enim lex debeat esse universalis
« et universaliter observari, magna intercederet confusio, si unusquisque
« teneretur sequi et absolute docere sententias, quae sibi probabiliores
« apparent, ut diximus et latius dicemus infra ».

III.

Exponitur secunda ratio.

Quia lex ut obliget, debet esse sufficienter intimata.

« Ratio secunda est, quia lex, etiamsi exsisteret, non obligat, nisi
« sit sufficienter ut certa intimata; cum enim lex ad regulam subditorum
« constituatur, non sufficit, quod ipsa sit in mente legislatoris retenta, sed
« debet per promulgationem subditis applicari, alias nec valet obligare nec
« lex dici posset. Id omnes docent cum d. Thoma 1. 2. q. 90. a. 4., ubi:
« *Lex imponitur aliis per modum regulae et mensurae. Regula autem*
« *et mensura imponitur per hoc, quod applicatur his, quae regulantur*
« *et mensurantur. Unde ad hoc quod lex virtutem obligandi obtineat,*
« *quod est proprium legis, oportet, quod applicetur hominibus, qui se-*
« *cundum eam regulari debent. Talis autem applicatio fit per hoc quod*
« *in notitiam eorum deducitur ex ipsa promulgatione. Unde promulgatio*
« *ipsa necessaria est ad hoc quod lex habeat suam virtutem.* Idem ait
« Gratianus *in c. In ipsis.* Dist. 4. *Leges instituuntur, dum promulgan-*
« *tur.* Pariter s. Bernardus epist. 77. *ad Hug. de s. Vict.* scribit, legem
« etiam divinam promulgatione indigere; alias ait s. Doctor: *Valde iniuste*
« *exigitur obeditio, ubi non praecesserit auditio.* Publicatio autem legis
« illa dicitur sufficiens, qua lex fit subditis certa per scientiam, sive per
« intelligentiam, ut habetur in l. 9. *c. de legib.,* ubi: *Leges sanctissimae,*
« *quae constringunt hominum vitas, intelligi ab omnibus debent.* Et in
« *l. Quicquid, de verb. oblig. Quicquid adstringendae obligationis causa*
« *dictum, id, nisi palam exprimatur, omissum esse intelligendum est.*
« Et ita communiter docent Scotus in 4. d. 3. q. 4., ubi: *Nullus tenetur*
« *ad aliquod praeceptum divinum, nisi per aliquem idoneum et authen-*
« *ticum sibi promulgetur.* Item Suarez to. 2. in 3. p. d. 40. sect. 5. *Etiam*
« *lex naturalis nunquam obligat cum solo dubio,* v. gr. *an talis actus*
« *sit prohibitus. Tunc non obligantur homines ex vi legis ad absti-*
« *nendum a tali actu; quia non est eis lex sufficienter proposita.* Item
« Glossa *in c. Cum sunt de reg. iuris in 6. In dubio nullum praesumi*
« *obligatum, ex authentica, Quibus modis.* Sed clarius loquitur magister
« magistrorum d. Thomas in qu. 17. *de Verit.* a. 3., ubi: *Nec ex imperio*
« *alicuius regis vel domini ligatur aliquis, nisi imperium attingat ipsum*
« *cui imperatur. Attingit autem ipsum per scientiam ; unde nullus*
« *ligatur per praeceptum aliquod, nisi mediante scientia illius praecepti:*
« *et ideo ille qui non est capax notitiae, praecepto non ligatur. Sicut*
« *in corporalibus corporale non agit nisi per contactum* (funes enim

« non ligant, nisi per contactum applicentur), *ita in spiritualibus prae-*
« *ceptum non ligat nisi per scientiam.* Sicut igitur, ut quis nequeat in-
« cedere, non sufficit, quod funes adsint, sed requiritur ut ei vere appli-
« centur, eum ligando; sic etiam, ut quis prohibeatur ab aliqua actione,
« oportet ut lex prohibens per cognitionem certam ipsi applicetur. Sed
« quomodo potest dici lex vere applicata sive intimata, quando probabile
« est, quod lex ne exsistat quidem? »

    « Patet igitur ex textu praefato d. Thomae, legem non posse dici
« satis intimatam per solam opinionem probabiliorem; cum enim opinio
« necessario formidinem in opposito includat, ut supra ostendimus, num-
« quam scientia dici valet. Ergo etiamsi alicui probabilius appareat adesse
« legem prohibentem, nequit tamen dici, quod ipse legem sciat, quando
« probabiliter adhuc putat, illam non exsistere et forte revera non exsistit.
« Cum autem promulgatio legis pertineat ad legis essentiam, quando du-
« bitatur de promulgatione, etiam de lege dubitatur; unde sicut lex debet
« esse certa ut obliget, ita et promulgatio, quae est constitutivum legis.
« Hinc dixit s. Leo Papa *in c. Sicut quaedam* dis. 14.: *In iis quae vel*
« *dubia fuerint aut obscura, id noverimus sequendum, quod nec prae-*
« *ceptis evangelicis nec decretis ss. Patrum invenitur adversum.* Idem
« sensit Innocentius IV. *in c. Suas. de Simon.* dicens: *Non peccat mor-*
« *taliter qui sequitur intellectum alicuius gravis auctoris, dummodo ta-*
« *men error versetur circa subtilitatem legum.* Per τό autem *subtilitatem*
« *legum* intelligitur iuxta Panormitanum dictum aliquod obscurum quod
« interpretes diverse declarant. Ergo ubi homo non est certus de lege pro-
« hibente, facere potest quidquid ei placet, ut pro indubitato supponit
« d. Thomas in eodem art. 3. in dict. quaest. 17. *de Verit.* ubi: *Dicendum,*
« *quod conscientia procul dubio ligat. Ad videndum autem quando ligat,*
« *sciendum, quod ligatio, metaphorice a corporalibus ad spiritualia*
« *sumpta, necessitatis impositionem importat; ille enim qui ligatus est,*
« *necessitatem habet consistendi in loco ubi ligatus est et aufertur ei*
« *potestas alio divertendi.* Ergo qui non est ligatus per scientiam a prae-
« cepto, potestatem habet divertendi quo vult ».

    « Obiiciunt I. Quod ut lex obliget non requiritur, quod ipsa cuique
« particulari intimetur, sed sufficit, eam communitati esse intimatam, ut
« docet d. Thomas 1. 2. q. 90. a 4., ubi: *Illi coram quibus lex non pro-*
« *mulgatur, obligantur ad legem observandam, in quantum in eorum*
« *notitiam devenit per alios vel devenire potest, promulgatione facta.*
« Sed respondetur 1. Quis negabit, quod lex, ad obligandos particulares,
« sufficit eam aliquando fuisse communitati intimatam? Attamen, ut par-
« ticulares teneantur, semper requiritur ut ipsi sciant intimationem legis
« certe communitati factam et hoc est quod dicit s. Doctor: *Obligantur*
« *ad legem, in quantum in eorum notitiam devenit.* Hinc respondetur 2.

« quod lex, quae inter sapientes controvertitur, ne communitati quidem
« potest dici intimata; cum ipsa communitas in diversas partes scissa
« adhùc quaerit nec invenit legem esse latam. Forte dicent, ex ipso lumine
« naturae esse communitati intimatam legem universalem, ut in probabi-
« libus sequenda sint probabiliora imo tutiora, ut aliqui addunt. Sed
« quomodo ista lex dici poterit unquam communitati intimata, cum maxima
« communitatis pars lumine naturali talem legem non agnoscat; cum
« potius lumen naturae dictet, homines sua libertate certà per legem
« dubiam minime esse privandos? »

   « Obiiciunt II. Quod cum dubitatur de lege vetante aliquam actionem,
« dubitatur etiam an homo sit in potestate suae libertatis ad illam facien-
« dam. Respondetur, quod sicut quando lex est certa et dubitatur an sit
« revocata, in dubio servanda est, donec de revocatione constet; quia tunc
« lex possidet: ita contra, quando lex non est certa, possidet libertas; unde
« homo, post adhibitam diligentiam ad inveniendam veritatem, non prohi-
« betur ab aliqua actione, donec ei constet de lege prohibente: prout quisque
« potest pro libito disponere de re possessa, donec post adhibitam diligen-
« tiam non est certus illam esse alienam. Quousque igitur, adhibita dili-
« gentia, homo non est certus de lege prohibente, ab omni culpa excusatur,
« etiamsi contra legem (si forte ipsa exsistat) operetur; invincibilis enim
« ignorantia illa utique est, quae studio superari non potest, ut docet
« d. Thomas 1. 2. q. 76. a. 2 ».

   « Obiiciunt III., promulgationem non requiri in lege Divina, sicut
« requiritur in humana. Recte dicunt et concedo, si hoc dicitur ad signi-
« ficandum, quod superior humanus potest legem editam velle, ut non obliget
« nisi post promulgationem: non autem sic Deus; quia fieri potest, quod
« superior humanus tulerit legem et postea mutato consilio ad eam nolit
« subditos obligare, illam non promulgando: Deus autem statim ac legem
« edidit, simul etiam promulgasse intelligitur, adeo ut scientes hanc adesse,
« statim ac sciunt, eam servare teneantur. Verumtamen respondetur, quod
« lex ut obliget, sive humana sive divina sit, semper debet esse sufficienter
« promulgata, sive cognita sive proposita, sive indita (dic ut mavis) tan-
« quam certa. Nam si probabile est, aliquam legem non adesse (ut proba-
« bile, imo probabilissimum est de hac lege sequendi probabiliora, prout
« diximus), patet, probabile etiam esse imo certum, illam non esse satis
« promulgatam et ideo ad illam neminem teneri; cum adhuc in dubio legis
« nostra libertas possideat ».

IV.

Exponitur tertia ratio.

Quia si esset obligatio sequendi probabiliora,
magna interveniret difformitas in observantia legis.

« Certum est, quod lex respicere debet non iam particularium, sed
« totius communitatis bonum. Ad hoc autem bonum communitatis utique
« opus est quod observantia legis sit in omnibus uniformis, ut absint scan-
« dala, dissensiones, perplexitates et conscientiarum pericula, quae omnia
« bono communi adversantur. Ad promovendam igitur hanc uniformitatem
« observantiae legis, vel omnes sunt obligandi ad sequendas opiniones tu-
« tiores, vel omnibus permittendus est usus opinionis minus probabilis. Vel
« (inquam) omnes tenentur sequi rigidam sententiam, quia ubi lex est con-
« troversa, erit tunc uniformis obligatio sectandi opinionem tutiorem; sed
« haec obligatio communius nec ab ipsis adversariis admittitur: vel omnes
« possunt benignam amplecti sententiam, quia, cum ipsa nitatur gravi fun-
« damento, innixo alicui principio certo, quamvis aliqua opinio aliquibus
« videbitur minus, aliis magis probabilis, tamen communiter ut probabilis
« iudicabitur et ideo communiter hominibus eam sequi permittetur. Contra
« vero, si ad observantiam legis regula maioris probabilitatis tenenda erit,
« necessario legis observantia difformis evadere debet; cum enim variae
« sint mentes hominum etiam sapientum, saepe accidit, quod opinio quae
« uni probabilior est, alteri minus probabilis videatur, ita ut hic lege
« adstringatur, alter non: imo eadem persona hodie lege non tenebitur, cras
« sic; quia eadem actio hodie videbitur ipsi probabilius licita, cras proba-
« bilius illicita. Hinc sapienter ait Gerson: *Itaque debet quilibet nunquam*
« *oblivisci quam incerta est scientia nostra, ita ut idem saepe homo*
« *brevi momento temporis nunc in hanc nunc in oppositam feratur*
« *sententiam.* Si ergo teneremur probabiliores sententias amplecti, neces-
« sario inter fideles magna confusio oriretur; quia unus concionator do-
« cebit, adesse aliquam obligationem, alter non: unus confessarius dicet,
« aliquem contractum esse honestum, alter, inhonestum; et ecce confusio
« et ex confusione innumera scandala, dissensiones, perplexitates et inde
« pericula conscientiarum. »

« Nec valet dicere, quod sequendo benignam sententiam, etiam dif-
« formitas intercedere potest, cum eadem opinio alicui probabilis videri
« possit, alteri improbabilis. Non negatur hoc accidere posse; sed semper
« verum erit, quod cum aliqua opinio pollet solida probabilitate et certo
« gravi fundamento nititur, ipsa apud maximam partem sapientum proba-

« bilis existimabitur ; idque iam satis erit ad conservandam universalem
« uniformitatem observantiae legis, non obstante quod apud aliquem par-
« ticularem illa non sit probabilis ; id enim quod raro accidit, universalem
« uniformitatem non aufert. Hoc tamen certe non evenit circa aestima-
« tionem opinionum probabiliorum ; quia, cum maior vel minor earum pro-
« babilitas pendeat a moralibus motivis, nempe a iudicio et ponderatione
« rationum, quas alii deducunt ex uno principio, alii ex alio, non raro sed
« communiter accidit, quod quae uni est validior, alteri debilior apparet. »

V.

Exponitur ratio quarta.

Quia, nisi licitus esset usus benignae sententiae,
omnino turbaretur ordo obedientiae superioribus debitae.

« Omnes theologi tam recentes quam antiqui docent, in obscuris esse
« obediendum superioribus, ubi non est certum peccatum : ita s. Bonaven-
« tura in 2. d. 39. a. 1. qu. 3. Gerson *de Poll. noct.* cons. 3. Nyder *in Con-*
« *solat.* p. 3. cap. 17., ubi citat Raymund. et Henr. Gandens. Halensem p. 2.
« qu. 121. membr. 3. a. 2. et sic docuerunt omnes qui de hac re egerunt.
« Ita etiam omnes mysticae theologiae magistri cum s. Ignatio Loyola *in*
« *epist. de virt. obed.*, ubi: *Est igitur haec ratio subiiciendi proprii iu-*
« *dicii, non solum sanctis viris usitata, sed etiam perfectae obedientiae*
« *studiosis imitanda, omnibus in rebus quae cum peccato manifesto con-*
« *iunctae non sunt.* Audiatur praecipue d. Bernardus *de Praecept. et Di-*
« *spens.* c. 12.: *Quidquid vice Dei praecipit homo, quod non sit certum*
« *displicere Deo, haud secus omnino accipiendum est, quam si praecipiat*
« *Deus.* Deinde sibi obiicit: *Sed homines facile falli possunt.* Et respon-
« det: *Sed enim, quid hoc refert tua, qui conscius non es? praesertim*
« *cum teneas de Scripturis, quia labia sacerdotis custodiunt scientiam*
« *etc.? Ipsum proinde, quem pro Deo habemus, tanquam Deum in*
« *his, quae non sunt aperte contra Deum, audire debemus.* Item Leo X.
« (ut refert Casarubius v. *Declarare* n. 4. et 5.) concessit fratribus mino-
« ribus, ut possint in omnibus dubiis secura conscientia stare determina-
« tioni suorum superiorum. Item s. Bernardinus Senensis *in Dialogo de obed.*
« ait: *Ubi subditus rationabiliter dubitat, an quod praecipitur, sit pec-*
« *catum an non, tunc profecto obedire debet.* Item b. Humbertus *in lib. de*
« *Erud. relig.* c. 1.: *Nisi aperte sit malum quod praecipitur, accipiendum*
« *est, ac si a Deo praeciperetur.* Item Dionysius Chartusianus in 2. d. 39.
« q. 3.: *In dubiis an sit contra praeceptum Dei, standum est praecepto*
« *praelati; quia, etsi sit contra Deum,'attamen propter obedientiae bo-*

« *num non peccat subditus.* Item Glossa in *c. Ad aures. De temp. ord. lit.*
« *F in fine: Si vero dubium sit praeceptum, propter bonum obedientiae*
« *excusatur a peccato, licet in veritate sit malum.* Idem docuit prius
« d. Augustinus, loquens de obedientia debita superioribus temporalibus in
« *c. Quid culpatur* 3. caus. 23. qu. 1., ubi: *Ergo vir iustus, si forte sub*
« *rege homine etiam sacrilego militet, recte potest illo iubente bellare,*
« *si quod sibi iubetur vel non esse contra Dei praeceptum, certum est*
« *vel utrum sit, certum non est; ita ut fortasse reum faciat regem ini-*
« *quitas imperandi, innocentem autem militem ostendat ordo serviendi* ».

« Certum igitur est, subditum teneri obedire superiori in omnibus,
« quae non sunt aperte mala et ratio huius certa est, quia si subditus
« non posset aut non teneretur. parere, quando dubitat de honestate rei
« praeceptae, ordo reipublicae omnino perturbaretur; fere enim semper in
« plurimis opinionibus dubia occurrunt et sic saepe praecepta superiorum
« obedientiam non obtinerent. Si ergo obediendum, ubi non constat de pec-
« cato; illud quod superior praecipit ex opinione probabili, equidem non
« est certum peccatum : quando igitur ipse iubet aliquid ex opinione pro-
« babili, licet minus quam opposita, subditus tenetur obedire. At non pos-
« set subditus obedire, nisi cognosceret aut supponeret, superiorem pru-
« denter praecipere; nam si subditus certo sciret, praelatum dubitare de
« honestate rei praeceptae, non teneretur ei parere, quia tunc praeceptum
« esset temerarium et obsequium subditi non esset rationabile. Et idem
« dicendum, si superior esset in aliqua re ita imperitus, ut non posset
« iudicium sibi formare de probabilitate rei praeceptae et contra opinio
« de re praecepta non videretur subdito probabilis, puta, si superior esset
« laicus et praeciperet procuratori inire contractum, qui ipsi procuratori
« non videretur probabiliter licitus; quia tunc subditus esset moraliter
« certus de inhonestate suae actionis, cum in oppositum nec videat nec
« supponat probabilitatem rei praeceptae. Ut ergo subditus possit obedire,
« cum opinio rei praeceptae videtur ipsi minus probabilis, necesse est ut
« teneat, superiorem posse praecipere et prudenter praecipere, quoties
« praecipit ex illa opinione minus probabili ac proinde iudicare debet,
« licitum esse illam sequi etiam in concursu probabilioris. Ergo non est
« sola ratio superioritatis, quae cohonestat operationem subditi; nam si
« hoc esset, subditus deberet obedire adhuc si sciret, praelatum in dubio
« praecipere, vel adhuc si praelatus esset imperitus circa materiam prae-
« ceptam. Tota igitur ratio cur obediendum sit, est, quia superior, ut
« diximus, potest operari et prudenter praecipit, quando praecipit cum
« opinione minus probabili ».

« Dicet aliquis, quod eo casu tenetur subditus quaerere rationes,
« quibus probabilior ipsi fiat praelati opinio. Sed perperam; quia potest
« esse quod quaerat et non inveniat : imo potest esse quod inveniat adhuc

« clarius, opinionem sua esse probabiliorem opinione superioris, qui forte
« erit minus doctus quam subditus: teneturne tunc iste obedire? Si non
« tenetur, corruit regula laudata, scilicet obediendum esse in omnibus, ubi
« non constat de peccato; quando enim adest opinio probabilis de hone-
« state alicuius rei, nequit dici eam esse manifeste illicitam. Si tenetur,
« ergo iudicare debet, quod bene possit superior praecipere rem illam cum
« opinione minus probabili. Instabit: tunc tenetur subiicere iudicium suum
« iudicio praelati. Sed respondetur, nullibi haberi, praelato promissam
« fuisse assistentiam Spiritus sancti et infallibilitatem, ita ut nunquam
« possit errare circa veritatem rerum quas praecipit, sicut summus Pon-
« tifex, quo praecipiente, tenetur subditus omnino mutare et subiicere iu-
« dicium. Si ergo non peccat obediendo superiori, casu quo obediat forte
« in malo, sed non manifesto, hoc ex eo est quod cognoscit, superiorem
« non temere praecipere, cum praecipit ex opinione ipsi·probabili: et
« contra, quod ipse subditus tenetur obedire, ubi peccatum non est certum
« et sic intelligitur illud (ad quod recurrunt adversarii, ut cohonestent
« obedientiam in rebus dubiis): *Qui vos audit, me audit;* nempe quod
« cum superior praecipit aliquid non certe malum, certus est subditus,
« immunem se esse a peccato. Inde est, quod si Pontifex declaret aliquid
« licitum, quod mihi videtur illicitum, illud certe possum operari, iudi-
« cium submittendo. At contra, quamvis tenear obedire, quando superior
« praecipit mihi actionem, de cuius probabilitate dubito et obediendo tunc
« non peccem, non possum tamen, seclusa obedientia, deinde eandem
« facere actionem ».

VI.

Exponitur quinta ratio.

*Quia obligatio sequendi probabiliora si adesset,
esset humanis viribus impar.*

« Si adesset lex sequendi opiniones probabiliores, utique adesset ne-
« cessario simul obligatio opiniones probabiliores inquirendi, ut bene ar-
« guunt Suarez, Sanchez, Laymann, Terillus et alii. Imo teneremur inqui-
« rere in opinionibus minus tutis illam notabilem praeponderantiam, quam
« aliqui ex adversariis amplius exigunt; unde teneremur (ut recte ait San-
« chez l. 1. c. 9. n. 14.) prius perpendere omnes rationes intrinsecas cu-
« iusque opinionis, item conferre auctoritates Doctorum inter se diversas,
« item conferre rationes nobis probabiliores cum auctoritatibus aliorum;
« quandoque enim aliorum auctoritas propriae rationi praeferri debet, ut
« dicit d. Thomas 2. 2. q. 4. a. 3., ubi: *Aliquis parvae scientiae magis*

« certificatur de eo quod audit ab aliquo scientifico, quam de eo quod
« sibi secundum suam rationem videtur. Et sic deinde omnia haec li-
« brando, nempe rationes et auctoritates, formare deberemus iudicium
« certum, hanc vel illam opinionem esse nobis probabiliorem et tutam.
« At quis non videt, hoc esse onus moraliter intolerabile, utpote innu-
« meris scrupulis, perplexitatibus et periculis errandi obnoxium? Ac
« proinde non praesumitur benignissimus Deus, cuius misericordia su-
« perexaltat iudicium, tantum pondus nobis imponere voluisse, moraliter
« impossibile ad portandum. Dicitur *impossibile;* nam sapienter ait d. An-
« tonin. p. 1. tit. 1. c. 10. § 10. reg. 7. loquens equidem de delectu opi-
« nionum: *Non solum autem dicitur impossibile, quod absolute non*
« *est possibile, sed etiam videtur interpretandum secundum virtutem*
« *epikeiae in lege nova esse impossibile, quod vix est possibile, utpote*
« (nota) *nimiam habens difficultatem. Alias quomodo salvaretur illud:*
« *onus meum leve?* Hinc p. Suarez in 1. 2. tr. 3. d. 12. se. 6. dicit:
« *Quotiescumque opinio probabilis est, potest aliquis formare con-*
« *scientiam certam, conformem tali opinioni. Praeter aa. citatos favent*
« *Navarrus, Sylvest. Angel. Significat Antonin.* p. 1. tit. 3. c. 10.
« *Ratio est, quia esset intolerabile onus, obligare homines ad confe-*
« *rendas singulas opiniones.* Ad hoc etiam facit illud: *Noli esse iustus*
« *multum, neque plus sapiens quam necesse est, ne obstupescas. Eccle.*
« VII. 17. Recte ait Malderus: *Si ad operandum probabilitas non*
« *sufficeret, sed certitudo requireretur, homo quidem obstupesceret, in*
« *mille angustias, perplexitates et formidines implicatus et sic plura*
« *bona opera omitteret.* Revera enim maxima pars confessariorum et
« doctorum utique absterrerentur ab excipiendis confessionibus, a prae-
« bendis consiliis, a docendo, a scribendo. Hinc fit, quod sectatores rigidae
« sententiae difficulter se adducant ad confessiones audiendas; quia vel
« deberent poenitentes dirigere iuxta sententias semper tutiores et huic
« oneri velle omnes subiicere sibimet videtur nimis durum et intolerabile,
« vel iuxta opiniones probabiliores et quia difficulter valent discernere,
« quae sint ita probabiliores ut tute eas sequi possint, ideo, ab huiusmodi
« angustiis ut se eximant, ab audiendis confessionibus abstinent ».

« Dicit Mercorus, quod si homines tenerentur ad hoc onus exqui-
« rendi opiniones probabiliores, non dubitaret concedere, non adesse obli-
« gationem probabiliores amplectendi, sed potius benigna sequenda esset
« sententia; sed hoc (ut ait) non accidit, quia huiusmodi obligatio non
« adest indagandi probabiliora, sed tantum eligendi opiniones quae nobis
« praesto probabiliores videntur: hoc autem (dicit) non est onus intolera-
« bile. Sed hoc Mercori confugium omni videtur probabilitate carere et
« si quis probabiliorista se gereret iuxta hanc Mercori doctrinam, nescio
« quomodo tuta conscientia posset operari; etenim, ut omnes docent cum

« d. Thoma, qui tenetur ad rìnem, tenetur ad media: si ergo non possumus
« sequi opinionem minus aut aeque probabilem pro libertate in concursu
« probabilioris, tenemur sane debitam adhibere diligentiam, ut certi red-
« damur, quod illa opinio sit vere probabilior ; alias certo exponimur pe-
« riculo peccandi, sequendo opinionem non probabiliorem, dum ignorantia
« eo casu studio vinci potest. Sicut igitur, iuxta Mercori sensum, peccat
« qui sequitur minus probabilem, ita etiam peccat qui se exponit periculo
« eam sequendi. Quod autem fiamus certi, quod aliqua opinio minus tuta
« sit vere probabilior, vel habeat requisitam praeponderantiam, hoc est
« moraliter impossibile; vel enim praeponderantia illa est parva et quis
« securus erit, opinionem esse vere probabiliorem? cum enim excessus sit
« modicus, difficile potest certo percipi: aut praeponderantia est magna
« et quis iudicare poterit eam pertingere ad sufficientem mensuram, ita
« ut opinio tutior certo iudicetur falsa aut saltem tenuiter probabilis? Et
« sic semper cum dubio practico agere deberemus; a quo ut redderemur
« immunes, opus nobis esset semper eligere sententias vel tutiores, vel
« undique moraliter certas, quarum oppositae nobis essent omnino falsae.
« Haec autem omnia, quae valde animum vexant fautorum rigidae senten-
« tiae, efficiunt, ut ipsi, eo quod ab huiusmodi haesitationibus satis se ex-
« tricare nequeunt, ut plurimum in rigidum tutiorismum se coniiciant et
« ita sibi et aliis reddunt intolerabile iugum divinae legis, quod Christus
« Dominus dixit esse leve et suave. Audiamus magnum Gersonem, qui
« *de Vita spir.* lect. 4. sic loquitur: *Doctores theologi non debent esse*
« *faciles ad asserendum, aliqua esse peccata mortalia, ubi non sunt*
« (nota) *certissimi de re; nam per eiusmodi assertiones voluntarias,*
« *rigidas, duras et nimis strictas in rebus universis nequaquam eruun-*
« *tur homines a luto peccatorum, sed in illud profundius, quia despe-*
« *ratius, demerguntur.* Addit demum: *Quid prodest, imo quid non obstat*
« *coarctare plus iusto mandatum Dei, quod est latum nimis? Quid*
« *expedit gravius reddere illud Christi iugum, quod suave est et onus*
« *leve?* Hinc ven. p. Paulus Segneri (qui ob vitae sanctitatem quanto me-
« rito fuerit apud Deum satis historia eius gestorum testatur) scribit, quod
« si ipse putasset non posse sequi opiniones minus tutas, nisi essent pro-
« babiliores, nescisset modum quo salvus fieri potuisset. Sic enim dicebat:
« vel teneor sequi *probabiliores in se,* et tunc quando sciam quae opinio
« sit vere probabilior tot in casibus, ubi graves occurrunt rationes et au-
« ctoritates hinc inde oppositae? vel *probabiliores mihi* et angustia au-
« geretur; nam saepe mihi oporteret iudicare, meam opinionem esse pro-
« babiliorem contra aliam plurium sapientium sententiam et tunc quis
« me tutum reddet, quod mea opinio sit certe probabilior et probabilior
« cum illa notabili praeponderantia, quam aliqui ex contrariis requirunt?
« Quomodo certus fiam, quod ipse rationes oppositas bene intellexerim et

« bene solverim? Quod dictamen conscientiae, quod mihi formavi, sit satis
« certum et tutum? Quod hallucinatus non fuerim a proprio sensu, ita ut,
« si errem, error meus sit vere invincibilis et inculpabilis? »

« Et revera, quod in opinionibus maximam partem sibi sensus pro-
« prius sive passio vindicet et non ratio, passim accidit doctis et indo-
« ctis; immo saepius evenit doctis, quia facilius est rationes invenire ad
« sibi suadendum, quod veritas sit ex ea parte, in quam magis a passione
« feruntur: *Unusquisque faciliter credit quod appetit*, dicit s. Thomas.
« Considera scotisticam scholam a tot seculis tomisticae oppositam; per
« haec tempora nullum legimus aut ex fratribus minoribus doctrinis or-
« dinis praedicatorum adhaesisse, nec quemquam ex istis adhaesisse illis.
« Et tamen, si franciscanus aliquis elegisset s. Dominici religionem, nonne
« certe manibus et pedibus Scoto adversaretur? Et·converso, si quis do-
« minicanus ordinem minorum introisset, nonne doctrinae s. Thomae ab-
« solute se opponeret? Peto, in istis quid praevalet? sensus an ratio? non
« quidem ratio, quia qui nunc existimat probabiliorem sententiam suae
« scholae, si esset alterius, illam minus probabilem profecto putaret. De-
« nique dato, quod quis nulla irretitus sit passione, quis securitatem ei
« praebebit, quod sufficientem diligentiam iam adhibuerit ad sententiam
« probabiliorem inveniendam? Et nonne magnae istae essent angustiae,
« quae vitam redderent miserrimam, legem durissimam et pericula pec-
« candi facillima? »

« Illi autem periculo in quo sunt probabilioristae, ut vidimus, non se
« exponunt qui sequuntur opinionem certo probabilem, licet minus. Quia
« postquam ipsi certi sint facti de probabilitate opinionis, non tenentur
« maiorem adhibere diligentiam; quando enim opinio aliqua nititur gravi
« et certo fundamento, non adest amplius moralis sive ,prudens spes in-
« veniendi veritatem certam et ideo si falluntur, invincibiliter falluntur.
« Hinc recte infertur, quod licet sententia rigida videatur per se tutior,
« revera tamen tutior est benigna, quia rigida maius affert periculum pec-
« candi formaliter, dum benigna magis periculum affert tantum materia-
« liter peccandi. Et hoc dato etiam, quod qui utitur opinione probabili
« laedat materialiter legem, si forte lex adsit (quod iam ostendimus supra II.
« obiect. 1. omnino esse negandum, quia lex, ut diximus, non comprehendit
« qui prudenter agunt) sed dato (inquam) etiam hoc periculo peccandi
« materialiter, ab illo non tenemur averti, postquam veritatem inquirere
« studuimus et non potuimus invenire; tunc enim ignorantia, cum sit in-
« vincibilis, est equidem etiam inculpabilis, dum peccatum invincibiliter
« ignoratum non imputatur ad culpam ».

« Sed dicunt adversarii: Nos securius salutem nostram facimus, cum
« nulli periculo exponamur. Utinam sic esset. Illud scio, quod ex d. Thoma
« docet d. Antonin. p. 2. tit. 1. c. 11. §. 28., nimirum peccare doctorem

« qui damnat de mortali aliquam opinionem, quae non est contra aucto-
« ritatem expressam Scripturae vel Ecclesiae vel contra evidentem ra-
« tionem; quia animas periculo damnationis exponit: *Nam* (inquit) *si de-*
« *terminetur, quod sit ibi mortale et non sit, peccabit contrafaciens;*
« *quia omne quod est contra conscientiam, aedificat ad gehennam.* Item
« (ut mox supra vidimus) ait Gerson, doctores non debere aliquid damnare
« de mortali, *ubi non sunt certissimi de re; nam per eiusmodi asser-*
« *tiones rigidas homines in lutum peccatorum profundius demerguntur.*
« Item in *constit. pp. praedic.* dicitur, relaxanda esse quantum fieri po-
« test rigiditas in opinionibus; *terrentur enim homines ex hoc in tantum,*
« *ut salutem propriam negligant.* Hinc Terillus q. 31. n. 12. non dubitat
« asserere (et non immerito) quod cum opinio rigida, sumpta pro con-
« scientiae regula, sit opinio animarum saluti valde noxia, suadere iliam
« ut regulam est per se et ex obiecto peccatum grave; quia suadere rem
« valde noxiam (maxime si sit universalis) caritati graviter repugnat.
« Ceterum magna mihi esset angustia et timor peccandi, si omnes quorum
« confessiones exciperem, sive validiores spiritu sive debiliores essent, ob-
« stringere vellem ad non utendum nisi opinionibus (cum sunt minus tutae)
« quae certe essent probabiliores, imo valde excedenter probabiliores, ut
« aliqui autumant. Tanto magis periculum animae vererer, si poenitentem
« qui mihi confessus esset peccata sua, sine absolutione dimitterem, eo
« quod sequi vellet opinionem graviter probabilem, quia opposita esset
« mihi probabilior. Item si poenitentem, qui est in bona fide, monerem (ut
« nonnulli adversariorum contendunt faciendum) de aliqua malitia illi in-
« cognita, praeter necessaria ad salutem, etiamsi praeviderem, monitionem
« illi obfuturam, ita ut eum iniicerem in statum peccati formalis. Nescio
« igitur, inquam, an ob haec et alia, quae fautores rigidae sententiae pro
« regulis sibi statuunt, nullum periculum salutis incurrant. P. Constantinus
« Roncaglia, vir doctrina et eruditione satis notus, fatetur in *sua Theol.*
« *mor.* tract. 1. c. 2. reg. in prax. se aliquando secutum fuisse rigidam
« sententiam eamque docuisse per plures annos: *At experimento vidi*
« (sic addit) *nihil ad praxim deservire; quis etenim vel studendo et*
« *praecipue dum audit confessiones, potest omnia momenta utriusque*
« *partis librare et inde definire: hoc est minus probabile, hoc est pro-*
« *babilius? Hoc esset onus intolerabile. Satis mihi fuit in praxi sequi*
« *sententias, quas rationabili fundamento innixas putavi et ita credidi*
« *satisfecisse meae conscientiae absque eo quod me iudicem constituerem*
« *inter minus probabilem et magis probabilem* ».

VII.

Exponitur sexta ratio.

Quia sententia benigna est probabilior, imo probabilissima.

« Etiàmsi concedatur, quod adsit lex vetans usum opinionis minus
« tutae nisi sit probabilior, vel etiam cum magna praeponderantia, ut ali-
« qui ex recentioribus contendunt: dicimus, quod nostra sententia, nempe
« quod liceat sequi opinionem probabilem pro libertate, relicta probabiliori,
« est longe probabilior sive probabilissima, imo moraliter seu lato modo
« certa. Id patet ex argumentis supra expositis, scilicet (ut paucis omnia
« praedicta perstringam) I. quia in dubio ·legis possidet libertas: II. quia
« lex nisi certe sit promulgata, non obligat: III. quia alias magna inter-
« cederet difformitas in observantia legis: IV. quia alias perturbaretur ordo
« obedientiae: V. quia obligatio sequendi probabiliora esset humanis viribus
« impar. Adde his potissimum argumentum sub initium propositum, nimi-
« rum quod si sententia benigna fuisset falsa, minime quidem communiter
« a doctoribus undique fuisset recepta (ut revera recepta fuit) aut saltem
« Ecclesia eam non tolerasset, permittendo, quod animae communiter per
« hanc perditionis viam (ut adversarii clamitant) a talibus coecis ducibus
« deceptae incederent. Haec argumenta singula quidem valent moralem cer-
« titudinem nostrae sententiae ostendere, tanto magis simul coniuncta. Ad
« formandam enim certitudinem moralem alicuius sententiae non requiritur,
« ut auctores oppositam tenentes omni ratione adhuc levi careant, şed suf-
« ficit si sententia illa, omnibus perpensis, ita vera appareat, ut contrariae
« vix supersit apparentia verjtatis, vel ut contraria non videatur satis pro-
« habilis. Porro certitudo aliquando non resultat ex uno principio convin-
« cente, sed ex pluribus coniecturis gravibus et verisimilibus, quae ad idem
« conferunt, ut docet s. Antonin p. 2. tit. 3. c. 3. his verbis: *Certitudo mo-*
« *ralis non resultat ex evidentia demonstrationis, sed ex probabilibus*
« *coniecturis grossis et figurabilibus, magis ad unam partem quam ad*
« *aliam se habentibus; dicitur autem probabile quod pluribus et maxime*
« *sapientibus apparet verum.* Idem dicit Gerson *de Contr.* p. 2. prop. 12.
« ubi: *Probabilis certitudo sufficit in moralibus, ut non exponat quis*
« *se periculo, ut dicunt doctores de celebrante missam, ubi requiritur*
« *status gratiae, quod sufficit ad hoc probabilis coniectura; quia cer-*
« *titudo alia citra revelationem non habetur in moralibus: quae cer-*
« *titudo non removet in una parte omnem probabilitatem vel opinionem*
« *alterius partis, licet magis declinet ad istam quam ad aliam, quod*
« *sufficit.* Idem fere iisdem verbis concludit Nyder *in Consolat.* c. 13.

« Idem ait Sylvester v. *Opinio*, qu. 1. *In moralibus sufficit certitudo ex*
« *probabilibus.* Idem ex recentioribus Natalis Alexander *Theol. mor.* l. 3.
« de pecc. reg. 18. ubi: *Praesumptio vehemens pro certitudine habenda*
« *est.* Idem Fagnanus in *c. Ne innitaris. de const.* dicit: *Et si argu-*
« *menta seorsim sumpta non concludant omnino, sed sint tantum*
« *probabilia; tamen si simul iungantur et sint multi ponderis, sunt*
« *apta generare moralem certitudinem, ut virtus apprehensiva con-*
« *cipiat absque ulla formidine rem ita esse* ».

     « Si ergo licitum est iuxta eosdem adversarios operari cum opinione
« probabiliori, sane licitus erit usus sententiae benignae, quae ex omnibus
« praedictis non solum est probabilior, sed etiam moraliter certa, saltem
« est longe probabilior sive probabilissima, cum qua certe licet operari,
« ut constat ex prop. 3. damnata ab Alexandro VIII. *Non licet sequi*
« *opinionem vel inter probabiles probabilissimam.* Cum autem hoc iu-
« dicium, quod aliqui ex nostris auctoribus appellant reflexum, non sit
« aliud quam applicatio principii generalis ad casus particulares, evidenter
« in eo comprehensos, nescio quomodo contrarii, concesso principio uni-
« versali, possint in dubium revocare, an sit licitum cum tali iudicio ope-
« rari. Si enim mihi concesseris, v. gr. legem dubiam non obligare; posito
« quod in hoc contractu non adsit lex certa, non poteris dicere, ad illam
« legem me teneri. Unde cum ad constituendam legem dubiam sufficiat
« vera probabilitas in contrarium, ut supra evidenter ostendimus; sequitur,
« quod, etiamsi opinio pro lege sit probabilior, possum habere iudicium
« certum sive probabilissimum, quod liceat mihi secundum probabilem
« operari, dato quod probabilissimum iudicium habeam, quod lex dubia
« non obliget. Alioquin si ad operandum necesse esset habere iudicium
« directe probabilius de veritate rei, subditùs non posset superiori obe-
« dire, nisi certo sibi suaderet, opinionem de re praecepta esse directe
« probabiliorem; sed hoc subversionem induceret totius obedientiae, ut
« vidimus in quarta ratione et esset contra communem sententiam pa-
« trum et theologorum. Sic pariter alias vassallus non posset suo prin-
« cipi parere militando, nisi probabilius censeret, bellum esse iustum;
« sed hoc esset contra doctrinam d. Augustini, qui docet, ei sufficere ad
« obediendum, quod nesciat, bellum esse certe iniustum ».

     « Sed dices: si per iudicium directum aliqua opinio est minus pro-
« habilis, quomodo per iudicium, quod dicunt reflexum, potest evadere
« probabilior? Sed omnino semper (ut pluries repetivimus) distinguere
« oportet opinionem ab usu opinionis. Aliud est enim quaerere, an haec
« opinio in casu particulari sit minus vel magis probabilis, aliud an li-
« ceat hac opinione uti. Unde minime nos dicimus, quod opinio aliqua
« iuxta iudicium directum sit minus probabilis et iuxta reflexum sit
« probabilior; sed asserimus, quod illa iuxta directum de veritate rei

« erit minus probabilis, iuxta autem reflexum de honestate actionis, usus
« illius opinionis erit probabilius licitus. Et sic ·respondetur ad aliam
« obiectionem quam faciunt, nempe quod cum sit obligatio sectandi ve-
« ritatem, tenemur sequi quod verisimilius nobis videtur; nam, ut supra
« diximus, duae veritates omnino sunt distinguendae, veritas opinionis
« et veritas honestatis quoad usum opinionis. Tenemur utique sectari
« quod verisimilius apparet circa veritatem honestatis usus, non autem
« semper quod apparet verisimilius circa veritatem opinionis: unde bene
« potest haberi formido de rei veritate et certitudo de honestate actio-
« nis; quia pluries, esto lex probabilius videatur adesse, tamen probabilius
« erit, eam non obligare et ex eo formamus practicum iudicium mora-
« liter certum de licito: quare non est idem facere contra conscientiam
« seu dictamen honestatis, ac facere contra id quod speculative verisi-
« milius apparet: *facere contra conscientiam* (inquit Sotus in 4. d. 18.
« q. 2 a. 5. in fin. §. *At vero) non est facere contra speculativam scien-*
« *tiam, sed contra id quod qui operatur putat licitum esse facere* ».

« Sed quomodo de eodem obiecto poterit haberi formido et certitudo?
« Erras dicendo *de eodem obiecto;* nam in nostro casu formido respicit
« unum obiectum, certitudo aliud: formido respicit veritatem opinionis,
« certitudo honestatem usus illius; hinc bene potest quis esse dubius, an
« hic contractus sit usurarius et contra certus esse moraliter, licere il-
« lum inire ex rationibus reflexis supra declaratis, quae fundant certitu-
« dinem moralis honestatis; cum certe prudenter agat qui ducitur sen-
« tentia moraliter certa aut saltem probabilissima. Quapropter merito
« ait Terillus q. 23. n. 142., quod spectatis rationibus nostrae sententiae,
« dicere, quod sit illicitum operari cum opinione certo et graviter pro-
« babili in concursu probabilioris, vix aut ne vix quidem est probabile
« et e converso sententia benigna est moraliter certa vel saltem proba-
« bilissima. Ceterum, ut adversarii desinant hoc nomen *iudicii reflexi*
« exprobrare, dicimus et patet, quod argumenta quae probant nostram
« sententiam, omnia non reflexe, sed directe iliam probant, nempe quod
« liceat sequi opinionem vere probabilem in concursu probabilioris ».

131. Hic est probabilismus simplex, qualem theologi Societatis nostrae
propugnarunt. An opus sit, aliquod temperamentum ei adhibere propter
auctoritatem s. Alphonsi, disputabimus in dissertatione speciali, quae in
fine voluminis collocabitur.

* Nam si res per se spectetur, facile patet, quod demonstratio hactenus
tradita, si quid valet (et certe valet plurimum), quemadmodum simpliciter
ostendit licere sequi opinionem probabilem, relicta probabiliore, ita ostendit quoque licere id facere sive opinio probabilior sit multo sive paulo
probabilior; dummodo opposita maneat vere probabilis. Huc enim omnia
argumenta conspirant, nempe, cum lex certa non est, licere sequi opi-

nionem vere probabilem: id directe demonstratur rationibus a s. Alphonso allatis; sive ergo magnus sive parvus sit excessus probabilitatis alicuius opinionis prae alia, dummodo haec maneat vere probabilis, certa semper erit consequentia, licere secundum hanc agere.

Et sane si contendas non licere sequi opinionem probabilem, cum opposita est multo probabilior et idcirco licere sequi opinionem probabilem pro libertate tunc solum cum altera opposita pro lege est paulo probabilior, sive (eo quod parum' pro nihilo reputatur) aeque probabilis : id affirmas vel quia censes in tali conflictu opinionum, non manere amplius opinioni minus probabili veram probabilitatem, vel quia putas in hac ipsa hypothesi non posse animum ex principiis reflexis efformare sibi conscientiam certam, vel quia credis, ex solis principiis directis seu ex propriis rei intrinsecis rationibus certitudinem honestatis actionis petendam esse. Atqui si primum dicis, vagaris extra quaestionem, negans eius hypothesim et sub nomine opinionis multo probabilioris aliquid aliud reapse intelligis, sententiam scilicet absolute probabilissimam seu moraliter certam. Si autem manens in hypothesi, quod opinio minus probabilis 'sit adhuc vere probabilis, affirmas alterum, id affirmas quod manifeste falsum est; stante enim ea hypothesi lex vere non est certa: porro certum principium est legem dubiam non obligare; ex hoc ergo principio potest quis certam sibi conscientiam efformare, licere sibi agere secus ac illa lex dubia decernere videtur. Si tandem tertium dicis, incidis in illud absurdum, quod superius in probabilioristis reprobatum est n. 76. seqq.

Praeterea attende rationem quintam, quam attulit s. Alphonsus pro sententia benigna: quia obligatio sequendi probabiliora· si adesset, esset humanis viribus impar. Si ita esset, ait s. Doctor: « teneremur inquirere in opinionibus minus certis illam notabilem praeponderantiam, quam aliqui ex adversariis exigunt: unde teneremur prius perpendere omnes rationes intrinsecas cuiusque opinionis, item conferre auctoritates Doctorum inter se diversas, item conferre rationes nobis probabiliores cum auctoritatibus aliorum... et sic deinde omnia librando formare deberemus iudicium, hanc vel illam opinionem esse nobis probabiliorem et tutam. At quis non videt, hoc esse onus moraliter intolerabile, utpote innumeris scrupulis, perplexitatibus et periculis errandi obnoxium? » Iam vero simile argumentum instaurandum est, si non licet sequi opinionem vere probabilem pro libertate, nisi sit aeque probabilis ac altera pro lege. Oportebit scilicet comparationem accurate instituere differentium opinionum, perpendere gradus probabilitatis singularum sive intrinsecae 'sive extrinsecae, nosse quantus debeat esse excessus, ut dici possit altera esse multo probabilior. Atqui hoc est onus moraliter intolerabile. Teneamus ergo, quod communis sententia, tam bene a s. Alphonso propugnata docet: satis esse, si alicui constet, sententiam aliquam esse vere probabilem, ut secundum eam agere possit. Hoc systema scientificum est, certis innixum principiis sibique semper logice cohaerens: si partem demis aut aliam substituis, pessumdas totum.

132. Opus non est immorari in solvendis consuetis difficultatibus reliquis, praeter eas, quas iam s. Doctor tetigit; illae enim reapse nullius ponderis sunt et earum solutio ubique prostat. Nihilominus abstinere non possumus ab una difficultate referenda, quae est vera difficultas et cuius solutio conducere potest ad rectam intelligentiam nostrae thesis.

Aiunt ergo: ratio probabilismi est haec: *lex dubia non obligat;* atqui, si haec ratio valet, incidimus in propositionem *damnatam* quae est tertia inter damnatas ab Innocentio XI. 2. Martii 1679. scilicet dicendum est licere agere cum opinione probabili vel tenuissima. Nam etsi opinio pro lege sit probabilissima, adhuc tamen manet formido de eius falsitate; quia adhuc versamur intra fines probabilitatis: ergo lex nondum est certa ideoque lex adhuc est dubia. Ergo possumus sequi opinionem contrariam probabilissimae pro lege, hoc est opinionem tenuissime probabilem pro libertate, quod tamen s. Sedes reprobavit.

Ante responsionem adverto, quod, cum certitudo metaphysica haberi nequit, sententia moraliter certa et sententia probabilissima non differunt reapse: ideoque tunc non est locus opinioni contrariae quoquo modo vere probabili.

Respondeo: 1° Ista ratio, quod *lex dubia non obliget*, iugiter adhibetur a s. Alphonso pro suo systemate nec tamen in eius systemate illud habet locum, quod liceat sequi opinionem tenuiter probabilem. Ergo hanc consequentiam ex usu illius rationis s. Doctor non vidit.

2° Distinguenda est ratio thesis ab ipsa thesi asserta, tum ut intentio auctoris sit in tuto, tum quia ea ratio potest esse ratio non adaequata thesis.

Et reapse nostra thesis duas partes habet: *oportet ut opinio, cui se conformat actus, sit graviter probabilis;* cuius ratio est, quia operatio debet esse prudens: non agimus autem prudenter, cum confidimus tenuissimae probabilitati. Quo posito en altera pars: *licet sequi opinionem probabilem pro libertate, relicta probabiliore pro lege;* cuius ratio est, quia lex dubia non obligat.

Ista ergo sunt principia simul coniungenda. Operatio debet esse prudens; ergo sequatur opinionem graviter probabilem: lex dubia non obligat; ergo licet sequi probabilem pro libertate, relicta probabiliore pro lege.

Quapropter ad argumentum. Ea est ratio partialis integrae thesis, *conc.* totalis, *neg.:* idcirco negatur consequens et consequentia.

Advertimus tamen, quod interpretatio adhibita propositioni damnatae non est certa; quamvis communiter adhiberi soleat; eo quod sensus, quo interpretatio accipitur, est verus. Vide n. 119.

Sed instabis: prudenter ago, si non observo legem, quando non est certa eius exsistentia: atqui quando opinio pro lege est solum probabilissima, nondum est certa lex; ergo.

Dist. M... quando non est certa exsistentia legis et est ratio gravis suadens non exsistere legem, *conc.* quando non constat exsistentia legis, quatenus solum deest vera certitudo metaphysica exsistentis legis, *subd.* si haec esset conditio rerum moralium, ut de qualibet re certitudo haberi posset, *trans.* si haec est conditio rerum moralium, ut plerumque probabilibus contentos esse oporteat, *nego* quod in hac hypothesi prudenter quis agat, non observans legem, eo quod simpliciter non constat cum certitudine metaphysica eius exsistentia. Si autem probabilissima sit exsistentia legis, iam haec est, ut diximus, moraliter certa: idcirco tunc opus est agere secundum legem.*

AD RELIQUAS PARTES DUB. II.

De Conscientia speculative dubia.

XII. Dixi in responsione, *etiam alienam,* quia parum refert, quod opposita sententia ipsi operanti videatur probabilior speculative; speculativum enim illud iudicium, eo ipso, quod forte incertum et falsum sit, non debet esse regula operationis; cum operans aliam regulam eamque certam habeat, quam sequatur, scilicet hanc, quod in dubiis quisque operari possit secundum sententiam, quam viri docti ut probabilem et in praxi tutam defendunt. Neque tunc agit contra propriam conscientiam, aut exponit se periculo peccandi formaliter.

133. Ad animadversionem de sequenda *aliena* sententia contra propriam, ratio Auctoris est manifesta. Si enim viri docti sententiam quampiam probabilem et tutam in praxi esse definiunt, satis manifestum est, non haberi *legem* contrariam; neque enim iudicare licet, plures doctores sententiam proponere, quae manifeste legi repugnet.

Atque hinc colligitur resolutio sequentium casuum.

XIII. 1. Confessarius aut alius vir doctus potest consulenti respondere secundum probabilem aliorum sententiam, si forte ei haec sit favorabilior, praetermissa etiam propria probabiliore et tutiore. Ita Sanch. Bonac. Ratio patet; quia ipse confessarius potest eam prudenter agendo sequi. Etsi ad inconstantiae notam fugiendam, expediat respondere semper secundum eadem principia, ut monet Sanc. l. c. c. 19. Becan. n. 16.

134. Ita v. gr. qui tenet, in foro sacramentali non posse peregrinum absolvi a peccato, quòd in dioecesi confessarii sit reservatum; poterit uti et aliena sententia, docente peregrinum non esse iudicandum secundum leges loci, ubi confitetur, sed secundum leges ordinariae suae dioecesis. Sic confessarius, qui tenet, vi voti castitatis emisso ab alterutro sponsorum,

sponsalia solvi, permittet alteri parti, ut coram iudice instet pro spónsalium fide servanda. Et ita porro.

XIV. 2. Potest etiam vir talis consultus significare consulenti, opinionem a quibusdam doctis tanquam probabilem defendi, quam proinde ipsi sequi liceat; quamvis ipse consultus eandem speculative falsam esse iudicet et proinde in praxi ipse sequi non audeat. Ratio est; quia alter habet ius sequendi sententiam probabilem et hoc ius suum illi indicare non prohibetur. Laym. l. 1. t. 1. c. 5. Bonac. p. 9.

135. Ita cum agitur de solvendis quibusdam gabellis, poterit confessarius indicare poenitenti sententiam docentem, has leges esse mere poenales. Ita de obligatione ieiunii post 60. annum vel de potione quadam cum frustulo panis mane sumenda.

XV. 3. Poenitentem, qui secundum probabilem opinionem operari vult, potest, imo secundum communem sententiam debet confessarius et quidem si proprius sit (sive parochus, sub mortali) absolvere, licet ipse iudicet doctrinam illam esse falsam: ideoque frustra remittet ad alium confessarium, qui sit eiusdem sententiae. Ratio est ; quia recte disposito non debet negari absolutio. Azor. Vasq. Sanch. Laym. l. 1. t. 1. c. 5. n. 10. Additque Diana. p. 2. tr. 13. R. 11. ex Sanch. et Sancio, peccare mortaliter, si nolit absolvere, quando de mortali confessio sit, tametsi non sit proprius eius confessarius.

136. De absolvendo poenitente, qui probabilem sectari vult, ait s. Alph. Lib. 6. n. 604.: « Sententia communis et *sequenda* docet, non solum posse, sed etiam teneri *sub gravi* confessarium absolvere poenitentem, qui vult sequi opinionem probabilem, licet opposita videatur probabilior confessario ».

Quod vero A. intra parenthesim dicit, mortale esse peccatum, si qui negat absolutionem est proprius parochus, id pertinet ad doctrinam quorumdam, qui cum in solo parocho admitterent obligationem gravem audiendi confessiones suorum subditorum, male inde concludebant solum parochum habere *gravem* obligationem absolvendi poenitentem. Sed haec sententia communi suffragio reiicitur; quippe qui pastor non est nec alio titulo tenetur ad excipiendas confessiones, utique liber erit, utrum velit necne ad confessionem admittere; at quisquis ad confessionem admittit, non est amplius liber ad absolvendum necne, ut ait s. Alph. Lib. 6. n. 604. « Ratio, inquit ipse cum communi, *valde urgens* est; quia poenitens, facta confessione, cum sit dispositus, habet ius strictum ad absolutionem, quam denegando confessarius, gravem illi iniuriam irrogaret ».

137. Merito autem monet Auctor, frustra illum poenitentem mitti ad alium confessarium, qui scil. teneat sententiam oppositam. Numquid enim poenitens sic esset magis dispositus seu minus indispositus? Porro, ut subdit s. Alph. l. c., confessarius non est iudex opinionum, quas poenitens sequi teneatur, sed tantum dispositionis ». Et concludit, satis saltem esse, si confessarius, esto eam opinionem non habeat ut solide probabilem,

tamen non reputet omnino falsam. S. Antoninus autem ad absolvendum poenitentem in hisce adiunctis, quem ab aliqua opinione (quam falsam putat) dimovere non potest, satis esse putat, quod poenitens promittat, se alicuius docti et periti sententiam rogaturum. Sed de his uberius, ubi de sacramento poenitentiae.

XVI. 4. Non sunt damnandi, qui adeunt varios Doctores, donec unum reperiant faventem sibi: dummodo is prudens ac pius et non singularis habeatur. Ratio est; quia intendunt sequi opinionem probabilem. Ita Sanchez l. 1. c. 9. n. 24. Bonac. et alii contra Navarrum.

138. Incredibile est, quot tragoedias excitent quidam ratione huius sententiae.

Bonacina *De Peccat.* disp. 2. q. 4. p. IX. n. 10: « Illi, qui proponunt, in aliquo casu adire plures Doctores, donec aliquem inveniant, respondentem in sui favorem, excusari possunt, modo habeant rectam intentionem faciendi solum, quod sibi licere iudicatum fuerit, non vero inveniendi aliquem, qui ad suum libitum et absque sufficienti probabilitate respondeat (et ideo A. dicit: dummodo is *prudens* ac *pius* et *non singularis* habeatur). Sequitur Bonacina: « Ratio, cur excusari possint, est, quia intendunt opinionem probabilem sequi; licitum autem est sequi opinionem probabilem. Ita Sanchez Lib. 1. Cap. 9. n. 24., et alii ». Ratio ergo est; quia intendunt id quod licitum est nec damnari potest quispiam, qui scire cupit, an ad quidpiam reipsa teneatur. Praesertim, cum saepe gravia imo gravissima incommoda secum afferat obligatio. Sit v. gr. casus, quando quaestio fiat de contractu, cuius pacta si servari non liceat, grave damnum immineat: sit quaestio de obligatione restitutionis aut reparandi damna, v. gr. in iudice, in advocato, in depositario, in administratore, tutore etc.: sit quaestio de iuribus matrimonialibus, quando vel alterutra pars videatur exigere inordinata, vel adsit aliqualis impotentia etc.

Quinimo non poenitentes solum, sed et Confessarii, quibus cordi sit salus aeterna animarum, opportunissimum saepe reperient, quod ipsi sponte has indagines suscipiant et diligentissime exquirant, an salvis iuribus sanae doctrinae fieri possit, ut dictamen rectum conscientiae conciliari possit cum infirmitate aut cum urgenti quapiam necessitate ac difficillimis circumstantiis, in quibus poenitens quispiam versetur.

XVII. 5. Superiori praecipienti secundum opinionem probabilem subditus tenetur obedire etiam contra propriam probabiliorem ac tutiorem: v. gr. si paululum aegrotus probabilius et tutius putes te teneri ad ieiunium; comedere tamen debes, sequendo Superioris sententiam minus tutam, at probabilem. Ratio est, quia in dubio praesumitur pro Superiore. Laym. l. 1. t. 1. c. 5. n. 11. et 12.

139. Communis est omnium ista doctrina. Et sane iuxta praemissa principia quisque licite agere potest secundum sententiam probabilem,

alienam etiam contra suam ipsius opinionem, quam putet probabiliorem. Atqui si potest, iam subditus tenetur obedire superiori id praecipienti. Nam subditus tenetur obedire, quando obedientia licita est, ut in casu s upponimus.

XVIII. 6. Potest advocatus suscipere patrocinium causae probabilis, etsi iudicet contrariam probabiliorem. Ita Laym. Bonac. q. 4. p. 9. Ratio est, quia utraque pars habet ius proferendi suas causas in iudicio. Vid. infra lib. 5. c. 3. d. 3.

140. Nulla heic intercedit difficultas.

XIX. Dixi 2. in responsione: *seclusa iniuria;* quia si periculum sit, ne proximo fiat damnum aut iniuria, locum habet axioma: *In dubio tutior via eligenda est.*

141. Hoc principium efferri sic potest: certa lex est, me non posse alteri iniuriam inferre atque adeo certa lex est, me teneri ad praecavendum probabile periculum damni alterius; nam iniurium est, adducere alteri probabile damni periculum. Ergo quoties ex actione mea imminet probabile periculum alteri, actio est manifeste illicita. Ergo hic casus nullatenus pertinet ad praesentem controversiam.

S. Alphonsus Lib. 1. n. 42. sic rem explicat: « Dicimus nunquam esse licitum uti opinione probabili... cum periculo damni alterius aut sui ipsius (ad quod scil. cavendum ex caritate erga me ipsum teneor); quia huiusmodi probabilitas nequaquam aufert periculum damni. Si enim opinio illa est falsa, non evitabitur damnum proximi... nam si ex. gr. baptismus cum saliva collatus est nullus ita ut infans sine baptismo remaneat, probabilitas in oppositum non potest utique efficere, ut sit validus ». Ita si iacere velis sagittam, incertus an sit ibi homo vel fera, licet probabile sit esse feram.

Suarez in 1. 2. disp. 12. tr. 5. sect. 6. n. 8 : « Intelligenda autem est haec conclusio (de usu nempe opinionis probabilis) praecise ex vi huius capitis (nempe in ordine ad efformandam conscientiam) et ex directa obligatione illius legis, de qua versantur opiniones; nam fortasse aliunde ex fine intrinseco vel ex alia obligatione, quasi reflexa, poterit aliquis interdum teneri ad operandum vel non operandum iuxta aliquam probabilem opinionem ».

Unde resolvuntur hi casus.

XX. 1. In administratione Sacramentorum non semper licet sequi sententias speculative probabiles, maxime circa valorem Sacramenti; sed quoad ea, quae a Ministro praestanda sunt, utendum est sententia securiore et materia ac forma certa, v. gr. in Baptismo. — Contraria sententia est interdicta nunc ab Innoc. XI. die 2. Martii 1679. propos. 1. — Ratio est, quia, licet praecise operationem spectando, Minister non peccaret, sequendo opinionem probabilem nec Sacramento irrogaret irreverentiam; quia tamen effectus Sacramenti, ut remissio peccatorum et infusio gratiae, dependet a vera materia et forma, graviter proximo noceret; ideoque peccaret, qui pro materia certa adhiberet dubiam. Excipitur tamen casus necessitatis, in quo Sacramentum cum dubio valoris potest praeberi sub conditione, v. gr. Baptismus morituro in aqua rosacea mixta, si naturalis desit; quia tunc proximus iuvari debet, ut potest et ex duobus malis minus eligendum. Vide Laym. hic et Suar. t. 4. d. 26. f. 6. Bec. c. 4. q. 9.

142. De sacramentorum administratione agitur. Propositio damnata, quae ab Annotatore Patavino memoratur, est prima inter damnatas ab Innocentio XI. 2. mart. 1679. et sic se habet: « Non est illicitum in Sacramentis conferendis sequi opinionem probabilem *de valore sacramenti,* relicta tutiore, nisi id vetet lex, conventio aut periculum gravis damni incurrendi. Hinc sententia probabili tantum utendum non est in collatione Baptismi, Ordinis sacerdotalis aut episcopalis ». Quod consectarium est falsum, quasi damnum non sequatur v. gr. in administratione Poenitentiae, Eucharistiae, Extremae Unctionis etc...

143. Dum Auctor dicit, *non semper* licere sequi sententias probabiles, concedit aliquando licere: non tamen is propterea contraria definitae veritati docet. Nam aliquae sunt sententiae probabiles, quas sequi potest quis in administratione sacramentorum, quae tamen non attingunt *valorem sacramenti:* damnata autem propositio versatur circa valorem sacramenti. Ergo non contradicit doctrinae definitae confessarius, qui sequens probabilem opinionem, non interrogat de circumstantiis mere aggravantibus intra eandem speciem aut qui non interrogat de gradu incestus; neque contradicit poenitens, quando tacet circumstantiam, necessario alioquin exprimendam, ne revelet complicem etc. Quod vero Auctor huc spectet, patet ex eo, quod deinde addit: *maxime circa valorem sacramenti.*

144. Praeterea etiam dum agitur de valore sacramenti, datur utique casus, in quo licet ex omnium sententia sequi opinionem probabilem. Huc spectat casus, quem ipse Auctor commemorat in fine resolutionis, necessitas scilicet succurrendi proximo in extremo periculo. Qua de re s. Alph. n. 49.: « In extrema necessitate bene uti possumus qualibet opinione non solum probabili, sed etiam tenuiter probabili ». Hinc Lib. 6. n. 482. concludit cum communi sententia, absolvendum esse morihundum etiam sensibus destitutum et quodcumque, vel tenue, signum externum accipi posse ut signum dispositionis ipsius poenitentis. Neque obstat reverentia sacramento debita, ne scil. exponatur periculo frustrationis. Nam, ut duce s. Augustino alias advertit ipse s. Alph. cum aliis, sacramenta sunt propter hominem, non homo propter sacramenta. Non ergo exigitur, ut eo usque provehatur reverentia Sacramenti, ut propter hanc discrimini aeternae salutis exponatur homo, in cuius utilitatem sacramenta sunt instituta.

145. Altera insuper exceptio occurrit, quando usus opinionis probabilis circa essentialia sacramenti utique versatur, non tamen subest periculum frustrationis.

Duo autem sunt eiusmodi casus. Primus est in materia matrimoniali, quando ob dubium alicuius impedimenti ipsi contrahentes sunt solum probabiliter capaces contrahendi atque adeo consensus, in quo residet essentia sacramenti, probabiliter tantum est validus. Tunc enim si agatur de impedimento non quidem iuris naturalis, sed iuris mere ecclesiastici, abest ab hoc contractu periculum frustrationis; quia ex communi DD. sententia Ecclesia supplet, videlicet efficiendo, ut impedimentum, si quod reipsa adesset, a vi sua dirimente matrimonium cesset.

Alter casus est confessarii, qui probabilem tantum habet iurisdictionem, cuius propterea absolutio non nisi probabiliter valida diceretur. Sed abest frustrationis periculum; quia ex communi DD. consensu Ecclesia supplet, conferendo scil. huic confessario iurisdictionem, adeo ut absolutio sit certe valida. Ita v. gr. si confessarius, alioquin carens facultate absolvendi a casibus reservatis, excipiat confessionem eorum, qui dicuntur *vagi* et isti afferant casum quempiam in ea dioecesi reservatum, erit certe valida absolutio et aberit periculum frustrationis, ideo solum, quia *probabile est*, reservationem specialium dioecesium vagos non comprehendere. Idem dicito si afferat quispiam subditus reservatum, quod tamen reservatum esse non noverat; cum probabile pariter sit, ignorantiam ab incurrenda reservatione excusare.

146. Notanda sunt verba Auctoris: « *Licet minister, praecise operationem spectando, non peccaret etc. nec irrogaret irreverentiam sacramento etc.* Quibus significare vult, quod etiamsi non haberetur ratio irreverentiae sacramenti ob periculum frustrationis, tamen semper haberetur peccatum ob damnum recipientis sacramentum. Indicat igitur, adversus doctrinam damnantem usum probabilis opinionis nihil prodesse sententiam aliquorum, qui dixerunt, satis prospici reverentiae debitae sacramentis, quando probabile sit, sacramentum fore validum.

Haec, uti patet, foret quaestio mere speculativa; quia in praxi numquam fiet, ut vertatur causa tantum reverentiae sacramenti et non adsit simul causa damni vitandi. De hac tamen quaestione notabimus, quod habet s. Alphonsus lib. 1. n. 51., videlicet exstitisse quidem Doctores, qui tenuerunt, ratione solius reverentiae non prohiberi, quominus quis sequatur opinionem probabilem ac proinde ex horum sententia, si quis probabili ratione uteretur, non peccaret contra religionem, sed solum reus esset damni illati: sed quoad praxim non ad administrantes, sed ad suscipientes sacramentum applicabant. A qua tamen doctrina recedendum ipse s. Alphonsus autumat. Sed de his melius, ubi de Sacramentis.

XXI. 2. Medicus et Chirurgus sequi debent tutiora et probabiliora nec uti possunt, v. gr. explorandi gratia, medicamento probabili multoque minus dubio, si certum habeant. Sanch. Bonac. l. c. Baldel. de conscientia dubia, vid. infra l. 5. c. 3. dub. 7.

147. Bene s. Alph. lib. 2. n. 45.: « Medicus non solum ratione caritatis, sed etiam ex iustitia, ratione officii et taciti contractus, tenetur providere meliori modo saluti infirmi, a quo stipendium accipit ». Dein n. 46. addit:

1.° Si probabile sit, remedium profuturum fore, potest, imo tenetur illud dare, quando certius non adest. Nam quando certius adest, nemo dubitat, hoc utendum esse, omisso tantum probabili.

2.° Ad merum experimentum faciendum super infirmo, non licet praebere remedium infirmo utut desperato, quod ignoratur, salutare ne sit an noxium futurum. Neque enim licere potest instituere experimenta cum periculo mortis aut saltem accelerationis.

3.° Applicari potest imo debet remedium dubie profuturum, at certe non nociturum.

4.° Quod si medicus dubitet, an remedium profuturum sit vel obfuturum et alioqui infirmus est desperatus, s. Doctor censet probabilem ac forte probabiliorem sententiam, id licere. Ratio, inquit, « quia cum de infirmo desperatur, conformius est prudentiae et voluntati infirmi (praesertim si ipse expresse in hoc consentiat) applicare illi remedium dubium, quam illud omittere cum certitudine mortis ».

148. Additur id ipsum de iudice, qui tenetur sententiam ferre iuxta sententiam probabiliorem. Quippe tum divino praecepto tum humana lege ius suum cuique reddere tenetur pro maiori vel minori pondere rationum, quae cuique favent. Quae sententia confirmatur ex propositione damnata ab Innocentio XI. et est secunda: « Probabiliter existimo, iudicem posse iudicare iuxta opinionem etiam minus probabilem ».

149. Ex praeiacto principio s. Alph. n. 43. infert, non licere in materia fidei et in omnibus necessitate medii ad salutem aeternam spectantibus, sequi opinionem minus probabilem nec etiam probabiliorem, sed tenemur sequi tutiorem (idest *tutam*). Hanc in rem habemus quartam ex propp. damnatis ab Innocentio XI. quae sic se habet: « Ab infidelitate excusabitur infidelis non credens ductus opinione minus probabili ».

Subdit s. Alph.: « Per consequens amplecti debemus religionem magis tutam, qualis est procul dubio nostra Catholica; cum enim quaevis alia religio sit falsa, etiamsi aliqua videatur alicui probabilior, tamen amplectens eam, relicta tutiori, nequaquam damnum suae aeternae salutis effugiet ». Quae tamen intelligenda sunt de eo, qui ita probabiliorem aliam religionem iudicet, ut nihilominus illam minus tutam putet, tutiorem autem imo solam tutam catholicam existimet.

XXII. Dixi: *si adhuc sit probabilis;* quia si probabilitatem amiserit, ob aliquod decretum in contrarium vel gravem censuram vel rationem gravem de novo inventam, quae difficulter refutanda videatur, non habet locum responsio.

Unde resolvitur hic casus.

XXIII. Non licet nunc absolvere poenitentem absentem, etsi plures Doctores antehac id senserint; horum enim sententia nunc est abolita et probabilitatem, si quam habuit, amisit; praecipue accedente decreto Clem. VIII. Bonac. l. c. n. 17. et alii communiter.

150. Haec sunt satis clara et applicationes obviae.

Dub. III.
An in dubio tutior pars sit eligenda.

XXIV. Respondeo. Qui in dubio constitutus, post diligens examen se nequit resolvere, non tenetur semper eligere partem tutiorem, sed potest amplecti partem faventem suae libertati (etiam minus tutam), dummodo sit in possessione suae libertatis, iuxta illud axioma: *In dubio melior est conditio possidentis.* Ratio est, quia talis non agit temere, cum utatur sua libertate: quod cuivis licet, quamdiu non constat esse ea privatum, cum eam, ut cetera externa bona, possideat. Proindeque volenti obligationem imponere, quae libertate privet, incumbit probatio obligationis contractae, iuxta reg. 11. in 6. Neque huic responsioni obstat axioma contrarium: *In dubio tutior via est eligenda;* quia intelligitur, si ex una parte sit dubium, ex altera certum, tum hanc esse eligendam: quod si autem utraque pars sit tuta, axioma universim non est praecepti, sed consilii, ut Navarr. Sanch. Bonac. t. 2. d. 2. q. 4. p. 9. n. 21. Laym. l. 1. t. 1. c. 5. § 4. Fill. n. 157. et 160.

151. Diligenter notandus est status controversiae. Agitur ergo de eo, « qui post adhibitam diligentiam (ut inquit Suarez *de Censur.* disp. 40. sect. 5. n. 13.) non potuit dubium expellere nec de alterutra parte probabile iudicium ferre. Quod (pergit, agens de dubio irregularitatis) praesertim urget, quando hic et nunc occurrit moralis necessitas exercendi Ordines et tunc non potest fieri omnis diligentia simpliciter possibilis; fit tamen omnis illa, quae pro loci et temporis opportunitate fieri potest et nihilominus per illam non potest dubitatio tolli »: v. gr. non bene recordatur conditiones ad incurrendam quampiam irregularitatem sive ex defectu sive ex delicto statutas in iure. Et adverte bene, in casu deesse opinionem probabilem, quae inclinet in aliquam partem ; unde Suarez, ibid. n. 14. dicit haberi ignorantiam *negativam.* Hypothesis ergo est, quod meus versetur in *dubio,* non opinionem probabilem habeat.

152. Porro in tali casu, potest quis dubium utique resolvere, ut inquit Suarez. l. c. n. 14. « per iudicium practicum, quo aliquis prudenter iudicat, se non obligari hic et nunc tali praecepto, quia nemo obligatur lege, nisi illi sit sufficienter proposita: sed qui post factam diligentiam sufficientem ad cognoscendum, an sibi sit tale praeceptum impositum,

non potuit id assequi, non habet talem legem sufficienter propositam : ergo licet in generali seu speculative maneat dubius, an talis lex lata sit, in particulari est certus, se non obligari tali lege ».

Sed deinde rem revocat ad principium, quo et Auctor noster utitur, inquiens ibid.: « Ut qui possidet rem, de qua dubitat, an sit aliena, etiam dubitat, an contrectare vel consumere illam sit actio secundum se iniusta, utpote contra ius ac dominium alterius: unde si lilam alteri daret, vitaret omne periculum peccati tam formalis quam materialis, ut sic dicam (hoc est *tenere tutiorem*): non tamen ad hoc obligatur, quia in dubio nemo cogitur, rem, quam possidet, alteri dare; tunc enim cum melior sit conditio possidentis, potest se ipsum alteri praeferre satisque est, quod in particulari sit certus, hanc actionem sibi non esse iniustam neque peccaminosam ».

Et utrumque principium, quo dubium resolvatur, sic breviter alibi proponit in 1. 2. tr. 3. disp. 12. sect. 5. n. 7: « Circa dubium iuris est advertendum, variis modis posse contingere: 1° quia simpliciter dubitatur..., an sit lata lex necne. Et tunc generalis regula est non obligare. Ratio peti potest ex illo principio, quod *in dubiis melior est conditio possidentis:* homo autem continet libertatem suam, vel certe ex illo, quod in materia notandum est, quod lex non obligat, nisi sit sufficienter promulgata: quamdiu autem rationabiliter dubitatur, an lata sit, non est sufficienter promulgata ».

Auctor porro, uti patet, ex duobus heic relatis principiis, amplectitur potius secundum principium, quod dicunt *possessionis*, quam primum. Cuius rei quaenam sit causa, inferius videbimus.

153. Verum quaestio esse potest, an apte seligatur principium possessionis; quippe sunt, qui dubitent, an eiusmodi principium, sicut ex omnium consensione valet in materia *iustitiae*, ita etiam valeat extra *iustitiae* materiam: qua de re tamen Auctor nullum dubium movet.

Et diceres forte, huc spectare quod ait Suarez *de Censur.* disp. 40. sect. 5. n. 15.: « Quod vero dicunt aliqui, hoc solum habere locum in materia iustitiae, non vero aliarum virtutum, *falsum est* et sine fundamento dictum ». Et allegari hunc locum video a Croix Lib. 1. n. 502. Sed Suarez ibi non tam de hoc principio possessionis agit, quam de dubio resolvendo ope vel illius vel alterius principii. Quocirca pergit : « Quia non minus est vitandum peccatum in materia iustitiae, quam aliarum virtutum et sicut in materia iustitiae occurrere potest sufficiens ratio, ob quam, non obstante illo generali dubio, potest in particulari esse certitudo practica de honestate actus, ita et in materia aliarum virtutum potest similis ratio occurrere, ut in materia religionis nemo obligatur voto, de quo dubius est, an illud emiserit... et in materia temperantiae qui iuste et invincibiliter dubitat, an hodie sit dies ieiunii, non est co-

gendus ieiunare et simile est in observatione festi et universim in materia obedientiae (in qua nunc praecipue versamur), quamdiu quis invincibiliter dubitat, an praeceptum sit impositum et non potest post moralem
diligentiam notitiam illius consequi, non est cogendus in conscientia ad
observationem talis praecepti, praesertim ubi res praecepta onerosa est
et gravis. *Tum ex illo principio, quod lex non obligat personam* vel
(ut alii loquuntur) non ligat illam, donec illi in particulari sit sufficienter
proposita, nec per eam (personam) stet, quominus proponatur. Tum etiam
quia esset intolerabile onus, praesertim in legibus positivis, quae non
solent vel certe non possunt obligare cum tanto rigore. Nam etiam naturalis lex nunquam obligat cum solo huiusmodi dubio ». In quibus vides,
ne mentionem quidem fieri illius principii possessionis.

154. Ceterum verissimum est, ex sententia Suarez, principium *posses-*
sionis valere in aliis materiis et non solum in materia iustitiae. Et de usu.
quidem huius principii in *dubio iuris,* verba illius attulimus super. n. 152.
De dubio autem facti sic scribit in 1. 2. tract. 3. disp. 12. sect. 5. n. 8.:
« Circa dubium facti primo servanda est illa regula iuris : *In dubiis*
melior est conditio possidentis: quae, ceteris paribus, verum habet in
omni materia quoad hoc, quod nullus debet spoliari re sua, quam rationabiliter possidet, propter solum dubium, sive debeat spoliari ad exer-
cendum actum iustitiae, ut est restituere, sive ad actum religionis, ut est
implere votum, sive ad alia similia ».

Et hanc doctrinam sequitur etiam Lugo *de Iust. et Iure* disp. 17. n. 87.
ubi ait: « Multi volunt, differre quoad hoc materiam iustitiae a materiis
aliarum virtutum. Alii melius id negant ponuntque regulam, quod in
pari causa semper sit melior conditio possidentis. In pari, inquam, causa;
potest enim causa aliunde esse valde dispar, eo quod praesumptio iuris
sit contra possessorem ex aliis capitibus ».

Et Disp. 23. n. 110.: « Alii denique, quos recentiores communiter sequuntur, melius docent, id locum habere in aliis etiam materiis; quia
possessio eodem modo iuvat possidentem, pro quo stat praesumptio, quoties alia fortior praesumptio non obstat. Si enim aliunde praesumptio
staret pro obligatione, ut si constet de verbis prolatis obligationem expri-
mentibus, dubites tamen de animo te obligandi, tunc praesumptio staret
pro obligatione. Quare non potest melior regula et magis universalis
tradi, quam quae ex foro externo desumi potest; quoties enim in foro
externo sententia proferretur pro obligatione et reus seu debitor con-
demnaretur, non obstante possessione, idem de foro interno iudicandum
est: quando vero debitor in foro externo absolveretur, idem etiam dicendum est in foro conscientiae. Nam quod, actore non probante, reus
absolvi debeat et quod actori onus probandi incumbat, *de iure naturae*
est: quare quoties onus probandi creditori incumberet in foro externo et

ideo, probatione deficiente vel praesumptione sufficienti, reus absolveretur, idem dicendum est in foro conscientiae, si eaedem circumstantiae inveniantur ».

Et s. Alphonsus Lib. 1. n. 26. loquens de principiis reflexis, e quibus certum iudicium practicum de honestate actionis resultat, haec habet: « Horum principiorum principalissimum est illud, quod lex dubia non potest certam inducere obligationem. Cuius principii veritas ne ab ipsis quidem rigidae sententiae fautoribus negatur... Ex hoc autem primo efformatur secundum illud principium: *melior est conditio possidentis.* Quandoquidem enim lex dubia minime ligat hominem, homo utique remanet solutus et liber ab obligatione legis eoque casu licite potest uti sua libertate, quam vere possidet, cum lex est dubia. Ait enim s. Thomas 4. Disp. 15. q. 2. art. 4. ad 2: Illud dicitur licitum, quod nulla lege prohibetur. Licet autem aliqui hoc secundum principium conentur infirmare, dicentes, quod valet tantum pro foro, vel tantum in materia iustitiae; ego tamen nescio, quomodo in omnibus negari possit. Quaestio tantum esse potest, an in quolibet dubio morali possideat lex, an libertas ».

Itaque si de sensu principii sermo sit, erit huiusmodi: ius, quod quisque habet, ut se solutum putet seu liberum et non ligatum quousque ligetur lege, hoc dicetur *possessio libertatis:* servitus vero seu subiectio seu vinculum, quo quis lege nectitur et ligatur, quousque cessare id vinculum censeatur, dicetur ius seu *possessio legis.*

Ratio autem principii a s. Alph. recte deducitur ex alio principio, quod lex dubia non possit certam inducere obligationem. Sicut enim lex dubia non ligat, ita lex dubia non potest deturbare hominem a iure seu possessione status sui liberi, seu aliis verbis, e possessione libertatis. Vere igitur dicitur, in dubiis meliorem esse conditionem possidentis; quia dubia virtus vel legis vel libertatis deturbare non valet a iure, quod dicimus possessionem.

155. Hoc ipsum confirmatur et elucidatur ex sensu, quem effatum illud habet in iure. Nam *principium possessionis* habetur in 65 reg. iuris in 6° ita: « *In pari delicto et causa potior est conditio possidentis* ». Dicitur *in pari delicto,* quando uterque reus est eiusdem delicti, v. gr. si quis pecuniam det iudici, ut ferat iniquam sententiam. Dicitur in *pari causa,* quando rationes seu iura aeque utrique parti favere videntur, v. gr. in casu, quem habemus in Cap. *Si a Sede de praebendis et dignitatibus* in 6°: « Si a Sede Apostolica vel Legato ipsius *uni* et ab Ordinario *alteri* eodem die idem beneficium conferatur, nec appareat, quae collatio fuerit primo facta, erit potior conditio possidentis ». Idem dicito, si in iudicio utriusque partis testes fuerint aeque idonei.

Porro ratio huius regulae sic exprimitur in l. *Cum par delictum* 154. De div. Reg. Iur.: « Cum par delictum est duorum, *semper oneratur pe-*

titor, et melior habetur possessoris causa ». Et rursus § *Retinendae* 4. Instit. *De Interdictis:* « Commodum autem possidentis in eo est, quod etiamsi eius res non sit, qui possidet, si modo *actor* non potuerit suam esse probare, remanet in suo loco possessio: propter quam causam *cum obscura sunt utriusque iura, contra petitorem iudicari solet* ».

Notetur, quod dicitur « semper oneratur petitor »; tum aliud: « cum obscura sunt utriusque iura, contra petitorem iudicatur ». Petitor nempe perinde est ac *Actor,* qui scil. alterum ad iudicium provocat et rem aliquam ab eo praestandam petit, qui propterea l. *In tribus.* Dig. *De Iudiciis* et c. *Inter dilectos De fide Instrum.* etiam *Petitor* nominatur. Alter vero, quem quisque petat, dicitur *Reus;* namque generatim loquendo *Reus* non sumitur pro criminoso et delinquente, sed sic nominatur a *Re,* quae ab eo petitur. Atque hinc est, quod in reg. 11. Iur. in 6°: *Cum sunt partium iura obscura, reo favendum est potius, quam actori;* reus dicitur ille, a quo aliquid ab actore etiam inique petitur. Ita enim et in C. *Forus* 6. *de Vera. Signific.:* « Reus a Re, quae petitur, nuncupatur: quia quamvis conscius sceleris non sit, *reus* tamen dicitur, quamdiu in iudicium pro re aliqua petitur ».

Possessor ergo partes *rei* habet et in casu nostro *rei* partes agit quisquis petitur, ut quidpiam praestet. Quotiescumque dubia sint *iura exigentis* (exigens autem seu *petitor* in casu est *lex*), standum est pro *reo,* seu pro possessore.

156. Advertendum ergo est 1° Doctores utique tenuisse principium possessionis etiam quoad legem, sed 2° id voluisse *in dubio,* idcirco 3° non inclusisse casum *opinionis probabilis;* quia reipsa ex communi definitione, status opinandi alius est a statu dubitantis.

Primum et secundum sic ex Suarez sumemus in 1. 2. tract. 3. disp. 12. sect. 5. n. 7.): « Circa *dubium* iuris est advertendum, variis modis posse contingere. *Primo,* quia simpliciter dubitatur de tota lege quoad exercitium, idest an sit lata, necne. Et tunc generalis regula est, non obligare. Ratio peti potest ex illo principio, quod *in dubio melior est conditio possidentis,* homo autem *continet* libertatem suam... *Secundo* vero quamvis constet legem esse latam, dubitari potest de sensu eius et idem dicendum est per eandem rationem; nisi quod in eo casu, ad expellendum dubium, recurrendum est ad Superiorem, si facile fieri potest. *Tertio* cum constet de lege et de sensu eius, dubitari potest, an in hoc casu particulari obliget (idest, an excusetur quispiam); et tunc generalis regula est, *si nulla sit sufficiens ratio probabilisque ad excusandum,* tunc obediendum esse legi, *quia ipsa vel Superior continet ius suum...* ». Ubi videtis, ex mente Suarez valere principium, etiam pro possessione legis.

157. Veruntamen advertistis verba illa: Si nulla sit ratio sufficiens

probabilisque ad excusandum? Id vero clarius audiemus ex Lugo: scii. si opinio probabilis adsit, hanc sufficere ne amplius locum habeat principium de possessione pro lege. Ita sane Lugo *De Poenit.* Disp. 16. n. 59. : « Conveniunt omnes in hoc, quod is, qui scit, se peccasse mortaliter, *dubitat* tamen, an illud peccatum sit confessus, debeat illud confiteri »; *nam tunc possessio est contra poenitentem;* constat enim certo de peccato et de obligatione confitendi, non autem constat de confessione. Imo Aegidius de Coninck addit, idem dicendum esse, quando certo constat de peccato commisso et solum *probabiliter* existimatur fuisse dictum in confessione; quia debito certo non satisfit per solutionem incertam, pro quo alios affert Diana... Hoc tamen non videtur verum, ut dixi; quia in aliis etiam praeceptis obligatio est certa, audiendi sacrum v. gr., ieiunandi, recitandi officium etc.; et tamen satisfacit homo, *si iuxta probabilem sententiam ieiunet, audiat sacrum vel recitet officium:* cur ergo non satisfaciet per *confessionem probabilem* obligationi confitendi? Imo nihil frequentius apud Theologos, quam excusare a reiteranda confessione eum, qui confessus est Confessario habenti solum iurisdictionem *probabilem,* hoc est iuxta *probabilem aliquam sententiam* de eius valore (alii huius rei idoneam magis rationem reddunt). Ii etiam, qui dicunt, probabile esse, quod detur sacramentum validum sed informe, consequenter dicunt, illa peccata non esse iterum confitenda, licet revera valor praecedentis confessionis solum sit probabilis ».

Quod brevius idem Lugo sic explicat *De Iust. et Iur.* Disp. 23. n. 110.: « Bene advertunt (scil. Auctores citati, qui rem ex professo tractant), id procedere, quando est merum *dubium negativum;* nam si esset *dubium positivum* et *rationes probabiles* pro utraque parte, tunc servandae essent regulae, quae communiter dantur circa conscientiam probabilem et regulariter *debitor potest amplecti iudicium probabile.* Advertunt etiam, regulam praedictam *(scil. in dubio melior est conditio possidentis)* locum habere etiam, quando animus magis propendet in contrariam partem; *si enim adhuc res manet dubia, nec fit iudicium probabile positivum pro parte contraria,* favendum est possessioni et libertati ».

158. Et ipse s. Alph. Lib. 1. n. 26. declarat possessionem legis hoc pacto: Verbis enim citatis (n. 155.) subdit: « Antiprobabilistae dicunt, semper legem possidere: nos vero dicimus, aliquando possidere legem, aliquando libertatem, nempe cum lex non est adhuc promulgata. Haec, dico, quaestio est: sed nemo negare potest principium possessionis. Casu igitur, quo possidet lex, pro ea standum est, si vero possidet libertas, standum pro libertate. Ad dignoscendum autem, pro qua parte *in dubiis* stet possessio, videndum pro qua stet praesumptio. Praesumptio vero stat pro ea parte, quae non tenetur ipsa factum probare, sed onus probandi illud transfert in alteram. *Factum enim non praesumitur, nisi*

probetur l. 2. *Dig. De Probat. In dubio* igitur factum non praesumitur, sed est probandum. Si vero factum est certum, puta si matrimonium certe est initum et dubitatur an rite initum sit, aliud principium servari debet: *in dubio omne factum praesumitur rite factum* sive: *in dubio praesumitur factum, quod de iure faciendum erat* sive: *standum pro valore actus* ».

Loquitur s. Doctor in hypothesi dubii: quid vero, si opinio probabilis faveat libertati? L. 3. n. 112. q. 3. § *secunda sententia* scribit: « Nec huic obstat sententia, quam secuti sumus Lib. 1. n. 97. scil. quod in dubio an lex recepta sit, lex bene obligat: *nam hic non versamur in dubio, sed in opinione probabili*, cum valde probabile sit ex auctoritate DD..., hanc legem non fuisse receptam. In dubio enim praesumptio stat pro lege, cum delictum in non recipiendo legem iustam non praesumatur. Quando autem *probabile est,* quod obligatio legis nunquam inceperit, *vel quod lex abolita sit,* tunc cessat praesumptio pro lege et possidet libertas ».

Atque ita s. Doctor olim docuit de probabili voti satisfactione (Lib. 1. n. 76. edit. an. 1757.): « Si quis probabiliter iudicet implevisse votum, sive poenitentiam aut Officium et similia, ad nil aliud tenetur ; tum quia Deus contentus est de probabili legum satisfactione, tum quia cum obligatio legis est dubia, fit dubia etiam possessio legis. Ita *communiter* Roncaglia, Salmantic. cum Laymann, Diana etc. Viva, Lugo, Bardi, Croix, Cardenas, Illsung... ». Verum in postrema editione Bassanensi L. 1. paulo post locum prius citatum h. e. n. 29. id tantummodo concedit, si « probabilitas esset talis, quod praesumere faceret *quadam certitudine morali,* voto iam fuisse satisfactum ». Sed profecto permanere licet in sententia, quam ipse s. Doctor dixerat *communem* et ex principiis probabilismi consequitur: cum praesertim ratio allata: quod cum votum est certum, libertas remanet ligata ab obligatione voti, donec votum certe sit impletum, sit ipsa thesis probanda seu de qua est quaestio. Cum sane dicitur quod obligationi certae non satisfit per solutionem incertam, duplex ordo permiscetur, ordo realis et ordo rationis. In ordine reali obligationi reali fit satis reali solutione, sive eius notitia certa postea permaneat, sive in incertitudinem abeat. Certitudo et incertitudo ad ordinem rationis spectant nec incertitudo tollit realem exstitisse solutionem, sicut e contrario identidem ex errore potest haberi certitudo de re non peracta. Principium ergo sic clarius efferendum esset: non est eximendus a satisfactione obligationis olim certe contractae, qui incertus est an ipsi satisfecerit, qui nempe (ut iam advertimus) solum probabiliter iudicat se satisfecisse. Sed, ut patet, hoc est illud ipsum, de quo est quaestio. Nequit ergo esse principium in hac quaestione. E contrario hac posita probabilitate, non est amplius nunc certa obligatio.

159. Quoad vim regulae iuris: *in dubiis tutior pars est eligenda,* bene

respondet s. Alph. l. 1. n 79. id valere in dubio practico, videlicet si
quis dubium nullo alio pacto resolvere valeat. Qua in hypothesi contingeret id, quod dicit A. l. c. ex una parte esse *dubium* (ubi peccatum timetur) ex altera *certum* (ubi nulla est suspicio peccati). Verum accersito
principio reflexo, utraque pars iam tuta evadit et tunc tutius eligere est
quidem consilii, non vero praecepti.

Hanc in rem s. Alphonsus ibid. plures Doctores allegat, e quibus s. Antonini textus clarissimus est: « Quod autem volentes probare, contractum
esse illicitum, inducunt illud : In dubiis tutior via est eligenda; respondetur,
hoc esse verum de honestate et meriti maioritate, non de salutis necessitate, quoad omnia dubia ; alioquin oporteret omnes religionem intrare ».
Quo in loco s. Alphonsus explodit interpretationem Patutii, quasi scil.
s. Antoninus loquatur de eo, qui habet benigniorem opinionem pro unice
vera. Falsitatis redarguit s. Alphonsus verba Patutii, allegans haec ex
eodem loco s. Antonini: « Respondetur: hunc contractum esse usurarium,
non est ciarum; cum sapientes contraria sibi invicem in huiusmodi sentiant etc. ».

XXV. Porro pro regula cognoscendi, quis sit possessor, attendendum est, pro quo
stet praesumptio in foro externo; is enim censebitur possidere: praesumptio autem
censetur stare pro ea parte, quae onus probandi in aliam transfert. Bardi. d. 5. c. 5.

160. Regula, quam tradit Auctor, videtur clarissima. Tamen non semper
clare elucet, quaenam pars munus habeat actoris, quaenam rei. Sed haec
discuti melius solent ad quaestiones speciales.

Unde cum Sanch. Laym. *l. c. et* aliis *resolvuntur casus sequentes.*

XXVI. 1. Dubitatur, post sufficientem diligentiam adhibitam, an lex sit imposita,
v. gr. ieiunii, item, an votum vel iuramentum sit emissum: non obligatur dubitans.
Ratio est; quia, cum lex et votum ut obligent, debeant sufficienter proponi, merito
hic praesumitur non esse, ideoque dubitans manet in possessione suae libertatis. Suar.
Fill. Lay. Contra vero si vovisse constet et dubitetur, an satisfecerit, tenetur satisfacere; quia tunc votum est in possessione. Similiter dubitans, an Horas legerit, tenetur legere ; quia praeceptum est in possessione. Ita Sanch. Laym. Bonac. l. c. Fill. n. 163.

161. Quoad primam partem nulla est controversia et vix aliquis in-
ventus est, qui oppositum docuerit, quem propterea universi impetive-
runt. Regulam iisdem prope verbis proponit sic s. Alph. Lib. 1. n. 27.:
« Si lex est dubie condita vel dubie promulgata, non obligat; quia possessio non stat pro ipsa, sed pro libertate ». Praeterea legis aut conditio
aut promulgatio est res *facti*. Porro huc spectat aphorismus « Factum
non praesumitur, nisi probetur ».

162. Quoad 2. partem, bene retineatur, agi de *dubio :* revocetur discrimen quod est inter *dubium* et *opinionem;* tum etiam recolatur, non

idem esse *dubium* et *incertum:* dubium dicit *suspensionem omnimodam
assensus ob perspectam insufficientiam motivorum: incertitudo* vero
est carentia certitudinis, quae obtinet, cum est firmus assensus citra formidinem de opposito. Porro saepe haberi assensum sine firmitate illa
palam est. Iam vero A. loquitur de *dubio.*

163. Non ergo contraria huic doctrinae est sententia Suarez, quando
De Poenit. Disp. 22. sect. 9. n. 6. de obligatione confitendi haec scribit:
« Quando homo *probabiliter iudicat* unam partem et de alia *non habet
iudicium probabile,* sed suspicionem aliquam vel timorem aut formidinem; tunc non est dubium, quin homo possit vel debeat sequi tale iudicium: ita ut si iudicet probabiliter se peccasse mortaliter vel nunquam
confessum esse tale peccatum, teneatur illud confiteri et e converso si
oppositum iudicat, exoneretur tali obligatione. Ratio est supra tacta, quia
tale iudicium est sufficiens ad regulandam humanam actionem: nam ex illo,
quamvis speculative incertum sit, colligitur iudicium certe practicum de
rectitudine actionis vel omissionis, sufficiens ad actiones humanas; quia
maior certitudo regulariter excedit hominis vires ».

Neque contraria est doctrina Bonacina, qui *De Poenit.* Disp. 5. q. 5.
sect. 2. punct. 2. § 3. diffic. 4. pag. 208. nn. 3. 4. postquam dixit ad confessionem illum teneri, « qui scit se peccatum mortale commisisse, sed
dubitat, an illud confessus sit vel etc... ; constat enim de obligatione
et dubitatur de excusatione », mox subiicit: Quae dicimus, intelligenda
sunt de *dubio proprie dicto,* non vero de opinione; nam si quis probabiliter opinetur, aliquod peccatum non esse mortale seu se non peccasse
mortaliter, non tenetur tale dubium in confessione explicare... Idem dicendum puto de illo, qui scit, se mortaliter peccasse, sed probabiliter
opinatur, se illud confessum fuisse vel illius confessionem validam fuisse,
ut patet ex proxime allata ratione ».

Non aliter Salmanticenses *De Voto* Tract. 17. cap. 1. n. 145: « Qui certus
est, se votum aut iuramentum emisisse, *dubitat* vero, an illud impleverit,
tenetur... exsecutioni mandare: sicut de eo diximus, qui dubitat de exsecutione legis (v. gr. recitandi Horas), certus illam esse latam, tenetur rem
mandatam exsequi... At si *nón solum dubitaret, sed probabiliter opina-
retur,* se adimplesse votum, ex motivo aliquo seu ratione, quam ad hoc
haberet, excusaretur a positione rei promissae; quia in moralibus sufficit
probabile sequi iudicium, ut prudenter quis operetur ». Quam in rem
allegant Diana, Leandrum et Del Bene.

Accedit Roncaglia Tract. 8. *De 2. Praec.* cap. 2. q. 4. resp. 2: « Qui
certus est, se votum emisisse et *dubitat,* an adimpleverit, tenetur voto
satisfacere; obligationi etenim certae non satisfit incerta *ac dubia* solutione. Quod si adsint rationes vere *probabiles* ad iudicandum voto se
satisfecisse, tunc potest dubium deponere ». Et allegat Bossium.

Vera ratio est, quia ab aequitate et a sensu humano nimis abhorret ceu durum, quod ad opus iterum constringatur, qui solida et gravi ratione sibi suadere potest, suo se muneri satisfecisse.

XXVII. 2. Qui certus est de lege et voto, dubius tamen, an et quid comprehendatur lege aut voto; ut, si sciat se vovisse religionem, dubitet autem, utrum certam, an vero in communi tantum: item vovit abstinere a copula, dubitat vero, an ab omni an ab illicita tantum: non tenetur voto, quoad partem, de qua dubitat.

164. Hanc doctrinam A. certe communem sic probat s. Alph. Lib. 1. nn. 27. 28.: « Idem dicendum (scil. *non obligari*), si dubitatur, an in lege comprehendatur necne aliquod onus; tunc enim non tenemur illud implere; quia pro illa parte, de qua lex est dubia, lex non possidet... Sic pariter qui dubitat, an in voto emisso comprehendatur aliquid necne, non tenetur ad votum quoad partem, de qua dubitat; pro illa enim parte votum non possidet ». Et id confirmat ex cap. *Ex parte* 18. *De censibus* etc., ubi Pontifex indicit, *volentes solvere* (votum) *ad minorem* (mensuram ex variis, quae veniebant in controversiam) *non esse cogendos, ut maiorem persolvant.* Ideoque ibi notat Glossa: « In dubiis liberum est sequi, quod magis placuerit ».

XXVIII. 3. Si constet de lege, dubium autem sit, an recepta vel abrogata vel tu ab ea eximaris, teneris lege. Ratio est; quia, cum constat de lege, pro ea stat praesumptio et possessio, proindeque alleganti eam non esse receptam vel abrogatam, incumbit onus probandi; ideoque, dum non probat, lege tenetur. Laym. l. 1. t. 4. c. 3. Sanc. Fill. contra Salas et Azor. qui docent, si dubites, an lex sit acceptata, ea te non teneri.

165. Fuerunt qui dicerent, legem in hoc casu non possidere atque adeo non obligare, maxime si lex sit poenalis. Hos refert s. Alph. Lib. 1. n. 97. et Salmant. *de Legib.* Cap. 2. n. 113. et quidem plures sunt ac probabilis habetur etiam a nonnullis, qui eam non tenent. Ratio horum est, quia si dubia est receptio legis, dubium est, an unquam obligaverit aut obligare caeperit et ideo libertas est in possessione.

Sed recte s. Alph. subdit, sequendam esse doctrinam, quam Auctor proponit. Quod vero ait A., quod onus probandi, legem (quae certe promulgata est) non fuisse receptam, incumbat illi, qui hoc asserit, confirmatur a s. Alph. per illud axioma: *In dubio praesumitur factum, quod de iure faciendum erat.* Ergo praesumptio stat pro lege *recepta.*

Addit recte s. Alph., falso quosdam supponere, quod lex ad obligandum indigeat *acceptatione.* Quando ergo constat de lege *promulgata,* lex habet possessionem, a qua non deturbatur *ob dubium* praedictum (a).

(a) In Tract. de Legibus videbimus, cur ab obligando cesset lex, si *usu* recepta non sit, quin recurramus ad necessitatem acceptationis ut obligare incipiat.

XXIX. 4. Qui dubitat, an vigesimum primum annum expleverit, non tenetur ieiunio; quia libertas est in possessione. Contra vero res se habet, si dubites de aetate ad ordinem sacrum vel beneficium requisita; quia praesumptio et possessio est pro praecepto: ideoque non potes recipere, donec de aetate constet. Laym. l. c. n. 35. Sanch. d. 40. et 41.

166. Dicit A., in dubio non adesse obligationem ieiunandi; quia possidet libertas. Ratio autem, cur possideat libertas, haec est, *quod in dubio factum non praesumitur, sed probari debet;* atqui factum hoc requiritur, ut quis obligetur; ergo onus probandi reiicitur in legem et ideo libertas possidet et partes *rei* agit homo.

Effatum, quod *factum in dubio non praesumitur,* valet etiam quoad alterum casum de ordine suscipiendo, sed habet resolutionem oppositam. Nam lex est, qua incapax quisque censetur s. Ordinis, nisi expleverit XXI. annum. Ut ergo quis capax sit, haec aetas requiritur; onus autem probandi factum reiicitur in petitorem. Ergo possidet praeceptum.

XXX. 5. Si cras sit ieiunium et post examen dubites, an sit audita duodecima noctis hora, potes coenare et carnibus vesci; quia libertas est in possessione. Contra vero, si hodie sit ieiunium et dubites, an sit duodecima noctis, non licet; quia praeceptum est in possessione: cum constet hodiernum diem esse ieiunii et dubium sit, an transactus. Sanch. Laym. l. c. Quae omnia intellige de dubio stricte sumpto; si enim sit ratio dubium deponendi, v. gr. quia aliqua horologia sonuerunt duodecimam, alia non, cessat ratio data. Cum enim duo horologia sint quasi duo doctores seu opiniones probabiles, licet utrumlibet sequi, nisi sciam unum errare. Laym. et alii communiter.

167. Auctor hanc doctrinam exhibet, uti communem. Eam sic tradit et s. Alph. Lib. I. n. 32.: « Idemque dicendum de eo, qui est in sabbato et dubitat, an transierit hora mediae noctis; tunc enim nequit vesci carnibus, cum adhuc possideat praeceptum abstinentiae. Secus vero, si quis dubitet de hoc in feria quinta; quia tunc post adhibitam diligentiam licite potest edere carnes, cum adhuc possideat libertas ». Et pro ea sententia dicit stare Laym. Sanch. et *alios plures.*

XXXI. 6. Si dubites, utrum mediam noctem coenando excesseris vel masticando aliquid deglutiveris, non licet celebrare vel Eucharistiam sumere, Sanch. l. 2. de matrim. d. 41. n. 40. Fagund. p. 3. l. 3. c. 5. n. 18.; tum quia lex ieiune sumendi est in possessione, tum quia gravis est irreverentia. Quanquam contraria sententia Laymanno l. 1. t. 1. c. 5. n. 36. probabilis, Dianae vero tom. 2. tr. 4. de Sacram. R. 29. tuta etiam in praxi videatur; eo quod lex Ecclesiastica in casu dubio non videatur tam arcte constringere conscientias et in dubio factum praesumi non debeat neque censeatur irreverens, qui iuris praesumptionem sequitur. Vide infra l. 6. tr. 3. c. 2. d. 2. et Card. de Lugo d. 15. n. 14.

168. Auctor duplicem sententiam innuit et loco in fine citato scil. Lib. 6. etc. probabilem ac tutam habet doctrinam Laymann, pro qua

s. Alphonsus Lib. 6. n. 282. allegat praeterea Palaum, Sporer, Cardenam,
Dianam, Gobat, Elbel, Illsung, etc., quibus Lib. I. n. 39. et in primis editt.
n. 80. addit Eusebium Amort. Ratio s. Alphonsi est, quod praeceptum
hoc sit *negativum,* prohibens scilicet, ne communicet quisquis cibum
sumpserit post mediam noctem seu, aliis verbis, *arcens a s. Communione
eum,* qui post mediam noctem cibum sumpserit. Ergo ut quis a communione arceatur, probandum est factum scil. quod cibum sumpserit post
mediam noctem. Ergo, concludit s. Doctor Lib. 6. n. 282., « non teneris.
abstinere, quamdiu non es certus et tanto magis si nullam habeas probabilem rationem te comedisse; tunc enim adhuc es in possessione tuae
libertatis ».

In quibus, ut patet, concedit id valere non modo *in dubio,* sed etiam
in casu *opinionis contrariae,* quamdiu non es certus, inquit. Quo spectant verba ista, quae allegat ex Amort Lib. 1. n. 39. al. 80.: « Potest
communicare, quia melior est conditio possidentis, quamdiu in contrarium non dantur praesumptiones tam fortes, ut operans probabilius credat,
iam sonuisse duodecimam » (quod ultimum forte alii etiam in dubium
vocabunt, si *probabile* sit, id factum ante duodecimam).

169. Ob eandem autem rationem s. Alphonsus Lib. 1. n. 38. sequitur
sententiam Lugo circa eum, qui *dubitat,* an aliquid cibi vel potus de-
glutiverit v. gr. dum ancilla iusculum gustat, an satis salitum sit et dein
expuit. Ratio, inquit s. Alph., « quia lex ieiunii non est positiva, ita ut
praecipiatur ieiunium tanquam requisitum absolute necessarium ad com-
municandum; sed est prohibitiva, qua interdicitur quisque accedere ad
communionem, si quid cibi aut potus sumpserit... Igitur... probandum
est factum ieiunii fracti, ut quis communicare prohibeatur. In dubio ergo,
an factum id sit, quo prohibitio legis viget, non tenetur quis a communione abstinere ».

Nota alias rationes Auctoris, quod scil. lex ecclesiastica non videatur tam
arcte constringere conscientias nec irriverens sit qui sequitur praesumptionem iuris (scil. stantis pro libertate).

XXXII. 7. Si post contractum bona fide matrimonium, dubium de valore superveniat, quod post veritatis inquisitionem depelli non possit, debitum non tantum reddi,
sed etiam exigi potest; quia dubium superveniens bonae fidei possessori obesse non
debet: vide Sanch. lib. 2. de matrim. disp. 41. n. 47. Bonac. loc. cit.

170. De hac re s. Alph. Lib. 6. n. 903.: « *Certum est,* quod durante
dubio, sive dubium antecesserit matrimonium sive ei supervenerit, coniux dubitans, ante diligentiam adhibendam ad dubium vincendum, non
potest petere, sed potest et tenetur reddere alteri petenti in bona fide ».
Quod dein probat ex cap. *Dominus de Secundis nuptiis:* « Si vero
aliquis vel aliqua... de morte prioris coniugis adhuc sibi existimat dubitandum, ei quae sibi nupsit, debitum non deneget postulanti: quod a

se tamen noverit nullatenus exigendum ». Ratio, inquit s. Alph., quia in dubio nemo privandus est suo iure certo, quod bona fide possidet, ut communiter docent DD.

Pergit s. Alph. Lib. 6. n. 904.: « Si contracto matrimonio in bona fide, dubium superveniat et adhibita diligentia illud vinci non possit, longe communior et longe probabilior sententia affirmat licere dubitanti non solum reddere, sed etiam petere... Ratio, quia qui matrimonium bona fide contraxit, iure suo petendi, quod possidet, non est privandus, donec constet de impedimento. Licet enim superveniente dubio suspendatur ius possessionis, usque dum veritas inquiratur : manente tamen post diligentiam dubio, cum ignorantia · tunc sit invincibilis, manet possessio pro valore matrimonii et consequenter pro illius usu; possessor enim bonae fidei sicut potest post adhibitam diligentiam rem retinere, sic etiam potest illa uti ». Quod dein s. Alph. confirmat ex decreto Caelestini III. in c. *Laudabilem De frigidis et malef.* Brevius eandem doctrinam habet s. Alph. Lib. 1. n. 33.

XXXIII. 8. Qui certus est de debito et dubitat an solverit, tenetur solvere : Suar. Vasq. Lugo, Dian. p. 2. t. 6. misc. r. 59., nisi etiam creditor dubitet ; tunc enim Tan. in 1. 2. d. 2. q. 6. d. 4. putat non teneri, quod Laym. l. 1. tr. 1. c. 6. ita limitat, ut teneatur non ad integram solutionem, sed ad partem eius, pro qualitate dubii : quod Dia. p. 4. t. 3. R. 35. amplectitur ut probabile.

· 171. Quoad primam partem, quando dubia negative est solutio et certum debitum, nulla est dubitatio. Paucis s. Alph. Lib. 1. n. 34.: Certus de debito et *dubius* de solutione tenetur solvere, ut communiter docent ».

Qua de re Vasquez in 1. 2. disp. 66. cap. 7. n. 43.: « Observandum, regulam praedictam. « *In dubiis aut in aequali causa melior est conditio possidentis* », non habere locum, quando quis dubitat, an solverit debitum, quod certo contraxit, sive illud contraxerit ex delicto sive ex quocumque genere contractus ; quia in tali causa non est aequa causa et ius utriusque partis ; siquidem creditor pro sua parte habet ius certum debiti contra debitorem, debitor autem non habet ius certum solutionis contra creditorem. Debitum autem certum non videtur aeque solvi solutione dubia et incerta, ac proinde in tali casu possessio non suffragabitur possidenti ».

172. Et quidem, ut insinuat ratio quoque Vasquez, id valere debet non modo in dubio proprie dicto, sed etiamsi quis *probabiliter* iudicaret de solutione a se facta. Ita Lugo postquam (vid. sup. n. 157.) defenderat sufficere probabilem satisfactionem praecepti, sibi obiicit Disp. 16. *De Poenit.* n. 60. : « Dices: Si debes ex contractu centum, non liberaris ab obligatione totali, nisi per solutionem certam ». Et subdit : « Respondetur in primis : Si illa centum debeantur ex promissione liberali, videtur satisfieri solutione probabili; sicut qui ex voto debet ieiunium, si ieiunet observando

ieiunium iuxta probabilem sententiam, licet non iuxta certam. Si autem debeantur ex contractu oneroso, v. gr. ex emptione, permutatione etc., tunc fortasse non satisfacit; quia non servatur aequalitas dando pro re certa aliam incertam (v. gr. etiam alio exemplo, si dare velles pro mercibus monetas dubii valoris, vel monetas chartaceas, quarum valor nutat etc.), quae eo ipso minus valet et quia intentio contrahentium ea videtur esse, ut detur sibi pecunia certa pro mercibus certis ».

173. Quoad secundam partem resolutionis, scil. nisi etiam creditor dubitet, s. Alph. admittit doctrinam Laymann, addens ipsam placuisse etiam Tamburini et Sporer, qui reipsa sic scribit De Consc. Tract. 1. n. 85. § II: « Debitorem adhuc teneri ad integram solutionem affirmat Sanchez, in Decal. Lib. 1. cap. 10. n. 12. (id tamen falsum est; quia Sanchez non supponit creditorem quoque dubitare) eo quod creditor sit in certa possessione sui iuris, quo per dubiam solutionem privari non potest. Contra debitorem omni obligatione liberat Tanner...; eo quod in tali dubio melior sit conditio possidentis. Utraque opinio probabilis, adeo ut eo casu nec debitor condemnandus sit, si omittat nec creditor, si integram solutionem exigat, ut notat Laymann, qui tamen longe probabilius resolvit, ad aequalitatem inter utramque partem servandam, debitorem teneri non ad integram solutionem, sed ad partem debiti secundum proportionem dubii ».

Sed audiamus ipsum Laymann De Consc. cap. 5. n. 42: « Interdum, inquit, in utramque partem quaestionis ex diversis principiis probabiles rationes occurrunt, ut discernere aliquis non possit, quarum ratio maius censeri momentum debeat; ex. gr. si in utramque partem rationabile dubium sit, utrum pecuniarum debitor illas solverit necne: quaestio est, an hoc casu ad integram solutionem teneatur? Ita probabiliter affirmat Sanchez Lib. 1 Mor. cap. 10. n. 12. (hoc falsum esse diximus) tum quia factum in dubio non praesumitur tum quia creditor iure et actione sua, quam semel eum habuisse constat, in dubio privari non debet. In oppositam vero partem offert se ratio itidem probabilis, quod debitor non teneatur ad solutionem integram, sed tantum ad partem debiti secundum dubii proportionem. Quia aequitas non patitur, ut debitor sine culpa sua magno periculo subiiciatur bis solvendi integrum debitum: creditor autem, qui et ipse, ut pono, tale dubium non diffitetur, nulli expositus sit periculo. Profecto in hoc casu neque creditorem condemnarem, si integram solutionem reciperet (Sporer mutavit illud reciperet in exigat, quod et s. Alphonsus a Sporer accepit) neque debitorem, si integram solutionem facere omitteret idque ob diversas probabiles, quibus utraque pars nititur, rationes ».

CAPUT III.

DE CONSCIENTIA SCRUPULOSA.

174. Quatuor responsionibus materiam A. absolvit: 1° Definit scrupulum: 2° De licito contemptu scrupuli disserit: 3° Signa scrupulosi hominis affert: 4° Remedia proponit ubi et privilegia innuit.

XXXIV. Respond. 1. Scrupulus est inanis apprehensio et hinc ortus timor et anxietas, alicubi esse peccatum, ubi non est. Ita communiter Navar. Azor et ceteri.

175. Scrupulus dicitur inanis apprehensio, idest quae innititur vana et inani ratione et inde timor peccati etc. Vel, ut dicit s. Alph. Lib. 1. n. 11.: « conscientia scrupulosa est ea, quae ob levia motiva, absque rationabili causa seu fundamento, *saepe* formidat de peccato, ubi revera non adest.

176. S. Alph. Lib. 1. n. 15. ad triplicem classem revocat scrupulosos. « Tripliciter scrupulosi ut plurimum a scrupulis vexantur. Alii anguntur a pravis cogitationibus, quibus assentire saepe se timent. Alii propter confessiones praeteritas, quibus satis nunquam se fecisse dubitant. Alii propter timorem peccandi in qualibet operatione, quam acturi sunt ».

Dicit autem scrupulosos ad quampiam ex tribus istis classibus *ut plurimum* pertinere; quia ceteroquin innumerae habentur varietates. Quas melius recensendas reservamus, ubi de remediis.

177. Scrupuli a Deo permittuntur; quia suam habent utilitatem: sed curandi sunt, quia et sua damna secus habebunt: in hoc comparari possunt cum aliis tentationibus.

Utilitates habent (Croix Lib. 1. n. 513.) 1° quia prosunt *ad emundandam conscientiam;* quippe qui cavet ab apprehensionibus mali etiam inanibus, multo magis a manifestis removetur. Hinc qui per vitam angi scrupulis consueverunt, solent in morte frui tranquillissima ac serena pace atque consolationibus abundare, etiam ex recordatione, quod semper conati sint, conscientiam mundam habere.

2° *Prosunt ad hominem magis cautum efficiendum* in suis actionibus, ne quid in eis sit, quod Deum offendat redduntque attentum ac sollicitum, ut omnia ad Deum dirigat.

3° Plurimum prosunt *ad internam humiliationem;* inde enim discit, quam miser sit, quam infirmus, quam parum prudens: deinde cogitur ob angustias suas, se et sua omnia alteri aperire ac iudicium suum abdicare alteriusque sententiam sequi et obedire.

4° Multum ad hoc prosunt, *ut quis suo tempore possit alios dirigere ac iuvare.* Vix enim bene scrupulosum diriget, qui scrupulos non sen-

serit. Unde quos Deus praeordinat ad alios dirigendos, solet eos prius
exercere, ut sciant aliis compati et experientia noverint, quomodo agendum cum scrupuloso, quem maxime torquet cogitatio ista quoque, quod
neminem putet scire, quid sibi eveniat.

5°ˀ Denique prosunt *ad magnum meritum;* quidquid enim patitur
scrupulosus et agit, agit ne Deo displiceat et sic semper intentionem
puram habet: deinde plurimum scrupulosi ne Deum offendant patiuntur
mallentque saepius mortem subire, quam huiusmodi angores, recedendi
scil. a Deo, ferre. Et sic Deus martyres facit incruentos.

Sed rursus scrupuli sunt curandi, ne damna eaque gravia afferant.
Etenim noxii esse solent tum corpori; quia *destruunt valetudinem, at-
tenuant caput, saepe hominem ad insaniam* adducunt ac *vitam saepe
abbreviant:* deinde etiam animae; quippe *eam intricatam, desolatam,
perplexam* reddunt et quandoque *desperabundam,* confundunt *intellectum, iudicandi vim perturbant hominemque saepe insignibus prae-
ditum talentis reddunt ad omnes functiones ineptum:* praeterea *impediunt multa bona opera, prodigunt tempus* multis variis, inanibus
cogitationibus etc.

XXXV. Resp. 2. Licet operari cum conscientia scrupulosa, manente scrupulo, dummodo iudicetur esse scrupulus et ut talis contemnatur. Neque tamen opus est, ut
ad singulos actus formetur hoc expressum iudicium, quod sit scrupulus: sed sufficit,
quod contra eum agatur ex habituali vel virtuali iudicio, ab experientia praeteri-
torum actuum. Ratio est, quia talis nulli periculo se exponit; cum ad bene operandum
sufficiat iudicium probabile aliquid licere: scrupulus autem, cum ex levi fundamento
procedat, non tollit iudicium practicum probabile. Sanch. l. 1. c. 10. Reg. Becan.
Fill. n. 176.

178. Sensus est, licere operari cum apprehensione illa, quae suggerit
actionem esse peccaminosam; dummodo iudicetur esse scrupulus, idest
dummodo iudicetur ab agente, apprehensionem illam esse inanem, vanam,
falsam etc. atque adeo reipsa non haberi peccatum quod timetur.

Rationem affert A., quod nulli se periculo exponat; quippe vana ista
apprehensio non tollit iudicium practicum probabile de honestate actus,
quod scilicet iudicium inest ipsi agenti actualiter vel habitualiter seu
virtualiter, quippe qui novit, actionem non esse reipsa illicitam. Bene
s. Alph. Lib. 1. n. 18.: « Conscientia scrupolosa, seu dictamen mentis ex
scrupulis ortum non potest auferre assensum de actionis honestate prius
efformatum ex confessarii iudicio vel alio modo » v. gr. quia ex libris
vel catechismis aut concionibus didicit; atque adeo in promptu habet, quo
vincat vanam apprehensionem. Hinc scrupulus reipsa non suspendit assensum, ut dici debeat verum dubium, sed est veluti quaedam caligo,
fumus, nubes, quae rectum iudicium obscurat quidem aliquo modo et
obtenebrat, sed non tollit. Ita v. gr. qui inter celebrandam Missam an-

gitur scrupulo, quod non attente pronunciaverit verba consecrationis et tamen perturbatio ista non tollit dictamen de non repetenda forma: ita qui sibi videtur non bene recitasse Horas atque adeo repetendas sibi illas esse putat et tamen iudicio confessarii aut etiam praecepto obedientiae scit sibi id esse interdictum aut dissuasum.

179. Monet autem A. non opus esse, ut ad singulos actus efformetur illud dictamen. S. Alph. n. 19.: « Nec opus est, ut in quolibet particulari actu hoc iudicium efformet, nempe quod scrupulos (ceu vanam apprehensionem et falsam) contemnere debeat ex praecepto confessarii: satis est enim, quod ex iudicio prius formato contra scrupulum agat; quia propter experientiam praeteritam (utendi scil. hoc dictamine) in eius conscientia iudicium illud habitualiter sive virtualiter exsistit, licet tenebris obscuratum ».

« Tanto magis pergit s. Doctor., quod quando scrupulosus in illa confusione operatur, non operatur cum conscientia formata et deliberata, quae requiritur ad peccatum ». Quam in rem affert sententiam Gersonis aientis: « Conscientia formata est, quando post discussionem et deliberationem ex definitiva sententia rationis iudicatur aliquid faciendum vel vitandum et contra eam agere est peccatum. Timor vero seu scrupulus conscientiae est, quando mens inter dubia vacillat, nesciens ad quid potius teneatur, non tamen vellet omittere, quod sciret esse placitum divinae voluntati et contra hunc timorem seu scrupulum facere non semper est peccatum *(nempe si contemnatur ut vanus)* et quantum fieri potest, abiiciendus et exstinguendus ». Et addit ista alia ex eodem Gersone: « Scrupulosis contra scrupulum agendum est et fixo operis pede certandum. Scrupulos compescere melius, quam per contemptum, nequimus et regulariter non absque alterius et praesertim superioris consilio. Alioquin timor immoderatus aut inconsulta praesumptio praecipitat ».

XXXVI. Respond. 3. Signa conscientiae scrupulosae sunt 1. Pertinacia iudicii, qua doctorum consiliis non acquiescunt: unde varios consulunt et fatigant ac tandem nullius iudicio stant, nisi suo. 2. Ex levi apparentia frequens iudiciorum mutatio: unde oritur in agendo inconstantia. Sic. v. g. in Horis legendis aliquando decies mutabunt iudicium de lecto vel non lecto aliquo versiculo. 3. Quod ex priore procedit, perturbate agere et caeco quodam modo in externis actionibus versari. 4. Habere reflexiones extravagantes infinitarum circumstantiarum. 5. Timere in omnibus peccatum ac contra sapientum et proprium saepe iudicium esse inquietum. 6. Si confessarius iudicet te esse scrupulosum. 7. In particulari signa scrupuli praesentis sunt haec duo. 1. Si per illum experiaris te nimium angi et turbari: 2. si alias expertus sis, te similia apprehendisse sine fundamento.

180. Haec necessario sunt agnoscenda tum confessario, tum poenitentibus. Confessario quidem tum ut iudicium rectum habeat circa ea, quae

poenitens confitetur et culpas distinguat ab inanibus apprehensionibus
tum ut idonea praescribat remedia et caveat ab imponendis obligationibus v. gr. fugiendi occasiones, reparandi famam, restituendi ṣeu resar-
ciendi damna, veniam petendi ab offensis, scandala reparandi etc. Poenitenti autem sunt necessaria, quatenus expedit quam maxime, ut ipse
quoque discernat, ubi vano scrupulo, ubi recto dictamine movetur et
impellitur ad quidpiam agendum vel omittendum etc.

181. Croix Lib. 1. n. 515. de hac re scribit: « Maxima heic circumspe-
ctione opus est; nam aliqui *saepe* putantur esse scrupulosi, qui non sunt:
e contra tamen aliqui sunt scrupulosi et non putantur esse ». Quam in rem
affert haec verba Elizalde: « Scrupulosi vere tales paucissimi sunt; sed
stultus mundus timorem Domini scrupulos vocat et conscientias fascinat ».

Ea memoravi, ne quis his decipiatur. Haec enim non de iudicio confessarii, sed secularium valent, ut patet. Sunt ergo minus opportuna.

182. Quamquam utile dixerimus, ut ipse poenitens sciat an scrupulosus ipse sit; tamen an aliquis, ut Croix ait n. 516., qui meticulosae
conscientiae est, sit scrupulosus, communiter non potest iudicare ipse
meticulosus, sed relinqui debet iudicium viro docto et prudenti, qui
habeat in tractandis conscientiis aliquam experientiam; quippe meticulosi
per suas anxietates impediuntur, quominus recte iudicent, praesertim in
rebus propriis, in quibus homines maxime caecutiunt: unde potius debent
alteri credere, cui conscientiam suam atque operandi modum sincere
aperuerint.

183 Addit Croix n. 517. vɪx posse iudicari, post priorem aut alteram
vicem, an poenitens sit scrupulosus necne; quia licet sit anxius circa
plura, forte anxietas est rationabilis et iusta. Sed haec non est regula
generalis; nam sunt scrupulosi qui statim se produnt.

Addit dein Croix n. 518. non esse 1° habendos ut scrupulosos, qui solliciti sunt imo moderate anxii, ne Deum vel levissime offendant et qui
statim culpam, in quam inciderint, deponere velint.

2° Item illos, n. 519., qui post vitam diu in gravibus peccatis tra-
ductam, anguntur sibique intra mediocre tempus v. gr. sex mensium
nunquam videntur satisfacere, sed usque magis confiteri volunt et praeterita
expiare. Ita Croix; quia (inquit) haec cura prudens est et necessaria ad
recogitanda peccata, quae exciderint, tum etiam ad pravos affectus ac
malas consuetudines corrigendas. Et concedendum est, non esse scrupulosos; dummodo non intercedant falsa iudicia, praesertim quod dicit de
expiandis praeteritis: quis enim suspicatur, ibi esse scrupulum? anxietas
ergo ista non erit scrupulosa, dummodo ab inanibus rationibus non profluat: utilis praeterea esse poterit, si bonos effectus adducat, etiamsi *ni-*
mium quid sit quod Croix dicat *necessariam;* quis enim necessarium
dicat, ut quis per dimidium anni anxius sit de scrutanda conscientia?

3° Neque illum dicendum scrupulosum, n. 320., qui post commissum peccatum aliquod, valde angatur, sollicite se examinet, anxie confiteatur sicque se ipsum turbet. Sed et haec sano modo sunt intelligenda; quia et in his inanes rationes habere suum locum possunt.

4° Denique, 524., et illos, qui dubitant, an in hoc vel illo peccaverint, quia aliud est dubium, aliud scrupulus. Et hoc verum est; nam scrupulus est timor peccati ex vana apprehensione: dubium vero, an pravus aut saltem minus rectus finis te ad agendum duxerit, seu an satis constanter affectum v. gr. odii vel invidiae compresseris, an graviter seu leviter peccaveris, potest oriri ex apprehensione non inani.

5° Tandem, n. 526., Croix, post Elizalde ut videtur, semper anxius, ne quis habeatur ut scrupulosus, qui non sit reipsa talis, comparationem facit inter laxum et scrupulosum. 1° Laxus est, qui spernit et pro nihilo habet illa, quae alii communiter putant esse peccata; scrupulosus vero timet, quae alii pro nihilo habent. 2° Laxus non credit concionatoribus eorumque exhortationes et reprehensiones habet ut exaggeratas; scrupulosus vero nec confessario nec aliis vivis doctis *factum excusantibus* satis credit. 3° Laxus procedere solet proprio iudicio ita ut neminem consulat; scrupulosus vero se securum non putat etiam in rebus manifestis et postquam responsa accepit, iterum iterumque interrogat, volens se magis securum efficere. 4° Laxus non valde laborat de specie aut numero peccatorum in confessione exprimendis; scrupulosus omnia dubie et haesitanter confitetur, eadem saepius repetit, modo hunc modo alium numerum dicit, modo ut certa modo ut dubia peccata dicit. 5° Laxus praecipitanter et inconsiderate solet agere; scrupulosus vero suspense procedit nec communibus dictaminibus fidit, sed semper quaerit demonstrationes et evidentias. 6° Laxus praescriptas preces mente vaga et praepropere absolvit, sine causa interrumpit, inter orandum circumspicit, fabulatur etc.; scrupulosus anxie precatur, saepius subsistit pro attentione habenda, eadem pluries reperit etc. Ex his extremis diiudicetur qui est rectae et formatae conscientiae..

184. Ad ultim. animadv. Auctoris de iudicio scrupuli, bene addit Croix n. 524.: « Si quis anxius sit et seipsum interroget, quae causa sit suae anxietatis ac nullam rationabilem assignare possit, iudicium habet, se angi scrupulo. Item si illa, quae alias prudenter iudicavit non esse peccata, iam peccata videantur, vel formidet ne sint etc.

XXXVII. Resp. 4. Remedia conscientiae scrupulosae sunt I. Scrupulos contemnere, contra illos agere nec cogitatione fovere. II. Iudicio confessarii vel alterius viri docti ac pii acquiescere, non recurrendo ad eum in singulis actionibus; sic enim se et illum fatigant, cum scrupulorum incremento, sed accipiendo ab eo generalia principia, a quibus nullius scrupuli causa, imo nullo modo recedat. Etsi enim alterum errare contingeret; quia tamen hoc faciendo agit, quod in se est, non peccabit. III. Bonorum vitam et consuetudinem, tanquam regulam, intueri. S. Ant. Sylv. IV. Assuefacere se ad sequendas sententias mitiores et minus etiam tutas. Fill. c. 4. n. 122. V. Non iudicare quidquam esse mortale, nisi certo sciat. Azor l. 2. c. 20. Vasq. Sanch. Fill. t. 2. cap. 4. VI. Nunquam otiari; quia otium implet phantasiam cogitationibus scrupulosis. VII. Destruere causas scrupulorum; v. gr. melancholicus evacuet medicamentis atram bilem: pertinax frangat suum iudicium : superbus prudentiae non confidat: rudis instructionem petat: timidus meditetur bonitatem Dei, quae non imponit praecepta redigentia ad insaniam. VIII. Nosse scrupolosorum privilegia, ut 1. quod non teneantur in agendo adhibere examen et diligentiam, nisi valde mediocrem, nec tantam, quantam alii et quod, dum angit scrupulus nec suppetit consilium, possint libere agere, quod volunt, nisi certum et evidens sit esse peccatum : vide Vasq. in 1. 2. d. 57. 2. Quod nihil teneantur repetere ex praeteritis confessionibus, nisi certo sciant, illud esse mortale et se rite confessos non esse. Non est autem certus scrupulosus, quamdiu dubitat. Unde suadet Laymann, ut nunquam confiteatur dubia et scrupulos. Et Sa V. *Dubium,* Sanch. Azor etc. dicunt non teneri confiteri, nisi quae iurare possit esse mortalia et nunquam esse confessum. Ratio utriusque privilegii est ; quia in scrupuloso, ex nimio timore peccandi, turbatur ratio, ita ut non possit recte rem examinare. Unde, esto aliqua confessus non fuerit, non tenetur tamen cum tanto damno et periculo anxietatis perpetuae procurare integritatem confessionis, cum ab ea minores saepe difficultates excusent, ut notant Konin. Layni. Bonac. Azor. Bec. IX. Confessarius non permittat confiteri vel proponere scrupulos vel dubia (maxime, si semel ad satietatem audiverit); quia alioquin nunquam fontem scrupulorum exhauriet. Vide apud Laym. heic. c. 6. Filliuc. Sanch. heic. et l. 2. *de Matr.* d. 4. Azor. t. 1. l. 2. c. 20. Bresserum l. 6. toto. Bec. p. 2. t. 1. c. 4. Bonac. d. 1. q. 4. p. 9.

185. Primum monitum est, ut scrupulum quis 1° contemnat, 2° contra illum agat, 3° non foveat cogitatione.

Contemnit autem ille, qui ex iudicio iam praemisso sciens, inanibus se apprehensionibus vexari, vixdum insurgere aliquam ex his animadvertit, despicit et pro nihilo habet, velut si culicem e manu excutiat.

Contra scrupulum agit, qui facit illud, quod vana apprehensio obligaret ad omittendum, vel omittit quod scrupulus dictat faciendum. V. gr. scrupulo urgente, repetendam antiphonam vel quid aliud in recitandis Horis, quia fuit distractus, non repetat. Urget scrupulus ad aperiendum caput sacerdoti, transeat operto capite. Et in hoc fraus cavenda moneatur. Scrupulosus enim dicet: hac vice repetam, ut sim magis securus, hac vice tantum, ut sim quietus etc. Nam id paulatim inducit apprehensionem obligationis et sic malum augetur.

Fovere cogitatione scrupulos est longas discussiones de ea re instituere utrum debeat vel non debeat, utrum fecerit vel non fecerit, quaerere consilia etc.

186. II. Iudicio confessarii acquiescere. Hoc s Alph. sic tradit Lib. 1. n.13.: « Confessarius enixe curet, poenitenti scrupulis vexato suadere, quod omnino tutus incedit, qui sui directoris consiliis acquiescit et obtemperat in omnibus, in quibus evidens peccatum non apparet; tunc enim non ipsi

homini obedit, sed ipsi Deo... Contra vero inculcet, magno suae salutis discrimini se committere, qui praeceptis (intellige *directivis;* secus dein poenitens alium fontem peccatorum reperiet) sui confessari renuit obedientiam praestare; tunc enim periculo se exponit amittendi non tantum cordis pacem, devotionem et in virtute progressum, verum etiam mentem (quot enim scrupulosi obedientiae non acquiescentes in amentiam ceciderunt) item corporis valetudinem, imo, quod deterius est, etiam animae iacturam faciendi; nam eo possent scrupuli devenire atque ad tantum desperationis redigere, qua vel sibimet mortem inferat, ut pluribus contigit, vel ut sic de sua salute desperans habenas ad omnia vitia laxet ».

Quae mala aliis etiam viis interdum irrepunt. Nam molestiae eiusmodi et taedia facile adducunt ad fastidium cuiuslibet exercitii pietatis, precum, usus sacramentorum, custodiae sui etc. et ad solatia in externis quaerenda. Hinc sensim fervore devotionis tepescente, non modo instat periculum in gravia peccata prolabendi, sed etiam posthabendi quodlibet et perfectionis et salutis suae studium. Ita non raro diabolus vel a proposito religionis, vel etiam a sinu religionis incautos abstraxit.

187. Hinc monitum quod confessario suggerit Croix Lib. 1. 527.: ne admittat curam dirigendi scrupulosum, nisi iste ostendat se credere, quod confessarius possit et velit eum bene dirigere simulque constantiam apud illum spondeat (id cum quadam discretione), confidentiam in se aperiendo, obedientiam in sequendo, etiam seposito proprio iudicio. Et iuxta omnes DD. hoc reipsa est unicum remedium ac facile (si pareant), quo iuvari isti queunt.

Hanc regulam suggerit Antoninus, apud Croix. n. 540.: « Est ergo quinta regula, obedientiae humilis imitatio, ut scilicet scrupulosus captivet intellectum suum dictis sapientum et obedientiae superiorum, quantumcumque scrupulus sibi dictet aliud ».

Et quomodo formare sibi conscientiam debeat, sic docet Lessius, apud Croix. ibid.: « quamvis ego, quoad me, potius iudicarem me ad hoc teneri seu hoc esse peccatum etc.; quia tamen meus confessarius dicit contrarium, possum et volo facere hoc, quod ille mihi dicit et certus sum, me bene facere; quia Deus vult, ut faciam, quod ille mihi dicit, cum ipse mihi sit interpres divinae voluntatis ».

Quo spectat illa sententia s. Philippi Nerii, apud s. Alph. Lib. 1. n. 12. « Qui proficere in via Dei cupiunt, submittant se confessario docto, cui obediant ut Deo. Qui ita operatur, fit securus a reddenda ratione cunctarum actionum suarum ». Quae est sententia omnium SS. et DD.

188. Porro pro Confessariis haec monita faciunt, apud Croix Lib. 1. n. 529. Plerumque sit mitis erga scrupulosum, ne afflicto afflictionem addat: quandoque tamen etiam iuvat austeritas, ut expugnari possit tenacitas iudicii in poenitente. Sed hoc remedio non utatur, nisi cum mansuetudine et

inspectis prius omnibus adiunctis personae etc.; ne in desperationem superius indicatam impellat.

Confessarius poenitenti respondeat resolute, recise, non haesitans, non multum distinguens, sed absolute enuntians quid faciendum sit, semper sequendo partem benigniorem et dubitationes interpretans in meliorem partem. Nunquam autem det rationem sui responsi; quia secus has scrupulosus postea examinat sibique aut dubias reddit aut in casum suum minus quadrare autumat et sic se magis implicat. ibid. 530.

Non patiatur sibi proponi quoscumque scrupulos et dubia; sed quando moraliter certus est, idest prudenter iudicare potest, nihil nisi scrupulum afferendum, dimittat ad communionem etiam non auditum. Ratio, quia hae interrogationes et frequentes recursus ad Confessarium sunt veluti frictio scabiei, quae placet quidem, sed nocet. ibid. 531.

Quandoque suaviter irrideat, dum proponit aliqua minus prudentia dubia iubeatque cogitare, quid responsurus ipse esset, si ab alio interrogaretur mandetque idipsum facere. ibid. 532.

189. Quoad monitum A. de generalibus regulis tradendis, sic s. Alphonsus lib. 1. n. 14.: « Satagat prudens confessarius, huiusmodi poenitentibus regulas potius generales, quam particulares praescribere; regulis enim particularibus scrupulosi fere nunquam se resolvere valent ad operandum, quia semper dubitant, an regula illa praescripta possit valere pro casu occurrente, qui saepius videbitur illis differens a casu praeterito collato cum confessario ».

190. Dicit A., quod si errare aliquando contingeret, non est peccatum. Ut enim ait s. Alph., lib. 1. n. 17., « non peccat ratione obedientiae, quam praestare debet confessario ». Praeterea qui talis est, comparandus est illis, qui impotentes sint ad rectum iudicium ferendum atque adeo ad actiones suas recto dictamini conformandas. Est ergo quaedam ignorantia plane excusabilis.

191. III. Vita proborum habenda tanquam regula. In dubiis enim vita et communis sensus hominum proborum potest haberi pro recta agendi norma. Neque supponi potest, quod probi omnes aut nesciant aut servare nolint Dei legem, prouti par est. Nec repugnare huic regulae potest.

192. IV. Quod assuefaciat agere iuxta sententias benigniores. Ita quaedam sententiae, quae alioquin viderentur minus probabiles, pro istis adhiberi possunt: v. gr. valet Missa die festi, etiamsi non attenderis. Valet sola attentio externa in recitatione Horarum. Non teneris fugere aliquam occasionem peccati aut peccandi quaedam pericula.

193. V. Ne putet morale, nisi certo id sciat. Et addi potest, nisi a confessario certe sciverit, aliquid esse mortale aut expresse id legatur in catechismis.

194. VI. Removendae causae scrupulorum. Harum quinque enumerat

A., 1° melancholiam, aut talem complexionem corporis, quae ad tristitiam facile inclinat. Non abs re est, imo subinde non parum iuvat, etiam corporeas medicinas adhibere.

2° Pertinaciam in proprio iudicio, quae, nisi retundatur, scrupulorum morbum, nisi accedente Dei miraculo, insanabilem facit. Haec facilior est in iis, qui acumine ingenii valent; quippe facile inveniunt rationes dubitandi, quas dein solvere non possunt. Huiusmodi homines regerere solent: confessarius me non novit: non sum scrupulosus etc. Qua de re Croix lib. 1. n. 560.: « Ad satisfaciendum phantasiae, confessarius bis vel ter patienter audiat; tum semel pro semper admoneat, ut credat, se sufficienter cognosci statumque animae suae perspectum confessario esse. Si non acquiescat, permittat ad tempus agere, quod vult, donec illam superbiam ac pertinaciam, qua iudicio suo insistit, deponat: discet autem deponere, dum advertet, se in dies magis implicari et torqueri. Quod si nec sic tandem resipiscat, habeat pro incurabili et sustineat eum cum patientia; quandoque enim Deus sinit tales sic permanere ».

3° Superbiam, qua quis sua fretus prudentia parum curat de aliorum consiliis ac directione. Eatenus haec causa a praecedenti differt, quatenus haec superbia ad alias materias praeter scrupulos referri potest.

4° Ruditatem seu ignorantiam, cuius medicina erit instructio. Ceterum, ut notat Croix Lib. 1. n. 539, licet homo sit rudis, potest tamen et ipse assuescere ex generalibus principiis dictamen sibi formare, non recurrendo toties quoties ad confessarium. Quod si quando forte erret, non imputabit Deus, qui non obligat ad frequentem hunc recursum cum tanta molestia: sed unicuique dedit rationem, cuius ope dictamen agendi sibi formet.

5° Timiditatem seu pusillanimitatem atque animi deiectionem ac infirmitatem. Actio quippe aliqua, de se non mala, sed cum timiditate repetita efficit, ut animus magis timidus fiat et tandem inani et imprudenti timori ceditur et sic scrupulus nascitur. Ad hanc causam reduci debent imbecillitas capitis, quam homines apprehensivi habere solent, tum defectus iudicii naturalis. Huc pertinet et nimia quaedem sollicitudo cavendi quidquid speciem aliquam mali habet; dum enim sibi iugiter inclamat: cave peccatum, cave tibi, sibimet timorem auget sine causa et morbus contrahitur.

6° His causis addendae extrinsecus aliae, uti consortium cum scrupulosis et lectio casuum conscientiae facta ab incauto et minus intelligente. Item suggestio daemonis ad impediendum spiritualem profectum. Ex parte vero Dei permissio, tum ad peccata punienda, praesertim superbiae, tum ad instructionem, ut afflictus discat aliis afflictis compati eosque iuvare ac dirigere, tum ad excutiendam tepiditatem in via spirituali, tum denique ad maius patientis meritum.

Remedium autem generale est patientia et longanimis spes, quod Deus sua luce tenebras fugabit suoque caelesti lumine tempestatem sedabit.

195. Quoad VIII. De privilegiis scrupulosorum, clara omnia sunt. Quoad IX. Varia sunt monita pro varietate scrupulorum: ubi sedulo advertendum, saepe fieri, ut aliquis sit scrupulosus in una materia, v. gr. in recitatione Breviarii aut celebratione Missae, in aliis vero materiis non modo scrupulosus non sit, sed ad laxitatem deflectat.

196. Quoad confessiones praeteritas si quis scrupulos habet, quasi aut non explicaverit omnia peccata aut circumstantias aut numerum aut non satis doluerit, quando confessarius noscat, poenitentem fecisse confessionem generalem: 1° numquam permittendum est ipsi, ut rursus generaliter confiteatur. 2° Et quando post confessionem generalem ter aut quater aut pluries concessum ipsi est, ut adhuc addat ea, de quibus nescit utrum rite confessus sit, tunc omnino non est amplius audiendus sed confessarius debet ipsi imponere, ne de illis rursus se examinet nec deliberate de iis recogitet neque verbum ullum faciat de confessionibus aut peccatis praeteritis, nisi cum iurare possit, culpas illas vere fuisse mortales et certus sit pariter, eas se nunquam confessario aperuisse. Ita s. Alph. in *Prax. Confess.* n. 37. qui hanc rationem addit: « quia DD. docent, scrupulosos etiamsi ex inadvertentia omisissent grave aliquod peccatum, non teneri, saltem cum de hoc certi non sunt, cum tanto incommodo ad servandam confessionis integritatem, a qua minora etiam incommoda ex communi doctrina excusant. Et subdit: « Curet in hoc confessarius, ut poenitens exacte obediat et si non obedit, increpet eum, privet communione et rigorose coerceat. Scrupulosi ordinarie cum dulcedine tractandi sunt: sed circa obedientiam magnus vigor (sc. constantia) cum ipsis est adhibendus; si enim hanc obedientiae ancoram amittunt, certum incurrunt naufragium ».

Circa vero confessiones ordinarias, si angatur circa praeparationem, edoceri debet, sufficere mediocrem praeparationem et diligentiam, qualis in reliquis negotiis gravibus solet adhiberi, quae nempe non secum affert timores et anxietates.

Et quoad dolorem quidem et propositum satisfieri tum confessario tum poenitenti facile poterit, si confessarius advertat haec non deesse et brevi interrogatione e poenitente eliciat veritatem.

Quoad confessionem, tota industria in eo versabitur, ut nolit audire, quae ex scrupulo procedunt et postquam de iis poenitentem instruxerit, exigat ut propositam normam servet.

Monet autem s. Alph. Lib. 6. n. 507., hisce modicam et levem poenitentiam iniungendam, cum saepius intra eandem horam redeunt cum novis culpis; quia supponitur satis imposita in praecedentibus.

197 « Quando scrupulus consistit in timore, ne consenserit pravis

cogitationibus v. gr. contra fidem, puritatem, caritatem, confessarius sit
liber et intrepidus in parvipendendo eum et in asserendo poenitenti, has
cogitationes esse sibi poenas et afflictiones, non vero consensus et peccata.
Et in hoc praecipue confessarius utatur illa regula DD., quod cum persona est timoratae conscientiae, si non est plusquam certa de peccato
mortali, debet iudicare, eam non admisisse. Unde prodest scrupulosis
imponere, ne de talibus cogitationibus penitus se accusent, nisi certi sint
et cum iuramento possint testari, se consensisse. » Ita s. Alph. *Prax.*
Confess. n. 96.

198. Et quidem quoad cogitationes *contra fidem,* docendus poenitens,
ne positive pugnare velit contra tentationem, eliciendo actus oppositos,
sed habeat se quasi permissive et cum contemptu, velut si ea a quopiam
alio stulto dici audiret et potius quam in aestu tentationis velit elicere
actum fidei, facilius vincet, si mentem abstrahat. Pertinebit autem ad
prudentiam confessarii, ut inspectis personae circumstantiis varios modos
pro diversis adiunctis suggerat; nam alii pueris, alii mulierculae, alii
studioso erunt aptiores. Quidam facile tranquilli fiunt, dum regerunt:
Ego credo sicut s. Antonius.

199. Item suadendum ne scrupulosus directe pugnet contra iudicia
temeraria, sed contemnat. Ita si oboriatur cogitatio, quod quispiam aut luxu-
riosus sit aut fur etc., non debet cogere mentem ad oppositum sentiendum nec rationes quaerere, quibus iudicet, illum esse castum, iustum,
pium etc. Potest sibi dicere: Quicquid ille sit, quid ad te? Visne idcirco
tu peccare? etc.

200. Idem suadendum illis, qui internis vexantur cogitationibus, quasi
Deum blasphement, velint destruere etc. Videtur enim istis, haec omnia
e corde provenire, ob vehementiam scil. et turbationem phantasiae. Phantasia hisce repraesentationibus si sit assueta, non subiacet libertati. Contemptu igitur utendum nec litigandum est cum illis, quasi velit quis eas
expellere, nec dein disputandum, an consensus accesserit. Suadeatur, ut
tunc numeret vel dies mensis vel litteras alphabeti aut quot vitris constet
fenestra aut solum lateribus.

Et huc pertinet monitum, ne quis, dum vexatur metu consentiendi,
gestu vel verbis se defendat contra tentationes, v. gr. agitando caput,
dicendo: non, non, nolo, non facio, abi diabole etc. Haec enim potius
quam remedium afferant, magis solent accendere phantasiam et vexa-
tionem ac turbationem augere.

201. Quoad eos denique, qui in omni opere peccatum timent et ne
operentur cum dubio, « hisce (inquit s. Alph. *Prax. Conf.* n. 98.) suadendum, ut libere et audacter operentur, scrupulo contempto. His valet
dictamen: quidquid non video esse manifestum peccatum, id libere possum agere. Nec permittendum, ut se accusent de factis cum dubio ».

202. Quoad scrupulos in celebranda Missa, haec monet Croix lib. 6. part. 2. n. 190. Si scrupulus sit circa intentionem, cogitet quod docent omnes, vix possibile esse, ut sacerdoti ratione utenti desit intentio, nisi sciat se oppositum voluisse. Intentio habetur et patet in eo quod facit; nam non faceret, nisi vellet. Ita habet intentionem imponendi amictum capiti, lavandi manus, eundi ad altare etc.

Hinc huic suadendum, ne renovet intentionem et ne dicat secum ipse: *volo consecrare*. Eo ipso, quod timet, ne habeat intentionem, habet sufficientissimam.

Assuescat verba consecrationis non altiori voce efferre, quam reliqua secreta recitet et licet ob strepitum non advertat, se ea pronunciare, non repetat quidpiam... Etiam elapsa syllaba non vitiat formam.

Si incidat apprehensio, ne aliud intelligat per τὸ *hic* vel τὸ *meum*, quamvis hoc vivide imaginetur, dum consecrat, contemnat nec curet formare intentionem contrariam; praevalere enim censenda est intentio generalis significandi id, quod significare debuit.

Si distractus nesciat, an quid omiserit et non recordetur se consecrasse, non turbetur, pergat et supponat, se omnia debita dixisse et fecisse; nam errores non fiunt sine advertentia, ubi ex habitu quis operatur.

Si haereat perplexus quid facere debeat, haesitationem abiiciat, eligendo id quod primo menti occurrit ut melius et in eo permaneat nec rursus examinet, an bene statuerit, sed pergat.

Denique acquiescat iudicio prudentis confessarii in omnibus

TRACTATUS III.

DE LEGIBUS.

—

CAPUT I.

DE NATURA ET OBLIGATIONE LEGIS IN GENERE

Dub. I.
Quid sit lex sive praeceptum.

I. Respondeo. Lex et praeceptum, prout heic indistincte accipitur, est recta agendorum aut omittendorum ratio. Interim, cum a superiore non communitati, sed alicui tantum aut aliquibus in particulari aliquid praecipitur, non appellatur lex, sed praeceptum tantum. Suar. Laym. Bonac. d. 1. q. 1. p. 1.

1. Definitio: *recta agendorum aut omittendorum ratio,* non convenit soli legi proprie dictae, sed etiam praecepto. Insuper vix a consilio distinguetur. Est scil. definitio legis late sumptae.

Definitio ex s. Thom. 1. 2. q. 90. art. 4. « Ex quatuor praedictis potest colligi definitio legis, quae nihil est aliud, quam quaedam ordinatio rationis, ad bonum commune, ab eo, qui curam habet communitatis, promulgata ».

Quatuor illa, de quibus s. Thomas, sunt 1° *Ordinatio rationis;* quia, ibid. art. 1., « regula et mensura actuum humanorum est ratio, quae est primum principium actuum humanorum... Rationis enim est ordinare ad finem, qui est primum principium in agendis ».

2° *Ad bonum commune;* quia, ibid. art. 2., per legem homo ordinatur ceu pars ad perfectam communitatem: finis autem est communis felicitas.

3° *Ab eo qui curam habet communitatis;* quia, ibid. art. 3., « lex proprie et principaliter respicit ordinem ad bonum commune. Ordinare autem aliquid in bonum commune est vel totius multitudinis vel alicuius gerentis vicem totius multitudinis. Et ideo condere legem vel pertinet ad totam multitudinem, vel pertinet ad personam publicam, quae totius multitudinis curam habet; quia et in omnibus aliis ordinare in finem est eius, cuius est proprius ille finis ».

4° *Promulgata;* quia, ibid. art. 4., « ad hoc quod lex virtutem obligandi obtineat, quod est proprium legis, oportet quod applicetur homi-

nibus, qui secundum eam regulari debent. Talis autem applicatio fit per
hoc quod in notitiam eorum deducitur ex ipsa promulgatione ».

Quidam addunt (Struggl. Tract. 3. q. 1. n. 1.) « *cum voluntate eam* (scil.
communitatem) *perpetuo obligandi* », quae magis explicant legis naturam
et discrimen a praecepto.

2. Alia definitio. *Commune praeceptum, iustum, stabile et sufficienter promulgatum.*

1° *Praeceptum :* ubi superioris designatur àuctoritas et distinctio a
legibus permissivis.

2° *Commune :* sic distinguitur a simplici praecepto. Sufficit tamen
ut feratur pro coetu aliquo, imo si complectatur unam personam ; dummodo
non designetur specialis et individua, sed generatim designetur illa, qui
et nunc et in posterum occupabit v. gr. aliquod officium. Et reipsa fertur
in communitatem quatenus praecipitur, ut quicumque ex communitate
locum illum tenet, vel coetus illius pars quandocumque efficitur, eo
statuto adstringatur.

3° *Iustum :* infra explicatur. Sunt qui iustitiam legis referunt ad
hoc quoque, ne superior excedat in iubendo suam potestatem.

4° *Stabile:* ex natura sua, nec peadet ab exsistentia aut legislatoris
huius determinati aut horum singillatim subditorum.

5° *Sufficienter promulgatum :* de quo infra.

3. Conditiones intrinsecae legis sex solent numerari, nempe ut lex
sit honesta, iusta, possibilis, utilis, respiciens bonum commune et perpetua. Ita communiter theologi ex Isidoro. In cap. enim *Erit* 2. Dist. 4.
referuntur haec Isidori verba : « Erit autem Lex honesta, iusta, possibilis,
secundum naturam, secundum patriae consuetudinem, loco temporique
conveniens, necessaria, utilis, manifesta quoque, ne aliquid per obscuritatem in captionem contineat, nullo privato commodo, sed pro communi
civium utilitate conscripta. » Supponitur autem legem ferri ab eo vel iis
qui ius ad hoc habeant nec eos excedere limites suae potestatis. Quo
posito, conditiones seu qualitates necessariae ut lex, non tantum perfecta
sit, sed ut simpliciter sit, sunt enumeratae.

Sane 1° debet esse *honesta,* ita ut si quae leges inducerent ad inhonestum ac repugnans aut rectae rationi aut divinae positivae legi, nullam
haberent vim obligandi nec essent servandae. Ratio, quia legislatoribus
humanis Deus non dedit potestatem praecipiendi inhonesta, sed honesta
et ordinationi ad finem ultimum non repugnantia, imo conducentia.

2° Lex sit *iusta;* nempe ex norma iustitiae distributivae feratur et
subditis imponatur cum aequalitate proportionis secundum eorum vires
et facultates : alias non obligat in conscientia. Unde non obligat lex, qua
princeps imponat tributum ab omnibus tam maiora quam minora bona
habentibus, aequaliter pendendum. Item nec lex, qua v. gr. taxaretur ita

pretium frumenti, ut una pars subditorum seu civitatis debeat eam servare, altera non, nisi rationabilis causa sit huius discriminis ponendi. Huc revoca, si tot exceptiones dentur et exemptiones, ut alii subditi graventur.

3º Sit *observatu possibilis* neque solum physice sed etiam moraliter; adeoque debet esse conveniens et accommodata naturae et moribus hominum et consuetudini patriae, qualitati loci et temporis. Talis non esset lex, quae v. gr. ieiunium quadragesimale praeciperet in solo pane et aqua, vel quae civibus omnia convivia interdiceret, vel quae hominibus mponeret servanda evangelica castitatis, paupertatis et obedientiae consilia; nam et Deus haec, ob maiorem difficultatem, reliquit sub consilio liberae cuiusque electionis.

4º Sit *necessaria et utilis.* Nam secus absque rationabili causa legislator restringeret libertatem et arbitrium subditorum; ad quod nec a communitate nec a Deo habet legitimam potestatem. Quocirca, sicut subditi non peccant, si absque scandalo aut alio inconvenienti non servant legem iniustam, ita neque peccant, si pariter non servant legem communitati manifeste inutilem, ut communiter docent theologi. In dubio tamen praesumi debet iusta et utilis; quia *delictum et defectus non praesumitur, sed demonstrari debet:* unde in tali casu lex est in possessione.

5º conditio est, ut lex *non sit pro privato commodo, sed pro communi utilitate conscripta,* scilicet saltem *mediate, indirecte* et *ultimato.* Ergo licet aliquae leges, v. gr. de solvendis tributis, cedant immediate et directe in bonum Principis, mediate tamen et indirecte cedunt in bonum commune, quatenus bene conservato statu Principis, vires ei tribuuntur ad bonum commune per apta media et politica instrumenta conservandum.

6º conditio est, ut lex sit *perpetua,* nempe de se et intentione legislatoris; nam per accidens leges humanae possunt a legislatore vel ab eius successore revocari, vel per contrariam consuetudinem abrogari, vel cessante adaequate fine legis, idest necessitate et utilitate communi, cessare.

Hae sex conditiones seu proprietates legis ita sunt necessariae, ut si vel unica desit, cesset ratio verae legis. Vid. Laymann *de Humanis legibus,* c. 1.

4. Notat Auctor, quod lex dicitur, quae fertur communitati: praeceptum vero, quod cuipiam vel aliquibus particularibus personis. Verum melius explicanda, quae statuunt discrimen inter haec duo.

Triplici itaque modo potissimum lex et praeceptum simplex differunt.

1º ratione *iubentis et subiecti.* Quia praeceptum datur personis particularibus et potest dari etiam a privatis personis, v. gr. Praelato, Patrefamilias, Domino etc. E contra lex ferri debet a persona publica et pro aliqua tota communitate vel pro aliqua eius classe aut collegio, ut sunt milites, mercatores; ita tamen ut dispositio horum ad bonum totius communitatis referatur et etiam in hac secunda hypothesi lex pro aliqua classe afficiat universos, qui actu pertinent ad eam aut successive pertinebunt, non vero determinatas personas illas, quae classem componant.

Porro ab hoc discrimine pendet et illud, quod est ratione *finis;* nam lex respicere debet bonum commune: praeceptum per se in bonum privati fertur.

2° ratione *loci.* Quia lex directe afficit territorium communitatis et indirecte personas; praeceptum vero directe afficit personas: unde praeceptum obligat etiam extra territorium praecipientis et, ut dici solet, ossibus haeret: lex vero non obligat subditos extra territorium legislatoris exsistentes.

3° Praeceptum exspirat ordinarie per mortem praecipientis (aut etiam si praecipiens ab officio removeatur); non autem cessat lex per mortem legislatoris (a).

5. Lex praeterea differt a *statuto,* per hoc maxime, quod lex ex intentione legislatoris debeat esse perpetua; simplex statutum e contrario sit temporaneum. Quando itaque v. gr. Pontifex praecipit personis ecclesiasticis, ut pro bono publico certis annis aliquid persolvant ex reditibus suis civili Principi, tale praeceptum licet universale, non est proprie lex, sed simplex statutum. Idem dicito, quando princeps seu magistratus civilis diversa decreta edit pro quopiam tempore determinato, v. gr. tempore belli, tempore bacchanalium etc.

6. Quoad *mandatum,* habet hoc commune cum praecepto, ut regulariter exspiret cum morte mandantis. Haec tamen regula suas habet exceptiones (ex Croix Lib. 1. n. 566 et 876):

1° Si mandatum sit ad pias causas, v. gr. si mandavit fieri eleemosynas:

2° Si mandatum sit in favorem dotis matrimonialis vel alicuius scholastici:

3° Si mandatarius expresse iubeatur a mandante, quidpiam etiam post mortem sui exsecutioni mandare:

(a) Notat Scavini Tom. 1. pag. 23. art. 1.: Communi usu inductum esse, ut Episcoporum ordinationes datae extra Synodum, nisi ipsi Episcopi aliud expresse declarent, tunc tantum habeantur ut *verae leges,* quando dioecesanos omnes tum clericos tum laicos adstringunt: secus non nisi ut praecepta reputentur. Dixi *extra Synodum;* nam ordinationes, quae conditae sunt in Synodo, habentur ut verae leges de se perpetuo duraturae, etsi unum tantummodo personarum coetum respiciant, cum in codice legislativo contineantur. Dixi *nisi Episcopi aliud declarent expresse:* nam semper ipsi potestatem liberam habent leges ferendi pro uno coetu hominum etiam extra Synodum. Verum si de hoc clare non constet, istae ordinationes non habentur ut leges, sed uti mera praecepta; idque ex recepta communi consuetudine. Et consulendum dicit Benedictum XIV. De Syn. dioec. l. 12. c. 5. n. 1.

4° Si res non sit amplius integra, sed exsecutio mandati sit iam inchoata; quod locum habet in iudiciis et extenditur ad donationes et promulgationes nomine alterius faciendas:

5° Denique si res quidem sit adhuc integra, sed tamen exsecutio alicuius gratiae sit mandata in favorem alterius et non relicta libero arbitrio mandatarii.

7. Denique differt lex a consilio non solum, sed etiam a legitima permissione. A *consilio* quidem, quia per hoc consulens, etsi forte habeat potestatem obligandi, non tamen obligat, sed solum manifestat suum iudicium aut beneplacitum; per legem autem, vel etiam per praeceptum superior obligat subditos.

Differt vero lex a *legitima permissione;* quandoquidem lex non potest praecipere aliquid iniustum, inhonestum, peccaminosum: ex causa legitima autem potest quandoque aliquod malum permittere et permissionem per publicum decretum potest princeps statuere, ne maiora eveniant mala. Verumtamen per similia statuta non approbantur mala, sed tantum impeditur privata coercitio eorum. Scil. est potius lex, ne quis alium impediat in iis, quae lex non prohibet. Sic iudaeis potest legitime permitti privatum exercitium suae religionis et similia.

Unde resolves.

II. 1. Ad legem, seu praeceptum quis tenetur, non ad consilium; cum hoc tantum dirigat, illud vero obliget. ibid.

III. 2. Cum iniqua lex est et contra rationem, non obligat; quia deficit a rectitudine. ibid.

8. Haec iam in pracced. explicata.

IV. 3. Cum dubium est de iustitia, teneris lege; quia legislator possidet ius praecipiendi idemque regitur altiore consilio ac potest habere rationes subditis occultas. Addit Suarez, etiam obligare, licet contra iustitiam legis sint rationes probabiles; quia alias nimia daretur licentia legibus non parendi, cum vix possint esse tam iustae, quin aliqua apparens ratio dubitationem movere possit. Suar. l. 1. c. 9. Bon. p. 8. n. 11.

9. Sententiae Auctoris omnino adhaerendum fatetur et s. Alph. Lib. 1. n. 99.: addit tamen hanc exceptionem: « Excipiunt tamen DD. si lex sit nimis ardua, vel si grave damnum subdito afferat ». Et lectorem mox remittit ad ea, quae Lib. 3. n. 617. q. V. disserit de obligatione solvendi tributa, quando dubia est eorum iustitia. Cum A. quoque ibi de tributis disserat, in praesens hanc quaestionem omittemus.

V. 4. Leges et sententiae latae a tyrannis obligant, si ii pacifice regna possideant et a republica tolerentur. Nec obstat, quod sententia iudicis illegitimi dicatur esse nulla; id enim verum est de sententia, prout est praecise a tyranno: non autem prout est a voluntate, saltem interpretativa et implicita reipublicae, quae, dum tyrannum et iudices ab eo constitutos repellere nequit, tacite confert iis potestatem gubernandi eorumque leges et acta ratificat. Less. l. 2. c. 29. d. 9. Sal. d. 10. s. 3. n. 14.

10. Huc spectat quaestio, quam s. Alph. Lib. 1. n. 98. movet, an teneamur obedire superiori in dubio, an sit legitimus. Nam si obediendum est tyranno, a fortiori, si eadem recurrant adiuncta, obediendum est dubio superiori.

Verum DD. heic, iis adiunctis non consideratis, rem in se spectant. S. Alph. dicit, tenendum omnino cum Sanchez aliisque, quod obediendum est, « semper ac superior est in pacifica possessione suae potestatis; quia tunc conditio eius est iam possidentis ius praecipiendi ». Haec autem ratio concedit, ut non sit obligatio obediendi, si nondum superior huiusmodi pacifice possederit ius praecipiendi. Ita si ab initio dubium sit de legitima electione superioris regularis, de legitima potestate legati, praesidis provinciae etc.

11. Heic nonnulla, occasione data, disputanda sunt de conditione subditorum, cum tyrannus, expulso legitimo principe, regnum occupavit.

Quoad tyrannum igitur DD. in primis distinguunt inter tyrannum *usurpatione potestatis* et tyrannum *abusu regiminis*, qui alias est verus princeps, legitimam obtinens potestatem. Heic sermo est de tyranno priore sensu, qui iam pacifice imperat, quatenus respublica vel princeps legitimus non amplius ei resistit, defectu virium.

Porro in primis statuendum est, tyrannum peccare usurpatione auctoritatis, sive dum leges fert sive dum ius dicit sive dum tributa imponit etc. Ratio est, quia usurpat potestatem, quam non habet et ius alterius violat.

Neque solum peccavit rempublicam aut provinciam invadendo, sed etiam postea peccat, tum ipse tum eius heres, oppressam eam ac sibi subditam servando; quippe assidue iniuriam infert et opprimit, sicut qui per iniuriam quempiam coniicit in carcerem, non solum peccat in principio, sed et postea, quamdiu hanc calamitatem alterius continuat. Lessius l. 2. c. 29. n. 70.

12. Accedit et illud, quod tyrannus dum peccat retinendo potestatem usurpatam, simul aliam habet obligationem, prospiciendi scil. bono communi usurpatae provinciae atque adeo magis adhuc peccaret, si quando res postulat, aut ius non diceret aut non comprimeret sontes etc. Ratio, quia gravius adhuc noceret civibus et maiorem iniuriam irrogaret: sicut qui rem alienam retinet et ea utitur, peccat utendo; tamen si iste usus est rei utilis aut necessarius, non utendo magis peccaret. Lessius Lib. 2. cap. 29. n. 71.

Et singularis ista est conditio iniusti usurpatoris publicae auctoritatis, ut hinc quidem reus sit retinendo usurpatam potestatem, inde vero se novo crimine polluat, si interim societati, quam teneat oppressam, non satis consulat. Neque necessitas ista consulendi ordini excusat usurpatorem a reatu usurpationis ; haec enim necessitas est consequens ad crimen retinendi usurpatam potestatem, quae impedit, ne ordini societatis per legitimum principem prospici queat.

13. Heic vero succedit quaestio huius loci propria, quid liceat incolis usurpatae provinciae quidve non liceat, ne usurpatori iniquo cooperari videantur.

Videlicet 1° praestare ea possunt incolae quae necessaria sunt, ut ordo, sine quo societas ipsa servari non posset, custodiatur. Neque solum id licite possunt, sed etiam tenentur. Quippe id exigit necessitas ipsam communitatem seu societatem servandi. Et huc spectat resolutio A., in qua dicitur, servandas esse leges et sententias latas a tyranno, si iustae per se sint et honestae, licet iustae non sint, quatenus ab illegitima auctoritate feruntur. Ratio est, quia stare societas non potest, nisi aliqua potestate, legibus, iudiciis regatur; atqui leges, sententiae etc. haberi non queunt, nisi quae a tyranno feruntur : ergo illae servandae sunt.

Neque vero id infert approbationem tyrannidis. Non enim subditi leges illas servant, quasi legitimam habeant aut profiteantur usurpatoris potestatem, sed quia lex naturae ordinem aliquem servari praecipit et tunc ille tantum ordo possibilis cum sit, hunc lex naturae servandum iubet. Et hunc sensum habet, quod Auctor dicit in eadem resolutione, societatem in hunc finem usurpatori conferre potestatem leges ferendi, gubernandi, iudicia instituendi etc.

14. Addit 2° Auctor *De Carit.* c. 2. d. 5. a. 3. resol. 12. posse subditos quaedam praestare, quae in aliquam tyranni utilitatem cedunt, cuiusmodi sunt solvere aliqua tributa, agere excubias, fodere ad constructiones v. gr. arcis etc.

Ratio tamen, cur licite haec fieri possint, seu cur non interdicta censeantur, diversa est a praecedenti, quae innitebatur necessitati servandi ordinem in communitate. Nam haec solum catenus licent, quatenus opera per se sunt indifferentia; ea autem recusare nec legitimo principi prodesset et gravissima mala ipsis subditis inferret. Unde haec licita censentur ac legitimus princeps censetur in haec consentire.

15. Quaecumque alia vero, quae vel obsequium tyranno veluti legitimo principi exhibitum praeseferunt, vel ad usurpationem iniquam confirmandam, servandam, defendendam, augendam, fovendam etc. pertinent, vel ad bellum aut damnum legitimo principi inferendum eiusque iura oppugnanda, atque ad ipsi propria iura recuperare volenti resistendum spectant, illicita sunt intrinsece. Quippe haec omnia legitimum eiusdem ius laedunt.

VI. 5. Non tenetur quis ad legem, nisi promulgata sit sive denunciata. D. Th. p. 2. qu. 90. Laym. l. 1. t. 4. c. 3. Molina, Salas, Suarez et alii communiter.

16. Necessitatem promulgationis nemo inficiatur: et quidem ita est essentialis, ut secus nulla adsit obligatio obediendi. Hinc illud Gratiani effatum in cap. *In istis* 3. Distinct. 4. « *Leges instituuntur, cum pro-mulgantur.* Ratio est, quia lex est regula publica morum et fertur a principe ut persona publica: regula vero publica, qua talis, formaliter constituitur per publicationem. Quando igitur dicitur, quod *Leges prius conduntur quam promulgantur,* intelligendum est de legibus incomplete et sumptis in actu primo.

Distinguenda autem est *promulgatio sollemnis* tum a notitia, tum a divulgatione seu *promulgatione secundaria,* quae scilicet fiat in diversis locis, ut magis lex possit subditis innotescere.

Promulgatio est *intimatio legis externa, communitati sollemniter facta.* Ita quod rem communis sententia.

17. Ad promulgationem igitur duo requiruntur. 1º *Ut talis intimatio legis externa immediate fiat ipsi communitati;* ratio est, quia lex est regula communis et obligat communitatem: ergo promulgatio seu intima-tio fieri debet ipsi communitati. Idcirco illa intimatio, qua princeps legem condendam proponit ministris vel conditam subscribit aut subscriptam promulgari mandat, nondum est formalis promulgatio legis.

2º *Requiritur, ut promulgatio fiat nomine principis et sit sollemnis,* scil. ut fiat certis ac publicis ceremoniis iuxta consuetudinem patriae aut voluntatem principis legem ferentis, v. gr. voce praeconis, clangore tubarum, affixione edicti in loco publico, consueto etc., ita scilicet, ut *constet, legem sollemniter promulgari.* Nam significari certo et constare debet, quando les certe proposita fuit et indicta.

Hoc loco advertunt DD., non esse necessarium, ut lex scripto promul-getur, si etiam voce aut alio signo possit sufficienter denuntiari. Huc afferunt illud Aristotelis *Eth.* lib. 10. cap. 9.: « Scriptaene sint leges, an non scriptae, nihil referre videtur ». Quod igitur *leges* dici soleant *con-stitutio scripta aut ius scriptum,* intellige, quod id ordinarie fiat, non vero quod sit de necessitate aut de substantia legis.

18. Discrimen inter promulgationem et divulgationem seu notitiam diligenter notandum. Nam notitia legis non inducit obligationem antequam rite sit promulgata. Ratio, quia ante promulgationem non habet vim legis nec lex dici debet: hinc notitia illa est notitia legis *ferendae,* non legis *obtinentis.* Ergo subditus, qui privatam habeat legis notitiam, non tenetur eam servare ante sollemnem promulgationem nec posset ea de causa puniri. Ergo ante promulgatam fidei definitionem, quis non potest in foro externo censeri haereticus. Item si quis sic private conscius statuti publicandi de frumenti v. gr. pretio minuendo vel de valore monetae de-

primendo etc., probabilius non peccat (nisi sit minister publicus, qui ad secretum tenetur ob bonum publicum) nec tenetur ad restitutionem, si ante legis promulgationem carius vendat aut monetas expendat, emptore non monito de lege mox promulganda. Ita s. Thomas 2. 2. q. 77. art. 3. ad 4.: « Venditor, qui vendit rem secundum pretium, quod invenit, non videtur contra iustitiam facere, si quod futurum est non exponat (casus est vendentis triticum ubi carum est, at novit iam advehendam magnam eius copiam, propter quam pretium minuetur): si tamen exponeret et de pretio subtraheret, *abundantioris* esset virtutis, quamvis ad hoc non videatur teneri ex iustitiae debito ».

Contra vero post legis promulgationem obligantur subditi, etiamsi per accidens ad alicuius notitiam lex non devenerit. Ergo qui inscius legis vendiderit cariori pretio, excusatur a peccato, sed tenetur ad restitutionem. Item excusatur a peccato, si absit culpa negligentiae, sed in foro externo puniri poterit. Attendendum ergo, quod differant heic *non obligari et excusari:* prius valet, si non est promulgata lex; alterum, si quis inculpate ignoret.

19. DD. antiquiores heic quaestionem instituunt, qualis promulgatio requiratur pro legibus civilibus aut pro pontificiis.

Et quoad leges civiles distinguebant leges Imperatorias (exsistente tunc scilicet Sacro Romano Imperio) et leges aliorum regum seu principum. Et quoad imperatorias leges communis erat Thh. et Iuriscc. sententia, promulgari eas debuisse in singulis provinciis imperii seu in singularum metropoli et praeterea has non obligare nisi post elapsos duos menses a promulgatione. Iurisconsulti communiter ita intelligunt, ut intra duos menses lex non ita liget ignorantes, ut hi possint puniri, licet teneantur ad servandam legem, qui eam sciant et puniantur, nisi probent ignorantiam. Quoad leges vero aliorum principum et regum non exigebant neque tam latam promulgationem neque bimestre a die promulgationis, sed hoc arbitrarium fatebantur.

Nos hoc unum adnotabimus, inspiciendum morem locorum et inde decernendum, quandonam promulgata dici debeat lex.

20. Quoad leges pontificias communior et receptior et rationibus plane consentanea sententia est, eas Romae promulgatas *ordinarie* statim obligare omnes fideles, scil. in *actu primo*. Rationes videri possunt apud s. Alph. lib. 1. n. 96. vel apud alios, quos ibidem s. Alph. allegat (a).

Ut scite monet idem s. Alph., Constitutiones solent habere hanc clausulam: « Ut autem praesentes litterae ad omnium notitiam facilius deveniant et nemo illarum ignorantiam allegare valeat, volumus illas ad

---

(a) Cf. etiam, Append. 2ᵐ in fine huius vol. E.

valvas Ecclesiae etc. affigi et publicari sicque publicatas omnes et singulos, quos illae concernunt, perinde arctare et afficere ac si unicuique
eorum personaliter intimatae fuissent ». Vel habent hanc aliam: « Volumus autem ut·praesentium litterarum transsumptis etiam impressis,
manu alicuius notarii publici subscriptis et sigillo personae in dignitate
ecclesiastica constitutae munitis, eadem prorsus tam in iudicio quam
extra illud *ubique* adhibeatur observantia ac si unicuique forent exhibitae vel ostensae ».

Sane non poterat clarius edici, hunc esse modum promulgationis, qui
sufficiens et legitimus censeri debeat. Et quando legislatoris ipsius decreto modus promulgationis est determinatus, nullus superesse potest
ambigendi locus. Nec res absurda dici potest in se spectata. Nam si alias
ista methodus servata est etiam a Principibus civilibus (quod s. Alph.
notat), constat, per se sufficere.

21. Dicitur autem leges Romae promulgatas obligare *in actu primo;*
quia reipsa in aliis locis in actu secundo non obligant nisi *post certam
illarum notitiam.*

Inde inferes, quod Bullae Pontificiae, quibus v. gr. liber damnatur vel
aliquae Auctorum sententiae tanquam scandolosae, temerariae aut haereticae damnantur et prohibentur in praxi, obligant quidem etiam antequam publicatio fiat in Dioecesibus, adeo ut qui novit eas constitutiones
aliunde, iis obligetur etiam qua poenales sunt; ignorantes tamen excusantur tum a culpa tum a poena: non secus ac ille, cui constet, Romae
factam canonizationem alicuius Sancti, tenetur ipsum habere pro Sancto
statim ac illi canonizatio innotescit, etiam nulla facta publicatione in
Dioecesi, ita et de aliis Bullis, quibus damnantur opiniones, sentiendum est.

22. Notant tamen Doctores, constitutiones pontificias, quibus aut iurisdictio aufertur aut casus reservatur aut revocatur privilegium absolvendi
a reservatis, non efficere, ut invalide utatur quis facultate v. gr. absolvendi,
quamdiu bona fide ignorat decretum revocatorium esse promulgatum (a).

Ratio est, quia propter damnum spirituale, quod inde sequeretur, non
censetur velle superior, ut decretum habeat effectum antequam sufficienter innotescat.

Idem notant de legibus, quae irritent contractus, alioquin sua natura
validos. Nam nisi et in istis benigne interpretemur mentem legislatoris,
leges cederent in damnum grave eorum, qui eas invincibiliter ignorarent.

Excipiunt tamen ab hac regula legem, quae ·irritat actum aliquem *ob*

(a) Hinc Struggl l. 1. n. 20. dicit, in Germania non obligare ex consuetudine has
eges, nisi in dioecesibus fuerint publicatae. Quae sententia non caret periculo.

defectum sollemnitatum; has enim leges valere etiam quoad ignorantes Doctòres tradunt: dummodo tamen res non cedat in damnum innocentium.

Notum est Synodum tridentinam Decretum suum, quo clandestina matrimonia irritantur, voluisse ut non obligaret, nisi post triginta dies a die publicationis in quaque parochia factae.

23. Sunt qui hoc loco commemorent privilegia concessa quibusdam Principibus, vi quorum diplomata pontificia non obligent sine regio consensu in eorum promulgationem et ante promulgationem in eorum ditionibus. Aliis verbis est privilegium *Regii Placeti,* quod ss. Pius IX. paucis designavit ceu *vanum et impium commentum* nec privilegium eiusmodi aut concesserunt aut potuerunt Pontifices concedere; neque enim possunt abiicere potestatem, quam a Christo habent, pascendi gregem domini et eam subiicere arbitrio principum.

Dub. II.

Quotuplex sit praeceptum.

VII. Respondeo: Praeceptum dividitur 1. universaliter in affirmativum et negativum. Illud est, quod bonum praecipit, hoc quod malum prohibet. Differunt inter se, quod affirmativum obliget quidem semper, sed non ad semper seu non pro omni tempore, v. gr. Honorandi sunt parentes, non semper, sed suo tempore. Negativum obligat et semper et ad semper. Vide Bec. in 1. 2. t. 3. c. 1. q. 3.

2. In naturale et positivum. Praeceptum naturale seu iuris naturae est dictamen seu iudicium nostrae rationis, quo per lumen nobis ab auctore naturae impressum statuimus, quid agendum et quid vitandum sit: quale est illud, Bonum est faciendum: malum fugiendum. Ex quo praecepto generali particularia, v. gr. Deum esse colendum, nemini faciendam esse iniuriam, imo omnia praecepta Decalogi (excepta circumstantia Sabbati) multaque alia derivantur. Praeceptum positivum seu iuris positivi est, quod libera Dei vel hominum voluntate positum est et ex eadem dependet, v. gr. praeceptum de Baptismo, ieiunio quadragesimali etc.

24. Adverte primum nomine *praecepti* heic et frequenter in seqq. venire etiam legem.

Quod spectat ad 1ᵐ divisionem, exemplis ab A. allatis alia plura addi possent. Sed in re manifestissima non est opus. Sane, ut ait Bec. l. c. n. 4., semper tenemur abstinere a quolibet malo, non vero semper facere quodlibet bonum.

25. Quoad 2ᵐ divisionem, attendenda definitio s. Thomae 1. 2. q. 91. art. 2. « Lex naturalis nihil aliud est, quam participatio legis aeternae in creatura rationali ».

Porro lex aeterna ab Augustino definitur *Contr. Faust.* lib. 22. cap. 27. « Ratio divina vel voluntas Dei, ordinem naturalem conservari iubens,

perturbari vetans ». Et a s. Thom. 1. 2. q. 95. art. 1 : « Ratio divinae sapientiae secundum quod est directiva omnium actuum et motionum ».

Directiva porro actuum et motionum dicitur lex. aeterna non relate
ad actus divinos, sed comparate ad naturas creatas, quas regit et gu-
bernat. Et ipsae quidem creaturae rationis expertes aliquo modo subesse
dicuntur legi aeternae, quatenus illis inest vis quaedam seu propensio,
qua moventur ac diriguntur et ordinantur ad ea, quae sunt cuique naturae convenientia ac suo modo facere voluntatem Dei dicuntur. Sed per-
fectiori modo lex aeterna respicit creaturas rationales, quae solae sunt
capaces óbligationis et moralis directionis.

26. Quandoquidem vero lex aeterna per se nota non est hominibus via-
toribus et obligationem inducere non potest, nisi ipsis innotescat, hinc
illius notitia nobis communicatur tum per lumen naturalis rationis, tum
etiam per lumen fidei scil. et per legem naturalem et per legem divinam
positivam. Unde lex naturalis et divina positiva sunt ipsamet lex aeterna
inadaequate sumpta et sola temporali promulgatione ab ea distincta. Inde
intelligitur, cur lex aeterna recte dicatur fundamentum legis naturalis
et haec dicatur eiusdem participatio.

Lex aeterna dicitur fundamentum etiam omnium legum hùmanarum,
tum quia est illarum causa exemplaris tum etiam ac potissimum quia
humanae leges eatenus sunt verae leges et subditos obligant, quatenus
ea praecipiunt vel prohibent, quae lex aeterna probat ut praecipiantur
aut prohibeantur et quatenus ab iis feruntur, quibus ut obtemperemus,
ipsa lex aeterna praecipit.

Proinde lex naturalis sicut ab s. Thoma dicitur *participatio* legis
aeternae etc.; ita a s. Augustino lib. 83. *Quaest. ad Quodvult Deum*,
q. 53. dicitur « ipsius legis aeternae atque adeo summae et incommuta-
bilis rationis divinae in mentibus hominis facta transscriptio ».

27. Videlicet inde patet, minus apte aut concinne essentiam legis naturae ab aliis quidem in natura rationali, qua tali, reponi; ab aliis autem
in lumine naturali, quatenus est elicitivum dictaminum, ut quidam cum
Alensi et s. Bonaventura dicunt. Melius Suarez cum communiori alia
inducit elementa, ex quibus notio praecipientis inferatur; aiunt quippe
eam consistere in dictamine actuali rationis seu naturali iudicio, quo per
lumen rationis nobis a Deo inditum et ab aeterna eius lege derivatum,
cognoscimus ea facienda quae recta sunt ac vitanda illa esse, quae a
rectitudine deflectunt. Unde duo veluti dictamina sunt distinguenda, scil.
1° repraesentatio honestatis vel turpitudinis obiecti et 2° repraesentatio
voluntatis Dei praecipientis ac probantis bonum aut prohibentis malum.

Imo in hoc secundo potissimum residet vis legis naturalis, quae
proinde definiri proprie posset: *iudicium intellectus de voluntate Dei, ut
supremi naturae gubernatoris, mala vetantis ac bona praecipientis.*

28. Obiectum itaque materiale legis naturalis complectitur principia omnia honestatis sive primaria sive secundaria, quae a primariis deducuntur proxime vel remote; quae tamen, veluti ad supremum principium, reducuntur ad illud: bonum est faciendum, malum est fugiendum.

Quidquid igitur per se bonum est vel malum, est obiectum legis naturae, quamvis non eodem modo obiectum huius legis sint bonum et malum. Nam quidquid malum est per se et independenter a lege positiva, expresse prohibetur a lege naturali; at non vicissim praecipitur quidquid est bonum, sed solum illi actus boni praecipiuntur, quos *necessario* exigit conditio hominis secundum triplicem respectum, quem habet, ad Deum scil., ad se ipsum et ad proximum. Reliqui actus boni legi naturae subsunt solum, quatenus cum ea congruunt et ab ipsa commensurantur et probantur: *necessaria* autem fieri possunt solum ex lege positiva.

Obiectum vero *formale* non est quidem in convenientia cum natura rationali, non in perfectione eidem naturae debita, quae ideo quaerenda sit, non in necessitate quadam aut convenientia cum felici statu naturae humanae sive in individuis sive in societate; sed in *ratione praecepti a Deo hominibus impositi:* adeo ut dictamen rationis haberi debeat uti promulgatio divinae ordinationis, seu signum divinae voluntatis aut praecipientis aut vetantis. Unde illud s. Anselmi de voluntate Dei: « Quicumque legi naturali obviat, Dei voluntatem non servat ».

Bene de hac re Schwartz Ignatius *Institutiones* etc. pag. 164: « Forma seu obiectum formale iuris naturae consistit in conformitate principiorum cum lege Dei ceu cum norma universali, per quam ea, quae naturae sunt congrua, vel dissona, fiunt formaliter honesta aut inhonesta... Dictamen ergo conscientiae est constitutivum essentiale iuris naturae, quatenus promulgatio est legis divinae et sic vim habet completam obligandi ».

VIII. Porro, quomodo praecepta positiva mutari ac variari possint ac soleant, naturalia vero semper maneant, vide apud Scholasticos et Less. l. 2. *de Iure et Iust.* c. 2. d. 2.

29. Positiva lex vel omnino vel ex parte tolli potest, quia finis ipsius vel totaliter vel partialiter potest cessare. Sic v. gr. quoad legem disciplinarem *abstinendi a sanguine et suffocato.*

Verum cum obiectum legis naturalis neque ex parte neque ex toto possit evadere aut *noxium* aut *inutile*, quae sunt duae causae, cur aut penitus abroganda sit lex aut ei ex parte derogandum; hinc nulla proprie dicta mutatio in lege naturali reperiri potest, quippe quae versatur circa ea, quae intrinsece sunt bona aut mala. Mutatio haberi potest solum in materia ipsius legis.

IX. Resp. 2. praeceptum positivum dividitur in praeceptum iuris divini, quod scilicet a Deo traditum est et in iuris humani, quod ab homine. Positivum divinum

dividitur in praecepta Veteris et Novae legis. Lex vetus continebat praecepta moralia, ceremonialia et iudicialia, de quibus vid. D. Th. 1. 2. q. 103. Lex nova continet
praecepta supernaturalia fidei et Sacramentorum. Positivum humanum dividitur in
praeceptum Iuris Ecclesiastici sive Canonici, quod auctoritate Ecclesiae scilicet Summi
Pontificis aut Concilii statutum est et Iuris Civilis seu Politici, quod fundatur in
potestate seculari.

30. Auctor memorat solum leges Pontificis aut Synodi Oecumenicae,
quae a Romano Pontifice fuerit confirmata (secus non habet rationem
Synodi Ecclesiae Catholicae); quia maxime spectavit ad leges, quae universam Ecclesiam obligent.

Verum potestas legislativa non iis solum competit. Breviter cum s. Alphonso haec notemus:

Episcopi ferre possunt leges pro sua quisque dioecesi, etiam sine consensu Capituli, nisi tamen de iis agatur, quae in praeiudicium Capituli
aut Cleri cedere possunt. Consuetudo tamen invaluit, ut, nisi expresse
cautum aliter fuerit, quae ab Episc. extra Synodum edicuntur, non habeant
vim legis, sed meri praecepti. Circumscripta vero est ex rei natura haec
Episcoporum potestas, ut subordinata sit potestati Romani Pontificis.
Hinc 1° nihil possunt decernere, quod decretis Pontificis opponatur:
2° Nihil statuere de iis possunt, quae Sedes Apostolica sibi reservaverit:
3° Quidquid decernant, a Sede Apostolica aboleri potest.

Concilia Provincialia, sive etiam plurium Provinciarum sive unius
nationis aut regni sint sive plurium, ferre leges possunt pro suo territorio. Non tamen aut archiepiscopi seu metropolitae aut primates extra
dioecesim suam possunt ferre leges, nisi forte alicubi hunc morem induxerit consuetudo.

Potestas leges ferendi fit etiam Capitulo Sede vacante; nam Capitulum
succedit loco Episcopi et hae leges totam dioecesim obligare possunt.
Revocari tamen a successore Episcopi possunt. Vivente autem Episcopo,
unice circa res capitulares *probabiliter* decernere quid possunt.

Denique potestas legislativa residet etiam penes eos, qui in religiosis
Ordinibus supremum locum tenent, sive servata sit Capitulo Generali,
sive Generali Ministro, prout ferunt cuiusque Ordinis Statuta approbata
ab Apostolica Sede, e qua haec facultas seu iurisdictio ex privilegio
profluit.

Non comprehenduntur tamen hoc censu Abbatissae, quae utique praecepta obedientiae imponere possunt ob obedientiam, ad quam Moniales
tenentur ex voto et ob potestatem oeconomicam; iurisdictionem tamen
proprie dictam non habent.

31. De Declarationibus, decisionibus, responsionibus Congregationum
Cardinalium aliquid dicamus.

Plures habentur Congregationes, e quibus declarationes prodeunt, videlicet s. Officii, s. Concilii, Episcoporum et Regularium, ss. Rituum, Poenitentiariae, ss. Indulgentiarum.

Quaeritur an istae declarationes vim habeant legis. Quam quaestionem breviter expedit s. Alphonsus lib. 1. n. 106. et generatim statuit, duplicem de hac re esse sententiam et utramque esse probabilem. Quaestio autem fit, non quidem quoad causas seu casus particulares, pro quibus declarationes fiunt; nam consentiunt omnes, pro iis specialibus causis habere vim legis obligatoriae: sed quaestio fit quoad casus similes.

32. Adverte primum, quod decreta et declarationes s. Cong. Rituum, data etiam non consulto neque approbante Papa, habenda sunt ut oracula ipsius Papae: quod constat ex ipsius Congr. declaratione 23. Maii. 1846. « An decreta a S. R. C. emanata et responsiones quaecumque ab ipsa propositis dubiis scripto formiter editae eandem habeant auctoritatem ac si immediate ab ipso s. Pontefice promanarent, quamvis nulla facta fuerit de iisdem relatio Sanctitati suae? Resp. Affirmative ». Hanc responsionem R. Pontifex probavit 17. Iulii 1846. Etsi vero Gury vol. 1. n. 130. dicat communem esse sententiam, declarationes has obligare etiam *in casibus similibus:* adverte tamen responsum eiusdem Congr. 8. April. 1854. « An decreta, indulta, decisiones s. R. C. datae vel dandae in casibus particularibus, applicabiles sint et adoptandae in similibus casibus, quasi essent pro ubique decisae, eo vel magis, quia sacra ipsa Congr. id innuere videtur, quando propositis dubiis respondere solet: *dentur decreta, iuxta alias decreta, provisum in una* etc. Resp. Negative et semper recurrendum in casibus particularibus ». Cf. Acta S. Sedis. vol. 3. p. 567.

Iam ergo praeiudicata est quaestio, quae fiat circa decreta aliarum Congg. an in similibus casibus vim legis habeant.

Sane sententia, quae ipsis vim legis negat quaeque insignes habet patronos, uti Suarez, Bonacina, Diana, Vega etc. his utitur rationibus, quod scilicet 1° eiusmodi declarationes non promulgentur sollemniter. Atqui ut lex quaepiam obliget, requiritur omnino sollemnis eius promulgatio: ergo. Rationi vero adversariorum, *quod declarationes non indigent promulgatione, sed solum novae Constitutiones*, respondent DD., declarationes, quando versantur circa res ita dubias ut quoad intelligentiam legis contrariae exstare queant opiniones, tunc se habere ut novas leges proindeque indigere promulgatione.

Addunt 2° Saltem in dubio, an hae declarationes habeant necne vim obligandi ut leges, ipsae non obligant ex generali principio. Ubi s. Alph. citat Laymann lib. 1. tract. 4. c. 7. n. 7. in fin.

3° Denique addi gravior ratio potest, quod non facile sit ad casus similes sententiam s. Congregationis transferre. Ratio est, quia non clare constat, quae ratio permoverit Congregationem ad hanc potius quam

illam sententiam: et id manifeste ex eo patet, quod eadem de re oppositae sententiae ab eadem Congregatione latae fuerint. Cur vero? Quia
nempe in his ferendis sententiis multum sibi vindicant circumstantiae
speciales. Cum ergo difficile sit nosse, quaenam circumstantiae ad sententiam impulerint, eo ipso fallax esse facillime potest translatio sententiae ad alios casus.

Ad assumptum autem probandum satis sit nosse, quod Benedictus XIV.
in Indice Operis sui de Synodo ad V. *Congregatio Concilii,* habeat et
hanc rubricam: « Eius (scil. Congregationis) *prudens inconstantia in
suis decisionibus ac iudiciis ferendis* (lib. 3. cap. 11. n. 13. lib. 10.
cap. 3. n. 5. lib. 11. cap. 6. n. 5. lib. 12. cap. 3. n. 2.), *seu recedendo a
decisis* (lib. 1. cap. 5. n. 3. etc.) ».

Et ut alia, quae afferri facile possent, exempla praeteream, satis illud
sit quod ipse Benedictus exhibet quoad haereticorum matrimonia in iis
locis, ubi promulgatum fuerit tridentinum decretum de impedimento
clandestinitatis.

Profecto Benedictus XIV. (De Synod. lib. 6. cap. 6. n. IV) de se fatetur: « Nunquam opinioni illi acquiescere potuimus, per quam praedicta
matrimonia nulla iudicantur ». Insuper Pius VII. in litteris *Etsi frater-
nitati* 8. Octobris 1803. ad Archiep. Moguntinum, de eadem doctrina
validitatem horum matrimoniorum negante dicit: « Illorum opinio do-
centium, matrimonia haereticorum coram ministro acatholico inita nulla
esse atque adeo validas fore secundas eorum nuptias, si modo coram
catholico parocho contrahantur, nec undique vera est nec satis tuta...
et adversarios semper habuit et numero plures et auctoritate praestan-
tissimos, adeo ut vix aliquem retinuerit probabilitatis gradum ».

Et tamen non semel tantum aut iterum sed pluries s. Congregatio
Concilii pro horum matrimoniorum nullitate sententiam tulit, ut propterea
quidam eam opinionem tenendam, innixi Congregationis (ut putabant)
auctoritati, prorsus contenderint. At hallucinationis rationem prodit Benedictus XIV., quod non consideraverint eas decisiones latas fuisse pro
specialibus circumstantiis. Qua de re (in Declarat. an. 1741. circa Hol-
landiae matrimonia §. 2.): « Licet Sanctitas sua non ignoret, alias in
casibus quibusdam particularibus et ATTENTIS TUNC EXPOSITIS CIRCUM-
STANTIIS), sacram Congregationem Concilii pro eorum invaliditate respondisse etc. ». Et rursus De Synod. l. c. Lib. 6. c. 6. n. IV.: « Quoniam anteacto tempore non nisi particularia decreta in hac vel illa causa
condita erant, quae *ne inter se quidem conformia semper fuerant
propter varietatem circumstantiarum,* quae modo in una facti specie
aderant, modo in altera desiderabantur ».

33. Verumtamen cum s. Alphonso l. c. excipiendum.

1° Si declarationes ex usu et consensu Ecclesiae a pluribus annis sufficienter promulgatae per orbem Christianum sint; sic enim satis obligant ad earum observantiam.

2⁰ Item si declarationes non solum Pontifice consulto et mandante editae sint, sed etiam speciali eius mandato sint pro tota Ecclesia promulgatae, ita ut praecipiat Pontifex, eas ab omnibus observari.

34. Tertia est tamen sententia, quam veriorem dicit Schmalzgr. Dissert. prooem. n. 373. et haec distinguit inter declarationes *comprehensivas* et *extensivas. Comprehensivae* dicuntur, quando sensus declaratus a propria et usu recepta significatione non recedit seu, ut ait Pichler Prolegom. n. 46., « comprehensivae dicuntur, si comprehendantur in verbis Concilii (Trident.) atque sint secundum tenorem et proprietatem verborum legis eamque interpretentur tantum. *Extensivae* vero dicuntur, si a propria illa verborum significatione recedant et ultra id, quod verba proprie et secundum sensum communem accepta denotant, aliquid concedant, prohibeant, dispensent, decernant etc.

Porro 1° si mere *comprehensivae* sint, ut voluere Pius V. et Gregorius XIII. (Pichler l. c.) 2° si datae sint consulto prius Pontifice huiusque expresso litteris nomine, ut statuerunt Sixtus V. et Gregorius XIV. (Pichler, l. c.) et 3° producantur in forma authentica, nempe cum sanctae Congregationis sigillo atque Cardinalis Praefecti et Secretarii subscriptione, uti voluit Urbanus VIII. (Pichler l. c.): tum habendae sunt Authenticae atque adeo vim legis habent, non solum quoad eos, quibus haec responsa dantur, sed etiam quoad alios. Neque obstat, quod hae declarationes non promulgentur sollemniter; nam declaratio comprehensiva non requirit specialem et sollemnem promulgationem, quippe non condit ius novum, sed iam conditum et promulgatum explicat. Quod si non pervenit ad omnium notitiam, tantum sequetur, ut agens contra sensum explicatum legis ob ignorantiam sit excusandus tum a poena tum a culpa, donec declaratio ipsi innotescat sive ex authenticis Congregationis litteris, sive authentico earum exemplari, vel relatione fide digna, sicut scil. fit de aliis legibus.

2⁰ Si vero sint *extensivae*, hae vim et auctoritatem legis non habent, nisi fiant ex mandato speciali Pontificis et legitime promulgentur; cuiusmodi v. gr. sunt plura decreta de celebratione Missarum aut de Reformatione Regularium. Ratio perspicua est, quia hoc ipso, quod non contineantur verbis decretorum conciliarium proprio sensu acceptis, iam sunt novae leges ecclesiasticae, quae in declarante requirunt potestatem legislativam. Atqui s. Congregatio ex sui institutione hanc potestatem non habet. Ergo. Ita Schmalz l. c. n. 373.-377., Pichler l. c. n. 46., Reiffenst. Prooem. n. 130.-134.

Et praemissa quidem dicta sunt praesertim de Congregatione Cardinalium s. Tridentini Concilii interpretum. Verum id ipsum valet de aliis

Congregationibus. Videlicet quando ius commune Ecclesiae explicant et super iure respondent, vim legis habebunt, si responsa contineant meram iuris declarationem *comprehensivam*, secus si *extensivam.*

Et háec quidem sententia non valde discrepat ab sententia s. Alphonsi. Nam, ut dictum est n. 32., DD. illi admittunt, declarationes indigere promulgatione, quando versantur circa res adeo dubias, ut variae et contrariae exstare queant opiniones. Atqui id non potest accidere, quando agitur de sensu decreti seu iuris iuxta propriam et usu receptam significationem verborum. Ergo et sententia s. Alph. ad declarationes extensivas, recedentes scilicet a sensu verborum proprio, reduci potest.

DE CONSUETUDINE.

Addendum quidpiam de consuetudine, inquit s. Alph. n. 107., de qua nihil Auctor. Postquam enim dictum est de Lege scripta, pronum est nonnihil addere de consuetudine, quae dicitur lex non scripta.

35. Dupliciter dicitur consuetudo: 1° *causaliter* pro diuturno usu seu actibus diu frequentatis a communitate vel maiore eiusdem parte: 2° *formaliter* pro iure, quod ex *praedicto usu* atque actuum frequentatione oritur. Priori sensu accepta dicitur consuetudo *facti*, secundo consuetudo *iuris*, quae definitur dist. I. can. *Consuetudo:* « Consuetudo est ius quoddam, moribus constitutum, quod pro lege suscipitur, cum deficit lex ». Sensus est, quod « Consuetudo sit ius ad aliquid faciendum vel omittendum obligans, vel etiam aliquid permittens, introductum diuturno, libero et publico communitatis usu, approbante illo, qui curam habet illius communitatis ». Schm. lib. 1. tit. 4. n. 1.

Differt 1° *a lege;* quia haec (prout consuetudini opponitur) vim obligandi ex expressa et publice promulgata publicae potestatis ordinatione accipit: consuetudo vero ex usu tacite per legislatorem approbato.

Differt 2° *a traditionibus proprie acceptis;* quia hae non ex usu, sed ex Christi aut Apostolorum aut Ecclesiae institutione ortae sunt et usu tantum conservatae sunt et usque ad tempora nostra propagatae. Suar. *De Leg.* Lib. 7. c. 4. n. 10.

Differt 3° *a stylo curiae*, tanquam includens ab incluso; quia stylus Curiae est consuetudo particularis et limitata ad actus iudiciales, docens, qui modus servandus sit in iudiciis, in causis cognoscendis, in ferendis sententiis. Palaus Tract. 3. disp. 3. p. 1. n. 3.

Differt 4° *a praescriptione*, tum aliis ex capitibus, tum 1° quia consuetudo est lex obligans *vel* deobligans *communitatem:* praescriptio afficit *privatas personas* aut, ceu privatam personam, communitatem:

2° Praescriptio bonam fidem requirit, non item consuetudo:

3° Praescriptio non exigit consensum illius, contra quem praescribitur: contra consuetudo exigit aliquem legislatoris consensum:

4° Ad praescriptionem modo brevius modo longius decennio tempus requiritur: ad consuetudinem requiritur et sufficit decennium. Palaus l. c. Schmalz. n. 1.

36. Cum consuetudo proprie habeat rationem legis, easdem, ac lex, divisiones habet.

Ergo 1° Alia est *canonica,* quae vel clericorum dumtaxat usu introducta est, vel si etiam a laicis, circa materiam tamen spiritualem versatur, v. gr. consuetudo ieiunandi vel servandi aliquod festum. Alia est *civilis,* quae a laicorum usu dimanat et circa materiam temporalem laicorum propriam versatur, v. gr. in modo contrahendi aut exigendi sive solvendi tributa, ad quam revocatur consuetudo, in qua circa materiam temporalem clerici conveniunt simul et laici. Suar. *de Leg.* Lib. 7. c. 5 n. 2. Pal. Tr. 3. disp. 3. p. 1. n. 4.

2° Alia est *generalissima,* quae extenditur per orbem universum, uti ius gentium: alia *generalis* sive *communis,* quae observatur in toto regno, imperio, natione vel provincia, uti sunt, ubi vigent, consuetudines feudales: alia *specialis,* quae viget in una civitate, oppido, pago: alia *specialissima,* quae recepta est in minima particula populi, v. gr. in una ecclesia, monasterio, collegio etc. v. gr. ut in Dominica Passionis non tegatur quaedam imago, ne ieiunetur aliqua die.

3° Alia est *secundum legem,* alia *praeter legem,* alia *contra legem. Secundum legem* est, quae legem iam conditam diuturno usu confirmat vel etiam legem interpretatur. Cf. can. *De istis.* dist. 4. ubi Gratianus ait: « leges instituuntur, cum promulgantur, firmantur, cum moribus utentium approbantur. Sicut enim moribus utentium in contrarium nonnullae leges hodie abrogatae sunt; ita moribus utentium ipsae leges confirmantur. Unde illud Telesphori Papae (decretalis spuria), qui decrevit, ut generaliter Clerici a quinquagesima a carnibus et deliciis ieiunent, quia moribus utentium approbatum non est, aliter agentes transgressionis reos non arguit ». Cf. et l. *Si de interpretatione de Legibus* etc. 37. Dig.: « Si de interpretatione legis quaeratur, in primis inspiciendum est, quo iure civitas retro in eiusmodi casibus usa fuisset; optima enim est legum interpres consuetudo ». Ita ex sola consuetudine et huius interpretatione habetur, quod lex quadragesimalis ieiunii non violetur potu aut modicissima sumptione cibi v. gr. electuariorum, violetur vero ieiunium, quod ad sumendam ss. Eucharistiam requiritur. *Praeter legem* est, quae inducit novum ius et praecipit aut prohibet aliquid, de quo nulla lex ante fuit. Cf. can. *Consuetudo.* Dist. I. « Consuetudo autem est ius quoddam moribus institutum, quod pro lege suscipitur, cum deficit lex » et l. *De quibus* Dig. *De legibus:* « De quibus causis scriptis legibus non utimur, id custodiri oportet, quod moribus et consuetudine inductum est ». Ita v. gr. mos abstinendi a lacticiniis in quibusdam per annum ieiuniis heic Romae. *Contra legem* sive *huic contraria* est, qua introducitur oppositum legis sive iuris humani antecedentis et legis huius seu iuris dispositio vel usu non recipitur vel recepta abrogatur aut ei derogatur. Ita consuetudo accipiendi candelam ab iis, qui sacros ordines suscipiunt.

37. Ut consuetudo sit *iuris* et non mere *facti*, plures requiruntur conditiones. S. Alph. l. c. n. 107. dicit, *tria* requiri; sed deinde *quinque* recenset. Alii quatuor, uti Schmalz. l. c. n. 5., postulant.

A doctoribus communiter requiritur 1° Ut sit rationabilis: 2° Ut duraverit tempore requisito: 3° Ut intercesserit requisita actuum frequentia et horum debita qualitas: 4° Ut adsit legislatoris consensus.

S. Alph. addit: ut introducatur a communitate et non a persona particulari; sed hoc revocari ad 3ᵐ potest. Item ut adsit obligandi intentio, quod pariter ad 3ᵐ refertur.

38. Prima conditio est, ut *sit rationabilis*. Ex qua s. Alph. L. 1. n. 107. II. infert, quod ob huius conditionis defectum nulla valeat consuetudo contra legem naturalem aut divinam, sed solum contra legem humanam. Verum res est uberius declaranda.

Alii, ut Schmalz. n. 7., statuunt pro *irrationabili* atque adeo pro corruptela decernendam consuetudinem quamcumque, 1° quae sit contraria iuri divino aut naturali. Nam consuetudo constituit ius mere humanum; atqui ius humanum naturali aut divino praevalere non potest.

2° Quae repugnet pietati in parentes aut Religioni erga Deum aut in divini cultus diminutionem cedat, v. gr. si *aut parentibus necessaria negarentur alimenta*, aut *canonicis sine iusta causa absentibus darentur distributiones quotidianae* etc.

3° quae disciplinae ecclesiasticae nervum disrumpat, v. gr. quae *permitteret interdictum aliasve censuras impune violari:* vid. c. *Cum inter* 5. *de Consuetud.*, aut *si impunitatem peccato concederet:* vid. c. *Ex parte* 10. tit. eod.

4° quae sit periculosa reipublicae, v. gr. quae *inducat bonorum dissipationem aut iudiciorum perversionem* etc. Vid. cap. *ex part.* 10. *de Consuetud.* et c. *Ad nostrum* 3. eod. tit.

5° quae tendat in Ecclesiarum damnum, v. gr. si *permittat, ut res ipsarum alienentur sine sollemnitate canonica*, vel ut *de iisdem pro lubitu laici disponant aut beneficia ecclesiastica laici tribuant sine Episcopi aut alterius praelati approbatione* etc.

6° Si cedat in gravamen libertatis ecclesiasticae, v. gr. quae permittat, *ut personae ecclesiasticae ad forum seculare trahantur.*

7° quae *impediat, ne pastor pascere gregem suum queat,* v. gr. quae Episcoporum *decreta et edicta aut decreta Pontificis subiiciat censurae laicae* aut *placeto regio.*

8° denique generaliter quae quidpiam introduceret, quod per legem a Principe seu legislatore introduci non potest; nam cum ad consuetudinem quamcumque requiratur consensus legislatoris, non potest reddi licitum ac rationabile consuetudine, quod licitum legislatoris voluntate et approbatione reddi non potest. Schmalz. n. 7.

Ceterum vix disputari de rationabilitate potest, quando consuetudo sit secundum legem, vel etiam praeter legem; clarum est enim conferre ad bonum commune id, in quod omnes cum legislatore conveniunt. Schmalz. n. 7.

39. In dubio porro, an consuetudo sit rationabilis et communi bono expediens, inspiciendum, an contraria sit legi vigenti vel non. Si primum, standum est pro lege Pal. Tr. 3. a. 3. p. 2. §. 1. n. 5. Ratio est, quia certa est reprobatio consuetudinis, lege honesta adversante: excipe nisi consuetudo sit immemorialis; quia tempus immemorabile facit praesumptionem de tituli iustitia. Si secundum, standum est pro consuetudine *introducta;* ratio quia delicta non praesumuntur; posteri ergo in consuetudine introducta a suis maioribus possunt absque culpa pergere. Schmalz. n. 8.

40. At, inquies, quomodo rationabilis esse potest consuetudo, quae legi adversetur; quando 1° cum lex rationabilis esse debeat, necessario non potest esse consuetudo ei adversa, quia rationi ratio non adversatur: 2° quia consuetudo adversus legem induci non potest nisi per actus contrarios legi, qui cum non possint non esse peccaminosi, non possunt esse rationabiles: 3° Ex l. *Consuetudinis* 2. C. *Quae sit long. Consuet.* « Consuetudinis ususque longaevi non vilis auctoritas est, verum non usque adeo sui valitura momento, ut *aut rationem vincat aut legem* » Constant. 7. kal. mai. an. 319., disserte negatur vis consuetudini, quae *aut rationem vincat aut legem.*

Resp. Rationabilis esse potest consuetudo legi adversans non secus ac rationabilis esse potest lex posterior, quae praecedentem tollit. Vid. cap. fin. *de Consuetud.:* « *Cum* tanto sint graviora peccata, quanto diutius infelicem animam detinent alligatam, nemo sanae mentis intelligit, *naturali iuri* (cuius transgressio periculum salutis inducit) quacumque consuetudine (quae dicenda est verius in hac parte corruptela) posse aliquatenus derogari. Licet etiam longaevae consuetudinis non sit vilis auctoritas, non tamen est usque adeo valitura, ut *vel iuri positivo debeat praeiudicium generare, nisi fuerit rationalis et legitime sit praescripta* ». Gregor. IX. an. 122.

Ergo ad 1. Irrationabilis erit consuetudo, dum lex adversa durat; fiet tamen rationabilis, quando desinet esse rationabilis lex contraria. Id autem fit, quando post continuatam requisito tempore legis violationem lex incipit esse inutilis; adeo ut ad bonum commune conducat tolli obligationem illius, ne culpae continuentur.

Ad 2. Consuetudo habet vim abrogandi legem praecipue a consensu legali principis, qui post frequentationem actuum contra legem debito tempore continuatam hoc ipso supervenit; quippe generali lege sancitum est, omnem consuetudinem, quae requisitis a lege conditionibus instructa sit, vim legis habere: inde sequitur, quod, etsi praecedentes actus peccaminosi fuerint, a peccato tamen omni absolventur actus sequentes post consuetudinem rite completam. Schmalz. Lib. 1. Tit. 4. n. 6. Advertit autem heic. s. Alph. n. 107. II., triplicem statum in consuetudinis inductione spectandum esse. Et in initio quidem introducentes consuetudinem contra legem, omnes peccant. In progressu autem non peccant illa a maioribus iam inducta utentes, sed possunt a principe puniri. In fine autem, idest legitimo elapso tempore, nec peccant nec puniri possunt. Quod vero secundo loco dicit s. Doctor, dubium est. Nam vel consuetudo est praescripta, vel non. Si praescripta est, puniri non possunt: si non est praescripta, non modo possunt puniri, sed peccant. Verum forte s. Alph. loquitur vel de casu, quo consuetudo licet nondum sit praescripta, tamen cum servetur a plerisque, efficit ut pauci alii non teneantur legem servare, quae a maiori parte communitatis non servatur; in hoc enim casu puniri possent: vel loquitur, forte in hypothesi illorum, qui exigunt quadraginta annos; nam fieri tunc potest, ut posteri sine peccato servent receptam a maioribus consuetudinem, nec tamen poenas evadant, cum desit adhuc consensus legalis.

Ad 3. Respondent DD. communiter, textum Codicis procedere non de consuetudine, quam nos describimus, sed de ea, quae legitimis et requisitis in iure (cap. fin. *De Consuetud.* iam citato) conditionibus destituta sit. Schmalz. n. 6.

41. De tempore ad legitimam consuetudinem requisito dicendum est.

Quidam cum Duareno exigunt tempus aut *immemoriale* aut *inveteratum* et saltem *longum;* quod esse spatium saltem annorum 40. ex variis iuris textibus definiunt. Apud Schmalz. n. 9.

Verum tenendum est, decennium sufficere, ut consuetudo vim legis habeat et leges saltem civiles abrogare possit. Ita Suarez *de Leg.* Lib. 7. cap. 15. n. 5. et Palaus. Tr. 3. disp. 3. p. 2. §. 2. n. 5. et alii ab hoc allegati.

Ratio est 1° quia ad consuetudinem inducendam solum requiritur *longum* tempus. Atqui decennium est longum tempus, ut in iure habetur. *Inst. de Usucap.* init. « Constitutionem super hoc promulgavimus, qua cautum est, ut res quidem mobiles per triennium, immobiles vero *per longi temporis possessionem,* idest inter praesentes *decennio,* inter absentes *viginti annis* usucapiantur ».

2° Ad consuetudinem sufficit, ut sit legitime praescripta, ut habet **cap.** fin. *De Consuetud.* Cf. textum Gregorii IX. sub n. pracced. Atqui

talis est, quae per decennium durat. Nam licet sint multae aliae prae-
scriptjones, quae longius tempus exigunt; quia tamen decennium secundum iura sufficit, standum est huic tempori, cum agatur de re favorabili
et nemini contraria. Si enim alicui contraria esset, profecto esset vel principi vel subditis. Atqui non .principi; quia consuetudo vim habet ex huius
legali consensu, non subditis; quia ab eorum voluntate et usu pendet.

3° Imo si communitas vel potius istius pars legem non observet
et hoc princeps sciat et taceat, aliquando legis obligatio cessabit etiam
ante decennium, non quidem ratione consuetudinis, quae nondum ex hypothesi praescripta est; sed ex consensu ipsius principis conniventis et
ita eam tacite tollentis. Heic enim locum habet Regula 43. in 6. *Qui
tacet, consentire videtur.*

Hinc duplex modus inducendi consuetudinem, 1° per conniventiam :
2° per actuum tempore legitimo frequentiam, etiam ignorante legislatore.

4° In textibus autem contra allegatis non dicitur non sufficere decennium, sed affirmatur et approbatur consuetudo, quae immemorialis
aut inveterata aut 40. annorum exstiterit. Dum autem hoc affirmatur, non
ideo alterum excluditur. Schmal. n. 9.

42. Quod vero ad abrogandam legem ecclesiasticam attinet, communiter
veteres Canonistae exigebant 40. annos. Ratio haec erat: Adversus Ecclesiam non datur praescriptio nisi 40. annorum. Cap. *de quarta de Praesc.*
« De quarta decimae et oblationis defunctorum Clericus ab impetitione
Episcopi *quadragenaria praescriptione* temporis se posse tueri videtur » : atqui consuetudo abrogans legem canonicam contra Ecclesiam suo
modo praescribit. Ergo.

Verumtamen dicendum, etiam contra legem ecclesiasticam consuetudinem decennio compieri posse. Ita Lessius. Lib. 2. cap. 6. n. 46. Palaus.
Tr. 3. disp. 3. pag. 2. §. 2. n. 9. Lugo *De Iust. et Iur.* disp. 7. sect. 6.
n. 94. et alii ab his adducti. S. Alph. Lib. 1. n. 107. utramque *refert sententiam.* Reiffenstuel Lib. 1. tit. 4. n. 106. *probabiliorem nostram sententiam dicit.*

Ratio, quia consuetudo abrogans legem ecclesiasticam non est contra
Ecclesiam, ut veteres supponunt, sed potius pro illa; quia ex consensu
illius ista abrogatio procedit. Neque per eiusmodi consuetudinem tollitur
aut imminuitur ullum ius, quod ante habuit; nam Pontifex legem, quae
consuetudine abrogata sit, liberrime potest restituere, quandocumque eidem
visum fuerit, id e bono Ecclesiae fore.

43. Oppositum vero argumentum nimis probat; probaret enim ad
praescribendam consuetudinem adversus legem universalem Ecclesiae requiri *100.* annos; quippe 100. anni requirantur ad praescribendum adversus Ecclesiam Romanam, cuius est lex, quae totam Ecclesiam obligat.
Imo et leges imperiales sola immemoriali consuetudine tolli possent. Et-

enim sublatio legum est reservata principi; principi autem reservata non praescribuntur nisi tempore immemoriali: Cap. *super quibusd.* 26. vers. *Praeterea, de Verb. Signif.* « Praeterea cum pedagia, guidagia, salinaria tibi Legatus interdixerit memoratus, auctoritate Apostolica duximus declarandum, illa esse pedagia, salinaria, guidagia interdicta, quae non appareat imperatorum, vel regum, vel lateran. Concilii largitione concessa, vel *ex antiqua consuetudine a tempore, cuius non extat memoria, introducta* ».

Paritas ergo praescriptionis cum consuetudine tunc solum procedit quando per consuetudinem non tantum tollitur obligatio legis, sed insuper laeditur ius Ecclesiae: ita v.'gr. si parochiani per consuetudinem se immunes facerent a decimis solvendis Ecclesiae; tunc enim consuetudo non esset dumtaxat legalis sed etiam praescriptiva atque idcirco sicut ad praescriptionem, ita ad consuetudinem requirerentur 40. anni cum titulo vel deficiente titulo, tempus immemoriale. Vid. Cap. *Episcopum* 1. *De Praescription.* in 6. « Episcopum; qui ecclesias et decimas, quas ab eo repetis, proponit (licet in tua constitutae sint dioecesi) se legitime praescripsisse, *allegare oportet* (cum ius commune contra ipsum faciat) *huiusmodi praescriptionis titulum et probare.* Nam licet ei, qui rem praescribit ecclesiasticam, si sibi non est contrarium ius commune vel contra eum praesumptio non habeatur, sufficiat bona fides; ubi tamen est ei ius commune contrarium vel habetur praesumptio contra ipsum, bona fides non sufficit, sed est necessarius titulus, qui possessori causam tribuat praescribendi: nisi tanti temporis allegetur praescriptio, cuius contrarii memoria non exstet ». Schmalz. n. 10.

44. Quidam censuerunt non sufficere decennium, si legislator sit absens, sed vicennium requiri; quippe longum tempus inter absentes ipso iure definitur vicennium. L. fin. C. *de Praescript. long. temp.* Cf. et Leg. allatam n. 41.

Verum cum communi tenendum, decennium sufficere, sive praesens sive absens sit legislator. Ratio est; quia consuetudo non inducit legem neque leges abrogat ex consensu principis *expresso,* adeo ut necesse sit, notam ei rem esse, sed ex consensu eiusdem *legali,* per legem iam stabilito, quo consuetudini legitime introductae vis tribuitur inducendi legem aut praeexsistentem legem abrogandi. Impertinens est ergo in ordine ad consuetudinem, praesens ne sit an absens princeps a loco, ubi consuetudo inducitur.

Ratio autem Silvestri consueto laborat incomodo comparationis inter consuetudinem et praescriptionem. Negatur ergo paritas; nam decennio longius tempus ad praescribendum adversus absentem ideo requiritur, quia praescriptio eius ius tollit ac minuit; id vero non accidit in consuetudine mere legali, in qua eiusmodi ius non laeditur: imo unica sicut legis ita et consuetudinis regula est utilitas et bonum communitatis, quod sane non variatur per praesentiam aut absentiam principis: non est ergo, ratio variandi tempus. Schmalz. n. 11.

45. Ceterum advertunt DD. tempus legitimum debere esse continuatum, non autem interruptum. Ita Suarez *de Leg.* Lib. 7. cap. 8. n. 12. et Palaus. Tract. 3. disp. 3. p. 2. §. 2. n. 11. et alii communiter.

Ratio 1º quia si interrumpitur, iam deest duratio decennii. 2º Praescriptio non debet esse interrupta; ergo nec consuetudo. 3º Tempus a iure requisitum ad aliquem effectum, ut ex Silvestro notat Palaus l. c., intelligi debet de tempore non interrupto sed continuo.

Porro interrupta censebitur consuetudo:

1º si aut princeps puniat transgressores legis, ad quam abrogandam tendit consuetudo aut

2'si communitas aut maior huius pars contra consuetudinem, quamvis unico actu, faciat. Suarez. l. c. n. 15. et Schmalz. n. 12.

46. Succedit tertia conditio, debita actuum qualitas et frequentia.

Qualitas actuum spectari potest 1º ex parte *agentium*, 2º ex parte *actuum ipsorum.*

Et quoad personas certum est, nullam personam privatam seu particularem posse efficere, ut per eius actus inducatur consuetudo, quae vim legis habeat aut utentem iis actibus vim solvendi a lege: Pal. Tr. 3. disp. 3. p. 3. n. 1. et alii ibi allegati. Et haec quidem est iuxta s. Alphonsum lib. 1. n. 107. prima conditio consuetudinis, nempe « quod introducatur a communitate aut saltem a maiori parte communitatis, quae capax sit ferendi leges, licet actu ferre leges nequeat. Ratio, quia tunc solum consuetudo vim legis habet ex tacito consensu principis ».

Ratio est, quia irrationabile nimis et bono communi contrarium foret, si subditus transgrediendo legem aut praeceptum posset se ab obligatione ipsius eximere; daretur enim ansa violandi leges.

Hoc autem eo usque progreditur, ut neque princeps seu legislator ipse hoc possit (vid. Palaus l. c.). Ratio est, quia princeps non censetur praeceptum aut legem imponere subditis aut illos ab obligatione solvere ex eo, quod ipse hoc vel illo modo operetur. Schmalz. n. 3.

47. Ad dubia diluenda, adverte, aliud dicendum esse de consuetudine *legali,* de qua in praesens, aliud de consuetudine *praescriptiva iuris.* Prior nunquam induci potest a *privata* persona: sed utique posterior, non secus ac a persona privata potest induci praescriptio. Privati sane sunt capaces possidendi ius: ergo possunt praescribere iura; at non sunt capaces ferendi legem et ideo etc. Ita v. gr. consuetudine a se introducta potest Episcopus eximere se ab obligatione legis, qua erat obligatus in correctione subditorum procedere ex consilio capituli, adeo ut non teneatur amplius illud exquirere. Schmz. n. 3. Vid. cap. *Non est de Consuet. in 6.* « Non est, dum tamen alias sit praescripta canonice, consuetudo,

quam allegat Episcopus, reprobanda, quod in inquirendis, puniendis et corrigendis subditorum excessibus, consilium sui capituli requirere minime teneatur ».

Nomine autem Communitatis non venit heic imperfecta, cuiusmodi est familia quaedam; idcirco certum est, hanc non posse inducere consuetudinem, quae vim legis habeat. Palaus Tr. 3. disp. 3. p. 3. n. 2. et colligitur manifeste ex. 1. 32. §. 1. Dig. *de Legibus* « Cum ipsae leges nulla alia ex causa nos teneant, quam quod iudicio *populi* receptae sunt; merito et ea, quae fine ullo scripto *populus* probavit, tenebunt omnes ». Vis argumenti in eo residet, quod vis tribuatur consensui *illius populi*, qui potest et leges facere.

48. Quod vero attinet ad communitatem perfectam, cuiusmodi est respublica vel provincia, regnum, superiorem non recognoscens, certum est, posse inducere consuetudinem, quia et legem potest ferre.

Sed et idipsum affirmandum de populo, qui superiorem recognoscat et non habeat auctoritatem ferendi legem, qualis est v. gr. dioecesis constituta sub Episcopo et in civilibus regnum vel imperium vel provincia sub principe absolutum imperium habente in subditos. Ita Suar. *de Leg.* lib. 7. cap. 9. n. 7. et Palaus. l. 1. n. 4. et alii ab hoc citati.

Et id quidem clarum est de consuetudine legem abrogante; nam ad hanc inducendam sufficit esse communitatem, cui lex imponi possit.

49. Sed potest etiam inducere consuetudinem, quae novam legem constituat. Nam esto, legem ferre non possit; tantum ideo illam ferre non potest, quia potestatem leges ferendi transtulit in principem, vel quia ex sui natura aut divina institutione haec potestas residet in principe: at ad introducendam consuetudinem, quae vim legis habeat, sufficit quod Communitatis actus, accedente consensu legali Principis, vim possit obtinere legis. Communitas enim in casu consuetudinem inducit non ut legem suam, sed Principis, ex cuius legali consensu vim legis habet. Schmalz. n. 4.

50. Ut ergo actus sufficiat ad stabiliendam consuetudinem, haec (quoad qualitatem ipsius) est, ut diximus, 1ª conditio ex communi DD., ut exerceri debeat a tota communitate vel saltem maiore eius parte, ut notat Glossa in cap. fin. *de Consuet.* Et ratio est, quia consuetudo induci debet tacito populi consensu: universus autem populus in id consentire censetur, quod exercetur a maiore eiusdem parte, ut habetur c. *Cum in cunctis* 1. *de his quae fiunt a maiori parte* et l. *Quod maior* 19. Dig. *Ad munic.* Schmalz. n. 14.

2° Haec maior pars debet esse ex personis habilibus et capacibus legis: unde amentes et infantes et omnes illi, qui legibus non tenentur, non possunt sua consuetudine legem abrogare aut novam constituere. Palaus. Tr. 3. disp. 3. p. 3. n. 5.

3° Actus exerceri debent libere et sine metu saltem gravi. Ratio, quia praesumi non potest, quod populus velit stabilire ius per actus, quos exercet repugnans. .

4° Actus isti exerceri debent uniformiter. Ratio, quia ex actibus non exercitis vel continuatis uniformiter non intelligitur, quid servari populus velit aut in quid consentiat.

5° Non debent actus procedere ex errore vel ignorantia: sed populus debet scire, quod lex sit lata, ut illa per consuetudinem abrogetur, vel quod nulla adhuc circa talem materiam lata sit, ut circa illam constituat per modum legis consuetudinem; alias actus huiusmodi erunt involuntarii, cum *nihil contrarium magis sit consensui, quam error:* l. *Si per errorem* 15. Dig. *de Iurisdict.*

6° Debent esse publici ac notorii. Ratio, quia ex actibus clam atque in occulto exercitis intelligi nequit consensus populi aut totius aut maioris eiusdem partis.

7° Denique frequentari debent animo introducendi obligationem, si consuetudo sit praeter legem, vel legem tollendi, si sint contra eandem. Ratio, quia actus agentium non operantur ultra intentionem eorum: cap. fin. *de Praebend.* et l. *Non omnis* 19. Dig. *de Reb. cred.* Hinc etsi universali et immemorabili Ecclesiae usu passim recepta sit salutatio angelica ad consuetum campanae pulsum, aspersio aquae lustralis ad ingressum et egressum templi, sumptio ss. cinerum ad initium quadragesimae etc., ad ea tamen nulla est obligatio. Et ratio unica est; quia huiusmodi ritus et actus a fidelibus frequentantur libere dumtaxat et studio pietatis, non animo inducendi obligationem. Schmalz. n. 14. .

51. Duo heic addenda ex s. Alph. 1° De postrema hac conditione haec notat lib. 1. n. 107. IV.: « Nulla ergo consuetudo fit, si populus aut maior eius pars agit ex devotione, ex gratitudine et simili: aut si legem laeserit animo tantum non satisfaciendi ex levitate. Mens autem seu intentio cognoscitur ex circumstantiis, nempe si consuetudo *constanter* observetur et cum non levi incommodo: si transgressores puniantur: si ita communiter sentiant homines pii. Salm. *De leg.* cap. 6. n. 30. Croix. lib. 1. n. 571. ».

« In dubio autem, an consuetudo sit ex devotione vel obligatione, gravi vel levi, benignior pars tenenda est; nam nulla lex obligat, nisi de ea constet: Salm. l. c. cum plurib. Et ita Croix. l. 1. n. 592. qui notat, quod universales consuetudines Ecclesiae de se obligent. Sed hoc intelligendum de consuetudinibus *proprie ut talibus obligantibus* sumptis, ut de consuetudine ieiunandi in vigilia Pentecostes..... Nam aliter dicunt plures Auctores de consuetudine abstinendi a lacticiniis in vigiliis extra quadragesimam... et aliter dicunt aliqui etiam de consuetudine monialium recitandi officium in privato ». Idem dic de abstinentia (olim frequenti) abstinendi die sabbati a lacticiniis.

52. Alterum spectat ad qualitatem personarum, quae ponunt actus. Ut enim dicit s. Alph. l. c. n. 107. n. 1 : « mulieres nequeunt introducere consuetudinem contra leges proprias virorum nec viceversa : ita neque ecclesiastici contra leges laicorum vel contra, nisi materia sit communis. Hinc etiam circa res spirituales clerici non obligantur ad consuetudinem factam a laicis ». Salm. l. c. n. 8. et 38.

Addit ibi s. Alph.: « Mercatores tamen, quia distinctam faciunt communitatem, possunt introducere consuetudinem obligantem omnes ». Ubi particula *tamen* suspicionem creare non debet, sensum esse; quod mercatores possint inducere consuetudinem, quae obliget *omnes* etiam non mercatores. Sensus enim esset falsus. Salmanticenses, unde ea s. Alph. mutuatus est, scribunt *De leg.* cap. 6. n. 8.: « mercatores posse se eximere a propria lege ipsorum per consuetudinem vel eam introducere obligantem omnes, si maior eorum pars in ea conveniat; quia constituunt communitatem capacem ut per legem gubernetur ». Quae ad solos obligandos mercatores plane spectant. Et Palaus Tr. 3. disp. 3. p. 3. in fin. ait: « Fit tertio communitates mercatorum consuetudine posse a lege sibi imposita se eximere et novam constituere; quia est communitas capax legis ». Quam in rem citat Suarez, Salas, Bonacina etc. Quod idem paulo ante dixerat de monialibus relate ad leges ipsis impositas.

53. Quarta conditio est consensus Legislatoris, ut consuetudo valeat.

Quod consensus Principis ad consuetudinem legitime inducendam requiratur, facile inter DD. convenit et probat manifesta ratio; quia nemo potest statuere legem vel statutam abrogare, nisi qui potestatem habet ferendi legem. Ergo absque huius consensu non potest induci consuetudo, quae vim legis habeat.

54. Sed quaestio est, *qualis* consensus requiratur. Nam aliqui cum Pontio *De Matrim.* lib. 6. cap. 6. n. 7. exigunt consensum specialem sive personalem, quo princeps seu legislator mores populi agentis contra vel praeter legem approbet aut saltem sciens, cum possit, non contradicat. Rationem dant; quia a principe non approbantur omnes consuetudines, sed aliquae reprobantur. Praeterea, consuetudo specialis est lex specialis; ergo requirit specialem consensum legislatoris, qui sine speciali scientia et approbatione consuetudinis non potest haberi.

55. Attamen communis et receptissima sententia nullum alium ad introducendam consuetudinem consensum requirit, quam *legalem* seu, ut etiam vocant, *iuridicum,* qui habetur per leges et canones consuetudinem moribus populi introductam approbantes eique tribuentes vim iuris non scripti, si rationabilis ipsa sit et legitime praescripta. Ratio est, quia optime poterat princeps et quivis legislator lege sua sancire, ut quoties populus in aliqua consuetudine rationabili per decennium duraverit, ea consuetudo pro lege suscipiatur: quo posito, dubium esse non

potest, quin vi huiusce legis consuetudo rationabilis decennio durans vim legis obtineat sine alia principis approbatione. Atqui hoc ipsum factum est utroque iure; canonico quidem cap. fin. *De Consuet.* cf. n. 40.; civili autem 1. *De quibus* 32. Dig. *De legib.* cf. n. 47. etc. Ergo.

56. Neque obsunt Pontii rationes. Nam 1° a iure solum approbantur et permittuntur consuetudines rationabiles ac legitime praescriptae: nil ergo mirum, si princeps consuetudines, his prerogativis destitutas, reiiciat. 2° Non negatur requiri specialem aliquem consensum, proprium et manifestum: at negatur necessitas consensus ita singularis, qui ad singulas consuetudines seorsim referatur; nam potest unus idemque consensus specialis et expressus pluribus consuetudinibus deservire, qualis est qui habetur *expressus in codice legum.* Schmalz. n. 15.

57. Effectus consuetudinis multiplex distinguitur, videlicet 1° obligationem potest imponere, 2° constitutam legem abrogare, 3° legem interpetrari et 4° irritare actum adversus consuetudinem factum. De hisce singulis nonnullae quaestiones sunt solvendae.

58. Et quoad primum, cum certum sit, quod consuetudo legitime praescripta potest legem seu obligationem imponere, dubium fit, *unde colligi possit, quod aliqua consuetudo sit obligatoria.*

Suarez lib. 7. *De legib.* c. 15. n. 13. et Palaus Tr. 3. disp. 3. p. 3. §. 3. n. 13. cum aliis censent, id permittendum arbitrio iudicis, qui iudicium de hoc ferat ex circumstantiis, praesertim vero ex actuum et personarum eos frequentantium qualitate.

Ad id vero dd. allegati assignant quatuor coniecturas, ex quibus deduci possit, quod obligatoria sit consuetudo et eas innuit et s. Alphonsus, ut diximus sup. n. 51.

1° Si consuetudo sit rei gravis et difficilis et communiter servata a populo. Ratio, quia non solet populus uniformiter convenire in hisce actibus, nisi quando se obligatum sentit.

2° Si viri prudentes et timorati non solum ipsi morem eiusmodi servent, sed etiam male sentiant de transgressoribus vel populus communiter scandalizetur.

3° Si praelati et superiores reprehendant aut puniant violatores.

4° Si materia consuetudinis talis sit, ut multum conferat reipublicae. Quaelibet enim ex his coniecturis non leve est indicium obligationis.

Quod si tales aut eiusmodi circumstantiae non appareant, in dubio praesumendum est, actus mere voluntate libera frequentari et ipsa consuetudo, quanticumque sit temporis, potius habenda pro voluntaria et supererogatoria, quam pro obligatoria et conscientiam adstringente; tum quia lex non praesumitur, sed probari debet; tum quia nemo praesumitur sibi velle onus imponere, nisi id manifeste constet. Schmalz. n. 16.

59. Aliud dubium fit, an consuetudo ad vim legis acquirendam debeat esse probata in iudicio contradictorio.

Et communis DD. sententia est, id non requiri nec exigi, ut probetur per actus iudiciales. Ratio est, quia consuetudo eo ipso, quod rationabilis sit et legitime praescripta, vim legis habet, ut ex Cann. vel legg. iam citatis constat. Atqui haec requisita obtinere potest etiam per actus tantum extraiudiciales. Ergo.

60. Ad id vero, quod ex cap. *Abbate* 25. *de Verb. Sign.* obiicitur, monachos contra consuetudinem allegatam, obiecisse, eam non fuisse probatam in iudicio contradictorio: resp. hanc fuisse allegationem tantum illius partis, cui sententia Papae non fuit conformis; deinde ibi sermo est tantum de consuetudine praescriptiva iuris, videlicet eligendi, non vero de legali.

Item ad id, quod l. *Cum de Consuetudine* 34. Dig. *de Legib.* promitur ex Ulpiano monente, fundanti se in consuetudine primo explorandum, an in contradictorio iudicio aliquando firmata sit: respondetur, id non de necessitate, sed tantum de utilitate accipi; quia probatione assumpta ex actibus iudicialibus, allegans relevatur ab ulteriore eiusdem probatione, cum haec sit optima probatio. Schmalz. n. 17.

61. Dubium fit insuper, an consuetudo unius civitatis possit obligare aliam. Nam c. *Super eo de Cognat. Spirit.* Episcopo videtur praecipi, *consuetudinem metropolitanae Ecclesiae vel aliarum circumpositarum inquirere et diligentius imitari.*

Sed respondendum est negative et ratio clara est; quia consuetudo et praescriptio tantum habet de potestate, quantum de usu et actu, ut notat Palaus Tr. 3. disp. 3. p. 4. §. 1. n. 2. Non extenditur ergo de loco in locum nec de persona in personam. Praeterea princeps censetur eam solam communitatem velle obligare, quae consuetudinem induxit, non vero aliam. Item communitas illam introduxit tantum animo obligandi se. Tamen casu, quo nihil iure statutum sit vel consuetudine receptum circa rem aliquam in quapiam civitate, bene faciet iudex, si ad consuetudinem vicinarum civitatum recurrat, modo ipsa rationabilis sit; debet enim secundum aequum iudicare, quod facillime desumet ex rationabili viciniae consuetudine.

Ceterum quod obiiciebatur, explicabis cum Palao, l. c. n. 3. de inquisitione, quae ex aequitate dumtaxat, non autem ex obligatione iniungatur. Vel etiam dici potest, id ibi episcopo iniunctum fuisse, ut constaret, quae probabiliter consuetudo fuerit in propria Ecclesia; quippe praesumitur, ceteris paribus eandem in illa ac in ceteris consuetudinem vigere. Schmalz. n. 18.

62. Postremo dubium fit, an induci possit consuetudo, quae obliget solum ad poenam, non vero ad culpam. Et ex certa apud omnes sen-

tentia respondendum est affirmative. Vid. Palaus l. c. p. 4. §. 1. n. 1. Ratio est; quia id lege fieri potest: ergo etiam consuetudine, quae pro lege suscipitur. Schmalz. n. 19.

63. De secundo effectu consuetudinis, qui est legem constitutam abrogare, quinque pro exploratis habenda.

Nam 1° generatim certum est, posse legem abrogari per consuetudinem, prout clare habetur ex legibus aut canonibus superius citatis. Ratio est, quia eadem est vis consuetudinis, quae legis. Igitur, sicut lex posterior abrogat priorem legem contrariam, ita et consuetudo, modo rationabilis ista sit et legitime praescripta.

2° Certum est, per.nullam consuetudinem derogari posse legi naturali; quia hoc ius est immutabile. Vid. §. *Sed naturalia* 11: *Instit. De iure nat. gent. et civ.*

3° Certum est, non posse consuetudinem praevalere adversus ius positivum divinum. Ratio, quia consuetudo est ius mere humanum, utpote introductum moribus populi et consensu legali principis. Atqui potestas humana potestati et legi divinae praevalere nequit, utpote longe superiori, quae ius consuetudinarium contra se nunquam approbabit.

4° Certum satis est, quod etiam iuri gentium consuetudo praevalere non potest. Ratio, quia ius gentium, ratione dictante, omnium aut fere omnium gentium iure introductum est et ideo est introductum, quia necessarium aut summe utile ad stabiliendum inter eas commercium videbatur. Non apparet igitur, quomodo consuetudo huic iuri contraria possit esse rationabilis.

5° Denique certum est, per consuetudinem abrogari posse legem civilem. Hoc enim l. *De quibus* 32. *Dig. de Legib.* aperte conceditur.

64. Hisce extra controversiam habitis, quinque dubia succedunt. Primum est, an abrogari consuetudine possit etiam lex canonica. Ratio dubitandi oritur ex diversis textibus iuris canonici, ubi, licet magna vis et auctoritas tribuatur consuetudini, expresse tamen, uti c. fin. huius tit., negatur vis, quae *iuri positivo praeiudicium generare* valeat. Praeterea in cap. *Ad nostram audientiam* eiusd. tit., *consuetudo, quae canonicis obviat institutis, nullius momenti esse* dicitur. Denique in cap. *Cum venerabilis* eiusd. tit. *Innocentius III. ait, quod* (certa consuetudo allegata) *non tam consuetudo quam corruptela censenda sit, quae sacris est canonibus inimica.* Quod idem repetitur cap. *Consuetudinem* 1. huius tit. in 6.

Verum recte monet Glossa fin. in cap. 8. *de Sent. et re iudic.*, textus istos et huiusmodi intelligi solum debere de consuetudine irrationabili et nondum legitime praescripta. Et hinc per argumentum a contrario, si rationabilis illa sit et legitime praescripta, etiam iuri ecclesiastico derogare poterit, uti habet communis sententia DD. et generalitas cap. fin. huius. tit. iam citati n. 40.

65. Hoc autem procedit etiam quoad sacramentalia et ipsas quoque sacramentorum ceremonias, si substantiales illae non sint et a Christo praescriptae, prout colligitur ex can. *De trina de Consecrat.* Dist. 4. ubi statuitur, posse baptismum conferri una vel trina mersione pro cuiusque Ecclesiae consuetudine. Ad hanc consuetudinem referri potest, quod licite clerici orientales habeant uxorem et rursus eadem consuetudo efficit ut v. gr. non possint uxorem ducere post sacros susceptos ordines.

Ratio est, quia cum hae ceremoniae sint institutiones mere humanae, nullum fundamentum est eas a generalitate cap. fin. huius tit. excipiendi. Schmalz. n. 21.

66. Alterum dubium est, an consuetudo possit abrogare legem solum quoad poenam, relicta obligatione quoad culpam, aut vicissim abrogare quoad culpam, manente obligatione quoad poenam.

Et quoad postremam partem, satis certa est affirmativa sententia. Et ratio est, quia possunt dari leges mere poenales, quae solum ad poenam obligent. Ergo id etiam consuetudine obtineri potest. Excipe tamen, nisi talis sit poena, quae propriam culpam supponat, uti sunt censurae: quippe censurae non imponuntur nisi contumacibus atque adeo culpam propriam committentibus. Non potest ergo manere obligatio ad hanc poenam, si per consuetudinem cessaverit obligatio ad culpam.

67. Sed et quoad priorem partem contra Castrum lib. 2. *De leg. poen.* c. 12. et quosdam alios tenenda est affirmativa sententia, quam defendunt Silvester V. *Consuetudo* q. 11. Suárez *De leg.* lib. 7. c. 19. n. 8. Palaus Tr. 3. disp. 3. p. 4. § 2. n. 3. et alii apud hosce.

Ratio, quia potest consuetudo, quod princeps potest per legem. Atqui princeps potest per legem abrogare poenam in lege statutam, manente obligatione legis: ergo. Et confirm., quia reipsa tum can. *Cum multa* 3. Caus. 15. q. 8. et Extrav. *Ambitiosae, de Rebus ecclesiasticis* aliisque multis decretis variae poenae sunt impositae, quae iam usu cessarunt, manente obligatione legis.

Nullius vero momenti est ratio a Castro allata, scil. quod poena sit propter culpam et hanc sequatur. Nam componi potest, quod culpae reus sit per se poenae obnoxius et tamen non sit obnoxius huic determinatae poenae per legem statutae; haec enim tolli per consuetudinem potest et poena generalis relinqui arbitrio iudicis. Schmalz. 22.

68. Dubium 3° fit an per consuetudinem abrogari possit lex, quae contrariam consuetudinem prohibet, quod fieri solet adiecta clausula: *non obstante quavis consuetudine.*

Qua de re certum est, nulla consuetudine abrogari vel derogari posse legi reprobanti aliquam consuetudinem ceu contrariam iuri divino aut naturali. Ratio, quia haec consuetudo non esset rationabilis.

69. Difficultas esse potest solum de lege humana. Et ratio est. 1° Quia

qui consuetudinem prohibet futuram, prohibet illius efficaciam; alias prohibitio foret sine effectu: sed si prohibetur efficacia consuetudinis, haec contra legem praevalere non poterit. 2° Consuetudo vim abrogandi legem habet solum ex consensu et voluntate legislatoris: atqui in casu legislator, prohibens consuetudinem, iam satis ostendit, se nolle, consuetudinem legi praevalere. 3° Si lex aliqua prohibeat praescriptionem alicuius rei vel saltem praescriptionem ante 40. annos nolit, talis res aut non praescribitur aut certe non ante 40. annos, esto interveniat titulus et bona fides. Ergo a pari.

Verum haec difficultas solvitur facile ope distinctionis, quam adhibét Palaus l. c. p. 4. §. 2. n. 10. et alii ab eo allegati. Nam vel adhuc manent circumstantiae, propter quas consuetudo adversa legi reprobatur per legem, vel circumstantiae illae cessarunt. Si *primum*, consuetudo adversus legem praevalere non potest; quia quamdiu manent illae circumstantiae, lex et est et perseverat esse rationabilis et consequenter irrationabilis est contraria consuetudo. Si *secundum*, praevalere adversus eiusmodi legem consuetudo potest; quia in tali casu rationabiliter legislator suam legem ipse abrogare potest: ergo etiam consentire, ut per consuetudinem abrogetur. Et ex his patet responsio ad rationes difficultatis. Schmalz. n. 23.

70. Quartum est dubium, an consuetudo abrogare possit etiam legem irritantem, v. gr. quae praescribit formam substantialem actus vel certas personas ad contrahendum vel ad eligendum inhabiles esse facit.

Et ratio dubitandi fit ex c. *Quod super* §. *De consanguin. et affin.* in fin., ubi Pontifex cavet, *ne inter gradus prohibitos contrahatur matrimonium et praesumptores districtione ecclesiastica* puniri iubet, *non obstante consuetudine, quae dicenda est potius corruptela.*

Sed adhuc standum pro affirmativa sententia. Ita Sanchez *de Matr.* lib. 7. disp. 4. n. 14. Palaus l. c. p. 4. §. 2. n. 5. et alii ab hoc citati. Ratio est, quia id fieri per legem potest, ut nemo dubitat; ergo etiam per consuetudinem, quae loco legis succedit. Exinde sequitur, per consuetudinem induci posse impedimentia matrimonium irritantia et introducta posse aboleri, si iure tantum humano inducta sint.

Ad text. obiectum dicendum est, ibi sermonem esse de consuetudine nondum legitime praescripta; haec enim non habet vim abrogandi. Schmalz. n. 24.

71. Denique quintum dubium est, an, ad abrogandam legem per consuetudinem, haec induci debeat *bona fide.*

Et affirmativam quidem sententiam tenuere communius antiquiores DD. cum Glossa in cap. 3. V. *Canonice* h. tit. in 6. et sequuti sunt Azor p. 1. lib. 5. c. 17. q. 6. Laymann in c. final. h. tit. n. 9. Pirhing heic n. 44.

Rationes sunt 1° quia consuetudo, ut valeat adversus legem, debet legitime esse praescripta. Legitima autem praescriptio sine bona fide nec inchoari potest nec currere.

2° Quia sic daretur·ansa subditis ad agendum contra legem, ut sic paululum se ab eiusdem obligatione liberarent.

3° quia si ad consuetudinem non requireretur bona fides, tunc communitas, etsi sciret se obligari ad solvendas decimas, adhuc tamen non solvendo se liberare posset ab obligatione solvendi, quod falsum est.

72. Sed probabilius est, ad introducendam consuetudinem legalem contra legem, bonam fidem non requiri, ut cum aliis advertit Iacob Wiestner heic n. 33.

Colligitur ex l. *De quibus* 32. §. *inveterata* in fin. Dig. *de Legibus*, ubi dicitur, *rectissime receptum esse, ut leges non solum suffragio legislatoris, sed etiam tacito consensu omnium per desuetudinem abrogentur.* Atqui ad tacitum consensum requiritur scientia et notitia legis; quia errantis sive ignorantis nullus est omnino consensus l. *Si per errorem* 15. *Dig. de Iurisdict.* Ergo ad consuetudinem contra legem necessaria est legis scientia atque adeo mala fides.

Confirm. Nam ad consuetudinem adversus legem requiritur, ut frequententur actus contrarii non quomodocumque sed animo abrogandi legem, ut sup. n. 50. dictum est. Atqui hic animus haberi non potest sine scientia legis et consequenter sine mala fide.

73. Quoad rationes oppositas resp. ad 1. — Consuetudo tunc dicetur *legitime* praescripta, cum habuerit ea, quae ad *legalem* consuetudinem requiruntur. Obiectio confundit praescriptionem consuetudinis legalis cum *praescriptione iurium.*

Ad 2. Etsi ansam inde capere mali possint ad legem transgrediendam, minus tamen id noxium est, quam perseverantia legis, cuius observantia post diu continuatas transgressiones a communitate moraliter sperari non potest.

Ad 3. Obiecta consuetudo magis proprie praescriptio est, quia per eam laeditur ius Ecclesiae et consequenter mirum non est, quod ad illam requiratur bona fides. Nec obstat, id fieri a communitate; nam communitas tunc habetur instar privatae personae, ut sup. n. 35. notatum est. Schmalz. n. 25.

74. Quoad tertium consuetudinis effectum, qui est *legem interpretari*, certum est, hunc effectum competere consuetudini; nam ipsi is tribuitur per c. *Cum dilectus* 8. h. tit. « Electio praedicti Guilielmi tam contra statuti tenorem, quam etiam contra *consuetudinem approbatam, quae optima est legum interpres*, minus canonice attentata, merito cassari debebat etc. ». Pariter l. *Si de interpretatione*. 37. Dig. *de Legib.*: « Si de interpretatione legis quaeratur, in primis inspiciendum est, quo iure civitas retro in eiusmodi casibus usa fuisset; *optima enim est legum interpres consuetudo* ».

Ratio manifesta est; nam si consuetudo vim habet introducendi novas leges et iam constitutas abrogandi; a fortiori efficaciam habere debet illas interpretandi: praesertim vero cum hic effectus magis videatur esse necessarius, quam alii. Saepe enim leges obscurae sunt et ambiguae tum in obligatione, tum in materia, ad quam se extendunt. Ad huiusmodi autem dubia auferenda erit optima regula inspicere, quomodo usu receptae sint. Nam usus et consuetudo legis interpres est mentis, quam legislator in ferenda lege habuit. Schmalz. n. 26.

75. Ceterum distinguendum heic est, num consuetudo legitime sit necne praescripta. Si primum, interpretatio eius est authentica et sequenda ut lex, ut patet ex l. *Nam imperator* 38. Dig. *de Legib.* «Nam imperator noster Severus rescripsit, in ambiguitatibus, quae ex legibus proficiscuntur, *consuetudinem* aut rerum perpetuo similiter iudicatarum auctoritatem, vim legis obtinere ». Et ratio est, quia vere lex est; talis enim consuetudo pro lege habetur. Si secundum, interpretatio erit tantum doctrinalis, altiori tamen ratione; quia in consuetudine plures in unum conveniunt.

Si tamen interpretatio esset contra claram iuris dispositionem, ea consuetudo, usque dum acquirat omnia ad *legalem* requisita, pro corruptela potius habenda est ac proinde nec doctrinalem interpretationem porrigit nec proinde iudicem movere potest, ut secundum illam sententiam ferat. Vid. Palaus l. c. p. 4. §. 3. n. 2. et 3. Schmalz. n. 27.

76. Porro potestas interpretandi, quae fit consuetudini, est satis ampla.

Nam 1° Secundum illam regulandi sunt contractus, quia secundum illam intelliguntur facti, nisi aliud expressum fuerit. l. *Semper in stipulationibus* 34. Dig. *de Reg. Iur.* et l. *Quod nolit* 32. §. *Quia assidua* Dig. *de Aedilitio edicto.*

2° Secundum consuetudinem introductam regulandum est iudicium; quia iudices debent iudicare secundum leges: sed nulla firmior et solidior earum interpretatio esse potest, quam ea, quae per consuetudinem habetur. Pal. I. c. n. 6. Et hoc procedit etiam in iudicio arbitri compromissarii; nam et iste secundum consuetudinem legitime introductam et praescriptam iudicare debet. Et hoc verum est, etiamsi partes in illum compromiserint, ut procedat secundum leges et consuetudo istis contraria sit; nam etiam consuetudo legitime praescripta est lex. Palaus l. c. n. 4.

3° Vim interpretandi legem habet consuetudo etiam relate ad ius divinum, dummodo locum habeat in societate divina, infallibili, non quidem quasi illa aliquid huic addere vel demere possit, sed solum indicando mentem legislatoris. Patet id in multis traditionibus et generalibus consuetudinibus totius Ecclesiae circa usum Sacramentorum, quae sufficienter Christi institutionem declarant. Hac de causa sufficere dicimus lotionem capitis ad baptismum. Ita interpretamur ex consuetudine praeceptum divinum abstinendi ab operibus servilibus. Ita consuetudo, ut habet Lugo, explicat praeceptum confitendi etiam actum externum. Suarez Lib. 7. *de Leg.* c. 7. n. 6. Schmalz. n. 28.

77. Quoad quartum denique consuetudinis effectum, qui est irritatio actus alioquin de iure validi, facile patet, et hunc consuetudini esse tribuendum. Nam consuetudo habet vim legis. Atqui lex habet et irritandi actus vim; ergo et consuetudo. Hinc sequitur, ut sup. notavimus, per consuetudinem induci posse impedimenta matrimonium irritantia et tolli exsistentia.

78. Neque requiritur, quod Pontifex habeat scientiam huius consuetudinis, ut tradunt Palaus Tr. 3. disp. 3. p. 4. §. 4. n. 2. et alii ab eo allegati. Ratio est, quia in c. fin. h. tit. et L. *De quibus* 32. Dig. *de Legib.* nulla fit mentio istius scientiae, sed tantum exigitur, ut consuetudo sit rationabilis et legitime praescripta.

Neque obest, quod introducentes eiusmodi consuetudinem sint inferiores Pontifice, inferior autem non queat disponere circa legem superioris. Nam vis huiusmodi consuetudinis est ex consensu Pontificis. Potest autem inferior cum consensu superioris de huius lege disponere. Schmalz. n. 29.

79. Addit vero Palaus l. c. n. 4. ad hunc irritandi matrimonia effectum non requiri, ut consuetudo sit laicorum simul et clericorum, prout voluit Sanchez *De Matrim.* Lib. 7. disp. 4. n. 11., sed sufficere solam consuetudinem laicorum. Ratio, quia in iis, quae spectant ad laicos, etsi ecclesiastica sint, consuetudinem inducere possunt vel soli laici, cum id faciant ex legali Pontificis consensu, qui generaliter vim legis tribuit omni consuetudini legitime introductae. Non ergo necesse est, ut accedat consuetudo etiam clericorum non admittentium ad matrimonium cum eiusmodi impedimento. Nam etiam laici possunt aliquid facere in legibus ecclesiasticis cum consensu pontificis, qui in hoc casu non deest. Schmalz. n. 30.

80. Memorandus heic est et specialis effectus consuetudinis immemorialis. Nam veteres Iurisconsulti cum Innocentio in c. 13. *De Iudic.* n. 5. pro regula tradunt, consuetudine immemoriali acquiri omnia illa posse, quae privilegio et indulto principis acquiri possunt. Rationem dant, quia consuetudo, cuius initii non exstat memoria, aequiparatur privilegio et habetur loco tituli legitime constituti ac probati, ita ut concesso vel probato temporis immemorialis lapsu, melior titulus allegari nequeat. Hinc clausula prohibente vel irritante consuetudinem contrariam haec non comprehenditur, ut cum pluribus aliis citatis advertit Laymann lib. 1. tract. 4. c. 24. n. 7.

81. Verum haec doctrina indiget duplici limitatione. Prima est, dummodo is, pro quo allegatur praescriptio seu consuetudo immemorialis, non sit incapax possidendi extra casum, quo habilitetur per privilegium.

Hinc laicus nunquam per quamcumque consuetudinem acquirere potest *ius decimandi, eligendi, confirmandi ad beneficia* etc , etsi haec omnia acquirere possit per privilegium pontificium. Ita et potestas ferendi censuram quoad laicum. Ratio est, quia hoc ipso quod praescriptio sine possessione non procedat Reg. 3. iur. in 6., sequitur, quod is, qui incapax sit possidendi, sit etiam incapax acquirendi per praescriptionem vel consuetudinem. Altera est, dummodo eiusmodi consuetudini vel praescriptioni non resistat ius eaque tanquam *abusus et: corruptela a canone vel lege reprobetur:* et ob hanc rationem induci consuetudine non potest, *immunitas ab obligatione observandi interdicta ecclesiastica, potestas retinendi simul duos canonicatus, personatus* etc. Ratio est, quia cum consuetudo et praescriptio vim omnem debeant legibus vel ss. canonibus, ·quibus introductae et approbatae sunt, locus illis esse non potest respectu rerum et personarum, quarum respectu ius illis resistat. i. *Ubi lex* Dig. *De Usurp. et Usucap.* « Ubi lex inhibet usucapionem, bona fides possidenti nihil prodest ». Cf. Schmalz. n. 32.

82. Lapsus tamen temporis immemorialis, si cadat in personam alias Iure habilem ad privilegium et si cum tempore immemoriali concurrat saltem fama seu existimatio publica privilegii Apostolici aliquando obtenti, ius quidem nullum possessori acquirit; quia haec habilitare personam ad veram et legitimam possessionem nequeunt: attamen si utrumque illud legitime probetur vel aliunde constet, fundabunt praesumptionem privilegii, ut continuari exercitium iuris hactenus possessi possit, donec probetur contrarium. Ex hoc sequitur, adversus eiusmodi tempus immemoriale etiam cum fama privilegii coniunctum, admitti probationem: quamvis enim faciant praesumptionem, illa tamen praesumptio ex nullo textu iuris probatur, quod sit iuris et de iure et hinc si vitium tituli in possessione eiusmodi demonstretur, praesumptio illa debebit cedere veritati. Schmalz. n. 32.

83. De Consuetudinis abrogatione. Quod abrogari consuetudo possit per legem expressam, plane constat ex cap. *Licet* 1. *de Constit.* in 6° et c. *Cum consuetudinis.* 1. h. tit. et probat haec ratio: quia tota vis consuetudinis est ex voluntate legislatoris saltem tacita. Ergo si legislator disponat contrarium, vis sua deperit consuetudini.

Ut autem statui possit, quando per legem abrogata fuerit consuetudo, sequentes tenendae sunt regulae.

1° Nulla lex consuetudinem abrogat, nisi clare e diametro sit ei contraria. Ratio est, quia consuetudo est quoddam ius, cuius correctio vitanda est quoad eius fieri possit. l. *Praecipimus* 32. C. *de Appellation.*

2° Lege universali abrogatur consuetudo aeque universalis illi opposita, etsi in lege mentio huius facta non fuerit neque adiecta clausula aliqua derogatoria. Evincitur ex c. *licet* 1. *De Constit.* in 6°, ubi solum singularium consuetudines dicuntur non abrogari per legem generalem. Ratio, quia consuetudo universalis non praesumitur ignorata a principe: cum ergo legem illi contrariam statuit, intelligitur velle ei derogare.

3° Lege universali non censetur abrogari consuetudo particularis alicuius loci, nisi illa huius mentionem faciat, vel saltem addatur clausula generalis derogatoria cuiuscumque consuetudinis contrariae. Constat ex cit. c. *Licet* et ratio ibidem datur; quia Papa vel princeps legis conditor *locorum specialium et personarum singularium consuetudines... potest probabiliter ignorare* et propterea *ipsis per constitutionem a se noviter editam, nisi expresse caveatur in ipsa, non intelligitur in aliquo derogare.*

4° Lege speciali facta a principe superiore v. gr. Papa vel Rege pro aliqua civitate vel provincia suae ditionis, probabile est non abrogari vel derogari consuetudini particulari eiusdem provinciae, nisi expresse addatur clausula derogatoria, ut ex argumento prius allato colligit Palaus l. c. n. 6. Neque obstat, sic legem fieri frustraneam, quod neminem liget; quia hoc fit per accidens ob consuetudinem ignoratam. Schmalz. n. 37.

84. Quemadmodum autem per legem, ita et per consuetudinem potest consuetudo abrogari. Ratio, quia consuetudo habet omnes effectus legis: sicut ergo lex, ita et consuetudo potest abrogare consuetudinem.

85. Ut vero vim istam habeat consuetudo, 1° debet esse contrarie opposita consuetudini et hinc, si est consuetudo universalis, abrogari debet per aliam consuetudinem universalem; particularis autem abrogare universalem non potest, sed tantum ei derogare, in loco scilicet in quo cum generali oppositionem habuerit. Ratio est, quia consuetudo non inducit ius, nisi usu et facto. Ergo non potest contrarium ius inducere nisi ubi usus et facta contraria sint.

Praeterea 2° in consuetudine derogatoria requiritur idem tempus, quod consuetudo praeexsistens et abroganda requisivit ad sui constitutionem; debet enim esse legitime praescripta, quod fieri non potest, nisi saltem decennio.

3° Denique actus vel omissio actus, qui per consuetudinem abrogandam exerceri poterat vel debebat, debet esse libera, scilicet omissio actus debet esse a libere agente, ubi occasio erat agendi; nam si occasio exercendi eiusmodi actum nunquam se offerat, simplex non usus consuetudinem praeexsistentem abrogare nunquam poterit. Schmalz. n. 38.

86. Quoad noscendam exsistentiam consuetudinis cuiuspiam, satis certum est, in foro conscientiae Doctori excellenti, testanti in scriptis suis hanc esse consuetudinem, fidem integre adhiberi posse, dummodo alii non contradicant; nam si hoc fieret, necesse foret, ut plures DD. convenirent vel saltem illius unius assertio aliis gravibus coniecturis adiuvaretur, ut notat Suarez *De leg.* Lib. 7. c. 11. n. 8. Schmalz. n. 35.

Quomodo vero probetur in foro externo etc. vid. apud eundem Schmalz. n. 33-36., ex quo fere omnia hac in re sumpsimus.

Dub. III.

An vis et substantia legis positivae dependeat ab acceptatione Communitatis.

X. Resp. Etsi ita sentiant Canonistae item Navar. Azor etc. citati a Laym. lib. 1. tr. 4. c. 3., eo quod ponant, leges hac tacita conditione ferri, si a populo fuerint acceptatae, alioquin vim seu obligationem non habituras: verior tamen sententia est Theologorum, leges absoluti Magistratus non pendere a populi acceptatione et consensu; sed mox ut legitime promulgatae sunt, obligare populum ad recipiendum: praesertim in legibus Pontificis, qui suam potestatem non accepit a populo, sed a Christo. Vasq. Suar. Molina etc.

87. Advertendum in primis, quod, cum de lege ecclesiastica agitur, certum est et de fide, potestatem ferendi legem esse in superioribus ecclesiasticis prorsus independentem a voluntate fidelium: legem proinde ecclesiasticam vim plenissimam per se habere, independenter ab eorum acceptatione. Nihilominus quaestio fieri potest, an superior ecclesiasticus, legem condens, velit eius obligationem ab acceptatione populi pendere; id enim non contradicit priori doctrinae. Certa quoque doctrina est, leges civiles vim obligandi ex se habere independenter ab acceptatione populi; nihilominus fuere inter veteres, qui censerent oppositum, vel saltem censerent, non ferri generatim has leges nisi sub ea tacita conditione, quod acceptentur.

88. Iam vero, quoad sententiam, quae dicitur Canonistarum, scil. vim legis *positivae* dependere ab acceptatione communitatis, adverte plures pro ea allegari, qui alio plane sensu locuti sunt.

Salmanticenses *De leg.* Cap. 1. n. 98. inter alios pro hac sententia et quidem cum de lege ecclesiastica agitur, allegant Lessium et Azor, Bonacina, Filliucci etc.

At Filliucci haec est sententia Tract. 21. cap. 11. Tom. 2. p. 39. n. 429.: « Dico secundo, legem promulgatam, *si non usu recipiatur, non obligare... Huiusmodi autem non usus dicitur desuetudo*, quando scil. elapso promulgationis tempore, populus perseverat in eo agendo, quod antea solebat ».

Lessius autem *De Iust. et iur.* Lib. 2. Cap. 22. n. 98.: « Etiamsi lex sit promulgata, si tamen ipso usu et moribus utentium non recipiatur, *nec Superiores instent et curent exsecutioni mandari*, non obligat ».

Sic Azor Tom. 1. lib. 5. cap. 4. q. 1.: « Quaestio est, an lex promulgata, si moribus utentium recepta non fuerit, cives teneat... Desuetudo vel non usus legis est, quando promulgata lege et elapso promulgationis tempore, populus perseverat in faciendo quod factitare ante legem solebat: et *de hoc non usu* sive desuetudine legis in praesentia disputamus ».

Ergo isti hoc unum docent, per non usum seu per desuetudinem fieri, ut legis obligatio aut cessare aut suspendi possit. Porro aliud est obligationem cessare per desuetudinem, aliud est acceptationem requiri ut legi accedat vis obligatoria. Sic etiam contingit, ut pater quidpiam praecipiat filio, aut Superior religiosus alicui subdito ac dein ob improbitatem inobedientiae revocet praeceptum. Absurde tamen concluderes, vim seu auctoritatem praecepti pendere a subditi acceptatione.

Idcirco allati Scriptores reipsa non dissident a sententia, quam A. dicit rectissime *veriorem,* scil. leges non pendere quoad vim obligandi ab acceptatione populi, sed mox, ut legitime fuerint promulgatae, *obligare populum ad eas recipiendas.*

89. Et certe utramque sententiam conciliatam habes in iis, quae demum definit Bonacina sic *De legib.* disp. 1. q. 1. punct. 4. n. 29. Tom. 2. p. 20. « Quamobrem censeo quidem legem, per se loquendo, non obligare independenter ab acceptatione; nihilominus arbitror obligare, quoties constat vel ex coniecturis colligitur sufficienter, Superiorem *velle independenter ab acceptatione obligare,* praesertim si leges *moderatae sint, suaves, faciles et commune bonum respiciant* ».

Sic autem *Bonacina* ibid. p. 19. rem probat: « Ratio est 1° tum quia legislator *videtur* (id est nimis parum et non cohaeret cum toto) *habere vim obligandi populum independenter ab ipsius consensu;* alioquin maioris potestatis esset populus, quam princeps; quandoquidem posset potestatem legislatoris impedire: tum quia 2° sequeretur, legislatorem non posse cogere subditos ad legem promulgatam acceptandam, quod *nullo pacto asserendum* est; cum usu et consuetudine constet puniri eos, qui legem promulgatam non acceptant: tum quia 3° qui obligat ad finem, videtur etiam obligare ad medium: tum quia 4° non deest in Principe voluntas obligandi, saltem quando leges sunt moderatae, suaves et faciles, ut patet ex praecedentibus rationibus. Ergo leges obligant independenter ab acceptatione, si Superior indicaverit, velle obligationem inducere independenter ab acceptatione ». N. B. Bonacina uti oppositae sententiae fautorem exhibent Salmanticenses. l. c.

90. Porro haec prorsus est doctrina et insuper argumenti ratio, qua ad eam firmandam utuntur, qui communem sententiam profitentur.

Ita ex Canonistis Schmalzgrueber part. I. Tit. II. n. 29.: « Dicendum, eiusmodi acceptationem ad legis valorem non requiri, nisi quando lex prudentum iudicio est difficilis observationis, vel legislator aliud exprimit aut (aliud) privilegio vel consuetudine est receptum. Ita Suar. *De leg.* Lib. 3. c. 19. n. 4. Palaus Tr. 3. disp. 1. p. 13. n. 1. et apud hos communis DD. ». Pergit Schmalzgrueber:

« Ratio est quia legislator, tam ecclesiasticus quam civilis, potestatem habet ille a Deo, iste a populo, uterque tamen absolutam, ne alias elusoria sit. Igitur modo constet, quod lege sua absolute obligare subditos velit, obligabuntur isti; etsi a communitate illa nondum sit plene recepta. Quod vero absolute obligare sic velit, plerumque saltem, patet ex praxi, qua legum conditores earum etiam nondum plene receptarum obligationem urgent et transgressores puniunt ».

« Praeterea ista acceptatio populi secundum adversarios requisita ad legem vel est observantia ipsius legis, vel est quaedam illius approbatio. Atqui nullum ex hisce ad legem constituendam requiri potest. Non primum; quia observantia legem supponit: non secundum; quia alias populus esset conlegislator, utpote cuius iuridica approbatio requireretur ad legem ».

Et, ut brevi rem conficit Voit Vol. 1. n. 144., si populi acceptatio requireretur ad essentiam legis, omnis legum auctoritas ac legislatorum potestas plane concideret, utpote qui plus non possent evincere, quam subditi vellent; id autem non foret regere, sed regi.

91. Fundamentum oppositae sententiae praecipuum, ut inquit Laymann *De leg.* Cap. 3. n. 2. hoc est, quod leges censeantur ferri hac tacita conditione, si ab ipso populo fuerint acceptatae, alioquin nullam vim habiturae. Qui modus, ut alii aiunt, et suavior est et aptior populo, in cuius bonum fertur.

At bene respondet Schmalz. l. c.: regimen simul debet esse suave *et efficax:* tale autem non foret, si in arbitrio subditorum positum esset, vellent necne obligari legibus a principe sancitis. Quod vero dicitur de illa conditione, generatim falsum est et unice praesumi eiusmodi conditionata principis voluntas poterit, quando censeri queat, difficultates principi incompertas fuisse, ut infra dicetur; in quo casu si dicatur suspendi obligatio, id non profluit ex necessitate acceptationis.

92. Oblic. quod ait Gratianus ad cau. *In istis* 3. dist. 4.: « Leges constituuntur, cum promulgantur: firmantur, cum moribus utentium approbantur »: quae verba sunt s. Augustini, certe non praevidentis abusum huius sententiae. Respondet Viva ad prop. 28. Alex. VII. n. XI.: Dist. firmantur firmitate facti, C; firmitate iuris, N. Item bene ad haec Voit ex Laymann, hinc probari, quod non quidem ad vim obligationis, sed ad durationem et stabilitatem legis *per accidens* necessaria sit acceptatio populi, seu melius *observantia legis:* quia nempe cessare ex desuetudine obligatio potest.

93. Hinc patet responsio ad alias ratiunculas, v. gr. 1° Quod multae constitutiones pontificiae in quibusdam locis non obligent, quod receptae non fuerunt et decreta Trident. reformationis ad multum tempus recepta in Galliis non fuerint: 2° Quod legum obligationem tollat consuetudo: 3° quod supplicando vel appellando obligatio legis suspendi possit.

Nam primum non probat, non peccasse eos, qui primitus leges trans-

gressi sunt (nisi quaedam alia causa illos excusaverit), sed solum per
diuturnam non observantiam in quibusdam locis sublatas leges fuisse:
2° Consuetudo supponit intentionem tollendi˙ obligationem atque adeo
ipsam obligationem supponit, ut alias diximus. 3° Si fiat appellatio ex
iusta causa, suspendit *ex iure* obligationem legis: at supplicatio tantum
per se non tollit inductam obligationem, licet speretur a principe tollenda; quocirca durante supplicatione, nihil faciendum est contra legem,
nisi per epikeiam praesumi possit, legislatorem ob adiuncta interim non
exigere observantiam.

94. Quoad postremum hoc tamen, ut observat s. Alph. n. 139. in fin.
adverte, quod si princeps audiat populi supplicationem *et taceat nec
instet pro observantia*, censetur legem abrogare, nisi aliud ex circumstantiis coniiciatur; quia scilicet posset ad modicum tunc dissimulare,
volens tamen legem post sedatos tumultus urgere suaviter. Quam in rem
plures s. Alph. allegat. In quod etiam Voit n. 159. consentit ex Laymann.

95. Ut ergo clare haec quaestio definiatur, accurate distinguantur illae
dubitandi causae, quae reipsa quaestionis cardinem non attingunt et
quarum inconsulta congestio induxit eam confusionem, quae debebat,
prout facile poterat, removeri.

Itaque 1° fingi potest casus, quo lex alicubi non recipiatur, quia contraria legi ibi viget consuetudo. Nos iam advertimus sup. n. 84., quod
per legem universalem et probabiliter etiam per particularem non tollitur vis contrariae consuetudinis particularis alicubi legitime vigentis,
nisi aut expresse aut saltem per clausulam generalem derogatoriam mentio
fiat huiusce consuetudinis in ipsa lege. In hoc sane casu lex vim obligandi non habebit, nisi illa communitas, in qua viget contraria consuetudo, sponte velit legi se submittere ac legem acceptare. Verum id non
ideo fit, quod generatim ad legis valorem requiratur populi acceptatio,
sed quia ex aliis iuris principiis princeps non censetur velle sua lege
obligare illos, qui legitimam contrariam servant consuetudinem, nisi
praeterea significet, se velle ei consuetudini derogare. Ergo hic casus ad
quaestionem praesentem, uti patet, nullatenus pertinet.

96. Alter casus est, quando lex *desiit* per desuetudinem; quia nempe
iam a tota vel a maiori parte communitatis observata lex non fuerit
tanto tempore, ut desuetudo per praescriptionem introducatur: tunc subditi citra culpam possunt legem non observare. Salmantic. l. c. n. 106.

Verum hic quoque casus nihil pertinet ad nostram quaestionem. Nam
ratio, cur impune deinde, idest elapso legitimo tempore, lex violetur,
non est defectus vis obligatoriae in ipsa lege, quando lata est, sed est *ius
consuetudinis contrariae*, quae, ut alias diximus, accedente legali consensu principis, vim habet contrariam legem abrogandi. Quin imo consuetudo opposita induci non potuit, nisi supponamus, legem prius obligasse

et adversus hanc obligationem invaluisse consuetudinem. Cumque in confesso sit apud omnes, peccasse eos, qui violare legem coeperunt et peccatum necessario supponat in lege vim obligandi, iam supponitur hanc vim legi fuisse ab initio et independenter a populi acceptatione. Ergo et haec quaestio veluti impertinens a praesenti controversia ableganda est.

97. Tertius casus esse potest, quando maior pars populi legi se non submiserit, inique, ut supponimus, agendo; nam in iis adiunctis etiam antequam elapsum fuerit tempus ad desuetudinem inducendam legitime requisitum, ceteri, ex DD. communi sententia, excusantur ab obligatione legis, dummodo parati sint eam observare, quando maior et praecipua pars eam receperit. Hoc intellige, etiamsi non constet de conniventia principis; si enim de hac constet, tunc locum non habet id, quod heic DD. accersunt, scil. recursus ad epikeiam; epikeia enim non est, ubi intercedit conniventia. Rationem sic optime reddit Laymann *De leg.* cap. 3. n. 3.: « Arbitror tamen, si tu legem promulgatam recipere paratus sis et data occasione etiam observes, sed alii plerique e communitate non recipiant neque recepturi existimentur, per epikeiam *excusatum te fore* a legis obligatione etiam ante expletum tempus praescriptionis; quod ratio et aequitas permittere non videantur, ut tu solus vel cum aliis paucis legem communiter non receptam longo tempore observare debeas ».

Ergo in hoc quoque casu ratio, cur lex non obliget, aliunde evocatur, non autem ex defectu vis obligatoriae in lege ipsa. Id ex eo etiam manifeste apparet, quod loquamur de *excusatione:* atqui excusatio supponit obligationem inductam et exsistentem. Id ipsum patet ex eo, quod recurritur ad *epikeiam;* nam et ista supponit legem per se obligare, sed per accidens obvenire aliquid, propter quod putemus voluntatem legislatoris non exigere suae legis observantiam. Denique patet; quia in aliis requirunt *animum paratum* ad obediendum: id non requireretur, si reipsa vis legi nulla esset.

98. Salmanticenses l. c. n. 107. hunc casum omnino minus apte proponunt. « Eo tempore, inquiunt, quo *sanior et maior* pars populi repugnat legis receptioni, *etiamsi inique id faciat* et tempus ad desuetudinem non praeterierit, ceteri *excusantur* ab observatione legis, dummodo *parati sint observare,* quando maior et praecipua pars eam receperit. Quia non est voluntas rationalis Principis velle a minoribus observari, quod a maioribus acceptatum non est ». Verum quomodo cohaeret, quod repugnet *sanior* pars ac maior populi, et tamen *inique* agat? scilicet transscribentes non adverterunt, casum de *saniori* parte non admittente legem non huc pertinere et alios *saniorem* partem in medium trahere tunc solum, cum agitur de lege nimis difficili ac *dubie* iusta.

99. Quartus est casus, quum lex videatur gravis nimis et ad observandum difficilis vel, ut alii habent, quando praeceptum durum est adeo,

ut prudenter iudicari possit, principem non laturum fuisse eiusmodi legem, si eas circumstantias novisset. In hoc casu statuunt doctores, quod si doctis, probis, prudentibus reipsa nimis dura videatur lex, liceat vel appellationem interponere, si agatur de ordinatione lata a praeside inferiori, vel supplicationem porrigere principi supremo. Et quidem si lex omnino dura sit atque observari non possit aut citra scandalum, aut citra magnam rerum mutationem ac perturbationem, censent *posse ex epikeia* benigne coniici de voluntate principis atque adeo obligationem suspendi.

Verum heic quoque redeunt superius dicta. Si enim in casu suspenditur obligatio, id non provenit ex necessitate acceptationis ad conferendam vim legi, sed quia existimatur, deesse voluntatem obligandi in legislatore ob ea adiuncta, quae ignota ipsi praesumuntur. Hoc fit etiam in praeceptis particularibus et mandatis: ubi tamen nemo somniavit necessitatem acceptationis.

100. Denique vel ipse ille casus, quem maxime urgent illi, qui pro necessitate acceptationis pugnare videntur, hic inquam casus nihil confert ad cardinem controversiae, quasi lex nempe vim non sortiatur nisi ex populi· acceptatione.

Et sane Valentia tom. 2. disp. 7. q. 5. punct. 5. ita ratiocinatur: « Probatur (sc. thesis de necessitate acceptationis), quoniam lex humana, quae a subditis non acceptatur, hoc ipso videtur esse inutilis ». Et infra: « Inutile ac periculosum est talem communitatem obligari lege, quam saltem maior pars non acceptet ».· « Atque adeo lex, inquit loco priori, caret una ex conditionibus requisitis ad iustitiam legis humanae ».

Quod quidem idem Valentia confirmat ex eo, quod s. Thomas 1. 2. q. 97. art. 3. ad 2. « ob similem causam insinuat, contrariam consuetudinem etiamsi ab initio fuerit mala et illicita, efficere, ut lex humana obsolescat, idest amplius non obliget; quia scilicet invalescente consuetudine contraria, lex iam esset inutilis communitati ». Et dein affert rationem, qua Navarrus cap. 23. n. 67. probat, *non posse exigi a communitate, ut transgressores poenam ipsi de se sumant: quoniam huiusmodi lex praeberet subditis magnam occasionem peccandi* et transgrediendi praeceptum, siquidem omnes naturaliter ab eo abhorrent, ut se puniant. « Quae ratio, subdit Valentia, illo nostro nititur fundamento, scil. legem non esse iustam neque obligare, quando id praescribit, a quo plane abhorret ipsa communitas; quia tunc non est utilis, sed periculosa ».

Porro tota haec ratiocinatio, uti patet, non probat; vim legi accedere ex communitatis acceptatione; sed ad summum probat, prudentiam hoc postulare a principe, ut in iis adiunctis legem revocet: non secus ac videlicet eadem prudentiae ratio suggerit vel patri vel marito vel magistro vel cuilibet superiori, ut non urgeat praecepta vel praecepta non imponat,

quando potius quam fructus ullus, solum graviora incommoda exspectanda
forent: quod quidem nullatenus probat, vim praecepti superiorum desu-
mendam esse ab acceptatione aut filiorum aut generatim subditorum.

101. Ergo expensis omnibus, quicumque demum casus fingitur, cadit
extra ambitum quaestionis. Atque adeo cum omnes tandem, qui sententiam affirmantem def-ndere videntur et dicuntur, canant extra chorum;
concludi merito posset, reipsa quoad cardinem quaestionis neminem inter
theologos dissentire, sed dissensum hunc ex eo solum apparere, quod
posteriores scriptores dum proponunt sententias diversorum, inconsiderate non perpenderunt et statum controversiae et num sententiae reapse
dissentiant aut consentiant.

102. Id vel ex eo maxime elucet, quod Valentia addit: « Solent, *inquit*,
aliqui etiam hoc probare alia ratione, quae proprie pertinet ad leges
civiles. Etenim hi potestatem habent condendi leges ab ipso populo sibi
collatam. Ergo necesse est, ut populus in leges eorum consentiat. Sed
haec ratio non mihi videtur valde firma. Nam etsi princeps acceperit
potestatem a republica, tamen posteaquam accepit, ipse solus est superior. Ergo consensus populi non ob aliam rationem requiritur, *nisi ut lex
sit utilis...* Id quod similiter locum habet in legibus Summi Pontificis ».

Ubi patet, eum resilire ab eo argumento, ex quo vis reipsa contra
thesim nostram desumeretur.

103. Ceterum antiquata est illa, quam refert, opinio, maxime post
damnationem prop. 28. Alex. VII. quae ita habet: « Populus non peccat,
etiamsi absque ulla causa non recipiat legem a Principe promulgatam ».

Porro ostendit Viva in h. Prop. n. 6., hac propositione perculsos maxime
eos esse, qui argumento heic a Valentia relato et reprobato utebantur.

Ceterum si peccant non recipiendo legem, ergo ius est principi exigendi obedientiam independenter ab acceptatione: et ideo lex per se
obligandi vim habet.

Quod si dicas, propositionem agere solum de non acceptantibus legem
iustam, respondeo; si lex sit iniusta, defectus vis ad obligandum non
oritur ex necessitate acceptationis, sed ex indole legis, quae lex non est.

Unde a Laymann l. c. resolvuntur hi casus.

XI. 1. Episcopis ex officio incumbit, novas leges Pontificias (ut Principibus Imperatorias) promulgare per suas dioeceses atque in usum deducere.

104. Illud *ex officio* intellige ex obligatione. Ergo peccant ipsi, si non
efficiant, ut lex pontificia promulgetur et quantum in se est curent, ut
observetur. Hoc ipsi districte exigunt a parochis; ergo etc.

Quod si advertant, causam subesse aliquam, cur in propria dioecesi
vel provincia lex difficilis sit aut grave incommodum aliis de causis pa-

rere possit, ad ipsos pertinet, haec Pontifici proponere et voluntatem eius exquirere ac servare.

XII. 2. Si lex in provincia promulgata sit, sed a malore parte populi non accipiatur nec observetur, tunc, si legislator id sciat et taceat, censetur hoc ipso legem revocare. Si vero id sciat et urgeat observationem, quisque tenetur eam servare; quia potius caput suum, quam reliqua membra, sequi debet.

XIII. 3. Si Princeps nesciat, non recipi nec deduci ad usum, durat legis obligatio, donec elabatur decennium : quo elapso, praescriptum est contra eam, sive Impera'oria sit, sive Pontificia et tunc non amplius obligat. Uti et Lex Ecclesiae, etsi semel recepta sit, aboletur per praescriptionem, sed annorum plurium, nempe quadraginta. Navar. Azor Suar.

XIV. 4. Si tu legem promulgatam paratus sis suscipere et data occasione etiam observes, sed alii plerique e communitate non recipiant nec recepturi videantur, tunc saltem ab ea excusaberis per discretionem.

XV. 5. Etsi primi Episcopi forte peccarint, non recipiendo legem nec in usum deducendo, successores tamen eorum, si post longum tempus videant non observatam, credere possunt, esse sublatam per praescriptionem.

XVI. 6. In dubio, num lex recepta sit necne, praesumendum est pro ipsa; quia factum in dubio praesumitur, si de iure faciendum erat. Vide Azor l. 5. c. 4. Laym. hic c. 3. Sal. *de leg.* disp. 13. s. 3.

105. Quoad reliquas resolutiones nihil addendum, nisi relate ad 3., ubi dicitur, ad praescribendum contra Ecclesiae leges requiri quadraginta annos. Hoc falsum esse superius ostendimus, cum et quoad istas decennium sufficiat.

Consentit probabilem esse sententiam etiam s. Alph. n. 139. Tamen non apparet ratio discriminis, quod s. Alphonsus notat inter leges olim acceptatas, et acceptatas nunquam, quod discrimen Busembaum promovet in 3. resol. Hoc ex eo provenit, quod male transferant ad consuetudinem legalem id, quod proprium est solum praescriptionis adversus iura ecclesiarum.

Dub. IV.

An etiam leges humanae obligent sub peccato et quali.

XVII. Respondeo. Cum Deus sit dominus noster atque etiam superioribus parere nos iusserit, non solum ipse, sed et illi nobis praecipere possunt et praecipiunt, tum sub poena, tum etiam sub culpa sive peccato eoque gravi aut levi, prout et rei praeceptae ad intentum finem necessitas et materiae quantitas et eorum voluntas sese habent, quae ex eorum verbis, circumstantiis aut prudentum aestimatione solet colligi. Ita Theologi communiter s. Thom. Suar. Salas etc.

106. Adverte in titulo vocem *etiam* adsignificare agi heic quoque de lege divina. Principium generale est, Deum velle et ordinem postulare (unde

legis naturalis iudicium) ut subditi pareant superioribus. Ergo et lege positiva divina et lege naturali fit potestas praecipiendi et obligatio obediendi etiam in conscientia, ut dicit Paulus Rom. XIII. 5.: « *Subditi estote non solum propter iram, sed etiam propter conscientiam* ».

Adverte tamen, recte A. respondere, superiores *posse* praecipere, non vero mere semper sub culpa *praecipere*. Ratio est, quia superior potest imponere praeceptum mere poenale, quod scilicet obliget ad solam poenam non autem ad culpam. Hinc mos regularum, quae non obligant sub peccato et quarum transgressio reprehensione aut poena alia punitur. Monent tamen vix aut ne vix quidem culpam aliquam abesse. Aberit culpa, cum subditus utitur epikeia; in quo tamen casu exterius ad disciplinae custodiam transgressor puniri poterit.

107. Haec est quaestio celeberrima, an dentur leges mere poenales. Et *recepta est DD. sententia,* eiusmodi leges dari posse, quando scilicet constet hanc esse legislatoris voluntatem. Tunc hae leges non obligant *per se* in conscientia ad vitandas transgressiones, sed obligant utique in conscientia solum ad subeundam poenam. Dixi *per se:* quia si grave aliunde sit periculum, cui se committit quispiam, lege caritatis erga se adstringi poterit etiam in conscientia ad eiusmodi periculum vitandum: sed haec non est obligatio orta ex illa lege.

Indicium, quo cognoscatur legem esse pure poenalem, est 1° ipsa forma legis, quae poenam solum praescribat: v. gr. Qui hoc fecerit, subeat eam poenam: qui hoc loco deponat immunditias, in poenam seu mulctam cadit. 2° Confert ad hanc interpretationem consuetudo et communis sensus v. gr. de solvendo vectigali pro caseis, tabaco etc.

Exempla legum poenalium proponit s. Alph. n. 145. in statutis oppidorum prohibentibus sub poena, ne quis ligna caedat aut venetur aut piscetur aut herbas colligat seu in eas compellat gregem etc.; cum scil. agitur de bonis communitatis. Ita lex poenalis erit, ubi sub mulcta praecipitur, ne quis currus aut equos in quasdam vias inducat.

108. Hinc quando agitur de legibus eiusmodi, deficit regula, quam cum aliis s. Alph. proponit n. 145., ut scilicet gravitatem obligationis desumamus ex poenae gravitate. Sane gravissima poena imponitur iis, qui fugiant e. carcere et tamen communis est doctrina, non peccare eum, qui fugam arripiat. Ita gravissima est poena captivi bellici, si fugiat; nec tamen per se tenetur non tentare fugam.

Salmanticenses *De leg.* cap. 2. n. 53. addunt exemplum militis, qui muros custodiat, cui poena mortis imponitur, si officio desit. At cum mica salis id est intelligendum. Nam tempore belli ac communis periculi nescio, an quis concessurus sit, legem custodiendi muros esse pure poenalem.

109. Movent autem heic DD. quaestionem, an ad solam poenam aut

etiam ad culpam obligent leges humanae (civiles maxime intelliguntur, *quae non versentur circa obiecta cadentia etiam sub legem naturalem aut positivam divinam* etc.), quae dicuntur *mixtae*, scilicet quae poenam simul imponunt et praecipiunt: quod patet, si addantur verba imperium, iussum, praeceptum significantia.

S. Alphonsus lib. 1. n. 147. affert prius sententiam eorum, qui duce Navarro *Man.* cap. 23. a n. 55., negant aut negare videntur, eiusmodi leges obligare in conscientia, h. e. ad culpam, ut dicitur, ita ut culpa coram Deo contrahatur, si violentur, sive negant, ut Navarrus loquitur, eas leges obligare simul ad *poenam aeternam et temporalem.*

Deinde statuit cum aliis, aliter tenendum. Ratio, quia nullum esset discrimen inter legem *mixtam* et *mere poenalem.* Deinde frustra praecipere videtur superior, si non velit ad culpam obligare.

110. Verumtamen haec quaestio non videtur sic generaliter in alterutram partem definienda. Ratio, quia utrique parti aliquid videtur concedendum et reipsa falso affirmaremus, nunquam in conscientia obligare has leges, si adiunctam poenam habeant. Nam reipsa vix lex aliqua civilis *sanctione* caret et sic nulla obligaret in conscientia et aliunde facile verum apparet aliquando, quod inquit Navarrus sic n. 55. in fin. l. c.: « Consuetudo antiqua ita videtur interpretata praesertim leges seculares, de quarum transgressione non consuevit fieri scrupulus conscientiae neque doctis neque indoctis neque poenitentibus nec confessariis neque aliis cuiusvis conditionis, ordinis aut sexus hominibus, nisi cum per eas etiam lex divina, naturalis aut revelata aut canonica infringeretur. Tum quia gentiles legislatores de poena aeterna nihil curarunt et paucissimi seculares ex Christianis reperiuntur, qui dicant suam intentionem, quando eas ferunt, aliam poenam temporariam imponendo, esse ad aeternam obligare, ad quam divina vel naturalis non obligat ».

Et de consuetudine quidem illa sic leges quasdam interpretandi vix dubitari potest et pariter si mensura obligationis in conscientia ex intentione legislatoris esset dimetienda, concedere pariter deberemus, de hac intentione ambigi valde posse, maxime aetate hac nostra, quando regimen civile habetur ceu omnino separatum a foro conscientiae.

Nec pariter valde firma est ratio s. Alphonsi, petita ex formulis verborum. Nam si reipsa constaret, tunc velle conscientias ligare legislatorem, cum praeceptivas formulas adhibet, has vero formas eum omittere, cum vult solum obligare ad poenam, aliquid *forte* ea ratio concluderet. Sed cum non constet, hanc regulam a legislatoribus servari, eo ipso neque constat, quod s. Alph. supponit, poenales a mixtis distingui per diversas illas formulas.

111. Alia ergo norma quaerenda videtur. Et quidem 1° non est necesse, ut recurramus ad mentem seu intentionem legislatoris; quia haec

intentio abesse potest et saltem negative se habere potest legislator, nihil scil. de hoc cogitans. 2° Concedere omnes debent, necessitatem observandi leges in quibusdam adiunctis ad ordinem societatis ac bonum commune procurandum talem esse posse, ut in conscientia obliget, postulante scil. Deo auctore naturae et ordinis, scil. lege naturali.

Ergo ex materia potius huiusque proportione cum bono communi ac fine legis obtinendo, regula aliqua desumi poterit. Hac autem in re consuetudo poterit esse optima interpres, ut advertit Navarrus. Nam si materia reipsa talis sit et talis item finis legis, ut bonum, ad quod obtinendum lex fertur, sufficienter obtineatur per observationem legis, ad quam subditi solo poenae timore impellantur, profecto hac lege conscientias non ligari pronum est iudicare, v. gr. de non *extrahendo frumento vel oleo*, de non *advehendis mercibus peregrinis*. Et sic ex consuetudine evadent leges mere poenales, etiamsi formulae sint simul praeceptivae, v. gr. ne equi introducantur in regnum neapolitanum, ne quis cum baculò ingrediatur Musaeum, ne quis equitet in publico viridario vel horto etc.

Secus vero dicetur, si leges proxime et valde conferant ad commune bonum, ad communem quietem et ordinem. Ita v. gr. plures leges, quibus sua officia praescribuntur publicis administratoribus seu officialibus ac magistratibus, quibus utendum est in iudiciis, in contractibus etc.

Unde resolvuntur hi Casus.

XVIII. 1. Graviter peccat, qui deliberate et in materia magna violat praeceptum aliquod Decalogi vel Ecclesiae.

112. Clara est.

XIX. 2. Cum res levis est, non peccat mortaliter transgrediens, etsi Superior sub mortali praeceperit; quia id eum posse negant Suar. Laym. et alii communiter: v. gr. ne quis frangat silentium, ne edat uvam, ut claudat ostium etc. quia est res parva, et incapax tantae obligationis. Nec ipse Deus in materia parva sub mortali obligat. Vid. Less. l. 2. c. 4. d. 9. Salas d. 10. s. 7.

113. Addit s. Alph. n. 141. communissimam esse sententiam. A.: sed addit ex Salmant. *De stat. Relig.* tr. 15. c. 6. n. 86. regularem praelatum posse praecipere sub gravi id, quod vi regulae praecipitur tantum sub levi, si timor est ne regula aliter non observetur: imo is potest praecipere sub gravi etiam illa, quae in regula non continentur; dummodo Constitutiones Ordinis his non obstent. Quocirca quaenam potestas circa haec praelatis religiosis competat, ex cuiusque ordinis constitutionibus discendum erit. Ceterum audiatur Suarez *De leg.* l. 3. c. 25. n. 4. « Neque amplius probat exemplum religionum (ubi praecipitur sub gravi quod

ratione materiae leve videri possit); nam doctrina data in eis etiam locum habet de necessitate materiae gravis: quamvis in illis, propter altiorem finem perfectionis, frequenter possit accidere, ut res in specie
levis, in tali statu et ordine ad finem ei consentaneum gravis merito
censeatur.

XX. 3. Aliud esset, si materia alias levis fieret gravis ratione circumstantiarum,
ut v. gr. contemptus, scandali, magni boni communis, vel finis a legislatore intenti.
Sic abstinentia a pomo in paradiso, in se quidem parva, gravissima tamen erat ex
circumstantia finis. Suar. l. 3. c. 25.

114. Inter has circumstantias recensetur *contemptus*. Sed scite monet
s. Alph. n. 142., intelligendum contemptum *legis formalem*, scil. quando
contemnitur legislator qua *legislator est,* seu auctoritas, qua auctoritas
est. Sic grave est peccatum.

Secus si contemnatur res praecepta, quia parvi aestimatur aut non
recte praecepta: item si quis non obedit, quia indignatus est adversus
superiorem: si contemnat superiorem, qua peculiaris est persona, quia
v. gr. indoctus videatur, imprudens, minus benevolus, austerus etc.

Hinc ex DD. sententia concludit s. Alph., raro contingere peccatum
mortale ratione contemptus, exceptis iis, qui animum perpetuo contumacem ac rebellem habent adversus quamlibet potestatem. Quoad alias
rationes gravis culpae, habes v. gr. fracturam clausurae etiam levem,
cui *adnexa est excommunicatio:* tum ratione *scandali* verba v. gr.
minus pudica in ore sacerdotis, tum *boni communis* v. gr. mendacia in
episcopo, in iudice etc...

XXI. 4. Quando materia est gravis, potest Superior praecipere sub culpa tantum
levi; quia sicut potest nullo modo obligare, non praecipiendo, ita etiam potest obligare sub veniali tantum. Ita Suar. Less. l. c. contra Vasq.

115. Sententia A. non placuit quibusdam, quos refert s. Alph. n. 143.,
qui dicebant, gravitatem obligationis non pendere ex voluntate superioris, sed ex gravitate materiae. Horum sententiam autem plenissime
refutat et prorsus egregie Suarez *De legib.* lib. 3. cap. 27., ubi inter
alia ostendit falsum esse omnino, gravitatem obligationis non pendere a
voluntate Superioris. Nam ubi agitur de re, quae ideo solum est mala,
quia prohibetur, obligatio est effectus moralis, qui a sola superioris voluntate oriri potest et ideo si desit haec voluntas, nulla est obligatio et
obiectum sive materia fit plane indifferens. Ergo ubi deest voluntas superioris obligandi sub gravi, nulla superest causa obligationis gravis.

Id confirmatur ex consuetudine, quae viget in Ordinibus Religiosis.
Nam quaedam obiecta, quae plane ex sensu Ecclesiae sunt capacia gravis
obligationis, v. gr. auditio missae quotidiana, ieiunium etc. ex Constitutionibus ipsorum Ordinum obligant sub veniali tantummodo. Imo

posset etiam fieri, ut ex vi Constitutionum non obligarent ad ullum peccatum. Id confirmatur ex similitudine voti, quo quis sub levi se obligat in materia gravi.

Merito ergo s. Alph. l. c. hanc A. sententiam *probabiliorem* dicit: ubi ex Lessio advertit, utique prudenter posse legislatorem etiam in materia per se gravis obligationis capaci obligare solum sub levi, quia scil. ad finem intentum non expedit gravem obligationem imponere. Prudentia scilicet est, cavere pericula peccati mortalis.

XXII. 5. Potissima signa, ex quibus colligi possit, an lex obliget sub gravi culpa, sunt haec. I. Si materia sit gravis et non constet in contrarium de voluntate praecipientis. Unde Caiet. *in Sum. verb. Cler.* docet, Clericos tantum peccare venialiter, dum contra praecepta iuris positivi, aves et canes sequuntur ad venandum. II. Si verba magnam vim habent, ut iubemus, interdicimus, in virtute sanctae obedientiae, vel vi voti aut iuramenti, vel graviter mandamus etc. III. Si poena magna adiiciatur, ut excommunicationis, depositionis, maledictionis aeternae, exilii perpetui, mortis etc. IV. Si ita fert usus et consuetudo inter peritos et timoratos; quia consuetudo est optima legum interpres, ut patet in lege ieiunii Ecclesiastici et abstinentiae a carnibus, item Communionis annuae, quas graviter obligare probant heic Tol. Laym. c. 14. n. 4. Bonac. p. 7. § 4.

116. Quod dicitur de Caietano, eo potius spectare dicendum est, quod in his non sit voluntas superioris obligandi sub gravi. Caietanus hac de re ita scribit (v. *Clericus*): « Clericorum peccata specialia ex transgressione iuris positivi, sunt tot, ut vix numerari queant ». Quorum multis enumeratis *quoad vestem et cultum externum, quoad artes eis prohibitas, quoad officia secularia ipsis interdicta et quoad actiones eis vetitas, ut portare arma, ire ad tabernam, aves canesque sequi ad venandum..., ad aleas vel taxillos ludere* etc., ut *benedicant mensae, interiiciant lectionem sumptioni cibi* etc., subdit: « Verum horum et huiusmodi transgressio, si temeritas, si contumacia, si contemptus desit, non est peccatum mortale iudicio meo, quantum ex praecepto positivi iuris pendet.... Qui autem putet omnia praecepta obligare ad mortale, *eget lumine*, quo videat, nec divini nec naturalis nec humani iuris praecepta omnia obligare ad mortale ».

117. Quod spectat ad II. bene Suarez *De leg.* lib. 3. cap. 26. n. 1.: « Clarum est, nulla verba posse sufficere ad hunc effectum, nisi supponatur materia capax; tamen verba ipsa, si ex parte sua sufficienter proponant talem obligationem, etiam declarant materiam esse gravem et illis standum est, si aliud manifeste non constet ».

Ex his sequitur, quod simplex verbum *praecipiendi* per se non indicat obligationem gravem. Ratio est, quia praecipitur etiam sub levi.

Si tamen materia legis sit capax gravis obligationis, etiam simplex praecipiendi verbum sufficit ad gravem hanc obligationem indicandam

Ratio est, quia in materia gravi non censetur Superior levem imponere obligationem, nisi manifeste id exprimat. Suarez. l. c. n. 7.

Quando vero disputari queat, an materia sit levis, simplex verbum *praecipiendi* non indicat materiam atque obligationem gravem. Id eruitur ex supradictis; quia nempe ea vox per se indifferens est etiam ad obligationem levem.

Si vero non simplex verbum praecipiendi usurpetur, sed oratio quaedam complexa, v. gr. sub interminatione divini iudicii et huiusmodi, haec verba deserviunt ad iudicandum, materiam esse gravem atque adeo gravem obligationem.

Id tamen etiam deficeret, si materia esset aperte et certo levis. Ratio est, quia, ut diximus, obligatio gravis de re levi imponi nequit.

118. Quoad III. haec adverte 1° In primis haec regula deficit in lege mere poenali. Sic leve furtum inter milites morte punitur, imo et gravissimis poenis puniuntur culpae mere iuridicae. 2° Praeterea deficiet regula etiam in legibus mixtis, quando communis sensus et praxis (unde consuetudo est) interpretantur has leges uti mere poenales.

119. 3° S. Alph. n. 145. ut commune tradit cum Salmant., gravem indicari obligationem, si imponatur poena excommunicationis *latae sententiae*. Dicitur autem *latae sententiae;* nam de hac re Caietanus *Summ.* V. *Clericus :* haec habet. « Nec obstat dictis (vide supra n. 116.) quod excommunicandus sit, si quis ex Clericis comam relaxaverit; quoniam non incurrit poenam excommunicationis non dico latae sed ferendae sententiae, nisi monitus contumax fuerit; quoniam quidquid sit de rigore iuris, aequitatis tamen ratio habet, ut non sit excommunicatus nisi praemonitus a suo iudice. Tum ne quasi ex improviso tanta talisque poena inferatur pro iis, quae non sunt ex genere suo criminosa tum propter tantam multitudinem impune solitam haec transgredi, ita ut non pro magno peccàto transgressio reputetur, quae ex suo genere mala non est, sed ex positivo iure; excommunicatio enim nisi pro crimine inferenda non est. Et propterea non incurrit, iudicio meo, peccatum mortale ante contemptum seu contumaciam. Et propterea extendi iudicium meum ad omnia clericis prohibita et dixi, quod si desit temeritas, contemptus et contumacia, non video ex vi praecepti peccatum mortale ». Ex qua doctrina inferri posset, excommunicationis poenam supponere gravem reatum, non quia res praecepta gravem in se inducat obligationem, sed quia alia gravis obligatio violatur, quae scil. prohibet contemptum, temeritatem et contumaciam etiam in iis, quae levia considerari possunt in se spectata. Caute tamen haec accipienda.

120. 4° Certum iudicium desumi non potest ex poenis suspensionis, interdicti aut irregularitatis. Nam sunt, qui docent (vid. s. Alph. n. 145.) posse has poenas incurri, etiamsi culpa non sit gravis. Et contradicunt

quidem alii ibid. apud s. Alph.; sed limitationem addunt et restringunt ad suspensionem ac interdictum, si sint *maiores,* prout suspensio ab officio vel beneficio ad longum tempus et interdictum ad omnem usum; haec enim non posse incurri sine gravi culpa isti docent, sicut alii idem dicunt de aliis poenis spiritualibus gravissimis. Porro in ista incertitudine difficile est, ut hae poenae habeantur ut certa regula gravitatis obligationis. Et ratio patet; quia si Superior sciat ac teneat, non certo gravem requiri culpam ad has poenas incurrendas, profecto si eas imponat, non constat quod eas imponendo graviter voluerit obligare. Quod si hae poenae .sint ferendae sententiae, consentit s. Alph. n. 146., probabilius esse, non posse concludi, quod leges sub gravi obligent.

121. Quoad n. IV. *De consuetudine explicante legis obligationem* nihil addendum: nisi quod certo de hac consuetudine, quae vere sit consuetudo, constare debet nec regulam statuunt pauci quidam, qui vulgo dicuntur timorati.

Heic quaestio addenda omissa ab A.: an lex humana possit praecipere actus mere internos.

122. Satis communis est responsio (vid. s. Alph. Lib. 1. n. 100.) quod dupliciter intelligi potest hoc praeceptum, ut nempe praecipiatur actus internus 1° per se et directe, 2° indirecte ob coniunctionem cum actu externo.

Hoc posito, DD. communius et s. Alph. addit *probabilius,* negant, praecipi lege humana posse per se et directe actus internos seu, quod idem est, praecipi posse actus *mere* internos. Ratio, quia legislator humanus nequit iudicare de internis.

In eandem sententiam afferuntur quidam textus ex iure Canonico et sententia Benedicti XIV. *de Synod.* Lib. 9. c. 4. n. 4.: « Ecclesia autem sicuti non potest per se directe et immediate praecipere aut prohibere actum mere internum, iuxta communem theologorum sententiam...; ita non potest haeresim, quae in actum externum non prodit, censura perstringere ».

123. Contra concedunt imo contendunt DD., indirecte et ex consequenti posse praecipi actus internos, videlicet ob coniunctionem cum externo.

Ad hoc tamen exigunt, ut interior actus cum externo coniungatur *per se* et non mere *per accidens* ac veluti *concomitanter.*

Porro *concomitanter* et *per accidens* coniunctus dicitur actus, sine quo actus alius, cui coniungitur, habet suam formam seu substantiam et in suo genere actus humanus perfectus censeri potest. Ita *per accidens* et *concomitanter* finis aliquis extrinsecus operi additur: v. gr. perfectus actus censetur eleemosyna, auditio missae etc., per accidens vero adiicitur, ut fiant hi actus ad suffragium animabus purgantibus afferendum. Ergo, concludunt DD., eiusmodi actus praecipi non possunt: ratio est, inquiunt Salmantic. *De leg.* cap. 1. n. 70., quia talis actus interior si cadere sub lege posset, sub lege caderet per se et directe: quod nolunt admittere ob rationes sup. allatas.

Hinc concludunt, non posse praecipi, ut v. gr. eleemosyna fiat ex vera devotione nec prohiberi lege humana, ne eleemosyna fiat ex vana intentione.

124. Secus vero dicendum, quando interior actus *per se* cum externo coniungitur. Per se autem coniungitur duplici modo.

1° Quando actus interior necessario requiritur tanquam forma constituens actionem *in esse morali* vel saltem in ratione actus virtutis. Hoc pacto requiritur *interior attentio* ad exteriorem orationem, *intentio ministri* ad conficiendum sacramentum, *consensus coniugum* ad contrahendum matrimonium et *intentio obligandi se in contractibus.*

2° Quando interior coniungitur cum externo tanquam causa cum effectu; quia, inquiunt Salmantic. l. c. n. 63., actus exterior non potest praestari, nisi per interiorem applicetur. Ita praeceptum audiendi missam obligat, ut velis movere pedes ecclesiam versus. Hinc concludunt: ergo qui praecipit ieiunium, praecipit ut homo *velit* ieiunare et prohibet contrarium actum voluntatis: qui prohibet furtum, simul prohibet actum *volendi* furtum, unde peccat contra praeceptum furandi quisquis velit furari, licet actus exterior non ponatur.

Et hoc pacto explicant, quomodo in cap. *Commissa* §. *Ceterum, de Elect.* in 6° obligetur clericus ad resignandum beneficium curatum et ad restituendos fructus anni, si illud accepit animo non se ordinandi intra annum: quia nempe lex cum praecipiat, ut sacri ordines a beneficiato curato sumantur intra annum, ipsa lex prohibere potuit, ne beneficium huiusmodi sumeretur sine animo se ordinandi et idcirco punire transgressores.

125. Verum alia est sententia haud paucorum et magni nominis DD., quos citat Suarez *De leg.* L. 4. c. 12. n. 3. et Palaus Tract. 3. disp. 1. p. 6. n. 1. qui sententiam multorum esse dicit, quamvis eam ipse non sequatur.

Isti in primis distinguunt potestatem mere directivam a potestate directiva simul et coactiva. Deinde vero statuunt, quod legislator ecclesiasticus, quoad potestatem *coactivam externam*, non possit praecipere vel prohibere actus mere internos et hoc affirmant confici rationibus ab adversa parte allatis: contendunt tamen actus eiusmodi posse praecipere quoad potestatem mere *directivam.*

Ratio est 1° Quia *munus pascendi* Petro commissum nullo limite constringitur: *Pasce oves meas. Quodcumque ligaveris* etc. Ergo haec potestas non debet coarctari ad actus exterius prodeuntes.

2° Finis ecclesiasticae potestatis est spirituale bonum animarum et assecutio vitae aeternae ipsis procuranda. Ad hunc autem finem maior ratio habetur internorum actuum, quam externorum.

3° Concil. Tridentin. sess. XIII. Prooem. seu Decret. de ss. Eucharist. « omnibus Christi fidelibus interdicit, ne posthac de sanctissima Eucharistia aliter CREDERE..., audeant, quam ut est hoc praesenti decreto explicatum ac definitum ». Atqui credere est actus per se interior: *Corde creditur ad iustitiam.*

4° Innocentius XI. in fine sui decreti damnantis 65. propositiones dicit: « Insuper districte in virtute s. Obedientiae et sub interminatione divini iudicii prohibet (Sanctitas sua) omnibus Christifidelibus..., ne praedictas opiniones aut aliquam ipsarum *ad praxim deducant* ». Porro *quinta* sic habet. « An peccet moraliter qui actum dilectionis Dei semel tantum in vita eliceret, condemnare non audemus ». Ergo heic interdicitur, ne quis solum semel in vita eliciat actum caritatis. *Sexta* sic se habet: « Probabile est, ne singulis quidem quinquenniis per se obligare praeceptum caritatis erga Deum ». Ergo praecipitur, ne quis ultra quinquennium differat actum caritatis. *Septima* habet ita: « Tunc solum obligat (praeceptum caritatis), quando tenemur iustificari et non habemus aliam viam, qua iustificari possimus ». Ergo praecipitur actus caritatis etiamsi aut non teneamur iustificari aut possimus iustificari alia via. Denique *decima* est: « Non tenemur proximum diligere actu interno et formali ». Ergo interdicitur, ne quis omittat actum caritatis internum ac formalem erga proximos.

126. Neque solida sunt argumenta, quae afferuntur pro negante sententia.

Ita v. gr. pro neganda potestate Ecclesiae praecipiendi actus mere internos, arguunt ex facto, quia nunquam id fecit. Quod autem nunquam factum est, signum est fieri non posse, ut ait Suarez *De legib.* lib. 4. cap. 12. n. 7.

Cuius argumenti negare quis potest tum antecedens, tum consequentiam. Antecedens quidem; quia praeter alia quae afferuntur (vid. sup. n. 125.) nonne Ecclesia v. gr. legem tulit, ut regulares omnes per aliquod spatium temporis. quotidie orationi mentali incumbant? Nonne in ritu celebrandi Missam statuitur, quod Sacerdos, sumpta Eucharistia, « aliquantulum quiescat in *meditatione* ss. Sacramenti? » Nonne ad utramque commemorationem tum virorum tum mortuorum in missa, dicitur *« mente tantum·* eorum memoriam habeat? » Nonne praecipitur applicatio Missae pro populo?

Negare deinde quis potest consequentiam. Et sane nisi dicamus absurde, omnes leges, quas huc usque Ecclesia tulit, latas fuisse in ipso Ecclesiae initio, profecto necesse fuit, ut Ecclesia praeciperet aliquando illud, quod prius non praeceperat; atque adeo fieri debuit id, quod nunquam prius factum fuerat. Ergo male arguitur: nondum fecit, ergo non potest facere.

127. In eundem scopum evincendi, non posse Ecclesiam praecipere de

actibus mere internis, utuntur alio argumento. Sic arguit Suarez lib. 4. *De leg.* cap. 12. n. 9., quod ex *rei natura et ordinaria lege solus ille actus possit humana lege praecipi, qui potest per homines iudicari.* « Propositio (inquit Suarez) quod potestas legislativa semper habet potestatem coactivam coniunctam, vera est et moraliter necessaria, ut inductione constat in quacumque alia simili potestate et quia utraque pertinet ad perfectam iurisdictionem ».

Atqui huiusmodi argumentum aeque probaret, Ecclesiam non posse praecipere actus internos, qui cum externis sunt coniuncti, cuiusmodi est v. gr. attentio et devotio in recitandis horis canonicis. Numquid enim *per homines* potest *iudicari* de interna *devotione* et *attentione ?* Ergo aut admittant oportet, posse praecipi actus mere internos, licet non possint iudicari per homines, aut negent, posse praecipi attentionem et devotionem, utpote quae iudicari non possunt.

Et eadem responsio valet pro ratione addita. Nam si ita necessaria est coniunctio coactivae potestatis cum directiva, ut haec sine illa stare nequeat; ergo negabimus, Ecclesiam posse praecipere internam attentionem et devotionem in recitando breviario.

128. Sed negari ulterius potest, actus internos nullo modo subiici iudicio Ecclesiae. Duplex enim, ut notat ipse Suarez *de Leg.* lib. 4. cap. 12. n. 6., Ecclesiae iudicium distingui potest, nempe vel « quod profertur ab homine per sententiam, vel quod proferri potest ab ipso Legislatore per legem; interdum enim ita fertur iudicium, quando nempe lex per se ipsam punit delictum, ferendo ex. gr. excommunicationem ipso facto incurrendam, quae propterea vocatur latae sententiae, quia fert lex ipsa sententiam ». Porro si res intelligatur de iudicio per legem lato, quis non videt, falsum esse, non posse iudicari per legem actus etiam mere internos, ea ratione scil., qua multa alia per legem ecclesiasticam prohibentur et puniuntur, quae tamen non possunt per sententiam hominis condemnari, quippe penitus occulta et quae probari non possunt?

Quinimo id admittere cogitur Suarez nedum circa actus occultos, sed etiam circa actus ita internos, ut nihil exterius prodeant. Nam cap. 13. postquam, n. 10. asseruit « posse peccari graviter contra legem ecclesiasticam ex defectu aliquo *in actu mentis,* etiamsi in exteriore actione non appareat defectus » v. gr. in intentione vel orandi vel ministrandi aut conficiendi aut recipiendi sacramenta, n. 13. subdit: « Quarto infero, sicut in his casibus peccatur contra praecepta Ecclesiae, ita posse incurri censuram vel alias poenas ipso iure impositas non servantibus talia praecepta. Ratio..., quia quidquid potest Ecclesia sub obligatione peccati mortalis praecipere, potest condigna poena vel censura punire per ipsammet legem, absque ulla sententia ferenda per hominem, quando poena apta est, ut hoc modo imponatur et culpa est illa digna ».

Porro hanc sanctionem posse cadere etiam in actus mere internos, manifestum est. Ergo argumentum sumptum ex defectu potestatis coactivae, nullam vim hac quoque ex parte habet.

Et quidem opportune in rem praesentem Suarez quoque monet *de Leg.* lib. 4. cap. 12. n. 6., iura, quae in probationem adducuntur scil. Ecclesiam non iudicare de internis, non esse ad rem, quia loquuntur de iudicio ferendo per sententiam hominis et praeterea sententiam illam Aristotelis, de potestate legislativa, quae non possit esse sine coactiva, tribuendam ignorantiae, quae Philosopho inerat de obligatione conscientiae ac de iudicio per ipsam legem lato.

129. Denique non dissimili vitio laborat aliud argumentum, quo uti solent et quod Suarez lib. 4. *de Leg.* cap. 12. n. 8. appellat potius *congruentiam,* quam argumentum et eiusmodi est: « quia potestas legislativa per se primo ordinatur ad *externum et commune Ecclesiae regimen,* ut in ea omnia convenienter et ordinate fiant. Ergo per se versari debuit solum circa exteriores actus... Nam actus *interiores proprie non pertinent ad communitatem,* sed ad *privatam uniuscuiusque salutem vel damnationem,* quibus sufficienter provisum est *per potestatem ad internum forum pertinentem* ».

Atqui quomodo ad *externum* commune regimen pertinet, quod oratio fiat attentione interna? Quomodo ad communitatem et non ad cuiusque utilitatem, salutem ac damnationem pertinet intentio in suscipiendis sacramentis? Aut quomodo haec praecepta pertinent ad forum internum seu sacramentale? Demum ipse Suarez haec scribit l. c. cap. 13. n. 15.: « Potest esse valde expediens communi bono Ecclesiae, ut actus externus cum tota illa integritate seu rectitudine *morali* (scil. interiori) praecipiatur; maxime si Ecclesia sit in gravi aliqua necessitate et velit placare Deum per sacras actiones fidelium sancte factas. Certe cum potestas *gubernativa* Ecclesiae sit maxime spiritualis *et ordinata praecipue ad salutem animarum,* non videtur hic modus praecipiendi improportionatus etc. ». Quae postrema nonne e diametro repugnant principio, quod praestituebatur?

Palam ergo est, ad defensionem huius sententiae adhiberi principia, quae aut minus firma sunt aut sunt aequivoca aut imparia ad conclusionem inferendam. Nihil ergo mirum, si implexissima evadit quaestio et si ductae sint conclusiones damnatae et simul apparet, cur ab hac doctrina quidam merito se dicant abhorrere; quippe, potius quam solida aliqua ratione, nitatur fuco auctoritatis, quae perperam creditur intrinsecis rationibus roborari.

Quod spectat vero ad legem civilem, facile concedimus in aliorum sententiam.

De lege irritante.

130.* Lex irritans illa dicitur, quae statuit actum aliquem vel esse statim a principio invalidum et nullum vel postea per iudicis sententiam esse invalidandum et ut nullum habendum. Duplex est ergo irritatio, vel vi solius legis vel accedente iudicis sententia (vel *latae* vel *ferendae* sententiae). Certum est competere Ecclesiae et societati civili potestatem ferendi leges irritantes; quia hae conducunt bono communi et non raro per ipsas solas fas est prospicere, cum securitate, bono communi.

Etsi vero dicatur, quod actus, lege positiva irritatus, foret vi naturalis legis validus, si abfuisset irritatio: id non perinde est ac dicere, quod lex irritans faciat esse nullum eum actum, quem lex naturae vult esse validum; ita ut lex positiva nitatur contra legem naturae, quod nefas. Sed res est hoc pacto concipienda. Cum ipsa lex naturae exigat auctoritatem socialem et penes eam exigat potestatem irritandi aliquos actus: ipsa, ante legem socialem, non vult absolute actus naturaliter positos esse validos, sed conditionate hoc est nisi obstet auctoritas socialis.

Cum actui valor detrahitur, ut contractui matrimonii clandestini; eo ipso personae fiunt inhabiles ad eum actum valide ponendum et vicissim cum personae fiunt inhabiles ad certum actum ponendum, ille actus ab eis positus est nullus. Suarez *de Leg.* lib. 5. cap. 19. n. 4.

131. Lex irritans fertur intuitu boni communis, quod respicit etiam cum fertur immediate in bonum certorum generum personarum, ut pupillorum, uxorum etc. Quocirca lex irritans condi potest absque ulla suppositione culpae, sed solum quia commune bonum postulat ut aliqui actus in societate valore careant, ut certa sit quaedam forma, secundum quam actus fiant ut valeant. Non ergo lex irritans est lex poenalis.

132. At nihilominus, cum irritatio actus sit quoddam gravamen, potest certe irritari aliquis actus in poenam agentis et sic lex irritans erit poenalis. Tale est impedimentum uxoricidii et adulterii. Suarez l. c. n. 8.

133. Non omnis actus irritatus est eo ipso prohibitus et malus: nisi ergo lex irritans adiunctam habeat legem prohibentem, ut sciatur an lex irritans sit simul et prohibens, ita ut peccet quis contra eam agens, regula sequens traditur. Si nempe actus irritatus sit talis vi sui obiecti aut ex sua natura, ut velle illum ponere, cum valide fieri nequit, turpe sit et contra rectam rationem, quod maxime videtur contingere in materia religionis, in actibus sacris et in materia iustitiae: tunc lex irritans est simul prohibens. Suarez l. c. cap 20. n. 5.

Sane peccatum est Sacramentum velle conficere absque debita forma, matrimonium contrahere cum impedimento dirimente, electionem canonicam peragere, praetermissa praescripta forma. Non peccat vero qui te-

stamentum facit sine forma praescripta a lege, sed solum actum invalidum ponit.

Irritato autem actu, obligatio oritur in conscientia subeundi effectus
irritationis; si enim actus est nullus, nullum ius acquiri potuit.

134. Si lex non irritat ipso facto, sed solum praecipit irritari per sententiam iudicis, quamdiu reipsa non irritatur actus, quaecumque sit
causa cur non irritetur a iudice: actus adhuc subsistit et validus est;
quia reapse non est irritatus.

135. Quando lex irritans non est poenalis, ignorantia vel invincibilis non
impedit irritationem. Quia ignorantia eatenus impedire posset irritationem,
quatenus excusaret a culpa vel quatenus excusaret ab aliqua poena exorbitante: atqui id est heic impertinens; quia irritatio nec est poena nec
est propter culpam, sed propter commune bonum, cuius exigentia non
minuitur per ignorantiam tuam. Ergo ignorantia nequit obstare effectui
legis irritantis. Ita Suarez l. c. n. 7. qui affirmat hanc esse sententiam
communem.

136. Addit idem ibid. n. 11., neque gravem metum impedire effectum
legis irritantis. Id constare ait ex sensu et usu totius Ecclesiae, ex communi consensu doctorum atque efficaciam et finem ipsius legis postulare,
ut huiusmodi exceptio non admittatur.

137. Si vero lex irritans sit poenalis, sequatur oportet rationem legis
poenalis. Et quidem si ignorantia aut alia similis causa excuset a culpa,
excusabit quoque ab irritatione; quia non exsistente causa, non exsistit
effectus. Suarez l. c. cap. 22. n. 3. At si culpae reatus admittatur, ignoretur
autem poena irritationis (quae est poena exorbitans), utrum irritatio vim
suam habeat et actus fiat irritus, dissentiunt Theologi. Quod forte mirum
videri potest. *

Nam si irritatio est poena, iam *quaestio, an ignorantia irritationis... impediat irritationem actus*, utemur verbis ipsius Suarez l. c.
cap. 22. n. 4., *pendet ex quaestione, an ignorantia solius poenae excuset illam, etiamsi contra legem peccatum sit.* Et ipse quidem neganti
opinioni sic ibid. adhaeret: *In qua* (quaestione) *partem negantem veriorem esse censuimus.* Quocirca quoad specialem quaestionem de irritationis poena sic arguit: *Unde consequenter in praesenti dicendum
est, quando lex humana prohibet actum addendo irritationem per modum poenae, si lex non ignoratur ut prohibens, licet ignoretur ut irritans, actum contra legem factum esse irritum; quia talis ignorantia
non excusat peccatum contra legem et consequenter nec excusat
poenam, licet ignoretur; ergo neque excusat irritationem.* Ita quidem
Suarez.

138. At vero solidumne est hoc fundamentum? Nam Sanchez *de Matrim.*
Lib. 9. disp. 32. n. 17. quoad generale illud principium, putat *veriorem*

sententiam oppositam. Sic ille: *Verius tamen esse credo, universas has poenas non incurri, ubi adest praedicta iuris* (scil. punientis) *ignorantia.* Quare et quoad irritationem ipse in contrarium sic ibid. n. 18. concludit: *Adde annullationem actus, quando non est ex sollemnitatis defectu, sed in deliquentis poenam, non incurri a legis ignaris, ut bene advertit Antonius e Butrio in C. 2. De Constit.* n. 19. Quod quidem referri ad irritationem quoque matrimonii, patet ex iis quae alibi habet Lib. 7. disp. 5. n. 7. dicens, matrimonium inter quosdam interdici *in delicti admissi poenam.*

139. Exinde intelliges, cur supposito illo Suarez principio, quod Palaus merito addebat esse *in omnium sententia,* nimirum matrimonium in casu irritari in poenam criminis, Leander a Murcia Disp. in 1. 2. s. Thom. lib. 2. disp. 4., concluserit, *pro hac sententia* (nempe non incurri irritationis matrimonii poenam) *stare omnes, qui asserunt, irregularitatem et alias poenas, per leges ecclesiasticas impositas, non incurri ab eo, qui illas ignorat, etiam ignorantia vincibili..., dummodo non sit crassa et supina.*

Porro quod sententia ista, quae ad incurrendas poenas exigit scientiam iuris non solum *prohibentis,* sed etiam *punientis,* plurimis placuerit, ex DD. a Sanchez l. c. n. 17. allegatis discere facillime licet. Et omissis modernis, qui fatentur, hanc esse *sententiam communem,* in praesens sufficere illud potest, quod Schmalzgrueber In lib. 5. tit. 37. n. 109. ex communi itidem sententia scribit: *Est instar regulae* (inquit), *quod committens aliquod delictum subiaceat quidem poenis tali delicto proportionatis, non autem aliis extraordinariis, quae imponuntur ad vitandum frequentem delicti usum vel ob aliam causam, nisi delinquens sciverit, delictum sub ea poena prohibitum esse.* Quod quidem principium postquam Suarez ipse *de Cens.* Disp. 4. secl. 9. n. 21. retulit ex Navarro hisce verbis: *Addit Navarrus, quoties poena est exorbitans et extraordinaria, cuiuscumque generis sit, si illa ignoratur, etiamsi delictum committatur, non incurri;* sincere fatetur ibid. n. 22., quod Navarri *discursus est probabilis,* nisi quod extendi non debet ad poenas, quas Deus in aeternitate peccatis infligit; secus enim, ut ait, eas non incurreret, qui ignoret poenarum aeternitatem. Ceterum nemo dubitat, quin irritatio matrimonii in casu sit poena extraordinaria; proinde Navarrus prorsus merito principium illud impedimento criminis sic applicat *Man.* Cap. 22. n. 46.: *Si uterque probabiliter ignorat (impedimentum), possunt matrimonium contrahere, simul atque mortuus fuerit, qui impediebat.* Ex quibus patet, principia ab ipso Suarez admissa ad contrariam, ac ipse velit, conclusionem potius adducere.

140. * Quando lex irritat aliquos actus solum in favorem aliquorum, ne videlicet illi damnum patiantur, ut v. gr. contractus pupilli sine tutoris

auctoritate irritatur: huiusmodi actus eatenus censentur irriti, quatenus
cedunt in damnum eorum, quibus lex favere vult, non quatenus sunt
eisdem utiles et favorabiles. Ita in *l. Iulianus* Dig. *de Actionibus empti:*
« Si quis a pupillo sine tutoris auctoritate emat, ex uno latere constat contractus; nam qui emit, obligatus est pupillo, pupillum sibi non obligat ».

141. Lex irritans, ut dici generatim solet, non admittit epikeiam. Epikeia enim ad id conducit ut excuset ab obligatione; sed id non sufficit
ad conferendam potestatem valide agendi: talis potestas ut obtineatur, requiritur positivus actus eius, qui potest illam conferre, qui positivus actus,
ut supponitur, deest.

142. Nihilominus, si sit communis in aliqua regione vel provincia impotentia ponendi actum secundum formam praescriptam, citra quam a
iure irritatur, consentiunt Theologi talem impotentiam excusare ab irritatione. Cf. Gury vol. 2. n. 840. q. 4. Patet ex declarationibus Congr. Conc.
circa impedimentum clandestinitatis et Pii VI. decisione in epist. ad Episc.
Lucion. an. 1793.: qua de re in Tr. *De Matrim.* Ratio est, quia lex in hac
hypothesi evaderet nociva, vergens in detrimentum societatis: porro talis
lex cessat obligare. *

Si vero impotentia non communis sit, sed particularis, quaeritur an in
eo casu particulari lex irritans cesset. Adverto in primis nullum hucusque
prodiisse decretum, quo controversia ista definiatur.

143. Iam vero s. Alphonsus, qui alioquin l. 6. n. 1029. agens de impedimento clandestinitatis, negat pro particulari casu cessare legem tridentinam irritantem etiam in hypothesi necessitatis, alibi tamen *de Privileg.*
n. 57. haec scribit. « Imo asserit Pignatellus, probatque tom. 3. cons. 66.
n. 5. in tali casu scil. urgentis necessitatis cessare non modo reservationem
(scil. dispensationis) sed etiam legem impedimenti, utpote quae iam perniciosa evaserit; cum certum omnino sit, legem nocivam non obligare, ut
docent omnes cum s. Thoma. Et ex hoc inferunt Roncaglia et Instructor
novor. Confessariorum (scil. Giordanini), quod adveniente casu, quo
sponsi iam ad ecclesiam pervenerint et unus ex ipsis manifestaret confessario impedimentum occultum iam contractum tanquam peccatum et
sine scandalo aut infamia matrimonium differri non posset, potest tunc
confessarius declarare, eo casu non obligare legem impedimenti et posse
licite contrahi ». Alia autem huius necessitatis exempla promunt tum
Franciscus Amici *Curs. theol.* tom. 9. disp. 7. sect. 13. n. 139. tum Iacobus
a Graffis *Deciss. Aur.* lib. 2. cap. 86. quae videre licet etiam apud Diana
tom. 2. Tr. 6. Resol. 62. n. 4, et Resol. 73. in fin., ubi pro eadem sententia
allegat Theologum Tridentinum Dominicum Soto in 4. dist. 22. q. 1. art. 2.
tum promit etiam sup. laudatus Pignatelli, qui de celebrando matrimonio
morte instante disserit.

Alioquin autem rationes omnes, quae pro negante sententia afferri solent. (vid. Schmalzgr. lib. 4. tit. 3. n. 106. et s. Alph. cit. n. 1079.) hac demum unica, diversis modis proposita, continentur, quod Decretum Tridentinum sit invalidans et irritans.

144. At enim nonne aeque invalidans et irritans et reddens inhabiles ad contrahendum erat impedimentum, de quo superius idem s. Alphonsus cum Pignatelli aliisque ibi allegatis agebant? Et quod caput est, undenam est ratio discriminis inter casum impotentiae communis et impotentiae particularis? Numquid non aeque militaret illa ratio, quod de lege irritante agatur? Nam, ut scite arguit Franc. Amici l. c., disparitas utique exstaret, quando Declarationes, quae plures habentur quoad casus impotentiae communis in aliquo v. gr. pago vel oppido, vim haberent dispensationis a lege, quae dispensatio sese non porrigeret ad casus impotentiae particularis. Verum Declarationes illae ne minimam quidem dispensationis speciem praeferunt; declarando autem validitatem coniugiorum, quae in iis adiunctis citra formam a Tridentina Synodo praescriptam celebrantur, eam rationem reddunt, quae aeque pro utroque casu militat, necessitatem scilicet fidelium, quibus matrimonium subtrahi absonum foret et impossibilitatem seu physicam seu moralem servandi formam a sancta Synodo statutam. Inde autem est quod Marchant *Tribun. Sacr.* tom. 3. tr. 1. tit. 7. q. 8. Concl. 3., postquam hanc thesim statuit: Datur Epikeia et interpretatio in lege illa de praesentia parochi in matrimonio, quando ex causis realibus illa praesentia est impossibilis etc.; hanc ipsam confirmat ex Respons. s. Congr. ad Episcopum Tricaricensem (apud Gallemart, ad Sess. 24. C. 1. *De Reform. Matrim.* n. 11.); quia nimirum quae affertur ratio, pro utrisque adiunctis eandem vim habet. Nil proinde mirum, quod opinio affirmans aliis quoque apud Sanchez lib. 3. disp. 17. n. 3. et Diana cit. res. 7. satis probabilis visa fuerit.

145. Regula est utique, nullum esse actum, cui desit forma substantialis; attamen Iurisconsultus Albertus Brunus *(De forma et sollemnitate secundum Iuristas)* a Barbosa allegatus *(De Offic. et Potest. Parochi* Part. 2. cap. 21. n. 81). praedicto principio: Quod nullus sit actus, si non servetur forma substantialis, quadraginta apponit exceptiones seu limitationes op. cit. art. 15. a fol. 44. vers. ad fol. 65. Ex his autem limitationibus trigesima tertia fol. 63. est ista: *Trigesimo tertio : Praedicta Regula, quod, forma non servata, actus sit nullus, fallit imminente necessitate iuris vel facti.* Trigesima quarta vero est huiusmodi F. 63. vers.: *Trigesimo quarto: Praedicta Regula, quod, non servata forma, actus sit nullus, limitatur, ut non procedat in impedito formam implere ac sollemnitates adhibere, quod multipliciter contingit.* Quas quidem exceptiones seu limitationes idem Brunus multiplicibus confirmat exemplis; e quibus quoad postremam ipse Barbosa l. c. memorat, quod quamvis. cap. *Quia propter De Election.* statuatur pro forma substantiali, ut electio

fieri debeat per tres scrutatores, tamen si in Collegio non adsint tres, qui possint eligi scrutatores, valet electio de minori numero vel sine illis facta. Et huc revocari possent non omnino inopportune ea quoque, quae legi possunt apud s. Alphonsum tum lib. 3. n. 711. de contractibus celebratis sine debitis sollemnitatibus, tum lib. 3. n. 927. de testamento facto ad causas non pias sine sollemnitatibus iure requisitis.

* De lege Tributorum. *

146. « Tributum, ait Laymann *de Iust. et Iure* Tract. 3. c. 3. n. 1. si stricte accipiatur, est pensio, quae subditis imponitur, Principi vel Magistratui solvenda, ut statum ac dignitatem suam tueri et communibus necessitatibus ac utilitatibus prospicere possit ».

Res vel actiones, ex quibus vel propter quas tributum exigitur, plurimae sunt, cum in hoc negotio feracissima sit mens dominantium, sed variae pro variis ditionibus. Nota est divisio tributorum in directa et indirecta, quae postrema quotidie amplificantur. Omnium horum finis est succurrere necessitatibus et consulere commodo communitatis. Idcirco tributa proprie imponuntur subditis, qui ex iustitia legali tenentur subsidia conferre in bonum societatis. Huc quoque spectat illud vectigal, quod pro mercibus extraneis invehendis in ditionem communitatis indicitur, quod et extraneis imponitur, si invehant et subditis, si eas merces alibi emptas eo transferant. Etsi.enim speciales sint fines huius gabellae, eo tamen tandem spectat, ut per eam damnum compensetur, quod extranearum mercium venditio infert communitati ideoque spectat et hoc vectigal ad sublevandas communes necessitates communitatis. Pedagia quoque exiguntur ab omnibus sive subditis sive extraneis, qui transitu fruuntur, pro redimendis expensis ad pontium, viarum etc. conservationem et custodiam.

147. Ut tributorum impositio sit honesta, requiruntur tria.

1° *Legitima auctoritas,* quae est supremi principis aut supremi magistratus; quia pecunia impendenda in bonum communitatis est imperanda ab eo, qui curam habet communitatis. Ubi adverte ius hoc principis non esse ius *alti dominii*, prout istud communiter accipitur. Nam et eo alto dominio non exsistente vel negato, eo ipso quod supremus princeps ius et debitum habet communitatem ad finem per media idonea dirigendi, ius habet imperandi tributa.

Aliquod tamen tributum exigendi facultas fieri solet etiam Municipiorum Magistratibus, quo scilicet specialibus singulorum locorum necessitatibus prospiciatur. Id vero aequum est; nam municipia sunt quaedam sibi constans societas, etsi pars maioris.

2° *Causa iusta.* Ea requiritur pro qualibet lege; ergo et pro hac, praesertim cum sit onerosa, privans subditos illis bonis, quae in eorum sunt proprietate. Ut iusta causa sit, tributum cedere debet vel immediate vel mediate in bonum commune: tale autem est etiam, cum prospicit sustentationi et decori principis.

3° *Iustus modus et proportio secundum facultates.* Scilicet non nimium esse debet tributum, sed moderatum, iuxta prudentum iudicium. Praeterea aequalitate geometrica est distribuendum, quantum fieri potest et pax reipublicae permittit, ut pauperes non graventur sicut divites; sic enim plus oneris illi quam isti sustinerent, quod aequum non est. Confer Lugo de *Iust. et Iur.* disp. 36. nn. 25. 26.

Quando hae conditiones adsint, lex erit de re possibili, honesta, iusta et ipsa lex iusta erit.

148. Iam vero si res per se spectetur, manifesta est veritas communis doctrinae (*Lugo* l. c. n. 38), legem scilicet imponentem tributa non esse poenalem, sed moralem. Praecipit enim actum virtutis iustitiae, iustitiae, inquam, legalis, qua et princeps et subditi, pro sua quisque parte, tenentur oneribus societatis ferendis necessaria subsidia conferre. Debent nimirum subditi ei, qui curam habet communitatis, subministrare ea, quae huius recte administrationi sunt necessaria. Quocirca debitum istud subditorum lex non facit, sed invenit et solum mensuram eius ad modum determinat atque urget eius exsecutionem. Atqui lex quae actum iustitiae praecipit, non est lex poenalis, sed directiva morum. Extraneos quoque iustum est compensare ea damna, quae suarum mercium venditione inferunt societati alienae.

Est ergo lex obligans in conscientia, quemadmodum quaelibet lex praecipiens actum iustitiae et sicut quaelibet lex honesta et iusta.

Haec est notio huius legis, quam Scripturae quoque suppeditant. Loquens sane Dominus de censu, qui Caesari solvebatur, ait: *reddite quae sunt Caesaris, Caesari Matthaei* XXII. 21. Porro quod *redditur*, quod *est Caesaris*, ei debetur. Quod clarius colligitur ex Apostolo Rom. XIII. 5. 6. 7. *Necessitate subditi estote... etiam propter conscientiam; ideo et tributa praestatis; ministri enim Dei sunt, in hoc ipsum servientes* (προσχαρ· τεροῦντες *incumbentes*). *Reddite ergo omnibus debita, cui tributum, tributum, cui vectigal, vectigal.* Ubi obligatio in conscientia satis aperte traditur.

149. Neque opus est ut ipse legislator intendat explicite obligare in conscientia, quam intentionem non puto Apostolum supposuisse in Romanis Principibus. Nam quod lex obliget in conscientia hoc est, ante Deum, non est ab hac intentione legislatoris, sed ex ipsa ratione legis: satis est legem esse, hoc est legislatorem voluisse obligare.

Imo per se est lex obligans ad pendenda tributa, quamvis per ministros suos rex non exigat solutionem tributi, ut quis proinde ex seipso teneatur

solvere, quemadmodum obligat lex decimarum indicta ab Ecclesia. Sane
tota obligatio servandae legis adest ante exactionem. Haec certa sunt et ita
habet communis doctorum sententia, si res, ut dicebamus, per se spectetur.

150. Nihilominus affirmare licet 1. cum Lugo l. c. n. 40. non repugnare, ut lex tributorum eo pacto feratur vel consuetudine legitima ita
temperetur, ut non obliget ad solvendum tributum, nisi si hoc exigatur.
Nam ex una parte aequum videtur, si praesertim tributa non parum sint
aucta, ut non iubeantur subditi se ipsos sponte re sua spoliare: ex alia
parte legislator, instructus ministerio tot exactorum, certus esse potest,
se quod necessarium est publico bono assecuturum. Quapropter lex hoc
pacto lata, dum se attemperat infirmitati hominum, consulit etiam satis
communi necessitati societatis vereque utilis est. Ergo potest legislator
hac sub conditione ferre leges tributorum vel consentire, ut subditi hoc
modo eas interpretentur.

Licet affirmare 2. merito videri leges tributorum hac conditione esse
latas in modernis regnis et imperiis. Sic enim et boni communiter interpretantur istas leges, ut nullatenus putent se male agere, si non solvant,
cum ab eis tributum non exigitur. Sane eo ipso, quod non *receptores*
tantum, sed *exactores* tributorum constituuntur, haec esse videtur intentio
legislatorum, ut haec sit methodus solutionis, per exactores scilicet et
idcirco solutio non censeatur debita, nisi exigatur. Lex vero obligans tantum ad solutionem, si exigatur, non idcirco permittit fraudes, ut qui per
fraudem se subtraheret ab exactione vel deciperet exactorem, non cadat
sub legem. Quando enim lex vult solum obligare subditos ad solvendum
exigenti tributum, statuit quidem modum, quo obligatio exsecutioni man-
danda est, sed non tollit obligationem (quae conscientiam afficit) solvendi :
contra eam autem directe facit, qui fraude utitur, ut exactionem effugiat
vel fallat exactorem.

151. At si lex sit iniusta vel ex defectu legitimae auctoritatis vel iustae
causae aut iusti modi, profecto non obligat nec nisi ad maiores cavendas
vexationes oportebit solvere exacta tributa.

152. Quid si dubitetur de iustitia tributi? Si dubium sit negativum,
praesumendum videretur in favorem legis. Et ita reapse praesumendum
decernunt quidam cum Lessio, quos citat Lugo Disp. cit. n. 86., qui tamen
subdit, alteram sententiam fere communem negare in hac hypothesi obligationem solvendi. Argumenta tamen, quae pro ea afferuntur ex certis
antiquis legibus et quae videre licet apud eundem Lugo, sunt satis infirma. Quocirca Lugo hanc sententiam probabiliorem quidem habet, sed
hoc pacto temperatam, scilicet: « quando facta debita diligentia ad dubium expellendum, sciri non potest nec iudicari etiam probabiliter tributum esse iustum, non videtur obligandus subditus ad illud solvendum ».
Rationem subdit: « quia in dubio semper onus probandi incumbit ei qui

petit ». Sed nonne in dubio de iustitia legis, praesumendum est pro lege? Respondet idem: « praesumptionem pro principe et pro lege magnam quidem esse, quando tamen non sint circumstantiae, quae praesumptionem illam magna ex parte extenuent, prout sunt in casu tributorum, in quibus experientia constat, multa tributa de facto iniusta a probis et prudentibus censeri ». Addit « regulam illam, quod praesumendum sit pro rege praecipiente, explicari solere, ut intelligatur quando non agitur de interesse ipsius regis ». Tum monet quod « circa quaestionem, an subditus debeat obedire superiori praecipienti, quando, facto examine, manet dubius an superior praecipere possit rem illam vel an excedat eius potestatem, sunt duae sententiae... Omnes tamen (et qui affirmant) fatentur non teneri ad obediendum cum eo dubio, quando id, quod praecipitur, est nimis difficile subdito vel magnum ei affert incommodum ».

153. Si vero dubium est positivum, hoc est quando sunt rationes probabiles pro iustitia et pro iniustitia tributi, etsi quidam censeant tunc legi parendum esse, alii tamen, auctore Lugo ibid. n. 91., probabilius existimant non teneri et addit « idem in casu de tributo probabiliter iniusto expresse docet Lessius, dicens esse communem doctorum sententiam ».

154. Longius progredientibus licet nobis aliud rursus statuere atque affirmare, cum vera saltem probabilitate, quod leges vectigalium seu gabellarum, saltem nostris temporibus, sint solum poenales. Sane advertantur haec. 1° Non defuere doctores, qui leges istas de tributis haberent tanquam leges ut plurimum poenales: confer Lugo disp. c. n. 38.

2° S. Alphonsus quoque lib. 3. n. 616., relata hac sententia, quae affirmat « exsistente lege, quae praecipit, ut solvatur gabella et poenam iniungit non solventibus, dici posse, quod tunc peccat fraudans, quando non soluta gabella, nollet etiam post confiscationem solvere poenam; lex enim haec videtur conditionalis sive disiunctiva (iuxta id quod dicit Sanchez cum aliis) ut solvatur gabella aut poena: quod hic magis videtur praesumendum in huiusmodi poenis lucrativis pro rege, in cuius beneficium cedunt, quam in aliis tantum afflictivis; saltem dubium est an lex ista obliget sub culpa ad utrumque, scilicet ad solutionem gabellae et poenae vel tantum poenae et in dubio nemo tenetur obligationem certam subire »: relata, inquam, hac sententia, s. Doctor eam disserte non improbat, imo ait inniti rationibus non contemnendis; quamvis ipse contrariam sententiam semper suaserit. *Homo Apost.* Tract. 10. n. 51.

3° Praxis est satis communis ut homines in hoc negotio nunc se gerant non secus ac si lex esset tantum poenalis. Generatim nemo se putat teneri solvere tributa (indirecta), nisi quatenus nequit se subducere a vigili cura eorum, quibus incumbit ea exigere. Certiores autem homines sunt quod, non obstantibus fraudibus, Status non laeditur, qui inde potius emolumentum capit, tum quia, propter praevisas fraudes, auget gabellas, tum quia novit se indemnem servare per emendas inflictas iis, quos comprehendit.

155. Haec ergo postrema sententia non videtur improbanda.

Secundum hanc sententiam etiam qui fraudibus uteretur, quamvis ex alio capite peccare posset, non peccaret contra legem, quae illum obligat solum ad subeundam poenam, si deprehendatur.

Quocirca si qui sint, qui putent leges istas esse solum poenales et ii sint in bona fide, non est cur ab ea deturbentur.

156. Quaeres: cum tributa debeantur ex iustitia legali, non commutativa, quid est quod doctores loquuntur identidem de debito restitutionis, quo teneatur is, qui non solvit? Respondeo. 1° Cum non solverit quod debebat, damnum intulit communitati aliisque concivibus: porro hoc damnum est resarciendum. 2° Cum nondum solverit, adhuc urgetur lege postulante solutionem et haec est tandem restitutio, solutio nempe eius quod adhuc debet et iniuste apud se retinet. Sed haec secundum ea, quae dicta sunt primo loco, re per se spectata, n. 140. Cf. quae A. docebit in Tract. *De Restitutione*. Dub. VI. art. 2. resol. 5.

CAPUT II.

DE SUBIECTO, CUI DATUR PRAECEPTUM

Dub. I.

Quae personae praeceptis obligentur.

XXIII. Respondeo. Soli subditi ratione utentes obligantur, ita ut eorum transgressione peccent. Quod addo propter ebrios et ad tempus amentes, qui, etsi vere iis obligentur, eorum tamen violatione non peccant, defectu advertentiae rationis et consensus. Pars prior est communis et certa. Fill. t. 21. cap. 11. qu. 10. Bonac. p. 6. c. 20. Laym. l. 1. tr. 4. c. 10. Posterior est eorundem. Cuius ratio est; tum quia praeceptum, cum sit directivum, supponit usum rationis tum quia obedientia tantum est eorum, qui ratione et voluntate utuntur. Neque alias transgressio ad culpam imputari posset.

157. Distingue ergo eos, qui non peccant, quia non obligantur lege, quippe non sunt subditi et eos, qui non peccant, quia excusantur, licet alioquin, utpote subditi, lege obligentur.

S. Alph. lib. 1. n. 153.: « Aliud est ad legem non teneri, sicut ad legem ecclesiasticam non tenentur infideles, pueri, amentes (ne s. Alph. et Auctor pugnare inter se videantur, intellige alterum de stabili conditione, alterum de transitoria dementia). Aliud est a lege excusari, sicut excusantur ebrii, ignorantes, dormientes. Hinc est peccatum praebere carnes die vetito secundis, non vero primis ». Subdit tamen, peccatum esse quoslibet eorum incitare ad aliquid, quod iure naturae sit malum.

Nota nihilominus, imprudenter fieri si dentur carnes pueris, scil. non utentibus ratione perfecte, si ii non ducantur ad Missam etc. Nam utile maxime est, ut cereis illis mentibus mature instilletur et imprimatur necessitas servandi has leges; melius autem et efficacius discunt factis, quam verbis et sic assuescunt portare iugum Domini.

Unde resolves hos Casus.

XXIV. 1. Legislator non tenetur suis legibus, ut sic, quoad vim coactivam et poenam sive directe: indirecte tamen et quoad vim directivam et ex aequitate quadam tenetur se, tanquam caput, membris conformare. Ita s. Th. 1. 2. q. 96. a. 5. ad 3. Silv. Suar. Bonac. Laym. l. 1. t. 4. c. 9. contra Azor. Tenetur etiam in contractibus cum reliquis pari conditione uti. Vide Fill. t. 21. c. 5.

158. 1° Quaestio heic fit de Legislatore *singulari et absoluto*, qui nempe *solus ferre potest leges* communitati; cuiusmodi est Papa, Imperator, Rex (non constitutionalis), Dux v. gr. Mutinensis, Episcopus etc., licet forte in ferendis legibus quidam horum adhibere soleant consilium certarum personarum, v. gr. procerum, senatorum etc. Nam legislator, qui solus legem condere *non potest*, sed solum cum aliis, utcumque inter illos primas ipse teneat, communibus legibus in synedrio latis certe adstringitur. Ita v. gr. praeses reipublicae, ubi est synedrium deputatorum ad leges ferendas, ita Consules in Rom. republica, Dux olim in republica Veneta aut Ianuensi, Metropolitanus inter coepiscopos in provinciali Synodo vel Praelatus Regularis, quando leges condit cum Capitulo Generali etc.

2° Quaestio fit de illis legibus, quarum observatio aeque principem deceat ac subditum, v. gr. lex quae taxat pretium annonae, vel quae ieiunium indicit aut annuam confessionem aut abstinentiam a carnibus aut recitationem Breviarii. Nam quoad alia certum est, quasdam esse leges, quibus subditos ligari est opportunum, non vero principem, v. gr. ne quis arma ferat, ne quis vestibus holosericis utatur, ne quis sex currui iungat equos etc. Ita enim et Paterfamilias non adstringitur praeceptis quibusdam, quae imponit familiae, ne v. gr. sero domum redeant, ut studeant, eant ad ecclesiam etc.

3° Non quaeritur pariter, an Princeps suis legibus teneatur quoad vim *coactivam;* omnes enim cum s. Thoma 1. 2. q. 96. art. 5. ad 3. tenent non sic coarctari: « Dicendum, inquit Angelicus, quod princeps dicitur solutus a lege quantum ad vim coactivam; nullus enim proprie cogitur a se ipso: lex autem non habet vim coactivam, nisi ex principis potestate ». Ergo nec Pontifex nec Episcopus incurrunt censuras a se latas contra transgressores etc.

Quaestio igitur solum est de vi directiva, num scil. princeps legislator non minus, quam subditi, lege naturae et sub peccato obligetur ad servandam legem, quae toti communitati imposita est, num v. gr. graviter

peccaret Papa non sumendo Eucharistiam paschali tempore, aut non ieiunando per quadragesimam, aut Episcopus non audiendo Missam die festo
propriae dioecesis: intellige autem, praecise ob legis transgressionem sine
iusta causa et seiuncto scandalo etc.

159. Duplex porro sententia fuit. Prima negat principem teneri et in
hanc rem afferunt sententias iuris v. gr. l. 31. Dig. *de Legibus* ex Ulpiano: « Princeps legibus solutus est; Augusta autem licet legibus soluta non est, principes tamen eadem illi privilegia tribuunt, quae ipsi
habent ». Ita et l. 3. C. *de Testamentis* imperator Alexander: « Licet
legibus soluti simus, legibus tamen vivimus ». Alia vid. apud Laym.
lib. 1. tract. 4. cap. 9. n. 2. Ratio est, quia lex est praeceptum superioris
ad inferiorem seu subditum et ceterum nemo potest semetipsum obligare; quia nemo sibi est inferior seu subditus. Unde illud s. Thomae
1. 2. q. 93. 5: « Lex est directiva actuum, qui conveniunt subiectis gu-
bernationi alicuius ».

160. Communis tamen sententia, prout communem testatur et s. Alphonsus n. 154. quam exhibet et Auctor, affirmat principem teneri; licet
Laymann l. c. n. 3. dum communem dicit et non facile relinquendam,
fateatur, argumenta, quibus probari solet, non videri id evincere.

Et quidem fuerunt, qui legislatorem aeque gravi obligatione adstringi
dixerunt, ac subditos: quos Auctores referunt Salmanticenses *De leg.*
cap. 3. n. 38-39., quamquam immerito illis accensent Laymann.

Communior sententia est, quam tenet Auctor quamque et s. Alph.
probat, legislatorem ad hanc observationem teneri ex mera decentia,
honestate et aequitate atque adeo, praeciso scandalo, non plus quam
leviter peccare, dum non observat legem.

Allegant contra haec s. Thomam; qui tamen 1. 2. q. 96. art. 5. ad 3.
obligationem hanc probat solum illis auctoritatibus, quas DD. communiter explicant de mera honestate. Addit praeterea s. Thomas: « *Est
etiam Princeps supra legem, inquantum, si expediens fuerit, potest
legem mutare et in ea dispensare pro loco et tempore* ».

Ratio, quae communiter affertur, ea est, quam affert Vasq. in 1. 2.
disp. 167. cap. 3. n. 19.: « sicut ius naturae praecipit, ut inferiores superiorum mandatis... obediant...; illis enim non obedire esset in corpore
reipublicae dissonantia cum suo capite: eodem modo naturali ratione
constat, principem vita et moribus cum reliquo corpore convenire debere ». Addit aliam rationem Vasquez, quod secus princeps in oculis
populi vilesceret; quae ratio potius ad scandalum refertur.

XXV. 2. Infideles non baptizati, etiam catechumeni, non obligantur praeceptis Ecclesiae: obligantur tamen haeretici et alii, qui per baptismum Ecclesiae semel sunt subiecti.

161. Cum ecclesia Christi visibilis sit respublica seu congregatio fidelium, qui sollemniter per baptismum fidem profitentur; propterea infideles,

qui non susceperunt baptismum, membra non sunt huius communitatis atque adeo non sunt ecclesiae subditi. Nullis ergo ecclesiae legibus tenentur, licet in civilibus infidelis subiectus esse queat principi christiano, imo et principi ecclesiastico, uti Iudaei degentes in territorio Ecclesiae Romanae.

Hinc est, quod infideles, cum non ligentur legibus ecclesiasticis, valide contrahunt matrimonium, etsi versentur in iis adiunctis, quae inducerent impedimentum dirimens iuxta iura ecclesiastica, v. gr. impedimentum criminis, affinitatis, consanguinitatis in 2. 3. 4. gradu etc. Proinde si eiusmodi coniuges veniant ad fidem, nulla indigent dispensatione, ut in contracto matrimonio permaneant.

Hoc valet etiam de catechumeno. Licet enim catechumenus per fidem *inchoative* membrum Ecclesiae factus sit, non tamen talis est *completive et formaliter,* cum fidem per baptismi susceptionem professus non sit. Proinde catechumenus a fide recedens, ecclesiasticis haereticorum poenis minime obligatur. Laym. lib. 2. tract. 2. cap. 13. n. 1. Eadem de causa catechumenus exemptus est a legibus impedimentorum iuris ecclesiastici quoad matrimonium et si vel baptizet vel teneat baptizatum ceu patrinus, non contrahit cognationem spiritualem. Et ratio est; quia sicut non contrahit cognationem carnalem qui nondum est genitus, ita qui nondum genitus est secundum spiritum, incapax est cognationis spiritualis et licet per baptismum flaminis forte acceperit gratiam sanctificantem, tamen nondum mediante visibili sacramento regeneratus est et societati fidelium adunatus. Schmalzgr. In lib. 4. tit. XI. n. 29-30.

Secus dicendum de haereticis, qui baptismo abluti habent in se tum signum tum fundamentum subiectionis ad ecclesiasticam potestatem. Et licet secundum praesentem statum non sint membra Ecclesiae, de iure tamen potestati Ecclesiae subduntur atque adeo legibus eiusdem iure ligantur, non secus ac subditus, utut rebellis, utique ad superioris sui leges tenetur.

162. Leges tamen poenales in locis, ubi haeretici tolerantur, non habent effectum. Vid. Schmalzgr. lib. 5. tit. 7. n. 171-174. Reiffens. lib. 1. tit. 2. n. 274.

Praeterea non desunt, qui putent, ex piac matris Ecclesiae benignitate, sustineri posse matrimonia eorum clandestina (scil. celebrata sine forma a Tridentino Concilio praescripta) ceu valida, propter nempe maxima mala et gravia tum incommoda tum pericula timenda, si invalida essent (Schmalzgr. lib. 4. tit. 3. n. 99.): licet id contingat in locis, ubi est catholicorum parochia communis etiam ipsis et Tridentinum ibidem promulgatum fuerit ac receptum ; modo ibi publicum vigeat eorum cultus exercitium.

Imo sunt qui opinentur, valida haberi posse eorundem coniugia, licet inita fuerint cum quopiam ex impedimentis iuris mere ecclesiastici: ad quod tenendum DD. plures ducuntur argumento petito ex doctrina de vi consuetudinis, quae leges possit abrogare. Vid. Schmalzgr. lib. 4. tit. 1. nn. 378-380.

163. Quaestio gravis est, an legibus Ecclesiae obligentur illi ex haereticis, de quibus graviter dubitatur, an valide sint baptizati. Neque enim absolute urgeri heic potest principium: standum esse pro valore actus, aut praesumi factum, quod de iure faciendum erat. Nam 1º non constat reipsa de facto: 2º factum, licet praesumatur, aliunde noscitur valde incertum; quippe constat, saepe baptismum non rite conferri.

Hinc gravis inter alias se quaestio offerret, an valida sint matrimonia, si de alterius baptismo dubitatur, propter disparitatem cultus. Qua tamen in re Ecclesia stat pro validitate: cumque cultus disparitas sit impedimentum iuris ecclesiastici, dum Ecclesia exigit, ne conversus separet se a coniuge, eo ipso sua auctoritate supplet defectum. Imo propter gravissima incommoda, quae alias sequerentur, principium generale tenendum est, hosce in omnibus considerandos esse uti baptizatos. Secus non solum seiungi conluges possent, sed insuper si v. gr. dubitaretur de baptismo illius, qui est presbyter vel episcopus, iam hic se posset nuptiis ligare. Aliam graviorem quaestionem vide in Tr. de Fide n. 162.

XXVI. 3. Etsi pueri ratione utentes legibus iis Ecclesiae, quarum materia eorum aetati est conveniens, v. gr. confessionis annuae, secundum Navar. Henriq. et Azor item abstinentiae a carnibus, auditionis sacri, secundum Sanch. etc. obligentur quoad culpam; non tamen quoad poenas ordinarias, nisi sunt puberes, quales sunt masculi anno 14. puellae 12. absoluto. Ita Sotus, Vasq. *de Poenit.* q. 90. a. 2. Sa v. *Censura·*

164. Doctrina A. est perspicua nec eam quis respuit et s. Alph. n. 155. dum eam probat, addit, peccare igitur parentes, quorum negligentia fiat, ut pueri praeceptis, quorum materia est conveniens aetati eorum, non satisfaciant.

In re tam perspicua ac simplici confusionem induxerunt Salmanticenses *De leg.* cap. 3. nn. 50-52. Doctores enim communiter advertunt, usum rationis advenire fere septennio expleto: aliqui tamen censuisse videntur (nota *videntur*) hunc usum advenire post eam aetatem; exinde vero Salmanticenses plane arbitrarie non quidem quaestionem faciunt, quaenam aetas capax discretionis dicenda sit, sed n. 50. utrum pueri, postquam ad usum rationis pervenerint (qui advenire iudicatur, nisi aliud constet, completis septem annis), teneantur observare leges ecclesiasticas». Subdunt n. 51. quosdam DD. docere, « pueros non teneri ad leges ecclesiasticas observandas, etiamsi discretionem nacti fuerint, statim ac ad rationis usum pervenerint ». Quibus deinde veluti suam conclusionem opponunt n. 52. « pueros post usum rationis... teneri observare omnes ecclesiasticas leges (excipiunt leges, quae determinatum tempus requirunt ut v. gr. lex ieiunii) et peccare illas transgrediendo». Et pro prima sententia allegant Sà, Sotum, s. Antoninum, Marchant, Henriquez. Atqui plures ex allegatis perperam producuntur.

165. Dominicus Soto in 4. dist. 12. q. 1. a. 9. (qui est locus allegatus a Salmanticens.) non loquitur de discretione necessaria ad leges genèratim, sed de requisita ad sacram Eucharistiam sumendam: «Quae autem (inquit) sit legitima aetas, in qua possint parvuli *sacramentum hoc (Eucharistiae)* suscipere, nulla est certior regula, quam dum iudicio prudentum et maxime confessarii apparet puer bivium litterae Pythagoricae Y attigisse, ut scilicet discernere possit inter bonum et malum atque adeo inter hunc cibum et alios seculares, quod pluribus accidit a decimo usque ad duodecimum annum». Et in his, uti patet, nihil occurrit de illa dilatione, quam promunt Salmantic. Nec obstat, quod in 4. dist. 18. q. 1. art. 3. prop. finem haec habet: « Verum est tamen, quod usque ad annum aetatis duodecimum ecclesia *per censuras* neminem ad confessionem cogeret; quia licet noverit, ante etiam posse peccare..., nam a septem annis, ubi desinit infantia et incipit pueritia, peccare possunt: suis tamen praeceptis *et censuris* non vult ante duodecimum vel decimumquartum cogére, sed relinquit eos sub iure *divino*». Ex quibus colligi ab quopiam posset, ex mente Soti, non posse seiungi in lege vim directivam a coactiva, ideoque pueros, utpote immunes a censuris, immunes quoque ab lege esse. Verum obstant praecedentia, ubi ait: « Haud enim designat (Decretalis, *Omnis utriusque*) certum tempus duodecim vel quatuordecim annorum, sicut ad contrahendum matrimonium, sed *cum primum* puer fuerit doli capax, sic scilicet, si inter bonum et malum discernere coeperit et prudentium iudicio mortaliter peccet. »

166. Item falsum est, quod aiunt Salmanticenses, ex s. Antonini sententia non obligari masculos ante annum decimum et dimidium, feminas vero ante nonum cum dimidio. Nam s. Antoninus *Summ* part. 2. tit. 9. cap. 8. §. II. id refert ex mente Petri de Ancharano, non ex sua. S. Antonini sententia est 1° quod « ut in pluribus *octavo anno* (scil. expleto septennio) *puer nondum habet* usum rationis, ut experientia docet. Certum est autem quod ante usum rationis nullus peccare potest nec legibus adstringitur; unde talis per consequens nec confiteri tenetur». Et deinde subdit: « Cum pari praecepto quilibet obligetur ad communionem sicut ad confessionem, ut patet per ipsam decretalem (haec non est interpretatio communis), dicit s. Thomas in 4. sent., quod pueri circa undecimum vel duodecimum annum (est lectio mendosa, s. Thomas habet: *decimum, vel undecimum*) si appareant in eis signa devotionis, ita scilicet quod sciant discernere panem materialem a sacramentali, possint communicare: quod dicit, quia praesumitur iam habere usum rationis et non antea ». Ex quibus patet,

s. Antoninum sensisse, usum rationis serius advenire; sed nihil habere de dilatione post usum rationis.

167. Neque theoriae Salmanticensium favent, quae habet Iacobus Marchant ab ipsis allegatus. Hic auctor *Candelabri mystici* Tract. 4. cap. 6. q. 2., censet, perfectiorem usum rationis, quo *et mysteria plenius apprehendant* (loquitur de obligatione audiendi Missam) et obligationem ac attentionem, qua illis mysteriis interesse oportet, pueros non habere fere, nisi circa aetatem, qua idonei esse incipiunt etiam ad Eucharistiam sumendam. « Videmus enim, inquit, maiorem partem puerorum etiam decimum annum attingentium in ecclesia stare tempore Missae, huc illuc circumspiciendo, sine attentione requisita aut etiam cum sociis corridere, colloqui, nugari nec vim praecepti talis apprehendere ». Concludit proinde, non existimandum, quod Ecclesia eos obliget sub gravi, sed solum sub levi ad audiendam missam.

Sed haec non prosunt causae Salmanticensium. Nam 1° Marchant a gravi obligatione excusat pueros quoad hoc praeceptum (non autem quoad omnia); quia credit obligationem esse graviorem, quam ea aetas ferre possit, perinde nempe ac alii dicunt de praecepto sumendi Eucharistiam. Sed hoc nihil spectat ad quaestionem, an differatur obligatio, cuius sint capaces, ut fert ipsa thesis Salmanticensium.

2° Alioquin Marchant haec dicit ex praeconcepto praeiudicio de modo audiendi Missam. Videatur s. Alph. lib. 3. n. 313. et apparebit, immerito contendi, sub gravi quempiam teneri ad attentionem, quam iste auctor excogitavit.

168. Alia de pueris quaestio est, an obligentur legibus ecclesiasticis ante septennium, si iam pervenerint ad usum rationis.

S. Alphonsus n. 155. indicat negativam a quibusdam teneri idque probabile esse iuxta Croix lib. 1. n. 676., sed probabilius a Bosco affirmari. Verum alibi lib. 3, n. 270. clarior res redditur a s. Doctore. Nam sententiam negantem, pueros eiusmodi legibus *positivis* teneri, dicit *non immerito haberi probabilem:* quippe leges positivae non obligant, nisi iuxta communiter contingentia. Oppositam tamen tenendam ceu communem dicit, si sermo sit de praecepto annuae confessionis quoad eos, qui conscientiam habeant peccati mortalis. Quippe in Cap. *Omnis utriusque* obligantur ad annuam confessionem quicumque ad annos discretionis pervenerint et voces *ad annos discretionis* Glossa explicat, *idest cum est doli capax.* Verum ne circa hoc quidem negari poterit probabilitas oppositae sententiae. Vid. Croix. lib. 3. p. 1. n. 615. Quamquam fere inutiliter ista disputantur, quia de hisce obligationibus nihil pueri sciunt nec certum iudicium de usu rationis perfecto ante septennium fere haberi potest.

169. S. Alph. lib. 3. n. 270. ubi agit de praecepto audiendi Missam,

addit, in dubio rationis adeptae post septennium, praesumptionem ex communiter contingentibus praevalere adeoque pueros legibus teneri. Quod quidem et Sanchez tradit *Dec.* lib. 1. cap. 12. n. 13., quoad obligationem confessionis et Bonacina *De legib.* disp. 1. q. 1. punct. 6. n. 9. de obligatione abstinendi a carnibus seu lacticiniis etc.

Adverte tamen, haec intelligenda esse, quando dubium est negativum. Nam si prudens ratio esset ac probabilis non acquisiti usus perfecti rationis, valeret principium *factum non praesumitur, sed probari debet.*

XXVII. 4. Infantibus, non baptizatis et perpetuo amentibus licite dantur carnes diebus vetitis et imponuntur opera servilia festis, non tamen ebriis; cum legi maneant subiecti, uti nec licite irritantur amentes ad blasphemandum, laedendum etc.; eo quod talis actio tribueretur principali agenti, qui alterius opera uteretur, quasi instrumento. Vid. Laym. l. 1. t. 4. c. 10. Bonac. p. 6. et Sanch. 1. *Mor.* c. 12.

170. Ratio, cur carnes dari possint infideli aut infanti, non autem ebrio, habetur in illis verbis A.: « Cum legi maneant (ebrii) subiecti ». Semper igitur habenda prae oculis est distinctio, aliud esse *lege non ligari*, aliud *excusari eum*, qui ligatur.

Ille, qui lege non ligatur, non peccat faciens id, quod per legem interdicitur. Ergo non magis potest esse reus, qui illum ad id impellit. Sicut ergo infideles, comedentes carnem die veneris aut laborantes die festo, non peccant, cum non sint subditi legibus ecclesiasticis, ita neque peccabunt qui carnes porrigunt aut eorum opera utuntur. Intantum enim ministrantes aliis carnes in die ieiunii peccant, in quantum illi, quibus porriguntur, lege ieiunii tenentur seu in quantum sunt causa ut lex ieiunii non servetur seu quatenus cooperantur peccato alterius aut actioni alteri prohibitae. Idem dicitur de infantibus, quia lex non obligat eos, qui incapaces sunt legis ob defectum usus rationis. Idipsum de perpetua amentia laborantibus; hi enim infantibus comparantur.

171. E contrario ebrii sunt subditi Ecclesiae et sunt capaces usus rationis, licet brevi illo ebrietatis tempore per accidens ratione uti nequeant, non secus ac qui dormiat. Licet ergo ebrius, si carnes tunc comedat, excusetur a peccato ob defectum advertentiae et consensus, non secus ac excusatur qui ob legis ignorantiam vel inadvertentiam legem ieiunii violet; tamen illa actio vere dicitur his prohibita. Ergo qui porrigit illis carnes, cooperatur actioni illis illicitae ac prohibitae atque adeo peccat.

Quod dicitur de ebriis, dici solet etiam de iis, qui transeunte furore vel dementia laborant. Verum qui carnes hisce porrigunt, excusari possunt ex eo quod huiusmodi amentes censentur *infirmi*, qui carnibus indigent adeoque excusantur ratione morbi a praecepto abstinentiae. Vid. Bonacin. *De leg.* disp. 1. q. 1. punct. 6. n. 5.

172. Ratio vero secundae partis resolutionis est, quod sub legibus naturalibus omnes continentur adeoque dici non potest, quempiam lege

naturali non ligari, sicut de lege humana dicimus, adeo ut ne materialiter quidem mala actio sit, sicut non est infideli materialiter mala violatio ieiunii ecclesiastici. Licet ergo amens excusetur a peccato, si quidpiam agat contra legem naturae, illud tamen obiective et materialiter malum esse non desinit adeoque velle illud in aliis vel id consulere vel ad id incitare, est malum formaliter. Vid. Salmantic. *De legib.* cap. 3. n. 49·

Apnd Sanchez *Dec.* lib. 1. cap. 10. n. 12., et Bonacin. *De leg.* disp. 1. q. 1. punct. 6. n. 7. et Salmant. l. c. n. 48. reperies casum de pueris vel amentibus, qui septa monialium ingrediantur.

XXVIII. 5. Clerici, cum iure divino sint exempti de potestate civili, ut docet Bell. l. 1. *de Cleric.* c. 28., non tenentur legibus civilibus directe et quoad vim coactivam. Unde nec a Principe seculari puniri possunt. Cum tamen sint membra Reipub. et alioqui communis acquitas servari non possit, tenentur indirecte et quoad vim directivam a legibus communibus iis, quae ad bonum commune spectant et eorum statui non repugnant; quales v. gr. sunt leges prohibentes vel irritantes contractum (nisi hae sint poenales, tunc, enim, quia vim coactivam obtinent, eos non ligant) ideoque peccant contra iustitiam et ad restitutionem tenentur, si frumenta v. gr. vel alia vendant ultra pretium a Principe statutum. Ita Molina, Suar. Sal. Tan. Vid. Laym. l. c.; quia ius naturae exigit, ut vendant pretio iusto : tale autem censetur, quod decernitur lege.

173. Concilium Tridentinum sess. 25. cap. 20. *de Reform.* haec habet: « Cupiens sancta Synodus *ecclesiasticam disciplinam* in christiano populo non solum restitui, sed etiam perpetuo sartam tectam a quibuscumque impedimentis conservari; praeter ea, quae de ecclesiasticis personis constituit, seculares quoque principes *officii sui* admonendos esse censuit, confidens eos, *ut catholicos*, quos Deus sanctae Fidei Ecclesiaeque protectores esse voluit, ius suum Ecclesiae restitui, non tantum esse concessuros, sed etiam subditos suos omnes ad debitam erga clerum, parochos et superiores ordines reverentiam revocaturos nec permissuros, ut *officiales aut inferiores magistratus, Ecclesiae et personarum ecclesiasticarum immunitatem, Dei ordinatione et canonicis sanctionibus constitutam*, aliquo cupiditatis studio seu inconsideratione aliqua violent, sed una cum ipsis principibus debitam sacris Summorum Pontificum et Conciliorum constitutionibus observantiam praestent ».

Ordinatio autem s. Synodi supponit principes christianos et catholicos et supponi ulterius deberet, rempublicam legibus consentaneis disciplinae catholicae administrari. Verum quid in terris contingat, norunt omnes.

Hanc resolutionem s. Alphonsus omisit, ob tyrannides regni neapolitani. Vid. lib. 1. n. 155.

174. Ad aliquam explanationem eorum, quae habet Auctor, haec notamus ex Roncaglia *De legib.* quaest. 3. cap. 2.

I. Non obligant clericos leges civiles disponentes de *rebus* et de *per-*

sonis ecclesiasticis. Ratio, quia ibi nulla oritur obligatio, ubi nulla est iurisdictio. Atqui quoad personas et res ecclesiasticas laici nullam habent iurisdictionem. Ergo clerici non ligantur. Hinc in cap. *Quae ecclesiarum* 7. *de Constitution.:* « Pervenit ad audientiam nostram, quod cives Tervisini constituerunt, ut si quis se ad inopiam vergere probabiliter allegaverit, alienandi feudum, quod ab Ecclesia vel aliis tenet, liberam habeat facultatem... Volentes igitur indemnitati ecclesiarum consulere, constitutionem huiusmodi et venditiones feudorum ecclesiasticorum factas sine legitimo ecclesiasticarum personarum assensu, vires decernimus non habere ».

Leges ergo quaedam, quae de rebus ecclesiasticis v. gr. habentur in Codice Iustiniani... non obligant nisi quatenus aliquae sunt ab Ecclesia approbatae et tunc considerantur veluti canones ecclesiastici. Vel dici potest, aliquas ex huiusmodi legibus considerari ceu privilegia a Principe facta ecclesiis: privilegia enim conceduntur etiam non subditis, v. gr. ne milites *possent ad monasteria divertere* et in iis hospitari. Ac denique non sunt hae leges inutiles; quatenus qui contemnunt leges canonicas, ut haeretici, saltem civilibus fraenentur, ne Ecclesiae noceant.

II. Clerici non obligantur vi coactiva legum civilium; quia haec vis supponit directam in subditos potestatem.

III. Tenentur clerici observare leges civiles quoad vim directivam idque ab omnibus admittitur et admittendum est. Verum hoc non significat, clericos ceu subditos obstringi earum legum auctoritate, sed solum hoc illis onus incumbere 1° vel quia leges indicant rei iustitiam, v. gr. taxam pretii pro rebus: vel 2° quia secus varia et gravia suborirentur scandala: vel 3° quia cum clerici quoque sint reipublicae membra, aequitas postulat, ut pars cum toto congruat: vel 4° denique quia voluntas est superiorum ecclesiasticorum, ut clerici servent communes leges, quae illis congruunt et Superiores ex pluribus Responsionibus Congregationum Roman. debent invigilare, ut clerici leges servent et etiam transgressiones punire.

IV. Proinde servari debent a clericis leges insertae corpori Iuris civilis, quae statuunt circa contractus et successionem ab intestato; quia haec nihil continent, quod adversetur sacris canonibus etc., ut supponimus.

V. Denique quoad varias circumstantias, quae pro locorum varietate occurrere possunt, revocandum est in memoriam, quae olim conditio exstiterit christianorum sub Imperatoribus gentilibus: videlicet privilegiis sui status uti possunt ac debent clerici pro ratione locorum ac temporum, in omnibus servando mensuram, quam Episcopi et maxime Sedes Apostolica praescribendam iudicaverint.

Sed reliqua vid. apud Canonistas. Reiffenstuel lib. 1. tit. 2. a n. 290.

Dub. II.

An peregrini teneantur legibus sui domicilii dum ab eo absunt.

XXIX. Suppono l. Praeceptum aliud esse locale, quod scilicet certo tantum in loco, urbe v. gr. vel parochia obligat: aliud universale seu iuris communis, quod totam fere Ecclesiam obligat.

Suppono II. Peregrinos proprie dici eos, qui aliquo veniunt animo non manendi, sed tantum subsistendi per aliquot dies, vel ad summum per minorem anni partem, ut mercatores, viatores: non autem studiosi, neque ancillae, quae veniunt ad serviendum.

175. Ad 1. suppos. Exempla praecepti localis habes in festo, ubi servatur, Patroni principalis vel provinciae vel dioecesis vel civitatis vel oppidi vel parochiae.

Ita praeceptum ieiunii in sabbato per adventum, quod alibi feria quarta servatur: ita in vigiliis Apostolorum alibi.

Universale dicitur quod per totam seu *fere* totam ecclesiam latum est. Dicitur *fere totam;* quia quaedam leges disciplinares non solent, ob aliam legem generaliorem, ligare quasdam provincias, quae sibi propria utuntur disciplina, v. gr. Armenos, Graecos, Syros etc.

176. Ad suppos. 2. Dicitur *animo non manendi.* Nam si veniat quis animo manendi, ita ut domicilium acquirat, iam a primo tempore non censetur peregrinus. Ancillae vero et studiosi acquirunt *quasi domicilium* et non censentur peregrini. Differunt autem domicilium, et quasi domicilium, quod *primum* dicat animum perpetuo ibi manendi: *quasi domicilium* vero exigat tantum animum manendi ibi per maiorem anni partem. Peregrinus ergo dicitur quisquis alicubi neque domicilium habet nec quasi domicilium. Ita peregrini dicentur Romae illi, qui huc conveniunt v. gr. ut heic transigant tempus bacchanalium vel festi paschalis etc. Ita s. Alph. lib. 1. n. 156.

XXX. Respondeo, non obligari. Ita Nav. Sanch. Less. l. 4. cap. 2. dub. 5. Ratio, quia praecepta localia per se et directe respiciunt territorium eique sunt affixa atque adeo non obligant, nisi exsistentes intra illud. Lex enim ita fertur: v. gr. Festum illud tali loco celebretur ideoque heic valet illud: *Si fueris Romae* etc. Addit Laym. c. 11. praeceptum locale exspirare etiam intra proprium territorium, in loco exempto; quod is aequiparetur loco sito extra territorium.

177. Quod legibus localibus non teneantur absentes, doctrina est certa eamque *communissimam* dicit s. Alph. lib. 1. n. 156. paragr. ultim., in eam rem afferens cap. *Ut animarum* 2. *de Constitutionibus* in 6.: « Statuto Episcopi, quo in omnes, qui furtum commiserint, excommunicationis sententia promulgatur, subditi eius furtum extra ipsius dioecesim committentes, minime ligari noscuntur; *cum extra territorium ius*

dicenti non pareatur impune ». Quod decretum, uti advertit Suarez
De leg. lib. 3. cap. 32. n. 3., non de evitanda sola poena intelligendum
est, sed de exemptione ab obligatione. Nam si reipsa subditus obligaretur lege et contumax esset contra eam, posset etiam excommunicari;
nam excommunicatio potest et in absentem ferri.

Rationem reddit Auctor. Aliis verbis rationem reddit Suarez l. c. n. 4.:
« Ratio propria assertionis est, quia iurisdictio uniuscuiusque civitatis
vel particularis principis non extenditur quoad ferendas leges extra civitatem vel territorium, ut latius explicavi *De censur.* disp. 5. sect. 4. ».

Ex quibus resolves hos Casus.

XXXI. 1. Si Episcopus sub poena excommunicationis vetet lusum aleae, non obligantur Clerici ludentes in loco exempto a iurisdictione Episcopi. Bonac. p. 6. Laym.
c. 11. n. 5.

178. Quod leges non obligent eos, qui sunt et delinquunt in loco
exempto atque adeo quod non incurrant poenas iisdem legibus decretas,
communis est doctrina; perinde enim est locus *exemptus et extra territorium* et discrimen est mere materiale. « Locum exemptum, inquit
Suar. l. c. n. 9. colligimus quoad iurisdictionem esse extra territorium;
quia exceptis casibus a iure expressis, non potest Ordinarius superior territorii iurisdictionis actus ibi exercere: obligare autem per statutum vel
legem in loco exempto est iurisdictionem ibi exercere... Ergo eadem est
ratio de loco illo et ad illum optime applicatur illud principium: *extra
territorium ius dicenti non paretur impune* ».

179. Sed non levis quaestio est, quis locus in casu debeat dici exemptus. Suarez *De censur.* disp. 5. sect. 4. n. 6. dum ait, praedictam doctrinam veram esse, id concedit, dummodo, inquit, *locus sit plene exemptus a iurisdictione episcopali, ita ut non possit Ordinarius in eo
leges ferre, incolas illius loci obligantes* et tales vult esse parochias
aut oppida alteri Ordinario subiecta, *non vero ecclesias aut monasteria
Regularium.* Ita ipse l. c.: « Intelligendum item censeo per locum exemptum, non ecclesias aut monasteria Religiosorum exemptorum; quae non
nisi ratione talium personarum exempta vocantur et ideo si aliae personae subditae Episcopis intra eos frangerent statuta Episcoporum, censuras eorum sine dubio incurrerent. Sed loca exempta proprie dicuntur
parochiae aliquae aut oppida, quae quoad ordinariam iurisdictionem ecclesiasticam exempta sunt. Nec referre censeo, quod ille locus sit alteri
Episcopo subiectus vel Summo Pontifici reservatus; quia utroque modo
privatur iurisdictione in eum locum Praelatus, a cuius potestate locus
eximitur etc. ».

Et hoc quidem pacto *Summ. Silvestr.* V. *Excommunicatio* II. n. 12.
conciliat DD., quorum alii negabant, alii tuebantur eiusmodi exemptio-
nem. « Petrus tamen de Ancharano *(in d. cap. Ut Animarum)* concordat

hoc modo: quia si Praelatus loci exempti ex forma privilegii habet iurisdictionem episcopalem in suo loco exempto, est vera opinio Ioannis
de Lignano (affirmantis)... et sequentium. Si vero non habet, est vera
opinio aliorum... Et per hoc patet, quomodo liget statutum dioecesani
mandantis sub poena excommunicationis, ne quis ingrediatur monasterium monialium exemptarum ». Et pro eadem hac sententia allegantur
Coninch et Corneius etc.

‾ 180. Alii tamen tenent, etiam monasteria et ecclesias Regularium censendas esse inter loca exempta. Ita Salmanticenses *De leg.* cap. 3. n. 64.
et *De censuris* cap. 1. n. 114. ac Laymann lib. 1. tract. 4. cap. 11. n. 5.,
qui hanc sententiam sibi videtur deprehendere etiam in *Summa Silve-
strina* (l. c. n. 13.), quando dicit, non incurri poenam excommunicationis
ab ingrediente monasterium exemptum, si hanc poenam Episcopus statuit
generatim contra ingredientes monasteria monialium: qui quidem casus
post Tridentinum non contingit, quia monasteriorum etiam exemptorum
clausurae invigilare possunt et debent Episcopi ceu Delegati Sedis Apostolicae. Et cum his sentiunt Candidus Vinc. *Disquisitionum Moral.*
disq. 22. art. 26. dub. 3., Sayrus *De censur.* lib. 1. cap. 6. n. 40., et si quid
valet casus ille de ingressu monasterii, addendi erunt Tabien. V. *Excommunic.* IV. n. 4., Armilla V. *Excommunicatio* n. 50., Stephanus de Avila
De censur. part. 2. cap. 3. dub. 5. et Henriquez lib. 13. cap. 26. n. 2.

Abs re tamen videntur huc afferri verba ex cap. 5. *de Reform.*
sess. 14. Synodi Tridentinae, quae afferri innuit etiam s. Alph. n. 156.
in fin. quasi exempta ibi simul et loca et personae decernantur. Verba
sunt: « Universitates autem generales ac Collegia Doctorum seu scho-
larium et regularia loca nec non hospitalia actu hospitalitatem servantia
ac universitatum, collegiorum, locorum et hospitalium huiusmodi personae in praesenti canone minime comprehendantur, sed exemptae omnino
sint et esse intelligantur ». Ut enim patet, hoc nimis probaret, scil.
eodem privilegio gaudere loca et personas ibi recensitas. Sed attendenda
erant verba *in hoc canone;* titulus enim Capitis est « *Conservatorum
iurisdictio certis finibus concluditur* »: videlicet agitur de iis, quibus
permitti debeat necne, ut in litibus iudices habere possint suos Conser-
vatores et non Ordinarium loci. Ergo nihil ad rem facit.

181. Quidquid sit, s. Alphonsus tum lib. 1. n. 156. in fin. tum lib. 7.
n. 24. secundam hanc sententiam, nempe quod monasteria sint loca
exempta, appellat *valde probabilem* ac probabilem dixerat et Diana
tom. 5. tract. 1. resol. 102.

XXXII. 2. Si quis die ieiunii aut festo sit in loco alio, non sui territorii aut
exempto, ubi tunc non est ieiunium aut festum, potest ibi comedere, exercere servilia. Laym. loc. cit. cap. 11. Bonac.

182. Exempla ieiunii aut diei festi palam faciunt, incommodam esse
sententiam secundam mox explicatam de natura loci *exempti in prae-*

senti materia. Nam Regulares, utut exempti a iurisdictione Episcopi, tamen tenentur ad observantiam festorum dioecesanorum, ita ut sive intra sive extra claustra sint, quamdiu in dioecesi exsistunt, abstinere debeant ab operibus servilibus et Missam audire: ita Salmantic. *de Privileg.* cap. 3. n. 30. Vid. s. Alph. *de Privilegiis* n. 78.

XXXIII. 3. Id etiam habet locum in praeceptis iuris communis, si in loco isto sint usu abrogata vel non recepta vel habeatur privilegium. Quare potes v. gr. Mediolani primis quatuor diebus Quadragesimae vesci carnibus, cum id ibi liceat. Item in Belgio sabbatis intra Nativitatem et Purificationem vesci carnibus, item in loco, ubi Tridentinum non est receptum, valide (etsi non licite) inire matrimonium clandestinum. Suar. Sanch. l. 1. c. 12, Less. etc.

183. Sensus resolutionis est, quod si quis exsistat in loco (extra territorium suum), ubi non servatur quidpiam pertinens ad ius commune, potest et ipse se eximere ab illo iure servando.

Exempla habes penes Auctorem. Quod tamen de matrimonio dicitur, exceptionem habet, nisi eo perrexerint, ut ibi non servata forma Tridentina contrahant, qua de re alio in loco.

XXXIV. 4. Potest quis discedens mane ex oppido, ubi non est ieiunium, vesci carnibus, etsi meridie rediturus sit domum, ubi est ieiunium nec tunc, ubi domum venerit, tenebitur ad servandum ieiunium ista die, cum illud iam violaverit, ideoque servare non possit; tenebitur tamen domi ad abstinentiam a carnibus, cum illa adhuc possit ibi servari, eo quod sit dividua. Vid. Sanch. l. c. Less. c. 2. d. 8.

184. Haec resolutio nullam habet difficultatem. Adverte tamen, intelligi de carnibus manducandis *extra territorium* ieiunii. Ita si quis Romanus die 1ª Februarii, qua Romae ieiunatur, Tibure mane egrediens reversurus vespere domum, mane vesceretur carnibus.

XXXV. 5. Si quis abiturus est loco, ubi est ieiunium sciatque certo perventurum vesperi ad locum, ubi non sit ieiunium, tunc etsi non possit ibi vesci carnibus, unde abit (cum ista abstinentia sit dividua), potest tamen ibi mane ientare et meridie prandere, ut contra quosdam docent Less. et Sanch. supra.

185. S. Alphonsus ad h. resol. n. 157. addit, hanc sententiam dici probabilem a Salmanticensibus cum Suarez. Et reipsa Salmanticenses *De legib.* cap. 3. n. 68. allegant pro hac sententia etiam Suarez.; sed locus allegatus Suarez, nempe lib. 3. cap. 32. n. 3. nihil habet, nisi generale principium statuens, leges locales non obligare extra territorium; quam doctrinam merito Suarez ibi dicit communem nec tamen inde concluditur pro casu praesenti.

186. Ceterum Salmantic. l. c. n. 70. utique dicunt utramque sententiam satis probabilem; ipsi tamen media via incedendum sibi putant et volunt rationem habendam de loco, ubi maiori parte diei quisque invenitur. Unde concludunt 1° quod si in loco, ubi ieiunatur, mansurus es

ad horam 8. vel 10. tantum et reliqua diei parte in alio, ubi non ieiunatur, poteris in loco priore ieiunium frangere. 2° Item si in loco, ubi non
ieiunatur, manseris ad 3^m vel 4^m usque horam vespertinam, poteris ibi
comedere et vesci carnibus et reversus in locum tuum coenare poteris,
abstinendo tamen a carnibus. 3° Si vero in loco, ubi ieiunatur, mansurus
es usque ad meridiem, non poteris in eo ieiunium frangere, etiamsi in
alio loco sis coenaturus. 4° Contra si in loco, ubi non ieiunatur, fuisti
primo mane et per reliquum diem in loco, ubi obligat, debes ieiunare, nisi
iam in primo loco per repetitam comestionem ieiunium fregeris. Ita illi.

Sed minus dextere. Nam non apparet, cur diversimode iudicent de
primo et tertio casu, cum eadem pro utroque ratio faciat. Ratio enim
est, quia praeceptum ieiunii quoad sumendum generatim cibum unica
comestione, est indivisibile; si ergo poteris illud hac die violare, ut illi
concedunt et violaturus es, nihil interest nunc illud servare. Quoad secundum vero et quartum casum nulla ab iis fit quaestio, an possit cibum
sumere, dum est extra territorium ieiunii; de hac scil. re non dubitant:
at non apparet, cur in secundo casu non teneatur domum reversus servare
ieiunium, si hoc illi adhuc integrum sit, scil. si unica adhuc vice cibum
sumpsit. Cur enim excusabitur, si adhuc potest observare praeceptum,
quod alioquin in loco, ubi est, urgeat?

187. Laymann lib. 1. tr. 4. cap. 11. n. 7. mavult et ipse, habendam esse
rationem temporis potioris: tempus principale dicit, quo diutius in alterutro loco moraris, aliud dicit secundarium. Hinc quando mane egressurus es ex loco, ubi est ieiunium, plures ibi tibi concedit comestiones, si
sero venturus es in locum ieiunii. Si vero egressurus mane, post 2. aut 3.
horas in locum ieiunii es venturus, negat tibi matutinum ientaculum.
Item si post meridiem es egressurus ex loco ubi est ieiunium, plures ibi
tibi negat comestiones, propterea solum, quod noctu perventurus sis ubi
non ieiunatur. Certe sibi Laymann magis cohaeret, quam Salmanticenses;
sed non negat probabilitatem alterius sententiae, scil. licere comedere,
quando ipsa die certe perventurus es in locum exemptum a ieiunio, ubi
coenam sumpturus es.

188. Sed ut ad rem revertamur, rationes huius sententiae Auctoris non
arriserunt omnibus. Unam indicavi n. 186.: aliam, quae in illam recidit,
adhibet Lessius lib. 4. cap. 2. n. 58., quod nempe ea die iste non teneatur
abstinere a secunda refectione: posse ergo nunc ientare; quia quisquis
potest bis comedere, non tenetur ea die praecepto ieiunii. Et dein remittit
ad dub. 3., ubi tamen nihil aliud habet, nisi legem ieiunii non obligare
ad abstinendum a tertia comestione, si secunda, sive licite sive illicite,
sumpta fuerit.

Sed non respondent haec obiectioni, quod in loco, ubi es, lege teneris
nec excusat privilegium loci, in quo nondum exsistis: ita quidam.

Afferunt quidam contra hoc similitudinem illius, qui scit, se ea die laboraturum. Verum negari potest paritas; nam quod necessitas postea laborandi excuset *nunc* a ieiunio, omnes norunt neque excusatio incipit, quando incipit labor: at in alio casu obligatio tunc solum cessat, cum pedem extrahis e territorio; secus posses iam heic et nunc carnes manducare. At melius Sanchez *de Matrim.* lib. 3. disp. 18. n. 22. respondet, non licere vesci carnibus, quia dividua est materia; secus vero quoad unicam comestionem: cum itaque moralis certitudo. adsit, te non fore obligatum hac die ad unicam comestionem, quia vespere solutus eris, nec mane eris obligatus. Demus ergo probabilitatem auctoris sententiae, quam tenet praeter alios etiam Filliuccius tract. 27. part. 2. n. 109.

XXXVI. 6. Probabile etiam est et in conscientia securum, quod docet Sanch. l. 3. *de Matrim.* d. 18. et 1. mor. c. 12. contra Navar. Suar. peregrinos,. antequam excedunt proprio territorio, non teneri implere praecepta, quae ibi deprehendunt, v. gr. non teneri eum mane audire sacrum die festo, qui ante prandium venturus sit alio, ubi non sit festum; quia, si mansisset in loco, ubi praeceptum obligabat, poterat differre ad id tempus: quando autem pervenit ad alium locum, desinit obligari. Nec obstat, quod praevidens impedimentum teneatur praevenire; quia id tunc tantum verum est, quando, manente vi praecepti, quis est impediendus, hic autem ab obligatione praecepti absolvitur. Contraria tamen sententia, tanquam magis pia, suaderi potest, nisi quid obstet. Sanchez 1. *Moral.* c. 12. et lib. 3. *de Matrim.* disp. 18. n. 21.

189. S. Alphonsus, ad h. l. Auctoris n. 157. excipit, nisi una Missa ibi dicatur, quando ades aliaque ibi non sit et in eam rem allegat Salmanticenses, qui *de Leg.* cap. 3. n. 66. hanc doctrinam velut certam tradunt; « quia (aiunt) nulla est ratio excusationis ». Ast alii hoc negabunt. Quippe ideo, si nunc Missam illam unicam non audis, peccas, quia sic te coniicis in necessitatem non audiendi missam, dum nihilominus obligatio manet. At hoc non contingit, si dein cessat obligatio; quippe tunc cessat ratio illius peccati. Paucis: Non teneor Missam heic et nunc audire, quando aut alia erit, aut alia de causa cessabit obligatio.

Bene in hanc rem Laymann lib. 1. tr. 4. cap. 11. n. 6. adhibet similitudinem debitoris, cui mora anni praefixa sit ad solvendos mille aureos. Si enim hic intelligat, se primo elapso mense impotentem futurum, v. gr. quia discessurus est in terras longinquas non reversurus, is certe tenetur anticipare ac primo statim mense solvere: at si intelligeret, se intra praefinitum anni spatium liberatum iri a debito, non teneretur anticipare solutionem et quidem etiamsi simul praevideret, se, omissa solutione primis mensibus, impeditum alia de causa iri.

Quin et ipsi Salmanticenses l. cit. n. 67. scribunt: « Si impedimentum extrahit te ab obligatione legis, non teneris illud praevenire; ut si scires, eo die tibi privilegium concedendum esse non recitandi, non audiendi sacrum, non teneris audire aut recitare, antequam privilegium adveniat ».

Optime: sed numquid putant, teneri ad recitandum, si quis in hoc casu, lapsa occasione recitandi primo mane alioquin impediretur per reliquam diem? Non dicent sane. Ergo concedant idem et de causa audiendi Missam.

190. Heic addendum, quod monent Salmantic. *De leg.* cap. 3. n. 62. 63. qui postquam dixerunt, *communissimum* esse inter Doctores, neminem teneri legibus episcopalibus aut municipalibus aut consuetudinibus suae patriae, quando est ab hisce absens, addunt: « Et hoc verificatur, etiamsi ex intentione eximendi se a lege ieiunii vel observationis festorum etc. a propria patria exiret; ratio est, quia utitur iure sibi concesso. » Quam rationem explicant cap. 2. n. 164., negantes sic fraudem committi. Quia « nullus videtur dolo facere, qui iure suo utitur ». L. 55. Dig. *de Regul. iuris.*

Non peccat ergo, qui a vico seu parochia seu civitate exit die ieiunii particularis, ut non ieiunet; item operarius, qui die festo exit ad locum, ubi festum non est, ut possit operi servili incumbere et lucrari.

Hanc doctrinam probat et s. Alph. lib. 1. n. 152. et clarius lib. 3. n. 1046. post plures alios, uti Suarez, Sanchez, Bonacina etc. apud Laymann lib. 1. tract. 4. cap. 11. n. 9., et Salmantic. *De leg.* cap. 3. n. 63. et Sanchez lib. 1. *Moral.* cap. 12. n. 35.

191. Addunt vero Salmanticenses l. c. n. 63.: « Hinc infert Basilius Pontius, lib. 5. cap. 8. n. 6. habentem casus reservatos vel alia causa nolentem *parocho domicilii* confiteri, posse peregrinari ea ratione, ut cum alio confiteatur; quia utitur iure sibi concesso tempore peregrinationis ».

Respondebis, hanc doctrinam falsa continere. Heic sane parochus intelligitur *pastor proprius;* secus esset inanis speculatio. Porro in casu falsum est, quempiam uti iure suo, quando, ut effugiat iudicium proprii pastoris, peregrinetur. Nam ideo potest absolvi extra dioecesim, quia habet aut expressam aut tacitam veniam sui pastoris. Lugo *De Poenit.* disp. 19. n. 7.: « Qui peregrinantur et iter faciunt, possunt iam ex voluntate tacita suorum pastorum confiteri parocho illi, quem in eo loco inveniunt, in quo sunt; dum tamen ex industria non discesserint a suo domicilio, ut occasione itineris alteri confiterentur ». Suarez *De Poenit.* disp. 27. sect. 3. n. 56.: « Respondetur, eligere confessorem sine licentia proprii repugnare iuri divino: et ideo significasse Pontificem in illo textu, c. *Si Episcopus de Poenit. et Remiss.* in 6., non posse consuetudinem praescribere contra hoc ius... Ex quo infero..., facultatem hanc consuetudine obtentam talem esse, ut semper pendeat a voluntate proprii sacerdotis; ita ut non obstante consuetudine semper sit in eius potestate illam revocare, si velit; quia alias talis consuetudo formaliter ac directe esset contra ius divinum; quandoquidem ex vi illius posset subditus confessorem eligere, etiam proprio pastore repugnante ». Bonacina, *de Poenit.* Sacram. q. 7. p. 2. n. 6.: « Hoc tamen limita, modo iter agant

bona fide, idest modo iter non faciant in fraudem legis, ea solum de
causa, ut possint aliis confiteri. Itaque qui solum ad hunc finem iter
agit, ut evitet proprium parochum et alteri confiteatur, non potest *valide* confiteri parocho seu sacerdoti illius loci, ad quem pervenit, ut bene
observat Coninck, Vasquez, Suarez, Reginaldus et alii recentiores... ».
Quod multo magis et unanimiter docent vetustiores.

192. Quod si supponas, hanc veniam non requiri (et in praesenti disciplina nemo cogitur aut confiteri parocho, aut veniam requirere, ut possit
confiteri extra dioecesim), tamen id falsum est quoad reservata. Nam
etiamsi velis sectari sententiam docentem, posse quempiam absolvi a
reservatis extra dioecesim, si haec non reservata sint in loco confessionis,
hoc tamen non admittitur (ob Bullam quoad Regulares *Superna* Clementis X.) quando quis se alio transfert in fraudem reservationis.

193. Subdunt l. c. Salmanticenses etiam mentionem quoad matrimonia;
iuxta enim quosdam, ut Sanchez lib. 1. *Moral.* cap. 12. n. 35., probabile
fuit, valere matrimonia contracta in loco, ubi Tridentinum non est promulgatum, etiamsi eo se contulissent contrahentes hac de causa. Quod
itidem falsum est. Vid. Tr. *de Matrimon.*

194. Quoad principium autem generale, quod heic statuimus, nempe
statuta non obligare extra territorium, duas notare oportet exceptiones.

Prima pertinet ad Religiosos. Ratio enim, cur statuta particularia non
obligent extra territorium, haec est, ut diximus, quod statutum seu lex
(cum stabilem ac perpetuam obligationem habere debeat) immediate censetur afficere locum seu territorium legislatoris atque hinc in subditos
ibi exsistentes transire, prout proportionaliter dicitur etiam de privilegio
locali. At vero Praelati Religiosorum, quibus iurisdictio in suos competit,
non ratione territorii, sed per se ratione personalis obligationis ex obedientiae voto, subditos tum praeceptis ac sententiis, tum statutis, ubicumque terrarum exsistentes obligare possunt: quin etiam eosdem in
alieno territorio citare, excommunicare etc. Laymann lib. 1. tract. 4.
cap. 11. n. 2.

195. Altera exceptio ad omnes communitates extenditur; principium
enim illud limitari debet, « nisi *statutum praecipue respiciat rem in
territorio sitam, vel ipsius territorii commodum* » Tunc enim obligare
potest etiam subditos absentes. Ita v. gr. si statutum sit, ut omnes clerici
certo anni tempore ad Synodum veniant vel Canonici ad Capitulum. Qui
enim alicubi non fecit, quod facere deberet, censetur ibi adversus legem
facere, ubi esse deberet. Atque ita, qui non residet in sua ecclesia, ibi
per omissionem peccare censetur, utut sit absens et extra territorium,
atque adeo puniri potest, etiam excommunicatione. Sic etiam valet statutum iusta de causa prohibens incolis, ne adeant vicinam provinciam
peste infectam, aut ne exerceant mercaturam extra territorium. Et sic

DD. illi, qui dicunt, non incurrere excommunicationem eos, qui ingrediuntur monasterium exemptum, addunt tamen, excommunicationem incurri, si 'Episcopus in bonum subditorum suorum id statuat, v. gr. si a monasterii accessu scandalum timendum esset ob disciplinam ibi eversam. Vid. Silvest. V. *Excommunicatio* II. n. 13.

196. S. Alphonsus, lib. 1. n. 158. hoc loco aliam quaestionem movet, quae utique ad argumentum huius dubii aliquo modo spectat. Quaerit igitur (et dicit, *magnam* esse quaestionem), an peregrini possint dispensari ab Episcopo loci, ubi sunt, tam in legibus communibus (v. gr. ieiunii, abstinentiae ab operibus servilibus etc.), quam in votis ac iuramentis et subdit, quatuor de hac re adesse sententias.

Nil mirum, quod tanta sit dissensio, quando ne in principiis quidem, e quibus aliquid concludant, DD. consentiant. Quippe 1° dissentiunt, an peregrinus subditus fiat nec ne Superioris loci, in quo versatur: 2° rursus dissentiunt (si subditus dici non debeat), undenam repetenda aliqua potestas ad peregrinos illos dispensandos. Nos modo his quaestionibus immorari non debemus, nam de prima harum quaestionum mox disputabitur in dubio proxime sequenti: de altera vero sermo redit in Tractatu de Poenitentia, ubi quaeritur, undenam profluat potestas absolvendi peregrinos ab peccatis sive reservatis sive non reservatis. Hoc unice advertemus, tot ac tam gravia dubia in hac quaestione palam facere, defensores novae doctrinae circa absolvendos peregrinos a reservatis facile sui suaeque theoriae oblivisci nec satis cohaerere sibi ac principia, quibus innituntur, non admodum firma posse censeri. Interim quid pro praxi extundi possit ex hisce sententiis, paucis indicabimus.

197. In primis seponamus quartam sententiam, de qua s. Alph. scribit: « Quarta sententia communissima, ut ait Croix lib. 6. part. 3. n. 721. et communiter recepta, ut asserunt Salmantic. *de Leg.* cap. 3. n. 55. cui subscribimus, tenet, posse peregrinum dispensari ab Episcopo loci non solum in legibus, sed etiam in votis et iuramentis, modo ibi sit animo permanendi per maiorem anni partem ». Dico *seponendam;* quia qui habet animum sic permanendi, non dicitur nec censetur peregrinus, ut notat in hanc rem Suarez *de Voto* lib. 6. cap. 11. n. 10., quia habet ibi *quasi domicilium* et subditus ita fit, ut recipere possit omnia sacramenta (praeter Ordinem), etiam matrimonium assistente ibi parocho uti proprio.

Ceterum Croix et Salmanticenses in locis allegatis non tractant nostram hanc quaestionem, sed solum quaerunt, quid requiratur, ut quis domicilium aut quasi domicilium alicubi contrahere censeatur.

198. Quoad primam ergo ex aliis tribus opinionibus, sic s. Alph. lib. 1. n. 158.: « Prima... affirmat universe tam pro legibus, quam pro votis (nempe dispensandis ab Episcopo). Ratio, quia peregrinus per illum accessum, quamvis unius diei, fit vere subditus Superioris loci, ubi

reperitur ». Et addit, hanc sententiam *merito* dici probabilem a Palao Tract. 3. *de Legib.* disp. 6. punct. 7. § 2. n. 5.

De hac notabimus 1° a s. Alph. allegari praeter Pontium, Iosephum de Ianuario et Tanner apud Croix lib. 6. part. 3. n. 754. Sed reipsa nec Tanner nec Croix ea de re ibi loquuntur. Iosephum a Ianuario non potui videre et s. Alph. citat generatim *Tract. de Legibus.* 2° Ratio allegata levis est momenti et reipsa plures, qui asserunt peregrinos teneri ad servandas leges loci ubi sunt, negant dispensari posse, uti Suarez *de Voto* lib. 6. cap. 11. n. 11. 3° Pontius vero, qui reipsa solus videtur in hac sententia, duplicem rationem affert *de Matrim.* lib. 8. cap. 4. n. 7. Prima, quia peregrinus vere est tunc illius loci subditus. Sed Suarez cum aliis omnibus patronis eiusdem sententiae de hac peregrini conditione, negant consequentiam. Secunda Pontii ratio est, quia solus episcopus illius loci potest dispensare a particularibus legibus eiusdem loci. Et nos negabimus consequentiam. Quin et ipse Pontius addit, non esse usu receptum, ut. Episcopus dispenset peregrinum in votis. Ergo non apparet, cur Palaus probabilem dixerit.

199. Secunda sententia quam, inquit s. Alph. l. c., Palaus l. c. probabilem pariter dicit, prorsus opposita... dicit, quod peregrinus, quoad *usque acquirat alicubi verum domicilium...*, nunquam subditus est censendus et ideo... nec potest dispensari in legibus communibus, neque in votis aut iuramentis ab illius episcopo. Quae sententia nihil fere differt a prima, seu quarta, quam tetigimus sup. n. 197.

Haec sententia, uti patet, est prorsus negativa. Quando enim acquisivit domicilium, non est amplius peregrinus.

Durior autem visa est haec sententia et communius DD. satis putant, si quis habeat in loco *quasi domicilium.* Proinde declarationem quandam S. C. a Gregorio XIII. approbatam, quae excluderet etiam habentes *quasi domicilium,* aut velut non authenticam, aut non receptam usu isti DD. posthabent et contrariam S. Pii V. allegant declarationem circa Scholares, qui certe non habent nisi quasi domicilium. Ita et Mazzotta a s. Alph. allegatus *de Leg.* disp. 4. cap. 3. q. 2.

200. Tertia denique sententia peregrinum posse dispensari autumat in legibus communibus v. gr. ieiunii, non vero in votis ac iuramentis. Quam sententiam s. Alphonsus l. c. tribuit Palao l. c. nn. 5. 6. et Navarro ac Menochio: sed minus exacte; nam Navarrus et Menochius a Palao allegantur, non quasi doceant, peregrinos dispensari posse in legibus sive loci specialibus sive communibus, sed tanquam qui tradant, peregrinos non contrahere ibi parochiam, nempe allegantur pro secunda parte sententiae, qua negatur posse dispensari in votis etc.

201. Quibus praemissis, haec colligere possumus.

1° Sententia, cui s. Alph. subscribere se dicit, est, peregrinum dispensari non posse, qui scil. nec *domicilium* nec *quasi domicilium* habeat sup. n. 200. Quod tamen extendi non debet ad dispensationem a legibus propriis eius loci, si quas peregrinus alioquin servare deberet. Ratio, quia si quae servandae a peregrino sunt, hic tamen non deterioris conditionis habendus est, quam subditi. Praeterea qui dare potest legem, potest tum legem auferre tum dispensare.

2° Cum Regulares ex privilegio speciali possint dispensare in votis ac iuramentis illorum omnium, quorum confessiones audierint; hinc urgente aliqua causa, ad ipsos tuto recurri posset. Ita et Barbosa *De Offic. Episc.* part. 2. alleg. 36. n 15.

3° Notanda haec ex Suarez *de Vot.* lib. 6. cap. 11. n. 11): « Dices: Quid si necessitas urgeat? Respondeo, necessitatem non dare iurisdictionem ei, qui pastor non est: erit ergo tunc subveniendum necessitati eius, qui voto ligatus est, tanquam carenti pro tunc pastore, qui possit cum illo in voto dispensare. Adde nullam videri posse tam urgentem occasionem, quae ad tollendum vinculum voti statim et sine mora compellat. Nam si tantum sit aliqua urgens occasio alicuius commoditatis humanae, illa non satis est ad tollendum voti vinculum, praesertim invertendo ordinem ecclesiasticae iurisdictionis et illam usurpando. Si vero sit necessitas spiritualis, illi subveniri poterit aliis mediis, vel saltem sufficiet pro tunc suspendere exsequutionem voti et ad hoc multum valere poterit auctoritas praesentis loci Episcopi vel per modum interpretationis vel fortasse etiam per modum dispensationis in usu seu dilatione exsequutionis voti; quia haec facilius admitti potest *ex voluntate interpretativa proprii episcopi*, quam dispensatio de vinculo voti.

Doctrina haec Suarez (qui alioquin defendit, peregrinum fieri subditum ac teneri legibus specialibus loci, in quo moratur), videtur difficilis. Nam. 1° Quae aequitatis ratio erit, quod legibus ceu subditi teneantur et simul ita iurisdictione eximantur, ut subsidium habere nequeunt? Contra principia iuris exigunt oppositum, quae odia restringi, favores ampliandos tradunt. 2° Cum dispensationes tribui debeant ubi causa iusta id exigit, non est credendum, Ordinarios pastores non consentire, ut proprii subditi, ubi causa postulat, gaudeant subsidio hoc, quod omnibus in promptu esse debet. Si enim iurisdictionem suam aliis Pastoribus participant quoad confessionem, cur in minori re negabunt, scil. dispensationibus? Quoad vota tamen pertinebit ad prudentiam Episcopi dispicere, an magis expediat, si res patiatur, ad proprium pastorem remitterc. Dixi, *si res patiatur;* nam si agatur de matrimonio mox contrahendo et alteruter sponsorum v. gr. habeat votum non nubendi, frustraneum erit remedium, quod suggerit Suarez. Valere posset illud remedium quoad votum v. gr. recitandi quotidie Officiolum B. V.; posset enim suspendi ad aliquot dies, ut causa integra proprio pastori reservetur.

Dub. III.

An peregrini et vagi teneantur praeceptis locorum, in quibus morantur.

XXXVII. Respond. Regulariter non tenentur praeceptis specialibus illorum locorum. Ita Laym. Sanch. Azor, Konin. Less. Reginald. Fill. contra Navarr. Suar. Sà etc. et quoad vagos, etiam contra Bonac. et Sanch. Ratio est, quia non potest dari ulla ratio huius obligationis, cum illi non sint subditi vel locis vel Superioribus, quorum tales leges fuerunt; ideoque sint extra eorum iurisdictionem. Nec obstat 1. eos nullis partialium locorum statutis, sed solo iure communi teneri; quia id non est absurdum. Nec 2. quod vagi, ob delicta admissa, puniri possint; hoc enim consuetudo recepit, ne scelera maneant impunita.

Dixi 1. *regulariter:* quia tenentur quibusdam legibus, maxime quarum violatio cederet in damnum et iniuriam illius loci, in quo morantur, ut etiam iis, quae sunt de contractibus celebrandis.

202. S. Alph. lib. 1. n. 156. relata sententia Suarez, scribit: « Haec sententia est satis probabilis; sed probabilior videtur secunda, quae dicit, advenam non teneri legibus loci, ubi moratur nec intendit morari per maiorem anni partem ». Addit, hanc sententiam teneri a Sanchez et *pluribus aliis.* Ita, ut Canonistas quoque memorem, Pichler lib. 1. tit. 2. n. 54. et Schmalzgrueber lib. 1. tit. 2. n. 42. qui hanc probabiliorem vocat atque ibid. n. 43. idem dicendum affirmat de vagis. Vagi eo differunt a peregrinis, quod hi alicubi domicilium habeant, vagi nusquam. Ratio, quia eiusmodi *vagi* non sunt vere subditi, cum nemo subditus fiat, nisi ratione originis, domicilii vel quasi domicilii, contractus et delicti. Atqui eiusmodi vagi in regione, qua transeunt, non habent domicilium, vel quasi: ergo quoad leges, quae ad contractus non spectant vel delictis poenam non imponunt, non erunt subditi; si vero subditi non sunt, nec etiam tenebuntur legibus illius loci obtemperare. Ita Schmalzgr.

203. Itemque valet pro peregrinis illud, quod nemo sortitur forum, nisi ratione domicilii, vel ratione delicti, vel ratione contractus, vel ratione rei seu possessionis sitae in territorio, vel denique interdum ratione originis.

Itaque tenebuntur legibus loci quoad sollemnitates contractuum et illis legibus loci particularibus, quae specialiter latae sint in bonum illius loci ob necessitatem reipublicae, v. gr. quae prohibent, ne certae merces aut invehantur aut extrahantur, ne importentur quidam libri, ne peregrini ultra tot dies commorentur, ne certum armorum genus feratur etc.

Item si delinquet contra leges communes, sortietur ibi forum, exigente id bono communi, ne delicta maneant impunita. Adde posse obligari etiam ratione scandali, v. gr. ne die festo merces expositas habeat horis interdictis: qua de causa posset etiam puniri.

204. S. Alphonsus lib. 1. n. 156. addit aliam limitationem: « Limitatur, inquit, si eaedem leges vigeant in patria peregrini ». Et fatendum est, hanc doctrinam esse valde communem. Verumtamen ipse s. Alphonsus ibi indicat, contradicere Sanchez (a) et Diana, quibus alii addi possunt, ut Iosephus de Ianuario.

Et sane peregrinus huiusmodi ad legem utique illam servandam non tenetur eo quod vigeat in patria sua, uti patet. Restat ergo, ut teneatur, quia obligatur lege loci, in quo est; hoc autem est contra thesim. Hinc et Gury §. 35. n. 6. *probabilius* dicit, non teneri. Excipe nisi sit lex *specialis* quidem, sed quae lata sit pro pluribus simul dioecesibus vel provinciis, v. gr. in Synodo provinciali aut nationali. Ligaberis enim, quousque es in illis, utcumque a patria exeas; erit enim quoddam ius *commune* pluribus locis, licet non omnibus. Sic conciliari possunt sententiae.

205. Veruntamen aliter DD. solent decernere, non quia rationem quampiam validam in promptu habcant (quippe nullam solent afferre), sed quia improbi ingenii videtur, qui hac occasione uti velit ad se a lege eximendum. Adverterim tamen, minus incongruum id videri, si diversa sit ratio, qua uterque locus quidpiam imponant, v. gr. si ieiunium alicubi servetur ex voto, alibi vero ex lege speciali loci, v. gr. ratione Patroni principalis.

206. Suarez *de Relig.* tract. 2. lib. 2. cap. 14. n. 10. volens explicare, quomodo *consuetudo* obligare peregrinos queat ad observandas leges loci speciales, observat, consuetudinem sortiri vim legis ex consensu alicuius habentis iurisdictionem. Vid. sup. a n. 53. Verum aut recurrimus heic ad consensum Episcopi loci et tunc supponimus id, quod est in quaestione scil. Episcopum localem habere iurisdictionem in peregrinos: quod si admittas, inutile est recurrere ad consuetudinem. Non possumus recurrere ad consensum Episcopi ipsorum peregrinorum; quia huius iurisdictio non protenditur ultra suum territorium. Hinc Suarez recurrit ad quoddam *ius gentium*. « Quia tamen (inquit) obligatio servandi tale festum non est immediate ex iure gentium, sed ex statuto talis Episcopatus, dicerem quasi communi iure gentium et ex consensu omnium fidelium et praecipue Pastorum et Pontificum introductum in Ecclesiam esse, ut Episcopi possint obligare non solum incolas, sed omnes ad tempus aliquod habitantes in suis dioecesibus ». Unde concludit: « Suppo-

---

(a) Sanchez tamen *de Matrim.* lib. 3. d. 18. n. 3. ait: « Certum est, licet (peregrini) divertant per modum transitus, si consuetudines et leges sui oppidi ibi etiam obligent, teneri ad eas; quia nulla ratio est excusans, cum obligent tam in loco domicilii, quam in loco, ubi reperiuntur ». Sed quaeritur, cur nulla sit ratio peregrinos excusans, quando leges speciales utroque in loco obligant. E.

sita ergo illa generali consuetudine universali et quasi iure gentium, óbligatio ista iam est ex vi iurisdictionis Episcopalis ».

Et alii quidem negabunt hanc consuetudinem universalem; et sic tota moles aedificii illius, etiam nullo alio adhibito ariete, sponte sua corruet. Verum inde sumi posset praesidium, quo explicetur obligatio in peregrino servandi non quidem omnes, sed certe aliquas legos locorum.

Et siquidem velimus recurrere ad quoddam *ius gentium,* dici posset, quod cum ius gentium sit, quod communi usu atque moribus omnium constituitur, postulante id recta ratione ad conservandam inter omnes gentes ac homines communem vitae societatem, facile explicabitur ratio servandi illas leges, quas n. 203. indicamus.

Perinde autem erit, si dicas, peregrinum ad quasdam leges servandas teneri non quia subditus censetur potestati illic iurisdictionem dicenti, sed quia hoc tantum tacito pacto seu conditione in eam societatem seu locum permittitur ipsi pedem inferre, si velit servare quasdam leges, quarum violatio ob utilitatem et bonum loci illius non permittitur.

Porro, cum inter leges locales quaedam esse possint, quarum observatio parum ad eum scopum referat et rursus aliae, quarum observantia censetur necessaria; hinc facile explicabis, cur harum, non autem illarum observatio exigitur et quomodo componi possint duae extremae sententiae, quarum altera observandas loci leges contendit, alia inficiatur.

Unde resolves hos Casus.

XXXVIII. 1. Tales non tenentur audire Missam et possunt opera servilia exercere die istic festo: non tenentur ieiunare nec abstinere a carnibus, quando istic est ieiunium et domi suae non est. Intellige utrumque secluso scandalo, propter quod Episcopus loci punire posset. Laym. l. c. t. 4. c. 12. n. 4.

207. Exempla advenarum fabrorum murariorum reficientium vias, fabrorum lignariorum aut ferrariorum etc. item mercatorum.

XXXIX. 2. Peregrinis non licet frumenta evehere vel vendere supra pretium ibi statutum, noctu arma ferre etc. si talia ibi prohibita sint. Panorm. Regin. Sanch. l. c. *de Matr.* n. 12.

208. Pontius *de Matrimon.* lib. 5. c. 7. § 1. n. 6. vult hinc concludere, peregrinos teneri ad omnes loci leges; quia omnes leges cedunt in bonum communitatis. Non bene; nam leges ecclesiasticae bonum maxime singulorum spectant. Neque, uti patet, omissio ieiunii (secluso scandalo) affert ullum loco incommodum.

XL. Dixi 2. *praeceptis specialibus:* quia si domi tuae consuetudine derogatum sit alicui praecepto iuris communis et alio venias, ubi illud viget, eodem obligaberis. Ratio est, quia lex iuris communis est universalis et obligat omnes sine ordine ad locum. Laym. c. 12. n. 3.

209. Revocandum scil. principium, quod consuetudines, sicut et leges,

afficiunt locum; cessat ergo exemptio a iure communi, statim ac.a territorio egrederis: cum alioquin ius commune obliget, ubicumque per consuetudinem vel privilegium derogatum ipsi non fuerit.

Unde resolvitur hic Casus.

XLI. Belga aliquis veniens Coloniam v. gr. tenetur istic sabbatis inter Nativitatem Christi et Purificationem abstinere a carnibus; quia privilegium eius comedendi tunc carnes non est personale, sed locale: ideoque exspirat extra locum. Laym. l. c.

210. Adde exemplum v. gr. Mediolanensis aut Germani, qui Romae die ieiunii non poterit uti caseo in vespertina refectiuncula etc.

Dub. IV.
An peregrini teneantur praeceptis iuris communis si non sunt in usu in loco, ubi morantur.

XLII. Resp. Non teneri. Ratio est, quia tunc valet privilegium locale, quo frui possunt omnes, qui in loco morantur. Ita Sanchez 1. Mor. cap. 12. Suar. Laym. etc.

211. Res clara est et extra controversiam.

Unde resolvuntur sequentes Casus.

XLIII. 1. Si Germanus per Hispaniam transeat, potest sabbatis vesci intestinis animalium. Idem, si per Belgium aut Mediolanum iter habeat, potest inter Nativitatem Christi et Purificationem, in Belgio sabbatis, Mediolani vero quatuor primis diebus Quadrages. carnibus vesci. Sanch. Suar. Bon. p. 6. n. 61.

212. Non eget declaratione.

XLIV. 2. Si quis ex Dioecesi catholica, v. gr. Hildesio, ubi vetus Kalendarium adhuc est in usu, veniat in aliam, ubi novum est receptum, v. gr. Monasterium, potest, si ibi Quadragesima praeteriit, carnibus vesci, ut docet Sanch. l. c. Salas n. 69. Bon. n. 46. Less. l. 4. c. 2. d. 8. qui tamen contrariam sententiam suadet in praxi, licet haec tuta sit, ut etiam docet Laym.

Addidi ex Dioecesi catholica: quia si catholicus veniat in terras haereticorum, ubi alii catholici non sunt, tenetur ibi servare novum Kalendarium ad vitandum scandalum et contemptum Ecclesiae catholicae. Vide Laym. l. 1. t. 4. c. 11. n. 8.

213. Exemplum Kalendarii diversi valebit modo pro Russia.

Quoad limitationem 2ae Resolutionis, obscura est sententia Auctoris. Clarius sic eam proponit Laymann lib. 1. tract. 4. cap. 11. n. 8: « Loquor, inquit, de ecclesiis et dioecesibus catholicis. Nam alia est ratio, si peregrinus catholicus in terras haereticorum venit, ubi in contemptum Ecclesiae catholicae cedet et scandalum dabit, si posthabito catholico more, in observationibus ecclesiasticis se conformet illegitimae consuetudini (scil. utendi adhuc veteri Kalendario) ab haereticis pertinaciter re-

tentae ac defensae. Debet ergo, si commode potest, servare festa et observationes secundum Kalendarium novum etc. Secus si quos ibi inveniret
catholicos, vel si qui catholici ibi vivant: praesumitur enim consensus
catholicorum Praesulum ad pacem servandam et sic his peregrinus se
conformare poterit ».

CAPUT III.

DE MODO, QUO OBSERVANDA SUNT PRAECEPTA.

Dub. I.

An debeant impleri ex caritate.

XLV. Respond. Possunt impleri sine charitate, nisi hanc in substantia includant,
v. gr. praeceptum dilectionis Dei. Ratio est, quia tantum praecipitur substantia actus
inclusi in praecepto, v. gr. ut honoretur parens, non autem finis aut modus praecepti. ut docet s. Thom. 1. 2. q. 100. a. 10. Interim certum est, requiri caritatem
in operante, ut impletio praecepti sit meritoria, iuxta illud 1. Cor. 13. *Si linguis
hominum loquar.* S. Thom. Suar. Sanch.

214. Bene principium quoddam generale sic proponit Sanchez *Mor.*
lib. 1. cap. 14. n. 1.: « Ex s. Thoma leges humanae praecipiunt substantiam actus, non modum, nisi modus sit de intrinseca ratione actus secundum se et prout cadit sub lege, ut attentio aliqua est de orationis
essentia et dilectio Dei super omnia est intrinsecus caritatis modus ».

Doctrina s. Thomae, ab A. allegati sic se habet 1. 2. q. 100. art. 10.:
« Quidam dixerunt absolute, modum caritatis esse sub praecepto... Alii
vero dixerunt, quod omnino modus caritatis non cadit sub praecepto.
Utrique autem quantum ad aliquid, verum dixerunt. Actus enim caritatis dupliciter considerari potest. Uno modo secundum quod est quidam
actus per se et hoc modo cadit sub praecepto legis, quod de hoc specialiter datur, scil. *Diliges Dominum Deum tuum* et *Diliges proximum
tuum* et quantum ad hoc primi verum dixerunt... Alio modo potest considerari actus caritatis, secundum quod est modus actuum aliarum virtutum, hoc est, secundum quod actus aliarum virtutum ordinantur ad
caritatem, quae est finis praecepti... Et hoc modo verum est, quod secundi dixerunt, quod modus caritatis non cadit sub praecepto: hoc est
dictum, quod in hoc praecepto, *Honora patrem*, non includitur, quod
honoretur pater ex caritate, sed solum quod honoretur pater; unde qui
honorat patrem, licet non habeat caritatem, non efficitur transgressor
huius praecepti, quod est de actu caritatis, propter quam transgressionem meretur poenam ».

Ceterum in Tract. *de Actibus Humanis* a n. 181. iam vidimus, oppositam doctrinam fuisse haereticorum et eo adducere, ut omnia opera infidelium et peccatorum dicenda sint peccata, et haec damnata est.

215. Quoad ultimam partem de necessitate caritatis ad meritoriam legis observationem, 1° recole alibi dicta in Tract. *de Actibus Humanis* a n. 186.: 2° explica, quo sensu homo *nihil* sit sine caritate, videlicet non prosunt opera ad praemium vitae aeternae etc.

Unde resolvuntur sequentes Casus.

XLVI. 1. Si quis ieiunet, vel intersit sacro ob vanam gloriam, vel etiam ut furetur, potest nihilominus implere praeceptum, etiam per actum ex circumstantiis peccaminosum; quia implet substantiam illius praecepti, licet peccet contra aliud, cui finis ille malus opponitur, ut docet Sanchez 1. *Mor.* c. 14. Laym. l. 1. t. 4. c. 4. n. 6. Card. de Lugo disp. 22. s. 2. n. 23.

216. Ita rem intellige, quod heic supponitur positum opus praeceptum ex obiecto bonum; lex enim non violatur, licet 1° nec intendatur nec obtineatur finis a legislatore intentus: 2° imo opus malum evadat, non quidem in specie, sed in individuo ob pravam circumstantiam finis.

Exempla: si ieiunia Ecclesiae impleas 1° ex avaritia, 2° ex vana gloria, 3° ex gula, quia placent pisces cum mero.

In hisce enim casibus non obtinebitur finis, qui est subiectio carnis ad spiritum aut fraenatio gulae; sed non violatur lex.

217. Suarez de hac re *de Leg.* lib. 3. cap. 29. n. 6.: «Dicendum est sufficienter impleri legem humanam per actum praeceptum secundum substantiam illius, etiamsi non sit simpliciter bonus moraliter nec honesta intentione fiat ».

Quam in rem ibid. n. 7.: « Lex solum obligat ad id, quod praecipit; solum autem praecipit materiam, in quam cadit et non finem; ergo obligat ad materiam et non ad finem. Ergo si materia exsecutioni mandetur, servatur lex, quidquid aliunde peccetur. Prob. ult. anteced., quia solum id praecipitur, quod in lege exprimitur per modum imperii; lex autem humana non imperat fieri hoc propter illud, sed ut fiat hoc. Quod si aliquando in lege exprimitur finis legis, non est per modum obiecti legis, sed solum per modum rationis vel motivi, propter quod modus praecipitur etc. »

218. Quod Auctor dicit de eo, qui sacro interest ut furetur, intellige ita, ut ad ecclesiam non ideo solum veniat, ut furetur, aeque venturus, si Missa non recitaretur; sed ut veniat etiam ad sacrum audiendum. Ita et qui venit ad Missam audiendam et simul habet malam voluntatem ibi videndi feminam etc. Ita et qui Missam audit ex metu patris, alias non auditurus. Vid. Lug. *de Sacram.* disp. 22. n. 23. Ita qui pauperi extreme indigenti tribuit eleemosynam ex pravo fine illum inducendi ad malum, non transgreditur praeceptum eleemosynae. Salmantic. *de Leg.* cap. 2. n. 148·

219. Suarez *de Leg.* lib. 2. cap. 10. n. 13: « Differt ius (naturale) ab humano; nam ius humanum ita potest servari per actum malum, ut nulla ex parte violetur; quia illa malitia, quae adiungitur tali actui, saepe non est contra aliquod praeceptum humanum, sed contra naturale: at vero ius ipsum naturale, quod praecipit facere actum honestum, praecipit etiam, ut studiose fiat; quia hoc ipsum est ex dictamine rationis naturalis... et ideo quoties per malum actum impletur naturale praeceptum, ius ipsum naturale violatur ». Quamquam non negat n. 13. impleri hoc naturale praeceptum, etiamsi fiat ex vanitate.

Ergo melius dicetur non impleri praeceptum naturale, quatenus lex naturalis utrumque prohibet, non quasi primum illud *speciale* violetur.

XLVII. 2. Simili ratione impletur votum, iuramentum Deo factum, poenitentia sacramentalis, licet actus ipse sit peccatum. ibid. ll. cc. — Hac tamen de re vide Propos.14. inter damnatas a sum. Pontif. Alex. VII.

220. De Satisfactione haec habet Suarez *de Poenit.* disp. 38. sect. 8. n. 1. : « Effectus (satisfactionis) est finis, non materia huius praecepti. Ergo etiamsi opus ipsum satisfactorium male fiat, ita ut ex aliqua circumstantia sit peccatum, potest sufficere; ut si imponatur ieiunium et poenitens vel in quantitate excedat vel quoad finem deficiat, si tamen formam ieiunii servet, implebit praeceptum sibi impositum ». Hinc communis doctrina (vid. s. Alph. lib. 6. n. 522.), quod impleatur praeceptum satisfactionis sacramentalis, licet quis tunc sit in peccato mortali imo affectum ad peccatum gerat: licet DD. non diffiteantur, hunc peccare venialiter; quia obicem ponit effectui, scil. remissioni poenae etc. s. Alph. ib. n. 521.

221. Maior quaedam difficultatis species habetur relate ad votum seu iuramentum et fuerunt qui dicerent, his non satisfieri opere posito ob finem malum aut indifferentem. Quorum rationes tamen solvit Sanchez *Mor.* lib. 1. cap. 14. n. 3.

Dicunt 1° Opus malum praestaret potius omittere: atqui quod omitti praestat, non est materia voti: ergo.

Resp. D. Praestat omitti quoad modum et circumstantiam pravam, C: quoad substantiam, N. Licite et bene ergo prius illud omittitur, non vero posterius.

Dicunt 2° Promittens rem bonam et utilem, non satisfacit dando malam et inutilem; atqui: ergo.

Resp. Promittitur res bona et utilis quoad substantiam, non vero quoad modum: secus esset duplex votum. Vota sunt de actu virtutis quoad actus substantiam atque obiectum et per hoc, posita substantia, censetur impleri.

Dicunt 3° Vota respiciunt Dei cultum; atqui Deus non colitur opere malo: ergo.

Resp. Dei cultus in voto non intenditur tanquam res praecepta aut sub votum cadens; sed est finis vel modus praecepti ac voti: haec autem sub praeceptum aut votum (nisi duplex fiat de substantia et de modo) non cadunt. Aliis verbis, praecepta et vota includunt circumstantias intrinsecas rei praeceptae vel promissae, non autem finem extrinsecum, quem exsequens apponere potest.

222. Adnotator patavinus heic monet de cavenda propositione 14ª ex damnatis ab Alexandro VII. quae ita se habet: « Qui facit confessionem « voluntarie nullam, satisfacit praecepto Ecclesiae. » Sed non est ad rem; quia heic ipsa substantia rei praeceptae deest. Contra in rem nostram: satisfacit, qui valide confiteatur, sed confiteatur e. gr. ad captandam benevolentiam Confessarii vel ad vanam gloriam vel cum alia circumstantia leviter peccaminosa, puta, si mentiatur circa aliquod adiaforum in ipsa confessione, v. gr. mulier circa numerum annorum aut circa distantiam habitationis aut circa divitias aut paupertatem etc.

Dub. II.

An ad impletionem praeceptorum requiratur intentio iis satisfaciendi.

XLVIII. Resp. Quod non. Ita Sanch. Vasq. 1. 2. q. 100. a. 9. et alii communiter. Ratio est, quia lex tantum praecipit liberam operis externi exsecutionem, v. gr. auditionem sacri, non autem ut alio peculiari actu quis velit vel intendat praecepto satisfacere: sive ut alii loquuntur, praecepta non obligant ad obedientiam formalem, hoc est, ut illud fiat, quia praecipitur, sed tantum ad materialem sive ut fiat, quod praecipitur. Vid. inf. l. 3. tr. 3. c. 1. d. 3.

Unde resolvuntur sequentes Casus.

XLIX. 1. Qui alicuius praecepti immemor, illud implevit v. gr. ignorans esse diem festum, libere tamen interfuit sacro, is satisfecit. Neque, ut quidam volunt, necesse est, ut postea intelligens esse diem festum, velit tunc satisfacere per Missam auditam; quia implevit substantiam actus praecepti. S. Thom. Henr. Fill. t. 3. c. 7. q. 7.

L. 2. Is votum, iuramentum et poenitentiam sacramentalem vere implet, qui opera promissa vel iniuncta exsequitur, etsi non habeat intentionem implendi: modo tamen non applicet ea pro alia re. Ratio est, quia vota etc. sunt leges quasi particulares, quas homo sibi vel alteri imponit, unde tantum obligant ad substantiam actus. Suar. Azor, Less. Laym. n. 6.

223. Addit s. Alph. lib. 1. n. 163. requiri intentionem faciendi illud, quod est praeceptum et hoc est, quod ait Auctor, praecipi liberam operis externi exsecutionem. Cf. dub. 4.

Ceterum tum responsio, tum binae resolutiones plurimum conferunt ad sedandos scrupulos quorumdam, qui putant se non satisfecisse; quia non habuerunt intentionem.

Quod ait A. in 2. resolutione impleri obligationem, *modo non applicentur opera pro alia re,* intellige *pro alia re,* cuius satisfactio sit incompossibilis cum impletione alterius praecepti, iuxta ea quae dicentur ad Dub. 5.

DUB. III.

An satisfaciat praecepto qui faciens opus,
expresse intendit per illud non satisfacere.

LI. Resp. Satisfacit. Ita Suar. Val. Vasq. l. c. et Less. l. 2. c. 7. dub. 10. contra Nav. Azor etc. Ratio est, quia praecepta tantum obligant ad substantiam operis iniuncti, ergo illa posita, non est in potestate operantis, ut non satisfaciat. Nec refert 1. quod actus non operentur ultra intentionem agentis; quia id intelligitur, quando est in potestate operantis, v. gr. satisfacere, vel non. Nec 2. quod qui debet alteri centum, non satisfaciat obligationi, si liberali donatione det ducentos. Nec 3. quod voto obligatus ad recitandum Rosarium, si recitet animo non implendi, non satisfaciat. Ratio est, quia hae et similes obligationes proveniunt ex voluntate promittentis, qui, sicut ab initio debitorem se libere constituit, sic in debito libere permanere potest: obligatio autem parendi legi provenit ex voluntate legislatoris; ideoque non extenditur ultra eius intentionem et voluntatem, nempe ultra substantiam operis praecepti. Con. n. 309. v. Less. l. c. et Laym. heic.

Unde resolvuntur sequentes Casus.

LII. 1. Sacerdos, qui legit Horas non ea devotione, qua voluit, ideoque proposuit ad satisfaciendum praecepto repetere, etsi deinde non repetat, satisfecit tamen praecepto. Suar. Con. Card. de Lugo etc.

LIII. 2. Audiens sacrum die festo, quod scit esse ultimum (vel, si non sit ultimum, intendens non audire aliud) licet intenderit non satisfacere, vere tamen satisfecit praecepto de audienda Missa; etsi peccarit contra aliud praeceptum, quo quis tenetur esse subditus legislatori. Card. de Lugo loc. cit.

LIV. 3. Is, qui sacrum audivit die festo, legit Horas canonicas, absolvit poenitentiam sacramentalem, cum animo non satisfaciendi, non tenetur postea mutare voluntatem, ut velit per praecedens opus satisfecisse; quia vere satisfecit. Sanch. Salas d. 9. n. 33. Card. de Lugo de Euchar. d. 12. s. 2. n. 21. contra Suar.

224. Ad Resp. s. Alphonsus lib. 1. n. 164. hanc Auctoris doctrinam dicit *communissimam* et lib. 4. n. 176. eadem utitur ad solvendum casum, quem Auctor proponit in prima solutione.

Et huius quidem doctrinae usus haud rarus accidit; quippe quod Auctor dicit de recitante Breviario, alias saepe contingit de implente votum, de audiente Missam die festo, de implente poenitentiam etc.

Nec necessarium est intentionem postea elicere et veluti reiicere versus opus exactum, pro praecepti satisfactione.

Dub. IV.

An ad impletionem praeceptorum requiratur intentio
seu voluntas faciendi id, quod praeceptum est.

· **LV. Resp.** Quod sic. Ratio est, quia, cum lex detur hominibus, non brutis ideoque humano modo sit implenda; hinc impletio omnis praecepti sive humani sive divini debet esse actus humanus coniunctus cum libertate et voluntate operantis, id est, ut velit sive intendat facere hoc, quod est praeceptum, v. gr. audire sacrum, ieiunare etc. Est communiss. Vid. Vasq. 1. 2. q. 100. a. 9. Suarez, Sanch.

225. Bene notat Suarez *de Leg.* lib. 2. cap. 10. n. 1. et lib. 3. cap. 29. n. 1. et post Suarez Salmantic. *de Leg.* cap. 2. n. 139. huiusmodi quaestionem, sicut et nonnullas praecedentes, proprie solum habere locum in praeceptis affirmativis; quia negativa praecepta non dantur de actibus, sed de negatione actus et ideo ut impleantur, non requirunt actum, sed omissionem. In omissione autem non est necessaria positiva voluntas abstinendi ab actu.

Ita aegrotus vel otiosus satisfacit praecepto abstinendi ab operibus servilibus die festo, licet ea de re nihil cogitet. Imo etiamsi quis coacte quis omittat, implet praeceptum, ut non amplius teneatur; v. gr. si ieiunet vel nescius ieiunii vel coacte vel quia dormivit tota die.

Unde resolvuntur hi Casus.

LVI. 1. Qui audivit sacrum die festo ebrius, dormiens aut impos sui quomodocumque aut nescius, quid aggrederetur aut vellet facere, tenetur postea compos sui factus audire aliud sacrum. Suarez Sanch. Salas d. 9. n. 32.

226. Vides praecepta esse affirmativa.

LVII. 2. Is, qui audivit sacrum, ieiunavit etc. prorsus violenter coactus, non satisfecit; non enim fuit actus humanus defectu voluntarii. Vasq. Suar. Azor. Fill. n. 232.

Dixi, *prorsus violenter;* quia, si famulus, v. gr. metu domini, aut puer metu magistri sacrum audiat (esto non sit auditurus, si magister abesset) is, etsi perversa voluntate illa peccet, praecepto tamen satisfacit. Ratio est, quia metus non tollit libertatem. Sanch. Sal. l. c. Laym. l. 2. t. 4. c. 4. n. 12.

227. Hoc intellige pariter de affirmativo: de negativo intellige, si non modo actus non fuit voluntarius, sed fuit contra voluntatem. Haec enim voluntas ipsa peccatum est et transgressio legis.

LVIII. 3. Recitans Horas sola intentione legendi vel addiscendi, non satisfacit, uti nec ille, qui vadit ad sacrum tantum, ut oculos pascat, cum alio colloquatur vel exspectet amicum. Card. de Lugo l. c. n. 23.

228. Nihil addendum. Solum adverte, hoc pacto solere quosdam v. gr.

experiri, antequam primam Missam dicant aut pontificale celebrent etc.
aut concionentur.

LIX. 4. Nec satisfacit is, qui tantum ficte confitetur vel orat etc.; quia non eius
fictio, sed opus praeceptum est.

229. Hac de causa DD. quidam rationem reddunt prop. 14. damnatae
ab Alexandro VII.; quasi satisfaciat praecepto confessionis, qui confessionem voluntarie nullam facit. Ficta enim dici potest, non vera confessio.

Dub. V.

An duplici praecepto, uno actu vel diversis
actibus eodem tempore possit satisfieri.

LX. Resp. 1. Uno actu diversa praecepta simul impleri possunt, nisi aliud colligatur ex mente praecipientis. Patet ex praxi quoti-liana; qui enim obligatur ad Horas
ratione ordinis et beneficii, satisfacit una recitatione. Sanch. l. 1. c. 14. Sal. Bonac. p. 10.

230. Quod unico actu possit satisfieri pluribus praeceptis (excepta materia iustitiae, ut notatur in resolut. 3ᵃ), facile constat. Sed difficultas
est, quandonam id accidat, quando non.

Quidam (ita Salmantic. *De leg.* cap. 2. n. 149.) regulam hanc tradunt:
tunc actu unico satisfieri, quando plura praecepta cadunt supra eandem
materiam. Ita v. gr. Pater filio praecipit, ut ad Missam audiendam pergat,
ad quod Ecclesiae praecepto tenetur. Ita si vovisti eleemosynam, satisfacis simul voto et praecepto v. gr. succurrendi extreme indigenti, si
eam eleemosynam huic largiris.

231. Sed difficultas est, quandonam diversa praecepta supra eandem
materiam cadere censeantur. Ad quod nulla alia suppetit reipsa regula,
nisi quae et ab A. indicatur, ut inspiciatur scil. mens ac intentio legislatoris seu praecipientis. Quando vero de mente praecipientis non constat,
nihil DD. suggerendum habent, nisi ut res ex circumstantiis diiudicetur
et coniiciatur de praecipientis mente. Et Salmantic. *de Leg.* cap. 2. n. 150.
insinuant, in dubio tunc legislatorem censeri novum onus imponere voluisse, quando ex diverso *motivo* quidpiam iniungit; tum etiam si mandans, qui sciebat praecedens onus, non praesumitur voluisse idem imponere, sed aliud novum. Ceterum resolutiones ob oculos positae solvunt
communiores casus, e quibus ad alios similes argui poterit.

Unde resolvuntur hi Casus.

LXI. 1. Cum Dominica et festum incidunt in eundem diem, non teneris audire
duo sacra.

232. Adde quod satisfieret et voto, si hoc non novum opus exigebat,
sed potius *non omittendum illud statuebat:* v. gr. qui quotidie se sacrum auditurum vovisset.

LXII. 2. Votum et Poenitentia in confessione iniuncta plerumque non implentur per actum alias debitum; quia haec plerumque non est mens voventis et confessarii. Vid. Suarez. t. 4. in 3. p. Sanch. 1. *Mor.* c. 14.

Dixi *plerumque;* quia subinde confessarii iniungunt opus alias praeceptum.

233. Verissimum est, quod habet A., confessarium subinde iniungere pro satisfactione opus, quod alias iniunctum est et hoc duplici de causa fieri potest: 1ª quando vix alius modus suppetit, quo poenitens aliquam satisfactionem praebeat; tunc applicari potest et Missa quam die festo audit et ipsa paschalis communio. 2ª est, quando poenitens desiderat et confessarius opportunum ducit, ut hoc medium ipsi suppetat satisfaciendi uberius.

234. Id locum habet etiam relate ad votum, praesertim quando votum est de re quotidiana aut alligata alicui diei, v. gr. si quis voverit, quotidie se recitaturum rosarium aut ieiunaturum singulis sextis feriis aut sabbatis. Hic neque duplex rosarium recitabit ob iniunctam satisfactionem nec ieiunium transferet in aliam diem, si forte eo sabbato ieiunandum sit ob legem Ecclesiae, v. gr. ob vigiliam ss. Apostolorum Petri et Pauli, Ratio est, quia qui eiusmodi obsequium Deo vovet, non excludit ab ipso opere aliam intentionem. Ita confessione facta ex voto satisfacis conditioni confessionis ad lucrandas indulgentias.

LXIII. 3. Qui alteri ex pluribus obligationibus debet centum v. gr., non satisfacit, si semel dat centum; quia in debitis iustitiae attenditur aequalitas rei ad rem: non potest autem unum centum aequale esse debitis plurium centum. Unde in his alia est intentio et mens obligantis. Sanch. Sal. l. c.

235. Res clara est.

LXIV. Resp. 2. Potest quis eodem tempore diversis actibus duplici praecepto satisfacere, dummodo unum non impediat alterum. Est communis. Et ratio est, quia plerumque temporum diversitas non praecipitur. Suar. Azor p. 1. l. 7. c. 5. Sanch. l. 1. c. 14.

236. Est satis clara haec doctrina, dummodo servetur illud, ne unum alterum impediat.

Unde resolves.

LXV. 1. Potest quis eodem tempore audire Missam in festo praeceptam et simul legere Horas vel alias orationes voto aliave ratione debitas. Bon. p. 10. n. 8.

237. Idem dicito de precibus, quae recitentur ad sacramentalem satisfactionem aut si Missa ex voto debeatur.

LXVI. 2. Potest item qui tenetur audire duas Missas, eas audire simul imo etiam tres, ut docent aliqui, dum simul in pluribus altaribus celebrantur. Sanch. 1. *Mor.* c. 14. 12. Maior in 4. dist. 18.

238. Ratio resolutionis est, quia non impeditur quis, quominus aeque duobus aut tribus attendat. Ita Sanchez *Moral.* l. c.

Secus tamen, si confessarii mens eo ferretur, ut tempus duarum vel trium missarum transigendum devote iniungeret, aut si interesse sacro bis terve iussisset. Sic distincta tempora indicarentur.

239. *Solutio dubii.* Si quis pluribus titulis praestare quidpiam debeat ita, ut multiplicare idem opus necesse sit pro singulis titulis : is, quando id prima vice facit, vel decrevit peculiari alicui obligationi satisfacere per illud, vel non. Si decrevit determinatae alicui obligationi satisfacere, huic certe satisfacit, licet non sit urgentior aliis. Id patet ex communi fidelium sensu ac praxi. Ita sacerdos, qui Missam debeat ex iustitia, aliam ex fidelitate: si prius huic satisfacere vult, huic satisfacit. Si vero decrevit omnibus simul satisfacere: tunc vel opus est divisibile, uti v. gr. eleemosyna, vel indivisibile, uti ieiunium vel Missa (Missa tamen censetur dividua hoc sensu, quod possim eam bis v. gr. applicare duobus simul finibus). Si opus est divisibile: tunc DD. censent, satisfacere pro rata; v. gr. si unum aureum debeas dare pauperibus pro sacramentali satisfactione, alterum ex voto et dum unum largiris, intendas utrique obligationi satisfacere, satisfactum erit utrique pro parte dimidiata. Si vero opus sit indivisibile et omnibus obligationibus vis satisfacere, censeris satisfecisse urgentiori. Ita si bis accedere deberes ad Confessionem, semel ex voto, semel ex poenitentia sacramentali. Ratio petitur ex communi principio iuris, quod opus, quod non valet ut agitur, valet saltem eo modo meliori, quo valere potest.

Praeterea cum superius Dub. 2. statutum sit, non requiri intentionem satisfaciendi praecepto; hinc si nihil determinaveris de obligatione, cui satisfacias et ne cogitaveris quidem de ipsa, pariter censeris urgentiori satisfecisse. Vid. Bonacin. *de Leg.* disp. 1. q. 1. punt. 10. nn. 12. 13. et Sanchez *Moral.* lib. 1. cap. 14. n. 8.

Dub. VI.

An qui uno actu violat plura praecepta,
committat plura peccata.

LXVII. Resp. Si violet praecepta materialiter tantum diversa, ita ut, licet sint plurium legislatorum, habeant tamen motivum formale idem et versentur circa materiam eandem numero cum iisdem circumstantiis, unum tantum peccatum committit. Si vero praecepta sint formaliter diversa, ob motiva proxima specie distincta, vel versentur circa materiam numero diversam, committet plura peccata; quia sunt obligationes et malitiae diversae. Ita Sanch. l. 9. *de Matrim.* d. 15. Vasq. 1. 2. d. 9. Sal. C. de Lugo d. 16. n. 245.

Unde resolvitur

LXVIII. 1. Qui non ieiunavit die vigiliae incidentis in Quadragesimam aut neglexit sacrum festo incidente in Dominicam, unicum commisit peccatum satisque est confiteri de ieiunio et sacro uno; quia in his praeceptis unica est ratio formalis et motivum proximum, v. gr. in priore maceratio carnis, in posteriore cultus Dei. Laym. Sanch. Card. de Lug. l. c.

LXIX. 2. Qui violat votum et iuramentum, vel votum et praeceptum Ecclesiae de eadem re, duplicem malitiam committit ac proinde id in confessione explicandum est; quia voti observatio praecipitur, ut fides Deo debita servetur, iuramenti autem, ne Deus vocetur in falsum testem et sic duae sunt heic rationes formales, uti et sunt in omissione Missae, quae et propter festum et ex iniuncta poenitentia audiri debet. Card. de Lugo l. c.

LXX. 3. Si ligatus cum ligata adulteretur, duplex peccatum iniustitiae committitur, unum contra propriam uxorem, alterum contra maritum adulterae: uti etiam, si quis uno actu occidat plures, sunt plura homicidia; quia in istis materia est numero diversa. Laym. l. 1. t. 2. c. 10. n. 3. Sanch. Card. de Lugo, l. c.

240. Haec melius, ubi de peccatis, quo remittit lectorem et s. Alphonsus.

CAP. IV.

QUAE EXCUSENT A TRANSGRESSIONE PRAECEPTI.

Dub. I.

An ignorantia excuset.

LXXI. Respond. Si sit invincibilis, excusat; quia nemo peccat, nisi actu voluntario: hic autem cognitionem praesupponit. Si autem sit vincibilis et culpabilis, non excusat; qualis est, cum poteras et tenebaris scire aut discere et in mentem veniebat dubitare nec studuisti intelligere. S. Aug. s. Th. Sanch. 10. *Mor.* c. 16. et *ceteri communiter* contra Palaum.

241. Advertenda sedulo verba Auctoris. « *Cum poteras et tenebaris scire aut discere et* IN-MENTEM VENIEBAT *dubitare nec studuisti intelligere* ». Neque enim satis est, quod scientia sit abstracte possibilis ac tenearis eam acquirere; sed *debet eius rei cogitatio occurrere menti.* Sed de his actum est in Tract. *De Actibus Humanis* c. III. ubi de Ignorantia et rursus agendum erit in Tract. *De Peccatis.*

242. S. Alphonsus hoc loco addit dissertationem a n. 170., qua evincat, dari ignorantiam invincibilem in nonnullis ad legem naturalem spectantibus. Et relate ad animadversionem mox notatam scribit ista, quae admittimus: « Licet multi DD... videantur pro singulis peccatis actualem advertentiam postulare, saltem quando cuiusque peccati causa ponitur, tamen omnes, nemine discrepante, consentiunt, satis esse, ut culpabiles futuri errores fiant, advertentiam illam, quam initio habet homo, cum statum quempiam assumit aut aliquod munus suscipit, de obligatione sese peritum reddendi, si peritus non sit in iis, quae agere debet et in quibus versari ratione muneris et hoc non obstante negligit; quia tunc

in confuso saltem errores praevidet, quos non informatus et instructus admittere poterit et cavere non curat. Si vero quis in munere suo sufficienter antea se curaverit instrui et nihilominus in re quapiam erraverit, quae munus suum aut statum respiciat, non ob negligentiam, sed ob invincibilem ignorantiam aut invincibilem inadvertentiam, ab omni prorsus culpa utique liber esset ».

Sed revocate in mentem, eum, qui, ineptus alioquin, suscipit munus, tunc peccare imo esse in iugi statu peccati, dum advertit, quid praestare deberet et negligit. Reatus vero non commensuratur singulis erroribus; aeque enim reus est, si in nullum errorem fortuito incidat. Hoc patet ex indole peccatorum in causa, quorum reatus non pendet ab effectus exsecutione. Cf. l. c. *de Actibus Humanis* nn. 95. 96.

Unde resolvuntur hi Casus.

LXXII. 1. Si quis die ieiunii, nihil cogitans de praecepto, coenet aut carnes comedat, non peccat : similiter in aliis, ut si occidas hominem, putans esse feram. Bon. q. 8. p. 3.

LXXIII. 2. Si in aliqua re tantum advertas malitiam unius generis, illam solam contrahis, ut v. gr. si quis cognoscat feminam, quam scit non esse suam, ignorat autem esse consanguineam, is fornicationem tantum, vel adulterium committit, non incestum. Laym. l. 1. t. 2. c. 4. Bon. l. c.

243. Clarae sunt.

Dub. II.

An metus excuset.

LXXIV. Resp. Si ex metu facis, quod simpliciter malum est, peccas quidem: minuitur tamen per metum malitia; quia minuitur libertas. Interim saepe fit, ut praecepta quaedam non obligent, cum eorum observatio cederet in grave alicuius incommodum et tunc, si ex metu talis incommodi quis tale praeceptum omittat, non peccat, cum praeceptum non liget. Est communis.

244. Quod metus gravis alicuius mali efficiat, ut culpa minor censeatur, communis sensus humanus fatetur et innititur manifestae rationi, quod scil. peccata sint infirmitatis potius, quam malitiae. Hinc minui solet poena.

Quod itidem quaedam leges non exigant obedientiam, quando grave aliquod malum immineat, res est manifesta. Id vero melius ex resolutionibus explicatur.

Unde resolvuntur sequentes Casus.

LXXV. 1. Praeceptum naturale negativum, prohibens rem intrinsece malam, non licet violare, ne ob metum quidem mortis.

245. Bene notat heic s. Alph. lib. 1. n. 175., quod si aliquando videatur violari praeceptum negativum non furandi, non occidendi, v. gr. ad de-

fensionem propriae vitae, reipsa non violatur praeceptum; quia hoc tunc non exsistit. Ratio resolutionis est, quia quod intrinsece malum est, nunquam facere licet et opórtet potius mori, quam peccare.

LXXVI. 2. Metus gravis v. gr. mortis etc. saepe non tantum excusat a praecepto positivo, tam divino, quam humano; sed quandoque etiam ab affirmativo naturali et sic (ut Sanchez 1. *Mor.* c. 18.) non tenetur quis cum periculo vitae integre confiteri, servare depositum, implere votum, succurrere proximo extreme indigenti. Bec. t. 2. l. 3. c. 6. Azor 1. p. l. 1. c. 11. Laym. l. 1. t. 4. c. 14. Excipe tamen casum, de quo infra, l. 2. t. 3. c. 2. d. 1.

246. Casus, quem Auctor excipit, hic est: si aliús sit in extrema necessitate spirituali, tunc etiam cum periculo vitae temporalis succurrere deberes, v. gr. baptizando infantem: vel etiam si sit in gravi periculo, si ex officio teneris, v. gr. parochus tempore pestis, ut in resol. seq.

LXXVII. 3. Si observatio legis humanae necessaria sit ad conservandum bonum aut avertendum malum commune, quod pluris sit, quam vita propria: tunc lex illa obligat cum periculo vitae, ut v. gr. si dux mandet militi non discedere ex statione, item si periturae sint animae, nisi Pastor adeat aegros tempore pestis. Laym.

247. Huiusmodi casus in singulis materiis seu tractatibus, cum occurrunt, solent resolvi.

LXXVIII. 4. Alioqui nulla praecepta humana, etiam ecclesiastica, per se obligant cum periculo vitae aut similis incommodi. V. Sanch. 1. *Mor.* c. 18. Ut si v. gr. cogaris metu mortis contrahere cum consanguinea, in gradu prohibito lege ecclesiastica, posses contrahere (in speciem), non tamen posses consummare; quia, cum matrimonium esset irritum, fornicareris, quod intrinsece malum est. Sanch. *de Matr.* l. 7. d. 5. n. 4.

248. Quale tamen incommodum pro diversa praeceptorum gravitate excuset, tractatur, ubi de singulis praeceptis.

Heic notare iuverit, gravem metum excusare saltem a poena incurrenda, ut contingit quoad *Censuras;* hinc excommunicatio contra procurantes abortum animati foetus, non afficit matrem, quae ad id moveatur gravi infamiae metu.

Hinc ex communi sententia non censetur reservatum peccatum quod ex gravi metu perpetratur.

LXXIX. 5. Per accidens interim accidere potest, ut lex humana obliget cum periculo vitae, ratione alterius praecepti iuris naturalis aut divini concurrentis, ut v. gr si quis cogere vellet transgredi praeceptum Ecclesiae in odium fidei vel contemptum Religionis. Sanch. l. c. Con. p. 3. t. 2. d. 13. dub. 12.

249. Praeceptum scil. naturale est ac divinum, ne in iis adiunctis a professione fidei resilias. In eiusmodi adiunctis etiam res alioquin levis potest obligare graviter ad mortem subeundam, v. gr. bolum carnis sumere, non aperire caput in ecclesia...

Dub. III.

An excuset impotentia totius vel partis.

LXXX. Resp. 1. Cum ad impossibile nemo teneatur, certum est, quod impotentia excuset, etiam illa, cui ante causam cum peccato dedisti, dummodo de hoc doleas. Quare id praecipue heic dubitatur, an qui non potest implere totum, teneatur ad partem.

250. Causam impotentiae multipliciter quis ponere potest, ita v. gr. qui dilapidat substantias, ut deinde non possit aut alere familiam aut solvere debita. Ita mulier catholica, quae nupserit haeretico volenti prolem educari in sua secta. Ita qui voto castitatis ligatus contraxit matrimonium.

Quod vero Auctor dicit, *impotentiam excusare, dummodo de causa posita doleas,* hunc sensum habet, quod per dolorem et poenitentiam potes delere peccatum iam commissum tunc, quando sciens et volens posuisti causam; nam alioquin nisi tunc peccasses, reipsa non contraheretur reatus quando omissio contingit.

LXXXI. Resp. 2. Si praeceptum tale sit, ut commode. possit aut soleat dividi atque in eius parte salvetur ratio seu finis praecepti, tunc qui non potest servare totum, debet servare partem, quam potest. Quod si vero non salvetur ratio praecepti in parte, neque id commode possit aut soleat fieri, tunc qui non potest totum, hoc est tantum, quo moraliter impleri censeatur integrum praeceptum, is non tenetur ad partem. Quae omnia aestimanda sunt 1. ex intentione legislatoris, 2. ex ratione, fine et materia legis, 3. ex iudicio prudentum, 4. ex communi usu. Ita Sanch. 1. *Mor.* c. 19. Laym. l. 1. t. 4. c. 19.

251. Quaestionem generalem revocat Auctor ad specialem quaestionem, quando ad partem teneatur ille, qui non potest implere totum. Ac praeter nonnullos casus, quos Auctor subdit in resolutionibus, innumeri alii proponi possent, qui tamen suis locis discuti solent.

In primis ergo attendi debet, an, ubi substantia praecepti est indivisibilis, haec servetur, licet servari non possint ea, quae in casu haberi possunt veluti accidentalia. Ita v. gr. si quis anticipet prandium die ieiunii, adhuc potest substantiam ieiunii servare, quae consistit in unica comestione: contra qui plures comestiones iam sumpsit, non tenebitur a reliquis abstinere.

Si vero dividua sit materia, cuiusmodi est v. gr. solutio alicuius debiti, egregias regulas brevissime Auctor proponit.

Unde resolvuntur hi Casus.

LXXXII. 1. Qui non potest legere omnes Horas, debet dicere eas, quas potest; quia dividuae sunt. Laym. l. c. et Bon.

252. De hac re habetur propositio 54. inter damnatas ab Innocentio XI.: « Qui non potest recitare matutinum. et laudes, potest tamen reliquas

horas, ad nihil tenetur; quia maior pars trahit ad se minorem ». Sed de hac re, ubi de Obligationibus Clericorum.

LXXXIII. 2. Qui in Quadragesima non potest ieiunare, debet abstinere a carnibus, si potest: aut qui non potest omnibus diebus, tenetur iis, quibus potest. Ita Laym. l. c. et Bonac.

253. Istae tamen quaestiones melius explanantur, ubi de ieiunio. Nam v. gr. non adstringimus ad ieiunandum artificem, etsi in die ss. Annuntiatae aut s. Iosephi non laboret etc.

LXXXIV. 3. Qui potest notabilem partem sacri (v. gr. usque post consecrationem) audire aut Horarum dicere, aut commode potest cum alio et solet, tenetur : alioquin non. ibid. v. *infra de Horis.*

254. Notabilem partem sacri intellige, in qua servetur rei substantia. Nam si v. gr. recedere quis deberet ab ecclesia statim post Praefationem, non esset obligandus ad primam partem, licet legeretur ea die *Passio Domini.*

LXXXV. 4. Si quis carens Breviario pauca ex Horis sciat memoriter, non tenetur ea dicere. ibid.

255. Nota dici *pauca ex Horis,* non paucas Horas. Sed de his, ubi de Horis canonicis.

LXXXVI. 5. Qui obligatur visitare limina Apostolorum Romae et scit se eo pervenire non posse, non tenetur ingredi iter; quia nec finis nec ratio praecepti salvatur : ibid. et Suar. Azor, Bonac. d. 1. q. 8. p. 1.

256. Alia exempla in promptu: si vovisti erectionem ecclesiae et solum possis facere fundamenti partem vel partem capellae, aut qui vovit campanam, solum possit dare pro malleo.

257. In prima responsione dictum est de casu, quo quis se impotem reddit ad legem observandam. Sed quaestio fit, an unquam liceat impedimentum huiusmodi apponere vel non tollere impedimentum, quod adsit.

Et s. Alphonsus heic n. 152. scite monet, « aliud esse quod quis non obligetur a lege sive ab *illius obligatione extrahatur,* aliud quod *excusetur* a transgressione legis, manendo tamen sub eius obligatione. Unde fit, ut dupliciter possis te impedire ab observatione legis: vel apponendo causam, qua extraharis ab obligatione, v. gr. si ab hoc loco, ubi est praeceptum audiendi Sacrum, descendas ad alium, ubi tale praeceptum non viget, vel efficiendo opus, quod licet ab observatione legis te impediat, non tamen te extrahit a legis obligatione, v. gr. si die festo discedas a loro Sacri ad silvam, ubi licet Sacrum audire non possis, ab illius tamen obligatione non extraheris ».

Ac quoad primam quaestionis partem, iam superius *ad Dub. II.* cap. II. diximus, ex communi DD. sententia licere, sese subtrahere ab obligatione,

v. gr. exeundo de territorio, etiamsi quis apposite ut se ab obligatione eximat, id praestet. Ratio est, quia lex quidem obligat, uti ipsi satisfacias, dum manes ipsi subditus; non autem exigit, ut maneas subditus, quo satisfacere ipsi possis: non secus ac lex praecipit, ut famulus munus suum impleat; sed non exigit, ut alicui se in famulum addicat.

258. Restat alia pars quaestionis, quando scilicet agatur de impedimento, quod excusat, sed non subtrahit ab obligatione.

Sed heic obscuritatem et confusionem pepererunt Salmanticenses *de Legibus* cap. 2. n. 154. deinceps, unde et ad alios derivata est. Ipsi enim l. c. n. 158. bene utique praemittunt distinctionem tum illius, qui se ab obligatione extrahat, v. gr. digrediendo a territorio, tum illius qui ponat impedimentum, quo mere excusetur.

Sed dein ibid. n. 159. inutilem distinctionem proponunt de lege naturali ac positiva, aientes leges positivas et humanas non obligare cum tanto rigore, quanto obligat lex naturalis: quae ratio ad rem non facit, quando quis se subtrahit ita a lege, ut subditus non maneat; nihil enim tunc interest gravitas maior aut minor obligationis. Praeterea ib. nn. 160-163. sus deque omnia permiscentes, decernunt non peccari in casibus pluribus propositis, ubi agitur de iis, qui manent sub obligatione legis et solum possent excusari, hanc inexspectatam rationem reddentes, *quod liceat se extrahere a legis obligatione.*

· E contrario s. Alphonsi doctrinam clare et sine istis ambagibus propositam habemus lib. 3. n. 1046., ubi et rationem reddit, cur a Salmanticensium doctrinis confusissimis recedat. Nam postquam docuerit, peccari ab eo contra legem ieiunii, qui sine iusta causa laborem assumit, haec deinde habet: « Nec obstat dicere, quod si quis, obligatus ad Sacrum audiendum, alio pergat, ubi non adest tale praeceptum, eo fine ut eximatur, vel praevidens, sic se eximi ad obligatione Missae, non peccat. Nam bene respondet Mazzotta tom. 1. pag. 126., quod hic talis, alio eundo, omnino eximitur a debito audiendi Sacri; sed qui assumit opus ad se liberandum, vel praevidens se liberatum iri a ieiunio, adhuc remanet eo obligatus, licet postea propter laborem assumptum a ieiunio excusetur ». In quibus plane eliminatas habes tenebras, quas huic quaestioni Salmanticenses iniecerant.

259. Interim restat quaestio: an liceat apponere impedimenta *excusantia* et breviter haec quaestio potest expediri. Notat Sanchez *Moral.* lib. 1. cap. 15. n. 1.: « de hac re nil generaliter traditum apud Doctores inveniri, sed specialiter in quibusdam praeceptis ». Et dein affert, quid senserint DD. circa ponentes impedimenta vel ieiunandi vel audiendi Missam. Gobat *In Quinario Tractatuum* tract. 5. cap. 27. n. 2. dicit, se reperisse generalem hanc valde intricatam et perutilem quaestionem tractatam a sex posterioribus Sanchezio, nempe a Bonacina, Suarez, Be-

cano, Palao, Dicastillo, Tamburinio. Istis autem addere alios licet, ut v. gr. Croix lib. 1. a n. 782. et ipsum Gobat, qui rectissime in ea versatur.

260. Si vero quaeramus, cur DD. hanc generaliter sumptam quaestionem fere non tractaverint, reperiemus verum, quod ait Sanchez ib. n. 4., non posse dari regulam generalem.

Ita ille: « Ex quibus (scil. diversis DD. sententiis, de praeceptis variis particularibus) omnibus colligo, non posse universalem regulam tradi, quae in particulari et determinate praescribat, quando praecepta obligent ad tollenda impedimenta, sive eodem die occurrant, sive ad praeveniendum, ne occurrant. Sed tantum potest universalis regula tradi, ex qua in singulis praeceptis haec tollendi impedimenti obligatio deducenda sit. Atque specialiter in singulis praeceptis circa singula tradetur. Regula autem haec est. 1º Spectanda sunt vis et rigor praecepti; quaedam enim benignius explicantur ac minoribus causis excusantibus indigent, alia vero rigidius ac urgentiores causas desiderant: 2º necessitas aut utilitas impedimenti et 3º an proxime vel remote praeceptum impleri impediat et an 4º per se et intrinsece ad rei praeceptae materiam pertineat, ut breviarium ad recitandum officium canonicum vel per accidens, ut bona valetudo respectu eiusdem *et his computatis*, diversimode in singulis praeceptis iudicandum est, an culpa sit admittere impedimenta ab illis excusantia ».

Probe notentur verba illa *his computatis;* nempe ad iudicandum debent haberi prae oculis omnia illa elementa. Et cum singula illa elementa innumeras varietates admittant; hinc nedum difficile, sed impossibile est aliquam magis determinatam solutionem huius quaestionis praebere, prouti alias animadvertimus, cum res esset de *voluntario in causa* in Tract. *De Actib. Hum.*

Hinc nihil mirum, quod Gobat tract. 5. *ex Quinar.* cap. 27. n. 20. hanc quaestionem vocet *difficillimam.*

261. Hinc Croix postquam multa disputavit, demum concludit lib. 1. n. 795.: « Ex hactenus dictis constat, ut recte notat Illsung, in hac quaestione non posse dari unam generalem regulam, sed attendendam esse mentem legislatorum et finem legum, quae quandoque facilius, quandoque difficilius patiuntur apponi impedimentum, quod discere oportebit ex usu proborum et iudicio prudentum; sic lex ieiunii permittit assumi laborem honestum, cum quo ieiunare non poteris, non item lex Missae aut Horarum etc. ».

262. Hinc etiam facile constabit de fallacia canonum seu regularum specialium, quas quidam proponunt.

Ita v. gr. Mazzotta tract. 1. disp. 2. q. 2. cap. 4. scribit: « Dico primo: omnis lex seu praeceptum obligat ad non ponendum impedimentum *proximum eius exsecutioni.* Doctores communiter ».

Atqui haec regula ob nimiam generalitatem falsa saepe reperietur. Pone v. gr. eum, qui pergat ad quaerendum medicum vel medicinam pro aegroto; certe abeundo ponit impedimentum audiendi Missam, cuius signum iam datur, vel ieiunii illius diei, si ieiunandum ea die sit.

263. Contra vero male Salmanticenses *de Leg.* cap. 2. n. 156.: eandem regulam prorsus excludi volunt, aientes nihil interesse, an *proxime vel remote* impediat impletionem praecepti, *dummodo vere impediat.* Absurde prorsus; quia non modo id perperam intelligunt tantummodo de tempore, cum alioquin intelligendum sit etiam de nexu causalitatis, sed etiam quia id falsum est quoad ipsum *tempus.* Sic nemo concedet, ut iter arripias dum heic et nunc urget hora audiendae Missae et tamen concedet, te posse iter arripere, licet post aliquot dies ea de causa non possis Missam audire.

264. Pauca addemus, ut explicemus generales illas Sanchez animadversiones et ad singularium praeceptorum tractationem reservabimus minutas de casibus discussiones.

1° Igitur dicit spectandam vim praeceptorum, quorum alia graviores, alia leviores causas ad excusandum exigunt. Ita v. gr. cum gravior sit obligatio iustitiae quam fidelitatis aut obedientiae seu religionis, gravior causa requiretur, ut impotentem te sine peccato reddas ad solvendum pretium rei emptae, quam ad implendam gratuitam promissionem: gravior item obligatio efficiendi ne impediaris v. gr. ab exsequendo tuo munere ludi magistri, medici, iudicis, famuli, quam si agatur de sola Missae aut ieiunii omissione.

Huc spectant illa Suarez Tract. *de Peccat.* disp. 3. sect. 4. n. 10., ubi loquitur de obligatione cavendi causas omissionum, v. gr. cavendi morbum, qui impediat a Missa audienda, ieiunando etc.: « Ut istae omissiones sint voluntariae indirecte, oportet non solum esse praevisas, sed esse tales, ut praeceptum obliget ad vitandum aegritudinem, ne illae sequantur: praecepta autem positiva ad hoc non obligant, nisi quando omissiones proxime et veluti eodem tempore, moraliter loquendo, sequantur. Ex quo etiam efficitur, ut quando istae omissiones non sunt directe volitae *neque praevisae*, raro imputentur ad culpam; quia praecepta ista positiva non cum tanto rigore obligant, ut propterea teneatur quis cum tanto rigore praecavere illa omnia, quae possunt impedire eorum exsecutionem ». Sit exemplum aegroti, qui non tenetur ad diligentiorem curam, ut possit ieiunare: tenetur, ut possit v. gr. parochus assistere infirmis etc.

265. 2° Consideranda est necessitas, aut utilitas impedimenti. Res manifesta est. Ita excusat a ieiunio ratio laboris ad alendam familiam, non vero sola ratio ludendi ad recreationem. Excusat ab audienda Missa ratio assistendi infirmo, non vero confabulandi ad recreationem. Excusabit ab audienda Missa vel ieiunio servando ultroneus labor ad extinguendum incendium necessarius, non vero ultroneus labor in apparatu theatri.

266. 3° Considerandum an proxime vel remote impedimentum legi implendae ponatur.

Ita parochus tenebitur noctu tantum quietis sumere, ut possit die sequenti festo concionari, explicare catechismum etc.; non tenebitur vero per aestatem uti balneis, ne per hyemem contingat, ut aliquando haec ex morbo omitti debeant.

267. 4° Considerandum, an per se et intrinsece et pertinens ad materiam praecepti quidpiam impediat, an per accidens et impertinenter ad rem praeceptam.

Ita impertinens ad obligationem recitandi breviarii censebitur, quod, non vitata pluvia, contrahas dolorem dentium aut oculorum, quo excuseris a breviarii eiusdem recitatione.

Dub. IV.

An excuset dispensatio.

LXXXVII. Resp. In iure humano dispensatio legislatoris, vel parem potestatem habentis, facta ex iusta causa, excusat a transgressione praecepti. Est communis. Sanch. Azor 1. p. l. 5. c. 15. Salas d. 20.

Ratio est, quia, cum sit auctor suae legis, potest quemvis excipere. Dixi 1. *ex iusta causa*, quia, si temere et sine causa dispenset, tenet quidem dispensatio, peccat tamen tam dans, quam petens dispensationem contra ius naturale, dictans partem debere conformari suo toti, nisi iusta causa excuset. Sanch. l. 8. d. 18. Suar. Fil. n. 438. et quidem, ut vult Suar., mortaliter, venialiter, ut Pontius apud Dian. quem v. p. 8. t. 3. r. 8. 9. et 10. Si dubitet, an causa sit iusta, posse dispensare, vult Sanch. contra Bonac. qui dicit peccare. Etsi autem causa sit iusta, non tamen tenetur dispensare, nisi cum vel ius praecipit ex ea causa dispensari, vel necessarium est ad commune bonum, vel spirituale poenitentis, vel ad avertendum grave damnum aut publicum scandalum et sine dispendio fieri potest. Dian. p. 8. t. 3. r. 27. et 28. contra Suar. Sanch. etc. Dixi 2. *legislatoris;* quia dispensatio inferioris in lege superioris sine iusta causa invalida est ac proinde non excusat a transgressione praecepti. Ratio est, quia qui nomine alterius sine causa dispensat, dissipat. Suar. l. 6. c. 10. Sanch. l. 8. *de Matr.* d. 17. Valide autem et licite inferior potestate ordinaria dipensat ex iusta causa in lege Superioris 1. circa levia, hoc est, quae sub mortali non obligant, etsi facilis sit ad Superiorem recursus: 2. circa ea, quae frequenter occurrunt, v. gr. in ieiuniis, celebrandis festis etc. 3. circa ea, quae ita sunt propria uni communitati, ut non conveniant alii: 4. quando recursus ad superiorem difficilis est, sive quando est necessitas et periculum in mora. Dian. p. 8 t. 3. r. 12. ex Gran. Sal. Gord. et Pal. qui addit 5. si consuetudo praescripserit, ut inferior dispenset: vid. Dian. l. c. r. 95. 6. quando est dubium negativum, an casus egeat dispensatione. Quo casu, secundum Palaum, non opus est dispensatione, cum praesumptio sit pro libertate: Barb. Dian. p. 3. t. 6. r. 28. p. 4. t. 3. r. 46. p. 8. t. 3. r. 72. et 95.

268. Definiri solet dispensatio, quod sit relaxatio alicuius iuris, seu exemptio alicuius ab obligatione legis (Schmalzgr. lib. 1. tit. 2. n. 56.) facta a legislatore aut ab eo, qui ab ipso hanc potestatem accepit.

Differt a *permissione* proprie dicta, quia haec nullam legem prohibentem supponit. Dixi *proprie dicta;* nam nihil huc pertinet permissio,
quatenus dicit dissimulationem alicuius mali perpetrati, prouti Deus
dissimulare seu permittere dicitur peccata.

Differt dispensatio a *licentia;* quia licentia non est contra legem, quasi
nempe eximat quempiam a lege, sed potius est consentanea legi; quippe
ponit conditionem ab ipsa lege requisitam, ne quidpiam nempe sine licentia fiat: neque eiusmodi actus censetur a lege prohibitus, sed solum
non ponendus nisi de iudicio Superioris, v. gr. ne Religiosus domo exeat
sine Superioris licentia aut ne quid emat etc.

Differt etiam a *privilegio,* quod definitur lex privata, aliquod concedens
beneticium. Neque enim privilegium semper est contra legem neque ad
unum aliquem tantum actum extenditur, sicut interdum imo saepe dispensatio.

Denique multo magis differt ab *absolutione* sive peccati sive censurae.
Quoniam per absolutionem potius impletur lex, quae iubet, ut dispositus
absolvatur, numquam vero iubet, ut dispensetur.

269. Notandum quoque aliud esse *dispensare*, aliud *irritare*, aliud *declarare exemptum.* Prius pertinet ad Superiorem et exercetur per actum
iurisdictionis, quae quempiam aut quospiam ab aliqua lege sive ex toto
sive ex parte eximit, eadem utens potestate, qua per legem obligat. Alterum pertinet ad habentem dominium in alterius voluntatem et quatenus
v. gr. maritus dominium habet in uxorem et filios potest obligationem
alicuius voti ab illis emissi irritare. Tertium vero pertinet ad doctorem
v. gr. aut ad medicum, ut cum agitur de ieiunio, an noceat ita, ut quis
excusetur; et heic nulla intercedit potestas aut iurisdictionalis aut do-
minativa.

270. Illud etiam notemus, dispensationem differre a ratihabitione de
futuro obtinenda. Dispensatio enim importat in Superiore aliquam causae
cognitionem et actualem eiusdem voluntatem; atqui voluntas futura et
hypothetica, qua scil. approbaturus speratur factum praecedens, non est
absolute voluntas.

271. Dicit Auctor in *iure humano:* dispensatio tamen fit etiam in iure
divino, v. gr. in matrimonio rato. Sed de hoc dicetur in resolutione prima,
et sensus, quo dispensatio fit, explicabitur.

272. Ait A. *ex iusta causa.* Ratio tamen cur valida sit dispensatio
concessa etiam sine iusta causa, haec est, quia obligationis vinculum
pendet a voluntate legislatoris. Si ergo hic vult quempiam manere exemptum ab obligatione, hic reipsa manet exemptus, licet relaxatio non sit
prudens. Aliis verbis: cessante causa (quae influere pergit) cessat effectus;
cessante igitur in Legislatore voluntate quempiam obligandi, quae est
obligationis causa, cessat et effectus scil. obligatio. Res patet et in pa-

trefamilias: si enim hic maiorem natu eximat a praecepto recipiendi se domum certa quadam hora, hic non erit neque dicetur inobediens, si alia hora redeat.

Imo valida est dispensatio, etiamsi legislator se vinculo iuramenti aut voti obligasset ad non dispensandum. Nam haec vincula dispensationem faciunt illicitam in materia religionis, sed non adimunt potestatem, perinde ac potestas non adimitur valide vendendi aut emendi aut contrahendi matrimonium per vota aut iuramenta de hisce vitandis. Salm. *de Leg.* cap. 5. n. 64.

273. Quod legislator peccet dispensando sine causa, communis est doctrina; sic enim non dispensator fidelis foret, sed dissipator. Nam haec ratio agendi inaequalitatem ponit inter subditos, invehit vitium acceptionis personarum, ansam querelis praebet eorum, qui citra ullam causam discriminis se onere legis pressos, alios vero exemptos cernunt. Ita s. Thom. 1. 2. q. 97. art. 4.: « Si autem absque hac ratione pro sola voluntate licentiam tribuat, non erit fidelis in dispensatione aut erit imprudens: infidelis quidem, si non habet intentionem ad bonum commune; imprudens autem, si rationem dispensandi ignoret ».

Quod vero etiam peccet, qui in tali casu petit, ratio est, quia inducit dispensatorem ad rem illicitam: peccat ergo eodem peccati genere in petendo, ac legislator in concedendo.

274. Auctor deinde indicat, eiusmodi dispensationem, sine causa concessam, iuxta Suarez *de Leg.* lib. 6. cap. 18. n. 9., esse peccatum mortale: iuxta alios veniale. Quod non ita est accipiendum, quasi ex Suarez quaevis dispensatio huiusmodi foret lethalis; nam ubi leges non sunt gravis momenti, uti sunt quae non obligant sub gravi, nemo tenet, dispensationem posse esse lethalem; sed quaestio fit, an peccatum mortale sit ex genere suo, adeo ut in hoc legislator possit quandoque lethaliter peccare.

Ceterum haec quaestio est reipsa mere speculativa, an scilicet cum dispensatio huiusmodi laedere videatur iustitiam aut distributivam aut legalem, huiusmodi laesio sit ex genere suo gravis aut levis. Gravem dicit Suarez, qui alioquin quosdam alios paulo violenter in suam sententiam pertrahit; levem dicunt alii. Qui pro se citant etiam allegatos a Suarez: omnes tamen conveniunt, graviter peccari, si talis dispensatio grave scandalum inducat aut alia damna, v. gr. si alii magis ob hasce dispensationes graventur, si gravis perturbatio timeatur aut contemptus legum sequatur. Verum qui levem ex genere suo culpam esse contendunt, dicunt, haec esse incommoda extrinseca; intrinseca vero illi habent, qui culpam ex genere gravem esse dicunt. Idcirco quaestio haec evadit mere speculativa.

Conveniunt ergo omnes tunc peccatum dispensantis sine iusta causa fore grave, 1º si inde oriatur notabile scandalum: 2º si ex tali dispensatione alii graviter onerentur: 3° si grave damnum spirituale sequatur vel dispensatis ex omissione actus praecepti, v. gr. non sumendi sacramenta, vel aliis v. gr. si dispensetur quis a petenda licentia in alienandis bonis ecclesiasticis.

275. At potestne quis uti tali dispensatione? Respondet s. Alphonsus lib.1. n.178. ad h.l. Auctoris. : « praeciso scandalo, utentem tali dispensatione commune est non peccare graviter et probabile est, nec etiam leviter » et allegat Salmantic. *de Leg.* cap. 5. n. 76., Suarez, Palaum, Pontium etc.

Rationem huius doctrinae sic reddit Suarez *de Leg.* lib. 6. cap. 19. n. 13. : « Hinc necessario sequitur, subditum sic dispensatum, non peccare contra legem, in qua cum illo dispensatum est; quia ablata est illius obligatio, ut si erat lex de ieiunio, ablata fuit obligatio temperantiae et ideo non ieiunando non est intemperans. Neque etiam dici potest inobediens, cum non agat contra voluntatem Superioris ».

276. Deinde affert rationem contrariam Caietani, qui, inquit, « putat, subditum peccare, utendo tali dispensatione; quia licet non agat contra legem humanam relaxatam, agit tamen contra principium illud naturale, quod pars non debet discordare a toto sine causa ». Et hoc probe notandum, quod notat etiam Laymann lib. 1. tract. 4. cap. 22. n. 13., si quod adest peccatum, inde illud esse, quia agitur contra legem naturae peccato singularitatis et insolentiae ex genere suo veniali: turpis est enim omnis pars suo universo non congruens. Quae est ratio, cur peccare *dantem* dispensationem dicit etiam Auctor.

Et respondet Suarez l. c. n. 14. : « Ex hac parte est mihi certum, non esse deformitatem gravem in illo usu (scil. dispensationis). Quod vero nec levis seu venialis sit per se et ex obiecto, probatur, quia tunc ille subditus non potest dici turpiter agere discordando a toto in tali opere; quia est *etiam dispar in obligatione* legis, neque apparet, unde oriatur obligatio ad tantam uniformitatem in opere, ubi est difformitas in obligatione legis. Item non apparet, cuius speciei esse possit malitia illius culpae; quia non est contra iustitiam, ut per se notum videtur; nec etiam contra caritatem, quia secluso scandalo nulla intervenit talis obligationis ratio. Est ergo verisimilius nihil peccare eum, qui secrete et sine scandalo utitur sua dispensatione, quando alioquin ille usus seu actus utendi de se non est malus et fit propter honestum finem; quia illud nec est novum praeiudicium legis neque etiam bono communi praeiudicat ». Quam sententiam s. Alph. dixit probabilem sup. n. 275.

277. Imo addit Suarez ibid., non obstare, quod forte peccaverit quis in tali dispensatione petenda. Ita ille: « Subditus, inquit, utens tali dispensatione non cooperatur peccato dispensantis, sed utitur effectu talis dispensationis, in *quo effectu nulla est malitia.* Imo licet fortasse subditus peccaret petendo dispensationem, licet postea illa utatur, non prosequitur

vel quasi continuat peccatum, quod iam praeteriit. In quo magnam invenio differentiam inter dispensantem et dispensatum sine causa. Nam qui dispensavit, potest revocare dispensationem quoad usum futurum et tenetur id facere; et ideo quoties sciens et videns id non facit, quasi prosequitur prius peccatum seu de novo illud repetit, sicut dici solet de illo, qui furatus est, dum non restituit. At vero subditus postquam obtinuit dispensationem, sive in eo peccaverit sive non, postea non potest illam revocare (quia nequit sibi legem ferre); imo neque illi potest renunciare semper (veluti qui ex dispensatione contraxit matrimonium aut ordines suscepit)... et quamvis posset, non tenetur; quia non spectat hoc ad officium eius et ideo nullo modo perseverat moraliter in peccato, si quod fortasse commisit obtinendo talem dispensationem, etiamsi illa utatur: imo cum tali usu stat vera poenitentia prioris peccati ».

Ubi adverte, dici *nullam esse malitiam in usu;* quia supponimus, non adesse rationem damni aut proprii aut alieni.

278. Addit Auctor, posse dispensari, in dubio, *an causa sit iusta.* Et quidem illud *posse* quoad legislatorem intelligitur de *liceitate;* quoad inferiorem seu delegatum vero intelligitur tum quoad *liceitatem* tum *quoad validitatem* (vid. s. Alph. n. 192.); quippe, ut inferius videbimus, inferior ut non modo licite, sed etiam valide dispenset, debet haberi iusta aliqua causa.

Ceterum doctrina Auctoris est communior eamque etiam s. Alph. ad h. l. intra parenth. n. 178. probat. Duplex autem ratio affertur. 1ª Cum certa adest causa et dubitatur tantum de eiusdem sufficientia, possessio stat pro potestate dispensativa; quia, inquit s. Alph., possidet potestas dispensativa: secus esset, si dubitaret, an adsit causa ». 2ª In his discretione opus est, ne lata scrupulis aperiatur porta et subditi ex Superiorum scrupulis graventur. In moralibus porro non potest plerumque haberi evidentia et dubitationes de sufficientia et proportione causae frequentes esse solent; proinde si naturae lex exigeret plus aliquid, quam prudentem ac discretam probabilitatem seu verisimilitudinem, durissimum onus imponeret Superioribus et gravissimum subditis regimen. Praxis autem piorum et prudentum potest esse regula, qua quisque se tutum putet tum in petendis tum in concedendis dispensationibus.

Nota: id dicunt DD. in dubio, an causa sit sufficiens; nam secus statuunt, si dubium sit, an ulla adsit causa, ut s. Alph. dixit.

279. Ut rite intelligatur, cur sit in legislatore potestas dispensandi, considerandum est, quodnam legislator officium exerceat, dum dispensat idque sic exponit s. Thom. 1. 2. q. 97. art. 4.: « Contingit autem, quod aliquod praeceptum, quod est ad commodum multitudinis ut in pluribus, non est conveniens huic personae vel in hoc casu; quia vel per hoc impediretur bonum melius vel etiam induceretur aliquod malum, sicut ex supradictis patet. Periculosum autem esset, ut hoc iudicio cuiuslibet

committeretur, nisi forte propter evidens et subitum periculum, ut supra dictum est et ideo ille, qui habet regere multitudinem, habet potestatem dispensandi in lege humana, quae suae auctoritati innititur, ut scilicet in personis vel in casibus, in quibus lex deficit, licentiam tribuat, ut praeceptum legis non servetur ».

Ad officium ergo legislatoris pertinet, ut dispenset, quando in casu particulari deficit commodum, quod fuit scopus legis. Qua de re idem s. Thom. 1. 2. q. 96. art. 6. in loco, ad quem ipse superius remiserat, sic habet: « Omnis lex ordinatur ad communem hominum salutem et in tantum obtinet vim et rationem legis; secundum vero quod ab hoc deficit, virtutem obligandi non habet. Unde Iurisperitus (scil. l. 25. Dig. *de Legib.*) dicit, quod *nulla ratio iuris aut aequitatis benignitas patitur, ut quae salubriter pro salute hominum introducuntur, ea nos duriori interpretatione contra ipsorum commodum perducamus ad severitatem.* Contingit autem multoties, quod aliquid observari communi saluti est utile, ut in pluribus, quod tamen in aliquibus casibus est maxime nocivum. Quia igitur legislator non potest omnes singulares casus intueri, proponit legem secundum ea, quae in pluribus accidunt, ferens intentionem suam ad communem utilitatem. Unde si emergat casus, in quo observatio talis legis sit damnosa communi saluti, non est observanda ».

Et in Resp. ad 3.: « Etsi potest legislator omnes casus considerare, non oporteret, ut omnes exprimeret propter confusionem vitandam: sed legem ferre deberet secundum ea, quae in pluribus accidunt ».

Et allato exemplo legis de servandis clausis portis civitatis tempore obsidionis, quae tamen aperiri debent defensoribus, pergit: « Sed tamen hoc est considerandum, quod si observatio legis secundum verba non habeat subitum periculum, cui oporteat statim occurri, non pertineat ad quemlibet, ut interpretetur, quid sit utile civitati et quid inutile civitati, sed hoc solum pertinet ad principes, qui propter huiusmodi casus habent auctoritatem in legibus dispensandis. Si vero sit subitum periculum, non patiens tantam moram, ut ad superiorem recurri possit, ipsa necessitas dispensationem habet adnexam; quia necessitas non subditur legi ». Ita s. Thom.

Ex quibus patet, rationem, cur sit in legislatore potestas dispensandi, esse, quia observatio alicuius praecepti fieri potest inconveniens huic personae vel in hoc casu, quatenus impediat melius bonum vel inducat aliquod malum et simul tamen non expedit ut quisque ex subditis legi iudex sit in causa propria.

280. Difficultas est, quodnam sit incommodum illud pro hac persona vel pro hoc casu, ut exerceri possit licite ius dispensandi. Patet, quod si observatio legis evadat moraliter impossibilis, vel (in pluribus saltem) nimis difficilis, habetur iam per se causa excusans ab observatione legis, quae in huiusmodi casibus non obligat: quocirca nec opus est dispensatione.

Satis ergo erit quoddam incommodum minus vel quod ea moralis impossibilitas aut nimia difficultas dubia sit, ut exerceri valeat potestas dispensandi. Et sane cum haec potestas sit in bonum subditorum, confert profecto communi bono, ut cum quaedam difficultas in observatione legis occurrit, dummodo vera sit, quamvis non sit talis ut per se eximat ab observatione legis, possit legislator vinculum legis in his casibus relaxare.

Quocirca causa sufficiens seu iusta ad dispensandum non opus est ut tanta sit, quanta sufficit ad excusandum : quae est sententia communis DD.

Praeterea, citra difficultatem aut incommodum in observatione legis, ratio dispensandi esse potest aliquod bonum melius ipsa observatione in hac persona vel in hoc casu particulari, cuiusmodi esset remuneratio meriti alicuius, qui idcirco dispensetur, e. g. a lege tributorum, vel quaedam communis laetitia, propter quam dispensetur a lege ieiunii. Haec continentur in ratione dispensandi, quam affert s. Thomas, cum nempe observatio legis impedit melius bonum atque rursus in huiusmodi casibus causa non est sufficiens ad excusandum, bene tamen ad dispensandum.

Et sane praeter aliquam difficultatem, quae sufficiens esse potest causa dispensandi, aliae plures adesse possunt, praesertim cum agitur de legibus, quarum finis non exigit, ut caveantur exceptiones.

Ita causae sufficientes censentur, tum ut habeantur personae gratae, quia id cedit in bonum Ecclesiae, tum ut prospiciatur necessitati vel utilitati vel pietati vel bono publico aut privato. Ita ob periculum incontinentiae dispensantur a voto castitatis tum homines liberi tum coniugati: dantur dispensationes ab impedimentis matrimonii ob paupertatem, ob aetatem provectam, ob bonum prolis, ob spiritualem salutem, ob scandalum vitandum, ob pacem familiarum etc. Aliis de causis dispensatur ab assistentia chori, a residentia beneficii, a celebrandis missis in quapiam ecclesia, ab irregularitatibus etc., a quibus dispensantur, qui religiosum Ordinem ingrediuntur et haec omnia conceduntur intuitu melioris boni.

281. Exinde duplex causa dispensandi distinguitur : alia *intrinseca*, quae opponitur directe observationi legis, illi impedimentum afferens et fundatur in aliqua oppositione seu difficultate ad ipsam observantiam legis, reddens illam difficilem et onerosam, ut debilitas reddit difficilem observationem ieiunii, licet alioquin indigeat ieiunio ad corporis macerationem et esus aliorum ciborum praeter carnes difficilem reddit abstinentiam die veneris aut sabbati. Altera causa est *extrinseca* desumiturque ex variis circumstantiis tum *personae, quacum dispensatur,* velut ex eius necessitate, utilitate, virtute ac meritis eius, nobilitate ; unde Trident· sess. 25. cap. 18. *de Reform.* monet in dispensationibus concedendis

delectum personarum esse habendum, tum personae *dispensantis,* ad ostendendam scilic. suam ergo subditos clementiam ac liberalitatem, tum *reipublicae cultusque divini,* in cuius incrementum et promotionem omnis dispensatio redundare debet. Ita Diana tom. 3. tr. 2. res. 14. ex Commun. et Suarez lib. 6. *de Legib.* cap. 18. n. 24.

Et quoad adiuncta personarum, in cap. *Innotuit de Electione* dicitur: « multa enim in hoc casu dispensationem inducere videbantur, litterarum scientia, morum honestas, vitae virtus et fama personae... » : quae dicuntur de dispensando super irregularitate ob defectum natalium.

Et s. Thom. 2. 2. q. 63. art. 2. ad 2.: « Dispensatio matrimonii contrahendi principaliter fieri consuevit propter foedus pacis firmandum. Quod quidem magis est necessarium communi utilitati circa personas excellentes. Et ideo *cum eis facilius* dispensatur absque peccato acceptionis personarum ».

Et circa causas extrinsecas, sapienter addit Suarez *de Leg.* lib. 6. cap. 18. n. 26.: « Solum superest unum verbum addere de consuetudine concedendi aliquas dispensationes sine causa. Dici autem in primis potest, concedi quidem sine causa intrinseca, non tamen sine aliqua saltem extrinseca, considerata ex parte legislatoris ad ostendendam benignitatem suam vel misericordiam in tempore opportuno. Deinde dicitur, licet non antecedat causa, per ipsam *dispensationem et modum eius* consummari ; nam quando datur dispensatio sine causa, imponitur aliqua satisfactio vel mulcta in pium opus vel in aliam utilitatem Ecclesiae communem, per quod opus consurgit causa dispensationis, quae tunc fit per modum commutationis... v. gr. in eleemosynam aut contributionem aliquam in subsidium belli contra hostes Ecclesiae vel aliud simile pium opus ».

S. Alphonsus lib. 1. n. 195. sic breviter causas dispensandi complectitur: « Causa est dignitas petentis, aut superioris, ut se benignum ostendat, nec non utilitas communis, aut privata et similia. In dispensationibus autem impedimentorum pro matrimoniis, sufficit pro causa solutio pecuniae in subsidium Ecclesiae, ut est praxis ».

Et heic prodest subiicere monita Roncaglia *de Legib.* cap. 2. in fin.: « Confessarii Praelatorum, si sint difficiles in concedendis dispensationibus, ipsos admoneant de gravi obligatione, quam habent, eas concedendi, maxime dum supplicantes sunt in gravi periculo ; ut cum exposcitur dispensatio a proclamationibus matrimonii et a pluribus votis, quae iidem supplicantes persaepe violant ».

282. Denique Auctor dicit, superiorem non teneri ad dispensandum, etiam supposita causa iusta, exceptis quibusdam casibus, quos innuit: addit autem, se id affirmare cum Diana contra Suarez et Sanchez. Verum hac in re (in iudicio de Suarez et Sanchez) Auctor deceptus est a Diana, qui reipsa falso l. c. et tom. 3. tract. 2. resol. 15. n. 1., talem sententiam Suarez ac Sanchez affingit, quasi teneant, semper esse debitam.

At Suarez *de Leg.* lib. 6. cap. 18. n. 19. distinctionem dispensationis iustae, in debitam et non debitam sic dissertissime tradit: « Secunda divisio dispensationis... est in *voluntariam* et *necessariam,* seu in iustam ac debitam, vel non debitam licet iustam ». Et allata sententia contraria Silvestri ac nonnullorum Canonistarum, subdit n. 20.: *Sit ergo certum,* non omnem dispensationem, quae potest licite concedi, esse debitam ex iustitia vel praecepto, aliquando tamen posse ». Gratis ergo affingitur illi doctrina, cuius oppositam dicit *certam.*

Sanchez autem *de Matrim.* lib. 3. disp. 10. n. 3., ubi agit de dispensatione a proclamationibus Matrimonii, disserte scribit: « Secunda sententia, *cui adhaereo,* tenet, non semper, exsistente iusta causa, dispensationem esse debitam, sed quandoque esse debitam, quandoque autem gratiam ». Et haec allegantur ex ipsis locis, quae allegantur a Diana ; qui propterea mero memoriae defectu lapsus dici debet.

283. Innuit autem A., dispensationem debitam quandoque esse et numerari solent isti casus.

1° Debita esse potest ex *iuris praecepto,* uti quoties assignando aliquam causam dispensationis, utitur verbis praeceptivis, ordinando, ut tali exsistente causa concedatur dispensatio. Sic tenetur Episcopus dispensare cum clerico, ne resideat ratione studiorum, ex cap. *Cum ex eo* 34. *de Electione* in 6. Id vero maxime fieri solet in dispensationibus circa poenas post condignam satisfactionem. Ita in can. *Domino Sancto* 28. dist. 54. praecipitur, ut per ,dispensationem restituatur loco suo, qui deiectus ab eo ob crimen fuerat et poenitentiam egerat.

2° Potest esse debita dispensatio per *praeceptum ab homine ;* ut in dispensationibus, quas concedit Pontifex, remittens causas Ordinariis vel discreto Confessario, mandans, ut dispenset, si preces veritati nitantur ; tunc enim impleta conditione, dispensatio debita est.

3° Ex natura rei potest esse debita *de iustitia* dispensatio, quando est necessaria ad commune bonum, vel vitandum publicum scandalum, evl quid simile. Ita debita est dispensatio in Interstitiis, si id valde cedat in utilitatem ac multo magis si in necessitatem Ecclesiae. Diana tom. 3. tr. 2. res. 15. n. 6. Quo spectant illa Augustini in cap. *Ut constitueretur* 25. dist. 50.; « Verum in huiusmodi causis (admittendi lapsos clericos etc.), ubi per graves dissensionum scissuras, non huius aut illius hominis est periculum, sed populorum strages iacent, detrahendum est aliquid severitati, ut maioribus malis sanandis caritas sincera subveniat ». Et hoc innuit A., ubi dicit *necessarium ad commune bonum...* vel *avertendum scandalum.*

4° Prout et A. innuit, potest esse debita dispensatio *ex officio* ac subinde *ex iustitia,* ubi fuerit necessaria ad spirituale bonum postulantis, vel ad vitandum grave periculum animae. Ratio, quia praelatus in his casibus tenetur providere saluti subditi.

5° Aliquando licet causa non inducat debitum ex iustitia, potest inducere debitum caritatis et misericordiae. Nam ceu opus misericordiae
dispensatio exhibetur in cap. *Postulasti* 7. *de Clerico excommunic.* :
« Clericis excommunicationis vinculo innodatis ecclesiastica beneficia
conferri non possunt nec illi valent retinere licite, nisi forsitan *cum eis
fuerit misericorditer dispensatum* ». Porro opus misericordiae interdum
est debitum, quando proximus graviter indiget et sine dispendio potest
illi concedi. Et hoc contingit, quando subditus dispensatione indiget ad
vitandum grave aliquod damnum in persona vel in aliis bonis temporalibus. Ita tenetur dispensare Episcopus in denunciationibus matrimonii,
si probatur adesse suspicionem malitiosi impedimenti. Ex Suarez *de Leg.*
lib. 6. cap. 18. nn. 21. 22.

284. Extra autem hos aliosve huiusmodi casus dispensatio potest esse
iusta et non debita; quia potest esse ex misericordia vel liberalitate, sine
gravi tamen necessitate subditi et sine praecepto positivo; qua de causa
dispensatio in iure etiam appellatur *gratia*.

Porro cum casus dispensationis, iustae sed non debitae, causam habeat,
quae sufficiens quidem est ad dispensandum, sed non ad excusandum ab
observantia legis; hinc sequitur, quod si subditus petierit dispensationem
et haec illi fuerit denegata, non possit idcirco agere contra legem; quippe
nec causa, ut supponimus, eum excusat nec alioquin ad tollendum legis
vinculum sufficit dispensatio petita, nisi praeterea fuerit obtenta.

Imo etiamsi dispensatio *iniuste* negata ipsi fuerit, nihilo minus non
potest contra legem agere; ratio, quia iniustitia superioris non tollit legis
vinculum. Quare si lex sit superioris et inferior sua potestate abutatur
n neganda dispensatione, poterit subditus ad superiorem recurrere.

Quod si periculum sit in mora ita ut recurrere ad superiorem non
liceat, vel is, qui dispensationem iuste debitam negat iniuste, sit ipse
supremus princeps, standum est iudicio et voluntati ipsius, nisi tamen
tam grave nocumentum immineat, ut non possit lex humana cum tanto
discrimine obligare; quippe extra hanc necessitatem lex non relaxata per
dispensationem semper obligat. Suar. l. c. n. 23.

Qua de re s. Alph. lib. 1. n. 179.: « Denegata tamen, etiam iniuste,
dispensatione, nequit subditus agere contra legem; nisi talis causa urgeat,
ut eum extrahat (scil. excuset) a lege: quare si Episcopus iniuste neget
dispensationem publicationum ante matrimonium, potest, urgente gravi
causa, contrahi sine eis », v. gr. si mors timeatur alterutrius sponsi, cum
agitur de legitimanda prole.

285. Dixi, ait 2. loco A., *Legislatori*. Nomine *Legislatoris* venit etiam
Successor, quia eadem est moraliter persona eademque potestate gaudet.

Si autem legislator potest dispensare in legibus suis ac suorum praedecessorum, a fortiori id potest quoad praecepta seu leges latas ab in-

feriore, uti Pontifex quoad leges cuiuspiam Dioeceseos aut Provinciae, etiam latas in Synodis etc.

· Ratio vero, cur non sit valida dispensatio inferioris sine iusta causa, haec est, quia inferiori nullae partes competunt nisi administratoris, non secus ac ipsi supremo in Ecclesia Legislatori Romano Pontifici relate ad leges divinas. Atqui administratori nunquam censetur facta potestas dispensandi sine causa, non secus ac administratori bonorum non fit potestas donandi. Ergo.

Bene Suarez *de Voto* lib. 6. cap. 17. n. 3.: « Non dispensat, ut dominus, sed ut minister, qui non potest excedere commissionem suam. Ergo si remittit, nihil facit... Sicut inter homines procurator vel oeconomus remittens domini debita sola voluntate, nihil faceret et mandatarius excedens finem mandati non operatur valide ».

Potest tamen valide et licite in dubio, an causa sit sufficiens. Vid. supr. n. 278.

286. Quoad inferiorem valide dispensantem, attende quod dicit Auctor, heic agi de potestate *ordinaria*. Videlicet (vid. s. Alph. lib. 1. n. 188.) potestas dispensandi alia est *ordinaria,* alia est *delegata*. Prior est, quae cuipiam competit ex dignitate aut officio suo et dominio iurisdictionis: de quo valet illud « *Eiusdem est ligare et solvere* » si sit ipse legislator. Delegata vero est, quae alicui delegatur idest conceditur a superiore habente *ordinariam* et non est adnexa eius dignitati aut officio, sed personae. Neque qui mere delegatam habet, potest alteri eandem potestatem delegare seu subdelegare, nisi specialem ad hoc ipsum habuerit a superiore potestatem.

287. A. enumerat genera rerum, in quibus inferior potestate ordinaria fretus dispensare potest in lege superioris.

1° est, si res est levis. Quaenam eae sint, consuetudo solet explicare, quae efficit quoque, ut haec potestas inferioribus insit: quippe, ut in proverbio est, *consuetudo confert iurisdictionem.*

2° est, si occurrant frequenter. Ratio, quia id necessarium ad bonum commune. Ex eo quod inferior possit dispensare in iis, quae frequenter occurrunt, Episcopi iure *ordinario* dispensant in legibus ecclesiasticis *communibus*, uti in ieiuniis, abstinentia a cibis carnis aut lacticiniorum, recitatione officii, votis non reservatis, observatione festorum etc. et generatim, quando in lege generaliter permittitur dispensatio, v. gr. si dicatur *donec dispensetur*, vel *nisi dispensetur* et dispensatio non reservatur expresse ipsi Superiori sc. Pontifici.

Id intellige (vid. Reiffenst. In lib. 1. tit. 2. n. 467.) non solum quando expresse in iure fit Episcopis facultas dispensandi..., sed quando in Canone simpliciter dicitur, posse dispensari nec Papae aut alii reservatur dispensatio. Ratio, quia eiusmodi verba, potestatem dispensandi impersonaliter concedentia, aliquid debent operari; ergo cum Legislator sive Summus Pontifex non censeatur velle ibi declarare, quod ipse possit dispensare (hoc enim, aliunde certum et manifestum, non nisi superflue diceretur), consequens est illa verba ad inferiores Praelatos referri et sic Episcopis quoque saltem tacite ac virtualiter dispensandi facultatem concedi.

Fallit tamen haec regula (Reiffenst. ibid. n. 468.), quando ex contextu verborum aut ex stilo Curiae aut ex consuetudine aliud apparet, prout in cap. 5. sess. 24. Conc. Trid., ubi quamvis concilium *impersonaliter* concedat facultatem dispensandi in impedimentis matrimonii, quando hoc bona fide et adhibitis sollemnitatibus contractum fuit; nihilominus haec 'ad solum Papam, non ad inferiores spectat.

Dicitur autem Episcopus dispensare iure *ordinario,* quia talis facultas ei competit vi proprii officii estque huic adnexa. S. Alph. lib. 1. n. 190.

Imo ex consuetudine aeque rationabili, hac eadem de causa parochus potest dispensare cum propriis ovibus quoad ieiunium, abstinentiam et observationem festorum, non solum ·ubi facilis non est recursus ad Episcopum, sed ex consuetudine etiam quando talis recursus non est difficilis. Cf. s. Alph. lib. 1. n. 190., qui alibi hanc facultatem tribuit et Vicariis Parochorum l. 3. n. 1032.

3° est lex specialis. Porro lex specialis pro quopiam loco ferri potuit vel ab ipso superiore aut dioecesana seu provinciali Synodo, vel etiam a Pontifice pro quapiam dioecesi vel provincia. Sed hic non est sermo de priori casu, quia res agitur de *inferiore;* agitur igitur de lege Pontificia lata pro loco speciali vel a Synodo Provinciali (s. Alph. n. 190.) et etiam in huiusmodi censetur relicta Episcopis facultas dispensandi, nisi sibi eam facultatem Pontifex reservaverit.

4° est casus recursus difficilis aut necessitatis. Vi huius regulae Episcopus v. gr. dispensat in legibus Pontificiis, etiamsi non agatur de rebus, quae frequenter occurrant; ita dispensat in *impedimentis matrimonii,* in *irregularitatibus,* in *votis reservatis* et eiusmodi. Ratio, inquit s. Alph. n. 190., quia id expedit ad bonum commune ac damna sequerentur, si recurrendum ad superiorem foret. Et quidem etiam in his Episcopi censentur dispensare iure *ordinario;* quia talis illis facultas competit ratione officii, cui est perpetuo adnexa ed ideo possunt eam delegare.

Et quidem Episcopis haec facultas competit, ut notat bene s. Alph. l. c., etiamsi alioquin facilis foret recursus non quidem ad superiorem, scil. Pontificem, sed ad quempiam alium, qui ex privilegio Pontificio facultatem habeat dispensandi, v. gr. ad Regulares mendicantes.

Eadem de causa, ubi facilis non patet recursus ad·Episcopum, licite et valide parochi dispensant. (ex omnium sententia) cum suis ovibus in praecepto ieiunii et abstinentiae atque observantia festorum, qui propterea delegare alteri hanc facultatem et ipsi poterunt, quippe quae ipsis competit ratione officii atque adeo est ordinaria, ut notat s. Alphonsus n. 192. in fin.

Sed notavimus insuper sup. n. 2°., ex consuetudine hanc facultatem parochis fieri, etiamsi facilis ad Episcopum recursus pateat.

5° est consuetudo. De consuetudine iam diximus, quid tribuatur v. gr. parochis: idem porro servandum quoad alios inferiores praeter parochos. Ita amplior facultas ex consuetudine facta est praelatis Ecclesiarum ritus a latino diversi, v. gr. graecis: et hac de causa graeci in Statu Neapolitano degentes mallent sui ritus praelatis, quam latinis subiici.

6° cum dubitatur, an casus indigeat dispensatione. Tunc Auctor dicit dispensari posse ab inferiore in dubio *negativo*. Et s. Alph. lib. 1. n. 192. confirmat, « quod sive dubium sit positivum, sive negativum, potest subditus uti sua libertate ». Auctor autem nihil dixerat de *dubio positivo;* quia hoc supponit, probabilem adesse rationem, cur casus existimetur non comprehendi lege, aut cur quis *excusetur* ab observanda lege; qui casus comprehenduntur regula generali de usu Opinionis probabilis.

Addit tamen s. Alph. ibid.: « consultius esse tunc adire praelatum, qui declaret vel dispenset ». Ubi adverte dici *consultius* atque adeo rem esse *consilii*, non vero praecepti. Quod utique consilium bonum praesertim est pro indoctis, qui facile hallucinari possent.

Attende autem rationem allatam a s. Alph. ibid.: « Cum in tali dubio bene possit etiam praelatus inferior dispensare sine concessione legislatoris ». Sed, ut videtis, Auctor indicat, via expeditiori alios reposuisse, in casu nulla opus esse dispensatione. Et vere lepidum videbitur, quod quidam in inferioribus excogitaverint facultatem dispensandi, a nullo concessam superiore, pro casibus tamen, qui dispensatione non indigent et in quibus, ut dixit s. Alph., *subditus uti potest sua libertate!* Melius dic, esse consultius recurrere ad inferiorem, ut vitentur hallucinationes, uti iam diximus.

288. Iis, quae de Episcopis diximus, addendum est quod monet s. Alph. lib. 1. n. 191., de quaestione, an Episcopi generatim dispensare possint in legibus superioris, quando dispensatio non est reservata, licet nec de casibus frequenter occurrentibus agatur nec de occasione alicuius urgentis necessitatis nec in iure dicatur, posse dispensari, ut sup. n. 287. est dictum.

Ait autem s. Doctor, se olim putasse probabilem opinionem affirmativam; sed, re melius perpensa, tenendam omnino esse negativam.

Quam in rem, praeter alias rationes validas, generali utitur illo principio: *Lex superioris per inferiorem tolli non potest* tum doctrinam generalem ex s. Thoma 1. 2. q. 97. art. 4. ad 3.: « In lege humana publica non potest dispensare nisi ille, a quo lex auctoritatem habet, vel is, cui ipse commisit ».

Tum ostendit, frustra argumentum in contrarium peti e censuris, a qui-

bus absolvere quisque potest, si non sint reservatae. Si haec ratio valeret,
possent etiam parochi dispensare in omnibus legibus Pontificis, ubi dispensatio non est reservata; quippe et ipsi ab omnibus censuris non
reservatis possunt absolvere. Et sicut hoc ius esset ipsis ordinarium,
scil. vi officii, ita possent aliis delegare.

Itaque, quemadmodum ut casus reservatus sit, requiritur ut superior
eum sibi reservet, qua reservatione deficiente possunt inferiores ab.eo
casu absolvere: ita ut facultas dispensandi habeatur, debet a superiore
seu legislatore ipsa concedi, qua non concessa, eo ipso nulla est dispensatio.

Merito proinde affert s. Alph. regulam in ss. Canonibus traditam cap.
Dilectus 15. *de Temporibus Ordinationum,* ubi Pontifex Episcopum reprehendit, quod ex mandato Metropolitani (ut ille aiebat) eodem die tres
ordines eidem homini contulisset et subdit: « Tum quia si de mandato
Archiepiscopi constaret, cum illi huiusmodi dispensatio *a canone minime
sit permissa,* ipsi obtemperare non debuit ». Unde manifeste regula prodit, non habere Episcopos eiusmodi potestatem, nisi quando expresse
ipsis id a iure conceditur.

Denique ad vanum illud argumentum, quod heic quidam cum Natali
Alex. promebant, Episcopum posse in sua Dioecesi, quod potest Papa in
tota Ecclesia (qui est aphorismus plane iansenianus et febronianus
totiusque ordinis ecclesiastici eversio), respondet s. Doctor, id dici aliquo
modo posse solum de iis rebus, quae spectant ad communem directionem
animarum et sunt moraliter necessariae; sed ad hunc censum non pertinere dispensationes a legibus canonicis, exceptis casibus, prout commune bonum postulat, dispensationis dandae vel in rebus frequenter occurrentibus vel in necessariis, quando facilis non datur ad superiorem
recursus.

Dixi autem hanc obiectionem, potiusquam opinionem scholae, esse habendam ut aphorismum iansenianum. Et sane in Constit. *Auctorem fidei*
(n. 6-8.) tanquam *schismatica, erronea et inducens subversionem hierarchici regiminis* eiusmodi doctrina damnatur.

289. Adverte tandem doctrinam Suarez *De leg.* l. 6. c. 11. n. 8. « Dispensationem legis, quoad obligationem in conscientia et quoad omnem
effectum, qui ex illa pendet, non concedi de facto et moraliter loquendo
ita, ut suum effectum habeat, priusquam ad notitiam dispensati perveniat et illam per se ipsum acceptet. Ratio est; quia ante notitiam
dispensationis, non potest esse licitus usus eius et ideo verisimile non
est aliter concedi. Quando vero dispensatio non tollit obligationem conscientiae, sed alia onera: non repugnat, statim a concessione accepta
saltem per procuratorem vel epistolam, habere suum effectum ».

Unde resolves.

LXXXVIII. 1. Pontifex sine iusta causa non potest dispensare in lege Dei, nec Episcopus in lege Ecclesiae. Sanch. d. 17. n. 3. Suar. Vasq.

290. Resolutio duas habet partes; prima ad Pontificem, secunda ad Episcopos spectat: seorsim autem de utraque agamus oportet.

Quoad Pontificem, A. dicit non posse dispensare in lege Dei sine iusta causa; quae verba adsignificare videntur, posse ergo id Pontificem cum iusta causa. Verum hoc indiget explicatione.

Et s. Alphonsus quidem post alios dicit lib. 1. n. 189., duplicem de hac re esse sententiam. « Prima, inquit, sententia affirmat, ex potestate delegata a Deo, quando expedit dispensatio. Ita Sanchez, Canus, Bonacina apud Salmant. *de Leg.* cap. 5. n. 25., qui vocant satis probabilem ». *Secunda,* quam merito Salmantic. n. 26. probabiliorem putant, negat cum s. Thom. Suarez etc., quia nullibi haec concessio reperitur Papae facta a Deo ».

Verumtamen tota haec dissensio, quod sedulo advertendum est, mere speculativa est et *potius ad modum loquendi pertinet,* num in casu isto adhibenda sit necne vox *dispensatio:* nam quod tolli possit aliquando vinculum obligationis, quae dicatur iuris divini, per pontificiae auctoritatis interpositionem, utraque pars aeque consentit.

291. Et sane illi, qui contendunt, Pontificem posse dispensare in lege divina, utuntur his maxime argumentis: 1° quia dispensat in sollemni Religiosorum professione: 2° quia aliquando dispensat, ut minister sacramenti confirmationis sit simplex sacerdos: 3° quia aliquando dispensavit (prout quidam narrant, sed probabilissime fabula est), ut in sacrificio Missae consecraretur una dumtaxat species panis: 4° Quia dispensat in votis iuramentisque: 5° quia dispensat in matrimonio rato: 6° quia dispensat in residentia Episcoporum etc., quae omnia, inquiunt, sunt iuris divini.

Qui vero dispensandi in lege divina facultatem negant Pontifici, non inficiantur, auctoritate eiusdem Pontificis intercedente, praedicta omnia locum habere, sed negant, in his veram ac proprie dictam legis divinae dispensationem intervenire. Breviter haec iuvabit innuere, quia continent doctrinas scitu dignas.

292. Et quod attinet ad sollemnem religionis professionem, dicunt, ex communiori DD. sententia (vid. Suarez *de statu Relig.* tom. 3. lib. 6. cap. 16. n. 5-7. et Schmalzgr. lib. 4. tit. 6. n. 48-51.) sollemnitatem votorum non esse iuris divini, sed tantum ecclesiastici. Et ita quidem clare in Cap. *Quod votum* unic. *de Voto* in 6: « Nos igitur attendentes, quod voti sollemnitas ex sola constitutione Ecclesiae est inventa... ». Quod idem legimus in Const. *Ascendente Domino* Gregorii XIII. 25. maii 1584. hisce

verbis: « Nos considerantes, voti sollemnitatem sola Ecclesiae constitutione inventam esse... ». Unde sic arguunt (Suarez 1. c. n. 7.): Pontifex
potest dispensare in quacunque ecclesiastica constitutione: ergo potest
etiam dispensare in voto sollemni, seu in sollemnitate votorum. Et aliis
verbis: insolubilitas professionis religiosae oritur ex sollemnitate ipsius;
atqui ista sollemnitas subiicitur potestati ecclesiae: ergo et illa insolubilitas. Quam quidem prudentissime ab Ecclesia institutam paucis probat
Schmalzgr 1. c. n. 50., ne scilicet pro lubito possent Religiosi e perfectiore
statu ad imperfectiorem desilire; hoc enim contingeret, nisi per sollemnitatem voti addita fuisset vis dirimens matrimonium; quippe cum haec
vis per se non insit voto castitatis, religiosus valide contraxisset matrimonium et cum hoc sit insolubile, proinde e perfectiore statu ad imperfectiorem dilapsus haberetur necessarius. Patet ergo, quomodo asseratur Pontifici ab his DD. facultas dispensandi in religiosa professione
nec tamen cogantur concedere, eum dispensare in lege divina.

293. Huius autem doctrinae consectarium magni momenti est advertendum. Nam si sollemnitas professionis Religiosae, quacum nexa est irritatio sequentis matrimonii, est iuris mere ecclesiastici; dispensatio igitur
facta a Pontifice erit valida, etiamsi ab ipso concedatur sine causa: vid.
Suarez. de Relig. tom. 3. 1. 6. c. 17. nn. 6. 7. Ergo Religiosus etiam sine
iusta causa dispensatus a religiosa professione, valide matrimonium contraheret. Verumtamen cum duo sint, quae in casu obstarent contrahendo
matrimonio, nempe sollemnitas voti (quae est impedimentum dirimens)
et votum ipsum religiosum et hoc, ut mox videbimus, sit iuris divini,
in quo Pontifex nec licite nec valide dispensat sine iusta causa; proinde
si a sollemni professione dispensaret sine causa iusta, ipsa dispensatio
partim valida esset, partim invalida. Valida esset (licet illicita) quoad
sollemnitatem atque adeo quoad auferendum impedimentum dirimens matrimonii et idcirco dispensatus valide matrimonium contraheret; invalida
autem esset quoad votorum seu professionis substantiam, atque adeo
matrimonium illicite contraheretur. Vid. Suar. 1. c.

294. Quod spectat ad 2. nempe ad facultatem simplici sacerdoti concessam administrandi sacramentum Confirmationis, dicunt (vid. Suarez
de Legib. lib. 10. cap. 6. n. 20. et Schmalzgr. lib. 1. tit. 2. n. 57.) hanc
non esse dispensationem in institutione divina, sed potius ipsam institutionem divinam sic factam esse, ut quilibet sacerdos Confirmationem
ministrare possit, quando Pontifex hoc ipsi committat, quod est conditio
quaedam, sine qua huiusmodi sacramentum ministrare non potest. Et
haec quidem ex traditione constant et in Conciliis ipsis insinuatur, dum
dicunt, iure divino seu divina institutione Episcopum esse huius sacramenti ministrum non quidem absolute, sed ordinarium. Vid. Suar. de
Sacram. disp. 36. sect. 2.

Ergo non probatur hoc exemplo, Ecclesiae seu Pontifici inesse facultatem dispensandi in iure seu lege seu institutione divina.

295. Quoad 3. nempe consecrationem in una tantum specie, respondet Schmalzgr. lib. 1. tit. 2. n. 57. 1° non constare authentice de eiusmodi dispensatione facta et non videtur credenda tam insueta dispensatio. 2° Quod si Pontifex aliquando dispensavit, non fuit haec proprie dispensatio, sed tantum ex parte eius declaratio doctrinalis, quod in tali casu praeceptum divinum non obligat.

Haec vero interpretatio seu declaratio in hunc modum posset explicari. Nam illud praeceptum sacrificandi sub duabus speciebus per se *affirmativum* est et intrinsece connexum cum institutione talis sacrificii; unde prohibitio conficiendi unam speciem sine altera non est ex speciali praecepto negativo iuris divini positivi, sed pertinet ad ius naturale, supposita institutione et sequitur mediante hoc generali principio, quod Deo est integrum et perfectum sacrificium offerendum. Hoc autem principium est affirmativum et ideo ex se non obligat pro semper patique potest interpretationem scilicet ut servetur, quantum occasio tulerit et fieri potuerit. Idcirco applicato illo principio ad hoc sacrificium, videtur habere locum interpretatio, quod in casu impotentiae cesset illud principium sacrificii perfecti exhibendi et consequenter cesset illa quoque prohibitio seu negativa obligatio, utique non sacrificandi potius, quam in una tantum specie consecrandi. Quia ibi non amittitur institutio essentialis, sed integralis et ideo valida est consecratio unius speciei, etiamsi alia omittatur et videri potest gratius Deo et hominibus utilius sic conficere, quam nullo modo.

Quamvis vero ex hoc discursu, si admittatur, videatur sequi, talem interpretationem seu declarationem non solum esse licitam auctoritate Pontificis, sed vel inferiorum quoque vel etiam doctorum; nihilominus tamen quia res est gravissima et valde dubia et contra universalem Ecclesiae morem, permittenda nunquam est sine decreto Pontificis. Nam quod in huiusmodi, istae interpretationes seu declarationes doctrinales locum habere possint, patet ex praecepto divino confessionis itidemque ex praecepto praemittendi confessionem gravium peccatorum ante sumptionem Eucharistiae; quae sane praecepta multas declarationes utique doctrinales admittere notissimum est.

296. Quoad 4. vota scilicet sive religiosa sive simplicia et iuramenta, ut intelligatur, quomodo non intercedat proprie dicta dispensatio iuris divini, duo declaranda sunt, scil. 1° quo sensu *iuris divini* dicantur: 2° quomodo eorum obligatio resolvatur.

Et quoad primum adverte (ita Suarez *de Religione* tom. 3. *de statu Religioso* lib. 6. cap. 16. n. 10.) dupliciter aliquid esse de iure divino, scil. vel naturali vel positivo et quatenus *positivum* ius divinum spectatur,

quidpiam esse de iure divino vel *instituente* tantum (sicut v. gr. sacerdotium est a Deo instituente, non autem praecipiente ut quispiam sacerdotium assumat), vel etiam *praecipiente* (uti a Deo et instituente simul et
praecipiente est confessio sacramentalis gravium peccatorum vel sumptio
Baptismi vel Eucharistiae etc.).

Porro institutio religiosi status per sui traditionem (praescindimus
modo ab professionis sollemnitate) et per tria vota, de iure divino est,
non tamen habetur aliquod de ea praeceptum divinum positivum; nam
neque usus neque exercitium talis status sub praecepto est. Neque etiam
post assumptum illum statum, ius divinum circa illum quidpiam praecipit; sed relinquit illum *naturali* obligationi, quae ex illo assumpto nascitur tam quoad durationem quam quoad eiusdem observationem. Et sane
Christus Dominus instituit quidem et probavit hunc vivendi modum
tanquam aptum ad acquirendam perfectionem; non tamen praecipit illum
assumere, neque supposita professione eius, speciale praeceptum positivum
posuit perseverandi in statu assumpto; sed hoc naturali obligationi, quae
ex ipso statu sequitur, reliquit: sicut non oportet positivum praeceptum
dare de servandis votis, quae in eo statu fiunt, quia hoc naturale praeceptum est.

Simili modo non praecepit Christus speciali praecepto positivo, hunc
statum semel assumptum esse omnino immutabilem nec vetat specialiter
dispensationem eius; sed hoc quoque rei ipsius naturae reliquit, quatenus
cum illa repugnantiam habeat vel non habet, scil. quatenus eiusmodi
statui repugnet dispensatio aut non repugnet.

Quod autem dictum est de professione per tria vota religiosa, valet
quoque de voto simplici. Nam utique ius divinum est, quod et approbat
et consulit vota quoque simplicia; nam et Christus in Evangelio et Paulus
in Epistolis suis virginitatem eiusque promissionem sive in religione sive
extra religionem consulunt: neque tamen ullum praeceptum speciale
positivum est aut de vovendo aut de immutabilitate in re promissa
servanda; sed rei naturae ipsa obligatio relicta est. Suar. l. c. n. 18.

297. Porro ex his omnibus plane deducitur quod tum religiosa professio,
tum vota quaevis simplicia non ideo indispensabilia sunt, quod quidpiam
habeant de iure divino positivo; sed si quid dispensationi obstaret, id
proveniret aliunde. Ergo, quod ad thesim praesentem facit, ubi solvitur
obligatio voti aut simplicis aut religiosi, nulla intercedit dispensatio *a
lege divina positiva.*

Professio ergo religiosa per tria vota, tum vinculum voti simplicis
eatenus dicentur *iuris divini,* quatenus divinum dicitur ius naturale;
etenim ad obligationem iuris naturalis pertinet, ut servetur fides in contractu, quo quis se religioni per professionem tradit ac religio traditionem
acceptat: itemque ad ius naturale pertinet, ut homo impleat votum idest
promissionem Deo factam et a Deo acceptatam.

Alio quoque modo huiusmodi obligationes ad ius divinum pertinent, quatenus vota dicunt promissionem Deo factam atque adeo ius Deo ipsi acquiritur ad rem promissam: insuper ius acquisitum Religioni per professionem, ut notat Suarez l. c. totum est in ordine ad Deum; ergo et in hac habemus ius Deo acquisitum.

Ostendendum ergo superest, quomodo resolvi queat obligatio tum per professionem tum per aliquod votum simplex inducta.

ʼ. 298. Quod itaque attinet ad obligationem iuris divini naturalis, monent DD. (Suar. *De leg.* lib. 2. cap. 14. n. 6.) aliquid duplici modo dici de iure naturali: primus et maxime proprius modus est, quando lex aliqua naturalis quidpiam praecipit, scil. ratio naturalis in se spectata dictat, aliquid esse necessarium ad morum honestatem. Alius modus (qui ad praesentem rem non facit) est, quando dicitur quidpiam de iure naturali tantum *permissive* aut *negative* aut *concessive*, uti v. gr. hominis libertas, de qua non praecipit lex naturae, ut homo sic liber maneat.

Sed quod huc magis facit, quoad primum modum adverte, quod inter *praecepta* iuris naturalis (Suar. ibid. n.7.) quaedam sunt, quae immediate obligant in suis materiis, independenter ab omni praevio consensu voluntatis hominis, ut v. gr. leges religionis in Deum, pietatis erga parentes, non infamandi, non mentiendi, non peierandi etc. Alia vero sunt, quae versantur circa pacta, conventiones aut obligationes, quae per humanam voluntatem introducuntur; cuiusmodi sunt leges de servandis promissionibus humanis, de contractibus et de iuribus, quae ex illis nascuntur.

Porro patet, in praesens agi de iure naturali posterioris huius modi. Nam tum obligatio voti tum obligatio professionis religiosae exoriuntur ex humanae voluntatis actu.

299. Praecepta itaque, quae in sua obligatione pendent a praecedenti consensu voluntatis humanae, possunt ne dispensari?

Respondent DD. distinguendo: dispensari *directe* ac praecise auferendo obligationem legis naturalis, quasi v. gr. servandi fidem cesset obligatio, N.; nam intrinseca honestas auferri aut violari nunquam potest; *indirecte,* seu mediante aliqua remissione, quae sit ex parte materiae, C.; neque enim est contra legem naturalem mutari materiam, cum id pendeat a mutatione voluntatis: facta autem eiusmodi mutatione, obligatio per se cessat, ut v. gr. dum quis remittit promissionem sibi ab alio factam matrimonii (Suar. *De leg.* lib. 2. cap. 4. n. 11.). Verumtamen cum dispensatio proprie sit relaxatio iuris, in rigore heic non adest vera dispensatio iuris naturalis, sed potius dicenda est dispensatio *facti,* quam dispensatio *iuris.* Suar. ibid.

Sic itaque contingit in dispensatione voti, quod est quaedam lex privata. Lex huiusmodi privata in hoc sane differt a lege publica, quod publica lex per eandem voluntatem, qua lata est, auferri etiam potest;

at non sic privata, quae cum proprie non sit lex, sed promissio, non
pendet amplius a voluntate promittentis; quia ipse non potest a se auferre
obligationem, quam semel contraxit, sed oportet, ut vel tanta contingat
rerum mutatio, ut obligatio per se cesset, vel ut per promissarium remittatur promissio, si rés sit de promissione inter homines, vel denique
ut obligatio auferatur, quatenus vel ab aliquo pendet voluntas subditi,
qui propterea irritare eiusdem actum possit, vel quatenus superior iurisdictione utitur, causa legitima interveniente.

300. Porro quod praeter casum obligationis cessantis ob materiae mutationem, aut ob irritationem ex voluntate illius, qui potestatem dominativam habet in alterum, admitti debeat alius modus, per dispensationem
quamdam, facile intelligitur.

Omnis quippe lex (Suar. *De voto* lib. 6. cap. 9. n. 8.) humana interdum
indiget dispensatione; ergo et votum, quod est quasi privata lex humana.
Ergo non deest in Ecclesia potestas ad illam concedendam.

« Ratio autem est, quia humana deliberatio ac prudentia non potest
omnia circumspicere; et ideo saepe non expedire deprehenditur, quod
lege fuerat praescriptum aut certe expediet, quempiam ab obligatione
excipere vel propter maius aliquod bonum vel propter aliquod malum
vitandum, quae est ratio iustificans dispensationem. Et inde facile ostenditur, id extendendum esse ad vota. Quippe sicut lex, quae- generaliter
proponitur, in particulari potest non expedire: ita votum, quod est veluti
privata lex, poterit alicui vel in aliquo casu non expedire; unde in pluribus casibus multa sequerentur mala et pericula ex vinculo voti, nisi
in eo dispensaretur. Exinde patet etiam, cur haec dispensandi facultas
deesse in Ecclesia non possit. Etenim Christus non defuit Ecclesiae in
necessariis. Unde haec potestas sine dubio continetur in illis verbis:
Pasce oves meas et in aliis, *Tibi dabo claves regni caelorum* et *quodcumque solveris super terram* etc. »

301. Verumtamen addendum (Suarez tom. *De voto* 2. *De rel.* lib. 6.
cap. 9. n. 9.) proprie loquendo, non dispensari in lege naturali formaliter,
sed auferri et mutari materiam legis naturalis et sic cessare eius obligationem. « Etenim lex naturalis est in praesenti, ut vota Deo reddantur;
haec autem lex sicut non incipit obligare, nisi postquam fit votum, ita
non conservat (ut ita dicam) obligationem, nisi durante voto; et ideo si
votum auferatur, cessabit obligatio legis sine dispensatione in illa. Hoc
itaque fit per dispensationem, quod illustrari cum s. Thoma potest exemplo legis humanae. Nam pari modo lex naturalis dictat, servandam
esse legem humanam; si tamen lex humana vel simpliciter vel in casu
quopiam auferatur, iam lex naturalis non obligabit, licet in ea nulla fiat
dispensatio ».

302. Sic itaque locum habet ista dispensatio, quatenus « in voti ablatione

(Suar. l. c. *De Vot.* lib. 6. cap. 9. n. 15.) concurrit Pontifex sive Praelatus ex parte Dei, remittendo obligationem Deo factam et declarando, sibi esse placitum, ut votum non servetur; nam alia ratione non posset obligatio auferri aut pactum resolvi. Hoc autem modo fieri dissolutionem pacti et·obligationem exstingui, facile intelligitur. Nam etiam inter homines hoc, modo tolluntur obligationes promissionum et rex posset committere officiali suo, ut promissiones sibi factas relaxaret vel componeret. » S. Thom. 2. 2. q. 88. art. 12. 3.: -« Votum est promissio Deo facta de aliquo, quod sit Deo acceptum. Quid sit autem in· aliqua promissione acceptum ei, cui promittitur, ex eius pendet arbitrio. Praelatus autem in Ecclesia gerit vicem Dei et ideo in commutatione vel dispensatione votorum requiritur praelati auctoritas, quae in persona Dei determinat, quid sit Deo acceptum, secundum illud 2. Cor. 2.: *Nam et ego, quod donavi, si quid donavi, propter vos, in persona Christi.* Et signanter dicit, *propter vos;* quia omnis dispensatio petita a praelato debet fieri ad honorem Christi, in cuius persona dispensat, vel ad utilitatem Ecclesiae, quae est eius corpus».

« Ita ergo intelligere possumus fecisse Deum. Et tunc non dispensatur in iure divino, prout significat legem naturalem, in qua formaliter et proprie dispensanda involvitur repugnantia contra naturalem honestatem; sed est dispensatio in iure divino per votum acquisito, quod suo modo ad quoddam factum pertinet, quatenus ius dicit actionem ad debitum vel ut dicit dominium. Quo modo possunt homines dici dispensatores iurium seu bonorum Dei... Nam si possunt remittere peccata, quibus homo maxime efficitur debitor Dei, quid mirum, si possint remittere debita promissionum Deo factarum? Hoc igitur modo votum mutare non est contra legem naturalem reddendi vota; quia lex ista solum exigit immutabilitatem in voluntate promittentis sine consensu promissarii, non autem illo consentiente vel iuri suo cedente per se aut per suum vicarium ». Suar. l. c.

303. Solum videri potest (Suar. *de Vot.* lib. 6. cap. 9. n. 16.) huiusmodi ablationem voti non esse dispensationem, sed remissionem debiti; sicut homo remittens debitum promittenti, non dispensat, sed donat ius suum...· Sed hae quaestiones de nomine tantum sunt. Fatendum nempe est, hanc esse quandam debiti remissionem nomine Dei factum, quae potest dici absolutio vel relaxatio et ita tollitur quaestio de nomine: tamen quia non Deus immediate, sed per suum vicarium et quasi dispensatorem hanc remissionem facit, ideo merito dicitur dispensatio, eo vel maxime quod non vocatur dispensatio in praecepto, sed in voto; ex qua fit ut cesset obligatio praecepti reddendi votum, licet in ea non dispensetur.

Ex his intelligenda vis sententiae s. Alphonsi, ubi dicit lib. 1. n. 189.: « Certum est, Pontificem et Praelatos dispensare posse in votis, *cum in his gerant vicem Dei* ».

304. Et dicta hucusque valent etiam relate ad iuramenta, in quibus proprie nulla intercedit dispensatio. Nam vel obligatio iuramento firmata remittitur a creditore sive ab eo, in cuius bonum cedit promissio iam acceptata et sic non dicitur dispensatio, sed condonatio aut relaxatio. Vel sine consensu creditoris remittitur obligatio ab eo, qui habet potestatem dominativam in·promittentem, et tunc erit irritatio. Dispensatio ergo locum habebit in iuramentis, quae per modum voti soli Deo seu absolute fiunt; sed et ista potius remissionem quandam debiti nomine Dei factum, quam dispensationem dicit. Suar. *de Iuram.* lib. 2. cap. 38. n. 2., et cap. 40. n. 1.

305. Eodem autem pacto explicari debet dispensatio in professione religiosa. Spectari enim haec potest ceu contractus inter profitentem et Religionem, quae traditionem sui a profitente per tria vota emissam acceptat. Et tunc adhibebitur doctrina Suarez *de Statu Relig.* tom. 3. lib. 6. cap. 16. n. 12., quod omnis contractus humanus et omne vinculum obligationis inter homines, quod mutuo consensu perficitur, praecise stando in ratione vinculi, non est ita natura sua insolubile, ut saltem per potestatem publicam et maxime supernaturaliter concessam, ex iusta causa dissolvi non possit. Et ita etiam ius civile ob bonum commune contractus quosdam vel ipso facto irritos declarat, vel irritos solvi posse etiam sine consensu eorum, quorum interest, constituit.

Contractus porro, qui in professione religiosa habetur, vel consideratur quatenus parit ius religioni, vel quatenus parit ius ipsi Deo, in cuius ordinem ac honorem et profitens se dedicat ac religio acceptat profitentis traditionem. Atqui utroque modo facile explicatur vinculi solutio.

Nam quod attinet ad ius religioni acquisitum, cum Summus Pontifex sit etiam summus Praelatus cuiusque Religionis, habet idcirco facultatem dispensandi quantum ad id, quod ad religionem spectat, idest cedendi iuri illius in profitentem propter iustam et rationabilem causam; nam et tota Religio hoc modo potest iuri suo cedere et aliquando cedit, v. gr. cum putridum membrum et religiosum incorregibilem expellit. Multo igitur magis poterit id Pontifex facere propter bonum commune vel causam, quae ad illud pertineat. Insuper Pontifex non solum est supremus Religionis Praelatus quoad potestatem illam dominativam, quae religioni comparatur ex vi professionis, sed etiam quoad supremam iurisdictionem super totam Ecclesiam, ratione cuius supremus est dispensator omnium ecclesiasticorum bonorum ac iurium, inter quae hoc iuris genus religioni acquisitum in talem personam comprehenditur. Et per hanc igitur potestatem potest sine religionis iniuria dispensare propter bonum commune. Suar. l. c. n. 15.

Si vero contractus consideretur, quatenus ius ipsi Deo acquiritur, eadem recurrent quae de voti dispensatione diximus. Nam· sicut Deus ipse (Suar.

De Profess. Relig. Tom. 3. lib. 6. cap. 16. n. 18.) tanquam supremus Dominus potest cedere huic iuri sibi acquisito; ita Pontifex, non ut dominus,
sed ut dispensator, potest illud remittere et hoc est in professione dispensare, prout dispensatio heic accipitur non proprie pro relaxatione
legis, sed prout dicit remissionem debiti.

306. Quoad 5. ex supradictis (sup. n. 282.) scil. solutionem in matrimonio rato, eodem modo explicatur obligationis huius relaxatio, ac superius nn. 298. 300. dictum est de qualibet obligatione ex humano consensu seu contractu orta.

Neque enim lex naturalis ita absolute praecipit, ut vinculum matrimonii
rati sit insolubile, quasi intrinsece malum sit, contractum eiusmodi dissolvi. Ex principiis enim naturalibus hoc solum evinci potest, non posse
illud dissolvi privata auctoritate et voluntate contrahentium; quia talis
dissolutio non fit sine aliquo praeiudicio communitatis seu naturae con-
servandae, cui per tale vinculum fuit aliquo modo ius acquisitum. Sicut
autem natura ipsa potest iuri suo cedere ob bonum maius, quod in suum
quoque commodum redundat, administratio autem bonorum ac iurium
communitatis ad eum pertinet, qui curam communitatis gerit; proinde
haec iuris remissio ad publicam auctoritatem spectat. Et cum matrimonium sit sacramentum, haec potestas suo iure ad Ecclesiasticam póte-
statem, scil. Rom. Pontificem pertinet, qui in casu dum dispensat, non
iuris divini obligationem laxat, sed uti Superior ob maius bonum decernit,
non expedire, ut vinculum per contractum inductum perseveret. Suar. *de
Legib.* lib. 2. cap. 14. n. 20.

307. Denique quoad 6. scil. obligationem residentiae, quae obligatio iuris
naturalis dici potest, concedendum DD. putant (Suar. *De Leg.* lib. 2. cap. 14.
n. 22.) dispensari posse, sed negandum, dispensationem fieri in iure naturali praeceptivo; cum reipsa dispensatio contingat in materia, quatenus
haec materia pendet ex consensu ac voluntate humana, pacto scilicet
inter Episcopum et Ecclesiam: quocirca ex hac parte pactum mutabile
est saltem per publicam potestatem.

Et sic declarari res potest. Illud enim pactum inter Episcopum et suam
Ecclesiam, ex rei natura, subordinatur supremo Pastori, adeo ut in illo
pacto includatur conditio offerendi se ad ministerium illius Ecclesiae *cum
subordinatione ad supremum Pastorem,* qui habet in ea Ecclesia excel-
lentiorem potestatem et immediatam etiam curam. Quando autem Pontifex
dispensat in residentia, ipse statuit quoque, qua ratione pro tali tempore
providendum sit ministerio eiusdem Ecclesiae et quasi onus illius in se suscipit; exinde fit consequenter, ut proprius Episcopus personali obligatione
liberetur, non per dispensationem in praecepto naturali, sed quia ista ratione reipsa implet pactum cum sua Ecclesia, ex quo illà praecepti obligatio proveniebat. Vel potius obligatio illa alio impletur modo, qui in

pacto ipso includebatur, dum Ecclesiae modo praescripto ex rationabili causa a supremo Pastore providetur. Suar. l. c.

Et haec satis circa quaestionem, an dispensare Pontifex Romanus possit in lege seu iure divino; quae ad id profuerint,.ut ratio reddatur dispensationum, quas enumeravimus.

308. Addit heic s. Alph. lib. 1. n. 188. Pontificem potestate ordinaria dispensare posse in quibuscumque legibus canonicis. Et hac in re advertatur, in legibus mere ecclesiasticis dispensationem semper fore validam, licet illicita esse possit, ubi deest causa quaepiam rationabilis: in iis vero, in quibus Pontifex habet potestatem tantum administrativam, uti v. gr. in dispensatione votorum, iustam causam requiri non modo ut sit licita, sed etiam ut sit valida. Et hunc sensum habent verba Auctoris, ubi inquit, *non posse sine* causa dispensare *in lege divina,* idest in iis, in quibus (ut superius explicavimus) potestate mere oeconomica utitur.

309. Quod dicit A. de Episcopis, qui in lege Ecclesiae dispensare non possunt sine gravi causa, intellige etiam de *validitate.* Ceterum quandonam, iusta causa accedente, in legibus generalibus Ecclesiae possint dispensare, superius dictum est n. 287.

. LXXXIX. 2. Dispensatio in voto vel iuramento, sine iusta causa, etiam a Papa facta, est invalida, ut Sanchez. Suar. ll. cc.

310. Ratio horum ex disputatis patet. Nota tamen, non temere iudicandum de superiore et nisi evidenter constet de opposito, pro ipso stat praesumptio ac proinde pro validitate. Vid. in Resol. 4. seq.

XC. 3. Valida est, si superior per errorem iustam causam arbitretur, aut (etsi non arbitretur et temere dispenset) reipsa tamen sit. Sanch. l. c. Azor. Sà, Salas n. 81. Similiter si dispenset causa, quae revera legitima est, non praecognita, probabiliter tamen valere docent Sanch. et Dian. p. 8. t. 3. r. 19. 21. etc. contra Azor. .

311. Nota, hoc loco non agi de legislatore, qui valide dispensat, etiamsi desit iusta causa, quique in casu praesenti etiam licite dispensaret, si bona fide putaret, sufficientem adesse dispensandi causam. Agitur ergo de inferiore seu de eo, qui non in sua lege, sed in lege superioris dispenset, cuiusmodi est etiam Pontifex relate ad ea, in quibus mere oeconomice disponit.

Quoad hanc partem Resolutionis s. Alphonsus in parenth. ad h. loc. n. 180. remissive et reipsa lib. 3. n. 251. agens de voto, fatetur sententiam Auctoris scil. quod valida sit dispensatio, tradi a gravissimis DD. -Sanchez, Lessio, Salmanticens., Navarr., Soto, Tamburini etc. aliis apud Palaum; se tamen sequi sententiam Palai, qui *de Legib.* Tract. 3. disp. 2. p. 8. n. 5. post Salas et Basilium De Leon, quibus et Laymann.lib. 1. . tract. 4. cap. 22. n. 12: s. Alphonsus adiungit, dicit, *oppositum tenendum, si deinde certo comperiatur, causam non affuisse aut non fuisse ŝuffi-*

cientem. Ratio, inquit s. Alph. post Palaum, est, quia certum est principium, in lege superioris invalide dispensare inferiorem sine causa sufficienti.

312. Verum haec ratio non elidere videtur vim argumentorum pro sententia affirmante Auctoris. Hic enim tractat de casu non in quo dispensans scit causam non esse sufficientem, sed in quo adest quidem causa aliqua dispensandi, sed error praelati accedit in eo consistens ut in re dubia putet sufficientem esse causam, quae reipsa talis non est. Sic enim quaestionem ponit Sanchez ab Auctore allegatus *De matrim.* lib. 8. Disp. 17. n. 8. et *Moral.* lib. 4. cap. 44. n. 10.

Porro Sanchez ita ratiocinatūr: « Cum in iis dubiis potestas dispensandi sit legitime concessa, superior ea legitime usus est. Ergo valor actus non pendet a futuro eventu ». Quae argumentatio his principiis continetur; certus adest valor dispensationis neque hic valor idcirco a futuro eventu pendere potest, quando praelatus inferior legitime utitur potestate, quae pariter legitime concessa ipsi a superiore fuerit. Atqui in casu inferior legitime utitur potestate sibi legitime a superiore concessa. Ergo.

Et maioris propositionis veritas patet; quippe hae dispensationes absolute, non autem conditionate dantur, nisi forte inclusam quis velit tacite aut expresse conditionem: *si vera sunt exposita* (quae nihil huc facit); at profecto nemo in dubiis aut non dubiis dispensat cum hac conditione: *si non fallor in iudicanda causae sufficientia* aut *si in dubio isto causa est sufficiens.* Et ratio evidens est; nam secus infinita esset scrupulorum seges.

Quoad minorem vero, scil. inferiorem posse dispensare, etiam cum dubius est de causae sufficientia, doctrina communis est (Sanchez. *Moral.* lib. 4. cap. 45. n. 10), quam probat et admittit ipse s. Alphonsus lib. 1. n. 192.

Praeterea, ut notat Sanchez lib. 4. cap. 44. n. 10., recta Ecclesiae administratio postulat, ut scrupulis obvietur nec ferendum est, ut passim infringantur, quae bona fide a suis praelatis petita et gesta fuerint.

313. Quod vero dicit s. Alph., Laymann in opposita esse sententia, non subsistit; quia Laymann et alii ab eo citati, inter quos est etiam Sanchez, de alio casu disputant et ipse s. Alph. lib. 1. n. 180. Laymann allegavit pro sententia Sanchez. Et hinc petenda est sententiarum apparens dissensio. Laymann aliique infra allati disputant de quaestione, quam Auctor resolvit Resol. 8. et s. Alph. n. 186. eam probat, imo pro ipsa allegat et s. Thomam.

Quaerunt scilicet (Laymann lib. 1. tr. 4. cap. 22. n. 12.) an si subditus bona fide dispensationem petat (vel etiam non petenti superior tribuat v. gr. si Episcopus mittit ad suscipiendos Ordines subditum, quem scit esse irregularem: sufficiens enim in isto facto habetur indicium dispensationis, quam concedit, ut habet Suar. *De censur.* disp. 41. sect. 3. in fin.) allatis rationibus, quas superioris examini committit, impetrata dispensatione, securus esse possit? Et respondet Laymann: « Securus esse potest et praesumere, legitime collatam fuisse, saltem in conscientiae foro, *donec. contraria veritas appareat* ».

314. Quod idem definit Suarez quoad casum dispensationis concessae facto aliquo (ut diximus) ab irregularitate; ubi ait: « In foro interno sufficit, ut non constet de *causae defectu,* quia subditus praesumit superiorem recte agere ». (*a*)

Et Sanchez *De matrim.* lib. 8. disp. 17. n. 15. 16: « Communis resolutio est, quando princeps dispensat motu proprio et non ad partis instantiam *in iure humano,* praesumi praesumptione iuris et de iure, contra quam non admittitur probatio, adesse causam iustam. Secus quando ad instantiam partis, aut in iis, quae sunt de iure divino aut de iure naturali divino: tunc enim non praesumitur causa nisi probetur... Haec tamen doctrina agit de praesumptione fori externi. Nam in foro conscientiae existimo praesumendum esse pro superiore, dum *subdito non constat defectus causae.* Quod non obscure significat Sotus in 4. dist. 21. q. 2. art. 2. ubi tractans de dispensatione Pontificis in voto dicensque, dispensationem absque legitima causa non tenere, subiungit, ubi manifestus error non intervenit, praesumi causam legitimam et *De iust.* lib. 7. q. 4. art. 3. ad 2. in fin., ubi ait tunc dispensationem voti censendam irritam, *quando manifeste constat, nullam esse causam* ».

315. Ex his manifeste patet, duos distinguendos casus diversos, in quibus diversa fertur sententia scil. 1. quando constat causam nullam esse vel constat non esse sufficientem: 2. quando adest causa aliqua et error est circa sufficientiam. Et cum reperiamus in uno consentientes cum s. Alphonso etiam illos, quos ipse ut sibi contrarios traducit et quos reipsa alibi eidem in alio casu oppositos cernimus, inde confirmatur, dissensionem hanc doctorum esse apparentem, quia non de eadem re disputant.

316. Tamen sincere dicendum est, s. Alphonsum fuisse deceptum a nonnullis, qui ante eum duplicem illum casum confuderunt.

(*a*) Reiffenstuel lib. 1. tit. 2. n. 481. quaestionem ponit, utrum si Papa vel Episcopus scienter assumit inhabilem ad officium vel dignitatem, censeatur hoc ipso cum eo dispensare. Et respondet affirmative de Papa, si ille inhabilis sit iure humano; censetur enim absque alia dispensationis expressione reddere eum habilem dispensando: non item Episcopum, nisi vel cum causae cognitione procedat, vel inhabilitas contingat solum ex vi constitutionis dioecesanae. Et n. 483. addit : « Non praesumitur Episcopus velle dispensare, nisi procedat cum causae cognitione, praecognoveritque iustitiam et rationabilitatem ». Et hoc est, quod Suarez aliique dicunt praesumi in foro interno, quousque constet, *nullam* re ipsa rationabilem causam affuisse.

Talis est Palaus, qui *de Vot.* disp. 2. punct. 9. n. 4. et rursus tract. 3. *De legib.* disp. 6. p. 8. §. 2. n. 5. scribit: « Temperant, nisi bona fide inferior Praelatus procedat, existimans adesse causam legitimam, cum tamen non sit... At haec limitatio mihi non probatur. Tum quia ad rectam gubernationem Ecclesiae non pertinet confirmare dispensationes *sine causa,* sed illas excusare; alias pertineret etiam ad rectam gubernationem, ut quoties dispensandi putarent bona fide, nullam dispensationem sibi esse necessariam, validos actus efficerent, nulla adhibita dispensatione et sic contrahentes bona fide in gradibus prohibitis valide contraherent... Tum quia allegantes, superiorem absque legitima causa dispensasse, audiuntur, etiamsi superior bona fide processerit ». Ubi ratio confusionis est, quod videatur disputare de dispensatione concessa *sine causa* et dein aequivoca locutione *causae legitimae* extendat ad casum dispensantis cum *causa sed non sufficienti* et sic extendat ad casum Sanchez (quem allegat) etiam, quando de sufficientia dubitari poterat.

Quae confusio multo clarius apparet apud Ioannem Salas, a quo fere transcripsit Palaus. Nam hic *De legib.* disp. 20. sect. 4. n. 34. ponit quaestionem: « Quid si Praelatus inferior bona fide putavit, causam esse *iustam et sufficientem,* quae tamen iusta et *sufficiens non erat* ». Et allata doctrina Sanchez, subdit n. 35.: « Sed haec sententia dubia est; quia bona fides non solet acta *alioquin nulla* reddere valida, sed excusare... alioquin si Episcopus *sine ulla omnino causa* dispensaret in legibus Papae, vel in votis aut iuramentis, putans bona fide vel nullam causam requiri vel causam subesse, dispensatio esset valida, quod nullus admittet. Item si aliqui bona fide contraherent in gradibus prohibitis vel cum alio impedimento iuris humani aut etiam divini, validum esset matrimonium etc. ».

Haec prorsus indisciplinata sunt. Ac 1º Negamus, quod supponit, *nulla esse et irrita acta,* si dispensatio in re dubia fiat bona fide. 2º Quorsum a questione *de causa non sufficienti* transilit abrupte ad casum *ubi nulla causa adest,* imo ad casum ubi ne ulla quidem quaeritur dispensatio? Numquid pares sunt quaestiones, ut ab altera ad alteram liceat arguere? Intolerabiliora vero sunt ista, quatenus haec consectaria quodammodo affingit patronis sententiae contrariae, dum isti (vid. Sanch. sup. n. 304.) oppositum dicunt, diligenter casum a casu distinguentes. Basilius Pontius *de Mat.* l. 4. c. 14. n. 8. transcripsit Salas.

317. Potius Suarez dicerem inclinare in oppositam sententiam (licet reipsa non ponat quaestionem de dispensatione concessa *in dubio de causae sufficientia*), quando *de Voto* lib. 6. cap. 17. n. 20. haec scribit de dispensatione in voto: « Si subdito non constet de *insufficientia causae,* censeo, posse sine scrupulo uti dispensatione propter rationem supra datam, quod potest et debet praesumere pro praelato: si autem constet

de insufficientia causae pro dispensatione et de sufficientia pro commutatione, posse ex vi talis dispensationis uti prudenti arbitrio et commutationem facere in minus; quia saltem ad hunc effectum poterit esse valida illa dispensatio ». Prius autem n. 6. scripserat: « Si quis bona fide procedat et causam veram proponat, quam sufficientem ipse existimat, iudicium eius praelato relinquendo, tunc secure procedit iudicium praelati sequendo, pro quo semper praesumere debet ».

318. Quoad 2. partem Resolutionis, s. Alphonsus contra quosdam, qui negabant, id valere, si sic dispenset inferior, scribit lib. 1. n. 181. « Secunda sententia probabilior et communior dicit, quod exsistente causa, valeat dispensatio et dispensatus licite utatur illa, a quocumque superiore illa sit impensa. Ratio, quia valor dispensationis non pendet a cognitione causae, sed ab exsistentia illius: sicut valet electio capacis ad beneficium, licet capacitas ignoretur ab electore ex Cap. *Nihil* 44. *de Electione* ».

XCI. 4. In dubio de valore dispensationis, validam censeri, eo quod praesumatur in favorem actus, ne pereat, probabile putat Sanch. etc. cum Dian. p. 3. t. 6. r. 9. p. 4. t. 3. r. 45. 64. p. 8. t. 3. r. 62. contra Mol. etc.

319. De hac re s. Alphons. lib. 3. n. 251. postquam negaverit dispensationem valere, cum bona fide credebatur adesse iusta causa, si postea certe comperiatur non adfuisse causam vel non sufficientem cf. n. 311.; subdit: « secus autem dicendum puto (h. e. dispensationem valere), si dubium sit, *an adfuerit causa vel an sufficiens;* tum quia in dubio tunc stat pro valore dispensationis tum quia urget hic ratio, quod esset res nimis scrupulis obnoxia, si homines post obtentam dispensationem *inquirere tenerentur* de eius valore et cum hoc frequenter accideret, bene tunc praesumitur Deus ratam habere dispensationem illam ad conscientias pacandas et ad rectam gubernationem ».

In quibus verbis aliquid occurrit, quod ob suam benignitatem vix admittendum videri cuidam poterit. Nam resolutionem extendit ad duplicem casum, quo dubitatur scil. 1° An causa adfuerit, 2° an fuerit sufficiens. Et tamen ipse s. Doctor utique consentit, licitam esse dispensationem, quando dubium est de sufficientia causae lib. 1. n. 178. intra textum Bus., non vero, quando dubium est, *an causa adsit,* ibid.; regula autem generalis est, invalidam esse in inferiore dispensationem, quae in superiore ex defectu causae esset illicita. Supponenda ergo heic erit doctrina communis, subditum in quovis dubio debere pro praelato praesumere.

XCII. 5. Habens potestatem generalem dispensandi potest etiam secum dispensare directe et immediate. Sanch. Dian. p. 8. t. 3. r. 16. contra Suar.

320. Nota 1° fit quaestio de habente facultatem generalem dispensandi; nam si cui facta est facultas specialis ac determinata dispensandi cum

aliquibus, palam est, non posse eum uti tali facultate etiam erga se, sicut. nec posset circa alios praeter illos, pro quibus facultatem accepit.

2° DD. duplicem modum distinguunt, quo superior secum dispenset, scil. 1° *indirecte* ac *mediate*, 2° *directe et immediate.*

Et dispensationem quidem mediatam seu indirectam duplici ratione contingere posse dicunt. *Primo* quando superior dispensat in re quapiam cum communitate, cuius et ipse pars est. Etenim repugnaret aequitati, ut dum cessat obligatio pro tota communitate, solus superior maneret ligatus. Ita v. gr. si Episcopus ex iusta causa dispenset generaliter ab abstinentia ovorum suam dioecesim in die ieiunii, ex speciali consuetudine seu statuto in illa dioecesi servandi, poterit et ipse manducare ova. *Secundo* quando superior alteri dat facultatem et dein ab isto, cui dedit facultatem dispensandi per delegationem, ipse petat dispensationem. Nam delegare utique hanc facultatem potest; quia ipse habet facultatem ordinariam. Et postquam facultatem hunc alteri fecit, nihil prohibere debet, ne et ipse obtinere id possit, quod delegatus potest aliis indiscriminatim dare; quippe non debet superior esse deterioris conditionis, quam subditi. Ita si Episcopus canonico poenitentiario dederit facultatem dispensandi in ieiunio vel abstinentia carnium aut butyri per quadragesimam et ipse deinde iustam causam habeat dispensationem eiusmodi petendi, hanc a poenitentiario postulare et obtinere poterit.

Dispensationem vero *immediatam seu directam* tunc contingere dicunt, quando superior eodem modo, quo cuipiam particulari subdito specialem tribuit dispensationem, sic et sibi concedat. Aliqui DD. huc exemplum afferunt superioris regularis, qui, ut inquiunt, sicut cum singulis aliis potest dispensare in Regulis Ordinis, ita et ipse potest se dispensare. Verum ut hoc exemplum valeat, non debet res esse de iis, ad quae mere requiritur licentia superioris, v. gr. in habenda concione vel in facienda peregrinatione aut deambulatione. Nam nemo ambigere potest, superiorem posse, non secus ac alii, deambulare, concionari etc.; sed in his, ut alias advertimus, non dicitur dispensare. Agitur ergo de iis, quae sint vulnus alicuius legis (v. gr. ieiunandi feria sexta, surgendi ad matutinum media nocte etc.) et ad quae quis tenetur, uti sunt quae debentur ex voto etc. Ita v. gr. si Episcopus secum dispensat quadam die in recitatione Horarum vel in ieiunio, vel abstinentia, vel in quopiam voto.

321. Auctor itaque cum Sanchez et Diana tenet, superiorem posse secum dispensare *directe.* Et s. Alph. lib. 1. n. 183. addit, idem docere s. Thom., Caiet., Laym., Palaum, Bonacinam etc. Quia, inquit, est iurisdictio pure voluntaria, quae etiam erga seipsum exerceri potest. Hinc bene sibi dispensare potest in votis, iuramentis, ieiunio etc. »

Et in hisce s. Alph. verbis indicata apparet ratio, cur alii negarent,

posse quempiam secum dispensare. Nam, isti aiunt, dispensatio est actus
iurisdictionis in alium et quidem in subditum. Ergo, cum nemo sit alter
a se, aut sibi possit esse subditus, non potest ergo iurisdictionem in
seipsum exercere atque adeo nec dispensare secum, sicut non potest se
absolvere a peccatis.

Hanc difficultatem egregie solvit Suarez *de Legib.* lib. 6. cap. 12.
n. 9. multiplici ex capite. Inquit enim: « Non omnis actus iurisdictionis
requirit distinctionem personalem inter eum, qui iurisdictionem exercet
et eum, circa quem exercetur; sed tantum illi actus, qui requirunt coactionem et propriam sententiam, per quam dicitur ius inter partes et
ideo requirit tertiam personam distinctam ab illis. At vero dispensatio
per se est actus iurisdictionis voluntariae respectu eius, cum quo dispensatur et ideo ex ea parte non requirit personam ab eo distinctam.
Respectu etiam ipsius legis aut legislatoris vel boni communis, quibus
aliquo modo potest praeiudicare dispensatio, non potest requiri persona
a legislatore distincta. Nam ad ipsum pertinet suam legem tueri et communi bono consulere. Ergo non repugnat ex natura rei, supremum legislatorem secum dispensare in lege a se lata; quia circa se exercet
voluntariam iurisdictionem et contra rempublicam etiam non est coactio,
sed prudens administratio cuiusdam rei communis. Unde confirmatur
primo; nam supremus princeps potest distribuere bona communia inter
membra communitatis, comprehendendo etiam seipsum et ita ipse imponit tributa sibi solvenda, prout ratio iustitiae exigit: sed dispensatio in
lege est quasi commune bonum distribuendum et applicandum membris
prout expedierit. Ergo non minus potest princeps hoc facere circa seipsum, quam circa alios. Confirmatur *secundo;* quia princeps seipsum
ligat sua lege: ergo multo magis potest se solvere; quia ligare magis
spectat ad iurisdictionem involuntariam et coactivam et ideo non potest seipsum immediate et, ut ita dicam, privatim per legem ligare, sed
solum concomitanter cum communitate, cui legem imponit, idque non
solum voluntate propria, sed adminiculo iuris naturalis, ut supra vidimus:
solvere autem seipsum potest *directe* et privatim; quia dispensatio et
est actus, qui per se exercetur circa unam personam et est iurisdictionis
voluntariae; ideoque magis potest princeps seipsum eximere a legis suae
obligatione ex iusta causa. »

322. At si haec habet Suarez, cur A. dicit, se illa docere contra
Suarez?

Respondeo, Auctorem eam allegationem ex Diana tom. 3. tr. 2. resol. 6.
n. 1. mutuatum esse; sed apud Dianam non ita large id intelligendum.
Et reipsa Suarez *de Legib.* lib. 6. cap. 12. n. 8. scribit: « Difficultas ad
hoc revocatur, an legislator possit secum dispensare in suis legibus, quatenus illis ipse etiam ligatur. Hoc dubium attigi *de Sacram.* disp. 82.

sect. 2. circa fin. et *de Indulg.* disp. 52. sect. 1. n. 20. et *de Vot.* lib. 6. cap. 11. n. 2. breviterque definivi, Pontificem posse indulgentias sibi applicare seu thesaurum pro se etiam dispensare, sive dispensando pro tota communitate, cuius ipse est praecipuum membrum sive sibi soli immediate et directe indulgentiam concedendo. Et simili modo posse secum in legibus et votis dispensare, vel committendo alteri potestatem, ut secum dispenset, si iustum esse iudicaverit (quod melius et consulendum esse iudicavi), sive per sese rem iudicando et dispensationem sibi concedendo. Quae sententia in summo Pontifice communis est... eademque resolutio locum habet in quocumque supremo Principe seu Rege temporali quoad leges civiles, quia servat eandem proportionem ».

323. De praelatis autem inferioribus subdit ibid. n. 11.: « De quibus loqui possumus aut respectu legum, quas ipsi condunt... aut respectu legum suorum superiorum... Loquendo enim de priori modo, sine ulla controversia dicendum est, posse secum dispensare in suis legibus, sicut Papa vel Rex in suis. Est enim eadem proportio ac subinde eadem ratio, quia scil. talis lex principaliter ac per se pendet ab Episcopo; ergo distributio obligationis eius... ab eadem voluntate et potestate pendet: ergo. Tum n. 12.: « Loquendo autem alio modo de his praelatis..., qui potestatem habent dispensandi in legibus superiorum, maior est difficultas... Quod ad praesens attinet, certum est, dispensationem non repugnare propter identitatem personae; nam quoad hoc eadem est ratio: tamen in potestate activa dispensandi potest esse diversitas. Nam respectu propriae legis ex natura rei sequitur, ut qui eam tulit, possit in ea dispensare, nisi prohibeatur: in lege autem superioris hoc non sequitur ex natura rei, sed pendet ex modo potestatis a superiore concessae... Nunc ergo solum dicimus, quotiescumque constiterit, potestatem datam esse sub hac amplitudine, praelatos posse secum dispensare, sicut de praelatis Religionum sensit s. Thom. 2. 2. q. 185. art. 8. in fin., ubi ait, praelatos Religionum posse secum dispensare in praeceptis seu ordinationibus suae regulae. Et addit: « s. Thomas et alii clare loquuntur de *propria* dispensatione deroganto legi prohibenti vel praecipienti absolute ».

324. Cum ergo Suarez facultatem secum *directe* dispensandi communem faciat tum supremo Legislatori, tum inferioribus praelatis, videri posset, nullam adesse rationem cur Auctor et Diana ante ipsum dixerint, Suarez in opposita esse sententia.

Et reipsa dicendum est, nihil distare doctrinam Suarez a communi ab Auctore exposita: Diana vero abs re Suarez velut contrarium allegat tom. 3. tr. 2. resol. 5. n. 1., cum titulum quaestioni ponit. « An qui potestatem habet dispensandi in lege cum aliis, possit secum dispensare »; nam n. praec. vidimus, Suarez respondere affirmative, posse nempe ipsi a superiore potestatem dispensandi cum hac amplitudine communicari.

Verumtamen aliquid affuit, quod ansam aliquam daret Dianae, ut Suarez inter contradicentes numeraret. Nam ibi Diana non solum de dispensatione *in legibus* agit, sed etiam de dispensatione *in votis, irregularitatibus* etc.

Porro quod attinet ad vota, Suarez *de Voto* lib. 6. cap. 11. n. 2. utique statuerat, posse Pontificem secum dispensare; sed quoad Episcopos, ibid. nn. 3. 4. refellit ut infirmas rationes eorum, qui aiebant, vel dispensari cum illis posse ab Archiepiscopo, vel eos eligere posse confessarium, a quo dispensentur in votis. « Quod autem, inquit, confessori ab Episcopo electo Pontifex illam (facultatem) conferat, iure non probatur. Nisi ergo consuetudo Episcoporum talem facultatem ostendat, iure ordinario a Pontifice in hac dispensatione pendent, quia illi immediate in his spiritualibus subiiciuntur. » Et dein n. 5. idipsum extendit ad alios praelatos· exemptos et quoad Regulares ait: « Si vero regularis sit, prior, guardianus et similes a Provinciali, hic a Generali vel Commissario et denique inferior a superiore dispensandus est; quia superior habet in inferiorem praelatum iurisdictionem et non e converso neque idem in se ipsum ».

Quocirca apparet, discrimen inter Suarez et reliquos esse potius materiale, scil. dispendandi secum facultatem ampliorem Episcopis ac praelatis inferioribus ab aliis fieri, quam a Suarez. Et hoc discrimen ideo quoque non pertinet ad praesentem quaestionem; quia Suarez non *directe* solum, sed etiam *indirecte* secum dispensandi potestatem illis negat.

325. Ceterum opinio Suarez, quae nullam Episcopis ac praelatis inferioribus secum in votis et irregularitatibus dispensandi sive directe sive indirecte potestatem facit et quidem ob hanc rationem, quod in spiritualibus solum Pontifici subduntur, asseclas non invenit. Imo ne ipse quidem diffitetur, eam rationem non concludere, si aliter consuetudo evincat; prouti reipsa et consuetudo et auctoritas id Episcopis concedit. Cumque communis sit haec doctrina, eo ipso licet ea uti in praxi; quia in materia iurisdictionis vel probabilis tantum sententia certam parit iurisdictionem.

Communem doctrinam sic proponit Sanchez *de Matr.* lib. 8. disp. III. n. 3. « *Dubitandum quoque non est*, posse praelatos suo confessario committere, ut cum ipsis dispenset in iis omnibus, in quibus possunt cum subditis ipsi dispensare; ne deterioris conditionis subditis sint, cum subditi prae manibus habeant praelatum potentem cum illis dispensare. Atque durissimum esset cogere praelatos soli Pontifici subditos, ipsum adire ad quamvis dispensationem obtinendam. Et ratio est, quia... cap. fin. *de Poenit. et Remiss.* indulgetur Episcopis et praelatis exemptis posse sibi eligere confessarium et quamvis ibi textus de sola absolutione sacramentali mentionem faciat, at mens fuit his praelatis prospicere per illum confessarium in omnibus, quae possunt ipsi in subditos exercere. » Et allatis pluribus DD. subdit: « Et idem docent... (et merito) de praelatis Religionis. Potest enim confessor ab ipsis electus ex eorum commissione cum ipso dispensare in omnibus, in quibus ipsi praelati possunt cum subditis ».

Addit porro Sanchez ibid. n. 4. difficultatem in eo residere, an in his possint· praelati secum *directe* dispensare; et ibid. n. 6-10. respondet, probabilius id affirmandum de omnibus, qui id possunt *indirecte*. Et cum his accedat etiam (Suarez sup. n. 323-324.), nihil ulterius de hac re addendum est.

Totam hanc quaestionem breviter et dilucide habet Laymann lib. 1. tract. 4. cap. 22. n. 30-33.

XCIII. 6. Valet dispensatio obtenta per vim aut metum (modo causa sit iusta). Item data sine ullis verbis, sola mente. Turrian. Dian. p. 8. tr. 3. r. 17. 76. p. 4. t.·4. r. 118.

326. Duas partes· habet Resolutio. Quoad primam de obtenta dispensatione *per vim*, idest per metum (nam vis tollit voluntarium, metus autem voluntarium actum infert), ita bene s. Alphonsus lib. 1. n. 184: « Quando causa dispensationis exsistit, dispensatio semper est valida, dummodo non constet, superiorem dispensationem dedisse sine animo dispensandi; metus enim voluntarium non tollit, sicut tollit vis ». Et alioqui nullo iure irritatur eiusmodi dispensatio, sicut iure irritatur matrimonium metu contractum. Prosequitur s. Doctor: « Obtentio autem talis dispensationis est etiam licita, si iuste praelato metus iniicitur, v. gr. si subditus minetur, se conquesturum apud supremum superiorem, vel iustam accusationem laturum de aliquo suo crimine. Illicita autem esset, si metus sit iniustus; adeoque dispensatio tunc posset pro lubito a superiore postea revocari (nisi tamen debita foret). Quando vero superior, metu coactus, verbis tantum concedit dispensationem, non autem animo, tunc certe ipsa est nulla. Ceterum, nisi constet defuisse animum, hoc non est praesumendum ».

327. Quoad alteram partem, de dispensatione concessa *solum mente*, non autem verbis, Auctor intelligit dispensationem *tacitam*, quae scilicet ex silentio (quod est quoddam factum) dispensantis colligitur; nisi enim aliquo ex indicio colligeretur, inutilis esset actus mentis; quia uti nemo ea dispensatione, quam non novit, posset.

Sciendum ergo, distingui solere dispensationem in expressam (quae scilicet propriis et apertis verbis conceditur) et tacitam (quae aliis signis seu factis indicatur), quae quidem, ut inquit Suarez *de Leg.* lib. 6. cap. 13. n. 11. « difficilior est ad explicandum; quia non consistit in aperta significatione voluntatis, sed tantum in *praesumpta*, quae obscurior est ».

Licet porro quidam hanc secundam non admiserint, communiter tamen omnes hoc dispensationis genus autumant et possibile esse et sufficiens et contra quosdam, qui hanc in solo supremo legislatore admittebant, plerique indifferenter eam locûm habere posse in quolibet dispensante censent. Suar. ibid. n. 11-13.

328. Duo autem modi dispensationis huius tacitae censentur. Unus est per scientiam et patientiam praelati *rationabilem,* quando scil., praelato vidente, sùbditus contra legem operatur, v. gr. matrimonium contrahit impedimentum habens aut quid simile et superior non impedit nec contradicit, cum facile posset, sed tolerat; tunc enim consentire praesumitur dispensando. Ratio est, quia *praesumitur id permittere sine peccato suo et subditi,* quoad fieri possit; atqui si non taceret ex voluntate dispensandi, tum subditus peccaret, uti patet et ipse etiam peccaret contra officium suum, cum teneatur subditum corripere et impedire ne frangat legem. Ergo illud est sufficiens signum tacitae dispensationis. Confirm, quia taciturnitas illa est *quaedam ratihabitio de praesenti,* quae mandato comparatur, iuxta Reg. 10. iuris in 6.: « Ratihabitionem retrotrahi et mandato non est dubium comparari ». Suarez *de Leg.* lib. 6. cap. 13, n. 17.

329. Advertit tamen Suarez ibid. n. 18. Canonistas communiter non consentire. Quorum sententiam ipse Suarez ibid. n. 21. praeferendam putat in foro externo et secundam hanc in eo regulariter iudicandum. Non modo enim est communior haec doctrina inter interpretes iuris, sed etiam quia ipsum iudicium taciturnitatis praelati videntis factum est valde iucertum et de se solum indicat permissionem, non consensum.

Et sane potest permissio illa esse sine peccato praelati; quia ita se gerit ad vitandum maius malum, vel propter indispositionem, quam in subdito timet vel propter scandalum aliorum, quando factum est publicum vel quia grave aliud nocumentum timet. Saepe etiam potest esse illa permissio ex quadam negligentia et nimia conniventia praelati vel ex pusillanimitate nimia et ideo licet superior non excusetur a culpa, non ideo praesumitur dispensatio; quia fortasse maior esset culpa ita temere dispensare. Quod maxime habet locum, quando dispensatio esse deberet in aliquo defectu permanente, uti in irregularitate vel alio simili. Incredibile enim est, propterea quod Episcopus sciat, subditum irregularem celebrare et dissimulet, statim praesumi, dispensare cum illo in irregularitate, etiamsi alias possit, nisi ex aliis certioribus coniecturis de illius voluntate et iusta causa dispensandi constet; quae coniecturae in foro exteriore difficillime probari possunt et forte non admittentur. Suar. ibid. n. 21.

330. Verumtamen non omnino reiicienda prior sententia de valore tacitae dispensationis, dummodo prudenter ea sententia limitetur. Nam licet sola taciturnitas non videatur sufficiens indicium positivae voluntatis dispensandi, ut ex praedictis elucet; posset tamen consummari praesum-

ptio, si aliae circumstantiae adiungerentur. Ita v. gr. si causa iusta dispensandi tam subdito et superiori singillatim, quam alteri de altero invicem nota esset et intercederet aliqua occasio iusta non petendi expressum consensum et ex consuetudine inter subditum et superiorem praesum* prudenter posset talis voluntas superioris. Suar. *de Leg.* lib. 6. cap. 13. n. 22.

Sane si admittitur, ex taciturnitate colligi collationem iurisdictionis, quando taciturnitas aequivalet ratihabitioni de praesenti, non apparet, cur hoc ipsum quoad dispensationem concedi non possit.

331. Alius tacitae dispensationis modus est, quando superior ex certa scientia aliquid praecipit vel concedit subdito, quod sine dispensatione fieri aut valere non potest. Ita si Pontifex det beneficium alicui, quem scit esse irregularem vel si praecipiat, ut carnes edat die abstinentiae. Ratio quia princeps non praecipit repugnantia nec praesumitur praecipere iniquitatem vel facere actum invalidum. Ergo dum concedit aut praecipit, censetur tollere impedimentum. Suar. l. c. n. 23.

Hae autem rationes procedunt de quolibet praelato, qui tamen in eo actu procedere ex certa scientia debet; quia si id ignoret, non poterit voluntas ad illud tollendum extendi, quia voluntas non fertur in incognitum. De hac porro scientia, quod attinet ad conscientiae forum, satis est ut constet ipsi dispensato quacumque ratione, sive quia v. gr. ipsemet defectum suum aperuit praelato, sive quia certo scit, hunc illi esse notum. In foro tamen externo ei, qui dispensationem tacitam allegat, incumbet probare, praelatum ex certa scientia processisse; scientia enim facti non praesumitur, sed probari debet. Suar. *De leg.* lib. 6. l. 13. n. 24.

XCIV. 7. Qui impetravit dispensationem (v. gr. in impedimento dirimente matrimonium), et per ignorantiam vel simplicitatem expressit causam falsam, eum valide contrahere matrimonium, dicit Pont. *de Matr.* l. 8. c. 16. ex C. *Cum inter.* Sed contrarium tenet Pal. tom. 1. t. 3. d. 6. p. 16. §. 5. ex *Cap. Sup. litteris.* v. Dian. p. 8. t. 3. r. 69.

332. Saepe *obreptio* confunditur cum *subreptione;* proprie tamen diversum quid sonant. Nam *obreptio* proprie dicitur committi per narrationem vel expressionem falsi: *subreptio* autem per reticentiam seu suppressionem veri.

De hac re Reiffenstuel in lib. 1. tit. 3. n. 154.: « Nonnulli volunt, quod obreptio committatur per falsi narrationem, subreptio autem per veri taciturnitatem. In quo sensu Rescriptum dicitur subreptitium, quando impetratur tacita veritate necessario explicanda: obreptitium vero, quando impetratur expressa falsitate. Et ita tenent plures DD..., qui proinde addunt, quod maius est vitium obreptionis, quam subreptionis; cum gravius esse reputetur falsum exprimere, quam verum tacere. Alii vero Rescriptum subreptitium appellant illud, quod impetratum fuit expressa fal-

.sitate, vel tacita veritate: obreptitium vero, quod est impetratum sub involucro verborum, puta ironice vel callide loquendo sive supplicando, ita ut Papa non percipiat veritatem ». « Nihilominus (n. 153.) haec duo saepius inter se confunduntur... et quidquid dicitur de uno, etiam dictum intelligitur de altero... Praeter auctoritates DD. (n. 155.), probatur ex l. 1. C. *Si nuptiae*, ubi eaedem litterae modo *obreptione precum* modo *subreptione precum* impetrari dicuntur et sic hi termini.inter se confunduntur ac pro synonymis accipiuntur ». Quod deinde probat aliis textibus iuris tum Civ. tum Can.

333. Generale porro principium est, rescriptum seu dispensationem esse nullam nec impetrantibus prodesse, quotiescumque aliquo ex duobus praedictis vitiis laboret. Ratio est, quia in quolibet rescripto vel *exprimitur* vel *subintelligitur* clausula: *si ita est, si preces veritate nitantur.* Atqui tum obreptio tum subreptio veritatem tollit, haec quidem eam tacendo, illa vero falsitatem ponendo. Ergo quocumque ex his vitio, interveniente, rescriptum seu dispensatio vitiatur. Et merito quidem; nam in eo casu concessio procedit ex ignorantia seu errore; atqui nihil tam contrarium est consensui, quam error: merito ergo praesumitur, abesse consensum

Advertendum tamen non quamlibet reticentiam veritatis vitiare dispensationem, sed illius veritatis, quae *de stilo curiae* exprimenda erat; itemque non quamlibet additam falsitatem irritum facere rescriptum, sed solum eam, quae ex iure, consuetudine et stilo curiae hunc effectum habet. De quibus paulo post.

334. Hisce praemissis, A. quaerit, an valida sit impetratio dispensationis, v. gr. in impedimento matrimonii, si per ignorantiam aut simplicitatem quis falsam causam expressit aut tacuit exprimendam.

Qui quidem casus multipliciter evenire potest, nempe 1° aut ex parte illius, qui dispensatione indiget et falsas habeat opiniones circa facta, v. gr. gradum affinitatis, statum sponsae v. gr. quod sit gravida etc. 2° aut ex parte confessarii sive eius, qui onus suscipit petendae dispensationis, quique non bene rem exploravit aut perperam rem intellexit aut in scribendo quidpiam obliviscitur aut nescit, quid sit exprimendum de iure: 3° demum ex parte Procuratorum sive *Agentium* (ut vocant) etc., qui modo ex oscitantia modo ex malitia (ad obtinendam scil. certius dispensationem) naturam factorum immutent, fingant etc.

Respondet porro A., ex Pontii sententia valide matrimonium contrahi: contrarium tamen teneri a Palao ex cap. *Super litteris de Rescriptis;* et dein remittit ad Dianam part. 8. tr. 3. resol. 69. in ordinat. edit. tom. 3. tract. 2. resol. 104.

335. Pontius sententiam suam lib. 8. cap. 15. n. 5. prius quasi ex aliorum mente promit, inquiens: « De stilo curiae, secundum quem Papa non di-

spensat, sed committit dispensationem Ordinario, praemissa caùsae cognitione et informatione super veritate narratorum, magis potest *ex quorundam sententia* nocere subreptio in tacendo verum, quam si exprimat
falsum. Nam subreptio (idest *obreptio*) in exprimenda falsitate, cum Ordinarius declaravit, rescriptum non esse subreptitium et causas in eo
contentas esse veras et consequenter dispensavit et deinde contractum
est matrimonium ·v. gr., non potest amplius irritari; quoniam illa declaratio et sententia Episcopi, qua praemissa dispensavit Episcopus, etiamsi
fuisset iniusta, fuit valida et transiit in rem iudicatam ex cap. *Cum
inter 13. De sent. et re iudicata* ». Sed cap. 17. n. 42. dum eam sen-
·tentiam absolute·tuetur ut suam, tres ponit Pontius limitationes: 1° quando
a principio rescriptum fuit subreptitium cum dolo et fraude: 2° quando
testes, adhibiti super precum veritate, fuerunt corrupti: 3° quando subreptio contigit in tacenda veritate: quae omnia sententiam Pontii exhibent,
qualem describit Auctor post Dianam et Palaum, scil. valere dispensa-
·tionem, si ex ignorantia causa falsa fuerit allegata.

336. Sed merito haec Pontii sententia communiter reiicitur, non modo
a Palao tract. 3. disp. 6. punct. 16. § 5. n. 4. et Diana l. c. et Sanchez
De matr. lib. 8. disp. 21. nn. 56. 57., sed a recentioribus. Vid. Schmalzgr.
lib. 1. tit. 3. n. 16 et s. Alph. lib. 7. n. 1131. not. 2.

Bene Palaus l. c.: « Tale rescriptum, utpote in falsa causa fundatum,
nullum est; neque ignorantia prodesse potest ad valorem ipsius, sed solum
ad excusandum impetrantem a culpa ». Ratio est, inquit Schmalzgr. l. c.,
quia ad valorem rescripti non tam spectatur culpa aut ignorantia vel
error impetrantis, quam intentio concedentis, a qua vim suam rescriptum
habet. Haec autem intentio in casu deest. Ergo.

Id satis eruitur ex cap. *Super litteris* 20. *De rescriptis:* « Si vero per
huiusmodi *falsitatis expressionem* vel ·*suppressionem veritatis*, litterae
fuerint impetratae, qua tacita vel expressa nos nullas prorsus litteras de-
dissemus, a delegato non est aliquatenus procedendum; nisi forte eatenus,
ut partibus ad suam praesentiam convocatis, de precum qualitate cognoscat, ut sic in utroque casu *eadem ratio, quae delegantem moveret, moveat et delegatum* ». Ubi comparatur causa agitata coram delegante cum
agitata coram delegato; atque adeo non potest haberi valida dispensatio
facta a delegato (ut somniat Pontius), quae invalida foret, si a delegante
fuisset concessa. Et quidem haec referri etiam ad´casum *ignorantiae*,
patet ex initio illius capitis, ubi inquit: « Super litteris, quae ab aliquibus
ex malitia et a nonnullis *ex ignorantia* (tacita veritate, vel *suggesta falsitate*) impetrantur a nobis, diversos intelleximus diversa sentire etc. »

Denique s. Alph. lib. 6. n. 1131. alia addit, quae controversiam plane
dirimunt. « Notandum, inquit, quod in Constitutione Benedicti XIV. quae
·incipit *Ad Apostolicae servitutis* 10. Mart. 1741. declaratum fuit, ex-

pressionem causarum earumque veritatem in dispensationibus appositas *ad validitatem* pertinere ».

Et sane Benedictus XIV. contra eos, qui effutiebant, quod « expressio causarum earumque verificatio in dispensationibus non est aliquid substantiale, sed formalitas quaedam et forensis stili consuetudo », subdit: « Quod non minus veritati adversatur, quam exsecutionis ordinem ac modum bene ac prudenter constitutum subvertit; cum expressio causarum earumque verificatio ad substantiam et validitatem dispensationis pertineat illisque deficientibus gratia nulla ac irrita sit nullamque exsecutionem mereatur ». Ex quibus concluditur, ista exigi pro *forma* seu *substantia* dispensationis: sublata autem seu deficiente *forma substantiali*, actus est irritus. Addit tamen Reiffenstuel in lib. 1. tit. 3. n. 163. valde probabile esse, non vitiari rescriptum, quando superior, cognita rei veritate, concessurus nihilominus fuisset dispensationem. Ratio ibid. n. 164., quia subreptio etiam dolosa illud solum vitiat, cuius est causa; atqui subreptio non censetur causa illius, quod Princeps, cognita tali subreptione, nihilominus concessurus fuisset. Ergo a fortiori id valet de subreptione vel obreptione per ignorantiam ac simplicitatem ». Sed haec supponunt adesse aliam causam veram; de quo infra nn. 349-356.

XCV. 8. Subditus bona fide dispensationem petens, rationibus superiori allatis, potest, dispensatione impetrata, esse securus, v. Laym. l. 1. t. 4. c. 22.

337. De hac re satis diximus ad resol. 3. n. 311. seqq. Et nunc eam admittit s. Alph., quasi doctrinam etiam s. Thomae.

XCVI. 9. Peccat, qui aliquem inducit ad dispensandum sine causa vel allegata falsa causa. Nav. Sanch. l. 8. *de Matr.* d. 18. n. 8. Fill. t. 10. n. 314. Salas disp. 20. s. 6. n. 58. qui addit, id verum esse, etsi dispensans excusetur ob bonam fidem.

338. Ratio resolutionis per se manifesta est, quoad utramque partem. Solum heic nota decretum s. Pii V. quoad procuratores seu agentes, quod decretum sic refert etiam Benedictus XIV. in Const. sup. citata n. 336: « Sanct. M. Praedecessor noster Pius Papa V. in sua constitutione per viam motus proprii expedita et publicata sub die 5. Dec. 1566., cuius initium est *Sicut accepimus*, decrevit, omnes et singulos procuratores tam officii s. Poenitentiariae quam alios quoscumque sollicitatores et scriptores, qui veritatem facti a narratione, quam ab ipsis partibus habuerunt, quoad substantialia et qualitates necessario exprimendas, diversam faciunt seu quoquo modo intervertunt aut immutant aut depravant et per subreptionem et obreptionem gratias a Rom. Pontificibus extorquent, poenam falsi incurrere et ea puniri debere ».

XCVII. 10. Dispensatio potest impetrari non tantum pro ignorante, sed etiam invito, quando necessitas exigit. Sanch. Beia contra Suar. Vid. Dian. p. 8. t. 3. r. 86. 87.

Id tamen locum non habet in ea, quae impetratur ex Poenitentiaria Romana, nisi impetretur a personis coniunctis vel consanguineis intra quartum gradum, vel saltem a confessario. Marcus Leo *in praxi* p. 1. 34.

339. Si ab aliis potest impetrari dispensatio pro ignorante vel invito, facile patet, superiorem, etiam sine ulla alterius intercessione aut petitione, posse cuipiam dispensationem etiam invito concedere, v. gr. non recitandi breviarium, non ieiunandi, laborandi die festo, accipiendi ordines sine interstitiis aut celebrandi matrimonium sine proclamationibus etc.

Addit autem s. Alph. ad h. l. lib. 1. n. 186. cum aliis DD., quod quando ab aliquo consanguineo intra quartum gradum vel a confessario impetratur, necesse est, ut dispensatio *a principali acceptetur.* Itaque si confessarius, inscio poenitente, dispensationem peteret et obtineret in aliquo impedimento, ut convalidetur matrimonium, nihil valebit, nisi poenitens eam acceptet.

Imo alii extendunt generatim hanc normam, ut dispensatio cum absente et concessa absque eius mandato, debeat ab eo acceptari; quia gratia trahit secum imbibitam conditionem « *Si sit placita* et *grata* ».

XCVIII. Quaeres, An, cessante causa dispensationis, cesset ipsa?

Resp. Pro hoc servient sequentes Regulae.

1. Si tantum impulsiva seu minus principalis causa cesset, manet dispensatio.

2. Etsi cesset pars causae motivae seu principalis, manet dispensatio: v. Dian. p. 8. t. 3. r. 62.

3. Si, commissa facultate dispensandi, priusquam dispensetur, cesset omnino causa principalis, nulla est dispensatio.

4. Si, dispensatione redacta ad actum irrevocabilem, cesset tota causa, non ideo cessat vel vim amittit: v. gr. dispensatum fuit in impedimento consanguinitatis, propter paupertatem feminae, licet, contracto matrimonio, divitias obtineat, non est irritum. Idem est, si beneficium per dispensationem obtinueris et postea cesset causa, ob quam dispensatum fuit.

5. Si facta dispensatione, cesset omnino causa finalis et actus possit facile revocari, v. gr. dispensatum est in voto castitatis propter vehementes tentationes, quae postea cessant, an reviviscat votum? vel in praecepto recitandi Horas, ieiunandi, etc. propter infirmitatem et postea convalescit, an teneatur recitare, ieiunare etc.? Affirmat Sanch. Amic., Portel. Bonac. etc.; quia alias non esset iusta. Negativam tamen sententiam probabilem et in praxi tutam esse censet Dian. p. 8. t. 3. r. 24. ex Sal. Gran. etc. si quidem dispensatio fuerit absoluta; quia obligatio legis semel exstincta non reviviscit et quod destructum est, non reproducitur, nisi ab eo, qui producere potest. Vid. Suar. *de Leg.* c. 22. Laym. Praepos. etc., qui recte id concedunt, quando non est de re dividua et successiva; alias negant. Unde, supposita probabilitate sententiae negativae, Gran. Diana, etc. sequentes Casus (in quibus tamen alii melius contrarium sentiunt) resolvunt.

1. Cum quo dispensatum est propter morbum in esu carnium, potest vesci, licet omnino convalescat.

2. Cum quo propter infirmitatem dispensatum est in voto religionis, postquam convaluit, non tenetur. Dian. p. 6. t. 7. r. 45.

3. Cum quo propter oculorum infirmitatem dispensatum fuit in onere recitandi Horas, etsi convaluerit, non tenetur legere.

340. De regulis agendum necessariis ut sciatur an et quando cesset dispensatio.

S. Alphonsus ex communi doctrina docet lib. 1. n. 196. tribus modis posse dispensationem cessare, 1° per cessationem causae, 2° per revocationem dispensantis, 3° per renuntiationem dispensati. Auctor tamen de primo tantum modo disserit; de duobus aliis pauca in fine addemus.

341. Auctor itaque distinguit causam *tantum impulsivam* ac *minus principalem* a causa *motiva* ac *principali*, quam communius DD. solent appellare causam *finalem*.

Et huiusmodi distinctio causarum indiget sedula consideratione; quia non modo deservit ad praesentem quaestionem de cessatione dispensationis ob cessationem causae, sed quia inde etiam definiri solet, utrum reticentia aut falsae causae expressio inducat vitium subreptionis aut obreptionis. Ubi adverte, *cessationem* causae idem heic et nunc esse, ac deficientem causam; quod contingere potest; vel quia deest cum petitur dispensatio, vel quia deinde deficit causa, quae prius exstabat.

Verum (quod sane in re tanti momenti inopportunum accidit) non satis certa et clara et consona est notio harum causarum penes scholas, praesertim cum agitur de valore contractuum etc. At non sic in re praesenti.

342. Sanchez quoad rem nostram *de Matrim*. lib. 8. disp. 21. n. 8. sic definit: « Quamvis quoad *alios effectus* (v. gr. valoris contractus, donationis, legati etc.) gravissima sit controversia, qualis dicatur causa finalis et qualis impulsiva, ut potest videri in Tiraquello Tract. *Causa cessante* etc. tota *limitatione prima* opp. tom. 5. Tract. 1.; at quoad inducendam subreptionem in rescriptis gratiae vel iustitiae, causa *finalis* ea dicitur, qua non exsistente Princeps gratiam minime concessisset, vel qua ei significata denegasset petita. At *impulsiva* ea est, quae falso expressa principem movet ad *facilius* concedenda petita, vel si vera est et non taceretur, moveret ad difficilius concedendum: at revera prorsus concederet gratiam in utroque eventu ».

343. Has causas pari fere modo Reiffenstuel in lib. 1. tit. 3. n. 183. sic exhibet: « Causa Rescripti *motiva*, quam alio nomine *primariam*, *principalem* ac *finalem* appellant, est illa, qua non exsistente Princeps rescriptum non concessisset, vel saltem non tam absolute, sed solum restricte vel sub certis clausulis ac limitationibus. Causa *impulsiva*, sive *secundaria* dicitur ea, qua non exsistente, Princeps concessisset quidem rescriptum, sed non tam facile ».

Et pergit Reiffenst.: « Unde patet, quod prior causa conducat ad substantiam concessionis; posterior vero solum iuvet ad modum concessionis, nempe ut facilius detur. Quod ipsum Abbas Panorm. sub aliis tamen verbis tradit... dicens: Causa *finalis* est, quae ex toto et funditus animum movet disponentis, alias verosimiliter non facturum. *Impulsiva* vero, quae impellit statuentem, qua cessante statuens adhuc erat statuturus. Quando igitur vel tacetur aliquid verum, vel exprimitur falsum, quo rite cognito Princeps verisimiliter concessurus fuisset rescriptum, sed non tam cito ac facile, contingit subreptio circa causam impulsivam : si autem id nullo modo concessurus fuisset aut non nisi sub certis restrictionibus, tunc committitur subreptio circa causam motivam seu principalem ».

344. Hisce praemissis quoad vitium subreptionis, quod irritam faciat dispensationem, Sanchez *de Matrim.* lib. 8. disp. 21. n. 10. triplicem dicit sententiam exstitisse. Prima, inquit, sustinet, ex taciturnitate veritatis quamcumque gratiam et dispensationem reddi subreptitiam atque irritam, quoties tacita illa veritas sit causa non tantum finalis, sed etiam impulsiva.

Secunda opinio, ibid. n 11., tenet, gratiam et dispensationem tunc solum vitiari, quando tacita veritas est causa finalis seu motiva concessionis, idest qua cognita Princeps minime gratiam concessisset; secus vero, quando est causa solum impulsiva.

Tertia vero opinio, ibid. n. 12., docet, gratiam seu dispensationem non ex cuiusvis veritatis taciturnitate irritam reddi, quamvis ea cognita Princeps non concessisset; sed tunc solum, quando tacetur veritas, quam iura iubent exprimi.

345. Dein Sanchez quaedam statuit, quae haberi possunt ut compendium regularum in hac re servandarum.

. Conclusio prima, ibid. n. 13.: « Taciturnitas qualitatis, quam iura specialiter iubent exprimi, reddit gratiam subreptitiam et irritam, quamvis constet, Principem eadem facilitate gratiam concessurum fuisse, si ea veritas fuisset expressa ». Ratio est, quia iura hanc qualitatum expressionem exigunt pro forma. Atqui forma ad unguem servanda est etiam in minimis. Vid. supr. n. 336.

Nec refert, ibid. n. 14., quod ea qualitas tacita fuerit ex ignorantia. Cum enim omittatur forma, actus corruit nec ignorantia prodest, nisi ad actum a culpa excusandum. Et ubi deest forma, deest intentio concedentis, quae minime ignorantia, utut inculpabili, suppletur.

Quamvis autem (Sanch. ibid. n. 15.) expressis et specialibus verbis in iure non inveniatur statutum, qualitatem aliquam esse exprimendam satis tamen id deducitur, quoties cautum in iure inveniatur, ne delictum aliquod. v. gr. remittatur, vel ne dispensetur in aliquo casu. Quia eo ipso exprimitur, mentem iuris esse, ne dispensatio detur, nisi in speciali aliquo casu Princeps, ea sibi qualitate expressa, velit *in eo iure* dispensare. Idcirco communis est doctrina, eum, qui scienter matrimonium iniverit in gradu prohibito, teneri (ne dispensatio sit subreptitia et irrita), hunc illicitum et irritum matrimonii contractum in petenda dein dispensatione exprimere; quia Trid. sess. 24. cap. 5. *De Reform. Matr.* statuit, hunc spe dispensationis cariturum. Item cum cautum in iure sit, ut delictum homicidii semel tantum remittatur, subreptitia erit dispensatio quoad secundum homicidium, nisi mentio primae remissionis facta fuerit. Sic si petatur beneficium, tacito altero prius beneficio obtento; quia iura id' prohibent.

346. Secunda Conclusio (Sanch. ibid. n. 16.): Subreptitia et irrita est dispensatio, si ea qualitas taceatur, quae ex stilo Curiae Romanae in rescriptis exprimenda est nec prodest, quod et ea non expressa Princeps similiter concederet. Ratio est, quia stilus Curiae ius facit, a quo recedendum non est. Idem ergo de iis sentiendum est, ac de qualitatibus, quas iura exprimi iubent.

Quare nec ignorantia excusabit ab hac qualitatum taciturnitate.

347. Tertia Conclusio (Sanch. ibid. n. 17.): Etsi nec ex iure neque'ex stilo Curiae constet, qualitatem quampiam esse exprimendam, vitiatur tamen rescriptum quodcumque, quando ea qualitas taceatur, qua cognita Princeps non concederet dispensationem vel saltem non concederet absolute, sed adhibitis quibusdam moderationibus; secus vero, quando tandem aeque concederet, licet difficilius. Aliis verbis: taciturnitas *causae finalis* vitiat gratiam, licet non taceatur veritas ex iure aut stilo Curiae exprimenda: non vitiat vero gratiam taciturnitas causae tantum *impulsivae.*

Priorem partem Sanchez *de Matrim.* lib. 8. disp. 21. n. 27. limitat: « nisi taceatur veritas notoria et quam creditur Principem novisse. Tunc enim taciturnitas non inducit subreptionem, utpote quae non inducit ignorantiam ac defectum intentionis ». Apud eund. Sanch. a n. 24. ad 28. vide casus quosdam speciales.

Ratio primae partis est, quia quando taciturnitas est causa finalis concedendae gratiae, ita ut ea non exsistente minime concederetur, iura expresse iubent, eas qualitates exprimi. Ita clare ex cap. *Super literis* 20. *de Rescript.* sup. n. 336., et ex cap. *Postulasti* 27. *de Rescriptis:* « Cum... necessitatibus pauperum Clericorum, qui nullum sunt ecclesiasticum beneficium assequuti, Sedes Apostolica duxerit succurrendum; perpetuus Vicarius, nisi *de Vicaria fecerit mentionem,* commodum reportare non debet de huiusmodi litteris, utpote tacita veritate impetratis. Non enim beneficio carere debet dici, cui competenter de perpetuae vicariae proventibus est provisum. Et pro habente beneficii sufficientis subsidium, ex certa scientia super obtinendo alio beneficio de levi non scribimus, quin faciamus de primo in nostris litteris mentionem ».

Si vero petas, inquit Sanch. lib. 8. disp. 21. n. 19., « unde dignosci possit, qualitatem ad dispensationem conducere et eius generis esse, ut ea expressa Princeps gratiam non concederet: respondetur, id prudentis arbitrio relinqui iudicandum, quando nec ex iure nec ex stilo Curiae, nec ex consuetudine id constat ».

348. Quaeritur autem an exprimenda sit dispensatio prius obtenta. Quod alia obtenta sit dispensatio, modo exprimendum est, modo non.

Erit exprimendum 1° *Si maius sequatur praeiudicium tertii*, v. gr. si petas dispensationem a solvendis decimis agri, postquam dispensatus fuisti pro decimis vineae. Item si aliud beneficium possides et aliud petis.

2° *Si causa non est sufficiens pro duplici dispensatione*. Ita v. gr. si obtenta dispensatione residentiae ad triennium, ille qui percipit fructus, petat ad aliud triennium non facta mentione prioris, cum causa valeat pro uno tantum triennio. Item si dispensatus ab impedimento ob uxoricidium, rursus eandem dispensationem petat.

3° *Si desit voluntas concedentis pro utroque*. Ita si stante dispensatione pro matrimonio cum una consanguinea, hac non usus, quis petat pro alia consanguinea; nam alterutra irrita evadit ac DD. disputant, alii *primam*, alii *secundam* annullari censentes.

Extra hos casus non necessario est exprimenda dispensatio alias obtenta, et sic valida erit, licet prior taceatur.

Ita 1° Si secunda impetrata fuit ad tollendum dubium seu scrupulum pro prima.

2° Si prima fuit invalida.

3° Si prima quis usus non fuerit.

4° Si dispensatus v. gr. pro incestu, iterum quis dispensetur pro novo incestu.

5° Si dispensatus ab irregularitate ad ordines minores deinde quis dispensetur ad maiores.

349. Verumtamen sedulo monent DD., duplicis generis distinguendas esse qualitates, quae Principem a concedenda gratia averterent. Quaedam enim sunt qualitates ipsi rei intrinsecae, quae nimirum pertinent ad id, circa quod dispensatio est obtinenda. Et istae sunt, quae necessario sunt exprimendae, quando sunt causae finales concessionis. Sanch. l. c. n. 18.

Aliae vero sunt extrinsecae, quae nempe non pertinent ad id, ad quod de iure opus est dispensatione. Et hae non sunt necessario explicandae neque earum taciturnitas reddit dispensationem subreptitiam, quamvis iis expressis Princeps non concederet. Neque hae causae dici possunt in rei veritate causae impulsivae, nedum finales. Hinc DD. censent, hominem irretitum multis criminibus, non reddentibus incapacem beneficii, valide iis tacitis impetrare a Pontifice gratiam collationis; quamvis certo constet, Pontificem, si conscius eorum fuisset, non fuisse concessurum.

Et confirm. a pari; nam donationes alias gratuitas et eleemosynas non facit irritas ignorantia qualitatis extrinsecae, quae scil. ad titulum eleemosynae non pertinet, quamvis donans ab ea donatione seu .eleemosyna abstineret, si nosset se donare pauperi nequissimo illamque pessime expensuro. Ratio, quia paupertas illius intrinsece vera est, quamvis largiens eam non daret, si mores pauperis pravos nosset. Sanch. l. c. n. 18.

Ita Palaus post Sanchez, apud Mazzotta tom. 1. pag. 143., habet probabile, si plures homines occidisti, unam tantum irregularitatem contraxisse. Si tenuisti in baptismo plures filios Bertae, unam tantum cum ea cognationem spiritualem contraxisse. Si ter vel quater nupsisti, unam tantum bigamiam subiisse... Ideoque non esse necessarium exprimere tales numeros in petitione dispensationis ab irregularitate, a cognatione spirituali, bigamia etc. Idem dicito de repetita copula cum consanguinea (sed hoc exemplum minus est ad rem; tum quia impedimentum incestus est obsoletum, tum quia incestus, qui olim erat impedimentum, non inter consanguineos, sed inter affines intelligebatur). Suarez in petenda dispensatione ob irregularitate ob homicidium, censuit exprimendum, an eam contraxeris ex occisione clerici, an vero laici. Sed probabiliter id negat Palaus; quia ea non incurritur ob sacrilegium, sed praecise ob homicidium: ergo quod occisus sit clericus, ad irregularitatem est omnino extrinsecum neque vero ex stilo Curiae aut consuetudine constat oppositum.

Et hoc est, quod habet Roncaglia *de Leg*. l. 5. cap. 2. q. 5. resp. 2.: « Si vero causa motiva non sit intrinseca, sed extrinseca materiae, ut si dispensans moveatur ad dispensandum in voto castitatis, quia ipsi ex. gr. falso repraesentatum fuit, supplicantem esse virum doctum; tunc dispensatio subsisteret. Ratio est, quia quamvis sine tali causa motiva extrinseca non fuisset concessa dispensatio, adhuc tamen illa non erat necessaria ad dispensationem, sed solummodo quod verum esset, illum non posse se continere ».

350. Huc usque de veritate suppressa. Quoad falsitatem autem expressam (in quo dicunt *obreptionis* esse vitium), res brevius expeditur.

Fuerunt, qui dicerent, apud Sanch. *de Matrim*. lib. 8. disp. 21. n. 31., dispensationem obreptitiam atque irritam reddi, etiamsi causa falso expressa sit mere impulsiva.

At communior et verior sententia docet (Sanch. ibid. n. 32.), irritam solum esse dispensationem, quando allata falsa causa est finalis, quando scil. ea falsitate non expressa Princeps gratiam non concessisset.

Nec irrita est dispensatio, quando causa falso allata talis est quidem, sine qua gratia non concessa fuisset, sed est simul mere extrinseca, ut sup. n. praeced. advertimus.

351. In dubio porro, an causa quaepiam (falso addita) *finalis* sit, an vero tantum *impulsiva*, communis sententia habet (Sanch. lib. 8. disp. 21.

n. 20.) non praesumi finalem, sed impulsivam, ac proinde praesumi, Principem etiam cognita veritate dispensationem fuisse concessurum ac proinde praesumi pro validitate. Ratio est, quia iura maxime favent valori actus et in dubio eum praesumunt.

Ita et s. Alph. lib. 1. n. 185.: « In dubio an causa allegata fuerit motiva, an impulsiva, valida censenda est dispensatio, cum in dubio iura faveant valori actus ».

352. Verumtamen quoties in dispensationibus vel rescriptis unica exprimitur causa, si ea falsa sit, corruit dispensatio.seu rescriptum, quodcumque illud sit. Ratio patet, quia Pontifex committit facultatem dispensandi Ordinario sub conditione, si preces veritate nitantur; atqui tunc non innituntur, quia unica, quae exprimitur causa, falsa est. Praeterea Pontifex non praesumitur voluisse dispensare sine causa, esto forte agatur de re, in qua id valide potest: atqui in casu dispensaretur sine causa, cum unica illa, quae affertur, sit falsa. Ergo. Adde, quod si quando Pontifex absque ulla causa allegata dispensare soleat in gradibus aliquantulum remotis; at tunc id *ex certa scientia* facit, maiori simul compositione pecuniaria, quae causam dispensationi praebeat. Quod cum in casu deficiat, redit incommodum, quod dispensatio fieret sine concedentis intentione.

353. Itaque quando DD. tradunt, non vitiari rescriptum seu dispensationem, si falso allegatur causa vel mere impulsiva vel motiva quidem sed extrinseca, patet, hoc intelligi non posse de casu, quo unica huiusmodi causa afferatur, sed quando simul cum causis hisce falsis allegatur quoque vera causa, ob quam dispensatio subsistat.

Ita v. gr. si ad obtinendam dispensationem matrimonii quis alleget diffamationem et copulam sequutam; etiamsi alterutra esset falsa, valida foret dispensatio, quia vel sola copula, vel sola diffamatio ex stilo Curiae est causa sufficiens.

Huc revoca alium casum: scilicet si petas dispensationem in duplici lege, vel pro duplici impedimento et pro uno alleges causam veram, pro altero falsam, valebit quoad partem veram, dummodo duae dispensationes quaerantur ad fines disparatos, v. gr. si dispensationem petas a voto et simul ab irregularitate. Si vero in eundem finem petantur, seu una poscatur in ordine ad alteram, tunc neutra subsistit. Ita v. gr. si petat quis dispensari in voto castitatis, allegando quod non possit contineri et simul petat, ut possit ducere consanguineam, falso dicens eam dote carentem. Ratio, quia non censetur Pontifex velle habilitare ad illud matrimonium eum, qui *egit dolose*. Si tamen ex ignorantia vel simplicitate ac bona fide falsitatem expressit, tunc non dicendum, alteram quoque esse nullam; quia bene creditur Pontifex velle suam dispensationem valere, quoad fieri potest, cum oratore non doloso.

Nam et haec quoque doctrina communis est (Sanch. lib. 8. disp. 21. n. 42.): si quando in rescripto plures exprimuntur causae copulative, quarum aliae verae sint, aliae falsae, tunc spectandam esse causam, qua nititur rescriptum, scil. intrinsecam; atque ea exsistente vera, non obstabit aliarum falsitas. Ratio, quia sola falsitas causae finalis (ibid. n. 44.) idest qua vere posita solet Pontifex dispensare et ob quam, tacitis aliis causis falsis, dispensatio concederetur, illam vitiat. Vid. Sanch. n. 44. 45. exempla dispensationis ad vivendum extra claustra et ad ineundum matrimonium. Vid. et Reiffenst. in lib. 1. tit. 3. n. 177-179. et n. 184-189.

354. Quod si cum plures allegantur causae, illae quidem solum copulative sumptae sufficientem praebeant dispensandi causam, alioquin vero partim verae sint, partim falsae; tunc ex falsitate eiusmodi redundat defectus causae finalis. Deficiente autem causa finali ac sufficienti, obreptitia censebitur dispensatio nec praesumi potest in superiore voluntas dispensandi cum causa insufficienti.

355. Quaerunt DD., an obsit valori dispensationi, si *dolose* falsitas quaepiam exprimatur.

Roncaglia *de Matrimon.* quaest. 5. cap. 2. q. 1. resp. 3. videtur docere, omnem dolum valori rescripti obesse, dum dicit: « *Quaecumque* falsitas dolose expressa vitiat rescriptum ». Et in eam rem affert verba cap. *Super Litteris de Rescriptis*, quibus dicitur, Oratorem dolosum « debere prorsus carere omni commodo litterarum, cum mendax precator carere debeat penitus impetratis ».

Sed mentem suam explicat in Tract. *de Legib.* quaest. 5. cap. 2. q. 5. resp. 2. dicens, id intelligendum, si dolus contingat circa causam motivam *finalem.* Ita ille: « Si dolus, quo fuit obtenta dispensatio, fuit circa rem, quae ex iure, stilo Curiae aut consuetudine clare manifestanda sit dispensanti, talis dolus vitiat dispensationem; quia horum manifestatio exigitur pro forma necessaria ad illius valorem: unde si dolose procedatur, non intelligitur adesse consensus dispensantis, cum intelligatur dare consensum, si sibi exprimantur, quae de iure exprimenda sunt. Item nulla est dispensatio, si dolus sit circa causam motivam intrinsecam materiae, ut si quis peteret dispensationem a voto castitatis, falso allegando, se continere non posse etc.; nam etiam tunc falsitas et dolus reddunt involuntarium consensum dispensantis, cum censeatur solum velle dispensare, si vere non possit se continere. Si vero causa motiva non sit intrinseca, sed extrinseca materiae, ut si dispensans moveatur ad dispensandum in praefato voto, quia ipsi v. gr. falso repraesentatum fuit, supplicantem esse virum doctum; tunc dispensatio subsisteret. Ratio est, quia quamvis sine tali causa motiva extrinseca non fuisset concessa dispensatio, adhuc tamen illa non erat necessaria ad dispensationem, sed solummodo quod verum esset, eum non posse se continere. Dum ergo dispensans voluit succurrere necessitati supplicantis, satis intelligitur dispensatio voluntaria, quamvis motivum, quo illam concessit, non subsisteret. Multo magis subsistit dispensatio, etsi falsa sit causa impulsiva, ea scil. quae extrinseca est materiae et solum deservit ad dispensationem facilius obtinendam ». Sed reliqua, ubi de dispensatione in impedimentis matrimonii.

356. Ceterum ut ad rem revertamur, quod causa impulsiva cessante non cesset dispensatio, res per se liquet. Ratio, quia dispensatio non impulsivae, sed finali causae innititur. Hoc et Auctor habet numero 1° Responsionis.

Hoc autem s. Alph. n. 196. extendit ad cessationem causae motivae ex parte ut habet et auctor n. 2°: « Secus autem (scil. non cessat dispensatio), si cessat causa impulsiva aut cessat motiva, .sed non totaliter; nam si aliquid istius perduret, adhuc perdurat dispensatio, ut Busemb. n. 2° cum Salmantïc. At si dubium sit, an totaliter cessaverit, standum est pro dispensatione, quae possidet. Salm. cap. 5. n. 55. Vid. lib. 6. n. 1133. (quo loco inculcat principium, in similibus dubiis validam esse censendam dispensationem; quia in dubio standum est pro validitate actus et allegat Sanchez, Pontium, Palaum, Salmantic.) ».

A fortiori valet dispensatio, si materia expressa aliam includit. Ita v. gr. dispensatio in tertio gradu includit quartum et dispensatio a voto dandi 100. includit dispensationem pro 50.

357. Auctor (n. 3°) statuit, quod: « Si commissa facultate dispensandi, priusquam dispensetur, cesset omnino causa *principalis*, nulla est dispensatio ».

Nempe, iuxta communem doctrinam, causa exsistere debet, quando datur dispensatio, scil. haec expeditur. Ergo si v. gr. Titius petat dispensationem ab irregularitate ob inopiam parentum, invalida est dispensatio, si, antequam concedatur, parentum inopia cesset et fiant divites. Contra si causa non exsistebat quidem tempore petitionis, sed exsistat tempore concessionis, valida erit; v. gr. si in praemisso exemplo parentes, falso exhibiti ut pauperes, fiant reipsa pauperes: ita si falso allegetur sequuta copula ad obtinendam dispensationem et haec deinde sequatur (intellige tamen ex fragilitate), antequam detur dispensatio; excipe nisi haec copula sequatur ex malitia et confidentia dispensationis; quia non praesumitur Pontifex velle sic dispensare, ne det ansam peccandi.

, 358. Quoad 4. caput Auctoris, nempe, quod si dispensatio deducatur in actum, qui sit irrevocabilis; non amittet sane vim, etiamsi totaliter cesset causa, propter quam dispensatio concessa est: exempla habetis bina penes Auctorem, in quorum secundo causa dispensandi posset esse necessitas parentum, aut si unum beneficium iam quis habeat et hoc esset insufficiens ad sustentationem, causa esse potest, cur dispensetur ad obtinendum

secundum. Porro post beneficii collationem, res non rescinditur, licet ob
mortem parentum aut aliam rationem cesset illa necessitas aut si prius beneficium decursu temporis evaderet per se sufficiens; nam haec rescissio
pareret incommoda et est praeter ecclesiasticam consuetudinem.

Adde exemplum, si irregularis dispensatus fuerit ad ordines suscipiendos
et post susceptum subdiaconatum, cessaret dispensandi causa, v. gr. aut
inopia parentum aut inopia ministrorum Ecclesiae; nam posset ad reliquos Ordines ascendere, quia oppositum esset illi valde incommodum
et difficile. Ita Communis DD.

359. Superest denique quintum Auctoris caput, ubi quaeritur, quid
sentiendum, quando facta dispensatione, causa ipsius omnino cessat et
actus est revocabilis vel non est dispensatio deducta in actum et exempla
apud A. habetis tum dispensati in voto castitatis ob tentationes, quae
postea cessent, tum dispensati in recitatione Horarum aut in lege ieiunii
sive abstinentiae ob infirmitatem, quae deinde cessat.

Ubi advertite, duplicem casum fingi posse, prouti eos coniunctos pertractat Sanchez *de Matrim.* lib. 8. disp. 30. nn. 13. 14., quorum alter
supponit dispensationem concessam, sed nondum ad actum deductam seu
ipso usu adhibitam, v. gr. cum quis dispensatus fuit a voto castitatis ad
ineundum matrimonium, quod tamen nondum contraxit vel ab irregularitate ad suscipiendos Ordines, quos tamen nondum recepit vel ad obtinendum beneficium, quod tamen nondum ipsi collatum est.

Alter vero supponit dispensationem etiam in actum deductam, sed non
unico illo actu iam exhaustam, adeo ut revocari possit, v. gr. dispensatio
in ieiuniis, quae revocari potest, postquam quis ea usus est per primam
quadragesimae hebdomadam.

360. Qua de re notanda venit curiosa agendi ratio Basilii Pontii et
quid inde factum sit. Nam Sanchez, ut dixi *de Matrim.* lib. 8. disp. 30.
n. 13., de utroque casu simul instituit quaestionem inquiens: « Superest
ergo difficultas: an, si cesset omnino causa *finalis* dispensationis, postquam iam Ordinarius vel confessor dispensarunt et sic omnino perfecta
et consummata est in se dispensatio, *nondum tamen sortita est suum
effectum,* quia v. gr. matrimonium non est contractum: vel *si coepit
sortiri effectum,* is est commode divisibilis, ut contingit in exemplis n. 11.
propositis (scil. dispensationis in esu carnium vel ieiuniis), exstinguatur
tunc dispensatio ».

Pontius vero *de Matrim.* lib. 8. cap. 20. n. 4. confutaturus de more
suo Sanchez, primam tantum partem arripit: « Quartus status est, postquam iam Ordinarius dispensavit, nondum tamen dispensatio mandata est
exsecutioni ».

Et tamen s. Alphonsus lib. 1. n. 196. cum potius quaestionem tractet
(prout et Auctor noster, videlicet) de secundo casu, quando nempe ex-

secutioni per usum coepit dispensatio demandari, Pontium, qui de primo casu agit, tamen primo loco allegat pro sententia opposita sententiae Sanchez, scilicet dispensationem non cessare etiam quoad secundum casum. Qua in re et alius error obrepsit; nam in communi editione s. Alphonsi pro *Pont.* (uti habebat Edit. an. 1757.) erronee positum est *Pal.*, scil. Palaus et cum citatio *de Matrim.* lib. 8. cap. 20. n. 4. evidenter non conveniret Palao, qui alia ratione materias partitur, in ultima s. Alphonsi editione, editores substituerunt *Sanch.* Male; 1° quia Sanchez paulo ante apparet citatus pro prima sententia scil. quod dispensatio cessat: 2° quia Sanchez non habet librorum divisiones per *capita*, sed per *disputationes*.

361. Auctor et s. Alphonsus ceterum innuit, duplicem de proposita quaestione adesse sententiam et pro utraque graves Doctores imo et graves rationes allegantur.

Difficultas tamen haud levis, utramvis eligas, te urgent; quia quidam tibi proponentur casus, quorum solutionem aegre cum tua sententia componas.

Fac teneas cum Sanchez primam sententiam, quae cessare dicit dispensationem. Ecce Suarez *De leg.* lib. 6. cap. 20. n. 15. proponet tibi hominem dispensatum ab irregularitate ad Ordines suscipiendos propter paupertatem propriam vel parentum vel propter indigentiam ministrorum Ecclesiae. Porro si causa cesset ante susceptos Ordines, numquid illicite ordinabitur, aut irregularitas illa non censebitur simpliciter et absolute sublata? Sane quod redire irregularitas illa valeat propter causae cessationem, id nec aliqua lege statuitur nec est verisimile, solum fuisse sublatam quasi sub conditione, si causa illa duraret usque ad Ordinum susceptionem. Similiter, inquit Suarez ibid. n. 16., in dispensatione Neophyti, ut sit capax v. gr. alicuius dignitatis aut beneficii, *intuitu virtutis* seu *honestorum morum*, quos revera habebat, cum dispensatus fuit. Quis enim dicat, eum amittere dispensationem, si postea mutet mores et graviter peccet?

Contra fac teneas sententiam quod maneat dispensatio, ut sentiunt Salas et Granado, quos deinde secutus est Pontius *de Matrim.* lib. 8. c. 20. n. 4. Ecce oggerent tibi dispensatum ad comedendum carnes in quadragesima propter specialem aegritudinem. Nam 'licebitne dispensato carnes comedere, si v. gr. post duas hebdomadas inopinato ab aegritudine penitus convalescat?

362. Nihil ergo mirum si Doctores reperiamus inter se dissidentes. Et insuper verissimum esse inveniemus id, quod habet Suarez *De leg.* lib. 8. cap. 30. n. 11.: « Fateor, rem esse intricatam et perplexam, ut solent esse hae res morales, quando generales regulae tradendae sunt, quae *vix possunt esse regulares, nedum infallibiles* ».

Hinc Suarez ibid. n. 12. statuit quidem, cessationem causae mere negativam non esse sufficientem rationem, cur cesset privilegium aut dispensatio (nam quoad hoc dispensatio aequiparatur privilegio): cessat vero negative causa, v. gr. si cui concedatur dispensatio a voto castitatis, quia aegre potest servare continentiam et dein cesset haec necessitas; nam nihil vetat, quominus dispensatus possit post defunctum coniugem ad secundas nuptias transire. Attamen idem ibid. n. 9. scribit: « In dispensatione non ieiunandi pro tota quadragesima propter debilitatem virium vel nimium laborem... si in medio quadragesimae cesset necessitas, cessabit dispensatio quoad actus residuos; quia alias esset irrationabilis dispensatio idemque dicendum erit in exemplo supra adducto de licentia non recitandi vel anticipandi Horas, si necessitas revera fuit causa adaequata... ».

363. Proinde et s. Alphonsus lib. 1. n. 196. necessariam reperit distinctionem, quam innuit et Gury §. 120. n. 2. num dispensatio concessa fuerit *absolute,* an vero sub conditione expressa vel tacita: *si causa perduret.*

Sed, ut ipse subdit, difficultas potissima urget, quandonam dispensatio censenda sit concessa absolute, quando e contrario sub tacita illa conditione: *si causa duret.* Respondet porro cum Salmanticensibus, dispensationem censendam absolute concessam, *quando causa iudicatur perpetua,* etsi postea per accidens causa cesset. At enim mox (ibid.) reiicit consectarium Salmanticensium, nempe quod si quis obtineat dispensationem ab officio vel abstinentia a carnibus ob infirmitatem, quae existimatur perpetua, possit dispensatione uti, etiamsi cesset infirmitas. « Sed huic, inquit, minime acquiesco; quia in iis casibus puto dispensationem omnino censendam esse factam sub conditione ». Et sic evanescit regula, quod censeatur *absolute* concessa, si causa *putabatur perpetua.*

Proinde s. Alphonsus n. 196. reiicit resolutiones (saltem primam et tertiam), quas ex Diana subiicit Auctor, qui tamen scite addit, melius alios (inter quos et s. Alph.) contrarium sentire.

364. Dixi s. Alphonsum reiicere saltem dispensationem quoad ieiunium et breviarium; quoad dispensatum ob infirmitatem a voto religionis, alia est rei conditio.

Discrimen apposite sic assignat Suarez *De leg.* lib. 6. c. 20. n. 18.: « Respondeo dispensationem illam (de recitando breviario, aut ieiunando, aut comedendis carnibus) non esse talem, quae simul et in praesenti tota fiat; quia materia eius non est indivisibilis sed successionem habet. Nam lex ieiunii quadragesimalis, licet per modum unius concipiatur, revera virtute est multiplex et singulis diebus quasi novam obligationem imponit. Et ideo dispensatio in illa lege non fit absolute tota simul et virtute est multiplex dispensatio et pro singulis diebus veluti singulae dispensationes conceduntur et unaquaeque propriam causam pro suo tempore seu die requirit. Atque ita quamvis in eo casu videatur dari simul pro tota quadragesima, non ita datur, ut statim auferat totum vinculum legis pro tota quadragesima, sed ut successive illud auferat, prout successive obligaverit, si eadem ratio dispensationis perseveret. Neque in illa materia potest aliter considerari causa iustificans dispensationem, nisi ut habens tractum successivum cum ipsa lege et ideo in talibus dispensationibus regulariter solet explicari illa conditio; quod si interdum non exprimitur, ideo est, quia vel duratio causae tanquam moraliter certa supponitur vel quia ex qualitate materiae *tanquam nota* relinquitur. Et idem est in similibus praeceptis habentibus tractum successivum. Secus vero est in dispensatione, quae statim tota simul conceditur et habet quasi indivisibilem effectum, tollendo inhabilitatem, impedimentum aut votum: nam illa simul habet totum effectum et simul etiam habere potest causam, propter quam absolute concedatur ».

Ex quibus luculenter ratio patet, cur aliter de secunda resolutione, ubi de voto, aliter de prima et tertia ubi de esu carnium et recitatione breviarii iudicandum sit.

365. Rationes Salas et Granada refert Diana tom. 3. tr. 2. res. 147. a n. 7. quae eo collineant omnes, quod legislator tollat in casu obligationem; quod autem destructum est (scil. obligatio) non reproducitur, nisi ab eo, qui habet vim reproducendi, scil. solus legislator.

Sed alii negant et merito negant, in praemissis casibus obligationis successivae, legislatorem tollere obligationem absolute, cum dispensationem non concedat, nisi sub tacita conditione etc.

366. Reponit Granadus apud Dianam l. c. n. 10.: « Sed hoc facile refellitur; quia falso supponitur, inesse dispensationi hanc tacitam conditionem. Verba enim dispensationis absoluta sunt et nullam conditionem eiusmodi significant ».

At responsionem habemus in praemissis ex Suarez. Non gratis vero, sed firmissima ratione supponitur tacita illa conditio. Nam palam est, superiorem in concepta hypothesi causae penitus deficientis, nec licite nec valide (nisi sit legislator) posse dispensare. Ergo cum voluntas peccandi non debeat supponi, nunquam potest supponi voluntas dispensandi etiam pro hypothesi, qua causa cesset.

367. Nec valet, quod resumit Granada apud Diana l. c. n. 13., etiam alias dispensationes habere tractum successivum, v. gr. a voto castitatis ob periculum incontinentiae.

Nam etsi daretur, haberi tractum successivum, at aliae statim apparent gravissimae rationes, cur dispensatio istiusmodi gravissima inferret incommoda. Idcirco consuetudo, quae in omnibus est optima interpres et e qua etiam voluntatem dispensantis rite arguimus, obligationem voti castitatis (nisi in dispensatione aliud caveatur) totam simul pro semper exstinctam docet; secus vero in dispensatione aut breviarii, aut abstinentiae etc.

368. * Restat ut breviter de alia duplici causa dicamus cessantis dispensationis. Altera enim est, ut iam monuimus, *revocatio dispensantis*, tertia *renuntiatio dispensati*.

Quoad revocationem, adverte cum Suarez *De leg.* lib. 6. cap. 20. n. 2. dispensationem reperiri posse in triplici stadio: videlicet 1° Cum facultas facta est dispensandi: 2° Cum dispensatio data est: 3° Cum ea est iam exsecutioni mandata h. e. in usum deducta. Iam vero, si tertium stadium obtinet et res est tota simul et immutabilis, ut dispensatio in impedimento matrimonii: evidens est, hoc contracto, non posse revocari dispensationem. Si vero res est successiva, ut dispensatio a lege ieiunii quadragesimalis, a recitatione breviarii: dispensatio, licet iam exsecutioni mandata, se habet tamen quoad actus in posterum ponendos tanquam in 2° stadio: cf. dicta nn. praeced. Porro cum dispensatio solum in primo vel etiam secundo stadio exsistit, potest valide a superiore dispensante revocari. Nam, ut ait idem Suarez n. 6., per talem dispensationem nullum speciale ius subditus acquisivit, sed solum liberatus est a vinculo legis: potest autem princeps iterum illum legi subiicere seu legem ad pristinum statum restituere, ut omnes indifferenter obliget: ergo etiam dispensationem revocare. Et quidem si iusta causa interveniat, non solum valide, sed etiam licite fieri potest.

369. Notandum heic, ait s. Alphonsus lib. 1. 197., quod dispensatio absolute concessa non cessat, etiamsi in secundo tantum stadio sit, morte dispensantis; cum dispensatio sit gratia et gratia non spiret morte concedentis. « Gratia, licet nondum sit in eius exsecutione processum, morte non perimitur concedentis ». *Si super, de Officio et potestate iudicis delegati* in *6*.

Si autem superior dispensavit: *donec ei placuerit, ad suum arbitrium* et res adhuc integra est aut est quid succcessivum; cessat dispensatio morte dispensantis; quia morte interveniente, non potest amplius locum habere beneplacitum aut arbitrium ipsius.

Si data e contrario sit sub ista conditione: *donec revocetur*, non cessat morte dispensantis; quia actus positivus revocationis, qui requireretur, non habetur.

Si concessa est *ad arbitrium Sedis Apostolicae*, non cessat morte Pontificis concedentis; quia Sedes durat.

370. Cum delegata potestas dispensandi alia sit a iure, quae annexa officio aut dignitati, aequiparatur ordinariae, alia ab homine: haec dupliciter dari potest. 1° Per modum commissionis vel mandati in favorem certae causae vel personae: haec delegatio potestatis dispensandi cessat, delegante mortuo aut deposito, re adhuc integra seu cum causa exsecu-

tioni nondum mandari cepit. 2º Per modum gratiae in favorem delegati: haec si absolute conceditur, non exspirat morte concedentis « Decet enim concessum a principe beneficium esse mansurum ». Reg. 16. in 6. Laymann l. 1. tr. 4. c. 22. 6.

371. Quod spectat ad renuntiationem, nemo dubitat quempiam renuntiare posse gratiae sibi concessae ideoque et dispensationi, cum nondum effectus sit secutus; nisi renuntiatio redundet in damnum alterius vel communitatis, in cuius favorem sit impensa dispensatio, vel nisi praelatus dispensans iubeat subditum uti dispensatione e. gr. non ieiunare. S. Alphonsus lib. 1. 198.

Renuntiatio alia est *expressa*, alia *tacita*. Haud facile vero est statuere, quandonam tacita locum habeat. Neque enim non usus eius censeri per se debet renuntiatio neque etiam positio actus incompossibilis cum usu eius; nam cum eo actu manet potestas usus istius, quem confert dispensatio: neque petitio novae dispensationis de eadem re, quae petitio propter alias causas fieri potest, quam propterea quod renuntiaveris priori. Conferatur de his Suarez l. c. nn. 9-11. et quod dicturi sumus in causa simili de Privilegiis.

Ceterum ut valeat renuntiatio, ea debet esse nota dispensanti et ab ipso approbari. Secus enim pro dispensato lex nequit reviviscere; non enim ipse sibi, sed solus superior potest ei legis obligationem imponere.

Alia addenda sunt, quae A. omisit. Et primo, cum locuti simus de dispensatione, qua quis eximitur ab obligatione legis, quae viget; oportet ut et aliquid dicamus de cessatione legis, tum de legis interpretatione ac tandem de particulari lege, cuiusmodi sunt Privilegia.*

* De cessatione legis. *

372. Lex cessat multipliciter: *abrogatione,* cum legislator aut eius successor revocat legem et prorsus tollit:

Derogatione, cum eadem auctoritate unus aut alter articulus legis mutatur:

Irritatione, cum superior legem ab inferiore latam nihil valere decernit:

Per novam legem priori contrariam: nova scilicet lex generalis veterem generalem, si ei sit prorsus contraria, abolet, quamvis in nova non fiat ulla mentio veteris; quae mentio facienda esset, si ageretur de abolendis particularibus consuetudinibus aut statutis particularium locorum, ut iam dictum est, cum ageretur de Consuetudine.

Per contrariam consuetudinem, de qua iam dictum est:

Per cessationem causae moventis seu finalis.

Et de hac re quaestio est magna inter doctores, ait s. Alphonsus l. 1. 199.: an cessante adaequate fine legis, cesset eo ipso lex.

373. Distinguitur duplex modus cessationis finis; cessare enim potest vel *contrarie* vel *negative*. Cessat contrarie, quando propter mutationem materiae vel rerum seu circumstantiarum fit ut evadat iniustum vel quomodocumque turpe servare legem vel ut impossibilis evadat moraliter eius observatio vel saltem prorsus inutilis respectu boni communis. Cessat negative, si in tota materia legis iam non inveniatur ea ratio, ob quam lex condita fuit; licet adhuc materia mala non sit nec impossibilis nec inutilis. Suarez *De legibus* l. 6. c. 9. n. 2.

374. Iam vero cessante fine *contrarie*, evidens est per se cessare ipso facto legem; cum desinat esse lex, eo quod sit de re iniusta vel impossibili vel inutili.

At cum finis vel adaequate cessat tantum negative, non omnes prorsus doctores conveniunt. Communior quidem sententia est, legem et tunc per se cessare; cum finis generatim hoc est pro ipsa communitate cesset: quam sententiam communem refert Suarez l. c. n. 6. et Laymann *de Legibus* c. 21. n. 3. Ratio est, quia, ut ait s. Thomas l. 2. q. 109. a 4. ad 3. cessante causa, cessat effectus. Et quemadmodum lex ab initio non subsistit, si sine ratione lata sit, ita etiam postea desinit, desinente ratione eius; quandoquidem tunc eius observatio inutilis atque supervacanea esse incipit.

375. Sed si haec est ratio, locus esse potest distinctioni adhibitae a Suarez l. c. nn. 9-11. Scilicet monet hic eximius doctor, materiam legis aliam et aliam esse posse. Aliquando enim est res per se honesta, in aliqua virtutum specie, ut ieiunium, oratio etc.: aliquando vero est res per se indifferens, assumpta ad certum finem assequendum. Quo posito, ait: cum materia est per se honesta, etiam cessante adaequate extrinseco fine, propter quem ea materia praecepta est, non cessat per se lex; quia adhuc servari potest, quippe quae utilis est adhuc, possibilis et bona atque finis intrinsecus, qui adhuc manet, et ipse intentus fuisse a legislatore dicendus est. Si vero etiam intrinsecus finis cessaret hoc est desineret materia esse actus virtutis, possibilis, utilis: tunc cessaret eo ipso lex: sed patet quod tunc finis non solum negative sed etiam contrarie cessaret.

Si autem materia praecepta est quid per se indifferens, cessante adaequate fine, cessat eo ipso lex; cum solum propter eum finem posset ea res esse materia legis vel certe fuerit materia huius legis.

In his duobus ultimis casibus non requiritur declaratio principis, sed satis est notorietas facti, quod finis cessavit.

376. Quid vero si finis legis adaequate cesset in particulari, pro aliqua nempe persona. Respondet Laymann l. c. n. 3. non cessare obligationem legis etiam pro illa persona; «quia interest boni publici, ut leges communes ab omnibus communiter serventur, quamdiu non occurrit aliquod

impedimentum contrarium, quod per epik'eiam excuset, ut recte notavit Suarez lib. 6. c. 9. n. 6. Quare breviter dici potest, ad excusationem a lege non satis esse, si ratio legis cesset in particulari *negative;* cum debeat etiam cessare *contrarie,* videlicet propter impedimentum vel moralem impossibilitatem servandae legis ».

377. Hanc tamen sententiam s. Alphonsus l. c. vocat tantum probabiliorem: alteram vero contrariam, quam plures tenere ait, ipse quidem probabilem non affirmat, sed nec reprobat. Affirmat tamen sibi arridere magis sententiam priorem eo quod, communiter loquendo, fere nunquam in particulari cesset omnino periculum hallucinationis. Subdit : « si vero aliquando casus accideret, quo aliquis omnino certus et securus esset abesse omne hallucinationis periculum, tunc non auderem secundam sententiam improbare: sed huiusmodi casus rarissime poterit evenire ».

Exemplum sit in lectione librorum prohibitorum: quaeritur nempe, an cessante periculo et scandalo, possint legi, utique absque facultate. Affirmativa sententia, ubi reapse absit certe periculum hallucinationis, videtur nexa cum praecedente solutione s. Alphonsi. Communius tamen negatur et negat quoque l. c. s. Alphonsus. Ratio vero aliunde petitur; negatur scilicet suppositum. Aiunt enim non licere; quia finis prohibitionis nunquam cessat; nam heic non est solum ut damnum legentium vitetur, sed etiam ne detur ansa scribendi et imprimendi tales libros et ut hi penitus ab Ecclesia removeantur et etiam ut Ecclesiae obedientia praestetur, quae postrema ratio difficilis est.

378. Si lex fundatur *in praesumptione facti,* ita ut iubeat lex iudicem in quovis particulari casu secundum eam praesumptionem sententiam ferre: in particulari autem constet de contraria veritate, cessat in eo casu lex obligare in conscientia; cedit enim praesumptio veritati. Sane deficiente facto, deficit omne fundamentum legis. Confer Laymann l. c. n. 4.

Secus autem dicendum, si lex fundetur in *praesumptione periculi universalis:* etsi enim tibi constaret, non adesse pro te ullum periculum, lege tamen obligaris; quia reapse ipsa non fundatur in suppositione periculi tui, sed periculi communis, quod semper verum est. Cf. Gury V. 1. §. 102.

* De interpretatione legis et speciatim de Epikeia. *

379. Interpretatio, quae est declaratio sensus legis, alia est *authentica,* alia *usualis,* alia *doctrinalis.*

Prima est, quam legislator ipse aut eius successor vel superior facit eademque duplex distinguitur, altera *comprehensiva,* altera *extensiva.* Prior est, quae declarat id, quod iam in lege, licet obscurius, continetur; altera, quae legem extendit ad alium casum lege priore non comprehensum. Utraque occurrere potest in interpretatione eiusdem legis.

Prior cum non sit nova lex, non indiget promulgatione: altera indiget; quia, quoad id quod addit, aequivalet novae legi. Cf. dicta de Promulgatione.

Interpretatio *usualis* ea est, quam exhibet consuetudo, quae est, ut dicitur, optima legum interpres. Si consuetudo talis sit, ut vim legis obtineat, haec interpretatio tanquam authentica habenda est.

Doctrinalis est, quam ope scientiae et experientiae periti faciunt contineturque sententiis doctorum et iurisperitorum. Haec non habet vim obligandi; cum tamen consensus doctorum est unanimis, rem certam moraliter facit et est testis consuetudinis.

380. Regulae traduntur pro interpretatione doctrinali, quarum tractatio proprie spectat ad canonum et iuris peritos: sed quia et rei moralis tractatores identidem iis opus habent, praecipuas breviter indicabimus ex Suarez *de Legibus* lib. 6. cap. 1-4. et ex Laymann *de Legibus* cap. 18.

1ª Mens legislatoris, quae est anima legis, est potissimum attendenda. Haec vero non ex solis verbis nude spectatis, sed una cum illis ex toto sermonis contextu, ex materia, fine, ratione legis aliisque adiunctis, si-qua sunt, colligenda est. Quando autem mens legislatoris pateat, interpretatio, quae eam exhibet, omnibus aliis praeferenda et sola tenenda est; non enim aliud quaerimus interpretando, nisi quid voluerit legislator praecipere. Ita Gregorius *in c. Humanae aures* caus. 22. q. 5. « Non debet aliquis verba (utique nuda) considerare, sed intentionem et voluntatem; quia non debet intentio verbis deservire, sed verba intentioni ».

Ideo praetermittenda est etiam quorumdam verborum proprietas, si mens legislatoris id exigat.

2ª Si rationem suae legis legislator manifestat et praesertim si patet esse rationem adaequatam, licet ex illa colligere sensum legis cum ipsa cohaerentem, praetermissa quoque proprietate quorumdam verborum.

Secus periculosum est ex ratione, quam tu divinas, vel etiam ex ratione non adaequata coniectare sensum legis.

3ª Ceterum, si nihil obstat, inhaerendum proprio sensui verborum, potissimum illi, quem obtinent verba ab usu communi et si termini sint legales, illi sensui, quem habent verba a iure vel stilo curiae vel ab consuetudine fori. Et ad improprios sensus non sunt verba trahenda, nisi necessitas cogat.

381. Interpretatio doctrinalis nequit esse nisi comprehensiva: at haec ipsa comprehensiva interpretatio duplex distingui potest, *ampla* nempe et *stricta*. Porro ampliatio comprehensiva duplex rursus est, altera nempe *necessitatis*, altera *congruitatis*. Prior est necessaria ad iustitiam vel rectitudinem et in gratiam observantium legem; alia non necessaria est sed voluntaria.

Quia licet in uno sensu possit lex multa comprehendere iuste et sine inconvenienti: alia tamen minor comprehensio sufficit ad iustitiam legis et proprietatem verborum cum ratione etiam legis conservandam. Haec minor comprehensio est necessaria, illa maior est congruens. Ampliationi vero maiori vel minori respondet restrictio minor vel maior. Suarez lib. 6. c. 4. n. 3. Iam vero

4ᵃ Lex odiosa seu onerosa, qualis est lex poenalis, lex irritans, lex tributorum, strictae est interpretationis hoc est ampliationem necessariam admittit, non etiam congruentem: illam nempe admittit et exigit, sine qua nequit servari prudens dispositio legis.

5ᵃ Lex favorabilis ampliationem etiam congruentem exigit; est scilicet ad ea omnia amplianda, quae comprehendi possunt verbis acceptis in significatione propria tum naturali sive usus communis tum iuridica.

6ᵃ Propter solam similitudinem vel paritatem rationis nequit ampliari lex ad casum similem nullo modo comprehensum sub significatione verborum. Haec esset reapse *extensiva* interpretatio; neque enim ex eo, quod aliquid legislator praecipit, consequens est praecipere quoque omnia similia: atqui interpretatio extensiva solius est legislatoris.

7ᵃ Ex identitate rationis merito ampliatur lex ad casum, non comprehensum verbis legis, qui tamen subest illi eidem rationi; dummodo constet rationem illam esse rationem adaequatam legis, hoc est eam solum movisse animum legislatoris. In hoc omnes conveniunt. Confer huius regulae exempla apud Laymann l. c. n. 10.

382. Ad interpretationem revocari solet ea specialis et privata interpretatio legis, quae fieri dicitur per Epikeiam (ἐπιείκεια aequitas), qua de re et- in quaestione de cessatione legis apte tractari posset.

Cum' enim iudicamus universalem legem in aliquo particulari casu cessare seu non obligare, utimur epikeia hoc est secundum aequum et bonum iudicamus. Est et ipsa quaedam restrictio legis, quatenus ad eum particularem casum lex non extenditur.

Fundamentum huius aequitatis indicavit Aristoteles 5. Ethic. 10. « ἐπιείκεια est emendatio iusti legitimi; nam lex quidem universalis est: fieri autem non potest ut de quibusdam (particularibus) universaliter recte dicatur; sed lex id accipit, quod fit plerumque, non ignorans aliquando deficere. Et est nihilominus lex recta; defectus autem non est in lege nec in legislatore, sed in ipsa rei natura. Continuo enim rerum earum, quae sub actionem cadunt, materia talis est. Cum igitur lex quidem universaliter loquatur, in his autem praeter universale quidpiam accidat, tum recte se habet, ut ea parte, qua legislator omisit atque peccavit, absolūte locutus, emendetur defectus: quod et ipse legislator, si adesset, hoc modo loqueretur ». Agitur ergo solum de lege humana. Cum igitur lex in universali feratur et consideret id quod plerumque contingit, fieri potest ut in aliquo casu sub verbis legis per se comprehenso, malum sit vel non conveniens servare legem, ita ut ipse legislator, si adesset, exciperet eum casum ab obligatione legis. Tunc aequitatis ratio postulat ut contra verba legis agatur, quamvis non contra mentem legislatoris, qui noluit eum casum comprehendere.

383. Quando ergo licet uti epikeia? Dixerunt quidam, quando ratio legis cessat *negative:* negative autem cessat ratio legis; cum in aliquo casu non invenitur ratio, propter quam lex lata est. Atqui si tantum negative cessat ratio legis, nondum uti licet epikeia.

Quamvis enim non amplius adsit in particulari casu ratio legis, tamen, si negative tantum cessat ratio legis, huius observatio adhuc est iusta et possibilis. Iam vero in hac hypothesi lex nondum peccat exigendo observationem: atqui epikeiae usus est, cum lex peccat hoc est peccaret urgendo observationem. Sic viri perfecti non excusantur a lege ieiunii, etsi in seipsis non experiantur ea, propter quae ieiunium praecipit Ecclesia. Et sane, cum ratio legis cessat solum negative, superest semper universalior ratio, cur lex observetur, bonum scilicet commune postulans, ut quantum fieri potest, lex ab omnibus servetur, ut unitas sit in societate. Suarez lib. 6. c. 7. n. 5. Vide tamen quae diximus de Cessatione Legis nn. 376. 377.

384. Occurrit autem usus epikeiae, cum ratio legis cessat contrarie, quod quidem dupliciter contingit: vel quia in eo casu observatio legis evaderet mala, ut si velles pro audienda missa derelinquere aegrotum tuo auxilio omnino indigentem, vel quia observatio legis evadit impossibilis moraliter; in hac enim hypothesi non intendit legislator velle obligare, est enim proprietas legis, ut sit de re possibili.

Addit Suarez l. c. n. 11. ulterius locum esse epikeiae, si ex circum-stantiis iudicari merito potest legislatorem, etsi potuerit, noluisse tamen in certo casu obligare. Munus enim epikeiae est, praetermissis verbis legis, intentionem legislatoris sequi, ut ait s. Thomas. Si ergo de intentione legislatoris constare potest, quod noluerit in eo casu obligare, uti licebit epikeia h. e. aequitate.

385. Et ita tres modi sunt utendi epikeia: primus, ut caveamus aliquid iniquum, alter, ut vitemus acerbam et iniustam obligationem, qualis esset de re moraliter impossibili, tertius propter coniectatam legislatoris voluntatem.

386. Cum clarum est, particularem casum lege non comprehendi, fas est cuilibet privato se eximere ab obligatione legis; quia in manifestis non est opus interpretatione sed excusatione, ut ait s. Thomas 2. 2. q. 120. a. 1. ad 3.

Si dubia res est et ad principem recursus haberi potest, ad eum recurrendum erit (Laymann *de Legibus* c. 19. n. 4.): si non potest recursus haberi, eodem pacto agendum erit ac diximus tractantes de conscientia dubia.

* De Privilegiis. *

387. *Privilegium* definitur: privata lex aliquid speciale concedens; « neque enim, inquit Gratianus ad c. 16. q. 1. caus. 25., aliquibus privilegia concederentur, si praeter generalem legem nulli aliquid speciale concederetur ». Speciale quid est, si sit ultra vel praeter legem nec opus est ut sit contra.

Privilegium est aliquid plus quam beneficium principis. Sic beneficium esse potest dispensatio ab irregularitate, absolutio a censura; qui tamen eas obtinuerit, iam agit ex iure communi, non ex privilegio.

Est *privata lex;* quia beneficium vel ius *alicui personae* aut *alicui parti* communitatis conceditur: habet tamen legis rationem, non solum quia vult privilegiatum privilegio frui, sed quia universam societatem obligat servare privilegium· ipsi privilegiato.

Privilegium ut valeat, requirit acceptationem privilegiati. Est enim privilegium in genere donationis, quae valida non censetur, nisi postquam acceptata fuit.

Differt privilegium a dispensatione, ut iam diximus C. IV. dub. IV. n. 268. Addit Suarez, *de Legibus* ·lib. 8. c. 30. n. 19. quod dispensatio est ad modum cuiusdam actionis, quae non censetur fieri tota simul, quando effectus est successivus: privilegium est semper ad modum cuiusdam iuris vel potentiae collatae.

388. Omnis et·ille solus qui leges condere, et privilegium concedere potest. Id evidens est, si privilegium sit contra legem: sed etsi sit solum praeter legem, solus legislator seu supremus princeps communitatis potest alicui facultatem talem concedere agendi praeter legem ut ea sit iuridica et universa communitas teneatur eam servare privilegiato.

389. Ut privilegium licite concedatur, quaedam iusta causa requiritur et quidem si sit contra ius, opus est, ut iustitia legalis et distributiva servetur: si vero non sit contra ius, requiritur, ne concessio privilegii sit actus prodigalitatis, qui malus est. Ut autem validum sit, controvertitur, an iusta causa requiratur: sed non videtur iusta causa esse necessaria, nisi ex parte petentis interveniat deceptio aut iniqua occultatio; tunc enim deest voluntas concedentis. Ratio cur valeat privilegium etiam sine causa concessum, in re, quae subest auctoritati donantis privilegium, est; quia, etiamsi deroget iuri communi, quoniam vis huius iuris pendet a voluntate principis, si princeps quoad aliquos mutat voluntatem et non vult eos esse sub lege, iam cessat lex ipsos obligare. Haec est sententia communior, ait Suarez, l. c. cap. 21. Agitur ergo de principe, penes quem sit plena potestas legislativa.

390. Multiplex est privilegiorum divisio. 1ª Sit in *reale* et *personale.* Etsi enim tandem quodlibet privilegium in favorem personarum conce-

datur, tamen duplex est modus. Nam vel privilegium alicui conceditur
respectu rei, loci, muneris, dignitatis, cui proinde rei immediate privilegium cohaeret et in personas redundat, ad quas ea res, locus, dignitas etc. pertinet, et dicitur privilegium *reale.*

Si vero alicui immediate conceditur privilegium ob eius favorem, est
personale. Quod triplex distinguitur: primum *singulariter personale,*
quod uni personae, alterum *communiter personale,* quod certo generi
personarum, ut minoribus privilegium restitutionis in integrum, tertium
corporale, quod corpori hoc est communitati alicui confertur. Constat
privilegium reale adhaerere rei et cum ea transire ad illos omnes, qui
illam obtinent et cum ea exspirare: personale inhaerere personae et cum
ea desinere.

Et quia res perpetuae esse possunt, privilegia realia dicuntur perpetua, secus ac personalia. Personalia vero secundi et tertii generis accedunt realibus, quia et ipsa transeunt ad heredes et successores. Laymann
lib. 1. *de Privilegiis* c. 23. n. 2-4.

2ª Aliud est *contra ius,* aliud *praeter* vel *ultra ius.* Privilegium
contra ius derogat iuri communi et est facultas agendi quod lex prohibet
vel non agendi quod lex praecipit. Ut autem privilegium deroget iuri
communi, non opus est, ut muniatur clausula derogatoria; quia iam
praesumitur princeps nosse leges communes. s. Alph. *de Privilegiis* n. 2.
Privilegium praeter ius est concessio favoris in iure non expressi. Prioris
exemplum sit exemptio a solvendis decimis, a recitandis Horis canonicis;
alterius facultas absolvendi a reservatis.

3ª Aliud est *tantum favorabile,* in nullius gravamen redundans, ut
facultas celebrandi ante auroram; aliud *odiosum,* redundans scilicet in
gravamen alterius, vel exsistens contra ius commune, ut exemptio ab
Ordinarii iurisdictione.

4ª Aliud est beneficium ex sola *principis gratia* procedens: aliud non
est mera gratia, sed vel *remunerativum,* si ob merita detur, vel *con-
ventionale,* si cum interposito onere aut gravamine concedatur.

5ª Aliud quod *proprio motu* principis confertur: aliud quod in *gratiam
petentis* sive *ad instantiam* alterius.

6ª Aliud est *affirmativum,* quod datur ad aliquid faciendum, aliud
negativum, quod datur ad aliquid non faciendum. Hoc, ut patet, est
semper contra ius; illud potest esse et praeter ius.

7ª Aliud est *temporale,* si detur ad certum tempus seu certam actionem: aliud *perpetuum,* si absque limitatione huiusmodi detur. Conferatur
Laymann l. c. et Suarez l. c. cc. 3-6.

391. Quoad interpretationem privilegiorum, potissimum in considerationem venit, utrum privilegium sit gratiosum an odiosum. In primis
vero illud tenendum est, quod privilegium, quodcumque sit, ita inter-

pretari oportet, ut aliquid operetur, aliquod beneficium conferat; huc
enim essentialiter spectat: nisi iniustitia esset manifesta.

'Hoc posito, leges generales istae sunt. I. Privilegium, quod est meruṁ
beneficium, amplam exigit interpretationem cf. n. 381.

Regulae autem duae sunt pro hac interpretatione.

- 1ª Privilegium non est extendendum ad alias personas vel causas, ob
similitudinem rationis. Ratio est, quia pro iis deest reapse voluntas
principis, quae sola operatur.

Praeterea plura absurda ex tali interpretatione sequerentur.

2ª Interpretatio ampla semper est facienda intra limites proprietatis
verborum, secundum significationem, iuridicam saltem; nisi maior extensio
necessaria sit, ut privilegium aliquid operetur. Privilegia enim non plus
operantur quam verba exprimant.

II. Privilegium odiosum seu qua parte odiosum est, est strictae interpretationis (cf. l. c.): ita tamen ut ampliari possit, si ex alia parte faveat
bono communi, cuius identidem interest, ut certis personis vel coetibus
privilegia conferantur: idcirco si in favorem datum sit alicuius Religionis
aut causae piae. Item si datum sit motu proprio, și praeterea sit privilegium contentum in iure; induit enim tunc rationem legis ad bonum
commune spectantis.

Regulae autem restrictionis sunt hae.

1ª Non debet restrictio esse tanta, ut reddat inutile privilegium, quamtumvis odiosum appareat (n. 391.): nisi constet esse iniustum; non enim
censetur princeps voluisse aliquid iniustum.

2ª Verborum proprietas tenenda est nec extra eam trahenda verba, ut
privilegium minuatur, nisi iustitia id cogat aut constet aliunde voluntas
principis. Secus nihil certum esset et ex alia parte voluntas expressa
principis est semper servanda. Suarez l. c. cc. 27. 28.

392. Quoad cessationem privilegii, haec summatim teneri possunt.
1° Non cessat privilegium morte concedentis. « Generalis est, ait Laymann
l. c. n. 18., doctorum regula, quod gratia per mortem concedentis, etiam
re integra, non exstinguitur... Sed intelligi haec regula debet de gratia
facta et non de facienda. Gratia facta dicitur, quotiescumque facultas
seu licentia alicui in favorem ipsius a superiore concessa est, quamvis
mera exsecutio interdum ab alia adhuc persona dependeat... Eiusmodi
enim concessiones seu gratiae, postquam a publica potestate processe-
runt, censentur ex parte concedentis factae seu perfectae, ut morte ipsius
non exspirent, nihil obstante etsi realis exsecutio gratiae nondum facta
sit... Gratia autem facienda dicitur, cum ipsi, in cuius favorem gratia
tendit, nihil directe datum aut concessum est a principali, sed alteri
mandàtum, ut talem gratiam illi conferat; tunc enim nondum est gratia
facta, sed mera commissio et mandatum faciendi ». Nisi tamen commissio

in favorem ipsius commissarii principaliter facta esset; tunc enim haberet rationem gratiae factae, quae per mortem facientis non exspirat, ut docet idem ibid.

2° Cessat privilegium elapso tempore, pro quo concessum est, item cessante conditione, sub qua concessum est. De quibusdam conditionibus iam locuti sumus loquentes de dispensationibus et confer ibidem; quia eadem est ratio.

3° Cessat privilegium, cessante causa finali, saltem si cesset contrarie; nam si cesset tantum negative, controvertitur, negante Suarez cessare in hac hypothesi privilegium. *De leg.* lib. 8. c. 30.

4° Cessat privilegium, si cedere incipiat in grave detrimentum aliorum vel communitatis adeoque per rerum mutationem fiat iniquum, ut vel per se ipsum cesset vel certe a privilegiante revocari possit, sicuti colligitur ex *cap. Suggestum, de Decimis,* ubi notant doctores, revocari privilegium exemptionis decimarum, si postea in Ecclesiae notabile detrimentum vergere incipiat. Laymann 1. c. n. 19.

5° Pariter si cedere incipiat in maius detrimentum ipsius privilegiati; nam *quod in gratiam alicuius conceditur, non est in eius dispendium retorquendum.* Reg. 61. in 6.

6° Privilegium *affirmativum* per *non usum* amitti dicitur: nihilominus distinguendum cum Suarez 1. c. c. 34. 16. Privilegium, quod redundat in gravamen et quasi servitutem aliorum, eatenus amittitur per non usum, quatenus praescriptio intercedit, qua alii possunt contra privilegiatum praescribere, quod frequenter non fit sine aliquo positivo actu ipsius praescribentis. Ratio est, quia cum haec privilegia redundent in servitutem seu obligationem aliorum, iura, quae disponunt de amissione servitutum per non usum, in similibus privilegiis locum habent. Quod si inquiratur quanti temporis non usus necessarius sit et sufficiat ut per illum privilegium amittatur, communis sententia est, decennium sufficere et requiri inter praesentes, annos viginti inter absentes: modo utendi occasio fuerit.

7° Privilegia, quae non cedunt in aliorum gravamen, sed sunt favores speciales ipsius privilegiati, non amittuntur per non usum, qui sane non adversatur ipsi privilegio seu iuri, sed solum usui eius, qui tamen necessarius non est: nec amittuntur per aliorum praescriptionem, quae in his locum habere nequit.

Ceterum amissio privilegii per non usum, quando alius legitime contra illud praescripsit, valet etiam in conscientia. Cf. Suarez 1. 8. c. 34.

8° Privilegium *negativum, aliis onerosum* amitti potest per usum contrarium ipsi privilegio: ubi nota usum heic, secus ac in praecedenti, ire contra ipsum privilegium seu ius eo concessum et haec est regula communis in hac re: privilegium amitti per contrarium usum, si circumstantiae necessariae concurrant. Id duobus modis fieri potest. Laymann l. c. n. 23.: « Primo per *praescriptionem*, si post actum contrarium seu contraventionem privilegii sine protestatione factam, elabatur tempus legitimum, ad praescribendum sufficiens et interea privilegiatus actum contrarium non retractet: puta si aliquis exemptus, iudicio Ordinarii se sistat; ex eo tempore incipit Ordinarius esse in quasi possessione iurisdictionis, quae possessio, decennii spatio cum bona fide continuata, praescriptionem absolvit. Alter modus est, per *tacitam renuntiationem;* nam in externo foro praesumitur iuri ac privilegio suo renuntiare, qui sine necessitate cogente, actum ei contrarium exercet: ut si exemptus Ordinarii iudicio se sistat. Quae est communis doctrina Glossae et Abbatis. Ceterum, quia haec decisio in praesumptione renuntiationis fundatur, ideo si privilegiatus actum contrarium exercens, non habuit animum privilegio simpliciter renuntiandi, sed solum quoad illum actum, in conscientiae foro privilegium non amittit. Imo neque in externo foro amittere debet, si constet vel ex indiciis colligi possit, animum simpliciter renuntiandi abfuisse, nisi insuper etiam legitimae praescriptionis tempus, cum privilegiati taciturnitate, decurrat ».

9° Privilegium amittitur per abusum, cum quis ex privilegio peccandi occasionem sumit aut fini, ob quem privilegium concessum est, directe suis pravis moribus privilegiatus repugnet v. g. si beneficiato servitium Ecclesiae commutatum sit in studium penes Universitatem, ipse autem ibi actionibus inutilibus se dedat: is non facit fructus suos. Plerumque tamen non amittitur ex ipsa rei natura, sed vel iuris constitutione vel per iudicis sententiam.

10° Privilegium amittitur per revocationem concedentis vel successoris eius. Quae quidem revocatio duplex est, altera *expressa*, altera *tacita*. Expressa vel fit in specie vel per clausulam generalem: *non obstantibus quibuscumque privilegiis*. Haec tamen clausula non censetur revocare privilegia, quae in corpore iuris continentur, nisi eorum quoque clausula derogatoria exprimatur. Cum enim correctio iuris vitanda sit et non facile praesumenda, ideo ius generale posterius non tollit prius speciale, si ob specialem aliquam rationem exceptum videri possit. Pariter privilegia quae non continentur in corpore iuris et quibus inest clausula, quod non debeant censeri sublata, nisi specialis eorum mentio fiat, non revocantur per illam clausulam generalem supra dictam.

Revocantur autem huiusmodi aliis clausulis v. gr. *non obstantibus quibuscumque privilegiis, sub quacumque verborum forma conceptis* vel *etiamsi de verbo ad verbum debeat de illis mentio fieri.*

Tacita revocatio privilegii fit per actum principis contrarium: sed praesumendum est eum nosse privilegium concessum. Duae regulae traduntur pro tacita revocatione privilegiorum. Prima, lex universalis non derogat privilegiis, quae non continentur in corpore iuris, nisi eorum mentio specialis fiat. Sumitur ex c. 1. *de Constit.* in 6. et ratio ibid. redditur: quia quamvis pontifex censeatur habere omnia iura in pectore suo, potest tamen probabiliter ignorare iura specialia. Secunda regula: privilegium, quod prius concessum fuit, nisi sit in corpore iuris contentum, non tollitur per rescriptum aut privilegium posterius, quod videatur contrarium, nisi illius specialis mentio fiat. Facile tamen conceditur, quod si prius privilegium sit generale, posterius vero speciale, priori ex parte derogatur per posterius, iuxta regulam 34. in 6. *generi per speciem derogatur.* Ex Laymann l. c. nn. 25-27.

11° Tandem privilegium desinit per renunciationem privilegiati. Circa quod advertendum est, id valere quando privilegium concessum sit in eius solius favorem; nam « liberum unicuique est suo iuri renunciare », ut dicitur in *c. Si de terra, de Privilegiis.* Privilegiis vero, quae principaliter in favorem Ecclesiae vel communitatis vel ordinis concessa sunt, personae privatae neque pro se ipsis possunt renunciare: sic clericus nequit renunciare privilegio canonis. Renunciatio autem vel *tacita* est vel *expressa.* De tacita iam diximus, loquentes de non usu vel usu contrario, qui identidem inducunt amissionem privilegii. Expressa autem renuntiatio ut valeat, manifestanda est auctori privilegii, propter eandem rationem quam iam attulimus, loquentes de expressa renunciatione dispensationis.

TRACTATUS IV.

DE PECCATIS.

CAPUT I.

DE PECCATO IN GENERE.

Dub. I.

Quid sit peccatum.

I. 1. Respondeo 1. Est transgressio legis sive, ut ait Tolet., est voluntarius recessus a regula divina, per quam regulam intelligitur praeceptum, tam naturale et humanum, quam divinum, per recessum intelligitur actus vel eius omissio, qui sit non tantum voluntarius, sed etiam liber, cum aliqua actuali advertentia malitiae; quod addo, quia ut docet Sanchez 1. *Mor.* c. 16. cum Vasquez d. 2. qu. 2. p. 3. n. 3. et 12. etc. non sufficit ad actum peccaminosum libertas et advertentia quaevis virtualis vel interpretativa, qua scilicet quis advertere poterat et debebat, nec quaecunque actualis, qua scilicet intellectus rationes commodi et incommodi in obiecto attendat: sed requiritur, ut advertat moralem malitiam obiecti, ut saltem de ea dubium vel scrupulum concipiat. Ratio est, quia sine ista advertentia non est voluntarium, cum non sit cognitum; quia quamdiu talis cogitatio intellectui non occurrit, non est sufficiens principium deliberandi de malitia, ideoque nec libertas ac proinde nec culpa et censetur illa inadvertentia naturalis et invincibilis oblivio. Addit tamen Tanner d. 4. *de Pec.* d. 5. q. 5. dub. 5. n. 106. non esse necesse, ut consideratio illa maneat actu, dum peccatum durat; sed satis esse, ut vel actu vel virtute maneat, ita ut cum ea vel actus peccati fuerit inchoatus vel saltem causa data, ut fit in ebrio, qui peccat, non vi praesentis, sed praeteritae deliberationis. V. Bald. l. 1. d. 36. Verum Recentiores communiter docent, talem, v. gr. ebrium, non peccare formaliter, quando usu rationis caret; sed malitiam eorum, quae tunc fiunt, contraxisse ante, dum praevidens malum, quod commissurus erat, eius causam dedit aiuntque, dum quis actu peccat, semper esse ac manere advertentiam aliquam malitiae tenuem vel confusam, ut v. apud Schol.; nam in ordine ad praxim, parum refert, utrolibet modo loquaris.

1. Ea, quae disputata sunt in Tractatu de Actibus Humanis, abunde sufficiunt, ut manifeste elucescat ratio eorum omnium, quae Auctor hoc loco fuse et clare disserit de *peccati* natura. Nonnulla ergo tantum addemus, ut facile praecavere possitis opiniones quasdam etiam recens invectas, quae eo magis possent nocere, quo magis subdole insinuantur.

2. Iuvat itaque perpendere notionem peccati in scholis traditam, ut
caveatur eorum fallacia, qui hanc notionem perverse proponentes, sub-
inferre conati sunt doctrinam de peccatis necessariis (cf. epistolam 37.
in opere Principii della scuola rosminiana ecc. Milano 1850.). Simulantes
enim, se velle in vitam revocare quamdam scholarum doctrinam oblivioni
male traditam, hoc discrimen ex scholae doctrina statuendum docuere
inter *peccatum* et *culpam*, ut *peccati* nomine intelligi deberet actio quaelibet humana contra legem etiam per voluntatem *necessario* agentem
posita: nomine vero *culpae* intelligeretur actio contra legem posita ex
libera agentis electione. In cuius doctrinae patrocinium advocare non
dubitaverunt auctoritatem s. Thomae, quippe qui scripserit 1. 2. q. 21.
art. 2.: « Sicut malum est in plus, quam peccatum, ita peccatum est in
plus, quam culpa »: videlicet sicut latius patet notio mali, quam peccati,
ita latius patet notio peccati, quam culpae. Porro, ut ibid. subdit s. Thomas, « tunc actus imputatur agenti (quod est habere notionem culpae),
quando est in potestate ipsius, ita quod haheat dominium sui actus »:
quod quidem significat, *quando libere agit.* Si ergo notio culpae exigit
actionem libera voluntate positam et notio peccati latius se extendit,
quam notio culpae, dicendum erit, notionem peccati sese extendere ad
actiones quoque, quas voluntas contra legem necessario facit: secus notio
peccati ac notio culpae eodem ambitu continerentur. Ita novi philosophi.

3. Porro ut internoscatur, in his omnibus insignem aliquam latere fal-
laciam, satis est quasdam s. Thomae sententias prae oculis habere, quae
praemissae theoriae manifesto repugnant.

Prima sit definitio peccati, quam s. Thomas habet 1. 2. q. 71. art. 6.:
« Dicendum, quod sicut ex dictis patet, peccatum nihil aliud est, quam
actus humanus malus ». Porro ex iis, quae diximus in Tract. de Act.
Human. n. 1. ex s. Thoma illae solae actiones dicuntur humanae, quae
ex voluntate deliberata procedunt et quarum homo est dominus. Ergo
ex s. Thoma ad definitionem seu notionem peccati pertinet libertas actionis
positae.

Altera sententia s. Thomae ea sit, quam sic legimus 1. 2. q. 77. art. 6.:
« Dicendum, quod peccatum essentialiter consistit in actu liberi arbitrii ».
Si ergo ad peccati *essentiam* pertinet, ut sit actus liberi arbitrii; profecto repugnant peccata, quae fiant a voluntate non libere sed necessario
operante. Fallacia ergo aliqua esse debet, cum ea doctrina tribuitur
s. Thomae; sed nondum constat in quo sita sit ista fallacia.

4. Restat igitur, ut explicemus, quo sensu s. Thomas, imo et universa
schola paulo antiquior ita peccatum a culpa distinxerit, ut *peccatum
dicatur esse in plus quam culpa.* Et haec explicatio utilis erit, ut genuina notio horum apprehendatur: quibus addemus ex s. Thoma, quomodo *malum* quoque distinguatur a defectu et sic quatuor habebimus,

quorum distinctio apprime retinenda, scil. *defectus, malum, peccatum, culpa.*

5. Ut a generalioribus itaque incipiamus, *defectus* et *malum* in eo conveniunt, quod utrumque dicat absentiam alicuius boni a re, de qua agitur: in eo vero differunt, quod *defectus* dicat absentiam boni, quod res non est nata habere seu quod non debet habere; *malum* vero dicat absentiam boni, quod res nata est habere. Ita quod homo non habeat alas est merus defectus; quod vero careat visu, est malum.

Atque hinc elucet, quomodo differat sensus vocum *negatio* et *privatio;* prima enim de mero *defectu,* altera de *malo* dicitur, prima carentiam boni non debiti significat, secunda carentiam boni debiti. Hinc apparet, cur carentia visionis beatificae in infante praemortuo baptismo dicatur *privatio,* unde et *malum* dici debet, videl. *malum poenae;* eadem autem carentia in hypothesi hominis non elevati ad ordinem supernaturalem seu in puris naturalibus, sit mera *negatio* et habeat rationem conditionis naturalis.

6. Advertendum autem est, vocem *defectus,* usurpatam fuisse ad utrumque carentiae modum significandum, prouti nempe illa vox aut *negative* aut *privative* usurpabatur.

Et ita quidem s. Thomas de voce *defectus* 2. dist. 35. q. 1. art. 1. ad 1.: « Nomen defectus potest sumi vel negative vel privative. Si sumatur *negative,* sic non omne, quod habet defectum alicuius boni, continuo malum est; quia malum *privatio* est: unde non est nisi defectus eius, quod quis natus est et debet habere. Si autem *privative,* sic patet, quod non omne, quod caret aliquo bono, defectum habet; non enim est defectus scil. *privative* in lapide, quod non videt ».

7. Non item dicendum de voce *malum.* Unde s. Thom. 1. q. 48. art. 3.: « Malum importat remotionem boni. Non autem quaelibet remotio boni malum dicitur. Potest enim accipi remotio boni et privative et negative. Remotio igitur boni, *negative* accepti, mali rationem non habet... Sed remotio boni *privative* accepta *malum* dicitur, sicut privatio visus caecitas dicitur ».

Ex quibus patet, quomodo *defectus sit in plus quam malum.* Quippe notio defectus, utpote quae complectitur remotionem boni sive *indebiti* sive *debiti,* prout accipitur *negative* vel *privative,* universalior est, quam notio *mali,* quae ambitu suo complectitur tantum remotionem boni *debiti.*

8. Nunc videndum est, quomodo *malum* sit in plus quam *peccatum.*

Et hoc facile intelligitur, facta distinctione *inter rem quampiam* et eiusdem *rei operationem.* Itaque cum privatio boni seu malum possit haberi tum in re ipsa, tum in operatione eius, unde possumus dicere tum *rem malam,* tum *operationem malum;* attamen malum, quod rem ipsam afficit, retinet genericum nomen mali: malum vero, quod reperiatur in operatione, accipit nomen *peccati.*

Ita s. Thomas *de Mal.* q. 2 art. 2.: « Considerandum est, quod haec tria, malum, peccatum et culpa, se habent ad invicem ut communius et minus commune. Nam malum communius est. In quocumque enim, sive in subiecto, sive in actu sit privatio formae aut ordinis aut mensurae debitae, mali rationem habet. Sed peccatum dicitur *aliquis· actus* debito ordine aut forma sive mensura carens. Unde potest dici, quod tibia curva, sit mala tibia : non tamen potest dici, quod sit peccatum, nisi forte eo modo loquendi, quo peccatum dicitur effectus peccati; sed ipsa claudicatio peccatum dicitur ».

9. Atque, quod omnes norunt, haec est proprie vis verbi *pecco* quemadmodum et ἁμαρτάνω, ut actionem significet non rite factam, aberrantem a scopo vel a norma.

10. Superest, ut videamus, quomodo peccatum sit in plus quam culpa et an distinctio inter haec duo in eo sita sit, quod peccatum sit mala operatio voluntatis necessario agentis, culpa vero actus malus voluntatis libere agentis.

Sed fallacissime id depromptum est. Ideo enim iuxta scholas *peccatum* est in plus quam *culpa*, quia scholae consideraverunt triplex agentium sive operationum genus et pro triplici operatione, quae a norma seu fine deficeret, triplex *peccatum* distinxerunt. Triplex autem operatio sic distincta fuit, ut alia esset 1° *operatio naturalis*, uti gressus est operatio tibiae seu cruris èt generatio est operatio animalium : 2° alia est operatio *artis*, uti scriptio, actus pingendi, actus medendi : 3° alia est operatio *voluntatis liberae* humanae respectu finis. Et pro triplici hac distinctione agentium, triplex peccatum distinxerunt, prouti operatio singulorum deficiebat. Et primum dixerunt *peccatum naturae*, alterum dixerunt *peccatum artis*, tertium *peccatum moris* et huic postremo nomen culpae dederunt.

11. Ita s. Thom. *de Mal.* q. 2. art. 2.: « Quilibet actus inordinatus potest dici peccatum vel *naturae* vel *artis* vel *moris*. Sed rationem culpae non habet peccatum, nisi ex eo quod est voluntarium : nulli enim imputatur ad culpam aliquis inordinatus actus, nisi ex eo, quod est in eius potestate. Et *sic patet, quod peccatum est in plus, quam culpa* : licet secundum communem usum loquendi apud theologos pro eodem sumantur peccatum et culpa » : quia nempe non pertinet ad theologos tractare de peccato, quod habeatur in generatione vituli cum duobus capitibus.

12. Ita porro idem s. Thom. explicat peccatum naturae et peccatum artis *de Mal.* q. 3. art. 1.: « Peccatum communiter dictum, secundum quod in rebus naturalibus et artificialibus invenitur, ex eo provenit, quod aliquis in agendo non attingit ad finem, propter quem agit; quod contingit *ex defectu activi principii :* sicut si grammaticus non recte scribat,

contingit ex defectu artis, si tamen recte scribere intendit et quod natura peccat in formatione animalis, sicut contingit in partubus monstruosis, contingit ex defectu activae virtutis in semine. Peccatum vero secundum quod proprie in *moralibus* dicitur, habet rationem *culpae* et provenit ex eo, quod voluntas deficit a debito fine, per hoc quod ad indebitum finem tendit ».

Doctrina ergo s. Thomae est, quod peccatum generice sumptum eatenus latius patet, quam culpa, quatenus notio peccati complectitur 1° peccata *naturae,* 2° peccata *artis* et 3° peccata *moris :* non vero docet, quod peccatum *moris* bifariam dividatur in duas species, quarum altera complectatur actus voluntatis contra legem necessario agentis, qui appellentur mere peccata, altera vero comprehendat actus voluntatis contra legem libere agentis.

13. Idipsum luculentissime elucet ex doctrina communi, quae omissa distinctione mali a peccato, distinguit malum sic, ut aliud sit malum poenae, aliud malum culpae. In quo enim huius distinctionis membro nova haec philosophia locabit sua illa peccata necessaria?

Ceterum de ea distinctione ita s. Thom. I. q. 48. art. 5.: « Malum igitur, quod est per subtractionem formae et integritatis rei, habet rationem poenae et praecipue supposito, quod omnia divinae providentiae et iustitiae subdantur... De ratione enim poenae est, quod sit contraria voluntati. Malum autem, *quod consistit in subtractione debitae operationis in voluntariis,* habet rationem culpae... Sic igitur omne malum, in rebus voluntariis consideratum, est poena vel culpa ». Cur vero non fit heic mentio de peccatis? Quia scilicet peccatum tunc solum distingui potest a culpa, si agatur de operationibus naturalibus aut artificialibus, non autem si de voluntariis. Heic autem sermo erat de actibus voluntariis: omittitur ergo; quia in hisce peccatum a culpa non distinguitur.

Quod inde confirmatur, quod heic habetis culpam eodem modo definitam, ac alibi definiatur peccatum vid. sup. n. 9. (a)

_____

(a) Distinctione facta *voluntarii* a *libero,* quam distinctionem probat s. Thomas 1. 2. q. 6. a. 1. et 2., actus voluntatis indeliberati, qui motus primi dicuntur, sunt reapse voluntarii. Cum hi motus seu actus feruntur (non enim id semper contingit) in bonum sensibile repugnans ordini rationis, sunt actus minus convenientes homini, qui a peccato naturae, ex quo concupiscentia est, originem habent et ad peccatum inclinant. Quapropter hi actus, praecisione etiam facta a libero consensu, dicti sunt a Patribus, in controversia pelagiana, peccata (cf. nostrum Tr. *de Gratia,* pag. 214. seqq.); quemadmodum Paulus vocat peccatum concupiscentiam seu fomitem, qui est eorum motuum origo. Porro si isti philosophi id tantum voluerunt dicere, actus huiusmodi indeliberatos voluntatis esse hoc sensu peccata, quatenus actus sunt inconvenientes naturae rationali praesertim elevatae et ex peccato ortum ducunt et ad peccatum inclinant atque peccata esse necessaria, eo quod actus sunt necessarii non liberi, non videntur reprehendendi; cum et s. Thomas identidem ex Augustino eodem pacto lo-

14. Dimissa igitur fallacia ista, unum adnotemus cum s. Thom. *de Mal.* q. 2. art. 1., nempe peccatum contingere ex hoc, quod declinatur a mensura debita operationis. Ex quo intelligetis, peccati notionem traditam a-scholis non recedere a communi definitione, quod peccatum sit ἀνομία seu legis transgressio.

Ita s. Thom.: « Peccatum, ut dicit Philosophus... contingit et in his quae sunt secundum naturam et in his quae sunt secundum artem, quando non consequitur finem natura vel ars, propter quem operatur. Quod autem finem non consequatur operans per artem vel per naturam, contingit ex hoc, quod *declinatur a mensura et regula debitae operationis,* quae quidem in naturalibus est ipsa naturae inclinatio consequens aliquam formam; in artificialibus vero est ipsa regula artis. Sic ergo in peccato duo possunt attendi, scil. recessus a regula vel a mensura, et recessus a fine. Contingit autem quandoque recedere a fine et non recedere a regula vel a mensura, qua quis operatur propter finem, et in natura et in arte. In natura quidem, sicut si in stomacho ponatur aliquid non digestibile, ut ferrum vel lapis; defectus digestionis absque peccato naturae contingit. Similiter medicus si secundum artem dat potionem et infirmus non sanetur, vel quia habet morbum incurabilem, vel quia aliquid contra suam sanationem agit; medicus quidem non peccat, licet finem non consequatur. Si autem e converso finem consequeretur, sed tamen a regula artis diverteret; nihilominus peccare diceretur. Ex quo patet, quod magis est de ratione peccati praeterire regulam actionis, quam etiam deficere ab actionis fine. Hoc est ergo de ratione peccati, sive in natura, sive in arte, sive in moribus, quod opponitur regulae actionis ».

Et de his satis.

15. Diligenter attendenda est heic doctrina Auctoris, in qua, ut diximus sup. n. 1., exhibetur summa totius doctrinae circa voluntarietatem ac moralitatem actuum.

Negat Auctor, ad peccandum sufficere *libertatem* et advertentiam *virtualem* vel *interpretativam* aut etiam *actualem* de solo rei commodo et incommodo; sed docet requiri advertentiam aliquam ad moralem obiecti malitiam.

---

quatur. In 3. enim p. q. 41. a. 1. rationem reddens, cur non debuerit Christus tentari a carne, ait ad 3. « Tentatio, quae est a carne, non potest esse sine peccato; quia huiusmodi tentatio fit per delectationem et concupiscentiam et sicut Augustinus dicit, nonnullum peccatum est, quando caro concupiscit adversus spiritum ». Reprehendendi vero sunt isti viri, si quid amplius voluerunt dicere et hoc quoque seposito, propter usum vel abusum nominis *peccati necessarii;* nam nunc certo cum de homine agitur, nomine peccati intelligitur semper actus malus, imputabilis agenti ideoque deliberatus sive, ut loquitur s. Thomas, actus humanus malus. E.

Explicat autem, quid intelligat per *libertatem* et *advertentiam vir-tualem* vel *interpretativam,* quando scilicet quis *poterat et debebat advertere malitiam,* quam tamen non àdvertit ex naturali adeoque in-voluntaria inconsiderantia et oblivione. Exemplum esto illius, qui nihil advertens adesse diem primam ieiuniorum quatuor temporum, potionem lactis mane sumit et licet, cum lac petit ac butyrum in publica officina, administer forte eum fixus et mirabundus intueatur, non tamen ipse ex-citatur ad reminiscentiam ieiunii et forte dum potat, admiratur insuetam illam administri admirationem, in eadem nihilominus inconsiderantia persistens. Esto exemplum et confessarii, qui vel ex naturali oblivione penitus non advertit quodpiam peccatum esse reservatum, vel advertit quidem ab initio, sed dein aliis difficultatibus poenitentis tollendis totus intentus, reservatum obliciscitur et absolvit, cum tamen careat potestate.

16. Monet tamen A., non requiri, ut consideratio peccati duret quo-usque durat actio peccaminosa, sed satis esse, ut consideratio adsit, dum actus inchoatur (v. gr. dum consentit in manducandas carnes vel con-sentit in furtum et dein omnia molitur ad id patrandum etc.), vel maneat virtute, cum nempe consentit in ponenda causa, cuiusmodi est ebrius, qui praevidit etc.

Denique advertit, iuxta eos, qui docent et recte docent, peccari tunc formaliter ac malitiam tunc contrahi, cum ponitur causa, dici posse, actualem advertentiam requiri dum reipsa peccatur; secus tamen loque-rentur alii, qui tenent v. gr. cum s. Thoma, omissionem formaliter tunc committi, cum urget obligatio v. gr. audiendi missam et non impletur; hi enim dicent, tunc peccatum fieri sine actuali advertentia.

Addit, quoad praxim parum referre, utrolibet modo loquaris.

17. Et haec quidem, plane consentanea, ut patet, primis principiis tradits in Tract. *de Act. Hum.,* ubi de voluntarii notione, sive *in se,* sive *in causa,* tum de defectu voluntarii ratione ignorantiae seu incon-siderationis actum est, nullam videntur parere posse difficultatem; nisi difficultas lateat in appellatione *virtualis* facta advertentiae, quae appel-latio aequivoca esse potest, sed declaratur per aliam, nempe *interpre-tativa,* iuxta cùius sensum illa quoque est accipienda. Nullus ergo quae-stionibus locus.

At non ita se res habuit. Nam de ista advertentia *virtuali* vel *inter-pretativa* tam dira lis exarsit, ut s. Alphonsus lib. 5. n. 4. facta quae-stione: An ad peccatum mortale requiratur *advertentia actualis et ex-pressa* malitiae actus, vel sufficiat *virtualis* et *interpretativa,* per decem prope columnas circa ipsam operose adlaboraverit. Quidam vero, uti Franzoia in not. ad h. loc. Auctoris Animadv. 1ª et Concina *Apparat. ad Theol. Moral.* tom. 2. disp. 2. cap. 4. §. II. sententiam Auctoris tra-ducunt ut damnatum pelagianum errorem, quibus cum aliis praeiverat

Natalis Alexander *Theol.* lib. 3. cap. 4. regul. 75. qui praeterea huic doctrinae affingit et calumniam peccati philosophici.

Heic vero cuiusque animum merito pulsabit cupido noscendi, quomodo tanta inter DD. dissensio, quomodo etiam ansa accusandi de haeresi pelagiana profluere potuerit ex doctrina, quae nihil nisi prima elementa moralis theologiae perspicua continet.

Responderi autem debet aliter quoad dissensum Doctorum, aliter quoad criminatores de pelagianismo.

18. Et quoad dissensum DD. attinet, plane dicendum est, totam hanc dissensionem in verbis potius consistere quam in re atque inde profectam, quod non satis definiretur status quaestionis quidve sibi vellet advertentia ista *virtualis* seu *interpretativa*.

Qua de re duo statim advertite. 1° Auctor quaestionem generatim ponit de advertentia, quae *ad peccatum* requiratur, sup. n. 17.; s. Alphonsus vero controversiam instituit de advertentia, sufficiente ad *peccandum mortaliter*. Atqui diversissimae sunt duae istae quaestiones; nam norunt omnes et discunt ex catechismo, haberi advertentiam (semiplenam scilicet), quae generatim ad peccandum venialiter sufficit, quae tamen non sufficit ad peccatum mortale. Si ergo hac de causa forte in diversas sententias Doctores abierint, insimulare utique quis eos poterit, quod parum advertentes ad statum quaestionis, alios veluti sibi adversantes perperam impugnaverint, cum reipsa aerem verberarent; at invicem oppositos dicere eos non licebit.

Dixi: *si forte hac de causa in diversas sententias abierunt.* Nam ut hanc veluti causam dissensionis fuisse teneamus, opus est supponamus, actualem advertentiam pro plena, virtualem vero seu interpretativam pro semiplena accipi. Quod tamen apud Doctores non reperio, nisi apud Salmanticenses, qui Tract. 20. *de Principiis Moralitatis* cap. 13. n. 6. scribunt: « Secunda sententia defendit, hominem non posse peccare mortaliter absque *plena* et expressa advertentia malitiae et ideo si advertentia est tantum *semiplena,* etsi materia sit gravissima, peccabit tantum venialiter ». Primam vero sententiam, nulla ibi mentione advertentiae *plenae* aut *semiplenae* facta, sic exposuerant ibid. n. 6.: « Prima sententia asserit, advertentiam malitiae moralis necessariam ad peccatum mortale esse non *formalem et expressam,* sed *virtualem et in causa* ». Unde quis facile progredi poterat ad accipiendam advertentiam formalem pro plena, virtualem pro semiplena.

Ceterum haud longe abludit forte a vero, si quis putet, ideo solum quosdam speciatim de *peccato mortali* quaestionem fecisse, quia Vasquez (apud neminem enim Vasquez antiquiorem istam quaestionem de advertentia virtuali seu interpretativa adhuc legi) ita quaestionem proposuerat: quem tamen non omnes sunt secuti, uti Gazzaniga *De Actib. Human.* disp. 2. cap. 2. n. 32.

Deinde 2° Auctores quaestionem faciebant de *libertate* et *advertentia virtuali vel interpretativa*. Et cum libertas dicat *consensum* voluntatis, haud aegre intelligitur, quo spectet controversia. Alii contra (abiecta voce *libertatis*) quaerunt de sola *advertentia*. Et quamquam advertentia arctissimo nexu cum voluntate libera coniungatur: tamen negari non potest, obscuriorem evadere statum controversiae; quia nempe nescio quid obscuri involvit notio advertentiae *virtualis et interpretativae*.

19. Quod vero qualiscumque Doctorum in hac re dissensio non alii causae adscribi debeat, quam statui quaestionis non clare definito, suadere debet in primis ipsa controversiae aut materiae indoles. Agitur enim, ut vidimus, reipsa de primis elementis seu principiis moralitatis nec supponere Doctores possumus in his dissentientes, nisi alterutri parti errorem quempiam crassissimum ac turpissimum, a quo naturalis ratio vel indoctos quosque servat, tribuamus.

Id ipsum ex eo elucet, quod utraque dissidentium pars solet eosdem auctores pro se allegare. Qua de causa Salmanticenses l. c. n. 7. in fin.: « Pro utraque sententia video citari plures et eosdem Auctores Thomistas ». Cur vero et quomodo id contingere potuerit, ratio facilis est. Non enim id factum ideo est, quod doctores illi secum pugnent et simul defendant duas sententias contradictorias; sed quia diversae sunt quaestiones, pro quibus allegantur.

20. Sed maxime manifestum hoc fit, si ad invicem conferantur sententiae Auctorum, qui dissidere dicuntur.

Sit itaque ante omnes Vasquez. Hic in 1. 2. disp. 107. cap. 2. n. 2. ita describit sententiam, quam deinde oppugnat: « Secunda sententia est aliorum, qui dicunt sufficere... considerationem rationis, quam vocant interpretativam... Hanc vero... interpretativam dicunt esse, quoties ratio *actu non consideravit illud, de quo appetitus vel voluntas delectatur, esse malum, potuit tamen et debuit considerare* ». Et istam opinionem ipse n. 5. dicit secutos' esse quosdam suae aetatis recentiores, aientes, eum qui circa rem perpendit rationes commodi vel incommodi, habere sufficiens principium discurrendi et considerandi, utrum res sit mala. Addit, ab his allegari consuevisse pro sua sententia ibid. n. 2. Corduba et Adrianum, quibus ipse adiungit Gersonem et Navarrum.

Porro contra istos haec scribit ibid. cap. 3. n. 6.: « Difficultas haec utpote adeo frequens atque humanae vitae necessaria non effugit Doctores scholasticos; sed de ea ita recte et sincere disputarunt, ut nisi recentiores aliqui voluissent manifestae veritati adversari, longa disputatione opus non esset. Omnes ergo, quos statim allegabo, in hoc unum conspirant, ut nullum sit peccatum mortale in voluntatis consensu, nisi cogitatio aliqua praecesserit et consideratio expressa, quam vocant actualem, malitiae moralis vel periculi, vel saltem expressa aliqua dubitatio seu scrupulus. Itaque ut quis peccet mortaliter, debet considerare vel dubitare aut opus illud esse malum aut ibi esse periculum malitiae illius vel scrupulum saltem aliquem habere. Quod si nihil horum praecesserit, *inconsiderantiam censeri omnino naturalem et consensum, quamvis longo tempore duret, non esse peccatum mortale* ». Subdit dein longum catalogum allegationum et rationes, quae in re tam manifesta facile ad manum erant et ideo dicit, adversarios repugnare manifestae veritati.

21. Interim tria bene retineamus 1° Vasquez a culpa actum excusare, quando malitiae cogitatio non occurrit, *ex inconsiderantia omnino naturali,* quae (ut alias vidimus) aequiparatur ignorantiae antecedenti et invincibili.

2° Non excusare actum, quando oblivio culpabilis sit, unde affert ipsa verba Corduba, quem alii pro se allegabant ibid. n. 7.: « Et hoc verum est, quando praedicta oblivio non oritur ex culpa ; nam tunc est idem iudicium, quod et de ignorantia ». Ex quibus apparet, Vasquez non excusare actum, quando incogitantia malitiae provenit ex oblivione aut ignorantia culpabili seu voluntaria in causa.

3° Advertentiam *interpretativam* a Vasquez dici, quando, ob oblivionem seu inconsiderantiam omnino naturalem atque adeo invincibilem, de malitia non subit cogitatio, licet potuisset et debuisset cogitatio subire.

Hoc unum esset inquirendum, cur solum de *peccato mortali* disputet; nam sine cognitione aliqua nec moraliter nec venialiter peccari potest, ut patet ex definitione peccati, quae est: *libera transgressio.*

22. Contra vero Salmanticenses *Theol. Scholast.* Tract. 13. *de Peccat.* disp. 10. n. 142. in fin. ita definiunt advertentiam seu deliberationem *interpretativam,* ut non ad inconsiderantiam naturalem referatur, sed ad voluntariam et culpabilem negligentiam considerandi. Ita illi: « Dicitur autem deliberatio *interpretativa,* cum homo potest et tenetur deliberare circa aliquid et non deliberat; ita quod huiusmodi *non deliberare* sit illi *voluntarium* ».

Secundum quam definitionem alibi loquentes de omissione, inquiunt Tract. 10. *de Voluntar.* disp. 2., n. 16.: « Cum *interpretamur* aliquem velle omittere, supponimus omittere *voluntarie* id, ad quod tenetur ». Et subdunt n. 19. hoc exemplum: Volitio realis (formalis) unius obiecti fundat interpretativam (volitionem) alterius; v. gr. ex eo quod quis formaliter velit ludere tempore, quo urget praeceptum audiendi sacrum, interpretamur velle non audire sacrum ».

Atque hinc est, quod cit. Tract. 13. *de Peccat.* disp. 10. n. 144. ad advertentiam interpretativam praerequirant advertentiam formalem *seu actualem;* quia nempe non esset voluntaria inadvertentia, nisi cognoscerem obligationem advertendi. Ita illi: « Voluntarium interpretativum praerequirit potentiam et obligationem; nulli enim imputatur ut voluntaria

omissio actus, quem libere elicere non potest... Sed dum intellectus nullam
habet formalem (actualem) advertentiam, non verificatur, quod aut possit
libere advertere aut quod ad id teneatur. Ergo inadvertentia ibi reperta
non potest esse voluntaria, atque adeo neque dici *advertentia interpre-*
tativa ». Eadem legere est in *Theolog. morali* eorundem Salmantic.
Tract. 20. cap. 13. n. 7., ubi haec transscribunt e suo cursu scholastico,
quem allegant.

Ergo advertentia ista interpretativa est quid *voluntarium* ac *liberum*.
Neque id mirum, cum Salmanticenses Tract. cit. 10. *De Volunt.* disp. 1.
n. 19. voluntarium *interpretativum* pro eodem definiant, ac nos definivimus *indirectum*.

23. Nec aliter Gazzaniga (dignus ille, quem Ianseniana ac Febroniana
factio sub Iosepho II. in Professorem Theologiae in Academia Viennensi
prae omnibus eligeret) hanc advertentiam definit *de Actib. Human.*
disp. 2. cap. 2. n. 31.: « Notandum, inquit, advertentiam actualem tunc
esse, quando actu cognoscitur sive clare sive obscure malitia actionis;
virtualem vero seu *interpretativam* in eo esse, qui potest et debet malitiam operis cognoscere et advertere, sed ex *negligentia sua culpabili*
actu non advertit ».

24. Cum ergo nomine *advertentiae virtualis seu interpretativae* alii
quidem intelligant inadvertentiam ex oblivione naturali et inconsiderantia
inculpabili, alii vero inadvertentiam ex inconsideratione ac negligentia
culpabili; nihil mirum est, quod eiusmodi interpretativam advertentiam
ad peccatum sufficere illi quidem negent, isti autem affirment. At simul
manifestum est, perperam alios aliis veluti contrarios traduci; nam duae
illac sententiae amicissime cohaerent, immo altera alteri innititur.

25. Si autem de causa inquiramus huius confusionis, ob quam plures
contra aerem pugnantes et tempus ipsi inutiliter triverunt et inaniter
lectores in vana quaestione detinuerunt; haec adscribi posse videtur fer-
venti Vasquez phantasiae ac indoli cuidam pugnaci, quae subinde sol-
licitior est in quaerendis armis, quibus hostes confligat, quam diligentior
in perspiciendo, an revera isti hostes adsint. Et sane quid est, quod primo
quidem quosdam Auctores et Gersonem et Corduba disp. 107. n. 2.
quasi contrarios allegat ac dein fatetur in sua ipsius esse sententia? Cur
potius quam pugnam istam institueret, non explicavit genuinum sensum,
quo Auctores illi dicebant, ad reatum sufficere, ut quis possit ac debeat
advertere? Cur quosdam tacito nomine sibi contrarios innuit et non
potius discutit sensum sententiae ipsorum?

26. Attamen excusatio locum vix habet quoad Salmanticenses, qui
Theol. Moral. Tract. 20. cap. 13. n. 5. huic confusioni supremam ma-
num addiderunt et corrogantes allegationes, nulla cura adhibita de sensu
Auctorum inspiciendo, sententiae de sufficientia *interpretativae ac vir-*

tualis advertentiae (eo sensu, quo Vasquez intelligit), adiunxerunt patronos Caietanum, Medinam, Aravio, Lopes, Serra, Tapiam, Pradum, qui
tales doctrinas ne somniarunt quidem, eo sensu, inquam, quo sensu
Vasquez intelligit; nam Vasquez eam reiicientem his opponunt.

27. Aliquam huic confusioni causam praebuerunt etiam quidam, qui
sive ex neglectu verborum sive ex imperitia non adhibuerunt voces cuiusvis aequivocationis expertes. Ita Franciscus Zumel in 1. 2. q. 76. art. 3.
dict. 4. per duas prope densissimas columnas in folio vix valuit hanc
sententiam satis exprimere, ignorantiam seu inadvertentiam, ut a peccato
excuset, debere esse *involuntariam*.

28. Alia, et quidem non levis, confusionis huius causa exstitit, quod
binae confunderentur quaestiones, quarum altera potest dici quaestio
facti, altera vero *iuris* et quidem quoad forum externum.

Videlicet quidam Doctores subtilem quaestionem hoc loco addiderunt,
quandonam *voluntaria* censeri deberet inadvertentia, quandonam *involuntaria*.

Huius quaestionis solutio evadit facilis ac prompta, si generalibus
principiis adhibitis eam solvas, dicens, voluntariam esse inadvertentiam,
si menti occurrat cogitatio de *debito* advertendi et tamen negligam;
involuntariam esse, si nulla talis cogitatio menti occurrat.

At quidam ad peculiares circumstantias descendere ulterius voluerunt
ac statuere, quandonam *de facto praesumi* debeat atque existimari, hoc
advertendi debitum menti reipsa occurrisse atque adeo decernere a priori,
quando fuerit voluntaria inadvertentia. Hinc aliqui dixerunt apud Vasquez
disp. 107. n. 5., quoties ratio iudicet de re agenda sufficienti ponderatione
ipsius et cum aliqua collatione commodi vel incommodi, iam haberi
sufficiens principium considerandi, sitne mala et contra rationem. Et
Zumel in 1. 2. q. 76. art. 3. dict. 5.: « Ut aliquis dicatur habere potentiam
moralem ad considerandum, quae sit reducibilis ad actum moraliter et
humano modo, sufficit, ut cogitet de re alia, quae moraliter possit excitare eum ad considerandum, ut si v. gr. cogitet de alia re simili vel
saltem habente connexionem cum facto praesenti, quod actu tenebatur
advertere. Ratio, quia impotentia moralis ad considerandum... solum provenire potest ex defectu excitantis ad considerandum vel advertendum;
ergo si adest excitans sufficiens moraliter..., non reperietur talis impotentia ».

Haec Zumel; qui utrum per haec sufficientem ansam dederit existi-
mandi, ea ab ipso dici non eatenus solum, quatenus velit in talibus adiunctis solere reipsa mentem moneri de debito advertendi, sed praeterea
quatenus velit, in iis adiunctis inadvertentiam esse culpabilem, etiamsi
cogitatio de advertendi debito menti non occurrat, alii viderint. Ego tamen Sanchez et Vasquez excusarem, si postremo hoc sensu illum in-

tellexerunt. Licet enim adhuc per tres solidas columnas eam materiam subtilitatibus taedio plenis verset, nihil inscrit, quod aequivocationem tollat; immo dum Caietanum impugnandum assumit, reipsa in absurdam opinionem incidere videtur, quam Sanchez ei affingit; quamquam cum prius *voluntariam* dixerit inadvertentiam, satis hunc errorem a se amovisse videtur, nisi desipuerit eo usque, ut voluntarium dixerit, quod nullatenus cognoscitur.

Desipuerit, inquam. Nam de sententia, quae sufficere dicat *virtualem* seu *interpretativam advertentiam,* a qua absit *quaelibet* cognitio, hoc statui debet, non nisi *desipientem* et qui incapax sit intelligendi prima moralitatis elementa, imo qui expers sit communis humani sensus, pro ea stare posse. Hinc s. Alphonsus lib. 5. n. 4.: « Concludendum, quod opinio eorum *(si forte adsunt),* qui dicunt, operanti adversus legem imputandos esse omnes errores, quos committit, etiamsi nulla unquam intercesserit actualis advertentia nec directe nec indirecte, in se vel in causa, saltem in confuso, sed tantum adfuerit advertentia interpretativa, in hoc dumtaxat consistens, quod ipse debuit et potuit sola potentia physica et remota malitiam advertere, *haec opinio nullo modo sustineri potest* ».

29. Et obscuram hanc disputandi rationem cernere est etiam apud Antoine *de Peccat.* cap. 2. q. 4. resp. 2. Nam iste statuit, « ad mortale... sufficere advertentiam virtualem et interpretativam malitiae..., in eo consistentem, quod quis possit ac debeat advertere malitiam... nec tamen advertat ». Sed licet dein per duas solidas columnas hanc crambem verset, nunquam tamen explicat, an sermo sit de eo, qni ideo non advertit, quia sciens et volens libere non *vult advertere.* Quam doctrinam deinde male dicit communem; cum non constet, quamnam sententiam propugnet aut impugnet.

30. Et haec sufficiant, ut statum ac processum huius quaestionis non ignorantes, inoffenso pede percurratis plura, quae de hoc argumento passim in libris occurrunt.

31. Quoad eos autem, qui non modo doctrinam Auctoris impugnarunt, sed insuper mira quadam sapientia insimularunt erroris pelagiani, cuiusmodi sunt Franzoia, Concina et si qui sunt alii huius farinae, hoc unum dicimus, non esse e re disceptare cum hominibus, quos furor excaecaverit imo et dementaverit.

Ratio accusationis huius instituendae ex Concina et Franzoia (duce tamen Natali Alexandro) haec est, quod pelagianus error fuerit negare peccata ignorantiae: negari autem ignorantiae peccata, quoties ad peccandum exigitur actualis advertentia malitiae. Et sic ob negata ignorantiae peccata Concina expresse accusat erroris Pelagiani Vasquez, Sanchez, Lugo, Bonacina, Diana etc., quibus Franzoia addit Busembaum et Croix. At quis nisi caecus furore hac de causa eos accuset, penes quos doctrina de ignorantia dilucidissime et exactissime proposita prostat?

Allegat pro se Concina haec Thyrsi Gonzalez verba ex dissert. 9. n. 13.;
« Multi ex illis (probabilis opinionis sectatoribus) existimant, neminem
posse peccare contra legem, quin peccet contra conscientiam; quia ad
peccatum contra legem requirunt advertentiam actualem ad malitiam vel
periculum illius... quos late impugnavi..., ostendens, posse aliquem per,
errorem culpabilem, ortum ex sua culpa personali, peccare mortaliter
contra legem, etsi in eo instanti nullo modo cognoscat se peccare, imo
quamvis certum existimet, se bene agere ». Ita Gonzales.

At enim quaenam aures patienter ferant, turpissimum et crassum hunc
errorem per calumniam affingi Doctoribus, quasi nihil peccet contra Dei
legem, quisquis ex culpabili ignorantia vel errore contra legem Dei facit?
Inspicite quaeso, quid calumniarum sibi permittat ac fas ducat theologia
ista, quae comedi se zelo, velut igne, fingit exterminandi laxas opiniones
probabilistarum!!

32. Quamquam Concina cum sociis aliam subinferunt heic suam doctrinam. Scripserat Croix lib. 5. n. 21.: « Si supponas adesse absolutam
inadvertentiam, ita ut *nullo modo cogitetur de malitia huius obiecti*,
quamvis ignorantia vel incogitantia sit culpabilis, opus ex ea sequens non
habebit malitiam specialem, nisi praecise illius negligentiae vel neglectus
sciendi et advertendi, nec erit imputabile ratione sui, sed tantum ratione
causae etc. ».

At Concina exclamat, sic negari peccata ignorantiae: « Edisserant
(inquit), quaeso, nobis, quandonam homo ignorantiae delictum perpetret:
dum negligit addiscere veritatem? At hoc negligentiae desidiaeque crimen est. Si ergo nunquam peccatur, absque actuali reflexione...; nullum
est ignorantiae et inconsiderationis crimen ». Stulte: sic enim s. Thomas,
1. 2. q. 76. art. 2.: « Manifestum est autem, quod quicumque negligit
habere vel facere id quod tenetur habere vel facere, peccat peccato omissionis; unde propter *negligentiam ignorantia* eorum, quae aliquis scire
tenetur, *est peccatum* ». Ubi habetis peccatum ignorantiae ob negligentiam. Et exinde repetit peccatum in agente ex ignorantia 1. 2. q. 76.
art. 3.: « Talis enim negligentia facit ignorantiam ipsam esse voluntariam
et peccatum...: *et ideo* talis ignorantia non excusat totaliter a peccato ».

Praeterea reminisci oportuerat doctrinae communis theologorum docen-
tium, *vi legis* hominem obligari ad ea, quae ad ipsius legis observationem
sunt *necessaria;* atque inde fieri, ut qui omittit haec media, legem illam
violare dicatur. Ita v. gr. ille qui tenetur alere parentes in necessitate
degentes, peccat contra praeceptum Decalogi honorandi parentes, si otio
et ludo deditus non laborat vel si non se reddit idoneum ad laborandum
in quapiam arte. Si parochus, qui studio indigeat ad praedicationem et
non studeat, haec omissio non est merum peccatum desidiae, sed est
peccatum *violatae iustitiae,* qua tenetur vi officii sui ad verbi divini

praedicationem. Ita si cui *unicum* medium vitandi lapsum carnis esset oratio, contra castitatem peccat, dum preces omittit; quia obligatio castitatis imponit obligationem medii ad eam necessarii. A pari in causa ignorantiae. Cum enim notitia praeceptorum et advertentia sint media necessaria ad eorumdem observationem, quisquis sciens ac volens negligit hanc scientiam, contra eadem praecepta peccat. Dixi *sciens ac volens;* quia aliquo modo noscat oportet obligationem huius scientiae. Non tamen de hoc casu loqui videtur Croix. Ergo criminatio illa, undecumque demum inspiciatur, calumniosa est et inscitiae ac cacco furori prorsus debetur.

33. Non est omittenda heic quaestio, qua abuti solent fanatici declamatores praedicti, an scilicet excusari debeant a peccato, defectu advertentiae, scelerati homines, qui passionibus ac pravis habitibus excaecati plura mala patrant sine advertentia. Hoc enim insipienter, sicut et peccata crucifigentium Christum Dominum obiiciunt et exprobrant, quasi hi culpa omni in communi sententia careant.

Negandum scilicet cum Croix lib. 5. n. 21. et s. Alphonso, qui doctrinam communem proferunt, hosce excaecatos, habituatos, etc. non habere cognitionem ullam mali. Aliud est enim non cognoscere, aliud parvipendere id, quod rationis lumen omnibus insitum omnes monet. Confundunt scil. isti egregii cognitionem cum tumultu conscientiae. Addit s. Alphonsus lib. 5. n. 4. prop. fin. utique ipsos homines subinde non retinere memoria vestigia cognitionis, quam satis antea habuerunt de peccato, vel vestigium esse adeo leve, ut interrogati facile respondeant se ron advertisse: cautus vero confessarius, ait, non debet ipsis fidem praestare. Sed et aliud addendum, reipsa quoad actus externarum facultatum, evenire posse, ut sint plene indeliberati, sicut et cogitationes v. gr. turpes vel odii, invidiae, superbiae. Neque tamen sequitur quidpiam contra communem doctrinam. Reatus scilicet non aberit; tum quia status ille distractionis et pravi habitus voluntarius est, tum quia obligatio adest vigilandi, quae obligationes cum profluant ex legibus, quae habitualiter violantur etiam per actus illos indeliberatos, eo ipso contra illas peccatur. Vid. Lugo *de Poenit.* disp. 16. n. 185.

34. Heic iuvat meminisse, quam misere impegerit Georgius Guillelmus Ward in literis datis 18. Ian. 1854. ad egregium virum D. Henricum Manning. Nam pag. 25. et ista scribit: « Potest ergo vir mortaliter peccare, quin aliquam de peccato illo suspicionem concipiat et certissime igitur sine ula omnino ad malitiam eius advertentia ». Sed non advertebat *bonus vir,* Bellarminum, e cuius doctrina absonam hanc conclusionem deducit, tractare de homine, qui laboret ignorantia crassa ac supina, quando cil. reatus non in actu posito ex ignorantia residet, sed in causa, idest a gravi negligentia.

Verum verissime scribebat ipse §. V. pag. 21. « Hoc ingenue confiteri
volo, me nequaquam ista eruditionis et scientiae copia pollere, qua opus
esset ad rem hanc pro sua dignitate ornandam et conficiendam ». Melius
etiam dixisset: *ad rem hanc tractandam:* non quasi rudis sit et ingenii
vi destitutus; sed cum institutione caruerit, ne prima quidem huius disciplinae elementa rite assequi valuit nec intelligere rite sententias Doctorum.

Speciminis instar sit argumentum, quod pro sua illa thesi deducit ex
s. Thoma. Etenim pag. 31-32. pro illa affert has Angelici sententias: 1. 2.
q. 71. a. 6. « Habet actus humanus, quod sit malus, ex eo quod caret
debita commensuratione »: 1. 2. q. 75. a. 1. « Provenit defectus ordinis
in actu ex defectu directionis in voluntate »: 1. 2. q. 74. a. 6. « Quando
deficit ratio in directione interiorum passionum, dicitur peccatum in
ratione »: 1. 2. q. 75. art. 2. « Causa peccati est aliquod bonum apparens
motivum (scil. movens) cum defectu debiti motivi (scil. moventis) scil.
regulae rationis vel legis divinae »: quibus in locis bonus vir confundit
ignorantiam regulae cum *defectu conformandi actum cum regula,* de
quo s. Thomas. Insuper ibid. pag. 31. putat, se invenisse argumentum pro
sua thesi in eo, quod s. Thomas dicit, ignorantiam concomitantem non
minuere nec augere peccatum; quod sane probat, bonum virum nihil de
his materiis intellexisse. Sed de his satis: totus enim libellus *(De pec-*
catis obduratorum) est eiusdem coloris.

II. Resp. 2. Ad peccatum requiruntur tres conditiones, ut patet ex prima responsione: 1. Ut sit voluntarium idest ut fiat a voluntate consentiente: 2. U. sit
liberum idest ut sit in potestate voluntatis facere vel non: 3. Ut advertatur malitia.

35. Quoad primum « ut sit *voluntarium* », bene s. Alph. n. 5. monet,
habendas prae oculis varias species *voluntarii,* praesertim *directum* et
indirectum, quod alii vocant etiam *interpretativum.* Quae autem s. Alph.
ibid. addit de *pleno* consensu ad peccatum *mortale,* ea remitimus ad
tractationem de gravi peccato.

Ex quibus resolves

III. 1. Defectu primae conditionis, nullus actus, qui neque est in neque a voluntate, est peccatum, nisi voluntas eum acceptet; ideoque nec impedit communionem, sive is sit internus, ut cogitationes contra fidem, blasphemae, obscenae, motus
carnis, etiam usque ad effusionem seminis, sive externus ac violentus, ver. gr. stuprum virgini per vim illatum.

36. Auctor triplicem modum indicat, quo voluntarius ese actus potest:
1° cum actus est *in voluntate,* cuiusmodi est actus elicus amoris, odii,
desiderii, delectationis etc.

2° Cum est *a voluntate* (directe vel indirecte) scil. a voluntate imperatur actus vel potentiae internae, v. gr. intellectus ad turpes cogitationes vel externae, v. gr. cum membra movet ad actum illicitum, v. gr. furti vel homicidii.

3° Vel cum voluntas *actum acceptat,* videlicet alia causa excitatum; v. gr. turpes cogitationes admittendo, quas non ipsa excitavit.

Deinde distinguit actus tum *internos,* sive sint intellectus, uti cogitationes contra fidem, sive imaginationis, uti phantasmata obscena, sive appetitus, ut motus carnis, qui progredi potest usque ad effusionem seminis: tum *externos,* uti stuprum violentum etc.

37. Hisce adnotatis, Auctor recte statuit, hosce actus omni peccato carere, quando nec directe nec indirecte sint a voluntate nec eos acceptet.

Et recte s. Alphonsus n. 6. monet, hoc esse fidei dogma. Quippe Synod. Trid. Sess. V. Decret. de Peccat. orig. n. 5. ad fin. de concupiscentia ita statuit: « Manere autem in baptizatis concupiscentiam vel fomitem haec s. Synodus fatetur et sentit; quae cum ad agonem relicta sit, nocere non consentientibus, sed viriliter per Christi Iesu gratiam repugnantibus non valet: quinimo qui legitime certaverit, coronabitur. Hanc concupiscentiam, quam aliquando Apostolus peccatum appellat, s. Synodus declarat, Ecclesiam catholicam nunquam intellexisse peccatum appellari, quod vere et proprie in renatis peccatum sit, sed quia ex peccato est et ad peccatum inclinat. Si quis autem contrarium senserit, anathema sit ». Ex quibus s. Alph. l. c. merito concludit, motus concupiscentiae, si quilibet absit consensus, ne veniales quidem esse culpas.

38. Circa primam hanc resolutionem, « magna illa, inquit s. Alph. n. 6. quaestio fit, an graviter peccet, qui negative se habet et non resistit positive motui appetitus sensitivi circa obiectum graviter prohibitum ». Et subdit dein, tres esse sententias. Sed de hoc infra, in dub. sequenti, ubi Auctor ex professo hanc quaestionem proponit.

IV. 2. Defectu secundae conditionis, subinde a peccato excusantur vehementissimi motus irae aut concupiscentiae, quibus usus rationis perturbatur et libertas tollitur.

39. De hoc casu egimus in Tract. *De Actib. Human.,* ubi de concupiscentia. Adverte nihilominus, casum rarissimum esse, quo usus rationis totaliter absorbeatur aut impediatur.

V. 3. Defectu tertiae non peccat, qui die ieiunii, de praecepto nihil cogitans, coenat vel carnes comedit, etsi advertat eas sibi delectabiles. Item qui lapidem proiicit per fenestram, non advertens periculum laesionis: vel qui contractum usurarium celebrat, non advertens esse talem. Sanch. l. 1. c. 16. n. 21. Reg. l. 15. n. 75.

40. Nihil addendum, nisi de peccato philosophico.

Pertinet ad quaestionem de advertentia necessaria ad peccandum mortaliter, controversia de peccato philosophico; praesertim cum fanatici quidam calumnientur, Doctores, qui tenent necessitatem alicuius advertentiae actualis aut in se aut in causa ad peccandum, incidere in doctrinam damnatam de peccato philosophico.

Die 24. Aug. 1690. ab Alex. VIII. damnata fuit haec propositio: « Peccatum philosophicum seu morale est actus humanus disconveniens naturae rationali et rectae rationi: Theologicum vero et mortale est transgressio libera divinae legis. Philosophicum, quantumvis grave, in illo, qui vel Deum ignorat vel de Deo actu non cogitat, est grave peccatum; sed non est offensa Dei neque mortale dissolvens amicitiam Dei neque poena aeterna dignum ». Quam quidem thesim Pontifex (in Decreto) 1.° dicit de novo erupisse: « ss. D. N. Alexander P. VIII. non sine magno animi sui moerore audivit, duas theses seu propositiones unam (de Dei amore nunquam necessario eliciendo) *denuo* et in maiorem fidelium perniciem suscitari, *alteram* (sc. praesentem) *de novo erumpere* ». 2° Declarat et damnat ac prohibet « uti scandalosam, temerariam, piarum aurium offensivam et erroneam ». Apud. Viv. pag. 327.

Unde calunniatores ita arguunt: admissa necessitate advertentiae actualis, tantum adest reatus, quantum se protendit advertentia. Ergo si quis, dum peccat, de Dei lege aut de Deo nihil cogitat, peccaret peccato mere philosophico etc.

41. De hac re, ut evanescat calumnia, satis sit audivisse s. Alphonsum lib. 5. n. 11. in fin. « Haec propositio, inquit, merito damnata fuit...; quoniam qui noverit opus suum adversari naturae rationabili, sat etiam agnoscit (saltem in confuso) iniuriam, quam irrogat Deo, qui est Auctor naturae ».

42. Quam materiam uberius versat Viva in h. Prop., qui fuse ostendit 1° non proscribi sententiam communem doctorum, aientium in hypothesi invincibilis ignorantiae Dei peccatum non fore Dei offensam etc. Secus damnaremus et s. Thomam, qui primo quidem peccatum theologicum a philosophico distinguit, dicens 1. 2. q. 71. art. 6. ad 5. « A theologis consideratur peccatum praecipue secundum quod est offensa contra Deum; a philosopho autem morali secundum quod contrariatur rationi ». Deinde vero, facta eâ hypothesi, eandem fert sententiam, inquiens 2. 2. q. 20. art. 3. « In quolibet peccato mortali principalis ratio mali et gravitas est ex hoc, quod avertit se a Deo. Si enim posset esse conversio ad bonum commutabile sine aversione a Deo, quamvis esset inordinata, non esset peccatum mortale ». Patet autem, in peccato non adesse aversionem voluntatis a Deo in hypothesi ignorantiae invincibilis Dei.

2° Ostendit Viva, damnatam esse propositionem; tum quia supponit dari ignorantiam inexcusabilem seu invincibilem Dei etiam ut legislatoris

seu vindicis malefactorum, quae alioquin peccans non potest non advertere illicita atque adeo prohibita a voluntate quapiam superiore; tum
quia propositio ita effertur, ut non distinguat casum ignorantiae vincibilis aut invincibilis.

43. Quam in rem recte animadvertit Viva l. c. n. 25., quod quoties
thesis proscripta est indefinita et potest sumi sensu tum universali tum
particulari, tunc ad definiendum, num sumenda sit in sensu universali,
adeo ut contradictoria eius vera sit particularis, an vero in sensu particulari, adeo ut contradictoria ipsius vera sit universalis, nullus canon
suppetat, nisi ut inspiciàntur tum materia ipsa, tum rationes proscriptionis,
tum sensus Doctorum.

Porro in casu nostro thesis indefinita « ignorantia Dei excusat operantem
a Dei offensa » sumenda necessario est in sensu universali, ne scil. vi
damnationis dicamus, ignorantiam invincibilem iuris naturae aut Dei non
excusare a peccato formali. Unde sensus thesis necessario hic esse debet:
« Omnis ignorantia Dei sive vincibilis sive invincibilis excusat etc. »
atque adeo contradictoria, prorsus tenenda, erit: « Aliqua Dei ignorantia
non excusat ab offensa Dei ». Et cum hac optime cohaeret doctrina, quae
ait, ignorantiam Dei invincibilem excusàre a Dei offensa. Ergo ex damna-
tioņe illius thesis non proscribitur sententia docens, ignorantiam Dei
invincibilem excusare ab offensa Dei operantem alioquin contra rectam
rationem.

44. Ex hisce apparebit, quam inopportune Georgius Guill. Ward *De
peccatis obdurat.* §. IV. pag. 18. hanc damnatam doctrinam attribuat
Card. Lugo.

Mitto nunc, quod Lugo etiam in illa hypothesi negabat, quod in tali
peccato nulla intercederet Dei offensa; sic enim scribit *de Incarn.* Disp. 5.
n. 70: « Suppono autem, peccatum illud, quod cum illa ignorantia invincibili fieret, adhuc fore offensam Dei; quia ad hoc, ut ego mea actione
offendam aliquem, non requiritur, quod sciam, illum offendi. Nam offendere illum est dare illi rationabilem causam et occasionem indignationis
contra me: potest autem aliquis rationabiliter indignari contra me propter
meam actionem turpem, licet ego nescierim, illum tali actione offendi ».

Sed quod caput est, Lugo non istituit quaestionem de facto, sed solum
de hypothesi. Sic clare l. c. n. 70. in fin.: « Adverto, hoc dubium posse
procedere vel absolute, scilicet an de facto dentur talia peccata sine
illa advertentia offensionis divinae et sine formali malitia offensae divinae et pro quibus (ecce origo praesentis quaestionis) posset homo purus
satisfacere: vel posse procedere solum conditionaliter, scilicet, an si reipsa
daretur tale peccatum, adhüc esset mortale et incompensabile per purum
hominem *et hic est sensus intentus in praesenti* ». Ergo manifestum
est, Lugo tractare .quaestionem plane hypotheticam.

45. Addendum est, hanc accusationem everti ex verbis decreti, quo
propositio damnatur. Nam Pontifex expresse dicit se damnare doctrinam,
quae de novo tunc eruperat. Atqui Cardinalis Lugo scripserat saltem
quadraginta aut quinquaginta ante annos et pro sua doctrina plures se
antiquiores allegat.

Et reipsa, ut narrat Viva l. c. n. 3., haec propositio « ortum habuit
occasione arrepta ex quibusdam thesibus publice expositis an. 1686. a
quodam Professore Divionensi; in quibus licet haec thesis, prout iacet,
non reperiretur, nihilominus paucis *per invidiam* mutatis, in hanc praesentem thesim una ex iis concinnata fuit; cum tamen mens Professoris
in manuscriptis expressa et verba expositae thesis longe alium sensum
haberent, quam faciunt verba thesis proscriptae »: scil. eodem sensu,
ac Lugo, conditionate nempe et hypothetice etc.

VI. 4. Damna et eventus (licet alioqui frequentes) ex ebrietate secuti et nullo
modo praevisi, inculpabiles sunt; quia nec in se nec in causis sunt liberi. Sunt vero
culpabiles, si sint praevisi nec diligentia sufficiens ex praescripto prudentiae sit adhibita, ne sequerentur: ea vero adhibita, etsi postea eveniant, culpa vacant, uti
etiam, quando iuxta loci et temporis circumstantias non apparet periculum mali,
ideoque nulla cautela est adhibita. Ita Vasq. 1. 2. d. 124. c. 3. Quibus conformiter
Less. l. 4. c. 3. docet, si negligentia ebrietatem aut eventus ex ea sequi solitos praecavendi fuerit tantum venialis, etiam mala, quae praevideri poterant, tantum venialia
fore; quia cum non in se, sed tantum in causa sint libera, non possunt habere maiorem culpam, quam ipsa causa.

46. Habet heic nonnulla s. Alph. lib. 5. n. 10., quae indigent explicatione. « Peccatum omissionis (inquit) *incipit* imputari a tempore, quo
advertenter ponitur illius causa. Ita dicendum cum Sanchez etc. contra
Silvestrum etc., qui tenent, sed improbabiliter, quod peccatum non committitur, nisi vere sacrum omittatur ».

De hoc egimus in Tract. *de Actib. Hum.* n. 52. et ibi diximus, peccatum
interius committi, cum scienter causa ponitur futurae omissionis. Exterior
tamen omissio tunc intelligitur fieri, cum urget praeceptum implendum
et non impletur. Porro illi, qui dixerunt, non committi peccatum, nisi
reipsa res praecepta omittatur, de eo loquebantur, prout complectitur
non solum malum propositum, sed etiam exsecutionem. Et ita saepe
etiam s. Thomas loquitur. Vid. *de Actib. Hum.* n. 47. Itaque reatus incurritur (et non *incipit* solum), cum voluntas consentit ad causam ponendam; quod vero peccatum compleri dicatur, cum exsecutio sequitur,
agitur de mera denominatione, quae actui externo accedit etc.

47. Addit s. Alph. lib. 5. n. 10., omissionem in peccatum imputari,
licet voluntas, quo tempore omissio reipsa contingit, incapax sit peccandi,
cum homo e. g. vel ebrius sit vel dormiat atque adeo in confessione
non solum confitendam esse *causam,* sed etiam *effectum* seu *omissionem*

sequutam, ut *melius* (inquit) dicunt Salmantic. et alii communiter contra
La'ym. Vasq. Bonac. etc.: modo ante effectum sequutum non retractetur
voluntas...; tunc enim probabile est non teneri confiteri effectum sequutum ». Quam postremam particulam, quod scil. effectus post retractatam
voluntatem sequutus non sit materia necessaria confessionis, ratio manifesta suadet. Ut enim inquit Lugo *de Poenit.* disp. 16. n. 442. « Si
ideo effectus ille debet in confessione explicari, quia est effectus peccati
praeteriti, sequitur, quod si hic homo prius confessus fuerat venenum
lethale datum (nec dicere potuit se occidisse; quia, ut ait bene Lugo `
ib. n. 443., alioquin accusaret se de quodam peccato gravi, quod revera
non fecisset) et die sequenti moriatur qui venenum accepit, debeat iterum
confiteri illum effectum sequutum; quia per te est materia necessaria
confessionis et non fuerat prius sufficienter explicata in se, sed solum
in causa, quod per te non sufficit: debet ergo ante communionem confiteri hunc novum effectum. Unde si Sacerdos proiecit Breviarium in
mare, praevidens omissionem culpabilem recitandi per totum annum et
postea confiteatur hoc peccatum, debet adhuc singulis diebus ante missam
confiteri de novo effectum novum subsequutum, scilicet omissionem recitationis pro illo die: quae omnia manifeste absurda sunt ». Ergo non
modo probabile, ut ait s. Alphonsus, sed certum hoc est.

48. Sed idem Lugo ex his progreditur ad evincendum, eiusmodi *effectus,* licet *voluntas se non retractaverit,* non esse appellanda peccata
atque adeo non esse materiam necessariam confessionis, contra ac cum
Salmantic. dicit s. Alphonsus.

Nam, ut arguit ead. disp. 16. n. 444., si effectus post retractatam voluntatem sequutus non censetur amplius *voluntarius* ideoque nec peccatum, id verum erit, licet retractetur per voluntatem naturalem aut
etiam venialiter malam, v. gr. propter motivum temporale et venialiter
malum, puta superbiae. Quod si dicas, debere retractari per contritionem
aut attritionem cum sacramento; non modo id dicetur gratis, sed maiorem
inducet perplexitatem quoad confessionem. Nam oporteret explicare in
confessione, num per contritionem, an per solam attritionem facta sit
retractatio (ex hoc enim penderet, an effectus sit necne peccatum et
necessaria materia sacramenti); « quae omnia (inquit Lugo) longe sunt
a sensu et mente poenitentium et confessariorum, ut constat ».

49. Atque hinc argumentum a priori. Nam, subdit Lugo ibid. n. 446.
« effectus ille intantum est voluntarius et liber denominatione, in quantum
ortum habuit a voluntate praeterita libera, *non in quantum pendet nunc
a voluntate non retractata.* Et ratio est clara; quia negatio retractationis non facit voluntatem magis nunc influere in effectum nec retractatio facit voluntatem minus influere: totus enim influxus ex parte
voluntatis est posuisse causam, quam iam nunc tollere non potest. Cum

ergo nec retractatio minuat positionem causae nec carentia retractationis
addat vires causae iam positae: consequens est, ut voluntas *eodem modo*
influat in effectum sequentem, sive retractet sive non retractet; quia
(scil.) non influit ullo modo secundum statum praesentem, sed solum secundum statum praeteritum, ut praeteritus est. Cum ergo effectus in
tantum sit voluntarius, in quantum procedit a voluntate et a voluntate
eodem modo procedat, sive retractetur sive non retractetur voluntas
praeterita; consequens est, ut retractatio non minuat nec auferat rationem voluntarii: ergo nec rationem peccati, si potest peccatum appellari.
Prob. haec ultima consequentia; quia effectus hic non denominatur malus
nec peccatum a voluntate praesenti, sed solum a voluntate praeterita;
ab illa enim solum voluntate accipit malitiam, a qua dependet et omnis
alia voluntas habet se mere concomitanter et per consequens non potest
influere suam malitiam in illum. Cum ergo solum dependeat in suo esse
a voluntate praeterita: consequens est, ut ab ea sola accipiat denominationem mali et peccaminosi; esse enim malum est procedere a voluntate
mala et peccaminosa. Ergo status praesens voluntatis, qui non influit in
hunc effectum, non potest illi communicare vel auferre denominationem
mali et peccati ».

50. Haec Lugo, ut evincat, quod supra n. 440. enunciaverat, non esse
in confessione explicandum *effectum* externum. Deinde n. 447-460. multis
probat, non sequi exinde, idem dicendum de *actu externo* peccati et
demum n. 460. hoc monet: « Adverto ultimo cum P. Vasq., regulariter
expedire, quod effectus consequuti dicantur atque ideo non *esse impe-
diendos poenitentes*, sed relinquendos in hoc usu; quia hoc modo explicatur melius malitia actus praecedentis et intelligitur melius status
poenitentis et an habeat *obligationem aliquam restituendi*, an *incurrerit censuram, casum reservatum* etc. ».

51. Et adnotetis velim postrema verba « *an incurrerit censuram* ».
In quo eius sententia differt a sententia Salmanticensium et s. Aiphonsi.

Etenim si reiiciatur sententia Salmanticensium, scil. quod peccata
dicendi sint effectus sequuti ante retractatam voluntatem, secus vero
sequuti post retractatam voluntatem; corruit simul fundamentum opinionis
aientis, non incurri censuras, quando ante effectum sequutum voluntas
retractetur: quam consequenter se admittere profitetur s. Alph. lib. 5.
n. 10. in fin. Et reipsa Lugo disp. 16. n. 445. uti certum habet censuras
in utroque casu incurri et idipsum indicat Suarez *de Peccat.* disp. 3.
sect. 4. n. 7. dicens, incurri irregularitatem. « Censura, inquit Lugo disp. 16.
n. 453. incurritur *nunc* (scil. effectu sequuto) propter peccatum praeteritum; quod tamen Ecclesia non vult punire, nisi posita tali conditione
effectus sequuti ».

Nec multum ponderis habet ratio deprompta a s. Alph. l. c.: hominem post retractatam voluntatem *non esse contumacem*. Contumacia enim consideratur, prout scienter contra legem ponitur causa, non prout prava voluntas durat usque ad effectus complementum a voluntate independens. Sed de his melius ubi de Censuris.

52. Ex hac vero disputatione intelligi poterit, quid sibi velit alia resolutio s. Alphonsi. Nam lib. 4. n. 149. quaerit : « Quot committat peccata, qui officium in mare proiiciens, redditur impotens ad recitandum ». Et respondet : « proiicientem officium tot peccata committere, quot sunt omissiones, quas praevidet, nisi poeniteat primi peccati; nam alioquin perseverat voluntarium positum in causa ».

Non enim significat s. Doctor, sacerdotem illum non incurrisse reatum tot omissionum, quot praevidit; sed iuxta praemissam opinionem Salmanticensium significat, denominationem *peccati* accedere omissionibus eo usque solum, dum per poenitentiam retractetur voluntas.

53. Solus Antoine nobis occurrit docens, duplex fieri peccatum, si non se retractet. Ita de praedicto casu *de Pecc.* cap. 3. q. 4. resp. 3. « Sacerdos, qui Breviarium in mare libere proiecit, unde factus est impotens ad recitandum, non solum peccavit proiiciendo, sed etiam singulis diebus *denuo* peccat non recitando, quamdiu priorem culpam non retractat ». Non bene scil. intellexerat doctrinam in scholis traditam.

Dub. II.

An et quomodo desideria et delectationes sint peccata.

VII. Per desiderium intelligitur voluntas, intentio vel propositum efficax rei malae : per delectationem vero, simplex amor et complacentia obiecti cogitati, fruendo eius dulcedine, absque desiderio exsecutionis soletque dici morosa, non a mora temporis, cum momento possit perfici sed quod voluntas, post plenam advertentiam rationis, ei immoretur.

54. Auctor distinguit bene desideria et delectationes et duobus distinctis articulis de iis agit. Et quidem doctrina hisce tradita magni est momenti, quia totam materiam comprehendit de *peccatis internis*. Ut enim dicit Azor tom. I. lib. 4. cap. 5. q. I. « peccata, quae interius animo et voluntate admittuntur, vel ad desideria vel ad delectationes pertinent ».

Et haec quidem partitio aliis praeferenda est; nam confusionem aliquam inducere potest id, quod habet Suarez, qui potius quam distinguat desiderium à delectatione, generalius delectationem usurpat et partitur in *efficacem* et *inefficacem*. Ita in 1. 2. tract. 5. *de Peccatis* disp. 5. sect. 7. n. 4. « Adverte dupliciter posse aliquem consentire in hanc delectationem (operis cogitati), primo appetendo opus, cui coniuncta est delectatio .idest desiderando exsecutionem eius...: secundo modo potest quis consentire delectationi operis cogitati itá ut revera nolit opus et proponat illud non facere (hic ulterior gradus non est necessarius); tamen velit in eo sic cogitato delectari... Doctores hanc communiter vocant *delectationem morosam* ». Ratio Suaresii est, quod in desiderio supponitur delectatio.

Et pariter confusionem inducit partitio quorumdam, qui desideria inefficacia ad meram seu simplicem delectationem revocant. Quae confusio cur vitanda sit diligenter, apparebit inferius in disputatione de specie malitiae propria tum desiderii tum simplicis delectationis.

55. De desiderio Auctor ita: « Per desiderium intelligitur voluntas, intentio, vel propositum efficax rei malae ». Quae quidem definitio videtur excludere proposita seu desideria inefficacia, cum tamen Auctor de utrisque deinde agat. Sed reipsa non excludit; quia *voluntas, intentio* etc. potest intelligi vel *absoluta*, vel *conditionata;* quae postrema merito revocatur ad desideria inefficacia. Neque absurde desideria reipsa inefficacia dicuntur *voluntas efficax.* Intelligitur enim voluntas conditionate efficax, quae scilicet ad actum transiret, si daretur conditio. Secus ne nomen quidem desiderii mereretur. Hinc bene s. Alphonsus lib. 5. n. 15.: « Inefficax dicitur desiderium, si non proponit exsequi, sed *consentit quod exsequeretur, si posset,* cum v. gr. dicit: Si possem furari thesaurum Ecclesiae, furarer ».

56. Ceterum cum Auctor definit desiderium per *intentionem* seu *propositum*, rem quoad substantiam significat; quia alioquin Doctores *desiderium* ab *intentione* solent accurate distinguere.

Et *desiderium* quidem ita iuxta Azor. tom. 1. lib. 1. cap. 23. q. 1. definiri solet « actus voluntatis, quo bonum futurum et exspectatum tanquam nobis conveniens et commodum volumus ».

Intentio vero, eodem auctore l. c. cap. 25. q. 1. dicitur « actus, quo voluntas appetit finem, uti per aliqua media assequendum » seu « quo voluntas fertur in bonum, tanquam in terminum et finem aliorum, quae appetuntur propter ipsum ». Nam reipsa « quoties voluntas appetit bonum ut finem et terminum obtinendum per aliqua, quae ducunt ad finem, dicitur finem illum intendere ». Quamquam et latiori sensu intentio dicitur quilibet actus voluntatis, quo quidpiam vult et hoc modo omnis actus voluntatis dicitur intentio.

Qua de re Suarez in 1. 2. tr. 2. *de Voluntario* etc. disp. 6. sect. 1. n. 7. « Desiderium abstrahit a mediis, circa quae intentio aliquo modo versatur; quod sic patet: cum amo bonum, quo careo, statim illud desidero sine ulla cognitione mediorum... et ex hoc desiderio nascitur consideratio mediorum et intentio ». Quam doctrinam n. 8. Suarez se magis probare affirmat.

57. Sed de his, quae parum ad praxim faciunt, satis. De delectatione dicemus ad articulum 2.

Solum advertite, quod Azor tom. 1. lib. 4. cap. 5. q. 1. notat: « Sub desiderio et cupiditate malorum comprehendimus amorem, voluntatem, intentionem et electionem cuiuscumque mali et proinde odium etiam tanquam amori contrarium ».

Articulus 1.

Quale peccatum sit desiderium malum.

VIII. Resp. 1. Desiderium absolutum, sive cogitatio cum voluntate consentiente absolute in peccatum aliquando perpetrandum, aut in perpetrato complacente, habet eandem speciem ac malitiam peccati mortalem vel venialem, quam habet actus exterior, in quem fertur. Est communis et constat ex Matth. V, 28. *Qui viderit* etc. Ratio est, quia actus interior habet suam bonitatem et malitiam ab actu externo, tanquam obiecto. Ita commun.

58. Auctor mentionem iniicit etiam voluntatis *complacentis in malo iam perpetrato;* quod non pertinet ad desiderium, sed potius ad delectationem. Sed reipsa hic actus non consideratur hoc loco tanquam dicat voluptatem, delectationem, dulcedinem haustam ex consideratione obiecti mali cogitati, sed potius concipitur ceu approbatio quaedam, qua voluntas perpetratum malum gratum et acceptum habet (vid. Azor. tom. 1. lib. 4. cap. 6. q. 1. pag. 320.); quae approbatio dici potest etiam gaudium eo sensu, quo quis de malo facto, potius quam poenitentia ducatur, gaudet.

59. Rationem responsionis addit Auctor, quod *actus interior sumat speciem ab actu externo velut ab obiecto.* Videlicet ita Oviedo in 1. 2. tr. 6. contr. 4. p. 1. n. 1. « Affectus efficax eo tendit, ut obiectum exsequatur illudque realiter exsistens constituat... Ex eo autem, quod sic tendat in illud, virtualiter tendit in ea omnia, tum quae ad illud obiectum necessario praerequiruntur, tum quae ipsum inseparabiliter comitantur, tum denique quae ex ipso necessarie inferuntur. Haec omnia secum affert praedictus affectus; quia cum ex natura sua coniungatur cum exsistentia obiecti, coniungitur necessario cum omnibus ipsi obiecto necessarie connexis ».

60. Rem sic illustrat Azor tom. 1. lib. 4. cap. 6. q. 3. Si Titius rem habeat cum uxore aliena vel cum consanguinea vel cum femina Deo sacra, adulterium vel incestum vel sacrilegium committit et ad hoc satis est, si norit, feminam esse alienam vel propinquam vel sacram, etiamsi nollet, esse alienam vel propinquam vel sacram; huiusmodi enim circumstantiae cum sint in ipso opere, separari et seiungi re ipsa nequeunt ac proinde ad speciales illas luxuriae foeditates, sufficit earum

notitia, ex qua fit, ut Titius hoc ipso quod vult et appetit opus, velit etiam eiusmodi circumstantias. Pari modo si idem Titius velit et optet rem habere cum feminis, quas praedictis circumstantiis affectas scit, tota eius cupiditas est adulterii, incestus, sacrilegii; quia cupiditas est progressus, motus, tendentia ad idem illud opus.

Ergo nullatenus admittenda contraria sententia, quae inititur futili rationi, quod nempe desiderium v. gr. adulterii nullum damnum reipsa afferat et ideo nullam iniustitiae rationem contrahat. Illi, qui sic ratiocinantur, videntur ignorare naturam desiderii, quod forte cum mera delectatione confundunt. Secus deberent admittere, ne illum quidem, qui furari desiderat, esse reum iniustitiae, quippe desideria non nocent rei alienae.

Ceterum doctrina proposita communis est omnium DD. nec in controversiam vocatur.

IX. Resp. 2. Desiderium cum consensu conditionali, quo quis aliquid concupiscit sub tali conditione, quae omnem malitiam obiecti auferat, non est peccatum, saltem mortale, verbi gratia, vellem praedari, si a Deo mihi permitteretur: si iudex essem, malefactorem istum occiderem. Valent t. 2. d. 6. q. 4. p. 4. Sayr. Sal. in 1. 2. tr. 13. d. 10. s. 27. Vasquez d. 116. c. 2. Si vero conditio malitiam non auferat, est peccatum: ut verbi gratia si cogites, si non esset infernus, moecharer: si non essem religiosus, fórnicarer: si non haberem rationem mei status, ulciscerer, occiderem te: item, si id mihi fecisses in adolescentia, vel antequam religionem ingrederer, vindicassem: intellige, si dum haec dicit, habeat affectum vindictae sumendae, si esset in tali statu; secus enim est, si tantum ostendat, quid facturus fuisset in alio statu. Bon. *de Matr.* q. 4. p. 8. n. 9. Ratio responsionis est; quia etsi consensus conditionatus nihil ponat in rerum natura ex parte obiecti voliti; in voluntate tamen ponit affectum committendi illud peccatum, posita conditione non auferente malitiam ac proinde talis erit culpa, qualis esset illud amare absque conditione. Caiet. Sanch. l. 1. *Mor.* c. 2. Vasq. Laym. l. 1. tr. 3. c. 6. n. 10.

61. Quod non peccetur desideriis conditionatis, quando conditio totam malitiam aufert, ratio esse potest, quod cum conditio demat et auferat ab obiecto malitiam et turpitudinem, obiectum illius actus bonum evadit, et aliae item circumstantiae possunt esse bonae. Ita Ioannes Salas in 1. 2. tract. 13. disp. 6. sect. 27. n. 178. qui addit: « Confirmatur, quia licitum est, velle indui et uti vestibus alienis sub conditione, quod essent suae; ergo et uxore aliena seu non propria, sub conditione quod propria esset etc. ».

62. Et clarius adhuc Suarez *De legib.* lib. 3. cap. 13. n. 10.: « Quod attinet ad desiderium *inefficax*, illud ex parte obiecti semper includit conditionem aliquam, quae attendenda est ad iudicandum de honestate vel turpitudine talis desiderii. Si ergo desiderium cadat in tale obiectum non obstante prohibitione, et conditio solum sit: si possem occulte fa-

cere, vel sine discrimine poenae aut alia similis; talis actus prohibitus est ex vi legis propter rationem factam, quia versatur circa obiectum prohibitum retenta prohibitione et *formaliter* est desiderium quoddam transgrediendi legem, quod malum est et prohibitum. At vero si conditio sit talis, ut removeat prohibitionem, non erit prohibitum nec malum, quia iam non versatur circa obiectum malum: ut si v. gr. quis habeat simplicem affectum faciendi hoc, si non esset prohibitum; per hanc conditionem removet malitiam et prohibitionem et appetit actum illum secundum se spectatum, qui, ut sic, malus non est ».

Ex quibus resolvuntur hi Casus.

X. 1. In omnibus solo iure positivo prohibitis, licitum est desiderium cum conditione hac (si prohibitum non esset) v. gr. ederem carnes die Veneris, si Ecclesia non vetuisset. Ratio est, quia conditio omnem malitiam, quae a sola prohibitione est, aufert. Azor l. 4. c. 6. qu. 10. Sanch. l. 1. c. 2. Vasq. d. 16. c. 2.

63. Clara est doctrina et doctrinae ratio apud A., quia scilicet conditio aufert omnem malitiam.

Bene Sanchez ab A. allegatus *in Decal.* lib. 1. cap. 2. n. 23. « Cum res huiusmodi non sint intrinsece et ex natura sua malae, potest ab eis per conditionem adiectam malitia auferri: nec conditio contradictionem implicat et *potest quis eas non esse malas optare.* Quippe id aliud non est, quam optare, Ecclesiam id non prohibuisse ».

XI. 2. Idem valet in prohibitis quidem iure naturali, licitis tamen in aliquo casu aut statu, si is pro conditione apponatur: verbi gratia, occiderem Petrum, si Deus mandaret: suspenderem furem, si essem iudex: ducerem uxorem, si liceret, si non essem Sacerdos, si essem liber a voto. Ratio est, quia haec sub illo statu sunt licita. Recte tamen monet Sa, v. *Peccatum,* huiusmodi desideria esse periculosa et vitanda atque, ut ait Caiet. ibid., esse fatuas et diabolicas tentationes. Laym. l. 1. t. 3. c. 6. n. 10.

64. Ita, inquit Sanchez lib. 1. cap. 2. n. 24., *fatentur omnes.* Et s. Alph. lib. 5. n. 13. fatetur, *communiter* sic DD. sentire, prout et ipse sentit.

Addit Sanchez l. c.: « Nec obstat, ut optime ait Vasquez 1. 2. disp. 110. cap. 2. n. 4., iam iure naturae interdictum esse coniugium religioso ratione voti et coniugato ob praesens matrimonium. Quia satis est posse eos excogitari sub aliquo statu, in quo interdictum non esset. Hoc limitat Armilla, nisi ille religiosus male contentus esset de divino beneficio; tunc enim ait esse *mortale.* Sed id non credo, nisi formalis divini beneficii contemptus adesset, vel proximum frangendi voti periculum. Quia extra hos casus dolere de voto emisso non est mortale, ut in tract. *de Voto* dicam lib. 4. c. 12. n. 2. Cf. dicenda de Voto. Dub. IV. Resol. 3.

65. Quod A. dicit, haec desideria esse periculosa, omnes DD. consen-

tiunt. Nihilominus fieri potest, ut sint de obiecto bono haec desideria. Ita si coniugatus optaret se fieri missionarium: si clericus de bello cogitet et inimicis Ecclesiae debellandis: Religiosus de faciendis eleemosynis, extruendis templis, nosocomiis etc. Ceterum haec generatim habet Caietanus (V. *Cogitationis peccata*): « Scito, omnes conditionales secundum hunc modum et multo magis secundum praecedentem (sub condition. scil. impossibili, de qua in Resol. seq.) modum, esse opera et tentationes fatuas et diaboli; nam diabolicum est, quemquam in tentationem se et alium praecipitare, si esset, si fuisset, facerem, dicerem etc.; ad nihil enim haec ducunt, nisi ad peccatum ».

Proinde s. Alph. lib. 5. n. 13. dicit, « ordinarie huiusmodi desideria non excusantur a veniali: cum communiter sint periculosa aut saltem otiosa ». Et Sa V. *Peccat.* n. 2. dicit id *periculosum* et *vitandum.*

XII. 3. Etsi idem quidam, ut Cai. Sal. et Vasq. universim affirment de omnibus iure naturae et simpliciter prohibitis, si conditio impossibilis apposita tollat rationem peccati ab obiecto, ut si dicas, si non esset peccatum, fornicarer; eo quod tunc consensus non videatur ferri in malum: probabilius tamen videtur, quod docent Azor, Sanch. et Laym. esse peccatum; eo quod sit intrinsece malum nec malitia sua exui possit; ideoque voluntas feratur in malum. Quod tamen intellige, si efficaciter feratur, quia, si tantum sit significatio propensionis naturalis (quae in consensum circa tale obiectum traheret, nisi Dei lex arceret) in illud obiectum, non est peccatum. Sanch. l. 1. *Mor.* c. 2. n. 25. Laym. l. 1. t. 3. c. 6. n. 11. V. Card. de Lugo d. 16. n. 377.

66. S. Alphonsus lib. 5. n. 13. ad fin. censet conciliari posse duas sententias DD. ab Auctore allatas et huius conciliationis rationem desumit ex postremis Auctoris verbis, quasi nempe ii, qui docent, desideria illa conditionata non esse peccatum, hoc dicant non de desiderio proprie dicto, quod aliquam efficaciam habeat, sed solum de significatione quadam propensionis naturalis in illud obiectum: qui vero illa desideria damnavit, is de desideriis aliquo modo efficacibus id affirmavit. Recte quidem. Et sane duae istae sententiae, sic intellectae, adeo non repugnant inter se, ut eas Sanchez velut alteram alterius limitationem tradat. Et iuvat heic doctrinam Sanchezii referre, ut earum sententiarum indoles probe cognoscatur.

67. Quaerit ergo Sanchez lib. 1. cap. 2. n. 22. « an consensus conditionalis, idest quo quis vult aliquid sub ea conditione: *si mihi liceret*, vel *si non esset peccatum...* excuset a mortali, quando obiectum sic volitum sit mortale ».

Et mox explicat, se de efficaci voluntate loqui: « Non tracto, inquit, de delectatione sive voluntatis sive appetitus sensitivi...; sed praesens (quaestio) est de voluntate efficaci, quae est desiderium rei exsequendae ».

Pergit: « Quidam universaliter hanc regulam tradunt: Si conditio omnem malitiam ab actu auferat, excusabit a culpa; secus, si non auferat ».

At subdit n. 23.: « Dicendum est, hanc regulam sic universaliter· traditam esse solum veram in iis, quae solo iure positivo prohibentur...; secus autem de iis, quae iure naturali sunt interdicta ».

Et rationem mox sic reddit ibid.: « At res posterioris generis sunt intrinsece et suapta natura malae ac proinde absque sua malitia intelligi nequeunt et conditio illa negans involvit contradictionem. Quare cum voluntas *desiderio efficaci* in illius actus substantiam feratur, in qua malitia imbibita est nec ab illo separari potest, fertur in rem mortaliter malam ac proinde mortaliter peccabit. Et confirmatur, quia hoc nihil aliud est, quam velle, ut iure naturae vetita liceant et rerum naturae immutentur; quod est in maiori malo complacere, quam sunt homicidium vel fornicatio semel commissa; peius enim est haec licere, quam semel committi. Tandem quia nemo dubitabit, hunc actum esse culpam lethalem: *si esset licitum, destruerem Deum;* cum tamen conditio rationem malitiae auferre videatur... Nec approbo quod dicit Vasquez 1. 2. disp. 116. c. 2. in fin., nempe non esse mortale desiderare, ne fornicatio aut alia contra ius naturae prohibita sint, sed attendendum esse finem ad huiusmodi affectus moventem; si enim is esset iustus, ut quia, qui id optat, se fragilem ac in id crimen saepe lapsum videt, non peccaret mortaliter. Sed non placet; quia bonum totius naturae ac ordinis naturalis non potest postponi eiusque immutatio, quae gravissimum malum est, desiderari ob particulare huius bonum, eo vel maxime quod potest id alia via consequi, scil. divina gratia se contra tentationes muniendo ».

68. Hanc deinde doctrinam limitandam Sanchez n. 24. « dicit 1° si res illa iure naturae vetita, licita esset in aliquo casu vel statu etc. iuxta ea, quae diximus sup. n. 64. ad Resol. 2.: 2° limitat eo sensu, ut potius quam *desiderium efficax*, habeatur dumtaxat significatio propensionis, inquiens, n. 25: « Observandum est: limitandam quoque esse praedictam sententiam, ut intelligatur, quando est desiderium efficax illius mali iure naturae vetiti, sub ea conditione, si liceret. Secus si tantum esset quaedam propensionis voluntatis in id obiectum, nisi malum esset, significatio; ut si sensus illius conditionalis: *vindicarer, si esset licitum,* sit: voluntatis propensio ad sumendam vindictam mihi est, *at nolo propter Dei legem.* Quippe is actus optimus est, cum voluntas ad nil mali determinetur nec id velit, sed propensionem suam in malum propter divinam legem reprimat. Et hoc modo saepe Deum timentes eliciunt eos actus conditionales ».

69. Ita et Laymann lib. 1. tract. 3. cap. 5. n. 11. « Quod Caietanus, Armilla... talem quoque actum mortali peccato liberant: *vellem fornicari, si liceret...* distinctione indiget: Si enim voluntas *deliberate* feratur sub tali conditione in obiectum per se et suapte natura malum, committitur culpa mortalis, ut recte docent Adrian., Azor, Sanchez etc.; tum quia talis conditio impossibilis non aufert malitiam obiecti intrinsece et

substantialiter mali: ergo voluntas desiderando fertur in malum; tum
quia desiderium istud nihil aliud est, quam optare, ut ordo et lex naturae mutetur: quod peius est, quam fornicari velle. Si autem alia di-
centis intentio non sit, quam ostendere voluntatis suae vel appetitus
sensitivi· malam propensionem, quae in consensum circa tale obiectum
traheret, nisi Dei lex arceret, tunc nihil peccatur, sed propensio in malum
recordatione divinae legis reprimitur ».

70. Neque vero Sanchez doctrinae reipsa contradicunt vel illi, qui
quasi pro opposita ab aliquibus allegantur. Ita Palaus tract. 2. disp. 2.
punct. 10. §. 3. n. 4. utique thesim habet: « Existimo satis probabile, non
esse peccatum mortale haec obiecta intrinsece mala desiderare... sub
conditione: si licita essent ». Sed dein sic explicat: « Probo primo, quia
sic desiderans illa obiecta, non absolute et efficaciter illa desiderat, cum
videat esse impossibilia; solum enim ostendit propensionem suae voluntatis in tale obiectum (ergo illa voluntas est quaedam voluntas inefficax,
seu, ut melius dicam, quaedam propensionis in obiectum significatio) et
quando ita est, ipsemet Thomas Sanchez affirmat, malam non esse ».
Ergo Palaus solum inadaequate rem considerat, sed Sanchez non refutat,
quasi sibi contrarium.

71. Et paucis rem concludendo, nemo sane reperietur, qui doctrinam
a Sanchez sup. n. 69. reiectam tenuerit; nam et Caietanus (ab Auctore
allegatus male), Sa etc. nihil habent, propter quod in illum sensum
pertrahi possint aut debeant.

72. Unicus autem est Vasquez (cuius speculationes imprudenter nonnulli, ut Bonacina et Sayrus transscripsere), qui desiderium huiusmodi
appellat *efficax* 1. 2. disp. 111. cap. 3. n. 13. et tamen vult, illud considerandum esse instar simplicis complacentiae ac demum complacentiam
contendit non esse iudicandam a malitia obiecti, sed quatenus delectatio
continet gravem oppositionem cum aliqua virtute, quae oppositio abesse
potest, etsi malitia obiecti vel operis sit gravis et sic saltem verbo tenus
communi doctrinae contradicit ac totam quaestionem implicat ac tenebris involvit. Has Vasquez inanes speculationes egregie exagitat et plectit
Lugo *de Poenit.* disp. 16. n. 364-370., qui utiliter consuli poterit. Sanchez lib. 1. cap. 2. n. 9. merito dicit, eas speculationes esse contra communem doctrinam.

73. Ceterum haec controversia parum ad praxim facit et potius agitata fuit ad declaranda principia.

XIII. 4. Gaudere et delectari de opere malo, sub conditione *si liceret,* verbi
gratia in praedictis desideriis efficacibus illicitis, quando conditio est possibilis, etsi
possit excusari a peccato secundum quosdam DD., si fiat tantum secundum appetitum rationalem sive voluntatem (secluso omni alio periculo consensus illiciti et
turpis motus; qui tamen quia communiter et connaturaliter sequitur, vix tutum

videtur in praxi) non potest tamen excusari, si sit delectatio voluntaria appetitus sensitivi, quae proprie delectatio dicitur fitque communiter cum aliqua alteratione corporis. Ratio discriminis est, quia voluntas potest ferri in obiectum abstractum a malitia; cum sequatur intellectum, cuius est abstrahere: appetitus vero, quia sequitur imaginationem, non fertur in obiectum sub aliqua certa conditione status vel temporis apprehensum, sed ut est in se; ideoque talis delectatio est de obiecto absolute malo. Vide Laym. et Bonac. *De matr.* q. 4. p. 8.

74. Haec pertinent ad materiam dubii sequentis et hoc loco tangitur *de delectatione* eatenus solum, quatenus consideratur *conditionalis,* vel etiam tangitur de gaudio, quatenus est quaedam facti operis mali approbatio.

75. Ut rite intelligatur doctrina huius resolutionis, adverte duplicem distingui delectationem. Quaedam enim est appetitus rationalis, qui est voluntas et dicitur *gaudium;* quaedam vero appetitus sensitivi, quae *delectatio* proprie dicitur. Haec cum quadam corporis transmutatione accidit; illa autem nihil aliud est, quam simplex voluntatis quies et complacentia quaedam. Ita Sanchez lib. 1. cap. 2. n. 32.

76. Quae quidem doctrina est s. Thomae 1. 2. q. 31. art. 4.: « Dicendum, quod delectatio quaedam sequitur apprehensionem rationis: ad apprehensionem autem rationis non solum commovetur appetitus sensitivus per applicationem ad aliquid particulare, sed etiam appetitus intellectivus, qui dicitur voluntas et secundum hoc in appetitu intellectivo sive in voluntate est delectatio, quae dicitur *gaudium*, non autem delectatio corporalis. Hoc tamen interest inter delectationem utriusque appetitus, quod delectatio appetitus sensibilis est cum aliqua transmutatione corporali; delectatio autem appetitus intellectivi nihil aliud est, quam simplex motus voluntatis et secundum hoc Augustinus dicit..., quod cupiditas et laetitia nihil est aliud, quam voluntas in eorum consequutione, quae volumus ».

77. Valde notandum autem est in rem praesentem discrimen inter duas illas delectationes; nimirum quod rationalis potest esse *conditionalis*, non item delectatio appetitus sensitivi.

Rem ita bene Sanchez lib. 1. cap. 2. n. 33. declarat; « Id inter utramque delectationem distat, quod delectatio voluntatis possit de obiecto conditionali esse, non autem delectatio appetitus sensitivi. Et ratio discriminis est, quia delectatio consurgit ex *praesentia* boni convenientis, aut secundum rem possessi, aut saltem secundum cognitionem seu apprehensionem. At intellectus, ex cuius cognitione voluntas movetur, potest apprehendere et proponere voluntati obiectum conditione vestitum, ac a malitia praecisum. Atque ideo voluntatis delectatio potest esse de eodem obiecto sub eadem conditione et praecisione apprehenso et quasi praesenti et iam possesso. At imaginativa seu aestimativa, ex cuius apprehensione movetur appetitus sensitivus, nullam conditionem apponere potest. Quia in conditionalibus est affirmatio et negatio et in copula conditionali est quaedam illatio; aequivalet enim cuidam antecedenti et consequenti, ut v. gr. *si homo est animal, est sensibilis,* aequivalet huic: *est animal, ergo sensibilis:* insuper in conditionalibus est quaedam collatio et praecisio unius rationis ab alia, ut v. gr. *si quis velit concubitum cum aliqua,* si *sua esset uxor,* est praecisio malitiae a copula, quae consistit in ea habita cum non sua, apponendo conditionem: *si esset sua.* Quae omnia solius intellectus sunt; imaginativa enim est communis hominibus et brutis. Cum ergo imaginativa non proponat obiectum sub conditione, sed absolute; appetitus sensitivus, qui ex eius apprehensione movetur, in idem obiectum conditione destitutum fertur ».

78. Hisce positis facile est intelligere vim Resolutionis, cum imo ex his ipse Auctor rationem reddat suae resolutionis.

Duas habet partes: prima quoad delectationem appetitus rationalis est, quod delectatio voluntatis de obiecto conditionali (quod seclusa conditione esset peccatum mortale, non autem ea posita) non sit illicita, secluso tamen periculo consensus in aliquid illicitum aut periculo delectationis in parte sensitiva, ut v. gr. gaudium voluntatis de concubitu cum quapiam femina, si esset uxor.

Secunda vero pars est, delectationem voluntariam appetitus sensitivi de obiecto eodem esse lethalem.

79. Et quoad primam partem, Auctor non absolute affirmat, delectationem illam esse licitam, sed solum dicit, id a quibusdam DD. tradi.

Quae doctrina his confirmari rationibus potest. Nam 1° cum delectatio voluntatis feratur in obiectum sub conditione apprehensum, sub qua caret malitia, non est cur damnetur, nisi aliqua extrinseca periculi circumstantia addatur. 2° Cum malitia tam delectationis voluntatis quam desiderii, sumatur ab obiecto et idem utriusque obiectum sit ac in utroque militet illa ratio, *conditionalem consensum nihil ponere in esse;* aut utrumque aut neutrum condemnandum est. 3° Denique illa voluntatis delectatio nihil est aliud, quam simplex voluntatis motus ac complacentia quaedam et quies in bono apprehenso, uti vidimus ex s. Thom. sup. n. 76. Atqui gaudere et delectari in illo bono, quod amare et desiderare licet, non dissonat a ratione. Quippe desiderium et amor sunt veluti motus quidam, ad gaudium tanquam ad quietem tendentes. Ita Sanchez lib. 1. cap. 2. n. 34.

80. Quod quidem postremum argumentum a paritate cum desiderio ita Sanchez fusius evolverat ibid. n. 31: « Sicut in desiderio et proposito efficaci copulae cum muliere, *si esset uxor* (quae omnes licita esse fatentur), apprehenditur obiectum sub conditione matrimonii; desideratur enim copula consentiente femina in matrimonium et id desiderium est

in se complacentia quaedam absoluta; sic cum delectatur voluntas in copula tunc habenda, non apprehenditur copula nisi sub matrimonii conditione. Nec obstat, conditionalem consensum nil ponere in esse, cum tamen ea delectatio statim in esse ponatur. Quippe idem prorsus argumentum militat in desiderio sub eadem conditione, utpote quod statim in esse ponitur in voluntate. Quare dicendum est, consensum conditionalem nil ponere in esse ex parte obiecti sub conditione voliti; nil enim in illo ponit: at in voluntate bene ponit illum voluntatis actum conditionalem. Unde sicut desiderium et amor dicuntur conditionalia, non quia non sint absolute, vere et simpliciter in voluntate, sed quia feruntur in obiectum sub conditione apprehensum et volitum; ita licet delectatio illa vere et absolute sit in appetitu, dicetur conditionalis, eo quod in obiectum sub conditione apprehensum fertur. Quare vel dicendum est, tum desiderium tum delectationem esse illicita, aut utraque licere ». Ita Sanchez, qui propterea n. 34 advertit, DD., qui in oppositum allegantur, intelligendos esse de delectatione appetitus sensitivi, quae, ut sup. diximus n. 75., *proprie* delectatio solet nuncupari.

81. Videri tamen posset contrarius s. Alphonsus, qui lib. 5. n. 14. ad h. locum A. subdit: « Verius tamen dicendum, quod adhuc semota delectatione appetitus sensitivi, quaelibet delectatio de obiecto *hic et nunc intrinsece malo* sit per se illicita ».

Sed reipsa haec non contradicunt doctrinae Auctoris. Notate enim sedulo, s. Alphonsum loqui *de obiecto hic et nunc intrinsece malo;* loquitur ergo de obiecto, a quo non est possibilis conditio removens malitiam. E contra Auctor expresse disserit de *malo opere*, quando conditio, removens malitiam, est possibilis.

Id confirmatur ex eo, quod s. Alph. subdat: « *ut tenent Sanchez,...* *Croix* etc. » Atqui Sanchez doctrinam Auctoris, ut patet ex dictis, fuse et solide propugnat. Croix vero loco citato a s. Alph. lib. 5. n. 82. expresse disputat *de obiecto semper intrinsece malo,* a quo proinde conditio non seiungit malitiam. Suarez vero allegatus a Croix, nomine delectationis *de Peccat.* disp. 5. sect. 7. n. 10 intelligit non rationalem, sed propriam appetitus sensitivi. Hinc subdit: « Si ille consensus (conditionalis) esset pura velleitas, quae non afferret delectationem similem illi, quam obiectum turpe habet ex natura sua, non esset peccatum mortale: secus vero quando ad actum in effectu et re sequitur delectatio; nam actus tunc iam ponit aliquid turpe in esse ».

Et mentem Suarez forte repraesentare licet per duplicem modum exprimendi hunc animi actum. Dupliciter enim potest aliquis se gerere in casu posito. Primo si dicat: *Si hoc liceret, si non esset peccatum, delectarer de eo.* Secundo: *Delector de hoc obiecto malo et prohibito sub mortali, si peccatum non esset aut sub conditione quod esset licitum.*

Si hoc modo aliquis delectatur, peccat mortaliter; sin vero priori modo, non erit peccatum mortale. Ita Salmantic. *de Peccat.* Tract. 20. cap. 13. n. 61.

82. Sed et secunda pars resolutionis circa delectationem appetitus sensitivi sub conditione est pro diversitate obiectorum limitanda.

Bene Suarez *de Peccat.* disp. 5. sect. 7. n. 9: « Duo sunt advertenda: primo esse differentiam inter actiones *natura sua malas,* vel malas, quia prohibitas; nam in illis non licet delectari sub quacumque conditione, quia delectatio semper oritur ex motivo per se pravo: in his vero, quia secundum se vel honestae vel indifferentes sunt, potest quis sine peccato mortali in illis sic consideratis delectari, quod fit, quando apprehenduntur ablata prohibitione. Secundo advertendum est, an ille actus vel delectatio per se sit capax alicuius honesti motivi, licet fortasse hic et nunc cogitanti non liceat in tali materia, ut Religioso non licet dispensare pecuniam; tamen si ita cogitaret: *si liceret et haberem, darem pauperibus,* et in hoc delectaretur, non peccaret, imo forte mereretur; quia tota illa delectatio procedit ex motivo misericordiae, quod per se est honestum et licitum et per accidens est, quod applicatum ad talem materiam non liceat huic personae: secus vero est, quando motivum est per se inhonestum ».

Hinc illa Sanchez lib. 1. cap. 2. n. 35: « Si laicus se apprehendat sacerdotem ac audiendarum confessionum iurisdictionem habentem magnoque fervore confessiones excipientem, aut se ex domini licentia numerosam pecuniam expendentem, aut se iudicem rectissime munus suum obeuntem ac de malefactoribus iustissimas poenas sumentem...; dicendum est, talem delectationem etiam appetitus sensitivi vacare culpa... Ratio, quia sunt quaedam ex se et *ex sua ratione, secundum quam delectant,* implicantia deformitatem et turpitudinem quandam, quae tamen ratione conditionis adiunctae possunt excusari: quare si conditio ipsa re non exsistat, actus per se est turpis, ut v. gr. actus venereus, ex cuius ratione oritur deformitatis ratio, nisi impediatur per conditionem coniugii actu exsistentem. Similis rationis sunt actus vindictae, furti et alii in semetipsis intrinsecam malitiam imbibitam habentes: aliqua de his delectari delectatione appetitus sensitivi, dum conditio *actu* non subest, est lethale, si obiectum lethale sit. Alia vero sunt nec secundum se nec *ut delectant,* implicantia deformitatem et turpitudinem, sed in bonum sonant, quamquam ut undequaque recte fiant, indigeant conditione, ut contingit in exemplis positis largitionis eleemosynae, auditionis confessionum, rectae administrationis officii iudicis et aliis, quae nullam in se malitiam habent. Quare nisi quis delectetur etiam de huiusmodi conditionis absentia, non est censendus de re illicita delectationem capere atque ita licebit delectatio quoque appetitus sensitivi in his. Ratio differentiae est, quia etsi neutrius generis res (seu obiecta) possit vis aestimativa proponere appetitui sensitivo sub conditione, ita ut sub conditione de illis delectetur; at saltem repraesentare potest rationem communem abstrahentem a licito vel illicito usu, ut concubitum, vindictam iniuriae, furtum, auditionem confessionum, largitionem eleemosynae etc. Quare cum in prioris generis rebus sit malitia imbibita, obiectum est malum, nisi simul conditio excusans apprehendatūr; quod in appetitus sensitivi delectatione contingere nequit et ideo delectatio appetitus sensitivi de illo mala erit. Contra cum ex malitia in rebus posterioris generis imbibita non sit, sed ex se in bonum tendant; obiectum non est malum, *nisi quando apprehenditur et delectat, ut conditione destitutum,* quod hic non contingit; et ideo nec delectatio erit mala. Et ideo in rebus prioris generis oportet simul conditionem apprehendi; non autem in rebus posterioris generis, sed sufficit, ut non excludatur. Et confirm.; quia circa prioris generis res ab imaginativa repraesentatas appetitus sensitivus effraenate excitatur ad totum id, quod potest eum ad venerem, ad odium aut ad alienae rei usurpationem iuvare, independenter omnino a conditione aliqua, qua haec possent licita reddi, quod in posterioris generis rebus minime contingit ».

ARTICULUS II.

An delectatio morosa sit semper peccatum.

XIV. Respond. Si terminetur ad cogitatum opus malum secundum se, est peccatum mortale vel veniale, prout ipsum opus mortale vel veniale est. Ita commun. ex s. Thom. 1. 2. q. 74. a. 8.

Dixi, *secundum se;* quia si delectatio sit tantum de ipsa cogitatione, non autem de opere, non est peccatum; quia sicut cogitatio, verbi gratia de rebus obscenis, in ordine ad docendum, vel concionandum etc. bona est, cogitatio autem de iisdem rebus ex curiositate est mala venialiter : ita consequenter delectatio de tali cogitatione, tanquam obiecto, non est mala, sed quandoque bona, quandoque venialiter mala. Similiter nec peccatum erit, si delectatio versetur circa modum male operandi, non circa ipsum opus malum: quo modo sine peccato saepe nos delectant fabulae, comoediae, bella, homicidia, fraudes, furta, lapsus hominis, v. gr. ex equo etc. non secundum se, sed modus furandi, rapiendi artificiosus et industrius, modus cadendi inopinatus. Laym. l. 1. t. 3. c. 5. n. 2.

83. Quaerendum imprimis de natura huius *delectationis,* quam sup. n. 54. diximus distinguendam apprime a desiderio. Ubi per transennam adverte, s. Alph. lib. 5. n. 15. ita distinguere delectationem a desiderio et gaudio, ut desiderium sit de bono futuro scil. nondum acquisito, delectatio de bono praesenti, gaudium vero de re praeterita. Sed hoc po-

stremum a s. Doctore sicut et a Gury § 167. n. 2. nimis coarctatur;
quia gaudium est etiam de bono praesenti, imo (vid. Suar. in 1. 2. tract. 2.
disp. 7. sect. 1. n. 3-5.) ipsa fruitio boni possessi et amati est gaudium.
Sed, ut notat s. Thomas 1. 2. q. 31. a. 3., gaudium non solet dici nisi de
delectatione rationali, brutis animantibus solum tribuimus nomen delectationis.

84. Delectationem DD. definire solent, ut sit actus quidam appetitus,
animum afficiens sensibili quadam suavitate, qua vitaliter quiescit in
bono adepto. Ita Suarez *de Passion.* disp. 1. sect. 6. n. 1-4.

Quae definitio consona est doctrinae s. Thomae, qui 1. 2. q. 31. art. 1.
delectationem dicit prius esse motum appetitus, inquiens: « Cum delectatio sit motus in appetitu rationali, consequens apprehensionem sensus... » Dein ibid. ad 2. explicat, cur simul sit quaedam quies, dicens:
« Licet in eo, qui iam consecutus est bonum, in quo delectatur, cesset
motus exsecutionis, quo tendit in finem, non tamen cessat motus appetitivae partis; quia sicut prius desiderabat non habitum, ita postea delectatur in habito. Licet enim delectatio sit quies quaedam, considerata
praesentia boni delectantis, quod appetitui satisfacit; tamen adhuc remanet immutatio appetitus ab appetibili, ratione cuius delectatio motus
quidem est », actus scilicet vitalis.

85. Delectationes autem distingui ita solent, ut aliae spirituales dicantur, aliae sensitivae seu sensibiles.

Ita Suarez *de Passionibus* disp. 1. sect. 6. n. 1.: « Delectatio alia est
spiritualis, quae propterea est voluntatis; alia est propria appetitus sensitivi, quae generali nomine potest dici *sensitiva,* quamvis peculiari
modo dicitur delectatio sensibilis, quae ex reali coniunctione obiecti ad
exteriorem sensum oritur. Illa enim, quae ex pura apprehensione nascitur, solet spiritualis vocari, tametsi in appetitu sensitivo inhaereat ».

Et Marcus Struggl Tract. 7. q. 7. art. 2. n. 12.: « Delectatio morosa
dividitur in rationalem et sensibilem. *Rationalis* est gaudium et complacentia voluntatis, quae exsurgit in voluntate ex cognitione rei illicitae.
Sensibilis vero est delectatio appetitus sensitivi, quae oritur ex imaginatione phantastica per motum spirituum vitalium circa pectus et in
venereis per motum spirituum genitalium in parte inferiori. Interim
tamen delectationem rationalem propter connexionem naturalem potentiarum ordinarie consequitur delectatio sensibilis, saltem quando res est
conveniens appetitui sensitivo ».

86. Et heic advertendum cum Suarez *de Peccatis* disp. 5. sect. 7. n. 1.
s. Thomam et alios DD. totam istam rem specialiter disputare de delectatione concupiscentiae, quia in ea frequentius committitur peccatum;
haec tamen, servata proportione, applicari debent aliis passionibus, v. gr.
superbiae, odii, invidiae etc.

87. Hisce claritatis gratia praemissis, ut solvatur quaestio ab Auctore proposita « *An delectatio morosa sit semper peccatum* », notandum sedulo, duo ad hoc peccatum requiri, scilicet 1° ut delectatio sit obiective sive secundum obiectum mala seu sit de obiecto malo: 2° ut sit libera seu ut libere in ipsam voluntas consentiat.

Et duo haec (de quibus Auctor duplici distincta responsione agit) diligenter prae oculis habenda sunt etiam ut rite intelligatur ratio definitionis *morosae delectationis,* de qua est sermo.

88. Sanchez lib. 1. cap. 2. n. 1. sic rem explicat: « Duplex est voluntatis affectus: quidam est (affectus) re ipsa consequendi quod delectat vel fugiendi quod displicet et hic dicitur efficax voluntas... Alius vero consistit in simplici complacentia aut displicentia absque exsecutionis desiderio atque hic appellatur *delectatio morosa,* non a temporis mora (ut omnes notant); potest enim temporis momento committi, sicut et alia peccata, sed quia est in illam plenus ac liber voluntatis consensus. Unde idem est quaerere, an delectatio morosa obiecti mortalis sit mortalis, et an consensus in delectationem sit mortalis ».

Ergo cum delectatio morosa definitur, ut sit *complacentia* de obiecto malo, nomine *complacentiae* intelligitur consensus in delectationem obiecti mali.

· 89. Ita et Struggl l. c. n. 11. 12: « Delectatio *morosa* est complacentia simplex et voluntaria de re illicita sine desiderio et intentione eam opere complendi. Ita si quis sit contentus sola delectatione cogitationis interioris v. gr. de occisione inimici aut copula carnali... Delectatio non dicitur *morosa* propter moram temporis, sed propter eius continuationem post advertentiam intellectus ad malitiam rei adeoque delectatio est morosa, dummodo voluntas post talem advertentiam vel per unum instans seu momentum temporis in ea libere persistat... Ratio, quia hoc ipso quod voluntas post advertentiam intellectus ad rei malitiam in ea libere persistat, in delectatione mala libere moratur adeoque peccat ».

90. Quae quidem est doctrina s. Thomae 1. 2. q. 74. art. 6. ad 3: « Dicendum, quod delectatio dicitur morosa non ex mora temporis, sed *ex eo, quod ratio deliberans circa eam immoratur, nec tamen eam repellit, tenens et volens libenter, quae statim ut attigerunt animum, respui debuerunt* ».

91. Auctor dicens, delectationem, si terminetur ad cogitatum opus malum secundum se, esse peccatum mortale vel veniale, prout est ipsum opus, allegat s. Thomam 1. 2. q. 74. art. 8.

Porro s. Thom. monet « quod circa hoc aliqui diversimode opinati sunt. Quidam enim dixerunt, quod consensus in delectationem non est peccatum mortale, sed veniale. Alii vero dixerunt, quod est peccatum mortale et haec opinio est communior et verisimilior ». Ita s. Thom. Quae verba s. Thomae sunt ita intelligenda, quod quidam putaverint, eiusmodi delectationem nunquam excedere peccatum veniale. Nam ceteroquin si obiectum delectationis sit culpabile leviter: non poterit esse in delectatione culpa gravior.

Ceterum sicut s. Thomas dixit, communiorem et verisimiliorem esse doctrinam, quae tenet, gravem culpam huic delectationi inesse posse; ita Suarez *de Peccatis* disp. 5. sect. 7. n. 6. oppositam sententiam, quam tribuit Lyrano et probabilem habitam fuisse a Victoria ex fama refert, improbabilem omnino dicit et esse contra omnes theologos, quippe quae occasionem praebet libidini et ruinae.

Porro ratio, cur sit peccatum mortale, clarius patebit, dum reddemus rationem explicationis, quam mox addit Auctor.

92. Auctor distinguit inter *delectationem de opere malo* et *delectationem de cogitatione operis mali.*

Doctrina haec est s. Thomae et diligentius attendenda, ut bene determinetur, ubinam sit gravis culpa, de qua agimus.

Itaque s. Thomas Quaest. 15. *de Verit.* art. 4. disputans de delectatione morosa, quae est per consensum in delectationem exsistentem in parte inferiori, quamvis absit consensus in opus, ait: « Quidam dixerunt, quod (delectatio morosa) non est peccatum mortale, sed veniale... Isti opinioni contradicit communis opinio modernorum et videtur in periculum animarum vergere; cum ex consensu in talem delectationem homo in peccatum promptissime incidere possit. Unde alteri opinioni magis videtur esse assentiendum, quae ponit talem consensum esse peccatum mortale: cuius opinionis veritas hinc accipi potest. Sciendum namque, quod sicut ad exteriorem fornicationis actum sequitur sua delectatio sensibilis, ita ad actum cogitationis sequitur sua delectatio interior. Sed ad cogitationem duplex delectatio sequitur: una quidem ex *parte ipsius cogitationis*, alia vero ex *parte ipsius cogitati.* Delectamur enim quandoque in cogitatione propter ipsam cogitationem, ex qua nobis acquiritur quaedam cognitio in actu aliquorum, quamvis nobis displiceant, sicut aliquis iustus cogitat de peccatis, de eis disputando et conferendo et in veritate istius cogitationis delectatur. Sed tunc propter ipsa cogitata delectatio sequitur, quando ipsa res cogitata affectum movet et allicit. Et hae quidem duae cogitationes in quibusdam actibus manifeste differunt et aperte distinguuntur: sed earum distinctio in cogitatione de peccatis carnis magis latet; eo quod propter corruptionem concupiscibilis, ad cogitationem talium concupiscibilium statim sequitur motus in concupiscibili ex ipsis concupiscibilibus causatus. Delectatio ergo illa, quae cogitationem sequitur ex parte ipsius cogitationis, omnino ad aliud genus reducitur, quam delectatio exterioris actus. Unde talis delectatio, qualitercumque malorum cogitationem sequatur, penitus non est peccatum, sed delectatio laudabilis, ut cum quis delectatur in cogitatione veri: vel si sit ibi aliqua immoderantia, continebitur sub peccato curiositatis. Sed illa delectatio, quae sequitur cogitationem ex parte rei cogitatae, in idem genus coincidit cum delectatione exterioris actus. Ut enim dicitur in 2° metaph., delectatio per se in actu consistit; sed species et memoria propter actum delectabilia sunt. Unde constat, quod talis delectatio secundum genus suum inordinata est eadem inordinatione, qua est inordinata delectatio exterior. Dato igitur quod delectatio exterior sit delectatio peccati mortalis, tunc etiam interior delectatio in se et absolute considerata de genere peccati mortalis erit. Quandocumque autem *ratio se subiicit peccato mortali per approbationem*, tunc est peccatum mortale; excluditur enim a ratione rectitudo iustitiae, *cum ipsa subiicitur iniquitati per approbationem. Tunc autem se subiicit huic delectationi perversae, quando in eam consentit.* Et haec est prima subiectio, qua ei se subiicit et ex hac subiectione consequitur quandoque, ut ipsum actum inordinatum eligat propter hanc delectationem perfectius consequendam. Et quanto ad plures inordinationes tendit ad hoc, quod delectationem consequatur, tanto magis in peccato progreditur. Totius tamen istius progressus prima radix erit *ille consensus, quo delectationem acceptavit:* unde ibi peccatum mortale inchoatur. Unde simpliciter concedimus, consensum in delectationem fornicationis vel alterius mortalis peccatum esse mortale. Ex quo sequitur, quod quidquid homo agit ex consensu talis delectationis, ad hoc ut huiusmodi delectationem nutriat vel teneat, sicut sunt turpes actus vel libidinosa oscula vel aliquid huiusmodi, totum est peccatum mortale ».

93. Reatum huius alterius delectationis docet et Suarez, dum sic argumentatur *de Peccat.* disp. 5. sect. 7. n. 5: « Opus et delectatio, quae ex illo nascitur, in moralibus non sunt duo; unde uno eodemque praecepto prohibentur et malitiam habent eiusdem rationis: at vero is, qui delectatur in opere cogitato, actu fruitur delectatione eiusdem rationis atque adeo eiusdem turpitudinis cum delectatione, quae ex opere in re ipsa nascitur; ergo illa delectatio est prohibita ».

Item rem confirmat hoc alio argumento, quod eodem collineat: « Confirmatur; nam nunquam opus illud delectaret, quod cogitatum est, *nisi ipsum secundum se amaretur;* nam cogitatio solum est conditio quaedam: unde licet is, qui sic delectatur, non intendat opus, quia non respicit exsecutionem; tamen revera illud amat secundum se ».

94. Hinc argumentum, quod Laymann affert ibid. n. 4. ut probet assertionem « Omnis delectatio directe et expresse voluntaria *de opere secundum se malo*, similiter mala est ». Ita enim arguit: « Deliberate *delectari de opere fornicationis*, ex omnium sententia est peccatum

mortale. Ergo etiam *delectari de alio quovis opere*, quod secundum se mortaliter malum est ».

Et Lessius lib. 4. cap. 3. n. 107: « Immediatum obiectum delectationis est ipsa res imaginata... Unde fit, ut haec delectatio sit plane similis illi, quae ex rei praesentia et actuali fruitione percipitur et *sequitur ex affectu et amore erga rem ipsam* ».

95. Nec aliter ad eandem thesim firmandam arguunt Salmanticenses Tract. 20. cap. 13. n. 33: « Delectationis actus est motus in obiectum pravum, sicut tendit in illud actio externa exsequens; sed actio externa exsequens obiectum pravum sumit malitiam ab illo. Ergo etc... Rursus: Delectatio praesupponit in voluntate affectum illius, de quo est delectatio; ergo qui delectatur de aliquo obiecto mortali habet affectum ad illud: sed habere *affectum deliberatum* ad obiectum illicitum mortaliter est peccatum mortale; ergo omnis delectatio morosa obiecti mortalis est peccatum mortale ».

96. Itaque, ut alios DD. omittamus, in eundem sensum disputantes, patet ex hisce, haud rectam esse normam, qua de internis cogitationum peccatis quidam vulgo generaliter statuunt, graviter peccari, quoties quis turpem aliquam cogitationem non statim reiicit, sed voluntarie retinet. Ad peccatum enim delectationis morosae necessarius est consensus in affectum erga rem malam cogitatam seu libera delectatio de re mala, quae per cogitationem fit praesens. Id enim plane resultat ex allatis s. Thomae et aliorum DD. doctrinis.

97. At enim quaeritur, quando iudicandum sit, delectationem fuisse de sola cogitatione rei malae, non autem de re mala cogitata.

S. Thomas sup. n. 92. monuit, duo haec in quibusdam actibus manifeste differre et aperte distingui: « sed (inquit) eiusmodi distinctio in cogitatione de peccatis carnis magis latet; eo quod ad talem cogitationem statim sequitur motus in concupiscibili ex ipsis concupiscibilibus causatus ». In quibus s. Doctor non negat ea distingui, sed ideo magis latere distinctionem dicit; quia cum cogitatio par sit ad excitandum motum appetitus concupiscibilis etiam quando quispiam non de re mala cogitata delectatur, sed solum de cogitatione, ideo hac in re habetur effectus ille ex sola cogitatione, qui in aliis materiis haberi non solet, nisi cum quis de re ipsa mala delectatur; seu melius, qnia difficilius est distinguere, an delectetur de cogitatione, an de consequenti motu.

98. Hinc DD. dum fatentur difficile esse haec distinguere, nonnulla criteria tradunt ad hoc internoscendum; quae tamen criteria et ipsi fatentur non continere certam regulam.

Ita Suarez *de Peccat.* disp. 5. sect. 7. n. 8: « Quaeres, quando delectatio de cogitatione censenda sit, vel de re cogitata? Respondeo, ex *effectu* sumi *aliquod* signum, ut si ex tali delectatione sequantur turpes effectus etc., quod signum est *probabile, non certum:* ideo, ut s. Thom. ait 1. 2. q. 74. art. 6., intentio et affectus operantis praecipue consideranda sunt; nam si movetur ad permanendum in illa cogitatione *ex bono motivo,* signum est, delectationem oriri ex sola cogitatione: secus, si movetur ex turpi aliqua occasione, vel etiam sine ulla causa vel necessitate; licet *nullum etiam istorum sit infallibile* signum, quia *res tota* pendet ex voluntate et intentione ».

Bene Suarez addit, ea indicia non esse *certa* et quod ait esse *probabile,* egregie addit, explicandum esse iuxta s. Thomam, qui articulo ibi allegato scribit: « Deficit (ratio) in directione passionum dupliciter: Uno modo, quando imperat illicitas passiones, sicut quando homo ex deliberatione provocat sibi motum irae vel concupiscentiae. Alio modo, quando non reprimit illicitum passionis motum, sicut cum aliquis, *postquam deliberavit,* quod motus passionis insurgens est inordinatus, nihilominus circa ipsum *immoratur...* et secundum hoc dicitur peccatum delectationis morosae esse in ratione ». Porro quod effectus illi turpes sequantur solum, quando ratio his modis concurrit, id vix dici potest *probabile.*

Item egregie dicit, *non infallibile esse signum,* quod quis sine necessitate de iis cogitet. Nam contingere haec possunt ex vanitate, otiositate et curiositate.

99. Salmanticenses ad eandem quaestionem, quomodo discernatur, num delectatio sit de cogitatione, an de turpi obiecto cogitato, respondent Tract. 20. cap. 13. n. 28: « Fateor esse difficillimum cognitu: sed nihilominus pro eius cognitione aliqua signa tradam. Primum est ex s. Thoma 1. 2. q. 74. art. 8. attendere ad *affectum* et intentionem operantis; nam si delectatio de cogitatione est ex bono motivo, evidens indicium est, delectationem esse praecise de cogitatione. At vero si est ex affectu ad rem malam cogitatam, certum est, esse delectationem de re prava, quod frequentius contingit in his, qui tali vitio dediti sunt; ex abundantia enim cordis os loquitur et quos videmus passim de turpibus rebus confabulari, non leve indicium est, non de cogitatione, sed de obiecto turpi esse delectationem. Secundum signum est videre, ex qua occasione oriatur delectatio. Si enim oritur ob studium, confessionem, praedicationem etc., potest praesumi, delectationem illam esse praecise de cogitatione obiecti turpis; at si procedat, quia v. gr. aut vindictam aliquando de inimico sumpsit, vel cum femina rem habuit, praesumendum est de re prava et obiecto turpi ».

100. Palaus Tract. 2. disp. 2. punct. 10. § 1. n. 5.: hoc aliud addit indicium: « Certum est, ut delecteris de *cogitatione,* debere necessario advertere te cogitare: alias convinceris de re cogitata delectari et non de cogitatione; quia voluntas ferri non potest in incognitum ».

Sed merito Sanchez *Mor.* lib. 1. cap. 2. n. 7. advertit hoc non esse signum sufficiens. Merito, inquam; nam ut inquit Sanchez, quod quis non advertat per actum reflexum se cogitare, id contingere ex aequo potest, tum quando quis de obiecto turpi cogitato delectatur, tum quando non delectatur de turpi obiecto, sed alia de causa sive studii, sive curiositatis etc.

101. Est et alia pars Responsionis: quando nempe delectatio non capitur ex obiecto malo cogitato, sed versatur circa modum operandi malum. Doctrinam A. et s. Alphonsus lib. 5. n. 18 in fin. communem appellat.

102. Plura autem exempla Auctor affert 1° fabularum (italice *Novelle*), in quibus prava narrari possunt: at non haec, sed artificium delectat.

2° *Comoediarum*, in quibus licite delectat ratio artificii, licet improbanda sint plura gesta et facta ibi exposita.

3° Bellorum, in quibus placet valor, honor etc., licet sint iniusta.

4° Homicidiorum, in quorum exsecutione delectari licet ob modum curiosum.

5° Fraudum, ob novitatem et singulares astutias etc.

6° Furtorum, ob calliditates, artificia. etc

7° Lapsuum hominis, quia ridicula quaedam delectant et risum excitant etc.

Huc revocari potest stilus et ·elegantia vocabulorum ac phrasium in elucubratione argumenti turpis; sicut et in pictura indecenti placere potest mira artis excellentia.

103. Quaerunt et heic DD., undenam cognoscatur, an quis de modo rei malae delectetur, utpote miro, novo, dextero, ingenioso, an vero de obiecto malo. Et respondent (vid. Salmantic. Tract. 20. cap. 13. n. 40.) cognosci delectationem esse praecise ex modo, quando hic modus aeque delectat, sive inveniatur in rebus licitis, sive in illicitis. At si iucundius atque avidius leguntur, audiuntur etc. carmina, cantilenae aut picturae inspiciuntur de rebus turpibus, quam honestis et piis, esto aeque elegantia et artificiosa sint, indicium est, delectationem non esse solum de modo artificioso, sed etiam de substantia rerum, ut cum aliis notat Palaus l. c. n. 5.

104. Quamquam et haec cum mica salis sunt intelligenda. Nam 1° quod quis propensius et avidius v. gr. versetur in lectione vel auditione argumenti turpis, hoc utique indicium est, sensitivum seu inferiorem appetitum in iis aliquod pabulum habere atque adeo in id inclinari infirmitatem hominis; at non est certum indicium, hac de causa deliberate delectari, seu inde esse delectationem deliberatam atque adeo peccari. Haec quippe delectatio partis inferioris et quae oritur ex re ipsa, quae appetitum sensitivum sollicitat et alliicit, non excludit delectationem ex alia causa profluentem et approbatio voluntatis (quam ex s. Thoma audivimus proficisci *ex affectu deliberato*) potest esse circa posteriorem hanc delectationem, prima illa reiecta; quod tamen non impedit, quominus infirma

natura magis inclinetur ad eiusmodi, quam ad alias materias versandas. Duae igitur aderunt delectationes: altera eaque innocens, quam voluntas admittit, altera, quam reiicit; quae tamen, etsi reiecta, efficit, ut propensius id operis exsequatur, propensione utique non deliberata etc.

2° Adde, quod propensio illa maior aliam causam habere potest, scil. curiositatem, quae ad nova et insolita acui magis solet eoque magis, quo minus homo, ut ita dicam, auderet sine iusta causa id operis suscipere.

105. Addunt Palaus et Salmantic. ll. cc., eos convinci, delectatione carnis latenter ferri, qui frequenter et libentius de occultis partibus corporis, de aegritudinibus, medicinis, vestibus, aliisque ad eas pertinentibus loquuntur, ex quarum memoria irrumpunt facile in risus incompositos, alicuius latentis delectationis testes.

Item qui metaphoris rerum turpium gaudent, quasi artificiose loquantur et qui facile multa detorquent ad turpes sensus et quamvis, inquit Palaus, haec saepe a mortali excusentur ob inadvertentiam aut ignorantiam aut quia obiectum non est adeo obscenum; saepe tamen ob delectationem formalem rei turpis mortalia sunt.

Unde, inquiunt Salmantic. l. c., sapienter monet Gerson, amatorem castitatis, cum haec vel invitus audit vel iusta de causa profert, debere nullum praebere signum laetitiae, sed serenitatem et gravitatem vultus in omnibus servare seseque ita gerere, ac si loqueretur de aedificanda domo vel dolando ligno.

106. Denique monent DD., ea, quae dicta sunt de delectatione ex cogitatione, accipienda esse, quando id fiat citra periculum consensus in rei cogitatae delectationem; prouti monere solemus, quando agitur de studiosis, confessariis, concionatoribus, medicis, chirurgis etc., qui ex officio de his legere, audire etc. ex proprio munere debent.

Resolutiones.

XV. 1. Licitum est gaudere et delectari morose de effectu bono, secuto ex opere malo; quia tunc delectatio non est de obiecto malo.

107. Quod licite quis gaudeat et delectetur de bono effectu, qui profluat ex malo, de quo alioquin gaudere aut delectari nefas esset, per se patet ac patet pariter ratio; quia delectationis obiectum est *bonum.*

Exempla obvia sunt in quolibet causalitatis genere. Ita licebat gaudere de pace seu cessatione malorum, quae suicidium Neronis sequuta est.

Ita delectamur de gloria martyrum, cum detestemur iniquitatem et crudelitatem occidentium.

Ita delectamur de redemptione Jesu Christi D. N., licet exsecremur sacrilegum Iudaeorum facinus, qui eum cruci destinarunt.

Ita delectamur de resipiscentia adolescentis, licet detestemur v. gr. aut crimen, quo, labem cum contraxerit, ad mentem rediit, aut quo vulneratus-in rixa resipuit.

Ita licite gaudebis de scandalo cessante ob necem hominis, utut iniustam, qui vel verbis vel exemplo erat lapis offensionis.

Qua in re tamen cavendum, ne praeterea quis de causa mala delectetur, prout ferunt de Petri 'Lombardi matre, quae dicere soleret, non posse se dolere de adulterio, e quo tam nobilis ingenii proles exorta sibi foret.

108. Contra, si causam detesteris, valebit regula etiam de peccati a te commissi effectu. Quocirca s. Alph. lib. 5. n. 20. in fin.: « In quocumque tamen casu licet, *per se loquendo*, cuique delectari, non de causa, sed de effectu sequuto, nempe de exoneratione causata a pollutione etiam voluntaria, vel de consequutione hereditatis ob homicidium, modo causa detestetur ».

Attende autem rationem limitationis: « Dixi, *per se loquendo;* nam huiusmodi delectationes aliquando non carent periculo, ut recte advertunt Ronc. et Salm. Tract. 20. cap. 13. n. 40. »

XVI. 2. Si talis effectus sit secutus ex opere secundum se quidem malo, heic tamen et nunc culpa vacante, ut v. gr. quia factum est in somno, amentia, ebrietate, inculpabili ignorantia, tunc etiam de ipso actu licere aliquando delectari, non quidem secundum se, sed ut est causa talis boni effectus, docet Less. l. 4. c. 3. n. 105. et 106. ex Vasquez 1. 2. d. 105. c. 2. ver. gr. de solutione naturae facta in somno. Ratio est, quia obiectum delectationis istius non est malum. Vid. Bon. *de Matr.* d. 4. p. 8. n. 8. Sanchez lib. 1. *Mor.* c. 2. n. 18. Card. de Lugo *de Poen.* d. 16. n. 389. Imo addunt, licere aliquando desiderare (affectu simplici, et inefficaci desiderio) ut tale quid fiat sine culpa, v. gr. ut in somno eveniat naturae solutio, ob finem bonum: dummodo desiderium non sit tam intensum, ut tale quid probabiliter causet neque sit periculum consentiendi in talem voluptatem. Ratio est, aiunt, quia obiectum huius desiderii aut gaudii non est malum. V. Less. et Bon. l. c.

109. Quoad hanc resolutionem diligenter distinguendae sunt plures ac diversae quaestiones.

S. Alphonsus lib. 5. n. 20. hanc quaestionem ac solutionem praemittit: « Si opus fuerit formaliter malum, nempe quia cum peccato patratum fuit, peccat qui de illo delectatur, etiamsi de opere malo delectetur non ut peccato, sed ut causa effectus sequuti. Ita omnino tenendum cum Soto..., contra Vasq. Less. „Palaum, Bonacina.

110. Verum tolli haec dissensio DD. facile potest, si res rite intelligatur et excludatur quaedam confusio a Salmanticensibus inducta, e quibus s. Alph. ostendit se ea prompsisse.

Scribunt Salmantic. Tract. 20. cap. 13. n. 47: « Rogabis an licitum sit, delectari de peccato *formaliter tali*, v. gr. de homicidio iniusto aut fornicatione, ob bonum effectum inde ortum... Respondetur negative contra Vasquez, Lessium, Palaum etc. ».

111. At enim accipite, quae de hac re habet Lessius *De Iust. et Iur.* lib. 4. cap. 3. n. 104: « Notandum est, inquit, obiectum gaudii, sicut et desiderii et aliarum affectionum voluntatis, esse quid complexum; includit enim coniunctionem boni et remotionem mali. Gaudemus enim, quod illa res sit vel non sit, sit talis vel non talis, quod mihi vel alteri insit vel quod absit, quod aliquid efficiat vel non efficiat etc. Itaque cum quis dicitur gaudere de opere malo, quatenus illud est causa boni, dupliciter potest intelligi. *Primo* quod, ob bonum effectum, gaudeat, illud opus esse vel fuisse vel a se factum esse *et hoc omnino est illicitum, si illud opus erat intrinsece peccatum; quia hoc est approbare peccatum et illius habere complacentiam propter bonum finem.* Sic nullo modo licitum est gaudere de peccato Adami, quantumvis magnum inde bonum sit sequutum. *Sicut enim effectus ille vel respectus ad illum effectum non potest efficere, ut illud opus, quod est intrinsece peccatum, sit licitum aut bonum, ita neque, ut sit dignum gaudio aut complacentia.* Possumus tamen ob eiusmodi effectum gaudere de permissione peccati; haec enim bona est et Deus illam vult ob bonos effectus inde resultantes. Item si opus non sit peccatum vel absque peccato sit factum, possumus *ob iustas causas* de eo sic facto gaudere (de hac re infra, ubi de debito ordine etc.). Si autem cum peccato per accidens tantum factum sit, possumus gaudere secundum se et praeciso peccato; quia secundum se peccatum non est. *Secundo* potest intelligi, quod gaudeat, illud opus pravum talem effectum bonum habuisse vel habere et sic est licitum gaudere de opere malo. Non enim gaudemus, illud opus malum factum esse; sed supposito, quod factum sit, gaudemus quod boni effectus causam dederit. Vere enim gaudio dignum est, quod divina bonitate etiam ex pessimis operibus maxima bona proveniant. Sed hoc est potius gaudere de effectu, quam de opere, etsi etiam gaudeamus de causatione boni, quae tali operi competit ». Ita quidem Lessius; cuius sapientissimam sententiam imprudentissime Salmanticenses pertrahunt in doctrinam s. Alphonso oppositam.

112. Eadem de causa ex mera inconsiderantia Salmanticenses accusant Palaum, uti adversarium doctrinae ex s. Alphonso allatae; cum reipsa Palaus eandem demum, ac Lessius, doctrinam habeat.

Nam Tract. 2. disp. 2. punct. 10. §. II. n. 11. loco a Salmanticensibus allegato haec demum habet: « Quod dictum est de pollutione ob huiusmodi finem, dicendum est de homicidio, fornicatione et aliis peccatis, licitam esse, inquam, delectationem *non illorum praecise,* sed quatenus fuerunt causae alicuius boni effectus ». Porro cum dicit *non licere delectationem illorum,* nonne excludit delectationem *de ipso opere malo?*

Quod vero dicens, licere illorum *delectationem, quatenus sunt causae boni effectus*, recidat in Lessii sententiam, patet ex praecedentibus, ad quae aperte alludit in ipso periodi allatae initio. Disputans enim de pollutione, haec ibid. n. 10. habet: « Tertio infertur, nullo modo tibi licere, delectari de pollutione in somnis habita...; quia talis delectatio causa est excitativa etc... At licitum est de illa pollutione gaudere ob effectum inde sequutum...; quia tunc non est proprie delectatio de pollutione, sed *de effectu inde sequuto*... Hac enim ratione Ecclesia gaudet de Adae peccato, cum dicit: *O felix culpa, quae talem ac tantum meruit habere Redemptorem* ».

Ergo dum dicit, licere delectari de facto ob effectum sequutum, seu prout quidpiam est causa boni effectus, perinde est ac si dicat, ipso sui interprete, delectari de effectu sequuto, seu delectari, quod ex opere per se non probando, bonus effectus exstiterit; quae est doctrina communis s. Alphonsi et Lessii.

113. Sed et Vasquez in eandem cum Palao et Lessio atque adeo s. Alph. doctrinam conspirat. Nam in 1. 2. disp. 111. cap. 2. n. 8. disserte scribit: « Ego vero existimo, idem esse delectari de utilitate vel commodo proveniente ex homicidio et de ipso sub ea tantum ratione, non ut malum est proximi, vel contra iustitiam, sicut colligitur ex doctrina DD.: quos allegavimus etc. ». Fatendum tamen est, Vasquez doctrinam, ob suam illam theoriam, quod *delectatio non sumat malitiam ab obiecto etc.* prout sup. n. 72. notavimus, impeditam esse et vacillantem.

Concludamus ergo, falso a Salmanticensibus fingi hoc etiam loco diversitates doctrinarum, et ideo delenda etiam haec in s. Alphonso ab hisce decepto.

114. Succedit quaestio (quam primo loco tractat et Auctor in hac 2ª Resolutione) an liceat scil. ob bonum effectum sequutum gaudere seu delectari de actu secundum se malo, facto tamen sine culpa, quia patratum id fuit in amentia, somno, ebrietate etc. Et Auctor dicit, id licere ex Lessio et Vasquez; cuius rei ponit exemplum de solutione naturae in somno: sed claritatis gratia praestabit seorsim de quaestione generatim spectata, tum vero de exemplo allato disserere.

115. Et s. Alphonsus quidem lib. 5. n. 20. respuere videtur allatam doctrinam generalem Auctoris, dum ita scribit: « Si opus malum patratum fuit sine peccato, sentiunt Lessius et Vasquez, quibus adhaeret Busembaum, licitum esse de illo delectari, non per se, sed ut causa boni effectus. Sed verius tenendum est oppositum cum Sanchez, Tournely, Azorio, Croix, Roncaglia et Salmanticensibus. Ratio, quia licet actio non fuerit peccaminosa, fuit tamen obiective mala ». Ita s. Alphonsus.

116. Verum et heic recurrit dicendum, quod in praecedenti quaestione monuimus, nempe s. Alphonsi sententiam non ita opponi sententiae Au-

ctoris, ut conciliari utraque nequeat, adhibita scil. ita distinctione, ut
s. Alphonsus accipiatur de opere malo *secundum* se, Auctor vero *prout
inde bonus effectus* resultat. ·

Sic rem, distinctione ista adhibita, declarat Suarez *de Peccat.* disp. 5.
sect. 7. n. 14. et 15.: « Sequitur, non esse licitum delectari de actu praeterito, qui per se malus est, licet ex ignorantia invincibili vel alia ratione fuerit commissus sine culpa... Ratio est, quia ille actus per se est
pravum obiectum et ideo nunquam licet illud velle. Confirm. quia ille
actus praeteritus excusatur, quia fuit involuntarius; ergo si accedat voluntas, non erit unde excusetur ». Haec, uti patent, firmant sententiam
s. Alphonsi.

Sed mox num. 15. subiicit Suarez: « Addendum est, quamvis non
liceat gaudere de actu praeterito secundum se et propter eius voluptatem; licitum tamen esse gaudere de bono effectu inde sequuto, *atque
adeo de illo actu* (notetur illatio, unde patet sensus huius phrasis apud
Auctores) *tantum* ut causa fuit talis effectus... Ratio est, quia ille effectus potest esse secundum se honeste amabilis; ergo id, quod est causa
eius, *ut sic,* potest honeste amari, si aliunde non sit turpitudo, ut in
proposito nulla esse videtur; quia neque amatur talis actus per se neque
delectatio eius neque praeterea in re ipsa male vel inhoneste fit ». Ubi
habes sententiam Auctoris ex Lessio.

117. Et reipsa etiam Lessius cum eadem distinctione rem proponit,
De Iust. et Iur. lib. 4. cap. 3. n. 106. in fin.: Nam ad instantiam eiusmodi: « Quando id, quod per se malum est, ita fit, ut per somnum,
furiam, vel ignorantiam excusetur, non est licitum ante vel post libere
in illud consentire » respondet: « Hoc esse intelligendum de consensu,
quo istud placeat per se et absolute, ut docet Adrianus supra; sic enim
consentires in illud, *prout est obiective malum* (en Lessium improbantem
quod improbat s. Alphonsus) et consequenter traheret inde malitiam formalem: hoc modo fas non est gaudere de pollutione vel homicidio secundum se considerato; sed solum ob aliquod bonum, quo illud incommodum rependatur ».

Adriani autem verba, quae memorat, ista sunt, ab eo ibid. allegata:
« Nullo modo licet consentire consensu, qui sit causa actus, in aliquid,
quod de se esset mortale, si in vigilia fieret, ut homicidium pro tempore
furiae vel somni perpetrandum, aut in stuprationem virginis vel pollutionem in somno committendam; sed consensu nudae complacentiae licet
in tale praeteritum vel futurum consentire propter bonum inde sequutum
vel secuturum ».

118. Quin et Croix, quem pro se allegat s. Alph., utique lib. 5. n. 89.
scribit: « Delectatio de obiecto in se malo, sed sine culpa facto v. gr.
commisso ex ignorantia invincibili, in ebrietate, in somno etc., est pec-

catum tale, quale obiectum. Ita Suarez... aliique communiter. Ratio est, quia obiectum illud est in se malum; quod autem non fuerit peccatum, ideo est, quia non fuit voluntarium: ergo si nunc accedat voluntas *talem actum approbans* vel *de illo gaudens,* quod fit in delectatione, erit peccatum etc. ». Huc usque, ut patet, stat cum s. Alphonso et doctrinam primi membri distinctionis ex Suarez et Lessio propositae promit.

Audiantur modo quae dein addat ibid. n. 91. et quidem etiam de *peccato*, non in somno, sed in vigilia et libere patrato: « Putat cum aliis multis Meratius..., licitam esse delectationem de peccato, in quantum fuit causa vel occasio boni effectus; quia peccatum sub tali respectu non est malum: sed *melius dicitur*, tantum esse licitum gaudere de ipso effectu... Si tamen effective praescindatur malitia obiectiva, idest si malitia obiectiva non moveat affectum et delectatio cadat praecise super praedicatum, *prout est causativum boni*, delectatio non erit mala... ». Et haec est doctrina Auctoris.

119. Lugo, ab Auctore allegatus, ista habet *de Poenit.* disp. 16. n. 389.: « Infero octavo, de obiectis etiam iure naturae prohibitis, a quibus per inadvertentiam secluditur malitia, posse nos *aliquando* gaudere (vocem *aliquando* habet et Auctor: quorsum vero, infra patchit n. 129.-131.) quando sine advertentia posita sunt. Sic possumus gaudere de mendacio sine advertentia prolato... Ratio est, quia mendacium absque advertentia prolatum non affert secum intrinsecam odibilitatem et malitiam, sicut mendacium scienter prolatum, quod si liceret, tolleretur fidés in humano commercio ».

120. Cum autem Azor P. I. lib. 4. cap. 6. q. 9. et Roncaglia Tr. 2. cap. 3. q. 5. a s. Alph. allegati, de sola prima distinctionis praemissae parte, idest de opere secundum se, ut ex rationibus per eos allatis patet legenti, disputent, ne ipsi quidem contrarii censendi sunt.

Quod vero post Roncaglia dicit s. Alph. ibid., sententiam suam confirmari ex 15. inter Propositiones ab Innoc. XI. damnatas, ea de re paulo post agemus et patebit, aliam quoque inesse illi propositioni damnationis causam.

121. Quoad exemplum ab Auctore et aliis allatum de nocturna pollutione, haec habet s. Thomas in 4. dist. 9. q. 1. art. 4. q. a 1. ad 5. quibus quaestionem omni ex parte solvit. Cum enim praemisisset, non posse hominem in somno peccare neque mereri; quia tunc iudicium rationis non est liberum, subdit: « Potest tamen contingere, quod in ipsa evigilatione peccatum oriatur, siquidem pollutio *propter* delectationem placeat; quod quidem erit veniale peccatum, si sit ex subreptione talis placentia, mortale autem, si sit cum deliberante consensu et praecipue cum appetitu futuri. Ista autem placentia non facit praeteritam pollutionem peccatum; quia ipsius causa non est, sed ipsa (placentia) in se peccatum

est. Si autem placeat ut naturae exoneratio vel alleviatio, peccatum non creditur ».

122. Quoad primam partem huius doctrinae nulla est difficultas aut dissensio inter DD., nempe peccari ab eo (leviter, si ex subreptione, graviter, si ex deliberatione), qui gaudeat de habita tali pollutione *propter ipsius delectationem.*

Qua de re Lugo, cit. disp. 16. n. 389.: « Non tamen licet delectari de pollutione in somno habita propter voluptatem, quam attulit; quia iam tunc ipsamet delectatio secundum se opponeretur castitati propter malum, quod secum affert (hoc est, quod ait s. Thomas: *ipsa in se est peccatum*) ».

Et Lessius *De Iust. et Iur.* lib. 4. cap. 3. n. 104.: « *Causa voluptatis* nullo modo licitum est illam (pollutionem) desiderare aut de ea iam facta gaudere, etiamsi sine culpa accideret. Consensus enim in illam delectationem secundum omnes Doctores est peccatum mortale ».

123. Aliqua difficultas est in postrema parte textus s. Thomae, quae confirmat Auctoris sententiam de opere malo, de quo liceat delectari ob bonum effectum, si factum sine culpa fuerit. Dicit enim: si placeat *(pollutio)*, ut exoneratio etc.

S. Alphonsus porro, qui ab Auctoris doctrina, specie saltem discedit ut diximus n. 121., s. Thomam ita conatur explicare, ut contrarium non habeat. « Recte, inquit lib. 5. n. 20., dicunt Sanchez, Salmantic. et Roncaglia (s. Thomam) intelligendum esse, loqui de pollutione pure naturali, quae naturaliter provenit a natura se exonerante et ideo, cum illa non sit obiective mala, licet se complacere, non quidem de delectatione ex ea causata, sed de exoneratione per eam obtenta. E contrario non licebit delectari de opere obiective malo, nimirum de pollutione nocturna, quae evenerit ex tactu seu ex turpi somnio; quia tunc haec fuisset obiective mala ». Et nonnullis interiectis, quibus reiicit doctrinam Salmanticensium dicentium licere delectari de tali pollutione habita, modo absit commotio spirituum, si ea provenerit ex utili studio vel cibo moderato, quia etiam tunc esset naturalis » (et merito s. Alph. id reiicit; quia ex contextu apparet Salmanticenses loqui de re *secundum se*), s. Alph. concludit verbis, quae alias iam attulimus: « In quocumque casu tamen licet, *per se loquendo*, cuique delectari non de causa, scil. pollutione, sed de effectu sequuto, nempe de exoneratione causata a pollutione, *etiam voluntaria* vel de consecutione hereditatis ob homicidium, modo causa detestetur ».

124. Verum licet admittatur ista distinctio inter exonerationem mere naturalem et excitatam vel turpi somnio vel tactibus (qui locum habere possunt etiam sine ullo turpi somnio): haec tamen nullam vim habent adversus doctrinam Auctoris, *quam s. Alph. ibidem fatetur esse communem.* Nam ad casum exonerationis obiective malae respondebunt illud

idem, quod generatim statuunt de quovis malo opere, quod citra culpam
factum fuerit; nempe non licere de eo delectari *secundum se spectato,* sed
utique licere de eo gaudere praecise spectato ut *causativo boni* effectus.

125. Et quidem hanc distinctionem et adnexam doctrinam admittat
oportet et ipse s. Alphonsus vi explicationis, quam ipse profert, verborum
s. Thomae. Nam, esto, intelligendus sit s. Thomas de sola pollutione
naturali, quam s. Alph. cum Salm. et Roncaglia dicet, non esse obiective
malam. At enim nonne de illa dicit s. Thomas, non esse peccatum, si
ipsa placeat ut exoneratio naturae etc.? Vel ergo respuat, opus est;
doctrinam s. Thomae, aut admittat, delectationem de *ipsa pollutione*
licitam esse. Atqui de tali pollutione delectari *secundum se,* utut sit
mere naturalis, non licet, docente eodem s. Thoma; ergo admittat s. Alphonsus necesse est, licere ob bonum effectum seu uti praecise ut causativa boni effectus licite delectari quempiam posse de tali pollutione ;
quae prorsus est doctrina Auctoris.

126. Cum itaque sive in naturali sive in ea, quae a s. Alph. dicitur
obiective mala, pollutione per somnum, delectatio non liceat, nisi quatenus praecise spectatur ut boni causativa ; nihil mirum, quod communiter DD. de ista distinctione nihil solliciti fuerint.

Ita v. gr. Lugo *de Poenit.* disp. 16. n. 389.: « Idem est de pollutione;
potes enim ad finem sanitatis gaudere de illa *in somno* habita, imo et
de illa *procurata absque culpa* propter ignorantiam invincibilem; quia
neque sic posita affert magnum damnum proli, nec propter illud prohibetur, sed propter damnum, quod afferret, si licita esset, quia passim
poneretur ». Quae quidem ratio reipsa non huc spectat, sed ad aliam
considerationem, de qua paulo post.

127. Ad ultimam partem quod spectat Resolution. *de Desiderio,* Lessius, quem Auctor allegat, non solum id probat, sed imo ex eo, quod
liceat eiusmodi desiderium, evincit, quod liceat et delectatio. Ita ille
lib. 4. cap. 3. n. 104.: « Dico quarto: Simili modo licitum gaudere de
illa iam facta, docent iidem DD. et d. Thomas. Probatur, quia quod
licitum est desiderare ut fiat, licitum etiam est de eo gaudere, quod
factum sit et contra si fas est gaudere de facto, etiam licitum est desiderare, ut fiat; haec enim sunt eiusdem moris: nam gaudium necessario resultat ex bono desiderato obtento et supponit vel implicite includit
desiderium... Neque solum licitum est gaudere de ipso effectu bono, ut
quidam volunt (et hoc valet quoque pro desiderio ex dictis), v. gr. quod
molestia illa seu tentatio cesset (quamvis hic (effectus) sit ratio formalis
obiectiva seu totum motivum desiderii et gaudii, consideratus cum conditione futuri vel praesentis), sed etiam de ipsamet causa propter effectum; sicut gaudemus non modo de tranquillitate publica, sed etiam de
morte illius, qui illam turbabat et de facto illius, qui eam intulit, si in-
nocenter fecit; etsi tota ratio gaudendi sit bonum publicum ».

128. Ceterum directe de desiderio haec scite advertebat Lessius I. c.: « Dico tertio: Probabile est, licitum esse illam (pollutionem) desiderare simplici affectu, causa alicuius boni effectus cum ea coniuncti, v. gr. causa sanitatis, sedandae tentationis, obtinendae tranquillitatis animae etc. Ita Navarr. Toletus, Angelus, s. Antoninus, Adríanus et alii. Ratio est, quia id, quod hic desideratur, non est peccatum, sed per se indifferens; desideratur enim, ut fiat via naturali per causas a natura constitutas, sine omni libera cooperatione et finis, oh quem id desideratur, est bonus et vere optabilis: ergo in tali desiderio nullum est peccatum. Ego tamen huiusmodi desideria admitti cuipiam non sum auctor; tum quia, etsi per se mala non sint, tamen imperfectum indicant castitatis affectum tum quia sanctiora remedia et a sanctis viris usurpata non desunt. Idem dixerim de gaudio. Cavenda quoque in omnibus huiusmodi, ut iam saepe monuimus, omnis cooperatio et periculum consensus ».

129. S. Alphonsus nihil habet circa hanc doctrinam Auctoris; sed aliam subnectit quaestionem lib. 5. n. 21.: an liceat delectari de malo proximi ob bonum finem atque adeo desiderare; quippe, ut ex Lessio mox audivimus et s. Alphonsus ibid. ad fin. ex Salmanticens. repetit, quod de delectatione dicitur, id et de desiderio pariter dicendum est.

Heic adnotabo, hunc esse casum, propter quem Auctor cum DD. communiter non *absolute* dixerunt licere delectari de opere malo, sine culpa facto, sed dixerunt *aliquando* id licere. Ratio est, quia si opus illud cederet in damnum alterius et effectus bonus, ob quem quis gaudet, secundum ordinem caritatis non esset praeferendus altérius damno, iam ex hoc capite damnanda esset huiusmodi delectatio. Atque inde oritur iusta damnatio Prop. 15. inter proscriptas ab Innoc. XI.: « Licitum est filio gaudere de parricidio parentis a se in ebrietate perpetrato propter ingentes divitias inde ex hereditate consecutas ».

Verum his immorari heic non est necesse; quia sermo de his redibit, ubi de praecepto caritatis Tract. *De carit.* cap. 2. dub. II.

130. Solum heic memorabimus s. Thomae et s. Gregorii M. sententias, quas et s. Alph. lib. 5. n. 21. refert.

Itaque s. Thomas, in 3. dist. 30. q. 1. art. 1. ad 4.: « Dicendum, quod caritas attendit ad quaedam bona per se, scil. ad bona gratiae, ad quaedam autem per accidens, in quantum ad ista ordinantur: bona autem temporalia, quae per accidens caritas attendit, ex consequenti possunt se invicem in diversis impedire; quia prosperitas unius inducit adversitatem alterius. Unde quia caritas ordinem habet et plus debet diligere quisque se quam alium et propinquos quam extraneos et amicos quam inimicos et bonum commune multorum quam bonum privatum unius, potest aliquis salva caritate optare malum temporale alicui et gaudere si contingit, non in quantum est malum illius, sed in quantum est impedimentum ma-

lorum alterius, quem plus tenetur diligere, vel communitatis aut Ecclesiae. Similiter de malo etiam eius, qui in malum temporale incidit, secundum quod per malum poenae impeditur frequenter malum culpae
eius. Sed bona gratiae mutuo se non impediunt; quia spiritualia bona a
pluribus integre possideri possunt. Et ideo quantùm ad hoc nullus salva
caritate potest malum alteri optare vel de malo gaudere, nisi in quantum
in malo culpae vel damnationis alicuius relucet bonum divinae iustitiae,
quod plus tenetur diligere, quam aliquem hominem. Sed hoc non est per
se de malo gaudere, sed de bono quod adiunctum est malo ».

Quibus in doctrinis patet ratio, cur aliquando liceat, aliquando non
liceat desiderium aut delectatio de alterius malo; tunc enim non licebit,
quando desiderii aut gaudii obiectum non respondet ordini caritatis; licebit, si obiectum huic ordini respondeat.

131. Et s. Gregorius *Moral.* lib. 22. cap. 11. n. 23.: « Inter haec
sciendum est, quia evenire plerumque solet, ut non amissa caritate et
inimici nos ruina laetificet et rursum eius gloria sine invidiae culpa
contristet: cum et ruente eo, quosdam bene erigi credimus et proficiente
illo, plerosque iniuste opprimi formidamus. Qua in re mentem nostram
nec eius iam defectus erigit... nec profectus addicit (scil. condemnat), si
recta nostra cogitatio non quid in ipso, sed quid de ipso circa alios
agatur, attendit. Sed ad haec servanda valde est necessarium subtilis-
simae discretionis examen: ne cum nostra odia exsequimur, fallamur sub
specie utilitatis alienae ».

XVII. 3. Non est peccatum, saltem mortale, si coniuges delectentur appetitu tantum rationali de actu coniugii praeterito, futuro vel possibili, respectu compartis
praesentis vel absentis. Item si sponsus desideret copulam futuram aut de ea delectetur, vel vidua de praeterita. Ratio est, quia hi actus habent obiectum licitum.

Dixi *appetitu rationali;* quia si sponsus aut vidua voluntarie consentiat in
delectationem sensitivam et carnalem (quae ex recordatione copulae futurae aut
praeteritae naturaliter oritur) mortaliter peccat, ut docet Less. l. c. n. 120 Bon.
Tann. Palaus. V. Dian. t. 5. Misc. res. 2. contra Medin. etc. Quia vero ad supradictam voluntatis oblectationem sensitiva et carnalis ut plurimum, imo etiam periculum consensus in fornicationem consequitur, oblectationem illam voluntatis in
praxi vix locum habere, saltem in vidua et sponsis: inter coniuges tamen, modo
periculum pollutionis absit, etiam sensitivam et veneream delectationem non esse
mortale, docent Filliuc. Bonac. *de Matr.* q. 4. Sanchez, Lessius loc. cit. n. 121. et Dian.
t. 3. misc. r. 36. Tum quia status matrimonii haec excusat, uti etiam tactus impu-
dicos, solius voluptatis causa institutos: tum quia haec tendunt per se ad opus coniu-
gale, licet per accidens opus non exerceatur.

132. Ut rite intelligatur vis huius resolutionis, quae gravissimi momenti est etiam pro praxi, duplex consideranda est delectatio ab Auctore
memorata et de qua iam sermonem habuimus nn. 75.-77., quarum altera
ad appetitum rationalem spectat, altera ad appetitum sensitivum.

Quae distinctio ut rite intelligatur, advertendum cum Lugo *de Poenit.* disp. 16. n. 376. undenam sit radix malitiae in delectatione. Distinguit itaque Lugo malitiam, quam delectatio (seu gaudium) vel desiderium habet ex malitia sui obiecti et aliam malitiam, quam delectatio habere potest, licet obiectum per se non sit nec proponatur ut malum.

Et quoad malitiam, quae ex obiecto provenit, facile haec apparet in quolibet rei per se malae desiderio, non modo si desiderium intelligatur efficax et causativa voluntas, sed etiam merum desiderium quodammodo speculativum (nam possum desiderare mortem inimici et quod iniuste occidatur, licet nullo modo velim ego illum occidere aut ad necem eius cooperari). Tunc autem dubitandum non est, quin hoc de alterius nece desiderium sit malum propter malitiam rei desideratae.

Atque idipsum dicemus de gaudio; quippe gaudium et desiderium circa idem obiectum non differunt, nisi secundum diversa tempora, quae respiciunt; quia uterque actus approbat et amplectitur i dem obiectum alter pro tempore futuro, alter pro tempore praeterito. Sicut ergo desiderium homicidii est malum, ita et gaudium seu delectatio de illo mala erit. Quod intellige, de desiderio vel gaudio, quae in obiectum illud malum ferantur absolute et nulla conditione posita, quae malitiam excludat.

Quoad malitiam vero, quae delectationi inesse queat, licet ex parte obiecti haec non appareat aut expresse excludatur per conditionem appositam, facile patet in delectatione de materia venerea. Nam licet copula viri cum uxore sit licita et ex parte obiecti nullam malam circumstantiam praeferat; tamen religiosus vel solutus non potest licite delectari in cogitatione eiusmodi copulae, licet ex parte obiecti ponat expresse circumstantiam matrimonii, quae copulam reddit omnino in se licitam.

Porro cum eiusmodi malitia in tali delectatione non possit desumi ex malitia obiecti in se spectati atque adeo neque ex affectu voluntatis erga rem in se malam, debet reduci ad peculiarem aliquam oppositionem, quam delectatio illa habeat cum quapiam virtute, prout nempe in homine soluto delectationem de copula licita videmus opponi cum virtute castitatis propter commotionem illam et vehementem carnis ardorem, quem secum affert talis delectatio; quod in eo statu, nemine diffitente, illicitum est.

In aliis vero materiis non facile est invenire delectationem illicitam, cuius obiectum, secundum se, sit bonum. Lugo, ibid. n. 380.

133. Exinde vero dignoscitur, quaenam delectatio denotetur sub nomine delectationis *rationalis* aut *sensitivae.* Nimirum rationalem dicunt, quae sumitur ex quolibet obiecto, praescindendo an simul exsurgat inordinatio quaepiam in appetitu sensitivo: sensitiva vero dicitur, quae praecise hanc inordinationem habet.

  Rem sic explanat Lugo *de Poenit.* disp. 16. n. 385. « Licet malitia, quae desumitur ab obiecto, competat omni delectationi, quae circa illud versatur, sicut et omni desiderio; malitia tamen, quae non sumitur ab obiecto, (sc. ex inordinatione sensitivae partis) non competit omni delectationi venereae, sed illi, quae affert vel apta est afferre secum illam corporis commotionem superius explicatam. Potest enim dari alia delectatio vel gaudium tale de copula licita (propria vel aliena, praeterita vel futura), quae sit mera approbatio obiecti quasi speculativa: ut cum vidua gaudet, se viro reddidisse debitum, vel se expertam fuisse delectationem coniugalem, vel sponsus gaudet, quod poterit frui sponsa. Quae delectatio in modo tendendi non differt fere a desiderio nec affert secum illam corporis commotionem, sicut affert illa alia, quae versatur circa obiectum, sicut si esset praesens. Quam differentiam unusquisque facile experitur et aliqui Auctores explicant, dicendo, delectationes, quae sunt in sola voluntate, esse licitas, non vero quae sunt in appetitu sensitivo. Ita loquitur Thomas Sanchez *Decal.* lib. 1. cap. 2. n. 32. seqq. Quam distinctionem impugnat Palaus tract. 2. disp. 2. punct. 10. §. 2. n. 5.; ipse autem aliis nominibus distinguit illam duplicem delectationem: alteram vocat *meram approbationem obiecti,* quam dicit non afferre secum illam commotionem, alteram appellat simpliciter *delectationem.* Sed quoad hoc quaestio erit de vocabulis. Certum autem videtur, dari in nobis duplex illud genus delectationis valde diversum et licet utrumque detur in voluntate, altera tamen ex illis facit sentiri effectus suos in parte sensitiva et ideo Sanchez et alii dixerunt, illam esse in appetitu sensitivo ».

134. Ex his facile patet ratio utriusque partis resolutionis; quam clarius partiemur non pro distinctione delectationum, sed personarum ; ut scilicet inspiciamus quid coniugibus liceat, quid deinde viduis aut sponsis seu solutis.

Quod ergo ad coniuges attinet, dicit A., eos non peccare, si *appetitu rationali* delectentur de actu coniugii aut praeterito aut futuro aut possibili respectu compartis vel praesentis vel absentis.

Adverte igitur, agi de appetitu *rationali* atque adeo de delectatione, quam diximus *rationalem* et quae est quaedam speculativa obiecti approbatio, ut Lugo n. praec. dicebat. Licitam autem esse patet ex ratione addita ; nam licitus est actus erga obiectum licitum: atqui. Ergo.

135. At enim, cur A. non dicit licitam esse eam delectationem, prouti postulare videtur ratio addita; sed restricte dicit, non esse peccatum mortale?

Resp. Rationem reddit Laymann lib. 1. tract. 3. cap. 6. n. 12. inquiens: « Est tamen peccatum veniale, inquit Caietanus, cum nec necessitas nec pietas talem mentis occupationem suadeat ».

Verum haec minus apte a Laymann adduntur; quia reipsa falso supponitur, Caietanum haec de delectatione mere rationali pronunciasse;

quinimo contextus persuadet, haec dicta ab eo fuisse de delectatione amplissimo sensu accepta. « Vir cogitans (inquit V. *Delectatio*) de uxore absente et actu coniugii et voluntarie delectatus de illo, non incidit in morosae delectationis crimen; quia de actu sibi licito tunc delectatur absolute: quamvis peccet venialiter; quia nec necessitas nec pietas suadet sibi talem mentis occupationem ».

Et Auctor quidem et Laymann videntur sumpsisse thesim eo modo enunciatam ex Lessio. At Lessius non disserebat de sola delectatione *rationali*, imo expresse tractat de *imaginario* obiecto atque adeo de delectatione *sensibili.* Ita ille *de Iust. et Iur.* lib. 4. cap. 3. n. 121.: « (Infertur), coniugem in absentia coniugis non peccare *mortifere*, etiamsi *imaginaria* copula oblectetur, modo absit omne periculum pollutionis. Nam qui est in eo statu, ut ei opus externum reipsa praestitum sit permissum, ei quoque permissum est opus imaginarium, seu vi phantastica praestandum, *aliis incommodis seclusis*, ut docet Caietanus V. *Delectatio morosa* §. *Rursus.* Fumus eod. V. *Delectatio* n. IV. etc. ». Et ad alia illa *incommoda* referendum, quod sit actus otiosus.

136. Proinde melius Salmanticenses *quoad hanc thesis partem*, tract. 16. *De matrim.* cap. 15. n. 90.: « Si delectatio sit in voluntate..., probabilior est secunda sententia (ibid. n. 89.), quae dicit non esse talem delectationem... inter coniuges peccatum...; quia talis est delectatio, quale obiectum de quo capitur... Sed copula inter coniuges est licita: ergo delectari de illa erit etiam licitum, ita ut si ob bonum aliquod honestum delectentur, nulla culpa sit ».

Dixi *quoad hanc thesis partem;* nam 1°. heic miscent inopportune sermonem etiam de appetitu sensitivo: 2° dein reperiunt peccatum mortale in partis inferioris commotione; quod nullatenus admittendum, ut dicturi mox sumus.

137. Auctor enim addit, inter coniuges non esse *mortalem* delectationem *sensibilem et veneream*, ex cogitatis actibus coniugalibus captam, si absit periculum pollutionis: quod Salmantic. l. c. n. 90. dicunt peccatum mortale esse.

De hàc re haec s. Alphonsus lib. 5. n. 25.: « Vere probabilem censeo sententiam Busembaum, qua dicit, licitum esse coniugibus, delectari etiam carnaliter (scil. delectatione sensitiva et carnali seu venerea) de copula habita vel futura, semper ac absit periculum pollutionis. Ratio est, quia, prout et Salmantic. dicunt l. c. n. 84. de tactibus impudicis, ipse status matrimonii haec omnia licita reddit; alias status matrimonii esset nimiis scrupulis obnoxius ». Et mox subiicit, ita sentire Filliuc. Bonac. Sanch. Less. Diana, s. Antoninum, Caietan. Coninch, Croix, Gersonem, Suar., Laymann et alios plurimos et probabilem dici etiam a Salmanticensibus l. c. n. 89. et s. Thomam favere.

Et reipsa s. Thomas *de Mal.* q. 15. art. 2. ad 17. haec habet: « Dicendum, quod... delectationes in *bonitate et malitia* consequuntur operationes delectabiles et ideo sicut carnalis commixtio non est peccatum mortale coniugato, est autem peccatum mortale non coniugato; similis etiam differentia est de delectatione et de consensu in delectationem. Non enim potest esse gravius peccatum consensus in delectationem, quam consensus in actum, ut patet per Augustinum etc. ».

138. Quod ergo ad praxim attinet, si coniugatus se accuset de morosis delectationibus, interrogetur, an erga proprium coniugem habuerit. Et si affirmative respondeat, doceatur, ea per se et quando pollutionis periculum absit, nullum continere reatum; quia cui licet opus, licet etiam de eodem delectari: verumtamen haberi in hisce (intellige si diu foveantur) vitium *otiositatis*, in quo levis aliqua culpa non desit atque curandum alioquin, ut mentem ad sublimiora erigamus etc.

Quod si poenitens dicat, erga alienam personam delectationes habuisse, ad rem facient verba Chrysostomi in Matth. *Homil.* 17. Ad illa *Qui viderit mulierem* etc. « Si enim vis videre atque ex visu capere voluptatem, aspice propriam coniugem et illius usque amore perfruere; hoc enim nulla lex prohibet omnino. Si vero alterius venustatem penitius intuebere, etiam tuam iniuria afficis, a qua in aliam oculos avertis et illam quoque, quam contueris, nefarie eam tangens. Etsi enim illam non attrectasti manu; at oculis tamen et voluntate palpasti etc. ». Quae plane de delectatione imaginaria tractant et monent, ut obiectum illius licitum eligatur. Et in casu utilius utique remedium erit delectationem delectatione vincere etc.

139. Quod attinet autem ad sponsos et viduos, Auctor quoad sponsos quidem licere dicit desiderium ac delectationem de futura copula ac quoad viduos de copula praeterita, si sermo sit de *delectatione rationali;* mortaliter tamen peccare, si consentiant in delectationem *sensitivam* et carnalem, quae ex copulae aut futurae aut praeteritae recordatione facile oritur. Monet porro, etiam *rationalem* illam delectationem in praxi vix locum habere tuto posse ob periculum consensus in delectationem sensitivam aut etiam in fornicationem.

140. At enim s. Alph. lib. 5. n. 24. addit, quod « etiam secluso periculo delectationis *sensitivae* (intellige et consensus in eam delectationem), verius dicendum est cum Holzmann, Roncaglia et Sanchez, Vasquez, Azor, Laymann, Palao, Diana etc. apud Salmantic., quamcumque delectationem *voluntatis* in sponsis et viduis de copula futura vel praeterita, esse malam. Ratio (inquit), quia delectatio sibi reddit obiectum praesens; et ideo semper ac obiectum praesens hic et nunc est malum, cum absit hic et nunc conditio cohonestans matrimonii, mala etiam est omnis actualis delectatio de illo ».

Et haec quidem contraria, ut patet, doctrinae Auctoris, opus est perpendere; nam agitur de re gravissima et passim occurrente.

141. Duplici autem ex causa haec s. Alph. dicta minus sunt efficacia.

Prima est, quia omnes illae allegationes (si Roncaglia excipias et forte Holzmann, quem videre non potui), sunt abs re. Culpa haec tamen falsi testimonii non est s. Alphonsi, sed Salmanticensium, penes quos allegari hos DD. s. Alph. reipsa dicit.

Et dixi Salmanticenses (ex defectu accuratae diligentiae) reos esse huius falsi testimonii; quia tract. 20. cap. 13. n. 56. ita scribunt de vidua, quae delectetur circa copulam praeteritam: Prima sententia (inquiunt) asserit, talem delectationem *sive voluntatis* sive *appetitus sensitivi* esse lethalem, *etsi non adsit consensus* periculum *aut commotio motus libidinosi.* Ita Vasquez, Sanchez, Azor, Palaus, Laymann, Diana, Corduba, Lopez, Tapia et alii etc. Quorum fundamentum est, quia talis delectatio respicit copulam ut praesentem estque illius inchoatio, cum afferat *semper* commotionem spirituum deservientium generationi etc. »

At in primis haec relatio sententiae non admodum sibi cohaeret. Dicunt, hos doctores censere lethalem delectationem, *etsi non adsit commotio libidinosa* et dein addunt, hos doctores censere delectationem lethalem, quia *semper habetur commotio illa libidinosa.* Quae duo plane repugnant. Nam si ideo damnant eam delectationem, quia habet eum effectum, non possunt damnare, si *ista ratio* desit, scil. in hypothesi (possibili an impossibili, nihil interest), quod non haberet eum effectum.

142. Sed labes non minus gravis occurrit in thesi. Nam ex istorum dicto DD. illi damnarent ceu lethalem etiam delectationem merae voluntatis, scil. quam diximus rationalem. Atqui hoc quam falsissimum est. Id sin minus de omnibus, saltem de nonnullis, ad vitandam prolixitatem, ostendemus.

Allegant itaque pro tali sententia Vasquez in 1. 2. Disp. 114. cap. 2. n. 3. Atqui Vasquez (utut anomalas de hoc argumento theorias alioquin habeat) negat mortalem esse delectationem voluntatis, mortalem vero dicit solum delectationem veneream. En prima eius thesis l. c.: « Dico igitur primum: si actus praeteriti coniugii vel futuri, apprehendatur secundo et tertio modo (scil. sub specie boni honesti vel commodi seu utilis), non est peccatum mortale delectari de illo, imo et virtutis actus esse potest et hac ratione approbare praeteritum et futurum et de utroque delectari vel etiam efficaciter velle futurum non est peccatum mortale, imo et actus virtutis esse potest... Deinde dicendum est, si actus coniugii praeteriti vel futuri apprehendatur sub ratione delectabili venerea..., esse peccatum mortale ». Et rationem reddit (ibid. n. 5.), quia cum « delectatio secundum se expendi debeat, *an virtuti opponatur*, fit, ut haec delectatio in sponsis de futuro, si venerea est, mortalis sit; quia sicut *externa* delectatio

venerea, quando non excusatur constante matrimonio, est peccatum mortale, ut omnes fatentur; eodem modo delectatio interior, quae venerea est,
quando non contingit constante matrimonio, a mortali non excusabitur ».

Ergo Vasquez absolvit delectationem a peccato, si mere rationalis et
damnat, quando sit venerea. Et quidem has sententias convenire cum
doctrina Auctoris nostri, ipse Vasquez ibid. n. 3. sic innuit: « Et hoc
forsan docere voluerunt Doctores aliqui superius allegati, cum asserunt,
delectationem de actu coniugii praeteriti vel futuri, quae manet in ratione
et in voluntate, non esse peccatum mortale; eam vero, quae derivatur
in sensualitatem, esse mortalem; fortassis enim intellexerunt, delectationem ex commodo aliquo vel bonitate illius actus, quae non respiciat
sensum, sicut respicit delectatio venerea ».

143. Allegatur dein Sanchez *De matrim.* lib. 9. disp. 47. n. 7.; sed abs
re, quia ibi loquitur de *delectatione sensitiva.* « Ultima conclusio: Peccant lethaliter vidui admittentes *delectationem veneream et sensitivam*,
ortam ex copulae habitae tempore matrimonii cogitatione ».

Et de sponsis ibid. n. 4.: « Prima conclusio sit: Peccatum lethale est,
captare delectationem appetitus sensitivi, nondum coniugatos, in copula
futura tempore matrimonii cogitata ».

Quod vero attinet ad delectationem rationalem, haec Sanchez praemiserat ibid. n. 1.: « Hac in re CONSTAT APUD OMNES, licitos esse omnes
actus voluntatis circa futuram tempore coniugii, vel praeteritam eodem
tempore (scil. coniugii) copulam; ut licet gaudere de habita vel habenda
illamque desiderare. Quia omnes hi actus habent obiectum licitum nullamque delectationem veneream in praesenti ponunt ».

144. Allegatur Diana part. 3. tract. 5. resol. 2. et in Edit. coord. tom. 2.
tr. 6. resol. 39. At falsitas patet vel ex ipso titulo Resolutionis, qui est
eiusmodi: « Cursim docetur, viduam NON peccare mortaliter, si obortam
cogitationem copulae carnalis cum marito defuncto, eam approbet voluntate et sic est etiam dicendum de sponsa circa copulam carnalem
futuram et coniugalem, si eam vel desideret vel simplicis voluntatis
affectione approbet ».

Mortale peccatum porro admittit in delectatione, si carnalis sit. Unde
allata opposita sententia excusante, subiicit ibid. n. 2.: « Ego tamen contrariam sententiam teneo cum DD... Et ratio est, quia sicut actus externus
venereus respectu sponsae vel viduae non est licitus, ita neque est licita
delectatio (carnalis ut in titulo dicitur), quae de illo actu capitur non
constante matrimonio ».

145. Allegatur et Laymann lib. 1. tract. 3. cap. 6. n. 12. Sed contra ibi
Laymann concedit, delectationem rationalem licitam esse, licet moneat,
non secus ac Auctor noster, in praxi periculosam esse. Sic ille: « Ceterum
tametsi, per se loquendo, idem, quod de coniuge dictum fuit, de vidua

quoque dici possit, nimirum mortaliter *non peccare,* si oborta cogitatione copulae carnalis cum marito defuncto, eam voluntate approbet, sicut videre est apud Vasquez, similiter de sponso, si oborta cogitatione copulae coniugalis futurae, eam vel desideret vel simplici voluntatis affectione approbet... quamvis haec, inquam, speculative vera esse ponamus; tamen in praxi vix locum habent... non solum propter periculum eliciendi consensus in fornicationem absolute, sed multo magis *propter motum carnalem et sensitivum,* qui naturaliter ex cogitatione coortus, si voluntate accepfetur, mortali peccato in innuptis non caret».

Inde ponit thesim ibid. n. 13.: « Dico igitur II: mortaliter peccat vidua, si voluntarie consentiat in motum *delectationis sensitivae,* qui ex recordatione copulae maritalis naturaliter oritur; quae est omnium DD. sententia... Idemque sentiendum de sponso, si *in sensitivam* delectationem vel carnis commotionem ex cogitatione futuri actus coniugalis exortam deliberate consentiat ». Perperam ergo invocant Laymann auctoritatem.

146. Allegant et Azor part. 1. lib. 4. cap. 6. q. 6. Verum Azor reipsa culpam reperit in delectatione tantum sensitiva ac venerea, non vero in rationali. Ita ille: « Ceterum in hac quaestione non videtur esse magna difficultas. Est enim eiusmodi delectatio in viduis peccatum ex suo genere grave. Nam si vidua maritalem complexum mentis cogitatione concipiat tanquam praesentem, ita ut coniugales amplexus, oscula et tactus praeteritos animo suo fingat ac secum cogitando volvat et ea animi cogitatione excitet delectationem in appetitu vel sensu, tunc si in eam consentiat, procul dubio lethali culpa mentem et animum commaculat, tametsi nullum aliud consensus vel peccati periculum sibi creet. Quoniam licet actus praeteriti coniugales re ipsa inter coniuges boni fuerint, iusti et honesti, cum tamen illi tanquam praesentes animo concipiuntur ab iis, qui matrimonio soluti iam sunt, si voluntatem et animum sua iucunditate et delectatione deliniant, culpa non carent; quoniam eiusmodi delectatio est de actu, qui in eo, qui delectatur, amplius coniugalis non est. Omnis autem delectatio ex viri et feminae complexu percepta extra legitimum coniugium, libidinosa et venerea est et propterea mala et vitiosa; eam solummodo excusat maritalis congressus. Si item ex memoria actus coniugalis, qui praeteriit, oriatur et surgat in appetitu vel sensu delectatio, quam sua sponte vidua acceptam habeat et sibi gratam, culpa etiam non vacat: licet nullius alterius peccati periculum vidua incurrat. At vero *si vidua solum ratum et firmum aut etiam gratum et acceptum habeat actum coniugalem pristinum, ex quo olim delectationem percepit: tunc nullam culpam suscipit, nullum peccatum contrahit et in hoc prima opinio locum habet, quae dicit eam non peccare; quia solum placet ei actus, qui transiit et qui fuit bonus atque legitimus et tota delectatio ex actu bono fuit ante percepta* ».

146. Allegatur et Palaus tract. 2. disp. 2. punct. 10. §. 2. n. 7. Sed ne hic quidem doctrinam habet, quam Salmanticenses illi affingunt, licet alioquin fateatur ibid. n. 5. 6., se contra Sanchez pugnare, quippe sententiam Sanchez non videtur satis assecutus fuisse.

Haec igitur Palaus l. c.: « Secundo infero, non esse licitam viduis delectationem tam voluntatis, quam appetitus sensitivi ortam ex cogitatione copulae habitae tempore matrimonii, neque sponsis de futuro delectari de copula habenda tempore coniugii; quia talis delectatio non sumit suam bonitatem vel malitiam ab obiecto, quod bonum quidem est, sed ex oppositione quam de praesenti habet cum virtute castitatis, eo quod de praesenti excitet et commoveat spiritus subservientes generationi et pollutionis vel coitus praesentis initium sit et ita tenet Sanchez plures referens *De matrim.* lib. 9. disp. 47. n. 4. Ex quibus patet, Palaum heic rationem habuisse delectationis istius in se spectatae et ortae ex praesenti cogitatione copulae; idque evidenter confirmat allegatio Sanchez (cuius verba superius n. 143. retulimus), non vero heic agi de delectatione, quae consistat in approbatione mera actus, qui aut fuit aut erit bonus atque honestus, quam diximus *delectationem rationalem.* Quandoquidem delectatio, quam Palaus describit, non est nisi motus libidinosus.

147. Concludamus igitur, ex sola Salmanticensium testificatione factum esse, ut contra doctrinam de licita delectatione *rationali* tum in viduis relate ad copulam praeteritam, tum in sponsis relate ad futuram, tot DD. a s. Alphonso allegarentur, cum tamen iidem DD. pro ipsa doctrina unanimes pugnent; quibus deinde addi debebunt plurimi illi, quos iidem Salmanticenses (nam et ipsi l. c. n. 57. doctrinam Auctoris propugnant, et ulterius imo progrediuntur; adeo ut doceant, licitam esse etiam delectationem *appetitus,* dummodo absit quaevis commotio libidinosa) addunt, quasi hi repugnent praecedentibus.

148. Demptis auctoritatibus (quas s. Alphonsus ex Salmanticensibus acceperat) ad evincendum, illicitam esse delectationem *mere rationalem,* solum superest ratio, quam Roncaglia protulit, nempe malam esse delectationem, quippe quae sibi reddit praesens obiectum: porro obiectum heic et nunc praesens, cum desit conditio matrimonii, pravum est; ergo prava est et delectatio.

At philosophema, quo usus est hoc loco Roncaglia tract. 2. q. I. cap. 3. q. 5. resp. 2. valde ineptum est et ne intellexisse quidem ipse videtur (quod in scolastica peregrinis contingere saepe solet), quid sibi velit delectatio *voluntatis,* prouti a delectatione *sensitiva* distinguitur.

Inquit ille: « Licet intellectus possit proponere voluntati obiectum sub conditione et ut a malitia praecisum; nihilominus delectatio voluntatis non potest esse de eo, quatenus sub tali conditione proponitur ». Atqui éffatum istud falsissimum est et probaret, non posse dari consensum *conditionatum*. Hinc si quis dixerit: *volo te ducere, si habebis dotem, vel volo te ducere, cum expleveris annum vigesimum;* hic, iuxta Roncaglia, vellet ducere sine dote aut ante vigesimum annum expletum! Ceterum nihil magis consuetum, quam ut affectu feramur in obiectum, e quo per intellectum praeciduntur multa, quae cum alioquin displiceant, impediunt, quominus absolute illud diligamus et velimus.

149. Subdit Roncaglia: « Ratio autem est, quia cum complacentia de sua natura non sit nisi quies in eo, quod delectat; oportet obiectum, in quo voluntas sibi complacet, esse saltem intentionaliter praesens: unde non est amplius complacentia de re turpi, quatenus posset esse futura sub conditione illam cohonestante, sed delectatio rei turpis, ut actualiter praesentis adeoque illicita est ». Et allegat Navarrum.

Resp. Atqui eo ipso, quod voluntas non delectatur de obiecto, nisi quatenus fit intentionaliter praesens, praesens autem voluntati non fit per intellectum nisi sub conditione, obiectum ipsum cohonestante; idcirco delectatio non habet ullum obiectum, nisi conditione illa cohonestatum. Proinde, uti iam patet, obiectio ex eo procedit, quod Roncaglia ad voluntatem et intellectum transferat ea, quae DD. tradunt de phantasia et appetitu sensitivo. Cum enim phantasia non possit conditionem quampiam per praecisiones apponere, idcirco sensitivus appetitus fertur in obiectum sine praecisione et sine conditione, contra ac in appetitu *rationali* fiat.

150. Ceterum Navarrus eodem illo loco, quem Roncaglia citat, plane oppositum docet. Scribit enim *Man.* cap. 16. n. 9.: « Peccat is, cui deliberate placet delectatio, quae sibi nascitur ex cogitatione copulae carnalis, quam habiturus est cum illa vel illa, quando sibi facta fuerit uxor, aut si alioquin liceret, iuxta Caietanum... Quoniam *quamvis licita sit voluntas conditionalis habendi copulam cum illa vel illa, si vel quando sua uxor fuerit, quamvis item liceat ei gaudere de spe, quam concipit, habendi aliquando illam;* non est tamen licitum ei admittere deliberate *delectationem carnalem*, quae inde nasceretur. Nam quamvis voluntas conditionalis copulae futurae nihil ponat in esse; illa tamen delectatio, quae inde nascitur, non est conditionalis nec futura, imo praesens et absoluta ». Ita Navarrus, egregie distinguens inter *voluntatem conditionalem* (ubi habes rationalem delectationem) et *delectationem carnalem;* illam, contra ac censet Roncaglia, licitam, illicitam vero tantummodo posteriorem dicit: quod autem damnat ceu illicitum utpote quod praesens fit, non quidem est obiectum intentionaliter praesens per actum intellectus, sed delectatio sensitiva et carnalis, de qua non est heic sermo.

151. Et confirmari haec possunt ex iis, quae post eundem Roncaglia

s. Alphonsus ibidem lib. 5. n. 24. scribit de desiderio: « Aliud dicendum, inquit, cum Roncaglia de desiderio, quo sponsus vult copulam futuram; hoc enim licet, quia cum voluntas fertur in obiectum futurum, potest illud desiderare sub conditione, qua obiectum licitum erit ».

At enim egregie Vasquez in 1. 2. disp. 114. cap. 2. n. 5., ex hoc ipso quod licitum quidam dicebant desiderium, non vero delectationem rationalem, eos revincit et delectationem hahendam esse licitam, quippe quae' delectatio et in desiderio inest. Etenim, inquit, « ut propositum efficax est *absoluta* voluntas, (neque enim est sola voluntas inefficax, quam velleitatem scholastici vocant), ita etiam delectatio est absoluta voluntas, eo praesertim quod nullus actus est in voluntate, qui sit conditionatus, sed omnis est absolutus, ut disp. 42. c. 3. explicavi; et quamvis efficax propositum tendat in exsecutionem sub tali circumstantia, quae habet vim quandam conditionis, est tamen in se complacentia quaedam absoluta : nisi enim placeret actus ille, non esset propositum efficax illius: vel ergo tale propositum qua ratione complacentia est, debet esse mortale, vel delectatio non erit mortalis; quia in utroque est affectus absolutus » et (addemus nos) in utroque casu obiectum fit intentionaliter praesens. Sed de his iam satis.

XVIII. 4. Delectatio morosa de rebus solo iure positivo prohibitis non est illicita, modo non fiat sub ratione prohibitionis: v. g. si Carthusianus vel alius die ieiunii se oblectet de cogitato esu carnium; quia non est de opere malo, cum lex tantum vetet comestionem externam. Laym. l. 1. t. 3. c. 6. n. 9. Less. l. 4. c. 3. d. 14. n. 111 et 113.

152. S. Alphonsus lib. 5. n. 27. merito dicit, doctrinam Auctoris tenendam esse cum *communi* DD. contra Croix lib. 5. n. 81., qui probabilius dicit oppositum et (quod sane mirum est) allegat pro sua sententia s. Thomam, Suarez et Sanchez, qui tamen nihil aliud habent, nisi notissimum principium, nempe delectationem esse peccatum, quando est de *re cogitata*, non vero quando est de sola cogitatione: quae nihil, uti patet, ad rem faciunt.

153. Discrimen, cur is, qui imaginatione actus venerei delectatur, peccet mortaliter, non vero Carthusianus imaginario carnium usu (supponendo, neutrum eorum velle ad opus externum procedere), sic Lessius bene proponit lib. 4. cap. 3. nn. 113-115.: « Ratio est, inquit, quia ille consentit in venerem imaginariam et phantasticam fornicationem (ut loquitur Augustinus De Trin. lib. 12. c. 9.) et consequenter in corporis commotionem ac libidinosam pruriginem, quae ex tali imaginatione naturaliter sequi solet et ex qua immediate illa sensibilis voluptas fluit. Atqui phantastica illa actio, sicut et corporalis immutatio inde consequens, est illicita. Item consentit in complacentiam operis externi, qua parte est delectabile... Atqui haec quoque complacentia est obiectum sufficiens peccati mortalis;

nam affectum habere conformem operi, quod per se est peccatum mortale, est grave malum: et consequenter consensus in illud, mortalis. Carthusianus autem ille solum consentit in imaginarias·carnium epulas et in corporalem commotionem (si qua forte in spiritibus, humoribus aut corde sequatur) et in voluptatem hinc resultantem: quorum nihil est illi prohibitum; sola enim actio externa illi vetita, idque non tam causa vitandae voluptatis, quam mortificandae carnis per externam abstinentiam. Itaque satisfacit praecepto, exterius abstinendo et volendo abstinere: quantumvis imaginario esu et sapore delectetur. Nec obstat, quod videatur consentire in affectum erga carnes; quia hic affectus malus non est, sicut nec affectus comedendi tempore ieiunii. Sepono omne periculum ulterioris consensus in opus externum ».

154. Ita Lessius; parique ratione DD. advertunt, non esse peccatum delectari de quopiam alio opere cogitato aut viso, si illud non iure naturae illicitum sit, sed solum positiva lege prohibitum, ut cum quis delectatur imaginatione seu inspectione ludi alioquin legibus vetiti.

Ratio ergo est, quia id, quod per se malum est, non solum exterius et re ipsa exsequi non licet, sed neque interius vi phantastica per imaginationem: neutro enim modo fas est illud appetere, aut voluntatem ei habere conformem affectumque adiungere. Non fas est, prout fit exterius, quia per se malum est; non etiam ut faciendum per imaginationem, quia affectus in opus imaginarium includit affectum operis in se considerati. Non enim potest placere opus in imaginatione, nisi placeat etiam in se ipso. Atqui omnis affectus et complacentia obiecti per se mali, mala est. Quod autem solo iure positivo est prohibitum, id non est vetitum agi per imaginationem; cum solum externum exercitium et opus prohibeatur... Neque affectus ille ad opus externum in se spectatum malus est, quando est solum complacentia appetitus inferioris, non movens ad prohibitam exsecutionem; affectus enim naturales ad bona adiaphora per se mali non sunt, etiamsi voto vel praecepto positivo prohibearis illa sectari, uti affectus cibi tempore ieiunii, affectus opum vel dignitatum, honorum, vitae, longaevitatis. Unde, inquit Lessius l. c. n. 115., tales affectus interdum sine peccato possunt directe appeti et excitari, ut si quis appetat famem vel sitim, ut difficultate ieiunii plus mereatur. Sic Dominus in se ipso naturalem affectum vitae et horrorem mortis excitavit, quamvis praeceptum de morte subeunda haberet. Ita pl. m. Lessius l. c. n. 114-115.

155. Hinc Laymann lib. 1. tract. 3. cap. 6. n. 9.: « Si cognita Ecclesiae prohibitione habeas voluntatem seu propositum comedendi carnes die veneris, habes quoque voluntatem praevaricandi legem et peccas. Sin autem cognita lege ecclesiastica, eadem die cogites et oblectes te carnium esu absolute et praecise, non praevaricaris ieiunii legem; quia lex prohibens carnium esum, non prohibet etiam cogitationem et oblecta-

tionem de carnium esu... Saepe quis sine culpa tristatur de ieiunii praecepto vel voto edito, quod ‘tamen observare proponit et poenitenti saepe
displicet poenitentia a confessario iniuncta, quam tamen perficere vult...
Ceterum delectari de opere v. gr. carnium esu, quatenus legitimo praecepto repugnat, semper est peccatum; quia pro obiecto habet formalem
inobedientiam, iuri naturali repugnantem ».

156. Advertendum denique, quod s. Alphonsus lib. 5. n. 27. licet de
generali Auctoris hac thesi dicat, *ita tenendum cum communi contra
Croix;* tamen mox subiicit: « Non licet autem delectari de missa ob
oblivionem relicta et simili; quia omissio est obiective mala, ut Ronc.
Tract. 2. q. 1. cap. 3. q. 5. resp. 1. ait cum Azor et Sanchez ». Huius limitationis ratio occurrit reapse apud Sanchez *Moral.* l. 1. c. 2. n. 10.
ubi apparet quaedam anomalia, quam iuvat innuere et ex qua origo patebit resolutionis anomalae Roncaglia citati a s. Alphonso.

157. Videlicet primo ibi memorat sententiam Auctoris, dicens: « Alii
eandem doctrinam (de illicita delectatione rei pravae cogitatae) temperant, ut intelligatur, quando capiatur delectatio de rebus *per se* malis,
quales sunt lege naturali vetitae; secus si sit de iis, quae sola lege
humana interdicuntur, ut si quis in ieiunii die delectatur de coena aut
esu carnium cogitatis, non peccabit, sed tunc tantum, quando delectatur
in eis, ut lege interdictis ».

Allata dein sententia, quae quoad utrumque rerum genus culpabilem
reperit delectationem, ipse assignat discrimen inter utrumque genus hoc
modo, quod in prohibitis iure naturae, nemo possit delectari de substantia
rei, quin simul de malitia rei insita delectetur, v. gr. de fornicatione;
contra vero in rebus solo humano iure vetitis possit quis delectari de
rei substantia, quin de malitia delectetur. Verum hoc idem, quod ad
communem doctrinam ab A. propositam pertinet, hac limitatione circum-
scribit, ut id valeat quoad praecepta negativa, v. gr. esus carnium die
veneris, non vero quoad praecepta positiva, v. gr. sumendi pascha aut
missam audiendi, quia in hisce non reperit substantiam rei, de qua quis
possit delectari, cum nulla sit in *omissione* substantia, quae sit obiectum
delectationis.

Ita ille: « Ea tamen differentia inter utraque reperitur, quod in rebus
de se malis et ideo iure naturae interdictis, est lethalis delectatio, capta
in eorum substantia; quia cum illa malitia per se et ab intrinseco actui
insit nec possit ab eo separari, non stat de actus substantia delectari et
non de malitia... At quando res est solum mala, quia iure humano vetita, quando est contra praeceptum negativum, ut esus carnium..., cum
peccatum consistat in comissione et sic in actu quoad substantiam bono
et solum malo ob extrinsecam Ecclesiae legem, potest absque culpa esse
delectatio sive voluntatis sive appetitus sensitivi de substantia operis,

praescindendo legis fractionem. Quia ea substantia bona est et appetitus rationalis rationem mali praescindit: sensitivus autem in sola ea comestione, quae ex se bona est, et ex sola circumstantia extrinseca, quam ipse non attingit, mala est, delectatione afficitur »...

De hypothesi vero praecepti affirmativi sic habet: « Si vero sit contra praeceptum humanum positivum, ita ut peccatum in mera omissione consistat, ut omissio sacri die festo, delectatio de illa est lethalis. Quia nulla est actus substantia, de qua, praecisa malitia, capiatur delectatio ».

158. Sed haec theoria seu ratio (quae alioquin nihil suffragatur doctrinae Roncagliae aut Salmanticensium, utpote alienissima ab horum principiis), facile ostenditur infirmissima. Utar heic verbis Tamburini. *Decal.* lib. IX. cap. 5. § 1. n. 2. « Gaudebat simplex sacerdos, se per inculpabilem oblivionem matutitum diei hesternae non recitasse et reprehendebatur ab alio nimis religioso sacerdote. Huic dixi, potuisse illum gaudere de carentia illa laboris, quae nunc nullo modo peccaminosa fuit atque adeo tale gaudii obiectum erat ab omni malitia separatum, nedum separabile ». Sic gaudere poterit alius de omissione inculpabili sacri, quia v. gr. evasit molestiam itineris, sociorum, pluviae, vel quia opus aliud urgens et utile explevit etc.

XIX. 5. Qui delectationem morosam mortalem confitetur, addere debet circumstantias operis, de quo fuit delectatio: verbi gratia, in materia irae, an fuerit de occidendo fratre, an alio; uno, an pluribus; in materia carnis, an de coniugata, moniali, consanguinea. Quod tamen limitat Azor, Sà v. *Luxuria*, Salas t. 7. tr. 13. d. 16. s. 6. n. 59 etc. si delectatio feratur in obiectum apprehensum secundum totam suam malitiam, non autem si tantum secundum partem, verbi gratia, in feminam apprehensam ut non suam, non tamen ut alteri nuptam, vel ut monialem: tunc enim probabile esse ait, delectationes tales reduci ad speciem simplicis fornicationis. Ita etiam Fill. Less. Bon. Dian. Palaus. V. Lugo d. 16. n. 363. Aliud est de ipso opere externo, quod semper fertur in obiectum, secundum totam suam malitiam; aut etiam desiderio efficaci, quod fertur in opus externum secundum se et ut est a parte rei ac proinde est eiusdem cum illo speciei; ideoque eius circumstantiae semper fatendae sunt. Vid. Auctt. cit.

159. De hac re Lugo *de Poenit.* disp. 16. n. 363-364: « Celebris est sententia P. Vasquez... delectationem morosam de copula cum nupta, cum moniali etc. non variari specie propter illas diversas personae circumstantias, nisi circa ipsam circumstantiam formaliter delectatio versaretur, v. gr. circa coniugatam, qua coniugata est. Hanc sententiam amplectuntur alii non pauci, Reginald., Sayrus et alii, quos refert et sequitur Diana et probabilem dicunt Azor, Salas, Filliucc., Bonacina et Lessius apud eundem Diana et eandem sequitur Castropalaus etc. Haec sententia difficilis est fortasse magis in modo explicandi, quam in re ipsa ». Quibus verbis Lugo significat, ex eius sententia thesim non prae-

ferre difficultates in se, licet theoriae Vasquezianae eam magis implicent, quam explicent ob rationes allatas sup. n. 72.

160. S. Alphonsus confirmat doctrinam Auctoris, scribens lib. 5. n. 15.: « Valde autem probabilis est sententia Lugonis..., Bonac., Sporer, Laymann, Tamburin., Palai, Vasq. etc. Hi tenent, quod si quis delectatur de copula cum nupta, non quia nupta, sed quia mulier pulchra etc., non contrahit malitiam adulterii; circumstantia enim adulterii tunc non intrat in delectationem: idcirco tantum castitas, non iustitia laeditur. Et idem probabiliter dicit Tamburin., si quis affectu venereo, sine desiderio, nuptam aspiciat... Nulli vero dubium, committi adulterium, quotiescumque habeatur gaudium seu complacentia de copula habita, vel desiderium de copula habenda cum coniugata; quia tunc voluntas amplectitur totum obiectum pravum cum omnibus suis circumstantiis nec ab illis praescindere potest, ideoque et castitatem et iustitiam laedit ». Quae plane consona sunt doctrinae Auctoris et communi.

161. De eadem materia pauca haec addemus ex s. Alph. vel circa s. Alphonsum.

1° Duas conclusiones ibid. addit, ex communi doctrina: scil. I. Circumstantiam exprimendam esse, si quis delectetur de copula sodomitica. II. Item si persona, quae delectatur, sit voto castitatis obstricta, etiam contra votum peccat. Quae duo merito esse certa dicit penes omnes et ratio manifesta est.

2° Dicit, Salmanticenses oppositam sententiam quoad argumentum huius resolutionis tenuisse et pro se allegare Caietan., Less., Sanchez, Roncaglia etc.

Et verissimum est, Salmanticenses eam doctrinam tenuisse et reipsa non solum memoratos a s. Alph., sed plures alios pro se allegasse; sed infeliciter cum falsi testimonii noxa nescio ob quam oscitantiam, adeo ut Tract. 20. cap. 13. n. 31. Lugo et pro se allegent et simul ibidem n. 32. ut sibi oppositum refutent.

162. Ut fides Salmanticensium constet, videte, quid habeat Sanchez lib. 1. cap. 2. n. 11. loco ipso, quem illi allegant: « Cum communi sententia tenendum est, fatendas esse circumstantias operis, de quo est delectatio, cum ab illo sumant speciem (hactenus forte legerunt Salmantic.; sed progredi oportebat). Ita Caietan., Antoninus, Sotus etc., quos refert et sequitur Azor..., qui bene hoc limitat, ut intelligatur, quando delectatio fertur in obiectum secundum totam suam malitiam; tunc enim plenam et integram operis externi malitiam et speciem sortitur ac proinde sicut in actu externo sunt fatendae circumstantiae, ita in delectatione: uti si quis delectetur de concubitu cogitato cum coniugata, consanguinea, moniali etc., tenetur has circumstantias fateri. At si delectatio non feratur in obiectum secundum totam suam malitiam apprehensum, sed

secundùm partem, ut in feminam apprehensam ut non suam, non tamen ut est alii nupta, vel monialis ; non habebit integram operis externi malitiam, sed solum apprehensam et ea sola fatenda erit et reducetur ad simplicis fornicationis speciem. Quippe id distat inter desiderium et delectationem, quia illud in opus extrinsecum fertur, tanquam in finem et terminum ac proinde semper est eiusdem speciei cum illo. Haec autem non refertur ad opus, tanquam ad finem et terminum, sed in sola voluntate consummatur et ideo non semper integram obiecti malitiam participat ».

163. Velim autem notetis, id, quod Sanchez cum aliis dicit, non semper delectationem ferri in obiectum secundum quasdam sui circumstantias spectatum, hoc, inquam, fundari in rei natura. Contingit enim, ut voluntas feratur utique in id, quod est delectabile; circumstantiae vero sint, quae nedum sint aptae ad delectationem pariendam, potius appetitum retundunt, v. gr. quod sit mulier iam alteri nupta, quod sit monialis vel consanguinea aut affinis. Quod quidem et DD. adnotant. Vid. Salmantic. Tr. 20. cap. 13. n. 30. Merito igitur supponitur (nisi aliud constet), in has circumstantias seu qualitates delectationem non ferri solere.

164. Denique s. Alph. ibid. refert et valde sibi placere dicit opinionem Holzmann, « quod licet ratione delectationis non sit ob ligatio explicandi circumstantiam adulterii, est tamen in praxi explicanda ratione periculi proximi concupiscendi saltem inefficaciter mulierem illam nuptam, in quod se coniicit, qui de ea delectatur ». Sed potest forte haec haberi ceu nimis subtilis speculatio idque satis ex eo suadetur, quod nemini, nisi Holzmann, ea venerit in mentem: imo vidimus n. praeced. DD. adnotare huiusmodi circumstantias potius retundere appetitum, ut idcirco non appareat istud proximum periculum illas etiam concupiscendi.

165. Eodem prope loco habenda opinio Lessii lib. 4. cap. 3. n. 123, qui magis arrideri sibi dicit sententiam de obligatione fatendi has circumstantias; « *maxime* quia huiusmodi (inquit) delectationibus morosis dediti, plerumque etiam optant operis exsecutionem et solum abstinent ob periculum infamiae vel alterius incommodi ».

Responderi potest: 1º Non omnes, qui reatum delectationis morosae incurrunt, possunt censeri ut *dediti* hisce delectationibus; atqui recta ratio non pateretur, ut propter *deditos* regula generalis statuatur etiam pro *non deditis*. Neque enim ex eo, quod plures in ebrietate committant alia peccata, idcirco regula statuenda est, ut quisquis se inebriat, fateatur velut si reus esset eorùm peccatorum. 2º Quando *dediti* hisce delectationibus etiam optant operis exsecutionem nec abstinent nisi ob timorem alterius incommodi, tunc dicant circumstantiam operis, quod exsequi voluerunt: at inde non sequitur, id faciendum esse, etiam quando illud desiderium non affuit, propterea quod affuit aliis vicibus.

XX. Respond. 2. Si quis sine causa, et necessitate actionem exerceat, ex qua intelligit, delectationem carnis naturaliter orituram (verbi gratia, ex curiositate legit, vel audit turpia) tamen sine directa intentione et sine periculo consensus, peccat venialiter: si vero iustam causam habeat, nihil peccat. Vide infra in 6. prec. l. 3. t. 4. c. 2. d. 4.

166. In prima responsione ac subiectis illi resolutionibus quaerebatur, quando et quomodo delectatio morosa sit peccatum et definitum fuit, inter alia, mortaliter ab eo peccari, qui in delectationem sensitivam seu carnalem ex cogitato opere malo ortam consentit seu ipsam ultro admittit ac fruitur.

In secunda hac responsione non agitur de consensu in istam delectationem, sed inquiritur 1° an et quisnam reatus adesse queat in ponenda causa, vi cuius huiusmodi carnalis delectatio excitetur: 2° ad quid teneatur quis, quando eiusmodi motus seu delectatio excitata fuerit.

167. Et quoad primum, Auctor leviter rem tangit ac lectorem remittit ad lib. 3. Tract. 4. de 6. et 9. praec. cap. 2. dub. 4., ex quo loco supplebimus ea, quae heic Auctor supponit atque ideo omittit.

Quoad ponendam itaque delectationis seu motus carnalis causam, triplex hypothesis fieri potest.

Prima erit, quando homo apposite et studiose eiusmodi carnales motus de industria excitat seu ipsos intendens causas eorum ponit, ut ipsis fruatur.

Altera hypothesis plane opposita erit, quando eiusmodi motus ultro ac naturaliter excitantur, nulla ipsis causa data ex parte illius, qui eos tunc mere patitur.

Tertia demum media erit, quando homo actionem aliquam ponat, quae excitandis huiusmodi motibus causam aliquam vel proximam vel remotam praebeat; nec tamen eo fine seu intentione actionem ponit, ut motus eiusmodi excitentur aut ut iis perfruatur.

Ubi advertendum est, carnis delectationem hac in re ita intelligi, ut comprehendat casus omnes, videlicet tum quando tales motus eo usque perveniant, ut sequatur pollutio, aut distillatio aliqua, tum quando externi hi effectus non sequuntur, habetur tamen commotio illa sanguinis et spirituum, ut aiunt, generationi deservientium, sive dein adsit sive non adsit ulterior effectus, quam *commotionem seu motum carnalem* appellant *aut veneream delectationem* (a).

168. Quoad primam hypothesim nulla esse potest dubia quaestio circa

***

(a) Venerea delectatio seu carnis delectatio dicitur motus quidam carnis, inclinans ex sui natura ad explendam libidinem media pollutione vel fornicatione, hoc est, ad experiendum carnis gustum, contra rationem oppositum dictantem, seu inclinans ad hoc, ut bonum delectabile honesto praeferatur. Ita Ioan. Sanchez disp. 21. n. 1.

reatum. Eo usque enim habetur consensus voluntatis in pravam delectationem, ut voluntas eam apposite quaerat et excitet.

Pari modo nulla quaestio esse potest circa hypothesim secundam. Si
enim hi motus nullam habent causam aut directam aut indirectam,
proximam vel remotam in voluntate, sed naturaliter et ultro excitantur;
nihil est, quod quaeramus reatum in voluntate tanquam causa ipsorum.

Superest ergo, ut de postrema tantum hypothesi dicamus, in unum
locum corrogando ea, quae Auctor habet ubi de 6. praecepto et pauca
illa, quae hoc loco breviter innuit. Ceterum de hoc argumento nonnulla
iam delibavimus in Tract. *De Actibus Humanis,* ubi de Voluntario *in
causa.*

169. Casum, in quo gravis est culpa ratione effectus, tunc habemus,
quando 1° causa posita est causa propinqua seu proxime influit in effectum et 2° iam etiam per se est grave peccatum in genere luxuriae; ita
ut duplex tum peccatum habeatur, tum ratione actionis positae, quae est
per se peccatum et ratione causalitatis pollutionis, cuius malitia contrahitur.

Sic de hac re Auctor l. c.: « Si pollutio (hoc in praecedendi Resolutione valere dixerat, etiam quoad distillationem et intelligitur de qualibet
carnali ac venerea delectatione) secutura praevideatur ex re illicita,
otiosa vel minime necessaria et haec sit causa propinqua ac natura sua
ad venerem ordinata, ut sunt actus luxuriosi, tactus, aspectus, lectio,
auditio, locutio turpis, mortale est ab illa non abstinere; quia in eam
consentiens, moraliter in effectum consentire censetur ».

De qua re s. Alphonsus lib. 3. n. 482. « Si causa pollutionis est in
ipsam graviter influens et homo non abstinet a causa seu actione illa
ponenda; patet quod pollutio imputatur ad peccatum, etiamsi non fuerit
intenta, modo saltem in confuso sit praevisa. Huiusmodi autem causae
sunt procul dubio omnes illae, quae per se *sunt graves culpae in genere luxuriae,* nempe tactus vel aspectus pudendorum alieni aut proprii
corporis cum delectatione turpi ac deliberata: aspectus concubitus humani et cogitationes morosae de rebus venereis. Omnes ergo pollutiones
ex his causis provenientes certe sunt mortalia (a). Ita s. Thomas 2. 2.

(a) DD. distinguunt causas *graves, leves, medias.* Graves illas dicunt (ut habent
Salmant. *Theol. schol.* Tract. 13. disp. 10. n. 274.), quae natura sua tantam vim habent
ad praedictos effectus causandos, ut sine alterius causae adminiculo regulariter illos
inferant, licet aliquando ob specialem subiecti indispositionem, vel propter modicam
causae durationem influxus actualis impediatur. Huiusmodi vocantur etiam *graviter
influentes;* quia communis modus loquendi attenditur secundum id, quod habent ex
natura sua et in pluribus... Tales sunt aspectus nimium turpes, ut aspectus copulae
et inter personas diversi sexus ac puberes aspectus verendorum ac partium vicinarum, et a fortiori tactus harum partium atque etiam in propria persona vel in alia
eiusdem sexus tactus pudendorum animo lascivo. Accenseri solent et amplexus atque

q. 154. art. 5. et alii communiter. Et tunc (nota hoc) actus ille turpis, qui est causa pollutionis, habet specialem malitiam contra naturam, ut ait Sanchez *de Matrim*. lib. 9. disp. 45. n. 23. et consentiunt omnes ». Quae postrema verba significant, actionem illam, quae causa est pollutionis, contrahere malitiam pollutionis, quae peccatum est contra naturam, praeter peccatum proprium actionis (quae est causa), quod peccatum consistit in delectatione capta ex turpi obiecto.

170. Subiicit eodem loco s. Alph. lib. 3. n. 482. « Idem recte dicit Sporer *de Matrim*. n.°647. de pollutione orta ex actionibus, quae licet sint veniales per se et ex obiecto, evadunt tamen mortales ratione periculi proximi consentiendi in eius turpem delectationem ».

---

oscula furtiva, quae habentur ex libidinosa delectatione. Ita Salmant. l. c. et in *Moral*. Tract. 26. cap. 7. n. 37.

Aliae causae *leves* dicuntur. De quibus Salmanticenses l. prius cit. haec habent. Quaedam sunt ita tenues et modicae virtutis ut vim sufficientem non habeant ad pollutionem in quovis eventu per se causandam, licet coadiuvent; idcirco si pollutio cum illis sequatur, non reducitur simpliciter in tales causas, sed in alias graviores aut in ipsam naturam eiusque vim expulsivam. Huiusmodi sunt aspectus illarum partium humani corporis, quae sive in viris sive in feminis communiter nudae feruntur et non nihil amplius: puta si videatur aliquid pectoris, brachii aut pedis. Et in proprio corpore adhuc amplius et in picturis seu sculptilibus licet distincti sexus, ut a genu deorsum, et ab stomacho sursum. Similiter tactus, praesertim sine mora, manuum, pedum et huiusmodi. Similiter etiam verba blanda et ostensiva amoris (non tamen turpia); huiusmodi enim causae adeo modicam vim habent ex natura sua ad immutandum corpus et libidinem excitandam, ut nullus effectus venereus gravis possit in illas sufficienter reduci. Si itaque aliquando aut pollutio aut delectatio venerea gravis ipsas comitetur, reducenda erit simpliciter in naturalem complexionem et vim expulsivam, non vero in eas causas nisi secundum quid. Unde nunquam dicendae sunt causae graves aut *graviter influentes* atque adeo non erunt prohibitae sub mortali, licet pollutio aut delectatio venerea crebro illas comitetur, vel in eis praevideatur, secluso periculo consensus. Ita Salm. l. c. Salm. *Moral*. Tr. 26. cap. 7. n. 37. dicunt, tales esse tactum digiti aut manus feminae, vellicationem brachii, aspectum faciei, pedum calcationem, lectionem curiosam etc.

Denique Salmantic. l. c. n. 275. *medias* dicunt, quae minorem efficaciam habent, quam praedictae graves et ideo in sua causalitate, plusquam illae, dependent a subiecti dispositionibus, scil. calore, robore etc.; habeat tamen vim, quae sufficit, ut in praedictos effectus absolute et sufficienter influant effectusque in eas simpliciter reducantur. Quocirca nec leves nec graves dicendae illae sunt, sed tales dicendae pro dispositione subiecti potius quam ex natura sua; ideoque modo sub mortali modo sub veniali prohibitae sunt. Tales habentur aspectus proprii corporis vel alieni eiusdem sexus etiam usque ad verenda et in alio sexu usque ad vicina exclusive: in sculpturis vero atque etiam in brutis animalibus aspectus cuiusvis partis vel actionis. Huc spectant tactus medii inter turpissimos et alios leves, intuitus coitus brutorum aut partis excitatae, amplexus et oscula ex ioco habita, tactus pudendorum hominis supra vestes, turpia proferre aut canere ex levitate et ioco, seclusa alia intentione etc. Ita et Salm. *Moral*. Tract. 26. cap. 7. n. 37.

Cui doctrinae non contradicimus; advertimus tamen quod heic nova inducitur hypothesis, *periculi* nempe *proximi*. Sane si gravis evadit culpa solum ob periculum consensus, non vero ratione causalitatis, imputabitur quidem culpa non vitati periculi, non vero causalitatis, de qua re modo est quaestio.

171. Ex praeiacto autem principio s. Alphonsi *sup.* n. 169., quod tunc actio reatum mortalem incurrit pollutionis sequutae, quando ipsa est mortalis culpa *in genere luxuriae,* s. Alphonsus deducit, non ita esse dicendum, si sit quidem causa in genere peccati mortalis, non tamen in genere luxuriae. Ita s. Doctor lib. 3. n. 484.: « Infertur secundo, non esse mortalem pollutionem, quae praeter intentionem accidit ex causis illicitis adhuc mortaliter in alio genere, quam luxuriae, puta ex ebrietate, vel ex comestione nimis immoderata, aut in die vetito ».

Atque hoc sensu accipienda est doctrina Auctoris in citat. Resol. 6. dub. 4. *de* 6. *Praecept.,* ubi ait: « Addunt quidam DD. hanc regulam: pollutionem in causa volitam tantum esse peccatum, quantum est ipsa: ut si causa sit peccatum mortale, etiam ipsam fore mortalem: si sit ve- niale, venialem; si vero causa nullum sit peccatum, nec ipsam fore, se- cluso semper periculo consensus ». Nempe quod ait mortalem fore culpam ob pollutionem, si causa fuerit mortalis, intelligendum est, si talis fuerit in materia luxuriae.

172. Regulam porro, de qua heic Auctor, nempe tunc *solum* imputari in gravem culpam pollutionem; quando gravis culpa reperitur in ipsa causa, admittit et s. Alphonsus ceu communem et probabiliorem. Ita ipse lib. 3. n. 484. n. IV. « Sententia communis et probabilior docet, pollutionem non esse mortalem, nisi proveniat ex causa *per se* mortali in genere luxuriae... Ratio, quia cum pollutio non sit volita nisi in causa, eo gradu mala erit, quo mala est ipsa causa ».

173. Verumtamen ut in gravem culpam imputetur pollutio, quae se- quatur (ut semper supponimus) praeter intentionem, neque satis est, quod causa sit in se mortalis et quidem in genere luxuriae; sed praeterea simul requiritur, ut actio sit causa propinqua ac proxime influat in effectum (n. 169.). Etenim advertendum est, etiam illas actiones, quae gra- vem culpam habent in genere luxuriae, non habere hanc efficaciam omnes, nec easdem etiam habere efficaciam aequalem relate ad omnes personas, sed diversam pro personarum diversa infirmitate.

174. Rem enarrabo verbis Salmanticensium Tract. 26. cap. 7. n. 40. « Advertendum est *quinto,* quod ut causae pollutionis dicantur hic et nunc graves vel leves, non est sumenda eius gravitas ex ipsarum na- tura et virtute secundum se, sed respective in ordine ad subiectum, a quo applicantur. Nam multoties causa, quae secundum se est levis, re- spective ad subiectum venereis deditum aut ratione complexionis cali-

dissimae et pronae ad luxuriam, est gravis. Et e contra causa, quae
secundum se est gravis, respectu alicuius subiecti hic et nunc erit levis
ob complexionem, quae venerea abhorret aut quia ratione infirmitatis
vel mortificationis appetitus sensitivi nullam commotionem in eo excitat.
Agnovi enim personas, quae ex solo manuum aut pedis levi contactu
statim commotionem et delectationem carnis sentiebant et pollutionem
patiebantur et e contra alias vidi, quae ad eum gradum castitatis per-
venerant, ut etiam ex visu mulieris nudae vel copulae aut etiam ex
pudendorum contactu, omnem commotionem spirituum deservientium generationi penitus ignorabant. Quare gravitas causae in materia luxuriae
non absolute, sed respective sumenda est ».

175. Hinc vero concludunt, ibid. n. 41. « Si in aliquo corpore ratione
infirmitatis aut mortificationis carnis vel alterius causae, sit positive
indispositio ad venerem, esto illi applicentur causae, quae alias ex se
graviter in pollutionem aut carnalem delectationem influunt respectu
aliorum..., respectu tamen illius... non erunt graviter influentes, sed solum
leviter aut etiam nullo modo seu erunt causae materialiter tantum de
genere luxuriae; quapropter communiter... ratione earum influxus in pollutionem mortaliter non peccabit ».

Quocirca statuendum erit, eum, qui ita temperamento affectus sit,
comparandum esse cum iis, qui lethaliter peccant extra luxuriae genus
et quorum actio per accidens causa sit pollutionis; de quibus paulo ante
dictum est sup. n. 171.

176. Quoad iudicium vero in praxi, an pollutio tunc sequuta tantum
per accidens sit nec ne, Salmanticenses scribunt in *Cursu Scholastico*
Salmantic. tom. 4. Tract. 13. disp. 10. n. 276. « Unusquisque, deposita
passione, conscientiam suam consulat et ex propria complexione vel inclinatione aut etiam experientia praesagiat et coniiciat, an ex tali vel
tali causa immineat sibi periculum pollutionis aut delectationis venereae ».
Ut scilicet statuat, an a quopiam actu, qui gravem iam reatum in se
habet, abstinere graviter teneatur alia quoque ratione itidem gravi, ne
scil. delectatio venerea et ulterior effectus inde sequatur.

177. In regula, quam Auctor ex DD. sententia proponebat sup. n. 171.
postrema pars erat, culpae nullatenus adscribi pollutionem, quando actio,
quae illius causa censetur, nullum habet reatum.

Ad quam regulam spectant ea, quae Auctor ibid. dixerat in Resolutione quinta hisce verbis, « Si quis facturus rem aliquam necessariam
vel licitam et honestam, praevidet naturaliter secuturam pollutionem
(idque multo magis valet de distillatione), quam tamen ille nullo modo
velit nec intendat: tunc, *modo absit periculum consensus in delectationem*, non tenetur abstinere a tali actione; quia prosequenti ius suum
non imputatur effectus *per accidens et praeter intentionem* sequutus.

Hinc non obstante periculo pollutionis, licet audire confessiones mulierum, studere casibus conscientiae, tangere se ex necessitate, feminas caute et ex necessitate osculari, amplecti iuxta morem patriae, si alioquin incivilis habendus esset ».

Quae quidem resolutio videtur clara quoad practicas conclusiones; at non item quoad principia. Nam heic dicit, pollutionem ex *lectione* vel *auditione turpium* sequi per *accidens,* quando alias l. c. n. 169. dixerat ex his pollutionem sequi *per se* ceu a causa propinqua. Sed de hoc dubio paulo post dicemus, allata prius doctrina s. Alphonsi, quae A. sententiam confirmat.

178. De eadem re itaque s. Alphonsus post doctrinam sup. allatam n. 169. circa causas *graviter influentes,* mox subiicit lib. 3. n. 483. « Excipitur tamen, si praefatae actiones (quas nempe n. 482. dixerat esse causas graviter influentes) ponantur ex causa necessaria, vel utili, vel convenienti animae aut corpori. Tunc enim pollutiones ex ipsis provenientes adhuc praevisae, non sunt peccata, dummodo absit consensus vel eius periculum. Ita communiter Sylvius, Croix et alii cum communi et s. Thoma. Ratio, quia tunc homo magis patitur, quam agit; dum pollutio non ex sua malitia, sed ex infirmitate naturae procedit, ut loquitur s. Gregorius in C. *Testamentum* Dist. 6. et s. Thom. 2. 2. q. 64. art. 7. « Nihil prohibet, unius actus esse duos effectus, quorum alter solum sit in intentione, alter vero sit praeter intentionem »: quae verba refert s. Alph. ad sensum sic — quando causa habet duos effectus, unum bonum alterum malum, potest poni ex intentione solius effectus boni, permissive se habendo ad malum. —

In quibus conciliandum superest, quomodo s. Alph., non secus ac A. sermonem facere videatur de actibus *graviter influentibus,* qui sunt causa *per se* et deinde effectum repetat *ex naturae infirmitate,* adeo ut hic sequatur *per accidens,* quod neque cum s. Thoma cohaereret.

179. Sed ad reddendam rationem huius modi loquendi, duo facere possunt. Primum est, quod actiones illae diversam aliquam vim ad effectum praedictum gignendum habere videntur, quando ex concupiscentia et delectatione carnali ponuntur, ac si ex fine honesto ponantur. In priore enim casu omnes animae facultates atque, ut ita dicam, vires eo tendunt et collineant (huc revoca ea, quae in Tr. *de Act. Hum.* traduntur de *concupiscentia consequente),* licet forte (ut supponimus) intentio deliberata non feratur in ulteriorem illum effectum; neque enim negari potest propensionem voluntatis augere per se vim appetitus sensitivi atque adeo corporalem commotionem: in secundo autem casu hic influxus voluntatis alio conversae deest, imo voluntas, quantum in se est, saltem reprobando retundere conatur inferioris partis inclinationem et impetum et merito *infirmitati* tribuitur, quod, ipsa voluntate positive

repugnante, inferiores vires (in quas dispoticum dominium non habet) in effectum erumpant.

180. Secundum est, heic non agi de effectu, quem quis directe et *in se* intendat, sed solum de effectu, quod impedire quis debeat vel non debeat, abstinendo scil. vel non abstinendo ab actione quapiam. Porro quando mere agitur de obligatione abstinendi ab aliqua actione ob effectum, qui sequitur praeter intentionem, ratio causalitatis non ab influxu physico desumitur, sed a morali et de causalitate disseritur, quae imputationem sequuti effectus inducat. Tunc ergo in causa quis esse dicitur, quando ipse tenebatur ab actione abstinere, ne effectus sequeretur; non censetur vero causa, quando non tenebatur abstinere ac licite et pro iure suo actionem ponebat. Hoc igitur sensu in casu effectus dicitur sequi *per accidens,* non quasi non sit natus sequi a quapiam actione, sed quia agenti imputari non potest ceu causae *morali.*

181. Hinc sententia s. Thomae 3. q. 80. art. 7., quando inter causas nocturnae pollutionis recensens praecedentes cogitationes, sic de his disserit: «Similiter etiam praecedentes cogitationes lascivae quandoque possunt esse omnino sine peccato; puta cum aliquis causa lectionis vel disputationis cogitur de talibus cogitare. Et si *hoc sit sine concupiscentia et delectatione,* non erunt cogitationes immundae, sed honestae; ex quibus tamen pollutio sequi potest, sicut patet ex auctoritate Augustini supra inducta. Quandoque vero praecedentes cogitationes sunt ex concupiscentia et delectatione et si adsit consensus, erit peccatum mortale; si autem desit, erit veniale». Verba porro haec allegaverat ex s. Augustino lib. 12. *De Gen.* ad litt. cap. 15.: « Ipsa phantasia, quae fit in cogitatione sermocinantis, cum sic expressa fuerit in visione somniantis, ut inter illam et veram coniunctionem corporum non discernatur; continuo movetur caro et sequitur quod eum motum sequi solet; cum hoc tam sine peccato fiat, quam sine peccato a vigilantibus dicitur: quod ut diceretur, procul dubio cogitatum est. »

182. Ex praemissis autem principiis s. Alphonsus consectaria deducit pro variis casibus in praxi: in quibus tamen exemplis *non reperimus semper* causas, quae per se proxime et graviter influant in effectum.

« Hinc, ait s. Alph. lib. 5. n. 483. etiam praevisa pollutione involuntaria, licet 1° parochis et etiam aliis confessariis audire confessiones mulierum ac legere tractatus de rebus turpibus: chirurgis aspicere et tangere partes feminae aegrotantis ac studere rebus medicis: licet quoque aliis alloqui, osculari aut complexari mulieres iuxta morem patriae, servire in balneis et similia ». Inde plures DD. allegat.

Hic videtis misceri *alloquia, oscula* et *amplexus* benevolentiae causa, quae per se non sunt causae graviter influentes, sed tales solum erunt respective ad quempiam specialis complexionis. Quod vero dicitur de balneis, non puto deputandos unquam viros, qui deserviant mulieribus, sicut necessitas id permittit medicis.

183. Pergit s. Alph. l. c.: «2° Licet alicui, qui magnum pruritum patitur in verendis, illum tactu abigere, etiamsi pollutio sequatur ». Et allegatis pluribus DD. addit: « Forte dices, posse accidere, quod pruritus ille proveniat ex ipso ardore libidinis; unde extinctio pruritus, quae per fornicationem (quoque) fit, venerea delectatio potius censeri debeat. Sed respondetur, rationabilius iudicandum, quod talis pruritus, quando est valde molestus, oriatur ex acrimonia sanguinis, quam ex ardore luxuriae. Saltem in dubio possidet libertas se liberandi ab huiusmodi molestia per tactum de se licitum, dum quisque licite potest tactu pruritum corporis abigere et si accidit pollutio, absque periculo consensus, per accidens et involuntarie ac proinde inculpabiliter accidit. Ut autem iste ab eo tactu abstinere teneretur, probandum pro certo esset, pruritum illum a libidine procedere ».

Nota. Cum de eiusmodi casibus, qui subinde utique occurrunt, fere agendum sit cum personis, quae timorem Dei habent, habet Confessarius, cur et credat dictis poenitentis et fiduciam foveat, poenitentem nec libidine in hisce moveri ac duci, nec assensu suo probare effectum, qui in se displicere debet.

184. Tres alios casus l. c. subnectit s. Alphonsus, qui ad praxim utique faciunt: licere nempe, etsi praevideatur secutura pollutio aut alia quaevis commotio, 1° equitare non modo necessitatis et utilitatis gratia, sed etiam causa recreationis: 2° decumbere aliquo situ ad commodius quiescendum: 3° cibos calidos aut potus moderate sumere et honestas choreas ducere. Et quidem ad haec singula subdit s. Alphonsus, ea pertinere ad doctrinam communiter receptam.

Hos autem tantum casus utpote de quibus frequentius occurrit iudicandum, s. Alphonsus indicavit; sed sunt alii plures plus minusve hisce similes (v. gr. quod quis in sedendo femur femori superimponat etc.) et qui referuntur ad conditionem naturae infirmae hanc miseriam ex hac aut alia occasione patientis. Principium autem generale hoc esse debet, neminem teneri, ob hunc effectum vitandum, actiones alioquin aut utiles aut honestas omittere, quoties absit periculum consensus.

185. Subnectit heic s. Alphonsus quaestionem lib. 3. n. 483. an teneatur chirurgus officium suum relinquere, si *aliquoties* misere consentiat in pollutionem. Quam quaestionem latius extendere debemus 1° ad casum quoque, in quo non adsit tanta officii necessitas, qualem tractat s. Alph. et 2° quod dicitur heic de pollutione, intelligendum erit de consensu in quamlibet motionem carnalem et delectationem inde voluntarie captam.

Et s. Alphonsus quidem de casu chirurgi a se proposito respondet: « Probabile est, quod non tenetur, modo proponat debitis mediis se munire... Idem dicitur de parocho, qui in eandem miseriam *pluries* lapsus fuerit in excipiendis confessionibus ». Et huc usque omnia plana sunt.

Sed pergit s. Alph. « Secus vero de simplici confessario, qui *sine gravi detrimento famae* vel *facultatum* exercitium deserere possit ». Et dein allegat Salmanticenses, Palaum aliosque apud Salmanticenses Tr. 26. cap. 2. n. 48.

186. Verum advertendum est: 1° Salmanticenses et Palaum. Tr. 2. disp. 2. p. 9. §. 3. n. 13. et alios haec docuisse de eo, qui est in *occasione proxima* peccandi. Porro qui solum *aliquoties*, ut dicit s. Alph., ea occasione peccat, non dicitur esse in proxima occasione. 2° Salmantic. et Palaus non excipiunt solummodo casum, in quo non possit deserere illud exercitium *sine gravi detrimento*; sed Palaus dicit: « Si ex desertione officii confitendi sequitur *aliqua* nota honoris et famae confessarii » et Salmantic.: Si *suspicetur* (h. e. suspicio oriatur), fuisse privatum officio audiendi confessiones per s. Tribunal Inquisitionis. 3° Iuvat etiam recolere, heic· agi de negotio, in quo si quis labatur, id contingit non tam ex vi occasionis, quae alliciat et impellat, quam ex malitia aut fragilitate peccantis. Porro Salmantic. l. c. n. 46. monuerant, cum his (qui artes licitas et reipublicae necessarias exercent-idem die de huiusmodi officio) non esse agendum, quasi cum occasionariis, sed potius quasi cum labentibus ex habitu et fragilitate.

187. Concludit s. Alph.: « Si huiusmodi personae *semper* vel *fere semper* lapsae fuerunt et nulla rationabilis spes effulgeat emendationis; tunc dicimus, teneri cum quacumque iactura officium deserere (sed si nulla spes est emendationis, neque spes erit, ut officium relinquant ». Quae rursus moderanda videntur, habita ratione occasionis, quae non per se vim habeat ad consensum attrahendum, ut iam diximus. Hinc 1° eiusmodi parocho aut chirurgo denuncianda foret obligatio adhibendi media, quibus voluntas roboretur ad resistendum, non vero obligatio deserendi officium; eo vel maxime 2° quod quisquis ad hasce occasiones semper aut fere semper labitur in consensum, is certe non ea solum occasione, sed alias multoties in eiusmodi peccata se demerget. Remedium igitur non in officii illius per se· honesti demissione quaerendum est. Adde 3° quod chirurgi non passim habent tales occasiones, sed forte rarius. Cur ergo professionem chirurgi omnimodo deberent relinquere? Item confessarii non passim habent casus ad manum ita extraordinarios etc.

188. Verum considerandi sunt etiam casus, in quibus non adsit tanta necessitas quasdam actiones ponendi, qualis relucet in officio chirurgi aut parochi.

Et brevi res expediri potest, adhibito illo principio, quod aptissimum est solvendae cuilibet quaestioni circa fugiendum aut removendum peccandi periculum quodque alias adhibuimus in quaestione de occasione peccandi necessaria (in Tr. *de Poenit.*). Perpendendum nempe in quovis casu erit, utrum in praxi difficilius sit occasionem seu periculum removere, an vero difficilius sit peccatum vitare, praesente occasione vel stante periculo. Et adhibita hac norma facile patebit, actiones, quae facile possunt omitti, dimittendas esse vel non dimittendas pro facilitate, qua quis consensum adiicit vel non adiicit pravis motibus ac delectationi carnali, quae easdem actiones consequitur.

189. Superest demum ultima particula regulae illius, quam ex Auctore retulimus sup. n. 171. nempe venialem fore culpam in pollutione, quando levis haec culpa inest actioni, quae illi causam praebet.

Et huc sane spectant ea, quae idem Auctor dicit in loco, qui dedit occasionem huic tractationi scil. in Resp. 2.ª de delectatione morosa : « Si quis sine causa et necessitate actionem exercet, ex qua intelligit, delectationem carnis *naturaliter* orituram (v. gr. ex curiositate legit vel audit turpia), tamen sine directa intentione et sine periculo consensus, peccat venialiter; si vero iustam causam habeat, nihil peccat ». In quibus postrema verba ad praecedentem casum pertinent; prima vero ad praesentem, ubi ceu exemplum affertur lectio curiosa aut auditio curiosa turpium.

190. Quam doctrinam sic probat s. Alph. lib. 3. n. 484. : « Hinc infertur 1º non esse nisi venialem pollutionem, quae oritur ex colloquio non diuturno cum puella, vel levi (scil. leviter malo) aspectu aut *curiosa lectione venialiter turpi;* quia, ut dictum est, cum causae istae leviter influant, pollutio subsequens potius a causa naturali, quam ab illis procedit ».

Et inferius ibid. idem dicendum affirmat, « si causae sint omnino leves, prout essent visus partium honestarum mulieris, lectio leviter turpis, colloquium cum femina non diuturnum vel leviter obscenum. »

191. Et haec thesis plana est. Subdit: « Idem de pollutione involuntarie orta ex *lectione turpi facta ob curiositatem sine pravo animo aut periculo se delectandi de ipsis rebus obscenis* dicunt Lessius, Sa, Bonacina, cum Vasq., Tamburino, Sporer, Sanchez. Sed in praxi id nunquam concederem et tanto minus si ob lectionem turpem, solius curiositatis causa, frequenter accidit pollutio ». Ubi distinguit, *quando minus frequenter* et quando *frequenter* id contingat.

At enim (dices) cur non concedit? Aut enim non concedit, quia supponit gravem culpam in lectione illa et tunc non manet in hypothesi. Aut non concedit, licet supponat culpam levem et tunc contradicit sibi, dum generaliter in hypothesi culpae levis etiam in lectione levem culpam intercedere statuerat.

Verum aperit ipse, quo dicta eius spectent, sic pergens: « Recte enim dicunt Salmanticenses et consentit Roncaglia, non excusari a mortali eum, qui frequentem pollutionem expertus sit ex aliquibus causis in eodem genere luxuriae, quae *vehementius* ad pollutionem influunt et alias voluntarie ac sine necessitate ponit, quamvis ipsae per se non pertingant ad mortalia, uti sunt nimirum *curiosa lectio turpis,* aspectus picturae obscenae vel coitus animalium, tactus propriorum verendorum aut alterius ex levitate et similia. Ratio, quia respectu istius personae *ob suam pravam dispositionem* talis causa non leviter influit. Secus vero dicunt (Salmantic.), si pollutio ex huiusmodi causis raro eveniat ».

Scilicet mortale est ponere sine causa actionem in genere luxuriae graviter influentem in pollutionem sive graviter influat per se sive propter pravam dispositionem subiecti.

192. Doctrinae praemissae de veniali culpa in causis leviter culpabilibus in genere luxuriae s. Alph. lib. 3. n. 484. aliam addit, quae principiis rectis consentanea est.

Nempe, ut ipse arguit, si ratione causalitatis in pollutionem non est gravis reatus in quibusdam actionibus, quae remote influunt in hunc effectum, licet in se spectatae sint peccatum mortale, v. gr. ebrietas, comestio immoderata aut carnis esus in die vigiliae seu abstinentiae; a fortiori non erit gravis culpa in illis actionibus, quae remote influunt et culpabiles sunt solum leviter extra genus luxuriae, cuiusmodi foret equitatio, esus calidorum, modus cubandi etc., si hi actus venialem culpam aliquam habeant, v. gr. ex aliquo excessu, vanitate etc.

Addit tamen probabilius venialiter peccari, quia venialis culpa videtur, permittere sine ulla rationabili causa pollutionem, quam quis praevideat. Addit autem ab hoc veniali excusare quamlibet rationabilem necessitatem, utilitatem aut convenientiam; etiamsi illa causa venialiter illicita esset in genere luxuriae (quod intellige *in se;* nam repugnat alioquin, esse illicitam et esse rationabilem ob convenientiam aut necessitatem). Sed haec ex praeiactis principiis satis patent et ad alia transeundum.

XXI. Quaeres An voluntas delectationem carnalem positive reprimere teneatur? Resp. 1. Si voluntas plene eam advertens negative et permissive se habeat, ita ut nec approbet nec repellat, dummodo id non permittat ex ipsius delectationis complacentia nec periculum sit ulterioris consensus, probabile est, quod docent Caietan. et Sanchez 1. *Mor.* c. 12. non peccare mortaliter: tum quia non consentit in delectationem, tum quia moraliter est impossibile, omnes illos motus evitare, tum quia ex iusta causa illos licet permittere, etiam secundum adversarios.

XXII. Respond. 2. In praxi tamen verius videtur, quod docent Vasquez, Azorius, Lessius, Becan. 1. 2. t. 2. q. 5. c. 5 , sine iusta causa eis non resistere, esse mortale; quia fere semper voluntas est exposita periculo consensus et contrarium credere, est nimia sui confidentia et praesumptio. Moderate Laymann utramque sententiam probabilem fatetur et ait delectationem videri mortalem, nisi saltem actum simplicis displicentiae circa illam elicias: etsi efficaciter animum ad alia divertere negligas, cum facile possis et speres, te tali modo posse depellere. Vide Laym. l. 1. t. 3. c. 6. n. 8.

193· Prima Auctoris responsio duo continet: 1° leviter tantum illum peccare, qui negative et permissive se habet: 2° ex iusta causa posse motus carnales permitti negative se habendo, etiam ex sententia eorum, qui alioqui mortalem culpam in primo admittunt. De hoc postremo prius nonnulla.

194. De hoc ergo Sanchez *Mor.* lib. 1. cap. 2. n. 12. loquens ex mente eorum quoque, qui lethalem culpam ceteroquin in qualibet permissione vident: « Quibusdam videtur haec culpa mortalis etiam cessante consensus periculo, nisi iusta causa non cohibendi appetitus illius effraenati adsit; hac enim occurrente, non solum absque culpa, sed etiam laudabiliter permittet quis delectationem illam, non curans illam repellere. Ut si merito timet fore, ut ex illo conatu in turpiores delectationes incidat vel illa fiat vehementior ac molestior vel, ut explicat Azorius, quando provenit ex causa alioquin necessaria vel utili et ea insistente durat quoque delectatio, vel si quis laboret in ea expellenda et eam permanere videns, ob id nil amplius in ea expellenda immoratur ».

195. Itemque Salmantic. tract. 20. cap. 13. n. 20.: respondent, « permitti hos motus posse, quando insurgunt ex iusta causa, v. gr. quando moventur ex lectione necessaria aut utili librorum de hac materia tractantium, ex auditu confessionum, ex tactu ad medendum necessario et aliis huiusmodi. Tunc enim..., amoto consensus periculo...., non tenemur.... occasionem et coeptum opus omittere aut reprimere positive hos motus... similiter... quando quis scit et expertus est, dum magis motui excitato resistit, hunc amplius irritari et roborari et contra ipsum minui, quando contemnitur ». Et rationem hanc quoque reddunt: « quia tunc habet aliquam illius virtualem displicentiam, exsistentem in continuatione operis ex necessitate aut utilitate incepti vel in volitione suspensionis animi aut in cura non consentiendi, quae licet sit inefficax ad reprimendum motum appetitus, est tamen efficax ad reprimendum voluntatis consensus ».

196. Lessius quoque, qui etsi contra primam partem responsionis huius pugnet, tamen de hac secunda sic scribit lib. 4. cap. 3. n. 118.: « Adverte tamen, si causa iusta subsit insistendi alicui operi vel cogitationi, unde talis delectatio praeter intentionem nascatur, non fore peccatum eam non repellere, ut *passim DD. tradunt....* Quod si causa non sit quidem iusta, tamen aliquid commodi vel humanae utilitatis habeat, ratione cuius illi actioni incumbitur, erit quidem peccatum; probabile tamen est, non fore mortale, modo affectu illam detesteris et prudenter confidere possis, te non consensurum. Ratio est, quia tunc nec expresse nec etiam interpretative videris in illam consentire, cum aliunde causam habeas, cuius affectu operi incumbis tibique displiceat, quod talis dele-

ctatio vel commotio in parte inferiore exsurgat. Exemplum sit in studio *curioso* artis medicae vel anatomicae ».

Ita Lessius, qui tamen in his non tam respondet praesenti quaestioni, quam praecedenti, an scil. liceat actionem ponere, ex qua praevideantur orituri huiusmodi motus, nisi intelligatur de actionis continuatione.

197. Magis ad rem' s. Alph. lib. 5. n. 9.: « Notandum, non esse obligationem motibus carnalibus resistendi positive, si iusta adsit causa non resistendi, nempe si quis expertus sit, resistendo magis motus excitari et augeri, vel si motus occasionem habeant ex actione necessaria vel utili, v. gr. ex auditione confessionum, ex lectione rerum turpium scitu utilium, ex tactu necessario ad medendum et simili. Tunc enim ex una parte, causa motuum non tenemur operam relinquere, ut communiter docent DD. et ex alia neque tenemur tunc motibus positive resistere, si non facile negotium sit illos repellere. Sat est igitur tunc negative se habere cum firmo proposito nunquam consentiendi... Croix cum Azor et Sanchez supponit, quod... quando tentatio diu durat et nimis molestum foret iugiter motus positive repellere, nullum peccatum sit eos permittere, negative se habendo. Et sic facere consulit Tournely cum Sylv. his, qui sunt timoratae conscientiae ».

198. Post s. Doctorem igitur Confessarius quoad praxim haec prae oculis habeat. 1° Suadeat, ne poenitens ob huiusmodi molestias deserat opus aliquod bonum, v. gr. ministerium audiendi confessiones, studendi etc.

2° Item ne preces aut spirituale aliquod exercitium dimittat eo quod tunc maxime phantasia pessimis imaginibus vexetur et totus infernus et spiritus nequitiae cor eius et corpus invadere videatur.

3° Doceat contemptu potius et insistendo incepto operi resistendum esse. Bene Auctor lib. 3. tr. 4. cap. 2. dub. 4. resol. 5. in fin.: « Monet tamen Laymann, eum, qui in actionibus honestis et utilibus talem miseriam experitur, facilius liberari contemnendo, quam aestimando, quia imaginatione et timore augetur ». Nempe dum quis valde timet, apprehensiones phantasiae magis augentur, vividiores fiunt et, quod adhuc peius est, ipsa facultas hoc trepidationis et irritationis habitu quasi vulnerata manet et inducit miseram illam conditionem, ut interdum homo aliis ridiculus sit, sibi molestus et gravis et ad multa bona ineptus evadat.

Sic dantur, qui nec videre nec alloqui possunt feminam aut puerum aut etiam virum vel religiosum, nisi forte talem speciem praeseferat, quam diceres conditam ad fugandas tentationes. Sunt qui nomen mulieris audire non possunt et si audiant, tantum non videntur obsessi et ora oculos, caput distorquent etc. Nec nomen etiam sanctarum, neque B. Virginis Mariae mentionem ferunt, non possunt recitare Litanias B. V. nec ss. Imagines intueri, multo minus audire confessiones etc. Quae omnia ut plurimum hinc ortum habuere, quod phantasiam ab initio perturbari sibi ita permiserunt, ut quoad hoc dementati vere videantur et reipsa sint.

199. Veniamus modo ad praecipuum quaestionis caput. Quod ut intelligatur, adverte voluntatem dupliciter consentire posse hisce motibus. 1° expresse approbando, appetendo illos, de ipsis se delectando et nulla controversia est, voluntatem sic graviter peccare. 2° Consentire potest tacite et virtualiter seu *indirecte*, quatenus non reprimit, neque coercet, cum possit: attamen abstinet ab eorum complacentia, ut A. habet. Et de hac secunda voluntate quaeritur, an graviter peccet, si hos motus non reprimat, sed mere negative se habeat.

Et Auctor quidem duas tantum sententias refert: alteram eorum, qui dicunt, peccare venialiter tantum illum, qui non resistat, sed mere negative se habet: alteram (quam veriorem dicit) eorum, qui dicunt, eum peccare mortaliter. Sed addenda est tertia sententia apud s. Alphonsum lib. 5. n. 6., aliorum nempe, qui dicunt, illum nihil peccare.

200. Porro idem s. Alphonsus quaestionem ita dirimit, ut fere cum Auctore consentiat, peccare leviter. Nam quoad tres illas sententias, generatim de motibus appetitus sensitivi circa obiectum sub mortali prohibitum, sic habet l. c.: « Tertia et *vera* sententia cum s. Thoma *de Verit.* q. 16. a. 4. ad 10. tenet, cessante periculo consensus, esse veniale non resistere positive motibus illicitis, sed non mortale. Idque videtur expresse confirmare s. Thom. 1. 2. q. 74. a. 4., ubi ait: *Peccatum mortale non potest esse in sensualitate, sed solum in ratione.* Ratio igitur est, tum quia consensus ad graviter peccandum non provenit ex appetitu, sed ex voluntate, quae cum non positive consentit, non committitur peccatum mortale: et ideo committitur veniale, in quantum homo cavere debet, ne appetitus trahat post se voluntatem, sed haec obligatio, quando periculum consensus non est proximum, est tantum levis; tum quia si sub gravi teneremur omnes motus inordinatos positive repellere, teneremur ad impossibile; impossibile enim est, ut ait Caiet., omnes hos motus *collective* sumptos positive coercere ».

201. Et ista quidem quoad primam partem responsionis valere possunt, ubi Auctor loquitur in hypothesi absentiae periculi.

Quoad aliam vero partem, ubi consideratur illud periculum, faciunt ea, quae s. Alphonsus mox ex eodem principio subiicit ibid. n. 7.: « Ex his tamen infertur, quod quando delectatio venerea supervenit, tenemur sub gravi positive ei resistere; quia huiusmodi commotiones, quando sunt vehementes, si positive non repellantur, saltem per *actum simplicis displicentiae*, trahunt secum consensum voluntatis». Ubi videtis, rationem peti ex periculo consensus. Quo circa s. Alphonsus non videtur quidquam deferre rationi, quam alii in hac quaestione urgent, obligationem videlicet cohibendi appetitum sensitivum, ne in motus inordinatos excurrat.

202. Et haec quidem quoad quaestionis substantiam. Sed sunt alia quaedam notatu dignissima tum ut indoles controversiae cognoscatur, tum ut vitentur scopuli inter legendos Doctores.

Et quoad sententiam, quae neque venialem culpam reperit in eo, qui mere negative se habet et quae, ut refert s. Alph. lib. 5. n. 6., iuxta Salmantic. *communiter reiicitur* et a Croix dicitur *in praxi nullatenus tenenda,* in primis notandum est diligenter, quomodo eam describunt DD., qui aliquo modo pro ea stetisse dicuntur.

Mittamus Tamburini, qui nec eam se tenere dicit nec quicquam de ipsa statuit aut disserit, sed solum pauca quaedam in *Decal.* lib. 9. cap. 2. dicit ex sententia Ioannis Sanchez et Castropalai. Quocirca cognita horum mente, Tamburini quoque mentem assequemur.

203. Porro Palaus Tract. 2. disp. 2. punct. 10. §. 5. n. 4. supponit, quod « in tali appetitus delectatione (voluntati) *displiceat* ». Et rursus quod « *in voluntate adest displicentia formalis de tali delectatione,* quae displicentia efficaciter detinet voluntatem, ne consentiat, esto inefficax sit ad pravos illos motus compescendos ». Post quae tamen, ibid. n. 6. subiicit, omnino retinendam communem sententiam, quod « scil. permittere hos motus turpes et delectationem appetitus sensitivi sit culpa venialis.

At enim cum habetur *illa displicentia,* nonne ex s. Alphonsi auctoritate (sup. n. 201.) iam habetur resistentia positiva? Quid ergo committimus invicem hosce Doctores, quasi monstra opinionum promant?

204. Salmanticenses defensoribus opinionis illius, quam reiici ab omnibus dicunt, accensent Oviedum. Atqui Oviedus sententiam suam sic exprimit in l. 2. tr. 6. contr. 4. punct. 3. n. 19.: « *Posita displicentia* circa tales motus naturaliter insurgentes et secluso omni periculo consensus, probabile est, voluntatem non peccare adhuc mortaliter, etiamsi positive eos removere non procuret, sed pure negative se habeat ». Ergo et Oviedus supponit *displicentiam* illam, qua iuxta s. Alph. *positive* iam resistitur.

205. Addunt Salmanticenses Tract. 20. cap. 13. n. 14. opinionem illam *probabilem* dici ab Adamo Tanner.

Atqui Tanner *de Peccat.* disp. 8. q. 4. dub. 4. n. 82. eodem loco, quem Salmanticenses allegant, sic describit hanc sententiam: « Eos (motus) undequaque cavere in humano convictu difficillimum est..., *displicentiam de iisdem habere,* non item ». Et infr. n. 83.: « Resistentia, quae requiritur ad vitandum peccatum mortale..., non consistit in efficaci voluntate eos motus impediendi, sed *in quacumque etiam simplici displicentia de iisdem* ». In quibus imo expresse aliqua *resistentia* supponitur et quidem illa, quam s. Alph., ut diximus, *positivam* appellat.

206. Ioannes quoque Sanchez (qui et Sancius dicitur) *Selecta de Sacramentis* disp. 21. n. 3. sic suam opinionem promit: « Habens delectationem veneream, cessante tamen periculo consensus in eam, nullo modo peccabit, ne venialiter quidem, si solum permittat, appetitum delectari,

negative se habendo, *praesertim si teneat displicentiam in voluntate,* quae licet quantum ad reprimendum appetitum, actus inefficax sit, quantum ad cohibendum tamen liberum voluntatis consensum, efficax exsistit, ut acute satis (sicut omnia) animadvertit Sanchez in *Summ.* lib. 1. cap. 2. n. 13.

Ergo isti omnes videntur id admississe, quod satis sit, ut dicatur positiva resistentia. Et reipsa talem esse horum sententiam, ipsi Salmanticenses indicant l. c.

207. Verum ex hisce liquere debet, actum positivae resistentiae, de cuius omissione inter Doctores disputatur, venialisne sit tantummodo, an vero mortalis culpa, non esse merum illum actum *displicentiae simplicis,* qui actus sit quidem efficax ad cohibendum consensum, sed inefficax sit ad ipsos motus appetitivae partis compescendos; sed esse aliud quidpiam, quod ad ipsos motus inferioris partis seu delectationem carnalem reprimendam conferat, v. gr. an tenearis tunc mentem ad alia divertere, an opus interrumpere si facile possis, an assumere occupationem, qua distraharis, an locum aut situm mutare, an ad preces recurrere et huiusmodi quodpiam assumere medium, quo motus illos contundas ac repellas et quaestio est an tenearis ad quidpiam istorum sub gravi, an sub levi tantum peccato sisque reus levis aut gravis culpae, si passive te habendo ac permissive quodammodo sinas tales motus ac delectationes perseverare, donec per se evanescant.

208. Et quaestionem hanc quidem haud mediocriter perturbarunt Salmanticenses, dum ad evincendam communiorem sententiam, nempe peccari tantum leviter ea omissione, illis argumentis usi sunt, quae controversiae faciem facile immutant.

Et sane Tract. 20. cap. 13. n. 16. dum volunt probare, non esse culpam lethalem non reprimere motus illicitos, ubi absit periculum consensus, sic arguunt: « Si homo teneretur eos reprimere, teneretur etiam sub mortali omnia praecavere, ex quibus praevidemus vel debemus praevidere, hos motus- esse excitandos... Unde si agnoscat homo, hos motus ex eo suscitari, quod tali vel tali modo accubat, tenebitur aliter decumbere, imo surgere et se verberare; quod durissimum est. « Similiter teneretur feminam non alloqui nec videre aliaque similia omittere, ex quibus agnoscit, hos motus excitari; quod sane difficillimum est iugumque Christi redderetur non suave, sed durum ». Et dein concludunt: « Ergo certum est, non teneri sub mortali hominem eos reprimere ». At enim nonne vident boni viri, sic probari, abesse venialem quoque culpam? praeterea nonne notissimum est neminem teneri ad vitandas actiones illas, ne motus oriantur aut ut reprimantur?

Idipsum dicendum de alio argumento, quod huiusmodi est. « Si homo teneretur omni motui appetitus sensitivi positive resistere, obligaretur sub mortali ad impossibilia...; nam omnes istos motus collective sumptos est impossibile vitare etc. ». Ubi 1° confunditur obligatio reprimendi seu resistendi cum obligatione vitandi; quod quidem absurdissimum est quoad eos motus, qui ex natura sua praeveniunt omnimode rationem. 2° Estne haec ratio, qua probetur, culpae venialis esse reum, si quis non reprimat?

209. Ut ergo quidpiam nitidum, hisce impeditis speculationibus sepositis, habeamus, haec capita doctrinae statui debent.

1° Quaestio non infinite de quibusvis motibus fit, sed de concupiscentiae motibus cum delectatione carnali, an teneatur quis eos reprimere positive.

2° Positiva resistentia seu repressio, de qua heic agitur, non est merus actus simplicis displicentiae de illa delectatione, sive sit displicentia ista *formalis* sive saltem *virtualis,* nempe in alio actu v. gr. propositi quodammodo inclusa; cum qua displicentia stare potest conditio hominis alioquin passive ac permissive quoad illos motus se habentis, ut facile patet in eo, qui non cessat a quapiam horum motuum causa, v. gr. lectione libri.

3° Non fit quaestio de iis, qui habent iustam causam, cur reprimendis eiusmodi motibus non insistant et pro quibus sufficiet praedictus actus vel formalis vel virtualis displicentiae; de quibus sup. a n. 194. dictum est.

210. Quaestio ergo est 4°, an in aliis casibus, in quibus nulla rationabilis causa subest non reprimendi hosce motus ac delectationes, teneatur quis praeter illam voluntatis displicentiam, quam inefficacem supponimus ad motus reprimendos, aliud aliquod medium ad id adhibere, sub gravi obligatione an sub levi. Et dixi, displicentiae actum *supponi inefficacem* ; quia si motus esset eiusmodi, ad quem reprimendum actus ille displicentiae sufficeret, iam nihil ulterius esset inquirendum, nec esset *inefficax.*

5° Exinde minus attigisse rem videtur s. Alph. (vid. sup. n. 201.) quando positivam resistentiam, qua cohibeatur venerea delectatio, in hoc displicentiae actu constare autumat. Immo s. Alph. tantum non accensendus videretur Auctoribus qui nullam agnoscunt in omissione positivae resistentiae culpam. Nam is, non secus ac illi, satis putat esse displicentiae actum. Et si hunc sufficere putat quando subest periculum consensus, a fortiori sufficientem dixisset, ubi hoc periculum abest.

6° Quando absit periculum consensus, fatente s. Alph. (vid. sup. n. 200.), vera est sententia, quae docet, omissionem reprimendi hosce motus per aliquod aliud medium, quam sit displicentia illa, de qua supra, meram esse culpam venialem. Imo cum s. Alphonsus in ea affirmatione nullam rationem habuisse videatur huius actus displicentiae, *saltem formalis,* nihil aliud forte exigere ipse videtur, quam actum hunc displicentiae, ut dici possit, quempiam *satis* et *positive resistere,* ut vitetur etiam culpa venialis, praesertim si motus leves sint, qui melius contemptu curantur.

· 211. Hisce non obstantibus 7° limitatio, quam s. Alphonsus communi sententiae apponebat, nempe ubi talis delectatio venerea superveniat, quae facile secum trahat consensum voluntatis, haud levis culpae reum esse, qui non resistat modo aliquo positivo, saltem (ut ipse aiebat) per actum displicentiae, haec, inquam, limitatio videtur adhibenda, quando idem inducatur periculum, etiam adhibito illo displicentiae actu. Nimirum ubi ita urgens est vehementia motus nec homo detinetur ex ulla causa iusta, (de qua n. 3.) nec actus displicentiae eximit a facili consensus periculo, haud levis censeri debet obligatio adhibendi aliud medium, v. gr. divertendi alio cogitationem. Sic mentem s. Alphonsi prorsus tenemus nec alioquin discedimus a communi et vera sententia; quippe ista supponit absentiam periculi, quando e contrario, praesente vehementi illa delectatione, istud periculum nequaquam abest.

212. Quoad resistentiam seu modum repellendi aut reprimendi carnales motus, s. Alphonsus nonnulla suggerit tum quoad corpus tum quoad mentem.

Et quoad mentem suggerit 1° cogitationes de passione Domini, de morte, de poenis inferni, de remorsu conscientiae post peccatum: 2° recursum ad Deum, B. Virginem Sanctosque per orationem: 3° actum amoris Dei elicere ac renovare propositum moriendi citius quam peccandi: 4° in actu commotionis animum ad alia divertere, quia hoc quoque est positive resistere. Et 5° si motus sint leves, melius erit contemnere sine positiva resistentia.

Quoad corpus vero s. Alph., ex Auctore, ut inquit, moderno suggerit, tanquam utile, quod commotae partes vestibus tegantur ac comprimantur. Verum hoc istius moderni consilium ab aliis reiicitur; quippe compressio huiusmodi facile poterit acrius irritare etc.

213. Haec autem, quae a s. Alphonso suggeri vidimus, bene attendenda sunt, ut aliquo modo intelligatur, quid illud sit, ad quod hominem in illis adiunctis teneri aiunt Doctores, cum alioquin iidem Doctores dum toti sunt in versanda controversia, an gravis vel levis sit obligatio *positive* resistendi, vix deinde explicant aut ne vix quidem, quid sit ista resistentia positiva. Et ea ipsa media, quae s. Alph. suggerit, potius quam ad comprimendos motus carnales, videntur media quaedam generalia (si excipias corporale illud, quod alioquin alii non admittunt) ad se corroborandum contra tentationes.

214. Sed nihil mirum, quod vix aliud suggeri possit. Scite Caietanus (V. *Delectatio*): « Inter subiectionem corporis vel partis sensualis ad rationem, differentia est, quod corporis partes, puta manus et pedes,

obediunt serviliter hoc est absque libertate. Moveo enim manum, quando
volo et versus partem, quam volo, nulla exsistente in manu libera resistentia. Appetitus autem sensualis obedit quidem rationi, sed politice,
hoc est cum libertate resistendi. Habet enim proprium motum ac impetum, quo concupiscit adversus spiritum. Et hinc fit, ut non ita imputetur motus delectationis homini, sicut imputatur motus manus et
non sit signum sufficiens ad probandum consensum tacitum sola perseverantia delectationis post advertentiam, sicut perseverantia motus manus
sufficit ad convincendum consensum advertentis. Nam pars sensualis
potest perseverare ex proprio impetu, quod non habet locum in manu ».

Ergo cum agatur de motu eiusmodi, qui non ita subiicitur rationi
sive in ipsius inchoatione sive in eius cessatione, ut penes ipsam sit
absolute et directe cohibere : nihil est mirum, quod nullum medium directum suggeri possit, quo ratio hos motus reprimat ac cohibeat.

215. Si inspiciamus tamen quid suaderi possit et soleat ad retundendam carnis rebellionem, occurrit afflictio ipsius carnis, quae afflictio duplicem partem habet : alteram, quae pabulum ac fomentum subtrahit, uti
ieiunia et abstinentiae et vigiliae, alteram, quae dolores laboremque corpori ipsi infligit. Sed priora ad praeveniendos potius motus pertinent.

Porro si sermo sit non de praeveniendis quidem motibus hisce, sed de
reprimendis exortis, utique legimus, sanctos viros hoc medio usos et
alii quidem se vepribus et spinis nudos volutarunt, alii nivibus, alii algen-
tibus aquis se immerserunt aut alio quopiam modo in carnem propriam
saevierunt aut eam saltem castigaverunt iuxta illud Pauli : *Castigo
corpus meum et in servitutem redigo* etc.

At apud neminem Doctorum legi, hoc esse medium, quod cadat sub
illam obligationem, de qua nunc loquimur ; licet subinde suaderi, quando
prudentia et adiuncta personarum sinunt, alicui possit, ut urgentibus huiusmodi stimulis brachium manumve vellicet seu pungat et similia faciat.

216. Quid ergo inquies est, quod ad retundendam carnis delectationem
exigitur? Respondeo, aliud quidpiam esse, quod magis ad hunc finem
facit et sin minus directe motum ipsum comprimit, sicut motus manus
comprimitur, quia, ut diximus, hi motus non subiiciuntur rationis imperio ; attamen indirecte sed simul proxime confert ad eos sedandos.

Etenim licet quandoque huiusmodi motus causam habere queant mere
naturalem, circa quam nihil potest ille, qui eos motus patitur ; tamen
fere semper causam aliquam extrinsecam habent vel mere materialem,
uti v. gr. modum sedendi aut cubandi aut tactum etc., vel causam, ut
ita dicam, spiritualem, phantasmata nempe, quorum apprehensionem consequitur motus appetitus et effectus quoque in humoribus corporis.
Utraque autem haec causa, nempe et quam materialem diximus et quam
spiritualem, suo quaeque modo subiicitur dominio rationis.

217. Et quoad mere materialèm res est per se manifesta. Si enim motus oritur vel ex contactu vel situ corporis etc., facile est in arbitrii potestate hanc causam removere.

Quoad spiritualem vero in potestate rationis est sin minus phantasmata ex imaginatione delere, ad certe mentis aciem atque intuitum alio convertere; quod quidem medium etiam s. Alphonsus, ut vidimus sup. n. 212. commemorat et dicit satis efficax esse, ut dicatur positiva resistentia. Sed praeterea non solum possumus phantasmata ita expellere seu subtrahere mentis oculis, sed saepe erit in potestate causam ipsam seu originem horum phantasmatum seu cogitationum abrumpere. Ansam enim habere illa possunt vel ex aspectu sive personarum viventium sive picturarum vel ex auditione colloquii alicuius aut sermonis vel ex lectione libri vel ex meditatione seu consideratione alicuius rei. Quocirca subtracta hac esca ipsi imaginationi, subtrahetur et causa carnalium motuum.

218. Porro, si quid video, huc maxime spectant quaestiones DD. et dum quaerunt, an quis sub levi, an sub gravi teneatur motus illos reprimere et quae culpa sit in omissione huius resistentiae seu in permissione illorum motuum, potissimum intelligunt de casu, quo quis, ut motus istos subortos comprimat, debeat eorum causam avertere.

Hoc autem inde maxime manifestum fit, quod dum causas iustas, ut aiunt, motus istos permittendi seu non curandi recensent, praesertim memorant actiones studendi, audiendi confessiones, medendi etc.

Quocirca resolutio haec maxime eo spectat, ut definiatur, non carere aliqua culpa, quod quis perseveret in ea actione seu circumstantia, quae ansam praebet eiusmodi miseriis idque etiamsi absit periculum consensus, quando sola curiositas, vanitas, otiositas aut culpa quaepiam levis in quavis materia est causa eas actiones aggrediendi et in iisdem perseverandi. Quae culpa aberit, quando iusta adest causa eidem actioni insistendi.

219. Quoad consensum autem in delectationem et quoad reprimendas seu expellendas motum causas, phantasmata nempe et cogitationes, non praeceps iudicium ferendum.

De hac re Caietanus V. *Delectatio* prop. fin: « Intentio denique hominis contuenda est, quo tendit. Nam postquam plene advertit, si negligit, ut delectetur de illo malo opere, committit formaliter peccatum delectationis morosae. Si autem negligit quidem, sed non ut delectetur de illo malo opere cogitato, sed ex quadam tepiditate seu aliquo huiusmodi, non incurrit formaliter delectationem morosam ac per hoc non peccat mortaliter, nisi exorbitatio fuerit tanta, ut quasi ideo neglexerit, ut delectetur. Nam sicut detrahens non intentione detrahendi, non peccat mortaliter, nisi laesio famae fuerit tanta, ut quasi intenderit ille detrahere, dum non curavit tantam laesionem famae inferre: ita qui negligenter ac per hoc materialiter delectatur de malo opere cogitato, non ut dele-

ctetur de ipso, non peccat mortaliter, nisi involutio fuerit tanta, ut redeat
in naturam suae formae, ut quasi ideo neglexerit, ut delectetur, dum non
aestimavit, tam notabiliter se tali delectabili involvi. Et hinc habes,
unde post plenam advertentiam multas negligentias excuses a peccato
mortali; quia parvae sunt, in his praecipue, qui habitualiter in animo
gerunt, se potius velle mori quam peccare mortaliter. Si enim contingit,
hos esse negligentes in eiusmodi cogitationibus delectabilibus, non est
eorum negligentia ex affectu ad delectationem de illo malo opere, quod
cogitatur. Nec detinentur a tali delectabili ut sic, sed magis ab aliqua
passione concupiscentiae, quae sine tali delectabili detineret. Et, ut puto,
nunquam aut rarissime sic habituati in antedictam negligentiam mortalem incidunt. Et haec ita accipiantur ad excusandum, ut non foveant
ad negligendum ».

Dub. III.

De distinctione peccatorum.

Articulus I.

Quae peccata distinguantur specie.

XXIII. Respond. Peccata, quoad materiale sive entitatem positivam, specie distinguuntur ex obiectis formalibus et circumstantiis speciem variantibus, quatenus
eae obiecti formalis rationem habent. Quoad formale autem, proxime distinguuntur
ab oppositis formis sive rectitudine virtutis qua privant: remote autem et fundamentaliter, ex obiectis. Ita *Tann.* d. 4. *de pec.* d. 1. q. 2. Ratio primae partis est,
quia omnes actus specie distinguuntur ex obiectis, peccata autem quoad materiale,
dicunt ipsos actus. Ratio secundae partis; quia privationes proxime distinguuntur
specie a formis, quibus privant: sed peccata formaliter sunt privationes rectitudi-
num oppositarum. Ratio tertiae partis; quia rectitudo virtutis specificatur proxime
ex obiecto: ergo privatio rectitudinis ex eodem remote.

·220. Cum peccata in confessione sacramentali sint exponenda secundum
suam speciem (si mortalia sint) et Tridentin. sess. 14. cap. 5. praecipiat,
aperiendas in confessione circumstantias esse, quae speciem mutant; proinde haec tractatio summi momenti est et ut ait Valentia in 1. 2. disp. 6.
q. 2. punct. 1. « huius rei explicatio vel maxime ad confessarios pertinet,
ut norint, quaenam peccata *citra controversiam* exprimenda in confessione sint ». Et dicit, *citra controversiam;* quia quoad circumstantias,
quae peccati speciem non mutant, non constat, esse obligationem confitendi.

Verum quam maxime est dolendum, quod cum materia sit tanti momenti et tam scitu necessaria et in qualibet confessione imo et confessionis parte (si res sit de peccatis mortalibus) in praxim veniens,
tamen Doctores inter se non conveniant in assignanda quapiam regula

generali, ex qua decerni facile possit, quandonam habeatur diversitas seu distinctio ista peccatorum specifica; imo Croix lib. 5. n. 121. disserte enunciet: « difficile est pro hoc invenire unam regulam, quae sit adaequata idest, quae conveniat omni et soli distinctioni specificae (nempe quae deserviat ad dignoscendas omnes differentias specificas et simul non extendatur ad differentias accidentales), ita ut possimus dicere: ubicumque haec regula invenitur, ibi est distinctio specifica peccatorum et ubicumque est distinctio specifica peccatorum, ibi haec regula invenitur: hinc AA. in varias vias abierunt ».

221. Illud tamen solari nos debet, quod difficultas non tam in distinguendis reipsa peccatorum speciebus resideat, quam in assignanda quapiam regula, quae complectatur casus omnes, in quibus alioquin distinctionem hanc specificam haberi penes Doctores constat. Quam quidem difficultatem Croix potius quam minueret, auxisse dicendus est, quando regulam hanc ita generalem esse postulat, ut comprehendat non modo distinctiones peccatorum secundum speciem *ethicam* seu *moralem*, quae petitur ex diversa ut ita dicam *materia* peccati, sed etiam distinctionem secundum speciem *theologicam,* quae petitur ex gravitate vel levitate reatus intra eandem speciem ethicam.

Quocirca quaestio hoc loco sic agitata evadit potius *speculativa;* qua statuantur ac veluti coordinentur principia, secundum quae Doctores rationem reddunt distinctionis, quae communiter admittitur inter diversas peccatorum species.

222. Diversas theorias de hac re sic recenset Croix lib. 5. n. 121. qui et praeterea memorat earum auctores seu patronos. « 1° Aliqui pro regula ponunt: si peccata mereantur poenas *notabiliter* diversas, tunc distingui specie. — 2° Alii dicunt, considerandam esse deformitatem, quam actus peccati habet cum recta ratione et tunc recurrendum esse ad iudicium prudentum. — 3° Alii dicunt, non posse absolute et universaliter aliunde colligi, quam ex communi prudentum sensu et apprehensione. — 4° Alii dicunt, inde esse colligendum, si in aliquo sit specialis ratio cur prohibeatur: quod ut deprehendas compara duo peccata inter se v. g. furtum centum ducatorum et furtum unius ducati, item furtum et homicidium et quaere ex te: si peccatum, quod ex illis duobus est gravius, esset licitum, foretne etiam aliud licitum? nempe si furtum centum ducatorum foret licitum, foretne licitum etiam furtum unius ducati? si homicidium esset licitum, foretne licitum etiam furtum? Si affirmas, non distinguentur specie; quia non supererit ratio prohibendi: si negas, distinguentur specie; quia adhuc erit specialis ratio illud prohibendi. — 5° Alii dicunt colligendum esse ex diversis dictaminibus conscientiae, quibus peccata opponuntur. — 6° Alii, si opponuntur diversis specie virtutibus, aut si saltem habeant diversum modum oppositionis ad eandem

virtutem. — 7° Alii dicunt, colligendum esse ex obiecto, fine et circumstantiis et modo tendendi (ex postrema particula scil. *modo tendendi*
Croix n. 128. post alios sumit regulam, qua comprehendat distinctionem
etiam speciei theologicae). — 8° Alii ex diversitate legum seu praeceptorum, quibus peccata opponuntur ».

223. Nos haec omnia nequaquam persequemur. Quo defectu autem
haec aut alia ex his regulis laborare censeantur, videsis apud Valentia
in 1. 2. disp. 6. q. 2. punct. 1. et Croix lib. 5. a n. 122. Satis erit nobis ex-
plicasse doctrinam Auctoris, qui in unicam regulam quodammodo duas
compingit, alteram nempe qua distinctionem peccatorum·specificam desumit ex diversitate obiectorum et alteram, quae eandem distinctionem
dimetitur ex oppositione ad virtutes diversas etc.

Et quidem duas hasce rationes distinguendi specifice peccata ita inter
se comparatas esse, ut altera in alteram reducatur, plures testantur et
concedunt Doctores.

Ita, ut alios praetereamus, s. Alphonsus lib. 5. n. 32.: « Quaestio magna
est inter s. Thomam et Scotum, an distinctio specifica proxime sumatur
ab obiectis diversis peccatorum, vel a diversis virtutibus, quibus peccata
opponuntur. s. Thomas 1. 2. q. 72. art. 1... et alii tenent, proxime desumi
ab obiectis specie diversis... Scotus vero... et alii tenent, distinctionem
specificam· desumi a virtutibus, quibus opponuntur peccata... Utraque
sententia est probabilis, et utraque revera in idem coincidit... Sed secunda distinguendo peccata per oppositiones ad virtutes, planior est et
facilior ».

224. Ita et Suarez in 1. 2. Tr. 3. qui est *de Bonitate et malitia actuum
Human.* disp. 7. sect. 7. n. 4. et 6. relatis sententiis Scoti et s. Thomae his
verbis: « Tertia sententia est Scoti, quod malitia sumit unitatem vel distinctionem ex honestate, qua privat; *quam aliis verbis refert et non
improbat s. Thomas 1. 2. q. 72. art. 9. ad 1.*, scil. actum sumere suam
rationem ex virtute, cui opponitur... Quarta opinio est, malitiam actus,
seu actum malum sumere speciem suam ex obiecto. Ita sentit s. Thomas 1. 2. q. 18. art. 2. et 5. et q. 72. art. 1... *In re* tamen non est contraria praecedenti, sed magis explicat radicem actus mali ut sic ».

225. Et Laymann lib. 1. Tract. 3. cap. 2. n. 2. licet aliam regulam statuat pro peccatis contra praecepta positivae legis, aliam pro contrariis
legi naturali, quoad haec tamen sic conciliat in unam doctrinas s. Thomae
et Scoti: « Unitas et diversitas specifica peccatorum, quae et quatenus
naturali legi.adversantur, proxime ac formaliter desumitur ex rectitudine
seu honestate virtutis, cui opponuntur: remote autem et fundamentaliter
ex obiecto ».

226. Denique Tanner ipse, e quo Auctor sua referre se dicit, idipsum
affirmat; ut videbimus mox explanentes doctrinam Auctoris. Qua in re

hoc advertam, quod Tanner doctrinam huiusmodi tradat solum pro peccatis commissionis, aliam vero, disp. 4. *de Peccat.* q. 2. dub. 1. n. 16. tradat pro peccatis omissionis. Sed modo id seponemus et quaeremus de sensu doctrinae ab Auctore traditae.

227. Triplicem partem responsio habet. Prima statuit peccata, quoad esse materiale seu quoad entitatem positivam, specie distingui tum ex obiectis formalibus, tum ex circumstantiis, quae mutant speciem.

Auctor distincte considerat peccata *quoad esse eorum materiale* et dein *quoad esse formale.* Ut haec facile intelligantur, materiale et formale peccati hoc loco usurpatur eodem modo ac a s. Thoma 1. 2. q. 71. art. 6., ubi ait: « Dicendum, quod... peccatum nihil aliud est, quam actus humanus malus. Quod autem aliquis actus sit humanus, habet ex hoc, quod est voluntarius..., sive sit voluntarius quasi a voluntate elicitus, ut ipsum velle et eligere, sive quasi a voluntate imperatus, ut exteriores actus vel locutionis vel operationis. Habet autem actus humanus, quod sit malus, ex eo quod caret debita commensuratione. Omnis autem commensuratio cuiuscumque rei attenditur per comparationem ad aliquam regulam, a qua si divertat, incommensurata erit... Et ideo Augustinus in definitione peccati posuit duo: Unum, quod pertinet ad substantiam actus humani, quod est quasi MATERIALE in peccato, cum dixit, *Dictum vel factum, vel concupitum;* aliud autem, quod pertinet ad rationem mali, quod est quasi FORMALE in peccato, cum dixit, *contra legem aeternam* ».

Quae duo s. Thomas 1. 2. q. 72. art. 1. sit memorat: « Dicendum, quod ad rationem peccati duo concurrunt, scilicet actus voluntarius et inordinatio eius: quae est per recessum a lege ».

228. Prima itaque pas responsionis est, peccatum materialiter consideratum, seu prout est quidam actus positivus seu entitas positiva, speciem suam desumere ex obiecto formali (idest prouti obiectum consideratur in genere moris).

Rationem addit Auctor, quia omnes actus specie distinguuntur ex obiectis. Ergo ex obiectis distinguentur specie etiam peccata, quippe quae quoad esse eorum materiale et ipsa dicunt actum aliquem.

Et haec quidem est doctrina s. Thomae. Ita 1. 2. q. 18. art. 2.: « Bonum vel malum actionis, sicut et ceterarum rerum attenditur ex plenitudine essendi vel ex defectu ipsius. Primum autem, quod ad plenitudinem essendi pertinere videtur, est id, quod dat rei speciem. Sicut autem res naturalis habet speciem ex sua forma, ita actio habet speciem ex obiecto, sicut et motus ex termino. Et ideo sicut prima bonitas rei naturalis attenditur ex sua forma, ita et prima bonitas actus moralis attenditur ex obiecto convenienti, unde et a quibusdam vocatur bonum *ex genere* (dein infra dicit *specie*) puta *uti re sua.* Et sicut in rebus naturalibus primum malum est, si res generata non consequitur formam specificam, puta si non generetur homo, sed aliquid loco hominis: ita primum malum in actionibus moralibus est quod est ex obiecto, sicut *accipere aliena* et dicitur malum *ex genere*, genere pro *specie* accepto, eo modo loquendi, quo dicimus humanum genus totam humanam speciem ». Quae doctrina eo recidit, ut dicamus, actum esse illius speciei, cuius est obiectum, in quod tendit, sive bonum sive malum et quidem *talis* specificae *bonitatis* vel *talis* malitiae, qualis est bonitas vel malitia specifica obiecti.

229. Addit Auctor, actum, hoc pacto consideratum, specifice distingui etiam « ex circumstantiis speciem variantibus, quatenus eae obiecti formalis rationem habent ».

Quoad rem doctrina nihil difficultatis habet et obvia est ad intelligendum, nempe actum sumere speciem etiam ex circumstantiis, quae variant speciem, v. gr. circumstantia rei sacrae addit speciem sacrilegii in furto, circumstantia status coniugalis addit speciem adulterii in fornicatione etc.

Verba autem « *quatenus eae* (scil. circumstantiae) *habent rationem formalis obiecti* » non sunt circumscriptiva seu limitativa ; sed reddunt rationem seu explicant, quomodo circumstantiae eiusmodi speciem mutent.

230. Quod quomodo contingat, sic explicat s. Thomas 1. 2. q. 18 art. 10. « Quod in uno actu accipitur ut circumstantia superaddita obiecto, quod determinat speciem actus, potest iterum accipi, ratione ordinante, ut principalis conditio obiecti determinantis speciem actus: sicut tollere alienum habet speciem ex ratione alieni ; ex hoc enim constituitur in specie furti et si consideretur super hoc ratio loci vel temporis, se habebit in ratione circumstantiae. Sed quia ratio etiam de loco vel de tempore et aliis huiusmodi determinare potest; contingit conditionem loci circa obiectum accipi ut contrariam ordini rationis, puta quod ratio ordinat, iniuriam non esse faciendam loco sacro; unde tollere aliquid alienum de loco sacro, addit specialem repugnantiam ad ordinem rationis et ideo locus, qui prius consideratur ut circumstantia, nunc consideratur ut *principalis conditio obiecti rationi repugnans* et per hunc modum quandocumque aliqua circumstantia respicit specialem ordinem rationis vel pro vel contra, oportet quod circumstantia det speciem actui morali bono vel malo ».

Verumtamen quod circumstantia sit *instar obiecti*, id nimis generaliter diceretur. Nam iuxta s. Thomam id solum tunc contingit, quando circumstantia addit speciem peccati prorsus disparatam a specie actus, cuius est circumstantia. Ita s. Doctor *De mal.* q. 2. art. 6. ad 2.: « Actus moralis recipit speciem ab obiecto: non tamen propter hoc excluditur, quin recipiat speciem per circumstantias; quia ex circumstantia potest considerari in obiecto aliqua nova conditio, per *quam dat speciem actui.*

Puta, si dicam, accipere rem alienam in loco sacro exsistentem: hic consideratur *conditio obiecti* ex circumstantia loci et sic fit species furti, quod est sacrilegium ex circumstantia loci, et non ex conditione obiecti. Et similiter necesse est accidere, quandocumque species peccati, quae per circumstantiam constituitur, *comparatur ad peccatum praeintellectum, ut species ad genus,* sicut sacrilegium ad furtum, vel adulterium ad fornicationem. Quando vero species peccati ex circumstantia proveniens, *non est species peccati praeintellecti,* sed est quaedam alia species disparata, tunc potest intelligi, quòd circumstantia dat speciem, non secundum quod ex ea resultat aliqua conditio circa obiectum, sed secundum quod *illa circumstantia consideratur ut obiectum* alterius actus circumstantis: sicut si aliquis moechatur ut furetur, additur quaedam alia species peccati propter actum intentionis tendentem in malum finem, qui est obiectum intentionis ».

231. Secunda pars responsionis Auctoris affirmat, peccata *quoad formale* proxime distingui ab oppositis formis sive *rectitudine virtutis, qua privant;* remote vero et fundamentaliter ex obïectis: quae est tertia responsionis pars.

Et reddit rationem, quia privationes proxime speciem suam desumunt a formis, quibus privant sive a rectitudine virtutum oppositarum; virtutes autem specificantur ab obiectis: ergo remote seu mediate etiam haec inordinatio formalis specificatur ab obiectis.

232. Tanner, e quo Auctor haec omnia sumpsit, studiose conatur ostendere, s. Thomam non repugnare suae huic theoriae. Iuvat heic s. Thomae verba exscribere, ut inde melius pateat, quid sibi velit ipse Tanner.

S. Thomas itaque 1. 2. q. 72. art. 1. ad quaestionem « Utrum peccata differant specie secundum obiecta », sic respondet: « Dicendum, quod... ad rationem peccati duo concurrunt, scil. actus voluntarius et inordinatio eius, quae est per recessum a lege. Horum autem duorum unum per se comparatur ad peccantem, qui intendit talem actum voluntarium exercere *in tali materia;* aliud autem, scil. inordinatio actus, per accidens se habet ad intentionem peccantis... Manifestum est autem, quod unumquodque consequitur speciem secundum illud, quod est per se, non autem secundum illud, quod est per accidens; quia ea, quae sunt per accidens, sunt extra rationem speciei. Et ideo peccata specie distinguuntur ex *parte actuum voluntariorum magis, quam ex parte inordinationis in peccato exsistentis.* Actus autem voluntarii distinguuntur specie secundum obiecta, ut in superioribus ostensum est. Unde sequitur, quod peccata proprie distinguantur specie secundum obiecta ».

Tanner bene innititur verbis « ex *parte actuum* MAGIS, *quam ex parte inordinationis* etc. et concludit, ex s. Thoma peccata distingui etiam penes virtutes oppositas « atque hoc, inquit l. c., in re non est diversum ab eo, quod est distingui specie secundum obiecta, cum ipsae virtutes specie distinguantur secundum obiecta ».

Quocirca s. Thomas 1. 2. q. 72. art. 1. ad 2. apposite ad rem, cum sibi obiecisset: « Malum, cum sit privatio, distinguitur specie secundum diversas species oppositorum: sed peccatum est quoddam malum in genere humanorum actuum; ergo peccata magis distinguuntur specie secundum opposita, quam secundum obiecta »: Respondet: « Dicendum, quod peccatum non est pura privatio, sed actus debito ordine privatus et ideo peccata magis distinguuntur specie secundum obiecta actuum, quam secundum opposita: quamvis etiamsi distinguantur secundum oppositas virtutes, in idem rediret; virtutes enim distinguuntur specie secundum obiecta ».

Ex quibus patet, s. Thomam ideo distinctionem specificam petere ab obiectis; quia considerat *actum* ipsum et alioquin concedit, privationem seu inordinationem petere speciem ex oppositione ad rectitudinem virtutis oppositae; licet addat, hanc specificam virtutum distinctionem desumi et ipsam ex obiectis.

Hinc idem s. Thomas alibi 2. dist. 42. q. 2. art. 2. q. 1. ad 1. sic utrumque coniungit, « Dicendum ergo, quod divisio peccati in species suas essentiales est *per oppositum virtutis;* quia oportet, quod sit secundum obiectum, ex quo specificatur peccatum et virtus ».

233. Et haec satis iam sint de hac quaestione minus necessaria; quia necessitas potior est, ut cognoscamus, quandonam et quae peccata specie differant. Atqui proposita quaestio non illuc tendit, sed solum quaerit, quaenam sit generalior regula sive formula, quae omnes casus sub se comprehendat; num oppositio ad virtutes, num comparatio ad obiectum. At enim postquam eo deveneris, ut statuas posteriorem hanc formulam esse praeferendam, quia cum virtutes quoque specificentur ex obiecto, distinctio specierum tandem petenda sit ex obiectorum differentia, postquam, inquam, id constitueris, quid demum conclusisti quoad propositum nobis scopum, ut sciamus, quae peccata specie differant? Nam ulterior necessaria aderit quaestio, quaenam obiecta ita differant, aut quando ita differant, ut diversam speciem inducant.

Insuper haec quaestio agitabatur ad *supremam* illa formulam stabiliendam et hanc quaerebant in doctrina s. Thomae, cum speciem sumendam dicit ex obiectis vel ex oppositis virtutibus, quae ex obiecto specificantur. At enim s. Thomas ipse fatetur, eam regulam non esse generalem. Sic enim habet *De mal.* q. 2. art. 6.: « Nec est dicendum, quod differant (peccata) specie secundum differentiam praeceptorum; sed magis e converso praecepta (scil. naturalia) distinguuntur secundum differentiam virtutum vel vitiorum; quia praecepta ad hoc sunt, ut secundum virtutem operemur et peccata vitemus. Si vero aliqua essent peccata solum quia prohibita, *in his rationabile esset, ut secundum differentiam praeceptorum specie peccata differrent* ».

Hac ergo absoluta quaestione, inquiramus, quando in praxi distincta censeri specie debeant peccata: quod A. praestat in subiecta Resolutione.

Ex quibus resolves.

XXIV. Peccata specie differunt, non tantum quae diversis virtutibus, sed etiam quae eidem opponuntur extreme, ut prodigalitas et avaritia: vel ratione diversae difformitatis, id est quae adeo diversa ratione et malitia eiusdem virtutis materiam attingunt, ut quantum est ex natura eiusdem peccati, non sit eadem facilitas, moraliter loquendo, neque propensio utrumque peccatum committendi; qualia sunt homicidium, furtum, adulterium, detractio.

234. Modum ergo assignat A., quo cognoscatur, quando peccata specie differunt, scil. 1° cum opponuntur diversis virtutibus, v. gr. castitatis et iustitiae aut caritatis: 2° quae eidem quidem virtuti opponuntur, sed extreme idest per opposita extrema, scil. per excessum vel per defectum, uti rusticitas et dissolutio relate ad eutrapeliam: 3° quae diversa ratione attingunt materiam eiusdem virtutis, uti peccata, quae Auctor enumerat opposita iustitiae.

235. Et quod spectat ad oppositionem cum diversis virtutibus, merito s. Alphonsus lib. 5. n. 32. ait, hanc viam planiorem esse ad peccatorum distinguendas species; quippe et cognitio haec diversarum virtutum facilior est et in promptu nec difficultatem habet comparatio cum eisdem virtutibus facienda. Sic facile est distinguere specie periurium, quod est contra religionem et fornicationem contra castitatem.

Verumtamen maior haec facilitas ex eo provenit, quod ad manum sit modus quidam materialis rem expediendi, quatenus facile est materialiter distinguere virtutem a virtute. At enim tota ista facilitas evanescet, si quis nosse praeterea velit rationem distinctionis inter easdem virtutes. Diversitas enim virtutum petitur a differentia obiectorum in genere moris. Ergo quandocumque non solum materialiter, sed rationabiliter quoque nosse quis velit distinctionem peccatorum per species, eo denique deveniat oportet, ut illam quaerat in morali obiectorum differentia.

236. Porro specifica obiectorum moralium differentia consistit in diversitate bonitatis et in diversitate malitiae. Bonitas autem vel malitia moralis obiectiva exsurgit ex convenientia vel disconvenientia cum natura rationali sive cum recta ratione. Tunc ergo habebimus diversam bonitatem, cum diversa est ratio, cur aliquid bonum sit et vicissim diversam malitiam habebimus, quando diversa est ratio, cur obiectum non conveniat cum rationali creatura.

Hinc videmus, cur quidam sup. 222. tunc specie differre peccata dixe-

rint, quando in iis diversa est ratio, cur prohibeantur. Hinc pariter palam
fit, cur alii cum Pallavicino, apud Croix lib. 5. n. 121., diversitatem specificam colligendam dicant ex diversis dictaminibus conscientiae seu
rationis, quibus peccata opponuntur, quae regula fere coincidit cum
praecedenti, quae est Harnoldi apud Croix. ibid., aut cum alia aliorum
apud Croix. n. 223., qui statuebant, tum haberi diversae speciei peccata,
ubi inveniuntur notabiliter diversae disconvenientiae cum natura rationali.

237. Croix haec omnia respuit, quasi regulae sint inadaequatae et
insuper (n. 126.) addit, « remanere quaestionem, quando dictamina
debeant dici specie diversa » itemque (n. 125.), nos nondum scire,
quandonam et unde colligi debeat, quod in his vel illis sit diversa
ratio prohibendi.

At enim nonne eodem incommodo laborat regula, quam ipse ceu unice
idoneam proponit? Ista enim sic se habet: « Si obiectum vel modus
tendendi actus peccaminosi sit notabiliter diversus in genere moris, recte
colligimus malitiam specie diversam inesse actui ». Atqui, nos subde-
mus, nos adhuc nescire, quandonam et undenam colligenda et definienda
sit ista notabilis diversitas obiecti aut modi tendendi actus peccati. Et
sane diversitas obiecti in genere moris exsurgit ex diversitate disconvenientiae ad rationem, seu naturam rationalem. Ergo res recidit in eam
regulam, quam ipse reiicit.

238. Quoad secundam et tertiam partem praestat afferre illa, quae
s. Thomas habet de Mal. q. 2. art. 6.: « Cum actus moralis sit actus,
qui est a ratione procedens voluntarius, oportet quod actus moralis
speciem habeat secundum aliquid in obiecto consideratum, quod ordinem habet ad rationem. Et sic in praecedenti quaestione (scil. art. 1.
eiusd. quaest.) dictum est, quod si sit conveniens rationi, erit actus bonus
secundum speciem, si autem sit discordans a ratione, secundum speciem
malus erit. In hoc autem, quod non est conveniens rationi circa obiectum
consideratum, diversificari potest peccati species dupliciter, uno modo
quidem materialiter, alio modo formaliter. Materialiter quidem per oppositum ad virtutem (haec ad 3. partem resolutionis pertinent). Differunt enim virtutes specie, secundum quod ratio medium adinvenit in
diversis materiis; puta, iustitia est secundum quod ratio medium constituit in commutationibus et distributionibus et huiusmodi actionibus...
et sic de aliis... Sic ergo et per oppositum ad virtutes peccata differunt
specie secundum diversas materias, puta homicidium, furtum, adulterium.... Sed quia circa unam materiam, cum sit una virtus, contingunt
esse peccata specie diversa, oportet secundo considerare formaliter diversitatem speciei in peccatis (haec pertinent ad 2. partem resol.), prout
scilicet peccatur vel secundum superabundantiam vel secundum defectum,
sicut differt timiditas a praesumptione et illiberalitas a prodigalitate,

vel secundum diversas circumstantias, sicut species gulae distinguuntur secundum ea, quae hoc versu continentur: Praepropere, laute, nimis, ardenter, studiose (vid. 2. 2. q. 148. art. 4.) ».

Quoad secundam itaque partem, videlicet quoad oppositionem contra eandem virtutem, nihil est quod addatur, nisi quod notandum venit, id valere solum de virtutibus, quae in medio quodam consistunt, non vero in aliis, v. gr. in caritate.

239. Quoad tertiam vero partem, in qua tertius modus specificandi peccata assignatur, Auctor post Tanner disp. 4. *de Peccat.* q. 2. dub. 1. memorat *diversam deformitatem* ex diverso modo, quo peccatum attingit materiam unius virtutis. Et deinde ponit exemplum petitum ex virtute iustitiae, cui apponuntur quatuor diversa peccata, scil. homicidium, furtum, adulterium, detractio. Tum addit diversum modum attingendi materiam virtutis esse eiusmodi, ut non sit eadem facilitas committendi utrumque peccatum.

Verum s. Thomas non dixit, ea peccata contra iustitiam specie diversificari ratione diversi modi, quo attingant *materiam eiusdem virtutis*, sed potius dixit diversas esse materias eiusdem virtutis. Vid. eius verba sup. n. 238.

Scilicet etsi in diversis materiis ab una virtute devietur, attamen specialis potest esse ratio, cur in iis a virtute recedatur sive specialis deformitas a virtute in iis reperiri potest, quemadmodum pariter specialis ratio in iisdem materiis esse potest exercendae virtutis. Ita differunt peccata contra iustitiam, homicidium, furtum, adulterium, detractio. Nam ipsa diversitas materiae efficit ut specialis sit recessus a iustitia et violatio ordinis specialis, quem recta ratio requirit. Unde sunt diversae deformitates contra eandem virtutem.

240. Ita s. Thomas diversas species luxuriae contra naturam iuxta materiae deformitates recenset 2. 2. q. 154. art. 11.: « Ibi est determinata luxuriae species, ubi specialis ratio deformitatis occurrit, quae facit indecentem actum venereum. Quod quidem potest esse dupliciter. Uno quidem modo, quia repugnat rationi rectae, quod est commune in omni vitio luxuriae (scil. ut ait artic. 1°, quod aliquis non secundum rectam rationem delectatione venerea utatur). Alio modo, quia etiam super hoc repugnat ipsi ordini naturali venerei actus, qui convenit humanae speciei, quod dicitur vitium contra naturam. Quod quidem potest pluribus modis contingere. Uno quidem modo, si absque omni concubitu, causa delectationis venereae, pollutio procuretur, quod pertinet ad peccatum immunditiae, quam quidam mollitiem vocant. Alio modo si fiat per concubitum ad rem non eiusdem speciei, quod vocatur bestialitas. Tertio si fiat per concubitum ad non debitum sexum, puta masculi ad masculum vel feminae ad feminam, ut Apost. dicit ad Rom. I., quod dicitur sodo-

miticum vitium. Quarto si non servetur naturalis modus concumbendi, aut quantum ad instrumentum non debitum, aut quantum ad alios monstruosos et bestiales concumbendi modos ».

241. Ceterum quandonam diversa sit species vel generatim ob oppositionem ad diversas virtutes, vel per oppositionem extreme ad eandem virtutem, vel per diversam deformitatem contra unam virtutem, haec omnia discuntur in tractatu de virtutibus et vitiis, quod est argumentum Secundae Secundae Partis Summae s. Thomae et praxis utcumque supplebit per decursum Tractatuum.

242. Quaestionem heic subdunt DD. notatu dignissimam et s. Alph. habet lib. 5. n. 33.: An ex diversis praeceptis (circa candem rem) peccata (plura) specie distinguantur. Et bene respondet s. Alph.: « Dicendum cum communi, quod si praecepta distinguantur tantum ex parte legislatorum (ut est in furto, quod prohibetur lege divina et humana), minime inducunt distinctionem specificam peccatorum; quia diversitas legislatorum non efficit praeceptum esse formaliter diversum, sed tantum materialiter. Secus, si praecepta distinguantur ex parte motivi ad prohibendum; quia tunc diversae virtutes laeduntur: prout si quis frangeret ieiunium praeceptum ab Ecclesia et ad quod voto simul se obstrinxit. Tunc enim laederet temperantiam, ex qua Ecclesia ieiunium imperat et religionem, ex qua Deus praecipit vota observari ». Ita s. Alph. cum communi.

243. Tota ergo cura eo debet intendere, ut sciatur, an plures obligationes a pluribus legibus profluentes, sint plures materialiter, an formaliter. Erunt plures *materialiter,* quando cunctae eandem rem exigunt ob unum idemque motivum alicuius virtutis. Ita v. gr. incestus, sodomia, adulterium prohibentur eodem unico motivo a lege ecclesiastica et a lege civili, ac prohibeantur iure naturae. Ita et sacrilegium, quod committitur in stupranda Moniali, eodem motivo a iure naturae, lege civili et lege ecclesiastica prohibetur. Ita, inquit s. Alph. lib. 5. n. 33., sacerdos beneficiarius, omittens officium divinum, ad quod tenetur tum titulo Ordinis sacri tum titulo beneficii, unum peccatum committit; quia ex eodem religionis motivo uterque titulus recitationem exigit. Peccaret tamen insuper contra iustitiam, si animum haberet faciendi nihilominus fructus suos, ut ait s. Alph. lib. 4. n. 145.; secus si vellet restituere, ut ait lib. 5. n. 33.

Erunt vero plures *formaliter,* quando aliqua lex seu obligatio exoritur seu imponitur ex motivo alterius honestatis, ac imponatur ab alia lege; unde in eodem actu habebitur oppositio ad diversas virtutes, ad quas tenebaris ac plures inter se diversae in eodem actu aderunt deformitates seu turpitudines. Ita triplicem obligationem diversam formaliter habet audiendi missam die festo ille, qui praeter obligationem praecepti Ecclesiae ad id teneatur ob votum et insuper ob iuramentum. Ratio quia licet et praeceptum Ecclesiae et votum et iuramentum obligent ex motivo religionis, obligant tamen ex diversa honestatis ratione, scil. praeceptum Ecclesiae ut cultus Deo deferatur, votum ob fidelitatem Deo servandam, iuramentum ne Deus in falsi testimonium vocetur.

Ita constitutus in sacris Ordinibus violando castitatem duplex specie distinctum peccatum committit, nempe et luxuriae contra virtutem castitatis et sacrilegii contra religionem, in cuius gratiam Ecclesia aut legem (ut absurde quidam voluerunt) aut votum castitatis imponit.

Ita qui sacerdotem occidit, duas formaliter leges violat, alteram naturalem, ex qua violatur *iustitia,* aliam ecclesiasticam, vi cuius violatur *religio,* cuius intuitu Ecclesia occisionem clerici prohibet. Si vero et lege naturae putas interdictam occisionem personae Deo sacrae intuitu religionis, hoc exemplum duas utique habebit malitias, sed ex utraque lege materialiter sumpta, ut diximus de incestu et adulterio.

Articulus II.
Quae peccata distinguantur numero.

XXV. Respond. Numero distinguuntur duobus modis. 1. Ex diversis obiectis numero totalibus, non materialiter et physice tantum, sed etiam formaliter et moraliter distinctis. 2. Per interruptionem actuum moralem. Filliuc. t. 21. c. 8.

Dico *moralem;* quia, etsi ad distinctionem numericam physice sufficiat quaevis interruptio: in ordine tamen ad confessionem non multiplicantur, nisi moraliter multi sint; quia, sicut in confessione actus moralis, ita etiam multiplicatio et distinctio moralis attendi debet.

Porro actus moraliter interrumpuntur, ita ut nec virtualiter nec interpretative manere censeantur: 1. per contrariam voluntatem et propositum: 2. per cessationem ab actu voluntariam et liberam: 3. per cessationem involuntariam et naturalem, sive ea fiat per somnum sive per distractionem ad alia. Per somnum quidem; quia cum in illo cesset usus rationis, non continuatur actio libera et moralis: per distractionem vero; quia per illam prior cogitatio fit involuntaria, ideoque si ad eam redeatur, fit voluntaria et moraliter multiplicatur. Ita Vasq. etc. Quae sententia, etsi in peccatis externis tenenda sit, in internis tamen non habet locum, secundum Fill. t. 21. c. 8. n. 319. Ratio est, quia etsi per hanc interruptionem physice actus multiplicetur, non tamen moraliter; quia hoc ipso, quod animus involuntarie distrahitur, remanet interpretative prior voluntas, cum non sit retractata aut aliter interrupta. V. etiam Bald. d. 21. n. 3.

Ex dictis resolves.

XXVI. 1. Unum numero peccatum committit, qui uno actu odii vel detractionis fertur in 10. homines, qui uno ictu duos occidit, qui uno actu vult omittere officium Horarum per mensem, ieiunium per quadragesimam. Quia etsi haec obiecta physice sint plura, sunt tamen unum moraliter et formaliter, quatenus in uno actu heic et nunc coniunguntur. Ita Navar. Fill. Bonac. d. 2. q. 4. p. 1. contra Azor, Vasq. etc. qui satis probabiliter dicunt esse peccata distincta. Verum sive 10. peccata dicas, odisse v. gr. 10. homines, sive unum, parum refert; cum unum hoc illis decem aequivaleat proindeque obiecti gravitas in confessione exprimenda sit, quippe quae actum in suo esse individuali constituit, ut notat Fill. Bon. Suar. *de Poen.* d. 22. *s.* 5.

XXVII. 2. Actus voluntatis internus saepius interruptus et repetitus, licet physice sit multiplex, moraliter tamen est unum numero peccatum, in ordine ad confessionem, si consummetur in opere aliquo externo, per eum intento et causato, aut etiam in pluribus actibus externis sibi invicem subordinatis ad eundem finem. Hinc v. gr. qui furatur bibliothecam per totam noctem, etsi saepius voluntatem furandi renovet, unum furtum et qui ad occidendùm alium pergens, saepe voluntatem renovat, unum homicidium committit. Ratio est, quia est una actio externa, ab internis intenta et causata, in qua internae omnes complentur et moraliter uniuntur. V. Baldell. d. 21. n. 4.

XXVIII. 3. Actiones externae, licet numero distinctae, ad eundem tamen finem et actum principalem relatae, modo non habeant distinctam ab illo malitiam, non distinguuntur ab ipso fine et actu principali, moraliter loquendo et in ordine ad confessionem. Hinc oscula, tactus, verba impudica etc. copulam carnalem praecedentia, imo etiam comitantia et subsequentia, tanquam complementa et appendices operis, unum numero peccatum sunt, ut docent Nav. c. 6. n. 17. Azor l. 4. c. 4. q. 6. Fill. etc. Ratio est, quia sunt vel initia, vel partes, vel complementa et appendices operis eiusdem actus humani et obiecti, in quo omnia praedicta moraliter uniuntur.

Dixi *complementa;* quia si similes actus non sint initia vel partes copulae subsecuturae aut ex actu praeterito ex natura rei non consequantur, distinguuntur numero, ut ver. gr. si quis de fornicatione glorietur: proindeque illi in confessione explicandi sunt separatim, non autem priores, ut docet Suar. t. 4. *de Poen.* d. 22. s. 5.

244. Merito s. Alphonsus lib. 5. n. 36. doctrinam de numerica distinctione peccatorum vocat difficilem, quippe circa illam valde laborant DD. et valde inter se dissentiunt; cum tamen Concilium Tridentinum declaret, ex divino praecepto teneri fideles ad gravium peccatorum numerum declarandum. Ita Sess. 14. can. 7.: « Si quis dixerit in sacramento poenitentiae necessarium non esse iure divino confiteri omnia et singula peccata mortalia, quorum memoria cum debita et diligenti praemeditatione habeatur... et circumstantias, quae peccati speciem mutant..., anathema sit ».

245. Quod spectat ad 1ᵐ modum distinguendi numerice peccata, primum adverte, quod ut obiecta *integra* per se et *totalia* dicantur, talia esse debent 1° ut unum non sit pars alterius nec omnia, ceu partes, totum quid constituant. Quare inquit Azor lib. 4. cap. 4. q. 3., si quis vellet domum comburere vel omnes alicuius bibliothecae libros furto surripere aut tritici ingentem acervum aut magnum aureorum cumulum furari aut ovium totum gregem vel totum boum aut equorum aut porcorum armentum abigere, unum obiectum totale censeretur, atque adeo unum peccatum. 2° Ut unum ad alterum, tanquam ad finem, non referatur, ut ait

Filliuccius. Tract. 21. cap. 8. n. 319.; cuius rei exemplum habetis in tertia Auctoris resolutione, ubi verba seu tactus impudici ordinati ad carnalem copulam, unum obiectum constituunt cum ipsa copula. Et hucusque DD. omnes conveniunt.

246. At enim, quia totalitatem non tantum materialem et physicam, sed formalem et moralem A. requirit, quaestio succedit, in qua definienda discordant DD., quandonam non solum *materialiter et physice,* sed etiam *formaliter et moraliter* unum dicendum sit obiectum.

Croix lib. 5. n. 151. hanc normam statuit: « Quando sunt plures res, quarum una est capax accipiendi augmentum ab altera et quae ex natura sua vel usu hominum referuntur ad eundem finem ideoque communiter sunt invicem commutabiles et compensabiles, tunc possunt uniri in ratione unius obiecti, si spectent ad eundem hominem; quia tunc sunt res eiusdem rationis, quae facient unam rem maiorem, si simul veluti partes conveniant: et ita se habent pecuniae, panni, frumenta etc., quae augent divitias eiusdem hominis et referuntur ad candem necessitatem vitae suntque in commercio hominum invicem permutabilia ac compensabilia, pecuniae cum pannis, panni cum frumento etc. et una mensura omnium est pecunia, qua ista omnia acquiri possunt. Hinc si ad eundem pertineant, constituunt unicum (*moraliter* scil.) numero obiectum maius et consequenter tantum augent malitiam *numericam* (!) actus, quo auferuntur. E contra si sint plures (res), quarum una non est capax accipiendi augmentum ab altera aut quae a natura (sua) usuque hominum non referantur ad eundem finem nec ita sint permutabiles invicem, sed in se habeant suas rationes completas et diversas, tunc non poterunt uniri in ratione unius obiecti, sed manent plura *moraliter* obiecta, quamvis terminent unum actum et sic se habent famae trium hominum; nam fama unius non augetur per famam alterius... Ergo non uniuntur in ratione unius obiecti. Et consequenter si uno actu detrahatur de fama trium, non est detractio unius famae nec augetur malitia unius detractionis, sed sunt moraliter tres detractiones triplicis famae: ergo tria numero peccata ».

247. Contra vero, quoad hoc postremum, Filliuccius (e quo Auctor dicit se desumere ista) scribit Tract. 21. cap. 8. n. 320.: « Multo probabilius videtur, eiusmodi obiecta diversa numero materialiter et physice (exemplum n. 319. attulerat « *in eo, qui actu odii feratur in decem homines* ») facere tantum actum peccati graviorem: esse autem unum obiectum formaliter et moraliter; ideoque licet singula, si per se sumantur, possint dare malitiam numero diversam, tamen quatenus omnia coniunguntur in uno actu, hic et nunc, nullum ex iis per se illam conferunt, sed omnia simul per modum unius concurrunt ad unam et eandem malitiam: quod patet in odio multitudinis hominum, ut congregationis, civitatis, nationis etc. »

248. Et quidem parum haec controversia interesset, si necessario tenendum deinde foret illud quoque, quod Filliuccius ibidem n. 236. subdit: « Debet tamen in confessione talis obiecti exprimi gravitas, tanquam circumstantia notabiliter. aggravans. Atque in ordine ad confessionem parum differt haec sententia a priore. Sive enim sint decem peccata odisse decem homines, sive unum habens malitiam et gravitatem decem peccatorum, perinde est: hoc enim unum aequivalet illis decem. Idem dicendum in peccatis omissionum. Si enim quis uno actu velit omittere officium per mensem vel ieiunium per totam quadragesimam, committit vel triginta omissiones officii aut quadraginta ieiunii secundum primam sententiam vel unum, quod aequivalet illis triginta vel quadraginta ».

Quam doctrinam tenet deinde et Busembaum in resolutione prima, dicens hanc obiecti gravitatem esse in confessione explicandam; sicut docuerat etiam in Tract. *de Legibus* resol. ultima dub. 6. capitis III. et *de Poenitentia* cap. 1. dub. 3. in resp. ad 3^m explicat. n. 3.

249. At enim, ut apposite notat Diana tom. 1. Tract. 7. resol. 21. n. 2. « qui probabiliter tenet, circumstantias aggravantes non esse in confessione explicandas (necessario), poterit consequenter sine peccato in tali casu istas reticere ».

Et reipsa Card. Lugo postquam multis rationibus evicit *de Poenit.* disp. 16. a n. 107., praeferendam esse sententiam, quae docet, circumstantias mere aggravantes intra eandem speciem non necessario esse explicandas; doctrinam generalem applicat casui praesenti, scilic. non esse exprimendum necessario numerum personarum, quas unico actu oderis v. gr. vel occideris. Ita ille l. c. n. 134.: « Mihi ergo probabilius est, illum praecisum respectum unius actus ad personas diversas non debere necessario explicari...; quam illationem *fatetur probabilem et ipse Vasquez...* »

250. Quam doctrinam limitat ita, ut tamen confessarius non decipiatur et credat, unam tantum personam laesam. Ita ibid. n. 141.: « Occisionem plurium vel voluntatem occidendi plures credo communiter non explicari bene, in Confessione dicendo: *feci homicidium* aut habui *voluntatem homicidii.* Quia homicidium ex communi acceptione significat occisionem unius hominis et per consequens non intelligeret illud peccatum, quod revera fuit, sed aliud, sicut si ille, qui furatus est centum, diceret: *furatus sum viginti,* non bene explicat suum peccatum; quia dicit unum peccatum pro alio. Eadem ratione qui desideravit peccare cum tribus feminis, non bene explicaret dicendo, *desideravi fornicationem* aut *habui desiderium fornicationis.* Quare regulariter existimo, explicandum esse in praxi numerum personarum, saltem sub aliqua generalitate confusa, significante pluralitatem. »

251. Hinc Tamburini *Method. confess.* lib. 2. cap. 1. §. 9. n. 58. sic

totam quaestionem oculis subiicit. « Est gravis controversia... an actus
unus, quo quis unico ictu occidit decem homines, habeat decem numero
malitias et consequenter omnes in confessióne necessario declarandas?
Habere decem docet Vasquez... non habere contendit esse probabilius
Suarez *de Poenit.* disp. 22. sect. 5. a n. 34. Sed me iuvat ab hac speculativa quaestione prorsus abstinere et ex alio principio decernere, an
has malitias collocatas in uno eodemque actu, sive numero distinctas cum
Vasquio, sive nequaquam cum Suario, aperire Sacerdoti compellamur ».
Et n. 59. « Dico cum Lugo *de Poenit.* disp. 16. n. 133. nequaquam fideles
ad id compellendos. Ratio, abstrahens ab illa quaestione speculativa,
ducenda est ex Tridentino. Nam ex illo solum habemus praeceptum confitendi singulas species et singula numero peccata; nunquam vero apparet praeceptum explicandi singulas numero malitias, quae forte sint
in singulis peccatis. Asserimus ergo, a poenitentibus solum explicandas
species multiplicatas in eodem actu et item omnia individua peccatorum... At omnes numero malitias forte inclusas in uno eodemque peccato
necessario explicare, quia scrupulis id et perplexitatibus satis erat obnoxium, cum non iudicaverit benignus Dominus iniungere sub praecepto
(ut ex verbis Conc. Trident. colligitur), nos ad id obstringere fideles
nequaquam possumus. Lege Leandrum apud Dianam..., qui idem docet
de eo, qui unico actu voluntatis vult ad decem v. gr. mulieres eiusdem
conditionis accedere aut ad eandem vult accedere pluries. Satis enim est,
si dicat: *Volui accedere* PLURIES ad *solutam seu solutas seu coniugatas,* sine necessitate exprimendi numerum obiectorum talis unicae vo-
litionis ».

Hanc doctrinam et sequentes resolutiones videbimus infra indigere
quadam circumscriptione cf. n. 266.

252. Et dein Tamburini de casibus particularibus has subiicit resolutiones quoad decalogi praecepta nn. 61. 62. 63.

« Si simul unica v. gr. expulsione (forte *explosione*) bombardae occidis
decem, viginti, plures homines, satis est ex De Lugo disp. 16. n. 141. si
dicas: *Uno ictu occidi multos* ».

« Qui unico actu desiderat occidere decem, viginti, plures quique unico
item voluntatis actu concupiscit copulam cum tribus, cum decem, cum
pluribus feminis eiusdem rationis, satis propter eandem rationem est, si
in confessione dicat: *Semel desideravi occidere plures et semel plures
feminas liberas concupivi:* Lugo ibid. nn. 135. et 141. »

« Qui unico actu detractionis multos simul laesit, propter eandem
rationem non est necesse, ut numerum personarum laesarum aperiat.
Ita Lugo ibid. n. 135. v. gr. si quis detrahat familiae vel domui vel
religioni, sive numerosa sit sive modica, satis est, si dicat: *Detraxi cuidam familiae etc.* »

253. Sententia s. Alphonsi de hac re ita est lib. 5. n. 45. « An peccata multiplicentur ex diversitate obiectorum totalium, celebris est quaestio inter Doctores. Prima sententia negat (sc. multiplicari peccata) et hanc tenent cum Busembaum (Busembaum, ut patet, non negat simpliciter, sed solum cum totalitas est tantum materialis et physica: quaestio ergo, quam instituit s. Doctor, reapse est, an peccata numero multiplicentur ex diversitate obiectorum totalium totalitate sola materiali et physica sive an, exsistente totalitate obiectorum materiali, exsistat etiam eorumdem totalitas formalis et moralis atque sic ex eorum diversitate multiplicentur numero peccata) Suarez, Lugo, Laymann, Viva, Reiffenstuel Anacletus, Navarrus, Marchant etc., ac Tamburini, Bonacina, Filliuccius, Gobat, apud Croix lib. 5. n. 150. probabilemque putant Vasquez, Rodriguez etc. apud Lugo disp. 16. n. 135. ».

« Secunda vero sententia communior, quam sequimur et tenent Contin. Tournely, Concina, Croix, Holzmann ac Salmantic., cum Azor, Hurtad., Vasquez, Diana, Dicastillo et aliis innumeris, docet, diversitatem obiectorum totalium constituere diversa numero peccata ».

254. Huic quaestioni immorari data opera nolumus, quam fuse persequuntur hinc quidem Lugo disp. 16. de Poenit. a n. 126. et Suarez de Poenit. disp. 22. sect. 5. n. 34., inde vero praesertim Ioannes De Dicastillo de Poenit. disp. 9. dub. 4. a n. 216.

Nihilominus, quia s. Alphonsus adhaeret sententiae, quae contra Lugo defendit plura in casu haberi peccata eaque necessario exprimenda in confessione, iuverit heic indicare aliquam rationem, cur non debeat idcirco sententia tanti theologi haberi ut explosa.

255. Advertimus ergo 1. quod quaestio non satis apte proponitur, cum dicitur: an ex diversitate vel multiplicitate obiectorum totalium multiplicentur peccata. Nam qui negant multiplicari peccata, non supponunt plura obiecta totalia; sed obiecta materialiter plura per modum unius obiecti adaequati concipi dicunt et idcirco unum obiectum totale formale ac morale constituere. Quaerendum ergo foret, an obiecta plura et materialiter in se totalia possint necne, prout subsunt uni actui simulque illum terminant, constituere unum obiectum totale morale actus.

256. Si 2. diiudicari res ex auctoritate debeat, utrinque graves auctores habemus, nec video cur s. Alph., postquam pro sententia Lugo multos expresse allegavit et alios confuse, subdat pro opposita stare innumeros. Sane plures Croix n. 149-150. refert pro sententia illa prima, quam pro secunda itemque Salmanticens. Tract. 20. cap. 12. n. 59. 61. decem pro prima et novem pro secunda afferunt. Et licet addantur nomina Concina, Collet, Holzmann et Antoine, hi non constituunt multitudinem innumeram, cum vix possint augere numerum.

Et quidem enumeratis (pro sententia Lugo) a s. Alph. addi possunt Stoz

apud Croix n. 150. Duardus, Curiel, Corneius et Leander apud Salmantic. l. c. n. 59., Caramuel et Ioan. Machado apud Diana tom. 1. Tract. 7.
resol. 24. et 26., Bannez, Serra, Delgadillus. fr. Ludovicus a Conceptione,
alios Magistros Salmantic. confuse allegans, Ioan. Pontius, Martinus a
s. Iosepho, Constantinus de Castro, Remigius, Verricelli, Acatius de
Velasco apud Mendo *Statera Opinion.* Dissert. 2. n. 2. et Zanardus et
Ledesma, Maurus, Anton. Berarduccius, Marcus Scarsella et Archan-
gelus Rubeus apud eundem Mendo ibid. nn. 3. 4. Et novissime Marcus
Struggl coaevus s. Alphonso Tract. 2. q. 1. art. 4. n. 42-43. ceu obiecta
partialia habet, quae ab aliis dicuntur totalia, quando « *adunantur per
modum unius obiecti totalis* ». Et exempla affert sacerdotis, qui in
statu peccati una vice ex intentione confusa se exponit pluribus excipiendis confessionibus et furis confusa intentione auferentis commune
depositum pertinens ad decem diversas personas aut illius, qui confuse
praevidens periculum homicidii in explosione bombardae plures simul
occidit personas aut clerici, qui statuat, per mensem omittere breviarium;
nam, inquit, *similes commissiones respectu actus voluntatis se habent
per modum unius et ideo unum peccatum committitur.*

Hanc autem doctrinam plus semel probabilem dicit Diana resol. 26.
n. 4. Tract. 7. item resol. 18. n. 8. tom. 1. « Sed licet haec sententia,
scilicet Lugo, sit probabilis, ego non discedo a sententia affirmativa etc. ».
Quod notat et Leander de aliis recentioribus apud Mendo l. c. n. 4. Et
ipse Philippus de Carboneano in not. 3. ad Tract. *de Peccat.* cap. 1. q. 6.
fatetur, oppositam regulam ab Antoine propositam « non ita esse communi sensu admissam ».

Et Mendo disp. 2. n. 12. « Asserendum est, in unico actu indivisibili
voluntatis, quo vult quis proferre plura periuria aut occidere plures
homines aut laedere eorum famam et in similibus, unicam numero dari
malitiam ».

Et haec satis de pondere Auctoritatis. Circa quam illud solum addam,
Salmanticenses Tr. 20. c. 12. n. 62-65. utique allegasse s. Thomam 2.
dist. 42. q. 1. art. 1., sed abs re omnino; cum neque vestigium s. Thomas
habeat, unde vel directe vel indirecte firmetur eorum opinio.

257. 3. Notat s. Alphonsus lib. 5. n. 45. Doctores sibi oppositos quasi
invicem repugnare et Lugo respuere rationem allatam a Suarez de unica
malitia contenta in actu.

Sed responderi potest, Lugo disp. 16. n. 134., dicere, se praescindere a
ratione Suarez; praescindere autem non idem est ac reiicere et repugnare.
Ita et Tamburini sup. n. 272. dicebat, se quaestionem illam de unica
malitia vel pluribus seponere; non vero Suarez rationes impugnabat.

258. 4. Perpendenda est etiam distinctius doctrina eorum, qui aliter
sentiunt ac s. Alphonsus. Nam cum plura illa obiecta per modum unius

concepta ad unum operantis actum habere debeant respectum, iidem auctores distinguunt, sitne efficax actus voluntatis, uti propositum, an vero inefficax, uti v. gr. simplex affectus seu complacentia. Nam in casu posteriori cum voluntas plura illa non respiciat tanquam effectum consequendum, sed mere tanquam complacentiae obiectum, unicam malitiam atque adeo unum peccatum haberi tenent etiam plures ex illis, qui opinionem s. Alphonsi alioqui sectantur. Vid. Dicastill. *de Poenit.* disp. 9. Dub. 4. n. 256.

Si vero sermo sit de voluntatis actu efficaci, unitatem vel multiplicitatem peccati non ex unico voluntatis interiori actu desumi volunt, sed ex natura quoque actus exterioris, num scilicet plura illa obiecta unico vel pluribus externis actibus attingantur. Vid. Lugo *De Poenit.* disp. 16. n. 539. Hinc unum utique peccatum reperiunt in unica detractione, quae alioqui plurium, v. gr. unius familiae seu Collegii famam laedat, Lugo ibid. n. 135. aut in actu, qui in plurium scandalum cedat; at non sic definiunt de proposito, quo quis v. gr. ad plures mulieres aut pluries ad candem accedere aut triduo ieiunium seu horas canonicas omittere decernit. Lugo ibid. n. 546.

259. 5. Quod vero attinet ad rationes pro utraque parte, ipsa Auctorum tam gravium dissensio satis evincit, argumenta in neutra parte haberi, quae rem plane conficiant.

Frequentius est autem Doctoribus in hac quaestione uti argumentis ad hominem, videlicet adhibendo casus, in quibus pars opposita discedere videatur a sua regula. Sed haec argumenta sunt parum firma et possent forte evincere solummodo, quosdam Auctores non satis sibi cohaerere. Sic v. gr. s. Alphonso et aliis cum ipso sentientibus, peccata multiplicari, quando unico actu *violantur iura plurium,* ut contingit v. gr. in detractione contra integram familiam, aut in furto rei, quae ad plures pertinet, facile est obiicere cum Lugo disp. 16. n. 137., quod Vasquez, dux alioquin illius sententiae, admittat, satis esse confiteri, se rapuisse rem alienam, licet inde damnum pluribus adveniat.

Et urgentiori contra alios quoque exemplo utitur Lugo praecepti plurium superiorum. Probari potest, inquit Lugo ibid. n. 139., doctrina nostrae illationis ex alio exemplo, quod admittit ipse Vasquez, quod scilicet peccatum aliquod contra duo praecepta duorum superiorum non habet duas (numero) malitias nec ea circumstantia debet in confessione explicari, si sint praecepta eiusdem rationis; utraque enim est malitia inobedientiae, atque adeo peccatum contra praeceptum divinum et humanum non habet duplicem malitiam inobedientiae... Ex quo casu argui potest ad nostrum. Nam illud peccatum fit etiam contra *ius utriusque superioris et laedit ius, quod uterque habet,* ut ei obediatur, quae *iura sunt diversa* atque adeo damnum illatum (iniuria) videtur esse diversum, sicut quando laeditur duplex ius duorum ad famam vel ad vitam et tamen illa duplex laesio iurisdictionis non debet explicari in confessione: ergo nec in nostro casu ».

Ita Lugo, cui quid respondeant, apud neminem vidi; cum tamen ratio in hoc casu adhibita, quod praecepta plura numero sed ex *eodem motivo* (unde non multiplicatur *species* peccatorum) non multiplicant malitiam, valere videatur aeque in aliis casibus. Unde nec pondus istud rationum pro parte adversa habetur.

260. Praestat autem post expositum statum generalem quaestionis inspicere nonnullas resolutiones, quas subiicit s. Alph., ut videamus, an necessarium sit illis adhaerere. Agitur enim, an constet de necessitate exprimendi haec in confessione atque adeo interrogandi circa eadem poenitentes.

Sic ergo s. Alphonsus lib. 5. n. 46.: « Hinc infertur, diversa numero peccata committere eum, qui uno ictu plures homines occidit, vel pluribus detrahit ».

Porro qui non admittit praemissam generalem doctrinam, ne has quidem conclusiones admittet. Et quoad occisionem plurium hominum, minus erit difficultatis, tum quia rarus erit hic casus (nisi agatur de solo desiderio v. gr. occidendi totam familiam inimicam) tum quia si quis occidit, sponte dicet, quot homines occiderit.

261. At gravior est casus quoad detractionem; de quo casu s. Alph. subdit: « Idem dicendum, si quis intendit... infamare totam familiam ». Cum detractionis casus non sit rarus, nosse bene oportet, obligationem exprimendi numerum personarum ab opposita sententia negari atque adeo nec probari obligationem interrogandi in confessario. Sic Lugo disp. 16. n. 135.: « In peccato detractionis ita saepe fit, ut non explicet poenitens personas, quas unica detractione laesit, ut si detrahit familiae vel domui, non explicat, quot sint in illa familia vel domo aut Religione, sed ad summum dicit, se detraxisse graviter alicui ordini Religioso *nec solliciti sumus* de interrogando Ordine in particulari, quod tunc deberet fieri, ad cognoscendum melius numerum personarum laesarum ».

Quod tamen rite intelligendum de *unica detractione,* quae plures laedat. Nam, ut inquit Tamburini *Method. Confess.* lib. 2. cap. 9. n. 4.: « Si in eadem confabulatione nunc Petro detrahas, modo ad infamandum Paulum sermonem convertas etc. diversa mala de singulis proferens; debent exprimi tres detractiones singillatim. Licet enim continuatio fiat confabulationis, nihilominus numero differunt eiusmodi detractiones, sicut differre diximus tres copulas cum eadem vel diversa femina, continuatim eadem nocte habitas ».

262. Pergit s. Alphonsus n. 46.: « (Item) qui unico actu optat ad plures feminas accedere, vel pluries ad eandem feminam et... tanto magis, qui eadem nocte pluries eandem feminam cognosceret... »

Quoad posteriorem hunc casum nulla debet esse controversia. Quoad priorem vero opus est, ut rite res intelligatur. Aliud est nempe, si sermo sit de actibus, qui interius consummantur, aliud, si de actibus, qui ad exteriorem effectum progrediuntur.

263. Et quoad interiores, qui in simplici affectu et complacentia continentur, Dicastillus quoque, qui omnium acerrime impugnavit doctrinam Suarez et Lugo, concedit unum esse peccatum. Ita ille *de Poenit.* disp. 9. dub. 4. n. 256.: « De actibus inefficacibus voluntatis, ut simplici affectu et complacentia, dicendum omnino est, tantum unum esse peccatum, quando plures personae per modum unius obiecti adaequati unico actu respiciuntur. Quia cum simplex complacentia non respiciat illa homicidia vel mala plurium personarum tanquam *effectum,* sed tanquam obiectum, sane si in ratione obiecti constituant unicum obiectum adaequatum, unicam etiam malitiam constituent. Unde in sententia Vasquii et nostra, quae nullam circumstantiam aggravantem docet esse necessario explicandam in confessione, dicendum est, in simplici complacentia eiusmodi non esse necessarium explicare respectum ad plures personas, id quod in hac sententia sic dicendum esse docuit olim Luisius Turrianus *de Poenit.* disp. 12. dub. 3.: qui etiam docuit, eum, qui habuerit voluntatem occidendi infinitos homines, quod est impossibile, non tamen explicare illam circumstantiam; quia illa non est voluntas efficax sumens *ab effectu* malitiam, sed simplex et in hoc actu ac similibus unica tantum est malitia gravissima, sumpta ab obiecto per modum unius voliti, non ab effectu impossibili ».

264. Itaque si doctrinam superius n. 251. 252. ex Tamburini expressam de eo, *qui unico voluntatis actu concupiscit copulam cum tribus feminis eiusdem rationis,* intelligamus de actu inefficaci, ea probatur etiam ab eo, qui prae omnibus stetit pro principio generali s. Alphonsi. Et sic revera eam doctrinam intelligi a DD. colligimus ex Megala apud Diana Tom. 1. tract. 7. res. 23. n. 3., qui loquens de unico voluntatis actu, quo quis desiderat vel delectatur morose de tribus feminis eiusdem rationis, sive tres liberae eae sint sive tres coniugatae sive tres moniales, statuit, « non esse necessarium dicere, delectationem fuisse super tres moniales vel tres solutas vel tres coniugatas; quia ex sententia supradd. Doctorum obiecta tantum diversa numero non multiplicant peccata, sed aggravant ».

265. Quin idem Dicastillus l. c. n. 257. concedit imo et contendit, idem esse quoad actus interiores, quantum ad genus malitiae, quae consummatur interius, etiamsi agatur de actibus efficacibus. Sic ille: « Illud etiam est notandum, in peccatis, quorum malitia specifica consumma turinterius, qualia sunt peccata odii, specialis scandali et similia, philosophandum esse, quantum est ex parte illorum peccatorum, sicuti philosophamur in

simplici complacentia, *etiamsi sint actus efficaces*. Quotiescumque enim plura obiecta concipiuntur pro talibus actibus per modum unius adaequati obiecti, est unicum peccatum quantum ad illud genus malitiae, quae consummatur interius. Nihilominus quando *sunt actus efficaces,* explicandus est respectus ad plures personas vel obiecta; quia praeter malitiam illam, quam habent in illa specie, quae interius consummatur, habent etiam plures alias malitias in materia, in qua sunt actus externi, qui ab illo actu efficaci procedunt etc.». In quibus an sit cohaerentia, viderint alii; cum actus externus malitiam habere per se non possit, nisi participatam ab interiori actu voluntatis, quae est malitiae subiectum.

266. At nos admittemus confessionem et concessionem eius quoad unicam malitiam seu unicam speciem malitiae interioris actus, etiam quoad actus efficaces. Unitatem vero vel multiplicitatem malitiae seu melius peccati opportunius cum Lugo deducemus ex natura actus extrinseci, qui habeat vel non habeat unitatem. Nam etsi Lugo affirmet, unicum adesse peccatum in eo, qui vel unico ictu plures occidit, aut unica detractione laedit plurium famam; id tamen restringit ad casus, in quibus actus quoque exterior hanc unitatem habet. Sic ille *de Poenit.* disp. 16. n. 539.: « Ego... existimo, in primis non sufficere ad unitatem peccati *externi,* quod aliqua proveniant ex una voluntate interna, si illa plura nullam habeant unitatem inter se. Nam si quis hodie cogitet de ludendo crastina et octava etiam die, qui uterque est dies festus et videt ea occasione omittendum sacrum ac unico actu decernat, utroque die ludere et omittere sacrum; illae duae omissiones, licet oriantur ex illa una et eadem voluntate, adhuc erunt duo peccata confitenda, ut distincta; quia inter se non habent ullam unitatem ».

Hinc idem Lugo ibid. n. 546.: « Infero secundo, volentem non recitare officium per totum annum et id postea exsequentem, committere plura peccata. Quia licet voluntas sit una, opus tamen volitum non est unum, nec una omissio recitationis ordinatur ad aliam nec connexionem habet cum illa; sed sicut sunt de singulis recitationibus praecepta diversa, sic omissiones singulae sunt peccata diversa. Similiter qui vult exercere latrocinia et caedes in via per totam vitam, non committit *postea* unum solum peccatum, sed plura; neque enim uniuntur omnes illae caedes et furta ad faciendam unam actionem humanam; alioquin qui vellet violare omnia Dei praecepta, quae illi occurrent, non faceret nisi unum peccatum per totam vitam nec meretrix, quae voluit se exponere omnibus, faceret plura peccata toto tempore, quo illam turpitudinem exercet ». Oportet ergo, ut unitatem habeat non modo actus interior, sed etiam actus exterior, cuiusmodi est detractio familiae, occisio plurium per unum ictum.

Porro cum agitur de copula cum pluribus mulieribus, actus non est eiusmodi, ut unitatem habeat ex mente aut Lugo aut aliorum. Ergo id dicunt s^olum de interiori actu *inefficaci* et in hoc consentientem habent vel acerrimum Dicastillum, qui oppositam thesim videtur propugnare.

267. Addit s. Alphonsus n. 46. plura peccata committere eum, qui unico actu pluribus furatur seu damnum infert. Praemiserat tamen ibid. « secus esse dicendum, si quis laederet bona, quae possidet aliqua civitas, monasterium aut capitulum in communi. Tunc enim non competit ius individuis, sed tantum toti communitati; unde unum ius laeditur ».

De hac re iam, uti alias notavimus sup. n. 259., ne ipse quidem Vasquez contendit duplex furtum aut duplex peccatum. Quod enim, ut ipse inquit apud Lugo disp. 16. n. 137. plures illud damnum patiantur, non multiplicat respectum, ut duplex sit furtum.

Diana quoque, qui alioquin principiis s. Alph. adhaerebat, de casu furti ex quo plures patiantur damnum, scribit tom. 1. tract. 7. resol. 18. n. 8. « Sic si quis eodem actu auferret tria vasa argentea trium dominorum, unum peccatum committeret et sufficienter confiteretur, dicens : *Semel furatus sum materiam gravem* ». Pro qua resolutione allegat Verricellium et Martinum a s. Iosepho.

Quod vero s. Alphonsus distinguat furtum factum communitati a furtis factis in plurium damnum, nescio an libenter audirent Canonici, qui dividere deberent inter se massam frumenti. Certe Lugo non reperit cohaerentem hanc resolutionem cum alia, qua statuunt, plura peccata haberi in detractione unius familiae. Ita ille disp. 16. n. 137.: « Nec video quomodo sit magis damnum multiplex, quando aliquis loquitur male de tota familia, cum illi etiam possideant famam et honorem communitatis quasi pro indiviso, sicut heredes possident pro indiviso hereditatem; et tamen ipse Vasquez concedit peccatum maledicentiae in unam familiam esse multiplex peccatum et inferre multa damna propter respectum ad diversas personas, quas familia continet ». Conclusio proinde quoad interrogandos poenitentes.

268. Subdit s. Alphonsus n. 47. aliam resolutionem, non esse improbabile, quod docent Salmantic. et Reiffenstuel, eum, qui unico actu blasphemat duodecim Apostolos, unum committere peccatum. « Quia, inquit, cum omnes blasphemiae in Sanctos malitiam desumant ex una relatione ad Deum, moraliter loquendo, unica iniuria per talem blasphemiam, mediate Deo infertur ».

Hac doctrina uti poterit Confessarius, ne putet, se obligari ad interrogandum poenitentem, an aliqua ex prolatis blasphemiis plures Sanctos afficiat, v. gr. choros Angelorum. At adestne cohaerentia? Nonne blasphemia haec laedit honorem, ad quem singuli ius habent? Scilicet conclusio ducitur ex iis, quae disputantur in Tractatu de cultu Sanctorum, num cultu absoluto, an solum relativo colantur. Exinde qui tenent, Sanctos honorari *cultu relativo*, unicum specie peccatum habent, tum si in Deum, tum si in Sanctos, tum si in B. V. blasphemias quis proferat. Alii vero pro ratione *cultus absoluti*, dicunt differre specie. At enim valent illa etiam quoad *numerum* ?

269. Dein s. Alph. n. 48. cum Concina, Collet, Holzmann, Croix etc. docet probabilius esse, quod committat diversa peccata ille, qui detrahit alicui in pluribus materiis, vel eum diversis contumeliis afficit.

Verum, ut ipse suis multiplicibus pro opposita sententia allegationibus prodit, talis doctrina est contra communem graviorum Doctorum sententiam. Et Diana praeter alia, tom. 1. tract. 7. resol. 19. n. 2., refert hanc thesim Reginaldi: « Tertium documentum est, omnes contumelias esse eiusdem speciei; quia quamquam in ceteris diversitas cernatur, *conveniunt tamen in ratione formali,* quae est intentio auferendi alteri suum honorem. Unde sequitur, satis esse in confessione dicere: *Toties contumelia affeci meum proximum* nec requiri, ut dicatur: Illum *vocavi ebrium, scurram, adulterum etc...* Et subdit Diana, ibid. n. 4.: « Notent Confessarii, quod etiam haec doctrina est applicanda et practicanda in detractionibus et sic a multis scrupulis et detractionibus immunes erunt. Vid. Bonac., qui nostram sententiam probabilem vocat ».

Velim autem notetis, quod ibid. n. 3. advertit Diana, quosdam DD. aliter opinatos esse; quia tenebant, circumstantias quoque mere aggravantes in confessione esse exprimendas. Quod principium cum non sit firmum, corruit valor resolutionis.

Praeterea s. Alph. l. c. a sua quoque regula excipit mulierculas et plebeios, qui simul rixantes eodem impetu diversis contumeliis se onerant: unicum, inquit, peccatum committunt; quia iuxta communem existimationem hi non laedunt famam et honorem, eo quod audientes nullam fidem his praestant et ideo ut plurimum excusantur a mortali, nisi forte *de aliquo particulari facto adversarium improperent.* Quod postremum pariter ego habeo dubium propter rationem ab eodem s. Alph. allatam, quia scil. nemo fidem illis habet.

270. Subdit dein s. Alphonsus n. 49. *satis probabilem esse* doctrinam Lugo, Tamburini, Molina etc. aientium, non multiplicari peccatum detractionis ex numero personarum, coram quibus fit; sed esse tantummodo circumstantiam aggravantem, quam in confessione explicare non est necesse. Hinc satis esse dicere: *Detraxi coram pluribus.*

Atqui si *pluralitas* audientium est circumstantia mere aggravans; nec illud quidem — *coram pluribus* — necessariam est et sat erit dicere: *detraxi graviter aut leviter.*

271. Item n. 50. concedit s. Alph., unum omnino peccatum committi ab eo, qui eodem actu plures articulos fidei negat; quia unicum est obiectum fidei, auctoritas scil. Dei revelantis. Confitente ergo quopiam, se contra fidem loquutum, non est necesse interrogare de singulis etc.

272. Idem s. Alphonsus n. 50. q. 6. ad quaestionem, quot peccata committat, qui diversa mala optat inimico, v. gr. infamiam, mortem, paupertatem etc., dicit tres adesse sententias.

Prima docet, unum esse specie peccatum et etiam unum numero, si eodem impetu proferantur: *nisi foret desiderium efficax.*

Secunda vult plura esse specie peccata, si specifice diversa mala exprimantur, secus si malum in communi. Pro prima parte afferunt quaedam verba s. Thomae ex 2. 2. q. 76. art. 4. ad 2., sed quae minus ad rem faciunt aut certe parum concludunt; docet enim ibi, quod qui malum alteri vult desiderio, non differt ab eo, qui illud patrat.

Tertia demum docet, unum esse peccatum, si plura mala apprehendantur sub generica ratione medii ruinae alterius; secus si optentur mala ut specifice considerata. Haec tandem redit ad secundam.

Nihil ultra addendum, cum prima sit probabilis: nec usus habet reipsa, ut poenitens accuset speciale quid (exceptis rusticis), sed generatim imprecationes numerantur. Heic nota Auctorem alibi lib. 2. cap. 2. dub. 2. resp. 2. resol. 1. dicere probabiliorem secundam: sed probabilem primam habet.

273. Denique s. Alph. n. 50. q. 6. cum Concina, Collet, Croix et aliïs contendit, sacerdotem plures successive absolventem in statu peccati tot committere sacrilegia, quot absolvit.

Verum nec pauciores nec auctoritate et ratione minores Doctores alii id negant aut saltem probabile habent, unum tantum committi peccatum; unde censent, satis esse, si dicat, plures confessiones audivi in statu peccati. Lugo disp. 16. n. 558.

274. Quoad eum vero, qui in statu peccati pluribus communionem distribuit, ipse s. Alph. ibid. probabilius dicit, unum tantum committi peccatum. Et addendum, probabile esse, non peccari per hunc actum mortaliter: unde et prior quaestio amittit gravitatem. Sed de his suis locis, ubi de Sacramentis.

275. Ad 2. partem Responsionis, de multiplicatione peccati per interruptionem actus. Quod intelligenda sit interruptio *moralis*, non vero tantum *physica*, res per se loquitur. Quippe actus physice distincti et interrupti possunt constituere et reipsa saepissime constituunt *unum actum moralem*. De hoc convenit inter omnes.

276. Tres regulas auctor proponit, in quibus moralis interruptio elucet, 1° per voluntatem contrariam priori actui: 2° per cessationem voluntariam ab actu: 3° per cessationem etiam involuntariam ac naturalem.

Claritatis autem gratia tres hae normae applicantur ad triplicem actuum classem, nempe 1° ad actus mere internos, qui interius consummantur: 2° ad actus internos, qui consummantur in opere externo: 3° ad actus externos. Obvia sunt exempla cuiusque classis. De prima classe agit

Auctor in ipsa responsione, de secunda agit in secunda resolutione, de tertia in resolutione postrema.

277. *Primum ergo de àctibus internis, qui interius consummantur.* Actus itaque mere interni dicuntur etiam peccata cordis et interius consummantur, cuiusmodi sunt delectationes morosae, turpia desideria (inefficacia scil. sine proposito), odia, invidiae, iudicia temeraria, dubia circa fidem, imo et incredulitas, desperatio etc.

Quod multiplicentur peccata, quando quis ad actum pravum redit, postquam illum actum vel expulit actu contrario vel libera voluntate reliquit, satis per se patet et nulla de hoc quaestio est.

Et multiplicari etiam possunt, licet interruptio sit per actum involuntarium; quia, ut ait s. Alph. n. 37., cum resumitur, habetur novus actus voluntatis consentientis nec alioqui tales actus pendent alter ab altero, ut moraliter continuari dicantur.

Tum subdit: « Ita communiter Suarez, Vasq. Azor etc. contra Lugo, Canum etc., qui dicunt, hos actus non interrumpi per somnum, distractionem etc., sed tantum per contrariam voluntatem ». Quam opinionem dicit teneri etiam ab Auctore (scil. in fin. responsionis) ac reiici ceu falsam a Vasquez, Diana (imo Diana t. 1. tr. 7. res. 12. n. 3. dicit: hanc sententiam sequi volentem non condemnarem, ut confessio reddatur facilior et amabilis et iugum Domini suave), Suarez etc. atque saltem *dubie esse probabilem,* atque adeo non tenendam.

278. Sed non satis exacte sic exponitur doctrina Lugo, quam iuvat heic referre, cum alias utilis esse queat. Itaque, relata sententia Cani disp. 16. n. 562, addit, quaestionem fere esse de nomine ibid. n. 564. Deinde sic mentem suam aperit n. 565: « Aliter distinguendum existimo in voluntate interna mala saepius repetita. Aliquando enim illae duae voluntates habent ordinem inter se, ita ut una dependeat ab alia; aliquando nullum habent inter se ordinem. Exemplum esse potest, si aliquis hodie cogitans de femina aliena, decernat illam procurare et cras iterum de illa cogitans et memor decreti hodierni, decernat iterum eam procurare et sic deinceps. Tunc posteriores voluntates dependentiam habent a prima; quia *absque nova deliberatione aut consultatione ex vi primae voluntatis* ponitur ista secunda, sicut ex vi intentionis ponitur electio ad finem. Aliquando vero una voluntas non dependet ab alia; sed sicut heri videns feminam illam, turpiter concupiscit, sic hodie eam iterum videns, eam iterum turpiter concupiscit, non influente priori concupiscentia in secundam, nisi per accidens fortasse, quatenus reliquit habitum, quo facilius fit secundus actus, quam primus. Dico itaque: quando voluntates se habent primo modo et cum illa *dependentia et causalitate,* probabilis videtur sententia Cani, quod nisi influxus ille interrumpatur per voluntatem contrariam, continuetur moraliter idem peccatum; secus, quando voluntates secundo modo se habent ».

Non discordat ergo Lugo a doctrina communi aliorum et ipse admittit cum aliis, dari plures actus, *quorum alter, ut ait s. Alph.*, *ab altero nullatenus pendeat* atque adeo sint peccata numero distincta et dein videbimus, s. Alph. admittentem (infr. n. 298.) doctrinam Lugo, ubi dependentia est inter actus.

279. Neque illi doctrinae contradicit id, quod Lugo addit, esse quosdam actus, quorum alter ab altero pendet eo causalitatis genere, quod ad unitatem eorum moralem sufficiat. Neque enim duo haec repugnant.

Et quod non gratis id adiungat, en eius rationes l. c. n. 566: « Quoad primam partem probari potest conclusio posita primo a posteriori. Quia si illa voluntas pervenisset ad assecutionem sui obiecti et copulam cum femina aliena: totum illud a principio usque ad finem computaretur pro uno peccato et satisfieret confitendo illud tanquam unum peccatum consummatum, non explicando quoties habuit decretum procurandi illam feminam; ergo etiam ante consummationem operis illae voluntates iam habebant connexionem inter se sufficientem ad constituendum unum peccatum. Nam si ante operis consummationem fuissent duo, non possent postea reduci ad unum per adventum operis consummati ». Doctrina, cui argumentum nititur, ad 3^m resolutionem sequentem spectat, ab omnibus admissam. Consectarium igitur necessarium eiusdem doctrinae admitti debet.

Addit dein Lugo rationem a priori ibid. n. 567.: « Hinc sumitur ratio a priori. Quia illae duae voluntates in casu posito habent inter se ordinem, quatenus utraque tendit ad idem opus ponendum et una dependet ab alia in ordine ad idem. Nam sicut voluntas hesterna occidendi Petrum excitat hoc mane post somnum voluntatem prosequendi iter ad homicidium perpetrandum, ita excitat hoc mane ad habendam novam voluntatem occidendi Petrum, sine qua voluntate non prosequereris iter. Ergo sicut voluntas prosequendi iter facit unum peccatum cum voluntate hesterna occidendi propter concatenationem et dependentiam unius ab alia; sic etiam voluntas hodierna propter illam dependentiam unius ab illa. Haec autem dependentia non est maior, quando opus fuit consummatum (sive non est minor, quando opus non fuit consummatum); siquidem supponimus, primam voluntatem fuisse de se *efficacem* et *propter suam efficaciam* intulisse secundam. Ergo illae voluntates, quoties intervenit talis dependentia, faciunt unum et idem peccatum ».

Quae doctrina, ut patet, non repugnat doctrinae communi, quam s. Alph. sequitur; sed addit casum, quem s. Alph. non videtur considerasse. Neque enim DD. a s. Alph. allegati contra candem doctrinam sic explicatam quidpiam habent, licet generatim respuant absonam et crudam illa Cani propositionem, scil. nunquam interrumpi actum, nisi per contrariam voluntatem, quam reiicit et Lugo.

280. Verba autem nostri Auctoris de hac re (in fine Responsionis) sensu Cardinalis Lugo sunt explicanda; quamvis Salmanticenses tr. 20. cap. 12. n. 33 alio forte sensu accipiant. « Alii Auctores (inquiunt) ut Filliuccius (e quo Auctor sumpsit) et Busembaum... iudicant esse probabile, quod si interruptio sit brevis et accidat per somnum vel inadvertentiam et inconsiderationem, tunc interruptio ilia est physica et non moralis ». Quae tamen explicatio recidere potest in sensum Lugo, quatenus per breve illud intervallum cum iis adiunctis permanere prior voluntas censetur.

Filliucci, e quo sua desumpsit A., haec habet: « Etsi concedi possit per eiusmodi interruptionem physice multiplicari actus, non tamen videtur moraliter; quia hoc ipso quod involuntarie distrahitur animus ad alia, *remanet interpretative prior voluntas*; cum non sit retractata adhuc per contrarium propositum vel per cessationem voluntariam: cuius signum est, quia si in eandem redeatur, *non tanquam in rem novam reditur, sed tanquam in eandem et omissam involuntarie*; ideoque non videtur per eiusmodi cessationem involuntariam moraliter interrumpi etc. ». Quae ad Lugo hypothesim trahi possunt.

281. Ceterum doctrina, quae interruptionem physicam inter actus admittit, sed unitatem moralem ipsorum, etiam Suarez probat quoad breves quasdam interruptiones, contra eos, qui quamlibet brevem interruptionem sufficere censent ad novum peccatum.

Ita ille *de Poenit.* disp. 22. sect. 5. n. 11. postquam statuit, actus habere fere eiusmodi interruptiones ac plures distinctas entitates, pergit: « Nihilominus tamen in ordine ad confessionem, in qua iudicium humano modo exercetur, illa interruptio non est moralis, sed physica tantum et consequenter non sufficiet ad distinctionem numericam in confessione explicandam; quia illa interruptio, quando est nimis brevis et naturalis, absque speciali advertentia vel voluntate, nec potest humano modo cognosci aut explicari nec variat morale iudicium. Ergo per se ad confessionem non pertinet. Item quia ista est quaedam moralis continuatio; quia neque interruptio est moraliter voluntaria et reditus ad similem actum quasi naturaliter fit sine nova deliberatione (et ita Suarez admittit principia Lugo superius exposita). Exemplum est in eo, qui per horam permanet in delectatione morosa circa idem obiectum. Numquam enim id fit ita continue, quin interim cogitatio ad alia rapiatur, licet statim ad eandem delectationem redeat. Difficillimum ergo esset obligare hominem ad explicandam illam varietatem et non satis esse confiteri totum illud peccatum per modum unius ». Et huc facere videtur quod notat cum Lugo et Viva etiam s. Alphonsus n. 47. in fin., quod « si plures huiusmodi actus ex eodem impetu concupiscentiae procedunt, unum peccatum morale constituunt, etsi aliquod breve intervallum inter actus intercedat ».

282. Sed alia heic succedit quaestio, nempe: *Quae ét qualis temporis distantia sufficiat ad hoc, ut plures actus, non subordinati,* non possint facere unum peccatum? Suarez l. c. n. 13., moraliter censet interrumpi, « quando cessatio a priori actu multo tempore duravit, ut v. gr. *per horam.* Nam licet naturali modo et absque speciali advertentia et libertate (interruptio) inchoata fuerit, ut per somnum et naturalem distractionem, si tamen per longam moram duravit et postea homo, cum *sufficienti deliberatione* ad peccandum, similem actum inchoat, novum peccatum physice et moraliter distinctum committit; *quia virtus prioris deliberationis saltem propter moram temporis omnino cessavit.* Ergo posterior actus fit ex *nova deliberatione distincta:* ergo est etiam moraliter distinctus; quia peccatum non multiplicatur nisi per novum consensum omnino liberum, habitum post transactum et finitum alium actum ».

In quibus adverte 1° quod exigat, ut secundus actus post longam physicam interruptionem non resumatur vi prioris deliberationis, quam *omnino* cessasse supponit: 2° quod ad secundum actum requirat novam deliberationem sufficientem ad peccandum. Porro duo haec locum adhuc concedunt sententiae Lugo, quae actus etiam longa physica interruptione seiunctos admittit, qui tamen dependentiam habeant causalitatis inter se.

Ceterum cum Suarez ponit exemplum *horae,* non est censendum ad interruptionem requiri horam; nam minus intervallum sufficere potest.

283. Denique occurrit quaestio, cuius solutio omnes sententias quodammodo conciliat quoad praxim, licet rationem solutionis aliter alii intelligant, nempe *an sufficiat fateri tempus, quo mala voluntas perduravit,* v. gr. odium per mensem.

Solutio s. Alphonsi haec est n. 37: « Poenitens quidem debet explicare, si potest, quot vicibus voluntate consensit; si vero non potest, quia pravus animus diuturnus fuit, tunc sufficit fateri tempus, quo in tali pravo animo perseveraverit ».

Et de' eadem re Tamburini *Meth. confess.* lib. 2. cap. 1. § 5. n. 32.: « Satis est, si explicetur tempus, quando est notabile et sic satis est, si dicatur: *Ego v. gr. per unum diem odio graviter habens Petrum, illi mala gravia imprecatus sum : per unum mensem turpiter concupivi puellam... ».* Quo tamen in loco Tamburini nimis crude probabilem dicit sententiam Cani (prout eum ipse intelligit), non addita limitatione et explicatione Lugo de actibus invicem dependentibus; sed hanc supposuisse existimabimus.

284. Quaestio autem heic est, quodnam sit tempus illud tam notabile ac diuturnum, ut, omissa quaestione de numerandis interruptis actibus, satis sit tempus confiteri.

In qua quaestione resolvenda dixi conciliari diversas sententias quodammodo, quia conveniunt de solo tempore exprimendo tum illi, qui cum Cano

(ut putatur) tenent, unum esse peccatum et statuunt satis esse tempus durationis in pravo affectu exprimere, tum qui putant plura adesse peccata, sed addunt, obligationem adesse exprimendi solum tempus, non
vero singulos motus; quia hoc postremum foret impossibile. Et quidem
quaestio alio modo proponi potest (qui tamen in praeced. recidit quoad
substantiam), quantum durare possit unus *moraliter* actus, ita ut de expli-
candis tum interruptionibus iuxta alteram sententiam, tum temporis duratione iuxta alteram, sit aut non sit necessitas: ubi adverte agi de
actibus, quorum alter ab altero non dependeat, sed sint disparati.

285. Porrro omnium clarissime huic quaestioni satisfacit Lugo; qui
postquam advertit, Doctores *varie* et *obscure* de hoc loquutos esse (disp. 16.
de Poenit. n. 568.), sic dein rem explanat (ibid. n. 569.) praemittendo notionem moralis interruptionis: « Ego existimo, regulam moralem desu-
mendam esse arbitrio prudentis ex proportione ad peccata externa. Nam
sicut in peccato externo contumeliae et iniuriae, perseverat unitas peccati, quando in eodem congressu successive multiplicantur contumeliae
et iniuriae, etiam occasione accepta ex responsione illius, cui iniuriam infers: multiplicantur autem peccata, quando, postquam ille decessit, postea
denuo tibi occurrit et iterum ei contumelias infers aut iniurias; quia
illa prior actio iam censebatur moraliter finita et completa: ita cum proportione videtur in peccatis internis dicendum. Quando enim obiectum
perseverat nobis praesens moraliter, quia non habuimus animum discedendi ab ea cogitatione, sed casu et naturali aliqua distractione interrumpitur; censetur adhuc moraliter idem congressus (ut ita dicam) cum
obiecto, quod nunquam discessit, sed habet se sicut ille, quem contumelia afficis, qui non discedit, licet parumper avertas faciem ad loquendum
aliquid breve cum alio ibi praesenti. Quando vero discessimus iam voluntarie ab ea cogitatione, licet non per revocationem voluntatis praeteritae, iam censetur congressus ille cum obiecto finitus et completus, data
nimirum obiecto licentia discedendi et abeundi. Quod si postea redeat,
censebitur novus congressus et alia iam occasione peccari, non prima,
quae iam cessasse videbatur ».

286. Hac notione interruptionis praemissa, haec subdit de unius actus
duratione ibid. n. 570: « Hinc infero, si revera interruptiones fuerint aeque
breves, idem dicendum esse, sive actus malus duraverit per semihoram,
sive per diem integrum. Non debet enim attendi ad durationis mensuram,
ut sit unus vel plures, sed ad carentiam interruptionis moralis. Ceterum
quia facilius contingit interruptio moralis in longiori spatio temporis,
quam in minori: ideo utilis est regula de longiori duratione explicanda;
quia difficile est, quod toto illo tempore duret idem quasi congressus cum
obiecto et quod homo non discedat plena libertate ab ea cogitatione ».

In quibus exponitur vera ratio, cur in longioribus actibus tempus sit exprimendum; inde enim pronum fit iudicium de aliqua morali interruptione. Nam ratio aliorum, qui id affirmant ob maiorem gravitatem, nqn est firma: sunt vero alii, qui id exigunt; sed rationem, cur exigant, neque ipsi se scire ostendunt.

287. Quae vero censeri debeat longa duratio eiusmodi, ut interruptio moralis accessisse censeatur, sic sapienter idem Lugo designat ibid. n. 570.: « Addo, non posse eandem mensuram aut regulam tradi pro omnibus actibus malis. Aliqui enim facilius interrumpuntur et brevius durant, v. gr. blasphemia interior et alii actus similes, qui non tendunt ad obiectum externum. Alii vero longius durare solent, ut desiderium turpe, odium proximi et similes. Et in iis longius durant, qui ex maiori et vehementi passione aut concupiscentia procedunt. Regulariter ultra duas vel tres horas non videtur perseverare moraliter eadem voluntas mere interna; quia difficile est, quod homo velit longius perseverare in eadem cogitatione aut amore et non attendere ad alia. Ideo quando duratio est longior, solet explicari; quia regulariter habebit interruptiones aliquas morales, nec homo voluit toto die non discedere a tali cogitatione, sed voluit aliquoties, licet postea cogitatio iterum et iterum repulsa redierit ».

288. Quoties igitur duratio ex praemissa regula vel ob naturam materiae vel ob indolem et circumstantias personarum talis sit, quae regulariter continere debeat interruptiones, eas presumere debet confessarius. Et si ad diem integrum, si ad hebdomadam vel mensem aut etiam annum affectus quidam pravus perduraverit, ex temporis diuturnitate iudicare poterit confessarius suas interruptiones non defuisse ad singulos dies vel partes diei. Quae intellige semper de actibus, quorum alter ab altero non pendet.

Qua de re tamen bene s. Alph. n. 37. monet post Lugo et Coninck, explicari oportere, an interruptiones generatim fuerint notabiliter rarae, an vero frequentes. Quod lata quadam mensura accipiendum est et potius num, quando de diuturno tempore agitur, interruptio per dies et hebdomadas aut menses quoque duraverit. Nam alioquin ex indole materiae, personae, circumstantiarum res diiudicari melius poterit. Vid. Lug. *de Poenit.* disp. 86. n. 576.

289. Et forte trahi in hunc sensum posset doctrina Melchioris Cani; non quasi scilicet negaverit multiplicari peccata ob interruptiones, sed quia sufficiebat *indicare tempus.* Nisi tamen id velit solum ob circumstantiam aggravantem.

Sic ipse de hac re, ubi probare vult, exprimendas esse etiam circumstantias notabiliter aggravantes contra mentem s. Thomae (a quo se liberat dicendo, quod forte retractasset se, si Summam explevisset): « Si continuatio parva fuit, non est opus eam explicare, sin vero diu multumque duravit, opus erit. Similiter dicendum est de interruptionibus. Nam si interruptio facta est per actum contrarium, necesse erit confiteri, *quoties* eiusmodi culpam renovavit. At si interruptio fuit naturalis, qualis plerumque fit, non oportebit exprimere, sed satis erit in hunc modum confiteri: *Tota die amavi Mariam* etc.; sufficiens namque notitia confessori datur et ad medendum et ad iudicandum» *de Poenit.* Relect. Part. 6. quam male Lugo, Suarez aliique deinceps citarunt Part. 5.

290. Quoad praxim monet Lugo *de Poenit.* disp. 16. n. 57.: «quando poenitens, vel ex se vel interrogatus, explicat numerum peccatorum, non debere regulariter interrogari iterum de duratione singulorum. Si v. gr. dicit, se desiderasse turpiter quamdam feminam et confessarius interrogat, *Quoties?* atque ipse respondet: *Decies* plus minusve; non oportet iterum petere, an illis vicibus perduraverit in tali desiderio. Quia cum ipse, interrogatus de numero, determinat illum numerum, credibile est, quod ipse concepit, se interrogari de vicibus moraliter distinctis atque adeo de illis respondisse. Quod si ex circumstantiis appareat, ipsum non respondisse iuxta distinctionem moralem, sed iuxta aliam magis crassam, quae fieret per interruptionem dierum, tunc examinandus esset magis in particulari: prout solent aliqui, interrogati de numero concupiscentiae turpis, dicere decies v. gr., quod ipsi intelligunt de numero feminarum, quas concupierunt, quarum tamen aliquam plusquam decies vere concupiverunt ».

291. *Nunc de actibus internis, ordinatis ad opus externum.* Circa hos duas habet Auctor in Resol. 2ᵃ solutiones. Prior de actibus internis ad unum actum externum ordinatis: secunda est de actibus internis ordinatis ad plures externos subordinatos ad aliquem finem unicum.

Et de secunda hac faciunt ad rem ista s. Alphonsi, quae communem doctrinam referunt n. 40.: « Actus voluntatis, si ex prima voluntate procedant et moraliter permaneant in aliquo effectu, qui conducat ad consummandum peccatum externum, *per qualecumque tempus duret prava voluntas,* unum solum peccatum constituunt. Hinc infertur, quod si quis proponat occidere hominem et idcirco arma praeparet, viam arripiat et inimicum occidat; unum peccatum committit, *licet per multos dies illum quaesierit et pluries voluntatem repetierit.* Ita communiter s. Bonav.... et s. Thomas etc. ».

Ergo non est necessarium, ut Confessarius de his interroget; quasi repetitio ista malae voluntatis et pravi propositi inducat multiplicitatem peccatorum. Idque frequens est; quia in peccatis, quae non perpetrantur ex subita cupiditate et occasione, sed praemeditate, cuiusmodi fere sunt furta v. gr., vindictae, fraudes, peccata luxuriae inter diversas personas etc., ista series actuum ac malae voluntatis repetitio inter exsecutionem parandam fere locum habet. Ex praemissa doctrina nihil opus est inquirere a poenitente, num ex subita occasione, an ex praemeditatione deliquerit.

292. Et heic memoranda anomala sententia Vasquez (et quorumdam
cum eo), qui utut in 1.2. disp.75. cap. 2. n.7. doceat, non fieri novum peccatum, quando ex praecedenti voluntate finis in electione et prosecutione
mediorum ipsa voluntas-finis renovatur et repetitur; imo ibid. n. 9. addat,
parum referre, quod *multo* aut *paulo ante* praecesserit voluntas expressa
finis; attamen ibid. cap. 3. n.11. contendit, voluntatem interrumpi ac novum
haberi peccatum per interruptionem, quae fiat occasione somni et quidem
somni incidentis, dum quis exsequendo operi intentus est, v. gr. insistit iti-
neri ad homicidium faciendum; quia, inquit, in somno non manet nec
perseverat actio, quae est peccatum atque adeo nihil manet, in quo peccatum continuetur. Et quod magis mirum est, addit ibid. n. 12. peccatum interrumpi « per inconsiderantiam naturalem, cum homo finem, ad
quem tendit, nec expresse considerat nec confuse in ipso opere quod
facit: quemadmodum cum quis iter facit, ut occidat inimicum et interim
animus ita distrahitur, ut non recordetur homicidii nec loci, quo tendit
nec ipsius itineris ». Ex quibus concluderes, iam peccatum interrumpi,
nisi quis iugi meditatione animo suo repetat: vado propter hoc, moveo
pedes ut eam illuc nec cogitare quidem possit v. gr. de ientaculo.

Neque hoc satis est, sed eo provehitur, ut ibid. n. 13 dicat: « Cum
dicimus, peccatum interrumpi per inconsiderantiam, non intelligi debet
per inconsiderantiam ipsius operis aut finis, sed etiam per inconsiderantiam malitiae; quando talis est, ut licet homo advertat, se ire v. gr.
Toletum, quo initio se conferre decrevit animo occidendi inimicum, sed
in ipso itinere prorsus obliviscitur malitiae finis non solum speciatim,
sed etiam confuse: iam non dicitur continuari peccatum ». Adeo ut, multiplicetur peccatum, nisi ad singulos passus recordetur se peccare!

Abnormia prorsus et absona! de quibus merito ipse dixerat ibid. n. 11.
« Restat videndum, quibus modis interrumpatur haec moralis continuatio,
ut non censeatur idem numero peccatum, sed quoties voluntas renovatur, sit diversum: *quod quidem praedicti doctores non notarunt* ». Falsum est sane, DD. non tractasse de interruptionibus etc.; at verissime
nullam harum anomaliarum mentionem fecerunt, ideo nimirum, quia sano
sensu utentibus haec in mentem venire non poterant et ex praec. s. Alph.
doctrina, istae anomaliae sunt contra communem omnium sententiam..

293. Quaeres igitur quoad 1. partem resolutionis de actibus internis
ad unum externum ordinatis, quando censeatur interrupta mala voluntas
seu malum propositum de pravo opere exsequendo. Quam quaestionem
merito cum Salmanticensibus dices implexam et ideo diligentius eam
tangemus. Eam autem proponere iuvat ex Salmanticensibus; quandoquidem eorum doctrinam s. Alphonsus 1. 5. n. 39. uti *probabiliorem* probat.

Aiunt itaque Salmantic. tract. 20. cap. 12. n. 38. « Si denique scire cu-
pis, quando isti actus voluntatis permanere *virtualiter* iudicantur » ; ubi no-

tate, perinde esse hoc quaerere, ac quaerere quandonam interrumpantur; nam *virtualis* illa perseverantia efficit, ut actus censeatur continuatus atque adeo unum peccatum.

Sic ergo quaestioni Salmantic. respondent: « Pro resolutione supponere debes, esse aliquas interruptiones *breves et communes,* quae fiunt per somnum, inadvertentiam aut brevem morulam, ut per lectionem epistolae: alias esse extraordinarias et diuturnas, in quibus moraliter praesumitur, primam intentionem perseverare non posse, ut interruptio per mensem, sabbatum (scil. hebdomadam), diem aut horam, *secundum qualitates actionum exteriorum* ».

294. Mirabitur quis, quod inter breves interruptiones recenseant somnum et inter longas ponant *horam.* Sed advertat ultima verba: *secundum qualitates actionum exteriorum.* Nam diversum genus actionum et insuper diversae circumstantiae et occasiones, in quibus fit propositum, efficiunt, ut brevius aut diuturnius spatium censeatur sufficiens, ut lapsum seu interruptum ipsum reputetur; quia scil. iuxta communiter contingentia dilabi eo tempore et cessare solet. Ita v. gr. dilabi per interruptionem unius horae facile poterit propositum legendi librum aut furtuli domestici etc.; non dilabetur per interruptionem somni nocturni propositum calumniandi, ob vindictam.

Praeterea si inter breves et ordinarias interruptiones censentur somnus et comestio etc., intelligi etiam debent aliae occupationes hominibus consuetae, quae omitti non solent ob illud propositum, sicut non omittitur prandium et dormitio. Itaque prout quispiam deditus sit vel artificio vel scientiarum studiis vel negotiationi vel officiis curiae etc., non interrupta voluntas censebitur, dum per diem suae occupationi incumbit.

295. Inde sic Salmantic. concludunt: « His ergo suppositis, dicendum est, quod licet *in hoc certa regula assignari non possit;* tamen tunc voluntatis actus censetur permanere moraliter, quando tantum discontinuatur per interruptiones breves et communes et ideo furandi et fornicandi intentio permanet virtualiter in aestimatione morali, etsi discontinuetur per somnum, comestionem... et similes interruptiones; unde esto post eas iterum repetas hoc pravum propositum, unicum peccatum committis; quia cum prima voluntas permanet virtualiter, unitur et continuatur cum secunda. At si discontinuatur actus voluntatis per interruptiones extraordinarias et diuturnas, tunc non censetur prima voluntas virtualiter permanere ». Et subdunt exemplum de eo, qui hodie intendens et quaerens inimicum ad occidendum et non inveniens, iterum post mensem intendit illum occidere; « ob diuturnam (aiunt) illam interruptionem, censetur illa prima voluntas interrupta moraliter et sic secunda constituit novum peccatum numerice distinctum a prima ».

296. Et haec postrema conclusio innititur hoc principio, quod is, qui

spatio unius mensis non iterat malam voluntatem seu propositum, censetur pravam illam cogitationem seu deliberationem iam deposuisse. Quod quidem clarius sic exponit Tamburini *Method. Confess.* lib. 2. cap. 1. § 5. n. 34: « Excipe si quando tanta est interruptio, ut non iudicetur adesse dicta persistentia (scil. voluntatis virtualiter): v. gr. vult quis occidere inimicum, ita ut per mensem continuet hanc voluntatem modo dicto (scil. per breves interruptiones involuntarias), postea vel per annum infirmetur vel discedat ab urbe vel ipso lapsu temporis rerumque mutationibus frigescat immo evanescat veluti natura sua illa prava voluntas: si deinde post annum sanus effectus vel rediens in urbem etc. voluntatem occidendi resumat, sane haec voluntas cum illa priore facere unum non videtur; quia morali modo non censetur illa tam distans voluntas ita habitualiter permanere, ut cum hac ad unum conflandum peccatum coniungatur ».

297. Verumtamen cum haec dicantur, ut exemplum afferatur casus, in quo prior voluntas censetur desiisse, non contradicunt haec generali regulae, nempe regulam certam assignari non posse; cum contingere queat, ut prior voluntas frigescat et evanescat breviori temporis intervallo et spatio *unius* quoque horae aut diei, ut dicebant Salmanticenses sup. n. 293. et e contra non evanescat spatio mensis.

Ceterum s. Alphonsus n. 39. aliter omnino videtur interpretatus esse verba et doctrinam tum Salmanticensium tum Tamburini, quam exscripserat Viva *de Poenit.* q. V. art. 6. n. 5. et putavit, per ea exempla ab iis statutam quandam regulam generalem fuisse, qua definiretur tempus diuturnum. Sic enim habet: « Quale autem aestimandum sit tempus diuturnum, Viva dicit annum, Salmanticenses mensem, Roncaglia duos dies, Concina autem unum ».

At, uti ex praedictis patet, reapse non fuit mens aut Salmanticensium aut Vivae seu Tamburini, ut quasi contenderent requiri mensem aut annum, ut interruptio dicatur diuturna: imo Salmanticenses vel *horam* sufficere ad id aliquando dicunt.

Et Roncaglia utique scripsit *de Peccatis* cap. 2. q. 2. resp. 1.: « Si inter hos actus interruptio sit extraordinaria, v. gr. per duos dies, tunc intelligi non potest continuatio moralis et ita multiplicabuntur peccata ». At 1° non d$_{ici}$t, hanc interruptionem evenire non posse spatio temporis breviori: 2° Alii et quidem merito, negabunt, duorum dierum spatium, quo quis de re iam proposita et deliberata v. gr. furto faciendo, falsa accusatione intentanda non cogitat, efficere, ut voluntas illa defecerit. Contingere enim potest, ut grave quoddam negotium v. gr. litis aut hereditatis aut calamitatis aut solatii extraordinarii mentem ita abripiat cuiuspiam, ut de crimine praestituto non cogitet per duos dies; neque tamen inde sequitur, a consilio suo vel tantillum recessisse.

298. Sed consideranda dein est resolutio, quam post allata subiicit s. Alphonsus l. c., quae difficilis est. Inquit enim: « Sed ego puto, impetum unius actus difficulter posse protrahi (ordinarie loquendo) plusquam ad duos vel tres dies ad summum. Hinc qui perseverat in mala voluntate ultra duos vel tres dies, explicare debet tempus, ut sic intelligatur moraliter numerus actuum internorum circa peccata externa ».

299. Ad hanc s. Alphonsi responsionem duo advertamus. Primum est, s. Doctorem admittere, impetum unius actus ita posse protrahi, ut actus dein vi illius per duos vel tres dies eliciti faciant *unum actum moralem* et ita nulla ratio habenda sit interruptionum ob somnum, inadvertentiam etc., ut his non obstantibus unus actus et unum peccatum censeri debeat et quidem ita unus censeatur actus, ut in confessione necesse non sit confiteri durationem temporis, sed satis sit accusare, *se semel peccasse* etc. Ergo (quod probe advertendum est) s. Alphonsus profitetur et docet sententiam, quam alias in Lugo reiecerat, quasi esset contra communem DD. sensum. Vid. supra n. 277-279.

Alterum est, nimis difficilem esse hanc sententiam s. Alphonsi, nempe pravum quempiam affectum protrahi non posse efficacia sua ultra biduum et triduum. Profecto sanctum virum in ministeriis spiritualibus versatissimum latere non potuit, pravis quibusdam odii, inimicitiae, turpisque amoris affectibus homines interdum tam vehementer occupari, ut non solum in iis constanter haereant ad menses et annos, sed difficillimum sit illos huiusmodi vinculis liberari. Quocirca potiusquam difficile sit, affectum v. gr. odii et inimicitiae ac vindictae usque ad necem ultra triduum protrahere, difficile iis evadit hunc affectum expellere.

300. Potest ergo fere censeri casus, de quo clarius Tamburini *Method. Confess.* lib. 2. cap. 1. § 6. n. 36., quando prava interna cogitatio est in ordine ad unum numero actum seu finem: ut si quis, ne mortem suus inimicus fugiat, per unum annum paret illi insidias vel si quis perdite amans mulierem per duos annos semper quaerat modum, quo illa potiatur. In his exemplis (inquit Tamburini) unum est homicidium numero, una numero fornicatio, ad quae actus illi ordinantur. Omnes ergo isti actus unitatem sumunt ab illo actu finali, ad quem ordinantur et, ut bene dicit Lugo disp. 16. n. 566. non opus est, ut dum confitetur peccatum homicidii vel fornicationis, is dicat, quoties habuit decretum procurandi eius exsecutionem.

Et Tamburini quidem supponit, haberi ibi aliquam *externam voluntatis demonstrationem*, in quaerendis scil. mediis finis obtinendi. At vero quid differt, dum interius de his mediis meditatur, dum occasiones excogitat aut exspectat et decernit alium diem vel aliam occasionem opportuniorem fore etc.?

Fatebimur tamen id, quod notat Lugo *de Poenit.* disp. 16. n. 567. **in**

fin. « Fortasse tamen facilius interrumpuntur moraliter voluntates mere
internae, quando opus non coepit poni exterius; quia illa positio seu inchoatio externa, cum sit sensibilis, facilius coniungit partes in ordine
ad unum humanum et morale faciendum ».

Viva autem ab eodem s. Alph. laudatus scribit *de Poenit.* q. 5. art. 6.
n. 6. in fin.: « Tunc autem satis est in dicto casu solum confiteri peccatum externum, quando procedit ab uno moraliter peccato interno,
etiamsi per multum temporis duraverit talis actus internus, nullatenus
moraliter interruptus, scil. ne per involuntarias quidem *extraordinarias*
interruptiones. »

Quod vero addit Tamburini ibid. n. 38., debere poenitentem explicare,
se per tantum tempus procurasse, ut scilicet (inquit) innotescat, an et
quae persistentia peccati habitualis praecesserit, hoc sane non cohaeret
cum doctrina sua, contendente *unum esse peccatum.* Nam necessitas
exprimendae durationis ex duplici causa tantum adesse potest, vel 1° quia
multiplex est peccatum ob actus multiplicatos et horum numerum assignare non est possibile: vel 2° quia maior duratio est circumstantia aggravans unius alioquin peccati. Atqui ipse contendit, peccatum esse numero unum; aggravantes vero circumstantias fateri necesse non est. Ergo
quod ait de *persistentia* illa confitenda, non facit ad rem.

Sed reipsa nihil frequentius in hac materia occurrit, ut Auctores simul
coniungant lacinias doctrinarum, quae invicem non cohaerent; quia minus
considerant, quorsum alii id affirmaverint vel negaverint.

301. Aliud habet s. Alphonsus in eodem loco n. 39. Ad quaestionem
enim, an *propositum* interrumpatur per communes interruptiones, respondet: « Negat Lugo disp. 16. n. 567. et adhaeret Tamburini l. c. n. 35. 36.
etiamsi magna mora intercedat. Sed haec opinio est contra communem ».

Atqui hoc non recte dicitur tum de Tamburini, qui eo loco nihil de
ea re habet, tum etiam de Lugo, qui in illo loco imo dicit contrarium.
Sic enim, loquendo de P. Ioan. Salas, Lugo scribit: « Id autem, quod
addit, hoc intelligi (scil. unum esse peccatum), *nisi intercedat inter
actus ipsos voluntatis multum tempus,* VERUM ETIAM EST iuxta id, quod
sup. n. 545. diximus de ipso peccato *externo,* etiam nulla revocatione
posita, interrumpi per interruptionem aliquam moralem. Ceterum sicut
ibi diximus, illud non interrumpi per somnum aut similes interruptiones
ordinarias: sic dicimus de voluntate efficaci interna, dum per talem concatenationem, *ordinatam ad opus,* operatur ». In quibus habes disserte
doctrinam, quam in Salmanticensibus ipse s. Alphonsus laudabat uti probabiliorem.

Et clarius eam tradit n. 545. ab eo citato, quam quidem imo ipsi Salmanticenses exscripsisse videntur. Ita enim Lugo: « Dixi tamen has interruptiones breves et communes per somnum et similia non tollere

unitatem peccati: aliud enim dicendum est de interruptione extraordinaria, quae quidem tollit unitatem moralem actionis humanae. Si enim
ex intentione occidendi Petrum; eum quaeras et scias fuisse alio profectum et reversurum post mensem et tu decernas eum occidere cum
redierit: tunc certe, licet non renoves intentionem, adhuc occisio post
mensem non faciet unum peccatum cum voluntate praeterita ».

302. Ex praemissis solvi debet quaestio de eo, qui retinuit rem alienam, nolens eam restituere; quae quidem ad similes casus transferri
debet, ubi agitur de homine non implente obligationem, quae perpetuo
urget.

S. Alphonsus n. 40. communem doctrinam sic refert: « Si quis statuit,
non restituere rem alienam et in eadem voluntate semper, adhuc per
annum, maneat, unum peccatum committit; quia in illa retentione nunquam retractata virtualiter permanet prima voluntas ». Quae ut probabilius tenenda dixerat et lib. 3. n. 683.

303. Subdit tamen hanc exceptionem: « Merito tamen Diana censet
cum AA. ab ipso citatis, quod si fur redditur impotens ad restituendum
et deinde factus potens, data opportunitate, non restituit, novum peccatum committit. Ratio, quia eo casu per illud tempus impotentiae voluntas non restituendi non perseverat in effectu ». Quae quidem ratio
simul ostendit, unum adhuc dicendum fore peccatum, si fur retinuisset
etiam impotentiae tempore eandem non restituendi voluntatem. De hoc
casu Diana tom. 1. tr. 7. reg. 158. n. 4.: « Secundus modus est, quando
quis proposuit restituere (si fieret potens) et postea data opportunitate
non restituit ».

304. Alium tamen multiplicis peccati casum sic addit Diana, ibid.:
« Quoties directe et expresse renovatur propositum retinendi rem alienam per specialem actum. Et ad hoc non sufficit qualecumque propositum renovatum; sed requiritur ut ita proponat quis rem alienam retinere, quod etiamsi nunquam id decrevisset, modo decerneret. Quia licet
sit novus et distinctus physice, potius dicitur continuatio proprii propositi, quam novus actus... » Pergit n. 3.: « In omnibus aliis casibus, quos
diversi Autores enumerant, non est novum peccatum, sed circumstantia
aggravans illud et iuxta nostram sententiam in confessione non necessario exprimenda ». Quam doctrinam n. 3. vocat in praxi tutam.

305. Et occasione circumstantiarum aggravantium addenda quaestio
est, an saltem necessario sit aperienda in confessione *diuturnitas* retentionis rei alienae.

Cui quaestioni respondendum est *negative*, si agatur de cognoscendo
numero peccatorum. Nam cum s. Alph. vidimus, unum esse numero
peccatum.

Si vero sumatur diuturnitas uti circumstantia aggravans, sic respondet Diana, tom. 1. tr. 7. resol. 157.: « Negative respondendum videtur: quia circumstantiae aggravantes non sunt necessario confitendae; sed dicta diuturnitas... est tantum circumstantia aggravans. Ergo in confessione minime aperienda erit ».

Et subdit idem Diana ibid. n. 4.: « Notet hoc confessarius et a multis scrupulis immunis erit; nam poenitens in confessione satisfacit, tantum se accusando, non restituisse rem alienam: nec interrogandus est de tempore et de diuturnitate retentionis vel de numero peccatorum, quae aliqui in tali diuturnitate committi putant; dummodo, ut diximus, non proposuerit restituere et postea, mutato animo, determinaverit amplius restitutionem non facere: quae omnia notanda sunt, quia multum practicabilia ».

306. Dicendum tandem *de numero peccatorum in actionibus externis,* de qua re A. agit et in Resol. 3.

Auctor unicum modum indicat, quo plures actus externi in unum peccatum reducuntur, quando nempe plures actiones, licet distinctae numero, tamen in unam principalem actionem veluti in finem diriguntur.

Exemplum ponit copulae carnalis, ad quam reducuntur oscula, tactus, verba . impudica etc. vel praecedentia vel comitantia vel subséquentia ipsam copulam, uti eiusdem complementa et appendices. Hinc sufficiet confiteri copulam, reliquis praetermissis, neque de his confessarius debet interrogare; quia etiamsi affuerint, moraliter in ipso principali peccato uniuntur.

307. Quoad ea, quae Auctor dicit complementa et appendices, s. Alphonsus allata sententia aientium, non confitendos tactus etc., si intendantur velut complementum prioris voluptatis: secus vero, si in eis ·tanquam in nova voluptate sistatur; subdit n. 41.: « Sed non minus probabilis est tertia sententia- Busembai cum Lugo..., qui *cum communi* dicunt, omnes hos actus, sicut et complacentiam de copula habita, si statim post copulam . habeantur et minime ad novam copulam intendantur, non esse novum peccatum ». In praxi ergo ne de his quidem quidpiam interrogandum est. Vid. et Diana tom. 1. tr. 7. res. 91. et 119.

308. Tria tamen quoad id sunt advertenda. Primo: regula praedicta non valet, si aliqua ex actionibus ordinatis ad actum principalem, diversi generis malitiam atque adeo distinctam a malitia operis consummati contineat. Tunc enim istae actiones aperiendae essent in confessione. Ita v. gr. qui furatur pecunias, ut fornicandi medium habeat, tenetur furtum exprimere: ita etiam si quis inter praevios tactus procuraret pollutionem; quod foret peccatum. adiunctum contra naturam. Idcirco dicit: *Modo non habeant malitiam distinctam* etc.

309. Secundo: si quis, ut ait s. Alph. lib. 5. n. 43., habens oscula, tactus etc. noluisset ab initio copulam, sed postea ob auctam libidinem copulam

perfecerit, non sufficit, si tantum copulam confiteatur; tunc enim omnes actus tanquam distincta peccata debent explicari; quia cum in illis sistitur, quivis actus habet in se malitiam suam consummatam... Et idem dicendum de eo, qui animum habuit tantum hostem vulnerandi et deinde ira accensus occidit, is duo peccata committit ». Neque tamen accusantes copulam, in praxi erunt interrogandi, num actus praevios habuerint sine intentione etc.; quippe communiter id fieri non solet nec sine causa confessarius minus communia debet interrogare. Si poenitens prius hos actus vel sermones confiteretur etc., tunc occasio esset scitandi, an animum habuerit praeterea etc.

310. Tertio: s. Alphonsus n. 42. affert hanc doctrinam Viva *de Poenit.* lib. 5. art. 6. n. 6.: « Media ad finem intentum vel sunt indifferentia, ut parare arma ad occidendum hominem, vel sunt mala eiusdem speciei cum fine, ut tactus relate ad copulam... Si finis non sit obtentus, oportet explicare ea media, sive indifferentia sive mala, posita esse ad finem peccaminosum obtinendum; quia illae actiones externae informantur a malitia finis ». Quam doctrinam s. Alph. ibidem probat.

311. At enim id de mediis in confessione manifestandis, quae mala sunt, verissimum esse negabit nemo: quocirca confiteri deberet tum propositum actionis principalis, tum actus per se malos, quos exercuit; quippe qui prout actus exteriores sunt, malitiam habent sibi insitam.

At quod addit de mediis indifferentibus confitendis, id nulli solido fundamento innititur. Quidquid enim mali est in iis actibus, satis expressum est in ipso proposito, quod poenitens confiteatur. Eadem de causa licet v. gr. peccatum dicatur studium, cuius gratia quis missam omittit vel vult omittere, tenent comm. DD., circumstantiam studii non esse exprimendam. Vid. Diana tom. 1. tr. 7. resol. 59-60.

312. Alter modus, quo plures physice actus unum peccatum moraliter constituunt, tunc habetur, ut ait s. Alph. n. 41., quando plures actus *eiusdem speciei* ex eodem impetu procedant: puta cum quis ex eodem impetu pluries percutiat, pluries inhoneste tangat, eundem Sanctum vel plures dies sanctos blasphemet, pluries aliquem convitietur vel eidem detrahat etc. Addit Tamburini *Meth. Confess.* lib. 2. cap. 1. n. 52. post Lugo disp. 16. n. 561. aliosque ab eodem Lugo citatos, unum peccatum committere, qui in eodem impetu pluries eandem rem falso iuret aut promissionem pluribus iuramentis firmatam violet aut pluries iterato voto promissam etc.

313. Monet tamen bene s. Alph. n. 44.: eum, qui centum aureos furari intendit, sed centenis vicibus *moraliter* interruptis eos surripiat, non unum peccatum committere, sed totidem, quot sunt partialia illa furta. At dispiciendum superesset, quando vices sint *moraliter* interruptae.

CAPUT II.

DE PECCATIS IN SPECIE MORTALI ET VENIALI

Dub. I.

Quid sit peccatum mortale et veniale.

314. Quae de natura peccati mortalis et venialis disputari queunt, ad scholasticos magis pertinent. Pauca, quae habet Auctor, legere quisque per se potest. Si quae enim indigent aliqua declaratione, inferius explanabuntur.

315. Ante omnia adverte, quod s. Alphonsus. n. 52. quaedam habet notatu dignissima, ubi monet, ne facili et sine manifesta ratione statuamus, quidpiam sub gravi obligare.

« Bene hic advertendum, ait, id quod ait Roncaglia, nempe quod, ubi *clarum non est,* aliquod esse peccatum mortale, non praeceps sit confessarius in iudicando, aliquam transgressionem esse gravem et talis peccati reum suum poenitentem pronunciare (aut scrupulum ei iniicere pro futuro). Etenim valde periculosum est confessariis damnare aliquid de culpa gravi, ubi *certitudo non elucet,* ut docuit s. Thomas Quodl. 9. art. 15. dicens: « Omnis quaestio, in qua de peccato mortali quaeritur, nisi *expresse veritas habeatur,* periculose determinatur. — Et rationem paulo post adducit; quia — error, quo creditur esse mortale, quod non est mortale, ex conscientia ligat ad mortale. Quapropter ait s. Antoninus: — Nisi *habeatur auctoritas expressa s. Scripturae* aut Canonis aut determinationis Ecclesiae vel evidens ratio, periculosissime *(peccatum mortale)* determinatur... Nam si determinetur, quod ibi sit mortale, et non sit mortale, peccabit contra faciens; quia omne quod est contra conscientiam, aedificat ad gehennam. — Hinc animadvertatur, pergit s. Alph., in quale discrimen se immittant illi, qui rigidam doctrinam sectantes, facile damnant homines de peccato mortali in iis, in quibus gravis malitia *evidenti ratione* non apparet, eos sic exponendo periculo damnationis aeternae et idem dicendum de iis, qui de facili notam laxitatis inurunt sententiis, *quae aperte improbabiles non sunt* ». Et dein lectorem remittit ad ea, quae de hoc argumento dixerat in Tract. de Conscientia: quibus alia addit in Tract. de Poenitentia.

XXIX. Resp. 1. Mortale est, quod ob sui gravitatem, gratiam et amicitiam cum Deo solvit poenamque aeternam meretur. Dicitur mortale; quia spiritualis vitae principium, gratiam scilicet habitualem, tollit et mortem animae affert.

Veniale est, quod ob suam levitatem gratiam et amicitiam non tollit, etsi fervorem caritatis minuat et temporalem poenam mereatur. Dicitur veniale; quia salvo vitae spiritualis principio, scilicet gratia, languorem animae facile curabilem infert veniamque facile consequitur.

316. Petitur definitio ex effectu et additur ratio, cur alterum mortale, alterum veniale appelletur.

Sed quoad differentiam, quae petitur ex poena, bene s. Thomas *de Mal.* q. 7. art. 1.: « Peccatum mortale meretur poenam aeternam, peccatum vero veniale poenam temporalem. Sed ista differentia consequitur rationem peccati mortalis et venialis: non autem constituit ipsam. Non enim ex hoc est tale peccatum, quia talis poena ei debetur; sed potius e converso quia peccatum est tale, ideo talis poena ei debetur. Similiter etiam differunt, quantum ad effectum; nam peccatum mortale privat gratiam: veniale vero non. Sed nec ista est differentia, quam quaerimus; quia ista differentia consequitur ad rationem: ex eo enim, quod peccatum est tale, talem effectum habet ».

317. Differentiam itaque s. Thomas desumit ex diversa ratione inordinationis. Ita 1. 2. q. 72. art. 5.: « Differentia peccati venialis et mortalis consequitur diversitatem inordinationis, quae complet rationem peccati. Duplex enim est inordinatio: una per subtractionem principii ordinis: alia, qua, etiam salvato principio ordinis, fit inordinatio circa ea, quae sunt circa principium; sicut in corpore animalis quandoque quidem inordinatio complexionis procedit usque ad destructionem principii vitalis et haec est mors: quandoque vero salvo principio vitae fit deordinatio quaedam in humoribus et tunc est aegritudo. Principium autem actus totius ordinis in moralibus est finis ultimus, qui se habet in operativis, sicut principium indemonstrabile in speculativis. Unde quando anima deordinatur per peccatum usque ad aversionem ab ultimo fine scil. Deo, cui unimur per caritatem, tunc est peccatum mortale; quando vero fit deordinatio citra aversionem a Deo, tunc est peccatum veniale. Sicut enim in corporibus deordinatio mortis, quae est per remotionem principii vitae, est irreparabilis secundum naturam: inordinatio autem aegritudinis reparari potest propter id, quod salvetur principium vitae: similiter et in his, quae pertinent ad animam. Nam in speculativis, qui errat circa principia, impersuasibilis est: qui autem errat salvatis principiis, per ipsa principia revocari potest. Et similiter in operativis, qui peccando avertitur ab ultimo fine, quantum est ex natura peccati habet lapsum irreparabilem et ideo dicitur peccare mortaliter, aeternaliter puniendus: qui vero peccat citra aversionem a Deo, ex ipsa ratione peccati reparabiliter deordinatur; quia salvatur principium et ideo dicitur peccare venialiter, quia scil. non ita peccat, ut mereatur interminabilem poenam ».

318. Divisio autem peccati in mortale et veniale, iuxta s. Thom., non

est divisio generis in suas species, sed est divisio eius quod est commune per analogiam, in *perfectum* et *imperfectum*.

Ita s. Thom. 2. disp. 42. q. 1. art. 3.: « Est duplex modus dividendi commune in ea, quae sub ipso sunt, sicut est duplex communitatis modus. Est enim quaedam divisio *univoci* in species per differentias, quibus aequaliter natura generis in speciebus participatur, sicut animal dividitur in hominem et equum et huiusmodi. Alia vero divisio est eius, quod est commune per *analogiam,* quod quidem secundum perfectam rationem praedicatur de uno dividentium et de altero imperfecte et secundum quid; sicut ens dividitur in substantiam et accidens et in ens actu et in ens potentia et haec divisio est quasi media inter aequivocum et univocum. Et talis divisio est peccati in mortale et veniale, quia ratio peccati perfecte in mortali invenitur; in veniali vero non nisi imperfecte et secundum quid. Unde minimum, quod potest esse de ratione peccati in aliquo actu, est in veniali: sicut minimum quod potest esse de natura entis, est in ente in potentia et in ente per accidens et hoc ipsa nomina ostendunt; quia venia non debetur peccato, nisi secundum quod aliquam imperfectionem (in editione Romana legitur male: *perfectionem*) peccati habet; mors autem debetur peccato, inquantum peccatum est et ideo peccatum mortale perfectum quid in genere peccati dicit, veniale autem imperfectum ».

Quae sensa alibi repetens s. Thomas, explicat praeterea, cur peccatum mortale dicatur esse *contra legem*, veniale vero *praeter legem*.

Ita *de Mal.* quaest. 7. art. 1. ad 1. tradita doctrina superiore de divisione in perfectum et imperfectum, subdit: « Unde convenienter dicitur, quod peccatum veniale non est contra legem, sed praeter legem; quia si in aliquo recedit ab ordine legis, non tamen ipsam corrumpit; quia non corrumpit dilectionem, quae est plenitudo legis, ut dicitur Rom. XIII. ».

319. Sunt tamen Doctores, qui divisionem mortalis et venialis volunt esse divisionem generis in species et utrumque peccatum mortale et veniale esse proprie et simpliciter peccatum; quia utrumque est lege Dei interdictum et s. Scripturae etiam veniale absolute et simpliciter absque ulla adiectione appellant peccatum. Unde et illud Gregorii apud Azor lib. 4. part. 1. cap. 8. q. 2.: In hac vita multi sine crimine, sed nullus sine peccato est.

Alii, ut ait Suarez *de Peccat.* disp. 2. sect. 5. n. 5., volunt esse divisionem subiecti in accidentia, quia illa deformitas mortalis peccati quasi accidit actui morali. Unde mortale et veniale ad actum malum moralem comparantur, quatenus ille constitutus iam est in prima sua specie malitiae. Subdit Suarez ibid. n. 8.: « Haec tamen controversia magis ad modum loquendi, quam ad rem ipsam spectat ». Et addit, esse divi-

sionem generis in species, si metaphysice res spectetur; esse vero potius
analogam denominationem, si res theologice consideretur: quia veniale
est reipsa inordinatio secundum quid a fine.

320. Hinc Theologi (vid. Azor tom. 1. lib. 4. cap. 8. q. 3.) docent,
peccatum veniale esse quidem *contra legem* Dei; quia revera lex Dei
et recta ratio prohibent et gravia et levia peccata. At vero veniale
non est contra specialem Dei legem de eius amicitia comparanda et
conservanda nec est contra speciale praeceptum de eiusdem amicitia
nunquam violanda ac dissolvenda. Est enim unicum et maximum Dei
mandatum, ut nihil faciamus, quod eius amicitiam ac caritatem dirimat,
tanquam cum ea pugnans. Unde Paulus Rom. XIII. 10. ait: *Plenitudo
legis est dilectio.* Mutuo ergo se consequuntur Deum diligere et mandata eius servare. Quatenus ergo peccatum veniale non adversatur divinae amicitiae et caritati, in hunc sensum Theologi dixerunt, veniale
non esse contra legem Dei: esse tamen praeter legem; quia servata
Dei amicitia et caritate illud admittimus et hoc ipso impedimur ac
retardamur a ferventibus caritatis officiis. Vid. et Suar. *de Peccat.*
disp. 2. sect. 5. nn. 9-13.

321. Exinde rite interpretari debemus Doctores, qui v. gr. dixerunt
(uti Altissiodorensis et s. Bonaventura): veniale peccatum non esse lege
prohibitum, sed cohibitum. Accipiunt scilicet legem Dei prohibentem pro
illa, cuius violatio hominem avertit et alienat a Deo ac privat gratia.

Eodem sensu explicandus s. Bonaventura, cum 2. disp. 42. art. 2. q. 2.
ad ultim. videtur negare: peccatum veniale esse Dei offensam. Namque
alioquin offendere quempiam, ut ait Lugo *de Incarn.* disp. 5. n. 70., est
dare ipsi rationabilem causam et occasionem indignationis contra offendentem. Atqui culpa venialis Deo certe displicet, ut ait s. Thomas, licet
non displiceat persona (sicut e contra placet Deo opus bonum peccatoris,
licet persona non placeat); atque adeo eam culpam Deus damnat et vindicat puniendo. Ergo.

Explicandus ergo s. Bonaventura de offensa, quae pariat indignationem
amicitiae vinculum dissolventem. Vid. Azor l. c. q. 5.

322. Ita DD. negant veniale peccatum esse aversionem a Deo et conversionem ad creaturas, quatenus nec dissolvit amicitiam cum Deo nec
ut finem ultimum, posthabens Deum, habet creaturam. At addunt, esse
actum alienum et aversum a Deo et esse quandam conversionem adhae-
sionemque inordinatam bono creato prout iucundum est vel utile etc.
Azor l. c. q. 7.

323. Suarez *de Peccat.* disp. 2. sect. 5. n. 14.: statuit 1° Peccatum veniale aliquo modo esse offensam Dei; quia et continet inordinationem ad
ultimum finem et Deus omne peccatum etiam veniale odio habet et

aliquo modo est contra legem Dei. 2° Est tamen Dei offensa non simpliciter, sed secundum quid et analogice, quia non versatur circa Deum, uti est formaliter ultimus finis.

Huc revoca, quod Scotus dixit, veniale esse, quod est contra *consilium*. Scotus enim, inquit Suar. l. c. n. 13., late usus est voce consilii, ut comprehenderet omnia, quae non sunt ad salutem necessaria. Vid. et Azor. p. 1. lib. 4. cap. 9. q. 2.

Bene Lugo *de Poenit.* disp. 16. n. 102. loquens de Card. Toleto: « Nomine praecepti intelligit ibi (Toletus) illud solum, quod obligat ad mortale, ut explicuerat eodem capite scil. cap. 2. lib. 3.; quem modum loquendi usurparunt etiam Scotus, Gabriel, Bassolus, Alensis, Magister Sententiarum cum multis ex antiquioribus, quos congerit Salas. Quo loquendi modo non significatur, quod peccatum veniale nullo modo sit contra aliquod divinum praeceptum, sed quod non sit graviter, sed leviter atque ideo comparatum cum peccato mortali videatur esse analogice contra praeceptum et non simpliciter sed solum secundum quid, sicut accidens vere est ens, sed comparatum cum substantia non dicitur simpliciter ens, sed secundum quid et creatura licet vere habeat esse, comparata tamen cum creatore dicitur quasi non ens et solus Deus dicere potest: *Ego sum, qui sum* ».

324. S. Thomas plus semel 1. 2. q. 86. art. 1. et 2. et q. 109. art. 7. *maculam* videtur habere ceu effectum peccati mortalis; quia, ut inquit, macula non est aliud, quam privatio gratiae, quae est animi nitor. At alii, ut s. Bonaventura, eo sensu maculam dicunt, quod sit actus carens honestate et bonitate atque adeo Deo displicens. Azor l. c. q. 8.

325. Quo sensu peccatum mortale ac veniale differant aut non differant specie, habes in duplici hac thesi Suarez *de Peccat.* disp. 2. sect. 5. nn. 2. 3.: 1° Peccatum mortale de se et ut tale est, habet aliquam deordinationem specie distinctam ab omni ea, quae est in peccato veniali. Nam pravitas illa, quae est directe contraria ultimo fini et ratione cuius homo avertitur ab ipso et convertitur ad creaturam ut ad ultimum finem, est propria species deordinationis et pravitatis moralis et haec reperiri non potest in peccato veniali. 2° Malitia et deordinatio moralis, quae sumitur ex obiecto proximo, esse potest eiusdem speciei in peccato mortali et veniali. Patet conclusio in furto gravi et levi.

326. Fit quaestio insuper, an veniale habeat infinitam malitiam. Respondet autem Suarez *de Peccat.* disp. 2. sect. 5. nn. 16-18., 1° non esse in veniali genus *illud* infinitae malitiae, quod est in mortali: 2° malitiam venialis non posse proprie et simpliciter dici infinitam; quippe non habet deordinationem circa Deum: 3° quandam tamen aliquo modo habet infinitatem malitia venialis, quatenus est malum culpae, quod ad quodvis aliud vitandum malum committi non debet.

`XXX. Resp. 2. Mortale peccatum duplex est: aliud est mortale ex genere suo, aliud ex accidente. Mortale ex genere suo est, quod per se laedit caritatem Dei vel proximi quoad personam, res aut iura vel nos ipsos corrumpit graviter. Ita Azor l. 4. c. 9. Sanch. l. 1. *Mor.* c. 3.

327. *Mortale ex genere suo* dicitur peccatum, quod per se et ex ratione sua specifica, quam habet ex proprio obiecto et seclusa malitia alterius speciei, *potest esse mortale;* quia nempe obiectum per se est graviter prohibitum.

Contra autem *veniale ex genere suo* dicitur, quod ex ratione sua specifica, spectata videlicet materia seu natura obiecti, circa quod versatur, non habet gravem reatum; adeoque quousque manet intra speciem suam, non potest fieri mortale.

Porro quae sint generatim obiecta peccati mortalis, enumerat A. in Resolutionibus. Quod addat etiam laesionem, quae nosmet graviter corrumpat, intellige de gravi damno sibi illato, v. gr. si quis sibi usum rationis auferret etc., oculos sibi erueret etc.

Unde resolves.

XXXI. 1. Peccata, contra bonum proprium commissa, ut plurimum sunt venialia ex genere: ut verbi gratia, inutilis et vana concupiscentia, vana oblectatio, prodigalitas, curiositas, superfluitas cultus et vestitus, nugae, otium, excessus in cibo, potu, somno, risu, usu coniugii, timore, tristitia, appetitu pecuniae, laudis etc.

328. Non omnia peccata contra bonum proprium sunt ex genere suo levia; nam in Resp. 2ª inter gravia ex genere suo recensuit peccata, quae graviter nosmet laedunt. Sed dicit *ut plurimum* scil. pleraque talia esse. Auctor autem enumerat nonnulla, scil. frequentiora.

Inutilis et vana concupiscentia: scil. divitiarum, melioris conditionis, deliciarum, honorum etc. *Vana oblectatio* vel in bonis possessis v. gr. fortunae, personae etc. vel phantastice excogitatis etc. *Prodigalitas*, cum quis sua bona prodige dissipat, aut etiam perire inutiliter sinit ex negligentia. *Curiositas* in cogitandis, legendis, inquirendis, videndis, audiendis inutilibus etc. *Superfluitas cultus et vestitus,* quae solet etiam appellari vulgo *vanitas* in *vestiendo:* sed pertinere ad alia potest, scil. *domum, mobilia* etc. *Nugae:* inutiles scil. occupationes et ineptiae, sine rationabili causa et modo. *Otium: Excessus in cibo* sive quoad qualitatem, quantitatem etc. scil. peccata gulae. *In potu:* intellige si non pertingat apposite ad ebrietatem. *In somno. In risu:* scil. immoderate ridendo, tollendo cachinnum. *Usu coniugii:* intellige ubi nulla sit rationabilis causa excusans scil. vel satisfaciendi alteri coniugi vel sedandi concupiscentiam, sed ex solo immoderato desiderio voluptatis. *Timore,* quando scil. (s. Thom. 2. 2. q. 125. art. 1.) appetitus refugit ea, quae ratio dictat esse sustinenda, ne desistat ab his, quae magis prosequi debet. *Tristitia*, cum nempe magis tristatur, quam res ferat vel vi tristitiae impediri quis se sinit a debitis operationibus. *Appetitu pecuniae, laudis* etc. ut sup. dictum est. *Etc.* e. gr. *loquacitas*, cum quis loquitur quantum et quando libet, in respondendo *impatientia*, tum *avare sua retinendo, oscitanter agendo, negligenter orando*, sese ingenio, memoria, viribus, forma corporis omnibus aliis *praeferendo* etc.

His adde *mendacia*, quae nihil aut Deo aut proximo detrahant.

XXXII. 2. Peccata contra virtutes Theologicas sunt mortalia ex genere suo; quia nocent bono alicui interno Dei, v. gr. veracitati, misericordiae, caritati. Item fere omnia, quae fiunt contra Decalogum; quia quae committuntur contra tria prima praecepta, nocent similiter Deitati, scientiae, omnipotentiae divinae eiusque honori externo vel interno: quae vero contra reliqua praecepta fiunt, nocent personae, bono aut iuri proximi.

329. Dicit A., reliqua Decalogi praecepta laedere iura aliorum etc. Nam octavum praeceptum non est reipsa de vitando simpliciter *mendacio*, sed *falso testimonio*, quod cedit in alterius damnum.

XXXIII. 3. Peccata illa septem, quae dicuntur capitalia, non omnia sunt mortalia ex genere suo: quia non omnia graviter Deum aut proximum laedunt vel nos ipsos corrumpunt.

330. Quae gravia vel levia ex genere suo sint, ex singulorum tractatione colligetur.

XXXIV. Resp. 3. Mortale ex accidente dicitur, cum actus aliquis venialis aut indifferens fit per accidens mortalis, de quo infra.

331. De hoc sermo erit dubio 3., ubi quaeritur, quomodo veniale ex genere suo per accidens fieri possit *mortale*.

Dub. II.

Quibus ex causis peccatum
ex genere suo mortale fiat per accidens veniale.

XXXV. Resp. 1. Tria requiruntur ad peccatum mortale, quorum si unum desit, fit veniale, quod alias ex se est mortale: 1. ex parte intellectus, plena advertentia et deliberatio: 2. ex parte voluntatis perfectus consensus: 3. gravitas materiae, saltem ut plurimum. Ratio primae et secundae partis est; quia spectata fragilitate humana, non videtur decere divinam bonitatem, aeternis suppliciis punire hominem, absque plena consideratione et consensu. Ratio tertiae partis; quia ubi materia parvi est momenti, ibi moraliter modica offensio esse reputatur ut plurimum.

332. Doctrina clara est. De tertio sermo redibit in Resp. sequenti n. 3.

XXXVI. Respond. 2. Peccatum ex genere suo mortale, tribus ex causis fieri potest veniale, ut patet ex dictis. Prima est, si ex parte intellectus non sit perfecta advertentia malitiae seu deliberatio. Signa autem imperfectae deliberationis sunt, 1. si tenuiter et quasi semidormiens apprehendisti esse malum: 2. si post, ubi melius consideras, iudicas te non fuisse facturum, si ita apprehendisses: 3. si vehementissima passione, apprehensione vel distractione laborasti, vel turbatus fuisti, ita ut fere nesciveris, quid ageres.

. Secunda causa est ex parte voluntatis, si non sit perfectus consensus. Signa autem imperfecti consensus sunt, 1. si ita dispositus fueris, ut licet facile potueris exsequi peccatum, non tamen sis exsecutus: 2. si quis dubitet, num consenserit, praesertim si sit vir timoratus: 3. si quis soleat esse ita affectus, ut malit mori, quam expresse mortaliter peccare; quia talis non facile consentit: 4. si quis valde timide et suspense processisse se meminit: 5. si semisomnis fuit non plene sui compos etc. iudicetque se id non fuisse facturum, si plene vigilasset. V. Sanch. 1. *Mor.* c. 10. Baldell. l. 10. d. 8.

Tertia causa ex parte materiae, si haec sit parvi momenti. Quando autem talis sit, discernendum est morali iudicio prudentis, cui sequentes regulae servient. 1. Ut de materia iudicetur, non tantum ipsa secundum se absolute est consideranda, sed etiam respective ad finem intentum: ad quem si parum facit, levis est, gravis autem, si multum, ut docet Vasq. 1. 2. d. 158. 2. Attendendae sunt circumstantiae; quia saepe fit, ut res ex se levis, attentis circumstantiis boni communis, vitandi scandali etc. fiat gravis. 3. An pars aliqua rei praeceptae sit gravis, ea spectanda est tum absolute et secundum se, tum etiam in ordine ad totum. 4. In transgressionibus repetitis, si plures materiae parvae, vel secundum se vel secundum effectus a se productos, moraliter coniungantur, fit materia gravis; quia tunc omnes moraliter reputantur pro una. Contra vero non censetur materia gravis, si parvae materiae nec secundum se nec secundum effectus relictos inter se uniantur.

333. Generatim adverte doctrinam s. Thomae 2. 2. q. 35. art. 3. : « Considerandum est in omnibus peccatis, quae sunt secundum suum genus mortalia, quod non sunt mortalia, nisi quando suam perfectionem consequuntur. Loquimur enim nunc de peccato humano, quod in actu humano consistit, cuius principium est ratio ».

Hinc iuxta s. Thomam nullum est peccati genus, quod ob actus imperfectionem non possit fieri veniale. Ita 2. 2. q. 36. art. 3.: « *In quolibet genere peccati mortalis* inveniuntur aliqui imperfecti motus in sensualitate exsistentes, qui sunt peccata venialia: sicut in genere adulterii primus motus concupiscentiae et in genere homicidii primus motus irae, ita etiam in genere invidiae inveniuntur aliqui primi motus, quandoque etiam in viris perfectis, qui sunt peccata venialia ».

334. Prima causa est ex parte *advertentiae* seu deliberationis imperfectae, cuius signa suppeditat A. Signum non est ratio rei, sed potest esse ratio, cur de re hoc vel illo pacto iudices.

Itaque primum signum ponit in eo A., si quis semidormiens vel semiebrius egerit. Quoad alterum signum, illud non in eo est situm, quod quis gravitatem offensae divinae et periculi sui melius post factum perpendens,

- iudicet se non facturum fuisse, si rem melius prius considerasset; nam potuit nihilominus praevertere notitia sufficiens gravitatis culpae: sed in eo est situm, quod quis perpendens dispositionem habitualem animi sui, iudicet se non fuisse facturum, si plene advertisset. Tertium signum, si quis egerit ex vehementissima passione, quae identidem voluntarium minuit. De huiusmodi casibus vehementissimae passionis amoris, irae etc. vel apprehensionis in timoribus diximus in Tract. *de Actib. Human.* ubi de Concup. et Metu.

Quoad distractionem, saepe ea contingit tum in pravis cogitationibus ac morosis delectationibus tum in verbis detractoriis tum maxime in peccatis in causa, non praevidendo effectus, damna, pericula aliorum etc.

Huc revoca quasdam obliviones, ignorantias leviter culpabiles, conscientias erroneas ex levi negligentia.

335. Secunda causa est *imperfectus consensus.* Ex huius signis heic traditis, tria priora valent praesertim quoad peccata cordis, in materia scil. fidei, blasphemiae internae, odii, iudicii temerarii, suspicionum, delectationis morosae in materia luxuriae etc. Postremum valet etiam quoad opera.

336. Tertia causa est *levitas materiae.* Qua de re in primis adverte levitatem seu exiguam quantitatem materiae non excusare a gravi culpa, quotiescunque in qualibet materiae parte servatur integra ratio, cur graviter sit prohibita, seu quando in qualibet materiae parte invenimus totam gravis inordinationis rationem.

Itaque 1° non datur parvitas materiae in peccatis, quae sunt *directe* contra Deum aut aliquam divinam perfectionem. Non datur ergo materiae parvitas in peccatis directe oppositis virtutibus theologicis, v. gr. in haeresi, quae Dei veracitati iniuriam facit, in desperatione, quae Dei misericordiam et fidelitatem offendit, in Dei odio, quod summam Dei bonitatem afficit iniuria atque adeo in blasphemia, quae Dei honorem laedit, in periurio *assertorio,* quod Deum in falsitatis testimonium vocat, in superbia quae Dei legem ac praecepta ex contemptu formali divinae auctoritatis violat ac subiectionem formaliter negat, in superstitionibus, per quas divinus honor et cultus creaturae tribuitur, in simonia iuris naturae, quae dona gratiae Dei pretio temporali aequiparat etc.

· 2° Non datur parvitas materiae in re venerea, quando voluptas venerea sit directe voluntaria seu intenta. Rationem alii afferunt, quod in quavis delectatione venerea habeatur delectatio fornicationis, ut Sanchez *Moral.* lib. 5. cap. 6. n. 12., alii, quia haec materia ex natura sua nimis sit lubrica et ad maiora disponat; quae utraque ratio infirma videtur. Prima quidem; quia negari potest, in quacumque delectatione venerea haberi eam fornicationis delectationem seu approbationem, uti patet: Secunda; quia cessare ea ratio potest in eo, a quo absit illud periculum, saltem proximum. Melius ergo dices cum *Lugo de Poenit.* disp. 16. n. 238. coll. etiam 389., ideo maxime graviter iure naturae eiusmodi delectationem illicitam esse; quia si ipsa liceret extra matrimonium, homines statum illum, ad quem natura eam delectationem ordinavit, sic speciei conservationi consulens, contemnereut propter onera, quae adnexa ipse status ac prolis educatio ac sustentatio habet.

Dictum est in delectatione venerea directe voluntaria. Nam si agatur de actibus, quibus causari motus carnales possunt ac connexa cum his delectatio; quando huiusmodi effectus non intendantur et absit periculum consensus, iam vidimus (n. 169. deinceps) et levem posse esse culpam, si ii actus leviter sint peccaminosi et nullam fore culpam, si actus illos non per se malos ponendi iusta causa sit.

337. Quando vero bonum virtutis sit divisibile, dari poterit levitas materiae tum in officiis erga Deum, quae ad virtutem Religionis pertinent, tum in officiis erga alios ac semetipsum.

Datur ergo parvitas materiae in materia voti ac iuramenti quoque promissorii; quippe offensa non est directe contra Deum aut divinam aliquam perfectionem, sed contra fidelitatem quae Deo debetur. Eademque de causa datur levitas materiae in materia tertii praecepti Decalogi de sanctificando die festo, in sacrilegio sive locali sive personali sive reali, in recitatione officii, in celebratione Missae etc.

Item datur parvitas materiae in peccatis, quae laedunt iura aliorum circa bona vel personae vel honoris vel substantiarum.

338. Quoad regulas ab Auctore propositas, prima est: considerandum esse finem. Ita cum diversus sit finis, quem Ecclesia habet in praecepto audiendi missam die festo, qui est cultus Dei per actum Religionis et quem habet lex audiendi sacrum quotidie quoad aliquam communitatem, qui finis potest esse pietas in Deum, profectus in spiritu, utilitas spiritualis etc., patebit facile, cur gravis obligatio esse possit in primo casu, non autem in secundo.

Secunda: ratio boni communis inducere potest gravem obligationem, etsi levis in se res videatur. Ita v. gr. lex servandi formam et sollemnitates in celebrandis nuptiis etc. Itemque ratione scandali, v. gr. si Episcopus domi retineret mulieres ad famulandum etc.

Tertia: proportio ad totum. Hinc Suarez uti rigidiorem habet opinionem, quae damnat peccati mortalis laborem unius horae die festo etc.

Sed de his melius et uberius, ubi de singulis praeceptis.

Ex dictis resolves.

XXXVII. 1. Peccas mortaliter, ita ut fiat materia gravis, și saepe modicum furaris et non restituis, iuxta dicenda l. 3. t. 5. cap. 1. d. 3. res. 1.: item si interruptim psalmos aliquot ex eodem officio omittas: si eodem die ieiunii saepius parum comedas, eodem festo saepius parum labores.

XXXVIII. 2. Non peccas graviter, si diversis festis modicum labores, si quotidie in Quadragesima parum comedas: quod verum est, etiamsi simul haberes propositum ita faciendi; quia cum ista moral ter inter se non uniantur, singula sunt parva. V. Sanch. l. c.

XXXIX. 3. Non peccat mortaliter, qui diversis diebus violat votum, quotidie aut singulis diebus modicum quid orandi vel parvam eleemosynam dandi, si sit onus affixum diei; quia, cum quotidie cuiusque diei obligatio exstinguatur, materiae illae non continuantur. Quod verum est, etsi proponat semper omittere, quia illud propositum non fertur in rem gravem. Imo, contra Sanch., id quidam verum putant, etsi quis 100. vota diversae speciei, in materiis valde levibus, uno die implenda haberet; quia materiae illae, cum sint independentes a se, non uniuntur. Si tamen similia vota non sint onus affixum diei, sed tantum dies praefigatur, ut terminus, ultra quem exsecutio non differatur, erit peccatum mortale, postquam ad materiam notabilem perventum fuerit.

XL. 4. Probabile est, eum, qui ter vel quater 1000. aureos in causas pias vovisset, non peccaturum mortaliter, si tres non solveret; quia, etsi talis pars, absolute in se spectata, sit notabilis, comparatione tamen totius, morali iudicio non valde videtur aestimanda. Vide Laym. l. 1. t 3. c. 5.

339. Quoad 1. 2. 3. res patet: quoad 4., rationem repetunt DD. ex eo, quod in promissione liberali censeatur donatarius haud invitus esse. Secus dicendum foret, si esset debitum ex contractu oneroso.

DUB. III.

Quibus modis peccatum ex genere suo veniale seu actus indifferens transeat per accidens in mortale.

XLI. Quinque modis id fieri communiter, docet Sanch. etc. 1. ratione finis adiuncti: 2. ratione finis ultimi: 3. ratione contemptus: 4. ratione scandali: 5. ratione periculi. De singulis dicam breviter.

XLII. Resp. I. Peccatum veniale transit in mortale ratione finis adiuncti, ut si quis leviter mentiatur, ad copulam carnalem extorquendam; quia cum finis mortalis ametur, mortale est. Non tamen necessarium est in confessione exprimere illud mendacium, sed solum desiderium fornicationis; quia, seclusa malitia mortali finis, manet veniale.

XLIII. Respond. 2. Transit item in mortale, ratione nimii affectus in rem aliquam, ut si v. gr. ultimum finem in ea constituas. Ad quod non sufficit valde intense et vehementer ferri in obiectum; sed requiritur, ut appretiative illud ita aestimes saltem virtualiter, ut paratus sis eius causa transgredi praeceptum obligans sub mortali: ut si quis ita inordinate afficiatur ad fabulas, lusum, personam, ut malit festo omittere sacrum etc. quam illis privari. Notat autem Bon. hunc affectum non tantum habitualem, sed actualem esse debere, ut peccatum contrahatur; quia non imputatur ad culpam id, ad quod committendum habitu tantum es paratus.

XLIV. Resp. 3. Peccatum veniale fit mortale, ratione contemptus absoluti et formalis.

Dico autem *contemptum absolutum et formalem,* quando nimirum ideo formaliter et absolute praeceptum violatur, quia ipsi aut superiori subiici renuis, quod est peccatum superbiae consummatae : vel quando ideo non vis obˑdire praecepto, quia praeceptum est et est peccatum inobedientiae formalis, quorum utrumque graviter pugnat cum caritate debita superiori.

Ex quibus resolves.

XLV. 1. Non est mortale, si velis quidem obedire et subiici absolute, nolis tamen hic et nunc in re modica aut si auctoritatem legis vel praecipientis admittas, exsecutionem tamen hic et nunc contemnas. Ratio est; quia non·est contemptus absolutus et simpliciter, sed tantum secundum quid.

XLVI. 2. Si praecise ex indignatione, malitia, prava consuetudine aliave causa praeceptum violetur et non ex contemptu potestatis superioris, non est mortale; quia non est contemptus formalis, sed tantum interpretativus.

XLVII. 3. Est mortale, facere vel omittere aliquid, ex contemptu iustae legis humanae. Item ex contemptu Dei praecipientis vel etiam consulentis (quod propterea tacitam blasphemiam continet, quasi Deus inutilia praeciperet aut consuleret) et denique, facere aliquid ex contemptu Praelati, ut sic et ut a Deo auctoritatem habentis, non tamen ut talis hominis, indocti, imprudentis, imperfecti; quia hoc posterius non est contemnere absolute et simpliciter, sed tantum secundum quid. Vid. Sanch. 1. *Mor.* cap. 5. Bon *de Peccat.* dub. 2. q. 3. p. 5.

XLVIII. Respond. 4. Peccatum vel opus indifferens habens mali speciem transit per accidens in mortale, si ruina per illud proximo causanda sit mortalis. Ratio est; quia tali operi superadditur aliquid graviter repugnans caritati. Vide dicenda *de Scandalo* et Fill. t. 21. c. 6. q. 10. n. 212.

XLIX. Respond. 5. Veniale vel opus indifferens transit in mortale, ratione periculi incidendi in mortale; quando quis sine sufficienti cautela aut necessitate aliquid facit, per quod veniat in morale ac proximum periculum peccandi mortaliter; quia talis salutem animae contemnit, cum tam probabili eius periculo temere se exponat. Unde in confessione explicanda est species peccati, cuius periculo se obiecit; quia eodem genere peccati peccavit. Proximum autem periculum censetur, quod frequenter homines similis conditionis in peccatum mortale inducit.

340. Prae oculis habenda est doctrina s. Thomae, peccatum ex genere suo veniale non posse fieri mortale, nisi accedat circumstantia mutans speciem; numquam vero id contingere ob circumstantiam mere aggravantem.

S. Doctor 1. 2. q. 88. art. 5.: « Unde manifestum est, quod circumstantia non potest de veniali peccato facere mortale, manente circumstantia; sed solum tunc, quando transfert in aliam speciem et fit quodammodo differentia specifica moralis actus ».

Et *de Mal.* q. 2. art. 8.: « Manifestum est, quod peccatum mortale et veniale non sunt eiusdem speciei. Sicut enim aliqui actus ex suo genere sunt boni et aliqui ex suo genere mali; ita aliqua peccata ex suo genere sunt venialia et aliqua ex suo genere mortalia. Circumstantia est ergo, quae sic aggravat, ut novam speciem constituat... puta si aliquis loquatur verbum (otiosum) iocosum, ut provocet ad libidinem vel ad odium. Si autem sic aggravat, quod non constituat novam . peccati speciem, non potest aggravare in infinitum faciendo de veniali mortale; quia semper maior est gravitas, quae est ex peccati specie, quam quae est ex circumstantia speciem non constituente ».

341. Auctor quinque modos assignat, quibus veniale per accidens, idest ob circumstantiam, quae addit gravem malitiam diversae speciei, fieri potest mortale. Adde ex Gury § 153. conscientiam erroneam.

Primae tres rationes sufficienter ab Auctore proponuntur ńec est, cur diutius ibi immoremur.

Quoad quartum, sermo redibit, ubi de Scandalo.

342. Quoad 5. Auctor reipsa proponit doctrinam de vitanda proxima occasione peccati mortalis, quae tamen occasio, si res in se spectetur, sit tantum peccatum veniale aut opus indifferens, uti est v. gr. curiosa lectio, curiosa confabulatio, curiosus aspectus sive personarum sive picturae, aditio theatri, choreae etc.; quae tamen vel ex se vel relative sint occasio proxima. Unde Sanchez *Moral.* lib. 1. cap. 8. n. 1. thesim hisce verbis effert: « Hac in re certissimum est, opus, ex se veniale aut indifferens, in mortale transire, si operans occasioni ita proximae exponatur; ut eum in *morali ac proximo* peccandi mortaliter periculo constituat... Tunc autem contingit haec moralis proxima occasio vel hoc morale proximum periculum, quando ex suo genere occasio talis est, ut frequenter homines similis conditionis ad peccatum mortale inducat vel experimento constet, in hoc homine talem effectum habere...; sicut is periculo damni temporalis incurrendi exponitur, qui aggreditur opus eo tempore et loco et talibus circumstantiis, ut vix illud damnum evadere valeat ».

343. Additur heic quaestio, an graviter peccet ille, qui se exponit periculo tantum *probabili* peccandi mortaliter. Et s. Alph. n. 63. contra alios, quos allegat, dicit, *omnino tenendum*, quod graviter peccet idque sentiendum ait cum Busembaum, Croix, Elizalde, Cardenas et aliis.

344. Plane fateor, penes Cardenas *Crisi* 1. disp. 18. cap. 6. vix quidpiam haberi, quod non sit abusus quidam tum auctoritatum tum aequivocationum.

Ita abutitur verbis Lessii (ibid. n. 59.) qui lib. 4. cap. 3. n. 98. de eo, qui in sui officii v. gr. chirurgi aut confessarii etc. exercitio patiatur pollutionem, dixerat, non teneri ad relinquendum officium et addit: « Hoc tamen intelligendum, si absit *morale* periculum consensus... Si subsit *morale* periculum, ita ut non confidat, se satis fore firmum, tenetur causam vitare; non enim ob ullam rem potest se *formali* periculo peccandi exponere ». Et Cardenas l. c. cap. 2. n. 17. ecce contendit, *formale* periculum haberi, quando hoc est *probabile* et ideo ecce Lessius inter patronos huius sententiae. Atqui alius negabit, *probabile* idem esse ac *morale*, quod potius est *moraliter certum*.

Item, cap. 6. n. 63 utitur hoc argumento: « Homo tenetur praecepto securum se reddendi, *quantum possit moraliter*, ab incursione gehennae (reapse hic est finis praecepti potius quam praeceptum: praeceptum est, ne peccemus). Ergo tenetur ex praecepto securum se reddere ab incursione peccati mortalis, (sed a qua incursione? et sub gravine a qualibet?).

345. Quid vero sibi s. Alphonsus velit, non adeo clarum est. Nam cum quaestionem fecerit de eo, qui se exponit periculo *tantum probabili*, postea difficultatem expediens, respondet quod in eo casu, licet peccatum sit incertum, an sit necne committendum, *certum* tamen est *periculum peccandi*. Atqui agitur hypothesis periculi non certi, sed tantum probabilis. Voluit forte dicere: certam esse probabilitatem periculi; sed haec cum sit ipsa hypothesis, in qua quaeritur an peccet necne mortaliter qui illi periculo se exponit, nequit esse ratio pro parte affirmante. Deinde concedens quod possit quis se exponere huic probabili periculo, si *iusta causa* adsit, rationem reddit; quia tunc periculum proximum fit remotum: perinde ergo videtur esse s. Doctori probabile periculum peccandi et periculum proximum. Atque ita quoque A. loquitur, qui in resp. 5. *proximum periculum* mox vocat *tam probabile periculum*. Haec ergo redeunt ad communem doctrinam de obligatione fugiendi occasionem proximam.

346. S. Alph. lib. 4. n. 12. quaerit: « An quilibet christianus graviter peccet, si proponat committere omnia venialia. Affirmative respondet Sanchez *Moral.* lib. 2. cap. 5. n. 4. et Bonacin. *de Pecc.* disp. 2. quaest. 3. punct. 5. n. 17. ». S. Alphonsus censet, probabilius negandum cum aliis et idem dicit Gury tom. 1. § 154., addens tamen, in praxi *rem difficilem et arduam esse; quia facilitas committendi venialia debilitat animam, ut facilius superetur tentationibus.* Alio modo tamen s. Alph. cum Sanchez, alio modo proponit quaestionem Gury, qui quaerit solum « *an graviter peccaret, qui sola mortalia vitare vellet et de omittendis venialibus nihil curaret* ». Nam quaestio ex Sanchez et s. Alph. addit pravum quoddam propositum; ex Gury praefert solam negligentiam et ideo severior est notatio, quam subdit suae resolutioni.

347. Iuverit heic subiicere doctrinam Card. Lugo, qui sapienter monet *de Poenit.* disp. 15. n. 49., docere Theologos, « voluntatem committendi venialia multa non esse mortalem, sed venialem. Fatcor quidem, inquit, curam ac diligentiam circa venialia vitanda esse medium utilissimum ad vitanda mortalia et e contra negligentiam et notabilem contemptum circa venialia disponere *saepe* ad lapsum aliquem gravem; *Qui enim spernit modica, paulatim decidet.* Nemo tamen dicet, ex hoc capite esse obligationem sub peccato mortali ad vitanda venialia ».

Tum pergit n. 50.: « Petes, cur non sit talis obligatio; cum sit obligatio sub mortali ad vitandum totum illud, cum quo habet connexionem *moraliter certam* peccatum mortale: si ergo talis sit connexio lapsus gravis cum negligentia notabili erga venialia, erit etiam obligatio sub mortali vitandi illam negligentiam. Respondetur in primis, non quamcumque negligentiam circa venialia afferre secum illud periculum moraliter certum lapsus gravis, sed quando est notabilis. Deinde non omne periculum *morale* lapsus gravis debet vitari sub mortali; sed tunc quando absque gravi detrimento fieri potest, ut diximus disp. praec. sect. ultim. (ubi disputaverat de proxima occasione peccati); ubi insinuavimus, non esse eodem modo loquendum de obligatione vitandi causam determinatam ad peccatum mortale indeterminatum et in communi, ac de obligatione vitandi causam in communi ad peccatum mortale etiam determinatum. Nam diximus, esse obligationem, quando fieri potest, vitandi causam determinatam peccati in communi: non vero est eadem obligatio vitandi causam in communi; quia eo ipso quod est causa in communi, affert secum gravissimam difficultatem ad hoc ut auferatur. Scit homo v. gr. se pro sua fragilitate ex aspectu feminarum labi graviter; non tenetur tamen ad vitandas omnes feminas, ut vitet hoc periculum; quia non est una causa sed plures, quae difficillime possunt vitari. Scit etiam, se in seculo facile peccaturum hoc vel illo genere peccati gravis: non tamen tenetur sub praecepto gravi ingredi Religionem, ut vitet illud periculum; quia hoc non tam est auferre unam causam, quam auferre plures, quorum ablatio et status mutatio difficillima est... Sic ergo licet vitatio venialium in genere esset medium necessarium ad vitandum periculum peccati mortalis; est tamen medium difficile satis, eo quod sit medium in communi seu ablatio multarum causarum: media autem adeo difficilia non videntur ponenda sub mortali ad vitandum periculum mortalis ».

348. Huc facit, quod habet Suarez *de Relig.* De obligationib. Religiosor. tr. 8. lib. 1. cap. 4. n. 18. nempe quod « ex s. Thoma 1. 2. q. 88. a. 3. veniale *ex sola levitate materiae* vel ex defectu sufficientis deliberationis directe disponit ad mortale circa eandem materiam; peccatum autem veniale ex-genere indirecte saltem et removendo prohibens disponit ad mortale. Si ergo supponatur regula obligans sub veniali (agitur de observantia regularum ordinis religiosi), intentio frangendi illam est virtualis intentio se disponendi ad graviorem lapsum, non tantum remote, sed etiam proxime; quia licet unum vel aliud veniale sit tantum dispositio remota, tamen frequentia illorum et praesertim cum deliberatione negligendi illa, facile esse potest proxima dispositio ad mortale. Sed circa hanc partem advertere oportet, raro aut nunquam peccari mortaliter ob eiusmodi periculum, nisi in particulari materia et specie peccati mortalis illud periculum versetur et aliqua certa ratione et experimento constet, ex re-

misso modo vivendi in observatione *talis regulae* vel in vitandis *talibus* culpis levioribus sequi illud periculum; quia alias non est occasio proxima, sed remota, quae non sufficit ad specialem culpam mortalem ex illo titulo. Et ideo existimo, raro contingere, ut illa remissio animi in servandis regulis levioribus etiam directe voluntaria sit ex hoc solo titulo peccatum mortale; quia illa negligentia, per se loquendo, tantum est dispositio remota, nisi accedant aliquae peculiares circumstantiae, quae *in aliqua materia* consumment occasionem proximam. »

CAPUT III.

DE VITIIS CAPITALIBUS IN SPECIE

349. Accurata huius materiae notio a theologis potius, praesertim a s. Thoma, petenda est, quam a libellis asceticis, qui non raro in huiusmodi rebus pertractandis normam magis cuiusdam pii sensus, quam scientiae et rationis sequuntur. Pars illa Summae Angelici Doctoris, quae secunda appellatur, ubi humanorum actuum, passionum, virtutum omnium oppositorumque vitiorum rationes omnesque, prope dixerim, fibrae exquiruntur, is liber est, qui e sacerdotis, praesertim confessarii, manibus nunquam excidere deberet.

* Loquitur A. de vitiis seu peccatis capitalibus. Vitia capitalia ea sunt, ex quibus, ait s. Thomas 2. 2. q. 118. a. 7., alia vitia oriuntur secundum rationem finis, quatenus cum finis sit multum appetibilis, propter eius appetitum homo procedit ad multa facienda vel bona vel mala. « Non autem requiritur, ait idem 2. 2. q. 132. a. 4. ad 3., quod vitium capitale semper sit peccatum mortale; quia etiam ex veniali potest mortale oriri, in quantum scilicet veniale disponit ad mortale ». *

Dub. I.

Quid sit superbia et quale peccatum.

L. Resp. 1. Superbia est appetitus inordinatus propriae excellentiae: est mortalis in genere suo, si sit consummata et perfecta, id est si quis ita excellere appetat, ut Deo, superioribus eorumque legibus subiici nolit. Imperfecta tamen, qua quis subiici non renuens iis, quibus debet, in suo tantum affectu sese magnificat: est tantum veniale, ut docet Caiet. etc. V. *Superbia;* quia sine Dei et aliorum despectu, plus iusto se efferre, non est gravis inordinatio: esset tamen gravis, si fieret cum notabili aliorum contemptu, complacendo in aliorum abiectione.

350.* Solet vulgo confundi superbia cum ambitione aut vana gloria, ut, ubicumque cupido aliqua inordinata honoris vel laudis appareat, ibi superbiae crimen notetur: unde et non leves conscientiae perturbationes oriri possunt apud eos, qui sciunt superbiam ex genere suo esse peccatum mortale.

Quid vero sit superbia, ex discursu s. Thomae 2. 2. q. 162. facile intelligitur. Probat is primo a. 1. superbiam esse peccatum. Nam « superbia nominatur ex hoc, quod aliquis per voluntatem tendat supra id quod est... Habet autem hoc recta ratio, ut voluntas uniuscuiusque feratur in id, quod est proportionatum sibi et ideo manifestum est, quod superbia importat aliquid, quod adversatur rectae rationi: hoc autem facit rationem peccati ». Probat deinde a. 2. superbiam esse tum speciale peccatum tum etiam generale peccatum. Est speciale peccatum; quia habet speciale obiectum, a quo speciem accipit, quod est excellentia propria, seu, ut ait Caiet., celsitudo propriae personae, quae celsitudo inordinate appetitur et amatur. Est vero vel esse potest *per redundantiam* generale peccatum, eo quod omnia alia ex ea profluere possunt, quatenus ex inordinato amore propriae excellentiae potest homo moveri ad quaelibet peccata. Monet tamen s. Doctor quod quamvis ex superbia omnia vitia oriri possint, non tamen ex ea semper omnia vitia oriuntur: « Quamvis enim omnia praecepta legis possit quis transgredi qualicumque peccato *ex contemptu, qui pertinet ad superbiam,* non tamen semper ex contemptu aliquis praecepta divina transgreditur, sed quandoque ex ignorantia, quandoque ex infirmitate ».

Probat tertio superbiam esse peccatum mortale a. 5.: Quia superbia sita est in defectu subiectionis ad Deum, secundum quod aliquis se extollit supra id quod est sibi praefixum secundum divinam regulam vel mensuram. Porro manifestum est, quod hoc ipsum, quod est non subiici Deo, habet rationem peccati mortalis; hoc enim est averti a Deo. Probat tandem a. 6. quod superbia est gravissimum peccatorum, ratione habita eius, quod est formale in peccato, h. e. aversionis a Deo; « quia in aliis peccatis homo avertitur a Deo vel propter ignorantiam vel propter infirmitatem sive propter desiderium cuiuscumque alterius boni. Sed superbia habet aversionem a Deo ex hoc ipso quod non vult Deo et eius regulae subiici... Et ideo averti a Deo et eius praeceptis, quod est quasi consequens in aliis peccatis, per se ad superbiam pertinet, *cuius actus est Dei contemptus.* Et quia id, quod est per se, potius est illo, quod est per aliud; consequens est quod superbia sit gravissimum peccatorum secundum suum genus ».

351. Bis in locis citatis meminit s. Doctor *contemptus,* quem *contemptum Dei* vocat atque affirmat hunc esse *actum superbiae.* Si ergo habitum vel vitium ex suo actu cognoscimus, tunc dicemus haberi superbiam, cum quis propter amorem celsitudinis suae personae contemnit Deum vel Dei praecepta. Sub quo contemptu Dei continetur contemptus quoque eorum, qui loco Dei nobis sunt.

Quando contemptus hic desit, etsi sit quidam inordinatus amor suae excellentiae, superbia proprie non habetur, nisi imperfecta, ut ait A., sive analogica et res eo redit, ut sit quaedam ambitio aut vana gloria.

352. Solet identidem superbia enumerari inter vitia capitalia, quae sunt specialia vitiorum principia: s. Thomas vero 2. 2. q. 132. a. 4. probat magis sententiam s. Gregorii, qui superbiam ponit reginam omnium vitiorum atque inanem gloriam, quae immediate ab ipsa oritur (vel oriri potest) ponit vitium capitale. Quae doctrina cum eo congruit, quod iam audivimus a s. Thoma, superbiam nempe esse generale peccatum. *

LI. Respond. 2. Filiae superbiae sunt tres. 1. Est praesumptio, quae est appetitus aggrediendi aliquid supra vires. Est communiter veniale tantum; fit tamen mortale, si damnum Deo aut proximo afferat, verbi gratia, si praesumas iurisdictionem. ecclesiasticam, potestatem Ordinis sacri, item officium Medici, Advocati, Confessarii etc. sine debita peritia. Less. lib. 3. cap. 2. d. 3. et infra de Praecc. particc. cap. 3. dub. 9.

2. Est ambitio, quae est inordinatus appetitus dignitatis et honoris non debiti vel debito maioris: ut si ambias beneficium vel officium, quo es indignus; vel illicito modo et medio v. gr. per simoniam. Est per se peccatum veniale: fit autem mortale, vel ratione materiae, ex qua vel ratione medii, per quod honor quaeritur vel ratione damni, quod proximo infertur. Denique, si moderate honor appetatur ob honestum finem, erit actus magnanimitatis, ut docet Laym.

3. Est vana gloria, scilicet cupiditas inanis gloriae, cuius finis est manifestatio inordinata propriae excellentiae, sive verae sive fictae. Dicitur vana, quando quaeritur ex re mala, falsa aut ficta aut quae non est digna gloria vel non tanta, ut ex opibus, nugis etc. aut apud eos, qui non bene de re iudicant aut sine debito fine. Est peccatum per se veniale, mortale saepe per accidens, ut dictum est de ambitione. Imo, ut contra Angelum recte docent Sylv. Navar. c. 17. etc., est tantum veniale, res etiam sacras principaliter facere ob gloriam vanam, v. gr. concionari.

Porro per vanam gloriam dupliciter peccatur, iuxta S. Thom. 1. 2. q. 132. a. 5. 1. Directe idque vel *per verba* estque iactantia, quae est venialis per se, si sit de rebus bonis v. gr. ieiunio, oratione etc.: etsi per accidens saepe ratione damni, si sit falsa, fiat mortalis, uti etiam 1. si quid dicat contra gloriam Dei, ut Ezech. XXVIII. 2. *Deus ego sum:* 2. si prorumpat in contumelias v. gr., *Non sum, sicut ceteri hominum, adulteri etc. ut hic:* 3. ex fine malo: 4. si cum notabili damno proximi fiat: 5. si de re mortaliter mala; quia approbatio operis eandem cum illo speciem habet, quae proinde in confessione debet exprimi, saltem quando cum iactantia de peccato coniuncta fuit complacentia eiusdem. Quod addo, quia, si absque ea fuit, Navarr. Palaus et Diana t. 2. tract. 4. r. 116. docent contra Sanchez, Lopez, Rodriq. etc. non necessario explicari. Vide Card. Lugo d. 16. n. 267. Vel *per facta,* quae si vera sunt et aliquid admirationis habent, dicitur inventio novitatum; haec enim solet vulgus admirari, ut peregrinas vestes, opiniones, etc. mortale, si notabiliter corrumpat iuventutem vel mores. Si vero facta falsa sint, est Hypocrisis, v. gr. si quis boni aliquid faciat, ut videatur bonus, etsi non sit: quae ex se venialis est, nisi sit cum iniuria vel contemptu Dei et proximi.

II. Indirecte, in quantum quis altero non vult esse minor. Quod fit quadrupliciter,

1. per intellectum et. est pertinacia, qua quis nimis tenaciter adhaeret suae sententiae: quae est mortalis, si oppugnetur veritas magni momenti vel si sit coniuncta cum
periculo tertii, v. gr. si medicus cum periculo aegroti maneat in sententia: 2. per
voluntatem et est discordia, qua peccatur mortaliter, quando est circa bonum Dei
vel proximi, in quo deberent esse concordes: 3. per verba et est contentio, quae est
mortalis, quando animo contradicendi altercaris circa veritatem pertinentem ad fidem
vel salutem animae aut corporis: 4. per facta, dum quis non vult exsequi, quod
debet et est inobedientia. V. Bald.

353.* « Illa vitia, quae de se nata sunt ordinari in finem alicuius vitii
capitalis, dicuntur filiae eius », ait s. Thomas 2. 2. q. 132. a. 5. Ne ergo
putes oportere prius esse in homine vitium capitale, ut eius filiae exsistant; sunt enim filiae non secundum rationem causae efficientis, sed
secundum rationem causae finalis. Iam monuimus s. Thomam non superbiam sed inanem gloriam h. e. appetitum inanis gloriae velle esse vitium
capitale, cuius, cum s. Gregorio, plures l. c. filias ponit, nempe inobedientiam, iactantiam, hypocrisin, contentionem, pertinaciam, discordiam
et novitatum praesumptionem. Sed nobis non est integrum in his immorari:
cf. s. Thomam in 2. 2. ubi de singulis vitiis agit.

354. Doctrina A. clara est: de praesumptione vero, quatenus contra
spem est, dicendum erit, ubi de spe. Quod praesumptio (praecisione
facta ab ea, quae spei opponitur), ambitio, vana gloria, sint ex se peccata
venialia, ex eo patet, quod cum iis stare potest ordinatio debita hominis
in finem. Id disserte Thomas 2. 2. q. 132. a. 3. affirmat de vana gloria;
de aliis duobus vitiis q. 130. a. 1. et q. 131. a. 1. contentus est dicere quod
sint peccata. Quando vero docere vult aliquid esse peccatum mortale, de
hac re expresse quaestionem instituit et determinat, ut patet conferenti
eius qq. de vitiis. *

LII. Resp. 3. His tribus superbiae filiabus respondet pusillanimitas, qua quis nimium sibi diffidens detrectat honores, gloriam vel officium, quo dignus est. Veniale
est ex genere suo et fit mortale, si detrectes, ad quod teneris sub mortali. V. Less.
l. 3. c. 2. Laym. l. 3. s. 5.

355.* Secundum s. Thomam tria illa vitia, *praesumptio, ambitio, vana
gloria* opponuntur magnanimitati per excessum: cf. qq. citt. *Pusillanimitas* opponitur magnanimitati, per defectum: q. 133. a. 2. Magnanimitas
enim est virtus, qua homo in qualibet virtutum genere tendit ad ea, quae
magna sunt dignaque magno honore, sibi tamen proportionata, tendit
autem non ex inordinato amore suae excellentiae, sed ex ordinato amore
boni convenientis sibi: cf. q. 129. Porro praesumptio tendit in id quod
est supra suam facultatem: ambitio et inanis gloria honorem et gloriam
quaerunt: sed supraddunt inordinationem, sunt enim appetitus inordinatus
honoris aut gloriae. Pusillanimitas e contrario vitium est, quo homo
recusat in id tendere quod est suae potentiae proportionatum et se re-

trahit a magnis aggrediendis, quibus est dignus seu capax et ad quae ordinatur a ratione vel lege. Opponens autem s. Doctor tria priora vitia magnanimitati, non negat filias esse superbiae et sane id aperte docet de praesumptione q. 134. a. 2. ad 4. de inani gloria q. 132. a. 4. atque eadem ratio est de ambitione. Satis est enim, quod in finem superbiae quodammodo tendant, ut filiae eius dicantur. *

Ex dictis resolvuntur sequentes Casus.

LIII. 1. Audiens laudem alterius vel suam de re mortaliter mala, peccat mortaliter, si approbet, suspiciat, admiretur ut laude dignam. Sanch. Bald. d. 29. n. 3.

356.* Peccatum est mortale ratione màteriae, ut dictum est in Resp. 2. n. 3. *

LIV. 2. Vituperans alium ob vindictam non sumptam aliudve grave malum vel peccatum omissum, v. gr., fornicationem, peccat mortaliter; quia est species iactantiae et est cum approbatione peccati et occasio committendi. ibid.

357.* Reapse peccatum mortale est; quia est approbatio peccati gravis et scandalum grave. Iactantia vero circa actus proprios versatur. cf. 2. 2. q. 112.

Adverte heic quod ait A. in Resp. 2. n. 3. de iactantia in re mortaliter mala; quod si sit absque complacentia peccati, de qua quis se iactat, opus est quidem confiteri iactantiam de re mortaliter mala; at non opus est dicere in qua specie peccati se iactaverit. Quia, praecisione facta a complacentia peccati, quaelibet iactantia de re mortali est eiusdem speciei, quod quis scilicet glorietur in eo, quod Deum offenderit. *

LV. 3. Inducens in civitatem novos habitus et praevidens, quod suo exemplo moralem necessitatem imponet aliis, ut sumptus faciant supra vires et postea non possint alere, quos debent vel creditoribus non satisfacere, peccat graviter. Baldel. l. c.

358.* Haec revocat A. ad novitatum praesumptionem, de qua in Resp. 2. sub vana gloria. Sed ratio peccati, quae heic notatur, est vi damni aliis illati. *

LVI. 4. Exornare se nimium ex animi levitate vel vanitate, per se tantum est veniale. ibid.

359. Nulla difficultas.

LVII. 5. Simulare sanctitatem cum voluntate non habendi, mortale esse dicit Bald. l. c.

360.* Haec est doctrina s. Thomae 2. 2. q. 111. a. 4. Primum ait: « Intentio hypocritae est ad hoc, ut videatur bonus: sed hoc non opponitur caritati ». Deinde ait: « In hypocrisi duo sunt, scilicet defectus sanctitatis et simulatio ipsius. Si ergo hypocrita dicatur ille, cuius intentio feratur ad utrumque, ut scilicet aliquis non curet sanctitatem habere, sed solum sanctus apparere, sic manifestum est quod est peccatum mortale. Nullus enim totaliter privatur sanctitate nisi per peccatum mortale». Ubi vides *sanctitatis* nomine venire non eximiam quandam perfectionem, ut vulgo solet, sed statum gratiae et ita intelligenda resolutio A. *

LVIII. 6. Simulare improbitatem est peccatum; quia est mendacium et quidem scandalosum potestque esse mortale. Neque id fecerunt sancti, nisi faciendo id, quod ex se est indifferens et permittendo ab aliis accipi, ut signum improbitatis; cum tamen nec ex natura sua' nec eorum intentione esset tale.

361. Clara res est.

· Dub. II.

De Avaritia.

LIX. Resp. 1. Est inordinatus appetitus temporalium.

Unde ex hoc et regula supra tradita de peccato mortali, resolves sequentes Casus.

1. Est ipsa ex genere suo venialis.

2. Cum vero eo excrescit, ut eius causa divinas leges praevaricari non dubites fit mortalis.

3. Prodigalitas, quae opponitur avaritiae et consistit in defectu conservandi et excessu erogandi, est ex genere suo venialis, levior, quam avaritia; quia minus abit a virtute liberalitatis. Interim mortalis fit, si liberis et uxori pauperiem crees: si impotentem te reddas ad solvenda debita: si profundas bona Ecclesiastica, piis causis obnoxia. Vide Less. l. c. c. 47. d. 8.

362.* Avaritia versatur circa bona exteriora, quatenus utilia sunt et sub nomine pecuniae veniunt. Oportet sane in his· appetendis modum rationis sequi et idcirco si quis mensuram excedat, peccat peccato avaritiae, quae est immoderatus appetitus habendi: cf. s. Thom. q. 118. a. 1. et 2. Si avaritia opponitur iustitiae, est ex genere suo peccatum mortale, quemadmodum iniustitia. Si vero avaritia liberalitati tantum adversatur, habetur simpliciter inordinatus amor habendi. Iam vero vel est tantus hic amor divitiarum ut earum possessio praeferatur caritati Dei vel proximi et sic erit peccatum mortale: si autem tanta non sit inordinatio huius amoris, peccatum erit veniale. Ibid. a. 4. *

LX. Resp. 2. Filiae Avaritiae sunt sequentes.

1. Obduratio cordis (contra misericordiam) egenis et pauperibus non compatiendo eos obiurgando, debita dure nimis exigendo, quando creditor non est solvendo etc. Hac aliquando peccari potest mortaliter, quando praeceptum eleemosynae vel· caritatis urget et tamen ex tali duritia non subvenitur. Navar. c. 27. Tol. l. 8. c. 26· Vide dicenda de caritate proximi.

2. Inquietudo cordis, hoc est vehemens et inordinata applicatio mentis ad acqui-rendas vel conservandas divitias, cum inani et vano timore, ne non acquirantur vel perdantur. Est mortalis, quando retrahit a spiritualibus vel aliis, ad quae ex praecepto gravi obligamur (v. gr. auditione Missae) vel inducit superfluum timorem et ex hoc diffidentiam erga Deum. Venialis est, si sit de re bona, sed tempore vel loco inde-bito, v. gr. de familia, messe, vindemia, quando quis est in templo vel vacandum est Deo. S. Thom. 2. 2. q. 55. a. 6. Regin. l. 23. c. 2. q. 3. Escob.

3. Violentia. Mortalis est, quando est iniusta et circa materiam gravem.

4. Fallacia sive dolus in verbis. Potest esse mortalis, ratione finis vel mediorum.

5. Fraus sive dolus in facto. Est mortalis ex genere suo contingitque multi-pliciter in contractibus, tam ratione materiae (v. gr. si ea vitium habeat vel non sit, qualis existimatur) quam ratione pretii. Navar. c. 23. Tol. l. 8. c. 47. Escob.

6. Proditio, quae est deceptio contra fidem datam aut debitam, in damnum alicuius. Mortalis est ex genere suo. Contingit fere tripliciter, 1. circa personas, quo modo Judas Christum, Dalila Sampsonem prodidit: 2. circa res, vel immobiles (ut si miles manifestet hosti modum capiendi arcem) vel mobiles, ut si pecuniam, vestem etc. cuiuspiam absconditam praedoni ostendas: 3. circa secretum, vel sibi commissum revelando (quod est contra fidelitatem et iustitiam, siquidem promissum fuit; quia est pactum onerosum, ut docet Car. de Lug. disp. 14. n. 139. et quidem mor-tale, si praevidere possis inde secuturum notabile aliorum damnum vel discordiam; alias veniale) vel alienas literas aperiendo et legendo. Quod postremum si fiat ideo ut scias secreta alterius, est curiositas et si sit in re gravi, per se est mortale: quod quia communiter ante apertionem nescitur, communiter esse mortale, docent Tol. l. 7. c. 45. Bald. l. 3. d. 11. Nav. c. pen. d. 6. de poen. Mol. Laym. l. 3. t. 3. p. 1. c. 4. (qui addit, eum, qui dolose alienas literas aperit et legit cum alterius iniuria vel damno, crimen falsitatis committere). Dixi, per se esse mortale, quia per accidens potest esse veniale vel nullum, si legitima auctoritate, iusta ex causa fiat.

363.* Nihil addendum, nisi quod huiusmodi vitia ex aliis quoque causis finalibus, praeter amorem inordinatum divitiarum, determinari possunt.

Sequuntur Resolutiones, quas A. ponit in speciali materia de secreto violato: qua de re nos loquemur sub 8. praecepto. *

Unde resolvuntur hi Casus.

LXI. 1. Literas alienas aperire et legere, saepe non est peccatum, si probabiliter scias, scriptas esse in tuum iniustum damnum vel in iniuriam tuam cedere, quam intendas avertere; quia potes tibi consulere. Sic Princeps potest aperire literas non tantum hostium, sed etiam aliorum, quae tempore belli ex locis finitimis hostium veniunt. Item ministri publici, quoties bono publico necessarium esse iudicant. Nav. c. 18. Regin. l. 24. n. 60. Escob. Card. de Lug. d. 14. n. 148.

2. Communiter etiam peccatum non est, si consensus expressus habeatur eius, a quo vel ad quem mittuntur (neque lex specialis vetet, C. de Lugo l. c.) vel ta-citus saltem: ut si facias sub ratihabitione, confidens rationabiliter, habitum iri ratum. Ita Escob. ex Nav. Regin. etc. l. c.

3. Superior Religiosus literas suorum subditorum (dummodo non mittantur ad

superiorem maiorem vel talem, quem statuta eximant nec ab eo veniant) licite aperit et legit, sive ex Religionis statuto aut consuetudine sive ex suspicione probabili, quod mali aliquid contineant. Vide Peyrin. *de Relig.* t. 1. q. 2. c. 1. Dian. p. 3. t. 6. r. 55.

LXII. 4. Nec est peccatum, si necesse sit vel expediat ad iniuriam alteri imminentem avertendam: dummodo non plus legatur, quam ad eum finem necesse est. C. de Lugo l. c.

5. Qui aperit et legit, existimans non contineri res magni momenti, venialiter tantum peccat. Card. de Lugo l. c.

LXIII. 6. Si literas ab alio dilaceratas et in publicum a domino abiectas recolligas et iunctis partibus legas, ex sola curiositate, peccatum veniale est: nullum autem (per se) si, ut ex illa notitia tibi provideas; quia quod pro derelicto habetur, in usum suum convertere licet. Bald. ex S. Anton. et Ros. Sylv. v. *Emptio,* q. 7. Laym. l. 3. s. 5. t. 3. p. 1. c.4. n. 4. Dia. t. 2. tr. 6. r. 55. Recte tamen notat Laym. l. c. talem ex caritate teneri non manifestare secretum iis contentum, si damnum inde cuiuspiam provenire possit: imo (addit) revelans eiusmodi secretum (cuius notitiam etiam iuste acquisivit) contra iustitiam peccabit, si intelligat, audientes ea notitia usuros ad damnum iniuste inferendum. Vide Laym l. c.

Dixi 1. *a domino proiectas;* quia si vel ab alio proiectae (domino inscio) vel ab ipsomet casu perditae fuerint, non licet legere.

Dixi 2. *in locum publicum;* quia si in ignem vel fornacem v. gr. proiectae sint, ut comburantur, peccas, si extrahas et legas. Vide Card. de Lugo d. 15. n. 130.

Dixi 3. *per se;* quia fieri potest, ut ea contineantur, quorum lectio sit perniciosa.

LXIV. 7. Qui furtive scripta alterius secreta, ipso invito, legit, peccat. Et 1. quidem peccato curiositatis; etsi faciat animo discendi et sine suspicione damni: 2. iniustitiae; quia quisque habet ius secreti in suis scriptis, quae aliis non vult esse communia. Navar. c. 15. Mol. t. 5. d. 36. n. 2. Reg. l. 24. c. 6. n. 119. Potestque aliquando esse mortale, si nimirum fiat cum notabili damno vel alter valde cupiat esse secreta gravissimeque sit laturus. Bald. d. 11. Vide etiam Card. de Lugo l. c.

LXV. 8. Quicunque secretum violat absque iusta causa cum alterius damno, vel qui literas alterius iniuste aperit, ex quo damnum alteri sequitur, tenetur ad restitutionem. Bonac. d. 2. *de Rest.* q. 1. p. 1. Trull. l. 7. c. 10. d. 32.

Dub. III.

Quid sit luxuria.

LXVI. Resp. Est appetitus inordinatus venereorum, quorum usus cum ex natura sua institutus sit ad conservationem generis humani, quod est magnum bonum hominum et externum Dei, proinde qui abutitur, laedit Deum et homines. Est mortalis ex genere suo. Vide infra l. 3. t. 4. c. 2. et l. 5. c. 1. d. 2.

LXVII. Resp. 2. Filiae Luxuriae, quae eam plerumque sequuntur, sunt octo: quatuor ex parte intellectus et quatuor ex parte voluntatis.

1. Caecitas mentis: cum quis adeo est addictus turpitudini, ut de caelestibus non cogitet.

2. Praecipitatio, qua quis ex eadem causa sine consilio operatur.

3. Inconsideratio: quando in modo delinquit, inconsiderate agens, quae statum vel personam dedecent.

4. Inconstantia: quando quis ex eodem affectu voluptatum a piis propositis mox deficit.

5. Amor sui; talis enim homo ob voluptates se ipsum finem suarum actionum facit, non Deum.

6. Odium Dei; lascivus enim solet a rebus divinis abhorrere, imo ab ipso Deo, tanquam peccatorum vindice.

7. Affectus praesentis seculi; amor enim voluptatum carnalium ita animum afficit, ut subinde etiam beatitudini aeternae paratus esset renuntiare, si praesentibus frui semper permitteretur.

8. Horror futuri seculi: quando voluptatibus immersus mortem inordinate timet et de ea nolens cogitare, vitam illicitis mediis propagare studet etc.

Priores quatuor sunt mortales, quando finis ultimus in creatura ponitur vel praeceptum aliquod Dei graviter obligans praetermittitur. Posteriores quatuor, si plenus sit voluntatis consensus, per se sunt mortales: ex indeliberatione vel alia actuum imperfectione, saepe veniales. Vide Escob. et Bald. ll. cc.

364. Nos de hac materia in 6. praecepto agemus. Quae de filiabus dicta sunt, amplificatione non egent.

Dub. IV.

Quid şit invidia.

LXVIII. Resp. Est tristitia de alterius bono, prout illud est diminutivum propriae excellentiae, ita ut haec directe sit contra caritatem; haec enim gaudet de bono proximi, quod invidia destructum optat vel non destructum dolet. * De hoc peccato cum disputas, animadverte Proposs. 13. 14. 15. inter damn. ab Innoc. XI. *

Est ex genere suo mortalis et gravissima quidem atque in Spiritum sanctum, si sit de ipsa gratia vel auxilio Dei.

365. S. Thom. 2. 2. q. 36. art. 2. in fin.: « Quarto modo aliquis tristatur de bonis alicuius, in quantum alter excedit ipsum in bonis et hoc proprie est invidia. Et istud semper est pravum... ; quia dolet de eo, de quo est gaudendum scil. de bono proximi ». Et idcirco invidus videt in bono alterius imminutionem propriae excellentiae ob alterius bonum. Ita s. Thom. l. c. art. 1.: « Alio modo bonum alterius aestimatur ut malum proprium, in quantum est diminutivum propriae gloriae vel excellentiae. Et hoc modo de bono alterius tristatur invidia. Et ideo praecipue de illis bonis homines invident, in quibus est gloria et in quibus homines amant honorari et in opinione esse ».

Cum ista autem imminutio propriae gloriae non solcat esse ob gloriam eorum, qui longe excellunt, hinc invidia solet impetere aequales aut paulo superiores. Ita s. Thom. l. c. art. 1. ad 2.: « Quia invidia est de gloria alterius, inquantum diminuit gloriam, *quam quis appetit;* consequens est, ut ad illos tantum invidia habeatur, quibus homo vult se aequare vel praeferre in gloria. Hoc autem non est respectu multum a se distantium. Nullus enim nisi insanus studet se aequare vel praeferre in gloria iis, qui sunt multo eo maiores, puta plebeius homo regi vel etiam rex plebeio, quem multum excedit. Et ideo iis, qui multum distant vel loco vel tempore vel statu, homo non invidet, sed his qui sunt propinqui, quibus se nititur aequare vel praeferre. Nam cum illi excedunt in gloria, accidit hoc contra nostram utilitatem et inde causatur tristitia ».

* Differt ergo invidia ab odio: odium vult malum proximi et de eius bono tristatur absolute, invidia tristatur de bono proximi respectu invidentis h. e. quatenus est diminutivum boni invidentis.

366. Cum autem invidia ratione sui motus contraria sit caritati: bonum enim proximi, quod caritas vult et de quo caritas gaudet, invidia non vult et de eo tristatur; patet quod ex genere suo sit mortale peccatum. Sed frequenter vel propter imperfectionem actus, vel levitatem boni, de quo tristaris, erit peccatum veniale. s. Thom. ibid. a. 3.

Porro cum ex tristitia de bono proximi plura nata sint oriri vitia, quae Thomas enumerat a. 3. caque sunt quae recenset heic A., patet cur dicatur vitium capitale. *

367. Quod Postillator monet de cavendis propp. 13. 14. 15. damnatis ab Innoc. XI., nos iam vidimus eas propositiones damnari, quia vel desideratur malum proximi, vel de ipso quis delectatur irrationabiliter, propterea quod est contra ordinem caritatis. De qua re uberius ubi de Praec. Caritatis et superius tetigimus nn. 129-131.

LXIX. Resp. 2. Filiae similiter ex genere suo mortales sunt ac numerantur hae. 1. Odium, de quo supra: 2. Detractio, de qua in praec. 8.: 3. Gaudium in malis proximi: 4. Susurratio, quae est oblocutio mala de proximo, ad tollendam amicitiam ipsius cum aliis: quam proinde susurro res'ituere tenetur et iterum reconciliare, non secus ac detractor famam. Vide in praec. 8.

368. Quod spectat ad susurrationem, quaerit s. Alph. heic an, citra infamationem, possit quis dissolvere amicitiam alicuius, narrando amico defectus alterius naturales aut similes, ut in amicitia eius locum obtineat. Atque habet ut probabiliorem sententiam dicentium id non licere et esse iniustam manifestationem defectuum. Sed cf. dicenda de detractione sub 8. praecepto.

Resolutiones.

LXX. 1. Si tristitia sit de bono alterius, in quantum ex eo tibi vel aliis times nocumentum, v. gr. inimicus tuus est evectus ad officium, ut tibi facilius possit nocere, non est invidia, sed timor, qui per se non est peccatum, nisi sit inordinatus. Laym. l. 2. tr. 3. c. 10.

369. * Est doctrina s. Thomae q. cit. a. 1.*

LXXI. 2. Si tristitia sit ex eo, quod nobis desit bonum, quod alter habet, ita tamen, ut illud alteri non discupiamus, non est invidia, sed aemulatio seu zelus, qui si est circa bonum honestum, est laudabilis; si autem circa temporalia, interdum est venialis, ut si bonum dolenti sit improportionatum, quale esset, si rusticus doleret, se non esse regem. Laym l. 2. tr. 3. c. 10. n. 2.

370. * Cum bonum est dolenti h. e. invido improportionatum, ait A. tristitiam esse venialem: verisimiliter, quia tunc est affectus quidam vanus et inordinatus, non tamen destruens caritatem. *

LXXII. 3. Si tristitia est ex bono alterius, in quantum ille est indignus, non est invidia, sed indignatio; quae non est peccatum: erit tamen et quidem mortale, si vel Dei providentiam arguat (estque blasphemia) vel si ita afficiat, ut ducat homines ad malum imitandum. Caiet. Laym. l. c.

371. * Indignatio est, qua bona indignis obvenire tristamur. Si agitur de bonis temporalibus, « vitiosa est, ait Laymann l. c., si considerentur ea bona, vel prout absolute proximi sunt, quem ex caritate amare debemus et de cuius bonis potius gaudere debemus, vel quatenus ex ordinatissima Dei dispositione, ob certum finem etiam indignis proveniunt. Siquidem voluntas nostra voluntati divinae in volito formali nunquam repugnare debet ». Quae ratio est, cur vitiosa sit indignatio, si tristemur quod impiis bona quaedam supernaturalia, ut divina auxilia, gratia conversionis, contingant. *

LXXIII. 4. Si doleas, quod alter tibi aequalis vel non multum inaequalis in excellentia crescat, ita ut te fiat superior et ipsum incrementum excellentiae apprehendas, ut tibi malum, est proprie dicta invidia; invidus enim dicitur, quod non sit videns, quia bona alterius sine tristitia videre non potest. Bald. d. 29. l. 3. Et sic peccare solent 1. Ambitiosi et qui ex re aliqua quaerunt gloriam, quam, cum in eo ponant, ut in illa re sint soli ac singulares, dolent et tristantur, si alii accedant: 2. Pusillanimes, quibus cum omnia videantur magna, quovis bono alterius putant minui suum: sic mulieres v. gr. facile apprehendunt ac dolent, se superari bono alterius, v. gr. formositate : 3. Senes respectu iuvenum et quicumque aliquid difficulter obtinuerunt, quod alii facile consequuntur. Bald. l. c.

372. Clara est.

LXXIV. 7. Qui in adversis suis vel ob aliorum prosperitatem, optat se non fuisse natum vel se brutum animal factum fuisse vel diem esse maledictum, quo natus est vel alterum primo vidit aut coniugem accepit, si tantum intendat maledicere irrationali creaturae, verbi gratia diei (sive sit nativitatis sive coniugii), qui tot mala culpae vel poenae protulit, videtur esse tantum veniale (aliquando etiam nullum, ut Jobi) : si autem deliberate intendat optare malum homini, sive sibi sive alteri illo die natis vel coniugatis, mortale est. Escob. et March. *Man.* c. 3.

373. * Concionatores identidem, ut divina beneficia exaggerent, illud quoque memorant, quod te non brutum fecerit sed hominem. At id ineptum est et absurdum. Si enim brutum fecisset, non te fecisset, sed aliud.

Beneficium in eo est, quod te, cum posset non creare, creaverit. Quocirca
et perinde est optare se non fuisse natum et se brutum vel stipitem
factum fuisse: formulae tantum differunt. Si quid est in hisce desideriis
mali, id est contra caritatem, qua nos diligere debemus, non habes malitiam invidiae: ideo de hac re, ubi de Caritate. Ad id, quod ait A. mortale esse, si quis maledicens diei, intendat optare malum grave vel sibi
vel aliis eo die natis, addi potest mortale esse quoque si divinam providentiam disponentem eventus eius diei arguere intendat. Nota non esse
de fide, quod Johus proferens verba III. 3. seqq., ne leviter quidem peccaverit; in suis enim sermonibus cum amicis subinde modum excessit.
Cf. XXXIX. 34. 35. XLII. 3. Jobum tamen III. 3. seqq. et mitissimus
Ieremias imitatus est XX. 14. seqq.

Porro si desiderium mali vel sibi vel alii aut irreverentia erga Deum
absint, habes in huiusmodi maledictione diei affectum hominis tristantis
de aliquo malo, qui affectus prorsus legitimus esse potest, qualis fuisse
censetur in Jobo.*

Dub. V.

Articulus I.

Quid sit gula.

LXXV. Resp. Ea est inordinatus appetitus cibi et potus opponiturque abstinentiae et committitur 5. modis 1. si edas ante tempus: 2. si nimis exquisita: 3. si plus
iusto: 4. si voraciter: 5. si nimis exquisite praeparata. Laym. l. 3. s. 4. n. 2.

Gula ex genere suo est peccatum tantum veniale, quia nullus horum modorum
repugnat praecise caritati Dei vel proximi. * Et hoc contra Proposit. 8. inter proscriptas ab Innoc. XI. *

374. Recole versiculum s. Thomae: «Praepropere, laute, nimis, ardenter,
studiose.» 2. 2. q. 148. a. 4. Idem ibid. a. 2. affirmat gulam esse peccatum
mortale, si delectationi gulae inhaeret homo ita ut Deum contemnat,
paratus scilicet agere contra Dei praecepta. Si vero quis solummodo nimis concupiscit delectationes ciborum, non tamen ita ut propter hoc faceret aliquid contra Dei legem, est peccatum veniale. Ita s. Thomas: ergo
gula est venialis ex genere suo. Nec contradicit propositio damnata.
«Comedere et bibere usque ad satietatem ob solam voluptatem non est
peccatum, modo non obsit valetudini; quia licite potest appetitus naturalis suis actibus frui». In qua propositione excluditur positive finis
ulterior, ut iam alias notavimus (ob *solam* voluptatem) et confirmatur
quidem eius damnatione quod peccatum sit: sed non dicitur quale sit
peccatum.

Resolutiones.

LXXVI. 1. Hinc probabile est, quod docent Nav. Tol. etc. et non repugnat Laym., secluso scandalo et aliis, veniale tantum esse, usque ad vomitum se cibo et potu implere: idque etiam, si quis vomat, uti iterato possit bibere: quod tamen *v. Comedere* Sà aliique multi putant mortale. Vide Bald. Escob. t. 2. e. 2. c. 5.

375. S. Alph. lib. 5. n. 73. ad h. l. ait: « Comedere vel bibere usque ad vomitum, probabile est esse tantum veniale ex genere suo, nisi adsit scandalum vel notabile nocumentum valetudinis, ut communius dicunt... Qui autem sponte evomunt, quod sumpserunt, ut iterum edant et bibant, *vix excusantur* a mortali; hoc enim *videtur* involvere magnam deformitatem. Ita *probabiliter* contra Busemb. Holzm. et Wigandt.

Ad quae adverte 1° quod dicitur in prima parte de *scandalo,* non posse intelligi de inductione mera ad idem peccatum; quia non potest esse peccatum grave inductio ad peccatum *per se* leve.

2° Quoad alteram partem: cum tot limitationes eam circumscribant scil. *vix excusatur, videtur* et affirmetur *mera probabilitas,* haec, non cogunt, ut ea opinione uti cum aliis debeamus. Et reipsa ibi non habes nisi aviditatem delectationis in cibis. Et si ex *genere suo* est *venialis;* profecto, nisi accedat alia species peccati, semper manebit venialis.

LXXVII. 2. Vix dubium est, licere esu aut potu aliterve creare vomitum, si is salubris esse iudicetur.

376. Res per se patet, quia habebit rationem medicinae.

LXXVIII. 3. Mortalis interim censetur crapula ex accidente et nimia inordinatione, in his casibus: 1. si quis gulae causa violet ieiunia Ecclesiae: 2. si quis ex gula notabiliter ineptus fiat ad functiones, ad quas sub mortali tenetur: 3. si quis valde graviter valetudini noceat, id advertens; secus si leviter tantum, ut v. gr. si febricitans haustu aquae morbum augeat: 4. si continuae fiant comessationes et compotationes, ita ut venter pro Deo habeatur: 5. si quis bibat ad perfectam ebrietatem, de qua infra: 6. si quis ex mera gula vescatur carnibus aut sanguine humano; tum quia id repugnat pietati defunctis debitae: tum quia est contra instinctum naturae abhorrentis. Excusandum autem erit, si fiat causa medicinae aliave iusta causa, v. gr. extremae famis in obsidione; in qua tamen sic vitam conservare non teneberis. Sanch. 1. *Mor.* c. 8. Less. Laym. l. 3. s. 4. Sà, Bon. Bald. l. 3. c. 29. Sic etiam excusant quidam lictores illos, qui, ut officium suum melius administrent, haustu sanguinis humani se animare dicuntur, praesertim cum sanguis, secundum multos, animatus non fuerit. Vide Auctores citatos.

377. In fine alludit A. ad opinionem, de qua Laymann lib. 3. sect. 4. n. 3. scribit: « Mirum autem non est, quod facilius licitum sit sanguine aut lacte humano vesci, quam carne; quia sanguis et lac humana anima informata nunquam fuerunt, adeoque humanam naturam non ita participant ».

378. Loquitur autem Laymann de potu humani sanguinis, quem prodesse caduco morbo laborantibus aiunt et lactis feminei, quem phtisicis prodesse Medici docent, ut ipse dicit.

Quod de lictoribus dicit A., nunc certe est ab usu civilium populorum longissime remotum.

LXXIX. 4. Ex genere quoque suo venialia sunt, quae filiae Gulae dicuntur; nimirum ex parte animae 1. Hebetudo mentis, seu stupiditas nata ex crapula, v. gr. ut non possit orare etc., quae fit mortalis, quando quis inordinate bibendo vel comedendo voluntarie, fit ineptus ad intelligenda vel praestanda ea, quae ad salutem illi sunt necessaria vel ad quae ex officio aut alias sub gravi peccato tenetur. Bald. d. 29. l. 3. n. 15.

2. Inepta laetitia, per quam intelligitur non quaevis inordinata, quae omne peccatum sequitur, sed quae movet ad cantiones obscenas, actus turpes, saltus vel choreas inhonestas etc. fitque mortalis, quando est inductiva alterius ad consensum vel delectationem mortalem vel ad eam ordinatur. ibid.

3. Multiloquium.

4. Scurrilitas, quae ab inepta laetitia et multiloquio differt, quod illa sit in appetitu, istud in verbis, haec in verbis et gestibus dicitque semper aliquam inhonestatem, licet per se et secluso scandalo, venialem, v. gr. scurrilia dicere vel canere, ventum emittere, etc. ex levitate ad risum excitandum: mortale tamen esset, si fieret causa delectationis venereae. Bald. l. c. Escob. t. 2. e. 2. c. 4.

Ex parte corporis immunditia, vomitus et seminis effusio. Quae ultima si voluntaria sit, mortale erit. Vid. Laym. l. 3. s. 4. Less. l. 3. c. 3. Bald. l. 3. c. 29.

379. Cf. s. Thom. q. cit. a. 6.

Artic. II.

Quid sit ebrietas.

LXXX. Resp. Malitia ebrietatis plenae et perfectae in eo consistit, quod quis sine iusta et gravi causa, tantum ob voluptatem aut ingluviem sciens volens privet se usu rationis; non simpliciter, id quod fit in somno, modo naturali instituto ab auctore naturae ad virium et imaginis Dei conservationem: sed violenter et modo innaturali, rationem perturbando et Dei imaginem deturpando, in modum amentis bruti ac simul insuper privando se proxima potestate utendi ratione, ad omnem subitam necessitatem. Ita docent commun. Doctores.

380. De malitia ebrietatis s. Thom. 2. 2. q. 150. art. 2.: « Ebrietas est peccatum mortale; quia secundum hoc homo volens et sciens privat se usu rationis, quo secundum rationem operatur et peccata declinat ».

Et 1. 2. q. 88. art. 5. ad 1.: « Quod enim homo *absque necessitate* reddat se impotentem ad utendum ratione, per quam homo in Deum ordinatur et multa peccata occurrentia vitat, *ex sola voluptate vini*, expresse contrariatur virtuti ».

Unde resolves.

LXXXI. 1. Perfecta ebrietas, qua praedicto modo ratio plane sopitur, est ex genere suo mortale; quia censetur Deo iniurium, eius imaginem sic deturpare. Est communis Doctorum.

381. Communi doctrinae, quod ebrietas ex suo genere sit *mortale,* obstare viderentur quae s. Thom. *de Mal.* q. 2. art. 8. ad 3. habet. Sibi enim obiicit: « Semel inebriari est peccatum veniale; dicitur autem quod multoties inebriari est peccatum mortale. Ergo ista circumstantia, *Quoties,* facit de veniali mortale ». Porro s. Thom. respondendo videtur concedere maiorem et negare minorem. Sic enim ait: « Ad 3^m dicendum, quod *multoties inebriari* non est circumstantia constituens speciem peccati. Et ideo sicut semel inebriari est peccatum veniale, ita et multoties per se loquendo: per accidens autem et dispositive multoties inebriari potest esse peccatum mortale, puta, si ex consuetudine in tantam complacentiam ebrietatis perduceretur, quod etiam divino praecepto contempto inebriari proponeret »: scil. ex prava dispositione, qua fit ut etiam actus ex obiecto indifferens fiat peccatum mortale.

Et *de Mal.* q. 7. art. 4. ad 1. ad eandem obiectionem, quod scil. ex s. Augustino ebrietas sit peccatum mortale, *si sit assidua,* respondet: « Similiter dicendum est de ebrietate; quia ebrietas, quantum in se est, avertit rationem a Deo in actu, ut scilicet ratio, ebrietate durante, non possit in Deum converti. Et quia homo non tenetur rationem suam semper in Deum convertere actu, propter hoc *ebrietas non semper est peccatum mortale.* Sed quando homo assidue inebriatur, videtur, quod non curet, quod ratio sua convertatur ad Deum et in tali statu ebrietas est peccatum mortale. Sic enim videtur, quod conversionem rationis ad Deum contemnat propter delectationem vini ».

Et hoc dissertius explicat s. Thom. 2. dist. 24. q. 3. art. 6., ubi declarans, quomodo « aliquis actus, qui ex genere suo venialis est, aliquomodo mortalis fiat..., si tantum placeat, ut finis in eo constituatur » subdit hoc exemplum: « Huiusmodi autem complacentiae expressissimum signum est, quando aliquis alicui rei etiam non prohibitae tantum adhaeret, ut consentiat, si etiam esset prohibitum, illud se non relicturum, ut praecipue patet in quibusdam ebriosis, qui totam vitam suam in vino posuerunt et in histrionibus, qui verba otiosa sectantur ». In quibus mortale peccatum repetit ex complacentia rei alioquin non graviter prohibitae, in qua tamen finis ultimus reponatur.

382. Verumtamen doctrinam eius aliter inflexam reperimus in Summa Theologica.

Hinc ad eandem obiectionem petitam ex verbis Augustini, in poste-

riori hoc opere respondet negando Maiorem. Ita 1. 2. q. 88. art. 1. ad 1.:
« De ebrietate vero dicendum est, quod *secundum suam rationem habet, quod sit peccatum mortale.* Quod enim homo *absque necessitate*
reddat se impotentem ad utendum ratione, per quam homo in Deum
ordinatur et multa peccata occurrentia vitat, ex (a) *sola voluptate vini,.*
expresse contrariatur virtuti. Sed quod sit peccatum veniale, contingit
propter ignorantiam quandam vel infirmitatem: puta cum homo nescit
virtutem vini aut propriam debilitatem, unde non putat se inebriari.
Tunc enim non imputatur ei ebrietas ad peccatum, sed solum superabun-
dantia potus. Sed quando frequenter inebriatur, non potest per hanc
ignorantiam excusari, quin videatur voluntas eius eligere magis pati ebrietatem, quam abstinere a vino superfluo. Unde *redit peccatum ad suam
naturam* ». Quae postrema verba rem definiunt, scil. ex ratione sua
ebrietatem esse mortale.

383. Hoc ipsum ex professo tradit 2. 2. q. 150. art. 2., ubi quaerit:
An ebrietas sit peccatum mortale. « Dicendum (inquit), quod culpa
ebrietatis, sicut dictum est, consistit in inordinato usu et concupiscentia
vini. Hoc autem (scil. usus inordinatus) contingit esse tripliciter. Uno
modo sic quod nesciat, potum esse immoderatum et inebriare potentem.
Et sic ebrietas potest esse sine peccato, ut dictum est (art. praec.). Alio
modo sic, quod aliquis percipiat, potum esse immoderatum, non tamen
aestimet potum inebriare potentem. Et sic ebrietas potest esse cum peccato veniali. Tertio modo potest esse, quod aliquis bene advertat, potum
esse immoderatum et inebriantem et tamen magis vult ebrietatem incurrere, quam a potu abstinere. Et talis proprie dicitur ebrius; quia
moralia recipiunt speciem, non ab eis, quae per accidens eveniunt praeter intentionem, sed ab eo, quod est per se intentum. Et sic *ebrietas est
peccatum mortale;* quia secundum hoc homo volens et sciens privat se
usu rationis, quo secundum virtutem operatur et peccata declinat. *Et
sic peccat mortaliter*, periculo peccandi se committens. Dicit enim Am-
brosius... Discimus vitandam ebrietatem, per quam vitia cavere non possumus. Nam quae sobrii cavemus, per ebrietatem ignorantes committimus. Unde ebrietas per se loquendo est peccatum mortale ». S. Thomas
ergo in doctrinam communem consentit; quamvis ea addita ratio, quod
periculo peccandi se committat, rursus in incertum rem coniiciat. Nam
aliquis posset reponere, se mere dormire, nullo malo patrato. Vide etiam
quae advertit Caietanus in eum locum s. Thomae.

(a) Sensus est quod causa sit *sola voluptas,* quam in vino experimur, non *voluptas solius vini.* Nam quod de vino dicitur, id de qualibet alia potione *alcoolica*
et inebriante dicendum est; cum ebrietas ex vino sit ceteris mitior. Et quantas nunc
strages edant huiusmodi potiones in ordine physico et morali, norunt omnes. E.

384. Notat vero heic s. Alphonsus lib. 5. n. 75., communem esse doctrinam, ad graviter peccandum requiri, ut ebrietas sit perfecta, nempe ut omnino privet usu rationis. Verum de hoc sermo erit ad Resol. 7.

LXXXII. 2. Non est peccatum inebriare se ex praescripto medicorum, si aliter sanitas recuperari non possit. Sylv. Caiet. Laym.

385. Dicit s. Alphonsus n. 76.: « auctores valde laborare in hac quaestione, licet videatur casus vix unquam accidere posse ».

Accidere posse casum audivi ab persona experta, licet non putem, de perfecta ebrietate actum esse. Quidquid sit, non video, ubinam sit labor ille DD. Nam pauci quidam, qui licere negant, scil. Collet, Petrocor. Holzmann, nullius sunt auctoritatis contra communem aliorum. Ipse s. Alphonsus fatetur, hanc doctrinam esse probabilem, imo probabiliorem. Ergo.

Huc faciunt verba allegata s. Thomae sup. n. 381.; nam s. Doctor tunc dicit peccari, quando quis inebriatur ex *sola vini voluptate et absque necessitate.*

Praeterea eodem loco 2. 2. q. 150. art. 2.: cum sibi obiecisset, non esse peccatum mortale quod fit ob *medicinam;* quosdam autem superflue bibere secundum consilium *medicinae,* ut postea per vomitum purgentur, respondet: « Ad tertium dicendum, quod, sicut dictum est, cibus et potus est moderandus, secundum quod competit corporis valetudini et ideo sicut quandoque contingit, ut cibus vel potus, qui est moderatus sano, sit superfluus infirmo: ita etiam potest e converso contingere, ut ille, qui est superfluus sano, sit moderatus infirmo. Et hoc modo cum aliquis multum comedit vel bibit secundum consilium medicinae ad vomitum provocandum, non est reputandus superfluus cibus vel potus ». Ita s. Thomas, qui subdit quidem non requiri ad vomitum, ut potus sit inebrians; quia ad id facit et potus aquae tepidae: quod tamen advertit Caietanus, forte non valere pro omnibus. At inutilis est eiusmodi controversia - de facto et satis est, si retineatur doctrina generalis, *licere ebrietatem secundum consilium medicinae.* Nam alioquin, ut Caietanus notat in h. l. « an autem ita sit de facto, quod medicina disponat, in aliquo casu necessariam esse ebrietatem, non est philosophi moralis nec theologi, sed scientiae medicinae opus ».

386. Addit s. Alphonsus n. 76: « Hinc, ut bene advertit La-Croix cum Tanner, Dicastill. Gobat., nunquam licitum est, se inebriare ad sensus sopiendos, ne cruciatus sentiatur ».

Croix lib. 5. n. 331. non hunc, sed alium casum proposuit ita: « Qui reum ad mortem damnatum et rite dispositum inebriaret, eo fine ut cruciatus et mortem non sentiret, peccaret graviter; quia hic non est finis potus neque est ratio sufficiens tollendi *rationem tum maxime neces-*

sariam ». Ubi vides agi de casu, quo usus rationis est maxime necessarius.

Ceterum ratio Croix, quod *hic non est finis potus,* debilis est. Nunquid enim finis potus erit provocare vomitum? Quisquis sit effectus alicuius rei, eius finis dicetur, si ideo (citra inordinationem) adhibeatur et si v. gr. libro s. Scripturae utor ad occidendum scorpionem, non ideo pecco, quia finis librì ss. Bibliorum non est occidere scorpiones.

Ergo quaestio eo redibit: licetne ad vitandum sensum magni cruciatus sopire ipsos sensus? Et haec quaestio referetur non solum ad ebrietatem ope vini, sed ad obtentam per tabacum, opium, aetherem aut aliud medium: nam in vino accederet sola voluptas bibendi, quam heic supponimus non quaeri nec per se est illicita. Porro si licite adhibetur vinum, ut ait s. Thomas, ad levandum dolorem stomachi, quia per vinum purgatur vomitu, non video, cur adhiberi non possit ad sopiendos sensus. Nam effectus directe intentus esset sensuum sopor, permissus rationis sopor et non usus.

LXXXIII. 3. Nec item est peccatum, si quis cogatur intento ense. V. Less. 1. 4. c. 3. d. 4. n. 37. Azor. Regin. Bald.

387. Hic casus ad disputandum facit, non ad praxim, uti patet. S. Alphonsus ad h. l. n. 76. putat probabilius esse, non licere et affert post Salmantic. tr. 25. cap. 2. n. 45. quaedam verba s. Augustini ex sermonibus 231. et 232. de tempore. Sed sunt spurii; nec sane in Africa erant reges ea aetate, qui cogere possent ad bibendum, ut supponit Auctor sermonum.

Utuntur argumento, quod ebrietas sit *intrinsece mala.* Mittamus eos, qui hac in causa ebrietatem comparant cum pollutione; quomodo enim concederent, licere gratia sanitatis? Atqui si permitti potest ratione sanitatis, intrinsece mala erit solum *si fiat sine iusta causa,* prouti dicere solemus quoad laesiones aliorum in vita, substantia, fama etc. Ergo abs re affertur ratio *malitiae intrinsecae,* nisi ostendatur, non licere in casu ob rationem servandae vitae permittere turbationem usus rationis, prouti licite permittitur ratione servandae sanitatis.

S. Alphonsus excusat ebrietatem causa sanitatis, quia potus vini tunc non dicitur immoderatus; ex s. Thoma autem in definitione ebrietatis formalis habetur, quod potus sit immoderatus. Verumtamen facile est reponere, ex eodem s. Thoma ad formalem ebrietatem requiri tum ut id fiat *sine necessitate,* tum ex *sola voluptate* vini: quod quidem et Azor lib. 7. cap. 33. q. 5. saepius inculcat, scil. quod « in hoc ebriorum culpa consistat, teste s. Thoma, quod scienter immoderatò potu utantur ad voluptatem ». Et rursus ibid: « Ebrietas exsistit ex immoderato potu ad voluptatem et contra rationem facit, qui immodice bibat ad voluptatem ». Cui definitioni hoc unum deest, ut addat, ita immoderatum esse, ut tollat *usum rationis:* secus non erit ebrietas. Porro duae illae conditiones in casu absunt, quia gravis urgeret necessitas (gravior, quam servandae sanitatis), nec ad potum impelleret voluptas, quae anteferatur suspensioni usus rationis: ergo. Et sententiae Auctoris suffragantur Lessius, Bonacina, Palaus, Laymann apud eund. s. Alph.

LXXXIV. 4. Mortale est alium inebriare vel provocare ad aequales haustus, cum intentione inebriandi aut advertentia secuturae ebrietatis in se aliove. Less. l. c.

388. Nota particulam: *cum intentione inebriandi;* nam si intentio foret remedium afferendi alicui morbo (ut egomet audivi aliquando factum fuisse), non esset ad rem resolutio. Praesens tamen resolutio limitationem habet in sequenti.

LXXXV. 5. Si iusta causa est, ut v. gr. si grande malum non possit aliter impediri, nisi auctor inebrietur, licet eum inducere ad ebrietatem, quae saltem ipsi non sit voluntaria, ut scilicet praeter intentionem ideoque inculpabiliter inebrietur, v. gr. vinum fortissimum aut medicatum propinando, cuius vi ignorata decipiatur. Unde sic posses inebriare eos, qui alioqui .essent prodituri urbem vel te abducturi. Less. l. c. et Sanch. l. 2. *de Matr.* d. 11. An vero hoc casu liceat inducere ad ebrietatem ipsi voluntariam, dubium est. Less. l. 4. c. 3. dub. 4. n. 33. affirmat; quia, inquit, licet suadere et inducere ad minus malum, ut impediatur maius. Laym. l. 3. s. 4. n. 6. rectius negat; quia nullo casu licet ·inducere ad peccatum.

389. Tres sententias de hoc argumento refert s. Alph. n. 77. Prima tenet (contra nostrum Auctorem quoad 2^m partem) licitum esse ad ebrietatem inducere volentem committere gravius malum, sive voluntaria sit et culpabilis ebrietas sive involuntaria et mere materialis. Secunda docet cum Auctore licere inducere ad involuntariam, non vero ad formalem. Tertia cum Collet negat id licere tum de materiali tum de formali.

S. Alphonsus, hisce relatis, subdit: « His non obstantibus, prima sententia satis probabilis videtur mihi et aliis viris doctis a me consultis, sive ebrietas sit materialis sive formalis, ob rationem iam allatam, quia licitum est inducere alium ad minus malum, ut impediatur a maiori, iuxta ea quae diximus lib. 2. n. 57. », ubi de scandalo.

Ergo doctrina Lessii, quam Auctor posthabere videtur, ex s. Alphonsi sententia, deduci in praxim posset.

LXXXVI. 6. Si quis non praevidit periculum ebrietatis et sic vino captus est aut in auram exiens vento turbatus est nec hoc praevidit, vacat culpa. Unde multi excusantur, qui prudenter saepe iudicant, adhuc se haustulum facere posse sine noxa; desinent tamen prudenter id iudicare, si contrariam de se experientiam habeant.

390. S. Alph. confirmat hanc doctrinam textu s. Thomae sup. n. 382. allato, quem vide.

Dein subdit, quod si quis sumat tantum vini, quantum ad ebrietatem sufficit, non ideo excusatur, quod antequam sensibus destituatur, se somno committat, quo vini effectum effugiat (scil. ne vigil appareat ebrius). Ratio, quia potio illa tollendo usui rationis apta est et per accidens est, quod ipse per somnum aut per ebrietatem sensibus destituatur. Sed aliud discrimen addit Caietanus in 2. 2. q. 150. art. 2; quod nempe sopor ex somno leviter excutitur; at sopor ex ebrietate ita tollit usum rationis, ut excuti non possit.

LXXXVII. 7. Si quis post potum discernere adhuc possit inter bonum et malum, licet nonnihil phantasia turbata sit aut sequantur vomitus, lingua titubet, pedes vacillent, oculi cernant duplicia vel domus gyrari videatur, nondum plena est ebrietas: ideoque tantum peccatum veniale, quamvis ex gravioribus, si deliberate sit commissum. V. Laym. l. c.

391. Hanc doctrinam, ut diximus, confirmat s. Alphonsus lib. 5. n. 75.: « Certum est apud omnes (inquit), quod ad hoc ut ebrietas sit peccatum mortale, requiritur ut sit perfecta, nempe quae omnino privet usu rationis. Ut enim docet s. Thomas 2. 2. q. 150. a. 2. et cum ipso omnes, in hoc consistit malitia ebrietatis, quod homo volens et sciens privat se usu rationis (adde: *sine necessitate et ex sola vini voluptate*). Unde non peccat mortaliter qui ex potu vini non amittit totaliter usum rationis, quamvis mens perturbetur, ita tamen ut discernere valeat inter bonum et malum, ut communiter dicunt Toletus etc. ».

Quocirca dum confitetur quis ebrietatem, interrogandus erit, an plene usum rationis amiserit etc. Nam id vulgo non norunt et putant falsa opinione grave adesse peccatum, si ad vomitum vinum provocaverit.

392. Addit s. Alph. lib. 5. n. 75. post Croix lib. 5. n. 317., communiter a DD. affirmari, non esse mortalem culpam, si ebrietas non privet *diu* usu rationis, sed solum ad modicum tempus. Et refert opinionem eiusdem Croix, notabile tempus esse, si absentia usus rationis duret ad horam.

Viderint tamen alii, utrum haec doctrina quidpiam ad praxim conferre possit: utrum scilicet tanta esse queat ebrietas, ut totaliter privet usu rationis et simul talis sit, quae tam brevi tempore excuti possit. Forte huc spectaret quaestio, an graviter peccet, qui post vinum sumptum ad ebrietatem sufficiens, remedio aliquo utitur, quo vim eius elidat, v. gr. dum gelida caput refrigerat aut vomitum provocat. Cui quaestioni posset quis profecto (posita utique veritate hypothesis) negative respondere, innixus auctoritati communi heic ex s. Alphonso allatae.

LXXXVIII. 8. Plena ebrietas notatur ex his signis, quae dat Less. l. c. d. 3. n. 30. Si quis non meminerit dictorum, factorum, quomodo vel quando domum deductus. 2. Si commisit ea, quae nunquam alias sana mente solet, v. gr. si praeter morem turpia sit locutus, turbarit domum, uxorem verberarit etc.

393. Quaedam ex his contingere solent, etiamsi non desit totaliter usus rationis. Quippe solus fervor vini impedit perfectum usum rationis et

quae heic dicuntur, non necessario supponunt sublatum discrimen boni et
mali. Tamen *qui non solebat haec perpetrare,* ut dicit A., suspicionem
habet iustam, id ab sublato usu rationis provenisse.

LXXXIX. 9. Mala in ebrietate commissa, si praevisa non sunt aut si adhibita
cautio, culpa vacant.

394. De malis, quae in ebrietate patrantur, recolendae sunt decisiones,
quas Auctor compendiatim exhibet in 4. resol. Dubii 1. Capitis 1.; quas
quidem resolutiones generales de peccatis in causa enucleatius exponit
Sanchez *Mor.* lib. 1. cap. 16. n. 42. ac duo haec alia addit.

Prius est, inquit Sanchez ib. n. 43., ebrios communiter non perpetrare
ea, quae alias peccata essent, nisi ab aliis irritatos et ita ea communiter
esse a casu nec teneri ebrios ea praecavere; quod irritantium culpae id
potius tribuendum sit ac respectu ebriorum casu accidant. Quod tamen
ipse Sanchez limitat, nisi in eo loco quis se inebriet, in quo praevideat
fore, ut ab aliis irritetur atque adeo in ea peccata prorumpat. Tunc enim
censet Sanchez, teneri eum illa pericula praecavere; secus in culpam ipsi
ea imputari.

Alterum est, ibid. n. 48., plurima ebriorum dicta vel facta ex se iniqua,
non reputari culpabilia, etiamsi praevideantur; quia nullum damnum inferunt atque in ebrietate commissa destituuntur prorsus ratione malitiae,
quam habent facta in mente sana, ut verba vel facta contumeliosa. Quippe
tempore ebrietatis talia in communi hominum aestimatione non reputantur contumeliosa, sed tanquam facetiae admittuntur atque ita ipsimet,
adversus quos dicuntur vel fiunt, tantum abest ut loco contumeliae ea
accipiant ad iramque excitentur, ut potius oblectentur et rideant.

395. Huc spectant quae habet Soto *de Iust. et Iur.* lib. 5. dissert. 9.
art. 2. concl. 1.: « Animadvertendum discrimen est inter peccata, quae
in facto consistunt atque ea, quae in verbis posita sunt. In illis namque
peccatis genus ex solo obiecto perpenditur: in verbis autem non nisi
ex adiuncta simul intentione... Et ratio est, quod cum verba re ipsa non
offendant, sicut facta, sed significatione; significatio autem ex intentione
fiat aliquid exprimendi: non censetur formaliter contumelia, nisi quae ex
animo convitiandi procedit vel ex crassa ignorantia et negligentia advertendi, quod dicas ».

396. Sanchez tamen non admittit, quod ulterius addit Vasquez in 1. 2.
disp. 127. cap. 3. n. 11., quam secuti Sayrus *Clav. Reg.* lib. 2. cap. 9. n. 42.,
et Salmanticenses Tract. 25. cap. 2. nn. 30-31., ebrio scil. non posse imputari periurium, blasphemias, infidelitatem. Ratio Vasquii est, quia « qui
non videt vel dubitat esse falsum, quod iurat, periurus non est ». Salmanticensium vero ratio est, quia « peccata oris non possunt esse obiective mala, nisi sint formaliter verba, hoc est nisi exprimant conceptum

per ea loquentis et intendentis aliquid per ea significare; cum ergo (in quiunt) quando ab amente aut ebrio proferuntur, non exprimant conceptum per illa loquentis, non sunt illius formaliter verba, sed tantum materialiter seu quidam sonus tanquam a pica prolatus ». Sayrus vero cum Vasquez reddit rationem: « quia haec ut peccata sint et ad culpam imputentur, fieri debent scienter; at vero qui non videt aut dubitat esse falsum, quod iurat, periurus non est, sicut nec blasphemus est, qui igno-, rat, quid dicat ».

397. Quae quidem rationes longissime distant a principio, quo usus est Sanchez ad excusandas contumelias ab ebrio prolatas. Sanchez enim ebrium excusat, quia ebrii contumeliae non sunt aptae ad honorem laedendum et nemo censet, se dehonorari ex ebrii contumeliis, nec damnum illa verba inferunt. Hinc etsi quis praevideat, se in ebrietate iniuria verba in alios prolaturum, simul tamen praevidet laesionem honoris ab iisdem abesse.

At longe alia est Salmanticensium ratio. Hi nimirum supponunt, verbis ab ebrio prolatis non rèspondere conceptum mentis. Quasi vero ebrius dum vinum petit, dum contradicentibus irascitur et iratus insultat, maledicit, minatur, imprecatur, nullus conceptus mentis responderet. Omittamus enimvero quaestionem, an fieri aliquando possit, ut ebrii membra et in his lingua mere mechanice moveatur. At absurdum est id de praedictis casibus suspicari. Confundunt igitur Salmanticenses duo disparatissima, scil. ullum habere mentis conceptum et dominium habere suarum mentalium facultatum. Corruit ergo eorum fundamentum.

Vasquez vero et Sayri ratio aequivoco laborat aut supponit falso, quaestionem esse de eo, qui vel blasphemat vel periurat, quia non cognoscit verba a se prolata continere aut Dei contumeliam aut falsitatem. Non enim haec quaestio est, quae sane locum habebit etiam in homine non ebrio, qui non intelligat sensum verborum aut veritatem ignoret invincibiliter. At sermo est de ebrio, qui cognoscat se verba in Deum aut Sanctos contumeliosa proferre etc., excusetur tamen (quoad praesentem actum), quia dominium suorum actuum non habet, non secus ac videt se male agere, dum in ira contundit pugnis, rumpit vasa, cultro ferit etc.

Ergo omnia haec extra chorum dicuntur. Et merito s. Alphonsus hisce doctrinis non adhaeret n. 78. ad Resol. 3. nec nos possumus accedere illi, dum dicit, se non audere Salmanticensium opinionem dicere improbabilem.

398. Addimus, Salmanticenses incassum vocasse in praesidium sententiae suae Dominicum Soto (vid. verb. eius sup. n. 394.); nam Soto non de ebriis aut amentibus disserit, sed de sanis mente et dicit, peccatum contumeliae non adesse, si nullum animum laedendi honorem alterius habuerint; quod fit, quando quis non advertit, verba esse alieni

honoris laesiva : unde addit, culpari eos, qui id faciant ex negligentia
advertendi etc. Porro contumeliae ebriorum non sunt eiusmodi; sed licet
hi habeant animum laedendi etc., excusantur (saltem actualiter) aut quia
non habent dominium suorum actuum, aut quia (ut ait Sanchez) verba
eorum effectu laedendi carent. Unde s. Alph. solum ex fiducia Salmanticensium, istis adiunxit Soto, cuius reipsa locum non allegat.

Dub. VI.

Quid sit ira.

XC. Respond. Est inordinatus appetitus vindictae. Quae inordinatio, secundum
s. Thom., dupliciter fieri potest: 1. ex parte modi irascendi, ut v. gr. si nimium
interius exardescas vel exterius per signa nimis patefacias: 2. ex parte obiecti, ut
si vindictam appetas plane iniustam ob causam vel si iusto maiorem, v. gr. optando
inimico mortem, quam non est meritus, vel exsequendam propria auctoritate vel denique, licet vindicta iusta sit, non tamen eam appetas ut iustam, sed ut satiativam
animi tui malevoli.

399. Ut rite hanc materiam intelligas, distingue iram prout passio est,
et prout vitium. Primo sensu est indifferens ad bonum vel malum et per
se ad bonum ordinata: secundo inordinata est et mala, ut patet ex se.

Rem brevi sic s. Thomas tradit 2. 2. q. 158. art. 1.: « Ira proprie
loquendo est passio quaedam appetitus sensitivi, a qua vis irascibilis
denominatur... Est autem considerandum circa passiones animae, quod
dupliciter potest in eis malum inveniri. Uno modo ex ipsa specie passionis, quae quidem consideratur secundum obiectum passionis; sicut
invidia secundum suam speciem importat quoddam malum... Hoc autem
non competit irae, quae est appetitus vindictae; potest enim vindicta et
bene et male appeti. Alio modo invenitur malum in aliqua passione secundum quantitatem ipsius, idest secundum superabundantiam vel defectum ipsius et sic potest malum in ira inveniri, quando scil. aliquis
irascitur plus vel minus praeter rationem rectam. Si autem aliquis irascitur secundum rationem rectam, tunc irasci est laudabile ».

400. Quomodo deinde passio irae et bona et mala esse queat, dissertius explicat ibi art. 2.: « Passio appetitus sensitivi intantum est bona,
inquantum ratione regulatur. Si autem ordinem rationis excludat, est
mala. Ordo autem rationis ita potest attendi quantum ad duo. Primo
quidem quantum ad appetibile, in quod tendit, quod est vindicta. Unde
si aliquis appetat, quod secundum ordinem rationis fiat vindicta, est
laudabilis irae appetitus et vocatur *ira per zelum*. Si autem aliquis appetat, quod fiat vindicta *qualitercumque contra ordinem rationis*, puta
si appetat puniri eum, qui non meruit vel ultra quam meruit vel etiam

non . secundum legitimum ordinem vel non propter debitum finem, qui
est conservatio iustitiae et correctio culpae, erit appetitus irae vitiosus,
et nominatur *ira per vitium*. Alio modo attenditur ordo rationis circa
iram quantum ad modum irascendi, ut scilicet motus irae non immoderate fervescat nec interius nec exterius. Quod quidem si praetermittatur,
non erit ira absque peccato, etiamsi aliquis appetat iustam vindictam ».

Et haec reddunt rationem Responsionis Auctoris.

Unde resolves.

XCI. 1. Si ordinate appetatur vindicta, non est peccatum irae, ut cum superiores
irascuntur culpis subditorum eosque puniunt seu vindicant.

401. Haec dicetur *ira per zelum*. Et in hac peccare possunt per defectum, si Superiores non satis prospiciant tum conservationi iustitiae,
tum correctioni culpae, ut alia praetermittamus damna, quae sequi aliis
de causis possint.

Neque obtendi heic debet *mansuetudo;* nam huius virtutis (2. 2. q. 157.
art. 1.) est tantummodo, ut moderetur impetum irae, ne peccetur per
excessum et cum ea optime componitur virtus *severitatis,* cuius proprium est (2. 2. q. 157. art. 2. ad 1.) ut sit inflexibilis circa inflictionem
poenarum, quando hoc recta ratio postulat.

Discrimen autem mansuetudinis a clementia sic tangit s. Thomas 2. 2.
q. 157. art. 2. ad 2. « Habitus, qui medium tenet in ira, est innominatus;
et ideo virtus, *quae medium tenet,* nominatur a diminutione irae, quae
significatur nomine *mansuetudinis;* eo quod virtus propinquior est di-
minutioni quam superabundantiae propter hoc, quod naturalius est homini
appetere vindictam iniuriarum illatarum, quam ab hoc deficere: quia vix
alicui nimis parvae videntur iniuriae sibi illatae... Clementia autem est
diminutiva poenarum non quidem in respectu ad id, quod est secundum
rationem rectam, sed in respectu ad id, quod est secundum legem communem, quam respicit iustitia legalis. Sed propter aliqua particularia
considerata, clementia diminuit poenas, quasi decernens hominem non
esse magis puniendum. Unde dicit Seneca...: Clementia hoc primum
praestat, ut quos dimittit, nihil aliud illos pati debuisse pronunciet. Venia
vero debitae poenae remissio est. Ex quo patet, quod clementia comparatur ad severitatem, sicut epikeia ad iustitiam legalem, cuius pars est
severitas quantum ad inflictionem poenarum secundum legem ».

XCII. 2. Ira inordinata, primo modo ante dicto, est ex genere suo peccatum veniale: potest tamen fieri mortale ex accidente, ut si addatur blasphemia, maledictio,
scandalum.

402. Ita s. Thom. 2. 2. q. 158. art. 3.: « Alio modo potest esse motus
irae inordinatus quantum ad modum irascendi; utpote si nimis ardenter

irascatur interius vel si nimis exterius manifestet signa irae. Et sic ira
secundum se non habet de suo genere rationem peccati mortalis. Potest
tamen contingere, quod sit peccatum mortale, puta si ex vehementia irae
aliquis excidat a dilectione Dei et proximi ».

Ex quibus patet, non excedere culpam venialem, quod interdum ait
poenitens, se acerrime et furiose accensum ira, nisi ex alia causa peccaverit. Confessarius exploret, an quidpiam irae accesserit.

XCIII. 3. Ira inordinata secundo modo est ex genere suo mortale; quia est directe contra caritatem. Bald. l. 3. d. 21.

403. Ea de re s. Thom. 2. 2. q. 158. art. 3. o.: « Uno modo (motus
irae potest esse inordinatus et peccatum) ex parte appetibilis, utpote
cum aliquis appetit iniustam vindictam. Et sic ex genere suo ira est
peccatum mortale; quia contrariatur caritati et iustitiae. Potest tamen
contingere, quod talis appetitus sit peccatum veniale propter imperfectionem actus. Quae quidem imperfectio attenditur vel ex parte appeten-
tis, puta cum motus irae praevenit iudicium rationis vel etiam ex parte
appetibilis, puta cum aliquis appetit in aliquo modo se vindicare, quod
quasi nihil est reputandum, ita etiam quod si actu inferatur, non esset
peccatum mortale, puta si aliquis parum trahit aliquem puerum per
capillos vel aliquid huiusmodi ».

XCIV. 4. De filiabus irae, quae partim sunt ex corde, ut Indignatio et Tumor
mentis, partim in ore, ut Clamor, Blasphemia, Contumelia et Maledictio, partim in
opere, ut Rixae, Pugnae, Seditiones, Vulnera, diversimode loquendum est, secundum
regulam supra datam. Nam 1. Indignatio, quae est inordinatus affectus ex eo, quod
quis reputet se indigne a tali tractari, communiter est veniale: imo si ex iusto rationis iudicio procedat, nullum est. Posset tamen esse mortale, si cresceret usque ad
deliberatum odium et contemptum personae gravem. 2. Tumor mentis, quo quis morose excogitat diversas vias vindictae iisque cogitationibus animum tumefacit, quale
peccatum sit, iudicandum est ex qualitate vindictae, quae excogitatur. V. Tol. l. 8.
c. 58. 3. Clamor, cum iratus extollit vocem, multa inordinate et confuse effundens,
est veniale communiter, nisi aliud addatur. 4. Blasphemia est mortale, de qua infra
l. 3. t. 2. c. 1. 5. Contumelia, qua quis proximo malum aliquod obiicit, cum intentione illum inhonorandi, est ex genere suo mortale.

Dixi: *animo inhonorandi;* quia animo corrigendi, humiliandi aliave ratione,
potest superior verbum aliquod alias contumeliosum obiicere: quomodo Christus vo-
cavit Apostolos stultos et Apostolus Galatas insensatos. In quo tamen peccari potest,
si modus debitae correctionis excedatur vel subditus gravius dehonoretur, quam per
delictum meruit. V. Bald. d. 34. n. 10. Item, ut docet Caiet. potest contumelia esse
venialis tantum, si sit parva tantum vel si sit tantum materialis, sine intentione de-
honorandi: modo non sequatur laesio notabilis honoris proximi. Et sic excusantur,
saltem a mortali, multi parentes, dum filios vocant asinos etc. item mulieres, pueri
et infimae sortis homines conviciis se onerantes; quia cum fides iis non habeatur, non

laeditur graviter honor. V. Bonac. t. 3. q. 2. p. 5. Denique, si ioci causa, per convenientem recreationem, leves defectus obiiciantur, urbanitas est, secundum D. Tho. 2. 2. q. 72. a. 2.; dummodo alter non contristetur nec ad iram moveatur.

404. Clara est doctrina.

XCV. 5. Contumelia etiam fit facto, tum indirecte, ut si imaginem vel litteras alterius conculces, comburas: tum directe, ut si virum honestum fuste caedas, ad ianuam eius cornua etc. apponas vel repraesentes aliquid, quod honorem alterius laedat. Huc spectat subsannatio, illusio et derisio, quando fit signis, ut naso rugato, labiis extensis etc. intendendo proximi confusionem; quae, si sit gravis vel saltem proximus ea graviter contristetur, mortalia sunt. Bon. Molin. Bald. l. 3. d. 3. etc. ex s. Th. Circa quae nota, quod qui per contumeliam laesit alterius honorem, teneatur hunc restituere, etiamsi fama non sit laesa. Hoc autem fieri potest vel per honorificam et amicam salutationem vel invitationem ad mensam vel petitionem veniae (etiam subinde flexis genibus et coram testibus) prout laesio fuit gravis. V. C. de Lugo d. 15. n. 53. Adde, quod contumeliae mortalis qualitatem in confessione explicare, non sit necessarium, ut contra Fill. etc. docent Azor. Sà, Mol. C. de Lugo d. 56. *de Poen.* num. 269.

405. De Contumelia in praecepto 8.

XCVI. 6. Maledictio, qua quis optat vel imprecatur alteri malum, sub ratione mali, est ex genere suo mortale.

406. S. Alph. lib. 5. n. 83. addit ista: ex s. Thoma 2. 2. q. 76. art. 3.: « Maledictio, de qua nunc loquimur, est, per quam pronunciatur malum contra aliquem vel imperando vel optando. Velle autem vel imperio movere ad malum alterius, secundum se repugnat caritati, qua diligimus proximum, volentes bonum ipsius: et ita secundum suum genus est peccatum mortale et tanto gravius, quanto personam, cui maledicimus, magis amare et revereri tenemur. Unde dicitur Levit. XX. 9.: *Qui maledixerit patri suo et matri, morte moriatur.* Contingit tamen, verbum maledictionis prolatum esse peccatum veniale vel propter parvitatem mali, quod quis alteri maledicendo imprecatur, vel etiam propter affectum eius, qui profert maledictionis verba, dum ex levi motu vel ludo aut ex subreptione aliqua talia verba profert; quia peccata verborum maxime ex affectu pensantur ».

Ex qua doctrina s. Alphonsus infert, quod « ut maledictio sit mortalis, tria requiruntur: 1° ut malum prolatum vere optetur: 2° ut optetur cum perfecta deliberatione: 3° ut malum optatum sit grave. Ita communiter omnes ».

XCVII. 7. Rixae, si modum non excedant, uti et leviculae pugnae, veniales sunt; secus, si progrediantur ad seditiones, vulnera, caedes. Suntque haec communiter peccata ex parte incipientis rixam; alter enim potest se defendere cum moderamine inculpatae tutelae.

407. Doctrina est clara.

Dub. VII.

Quid sit acedia.

XCVIII. Resp. Acedia sive animi taedium potest ex s. Thom. 2. 2. q. 35. a. 2. dupliciter usurpari: 1. generaliter, pro omni animi remissione in exercitio virtutum, eo quod labor aliquis sit adiunctus: 2. particulariter, pro tristitia et taedio de divina amicitia, eo quod per virtutum exercitia laboriosa servari debeat et sic amicitiam illam non curet.

408. * Communiter et a rerum spiritualium tractatoribus acedia accipitur pro quodam taedio operandi in ordine salutis seu tristitia de spirituali bono, eo quod praecipue opus est laboriosum et molestum homini aut delectationis alicuius impeditivum. Id s. Thomas non improbat 2. 2. q. 35. a. 1. et 2.: advertit tamen quod hoc pacto acedia est quoddam vitium generale, quod partim in omni vitio locum habet; quia omne vitium refugit a spirituali bono virtutis oppositae, partim obtinet in vitiis omnibus carnalibus, quae quietem et delectationem corporis quaerunt.

409. Ut autem tristitia de bono spirituali rationem habeat specialis vitii, oportet ut speciali virtuti opponatur. Iam vero quemadmodum ad quamlibet virtutem pertinet gaudere de proprio spirituali bono, quod consistit in proprio actu, ita ad caritatem pertinet specialiter illud gaudium spirituale, quo quis gaudet de bono divino. Porro illa tristitia, qua quis tristatur de bono spirituali, quod est in actibus singularum virtutum, non pertinet ad aliquod speciale vitium, sed ad omnia vitia. At tristari de bono divino, de quo caritas gaudet, pertinet ad speciale vitium, quod dicitur acedia. s. Thomas ibid. a. 2.

Cum ergo acedia sit tristitia de bono spirituali, in quantum est bonum divinum atque ea idcirco de se secundum propriam rationem contrarietur caritati, cuius proprius effectus est gaudium de Deo: sequitur speciale vitium acediae esse ex se peccatum mortale (art. 3).

410. Acedia idcirco non est recessus animi a quolibet spirituali bono, sed a bono divino. Quapropter si quis contristetur de hoc, quod aliquis cogit eum implere opera virtutum, quae facere non tenetur, non est peccatum acediae. Est autem peccatum acediae, quando contristatur in iis, quae imminent ei facienda propter Deum. (a. 3. ad 2.) quae nempe necessaria sunt, ut caritas seu amicitia cum Deo custodiatur. *

Unde resolvuntur.

XCIX. 1. Acedia accepta primo modo tum demum est peccatum mortale, cum ideo committitur opus vetitum sub mortali.

2. Acedia accepta secundo modo ex se est mortale, quia repugnat caritati Dei. Ex quo de filiabus Acediae quoque facile iudicari potest, quae sunt sequentes.

1. Malitia, qua quis odio habet bona spiritualia et vellet ea non esse aut qua ipsum poenitet bene fecisse vel implevisse id, ad quod tenebatur aut qua contemnit Dei beneficium, v. gr. desiderando non fuisse natum aut non agnovisse Christum etc. Est autem ex genere suo mortale.

2. Pusillanimitas et desperatio de salute, quae mortale quoque est.

3. Rancor, quo ii sunt fastidio, qui ad spiritualia inducunt.

4. Torpor, cum bona fiunt non cum debito fervore.

5. Evagatio mentis, qua quis in exercitio spiritualium evagatur circa illicita sive per cogitationem et dicitur curiositas, sive per locutionem et dicitur verbositas, sive per inquietudinem et dicitur inquietudo: quae communiter sunt venialia. Vid. D. Thom. q. 35. Laym. l. 2. t. 3. c. 9. Tol. l. 8.

Culpabilis autem evagatio mortalis erit, quando notabilis est et attentio requiritur ad implendum praeceptum obligans sub mortali: v. gr. in recitandis Horis canonicis, celebranda vel audienda Missa. Regin. Palaus *de Car.* t. 6. d. 1. p. 3. Trull. l. 1. c. 6. d. 1. contra Tambur. *de Method. celebr. Missae* l. 2. c. 3. ubi docet, distractum esse voluntarie et per notabile tempus inter sacrificandum extra Canonem, esse tantum veniale, licet concedat, sub Canone praesertim circa consecrationem, esse mortale, propter gravem irreverentiam et periculum erroris.

Dixi, *ad implendum praeceptum:* nam in oratione vel non praecepta vel sub obligatione tantum veniali, est peccatum veniale tantum. S. Thom. Navar. Suar. Less. l. 2. c. 37. d. 11. imo nullum, si non tam intendat orare, quam verba precum recitando pio exercitio se occupare; quia non formaliter, sed materialiter tantum orat: v. gr. cum quis manibus laborans psalmos aliasve preces recitat aut cantat, non animo orandi, sed cavendi cogitationes vanas vel recreandi se. Sanch. *Con.* p. 2. l. 7. c. 2. d. 13. Trull. l. 1. c. 7. dub. 10. V. infra de Horis canonicis.

411. Cf. s. Thom. q. cit. art. 4. De attentione debita in recitandis Horis et celebranda Missa sermo redibit in Tr. de statibus particularibus: de attentione autem debita in audienda Missa, in 3° praecepto Decal.

APPENDIX I.

DISSERTATIO DE GENUINA S. ALPHONSI SENTENTIA
CIRCA USUM OPINIONIS PROBABILIS

—

PRAEFATIO AUCTORIS

Scopus huius Dissertationis hic est, amice lector. Volui a s. Doctore diluere notam *inconstantiae* in systemate circa usum opinionum sive rationem quamdam ostendere, qua abstergi valeat haec nota. Quamvis enim fateantur generatim omnes reapse s. Doctorem in hac capitali quaestione sibi semper cohaerentem fuisse, negari tamen nequit, quod specie saltem tenus contrarium appareat, ut nonnulli de hac re dubitaverint, alii affirmaverint vere s. Doctorem ex alia in aliam plus vice simplici migrasse sententiam.

Et sane, ut specimen quoddam exhibeamus, 1. in Dissertatione ann. 1749. edita s. Doctor ad quaestionem, *an liceat sequi opinionem minus probabilem, probabiliori relicta*, sententiam sequitur ac propugnat, quae *docet, licitum esse uti opinione solide probabili, probabiliori omissa* et addit: *Sententiam* nostram *vocant communem Suarez, Palaus etc. etc... Christianus Lupus ostendit,* Summos Pontifices et Ecclesiam catholicam semper permisisse usum probabilis, probabiliori relicta... *Testatur Moya,* nostram *sententiam tenuisse Universitates omnes, Religiones, Episcopos, Summos Pontifices...* Communem ergo sententiam, quam alias *Probabilistarum* appellat, s. Doctor in hac Dissertatione tenebat et impense propugnabat.

Operosius vero et impensius candem doctrinam defendit omnique argumentorum genere communivit in Dissertatione, quam sexennio post, idest anno 1755. edidit, cuius partem non modicam dedimus in Tr. de Conscientia.

2. Contra alibi eam thesim statuit *(Edit. ann. 1757 et 1763. Prooem.* n. IV), quae inclinare videtur etiam ad illum probabiliorismum, quem in praecedentibus Dissertationibus tota vi confutaverat: *Sententia nostra* (inquit) *et communis tenet, licere usum opinionis absolute probabilis, aut saltem probabilioris, etsi contraria pro lege sit probabilis.* Quem

sensum (*ibid.* n. 1.) aliis verbis sic expresserat: *Saltem si opinio liber-tati favens firmiori fundamento nitatur.*

3. Posterius autem istum deflexum ad probabiliorismum relinquens, suam sententiam sic proponit Dissert. ann. 1773. n. 3.: *Dico, quod cum opinio minus tuta est aeque probabilis, potest quis eam licite sequi.* Et rursus *Hom. Apost. tr. 1. cap. 3. n. 33.: Nostra sententia dicit, quod cum opinio, quae libertati favet, est aeque probabilis atque opinio illa, quae favet legi, sine dubio et licite sequi potest.*

4. Denique illicitum esse declarat, sententiam probabilistarum sequi, quam ipse prius defenderat. Ita s. Doctor *Hom. Apost.* tr. 1. cap. 3. n. 32. Ed. Taur. ann. 1825.: *Dicimus, non licere uti opinione minus probabili et minus tuta adversus probabiliorem pro lege.*

Itaque si mere has's. Doctoris theses inspicias, non semel sed omnino quater s. Doctor sibi minus cohaerens videri tibi poterit. Nam primo quidem acerrimus tibi probabilismi propugnator apparet (cf. eius argu-menta a nobis recitata in Tr. de Conscientia): deflectere postea etiam ad probabiliorismum videbitur: omisso deinde eiusmodi probabiliorismo apparet tibi aequi-probabilista: demum ad impugnandum declinat illum probabilismum, cuius acerrimus exstiterat propugnator.

Aperta ergo se prodit ratio, cur obsequio, quod s. Doctori debemus, apprime dignam censuerim curam, qua praemissarum sententiarum dis-sonantiam mere apparentem esse ostenderem. Idque assecutum me esse putavi sequenti dissertatione, in qua si e contrario me a scopo aberrasse eruditus lector arbitrabitur, at studii et obsequii mei erga s. Doctorem rectaeque intentionis in hac conciliatione quaerenda, rationem habendam esse non negabit. Fatemur tamen, nobis ex duobus alterutrum certum esse: aut dicendus est s. Doctor subinde mutasse sententiam suam aut via, quam proponimus, conciliationis ineunda est.

Si autem quis concedere velit, s. Doctorem in hac capitali quaestione ex alia in aliam migrasse subinde sententiam, permittat nobis s. Doctori adhaerere, docenti simpliciter probabilismum, potius quam aliud docenti systema. Nam *licere sequi opinionem vere probabilem pro libertate in concursu probabilioris pro lege,* doctrina est, quam s. Doctor et claris-sime proposuit et efficacissime, si unquam aliam, demonstravit et nun-quam vere abnegavit, ut videbimus: *licere vero solum sequi opinionem pro libertate, cum vel probabilior est vel aeque probabilis ac opposita,* ubinam et quibus argumentis demonstravit s. Doctor? Nam aliud est quod defenderit thesim; licere sequi opinionem aeque probabilem pro libertate in concursu aeque probabilis pro lege, aliud est asserere *tunc solum* li-citum esse usum opinionis probabilis pro libertate, cum vel probabilior est vel saltem aeque probabilis ac opposita pro lege. Quae quidem in seq. dissert. suo loco manifesta fient.

DISSERTATIO

1. Quod s. Doctor Alphonsus tum in Dissertatione edita ann. 1749. tum in amplissima, quam edidit ann. 1755., non solum admiserit, sed impensissime et argumentis undecumque quaesitis propugnaverit et ab adversariorum obiectionibus invicte vindicaverit doctrinam *de licito usu opinionis probabilis in concursu etiam probabilioris pro lege,* neque negari neque in dubium vocari posse plane videtur. Legantur argumenta, quae exinde ad verbum desumpta recitavimus in Tr. de Conscientia.

2. Adhuc tamen interest certius nosse, num et quantum ii, qui eandem hanc doctrinam sequuntur ac profitentur, pleno prorsus iure candem absolute queant communire suffragio tam valido, cuiusmodi sane est auctoritas s. Doctoris Alphonsi, utpote cuius doctrina adeo praclaram ab Ecclesia commendationem et approbationem sortita est. Ut enim constat, s. Doctor deinceps vires omnes ac se totum ita contulit ad defendendam contra probabilioristas theoriam *aequiprobabilismi,* ut auctor et parens huius ceu novi systematis nuncupari meruerit. (a)

(a) Ut studio, quod nostra aetate viget, historicae veritatis geramus morem, advertimus iam saltem ab initio seculi 17. exstitisse Doctores, qui aeque probabilismum proposuerint et defenderint. Satis sit afferre duos e Societate Iesu eosdemque natione Germanos, Christophorum Rassler et Antonium Mayr.

Itaque Christ. Rassler (1654.-1730.) in opere *Norma Recti* Disp. 3. q. 9. a. 3. n. 454. primum adversus tutioristas statuit hanc thesim. « Dico: potest quilibet operando licite sequi opinionem etiam minus tutam, sed tamen, comparative quoque, probabilem de honestate vel licentia alicuius actionis, quando ipsi, omnibus rite perpensis, apparet saltem ut aeque vel quasi aeque probabilis ac opposita tutior. Dixi *aeque vel quasi aeque;* quia quando inaequalitas probabilitatis inter duas opiniones oppositas non est *notabilis,* sed talis, ut ipse etiam operans vix non sine magna cum formidine oppositi dicere possit, utra earum sibi probabilior videatur, etiamsi fortassis aliquantulo magis in unam quam in alteram inclinetur ; *parum hoc communiter pro nihilo reputatur* et eodem modo ab utraque, in hac controversia, litigantium parte discernitur, quo discernitur in casu omnimodae ac perfectae aequalitatis inter probabilitatem unius et alterius opinionis ».

Hanc quaestionem longo latoque sermone pertractat; tum a n. 920. ad q. 10. accedit: « An licitum sit, in operando, se conformare opinioni minus tutae, quando haec simul ut *notabiliter minus probabilis* apparet opposita tutiore ». Multis autem in utramque partem disputatis, concludit n. 1124.: « Censeo, probabiliorem esse in hac controversia sententiam rigidiorem » eamque pluribus argumentis tanquam in praxi sequendam nititur demonstrare, quorum argumentorum potissimum illud est, quod et producit in synopsi totius operis parte post. n. 87. hisce verbis. « Huius assertionis ratio ea nobis potissima esse videtur, quod de rebus moralibus earumque licentia vel prohibitione ut plurimum nec evidentia haberi potest nec etiam certitudo moralis stricte accepta, sed probabilitas tantum Deusque plurimas leges primis a principiis paulo remotiores voluerit esse non omnino claras nobisque certas, sed obscuras et

3. Quae quidem nuncupatio quonam praecise sensu accipi debeat, enimvero non satis perspicue elucescit. Nam si ita accipiatur, quasi nemo alius antea docuerit atque adversus probabilioristas ac tutioristas quos-

---

sub opinione positas. Quare ut ne eaedem respectu plerorumque hominum essent inutiles vel saltem ut apud magnam hominum partem haberent vim etiam proximam obligandi, voluisse censendus est idem, ut sicut notabiliter maior imo etiam aequalis tantum probabilitas stans pro libertate contra legem ab huius obligatione proxime nos eximit, ne alioquin ad nimis multas leges reipsa non exsistentes obligaremur, cum maximo periculo nimiaē multiplicationis peccatorum formalium ac ruinae plurimorum: sic e contrario ut *notabiliter maior probabilitas* stans pro lege contra libertatem sufficeret ad inducendam obligationem proximam eidem legi nos subiiciendi, ne alias innumerae pene leges reipsa etiam exsistentes et ad nostram utilitatem institutae respectu plerorumque ac pene omnium vim omnem obligandi unaque finem suum amitterent».

Quae ratio nescio an alicui efficax videri queat. Non placet quod dicatur Deus plurimas leges *voluisse* esse obscuras: id *permisisse* potius quom *intendisse* dicendus est. Neque magnum est incommodum quod plurimae leges seu, ut accuratius loquamur, applicationes legum, vim obligandi non exserant; nam et honestas actionis, quae est finis legum, etiam sine illis obtinet et plurimae restant leges certae, quarum observatione homo subiectionem suam Deo suamque in difficillimis quoque rebus fidelitatem probare valeat.

Certe neque ipse Rassler admodum suae opinioni fidebat. Ecce enim clausula totius synopsis n. 128. «Ceterum fācile crediderim, fore etiam deinceps complures, quibus vel solis illis, quae hactenus in compendio et in disp. 3. q. 10. pleniore calamo in utramque partem producta sunt, consideratis, *benigna* hac in quaestione *sententia* magis adhuc sit placitura, quam rigidior probabilioristarum. Res enim tota, nisi mea mihi opinio imponat, reducitur ad prudentiale, ut ita loquar, iudicium et ab eo denique pendet, utrum, pensatis omnibus, absolute melius sit et infinita supremi legislatoris sapientia dignius, ut nos velit obligatos esse ad servandas leges quascumque, quarum exsistentia notabiliter probabilior nobis appareat, sive dein illae exsistant sive non, ne alioquin nimis multae leges ad nostram utilitatem latae apud plerosque vim obligandi proximam amittant... an vero ut nos obligatione hac velit esse solutos, ne alias, praeter leges plurimas certe exsistentes, servare teneamur aliquas reipsa etiam non exsistentes... Qua in re pronum est variare iudicia etiam prudentum. Ac nobis quidem prius horum magis probatur: quibus autem oppositum, re mature discussa, videbitur esse probabilius, eidem, nobis minime invitis, assentientur».

Antonius Mayr (1673.-1749.) in sua *Theologia scholastica,* tr. 4. *de Actibus humanis,* art. 6. n. 316. ait: «Dico: si datur inter duas sententias aequalis probabilitas quae immediate concernit licentiam actionis vel cadit immediate supra exsistentiam legis, licet sequi etiam minus tutam». Quod demonstrat. Deinde art. 12. quaerit: quid censeant auctores de sententia minus tuta et minus probabili et respondet n. 346. «Non instituitur quaestio de sententia minus tuta, quae sit tantum modice minus probabilis, ita ut excessus probabilitatis, qui datur in sententia tutiore, non sit notabiliter maior... Igitur quaerituur hic maxime de sententia minus tuta˙ simulque *notabiliter minus probabili,* ita ut excessus pro opinione tutiore sit *sat clarus* nec levis tantum momenti, sed *notabilis.* Qui termini plane ulterius explicari non possunt; sed cuivis prudenti satis aperti sunt». Porro subdit: «Plurimi et absque dubio magni viri aiunt, esse licitum sequi sententiam minus tutam et notabiliter minus probabilem,

libet propugnaverit, *licitum esse usum opinionis probabilis pro libertate,*
quamvis aeque probabilis opinio militet pro lege (in qua hypotesi probabilioristae, ut notum est, contendebant, standum esse omnino pro lege),
perperam profecto generalis huius principii ceu primum auctorem quispiam
laudaret s. Alphonsum neque s. Doctor hanc sibi laudem tribui contra
historiae veritatem pateretur. Nonne enim hanc doctrinam ipse proponit
tanquam eam, quae nunquam in Ecclesia non viguerit? Nonne ista thesis
erat pars systematis probabilistarum (cf. infra n. 91.)? Et ne plura in re
manifesta addamus, ipse s. Doctor in Dissertatione, quam ann. 1763. edidit,
de eadem hac thesi ita (§. XXXI.) scribit: « Adde his (argumentis nempe
probantibus moralem huius doctrinae certitudinem) potissimum argumentum, nimirum quod si sententia nostra fuisset falsa, minime quidem
communiter a Doctoribus undique fuisset recepta, ut revera recepta fuit ».
Quae quidem s. Doctoris verba cum itidem legantur et in Dissertatione
praecedentis ann. 1755. (ubi de *benigna sententia* scripserat n. 52.: « Adde
his potissimum argumentum sub initium propositum, cap. 1. n. 3., nimirum, quod si sententia benigna fuisset falsa, minime quidem communiter
a Doctoribus undique fuisset recepta »; ut idcirco s. Doctor eiusmodi
doctrinam dixerit *communissimam*) ergo hanc alteram quoque probabilistarum thesim, quam deinde placuit appellare *aequiprobabilismum*,
communissimam exstitisse ipse testatur.

4. Cum itaque s. Alphonsus non ideo censeri ac dici auctor et parens
possit novi cuiuspiam systematis, quod doctrinam antea in scholis catholicis iam communissimam contra probabilioristas defendendam feli-
cissime susceperit; quaerendum superest, num haec nuncupatio ac laus
ideo s. Doctori accesserit, quod doctrinam probabilismi iam vigentem
aliquo modo reformaverit, adeo ut doctrinae, quam alioqui ceu *proba-*
biliorem, immo *probabilissimam,* quin et *moraliter certam* propugnatam
egregie ab ipso in praemissa ipsius Dissertatione cernimus, detraxisse

---

modo adhuc vere theologice probabilis sit: hoc ipsum tamen etiam magni et plurimi
auctores negant ». Quod et repetit art. 13. n. 357. « Alios magnos viros praesertim in
Oenipontana et Ingolstadiensi Universitate haec sententia (quae nempe negat licere
sequi notabiliter minus probabilem) habuit patronos et quamvis saepius ac diutius
in hisce universitatibus a maximis etiam viris tradita fuerit sententia omnino benigna;
tamen posterioribus hisce annis Ingolstadii quater saltem vicibus praelecta est *sen-*
tentia media (sic eam vocat sententiam quae concedit quidem usum opinionis aeque
probabilis pro libertate, negat autem usum notabiliter minus probabilis). Quare nihil
insoliti facit, qui tanta vestigia sequitur ».

Argumentum forte praecipuum suae sententiae sic promit art. 14. n. 361. « Quando
habetur *notabiliter maior probabilitas,* iam censetur haberi certitudo moralis, latius
saltem dicta: ergo non habetur amplius dubium, quod excludat hanc certitudinem.
Et haec sane certitudo videtur sufficiens esse intimatio obligationis, quamvis cum
ea stet aliquod dubium ». Cf. dicta in Tr. de Conscientia n. 131. E.

deinceps quidpiam dicendus sit, ideoque in eiusdem doctrinae patrocinium auctoritas ipsius s. Doctoris non amplius possit absolute vocari.

Atqui hoc est, quod negandum putamus ac porro ostensuros nos plane confidimus, s. Doctorem Alphonsum nec pristinam illam sententiam suam unquam improbasse nec quidpiam illi unquam detraxisse.

5. Et primo quidem non diffitebimur, futurum profecto, ut ad nostra haec verba quidam obstupescant tanquam de paradoxo non solum a veritate sed a verisimilitudine omnino alieno, ii praesertim, ad quorum manus ea tantummodo s. Doctoris scripta provenerint, quae de hoc argumento in communibus editionibus tum *Theologiae Moralis* tum operis *Homo Apostolicus* inveniuntur.

Et sane in editione Taurinensi Operis *Hom. Apost.* ann. 1829. tract. 1. cap. 3. n. 32. disserte haec leguntur: « Dicimus 3°, non licere uti opinione minus probabili et minus tuta adversus probabiliorem pro lege ». Et rursus in Dissertatione inserta editioni Bassanensi *Theolog. moral.* ann. 1785. lib. 1. n. 56. haec s. Doctor scripsit: « Praesenti Dissertatione duas nobis proponimus quaestiones discutiendas. Prior est, an licitum sit sequi opinionem minus probabilem, relicta probabiliori, quae stat pro lege. Posterior, an concurrentibus duabus opinionibus contrariis, aequaliter aut quasi aequaliter probabilibus, liceat minus tutam amplecti ». Porro ad priorem quaestionem sic negative respondet: « Dico igitur primo, quod si opinio, quae stat pro lege, videtur certe probabilior, ipsam omnino sectari tenemur nec possumus tunc oppositam, quae stat pro libertate, amplecti ». Et haec quidem s. Doctoris absoluta sententia in omnibus posterioribus Theologiae Moralis editionibus ad Moralis systematis initium legitur.

Atqui (obiiciet quispiam) haec sententia plane videtur antithesis eorum, quae s. Doctor antea professus fuerat ac propugnaverat, quando tum anno 1749. tum anno 1755. proposita quaestione: *utrum liceat usus opinionis probabilis in concursu probabilioris pro lege,* responderat Diss. 1755. n. 3., *licitum esse uti opinione probabili etiam in concursu probabilioris pro lege.* Videtur ergo posterius repudiasse atque improbasse doctrinam, quam prius tenuerat ac defenderat et quoad hanc systematis moralis partem ad probabilioristas accessisse, utcumque contra ipsos negaverit, necessario amplectendam esse tutiorem, si quando opinio pro libertate sit aeque aut quasi aeque probabilis, ac opinio pro lege.

6. At vero eiusmodi difficultas, quae merito videri potest gravis, praesertim iis, quibus cetera s. Doctoris scripta legere ac perpendere datum non sit, facile diluitur. Ostendi quippe dilucide potest, statum quaestionis, ad quam spectat thesis posterius proposita, penitus ab eo diversum esse, ad quam thesis a s. Doctore ann. 1749. et 1755. propugnata refertur.

Et quidem de hac quaestionum diversitate gravem suspicionem vel illud unum iniicere posset, quod s. Doctor dum thesim postea statuit: *non licere uti opinione minus probabili ac minus tuta adversus probabiliorem pro lege,* nullam vel minimam mentionem iniiciat sententiae, quam prius operosissime defenderat, utut plane contradictoria recentiori huic thesi videri possit. Quod enim res per se postulat, id et s. Alphonsus in more habuit, ut si quando et quidem etiam in rebus levioris momenti sententiam mutavit aut utcumque reformavit, de mutatione seu reformatione sententiae a se prius traditae lectorem sollicite ac disserte moneret. At vero si s. Doctor monendum lectorem censuit, etiam cum de levioribus quaestionibus res erat; quis non videat, eum profecto non omissurum eiusmodi monitum fuisse, quando de summo illo principio agebatur, ad cuius normam per omnes disciplinae moralis partes exigendae veniunt resolutiones? Quod ergo s. Doctor novam posterius thesim circa eandem materiam addens, sententiae a se prius acerrime propugnatae, quin eam improbet, ne ullam quidem mentionem faciat, id sane sufficere potest ad omnem suspicionem abigendam, tunc eum contradicere illi utcumque voluisse.

Et hanc quidem in rem iuverit ea perpendere, quae s. Doctor alibi *Syst. mor.* ann. 1785. n. 83. protestatur: « Cum nostra hac tempestate viderim ita acriter adversus mitiorem sententiam reclamari, multoties hoc punctum ad trutinam diligenter revocavi, legens ac relegens auctores omnes, quotquot ad manus habere potui modernos, qui pro rigida sententia certabant, promptus a mea sententia desciscere, statim ac non amplius certa mihi appareret; prout enim plures opiniones, quas aliquando tanquam probabiles habui, postea non erubui reprobare, *ita et multo magis non erubuissem hanc sententiam, quae maioris est momenti, retractare* ». Porro summi esse momenti etiam thesim, seu benignam sententiam, quam ann. 1749. et 1755. tam operose defenderat, atque adeo omnino expressae correctionis seu emendationis eam fuisse dignam, siquidem aliquid fallaciae seu vitii in ipsa s. Doctor deinde advertisset, res est manifesta.

7. Sed ut propius ad rem accedamus, diximus, facile ostendi posse quaestiónem serius propositam a s. Doctore diversam prorsus ab ea esse, de qua ann. 1749. et 1755. tanto studio disseruerat, licet non diffiteamur, eiusmodi diversitatem vix aut ne vix quidem apparere, praesertim si verborum inspiciatur forma, quibus alicubi theses huc spectantes efferuntur. Ita v. gr. s. Doctor scribit *Hom. Apos.* Tr. I. cap. 3. n. 32.: *Dicimus, non licere, uti opinione minus probabili et minus tuta adversus probabiliorem pro lege:* item s. Doctor hisce verbis suam sententiam exprimit *Syst. mor.* 1785 n. 55: *Ubi veritas clare inveniri nequit, tenemur amplecti saltem opinionem illam, quae propius ad veritatem accedit, qualis*

est opinio probabilior. Undenam enim diversitas quaestionis in oculos incurret, dum pristinas theses his verbis conceptas legimus Diss. 1755. n. 3.: *licitum est uti opinione probabili etiam in concursu probabilioris pro lege?* Nonne idem subiectum et praedicatum utrobique apparet?

8. Verumtamen diversitas inter utramque quaestionem facile apparet, si iuxta canonem ab omnibus receptum inquiratur sensus, quo s. Doctor *opinionis probabilioris* nomine usus est in thesi, quae contradictoria videtur thesibus praecedentibus et quo sensu in prioribus hisce thesibus has voces usurpaverit.

Scite itaque advertendum, quod s. Doctor in thesi, qua negat esse licitum minus .probabilem sequi opinionem in concursu probabilioris pro lege, exigit expresse, ut opinio pro lege sit *certe probabilior.* Sic enim sententiam suam enunciat *Syst. Mor.* 1785. n. 56: « Dico igitur primo, quod si opinio, quae stat pro lege, videatur *certe probabilior,* ipsam omnino sectari tenemur ».

Ut autem opinio habeatur ut *certe probabilior,* postulat s. Doctor, ut probabilitatis excessus sit *notabilis.* Sic ipse sui interpres *Hom. Apost.* Tr. 1. cap. 3. n. 34.: « Advertendum, quod cum opinio est non dubia, sed certe probabilior, tunc quoque *est notabiliter probabilior* ».

Idcirco eiusmodi opinionem solet s. Doctor appellare *certe et notabiliter probabiliorem.* Ita cum in editione Bassanensi ann. 1773. non secus ac in *Morali systemate* an. 1785. n. 55. scripsisset: « Praesenti Dissertatione duas nobis proponimus quaestiones discutiendas. Prior est, an licitum sit sequi opinionem minus probabilem, relicta probabiliori, quae stat pro lege »: hanc subiicit responsionem: « Circa primam quaestionem citius me expedio; resolutio enim est nimis perspicua. Dico igitur, non licere sequi opinionem minus probabilem, cum opinio, quae stat pro lege, *est notabiliter et certe probabilior* ».

9. Verum non satis adhuc ex his . constat, quid apud s. Doctorem importet eiusmodi opinio *certe et notabiliter probabilior.* Idque eo diligentius inquirendum est; quia apparebit exinde, quid et quantum istiusmodi opinio *certe ac notabiliter probabilior* differat a sensu, quo communiter et ab ipso s. Doctore definiri .opinio probabilior consuevit et quo eam usurpavit, cum ipse statuit atque propugnavit thesim illam, ut ipse ait, communissimam, nempe *licitum esse uti opinione probabili etiam in concursu probabilioris pro lege.*

Melius itaque s. Doctor mentem suam explicat, cum in *Systemate morali* ann. 1785 n. 56. sic reddit rationem, cur non liceat sequi opinionem minus probabilem, si opinio pro lege sit *certe probabilior:* « Dixi, *certe probabilior;* quia dum opinio pro lege est *certe et sine ulla haesitatione probabilior,* tunc opinio illa non potest esse nisi *notabiliter probabilior.* Et eo casu opinio tutior non erit iam dubia (intellige de dubio stricte sumpto), sed est *moraliter aut quasi moraliter certa* ».

Alibi vero non modo repetit, huiusmodi opinionem esse moraliter aut quasi moraliter certam, sed addit, eam habere *certum fundamentum quod sit vera,* adeo ut opinio contraria non possit haberi ceu probabilis. Ita s. Doctor in Dissert. ann. 1773. n. 2: « Dico igitur, non licere sequi opinionem minus probabilem, cum opinio, quae stat pro lege, est notabiliter et certe probabilior. Tunc enim opinio tutior non est iam dubia, intelligendo de dubio stricte sumpto, sed est moraliter aut quasi moraliter certa, cum pro se *fundamentum certum habeat, ipsam esse veram.* Unde fit, quod opinio minus tuta remanet *tenuiter aut saltem dubie probabilis respectu tutioris* ».

10. Accedit, quod ex mente s. Doctoris vi opinionis probabilioris hoc sensu speciali acceptae lex dici possit ac debeat sufficienter promulgata. Ita s. Doctor in tertia contra Patutium apologia n. 48.: « Qui bisogna, che io avverta una cosa circa il suddetto mio sistema, che ben dee specialmente avvertirsi... Quando l'eccesso fosse patente e certo, allora l'opinione per la legge *è certamente e molto più probabile* e stabiliscasi, che quando l'opinione per la legge è certamente più probabile, allora è anche molto più probabile; che perciò allora, come si disse da principio, *la legge è moralmente già promulgata* e pertanto già obbliga».

Et haec quidem s. Doctor repetit in *Morali Systemate* ann. 1785. n. 88. inquiens: « Sed huic oppositioni (scilicet Ephemeridum Gallicanarum) iam in libro meo praeivi, statuens, quod ubi adest probabilior opinio pro lege, tunc lex est *moraliter promulgata* ideoque obligat, non obstante illo dubio lato pro opinione benigniori; ubi enim veritatem certam non invenimus, illam sequi debemus opinionem, quae magis veritati appropinquat ». Et rursus ibid. n. 67.: « Cum opinio tutior est *certe* (a) *probabilior,* eo casu... propter maiorem illam probabilitatem opinio pro lege videtur moraliter verior, et consequenter apparet *moraliter et sufficienter promulgata* ».

Opinionem scilicet s. Doctor his locis eo sensu dicit *probabiliorem,* quo eam definiverat in Tract. I. *Hom. Apost.* Edit. Taurinens. ann. 1829. cap. III. n. 29. inquiens: « ut (opinio) dicatur vere probabilior, requiritur, ut aiunt Gonzalez et Pattuzzi cum aliis antiprobabilistis, ut opinio sit manifeste verisimilior operanti cum excessu notorio... ». Iam vero Gonzalez ad id postulat, ut alias vidimus Tr. Consc. n. 80., ut opinio iudicetur vera *iudicio absoluto, firmo et non fluctuante.* Hinc quemadmodum s. Doctor de opinione iuxta hunc sensum probabiliori dixerat, opinionem huic oppositam non remanere probabilem supr. n. 9; pari ratione Gonzalez disp. 3. § 3. assumit probandum, *comparativum illud* MAGIS PROBABILE

(a) Istud ergo *certe* supplendum est in textu mox citato, ubi appellatur *probabilior opinio,* nempe *certe probabilior.* E.

non arguere, quod pars opposita maneat absolute probabilis. In eandem autem rem Gonzalez addit n. 59: « Unde modus ille loquendi invectus ab assertoribus falsae sententiae (assertores falsae sententiae appellat defensores benignae sententiae, a quibus superius dixerat invectum eum loquendi modum) non probat, partem faventem libertati, quae ipsi operanti apparet minus probabilis quam contraria, esse formaliter securam: potius enim est intuta et peccaminosa in circumstantiis illis ».

11. Denique (ut modo alia praetermittamus) quid·sibi velit opinio *probabilior,* quam s. Doctor dicit necessario amplectendam et quantum haec differat ac distet ab opinione illa probabiliori, in cuius concursu contendit ann. 1749. et 1755. licitum esse amplecti opinionem minus sed solide probabilem, clarissime ipsemet ostenderat, quando in ipsa Dissertatione ann. 1755. (qua defendit, licitum esse sequi opinionem probabilem in concursu probabilioris pro lege) refutat adversariorum instantiam, qua contendebant, maiorem probabilitatem respectu ad oppositam esse *moraliter certam,* eo quod maior probabilitas elidat minorem. Hisce s. Doctor reponit n. 13: « At recte respondent Auctores nostri, falsum esse, maiorem probabilitatem elidere minorem, nisi quando opinio probabilior habeat pro se tam *convincens argumentum,* ut contraria vere improbabilis vel non amplius graviter et certo probabilis habeatur. Secus tamen dicendum, si *excessus non sit notabilis* ». In quo quidem textu duo occurrunt gravissimi pro re nostra momenti, de quorum altero inferius.

12. At primum illud est, quod notabilem probabilitatis excessum ita designet, ut resultet ex *convincente argumento* non secus ac alibi (vid. supr. n. 9. in fin.) dixerat, tunc opinionem esse *certe ac notabiliter* probabiliorem, quando *certum habetur fundamentum, ipsam esse veram.*

Porro quid nomine *argumenti convincentis* veniat apud s. Doctorem, non solum ex allegato textu n. praec. apparet, cum subdat, eo in casu opinionem oppositam remanere improbabilem aut saltem non posse amplius haberi ut graviter et certo probabilem, sed non minus luculenter aliis in locis exprimitur. Ita v. gr. in eadem dissert. 1755. n. 118. haec legimus: « Regula tertia (scil. circa Doctorum auctoritatem adhibenda), quam tradit Sanchez *Decal.* lib. 1. cap. 9. n. 11. et *de Matrim.* disp. 92. ex n. 15. et quae maxime adverti debet, ea est, quod cum apparet pro aliqua sententia quaedam *ratio vel auctoritas convincens,* cui nulla adaequata responsio superesse videtur, tunc opinio contraria non potest haberi ut probabilis; nam, sicut ait Croix lib. 1. n. 369., aliquando potest alicui docto occurrere aliqua ratio tam firma, ab aliis non animadversa, quae omnem excludat contrariam probabilitatem ». Quae·quidem leguntur etiam in Dissert. ann. 1753. et seqq. contra tutioristas n. 87.

Et huc revocandum illud etiam est, quod legimus tum in Praefatione Editionis 1753. Benedicto XIV. dicatae, tum in pluribus editionibus posterioribus. Postquam enim s. Doctor dixit, nunc se praescindere a tractanda quaestione, quam anno 1749. et dein in Dissertatione anni 1755. discusserat (in Diss. enim ann. 1753. non contra probabilioristas, sed contra mitiores tutioristas agit), subdit haec notatu dignissima: « Tantum dico, me ignorare, quomodo possint reiici ut improbabiles opiniones illae, quae gravi aliquo non carent fundamento verisimilitudinis vel auctoritatis et contra oppositis sententiis nulla assistit infallibilis auctoritas, aut *evidens ratio, quae de veritate convincere possit* ». Ubi ut argumentum *convincens* dici queat, s. Doctor rationem postulat evidentem.

Quod vero data opera haec s. Doctor verba adhibuerit, confirmari potest ex iis, quae in Dissert. ann. 1762. ad ea s. Augustini verba: *Quod enim nec contra fidem neque contra bonos mores esse convincitur, indifferenter esse habendum*, ita subdit: « Si noti la parola *convincitur;* sicchè secondo la dottrina di s. Agostino a noi è lecita ogni azione, purchè non siamo convinti e moralmente certi, che ella sia contro la fede o contro i buoni costumi ». Quae quidem etiam in postrema *Systematis moralis* editione sic n. 70. leguntur: « Item s. Augustinus brevibus totum, quod dicimus, confirmat: *Quod enim nec contra fidem neque contra bonos mores esse convincitur* (nota, convincitur), *indifferenter esse habendum.* Quaelibet ergo actio nobis permissa est, modo convicti aut moraliter certi non simus, illam contra fidem aut bonos mores esse ».

13. Ut paucis itaque rem costringamus, thesis s. Doctoris, quae negat licitum esse usum opinionis minus probabilis adversus probabiliorem pro lege, iuxta ea, quae huc usque ex ipso s. Doctore attulimus, supponit pro lege stare opinionem (hanc s. Doctor appellat *certe et notabiliter probabiliorem*), quae *certum fundamentum habeat, ipsam esse veram;* supponit pro ea stare *evidentem rationem, quae de eiusdem veritate convincere possit;* adeo ut non modo *verior, sed et moraliter aut quasi moraliter certa* censeri debeat; supponit, ita constare de veritate ipsius, ut *moraliter et sufficienter promulgata* haberi possit; contraria vero opinio haberi uti probabilis non queat, sed aut improbabilis aut saltem tenuiter aut dubie probabilis remaneat.

14. Hinc vero est, quod cl. P. Michael Haringer e Congregatione ss. Redemptoris et Theologiae Moralis Professor in not. ad n. 40. lib 1. Theologiae Moralis s. Alphonsi edit. Ratisbon. 1846. maius pondus attribuat opinioni, quae a s. Alphonso *notabiliter* probabilior appellatur, quam opinioni, quae etiam ab eodem s. Alphonso et communiter ab Auctoribus dicitur *probabilissima.*

Textus eximii viri sic habet: « Quoniam plurimum interest, ut lectores terminos probabilitatum bene intelligant et sensum s. Auctoris recte percipiant, varios terminos cum suis relationibus hic apposuimus ».

« Primum locum adhuc supra probabilitatem tenet *certitudo absoluta,* quam statim sequitur *certitudo moralis,* quae non bene dicitur opinio, sed sententia (Hom. Ap. 1. n. 29). Ad formandam hanc certitudinem moralem (sic scribit in Dissertatione de usu opinionis probabilis) non requiritur, ut auctores oppositum tenentes omni ratione adhuc levi careant; sed sufficit, si sententia illa, omnibus perpensis, ita vera appareat, ut contrariae vix supersit apparentia veritatis et excludat omnem formidinem prudentem. Certitudini opposita est omnino improbabilis ».

« AD CERTITUDINEM MORALEM PROXIME ACCEDIT OPINIO MULTO, VALDE AUT NOTABILITER PROBABILIOR, QUAE NON EST IAM STRICTE DUBIA, SED MORALITER AUT QUASI MORALITER CERTA ET OPPOSITA FIT TENUITER PROBABILIS ».

« Sequitur opinio *probabilissima,* quae aliquando etiam, sed minus recte, moraliter certa dicitur. Huic opposita est *dubie probabilis* ».

Neque aliter cl. et eximius P. Michael Heilig e Congregatione et ipse ss. Redemptoris ac Theologiae Moralis Professor, in not. ad eundem locum s. Alphonsi edit. Paris 1866. has relationes oppositionis sic describit.

« Relationes oppositionis variarum sententiarum probabilium iuxta mentem auctoris (s. Alphonsi) haec sunt:

Probabili ·	contradictorie (?) opponitur	probabilis, valde probabilis.
Probabiliori (sc. parum)	»	minus probabilis, probabilis.
Probabiliori (sc. notabiliter)		} tenuiter aut dubie probabilis.
Probabilissimae		
Certae		} improbabilis, non probabilis.
Verae seu *veriori*	»	

15. Haec cum ita sint, inspiciendum demum est, num s. Doctor dum semel et iterum appositis luculentissimis dissertationibus ann. 1749. et 1785. docuit atque impensissime propugnavit, *licitum esse sequi opinionem probabilem in concursu probabilioris pro lege,* opinionem *probabiliorem* eo sensu adhibuerit, quo dein usus est vocibus *opinionis certe aut notabiliter probabilioris,* ubi thesim statuit, *licitum non esse amplecti opinionem minus probabilem in concursu opinionis certe et notabiliter probabilioris pro lege.* Atqui nonnisi per maximam in s. Doctorem iniùriam id affirmare quis posset. Quid enim? Suspicari numquid quispiam poterit, s. Doctorem ann. 1749. et 1755. ad huiusmodi opinionum monstra devenisse, ut defenderet licitum esse sequi opinionem *tenuiter aut dubie probabilem* in concursu opinionis (pro lege), quae *certum habet fundamentum, ipsam esse veram, cuius veritatem convincit evidens ratio,* quae *moraliter aut quasi moraliter est certa* et vi *cuius lex moraliter et sufficienter promulgata dici debet?*

16. Sed, omissis ratiocinationibus, ipse s. Doctor dissertissime indicavit discrimen, quo intelligenda sit tum opinio iuxta communem sensum *probabilior,* tum opinio, quam ipse *certe* aut *notabiliter probabiliorem* dicere consuevit.

Et sane revocentur s. Doctoris verba superius n. 11. allata et quidem ex dissert. ann. 1755. n. 13. Cum probabilioristae, ut diximus, contra s. Doctoris thesim de licito usu opinionis probabilis in concursu probabilioris pro lege, obiicerent, minorem probabilitatem elidi a maiori alterius opinionis probabilitate, reposuit s. Doctor. « At recte respondent Auctores nostri, falsum esse, maiorem probabilitatem elidere minorem, nisi quando... opinio probabilior habeat pro se tam convincens argumentum, ut contraria vere improbabilis vel non amplius graviter et certo probabilis habeatur. Secus tamen dicendum, si excessus non sit notabilis ». Manifestissime ergo s. Doctor distinguit opinionem probabiliorem communi sensu acceptam ab opinione, quae pro se habeat tam convincens argumentum, ut contraria non remaneat vere probabilis, propter nempe notabilem excessum probabilitatis contrariae et dum defendit, licitum esse usum opinionis probabilis in concursu probabilioris pro lege, hypothesim opinionis *notabiliter* probabilioris manifeste excludit. Falsissime igitur assereretur, s. Doctorem, dum negat licitum esse amplecti opinionem minus probabilem, si opinio pro lege est certe seu notabiliter probabilior, aliquo modo contradicere thesi, qua defendit licitum usum opinionis probabilis in concursu probabilioris aut ullo modo primam illam doctrinam reiicere aut improbare.

17. Nil proinde mirum, quod s. Doctor dum defendit, licitum usum opinionis probabilis in concursu probabilioris pro lege, ea omnia reiiciat atque refutet, quae mere ad posteriorem thesim de opinione notabiliter probabiliori explicandam aut confirmandam pertinent. Quod discrimen inter binas theses si quis non habeat prae oculis, iam s. Doctori, hanc quaestionem versanti, nihil nisi turpissimam contradicentium sibi sententiarum congeriem cogetur affingere.

18. Et sane superius n. 5. s. Doctorem vidimus affirmantem, teneri nos ad sequendam opinionem certe probabiliorem pro lege.

At vero ecce s. Doctorem cernis hanc obligationem negare, dum pristinam thesim defendit. Ita ipse dissert. ann. 1755. n. 21: « Peto ab adversariis, ut indicent, si possunt, ubinam scriptam hanc legem invenerint, quod teneamur inter opiniones probabiles probabiliores sequi? Haec lex quidem, prout universalis, deberet omnibus esse nota et certa; at quomodo potest ista lex dici certa, cum communis sententia Doctorum, saltem maior eorum pars, post tantum examen, absolute asserant, hanc legem non adesse? Usquedum igitur de tali lege dubitatur, opinio quod adsit ista lex sequendi probabiliora, quamvis alicui videatur probabilior, nunquam tamen lex dici poterit, sed appellanda erit mera opinio... fallibili motivo deducta, quae vim nequaquam habet, ut lex, obligandi ». An putabimus s. Doctorem hanc legem deinceps invenisse?

Et rursus ibid. n. 33.: « Dices adesse aliam legem generalem, quae iuxta lumen naturae obligat ad probabiliora sequenda. Sed iterum rogo: De hac alia universali lege, *quae gratis supponitur*, ubi scriptum est? Undenam scientiam eius habemus, cum rationes, ut diximus, potius suadeant, hanc legem non exstare; praesertim quia non praesumitur Deus voluisse hominibus imponere hanc durissimam obligationem sequendi semper opiniones probabiliores, tanto cum onere et periculo errandi formaliter vel ob omissionem debitae diligentiae vel ob hallucinationem passionis? »

Concludit proinde s. Doctor ibid. n. 41.: « Probabilissimum est, non adesse hanc legem sequendi probabiliora ». Et rursus ibid. n. 52.: « Dicimus, quod nostra sententia, nempe quod *liceat sequi opinionem probabilem pro libertate, relicta probabiliori*, est longe probabilior sive probabilissima, immo moraliter seu lato modo certa. Id patet ex argumentis supra expositis... Adde his argumentum potissimum..., nimirum quod si sententia benigna fuisset falsa, minime quidem communiter a Doctoribus fuisset undique recepta, ut revera recepta fuit, aut saltem Ecclesia eam non tolerasset, permittendo quod animae communiter per hanc perditionis viam, ut adversarii clamitant, a talibus caecis ducibus deceptae incederent... Haec argumenta (ibi scilicet praemissa) singula quidem valent certitudinem nostrae sententiae ostendere; tanto magis simul iuncta ».

En itaque s. Doctorem validissime suam ipsius thesim impugnantem, si utramque thesim obvio sensu, spectato tantum verborum tenore, accipias. Omnis vero contradictio evanescit, si alteram de opinione probabiliori ad mentem Gonzalez, Antoine ac Pattuzzi intelligis, alteram vero de opinione probabiliori iuxta communem sensum accepta.

19. Alias vidimus supr. n. 10. s. Doctorem, ad probandum non licere sequi opinionem minus probabilem, probabiliori omissa, ita ratiocinari *Syst. Moral.* 1785. n. 56: « Ratio est, quia ad licite operandum debemus in rebus dubiis veritatem inquirere et sequi; at ubi veritas clare inveniri nequit, tenemur amplecti saltem opinionem illam, quae propius ad veritatem accedit, qualis est opinio probabilior ».

Atqui hanc ipsam ratiocinationem obiicientibus probabilioristis, s. Doctor eam uti falsam reiicit ac porro sic respondet Dissert. 1755. n. 35.: « Obiiciunt, quod veritas cognita procul dubio sequenda est. Sicut igitur quando veritas certa apparet pro lege, tenemur eam sequi; ita et quando res apparet verisimilior. Sed negatur paritas: quando apparet veritas pro lege, utique tenemur eam sequi, quia tunc lex manifeste apparet, unde nemo potest sibi rectam conscientiam formare (scilicet·de non exsistentia aut dubietate legis). Secus si res tantum apparet verisimilior; tunc enim cum veritas verisimiliter stet etiam pro altera parte, lex est dubia et ideo in isto casu vel non adest lex vel non obligat ».

Et rursus ibid. n. 54.: « Et sic respondetur ad obiectionem dicentium, quod cum sit obligatio sectandi veritatem, tenemur sequi quod verisimilius nobis videtur. Nam, ut supra diximus, duae veritates sunt omnino distinguendae, veritas opinionis et veritas honestatis quoad usum opinionis. Utique tenemur sequi quod verisimilius apparet circa veritatem honestatis usus, non autem semper quod apparet verisimilius circa veritatem opinionis. Unde bene potest haberi formido de rei veritate et certitudo de honestate actionis; quia pluries esto lex probabilius videatur adesse: tamen probabilius erit eam non obligare et ex eo formamus iudicium practicum moraliter certum de licito; quare non est idem facere contra conscientiam et facere contra id, quod speculative probabilius apparet ».

Eadem porro, ac supra, animadversio occurrit. Verum est primum illud, quod obiicitur, quando maior pro lege probabilitas est eiusmodi, quae ad mentem Gonzalez ac Pattuzzi morali certitudini aequiparari debeat; verum est et posterius, quod a s. Doctore respondetur, quando opinio probabilior communi sensu accipitur.

20. Aliam rationem obligationis sectandi probabiliora habemus, ut vidimus, apud s. Doctorem, ubi scribit, legem tunc moraliter certam evadere. Ita *Hom. Apost.* tr. 1. cap. 3. n. 31.: « Ratio est, quia quando opinio pro lege est certe probabilior, tunc lex non est amplius dubio stricto dubia, ut accidit, cum opiniones tam pro lege, quam pro libertate, sunt aeque probabiles; sed est moraliter certa ». Et in Dissert. ann. 1773. n. 2.: « Tunc opinio tutior iam non est dubia, intelligendo de dubio stricte sumpto, sed est moraliter aut quasi moraliter certa ».

Atqui ubi s. Doctor defendit benignam sententiam, aperte negat, quod opinio probabilior certam notitiam legis importet. Ita ipse in Dissert. 1755. n. 31.: « Nec valet dicere, quod cum apparet probabilior aliqua opinio pro lege, tunc maior illa probabilitas legem declarat scientiamque legis iam exhibet. Nam scientia, uti patet, importat certam notitiam de exsistentia legis; opinio autem etiam probabilior, cum non removeat prudentem formidinem oppositam, est toto caelo diversa a scientia, quae, omni prudenti formidine exclusa, praesefert certitudinem ».

21. Neque minus s. Doctor illud reiicit, quod opinio probabilior in casu non sit amplius dubia, sed *moraliter certa* evadat. Ita in Dissert. 1755. n. 13.: « Maior probabilitas, quae stare videtur pro lege, non efficit, ut censeatur certitudo moralis adversus opinionem oppositam, quae gravi adhuc nititur fundamento ». Et paulo infra n. 14.: « Maior probabilitas alicuius opinionis minime reddit oppositam improbabilem ».

Et rursus ibid. n. 56.: « Respondent hi (nempe probabilioristae), quod opinio probabilior respectu ad oppositam est moraliter certa, cum maior probabilitas elidat minorem. Sed haec responsio futilis est, ut supra vidimus ».

Pugnantia igitur et heic habemus, nisi, uti par est, alia de probabiliori ad mentem Gonzalez et Pattuzzi, alia intelligas de probabiliori iuxta communem vocis acceptionem.

22. Eadem animadversio recurrit circa aliud principium, cui s. Doctor superstruit sententiam, qua laxistas, prout videbimus, intendit oppugnare, negando scilicet licitum esse usum opinionis probabilis, omissa probabiliori. Scribit nempe, quod « opinio probabilior pro se habet *certum fundamentum, ipsam esse veram* ». Ita in Dissert. ann. 1773. n. 2. Et hoc ipsum ita s. Doctor repetit in *Hom. Apost.* Tr. 1. cap. 3. n. 31.: « Est moraliter certa (scilicet opinio probabilior), quum pro se habeat *fundamentum certum, quod sit vera* ».

At vero hoc ipsum dissertissime s. Doctor negat, ubi scribens pro benigna sententia haec habet Dissert. 1755. n. 17.: « Opinio probabilior non potest dici *opinio vera:* alias opinio probabilior esset veritas manifesta, quod repugnat; cum veritas manifesta sit proprie scientia, non opinio, sed semper dici debet probabiliter seu fallibiliter vera. Nam cum ipsa a motivo fallibili ortum habeat et fines probabilitatis non excedat, infertur quod opinio contraria sit etiam probabiliter vera. Ex quo evenit, quod magni Auctores, licet aliquam sententiam probabiliorem iudicent, contrariam tamen non dubitant vocare satis vel valde probabilem, prout De Lugo *de Poenit.* disp. 107. n. 107.

Ita et in Dissert. a s. Doctore edita ann. 1749. § 1.: « Instant alii ex adversariis... et dicunt, quod saltem tenenda est opinio, quae magis vera cum aliqua sufficienti praeponderantia apparet. Sed respondetur, quod haec apparentia non efficit, ut opinio probabilior sit verior, quam minus probabilis; quia veritas consistit in indivisibili et secundum se non potest esse maior vel minor, sed tantum potest magis vel minus apparere. Haec autem apparentia... multipliciter fallere potest ».

23. Eademque plane ratione, defendens s. Doctor benignam sententiam, explodit alteram partem principii n. praec. allati pro opinione *certe probabiliori*, nempe quod « e contrario opinio minus probabilis, quae libertati favet, tale habet fundamentum, quod vera non sit ». Ita in *Hom. Apost.* tract. 1. cap. 3. n. 31.

De eiusmodi itaque principio sic e contrario disserit in Dissert ann. 1755. n. 13.: « Quando adsunt duae opiniones, altera magis, altera minus probabilis, tunc non fit comparatio inter veritatem et falsitatem; atque adeo si minus probabilis eligitur, non ideo praefertur falsitas veritati: sed comparatio fit inter duas apparentias veritatis, quarum licet una videatur maior quam altera, utraque tamen videtur magna, ita ut *utraque possibiliter sit vera;* qua de re eodem tempore, quo opinio probabilior apparet verisimilius vera, apparet etiam verisimiliter falsa et opinio opposita apparet simul verisimiliter vera ».

Et huc faciunt ea quoque, quae n. 17. legimus, ubi s. Doctor ita sibi obiicit: « Ad quid igitur, dices, deserviet probabilitas illa minor? » Et respondet: « Deserviet ad ostendendum, quod *veritas etiam verisimiliter potest pro illa stare* et consequenter quod lex eo casu, cum sit dubia, non obligat. Unde tunc non quidem dicetur opinio minus probabilis esse vera; sed rationabiliter credendo, quod sit verisimilis, verum esse iudicabitur, hominem non teneri ab usu illius abstinere, non obstante quod opinio pro lege verisimilior appareat ».

24. Imo tantum abest, ut ex sententia s. Alphonsi opinio *minus probabilis* haberi debeat ceu *non vera*, eo quod contra se habet probabiliorem, ut s. Doctor nedum opinioni probabiliori, sed ne probabilissimae quidem hanc vim tribuat. Obiicientibus scilicet probabilioristis, quod ubi lex est dubia, agendo quis contra eam peccat, quia exponit se periculo peccandi, s. Doctor hinc etiam retundit obiectionem, quod hoc periculum transgrediendi legem ne tunc quidem absit, quando opinio pro libertate sit probabilissima; quippe ne probabilissima quidem impediat, quominus apposita possit esse vera.

Ita s. Doctor in *Mor. System.* 1785. n. 82.: « Sed praeterea dico..., quod is, qui credit, nunquam esse licitum se exponere periculo laedendi legem et contra dicit, posse opinionem minus tutam teneri solummodo quando est probabilissima; difficillime et vix unquam induci poterit ad eam sequendam cum secura conscientia, nisi eam invenerit stricte certam et ab omni formidine immunem. Et sic ratiocinor: opinio probabilissima illa est, quae etsi supremum obtinet probabilitatis gradum, tamen fines probabilitatis non excedit... et ideo, prout communiter Doctores aiunt, opinio probabilissima, quae etiam moraliter certa, large tamen loquendo, vocatur, omnem prudentem formidinem non excludit, ne sit falsa, ad differentiam opinionis sive sententiae stricte certae, quae omnem prudentem formidinem excludit. Si ergo opinio probabilissima omnem prudentem formidinem non excludit..., quod sit falsa, ita opinio probabilissimae opposita non caret omni prudenti motivo, quod sit vera ».

Undenam itaque eiusmodi apud s. Doctorem specie tenus contradictiones, ut opinioni *probabiliori* tribuat *fundamentum certum* de ipsius veritate, quod nec *probabilissimae* tribuit? Palam est; alibi nomine opinionis certe probabilioris intelligit opinionem seu sententiam prope moraliter certam, quam proinde cl. P. Haringer (vid. sup. n. 14.) etiam probabilissimae anteponit; alibi opinionem probabiliorem sensu communi et etiam apud ipsum determinato accipit.

25. Et hoc quidem sensuum harum vocum discrimen advertendum occurrit quoad aliam hanc s. Doctoris affirmationem, nimirum quod si opinio pro lege sit certe probabilior, « opinio minus tuta remaneat improbabilis aut tenuiter seu saltem dubie probabilis respectu tutioris. Ita

enim in dissert. ann.1773. n.2. Idque repetit. s. Doctor *Hom. Apost.* tr. 1. cap. 3. n. 31. inquiens: « Opinio minus probabilis... tale habet fundamentum, ut... remaneat tenuiter sive saltem dubie probabilis prae opinione tutiore ».

Etenim ex s. Alphonsi apertissima sententia tunc solum minus tuta evadit tenuiter probabilis, cum pro lege stat opinio seu sententia moraliter certa. Atqui, ut ipse s. Doctor protestatur Dissert. 1755. n. 13, « falsum est dicere, quod opinio probabilior sit moraliter certa respectu ed minus probabilem ». Et hanc ibidem reddit rationem « quia opinio probabilior non est moraliter certa, nisi tam excedat probabilitatem alterius, ut haec improbabilis appareat, vel saltem tenuiter probabilis ». Et concludit: « Haec responsio utique recta est et omnino evincit, quod maior probabilitas alicuius opinionis minime reddit oppositam improbabilem ».

Et haec quidem luculenter confirmantur ex definitionibus suo systemati praestitutis. « *Probabilis* est inquit *Syst. mor.* 1785. n. 40. quae gravi fundamento nititur vel intrinseco rationis, vel extrinseco auctoritatis, quod valet ad se trahere assensum viri prudentis, etsi cum formidine oppositi. *Probabilior est*, quae nititur fundamento graviori, sed etiam cum prudenti formidine oppositi, ita ut contraria etiam probabilis censeatur ».

Nonne igitur manifesta appareret omnium oculis inter haec contradictio, nisi quis adverteret, alibi pro opinione certe probabiliori intelligendam esse ex mente s. Doctoris opinionem moraliter aut quasi moraliter certam, quae profecto nihil habet commune cum recepta ab omnibus huius vocis acceptione?

26. Aliud demum principium vidimus sup. n. 10. a s. Alphonso propositum, nempe per opinionem certe probabiliorem iam *sufficienter promulgatam* legem evadere. Quod quidem praeter loca ibidem allegata legimus et in *Hom. Apost.* tract. 1. cap. 3. n. 31.: « Est et alia ratio, quod nos observare debeamus praeceptum illud, quod sufficienter fuisse nobis propositum possimus iudicare et prudenter credendum est, sufficienter fuisse propositum, cum pro legis exsistentia argumenta adsunt graviora ».

Atqui eiusmodi principium, quod admitti citra difficultatem potest ac debet, quando nomine opinionis probabilioris intelligitur opinio *moraliter certa,* argumenta autem graviora intelliguntur ea, quae, ut alibi inquit s. Doctor (vid. sup. n. 12.) *de veritate convincunt,* ipse s. Doctor prorsus refellit, ubi sermo sit de opinione iuxta communem acceptionem probabiliori. Huiusmodi itaque opinionem ecce quomodo aequipollere legis promulgationi inficietur Dissert. ann. 1755. n. 38.: « Patet igitur ex praefato textu s. Thomae *legem non posse dici satis intimatam per solam opinionem probabiliorem ;* cum enim opinio necessario formidinem in oppositum includat, ut supra ostendimus, nunquam *scientia* dici valet. Ergo etiamsi alicui probabilius appareat adesse legem prohibentem, nequit

tamen dici, quod ipse legem sciat, quando probabilìter adhuc putet, illam
non exsistere et forte non exsistet. Cum autem promulgatio pertineat ad
legis essentiam, quando dubitatur de promulgatione, etiam de lege dubitatur; unde sicut lex debet esse certa ut obliget, ita et promulgatio, quae
est constitutivum legis ».

Huc faciunt, quae s. Doctor reponit adversariorum obiectioni ibid. n. 32.:
« Quando, inquiunt (scilicet probabilioristae), pro lege probabilior opinio
seu ratio assistit, sat illa legem elucidat et ad legem obstringit ». Ad
quae s. Doctor: « Sed primo negatur omnino, quod huiusmodi legis declaratio dubia, utpote orta ex opinione fallibili, etsi probabiliori, ad legem
obligare possit. Nam in rebus dubiis declaratio legis se habet ut nova
lex et ideo sicut lex ad obligandum debet esse certa, ita et declaratio...
Propterea declaratio, quod tunc locum habeat lex, debet pariter, prout
lex, esse certa et infallibilis, ut possit obligare; nam alias adhuc ad legem
dubiam obstringeremur ».

27. Et haec quidem s. Doctor inculcat etiam in postrema *Systematis
moralis* editione. Ita n. 63.: « Lex vero ut obliget, non tantum promulganda est, sed etiam promulganda est ut certa. *Et hoc punctum firmiter
est statuendum...* Ex huiusmodi fundamento firmitatem haurit nostra
sententia, nempe non posse legem incertam certam obligationem imponere. Dico itaque, neminem ad aliquam legem servandam teneri, nisi alicui
ut certa manifestetur... Hinc omnes ad asserendum conveniunt, quod lex,
ut obliget, debet esse certa ac manifesta, debet uti certa manifestari sive
innotescere homini, cui promulgatur ».

Nec aliter s. Doctor in alio opere *Hom. Apost.* tr. 1. cap. 3. n. 37.: « ut
lex sit sufficienter promulgata, opus est, ut sit proposita et manifestata *ut
certa;* quemadmodum superius diximus et quemadmodum dicit s. Thomas cum omnibus theologis ».

28. Quod vero ubi sola habetur probabilitas, desit certa huiusmodi
promulgatio seu notitia legis, id clarissime a s. Alphonso confirmatum
cernere proderit. Huc faciunt s. Doctoris verba alias allata dissert. 1755.
n. 33.: « Nec valet dicere, quod cum apparet probabilior aliqua opinio
pro lege, tunc illa maior probabilitas legem declarat scientiamque legis
iam exhibet. Nam *scientia,* ut cuique patet, importat certam notitiam de
exsistentia legis; opinio autem etiam probabilior, cum non removeat prudentem formidinem oppositam, est toto caelo diversa a *scientia,* quae
omni prudenti formidine exclusa, praesefert certitudinem ».

Et in Apologia contra Adelphum Dositheum § II: « Il P. Lettore dice,
che per la voce *scienza* non s'intende la cognizione certa del precetto,
ma s'intende la semplice notizia di quello, come già nel caso nostro di
due probabili ve ne sarebbe la probabile notizia... Ma che sotto il nome
di scienza s'intenda la notizia probabile, questa è una significazione nuova.

di nuovo vocabolario. Tutti i filosofi con s. Tommaso distinguono l'opinione dalla scienza, che è una cognizione certa di qualche verità: e
s. Tommaso in questo passo replica tante volte scienza e non opinione...
s. Tommaso se avesse voluto unirsi al mio oppositore, avrebbe dovuto
dire: Nullus ligatur per praeceptum aliquod, *nisi mediante* DUBIO *illius
praecepti.* Ma no, il Santo ha detto: *Nisi mediante* SCIENTIA *illius praecepti.* E che il Santo col dire *scientia* ha inteso parlare della vera scienza,
non del dubbio o sia opinione dubbiosa, si vede chiaramente da tutto
il contesto ».

Haec autem repetita invenimus in postrema *Systematis moralis* editione ann. 1785. Ita enim n. 71. legitur: « P. Lector obiicit..., ad reddendam
legem satis promulgatam satis esse notitiam tantum probabilem, quae
ex opinione tantum probabili stante pro lege iam habetur. Huic obiectioni
dico primo, verbum *notitia,* iuxta omnia vocabularia, idem esse ac cognitio. Cognitio autem legis et opinio probabilis legis omnino differunt ».

Et rursus n. 76. post allegata verba s. Thomae *de Verit.* q. 17. art. 3.,
*Nullus ligatur per praeceptum aliquod, nisi mediante scientia illius
praecepti,* prosequitur: « Obiicit (Patutius), sub voce *scientiae* non intelligi cognitionem certam, sed tantum simplicem praecepti notitiam, quae
(ut ait) in nostro casu probabiliter iam habetur ob utriusque opinionis
probabilitatem. Respondeo et dico primo: Quod sub nomine scientiae intelligatur probabilis notitia, haec est novi vocabularii nova significatio; dum
philosophi omnes cum eodem s. Thoma distinguunt opinionem a scientia,
quae accipitur ut *cognitio certa alicuius veritatis.* Sed instat P. Lector,
quod s. Thomas sub voce scientiae intelligit, comprehendi adhuc notitiam
probabilem, quae iam habetur in casu nostro. Angelicus enim (ut ait) ibidem subdit: *Et ideo ille, qui non est capax notitiae praecepti, non
ligatur.* Sed pariter dico: in omnibus vocabulariis *notitiam* pro eodem
significare, ac cognitionem; unde notitia legis idem est ac cognitio legis...
Sed quod s. Thomas, dicendo *mediante scientia,* intenderit loqui non de
dubio sive de dubia opinione, sed de vera scientia, constat ex contextu
articuli, dum ait: *Sicut autem in corporalibus agens corporale non agit,
nisi per contactum (coactionis ad rem* ut supra dixerat); *ita in spiritualibus praeceptum non ligat, nisi per scientiam...* Ergo sicut qui
actualiter non est ligatus, potestatem habet divertendi quo vult; ita qui
non adhuc est ligatus a praecepto mediante illius praecepti scientia, potestatem habet agendi quod voluerit ».

Ergo ut sibi invicem s. Doctoris assertiones cohaereant, retinendum est,
probabilitatem illam notabiliter maiorem, qua iuxta s. Doctorem fit,
ut lex *sufficienter* atque adeo *certo promulgata censeri debeat,* aequi-
parandam esse notitiae certae seu scientiae, quae prudentem omnem formidinem excludit, et quae, prout testantes vidimus PP. Haringer et Heilig,

longissime distat ab ea opinione probabiliori, quae, fatente eodem s. Alphonso, non nisi per vocabulorum abusum sufficiens dicitur ad legis promulgationem quaeque non excludit, quominus opposita opinio sit probabilis ac porro possit esse vera.

29. Et sensum, quo s. Alphonsus accipiebat phrasim *opinionis notabiliter probabilioris* aut opinionis *notabiliter minus probabilis*, iuverit ulteriori hoc haud minus manifesto argumento confirmare.

Agens nimirum s. Doctor de obligatione, qua confessarius tenetur, absolvendi poenitentem rite dispositum *Syst. moral.* 1785. n. 84. affert haec verba Cabassutii: « Quivis confessarius absolvere debet eum poenitentem, qui non vult ab opere abstinere, quod secundum probabilem piorum et doctorum aliquot hominum non reprobatam in Ecclesia auctoritatem, est licitum; quamvis iuxta probabilem aliorum auctoritatem, quam ipse sequitur confessarius, habeatur minus probabilis, ut ostendunt Navarrus, Sylvius etc. ».

Porro ad illa Cabassutii verba — *quamvis... habeatur minus probabilis* — s. Doctor in interposita parenthesi addit hanc glossam: *Intelligendum,* NON NOTABILITER MINUS. Affirmat igitur s. Doctor, confessarium nec debere nec posse absolvere poenitentem, qui abstinere non vult ab opere innixus tantummodo *opinioni notabiliter minus probabili.*

30. Atqui collatis eiusdem s. Doctoris sententiis manifeste apparet, iis verbis poenitentem denotari, cuius opinio sit *certe, immo evidenter falsa,* ut aperte colligitur ex hoc s. Doctoris textu lib. 6. n. 604.: « Iudicium confessarii circa dispositionem poenitentis in hoc tantum consistit, nempe in cognoscendo, quod poenitens vere doleat de suis culpis et vere proponat eas non iterare. Quod vero poenitens velit hanc vel illam opinionem sequi, hoc impertinenter se habet ad iudicium confessarii; nisi hic iudicet, *opinionem poenitentis esse evidenter falsam* ».

Et rursus ibid.: « Quando ex una parte poenitens sibi efformat iudicium de honestate actionis et alias confessarius *non habet certitudinem evidentem de illius falsitate,* tenetur illum absolvere, utpote sufficienter dispositum ».

Et rursus ibid.: « Ex his omnibus concluditur, quod confessarius non est quidem iudex opinionum, quae versantur circa obligationem poenitentium, *modo illae non appareant ipsi evidenter falsae* ».

Et rursus ibid.: « Confessarius vero, *quoties sua opinio non est evidenter certa,* non potest obligare poenitentem ad illam sequendam; unde tunc non solum potest, sed etiam tenetur eum absolvere ».

Et rursus ibid.: « Si confessarius habet pro sua opinione principium certum, cui nullum videt patere responsum, et *clare cognoscit,* opinionem poenitentis... niti falso fundamento ac rationes illius procedere ex aequivocatione, tunc dico cum Navarro et s. Antonino confessarium non posse poenitentem absolvere, quem videt pertinaciter velle sequi *opinionem evidenter erroneam* ».

Idque repetit s. Doctor in *Hom. Apost.* tract. XVI. n. 119. ubi inquit: « Non potest confessarius sine gravi iniustitia absolutionem ei denegare, nisi cum *illam opinionem omnino falsam habet* ».

Ex his itaque pronum est concludere, ne s. Doctorem Alphonsum ceu sibi minus cohaerentem traducamus, opinionem notabiliter minus probabilem apud ipsum aequipollere opinioni *certo et evidenter falsae, opinioni evidenter erroneae et omnino falsae, cuius opposita cognoscitur ut evidenter certa*, atque adeo hunc sensum nihil commune habere cum communi opinionis probabilis, licet minus acceptione.

31. Idque alia quoque via evincitur. Et sane s. Doctor *Syst. Mor.* 1785. n. 84. haec praemittit: « Confessarius, quoties opinio sua non est *evidenter certa*, tunc non solum potest, sed etiam tenetur eum (poenitentem) absolvere, permittendo, ut ille opinionem suam sequatur, semper ac poenitens cum illa opinione efformet sibi conscientiam de honestate actionis »: deinde autem subdit: « Hanc sententiam dicunt Laymann, Lugo, Sanchez, Valentia etc., locum habere, etiamsi confessarius opinionem poenitentis falsam haberet ».

Verum hanc sententiam s. Doctor ita circumscribendam censet: « Hoc vero tunc solum admittendum puto, cum opinio poenitentis aliqualem habet probabilitatem, ita ut confessarius, esto eam non habeat ut solide probabilem, tamen non reputet omnino falsam ». Hinc porro licet sic arguere: s. Doctor concedit, absolvi posse poenitentem, cuius alioquin opinio non nisi *aliqualem*, utcumque *non solidam* probabilitatem habet, quam tamen confessarius non reputet omnino falsam. Atqui idem s. Doctor negat absolvi poenitentem posse, si huius opinio sit *notabiliter minus probabilis*. Ergo iuxta s. Doctorem opinio notabiliter minus probabilis neque aliqualem, etiam *non solidam*, probabilitatem habet, adeo ut confessarius illam pro omnino falsa habere debeat.

32. Quod vero opinio *aut notabiliter probabilior* aut *notabiliter minus probabilis* pro diversitate sensus nullo modo confundi debeat cum opinione aut *probabiliori* aut *minus probabili* iuxta communem acceptionem, inde manifestum fit, quod ipse s. Doctor, quando has voces usurpat iuxta sensum penes theologos omnes communissimum, eandem, ac supra, controversiam tractans, an scilicet possit confessarius absolvere poenitentem diversimode opinantem ab eodem confessario, conclusiones prorsus contrarias praecedentibus habet. Ita v. gr. lib. 6. n. 604. sic legimus: « Secunda sententia *communis et sequenda* docet, non solum posse, sed etiam teneri sub gravi confessarium absolvere poenitentem, qui vult sequi opinionem *probabilem*, licet opposita videatur *probabilior* ». Atqui contrariam habet s. Doctor sententiam, si *certe* aut *notabiliter probabilior* heic intelligatur.

Et eodem lib. 6. n. 604.: « Pauci dicunt peccare confessarium, si absolvat poenitentem, qui vult sequi opinionem *minus probabilem;* alii
vero *auctores gravissimi et quamplurimi* tam ex antiquis, quam ex
recentioribus.dicunt peccare, si non absolvat ». Atqui s. Doctor stat cum
prioribus paucis, si intelligas *opinionem notabiliter minus probabilem;*
secus ecce quomodo rem definiat, nimirum secundum benignam sententiam illam, quam in dissert. ann. 1749. et.1755. et quam heic quoque
commendat. Ibidem enim sic prosequitur: « Stante hac communi sententia (quam nempe dixerat secutos *auctores gravissimos et quamplu-
rimos tam ex antiquis, quam ex recentioribus*), tot auctoritatibus ĕt
rationibus roborata, non video quomodo possit confessarius tuta conscientia absolutionem denegare volenti sequi opinionem, quae ipsi poenitenti probabilis apparet, imo forte probabilior, si non directe, saltem
reflexe, ut communiter sentiunt auctores probabilistae, qui sequendo
opinionem probabilem in concursu probabilioris pro lege, existimant amplecti sententiam reflexe probabiliorem, utpote *gravioribus fundamentis
et communissima doctorum auctoritate firmatam* ».

33. Quid porro ex hucusque dictis concludere liceat, satis patet: nimirum quisquis contendat aut mere sibi suadeat, doctrinam, *quae negat
licitum esse sequi opinionem minus probabilem, quando pro lege stat
opinio certe aut notabiliter probabilior,* oppositam iuxta s. Alphonsi
mentem esse doctrinae prius ab ipso propugnatae, *licitum esse sequi
opinionem probabilem, relicta probabiliori pro lege* atque adeo contendat aut persuasum habeat, s. Doctorem ab altera hac doctrina recessisse imo eam reiecisse atque improbasse; iste aut peregrinum se in
s. Alphonsi operibus ostendit aut eiusdem s. Doctoris sensa non nisi
leviter perscrutatus est aux certe bona fide lectorum abutitur et placita
sua, obtento s. Doctoris Alphonsi nomine, venditare studet.

34. At enim, dices, nonne aperte priorem suam doctrinam s. Alphonsus
reiecisse dicendus est, quando improbavit sententiam quam communem
seculi praecedentis appellat? Satis enim clara sunt, quae legimus in
Hom. Apost.; quae verba desunt quidem in editione Taurinensi ann.1829.,
at prostant in Bassanensi ann. 1826. et ita sonant Tr. 1. n. 31.: « Utrum
autem liceat cum opinione probabili operari, tres adsunt sententiae:
quarum prima est, ut possit quis licite sequi opinionem etiam minus
probabilem pro libertate, licet opinio pro lege sit certe probabilior. *Hanc
sententiam elapsi seculi auctores quasi communiter tenuerunt;* sed
nos dicimus, eam esse laxam et licite amplecti non posse ». At vero
sententia, quam quasi communiter tenuerunt auctores, ut ait s. Alphonsus,
elapsi saeculi, non alia esse videtur, quam quae appellari benigna ab
ipso s. Doctore consuevit atque ab eodem in binis Dissertationibus
ann. 1749. et 1755. propugnata fuerat. Ergo s. Doctor sententiam, quam
prius tenuerat, postea reiecit atque tanquam laxam improbavit.

35. Respondeo in primis, mirum profecto videri debere, quod quispiam credere aut etiam suspicari aliquo modo queat, ex mente s. Doctoris eam *laxitatis* notam etiam ad sententiam ab ipso prius propugnatam referri posse. Nonne enim sententiam hanc suam dixerat *communissimam*, scribens Dissert. 1755. n. 3.: « Ultimam benigniorem et communissimam (sententiam) probandam aggredimur, nempe licitum esse uti opinione probabili etiam in concursu probabilioris pro lege ? Nonne id ipsum fassus est affirmari a Probabilistis, quin ipse ullo pacto improbaret, in postrema Theologiae moralis editione, in qua haec sententia lib. 6. n.° 604. in fine dicitur *gravioribus fundamentis et communissima auctoritate firmata*? Cf. sup. n. 32. Absurde igitur, quin etiam nisi per summam in ipsum s. Doctorem iniuriam quis credere atque affirmare posset, per s. Alphonsum laxitatis notam affingi illi doctrinae posse.

Dixi, *per summam in ipsum s. Doctorem iniuriam.* Et sane ipse s. Doctor eos, qui adversus benignam sententiam a se defensam convicia atque eiusmodi *Notas* intorquerent, damnatos affirmat per Apostolica decreta atque eam in rem affert Dissert. ann. 1749. §. 1. Innocentii XI. ista verba ex Decreto ann. 1679. edito, quae ita leguntur etiam in constitutione *Sollicita* Benedicti XIV. ann. 1753.: « Tandem ut ab iniuriosis contentionibus doctores seu scholastici aut alii quicumque in posterum abstineant, ut paci et caritati consulatur, idem Sanctissimus in *virtute sanctae obedientiae* praecipit, ut tam in libris imprimendis ac manuscriptis, quam in thesibus ac praedicationibus, caveant ab omni censura et nota nec non a quibuscumque conviciis contra eas propositiones, quae adhuc inter catholicos controvertuntur, donec a Sancta Sede recognitae sint et super eis iudicium proferatur ».

At vero nonne gravissimam s. Doctori iniuriam inferret, quisquis eum hac in re ceu violatorem praecepti, in virtute sanctae obedientiae ab Apostolica Sede impositi traduceret et quidem illi propositioni infligentem laxitatis notam, quam nedum inter catholicos controversam, sed ceu apud doctores catholicos communissimam ac moraliter certam defenderat et quidem postquam ipse proclamaverat, apostolico interdictum esse praecepto, ne eidem sententiae convicia ac Notae infligerentur?

36. Hisce et illud adde, quod s. Doctor scripserat de s. Caroli Borromaei ac s. Doctoris Francisci Salesii sententia circa eandem doctrinam. « Notandum, inquit Dissert. 1755. n. 6., quod s. Franciscus Salesius Epist. 34. lib. 1. scripsit cuidam Episcopo, ut assidue legat Summam Toleti; quia, ut dixit, *contiene dottrina sicura*. Idem s. Carolus in Instructione ad suos confessarios suadet legere Lessium et Reginaldum, qui ex professo tuentur *benignam sententiam*. Nec dicas, quod approbans aliquem auctorem non censetur singulas eius doctrinas approbare. Nam sententia benigna, cum sit generalis, se extendit ad singulos casus,

ubi habentur opiniones probabiles; idcirco nusquam invenietur quis ex probabilioristis, qui amico librum alicuius probabilistae proponat. Expresse favet etiam nostrae sententiae id quod docet N. SS. regnans Papa Benedictus XIV in celeberrimo opere *de Synodo*, quod licet ante Pontificatum scripserit, tamen in suo Pontificatu, ut ipsemet scribit, quasi de novo disposuit, ornavit et edidit ». Ita s. Doctor.

Quis itaque ita' desipiat, ut putet, s. Alphonsum putidam laxitatis notam illi doctrinae obiecisse, quam ipse a s. Doctore Francisco Salesio atque a s. Carolo Borromaeo laudatam commendatamque et horum ac Romani Pontificis Benedicti XIV. auctoritate confirmatam proclamat?

37. Ceterum ad obiecta s. Alphonsi verba sup. n. 34., respondendum est, thesim eo loco propositam nullo modo contradicere alteri thesi, quam s. Doctor in Dissertationibus ann. 1749. et 1755. propugnaverat atque adeo notam *laxitatis* inaniter et contra contextum huic thesi applicari.

Nam s. Doctor apertissime ibi loquitur de opinione probabili in concursu opinionis, quae etiam in obiecto textu dicitur *certe probabilior*. Quid vero valeat opinio, quam s. Doctor dicit *certe* probabiliorem et quantum distet a probabiliori iuxta communem acceptionem, satis superque in praecedentibus iam vidimus. Idque confirmatur ex iis, quae s. Alphonsus textui obiecto ita subdit. « Ratio est, quia quando opinio pro lege est *certe probabilior*, tunc lex non est amplius dubio stricto dubia..., sed est *moraliter certa*, cum habeat pro se *fundamentum certum ut vera sit*, ubi e contrario opinio minus probabilis, quae favet libertati, tale habet fundamentum ut vera non sit et remaneat tenuiter aut saltem dubie probabilis prae opinione tutiori ».

Contra vero *opinio probabilior*, prout eam s. Doctor usurpat in thesi ann. 1749. et 1755. non adimit probabilitatem opinionis contrariae, ut patet ex eius definitione ab ipso s. Alphonso tradita. « Opinio probabilior (inquit) ea est, quae nititur fundamento graviori; sed etiam cum prudenti formidine opposití, ita ut contraria sit etiam *vere probabilis*, seu graviter verisimilis, licet minus ». Patet igitur obiectum textum ad rem omnino non facere.

38. Potius in textu obiecto, non quoad substantiam doctrinae, sed quoad historiae veritatem, videri cuipiam obscurum illud poterit, quomodo s. Alphonsus falsam illam et absurdissimam doctrinam, nimirum licitum esse uti opinione minus probabili in concursu opinionis *certe et notabiliter* probabilioris, idest *moraliter* aut *quasi moraliter certae*, ceu fere communem auctoribus seculi 17. sic exhibuerit. « Hanc sententiam elapsi seculi auctores quasi communiter tenuerunt; sed nos dicimus, eam esse laxam et licite amplecti non posse ».

Praeterquam quod enim merito debet incredibile videri, catholicos scriptores *quasi communiter*, paucis nempe exceptis, in huiusmodi abyssum sive scienter sive inscienter delapsos fuisse, num certum aliquod universalis huius corruptelae monumentum historia eorum temporum nobis praefert? Numquid eiusmodi corruptelam Ecclesia tolerasset? Accersenda huc sane sunt ea s. Alphonsi verba Dissert. 1755. n. 52.: « Si sententia benigna fuisset falsa, minime quidem communiter a doctoribus undique fuisset recepta, ut revera recepta fuit, aut saltem Ecclesia eam non tolerasset, permittendo, quod animae communiter per hanc perditionis viam (ut adversarii clamitant) a talibus caecis ducibus deceptae incederent ».

39. Neque vero oggeras, miserrimae huius scholarum conditionis monumentum prostare in propositionibus v. gr. ab Innocentio XI. damnatis, quarum tertia cuiusvis etiam tenuis probabilitatis usum licitum asserebat.

Dominicus enim Vivà, ad Prop. III. Innoc. XI. n. 1., tres demum omnino memorat, qui non quidem iudicio suo, sed iuxta cuiusdam Bardi opinionem aliquid hac in re peccaverint, quasi nempe qualemcumque tenuem probabilitatem ad recte operandum sufficientem esse asseruerint. Verum praetermisso nunc, quod perperam et ex mera indiligentia tribus illis auctoribus absurda illa propositio affingitur, ut videre est in Nota ad n. 58. Tom. I. Compendii Gury (a), nunquid trium denique scriptorum lapsus sufficeret, ut prope omnibus illius seculi auctoribus communem eam labem exstitisse affirmemus?

40. Quo veriori itaque sensu obiecta s. Alphonsi verba sint accipienda, melius sane ex ipsius s. Doctoris scriptis par est addiscere.

Ac primo quidem dignum est, quod advertatur, quomodo s. Doctor plus semel testetur, si quid in probabilistis scriptoribus anterioris aetatis occurrat, quod minus probari queat ob aliquam laxitatis speciem, id non vitio systematis eorum proprii, sed vitio male utentium systemate adscribendum esse. Ita s. Doctor in Apologia contro Adelfo Dositeo §. III. « In verità nel secolo passato vi fu abuso in alcuni probabilisti, errando non già nell'opinare, ma nel male opinare, col chiamare probabili molte opinioni, che erano lasse. E questo appunto è quel modo, che da Alessandro VII fu chiamato *modus alienus ab evangelica simplicitate et summa luxuriantium ingeniorum licentia*, cioè l'approvare come probabili quelle opinioni, che affatto non meritavano tal carattere ».

(a) Ea est huiusmodi. « Falsam hanc opinionem Dominicus Viva *In Prop. III. damn. ab Innoc. XI. n. 1.* affinxit Tamburinio, Bressero et Amico ; sed ex mera indiligentia. Nam 1° Tamburinius *In Dec. Lib. 1. Cap. 3. §. III. n. 11.* expresse cavet, ne probabilitas alterius propositionis tanta sit, ut opposita a probabilitate deiiciat et sic intellectus prudenter assentiri queat. 2° Bresserus *De Consc. Lib. 3. cap. 6. n. 77.* de opinione disserit, pro qua ratio *magni* momenti militet. 3° denique Amicus *Theol. sch. Tom. 3. Disp. 15. Sect. 3. n. 49.* non de *tenui probabilitate* loquitur, sed de *tenui assensu,* quem adscribit opinioni probabili probabiliorem contra se habenti ».

Idque s. Doctor repetit in secunda adversus eundem Dositheum Apologia; ubi postquam Vincentii Patuzzi (sane non probabilistae) falsam refutavit opinionem, quod *in praeceptis legis naturalis non detur ignorantia invincibilis,* subdit: « Aggiungo anche molti probabiliioristi, dai quali (per essere uomini) sono scappate opinioni lasse... Anche dal P. Concina io trovo approvate certe opinioni (e le tengo notate), che secondo il suo sistema erano per lui moralmente certe, ma in verità sono certamente lasse. Cosa che fa vedere, che l'approvare opinioni lasse non nasce dal sistema del probabile, ma dalla debolezza ed oscurità delle menti umane ». Et rursus alibi (in prima adversus Adelphum Dositheum apologia): « Quanti autori della più rigida sentenza han dette alcune proposizioni, che poi i probabilisti più benigni le hanno stimate lasse! Quanti esempi di ciò potrei addurne! Dove (aggiungo) a noi stessi una ragione, che un tempo ci ha convinti, in un altro poi non più ci persuade ».

41. Et quidem quod existimare, profiteri ac tradere ceu probabiles aut probabiliores opiniones aliquas, quae tales deinde non deprehendantur, adscribendum sit non systemati morali, luculentissimum exemplum nobis exhibet ipse s. Doctor Alphonsus, qui, ut patet ex *elencho quaestionum, quas post primam Neapolitanam Operis editionem, rebus ad seduliorem trutinam revocatis, reformavit,* non solum discessit a quamplurimis opinionibus, quas prius tradiderat ceu probabiles aut probabiliores, sed abiicere non dubitavit etiam aliquam sententiam, quam post Salmanticenses ceu probabilissimam prius fuerat amplexus, uti v. gr. ubi de hora, qua pridie matutinum sequentis diei recitari possit.

Quid vero, quod post revocatas ad seduliorem trutinam opiniones suas, nihilominus s. Doctor in interpretandis Constitutionibus Gregorii XV. et Benedicti XIV. contra confessarios sollicitantes, sententias plures ceu probabiles seu probabiliores in sua Theologia tradit, quarum probabilitatem iam excluserant praecedentia s. Inquisitionis Romanae decreta a Benedicto XIV. in Const. *Sacramentum Poenitentiae* auctoritate Apostolica expresse confirmata?

Ratum igitur ac certum haberi debet, quod ab ipso s. Doctore animadversum vidimus, nimirum: *l'approvare opinioni lasse non nasce dal sistema del probabile.*

42. Verum quid demum prae oculis s. Doctor habuerit, quidve animadvertendum censuerit circa eos, quos *elapsi saeculi auctores laxos* dixit, seu quodnam vitium et ipse deprehenderit et idcirco cavendum putaverit in morali illo systemate, quod alioquin luculentissime et invicte contra probabilioristas propugnaverat, ipsemet alibi plane manifestat.

In epistola scilicet ad Rectorem Collegii Agrigentini 8. aug. 1769. innuit s. Doctor eorum calumnias, qui et ipsum et suae Congregationis alumnos ceu laxistas traducebant. « Avevo inteso (ita s. Alphonsus), che in Palermo si lagnavano, che io nella mia morale e i miei compagni seguitavamo *il lasso probabilismo* e ciò è quello, che mi ha mosso a fare tale Apologia. È vero, che tutto stava già detto nel libro: *Dell' uso moderato dell' opinione probabile;* ma perchè in quel libro stava il mio sistema confuso in mezzo a. tante opposizioni e fallacie del P. N., perciò pensai non solo per la Sicilia, ma per tutti gli altri luoghi, di epilogare in breve la sostanza delle ragioni e delle autorità ».

Proinde breviori huic Apologiae seu Opusculo hunc inscripsit titulum: « Apologia della Teologia Morale, tacciata da taluni per lassa, come seguace del *lasso sistema probabilistico*, e specialmente dell'opinione meno probabile ». Quae quidem et in Opusculi exordio s. Doctor sic repetit: « L'opera della mia Teologia Morale sento essere calunniata da taluni sul falso supposto, che io seguiti il *sistema del lasso probabilismo*. Mi bisogna per disingannare costoro, che con brevità e chiarezza esponga al pubblico la sostanza del sistema, che io veramente seguito ». Et hoc quidem opusculum illud est, quod latine redditum s. Doctor ann. 1770. inseruit Operi *Homo Apostolicus*, ex quo excerpta sunt verba superius obiecta, quasi *laxam* sententiam dixerit thesim a se prius defensam. Quod cum falsum esse superius nn. 35-37. ostenderimus, inde patet, *laxum probabilismum*, cuius s. Doctor dicit se insimulatum fuisse, non confundendum cum doctrina, quam ann. 1749. et 1755. ipse defenderat.

43. Ceterum liber a s. Doctore memoratus et cui titulus est: *Dell'uso moderato dell' opinione probabile*, Opusculum prolixius est, quod s. Doctor edidit ann. 1765. ac s. Pontifici Clementi XIII. dicavit. Huius operis autem occasionem et scopum sic initio Introductionis ipse exponit: « Avendo io data fuori nell'anno 1762. una dissertazione circa l'uso dell'opinione egualmente probabile, mi si oppose il molto Rev. p. Lettore Fra Gio. Vincenzo Patuzzi sotto il nome di Adelfo Dositeo, con un libro intitolato: *La causa del probabilismo richiamata all'esame da Monsignor de Liguori, novellamente convinta di falsità*. Io con un'apologia in difesa della mia Dissertazione risposi alle di lui opposizioni; ma egli di nuovo mi si è opposto con un altro libro, che va col titolo: *Osservazioni teologiche di Adelfo Dositeo sopra l'Apologia dell' Illustriss. e Reverendiss. Mons. D. Alfonso De'Liguori ecc.* Essendosi pertanto dovute ristampare le mentovate mie due operette, cioè la Dissertazione e l'Apologia, ho stimato di unirle insieme in questo libro per maggior comodo dei leggitori ed anche per dare miglior ordine alle cose, mettendo le opposizioni del mio avversario colle mie risposte, prima date in diversi luoghi, ora unite nei luoghi, dove propriamente cadono ».

Ipse porro s. Doctor, ut num. praec. vidimus, testatur, huius libri

Clementi XIII. dicati substantiam seu quamdam epitomen contineri in brevi Apologia, de qua sermo fit in Epistola s. Alphonsi ad Rectorem Collegii Agrigentini. Cum autem ex hac Apologia latine reddita et Operi *Hom. Apost.* inserta, desumptum illud sit, quod *de laxis seculi elapsi auctoribus* obiicitur, iam patet, occasionem nobis dari, ut in praedicto illo libro genuinum ac pleniorem hauriamus sensum, quo s. Doctor in eiusdem libri epitome laxitatis notam systemati probabilistico atque systematis huius sectatoribus praecedenti seculo videatur inurere.

44. In primis itaque s. Doctor apertissime negat, auctores illos in laxum illum probabilismum, quem ipse damnat, delapsos esse; imo hanc accusationem meris adversariorum calumniis adscribit. Ita ille (*Dell'uso moderato* ecc. cap. V. n. 25): « Dicono (i probabilioristi avversari), che i probabilisti, ammettono per opinioni probabili, qualunque probabilità elle abbiano, viene a dire, quantunque sieno certamente meno ragionevoli, quantunque sieno solo probabilmente probabili e quantunque quelle sieno difese da due o tre autori od anche da uno solo contro la comune degli altri. Ma risponderebbe a ciò il P. Segneri, che questo è un voler alterare eccessivamente le cose, per farsi dar ragione giustamente o ingiustamente. Direbbe che l'opinione di questa sorta sarebbe veramente un mostro abbominevole; *ma non è così.* L'opinione veramente probabile è quella, che ha fondamenti intrinseci ed estrinseci..., in modo che la legge apparisce certamente e strettamente dubbia ». Inaniter autem s. Doctor obiecisset adversariis responsum P. Segneri, si quidem *elapsi seculi* auctores in putidam illam corruissent labem, ut censerent et affirmarent, licitum esse sequi opinionem, quae vera et solida probabilitate careat.

45. Sed insuper s. Doctor non modo removet a genuino probabilistarum systemate praedictam accusationem, sed simul aperit, undenam denique ansa oriri potuerit insimulandi illos auctores laxi probabilismi. Et plane digna sunt quae perpendantur sequentia s. Doctoris verba (Introd. alla prima Apologia contro Adelfo Dositeo prope finem): « Dice il mio oppositore, che io non mi dia a credere d'aver proposto al pubblico un sistema nuovo, dicendo col P. Eusebio Amort, mio contemporaneo scrittore, che non è lecito seguire l'opinione benigna, *quand'ella è notabilmente e certamente meno probabile,* ma che solo possiamo di quella servirci, quando è egualmente o quasi egualmente probabile; attesochè (dice) NIUN DE' PROBABILISTI ASSERISCE, ESSER LECITO SEGUIRE LA TENUAMENTE O DUBBIAMENTE PROBABILE. — Rispondo. Io non ho preteso nè pretendo di far sistemi nuovi e so bene, che niuno probabilista di dottrina soda dà per lecito l'uso della tenuamente o dubbiamente probabile; ma *perchè i molti probabilisti indistintamente dicono, potersi seguire la meno probabile, quando vi è qualche appoggio di ragione o di autorità,* per-

ciò ho voluto distinguere col dire, che non può seguirsi l'opinione men tuta, quando è molta ed è certa la preponderanza per la più tuta...; perchè allora l'opinione men tuta non può più dirsi certamente probabile, nè la legge in tal caso può dirsi dubbia con dubbio stretto; ma quando poi la preponderanza è piccola e dubbiosa per l'opinione, che sta per la legge, allora l'opinione che sta per la libertà, ben può chiamarsi egualmente probabile per l'assioma comune insegnatomi dallo stesso P. Lettore, che *parum pro nihilo computatur* e l'opinione, che sta per la legge, allora è strettamente dubbia ».

En itaque unde hauriri apte possit sensus, quo s. Doctor scripserit, auctores anterioris seculi *fere communiter* ad laxum illum probabilismum declinasse. Nam quod illius aetatis auctores *fere communiter* sententiam ab Innocentio XI. in Propositione tertia proscriptam docuerint, licitum nempe esse usum opinionis etiam tenuiter probabilis et quidem eo sensu, quo communiter doctores et s. Alphonsus *tenuem* probabilitatem nuncupant, id et contra fidem historicam convincitur affirmari, ut supr. n. 39. advertimus et ipse s. Alphonsus, ut vidimus, falsum id esse plus semel affirmat. At si perpendantur illa textus allati verba: *molti probabilisti indistintamente dicono, potersi seguire la meno probabile, quando vi è qualche appoggio di ragione o di autorità; perciò ho voluto distinguere ecc.*, apte colligitur, quidnam demum vitii s. Doctor notandum censuerit in illius seculi auctoribus, formam scilicet principii generalis, pro vaga illa eiusdem generalitate, trahi utcumque posse ad laxum probabilismum, in eam nimirum sententiam, quam Innocentius XI. damnavit; atque adeo oportere, ut inter fundamenta probabilitatis rite distinguatur, num gravia, num levia ea sint, adeoque formula illius principii expressius ita circumscribatur, ut eae solum opiniones uti probabiles admittantur, quae gravi quapiam ac solida ratione nitantur.

46. Apte itaque distinguatur inter vitium, quod inesse queat alicui verborum formulae et vitium doctrinae eorum, qui ea formula uterentur.

Quoad verborum formulas ipse s. Doctor, in praefato libro *Dell'uso moderato dell'opinione probabile* cap. VI. n. 11. refert, ideo damnatam ab Episcopis Galliae Apologiam cuiusdam *Pirot*, quia (ita in quorumdam Episcoporum edicto) « l'autore sì *indiscretamente* si abusa della probabilità, che ardisce sostenere, che di due opinioni probabili si può seguire la meno sicura senza spiega de'-principî riflessi... che si possa seguire il sentimento di un solo, comechè opposto a quello degli altri. Donde si può inferire (en consectaria formulae cuiusdam nimis vagae), che quando qualche opinione sia sostenuta da alcuni casisti ed anche da un solo, tanto basta per mettere l'anima in sicurezza, malgrado le ragioni ed autorità contrarie... Per lo che noi condanniamo la maniera di assicurare la' coscienza nella guisa (*ecco quale fu la condanna*, inquit s. Alphonsus intra parenthesim) che fa l'autore dell'apologia e giudichiamo, che le massime della probabilità *nella maniera che vengono da lui spiegate ed estese, sono false ecc.* Ad quae subdit s. Alphonsus: « Sicchè questi Prelati non condannano il probabilismo,' se non *nella guisa e maniera troppo già lassa, come lo spiegava e l'estendeva l'autore* ».

. 47. Quod si non de vitio cuiuspiam formulae, sed sermo sit de substantia doctrinae, quam communiter praedicta aetate probabilistae profitebantur, s. Alphonsi testimonium plane convenit cum verbis superius n. 45. allatis Vincentii Patuzzi: *Niuno dei probabilisti asserisce, esser lecito seguire la tenuamente o dubbiamente probabile.*

Idque, praeter dicta superius, confirmatur ex iis, quibus s. Doctor genuinam probabilistarum sententiam describit. « Quarta sententia, inquit in Dissert. ann. 1755. n. 3.. tenet, licitum esse sequi opinionem probabilem et minus tutam, relicta probabiliori ». Cuiusmodi autem sit haec doctrina, mox ita declarat: « Ultimam benigniorem et *communissimam* sententiam probandam aggredimur, nempe licitum esse uti opinione probabili etiam in concursu probabilioris pro lege, *semper ac illa certum et grave habeat fundamentum* ». Teste ergo s. Doctore, sententia ista *communissima* exigebat, ut opinio pro libertate certum et grave fundamentum habeat.

Porro in eadem Dissertatione n. 9. addit candem doctrinam praecedenti seculo viguisse. Ita s. Doctor: « Nequit autem negari, quod spatio centum annorum circiter vel saltem ad medietatem seculi XVII. ut iidem contrarii fatentur, benigna sententia ab omnibus doctoribus recepta est ». Cum ergo *communissimam* ipse dicat doctrinam, quam descripserat eamque affirmet ab omnibus doctoribus anteacti seculi receptam fuisse, ex ipsius testimonio patet, auctores praecedentis aetatis quoad substantiam -universim eam doctrinam tenuisse atque adeo de mera verborum nimis vaga formula intelligendum, quod s. Doctor veluti laxum in plerisque illorum notat.

Et hoc ex iis confirmatur, quae legimus in Dissertatione contra tutioristas, inserta editionibus Theologiae Moralis ann. 1753. 1757. 1760. et 1763. Ibi s. Doctor sententiam probabilistarum his verbis exponit n. 1.: « Alii demum, *probabilistae* vocati, putarunt, licitum esse usum opinionis SOLIDE probabilis in concursu opinionis aeque probabilis ac etiam probabilioris ». De qua sententia mox subiicit: « De hac ultima sententia probabilistarum, quod liceat sequi opinionem minus probabilem relicta probabiliori, iam diximus (nempe in fine Praefationis), quod cum haec quaestio undique ab auctoribus agitetur, apud ipsos observari potest ».

Rursus igitur ex s. Doctoris testimonio constat, communissimam probabilistarum sententiam usum opinionis, non quidem tenuiter aut dubie, sed certe ac solide probabilis ut licitum admisisse.

48. Ceterum quod sapientissime s. Doctor advertendum monuit circa vagam illam et minus circumscriptam verborum formulam in efferenda probabilistarum sententia, id ipsum contigisse novimus circa alias formulas, communiter quidem usurpatas apud auctores, sed quae ansam scandalis et incusationibus praebuerunt.

Exemplum habes v. gr. in prop. XXVII. inter damnatas ab Alexandro VII. *Si liber sit alicuius iunioris et moderni, debet opinio censeri probabilis, dum non constat, reiectam esse a Sede Apostolica tanquam improbabilem.* Dominicus Viva (ad hanc prop. n. 1.) monet, pro hac sententia plures doctores adduci a Verricelli (*Quaest. Moral. et Legal.* tract. 2. quaest. 5.), adeo ut iam posset quis credere, doctores per eam aetatem, absurdam hanc sententiam professos fuisse.

At enim ecce ipse Viva (ibid.) mox monet, « plerosque ex his doctoribus cum Sanchez (lib. 1. cap. 9.), Vasquez, Azor, Valentia etc. affirmasse, id esse verum, quando auctor est valde doctus ac pius, qui rem accurate discusserit, qui non sit novitatis sectator, qui sit valde peritus tum iuris naturalis tum positivi, qui non passim hallucinetur etc. ». Perperam igitur absurde illa doctrina plerisque auctoribus, ipso Viva fatente, attribuitur.

Sed insuper satisne constat, hoc absurdum posse Verricelli tribui? Utique Viva (l. c. n. 11.) illum adducit ceu docentem, « quod quamvis huiusmodi opinio esset contra torrentem doctorum et quamvis existimaretur falsa, spectatis principiis intrinsecis; adhuc posset censeri probabilis et practice vera ». Verumtamen si locum Verricelli ab Viva allegatum oculis tuis inspicias, hunc quoque reperies in sermonis contextu ita caute circumscribentem suas de auctoritate unius auctoris recentis opiniones, ut nihil reipsa distet a sententia illorum, quos ipse Viva ibidem a praedicta labe immunes pronunciat.

Hinc vero par est rursus concludere, merito quidem reprehendi quasdam dicendi formulas, praesertim si instar generalis cuiusdam principii usurpentur, utcumque auctores, iis utentes, communiter illas expresse deinde explicent et proponant opportune circumscriptas ac proinde s. Alphonsum docuisse sapientissime, formulam proponendi systema morale communissime receptum ita expresse esse limitibus circumscribendam, ut tunc solum liceat amplecti opinionem minus probabilem in concursu probabilioris pro lege, quando illa gravi ac solido fundamento nihilominus nitatur; nequaquam vero liceat eam sequi, quando pro lege tanti ponderis rationes militent, ut opposita pro libertate opinio censeri amplius vere probabilis non possit.

49. Et dicta hucusque satis iam esse possunt, ut constet, s. Doctorem,

dum ad excludendam a morali systemate quamlibet laxi probabilismi speciem ac suspicionem, thesim illam addidit, *licitum non esse amplecti opinionem minus probabilem, si opinio pro lege sit certe seu notabiliter probabilior,* nullo modo reiecisse ac multo minus improbasse doctrinam a se validissime propugnatam, nempe licitum esse amplecti opinionem probabilem etiam in concursu probabilioris pro lege, semper ac opinio pro libertate grave ac solidum fundamentum habeat; atque adeo super-additam novam illam thesim nullatenus obstare, quominus in communissimae probabilistarum doctrinae patrocinium etiam s. Doctoris Alphonsi suffragium et auctoritas iure merito adscisci poscit.

50. Forte quaeres, an s. Doctor sententiam illam suam de licito usu opinionis probabilis in concursu probabilioris pro lege saltem quopiam alio limite forte ita circumscripserit, ut omnino eadem, ac nota probabilistarum sententia, haberi nequeat? Scilicet ubi s. Doctor *probabiliorem* appellat opinionem, in cuius concursu licere dicit usum opinionis probabilis, vocem illam *probabilioris* adhibetne eodem sensu, atque iisdem finibus, ac illa voce utebantur communiter benignae sententiae sectatores?

Et huic quidem quaestioni videtur prorsus respondendum *affirmative.* Nam primo definitio opinionis probabilioris, quam s. Doctor thesi suae proxime praemittit, plane congruit cum definitione ab aliis auctoribus communiter tradita. Absurde autem quis suspicaretur, s. Doctorem in thesi sua vocem illam adhibuisse alio sensu, ac proxime prius ipse determinaverat. Deinde vero in ipsa thesi proponenda dicit, se propugnare sententiam *communissimam;* quomodo autem s. Doctor affirmasset, se communissimae sententiae adhaerere, si diverso, ac alii omnes, sensu illam accipiebat?

51. Sed rursus inquirendum est, an admitti id possit, quod suspicari quispiam potuit, nempe sententiam benignam, quam s. Doctor dissertationibus ann. 1749. et 1755. professus est atque invicte propugnavit, commode demum reduci posse ad illum *aequiprobabilismum,* quem deinde constanter tenuit et contra obiectiones praesertim Vincentii Patuzzi vindicavit. Ut enim inquit s. Doctor (Introd. all'apologia contro Adelfo Dositeo): « Non può seguirsi l'opinione men tuta, quando è molta ed è certa la preponderanza per la più tuta...; perchè allora l'opinione men tuta non può più dirsi certamente probabile...: ma quando poi la preponderanza è piccola e dubbiosa per l'opinione, che sta per la legge, allora l'opinione, che sta per la libertà, ben può chiamarsi egualmente probabile per l'assioma comune insegnatomi dallo stesso P. Lettore, che *parum pro nihilo computatur* ».

Et haec rursus habes in Dissert. *De usu moderato opinionis probabilis* iuxta edit. Bassan. ann. 1773., ubi (n. 1.) proposita quaestione, *an duabus opinionibus adversis, aequaliter aut quasi aequaliter proba-*

bilibus, licitum sit minus tutam amplecti, subdit: « Dicitur *aequaliter aut quasi aequaliter;* quia, sicut omnes et probabilistae et antiprobabilistae conveniunt, cum non evidenter, sed ita parum una praeponderat alteri, ut valde tenuis et dubius sit excessus, tunc utraque opinio aequalis probabilitatis existimatur, iuxta commune axioma, *Parum pro nihilo reputatur* ».

Quocirca iuxta hanc sententiam seu coniecturam, thesis, qua s. Doctor asseruit, licere sequi opinionem probabilem in concursu probabilioris pro lege, de levi illo seu dubio probabilitatis excessu deberet intelligi, propter quem, consentientibus tum probabilistis, tum antiprobabilistis, utraque opinio aequalis probabilitatis existimatur.

52. At vero plane dicendum videtur, eiusmodi sententiam seu coniecturam, siquidem, iuxta canonem ab omnibus receptum, sententiarum s. Doctoris interpretatio petenda sit ex scriptis eiusdem s. Doctoris, admitti nulla ratione posse. Quippe s. Alphonsus manifestissime de *aequiprobabilismo* pertractat tanquam de quaestione plane distincta et diversa a quaestione de licito usu opinionis probabilis in concursu probabilioris pro lege.

Id primo patet ex modo disputandi. Consideremus haec verba s. Doctoris. Diss. 1755. n. 13. « Aiunt probabilioristae, quod ideo licitum est sequi opinionem probabiliorem, quia haec respectu ad oppositam est moraliter certa; cum maior probabilitas elidat minorem: unde fit, quod cum opinio pro libertate sit minus probabilis, evadit improbabilis respectu ad opinionem probabiliórem ». Atqui manifestum est, huic obiectioni nullum superesse locum, quando quaestio agitetur de exigua illa ac dubia praeponderantia; quia, ut ipse s. Doctor supr. n. 51. fatetur, etiam antiprobabilistae omnes conveniunt, in hac hypothesi utramque opinionem aequalis probabilitatis aestimari; atque adeo absurde fingitur probabilitatem unius elidi alterius maiori probabilitate.

Revocari autem huc possunt et ista s. Doctoris verba Dissert. ann. 1749. § 1: « Instant alii ex adversariis... et dicunt, quod saltem tenenda est opinio, quae magis vera *cum aliqua sufficienti praeponderantia apparet* ». Ergo, fatente s. Alphonso, quaestio agitabatur de *sufficienti* quadam praeponderantia unius opinionis prae opposita. Porro perperam *sufficiens* dicitur praeponderantia, quae pro nihilo reputatur; neque una opinio censetur *magis vera* prae contraria, quando utraque aequalis probabilitatis aestimatur.

53. Sed adhuc multo clarius praedicta hypothesis excluditur ex responso, quod s. Doctor Dissert. 1755. n. 13. reddit probabilioristis obiicientibus, quod *cum opinio pro libertate sit minus probabilis, evadit improbabilis respectu ad opinionem probabiliorem pro lege.* Reponit enim s. Doctor: « At recte respondent auctores nostri, falsum esse ma-

iorem probabilitatem elidere minorem, nisi... opinio probabilior habeat
pro se tam *convincens argumentum*, ut contraria vere improbabilis
vel non amplius graviter et certo probabilis videatur ».

54. At vero sponte subit heic quaestio: nunquid excogitari omnino
non potest opinio seu sententia, quae vere sit probabilior nec tamen pro
se habeat illud tam convincens argumentum seu (ut s. Doctor ait cum
Eusebio Amort) non sit evidenter et notabiliter probabilior seu (ut s. Doctor loquitur in Praefatione supradicta) cui non assistat infallibilis auctoritas aut tam evidens ratio, quae de veritate convincere possit, adeo
ut opposita evadat improbabilis aut non amplius graviter et certo probabilis? Rursus: num excogitari nulla alia poterit probabilior propositio,
quam quae ceteroquin dubiam tantum aut ita tenuem praeponderantiam
prae opposita habeat, ut haec praeponderantia pro nihilo reputanda sit?
Nihil ne est medium inter haec duo: nempe inter sententiam, quae ita
sit notabiliter probabilior ut habeat, prae opposita, convincens pro se
argumentum et eam sententiam, quae sit aeque aut quasi aeque probabilis ac alia?

Profecto huiusmodi paradoxum repugnat non solum communi omnium
- sensui, sed etiam doctrinae s. Alphonsi, qui cum universis doctoribus
nunquam non agnovit et diligenter distinxit diversos in opinionibus probabilitatis gradus, nimirum ut alia sit probabilis, quae gravi motivo
innititur, alia probabilior quae nititur motivo graviori, alia probabilissima, quae gravissimo nititur motivo, alia demum moraliter certa.

Cum itaque s. Doctor hinc quidem obligationem sequendi probabiliorem
pro lege tunc solum adesse doceat, quando opinio pro lege est certe et
notabiliter probabilior, idest quando pro ea habetur argumentum ita
convincens, ut opinio prope moraliter certa evadat itemque cum s. Doctor verba urgeat Eusebii Amort, *moraliter certum esse,* legem obligantem non exsistere, ubi opinio pro lege evidenter et notabiliter probabilior non apparet: inde vero contra communem omnium sensum
supponeretur, nullum medium intercedere inter summum illud gradum
probabilitatis, quem designari vidimus a s. Alphonso per opinionem *certe
et notabiliter probabiliorem* et inter infimum maioris probabilitatis
gradum, quae pro nihilo reputatur; manifeste patet, nonnisi absurde ad
infimum illum cuiusdam tenuis et dubiae praeponderantiae gradum, quo
probabilior opinio gaudeat, restringi thesim, qua s. Doctor propugnat,
licitum usum esse opinionis probabilis in concursu probabilioris pro lege.

55. Difficultatem quibusdam ingerit, quod s. Doctor in epistola quadam 5 Aug. 1772. ad suae Congregationis alumnum scripserit, nos teneri
ad probabiliorem pro lege opinionem sequendam, etiamsi *uno tantum
gradu* probabilior sit. Quod quidem iterum legitur in quodam *Monito,*
quod in editione Theologiae Moralis ann. 1773. additum est in fine tomi II.

et sic habet: « Dixi mox supra, quod si opinio tutior apparet *certe probabilior,* tenemur eam amplecti; advertendum, quod hoc procedit, etiamsi opinio illa tutior non sit magno excessu probabilior; sufficit enim, ipsam esse uno tantum gradu probabiliorem, ut eam teneamur sectari ». Ita s. Doctor.

- Et reipsa diffitendum non est, non levem aliquam difficultatem haec posse facessere, quippe quae aegre cum aliis s. Doctoris sententiis conciliari posse videntur. Quomodo enim v. gr. conciliabitur, quod opinio pro lege sit uno dumtaxat gradu probabilior et nihilominus ita depereat oppositae opinionis probabilitas, ut lex non sit amplius dubia? Paulo ante affirmabat s. Alphonsus cum Eusebio Amort, moraliter certum esse, legem obligantem non exsistere, ubi pro lege opinio *evidenter et notabiliter* probabilior non apparet. At quomodo evidenter et notabiliter probabilior dicenda est opinio, quae *uno tantum* gradu oppositae probabilitatem excedit? Quomodo ob unius tantum gradus excessum dicemus, exsistere legem obligantem? Rursus: s. Doctor distinguit ita probabiliorem a probabilissima, ut prior dicatur quae *validiori* nititur motivo, altera autem quae *validissimo:* habemus itaque heic plures probabilitatis gradus et nihilominus, ut alias supr. n. 24. vidimus, s. Doctor ne probabilissimae quidem opinioni vim tribuit excludendi, quominus opposita possit esse vera. Quomodo igitur eiusmodi vim tribuere videtur opinioni, quae uno tantum gradu oppositae probabilitatem superet?

56. At enim ipse s. Doctor in se recepit solutionem eiusmodi difficultatis. Illa enim, quae allegavimus *ex Monito* adiecto Editioni Theologiae Moralis ann. 1773., in sequentibus editionibus ann. 1779. et 1785. (in quibus *Monitum* illud non ad finem tomi II. ut in Editione ann. 1773. sed adiunctum systemati Morali, primam huius partem constituit) penitus delenda s. Doctor ipse censuit ac porro integram illam paragraphum ex Monito illo expunxit. Quocirca optimo sane consilio de hac sententia a s. Doctore temperata, imo expuncta lectorem ii monuissent, qui deinceps supradictam s. Doctoris epistolam edendam curarunt, exemplum nimirum ipsius s. Doctoris sectantes, qui si quando a praecedenti aliqua sententia discessit aut temperandam seu reformandam illam existimavit, sollicite lectores de qualicumque mutatione monere non praetermisit.

Ceterum addendum heic est, istius epistolae particulam vix ullam afferre difficultatem, quando integer textus perpendatur. Utique s. Doctor ibi scribit: « Del resto dico, che quando la rigida è certamente probabiliore anche di un grado, allora è anche notabilmente più probabile... e così dico, essere la stessa la sentenza più probabile, che la notabilmente più probabile ». Et infra: « Soggiungo un'altra parola circa la sua lettera. Sì signore, basta che la sentenza sia più probabile di un grado:

ma intendiamoci bene, questo grado ha da esser tale, che mi faccia certo, che la sentenza sia più probabile e che mi faccia vedere moralmente o sia sufficientemente promulgata la legge: e con ciò non ne parliamo più di questa materia ».

Res ergo eo demum redit, praeponderantiam istam unius tantum gradus *(di un grado solo)* eiusmodi esse debere, ut 1° opinio pro lege sit *certe et notabiliter probabilior.* Porro testante, ut vidimus supr. n. 14. doctissimo P. Haringer, opinio certe et notabiliter probabilior ex mente s. Alphonsi potiorem gradum tenet ac potioris ponderis est, quam probabilissima et proxime ad sententiam moraliter certam accedit. 2° Oportet, ut ista uno gradu praeponderans probabilitas legem sufficienter promulget et declaret. Atqui ex doctrina s. Alphonsi ut lex dicatur sufficienter promulgata, necesse est, ut cesset oppositae opinionis probabilitas; secus enim probabile esset, legem non exsistere atque adeo lex evaderet dubia: probabilitas autem oppositae opinionis non cessat, nisi opinio pro lege assumat summum illum probabilitatis gradum, ob quem proxime attingat sententiam moraliter certam. Praeponderantiam ergo unius gradus s. Doctor in illa epistola ita explicat, ut suus non desit locus aliis gradibus probabilitatis utique vere maioris prae opposita, supremo tamen eo gradu inferioris.

57. Et hanc interpretationem alia quoque gravis ratio suadere potest et debet. Diximus enim s. Doctorem de eiusmodi praeponderantia *unius tantum gradus* sermonem iniecisse etiam *in Monito,* quod ipse adiecit editioni Theologiae Moralis ann. 1773. Porro in Praefatione, quam huic quoque editioni s. Doctor praefixit, ista verba legimus: « Dico, me ignorare, quomodo possint reiici, ut improbabiles, opiniones illae, quae gravi aliquo non carent fundamento verisimilitudinis aut auctoritatis et contra oppositis sententiis nulla assistit infallibilis auctoritas aut evidens ratio, quae de veritate *convincere* possit ». Iuverit autem rursus hic meminisse, cuiusmodi apud s. Doctorem sit *argumentum convincens.* Ut enim alias retulimus, s. Doctor allatis hisce s. Augustini verbis. « *Quod enim nec contra fidem neque contra bonos mores esse convincitur, indifferenter esse habendum* », subdebat: « Si noti la parola *convincitur;* sicchè secondo la dottrina di s. Agostino a noi è lecita ogni azione, purchè non siamo convinti e moralmente certi, che ella sia contro la fede o contro i buoni costumi ». Quae quidem sententia, ut supra diximus (n. 12.), in postrema quoque editione Theologiae Moralis legitur.

At enim cum s. Doctor praeviderit, haud facile lectores *Moniti praedicti* sententiam illam de praeponderantia unius gradus accepturos eo sensu, qui cum praedictis claris sententiis cohaereat, praesertim quod in ipso *Monito* minime addebantur sententiae illius explanationes, quas in praefata epistola additas vidimus, non inanis videri debet coniectura, quod ipse s. Doctor, hac de causa paragraphum illam e Monito suo in sequentibus editionibus expunxerit.

58. Interim concludendum est, quod, cum nonnisi absurde praestitui possit, iuxta doctrinam s. Alphonsi nullum dari medium inter summum probabilitatis gradum, quae prope moralem certitudinem attingat et inter infimum illud praeponderantiae gradum, quae aut dubia sit aut ita tenuis, ut merito pro nihilo reputetur; proinde non minus absone ex hac falsa hypothesi deduci potest, thesim illam, qua s. Doctor propugnavit, licitum esse sequi opinionem probabilem in concursu probabilioris pro lege, coarctandam esse ad casus, in quibus praeponderantia opinionis pro lege aut dubia est aut ita tenuis, ut pro nihilo reputetur; atque adeo non minus absone existimabitur, thesim illam revocandam esse ad illum aequiprobabilismum, quem s. Doctor contra iuges Vincentii Patuzzi contentiones defendit.

59. Verum quod theoria aequiprobabilismi ex mente s. Alphonsi plane distincta sit et differat a quaestione, qua ipse docuit licitum usum opinionis probabilis in concursu probabilioris, alia ratione eaque manifestissima ostenditur.

Et sane perpendantur verba ista s. Doctoris ex Dissertatione inserta editioni Theologiae Moralis ann. 1763. n. I., ubi post expositas sententias Tutioristarum ac Probabilioristarum sic prosequitur? « Alii demum, Probabilistae vocati, putarunt, licitum esse usum opinionis solide probabilis in concursu opinionis *aeque probabilis ac etiam probabilioris* ». Sententiae igitur Probabilistarum duas partes disserte distinctas recenset: alteram, qua defendebant licitum usum opinionis solide probabilis *in concursu aeque probabilis;* alteram, qua defendebant usum opinionis probabilis etiam *in concursu probabilioris.*

Porro in ea dissertatione primam quidem eiusmodi. doctrinae partem pertractandam ac tuendam s. Doctor assumit adversus mitiores Tutioristas; quoad alteram vero dicit, se ab ea praescindere. Ita s. Doctor ibid.: « De hac autem *ultima sententia* probabilistarum, quod liceat sequi opinionem minus probabilem, relicta probabiliori, iam diximus, quod cum haec quaestio undique ab auctoribus agitetur, apud ipsos observari potest ».

60. Quod vero s. Doctor hoc etiam loco non reiiciat ultimam illam probabilistarum sententiam, licet lectorem remittat ad auctores universim eam tractantes, satis elucet, dum ibid. n. III. sic de iisdem loquitur: « Haec autem prima sententia (scilicet Tutioristarum) universe reiicitur a doctoribus, non solum probabilistis, qui admittunt *usum opinionis probabilis in concursu probabilioris* et asserunt, hanc benignam sententiam esse communem, ut dicunt Suarez, Castropalaus, Medina, Sporer, Bonacina, Montesinus, cum Cardin. Sfondrato..., Cardin. de Lugo...,

Cardin. Toleto..., Abelly.... qui citat pro hac sententia Ysambertum, Du-Vallium, Gammachaeum, omnes hos doctores sorbonicos, cum Christiano Lupo doctore lovaniensi, qui defendit, hanc sententiam tenuisse etiam maiores nostros cum Summis Pontificibus et Ecclesiam catholicam semper eam permisisse; non solum, dico, praefata sententia tutioristarum ab his confutatur, sed etiam a probabilioristis, qui admittunt usum opinionis probabilis, modo appareat verisimilior, seu firmiori fundamento munita ». In quibus s. Doctoris verbis nemo non videt, non solum ab eo non reiici benignam probabilistarum sententiam, immo vero potius tot auctoritatum pondere omnino commendari, eo vel magis quod congerendi tot auctoritates ex omnibus catholicis scholis nulla erat ibi necessitas, cum satis pro scopo confutandi ex auctoritatibus tutioristas fuisset generatim allegare probabilistas, sicut mere generatim allegantur probabilioristae. Verum qui legerit dissertationem a s. Doctore pro benigna sententia ann. 1755. editam, facile cernit, s. Doctorem leviter heic tangere argumentum, quod pro ea doctrina per totum illius dissertationis Caput ab auctoritate amplissime duxerat, atque adeo satis adsignificare, se de ea sententia non secus, ac prius, adhuc plane iudicare.

61. Sed ulterius in textu superius allato s. Doctoris, nempe « *De hac autem ultima sententia probabilistarum, quod liceat sequi opinionem minus probabilem, relicta probabiliori,* IAM DIXIMUS, *quod cum haec quaestio ab auctoribus undique agitetur, apud ipsos observari potest* », observanda sunt verba illa *iam diximus*: haec enim referuntur ad ea, quae in Praefatione illius Editionis leguntur et sunt huiusmodi: « Non autem hic mens mihi est loquendi de quaestione illa, an liceat sequi opinionem minus probabilem in concursu probabilioris: quaestio quidem quae per duo fere saecula et praecipue nostra aetate labores tot sapientum exhausit, quorum ii, qui acriore calamo scripserunt, minus (meo iudicio) veritatis detegendae finem, quem intendebant, sunt assecuti. Nam si ipsi moderatius se continuissent, aliis se reddidissent gratiores et magis Christianae Reipublicae, ut veritas patefieret, profuissent. Praescindo igitur ab hac quaestione; sed tantum dico me ignorare, quomodo possint reiici, ut improbabiles, opiniones illae, quae aliquo gravi non carent fundamento verisimilitudinis vel auctoritatis et contra oppositis sententiis nulla assistit infallibilis auctoritas aut evidens ratio, quae de veritate convincere possit ».

62. Satis de cetero patet, etiam in hac *Praefatione*, dum s. Doctor dicit, se praescindere a quaestione de usu licito opinionis probabilis in concursu probabilioris, non reiici ab ipso benignam eam sententiam, ac multo minus improbari. Mitto nunc quod superius n. 55. vidimus, s. Doctorem in eiusdem doctrinae commendationem cum gravibus auctoribus adduxisse suffragium quoque Benedicti XIV.; sed quosnam, quaeso, notat

in allato textu acriore calamo usos, quam benignae sententiae osores? Id
s. Doctor iam innuerat in Dissertatione pro benigna sententia ann. 1749.
ubi de huiusmodi probabilioristis scripserat §. 1.: « Ita enixe suam sententiam tuentur, ut multis conviciis afficiant secundam sententiam, cui
nos subscribemus ». Itemque in Dissert. ann. 1755. n. 7. scribebat: « Ad
hanc auctoritatum multitudinem adversarii respondent, quod in hoc praelaudati auctores sccuti sunt unus alium, tamquam aves et oves et Contensonius ultra progreditur, acuens contra eosdem illud Senecae: *Argumentum pessimi turba est.* Id autem profert iuxta communem usum probabilioristarum, qui maledictis et conviciis maxime contendunt benignam
sententiam infirmare, contra tamen illud quod praescripsit Innocentius XI.
in decreto damnationis thesium, ubi ait: « Caveant ab... quibuscumque
conviciis contra eas propositiones, quae adhuc inter catholicos hinc inde
controvertuntur... ». Ex textuum igitur collatione palam sit, reprehensio-
nem illam adversus probabilioristas in favorem benignae sententiae, a qua
s. Doctor dicit se praescindere, additam fuisse.

63. Multo autem magis probabilioristas denotat, quando in allato Praefationis textu sup. n. 61. morem reprehendit eorum, *qui nimis facile re-
probant opiniones, quas plures et graves Auctores tuentur* et addit,
« se ignorare, quomodo possint reiici ut improbabiles opiniones illae,
quae aliquo gravi non carent fundamento verisimilitudinis vel auctoritatis,
et contra oppositis sententiis nulla assistit infallibilis auctoritas aut
evidens ratio, quae de veritate convincere possit ». Haec quoque enim
s. Doctor scribit, agens de benigna illa probabilistarum sententia, a qua
dicit se praescindere. Quo autem spectet ea s. Doctoris querela, inde
noscimus, quod ipse nobis indicat id praepostere contigisse, ut probabilioristae contenderent, deperire opinionis probabilitatem, quoties maior
aliqua probabilitas opinionis pro lege stare videretur. Quocirca in Dissert. 1755. n. 13. diluere debuit obiectionem adversariorum, quod maior
probabilitas ita elidat minorem, ut respectu ad oppositam fiat moraliter
certa. Ad quae, ut alias vidimus, reponit s. Doctor: « At recte respondent
auctores nostri, falsum esse, maiorem probabilitatem elidere minorem, nisi
quando opinio probabilior habeat pro se tam convincens argumentum, ut
contraria vere improbabilis vel non amplius graviter et certo probabilis
videatur »: non secus scilicet ac paulo ante in Praefatione negabat, opiniones habendas esse ut improbabiles, « ubi oppositis sententiis nulla
assistit infallibilis auctoritas aut evidens ratio, quae de veritate convincere possit ».

64. Ceterum quod benigna sententia, quam s. Doctor in Dissertationibus
ann. 1749. et 1755. invicte propugnavit, eadem sit prorsus ac sententia,
pro qua inspicienda in Dissert. ann. 1763. lectores remittit ad auctores
eam undique agitantes et a qua in Praefatione dicit, se praescindere,

clarissime patet ex eodem modo, quo utrobique eam describit. Sic enim
de ea in Dissert. ann. 1763: « Probabilistae putarunt, licitum esse usum
opinionis solide probabilis in concursu opinionis aeque probabilis ac *etiam
probabilioris* ». In Dissert. vero ann. 1755. sic thesim suam enunciat:
« Ultimam benignorem et communissimam (sententiam) probandam aggredimur, nempe licitum esse uti opinione probabili *etiam in concursu
probabilioris,* semper ac illa certum et grave habeat fundamentum ».

65. Aliud denique argumentum, quo constet, doctrinam *aequiprobabilismi* prorsus apud s. Alphonsum distingui a thesi de licito usu opinionis probabilis in concursu probabilioris, prostat etiam in eiusdem
prima Theologiae Moralis editione, quae Neapoli prodiit ann. 1748.

Nam postquam s. Doctor not. A. ad lib. 1. tr. 1. dub. 2. absolute scripsit:
« quod certum sit, licere operari cum probabili, constat ex consensu
universali Doctorum »: paulo post addit: « Celebris quaestio est, utrum
liceat sequi opinionem probabilem, relicta probabiliori; sed quia abunde
et undique haec quaestio ab Auctoribus agitata legitur, ipsos passim
observare potes ». En igitur, quomodo duplici quaestione distincta, quoad
primam de licito usu opinionis probabilis in concursu alterius non probabilioris, quaestionem absolute solvit affirmative ex omnium Doctorum
consensu: quoad alteram vero circa usum opinionis probabilis in concursu
probabilioris, lectorem ad auctores eam tractantes remittat.

Quod vero lectores remittendo pro altera ad auctores, s. Doctor se forte
alienum ab ea sectanda ostenderit, falsum id apparet ex hoc ipso, quod
anno sequenti 1749. eximiam edidit Dissertationem, ubi benignam illam
sententiam non sequitur modo, sed luculentissimis argumentis contra
Probabilioristas defendit.

Et haec quidem sufficiant ut constet, rem acu nulla ratione eos tangere, si qui sint, qui s. Doctorem Alphonsum ita interpretandum putent,
ut quando defendit licitum esse usum opinionis probabilis in concursu
probabilioris pro lege, intelligi debeat de illa probabilitatis praeponderantia, quae utpote tenuis et incerta pro nihilo reputanda sit; atque adeo
subinferunt, theses, quibus s. Doctor benignam sententiam asseruit, ad
aequiprobabilismum revocari posse ac debere.

66. Ad propositum nobis scopum, ostendendi scilicet, posse pleno iure
invocari suffragium et auctoritatem s. Doctoris Alphonsi pro communissima illa sententia, quae statuit, licitum esse sequi opinionem solide
probabilem etiam in concursu probabilioris pro lege, illud superesse videtur, ut inquiratur, quî factum sit, ut s. Doctor iam inde ab. ann. 1762.
coeperit ex professo agere de hypothesi opinionis pro libertate aeque aut
quasi aeque probabilis, ac sit opinio pro lege ac porro unicam hanc thesim
deinceps ex professo defendere maluerit, licitum esse usum opinionis
probabilis in concursu opioionis aeque aut quasi aeque probabilis pro lege.

Et plane responderi potest, hanc quoque quaestionem nullam praese-ferre difficultatem.

67. Ad assequendam nimirum s. Doctoris mentem et consequenter totius systematis moralis ab ipso propugnati rationem, rite inspicienda est series quaestionum, quas, postquam e rigoristarum laqueis s. Doctor se expedivit, ad defendendam benignam et communem doctrinam, quam amplexus fuerat, necessario pertractare debuit ac porro feliciter per-tractavit.

Quosnam adversarios haberet communis imo, ut s. Doctor loquitur, communissima benigna sententia, ipse memorat in Dissert. ann. 1755. n. 2. et brevius etiam in Dissertatione inserta editioni ann. 1753. ubi scribit n. I.: « Sciendum est, auctores diverse sensisse circa licitum de-lectum opinionum libertati faventium. Alii enim censuerunt, omnem opi-nandi usum esse illicitum, adeo ut nec probabilissimam quidem opinionem liceret sequi, ut Sinichius, Vendrochius etc. et isti dicuntur *Tutioristae rigidi,* damnati; horum enim doctrina proscripta fuit ab Alexandro VIII. in Propositione tertia, quae dicebat: *Non licet sequi opinionem inter probabiles probabilissimam.* Alii autem tenuerunt, non esse licitum usum opinionis nisi probabilissimae, cuius opposita nullum motivum nisi leve vel fere leve videatur habere; sed hi paucissimi sunt et dicuntur *Tu-tioristae mites,* non damnati. Alii vero dixerunt, licere uti opinione, quae validiori nititur motivo et hi dicuntur *Probabilioristae* ».

Quam probabilioristarum sententiam alibi clarius sic s. Doctor expli-cat Dissert. ann. 1755. n. 2.: « Tertia sententia, communis inter proba-bilioristas, dicit licere uti opinione probabili pro libertate, semper ac ipsa nititur fundamento graviori, licet contraria pro lege etiam sit gra-viter probabilis ».

Tres itaque sunt adversariorum classes, omnes pertinentes plus mi-nusve ad systema, quod etiam a s. Alphonso appellari rigidum consuevit et qui nunquam impugnare intermiserunt quartam sententiam his verbis a s. Doctore descriptam Dissert. ann. 1753. n. 1.: « Alii demum, proba-bilistae vocati, putarunt licitum esse usum opinionis solide probabilis in concursu opinionis aeque probabilis ac etiam probabilioris ». Nec nisi inspecta accurate diversa adversariorum indole, a quorum impugna-tionibus communem doctrinam tueri s. Doctor debuit, reddi demum apta et clara ratio potest diversi modi, quo ipse morale suum systema pro adversariorum diversitate exposuit ac propugnavit.

68. Et sane si huius systematis moralis substantiam intime inspicias ac perpendas, totum denique ad unicum illud principium cernes revo-cari, quod ubi opinio pro libertate sit solide probabilis seu gravi inni-tatur fundamento et sententiae oppositae nulla assistat ratio, quae de veritate convincere possit, eo ipso lex evadit dubia et cum lex dubia

non possit inducere obligationem, opinionem pro libertate amplecti licite possumus.

Et hoc breviter ita expressit s. Alphonsus Dissert. Edit. ann. 1753. n. XV.: « Postquam quis indicaverit, opinionem pro libertate esse certo probabilem, pergit ad inquirendum, an illa uti liceat et tunc ex aliis argumentis probantibus, certum moraliter esse, quod usus illius opinionis sit licitus, praecipue *quia lex dubia non obligat,* efformat sibi ultimum iudicium practicum, quod tute operetur ».

Hoc porro illud est, quoad substantiam, probabilistarum systema, cui tres illae adversariorum classes opponuntur et cui defendendo contra singulas illas s. Doctor pluribus et diversis elucubrationibus operam egregiam et invictam dedit.

69. Verumtamen s. Doctor nihil apposite disputandum censuit adversus rigidum tutiorismum, utpote iam damnatum, ut videre est in textu ipsius superius allato n. 67. Idque rursus legimus in Dissert. ann. 1755. n. 3.: « De prima... sententia (inquit) hic non disseritur; nam quae dicitur tutioristarum rigidorum iam proscripta fuit ab Alexandro VIII. in Propositione tertia, quae dicebat: *Non licet sequi opinionem inter probabiles probabilissimam.*

70. Prorsus aliter vero se gessit s. Doctor circa duas alias classes adversariorum, nempe circa tutioristas mites non damnatos et circa probabilioristas.

Et quod ad mitiorem illum tutiorismum spectat, hunc apposite et speciatim impugnandum assumpsit in Dissertatione, quae secundae neapolitanae editioni Theologiae moralis ann. 1753. inserta fuit. Neque vero huic tantummodo editioni (quae epistolam s. Doctoris praefert, qua opus suum Benedicto XIV. dedicat) sed etiam sequentibus editionibus, tertiae scilicet, quartae et quintae ann. 1757. 1760. 1763. haec Dissertatio adiuncta cernitur.

Quod autem s. Doctor in ea unicum scopum sibi praestituerit impugnandi tutioristas, aperte ex hisce eiusdem verbis colligitur lib. 1. n. 44.: « *Hic tantum operae pretium puto agere de quaestione,* utrum licitus sit usus opinionis probabilis, omissa tutiori, saltem si opinio libertati favens firmiori fundamento nitatur ». Tum vero n. 45. sic horum sententiam describit: « Sententia tutioristarum mitium, ut supra diximus, tenet illicitum esse uti opinione etiam probabiliori pro libertate, semper ac opposita pro lege· habeat pro se grave motivum, quamvis minus probabile et tantum admittunt usum opinionis probabilissimae, cuius opposita sit improbabilis, vel tantum tenuiter probabilis careatque ullo solido fundamento, quod possit esse vera ».

Tutiorismum porro eiusmodi refelli etiam a probabilioristis, ita s. Doctor subdit n. 46.: « Haec autem sententia universe reiicitur a Docto-

ribus non solum probabilistis, qui admittunt usum opinionis probabilis
in concursu probabilioris et asserunt, hanc sententiam esse communem...
et hanc tenuisse etiam maiores nostros cum Summis Pontificibus et
Ecclesiam Catholicam semper eam permisisse...; sed confutatur etiam
a probabilioristis, qui admittunt usum opiñionis probabilis, modo appareat verisimilior seu firmiori fundamento munita ».

Demum thesim contra eos sic statuit n. 47.: « Secunda igitur sententia nostra et communis tenet, licere usum opinionis absolute probabilis aut saltem probabilioris, etsi contraria pro lege sit probabilis ».

Ceterum quod etiam contra tutioristas s. Doctor urgeat illud principium, in quo vis et substantia systematis probabilismi residet, patet
ubi primam hanc rationem adversus eos adhibet n. 48.: « Prima igitur
ratio est, quia lex dubia non obligat; in dubio enim legis possidet libertas. Haec ratio valde urget et difficulter unquam ab Adversariis ipsa
solvi poterit; unde longius in ea immorabimur, ut ipsius firmitas agnoscatur ».

71. Confutatis tutioristis etiam mitioribus et non damnatis, communissimae doctrinae, quam s. Alphonsus tuebatur, adversarii supererant
Probabilioristae. Et quidem duo erant doctrinae capita, in quibus pro
eorum systemate hi contra probabilistarum placita acerrime pugnabant.
Nam cum ad honeste agendum exigerent, ut opinio pro libertate appareat probabilior opinione, quae legi favet, illicitum idcirco esse contendebant usum opinionis, quae utut vere probabilis, non excedat tamen
probabilitatem opinionis pro lege itidem probabilis. Porro non uno modo,
sed duplici contingit, ut opinio, etsi absolute probabilis, probabilitatem
oppositae opinionis non excedat: vel quia nempe opinio pro libertate est
aeque probabilis, ac opinio pro lege, vel etiam quia opinio pro lege apparet
imo probabilior opinione, utcumque vere et solide probabili, pro libertate.

Negabant itaque licitum esse usum opinionis pro libertate tum si aeque
appareat probabilis, ac opinio pro lege, tum etiam imo vero multo magis, si opinio pro lege appareat verisimilior. Et reipsa duplici hoc capite
contineri sententiám probabilistarum communissimam, patet etiam ex
illis s. Alphonsi verbis Dissert. ann. 1753. n. 44.: « Probabilistae putarunt, licitum esse usum opinionis solide probabilis *in concursu opinionis
aeque probabilis ac etiam probabilioris* ».

72. Neque vero cunctatus est s. Doctor communem hanc doctrinam
ex utroque, ut ita dicam, latere ab adversariorum telis defendere; quinimo primitus pugnam inire intrepide ex ea parte aggressus est, in qua
adversarii validiores sibi virēs suppetere forte existimabant et ann. 1749.
primam de morali systemate elucubrationem edens, potiorem probabilistarum thesim de licito usu opinionis solide probabilis in concursu
probabilioris pro lege tutandam arripuit.

Hunc autem specialem ac determinatum scopum sibi s. Doctorem in ea Dissertatione praestituisse, patet in primis ex hoc ipso Dissertationis titulo: « *Dissertatio scholastico-moralis pro usu moderato opinionis probabilis in concursu probabilioris* ».

Deinde vero id patet ex ipso Dissertationis initio. Nam proposita his verbis quaestione: *Utrum liceat usus opinionis probabilis in concursu probabilioris*, mox incipit: « Celebris est quaestio, an liceat sequi opinionem minus probabilem, probabiliori relicta ». In quibus verbis vides expressam quaestionem, a qua in Editione prima Theologiae moralis ann. 1748.; dixerat se praescindere (vid. sup. n. 65.) et ad Auctores eam undique agitantes lectorem remittebat.

Sic deinde s. Doctor prosequitur: « Prima sententia negat cum Goneto, Contensono, Geneto, Habert, Iuenino, Merbesio... et *aliis paucis,* qui ita enixe suam sententiam tuentur, ut multis conviciis afficiant secundam sententiam, CUI NOS SUBSCRIBEMUS... Secunda sententia docet, licitum esse uti opinione solide probabili, probabiliori omissa. Ita... quam plurimi... denique sententiam *nostram* vocant communem Suarez, Palaus, Aversa etc... Sinamus contrarios clamare, quod nostra sententia sit nova et nunquam prioribus seculis audita. Veritas est, quod olim nunquam haec quaestio in terminis expressis agitata fuit; sed ann. 1577. primum discussa fuit a M. Medina, qui benignam sententiam expresse docuit et haec ab eo tempore communissime, ut ipsi adversarii fatentur, fuit amplexata ».

73. Denique quod scopus s. Doctoris in hac Dissertatione apposite feratur ad propugnandam hanc doctrinae communis partem, evidenter constat ex adversariorum obiectionibus, quas ibidem s. Doctor refert et refutat. Ita v. gr.: « *Dicunt (adversarii), quod saltem tenenda est opinio, quae magis vera cum aliqua sufficienti praeponderantia apparet* ». Et infra: « *Falsum est dicere, quod maior probabilitas sententiae unius elidat et destruat contrariae probabilitatem, prout, dicunt, maius pondus lancem pro se inclinat* ». Et infra: « *Nec penitus verum est, opinionem probabiliorem respectu minus probabilis esse moraliter certam* ». Et infra: « *Quod liceat opinionem minus probabilem sequi, probabiliori relicta, constat ex Decreto etc.* ». Et infra: « *Peto, ubi adversarii indicare possunt, legem hanc esse scriptam, quod nos teneamur, inter opiniones probabiles, probabiliores sequi?* » Et infra: « *Dicunt: quando pro lege probabilior opinio seu ratio assistit, sat illa legem elucidat et ad legem adstringit. Respondetur primo: Negatur omnino, quod huiusmodi legis declaratio dubia, utpote orta ex opinione fallibili, etsi probabiliori, ad legem obligare possit* ». Atqui manifeste huiusmodi obiectiones non aliam thesim impetunt, quam quae licitum affirmet usum opinionis probabilis in concursu probabilioris.

Ceterum quod s. Doctor thesim hanc deducat ex praedicto principio, quod fundamentum est systematis probabilistarum, satis vel ex paucis his patet: « Cum dubium vertitur (inquit), an lex casum aliquem comprehendat nec ne, dubia evadit ipsa lex, an respectu ad casum illum adsit vel non; propterea declaratio, quod tunc locum habeat lex, debet pariter, prout lex, esse certa..., ut possit obligare; nam alias adhuc ad legem dubiam adstringeremur ».

74. Sed iterum sexennio post s. Doctor eandem hanc tanti momenti quaestionem pertractandam existimavit atque adeo alteram, eamque multo uberiorem ac luculentissimam Neapoli ann. 1755. Dissertationem edidit.

· Hunc autem esse etiam Dissertationis istius scopum edocet ipsius titulus: *Dissertatio de celebri quaestione; An liceat usus opinionis probabilis in concursu probabilioris.*

Et clarius ibid. n. 3.: « De prima et secunda sententia (nimirum tutioristarum tum rigidorum, tum mitiorum) *hic non disseritur;* nam prima, quae dicitur tutioristarum rigidorum, iam proscripta fuit ab Alexandro VIII... De secunda vero neque hic seorsim agimus, tum quia ipsa est contra communem sensum tam recentiorum, quam veterum theologorum, ut infra patebit, tum quia ex confutatione tertiae sententiae (*probabilioristarum* scilicet), quae tantum requirit, quod opinio libertati favens sit probabilior, etiamsi opposita sit vere probabilis, a fortiori secunda confutata remanebit... *Tantum igitur hic disserendum de tertia et quarta sententia,* quarum ultimam benigniorem et communissimam probandam aggredimur, nempe licitum esse uti opinione probabili etiam in concursu probabilioris pro lege, semper ac illa certum et grave habeat fundamentum ».

75. Ubi fac advertas, cur s. Doctor in thesi dicat: *etiam in concursu probabilioris;* videlicet duo sunt, ut diximus supr. n. 71., doctrinae communis capita, quae contra probabilioristas vindicanda erant, licitum nempe esse usum opinionis probabilis tum in concursu opinionis aeque probabilis, tum in concursu probabilioris. Cum itaque s. Doctor dicit, *etiam in concursu probabilioris,* adsignificat, multo magis hinc evinci, esse licitum usum opinionis probabilis in concursu aeque probabilis.

Eademque de causa in allato textu s. Doctor postquam dixit: *hic,* idest in hac dissertatione, *de secunda sententia,* idest mitium tutioristarum, *non disseritur,* subdit: *quia ex confutatione tertiae sententiae,* nempe probabilioristarum, *a fortiori secunda confutata remanebit.*

Quocirca vix apparet, cur quidam affirment hanc dissertationem scriptam esse contra *mites tutioristas;* nam s. Doctor aperte dicit, se de hac quaestione *non disserere.* Confutantur scilicet tutioristae mites, non secus ac confutantur tutioristae rigidi; quia quisquis docet ac defendit, licitum esse usum opinionis etiam minus probabilis, a fortiori docet et defendit ad honeste agendum non requiri pro libertate *opinionem pro-babilissimam,* quam requirebant mites tutioristae ac multo minus opi-nionem *moraliter certam,* quam exigebant *tutioristae rigidi;* quos ideo s. Doctor non dicit hac dissertatione confutatos remanere, quia iam dixe-rat, eam sententiam ab Ecclesia esse damnatam.

76. Sed etiam quod attinet ad sententiam probabilioristarum, verba illa s. Doctoris « *tantum igitur hic disserendum de tertia* (nempe pro-babilioristarum) *et quarta sententia* (nempe probabilistarum) » strictiori sensu, quam per se illa sonent, sunt accipienda. Iam enim diximus, ex duplici capite probabilioristas dissonare a probabilistis illosque in pro-babilistarum doctrina impugnare usum licitum opinionis probabilis tum si haec sit aeque probabilis ac opinio pro lege, tum etiam ac multo magis, si opinio pro libertate minus probabilis appareat, ac opinio pro lege. Porro s. Doctor in praesenti Dissertatione nullo modo disserit de opinione *aeque probabili,* nisi forte quatenus argumenta ab ipso allata etiam quoad hanc partem per se explodunt doctrinam probabilioristarum, non secus ac sententias tutioristarum refutant; sed totus conflictus ex professo versatur circa eam partem quaestionis, quae respicit usum opi-nionis probabilis in concursu probabilioris.

77. Et `re quidem vera si argumenta inspicias, quibus s. Doctor utitur ad thesim suam firmandam, ea sane vel ad unicum illum scopum per se tendere, vel certe in eundem tantummodo scopum a s. Doctore ad-hiberi reperis.

Et quoad argumentum ab auctoritate petitum, quotquot textus Do-ctorum ibi afferuntur, expresse de probabili in concursu probabilioris disserunt et in fine n. 11. haec legimus: « Ceterum Christianus Lupus... refert et probat, s. Hieronymum, Theodoretum, s. Fulgentium, s. Alexan-drum aliosque plures Patres docuisse et usos fuisse *opinionibus minus probabilibus, tutioribus ac probabilioribus omissis* et ostendit adhuc Summos Pontifices et Ecclesiam catholicam semper permisisse *usum probabilis, probabiliori relicta* ».

Item n. 21. videbis argumentum urgeri, quod nulla lex exsistat sequendi probabiliora. « Peto (inquit s. Doctor) ab adversariis, ut indicent, si possunt, ubinam lex haec sit scripta, quod teneamur inter opiniones probabiles probabiliores sequi »: quod argumentum, uti patet, nisi de probabili in concursu probabilioris vim non habet. Quod idem dicendum de argumento, quod n. 47. s. Doctor sumit ex incommodis contrariae sententiae. Etenim (inquit) « si adesset lex sequendi opiniones probabi-liores, utique adesset necessario simul obligatio opiniones probabiliores inquirendi, ut bene arguunt Suarez, Sanchez, Laymann... At quis non videt, hoc esse onus moraliter intolerabile, utpote innumeris scrupulis, perplexitatibus et periculis errandi obnoxium? »

Abs re itidem, nisi quaestio esset de probabili in concursu probabilioris, s. Doctor sic uteretur argumento inde sumpto n. 44.: « Quia nisi licitus esset usus benignae sententiae, omnino turbaretur ordo obedientiae superioribus debitae ». Ut enim subdit n. 45.: « Ut subditus possit obedire, cum opinio rei praeceptae videtur ipsi minus probabilis, necesse est ut teneat, superiorem posse (licite) praecipere et prudenter praecipere, quoties praecipit · ex illa opinione minus probabili ac proinde iudicare debet, licitum esse illam sequi etiam in concursu probabilioris ».

Id ipsum dicito de argumento, quod s. Doctor hinc elicit n. 42.: « quia si esset obligatio sequendi probabiliora, magna interveniret difformitas in observantia legis ». Quam in rem subiungit: « Si ad observantiam legis regula maioris probabilitatis tenenda erit, necessario legis observantia difformis evadere debet; cum enim variae sint mentes hominum etiam sapientum, saepe accidit, quod opinio, quae uni probabilior est, alteri minus probabilis videbitur, ita ut hic lege adstringatur, alter non: imo eadem persona hodie lege non tenebitur, cras sic; quia eadem actio hodie videbitur ipsi probabilius licita, cras probabilius illicita ».

78. Dixi insuper ea quoque argumenta, quae alioquin vim habent etiam contra tutioristas et contra probabilioristas ubi isti contendunt, sequendam tutiorem in concursu opinionum aeque probabilium, hoc tamen loco a s. Doctore tantummodo pro thesi *de probabili in concursu probabilioris* adhiberi.

Eiusmodi est prima ratio pro thesi sua n. 18., nempe: *Quia lex dubia non obligat.* Nam postquam ad stabiliendum hoc principium multa s. Doctor congessit, hoc mere consectarium pro re sua deducit n. 20.: « Et tunc sequens opinionem pro libertate, *etsi minus probabilem,* ageret non contra legem, sed contra sententiam asserentem, adesse legem. Denique vellent fautores rigidae sententiae mundum obstringere ad observandas tanquam leges omnes illas innumerabiles opiniones, *quas probabiliores ipsi arbitrantur.* Fautores autem benignae sententiae volunt leges servari ut leges, opiniones autem ut opiniones, quae nunquam vim legis habere possunt ».

Idem apparet, ubi s. Doctor secundam evolvit rationem n. 37., scilicet: « *quia lex ut obliget, debet esse sufficienter intimata* ». Conclusionem enim pro thesi sua s. Doctor hanc unicam inde infert n. 38.: « Patet igitur ex praefato textu s. Thomae, legem non posse dici satis intimatam *per solam opinionem probabiliorem...* Ergo etiamsi alicui *probabilius appareat,* adesse legem prohibentem; nequit tamen dici, quod ipse legem sciat, quando probabiliter adhuc putat, illam non exsistere ».

Concludamus itaque, suspicionem forte alicui obortam, quod in hac Dissertatione s. Doctor vindicandam sumpserit ex professo aliam doctrinam, quam quae communissima sententia ab ipso appellatur, nempe li-

citum esse usum opinionis probabilis in concursu probabilioris pro lege,
hanc suspicionem, inquam, omni carere fundamento et ex argumentis
a s. Doctore adhibitis pro sua thesi firmanda prorsus inanem apparere.

79. Eadem autem redit conclusio, si considerentur adversariorum obiectiones, quas sibi solvendas s. Doctor proponit, obiectiones, inquam, non
quae impetunt generalia principia ad thesim evincendam a s. Doctore
adhibita n. praec., sed quae thesim ipsam per se impetunt.

Ita v. gr. n. 23. ubi s. Doctor sibi obiicit: « Obiiciunt et sic dicunt:
omnis actio ut sit honesta, conformanda est legi aeternae; quomodo igitur
potest aliqua actio esse honesta, si *minus probabiliter* conformis aeternae
legi apparet?

Item n. 24.: « Quomodo prudenter agere dici poterit, qui aliquam opinionem putat *minus probabilem* et eam sectatur? »

Item n. 32.: « Quando, dicunt (adversarii), pro lege *probabilior opinio*
seu ratio assistit, sat illa legem elucidat et ad legem adstringit ».

Et rursus n. 32.: « Nec valet dicere, quod cum apparet *probabilior*
aliqua opinio pro lege, tum *maior illa probabilitas* legem declarat
scientiamque legis iam exhibet ».

Rursus n. 33.: « Obiiciunt, quod veritas cognita procul dubio sequenda
est: sicut igitur quando veritas certo apparet stare pro lege, tenemur
eam sequi, ita et quando res apparet verisimilior ».

Rursus n. 36.: « Saltem, dices, praesumi legislatorem velle obligare
subditos ad sequendas *opiniones probabiliores* pro lege ».

Iterum n. 54. sic obiicitur: « Sed dices: si per iudicium directum
aliqua opinio est *minus probabilis*, quomodo per iudicium, quod dicunt
reflexum, potest evadere probabilior? »

Et rursus n. 62.: « Dices: Si licebit operari *cum opinione minus probabili*, cur non licebit operari cum dubio, dum in utroque idem periculum incurritur? »

Quemadmodum igitur (ut alia plura heic omittamus) ex argumentis,
quibus s. Doctor thesim confirmat, ita et ex obiectionibus, quas diluen-
das sibi proponit, manifestissimum fit, totam hanc dissertationem per
se et ex professo directam a s. Doctore fuisse non quidem ad confutan-
dam aut rigidiorum aut mitiorum tutioristarum sententiam, vel ad defendendum licitum usum opinionis probabilis in concursu opinionis aequali
aut fere aequali probabilitate praeditae, sed ad propugnandam contra
probabilioristas eam probabilisticae doctrinae partem, quae asserit et
defendit, licitum esse usum opinionis probabilis in concursu *etiam probabilioris* pro lege.

80. Ceterum postquam s. Doctor appositis Dissertationibus communissimam doctrinam, quam fuerat amplexus, defenderat tum contra mitiores
tutioristas, tum contra probabilioristas quatenus hi negabant licitum

usum opinionis solide probabilis etiam in concursu probabilioris, illud unum demum supererat, ut praedictam communem doctrinam defenderet etiam contra probabilioristas quatenus contendebant, sectandam esse tutiorem, quando opinio pro libertate sit aeque-probabilis ac opinio pro lege.

Id vero s. Doctor aggressus est et praestitit in Dissertatione italice conscripta ann. 1762., quae deinde versa latine cernitur in editione Bassanensi Theologiae Moralis ann. 1773. et quoad substantiam inserta deinde fuit eiusdem Theologiae editionibus usque ad postremam Bassanensem ann. 1785.

Et, ut videtur, maluisset quidem s. Doctor, ut nova haec dissertatio insereretur tractatui *de Conscientia* in editione Theologiae, quae in lucem prodivit ann. 1763. Sed cum opus typographicum non modo tunc inchoatum, sed longius protractum iam esset, desiderium s. Doctoris expleri tunc non potuit et quinta illa Editio Theologiae non aliam dissertationem praefert de morali systemate, quam quae contra tutioristas conscripta iam inde ab ann. 1753. in secunda, tertia et quarta Theologiae editione legebatur.

81. Novo porro huic opusculo italice conscripto s. Doctor hunc praefixit titulum: *Breve Dissertazione dell' uso moderato dell' opinione probabile*». Duas autem quaestiones ibi tractandas s. Doctor sibi assumit, scribens: «Due sono le questioni, che intendiamo di esaminare nella presente dissertazione. La prima, se sia lecito seguitare l'opinione meno probabile. La seconda, se essendo due opinioni opposte egualmente o quasi egualmente probabili, sia lecito seguire la meno tuta ».

At harum prior, quam brevissime s. Doctor expedit, reipsa non alio spectat, nisi ad depellendam calumniam, quam impingere probabilioristae solebant benignae sententiae a s. Alphonso ann. 1749. et 1755. iam propugnatae. De qua calumnia s. Doctor in fine huiusce novae dissertationis scribit: «Lascio poi qui di rispondere ad altre obbiezioni, che oppongono gli avversarii contra *il probabilismo*; perchè quelle impugnano propriamente l'uso *dell'opinione notabilmente meno probabile*, che sta per la libertà ».

Et hanc quidem càlumniam s. Doctor memoraverat iam inde ab anno 1749. eamque perperam intorqueri contra benignam sententiam ibi a se propugnatam, sic testabatur §. 1.: « Obiicit Natalis Alexander, academiam Parisiensem propositionem damnasse hanc: *Omnem probabilitatem, sive extrinsecam sive intrinsecam, in conscientia satisfacere putamus nec exemplis urgebimus; ubique enim eodem omnino modo philosophamur.* Sed ibi nil aliud proscriptum esse, bene ait Croix lib. 1. n. 323. *quam usum illimitatum sententiae probabilis, quem nec sententia benigna admittit,* cum damnata sit similis propositio 3. ab Innocentio XI. ». Et rursus hanc accusationem calumniose intentari benignae sententiae s. Doctor, ut superius vidimus n. 42-44., ostendit in suis adversus Adelphum Dositheum apologiis.

82. Dixi, s. Doctorem brevissime se a prima hac quaestione expedivisse. Et reipsa totum gravissimae huius quaestionis examen ne unam quidem illius Dissertationis pagellam occupat. « In quanto alla prima questione *(inquit s. Doctor)* presto ci sbrigheremo, perchè la risoluzione è troppo chiara. Diciamo, che non è lecito di seguire l'opinione meno probabile, quando l'opinione che sta per la legge è notabilmente e certamente più probabile; perchè allora l'opinione più tuta non è già dubbia (intendendo con dubbio stretto, siccome si dirà nella seconda questione), ma è moralmente o quasi moralmente certa, avendo per sè un fondamento certo d'esser vera; dove all'incontro l'opinione meno tuta e molto meno probabile, non ha tal fondamento certo d'esser vera. Ond'è che allora questa rimane tenuamente o almeno dubbiamente probabile a confronto dell'opinione più tuta; e perciò non è prudenza, ma imprudenza grave il volerla seguire ».

Nihil autem interest heic immorari, ut ostendatur hanc quaestionem et thesim a s. Doctore heic propositam toto caelo diversam esse a quaestione ac thesi, qua s. Doctor antea statuit ac propugnavit, licitum esse usum opinionis solide probabilis etiam in concursu probabilioris pro lege. Id enim iam superius n. 5. et seqq. late et evidenter ostensum est.

83. Quod vero s. Doctor in hac dissertatione totus in eo sit, ut exclusive sibi proposuerit disserere de hypothesi duarum propositionum aeque aut quasi aeque probabilium, ex verbis eius patet, ubi de secunda quaestione mox ita incipit: « In quanto poi alla seconda questione, *che qui di proposito ed a lungo esamineremo*, diciamo, che quando l'opinione men tuta è egualmente probabile, può lecitamente seguirsi, perchè allora la legge è dubbia, e perciò non obbliga, per ragione del principio certo, siccome vedremo qui, essere indubitabile secondo le dottrine di s. Tommaso, che la legge dubbia non può indurre un'obbligazione certa ».

Probe notentur ea verba: *che qui di proposito ed a lungo esamineremo;* videlicet quemadmodum in Dissertatione editionibus Theol. Moral. ann. 1753. 1757. 1760. 1763. inserta s. Doctor contra mitiores tutioristas disputans scribebat n. I.: « *Hic tantum operae pretium puto agere de quaestione,* utrum licitus sit usus opinionis probabilis omissa tutiori, saltem si opinio libertati favens firmiori fundamento nitatur »: quemadmodum in Dissertatione ann. 1755. n. 3. contra antiprobabilioristas, quatenus negabant licitum esse usum opinionis solide probabilis in concursu probabilioris praemiserat: « *Tantum igitur hic disserendum de tertia* (probabilioristarum) et quarta (probabilistarum) sententia, quarum ultimam benigniorem et communissimam probandam aggredimur, nempe licitum esse uti opinione probabili etiam in concursu probabilioris pro lege, semper ac illa certum et grave habeat fundamentum: ita posterioris huius dissertationis scopum specialem s. Doctor innuit monendo, se ex professo et fuse, quod antehac non praestiterat, de supradicta thesi velle disserere.

Et hoc quidem monitum in latina quoque eiusdem dissertationis editione reperimus ann. 1773., ubi n. 3. legitur: « *Quod ad alteram refert quaestionem, quam nunc accuratius et latius discutiemus, dico etc.* Et cum haec dissertatio, ut sup. n. 80. diximus, sequentibus Theologiae Moralis editionibus fuerit quod substantiam adiuncta cum titulo *moralis systematis,* hinc et in postrema ann. 1785. n. 57. tract. *de Consc.* legimus: « Quod ad alteram quaestionem spectat, *quam latius hic discutiemus,* dico etc. ». Hisce verbis nimirum s. Doctor plane significat, alias se satis hanc doctrinam defendisse, tum quando benignam sententiam de licito usu opinionis probabilis ETIAM IN CONCURSU PROBABILIORIS propugnavit, tum quando contra tutioristas evicit licitum usum opinionis aeque probabilis aut saltem probabilioris in concursu probabilis pro lege: nunc vero se hanc etiam communissimae doctrinae partem explanare ex professo ac vindicare velle (a).

84. Sed quidpiam gravioris adhuc momenti circa hanc dissertationem considerandum occurrit. Inter eos, qui eximia s. Alphonsi merita eo potissimum adducunt, ut novi systematis moralis parens et auctor dici debeat, sunt qui aequiprobabilismi systema quodammodo in hac dissertatione inchoatum a s. Doctore perhibent. Et re quidem vera nimis aegre systematis huius vestigium aliquod in anterioribus s. Doctoris scriptis invenissent. Nam aut inspicimus dissertationem contra tutioristas, quae in Theologiae moralis editionibus II. III. IV. V. legitur et cum in ea defendatur licitus usus opinionis minus tutae *saltem si firmiori fundamento nitatur* prae opposita, istum *aequiprobabilismum* in ea non invenimus; aut inspicimus duas dissertationes, quibus ann. 1749. et 1755. s. Doctor contra probabilioristas defendit, licitum esse usum opinionis solide probabilis *etiam in concursu probabilioris* et heic pariter aequiprobabilismum non reperimus. Necesse ergo fuit, ut hi recentiores originem aequiprobabilismi ducerent ab ann. 1762., quo primum contra alteram probabilioristarum rigidam sententiam in ista dissertatione coepit ex professo defendere, licitum esse usum opinionis minus tutae, quoties sit aeque aut quasi aeque probabilis, ac sit opposita pro lege.

(a) Ordo logicus forte postulabat ut prius defenderetur sententia: licere sequi opinionem probabilem pro' libertate in concursu aequeprobabilis pro lege, deinde ea, quae difficilior est, licere sequi opinionem probabilem pro libertate, in concursu etiam probabilioris pro lege: verum quod aliquid serius aut ocyus defendatur, non tam pendet ex nexu logico rerum, quam ex extrinsecis circumstantiis, puta adversariorum impugnationibus, opportunitate pro certo tempore alicuius doctrinae et huiusmodi. Cf. n. 93. seqq. E.

85. At enim haud leviter mirari subit, quomodo recentiores isti non adverterint, integrum probabilismi systema in hac quoque dissertatione cerni, utcumque in hac s. Doctor, ut supra diximus, unam dumtaxat ipsius systematis partem ex professo tuendam sumat.

Et sane prima quaestio a s. Doctore sic proponitur: « La prima, se sia lecito seguitare l'*opinione meno probabile* ». Manifestum porro est, quaestionem, sic propositam, pro sua generalitate plures continere quaestiones. Cum enim opinio et esse et dici possit *minus probabilis,* tum si simpliciter probabilior, tum si probabilissima, tum etiam si *certe et notabiliter probabilior* (quae, ut supra vidimus, gravioris ponderis censetur, quam probabilissima) sit opposita pro lege, iam omnes hasce quaestiones complectitur generalis illa quaestio, quae in s. Alphonsi verbis proponitur.

At vero nunquid s. Doctor respondendo negat generatim, licitum esse usum opinionis *minus probabilis* in qualibet trium illarum hypotheseon? Minime sane; ut enim vidimus, respondet: « Diciamo, che non è lecito di seguitare l'opinione meno probabile, quando l'opinione che sta per la legge, *è notabilmente e certamente più probabile;* perchè allora l'opinione meno tuta... *rimane tenuamente o almeno dubbiamente probabile* a confronto dell'opinione più tuta ». Ergo s. Doctor nullum heic damnat usum opinionis minus probabilis, nisi quando opinio pro lege *est certe et notabiliter probabilior;* de qua egregius p. Haringer, ut sup. vidimus n. 14., scribebat: « Ad certitudinem moralem proxime accedit opinio multo, valde aut *notabiliter probabilior,* quae non iam est stricte dubia, sed moraliter aut quasi moraliter certa et opposita fit *tenuiter probabilis* ».

Non damnat igitur sententiam, quam prius ipse defenderat, licitum esse usum opinionis solide probabilis in concursu probabilioris. Quinimo distinctionem inter hanc communissimam doctrinam a se propugnatam et sententiam, quam heic damnat ipse clarissime sic exhibet in Dissertatione ann. 1755.: « Recte respondent Auctores nostri (videlicet probabilistae), falsum esse, maiorem probabilitatem elidere minorem, nisi... opinio probabilior habeat pro se tam convincens argumentum, ut contraria vere improbabilis, vel non amplius graviter et certo probabilis videatur. Secus tamen dicendum, si excessus non sit *notabilis*...; tunc enim opinio minus probabilis gravi sua probabilitate minime destituitur ».

Porro ut affirmari possit, s. Doctorem in hac dissertatione proponere incepisse aequiprobabilismi systema, non sufficit quod in ipsa asseratur licitus usus opinionis probabilis in concursu aeque probabilis, nisi ulterius quidpiam in ea ostendatur, per quod aequiprobabilismus a communi systemate simplicis probabilismi secernitur ipsumque excludit. Atqui haec dissertatio nullo modo simplicem probabilismum excludit, sed mere huius systematis partem defendit; excludit autem ea, quae per se in systemate quoque simplicis 'probabilismi excluduntur. Ergo nullum fundamentum apparet, quod suadeat, aequiprobabilismi systema a s. Doctore heic proponi coepisse.

86. Sed dixi insuper, integrum in hac dissertatione cerni simplicis probabilismi systema. Siquidem s. Doctor in ea non modo tunc solum reiicit et damnat usum opinionis minus probabilis, cum pro lege stat opinio certe et notabiliter probabilior, videlicet moraliter aut quasi moraliter certa; sed positive affirmat et docet, extra hanc hypothesim licitum esse usum opinionis libertati faventis.

Et hoc quidem vel ex eo tantum deduci posset, quod usum opinionis minus probabilis tunc solum improbat ceu illicitum, quando summa illa pro lege militat probabilitas. Et sane aut dicendum est, nullum dari medium inter opinionem aeque cum opposita probabilem et opinionem illam ita notabiliter probabiliorem, ut prope moraliter certa dici queat; aut concedendum est iuxta s. Doctorem licitum esse etiam usum opinionis probabilis in concursu probabilioris, quae summum illum probabilitatis gradum non attingat. Quaestio enim, quam s. Doctor ibi proponit, exigit, ut quidquid illiciti haberi potest in usu opinionis minus probabilis, in responso appareat.

At vero quod eiusmodi medium inter binos illos probabilitatis gradus non detur, nempe quod nulla excogitari possit opinio probabilior, quae vel dubiam tantummodo aut ita tenuem praeponderantiam habeat prae opposita, ut *pro nihilo reputanda sit,* vel tanta praepolleat praeponderantia, ut prope moraliter certa appareat, enimvero, ut alias diximus, paradoxum est communi omnium theologorum et philosophorum sensui repugnans, neque minus a s. Alphonsi doctrina abhorrens. Quippe s. Doctor, non secus ac Doctores omnes, dilucide distinxit opiniones ita, ut spectato rationum auctoritatisve pondere, alia sit *probabilis,* alia *probabilior,* alia *probabilissima, alia moraliter aut quasi moraliter certa. Probabiliorem* autem definivit, *quae nititur fundamento graviori, sed etiam cum prudenti formidine opposili, ita ut contraria etiam probabilis censeatur.* Cum ergo admittendae sint opiniones probabiliores, quae neque ad censum *aeque probabilium,* neque ad speciem *notabiliter probabiliorum* pertinent et cum in earum concursu s. Doctor non abnuat, immo alibi docuerit licere usum opinionis probabilis: concedendum prorsus est, iuxta s. Doctoris sententiam, licitum esse usum opinionis probabilis in concursu probabilioris, quae summum illum probabilitatis non attingat gradum, unde opposita tenuiter aut dubie probabilis evadat.

87. Sed ostendendum et illud est, etiam in hac dissertatione ann. 1762. s. Doctorem positive docere, licitum esse usum opinionis minus probabilis, quando opposita pro lege non attingit notabilem illam atque summam

probabilitatem, quae contrariae probabilitatem adimat; quia nempe quousque opinio pro libertate manet probabilis, dubia remanet lex, atque adeo non obligat. Atqui id facillime simul et manifestissime ostendi potest.

Sic enim in hac dissertatione scribit s. Doctor n. 10. « Ultimamente a' nostri tempi il dotto p. Eusebio Amort ha difeso fortemente questa *nostra sentenza* nella sua teologia morale e scolastica stampata in Bologna nell' anno 1753., dopo essere stata fatta emendare in Roma da Benedetto XIV.... Scrive l'Autore, che *dove l'opinione per la legge non apparisce evidentemente e notabilmente più probabile, è moralmente certo, che non v' è legge, che obbliga*, dicendo, che Iddio secondo la sua provvidenza, quando vuole che obblighi alcuna sua legge, è tenuto a renderla evidentemente e notabilmente più probabile ». En igitur quomodo, s. Alphonso docente, lex cesset atque adeo liceat opinionem probabilem sequi, quoties opinio pro lege evidenter et notabiliter probabilior non appareat. Dicit enim cum Amort, extra hunc casum, certum esse moraliter, legem obligantem non adesse.

Pari modo ibi ratiocinatur s. Doctor ex quodam s. Augustini textu. Ita ille n. 10.: « Si aggiunge quel che dice s. Agostino, il quale con brevi parole conferma tutto quel che si è detto: *Quod enim nec contra fidem neque contra bonos mores esse convincitur, indifferenter esse habendum.* Si noti la parola *convincitur,* sicchè secondo la dottrina di s. Agostino *a noi è lecita ogni azione, purchè non siamo convinti e moralmente certi, ch' ella sia contro la fede o contro i buoni costumi* ». Atqui opinio probabilior, in cuius concursu s. Doctor cum probabilistis docuerat licitum esse usum opinionis minus probabilis, non reddit nos moraliter certos de actionis inhonestae. Vid. supr. n. 21. Ergo etiam in hac dissertatione docet, licitum esse usum opinionis probabilis in concursu probabilioris.

Idque confirmatur ex iis, quae inferius s. Doctor ita addit: « Perchè (domando) i dottori antichi comunemente hanno insegnato, che dove la legge è oscura nè *per quella vi è alcun testo di Scrittura o determinazione della Chiesa o evidente ragione,* niuna azione dee condannarsi di colpa grave, se non perchè gli autori mentovati hanno avuto per certo, che la legge dubbia non obbliga? »

Et non multo post: « s. Tommaso giudica, essere inescusabile solamente colui, che siegue l'opinione d'alcun maestro *contro un chiaro testo della Scrittura o contro qualche sentenza comune de' dottori e conforme al sentimento della Chiesa* e non già chi siegue un' opinione, che non apparisce esser *certamente* contraria alla divina legge, come appunto notò Giovanni Nyder sopra il citato testo di s. Tommaso ».

Et infra: « Secondo s. Tommaso e s. Antonino, dove la verità non è manifesta, la legge, come dubbia, non obbliga ».

Atqui licet opinio pro lege probabilior appareat (vocem *probabilior* eo sensu accipimus, quo s. Alphonsus cum ceteris omnibus doctoribus eam definit), tamen nec potest dici *veritas manifesta* neque *manifesto Scripturae textui aut evidenti rationi* aequiparari potest neque opposita opinio dici. potest *certe contraria legi divinae.* Ergo hanc sequi, non obstante maiori probabilitate opinionis pro lege, iuxta doctrinam in hac dissertatione expositam omnino licitum est.

Manifeste ergo patet in hac quoque dissertatione integrum reperiri probabilismi systema, utcumque s. Doctor in ea speciatim refutandam sumat sententiam probabilioristarum, quatenus in duarum opinionum aeque probabilium conflictu contendebant, tutiorem esse sequendam.

88. At vero si vel pauca haec satis evincunt, originem illius aequiprobabilismi, qui simplici probabilismo contrarius dici possit, frustra in hac s. Doctoris dissertatione inquiri, ubinam denique inveniri huiusmodi aequiprobabilismus poterit? Certum est enim, systema morale, quod in posterioribus editionibus Theologiae moralis s. Alphonsi legitur, praeter quaedam additamenta nihil nobis, nisi hanc dissertationem exhibere. Integrum igitur probabilismi systema vel in postremis s. Doctoris elucubrationibus propositum nobis reperimus.

Et sane editio sumatur Theologiae moralis ann. 1785., cui postremas s. Doctor curas adhibuit. At nonne in *Systemate morali* huic editioni inserto duo illa apparent, ex quibus integrum probabilismi simplicis systema serv tum superius deduximus?

Alterum eorum est, quod s. Doctor non omnem damnat usum opinionis minus probabilis, sed restricte hunc usum tunc solum dicit illicitum, si opinio minus probabilis prae opposita certe et notabiliter probabiliori, evadat tenuiter aut saltem dubie probabilis.

Atqui hoc disserte etiam in postrema dissertatione n. 55. 56. ita enunciatur: « Praesenti dissertatione duas nobis proponimus quaestiones discutiendas. Prior est, an licitum sit sequi opinionem minus probabilem, relicta probabiliori, quae stat pro lege... » Circa primam quaestionem citius me expediam; resolutio enim est patens. Dico igitur, quod si opinio, quae stat pro lege, videatur *certe* probabilior, ipsam omnino sectari tenemur nec possumus tunc oppositam, quae stat pro libertate, amplecti... Dixi *certe* probabilior; quia dum opinio pro lege est certe et sine ulla haesitatione probabilior, tunc opinio illa non potest esse nisi *notabiliter* probabilior. Et eo casu opinio tutior non erit iam dubia (intellige de dubio stricte sumpto...), sed est moraliter aut quasi moraliter certa... Unde tunc fit, quod opinio minus tuta... remaneat aut tenuiter aut saltem dubie probabilis respectu tutioris ».

Et haec quidem per se sufficiunt ad excludendam opinionem *aequiprobabilismi.* Systema enim aequiprobabilismi excludere debet sententiam probabilismi propriam, quam etiam s. Alphonsus invicte propugnavit, nimirum licitum esse .usum opinionis solide probabilis etiam in concursu probabilioris. Atqui, prout superius n. 36. iam vidimus, haec sententia nullo modo excluditur per s. Doctoris responsum ad primam illam quaestionem (quod responsum alioquin ipse manifestum dicit et patens); quia in hac sententia opinio pro libertate non tenuiter aut dubie, sed certe et solide, etiam in concursu probabilioris, remanet probabilis. Ergo.

89. Sed et alterum, in quo probabilismi systema elucet, in postrema s. Doctoris dissertatione cernitur: videlicet positive ex ipsa dissertatione arguitur, licitum esse usum opinionis minus probabilis, quoties opposita pro lege opinio non polleat eiusmodi probabilitatis excessu, ut opinio pro libertate aut tenuiter aut saltem dubie probabilis appareat.

Et quidem ad rem conficiendam sufficeret advertere, ea omnia, quae superius n. 87. ex dissertatione italice edita an. 1762. deprompsimus, in postrema quoque hac dissertatione haberi. Ita v. gr. n. 70. legimus: « s. Augustinus brevibus totum, quod dicimus, confirmat: *Quod enim nec contra fidem, neque contra bonos mores esse convincitur* (nota *convincitur*), *indifferenter esse habendum.* Quaelibet igitur actio nobis permissa est, modo convicti aut moraliter certi non simus, illam contra fidem aut bonos mores esse ».

Sed omittamus heic reliquos s. Doctoris textus supra n. 87. allatos, in quibus ex s. Thoma, s. Antonino aliisve auctoribus antiquis et ex Eusebio Amort rem confirmat. Latine quippe versos et ex postrema hac dissertatione sumptos, superius n. 55, 56. attulimus.

90. Potius igitur iuverit quaedam alia ex postrema hac s. Alphonsi dissertatione delibare, in quibus emicat principium simplicis probabilismi proprium, licitum nempe esse usum opinionis, quandocumque non opponatur certae rationi, quae illius probabilitatem auferat.

Sic itaque s. Alphonsus n. 70. post allegata quaedam s. Bernardi verba: « Ait itaque s. Doctor, quemque tuto procedere, eas opiniones sequendo, quae certae rationi aut auctoritati, quae sit tanti momenti, ut nemo ab illa desciscere possit, se non opponunt ».

Et n. 63.: « Dicimus igitur, neminem ad aliquam legem servandam teneri, nisi illa ut certa alicui manifestetur. Posito enim, ut vidimus, quod lex necessario est promulganda, ut obliget: si promulgatur lex dubia, promulgabitur dumtaxat dubium, opinio sive quaestio, an adsit lex prohibens actionem, sed non promulgabitur lex. Hinc omnes ad asserendum conveniunt, quod lex ut obliget, debet esse certa et manifesta debetque uti certa manifestari sive innotescere homini, cui promulgatur ».

Et n. 64. post allatum s. Thomae textum subdit: « Ratio patet, cur lex debeat esse certa; quia cum lex iuxta s. Doctorem sit mensura et regula, qua homo mensurari ac regulari debet circa suas actiones, nequaquam ille recte mensurari et regulari potest, nisi mensura et regula sit certa, ut obliget, quin et homini innotescat ».

Et n. 65. ubi s. Thomae auctoritatem urget: « s. Thomas hoc morale principium absolute profert: *Nullus ligatur per praeceptum aliquod, nisi mediante scientia illius praecepti.* Ab omnibus philosophis cum b. Thoma docetur distinctio inter opinionem et scientiam: *opinio* denotat cognitionem dubiam aut probabilem alicuius veritatis; *scientia* vero cognitionem certam ac patentem significat ».

Et rursus n. 78.: « s. Thomas semper conformis fuit, nos instruens, leges certas esse debere, ut obligent; in cunctis enim locis, ubi de hac materia sermonem habuit, semper usus est verbis expressis, quae hanc esse mentem suam clare ostendunt ».

Dissertationem denique sic s. Doctor n. 84. peremptorie concludit: « Tandem ab omnibus, quae heic exposita sunt, firmiter confirmatur principium a s. Thoma nobis traditum, quod lex, nisi sit sufficienter ac certe promulgata, non obligat. Deinde concluditur, quod NISI OPINIO, QUAE STAT PRO LEGE, SIT AUT CERTA AUT SALTEM CERTE PROBABILIOR, PROUT AB INITIO DIXIMUS, EAM SEQUI NON TENEMUR ».

Hinc vero nullum profecto patet effugium: revocentur enim verba s. Alphonsi sup. n. 88., ubi semet explicans dicit, opinionem *certe probabiliorem* perinde esse ac *notabiliter probabiliorem;* deinde revocemus huc verba doctissimi et eximii interpretis operum s. Alphonsi, P. Haringer: « *Ad certitudinem moralem*, inquit, *proxime accedit opinio... notabiliter probabilior, quae non iam est stricte dubia, sed moraliter aut quasi moraliter certa, et opposita fit tenuiter probabilis* ». Dissertissime ergo s. Doctor Alphonsus et quidem in dissertatione postremis curis ab ipso adornata, expolita et aucta, profitetur et docet, licitum esse usum opinionis etiam minus probabilis, quousque probabilioris pro lege tantus non appareat excessus, ut haec prope moraliter certa, illa vero tenuiter aut saltem dubie probabilis censenda sit.

Et cum ista norma, a s. Doctore expresse tradita, optime componatur cum communissima simplicis probabilismi sententia, nimirum licitum esse usum opinionis solide probabilis etiam in concursu probabilioris pro lege, concludendum est, integrum probabilismi systema a s. Doctore Alphonso ad vitae usque exitum fuisse admissum atque adeo admitti non posse nec debere aequiprobabilismi systema, quatenus a simplici probabilismo distinguitur eique opponitur, a s. Doctore Alphonso invectum ac propugnatum fuisse.

91. Neque heic omittendum illud est, quod s. Doctor scribit in *Monito*, quod ipse etiam postremae *Systematis moralis* editioni adiunxit n. 85. cum hoc titulo: *Monitum, in quo exponitur Decretum S. C. Generalis Inquisitionis Romae conditum ann. 1764. circa usum opinio-*

num probabilium: quod quidem decretum contra doctrinam s. Alphonsi obiecerat P. Vincentius Patuzzi; quippe quod damnabat folium undecim theses continens cum titulo: *Probabilismus publicae disputationi ven. Clero Avisiensi exercitii causa expositus contra probabiliorismum stricte talem, utpote negotium perambulans in tenebris.* Et cum prima illarum thesium his verbis constaret: *Probabilismus noster versatur circa haec tria: Licet sequi probabiliorem pro libertate, relicta minus probabili pro lege: Licet sequi aeque probabilem pro libertate, relicta aeque probabili pro lege. Licet sequi minus probabilem pro libertate, relicta probabiliori pro lege*: mirum, quantopere sibi Patuzzi, hoc telo instructus, de' victoria contra s. Alphonsum blandiretur.

Scribit porro s. Doctor n. 86. dubitatum fuisse, *an damnatae essent singulae theses in particulari* et subdit: « Verumtamen dubium hoc ab eadem S. C. postea declaratum fuit; cum enim proscriptio praedicti folii deinde iussu eiusdem S. C. inserta fuisset in indice librorum prohibitorum, non dictum fuit, *folium et theses in illo expositae...,* sed simpliciter dictum fuit: *Plagula undecim thesium, cui titulus: Probabilismus disputationi etc.* Quapropter in praesenti declaravit S. C., esse tantum praefatam *plagulam* proscriptam, idest tantum chartam sive folium undecim thesium, non autem omnes et singulas theses. Et revera cum de hoc dubio litteras dedissem, ut' certior de hoc omnino fierem, ad duos s. Inquisitionis Romanae consultores, nempe ad reverendiss. P. M. Thomam Augustinum Ricchini Sacri Palatii Magistrum adque reverendiss. P. M. Pium Thomam Schiara S. C. Indicis secretarium; ambo mihi responderunt, *minime prorsus in Decreto S. C. vetitum fuisse probabilismum nec quoad primam nec secundam nec tertiam propositionem de opinione minus probabili pro libertate ».*

Quisnam vero, vel hisce tantum perpensis, illico non videat, a qualibet nedum veri, sed et verisimilis specie abhorrere, quod s. Doctor Alphonsus damnare ut illicitum voluerit aut usum opinionis minus probabilis aut generatim probabilismum, prouti haec in catholicis scholis iudicio S. C. Romanae sine noxa et tradebantur et defendebantur, dum ipsemet, morale suum systema exponens, ad sui systematis defensionem contra adversarios hoc S. C. iudicium adducit?

92. Quid vero, quod in Oper. *Hom. Apost.* n. 72. de hoc S. C. iudicio disserens, memorat quidem *folium continens Propositiones, quae omnes probabilismo favebant, quarum quaedam erant, quae iustos excesserant limites;* sed addit: « Proscriptum utique fuit folium, sed non proscriptae fuere omnes Propositiones eiusdem; *earum enim aliquae iustae erant et innocentes?* » Atqui nemo non videt, profecto eas praesertim *iustas* et *innocentes* propositiones dici a s. Doctore in iis adiunctis debuisse, circa quas iudicium S. C. expresse noverat. Quodnam porro iu-

dicium S. C. expresse s. Doctor nosset, ipse ibidem enarrat: «Mihi rescripserunt (nempe magister S. Palatii et Secretarius S. C. Indicis), a S. C. damnatum fuisse praedictum folium et theses, non vero propositionem aliquam particularem in dictis thesibus contentam, ideoque *damnatum non fuisse probabilismum neque quoad aeque probabilem,· neque quoad minus probabilem libertati faventem* ».

Addit praeterea: «Scripsi amplius Em̃o Domino Cardinali Galli tunc Poenitentiario maiori et rogavi, ut meo nomine responsum requireret a proprio Summi Pontificis ore. Dictus Em̃us Dominus, postquam fuerat Pontificem allocutus, respondit mihi, non fuisse damnatas omnes folii propositiones, sed aliquas tantum in illo contentas, et *non. damnatam fuisse aliquam propositionum illarum, quae disceptantur in scholis catholicis et a multis catholice propugnantur* ».

Cum itaque propositiones omnes, in damnato folio contentae, versarentur exclusive circa probabilismum et omnes probabilismo faverent; quaedam autem ex iis *iustos excederent limites*, quaedam vero iuxta ipsum s. Alphonsum *iustae essent et innocentes;* ad iudicandum autem, quaenam ex undecim illis propositionibus -iustae atque innocentes censendae forent, s. Alphonsus nullam aliam normam se secutum ostendat praeter s. Inquisitionis Romanae iudicium et iudicium Summi Pontificis, quem consulendum circa haec per Cardinalem Galli curavit; cum denique vi horum iudiciorum, *primo* quidem declarentur innoxiae propositiones, *quae disceptantur in scholis catholicis et a multis catholice propugnantur;* propositiones alioqui *probabilismo faventes et in · scholis catholicis disceptatae* et *catholice propugnatae* sint duae illae in prima Avisiensi thesi sic propositae: «Licet sequi aeque probabilem pro libertate, relicta aeque probabili pro lege. — Licet sequi opinionem minus probabilem pro libertate, relicta probabiliori pro lege »: *secundo* expressius declaretur innoxius *probabilismus tum quoad aeque probabilem, tum quoad minus probabilem libertati faventem;* manifestissima se prodit conclusio probabilismi genuinum systema tum quatenus defendit licitum usum opinionis probabilis ac minus tutae in concursu aeque probabilis et tutioris, tum quatenus licitum asserit ac propugnat usum opinionis minus probabilis in concursu probabilioris pro lege, a s. Doctore Alphonso post Apostolicae Sedis iudicium etiam in postremis elucubrationibus suis, iustum et innoxium declarari.

93. Illud explicandum nunc superest, qui factum sit, ut s. Doctor Alphonsus deinceps, idest ab ann. 1762. praetermissis thesibus, quas appositis disceptationibus defenderat vel contra tutioristas ab ann. 1753. usque ad 1763. de licito usu *opinionis saltem probabilioris in concursu opinionis probabilis pro lege*, vel contra probabilioristas ann. 1749. et 1755. de licito usu *opinionis probabilis in concursu probabilioris pro lege*,

propugnandae ac roborandae postremae thesi de licito usu opinionis probabilis minus tutae, omissa tutiori aeque probabili, totus institerit. Et hinc quidem recentiores quidam, qui aequiprobabilismi systema inchoatum et invectum a s. Doctore tenent ann. 1762., hanc opinionem confirmari putant, quod s. Doctor postmodum usque ad vitae exitum pro hac aequiprobabilismi doctrina pugnare perrexerit.

. Verum huic animadversioni responderi facile potest, 1° ex historia rationem deduci, cur huic potius, quam ceteris systematis sui moralis partibus, defendendae operam s. Doctor dederit: 2° concludi exinde nullo modo posse, s. Doctorem systemati aequiprobabilismi, prout hoc simplici probabilismo opponitur, inhaesisse. Aequiprobabilismi enim systema exigit, ut reiiciatur sententia de licito usu opinionis probabilis in concursu probabilioris pro lege. Atqui iam innuimus, s. Doctorem in dissertatione ann. 1762. et in postrema quoque anni 1785., in quibus ex professo defendit licitum usum opinionis probabilis minus tutae prae aeque probabili tutiori, nequaquam nuncium simplici probabilismo remisisse. Id ipsum autem etiam in aliis eiusdem argumenti disceptationibus contingere videbimus.

94. Quod itaque ad historiam attinet, vix dum s. Doctor ann. 1762. dissertationem de licito usu opinionis probabilis, relicta tutiore aeque probabili ediderat, ecce opusculum prodiit cum titulo: « *La causa del probabilismo richiamata all' esame da Monsignor de Liguori e novellamente convinta di falsità* ».

De opusculi huius auctore s. Doctor in Apologia, quam illi opposuit, ita scribit (in monit. ad lector.): « Il mio oppositore fa chiamarsi Adelfo Dositeo; ma già si sa da per tutto, chi sia: nondimeno perchè egli non vuol palesare il suo nome, neppur io voglio palesarlo. Egli premette nell'Avviso a'lettori, essere stato costretto a confutare *la mia dissertazione* per bene del pubblico ed. anche dell'anima mia. In quanto al primo, anche per bene del pubblico io ho scritto e scrivo, acciocchè non restino illaqueate le coscienze da un rigore non imposto da Dio ».

En itaque manifesta ratio, ob quam s. Doctor eam probabilismi partem, quae licitum asserit usum opinionis probabilis, omissa tutiore aeque probabili pertractare et defendere rursus coactus est.

95. Neque vero solus Vincentius Patuzzi, sed alius quidam Religiosus epistolam per illud tempus dedit ad s. Alphonsum, in qua praedictam dissertationem ann. 1762. acriter impugnabat. S. Doctor proinde eodem fere tempore alteram edendam apologiam censuit et hunc illi praefixit titulum: *Risposta ad una lettera di un Religioso circa l' uso dell'opinione egualmente probabile.* Et reipsa quod istà Religiosi epistola speciatim ac directe insectaretur thesim de usu opinionis aeque probabilis, non solum suadet titulus appositus Apologiae a s. Doctore, sed expresse

id elucet ex his s. Doctoris verbis: « In primo luogo v. P. mi dice, meravigliarsi, ch'io dimostrando di far buona vita ed esemplare, tenga poi una dottrina poco sana col·difendere l'uso dell'opinione egualmente probabile ».

Nihil ergo mirum, quod s. Doctor in hac quoque apologia controversiam ad hanc·doctrinae communis seu probabilismi partem restrinxerit, quae nempe impugnabatur. Respondet itaque: « Padre mio, io giudico e vedo tutto l'opposto: vedo che la mia vita non è nè buona nè esemplare, ma tutta piena di difetti; all'incontro tengo, che il mio sistema circa del probabilismo, secondo quello che ne ho scritto nell'ultima mia Dissertazione data alle stampe, sia sanissimo e certo. Ivi già mi sono spiegato, non esser lecito il servirsi dell'opinione probabile e meno tuta, quando l'altra, che sta per la legge, *è notabilmente e certamente più probabile;* perchè in tal caso l'opinione più tuta non è dubbia, ma *è moralmente o quasi moralmente certa.* Ma è ben lecito all'incontro l'uso della probabile, quando ella è egualmente o quasi egualmente probabile, perchè allora la legge è dubbia con vero e stretto dubbio e perciò non obbliga; poichè la legge incerta non può indurre un obbligo certo ».

96. Quod autem in duabus istis Apologiis s. Doctor non defenderit aequiprobabilismum prout simplicis probabilismi systemati opponitur, res est manifesta.

Et in primis nonne in allato textu usus opinionis probabilis tunc solum dicitur illicitus, quando opinio pro lege est *moraliter aut quasi moraliter certa?* Atqui ipse s. Alphonsus absolute affirmat (vid. supr. n. 90.), « quod nisi opinio, quae stat pro lege, sit certa aut saltem certe probabilior... eam sequi non tenemur ». Porro, ut pluries vidimus, opinio *certe probabilior* apud s. Doctorem perinde valet ac *notabiliter* probabilior et *notabiliter* probabilior idem valet ac opinio *moraliter aut quasi moraliter certa.* Ergo iuxta doctrinam a s. Doctore etiam in hisce apologiis traditam licitus est usus opinionis probabilis, quoties opinio pro lege non habet summam illam probabilitatem. Ergo, cum dentur alii maioris probabilitatis gradus praeter illum summum, docente s. Alphonso licitus est usus opinionis probabilis etiam in concursu probabilioris, quae est genuina simplicis probabilismi doctrina, etiam a s. Alphonso ex professo in duabus dissertationibus propugnata.

Ceterum quaecumque attulimus superius n. 87.-92. ad evincendum, neque in dissertatione ann. 1762. neque in postrema ann. 1785. s. Alphonsum a simplicis probabilismi systemate discessisse, ea omnia etiam in hisce Apologiis reperiuntur. Satis esto, quod s. Doctor post allatum s. Augustini textum in Apologia contra Adelphum Dositheum repetit: « Sicchè quell'azione è illecita solamente, che si convince, cioè chiaramente si prova esser contro la fede o contro i buoni costumi ».

Quinimo Apologia s. Doctoris adversus anonymum religiosum, quem diximus, reipsa vix quidpiam habet de licito usu opinionis aeque probabilis; sed generatim in obiectionibus contra probabilismum et probabilistas refutandis versatur. Ita ubi scribit: « Del resto prima, cioè dall'anno 1577., in cui il P. Medina spiegò più chiaramente il probabilismo e lo difese, per molti anni appresso... la sentenza benigna è stata comune tra tutti i Teologi, come confessa lo stesso P. Concina e se allora questa sentenza era comune, questa ancora era certamente la dottrina insegnata dai predicatori e dai confessori. Se dunque la Chiesa per tanti anni non condannò una tal sentenza *detestabile* (a parer vostro) *e perniciosa,* dovrem dire che la Chiesa per tutto quel tempo, non resistendo a quest'errore, l'approvò e cosi tenne ingannati i fedeli secondo la regola d'Innocenzo Papa: *Error, cui non resistitur, approbatur* ». Profecto benigna sententia a P. Medina clarius explicata et communiter ab omnibus per tantum temporis lapsum recepta, non potest dici coarctata ad defendendum merum aequiprobabilismum.

97. Eodem anno, quo Apologiam adversus praedictum religiosum conscripsit, ann. scilicet 1764., Alphonsus aliud opus edidit, cui titulus: *Il confessore diretto per le confessioni della gente di campagna.*

Nihil mirum autem, quod effervescente tunc contentione contra doctrinam propositam et defensam in Dissertatione ann. 1762., ipsam rursus etiam in hoc opere explanaverit et iisdem argumentis confirmaverit.

Itaque, etiam heic (omissa nunc thesi, qua contra tutioristas asserit, licitum esse sequi opinionem probabilissimam pro libertate) primo quidem cernimus, theses breviter praemitti, quibus reiicitur laxismi calumnia nunquam non obiecta communi doctrinae ab antiprobabilistis. « Diciamo per primo (inquit s. Doctor) non esser lecito operare coll'opinione tenuamente probabile, che sta per la libertà, contro l'opinione che sta per la legge... Diciamo per secondo, similmente non esser lecito operare coll'opinione certamente e notabilmente meno probabile ». Planum est autem in hisce thesibus exprimi quoad substantiam id, quod s. Doctor in Dissertatione ann. 1762. sic brevius exponebat: « Diciamo, che non è lecito di seguire l'opinione meno probabile, quando l'opinione, che sta per la legge, è notabilmente e certamente più probabile ».

Alteram demum thesim ita subdit: « Diciamo per quarto, esser ben lecito poi l'operare coll'opinione egualmente e quasi egualmente probabile, che sta per la libertà; perchè allora la legge è dubbia con vero e stretto dubbio ed è principio certo, che la legge dubbia non può indurre un obbligo certo ».

98. Sed rursus ex eo quod s. Doctor etiam in hoc Opere ex professo tractet dumtaxat de licito usu opinionis aeque probabilis, nihil profecto extundi inde potest, quo aequiprobabilismi systema adstruatur, ceu s. Al-

phonsi proprium. Ad hoc enim, ut iam diximus, necesse est, ut excludatur altera pars systematis probabilistarum, qua licitum usum asserunt opinionis probabilis etiam in concursu probabilioris. Atqui s. Alphonsi assertio, utpote propositio affirmativa, etiam iuxta dialecticae regulas, per se non excludit ab eiusdem praedicati consortio cetera subiecta omnia.

Insuper vero praedictae s. Doctoris theses integrum nobis probabilismi systema exhibent. Ex earum enim contextu satis patet, s. Doctorem voluisse in iis recensere quidquid illiciti esse possit in usu opinionis probabilis pro libertate. Atqui illicitum nihil praefert, nisi quando opinio pro libertate aut improbabilis aut tantum tenuiter sive etiam dubie sit probabilis. Superius autem iam vidimus, s. Alphonsum positive asserere licitum usum opinionis probabilis, quoties non adeo praeponderet probabilitas pro lege, ut opposita pro libertate aut tenuiter aut dubie probabilis evadat. Ex thesibus praemissis igitur satis colligitur, licitum esse usum opinionis probabilis etiam in concursu probabilioris, quae oppositae probabilitatem non eo usque infirmet ac demat.

99. Quem processum habuerit controversia inter s. Alphonsum et adversarios antiprobabilistas post s. Doctoris Apologias, de quibus supra dictum est et quae causa s. Doctorem impulerit ad aliud edendum Opus, quod ann. 1765. Clementi XIII. dicavit cum titulo: *Dell'uso lecito dell'opinione egualmente probabile,* sic ipse enarrat initio introductionis: « Avendo io data fuori nell'anno 1762. una dissertazione circa l'uso dell'opinione egualmente probabile, mi si oppose il molto rev. P. Lettore Fra Gio. Vincenzo Patuzzi sotto il nome di Adelfo Dositeo, con un libro intitolato: *La causa del Probabilismo richiamata all'esame da Monsignor de Liguori e novellamente convinta di falsità.* Io con un'apologia in difesa della mia dissertazione risposi alle di lui opposizioni; ma egli di nuovo mi si è opposto con un'altro libro, che va col titolo: *Osservazioni teologiche di Adelfo Dositeo sopra l'apologia dell'Illustriss. e reverendiss. Mons. Alfonso de Liguori ecc.* Essendosi per tanto dovute ristampare le mentovate mie due opere, cioè la dissertazione e l'apologia, ho stimato bene di unirle insieme in questo libro per maggior comodo de'leggittori ed anche per dare miglior ordine alle cose, mettendo le opposizioni del mio avversario colle mie risposte, prima date in diversi luoghi, ora unite ne'luoghi dove propriamente cadono. Coll'occasione di questa ristampa ho dovuto rispondere ancora all'autore anonimo, che ha dato fuori un altro libro intitolato: *La regola de' costumi,* in fine del quale vi è di più un'appendice fatta direttamente contro la mia dissertazione ».

Et ex his satis patet, cur etiam in hoc Opusculo s. Doctor ex professo argumentum de opinione aeque probabili pertractet; quia scilicet circa hoc sententiam suam, alioquin autem communissimam, sed iterum ab adversariis impugnatam defendere necesse fuit.

100. At vero nunquid in nova hac elucubratione s. Alphonsus ita defendit licitum usum opinionis aeque probabilis, ut aequiprobabilismum contra simplicem probabilismum tradat et propugnet? Et huic quaestioni prout in superioribus et propter easdem, ac superius, rationes, negative respondendum est. Simplex quippe probabilismus mere aliam thesim addit de licito usu opinionis probabilis etiam in concursu probabilioris, quatenus probabilior opinio ab ipso s. Doctore ea dicitur et est, *quae nititur fundamento graviori, sed etiam cum prudenti formidine oppositi, ita ut contraria etiam probabilis censeatur.*

Atqui haec thesis minime locum habet inter eas, quas s. Doctor ibi de opinione minus probabili pro libertate reiicit. « È certo, inquit cap. 1. n. 2., ancora, non esser lecito seguire l'opinione tenuamente probabile... Siccome neppure può seguirsi, secondo il nostro sistema, l'opinione, che sta per la libertà, quando ella è *molto meno probabile* o è *certamente meno probabile* dell'opinione, che sta per la legge; poichè quando l'opinione benigna *(nempe pro libertate)* apparisce certamente meno probabile, è segno che la probabilità, la quale assiste all'opinione più rigida *(nempe pro lege)* è molto preponderante ed in tal caso la legge non è più dubbia con dubbio stretto, ma è moralmente o quasi moralmente certa e come tale ben obbliga, mentre allora è già sufficientemente proposta ». Res ergo eo adducitur, ut ex mente s. Alphonsi tunc solum illicitus habendus sit usus opinonis minus probabilis pro libertate, quando pro lege opinio est *multo probabilior,* de qua nempe cl. P. Haringer In not. ad Theol. mor. s. Alphonsi lib. 1. tr. 1. n. 40., iuxta mentem s. Doctoris scribit : « Ad certitudinem moralem proxime accedit *opinio multo... probabilior,* quae non iam est stricte dubia, sed moraliter aut quasi moraliter certa et opposita fit tenuiter probabilis ». Porro a supremo hoc probabilitatis gradu longe differt probabilior opinio, in cuius concursu s. Alphosus cum probabilistis omnibus propugnavit licitum esse usum opinionis minus probabilis. Ergo nec in hoc quidem Opere s. Doctor reiicit praedictam probabilistarum thesim.

Verum non modo hanc thesim non reiicit, sed ipsam probare convincitur. Revocentur enim ea s. Doctoris verba Syst. mor. ann. 1785. n. 84.: « *Nisi opinio, quae stat pro lege, sit aut certa aut saltém certe probabilior, prout ab initio diximus, eam sequi non tenemur* ». Sed opinio certe probabilior, prout s. Doctor dixerat ab initio n. 56. *non potest esse nisi notabiliter probabilior et est moraliter aut quasi moraliter certa.* Ergo nisi opinio pro lege sit prope moraliter certa, eam sequi non tenemur. Atqui opinio probabilior, in cuius concursu iuxta probabilistas licet sequi opinionem minus probabilem, non est moraliter certa neque contrariae probabilitatem aufert. Ergo iuxta s. Alphonsum *eam sequi licet.* Ergo s. Alphonsus approbat ut licitum usum opinionis probabilis etiam in concursu probabilioris, quae est altera probabilistarum thesis.

Ceterum quaecumque demum supr. n. 87.-92., ex Dissertatione ann. 1762. aliisve posterioribus s. Doctoris scriptis excerpsimus, ut palam fieret, in omnibus hisce scriptis integrum elucere simplicis probabilismi systema, ea omnia etiam ex novo hoc opere depromere facile foret. Sed ad alia properare praestat.

101. Quaeri enim ratio potest, cur in sexta editione Theologiae Moralis s. Alphonsi, quae anno 1767. Romae prodiit, inserta fuerit dissertatio *de Morali Systemate*, quae circa argumentum dissertationis anni 1762. versatur. In praecedentibus enim eiusdem Theologiae editionibus, nempe et in secunda anni 1753. et in tertia anni 1757. et in quarta anni 1760. ac demum in quinta anni 1763. cernebatur de Morali systemate inserta dissertatio, qua s. Doctor (vide sup. n. 70.) mitiorum tutioristarum systema impugnabat et contra istos doctrinam propugnabat hac thesi contentam: *sententia nostra et communis tenet, licere usum opinionis probabilis aut saltem probabilioris, etsi contraria pro lege sit probabilis.* Qua quidem thesi defendebatur, licitum esse usum opinionis etiam mere probabilis in concursu opinionis pariter probabilis pro lege.

At vero manifesta apparuit necessitas alterius oeconomiae, postquam nullum habebat finem pertinacia eorum, qui et intentando vanam laxi probabilismi calumniam et impugnando principia, quibus communem doctrinam s. Doctor egregie communierat, iam inde ab anno 1762. ad obiecta huiusmodi diluenda s. Doctorem impulerant (vide sup. n. 80.). Dixi *et impugnando principia* etc.; reipsa enim principia, quibus tota innititur doctrina, quam s. Doctor tum contra probabilioristas anno 1749. et 1755. tum contra tutioristas in dissertatione inserta praecedentibus Theologiae Moralis editionibus defendit, eo demum collineant, ut supposita solida pro libertate opinionis probabilitate, eo ipso lex et dubia et non sufficienter promulgata dicenda sit atque adeo obligationem inducere nequaquam possit. Porro cum neque post Apologiam contra Adelphi Dosithei obiecta neque post solidissimum Opusculum Clementi XIII. nuncupatum neque post alia, quae commemoravimus, s. Doctoris scripta, adversarii a praedictis calumniis et impugnationibus desisterent; nihil mirum quod s. Doctor sequenti editioni, quae sexta exstitit Theologiae Moralis, dissertationem addiderit praedictis circumstantiis congruam, quae alioquin praecedentem anni 1762., quoad substantiam, nobis repraesentat, ut patet ex his, quae n. VIII. leguntur. « Duo sunt principia, quibus innixus licitum usum tucor opinionis probabilis. Primum, quod lex dubia in conflictu duarum opinionum aeque probabilium non obligat; quia dubia lex non est sufficienter promulgata. Alterum, quod lex incerta nequit certam obligationem inducere; quia legis obligatio posterior est ad libertatem, qua homo est donatus a Deo et in hoc advertendum, quod ista duo principia non utique idem sunt sub diverso aspectu exposita, ut Patutius censet;

utrumque enim diversum habet fundamentum: cum prius fundetur in motivo, quod lex non habet virtutem actualiter obligandi, nisi sit certe promulgata, posterius fundetur in motivo, quod homo certam suae libertatis possessionem habens, de illa non tenetur se expoliatum reputare propter incertam legem ».

102. Ceterum eo minus tepescere potuit s. Doctoris studium in doctrina tuenda iis principiis innixa, quo magis adversariorum numerus et fervor in dies per infelicem eam aetatem excrescebat et ex adverso usque pauciores in dies exsurgebant, qui novatoribus hisce, arrepto calamo, sese opponerent. Qua de re s. Doctor tum in apologia contra Adelphum Dositheum §. 3. tum in opere dicato Clementi XIII. anno 1765. n. 16.: è vero (scribit) no 'l nego che oggidì pochi autori stampano contro il moderno rigido sistema: ma che s'ha da fare? Così corre la moda. Ecco quello che è succeduto all'Abbate dell'Aquila, come disopra ho narrato e perciò molti per non essere inquietati dalle ingiurie e dai rimproveri, che van fatti per uso contro i seguaci del moderato probabilismo, si guardano dal dichiararsi tali ».

Quod vero ferventissimo studio contra moderatum illum probabilismum bellum gererent rigidioris systematis sectatores, vel illud unum satis superque ostendit, quod cum alibi per Italiam Ludovici Habert, Merbes, Iuenin, Genette aliorumque huiusmodi opera ingentibus curis procuderentur atque in studiosorum adolescentium manus sollicite traderentur, tum etiam Romae non semel Gabrielis Antoine opus et quidem miserrimis illis commentariis exornatum ex typographia Polyglotta S. C. de Propaganda Fide prodierit et ad proximarum dioecesium Seminaria et scholas tanquam exquisitissimus thesaurus theologicus diffundebatur. Accedit quod quidam rigidioris doctrinae patroni nihil intentatum reliquerint, quo invidiam omnem ac prope abominationem in mitioris sententiae auctores eorumque libros excitarent. Confer v. gr. Opus, cui titulus: *Veritas vindicata sive permultae sententiae Auctorum Soc. Iesu in Theologia Christiana dogmatico-morali minus sincere relatae suaeque integritati a Carolo Noceti eiusdem Societatis restitutae Romae 1753.*

103. Et huiusmodi quidem criminationes etiam in s. Doctoris Theologiam illatas deinde fuisse discimus ex Tannoia in vita s. Alphonsi lib. 3. cap. 43. Qui enarrans persecutiones commotas adversus Congregationem s. Alphonsi in Sicilia, inquit: « La minor calunnia contro i Missionarii fu quella di qualificarli come fracidi probabilisti in morale e molinisti in dogmatica ». Haec porro occasio fuit s. Doctori novam apologiam conscribendi, quam Neapoli edidit anno 1769. cum titulo: *Apologia della Teologia Morale tacciata da taluni per lassa e specialmente della opinione meno probabile.* Et hanc sibi datam scribendi causam ipse s. Doctor significat in ipso initio: « l'Opera della mia teologia morale

sento essere calunniata da taluni sul falso supposto, che io seguiti il sistema del lasso probabilismo. Mi bisogna adunque per disingannare costoro, che con brevità e chiarezza esponga al pubblico la sostanza del sistema, che io veramente seguito ».

Quam quidem Apologiam s. Alphonsus, anno sequenti 1770. latine redditam inseruit tertiae editioni Compendii Theologiae Moralis, inscripti: *Homo Apostolicus.*

Porro. in hac dissertatione s. Doctor primo quidem, non secus ac in dissertationibus annorum 1762. 1765. et 1767., a se notam. removens laxi probabilismi, contestatur rursus ac repetit, illicitum esse usum opinionis minus probabilis, quando nec censeri nec dici haec potest reipsa probabilis, quando scilicet opinio pro lege tale habet fundamentum, ut pro moraliter certa haberi debeat, opinio vero pro libertate tenuiter tantum aut saltem dubie probabilis dicenda sit.

Quod vero ad adversarios attinet, cur pugnare potius s. Doctor videatur contra tutioristas, sic ipse declarat. « Secunda sententia, inquit n. 32., quam hodie nunc quidam moderni tenent scriptores, vult, ut tunc aliquam quamdam opinionem, quae libertati favet, sequi possimus, cum ipsa sit moraliter certa ». Et infra n. 33. « probabilioristae moderni, qui existimant licitum usum probabilissimae favore libertatis et non requirunt, quod opinio pro libertate omnino certa esse debeat, uti volunt rigidi tutioristae, ita ut opinio contraria pro lege sit penitus improbabilis, vocantur quoque tutioristae, sed tutioristae mites; dicunt enim quod ut quis licite opinione. minus tuta uti possit, moraliter certa esse debeat, sed large ita ut contraria magis tuta probabilis non sit. Ego tamen evidenter demonstrabo, sententiam hanc, quae probabilissimam tantum pro libertate permittit, difficulter a praedictis Auctoribus in praxi adhiberi posse, quin in rigorismum labantur ».

Ceterum tota dissertationis substantia ac tota istiusmodi tutioristarum confutatio demum residet in defendendo atque urgendo illo principio, quod supposita opinione solide probabili pro libertate, eo ipso dubia fit legis exsistentia: lex autem dubia, utpote sufficienter non promulgata, obligationem inducere non potest.

104. Quoad dissertationes autem de Morali systemate, quas in posterioribus editionibus Theologiae Moralis legimus, in septima scilicet, octava et nona, quae biennio ante s. Doctoris obitum impressa est, vix aliquid occurrit, quae specialem animadversionem exigat. Perseverante bello, quod acerrimum adversus s. Doctorem gerebant moderni illi probabilioristae, de quibus n. praec. et speciatim contra principia, quibus s. Doctor asserebat, etiam supposita probabilitate opinionis faventis legi licitum esse sequi opinionem pro libertate probabilem: ipse s. Doctor, data opera, editioni septimae, quae Bassani edita est anno 1773., eandem dissertationem

adiunxit, quae iam fuerat inserta sextae editioni (vide sup. n. 101.), quippe quae hosce adversarios directe impetit. Monitum quoddam tamen, sed loco valde dissito, adiecit, cuius scopum sic ipse exprimit: « mirabitur quis, me studuisse tot auctoritates hic congerere ad hanc doctrinam probandam, quae a nemine in dubium revocatur: sed me id fecisse sciat, quia ab ea sententiae meae firmitas pendet, nempe quod lex dubia non obligat... Et hoc punctum firmiter est hic statuendum ideoque in eo perpendendo diutius non frustra immorabor; cum plura opus sit hic repetere, quae iam scripsi in dissertatione posita initio libri. Enim vero ex huiusmodi fundamento firmitatem haurit nostra sententia, nempe non posse legem incertam certam obligationem imponere ».

Et hoc quidem Monitum s. Doctor in editione octava anni 1779. et nona 1785., quae alioquin, quoad morale systema, est mera octavae reimpressio, non seiunctim, sed ceu primam partem posuit dissertationis *de Morali systemate*. Porro cum in hoc monito plura, ut supra inquit s. Doctor, repetantur, quae iam in dissertatione posita initio libri habebantur (scilicet in dissertatione inserta sextae editioni), proinde prima haec pars potius prolixa quaedam synopsis seu abbreviatio secundae partis dici posset.

Quidquid de hoc sit, totius dissertationis substantia huc fertur, ut primo quidem brevissime suspicionem removeat laxi probabilismi, non secus ac in dissertatione anni 1762. (vide supr. n. 80.). Deinde vero ut rationibus et auctoritatibus evincat, quod *quando opinio illa, quae stat pro libertate, aequali potiatur probabilitate ac opposita, quae stat pro lege, grave immittit dubium, an exsistat lex, quae actionem prohibeat ac proinde sufficienter promulgata minime dici potest ideoque, dum eo casu promulgata non est, nequit obligare, tanto magis quod lex incerta non potest certam obligationem inducere.* Quae quidem ea thesis est, quam anno 1762. propositam usque ad finem vitae contra Patuzzi aliorumque sophismata propugnare perrexit.

105. Cum manifesta itaque causa pateat, cur s. Doctor tum in quatuor posterioribus Theologiae Moralis editionibus tum in aliis scriptis post exortas potissimum Patuzzi contentiones, speciali huic thesi de opinione aeque probabili propugnandae operam constanter dederit, aliunde vero facta ipsa testimonium dicant, s. Doctorem pro adversariorum diversitate alias diversas defendisse theses, quae ceteroquin, utpote principiis iisdem innixae, amice cum postremo propugnata conciliantur: iam nulla ratio suadere immo nec permittere videtur, ut totum s. Doctoris morale systema ad defensionem postremae illius thesis coarctatum putemus.

Neque obstare his debet, quod s. Doctor *suum systema* appellat, quod in postrema Théologiae Moralis editione legimus. Quod quidem s. Doctor disserte significat in Opusculo, cui titulum fecit: *Dichiarazione del si-*

stema, che tiene l'Autore dintorno alla regola delle azioni morali, ubi legitur n. 1.: « Io nell'ultima ristampa fatta della mia morale nell'anno scorso 1773., in fine del secondo tomo, vi ho fatto porre un avvertimento col nome di Monitum, dove succintamente ho posto più in chiaro il sistema che io tengo circa l'uso delle opinioni ». At vero Monitum, quod s. Doctor heic nominat, illud ipsum est, quod superius n. praec. diximus in postrema editione Theologiae Moralis additum fuisse dissertationi de morali systemate et in prima huius parte inveniri. Systema aùtem morale ibi expositum recidit prorsus in duas theses iam inde ab anno 1762. a s. Doctore propositas et deinde usque ad extremum vitae propugnatas contra Patuzzi aliosque adversarios: nimirum 1ᵐ illicitum esse usum opinionis minus probabilis, quando certe ac notabiliter probabilior est opinio pro lege: 2ᵐ licitum esse usum opinionis probabilis quando aeque probabilis est opinio pro libertate. Atqui duae istae theses amicissime conciliantur cum communissima probabilistarum doctrina ab ipso s. Alphonso propugnata, ut vidimus, imo totum probabilistarum systema in se continet.

106. Et sane haec s. Doctoris thesis sécunda excludit sententias tum probabilioristarum, qui pro libertate exigebant opinionem probabiliorem et quidem probabiliorem iuxta sensum Antoine et Gonzalez, de quo supra n. 18. tum mitiorum tutioristarum, qui pro libertate exigebant opinionem probabilissimam, tum denique tutioristarum rigidorum, qui pro libertate exigebant opinionem seu sententiam moraliter certam.

Prior vero thesis tunc solum illicitum dicit usum opinionis pro libertate, quando pro lege stet opinio certe et notabiliter probabilior. Quid porro sibi velit apud s. Doctorem opinio certe et notabiliter probabilior, non aliunde, sed, ut res ipsa postulat, ex ipso s. Doctore desumi debet. At vero opinionem certe et notabiliter probabiliorem ipse eam appellat, cuius opposita sit tenuiter aut saltem dubie probabilis. Ergo tunc solum iuxta systema s. Doctoris illicitus est usus opinionis pro libertate, quando nonnisi tenuiter aut saltem dubie haec sit probabilis. Quapropter quoties opinio pro libertate sit vere seu solide probabilis, etiam ex mente s. Doctoris licebit eam sequi, utcumque probabilior sit opinio quae stat pro lege.

107. Utique s. Doctor in Opusculo, cui titulus: *Dichiarazione del sistema, che tiene l'Autore dintorno alla regola delle azioni morali*, incipit his verbis: « taluni mi tacciano, dicendo ch'io sono probabilista. Io di nuovo mi dichiaro, ch'io non sono probabilista nè seguito il probabilismo, anzi lo riprovo ». At enim n. 2. in fine addit: « Io non sono nè probabilista nè equiprobabilista, in modo ch'io dica essere per sè lecitò il seguire l'opinione equiprobabile ». Verum se probabilismo negat adhaerere eo sensu, quem supra n. 42. exposuimus, quemadmodum heìc

n. 7. explicat, quo sensu ipsi tribuebatur aequiprobabilismus: « ultimamente però per questa sentenza mi vedo posto da alcuni fra il numero degli equiprobabilisti, chiamati libertini e licenziosi, che vogliono vivere in libertà e senza legge per seguire le loro passioni e gli appetiti della carne e del vizio ». Hoc autem isti utebantur argumento ibid. n. 44.: « concorrendo due opinioni, per la libertà e per la legge, sarà lecito seguire l'opinione che sta per la libertà cioè che sta per lo vizio e così appagare gli appetiti della carne ». Ceterum quid demum senserit etiam in hoc Opusculo s. Doctor, citra ambiguitatem verborum, sic ipse explicat n. 20. append.: « la retta ragione detta, come disopra nell'opera già si è notato, che dovendo esser certo l'obbligo, che impone la legge, non basta che la promulgazion della legge sia probabìle, ma siccome è certo l'obbligo, così anche deve esser certa la legge e certa la promulgazione della legge ». Quod vero s. Doctor in praefatione ad postremam, quam in vivis paravit, editionem Theologiae Moralis, scripserit: « Si autem observare vis, quodnam systema tenendum ipse censeat circa moralium, opinionum electionem, vide caput 2. in tractatu altero de Conscientia probabili n. 53. et seq. »: iam alias diximus in duplici thesi, quae in eo systemate statuitur, sufficienter totam comprehendi doctrinam scholis catholicis iamdiu communissimam, quam pluribus opusculis enucleatius s. Doctor pro variis adversariorum contrariis sententiis proposuerat ac propugnaverat.

APPENDIX II.

AN LEGES PONTIFICIAE PROMULGARI DEBEANT IN SINGULIS PROVINCIIS, UT VIM LEGIS HABEANT.

—

QUAESTIO CRITICE TRACTATA.

1. Operae pretium est inquirere accurate quae veterum Canonistarum in hac re mens fuerit. Hinc enim patebit, an iure Regalistae (a) auctoritate illorum se tueantur. Quaestio est ergo, an necesse sit leges pontificias promulgari in singulis provinciis, ut ibidem vim obligandi obtineant.

2. Sunt qui dixerunt, Nicolaum Tudesch, vulgo Abbatem Panormitanum, qui magistros habuit Antonium de Butrio et Ioannem Zabarella ac floruit aetate Concilii Basileensis, pro Romana quidem sententia stare in Comment. ad c. *Noverit. de Sent. Excommun.*, sed dubie loqui in Comment. ad c. *Cognoscentes. de Constitutionibus.*

3. Et quoad primum reipsa Abbas ita scribit ad illa verba « *Intra duos menses post huiusmodi promulgationem sententiae* » in cit. C. *Noverit* n. 3.: « In glossa in ver. *intra duos menses* — ibi — *a tempore publicationis.* Ex hoc dicto glossae infertur, quod hodie non exspectatur lapsus istorum duorum mensium, nisi ab olim haec constitutio fuerit probata: licet quidam dicant, quod isti duo menses currunt a tempore publicationis specialiter fiendae in qualibet provincia; *quia ignorans non est contumax et per consequens non incidit in excommunicationem...* Sed dictum glossae plus placet Ioanni Andreae et hoc credo verius. Nam constitutio Papae non est necessario publicanda in qualibet provincia; quia satis est, quod publicetur in curia romana... et *maxime hoc procedit cum haec Constitutio sit redacta in corpus iuris; quia nemo praesumitur haec ignorare* ».

.⎯⎯⎯

(a) Regalistae propugnant ius *Placeti regii:* ut autem huius iniqui iuris efficacia sit in tuto, sentiunt opus esse et eam sententiam propugnare: leges pontificias promulgandas esse in singulis provinciis, ut ibi vim obligandi obtineant. Vides ergo lector, quo tandem spectaret A. hac dissertatione. Allegationes affert fere ex Reiffenstuel; non tamen affirmat eum in illa fuisse sententia: cf. n. 35. E.

Ubi nota, quaestionem fieri, an *excusetur* nec ne, ab incurrenda excommunicatione propter ignorantiam. Atqui si agatur de foro conscientiae, semper ignorantia excusat, nisi fuerit crassa ac supina. Patet ergo disputari num habendus quis excusatus in foro externo ob ignorantiam, an vero praesumi debeat scientia. Porro haec quaestio longe abest a praesenti de promulgatione necessaria ad vim legis obtinendam. Quod quidem centies erit repetendum.

4. Veniendum nunc ad locum, ubi quidam dixerunt, Abbatem dubie loqui. Locus est in c. *Cognoscentes de Constitut.* et est eiusmodi: « Venio ad secundum, an indistincte exigatur lapsus duorum mensium antequàm constitutio iniiciat vinculum. Et concludendo dicta doctrina, distingue, quod aut Constitutio ponit tempus, post cuius lapsum vult ligare et standum est tempori determinato. Sic intellige c. *Cum singula. de Praebend. in Sexto;* adeo quod si Constitutio dicat, quod ex nunc vult ligare, quod immediate ligat. Quod intellige respectu *retractationis actus, non autem poenae; quia absurdum esset ad poenam ligare ignorantem,* ut hic in principio... Aut Constitutio non apponit tempus, sed simpliciter loquitur et tunc aut est Constitutio inferioris a Principe... *et immediate ligat omnes scientes: respectu vero ignorantium, tempus est arbitrarium, quandoq. non est congruum, ut dentur duo menses sicut in Constitutione Principis,* quae ligat universum... Aut loquimur de Constitutione Principis et secundum omnes dantur duo menses per Authentic. *Ut factae Novae Constitut.* Authentic. Coll. V. Tit. 21. Novell. 66. ».

« Sed disceptatio est inter Doctores, quod si ante lapsum duorum mensium Constitutio veniat in notitiam aliquorum, an immediate illi ligentur. Glossa... tenet, quod sic... Idem dicit Paulus in loc. praeallegato et Hostiensis... D. Antonius (scil. de Butrio) sentit contrarium, quia illa Authentica sentit contrarium, non tamen firmat pedes multum in hac opinione. Mihi semper placuit prima opinio, quam sequitur Ioannes de Lignano hic. Nam frustra exspectatur eventus, cuius nullus est effectus: ut in c. *cum contingat. de Offic. Deleg.* Ex quo ergo quis est certus de Constitutione, frustra exspectat lapsum duorum mensium. Ad hoc regula 31. iuris in 6°: *Eum, qui certus est, certiorari ulterius non oportet* et hoc quoad secundum articulum ».

Haec paragraphus dignissima est, quae notetur; explicat enim quid sibi velit *ligare* aut *non ligare* ante lapsum duorum mensium. Nam si statim obligat scientes, agitur ergo de notitia legis, non de promulgatione quae vim tribuat obligandi. Prosequitur Abbas:

5. « Sed pulchrum dubium est, quando incipiant currere isti duo menses. Textus in dicta Authentica videtur velle, quod a tempore publicationis factae in provincia. Alii dicunt sufficere generalem publicationem in Curia Romana, ut notat Paulus in l. c.... Ioannes Andr. dicit, quod

aut loquimur in Constitutione Imperatoris et habet locum prima opinio;
aut loquimur in Constitutione Papae et procedit secunda. Ratio diversitatis; quia Imperator discurrit per provincias, non autem sic Papa.
*Dubito, an hoc dictum sit verum, quia cum ius civile expresse dicat
de tempore publicationis in provincia et ius canonicum non dicat
oppositum:* quinimo de iure canonico quod idem sit, adduco bonum
textum in d. cap. 1. *de Post. praelat.* et in c. *Quod dicitis* 14. Dist. 16.
et soleo inducere textum in dicto cap. 1. ad probandum, quod superius
dixi, quod Constitutio ligat scientes ante duos menses; ad idem (*sc. facit*)
c. *Proposuisti* in fin. Dist. 82. ».

Quae subscripsi « *Dubito, an hoc dictum sit verum etc.* », sunt verba
illa, quae allegant pro se quidam, ut evincant, Abbatem *dubie* hoc loco
loqui. Sed non satis accurate. Nam diversa prorsus quaestio heic agitur
et disputatur, an ante lapsum duorum mensium quis, *legem ignorans,*
ligetur AD POENAM, si Constitutio illa promulgata sit solum Romae. Quae
quaestio nihil habet commune cum nostra, an ante publicationem in
Provincia lex habeat *per se* vim obligatoriam. Diversitas quaestionum
inde etiam patet, quod Abbas contendit, certe *ligari scientes statim ac
sciunt*, ubicumque demum publicata lex fuerit: ex nostra autem quaestione non obligarentur *scientes* nisi post factam promulgationem sollemnem in provincia.

6. Haec confirmantur luculenter ex iis, quae ibidem Abbas sic subdit:
« Ad tertium, an praesumatur scientia Constitutionis post lapsum duorum mensium, decide, ut colligitur ex supradictis. Nam in Constitutione
Inferioris,. tempus praesumptae scientiae est arbitrarium secundum loci
quantitatem, quam habet distinguere; nam viciniores citius praesumuntur
scire, ut in cap. *Quosdam* et in cap. *Quanto de Praesumption.* In
Constitutione Imperatoris praesumitur scientia post duos menses a tempore publicationis factae in provincia, ut in d.ª Authentica *Ut factae
novae Constitutiones* etc. Idem- dicerem in Constitutione Papae respectu
Provinciae, in qua publicatur. Si autem publicatur Romae, dicerem *tempus fore arbitrarium:* cum durum sit extendere illam Authenticam ad
Constitutionem Papae Romae dumtaxat publicatam: cum habeat distinguere omnes provincias universi et sic limitarem dictum Ioannis Andreae
praeallegatum ».

Ergo patet manifeste, quod Abbas non exigit publicationem in Provincia, ut lex sit in se obligatoria; id enim valere dicit, etiamsi Romae
solum promulgetur. Hoc unum in hac hypothesi congruum aequitati
putat, ut tempus, quo ignorans ad poenam ligatur, sit prudenter conveniens distantiae diversarum provinciarum. Ergo nihil Abbas habet, quod
doctrinae nostrae adversetur, sed imo ipsam certissimam supponit.

7. Antonii de Butrio sententia. Hanc explorare operae pretium est;

quia hunc allegari pro Regalistarum sententia Reiffenstuel lib. 1. decr. tit. 2. §. 5. n. 125. affirmat et citatum vidimus sup. n. 4. a Panormitano.

Sed ut rite Butrii sensus eruatur, attende quaestionis caput in eo versari, quod Constitutio, ut ipse ait in c. *Cognoscentes. de Constitutionibus,* n. 13., « *non ligat ignorantes, sed qui sciunt vel praesumuntur vel scire tenentur.* Praesumuntur autem scire et illam scire *tenentur omnes, ex quo publice est promulgata vel publicata,* intra duos menses a tempore publicationis elapsos in Auth. *Ut factae novae Constitutiones* etc... Nec est necesse, quod singulorum auribus inculcetur, ut ibi dicitur etc. ».

Ubi apparet, summam quaestionis in eo esse, *quod elapsis duobus mensibus a promulgatione, scientia praesumi debeat.*

8. Verum sic quaestionem deinde per partes tractat. Duplici facta hypothesi, nempe de statuto vel non statuto tempore, quo incipiat ligare, sic de prima dicit l. c. n. 16.: « Si est communis Constitutio et novi iuris editoria: dic, si constitutio est generalis et disponit, *quando liget,* statur dispositioni et ligat verisimiliter supposita scientia et ante duos menses... Puto de mente iuris, ubi aliud non constat, quod constitutio liget demum post duos menses, etiamsi ante detur scientia.... Unde si aliud non apparet de mente condentis, ligat a tempore duorum mensium ». Quo tamen in loco indicat aliorum sententiam, qui putant, scientes statim ligari.

9. Postquam autem addidit, non exspectari duos illos menses 1° quando constitutio est privilegians, 2° quando per eam actus annullantur, inquantum nullitas non venit in poena..., quaerit demum n. 20., a quo tempore currant hi duo menses ». Et respondet: « In praesentibus a die publicationis in loco, ubi editae sunt Constitutiones; in absentibus quidam dicunt, quod a die intimationis et publicationis in provincia. Non placet hoc Paulo, qui dicit, indistincte illos computari a die publicationis generalis in curia, quia notitia potuit haberi per famam: nisi esset in tam remotissimo loco, quod non potuerit ad eum haberi accessus nec transire fama, ut si esset apud Saracenos. *Licet hoc servetur,* tamen textus in Authent. *Ut factae novae Constit.* vult tempus computari a die intimationis particularis in provincia ».

Ergo 1° Heic nullo modo disputatur de necessitate promulgationis in Provincia, sed solum de tempore, quo excurrere debent duo menses concessi ad notitiam disseminandam: 2° *Disputatur solum ad effectum, ut praesumi possit aut non praesumi scientia aut ignorantia probabilis :* 3° fatetur praxim esse, ut duo menses incipiant a die promulgationis in Curia: 4° De Pontificiis Constitutionibus ne verbum quidem habet.

10. De doctrina Cardinalis Zabarella, qui fuit alter magister Panormitani et quem Reiffenstuel l. c. dicit allegari pro Regalist. sententia.

Et videri plane possent favere Regalistis ea, quae in c. *Cognoscentes* n. 4. q. 6. sic scribit: « Sexto quaero, an ad hoc ut Constitutio Principis liget, sit opus quod publicetur in qualibet provincia. Ioannes Monachus... dicit quod sic in Constitutione Imperiali propter Authentic. *Ut factae novae Const.:* secus dicit de papali. Ratio diversitatis; qùia Imperator non residet firmus in aliquo loco; Papa sic. Non igitur oportet quod Constitutio Papae singulorum auribus inculcetur... Sed haec ratio consistit in facto et potest contingere contrarium, quod Imperator faceret residentiam in aliquo loco et non Papa. Unde idem dic in utroque ».

Verum 1° heic Zabarella rationis ab Ioanne allatae debilitatem notat, quae innitatur solum *facto mutabili:* 2° tamen nec factum negat nec consectarium facti; consentit igitur morem hunc viguisse.

Sed quod caput est, paulo ante n. 3. q. 4. haec scripserat: « Quarto quaero in eo quod dixi supra.... quod Constitutio Principis ligat post duos menses: quid si aliquis habet notitiam Constitutionis ante duos menses? Videtur quod non ligetur in lapsis duobus mensibus per id quod notatur *de Praebendis... Ioannes de Lignano contra et verius, quod si scit, certiorari non indiget* regula *Cum quis certus in 6° de Reg. iuris. 31. Sed post duos menses ligatur etiam ignorans,* nisi, ut dixi supra, *dilucide probetur ignorantia* ».

Redit id ergo, quod centies repetendum erit et quod mala fide dissimularunt Regalistae: hanc quaestionem non fieri de necessitate promulgationis ad effectum vis obligatoriae, sed de necessitate notitiae ad tollendam ignorantiae excusationem.

11. Idem reperimus apud Ioannem Andream, quem Panormitanus laudat. Etenim in cap. *Cognoscentes* sic instituit quaestionem numeri 17. (Vid. Summarium): « *An ignorantia promulgationis legis excuset* ». Et respondet n. 17. excusari ignorantes constitutionem factam, non promulgatam ante duos elapsos menses, nisi aliud in Constitutione caveatur, quod servandum est.

Ceterum nullam aliam quaestionem de re nostra instituit; sed satis prodit quod notavimus, statum quaestionis prorsus differre et inique haec in rem nostram allegari.

12. Hoc ipsum dicendum de Angelo de Clavasio, quem Regalistae inter suos primo loco enumerant. Cur habeant ut patronum praecipuum, faciunt illa, quae (Summ. Angelic. V. *Lex.* n. 13.) ex eo sic allegant : « In constitutione vero Papae Ioannes Andreas... vult, ut liget post duos menses a publicatione facta Romae; sed rationes suae non mihi placent et ideo idem dicam, quod de constitutione Imperatoris. Et sic videtur tenere etiam Paulus in d. cap. *Cognoscentes ;* et licet Papa dicatur HABERE·PEDES PLUMBEOS, habet tamen Episcopos et Archiepiscopos, per quos notitiam dare potest ».

Sed qui allegant haec verba, male dissimulant statum quaestionis : qui si ostendatur genuinus, apparet, ea verba ad rem nostram nihil pertinere. Et reipsa n. 12. quaerit. « Quando lex incipit ligare? » Et respondet : « Respondeo, quod ad hoc quod lex sit, oportet ut constituatur, secundo ut promulgetur et publicatio est ultimus actus perficiens legem secundum glossam... *Et ideo postquam est sollemniter edita, ligat statim scientes sine exspectatione alterius temporis,* ut notat Paulus in c. 1^m *De Postulat. Praelat.* ». Unde sic : ligare statim post promulgationem sollemnem et non ligare nisi post duos menses a notitia data in provinciis, sunt plane repugnantia. Quisquis ergo non omnino desipiat, concedat oportet, alio sensu dici, quod statim ligat, alio quod ligat post duos menses.

Et diversitas sensus patet, si inspicias, quaenam sit quaestio quae n. 13. proponitur : « Sed quando praesumitur scientia legis ? Resp. Paulus in d. c. *Cognoscentes...* (ait) quod in legibus et constitutionibus inferiorum tempus est arbitrarium, secundum loci qualitatem et conditionem personarum. In Legibus autem Imperatoris, praesumitur scientia post duos menses a publicatione facta in provincia... *In constitutione vero Papae etc.* ». Ergo, quod turpiter regalistae dissimulant, est quaestio solum de scientia praesumenda, non vero de obligatione respectu scientium legem. Ergo verba Angeli de Clavasio nihil pro iis faciunt.

13. Idem dicendum de Martino Navarro, quem tamen Reiffenst. lib. 1. tit. 2. n. 125., ponit primum inter eos, qui Regalistis faveant : sed melius s. Alph. lib. 1. n. 96. allegat pro opposita sententia.

Et sane utique in Manuali cap. 23. n. 44. dicit : « Constitutiones Pontificiae vel imperatoriae non obligant, nisi post tempus in ipsis praefixum, si quod praefigatur ; alias, post duos menses ab ipsarum promulgatione facta in provincia (Authentic. *Ut factae novae Constitutiones)* iuxta opinionem communem et veram Antonii (scil. De Butrio), quam tenuimus in capit. 2. de constitutionibus ». Non bene ergo Suarez *De leg.* lib. 4. cap. 15. n. 3., dicit. Navarrum deinde retractasse sententiam traditam in Manuali; nam hoc est opus posterius : dicendum erat, Navarrum intelligendum esse iuxta sensum loci, ad quem ipse nos remittit.

Sed animadverti debuit locus allegatus, ubi mentem suam explicat. Ibi apparuisset, sententiam integram accipiendam de imperatoria : de pontificia autem solum *quoad tempus,* non autem quoad publicationem in provinciis : quod quidem suadebat et allegatio Antonii Butriensis.

Itaque *Consil.* lib. 1. cap. 2. De Constitution. Cons. 1. n. 18. scribit : « Una opinio, quae *pauciorum est,* tenet legem promulgatam in curia principis non ligare... subditos extra provinciam... Ioan. Andreas... tenet id quod dicimus de lege Imperatoris et eadem ratio vel maior videtur de lege Papae... » At n. 19. : « Altera vero opinio, quae frequentior est,

tenet contrarium, videlicet, quod lex ligat omnes etiam provinciales post
duos menses a promulgatione legis in CURIA facta... ». Et post allatas
plures rationes, sic concludit: « *Per quae omnia videtur resolvendum,
quod attento solo iure scripto prior opinio videtur verior* (intellige de
imperatoriis legibus): attento vero stylo et consuetudine Ecclesiae Cu-
riaeque Romanae, posterior *servari debet* quoad leges Papae, nempe quod
requiratur quidem promulgatio earum; sufficere autem, quod fiat Romae
in locis ad id praestitutis, ut ligent etiam provinciales post duos menses,
vel aliud tempus expressum in eis ».

Nota, quod de imperatoriarum promulgatione dicat VIDETUR *verior;*
de Pontificiis autem dicat absolute « SERVARI DEBET. Rationem supra red-
diderat eximiam; quia « consuetudo Ecclesiae et stilus curiae vim legis
habet ».

Bene ergo s. Alphonsus sententiam Navarri refert, male vero Reiffenstuel.

14. Ioannes ab Imola est inter eos, quos Reiffenstuel l. c. n. 125. pro
sententia Regalistica allegat, saltem indirecte, quatenus dicit, eum allegari in *Summa Angelica.* Porro cum viderimus, quaestionem Angeli a
Clavasio sup. n. 12., non huc spectare, a perpendenda sententia Ioannis
Imolensis supersedere possemus. Sed iuverit, sensa Ioannis attulisse, ut
res magis manifesta fiat.

Ioannes ergo in c. *Cognoscentes de Constitutionibus* non de necessitate promulgationis ad inducendam vim obligatoriam, sed de excusatione,
quam habeant nec ne, ignorantes, disputat. Ita n. 5.: « Notetur bene glossa
quod constitutio iuris communis ligat post duos menses a tempore publicationis. Et nota secundo limitationem, quia istud est verum, nisi verisimiliter probet ignorantiam, probando absentiam a provincia, vel aliud
legitimum impedimentum, puta... infantiam ». Hinc exceptio: « Inquantum
dixi, constitutionem iuris communis; novi iuris promulgatoriam, ligare
post duos menses, fallit, quando esset constitutio privilegians; quia tunc
statim imprimeret vires et acquireret ius *etiam ignoranti* ». Allegata
dein opinione, quod id fallat etiam in Constitutionibus irritantibus, subdit,
Doctores dicere « dictam poenam procedere, quando constitutio habet
decretum ». Hinc pergit n. 6.: « Et *pro ista parte facit, quod decretum
Papae videtur afficere ignorantes quoad poenam nullitatis actus... Sed
ubi non esset adiectum decretum, licet ius esset prohibitivum, tunc
non ligaret ignorantes quoad nullitatem actus etc.* ».

Patet igitur, Ioannem in alia quaestione versari et proinde non esse
ad rem eius suffragium.

15. Sed licet Ioannes non ageret quaestionem diversam; tamen falso
diceretur ipse exigere, ut publicatio (a qua computandi sint duo menses
ad ligandum etiam ignorantes) fiat in provincia. Nam n. 7. proposita ista
quaestione et relata opinione, de promulgatione in provinciis, sententiam

oppositam subiicit et concludit: « Consuetudo, ut dixi cum Ant. de Butrio, videtur esse, quod sufficiat publicationem fieri in Curia de ipsis Constitutionibus Papalibus. Standum est consuetudini etc. ».

16. Succedit Felinus Sandeus inter allegatos a Reiffenst. ceu Regalistis faventes. Porro et ista allegatio iisdem vitiis laborat, ac praecedentes.

Ac 1° quidem, quia publicationem in provinciis non exigit, nisi inquantum ferat consuetudo. Ita ille In c. *Cognoscentes* n. 7.: « Nisi consuetudo esset, quod solum publicaretur in Curia; quia illi (consuetudini) staretur ».

2° Quaestio non est de vi obligandi in actu primo, sed solum utrum post duos illos menses a *publicatione* aliquis possit allegare ignorantiam. Hinc secundo loco limitat conclusionem hoc modo: « *Secundo limita, nisi quis sciret Constitutionem ante lapsum duorum mensium* ». Qua de re dubiis occurrit: « Primo per regulam... Frustra exspectatur eventus, cuius nullus exspectatur effectus... Et pro hac limitatione facit, quod... dicunt, quod qui sciebat ordinatum esse in Consilio de minori pretio tritici et ante publicationem (n. b. *publicationem*, non vero *promulgationem*) talis statuti vendidit pro pretio solito, tenetur emptori ad interesse ». Quae quidem plane evertunt totam machinam regalisticam.

3° Denique ad rei evidentiam nota quae ibid. notat Felinus hisce verbis: « Et hic adde, quod ubi Constitutio emanat super materia, quae non est semper in usu, sed contingit per intervalla, non sufficit talem legem esse semel statutam et publicatam, *ut populus non excusetur ab ignorantia*, sed debet occurrente casu ad hominum memoriam reduci ».

4° Expressius ibid. n. 8.: « *Circa tertium, utrum praesumatur scientia Constitutionis post lapsum duorum mensium, decide, ut colligitur ex praedictis*. Nam in Constitutione inferioris tempus praesumptae scientiae est arbitrarium secundum loci qualitatem; quia viciniores citius praesumuntur scire... In Constitutione Imperatoris praesumitur scientia post duos menses a publicatione facta in provincia... Idem dicas de Constitutione Papae respectu provinciae, in qua publicatur. Si autem publicatur Romae, dicit... Abbas, tempus fore arbitrarium, cum durum sit extendere illam Authenticam ad Constitutionem Papae Romae publicatam, cum habeat adstringere provincias universi. Et sic limitatur dictum Io. Andreae..., cuius verba inducas ad Extravagantes et Regulas Cancellariae, quae publicantur solum Romae ».

Caecus autem sit oportet, qui non videt de alia omnino re heic disputari ac de necessitate *promulgationis* in singulis provinciis, ut habeat vim legis.

17. Reiffenstuel addit, stare pro Regal. opinione etiam Dominicum Soto; sed perperam. Nam Soto *De Iust. et Iur.* lib. 1. q. 1. art. 4. in primis facit quaestionem de legibus irritantibus et tunc solum dicit, effectum non habere nisi promulgentur in provincia, quando Pontifex id innuit suo

silentio. Hinc Suarez *De leg.* lib. 4. cap. 15. n. 3. Soto pro communi sententia allegat.

Audiamus eum: « At vero de Summo Pontifice asseruit Panormitanus..., satis esse, si eius leges Romae publicentur, quem nonnulli sequuntur, dicentes, Pontificem Summum plumbeos habere pedes, quibus discurrere nequit. Et Sylvester... dicit sic servari in practica. Verum est tamen, eundem Panormitanum... sic se, secundum communem opinionem, exponere, ut asserat, legem non quantum ad culpam et poenam, sed quantum ad rescissionem contractus ab articulo statim *promulgationis* vigorem habere. Ut si in Concilio lata esset lex, ne deinceps illegitime nati sacerdotia reciperent aut quod tales praebendae non nisi tali hominum sorti providerentur : *omnes ex illo momento contra factae collationes haberentur irritae.* Quod ego facile credo. Attamen quia matrimonia non possunt dissolvi sine iniuria et si quae sunt alia id genus pacta; certe *non debent* lege interdici (en abstracta quaestio *convenientiae,* non *facti*), nisi quae vigere incipiat, dum fuerit in provincia promulgata: alias esset periculis plena. De ceteris autem, quae irritatoriae non sunt, *parum refert, si dicamus statim Romae latas obligare. Hoc siquidem non obstante, ignorantes excusantur a culpa et poena. Crediderim* tamen nisi Papa aliter sua expresserit lege, nunquam intendere obligare, nisi a tempore promulgationis in provincia; etenim quando ob culpam vel alium defectum vult inhabilem personam reddere, expresse addit *ex nunc,* vel *ex tunc...* ». Necessitatem promulgationis Soto non affirmat: sed divinando veluti coniicere vult intentionem Pontificis legem ferentis. Non admodum ergo Soto favet Regalistis.

18. Ita perperam pro sententia Regalistica citatur Lessius ab- eodem Reiffenstuel l. c., qui affirmat, hanc ab eo dici *probabiliorem.* Lessius enim ad summum dicit *probabilem:* dixi *ad summum;* quia deinde thesi, quam ibi lib. 2. cap. 22. dub. 13. n. 98. defendit, scil. Bullam Pii .V. *circa Census* non habere vigorem in quibusdam locis, alia quaerit fundamenta.

Ita ille: « Dico primo, has conditiones (in contractu census) vi Bullae non obligare, ubi illa non est promulgata vel recepta. Probatur 1º Quia probabile est, non solum leges imperatorias, sed etiam Pontificias non obligare nec *vim irritandi* habere, nisi sint promulgatae in provincia, ut ostensum est in 1. 2. q. 90. art. 4. 2º Quidquid sit de aliis Constitutionibus Pontificis, non est credibile, suam Sanctitatem velle, ut *haec Bulla...* in aliis Provinciis vim habeat ante promulgationem in iisdem factam: nam ex contrario sequerentur gravissima incommoda; infiniti enim contractus bona fide celebrati essent irriti cum maximo plurimorum damno etc. ».

Ergo Lessius ad summum diceret *probabilem* eam sententiam: dein in specie expresse dicit se agere de constitutionibus *irritantibus,* quae (ut nos ipsi adnotavimus) peculiare quid habent. Denique illud *quidquid sit de aliis,* satis indicat, se huic doctrinae non inniti.

19. Falsis allegationibus apud Reiffenstuel accensenda est citatio Petri Marchant; quem Reiffenstuel expresse dicit sequutum fuisse doctrinam Regalisticam et citat tom. 2. tract. 1. tit. 8. q. 5. in Appendic.

Atqui falso dicitur Marchant eam sententiam sequutus. Ita enim scribit: « Hic solet proponi quaestio: An lex Ecclesiastica statim obliget ubique terrarum, quando fuit Romae promulgata debite per affixiones in Campo Florae, in Campo Martio etc. Verum opinor, hanc quaestionem ad rem nostram parum pertinere. Nam promulgatio Romae facta aut intelligitur obligare respectu ipsius legis, ita ut lex ipso momento vim obligandi habeat nec dependeat ullatenus ab acceptatione populi...: aut intelligitur de facto obligare omnes et singulas personas, sive sciant sive nesciant aut legem ignorent. Si primo modo, clarum est legem legitime promulgatam non dependere ab acceptatione... et consequenter vim obligandi per se habere. Si secundo modo, manifestum etiam est, quod quamdiu per modum legis obligantis non pervenit ad *notitiam sufficientem* populi vel personarum, utpote quia iis obligatorie intimata non est, actu non obligare sive ob iustam et invincibilem ignorantiam, sive quia, etsi vim habeat obligandi, vim tamen illam, defectu sufficientis intimationis, in actu secundo non potuit exercere in personas illam ignorantes ». In his itaque habemus puram doctrinam communem, quae distinguens inter *promulgationem* et notitiam, docet post factam promulgationem inesse legi vim obligandi, licet ob defectum notitiae excusetur quisquis eam ignorat. Atque hoc unum desiderari potuit in Marchant, ut, exactius scribens, non diceret, *ignorantes non obligari,* sed diceret, *ignorantes ob defectum sufficientis notitiae excusari.*

Et utique deinde videtur exigere, ut notitia haec deferatur per eos, qui auctoritate pollent. At cum id dicat solummodo, ut excludat obligationem ex incertis rumoribus impositam, nihil detrahit communi doctrinae. Sic ille: « Dixi, *utpote quia eis obligatorie intimata non fuit;* non enim quaevis notitia legis vel promulgationis legis quemlibet obligat: sed debet obligatorie intimari, nimirum per eos, ad quos regimen populi, Dioecesis vel Congregationis (v. gr. religiosae) spectat *et quibus credere et acquiescere obligor.* Quod dicendum fuit propter aliquos, qui cum particulari notitia aliquid audiunt Romae promulgatum, statim obligationem proclamant, non exspectantes, ut ordinarie lex per Nuntios Apostolicos vel Episcopos intimetur. Et haec *omnia apertissime declarari possunt* ex iis, quae Auctores tradunt de ignorantia invincibili et probabili a peccato excusante (en quomodo prorsus distet a theoria regalistarum)... Et hoc modo iuste et rationabiliter concordari possunt variae opiniones de legum sufficienti promulgatione et obligatione. Aliud est enim legem esse sufficienter promulgatam et vim obligandi habere; aliud est illam has vel illas personas imo et Communitates de facto obligare ». Ubi nihil vides apparere theorice de promulgatione in singulis provinciis et de duobus mensibus etc.

20. Nec admodum accurate allegatur Bernardus Sannig, quem Reiffenstuel ibid. dicit sequutum theoriam Regalistarum. Satis sit attulisse thesim, quam de hac re ponit Sannig. *de Legib*. dist. 3. q. 6. thes. 2. in tom. 3. Theol. Scholast.: « Leges et Constitutiones novae Summorum Pontificum, pro universa Ecclesia latae vel pro pluribus provinciis, non obligant vi solius promulgationis in urbe Romana factae, *nisi oppositum in ipsa Constitutione exprimatur* ». Attendatur clausula « *Nisi oppositum in ipsa Constitutione exprimatur;* quam quidem limitationem idem Sannig addit eidem sententiae in suo Iuris Canonici Compendio lib. 1. tit. 2. cap. 3. n. 2. inquiens. *Nisi aliter disponatur in ipsis Constitutionibus*. Quando igitur habentur illae clausulae, quae cuilibet Constitutioni solent apponi nempe velle se, ut cuicumque exemplari etc. fides habeatur etc. et habeatur promulgata sic, perinde ac si singulis intimetur etc., etiam iuxta Sannig nihil requiritur ulterius.

21. Item non exacte addit Reiffenstuel, sententiam illam Reg. a Laymann quidem *censeri in praxi tutam*. Nam sententia Laymann non ea est, ut ullum pondus tribuat illi doctrinae, cuius ponderis ratione evadat tuta; sed potius tutam dicit, quia potest aliquo modo excusari.

Et quidem Laymann lib. 1. tract. 4. de legib. cap. 2. n. 5. communem doctrinam absolute tenet et docet, inquiens: « *Lex Pontificia semel ac Romae publicata est, omnem obligandi vim habet; cur autem Dioecesanos non statim omnes obliget, non provenit ex defectu legis seu promulgationis, sed ex defectu alicuius accidentalis conditionis, v. gr. quia ignorant* ». Tum. n. ·6· addit: « Porro *quanto tempore post legis in Curia promulgationem ignorantia praesumenda sit, ut eam alleganti in externo foro onus probandi imponi non debeat, ex locorum distantiis aliisque circumstantiis* iudex arbitrabitur, ut docent etc. »

Excusationem autem pro iis, qui aliter operentur, talem habet l. c. cap. 3. n. 3. Postquam enim dixit, onus incumbere Episcopis praesertim metropolitanis publicandi leges Pontificias in suis provinciis, sic pergit: « Si lex in Curia Principis publicata in distantibus provinciis non promulgetur, constat ex supradictis, subditos provinciales non obligari, si sit imperatoria. Etsi vero de lege Pontificia, spectata eius natura, contrarium sentiendum sit, tamen quod attinet ad praxim, ·arbitror, peccati damnandos non esse neque puniendos singulos e Communitate, si legem Pontificiam in sua dioecesi neque promulgatam *neque usu receptam*, ipsi quoque non observent. Primo, quia contraria non paucorum DD...

sententia, quod non minus ad Pontificiam, quam imperatoriam legem opus sit promulgatione in provinciis, probabilis ipsis videri potest, cui proinde se conformare liceat. Deinde quia praesumendum non est, mentem legislatoris esse, ut lex praesertim in Dioecesi non promulgata, a dioecesano uno vel altero vel paucis observetur, si maior Communitatis pars non recepit, neque brevi tempore receptura vel observatura existimatur. Siquidem legem, cum sit commune mandatum, communiter observari oportet, ut notavit Navarrus etc. ».

Ergo non *tutam* quidem dicit doctrinam illam, sed excusari a peccato affirmat, tum quia ex principio generaliori nemo tenetur legem non receptam a maiori parte Communitatis observare (et hoc nihil pertinet ad robur illius doctrinae), tum quia ea doctrina potest videri illis probabilis: ubi nota, quod non ipse *probabilem* vocat, sed solum dicit posse illis talem videri. Ad quae insuper advertam, Laymann id affirmare propter auctoritatem DD., quos ipse pro ea doctrina allegaverat in praec. cap. 2. n. 4. §. *Lex autem:* sunt autem Abbas, Armilla, Navarrus, Soto, Molina. Atqui reipsa nemo unus ex istis potest vere pro ea doctrina afferri. Et quod attinet ad Abbatem Panormitanum, id ostendimus sup. n. 2-6., de Navarro n. 13., de Soto n. 17.

22. Quoad Armillam fidenter dicam, in loco qui allegatur a Laymann, nempe V. *Lex* n. 11. ne verbum quidem fieri de hac quaestione: sed unice dicit, 1° duos menses concedi, in quibus allegari possit in foro externo ignorantia iuris, ne verbum quidem habens de promulgatione facienda in provinciis: 2° excusari a peccato non observantes legem, quando Pontifice sciente et tolerante, lex a principio non recipitur. Quamobrem Suarez de leg. lib. 4. cap. 15. n. 3. Armillam allegat pro communi tum V. *Lex.* n. 11., tum. V. *Constitutio* n. 6.

23. Quod vero spectat ad Ludovicum Molina, ecce doctrina, quam habet disp. 395. *De Iust. et Iure,* ab ipso Laymann allegata. 1° Quaestio non est generatim de necessitate promulgationis legum Pontificiarum, sed n. 1-6. utrum elapsis duobus mensibus a promulgatione Romae facta, invalidi sint contractus initi ab ignorantibus legem irritantem Romae promulgatam. Ergo sermo est de casu, circa quem omnes fere docent, aequitatem postulare, ut lex non habeat vim ex mente legislatoris, ob damna ingentia, quae alioquin sequerentur citra culpam contrahentium. Ergo utcumque solvat Molina quaestionem, iam ad rem nostram nihil attinet.

2.° Ipse n. 9. addit, non obstante concessione spatii duorum mensium etc., tamen legem *statim* obligare illos, qui legis conscii sunt. Porro haec doctrina, ut pluries observavimus, totum systema oppositae Regalistarum doctrinae penitus evertit.

Ergo perperam tum Molina, tum Armilla allegantur.

24. Sed ut revertamur ad allegationes Reiffenstuel, hic addit, doctrinam Regalistarum dici probabilem ab Engel et Pirhing.

Atqui apud Engel ne verbum quidem occurrit. Et sane postquam dixerat lib. 1. tit. 2. n. 63.-66., constitutiones imperiales non obligare, nisi elapsis duobus mensibus a promulgatione facta in provinciis, mox subiicit n. 67: « Speciale est de stilo Curiae Romanae circa Bullas Summi Pontificis, quod vim habeant obligandi quamprimum in Curia Romana publicantur et in Acie Campi Florae ac ad Valvas Basilicae Apostolorum affixae sunt, et in Cancellaria Apostolica pro publicatis habentur... Attamen hic stilus limitandus est, ut in primis potissimum procedat circa causas beneficiales et similes, in quibus s. Pontifex liberam potestatem habet, non autem circa ea, quae proxime conscientiam tangunt (et haec est limitatio, quam omnes tenemus), ut circa censuras ecclesiasticas, iurisdictionem confessariorum in foro poenitentiali etc.; nam similia debent etiam in partibus innotescere et publicari, ne ignorantes peccati arguantur vel periculum animarum incurrant... Praeterea si v. gr. circa beneficiales causas aliquid novi Romae constituatur, habebit quidem effectum, si causa ex partibus Romam perveniat; si vero in partibus praesertim ultramontanis agitetur, secundum ius ordinarium et consuetudines ibi vigentes iudicabitur, si talis bulla ibidem publicata et recepta non sit; nam stilus Curiae non in omnibus extenditur extra Curiam, maxime cum naturali aequitati sit conveniens, ut leges non publicatae adeoque ignoratae, non ligent et Pontifex per generales leges non intendit semper particularibus locorum statutis et consuetudinibus derogare, nisi exprimat ».

25. Etiam suffragium, quod Reiffenstuel quaesivit ex Pirhing, levis est momenti; tum quia Pirhing ex parte solum concedit sententiae regalisticae aliquam probabilitatem, tum quia in hoc ipso innititur auctoritati falso existimatae.

Sic itaque, postquam de legibus imperatoriis ceu non obligantibus nisi post duos menses a promulgatione facta in provinciis dixerat, de Pontificiis disserit lib. 1. tit. 2. n. 33.: « Tametsi quod de imperatoriis Constitutionibus dictum est, *nonnulli* NON IMPROBABILITER, saltem *quoad forum conscientiae*, extendant etiam ad Constitutiones Pontificias, nempe ut hae quoque non obligent, nisi elapso bimestri post promulgationem in singulis provinciis vel dioecesibus factam: probabilius tamen est, leges seu Constitutiones Pontificias, statim ac in Romana Curia promulgatae sunt, incipere obligare, etiam intra duornm mensium spatium... ». Ergo valde tenuis est ista suffragatio, ob *nonnullos* et quoad *forum conscientiae* et negativa illa assertione *non improbabiliter,* quae *aliquam* probabilitatem tantum dicit.

Sed deinde falso haec nituntur fundamento, allegationibus scilicet, quas

Pirhing imprudenter mutuatus est a Suarez. Sic enim (ibid.) pergit: « Priorem sententiam tenet Abbas in cit. Cap. 2. *Cognoscentes* n. 7. in fin. quamvis postea sententiam mutaverit in Cap. *Noverit* 49. *De Sentent. Excommun.*, et plures alii DD. apud Suarez lib. 4. *de Leg.* Cap. 15. n. 1.

26. Verum non bene res homini cessit. Suarez enim lib. 4. *de Leg.* Cap. 15. n. 1. allata sententia illa regalistica, mox addit: « Ita tenet Panormitanus in Cap. 2. *De Constitution.* n. 7., Felinus n. 7., Decius lect. 2. n. 6., Navarrus in Summa Cap. 23. n. 44., Angelus verb. *Lex* n. 13., Medina, qui illam tribuit Caietano... ».

Atqui id falso dici de Panormitano n. 2.-6., de Félino n. 16., de Navarro, quem Suarez n. 3. male dicit mutasse sententiam, n. 13., de Angelo a Clavasio n. 12., iam ostendimus.

27. Nec magis recte Suarez allegat Decium. Nam 1.° Decius Philippus in Cap. 2. *Cognoscentes* lect. 2. n. 44. duplicem aeque refert opinionem. Ita ille: « Abbas concludit, quod debet publicatio fieri in provincia et non sufficit, quod facta sit in Curia Romana... Card. Alexandr. tenet contrarium... Nec obstat, quod absurdum videtur, quod publicatio facta in curia ad loca valde remota extendatur; quia respondet, quod illi, qui non habuerunt notitiam, erunt excusati. Et ita Card. Florent. dicit in prooemio etc... Sed tamen dictum Abbatis defendi potest et idem, quod Abbas, tenet Imola... ». Ergo neutri parti adhaerere videtur.

Sed 2.° Iam vidimus, quod sententia Abbatis sup. n. 4. et Ioannis ab Imola sup. n. 14. ad aliam quaestionem refertur. Ergo etiamsi his Decius adhaereret, nihil contra communem sententiam haberet.

3.° Addit ibid. Abbatem et Ioannem Imolensem illi parti adhaerere, « *nisi esset consuetudo in contrarium* » et reipsa vid. sup. n. 14. Atqui consuetudinem esse contrariam generatim et excipi a generali regula solum casus, in quibus spirituale vel temporale detrimentum sequeretur, manifestum est. Ergo.

28. Augustinus Beroius ab Azorio tom. 1. tr. V. cap. 3. q. 3. allegatur tamquam adhaerens opinioni regalisticae. Et reipsa in Cap. *Cognoscentes* 2. *De Constitut.* n. 52. ad dubium: « quando istud tempus duorum mensium currere incipiat, an a die publicationis generalis factae in Curia principis et consequenter sufficiat una publicatio tantum facta in curia, an vero incipiat currere a publicatione facta in provincia et consequenter plures publicationes requirantur, altera videlicet in singulis provinciis ultra publicationem factam in curia », respondet, publicationem in provinciis esse faciendam et dein haec subdit, » Non obstat quod dicebat Ioannes Andreas... qui in hoc differentiam faciebat inter Papam et Imperatorem, seu inter ius civile et canonicum, videlicet quod praedicta conclusio habeat locum in Imperatore, sed in Constitutione Papae satis sit una publicatio facta in Curia ad hoc ut omnes obliget post duos

menses. Quoniam dicit Abbas, hanc non esse bonam differentiam, sed unum et idem esse in utroque iure... ». Et haec plane videntur favere regalisticae sententiae.

29. Verum cum alleget Abbatem, quem vidimus sup. n. 4. eo loco non favere praedictae sententiae, quia alia est quaestio ab eo ibi tractata; iam sufficienter monemur, etiam Augustinum Beroium abs re allegari.

Et sane n. 49. hanc ponit conclusionem: « Quinta conclusio sit, quod Constitutio Principis STATIM ligat scientes illam etiam ante tempus duorum mensium: ignorantes vero post duos menses a die publicationis ». Ex quibus apertissime patet, questionem tantum fieri, an et quamdiu tempus detur, ut quis in iudicio allegare possit ignorantiam Constitutionis. Et haec quaestio abs re est.

Hinc thesis alia ibid. n. 54.: « Conclusio sit, quod allegans probabilem et necessariam ignorantiam legis et constitutionis, est audiendus et excusandus, si probet iustam, necessariam et probabilem causam ignorantiae *etiam* post lapsum duorum mensium ».

30. Ratio ergo, cur tot allegationes falsae seu abs re proferantur, tota profluit ex eo, quod non satis quidam inspexerit statum quaestionis. Ita Azor tom. 1. lib. 5. cap. 3. q. 3., ita Suarez sup. n. 26., ita et Reiffenstuel lib. 1. tit. 2. n. 125., qui ingenue fatetur, citationes se mutuatum fuisse a Prospero Farinacio (Fragm. Criminal. part. I. n. 656. Opp. part. III. tom. 2. pag. 111. lib. 5. Variar. Quaestion.). At advertendum erat, Farinacium ibi agere de Constitutione praesertim *poenali* et complecti (vid. ibid. n. 653. et 658). etiam leges, quas Pontifex fert pro sua ditione temporali, nempe pro *Statu Ecclesiastico;* adeo ut addat n. 658., necesse fuisse (dum ipse munus gerebat Procuratoris fiscalis) ut disputaretur *de hoc principio* in causa quadam *capitali.*

Proinde in rem suam praeter alios plures Farinacius allegat etiam Aegidium Bellamera et Alexandrum de Naevo. At vero possuntne isti accenseri fautoribus illius doctrinae, pro qua alios allegat Reiffenstuel?

31. Et sane Aegidius Bellamera in c. *Cognoscentes.* n. 6. aperte admittit sententiam, quae inter imperatoriam et papalem Constitutionem hoc ponit discrimen « quod est necesse, quod in qualibet provincia publicetur lex imperatoris... Sed secus de Constitutione Papae; quia Papa in uno loco manet immobilis ». Alia ergo de causa Bellamera allegatus fuerat a Farinacio, scil. circa *excusationem*, quam habere possint ignorantes.

32. Alexander autem de Naevo in cap. *Cognoscentes* n. 33. litem dirimit ista conclusione: « Octava limitatio (scil. doctrinae, quae duos menses ad ligandum concedit) est, quando datur scientia Constitutionis; nam etiam ante duos menses ligantur scientes Constitutionem ». Atqui haec plane evincunt, agi de *excusatione*, quam habeat ignorans latam legem. Ergo non est sermo de vi obligandi.

Praeterea ibid. n. 37. quaerens an necessarium sit, quod Constitutio publicetur in qualibet provincia, respondet, quod « aut loquimur in Constitutione facta per Imperatorem, et tunc talis Constitutio non ligat provincias, in quibus non fuit publicata... Sed si loquimur in Constitutione Papali, sunt opiniones. Sed Paulus et Butr. hic dicunt esse de stilo Curiae, quod postquam est facta publicatio in Curia, elapsis duobus mensibus, Constitutio ligat omnes, quia verisimiliter potest notitia transire ad alios; ex eo quod in Curia consueverunt esse homines communiter de omnibus partibus mundi et hoc dicunt esse verum, nisi quis esset in locis tam remotis, quod ad eum non potuisset pervenire notitia, puta quia fuisset apud Saracenos ». Et concludit: « Quod si subest consuetudo et stilus Curiae, quod sufficiat publicatio facta in Curia, servanda est talis consuetudo ».

Ceterum tot illi discursus de notitia, quae possit vel non possit pervenire etc., profluunt, uti patet, ex statu quaestionis, quam agitat, circa *excusationem,* quam habeat nec ne, ignorans. Proinde mox n. 38. quaerit: « An post duos menses... audiatur allegans ignorantiam etc. ».

33. Huc spectat allegatio Ioannis Monachi (sic enim solet allegari, qui Cardinalis Archicancellarius fuit et scripsit in sextum librum Decretalium). Hanc allegationem sumpsit Reiffenstuel ex Farinacio eamque vides etiam apud Azorium. Verumtamen oppositum docet.

Namque in cap. *in generali* 81. *de Reg. Iuris* in 6.° nn. 6. 8. facta quaestione: « Nunquid est necessaria publicatio in provincia, in qua per legem editam dicuntur ligari provinciales »: primo quidem distinguendum dicit, inter unam ac plures Constitutiones, quae distinctio ad rem heic non facit; dein subdit: « Vel dic secus in lege imperiali et papali. Imperator, qui est advocatus Ecclesiae, hic illic discurrit. Et ideo non est mirum, si in iure ab eo edito, ad hoc quod liget, facienda sit promulgatio in provincia. Sed Papa, qui non debet habere pedes plumeos, sed plumbeos, est quasi immobilis stabilisque manens, dans cuncta moveri: ideo eius statuta non sunt singulorum auribus inculcanda ».

34. S. Alphonsus autem lib. 1. n. 96. non modo Angelum (vid. de hoc supr., n. 13.) sed etiam Becanum pro regalistica sententia refert.

Atqui Becanus *de Legib.* cap. 6. q. 6. n. 6. scribit: Quarta conclusio, *Probabilius* est, leges pontificias Romae sollemniter promulgatas, obligare etiam alias provincias nec ordinarie requiri promulgationem in singulis provinciis ».

Quod si Becanus ibid. n. 5. dixit probabilem etiam oppositam sententiam, id sane communivit non idoneo fundamento auctoritatum, quae non subsistunt. Nam allegat Angelum de quo sup. n. 12., Soto de quo n. 17., Molinam de quo n. 23., Butriensem de quo n. 7., Ioannem Imolens. de quo supr. n. 14., Zabarellam de quo n. 10. et Abbatem Panorm. de quo n. 2., de quibus ostendimus, falso allegari.

35. Detur ergo illis utique Natal. Alexander, qui *Theol.* lib. 4. cap. 1. art. 3. reg. 25. eo impudentiam provehit, ut sententiae communis ne mentionem quidem iniiciat.

Detur Collet, qui *de Leg.* cap. 5. sect. 4. affirmare audet « omnes fere gallos, germanos et hispanos, qui quaestionem hanc attigerunt, necessariam esse per singulas provincias legis ecclesiasticae publicationem contendere », allegans ad id testimonium Operis damnati Petri De Marca lib. 2. *Concord. sacerdot. et imperii* cap. 15.

Addit deinde ad probationem 1°. quod dentur exempla legum seu decretorum, quae Rom. Pontifices per Ecclesiam vulgari curarunt: 2° quod variae leges Pontificiae et Tridentini quoque Concilii in quibusdam locis non obligent. Quasi vero haec facta quidpiam probent.

Ceterum numquid sunt itali Engel, Wiestner Instit. can. lib. 1. tit. 2. n. 68., Krimer quaest. canonic. in 1. decr. tit. 2. n. 113., Schmalzgrueber in 1. tit. 2. n. 28., Pirhing, Becanus, Laymann, Suarez, Vasquez, Valentia, Palaus, Azor, Salas, Reiffenstuel etc. etc.?

36. Ex allegatis nec reperi Medina quidem, qui in sententiam eorum reipsa iverit, dum tandem ita scribit in 1. 2. q. 90. art. 4.: « Eritne satis ad legis Pontificiae promulgationem, ut Romae publice proponatur? Sylvester et Panormitanus tenent hoc sufficere. Caietanus in hoc articulo tenet contrarium, cui subscribit Soto lib. 1. de iust. et iur. q. 1. art. 4. et moventur ista ratione etc. »

Ubi vides, eum utramque ferre sententiam et nihil definire. Et quod caput est, Sotum falso allegari patet ex dictis sup. n. 17.: falso itidem allegatum fuisse a Medina Caietanum reclamarunt Pirhing l. c. sup. n. 25., Suarez *De leg.* lib. 3. cap. 15. n. 1. et Laymann *De leg.* cap. 2. n. 5., Et reipsa Caietanus in 1. 2. q. 90. art. 4. haec tantum verba habet: « Si Romae nova lex promulgatur et nec Curia ipsa procurat, ut promulgatio ad Ecclesias cathedrales deveniat nec praelati, qui ibi sunt, insinuant suis ecclesiis: accusari nec apud Deum nec apud homines ignorantiae possunt absentes nescii ».

37. Concedimus adversariis auctoritatem Emmanuelis Sà; qui tamen videtur sua brevitate rem implicasse; quippe secundam partem ne ipsi quidem Regalistae admittent. Sic enim habet V. *Lex.* n. 8.: « Lex Papae et Imperatoris, nisi aliud dicunt, non obligant nisi post duos menses a publicatione in provincia, in qua quis est; etsi quidam putent, ligare statim scientes primam promulgationem; quod de legibus inferiorum concesserim ».

* Hactenus disputatio Ballerini; quae, licet non absoluta, satis tamen quaestioni criticae de sententia DD. lucem affundit: quod in causa fuit cur eam edendam putaverimus*.

INDEX.

TRACTATUS III. — De legibus.

TRACTATUS IV. — De Peccatis.

APPENDIX I.

APPENDIX II.

Lightning Source UK Ltd.
Milton Keynes UK
UKHW020242070119

334855UK00012B/2053/P